LES LIVRES DE DROIT DE L'ACADÉMIE
THE LAW BOOKS OF THE ACADEMY

L'Académie de droit international de La Haye

honorée du prix Wateler de la Paix (1936, 1950), du prix Félix Houphouët-Boigny pour la recherche de la paix (1992), de l'ordre du Rio Branco, Brésil (1999), et de la médaille de l'Institut royal d'études européennes, Espagne (2000)

The Hague Academy of International Law

awarded the Wateler Peace Prize (1936, 1950), the Félix Houphouët-Boigny Peace Prize (1992), the Order of Rio Branco, Brazil (1999), and the Medal of the Royal Institute of European Studies, Spain (2000)

Les ressources en eau et le droit international

Water Resources and International Law

ONT PARU DANS LA MÊME COLLECTION
PUBLISHED IN THE SAME SERIES

Manuel sur les organisations internationales/A Handbook on International Organizations (1re éd./1st ed., 1988 ; 2e éd./2nd ed., 1998) (R.-J. Dupuy, dir. publ./ed.)

A Handbook on the New Law of the Sea (2 Vols.) (R.-J. Dupuy - D. Vignes, eds.)

La dette extérieure/The External Debt (D. Carreau - M. N. Shaw, dir. publ./eds.)

La succession d'Etats : la codification à l'épreuve des faits/ State Succession : Codification Tested against the Facts (P. M. Eisemann - K. Koskenniemi, dir. publ./eds.)

Les aspects internationaux des catastrophes naturelles et industrielles/The International Aspects of Natural and Industrial Catastrophes (D. D. Caron - Ch. Leben, dir. publ./eds.)

La politique de l'environnement : De la réglementation aux instruments économiques/Environmental Policy : From Regulation to Economic Instruments (M. Bothe - P. H. Sand, dir. publ./eds.)

Les sanctions économiques en droit international/Economic Sanctions in International Law (L. Picchio Forlati - L.-A. Sicilianos, dir. publ./eds.)

 ISBN 90-04-13702-5

Composé par/Set by Texto, Roubaix, France. Imprimé par/Printed by Triangle bleu, Maubeuge, France

Maquette et mise en pages/Layout and make-up : I. Pagnard

ACADÉMIE DE DROIT INTERNATIONAL DE LA HAYE
HAGUE ACADEMY OF INTERNATIONAL LAW

Les ressources en eau et le droit international

Water Resources and International Law

PUBLIÉ SOUS LA DIRECTION DE EDITED BY

L. BOISSON DE CHAZOURNES
S. M. A. SALMAN

2005

MARTINUS NIJHOFF PUBLISHERS
Leiden/Boston

... AVEC LA COLLABORATION DE :

... WITH THE CONTRIBUTION OF :

N. Boeglin-Naumovic
J. Cazala
M. Cossy
M. M. Farrajota
A. Garane
M. Happold
A. Hildering
M. M. Mbengue
N. Ochoa-Ruiz
M. Querol
G. Reichert
J. Sohnle
M. Tignino

L'OUVRAGE ET LES AUTEURS

THE BOOK AND THE AUTHORS

Avant-propos — Foreword

L. Boisson de Chazournes — S. M. A. Salman

Introduction

Chapitre 1 — Chapter 1

Laurence Boisson de Chazournes (France)

Directrice d'études de la section de langue française du Centre. Professeur et directrice du Département de droit international public et organisation internationale, faculté de droit, Université de Genève.

Chapitre 2 — Chapter 2

Salman M. A. Salman (Sudan)

Director of Studies of the English-speaking Section of the Centre. Lead Counsel, Legal Department, the World Bank, Washington, DC. Member of the International Law Association, Committee on Water Resources Law; the International Bar Association Water Law Committee; the International Water Resources Association; and the International Association for Water Law.

Première partie — Part I

Chapitre 3 — Chapter 3

María Querol (Argentina)

DES in International Law, Graduate Institute of International Studies, Geneva. Associate Professor of Public International Law at the University Austral in Buenos Aires.

Chapitre 4 — Chapter 4

Nicolas Boeglin-Naumovic (France)
Docteur en droit (Université Paris II). *LLM* (Institut universitaire européen de Florence). Diplômé de l'Institut d'études politiques (IEP) de Strasbourg. Ancien membre du Comité assesseur en droit international du ministère des Relations extérieures du Costa Rica. Ancien professeur de droit international à la faculté de droit de l'Université La Salle (Costa Rica).

Deuxième partie — Part II

Chapitre 5 — Chapter 5

Mireille Cossy (Suisse)
Conseillère à l'Organisation mondiale du commerce (OMC). Spécialiste des questions de commerce des services et des relations entre commerce et environnement. A également travaillé pour le ministère suisse de l'Economie, ainsi qu'au Comité international de la Croix-Rouge.

Chapitre 6 — Chapter 6

Antoinette Hildering (Netherlands)
Ph.D. Candidate at the Vrije Universiteit, Amsterdam. Project Officer, India Committee of the Netherlands.

Troisième partie — Part III

Chapitre 7 — Chapter 7

Amidou Garane (Burkina Faso)
Docteur en droit public. Maître assistant à l'Université de Ouagadougou. Directeur de la recherche, Institut diplomatique et des relations internationales de Ouagadougou (IDRI).

Chapitre 8 — Chapter 8

Maria Manuela Farrajota (Portugal)
Attorney (Portugal). LL.M. (Lond.). Doctoral Researcher in Public International Law, University College, London, University of London.

Quatrième partie — Part IV

Chapitre 9 — Chapter 9

Natalia Ochoa-Ruiz (Spain)
Doctor in Law, University Complutense of Madrid. Lecturer at the European University of Madrid.

Chapitre 10 — Chapter 10

Jochen Sohnle (Allemagne)
Docteur en droit, Université de Strasbourg. A étudié aux Universités Toulouse I, Strasbourg III et d'Heidelberg. Maître de conférences à la faculté de droit et d'économie de l'Université de Savoie.

Cinquième partie — Part V

Chapitre 11 — Chapter 11

Goetz Reichert (Germany)
Ph.D. (Dr. iur.), Eberhard-Karls-Universität, Tübingen. LL.M., George Washington University, Washington, DC.

Chapitre 12 — Chapter 12

Makane Moïse Mbengue (Sénégal)
Doctorant. Assistant à la faculté de droit de l'Université de Genève. Titulaire d'un diplôme d'études approfondies (DEA) par équivalence en droit international public (Université de Genève), d'un diplôme d'études approfondies en droit économique et des affaires (Université Gaston Berger de Saint-Louis, Sénégal) et d'une maîtrise en droit public, option collectivités locales (Université Gaston Berger de Saint-Louis).

Chapitre 13 — Chapter 13

Julien Cazala (France)
Docteur en droit (Université Paris II (Panthéon-Assas)). Diplômé en droit et en sciences politiques des Universités d'Orléans, Lyon III et Paris II. Maître de conférences à la faculté de droit d'Orléans.

Chapitre 14 — Chapter 14

Matthew Happold (United Kingdom)
MA (Oxon); MSc, LLM (London); Diploma (Hague Academy of International Law). Barrister; Lecturer in Law, University of Nottingham.

Index

Mara Tignino (Italie)
Assistante à la faculté de droit de l'Université de Genève.

TABLE DES MATIÈRES
CONTENTS

Chapitre 13 — Chapter 13

Chapitre 14 — Chapter 14

PRINCIPALES ABRÉVIATIONS

PRINCIPAL ABBREVIATIONS

ACDI	*Annuaire canadien de droit international*
Acta Jur. Hung.	*Acta Juridica Hungarica/Hungarian Journal of Legal Studies*
ADI/ILA	Association de droit international/International Law Association
ADI/Anu. Der. Internac.	*Anuario de Derecho Internacional*
AFDI	*Annuaire français de droit international*
AG	Assemblée générale des Nations Unies
AIDI/Ann. IDI	*Annuaire de l'Institut de droit international*
AJICL/RADIC	*African Journal of International and Comparative Law/Revue africaine de droit international et comparé*
AJIL	*American Journal of International Law*
AJPIL/ÖZöRV	*Austrian Journal of Public and International Law/Österreichische Zeitschrift für öffentliches Recht und Völkerrecht*
Am. Indian L. Rev.	*American Indian Law Review*
Am. UL Rev.	*American University International Law Review*
Ann. CDI	*Annuaire de la Commission du droit international*
Annu. de l'AAA/Yearbook of the AAA	*Annuaire de l'Association des auditeurs et anciens auditeurs de l'Académie de droit international de La Haye/Yearbook of the Association of Attenders and Alumni of the Hague Academy of International Law*
Annu. dr. marit. et aérospatial	*Annuaire de droit maritime et aérospatial*
Anu. Hispano-Luso-Am. Der. Internac.	*Anuario Hispano-Luso-Americano de Derecho Internacional*
Arizona J. Int'l & Comp. L.	*Arizona Journal of International and Comparative Law*
Asian Surv.	*Asian Survey*
AsYIL	*Asian Yearbook of International Law*

AUJILP	*American University Journal of International Law & Policy*
AVR	*Archiv des Völkerrechts*
BC Envtl Aff. L. Rev.	*Boston College Environmental Affairs Law Review*
BC Int'l & Comp. L. Rev.	*Boston College International and Comparative Law Review*
Berk. J. Int'l Law	*Berkeley Journal of International Law*
BFSP	*British and Foreign State Papers*
Boundary & Sec. Bull.	*Boundary & Security Bulletin*
Brook. J. Int'l L.	*Brooklyn Journal of International Law*
Bull. de droit tchécoslovaque	*Bulletin de droit tchécoslovaque*
BYBIL/BYIL	*British Year Book of International Law*
BYUJ Pub. L	*BYU Journal of Public Law*
Cah. de droit (Québec)	*Les cahiers de droit* (Québec)
Cal. W. Int'l LJ	*California Western International Law Journal*
Calif. L. Rev.	*California Law Review*
Can. Bar Rev.	*Canadian Bar Review/Revue du barreau canadien*
Can. Yb. Int'l L.	*Canadian Yearbook of International Law/ Annuaire canadien de droit international*
Case W. Res. J. Int'l L.	*Case Western Reserve Journal of International Law*
CDI	Commission du droit international
CEBDI	*Cursos Euromediterráneos Bancaja de Derecho Internacional*
Chi.-Kent L. Rev.	*Chicago-Kent Law Review*
CIJ	Cour internationale de Justice
CJCE	Cour de justice des Communautés européennes
CLJ	*Cambridge Law Journal*
Colo. J. Int'l Envt'l L. & Pol'y	*Colorado Journal of International Environmental Law and Policy*
Colo. J. Int'l Envt'l L. & Pol'y, . . . Yearbook	*Colorado Journal of International Environmental Law and Policy, . . . Yearbook*
Colum. J. Envtl. L.	*Columbia Journal of Environmental Law*
Colum. J. Transnat'l L.	*Columbia Journal of Transnational Law*
Comunità internaz.	*La comunità internazionale*
Cornell Int'l LJ	*Cornell International Law Journal*
CPA	Cour permanente d'arbitrage
CPJI	Cour permanente de justice internationale
CTS	C. Parry (ed), *Consolidated Treaty Series, 1969-1986*
Den. J. Int'l L. & Pol'y	*Denver Journal of International Law and Policy*
DVBI	*Deutsches Verwaltungsblatt*
ECJ	European Court of Justice
Ecology LQ	*Ecology Law Quarterly*
Emory Int'l L. Rev.	*Emory International Law Review*
Envtl. Pol'y & L.	*Environmental Policy and Law*
Et. int.	*Etudes internationales*

Eur. Envtl. L. Rev.	*European Environmental Law Review*
Eur. Transp. L.	*European Transport Law*
Fordham Int'l LJ	*Fordham International Law Journal*
GA	United Nations General Assembly
GAOR	*General Assembly Official Records*
Georgetown Int'l Envtl. L. Rev.	*Georgetown International Environmental Law Review*
GJICL	*Georgia Journal of International and Comparative Law*
Golden Gate UL Rev.	*Golden Gate University Law Review*
Gonz. L. Rev.	*Gonzaga Law Review*
Guerres mondiales...	*Guerres mondiales et conflits contemporains*
GYIL	*German Yearbook of International Law/Jahrbuch für internationales Recht*
Hague YB Int'l L.	*Hague Yearbook of International Law/Annuaire de La Haye de droit international*
Harv. Int'l LJ	*Harvard International Law Journal*
Harv. J. on Legis.	*Harvard Journal on Legislation*
Harv. L. Rev.	*Harvard Law Review*
HuV-I	*Humanitäres Völkerrecht-Informationsschrift Generalsekretariat des Deutschen Roten Kreuzes*
ICJ	International Court of Justice
ICLQ	*International and Comparative Law Quarterly*
Idaho L. Rev.	*Idaho Law Review*
IDI/IIL	Institut de droit international/Institute of International Law
IJECL	*International Journal of Estuarine and Coastal Law*
IJIL	*Indian Journal of International Law*
IJMCL	*International Journal of Marine and Coastal Law*
ILA/ADI	International Law Association/Association de droit international
ILC	International Law Commission
ILM	*International Legal Materials*
ILR	*International Law Reports*
ILSA J. Int'l L.	*ILSA Journal of International Law* (International Law Students Association)
Int. J. Water Resour. Dev.	*International Journal on Water Resources Development*
Int.'l & Comp. LQ	*International and Comparative Law Quarterly*
Int'l Law.	*International Lawyer*
Int'l Stud. (New Delhi)	*International Studies (New Delhi)*
Int'l Spectator ('s-Gravenhage)	*Internationale Spectator* (Den Haag)
Ital. YB Int'l L.	*Italian Yearbook of International Law*
J. Common Mkt. Stud.	*Journal of Common Market Studies*
J. Energy & Nat. Resources L.	*Journal of Energy & Natural Resources Law*
J. Envtl. L.	*Journal of Environmental Law*

J. Mar. L. & Com.	*Journal of Maritime Law and Commerce*
J. Palest. Stud.	*Journal of Palestine Studies*
Jap. Ann. of Int'l L.	*Japanese Annual of International Law*
JMAS	*Journal of Modern African Studies*
JRMP	*Jugoslovenska Revija za Medunarodno Pravo*
L. & Soc. Rev.	*Law & Society Review*
Land & Water L. Rev.	*Land & Water Law Review*
Law & Contemp. Probs.	*Law and Contemporary Problems*
LJIL/Leiden J. Int'l L.	*Leiden Journal of International Law*
LNTS	League of Nations, *Treaty Series*
M en R	*Milieu en Recht*
Mar. Pol'y	*Marine Policy*
McGeorge L. Rev.	*McGeorge Law Review*
Mich. J. Int'l L.	*Michigan Journal of International Law*
N. Res. J.	*Natural Resources Journal*
Nat. Res. F./Nat. Res. J.	*Natural Resources Forum*
Nat. Res. Lawyer	*Natural Resources Lawyer*
Nat. Resources & Env't	*Natural Resources and Environment*
ND L. Rev.	*North Dakota Law Review*
Neb. L. Rev.	*Nebraska Law Review*
NILQ	*Northern Ireland Legal Quarterly*
NILR	*Netherlands International Law Review*
NJB	*Nederlands Juristenblad*
Nord. J. Int'l L.	*Nordic Journal of International Law*
NuR	*Natur und Recht*
NYIL	*Netherlands Yearbook of International Law*
NYUJ Int'l L. & Pol.	*New York University Journal of International Law and Politics*
Ocean & Coastal LJ	*Ocean and Coastal Law Journal*
ODILA	*Ocean Development and International Law*
ONU	Organisation des Nations Unies
Osteur.-Recht	*Osteuropa-Recht*
Otago L. Rev.	*Otago Law Review*
Pace Envtl. L. Rev.	*Pace Environmental Law Review*
Pace Int'l L. Rev.	*Pace International Law Review*
Pal. YB Int'l L.	*Palestine Yearbook of International Law*
PCA	Permanent Court of Arbitration
PCIJ	Permanent Court of International Justice
Pol. étr.	*Politique étrangère*
Polish W. Aff.	*Polish Western Affairs*
Polish YB Int'l L.	*Polish Yearbook of International Law/Annuaire polonais de droit international*
Queen's LJ	*Queen's Law Journal*
RBDI	*Revue belge de droit international/Belgian Review of International Law/Belgisch tijdschrift voor internationaal recht*
RDI	*Revue de droit international, de sciences diplomatiques et politiques/International Law Review*

RECIEL	*Review of European Community and International Environmental Law*
Recueil des cours/RCADI	*Recueil des cours de l'Académie de droit international de La Haye*
Recueil ONU	Nations Unies, *Recueil des traités*
Recueil SdN	Société des Nations, *Recueil des traités*
REDE	*Revue européenne de droit de l'environnement*
REDI	*Revista Española de Derecho Internacional*
Rev. arb.	*Revue de l'arbitrage*
Rev. Cent. & E. Eur. L.	*Review of Central and East European Law*
Rev. égypt. dr. int.	*Revue égyptienne de droit international*
Rev. ICR	*Revue internationale de la Croix-Rouge/International Review of the Red Cross*
Rev. roum. ét. int.	*Revue roumaine d'études internationales*
RGDIP	*Revue générale de droit international public*
RIIA	United Nations, *Reports of International Arbitral Awards*
Riv. dir. int.	*Rivista di diritto internazionale*
Riv. giur. ambiente	*Rivista giuridica dell'ambiente*
RJE	*Revue juridique de l'environnement*
RJPIC	*Revue juridique et politique, Indépendance et coopération*
RSA	Nations Unies, *Recueil des sentences arbitrales*
SA Int'l	*South Africa International*
SADC	Southern African Development Community
SALJ	*South African Law Journal*
San Diego L. Rev.	*San Diego Law Review*
Sc. St. L.	*Scandinavian Studies in Law*
Sec. Dialogue	*Security Dialogue*
St. Mary's LJ	*St. Mary's Law Journal*
Stan. Envtl. LJ	*Standford Environmental Law Journal*
Stanford J. Int'l L.	*Stanford Journal of International Law*
Stud. Dipl.	*Studia Diplomatica*
Südostasien akt.	*Südostasien aktuell*
Suffolk Transnat'l L. Rev.	*Suffolk Transnational Law Review*
Temp. Int'l & Comp. LJ	*Temple International and Comparative Law Journal*
Tex. Int'l LJ	*Texas International Law Journal*
Thesaurus Acroasium	*Thesaurus Acroasium of the Institute of Public International Law and International Relations of Thessaloniki*
TM Cooley L. Rev.	*Thomas M. Cooley Law Review*
TMA	*Tijdschrift voor Milieu-Aansprakelijkheid/Environmental Liability Review*
U. Ark. Little Rock LJ	*University of Arkansas at Little Rock Law Journal*
U. Tas. L. Rev.	*University of Tasmania Law Review*
U. Tol. L. Rev.	*University of Toledo Law Review*

U. Toronto LJ	*University of Toronto Law Journal*
UBCL Rev.	*University of British Columbia Law Review*
UN	United Nations Organization
UNTS	United Nations, *Treaties Series*
UW Austl. L. Rev.	*University of Western Australia Law Review*
Val. UL Rev.	*Valparaiso University Law Review*
Wash. L. Rev.	*Washington Law Review*
Water Law	*Water Law* (Review and analysis of aquatic environmental law and economic regulation in the UK and EU)
WuW	*Wirtschaft und Wettbewerb* (Zeitschrift für Kartellrecht, Wettbewerbsrecht, Marktorganisation)
YB Int'l L. Comm'n	*Yearbook of the International Law Commission*
Yb. Int'l Env. L.	*Yearbook of International Environmental Law*
YEL	*Yearbook of European Law*
ZaöRV	*Zeitschrift für ausländisches öffentliches Recht und Völkerrecht/Heidelberg Journal of International Law*
ZfW	*Zeitschrift für Wasserrecht*

AVANT-PROPOS

FOREWORD

LA RÉGLEMENTATION de la gestion des ressources en eau apparaît de plus en plus comme un élément important de garantie de la stabilité internationale. Elle participe également à l'objectif du développement durable. Avec plus de trois cents cours d'eau internationaux, une centaine de lacs et un grand nombre d'eaux souterraines partagés par deux ou plus de pays, ainsi qu'à cause de la multiplication des utilisations des eaux internationales, l'intérêt et, donc, l'importance du droit international en ce domaine deviennent de plus en plus cruciaux.

Au cours de la dernière décennie le droit des eaux internationales a connu des développements majeurs. Ceux-ci posent des défis aux spécialistes du droit international. Un des développements les plus importants a été l'achèvement de ses travaux par la Commission du droit international en 1994, et l'adoption par l'Assemblée générale des Nations Unies en mai 1997 de la Convention sur le droit relatif aux utilisations des cours d'eau internationaux à des fins autres que la navigation. Au niveau régional, deux autres instruments ont été adoptés : en 1992, la Convention sur la protection et l'utilisation des cours d'eau transfrontières et des lacs internationaux sous les auspices de la Commission économique pour l'Europe des Nations Unies et, en 2000, le Protocole sur les cours d'eau partagés de la Communauté de développement de l'Afrique australe. En même temps, plusieurs traités multilatéraux et bilatéraux portant sur des cours d'eau internationaux ont été conclus. En outre, le fait que récemment des différends sur des cours d'eau ont été portés devant la Cour internationale de Justice a fourni une occasion significative et, à vrai dire historique, pour le développement et la clarification des principes applicables en la matière.

Cependant, malgré ces développements positifs, des défis majeurs continuent à persister ou à apparaître. Un grand nombre de cours d'eau internationaux n'a pas fait l'objet d'un accord réglementant leur partage, leur gestion ou leur protection. De plus, une large part des accords existants est encore partielle dans leur approche ; et, pour une raison ou une autre, ils excluent certains des pays riverains, comme c'est le cas des accords sur le Nil, l'Indus, le Mékong ou le Gange. Les demandes conflictuelles des pays riverains sont censées s'accroître en acuité et en complexité, cela à cause du caractère rare et limité de l'eau aussi bien que de l'augmentation constante de la population, de l'urbanisation et de la dégradation environnementale. Le partage de nombreux cours d'eau tels que le Jourdain et son affluent, le Wazzani, le Tigre et l'Euphrate, s'est révélé assez problématique. L'absence d'informations et de données techniques relatives à plusieurs des eaux souterraines partagées rend la

THE REGULATION of shared water resources has emerged as one of the most fundamental elements for ensuring international stability and assisting in socio-economic and sustainable development. With more than three hundred rivers, one hundred lakes and a large number of aquifers being shared by two or more countries, and with the considerable increase in the competing demands over the waters of such watercourses, the relevance, and indeed importance, of international water law becomes more critical.

Major developments have taken place in the last decade in international water law, providing both opportunities and challenges to the lawyers concerned with this field of international law. One of the major developments has been the completion of the work by the International Law Commission in 1994, and the adoption by the United Nations General Assembly in May 1997 of the Convention on the Law of the Non-Navigational Uses of International Watercourses. Two other instruments dealing with international waters were approved at the regional level: the UN/ECE Convention on the Protection and Use of Transboundary Watercourses and International Lakes in 1992 and the Southern African Development Community Revised Protocol on Shared Watercourses in 2000. Similarly, a number of multilateral and bilateral treaties dealing with various issues on shared watercourses were concluded. Moreover, the fact that disputes on shared watercourses have recently been referred to the International Court of Justice has provided a precious, and indeed historic, opportunity for the development and further clarification of the basic principles of international water law.

Yet, despite those positive developments, major challenges continue to persist or emerge in this field. A large number of international watercourses remain without agreements regulating their sharing, management or protection. Moreover, a large portion of the existing agreements are not inclusive; and for one reason or another, they exclude some of the riparians, as is the case with the agreements on the Nile, the Indus, the Mekong and the Ganges rivers. And with water being a finite and limited resource, and with the steady increase in population, urbanization and environmental degradation, the competing demands of the riparian States will continue to grow sharper and more complex. The sharing of many of the watercourses such as the Jordan and its Wazzani tributary and the Tigris and Euphrates has proven quite problematic. The absence of basic technical data and information on many of the shared aquifers renders the issue of their sharing and protection

question de leur partage et de leur protection difficile. Il faut ajouter à cela que la ratification de la Convention des Nations Unies sur les cours d'eau internationaux, commencée à un rythme lent, est à un point mort. Sept ans après son adoption par l'Assemblée générale, elle n'a été ratifiée que par douze Etats; c'est environ un tiers du nombre des ratifications nécessaires pour permettre à la Convention d'entrer en vigueur.

Cette image mélangée de succès et d'échecs souligne l'importance de clarifier les incertitudes relatives au droit international concernant la gestion des ressources en eau, et en particulier de la Convention des Nations Unies. Elle souligne également le besoin urgent de mettre en relief les vertus de la coopération en ce domaine. Celle-ci doit aller au-delà de l'objectif limité du partage des eaux, pour passer à celui du partage de bénéfices issus de l'utilisation d'un cours d'eau. Des commissions mixtes vouées à la réalisation de ces bénéfices et à l'échange de données et d'informations devraient être établies. Elles contribueraient également à prévenir et à aider au règlement des différends.

Le présent ouvrage contient certains des travaux de recherche préparés lors de la session du Centre de recherche et de relations internationales qui s'est tenue en août-septembre 2001 à l'Académie de droit international de La Haye et qui a porté sur les ressources en eau et le droit international. Sa publication offre non seulement l'occasion de mettre en valeur les fruits de cette recherche, mais aussi, nous l'espérons, de contribuer à la compréhension et au développement des principes et procédures du droit des cours d'eau internationaux.

Laurence Boisson de Chazournes Salman M. A. Salman

Décembre 2004

quite difficult. It should also be added that the ratification of the United Nations Watercourses Convention, that started at a slow pace, has virtually stalled. Seven years after its adoption by the General Assembly, only 12 countries have ratified the Convention: about a third of what is needed to enable the Convention to enter into force and effect.

This mixed picture of successes and failures presents a major challenge to international water lawyers, and underscores the importance for clarifying the myths and misunderstandings about international water law in general, and the United Nations Watercourses Convention in particular. It also underscores the urgent need for highlighting and clarifying the virtues of co-operation on shared watercourses. Such co-operation needs to extend beyond the limited scope of sharing the waters, to that of sharing the benefits of the watercourse, establishing joint institutions and mechanisms for realizing such benefits, and for exchange of data and information and protection of the watercourse, as well as for settlement of disputes.

This book contains some of the research papers prepared and discussed at the Centre's session on Water Resources and International Law that took place in August/September 2001. Its publication presents not only an opportunity for documenting the work done at that session, but also what we hope would be a contribution to the understanding and further elaboration and development of the basic principles and procedures of international water law.

Laurence BOISSON DE CHAZOURNES Salman M. A. SALMAN

December 2004

INTRODUCTION

Les rapports des directeurs d'études

The Reports of the Directors of Studies

1 Eaux internationales et droit international : vers l'idée de gestion commune

Laurence Boisson de Chazournes*

SECTION 1 INTRODUCTION

Le droit applicable aux eaux internationales est un *corpus juris* issu du XIXe siècle, axé à l'origine sur la réglementation des usages de la navigation et du transport à des fins commerciales. Il a été façonné principalement sur les continents européen et nord-américain, mais va progressivement devenir d'application universelle, prenant chemin faisant de nouveaux contours. Les enjeux évoluent, et la panoplie des usages visés se diversifie : en sus des questions de communication et d'échanges commerciaux, il faut évoquer les questions de production d'énergie, d'irrigation à fins agricoles, d'accès à l'eau douce pour consommation humaine, ou encore de préservation du patrimoine naturel et culturel. Plus récemment, des préoccupations environnementales ont fait surface, s'infiltrant au sein des usages traditionnels des cours d'eau, tout en s'affirmant comme une priorité en elles-mêmes.

Le régime juridique applicable aux eaux internationales reflète certains de ces aspects, quoique ne les appréhendant pas toujours dans une perspective d'ensemble, notamment quant à la prise en compte des concepts d'écosystèmes ou de bassins de drainage. Le droit des cours d'eau internationaux a fait l'objet de divers efforts de codification aux échelons régional et universel, envisageant les eaux internationales en tant que ressources naturelles partagées. Ces instruments font application des principes tels le partage équitable et raisonnable, l'obligation de ne pas causer de dommage, le devoir de notification et de consultation, la gestion institutionnelle concertée ou encore le règlement des différends. La protection de l'environnement et la promotion d'un développement durable y trouvent aussi leur place. Il n'en reste pas moins que l'ensemble de ces dispositions doit encore être déve-

---

* Directrice d'études de la section de langue française du Centre. Professeur et directrice du département de droit international public et organisation internationale, faculté de droit, Université de Genève.

loppé pour appréhender tous les enjeux liés à la gestion des eaux internationales.

Un certain nombre de traités ont été négociés et adoptés par les Etats riverains de cours d'eau internationaux, tant en Europe qu'en Asie, en Afrique ou sur le continent américain. Ils reflètent, voire développent, certains des principes et règles élaborés dans des enceintes plus larges (par exemple l'Organisation des Nations Unies (ONU) ou sa Commission économique pour l'Europe, ou encore l'Union européenne). Ces efforts témoignent des pas accomplis dans le domaine de la gestion des eaux internationales, mais ils révèlent, pour certains, des limites, n'appréhendant pas toujours la question de la gestion de l'eau sous toutes ses facettes.

Face aux problèmes contemporains en matière de gestion de l'eau, il importe tout d'abord de saisir les défis et enjeux en l'espèce, et de les placer dans le contexte du droit international (section 2). Le régime des utilisations des cours d'eau internationaux a dans un premier temps été forgé en fonction du prisme de la coexistence entre souverainetés étatiques (section 3). L'idée de gestion commune a ensuite progressivement pris sa place, notamment par le biais de l'élaboration de conventions internationales (section 4). En dernier lieu, la question sera examinée sous le prisme d'autres corps de normes (droits de l'homme, droit humanitaire, ou encore droit international économique), permettant d'esquisser certains nouveaux contours de la réglementation des usages de l'eau (section 5).

SECTION 2 LA QUESTION DE L'EAU ET LA NÉCESSITÉ DE SON APPRÉHENSION PAR LE DROIT INTERNATIONAL

Alors que s'amorce le XXIe siècle, l'accès et la gestion des ressources en eau posent des défis cruciaux. En effet, même envisagée d'un point de vue global, l'eau n'est ni une ressource inépuisable, ni un bien à valeur économique nulle, et ce bien que près des trois quarts de notre planète en soient recouverts. La majeure partie de l'eau disponible (pas loin de 98 %) ne peut être immédiatement consommée ou utilisée pour l'irrigation, ni même employée pour des usages industriels, soit en raison d'une teneur trop élevée en sel ou parce qu'elle se présente sous forme de glace. De plus, alors que la population mondiale a triplé au cours des cent dernières années, la consommation en eau a, elle, été multipliée par six. Enfin, la capacité des réservoirs d'eau à se reconstituer (notamment dans les nappes phréatiques) est loin d'équivaloir au rythme toujours croissant de leur exploitation.

L'eau constitue ainsi un capital non renouvelable. Cela entraîne des effets non seulement sur la répartition des usages de ce bien, mais aussi sur la valeur de cette ressource rare dont la répartition n'est pas naturellement équilibrée. Point n'est besoin d'insister sur le caractère porteur de conflit d'une telle situation dans certaines régions du monde [1].

L'inégalité qui prévaut quant à l'approvisionnement naturel et la variabilité des besoins (entre pays industrialisés ou en développement, entre secteurs urbains et campagne), ajoutée aux vicissitudes du climat et aux différences d'ordre géophysique, économique ou culturel, posent aussi des problèmes quant à la distribution et aux utilisations de cette précieuse ressource. Cela est d'autant plus vrai que la répartition entre ces utilisations est un facteur clé. Ainsi, alors que l'irrigation des terres absorbe déjà 70 % des ressources en eau, la nécessité d'accroître la production agricole pour nourrir les populations se fait toujours plus pressante ; environ 10 % du capital-eau global est consacré à des fins industrielles ou aux usages municipaux et domestiques (dont la part ne peut que croître au cours des prochaines décennies), alors que le reste est affecté à la production énergétique, à la navigation et aux loisirs [2].

A la demande accrue vient s'ajouter de lourds problèmes de gaspillage, souvent dus à la mauvaise qualité des systèmes d'approvisionnement, d'assainissement ou d'évacuation des eaux usées [3], sans parler de la dégradation de la ressource elle-même. La salinisation des bassins de drainage et des terres irriguées, de même que la contamination des nappes phréatiques et leur exploitation excessive, est source de préoc-

---

1. Voir par exemple Arun P. Elhance, *Hydropolitics in the Third World: Conflict and Co-operation in International River Basins*, United States Institute of Peace Press, Washington (DC), 1999, ou encore *Water for Peace in the Middle East and Southern Africa*, Green Cross International, World Water Vision, Genève, mars 2000; et plus spécifiquement: en Afrique, Hussein Solomon et Anthony Turton (dir. publ.), *Water Wars: Enduring Myth or Impending Reality*, Africa Dialogue Monograph, série n° 2, Accord, Umhlanga Rocks (Afrique du Sud), 2000; en Asie, Thi Dieu Nguyen, *The Mekong River and the Struggle for Indochina: Water, War and Peace*, 1999; au Moyen-Orient, Natasha Beschorner, *Water and Instability in the Middle East: An Analysis of Environmental, Economic and Political Factors Influencing Water Management and Water Disputes in the Jordan and Nile Basins and Tigris-Euphrates Region*, The International Institute for Strategic Studies (coll. « Adelphi Papers » n° 273), Londres, 1992, ou Masahiro Murakami, *Managing Water for Peace in the Middle East*, United Nations University Press, Tokyo, 1998.

2. Voir les chiffres cités par Hervé Kempf, « La planète est menacée par de graves pénuries d'eau au XXIe siècle », *Le Monde* (vendredi 17 mars 2000), p. 2. On y lit par exemple que les usages municipaux et domestiques sont appelés à grimper de 40%, et l'irrigation de 17% dans les vingt prochaines années; cinq ans plus tard, en 2025, on prévoit que la population franchira le cap des 8 milliards, dont 60% vivront dans des villes.

3. Encore faut-il que de telles infrastructures existent. On estime en effet que la moitié des 6 milliards d'humains recensés sur Terre n'est pas reliée à un système d'assainissement pour l'évacuation de ses eaux usées.

cupation constante. Ainsi, la moitié des fleuves et lacs européens et nord-américains sont considérés comme gravement pollués, entraînant même la disparition de certaines espèces au sein de l'écosystème auquel ils appartiennent.

Tout cela entraîne naturellement des effets sur la santé humaine. Selon les estimations de l'Organisation mondiale de la Santé (OMS) [4], en l'an 2000 un cinquième de la population mondiale n'avait pas accès à l'eau saine en quantité suffisante, tandis que 40 % des 6,1 milliards d'habitants de la planète ne bénéficiait pas de services d'assainissement améliorés. Le nombre de personnes qui meurent chaque année des maladies qui découlent de la pénurie ou de la mauvaise qualité de l'eau se chiffrerait à 4 millions [5].

La situation est encore aggravée par le fait que l'eau, source de vie, fait partie intégrante de l'environnement naturel, mais aussi culturel. Le rapport à l'eau, ou au cours d'eau, revêt une dimension sociale, voire parfois mystique, allant au-delà de sa simple utilité. Sur le plan strictement juridique, des complications s'ensuivent de par l'intervention accrue, en sus des acteurs privés commerciaux et industriels déjà actifs dans ce domaine, de divers groupes sociaux — associations d'utilisateurs, organisations non gouvernementales ou encore populations autochtones [6] — dont les revendications et les droits doivent être pris en compte, sinon incorporés, dans la régulation. Tous ces enjeux appellent l'élaboration de solutions qui satisfassent les intérêts de tous et chacun.

La complexité de l'édification d'un régime global de réglementation, déjà tributaire des diversités géographiques et socio-économiques, est accrue par les divers enjeux qui viennent d'être évoqués. Mais une telle régulation n'en demeure pas moins essentielle. Cela s'avère d'autant plus nécessaire s'agissant des cours d'eau internationaux, car les problèmes y ayant trait ont inévitablement un impact international d'importance. Ces réservoirs de ressources représentent en effet pour maints

---

4. Organisation mondiale de la Santé, *Global Water Supply and Sanitation Assessment*, 2000.

5. La proportion pourrait augmenter au quart de la population en 2025 : c'est ce que fait noter, entre autres, un document préparé par le Département fédéral des affaires étrangères suisse : Direction du développement et de la coopération, « Serons-nous bientôt privés d'eau ? » (introduction au dossier « L'eau »), *Un seul monde — Magazine de la DDC sur le développement et la coopération*, n° 1, mars 2000, p. 7.

6. Voir par exemple Darrell A. Posey, *et al.*, *Traditional Resource Rights : International Instruments for Protection and Compensation for Indigenous Peoples and Local Communities*, IUCN-The World Conservation Union [*IUCN Biodiversity Programme/Programme for Traditional Resource Rights*, Oxford Centre for the Environment, Ethics and Society], Gland, Cambridge, 1996.

Etats des voies de communication et d'approvisionnement privilégiées, souvent cruciales à la survie de leur population.

Quelque 280 cours d'eau transfrontières desservent près de 40 % de la population mondiale. Parmi ceux-ci, 180 alimentent 2 Etats, alors que les autres alimentent 3 Etats et plus. Le continent africain compte 60 cours d'eau internationaux, desquels 11 touchent 4 Etats riverains ou plus (dont 10 Etats pour le Nil et 9 pour le Congo). En Amérique, l'Amazone dessert 7 Etats, et 6 Etats asiatiques se partagent le Mékong. Quant au Danube, son bassin hydrographique est réparti entre pas moins de 17 Etats.

Ces quelques chiffres montrent bien à quel point les problèmes relatifs aux cours d'eau requièrent une coopération efficace et une régulation harmonieuse entre les utilisateurs directs et indirects. Cela conduit à se poser la question de la possible contribution du droit international en ce domaine.

Paragraphe 1 **Les différents enjeux de la réglementation internationale**

Le droit international s'est jusqu'alors principalement préoccupé des cours d'eaux internationaux. Les autres aspects de la question de l'eau, s'agissant notamment de la diversité des sources (eaux de surface, eaux souterraines, pluies, glace), ne sont pour l'heure que peu développés en droit international.

Le prisme dominant de la réglementation internationale est donc celui des cours d'eaux transfrontières, et la nécessité de tenir compte des limites territoriales nationales en ce domaine demeure incontournable. Il importe toutefois d'aller au-delà de celles-ci, au propre comme au figuré. La souveraineté, cœur de la question, évoque inévitablement le recours à l'unilatéralisme dans la gestion de ressources relevant à proprement parler d'un attribut territorial de l'Etat, mais il est à la fois irréaliste et dangereux de s'arrêter là, car le caractère international du cours d'eau fait aussi intervenir la notion de partage et de répartition entre Etats riverains [7]. La régulation des cours d'eau fut certes longuement ancrée dans une stricte dynamique de coexistence entre entités souveraines : chacune agissait comme bon lui semblait à l'égard de « sa » portion du cours d'eau, traitée à l'image du territoire auquel celui-ci se rattache. Le besoin de réglementation ne se faisait sentir que lorsque des

7. Laurence Boisson de Chazournes, Bertrand Charrier et Fiona Curtin, *National Sovereignty and International Watercourses*, Green Cross International, World Water Vision, Genève, mars 2000.

utilisations affectaient l'exercice par les Etats riverains de leurs « droits souverains ». Le droit contemporain tente tant bien que mal de s'extirper de cette logique « classique » pour faire place à des notions plus communautaires, voire « écosystémiques », qui reposent sur des aspects de gestion commune, et parfois même de mise en commun de ressources partagées [8].

Sur un plan politique et environnemental, les demandes sont plus radicales : les ressources en eau sont vues dans une perspective d'ensemble embrassant toutes les sources d'eau. L'approche privilégiée est celle de la « gestion intégrée des ressources en eau » (*Integrated Water Resources Management*, ou IWRM), proclamée notamment par la Déclaration de La Haye issue du second Forum mondial de l'eau en mars 2000 :

> « Les actions promues ici sont basées sur la *gestion intégrée des ressources en eau* (IWRM) comprenant une planification et une gestion des ressources en terre et en eau qui incluent les facteurs sociaux, économiques et environnementaux et qui intègrent les eaux de surface, les eaux souterraines et les écosystèmes par lesquels ces eaux transitent. L'IWRM repose de son côté sur la collaboration et les partenariats établis à tous les niveaux (des citoyens pris individuellement aux organisations internationales) et basés sur un engagement politique et une plus grande sensibilisation de la société à la nécessité d'œuvrer pour la sécurité de l'eau et une gestion durable des ressources en eau. » [9]

Le concept de gestion intégrée entend prendre en compte l'ensemble des activités humaines en matière de gestion des eaux et trouver ce faisant une nouvelle articulation des besoins (et des réponses à ces besoins) en eau. Ce nouveau concept met au défi le droit international, exigeant de lui une lecture croisée des divers corps de normes en sus de ceux relatifs aux cours d'eau internationaux, qu'il s'agisse des droits de l'homme, de la protection de l'environnement ou encore du droit applicable aux relations économiques et commerciales.

---

8. Jutta Brunee et Stephen J. Toope, *Environmental Security and Freshwater Resources : A Case for International Ecosystem Law*, *Yearbook of International Environmental Law*, vol. 5, 1994, p. 41. Dans une perspective plus générale, Edith Brown Weiss, *In Fairness to Future Generations : International Law, Common Patrimony and Intergenerational Equity*, United Nations University Press, Tokyo, Transnational Publishers, Dobbs Ferry (NY), 1989.

9. Déclaration ministérielle de La Haye sur la sécurité de l'eau au XXIe siècle (mercredi 22 mars 2000, La Haye, Pays-Bas), par. 5. La déclaration ministérielle du troisième Forum mondial de l'eau (Kyoto, 22-23 mars 2003) a réitéré l'importance à donner au concept de gestion intégrée des ressources en eau.

Paragraphe 2 **Quelques définitions**

Les définitions sont ici d'importance, car elles permettent de mieux cerner les contours de la réglementation internationale de l'eau. Comme on l'a déjà souligné, le droit international a pendant longtemps envisagé ce domaine au travers de la notion de cours d'eau internationaux (ou d'autres concepts qui y sont apparentés). La notion classique mais limitative de fleuve international, soit les «eaux de surfaces mouvantes localisées dans le territoire de plus d'un Etat et pouvant comprendre les affluents situés sur le territoire de plus d'un Etat...» [10], a longtemps été utilisée, avant de se voir préférer celle de cours d'eau international, formulée comme suit: «L'expression «cours d'eau international» s'entend d'un cours d'eau dont des parties se trouvent dans des Etats différents.» [11]

Par ailleurs, selon l'article 2, lettre *a)*, de cette même convention,

> «[l]'expression «cours d'eau» s'entend d'un système d'eaux de surface et d'eaux souterraines constituant, du fait de leurs relations physiques, un ensemble unitaire et aboutissant normalement à un point d'arrivée commun».

Le *Dictionnaire de droit international public*, qui reprend cette définition, fait observer que la notion

> «forme un moyen terme entre les concepts de bassin de drainage international et de fleuve international. Elle est en retrait par rapport au premier, car elle n'englobe pas les eaux souterraines captives; mais elle va au-delà du second en comprenant les lacs et les eaux souterraines reliées aux lacs et fleuves internationaux.» [12]

Bien qu'elle fasse preuve d'une vision plus large que celle retenue auparavant, la définition ne va pas jusqu'à recouper celle de réseau hydrographique dans son ensemble, à laquelle se réfère la notion de bas-

---

10. Dictionnaire de droit international public (Jean Salmon, dir.), Bruylant, AUF, Bruxelles (coll. Universités francophones), p. 506. Sur cette acception, voir l'affaire *Juridiction territoriale de la Commission internationale de l'Oder*, arrêt n° 16, 1929, *CPJI série A n° 23*, p. 27).

11. Cette définition est celle qu'utilise, à son article 2 *b)*, la Convention des Nations Unies sur le droit relatif aux utilisations des cours d'eau internationaux à des fins autres que la navigation (New York, 21 mai 1997), doc. A-51-869, annexé à la résolution 51/229 du 8 juillet 1997. Le texte de la Convention est reproduit notamment dans Laurence Boisson de Chazournes, Richard Desgagné et Cesare Romano, *Protection internationale de l'environnement: Recueil d'instruments juridiques*, Paris, Pedone, 1998, pp. 457-471.

12. Dictionnaire de droit international public, *op. cit.*, p. 281. Voir Lucius Caflisch, «Règles générales du droit des cours d'eau internationaux», *Recueil des cours de l'Académie de droit international de La Haye*, tome 219 (1989), pp. 9-226.

sin de drainage. Il s'agit là, selon l'article II des Règles d'Helsinki de l'International Law Association, d'une

> « zone géographique s'étendant sur deux ou plusieurs Etats et déterminée par les limites de l'aire d'alimentation du réseau hydrographique, y compris les eaux de surface et les eaux souterraines, aboutissant en un point commun » [13].

Cet élargissement conceptuel reste néanmoins important, notamment parce qu'il met en exergue le caractère fondamental des relations entre la terre et l'eau et l'inéluctable dépendance entre ces deux ressources, en ce que l'usage de l'une détermine l'usage de l'autre [14].

SECTION 3 PRÉDOMINANCE DE LA LOGIQUE DE COEXISTENCE DANS LA CONCEPTION CLASSIQUE DES UTILISATIONS DES COURS D'EAU INTERNATIONAUX

La gestion de l'eau présente plusieurs défis de taille : pénurie, répartition inégale, pollution, risque de conflits, problèmes de santé, développement économique. Les leitmotive contemporains (ressources partagées, gestion intégrée...) se sont fait jour en réaction à une approche plus traditionnelle des eaux, de leur utilisation et de leur exploitation. Cette dernière a montré des limites, même si elle continue de marquer de son empreinte le régime juridique des cours d'eau internationaux.

Les efforts de réglementation ne sont évidemment pas chose nouvelle : on en retrouve notamment des traces jusqu'en Mésopotamie antique. Toutefois, le droit moderne de l'eau trouve ancrage dans les pratiques du XIXe siècle, régime juridique construit sur les assises de la coexistence entre entités souveraines. C'est tout d'abord en référence à la division territoriale, puis à la communication entre territoires, que se situent les utilisations principales des cours d'eau.

Paragraphe 1 La délimitation frontalière

Au XIXe siècle, le cours d'eau, utilisé avant tout comme voie de navigation et zone de pêche, fait souvent office de

---

13. Cette définition de 1966 (telle que traduite par la CDI dans son *Annuaire* (1974), vol. 2, deuxième partie, p. 396) est aussi celle retenue par le *Dictionnaire de droit international public*, *op. cit.*, p. 123.

14. Ainsi, trente-neuf Etats voient aujourd'hui leur territoire relever à 90% ou plus d'un seul bassin fluvial.

frontière, puisqu'il tend à constituer une « division naturelle » entre territoires, relativement immuable et facile à identifier. La notion de « fleuves internationaux », évoquée plus haut, reflète cette conception.

Il n'est pas encore question de systèmes ou encore moins d'écosystèmes, et le cours d'eau, critère territorial individualisé [15], est avant tout perçu comme ligne de partage, et non comme élément d'un ensemble plus vaste.

On utilise traditionnellement trois méthodes de répartition utilisant les eaux de surface (fleuves et lacs) pour diviser les groupements humains et leur territoire. La plus ancienne est le recours aux frontières côtières, sises soit sur la rive respective de chaque Etat concerné [16], soit sur la rive de l'un ou l'autre riverain, pour séparer deux Etats adjacents. Une seconde situation est celle du *cours d'eau successif*, qui traverse le territoire de plusieurs Etats au lieu de les diviser : la frontière joint généralement alors les extrémités des frontières terrestres sur chaque rive, souvent par le biais d'une simple ligne droite.

Le problème le plus important est celui du tracé des frontières aquatiques entre Etats riverains contigus.

Les Etats peuvent évidemment décider de fixer une frontière arbitraire, par exemple au moyen de points de repère géographiques donnés ou de coordonnées particulières. Dans le cas contraire, on peut tracer la frontière en suivant soit le *thalweg* géographique [17], soit la ligne médiane

---

15. Pour une analyse de cette fonction, voir par exemple Haritini Dipla, « Les règles de droit international en matière de délimitation fluviale : remise en question ? », *Revue générale de droit international public*, vol. 89, 1985, pp. 589-624.

16. Dans le premier cas, le cours d'eau lui-même sera considéré comme un *no man's land*, à moins que ne s'établisse un condominium entre les Etats intéressés. Selon le *Dictionnaire de droit international public*, *op. cit.*, p. 229, la version du condominium qui nous intéresse se définit comme un

> « [s]tatut territorial comportant l'existence sur un même territoire d'une souveraineté indivise entre deux ou plusieurs Etats. ... L'exemple classique est celui du golfe de Fonseca entre le Honduras, le Nicaragua et El Salvador. »

Notons que cette solution a été progressivement abandonnée par la pratique. Voir Lucius Caflisch, « Réglementation des utilisations des cours d'eau internationaux », dans Salman M. A. Salman et Laurence Boisson de Chazournes (dir. publ.), *Cours d'eaux internationaux : renforcer la coopération et gérer les différends* (actes du séminaire de la Banque mondiale), rapport technique de la Banque mondiale n° 414, Banque mondiale, Washington, 1999, pp. 3-17.

17. Ce mot allemand désigne le chemin passant au fond d'une vallée. Plusieurs acceptions en ont été retenues par la pratique, soient : i) la succession des points les plus profonds du lit du cours d'eau ; ii) le principal chenal utilisé par les navigateurs descendant le cours d'eau ; iii) la ligne médiane de ce chenal. Cette dernière, la plus moderne, est aussi la plus commune. Voir le *Dictionnaire de droit international public*, *op. cit.*, p. 1082.

géométrique[18]. La première méthode offre l'avantage d'être relativement facile à déterminer et de permettre aux deux riverains accès aux zones navigables du cours d'eau, mais elle peut aussi créer une distribution désavantageuse si le tracé se trouve à passer plus près d'une rive que de l'autre.

L'affaire de l'*Ile de Kasikili/Sedudu*, décidée par la Cour internationale de Justice en 1999[19], offre un exemple récent de mise en œuvre de la fonction de séparation territoriale dévolue au cours d'eau :

> « [P]riée de déterminer, sur la base du traité anglo-allemand du 1er juillet 1890 et des règles et principes du droit international, la frontière entre la Namibie et le Botswana autour de l'île de Kasikili/Sedudu ainsi que le statut juridique de cette île »[20],

la Cour interprète le traité en faisant application de la méthode du thalweg pour identifier la ligne appropriée[21] :

18. On doit pour ce faire tracer une ligne dont chaque point est équidistant du point le plus proche de chacune des deux côtes ; une version simplifiée utilise une suite de points définis, identifiés selon le calcul de l'équidistance, reliés par des lignes droites.

19. Voir l'arrêt rendu par la Cour internationale de Justice le 13 décembre 1999 en l'affaire de l'*Ile de Kasikili/Sedudu (Botswana/Namibie)*, *CIJ Recueil 1999* (aussi disponible sur le site de la CIJ, www.icj-cij.org).

20. Extrait de l'article I du compromis, dont le texte se trouve au paragraphe 2 de l'arrêt. Ce passage est cité de nouveau par la Cour au paragraphe 17.

21. Voir affaire de l'*Ile de Kasikili/Sedudu (Botswana/Namibie)*, notamment paragraphes 17 à 27. Les parties s'opposaient à première vue quant à la méthode à appliquer à l'interprétation de ces expressions : le Botswana était d'avis que la ligne passait par le thalweg du Chobe, ce dernier identifiant le chenal principal du fleuve ; la Namibie arguait que l'on devait d'abord localiser le « chenal principal » avant de chercher à en déterminer le centre. La Cour estime pour sa part, au paragraphe 25, que « les parties au traité de 1890 ont elles utilisé les termes « centre du chenal » et « thalweg » comme des synonymes », ajoutant que « le Botswana et la Namibie n'ont eux-mêmes pas exprimé des positions réellement différentes à cet égard ». Elle s'explique, au paragraphe 27 :

> « De l'avis de la Cour, le véritable différend entre les parties concerne l'emplacement du chenal principal où se situe la frontière. Pour le Botswana, celle-ci doit être déterminée « sur la base du thalweg dans le chenal nord et ouest du Chobe », tandis que, pour la Namibie, elle « suit le centre (c'est-à-dire le thalweg) du chenal sud du Chobe ».
>
> Le Botswana estime qu'il suffit pour la Cour de déterminer l'emplacement de la ligne des sondages les plus profonds dans cette section du Chobe, qui selon lui conduit à adopter comme frontière le centre du chenal nord, mais la Cour relève que ce n'est pas le seul critère invoqué par le Botswana. La Cour observe de surcroît qu'on doit présumer que les parties contractantes, en introduisant l'expression « chenal principal » dans le projet de traité, ont voulu lui attribuer un sens précis. Aussi la Cour entreprendra-t-elle d'abord de déterminer quel est le chenal principal. Elle recherchera à cet effet le sens ordinaire de l'expression « chenal principal » en se référant aux critères les plus couramment utilisés en droit international et dans la pratique des Etats, que les parties ont invoqués. »

> «21 … Pour ce qui est de la région concernée par la présente affaire, cette disposition situe la limite entre les sphères d'influence des parties contractantes dans le «chenal principal» du Chobe ; elle ne fournit toutefois, pas davantage que d'autres dispositions du traité, de critères qui permettraient d'identifier ce «chenal principal.» Il convient également de noter que la version anglaise parle du «centre» du chenal principal *(centre of the main channel)* et que la version allemande utilise le terme «thalweg» dudit chenal *(Thalweg des Hauptlaufes)*.
>
> . . . .
>
> 24. La Cour constate que le terme «thalweg» a reçu, dans les traités de délimitation de frontières, des définitions diverses et que les notions de thalweg d'un cours d'eau et de centre d'un cours d'eau ne sont pas identiques. Selon le cas, le mot «thalweg» désigne «le chemin le plus propre à la navigation» sur le fleuve, la ligne «déterminée par la suite des sondages les plus profonds» ou «la ligne médiane du chenal principal qu'empruntent les bateliers descendant le fleuve». Les traités ou conventions qui définissent des frontières dans des cours d'eau désignent généralement aujourd'hui le thalweg comme frontière lorsque le cours d'eau est navigable et la ligne médiane entre les deux rives lorsqu'il ne l'est pas, sans que l'on puisse toutefois constater l'existence d'une pratique totalement cohérente en la matière.»

Il est toutefois intéressant de noter que cet arrêt, dans une perspective plus contemporaine, appelle également à la coopération entre les deux Etats, considérant que les groupes humains qui vivent de part et d'autre du fleuve doivent pouvoir continuer d'exercer les activités qui leur sont communes :

> « 102. La Cour note toutefois que le communiqué de Kasane du 24 mai 1992 prend acte du fait que les présidents de la Namibie et du Botswana sont convenus et ont décidé que :
>
> « . . . .
>
> *c)* l'interaction sociale existante entre la population namibienne et celle du Botswana devait se poursuivre ;
>
> *d)* les activités économiques comme la pêche devaient continuer, étant entendu qu'aucun filet de pêche ne devait être tendu en travers du fleuve ;
>
> *e)* la navigation devait rester sans entrave et, entre autres, les touristes devaient pouvoir se déplacer librement ».
>
> . . . .
>
> 103. A la lumière des dispositions précitées du communiqué de

Kasane, et en particulier de son alinéa *e)*, ainsi que de l'interprétation qui a été donnée de cet alinéa devant elle en l'espèce, la Cour, qui en vertu du compromis est habilitée à déterminer le statut juridique de l'île de Kasikili/Sedudu, conclut que les parties se sont mutuellement garanti la liberté de navigation, sur les chenaux autour de l'île de Kasikili/Sedudu, pour les bateaux de leurs ressortissants battant pavillon national. Il en résulte que, dans le chenal sud autour de l'île de Kasikili/Sedudu, les ressortissants de la Namibie et les bateaux battant son pavillon sont en droit de bénéficier et bénéficieront du traitement accordé par le Botswana à ses propres ressortissants et aux bateaux battant son propre pavillon. Les ressortissants des deux Etats et les bateaux battant pavillon du Botswana ou de la Namibie seront soumis aux mêmes conditions en ce qui concerne la navigation et la protection de l'environnement. Dans le chenal nord, chaque partie accordera également aux ressortissants et aux bateaux battant pavillon de l'autre partie, sur un pied d'égalité, le régime de traitement national.»[22]

On voit se dessiner là une volonté de transcender le simple rôle de «borne fluviale» au profit de l'intégration d'éléments de «vie en commun» partagés de part et d'autre de la frontière, notamment au travers des activités de pêche et de navigation[23].

Paragraphe 2 **La navigation**

La première activité économique saisie par le droit international a été la navigation, pionnière des utilisations réglementées en matière de cours d'eau internationaux[24]. La notion de liberté de navi-

22. Voir affaire de l'*Ile de Kasikili/Sedudu (Botswana/Namibie)*, *op. cit.*

23. Dans une opinion individuelle jointe à l'arrêt du 22 décembre 1986 rendu par une chambre de la CIJ en l'affaire du *Différend frontalier (Burkina Faso/République du Mali)*, *CIJ Recueil 1986*, le juge *ad hoc* Georges Abi-Saab, bien que tenant pour juridiquement acceptable la solution adoptée par la chambre dans les limites de la marge de liberté qui prévalait ici quant à l'interprétation de l'*uti possidetis*, avait déjà plaidé pour une utilisation plus généreuse en l'espèce de l'équité *infra legem* dans l'interprétation et l'application du droit. Son argument se basait précisément sur la nécessité de tenir compte des besoins et usages des populations, s'agissant ici de la délimitation de «mares» dans une zone désertique de nomadisation, où l'accès à l'eau s'avère d'une importance vitale. Voir Raymond Ranjeva, «Nouveaux aspects du droit des frontières en Afrique à la lumière de la jurisprudence de la Cour internationale de Justice», *L'ordre juridique international, un système en quête d'équité et d'universalité. Liber amicorum Georges Abi-Saab*, Laurence Boisson de Chazournes et Vera Gowlland-Debbas (dir. publ.), Martinus Nijhoff Publishers, La Haye, Londres, Boston, 2001, pp. 603-607.

24. Sur ce point, voir par exemple B. Bitanyi, «The International Regime of River Navigation», Martinus Nijhoff Publishers, Dordrecht, 1980, ou P.

gation est importante tant au plan commercial que stratégique. Pour mieux comprendre ce régime, il importe toutefois de le situer dans son contexte historique[25].

La question de la liberté de la navigation a commencé à prendre de l'importance en Europe après la Révolution française et les guerres napoléoniennes. L'article 108 de l'Acte final du Congrès de Vienne du 9 juin 1815 contenait un ensemble de dispositions ouvrant les fleuves internationaux des parties contractantes à la navigation commerciale des navires battant leur pavillon. Le fondement juridique de la liberté de navigation pour les pavillons des Etats riverains se trouve dans l'idée que les cours d'eau considérés présentent pour ces Etats un intérêt commun et, par conséquent, donnent lieu à des droits (et à des obligations juridiques) réciproques.

La liberté de navigation, initialement réservée aux pavillons riverains, s'est étendue peu à peu, dans la seconde moitié du XIXe siècle, aux vaisseaux de commerce des non-riverains. L'expansion coloniale a également favorisé une extension de cette politique à l'Afrique[26] et à l'Asie. Sur le continent américain, en revanche, s'est développé par voie de coutume régionale un régime particulier, celui de l'autorisation spéciale par accord ou législation. Ce phénomène de libéralisation de la navigation a culminé avec le Traité de Versailles du 28 juin 1919 et le Statut de Barcelone sur le régime des voies navigables d'intérêt international du 20 avril 1921. Ces deux instruments ont ouvert les voies navigables d'Europe à toutes les nations et n'ont réservé que le cabotage au pavillon national. Des considérations d'ordre économique, géopolitique et stratégique ont ainsi permis de forger un régime libéral en matière d'accès et de transit sur les fleuves internationaux, comme en témoigne les décisions et avis de la Cour permanente de Justice internationale. On peut à cet effet évoquer la demande d'avis relative à l'étendue de la compétence de la Commission européenne du Danube et la sphère territoriale couverte[27], ainsi que l'affaire par laquelle sept pays (l'Allemagne, le Danemark, la France, le Royaume-Uni, la Suède et la Tchécoslovaquie d'un côté, la Pologne de l'autre) entendaient mettre fin à un

---

Buirette, «Genèse d'un droit fluvial international général», *Revue générale de droit international public*, vol. 95, 1991, pp. 5-70.

25. Voir par exemple Lucius Caflisch et Ralph Zacklin (dir. publ.), *Le régime juridique des fleuves et des lacs internationaux*, Martinus Nijhoff, Dordrecht, 1981.

26. Voir Acte général de la Conférence de Berlin, dans Jules Hopf, *Recueil général de traités et autres actes relatifs aux rapports de droit international*, deuxième série, t. X, Göttingen, Librairie de Dietrich, 1885, pp. 416-418.

27. *Compétence de la Commission européenne du Danube* (entre Galatz et Braïla), avis consultatif, 1926, *CPIJ série B n° 14*, pp. 64-66.

désaccord concernant les limites territoriales de la juridiction de la Commission internationale de l'Oder [28].

Au sortir de la première guerre mondiale, cette tendance est accentuée par le désir de surveiller de l'intérieur, au moyen de navires, l'Allemagne vaincue, tout en l'empêchant d'acquérir des moyens de pression sur ses voisins lui permettant de remettre en cause le paiement de ses dettes de guerre. De plus, on souhaitait assurer la survie d'un nouvel Etat d'Europe centrale, la Pologne, en lui garantissant l'accès à la mer [29].

Ce régime va toutefois évoluer du fait des changements politiques qui prirent place en Europe dans l'entre-deux-guerres. Entamée par la montée de régimes autoritaires en prélude à la guerre de 1939-1945, la politique de liberté générale fut ensuite affectée par l'avènement de la guerre froide [30]. De ce fait, la Convention relative au régime de la navigation sur le Danube (Belgrade, 1948) [31] a restreint aux seuls pavillons des Etats riverains d'Europe orientale la liberté de navigation sur le fleuve. Les riverains du Rhin ont riposté en imposant des limitations analogues aux Etats d'Europe de l'Est. La fin de la guerre froide a entraîné dans son sillage la libéralisation de ces régimes, reconnaissant à tous les Etats riverains l'exercice du droit de navigation.

Dans de nombreuses autres régions du monde, la liberté de navigation pour tous les pavillons garantie par les traités conclus par les puissances coloniales a été remplacée, lors de la décolonisation, par des accords ou des textes législatifs limitant cette liberté aux navires des Etats riverains. Il en est ainsi, par exemple, de la Convention relative au statut du fleuve Sénégal (Nouakchott, 1972). [32]

---

28. *Juridiction territoriale de la Commission internationale de l'Oder (Allemagne* et al. *c. Pologne)*, arrêt n° 16, 1929, *CPIJ série A n° 23*, p. 146. Il s'agissait pour la Cour de déterminer si le régime international de l'Oder (sous administration de la Commission en vertu du mandat fixé par le Traité de Versailles) s'étendait à deux affluents de l'Oder situés entièrement en territoire polonais. La Cour, ne pouvant utiliser la Convention de Barcelone de 1921 car la Pologne n'y était pas partie, utilisa l'article 331 du Traité de Versailles, qui délimitait la compétence de la Commission, à la lumière des principes généraux du droit fluvial international. Elle conclut que la communauté d'intérêts sur laquelle se fondait le régime (par opposition à la théorie plus restrictive du droit de passage, avancée par la Pologne) justifiait une interprétation favorable à l'extension du régime à toute la surface navigable du cours d'eau.

29. Voir Lucius Caflisch, «Règles générales du droit des cours d'eau internationaux», *op. cit.*

30. *Ibid.*

31. Nations Unies, *Recueil des traités*, 1949, n° 518.

32. Ainsi, l'article 6 énonce:

> «Sur les territoires nationaux des Etats contractants, la navigation sur le fleuve Sénégal et ses affluents, qui seront désignés ultérieurement, est entièrement libre et ouverte aux ressortissants, aux bateaux marchands et marchandises des Etats contractants, aux bateaux affrétés par un ou plusieurs Etats contractants, sur un pied d'égalité en ce qui concerne les

L'article XIII des Règles d'Helsinki de 1966, codification effectuée par l'Association de droit international (ADI), reflète l'état du droit contemporain en la matière :

> « Subject to any limitations or qualifications referred to in these Chapters, each riparian State is entitled to enjoy rights of free navigation on the entire course of a river or lake. »[33]

Il en découle que, mis à part le cas du continent américain, chaque Etat riverain d'un cours d'eau international peut revendiquer à son profit la liberté de navigation sur toute l'étendue de ce cours d'eau.

Paragraphe 3 **Autres utilisations des cours d'eau internationaux et évolution vers une approche de gestion commune**

Outre ses fonctions de ligne de division ou de voie de communication, le cours d'eau international, de par les richesses qu'il recèle, est un réservoir de ressources. Parmi les traités conclus au tournant du siècle dernier, il n'est donc pas étonnant de retrouver des accords sur la pêche et des dispositions conventionnelles en matière de pollution, vu les possibles effets de celle-ci sur les stocks de poisson. Toutefois, la mention du problème de la pollution n'est généralement insérée que dans une perspective utilitariste, afin de permettre aux autres utilisations d'être réalisées. La préservation de l'environnement dans son acception contemporaine ne trouvera sa place qu'au gré des instruments négociés à la fin du XXe siècle.

Les utilisations des cours d'eau à des fins d'irrigation ou de production énergétique deviennent aussi de plus en plus importantes, et ce dès la fin du XIXe siècle. Cela donne lieu à des prises de position étatiques qui vont marquer de leur empreinte le développement du droit, fondé, comme on l'a vu, sur le concept de la souveraineté territoriale. Le problème de la « propriété » ou du droit d'accès à l'eau se pose d'abord quant à sa « territorialité ». Ainsi en est-il de la fameuse crise opposant le Mexique aux Etats-Unis d'Amérique[34], qui a permis de mettre en pré-

---

> droits de port et les taxes sur la navigation commerciale. Les bateaux marchands et navires étrangers, de toute origine, seront soumis à une réglementation commune qui sera élaborée ultérieurement. »

Voir aussi les articles 7 et 10. Ce texte est notamment disponible sur le site http://www.fao.org/docrep/W7414B/w7414b07.htm.

33. ILA, *Report of the Fifty-Second Conference* (Helsinki, 1966), p. 506.

34. Le différend concernait l'allocation des eaux du Rio Grande à la frontière américano-mexicaine. Les Etats-Unis, en amont, avaient opéré une série de dérivations qui avaient réduit l'approvisionnement en eau du Mexique, en aval.

sence deux doctrines qui se situent aux deux extrémités opposées du spectre : la position américaine, dite « doctrine Harmon » du nom de l'*Attorney General* américain qui l'a énoncée à l'époque, soutenait que, puisque cette eau avait son origine sur le sol américain et circulait sur son territoire, les Etats-Unis étaient libres d'en disposer à leur guise[35] ; le Mexique plaidait quant à lui la primauté de l'intégrité territoriale, et arguait du droit absolu des Etats d'aval au maintien du flot des cours d'eau sur leur territoire. Selon cette conception, toute altération en qualité ou en quantité du débit du Rio Grande constituait une violation de l'intégrité territoriale du Mexique[36].

Bien que parfois encore invoquées par les parties lors de différends, ces « doctrines » ont depuis perdu leur ascendant pour laisser place à des principes plus compatibles avec l'élaboration de compromis entre Etats riverains. Certains y voient un écho dans des pratiques et accords internationaux relatifs à la gestion et à l'utilisation des cours d'eau, mais d'autres estiment que la référence à l'une ou l'autre de ces doctrines relève davantage de la rhétorique diplomatique que de l'application pratique[37].

Le règlement juridictionnel peut participer à une lecture plus consensuelle de l'ensemble des intérêts. Dans cette perspective, la sentence arbitrale rendue à Genève en 1957 dans l'affaire du *Lac Lanoux* précise :

> « 21. L'article 11 de l'Acte additionnel impose aux Etats dans lesquels on se propose de faire des travaux ou de nouvelles concessions susceptibles de changer le régime ou le volume d'un cours d'eau successif, une double obligation. L'une est d'en donner préalablement avis aux autorités compétentes du pays limitrophe ; l'autre est d'aménager un régime de réclamations et de sauvegarde de tous les intérêts engagés de part et d'autre.
>
> La première obligation n'appelle pas beaucoup de commen-

35. Le texte de l'opinion de Harmon est reproduit (en anglais) dans Cairo A. R. Robb, *International Environmental Law Reports*, vol. 1 : *Early Decisions*, Cambridge University Press (Lauterpacht Research Centre in International Law), pp. 543-549.

36. Le Mexique fit aussi valoir des droits historiques sur le volume des eaux traversant la frontière, découlant de l'usage antérieur des riverains mexicains qui, ayant les premiers exploité la ressource, auraient acquis le droit d'en exiger la conservation. On peut aussi consulter, sur cette affaire, ministère des Relations internationales du Québec, *Gestion intégrée des ressources en eau : modèles étrangers et expériences récentes* (série sur les enjeux internationaux de l'eau, vol. 2), septembre 1999. Ce texte est aussi disponible sur le site http://www.mri. gouv.qc.ca/la_bibliotheque/eau/index.html.

37. Sur la place de la doctrine Harmon dans la pratique américaine, voir Stephen McCaffrey, *The Law of International Watercourses — Non-Navigational Uses*, Oxford University Press, Oxford, 2001, pp. 76-111.

taires, puisqu'elle a pour seul objet de permettre la mise en œuvre de la seconde. Toutefois, *l'éventualité d'une atteinte au régime ou au volume des eaux envisagé à l'article 11 ne saurait, en aucun cas, être laissée à l'appréciation exclusive de l'Etat qui se propose d'exécuter ces travaux ou de faire de nouvelles concessions* ... L'Etat exposé à subir les répercussions des travaux entrepris par un Etat limitrophe est seul juge de ses intérêts, et si ce dernier n'en a pas pris l'initiative, on ne saurait méconnaître à l'autre le droit d'exiger notification des travaux ou concessions qui sont l'objet d'un projet. ...

22. Le contenu de la deuxième obligation est plus délicat à déterminer. Les « réclamations » visées à l'article 11 sont relatives aux différents droits protégés par l'Acte additionnel, mais le problème essentiel est d'établir comment doivent être sauvegardés « tous les intérêts qui pourraient être engagés de part et d'autre ».

Il faut d'abord déterminer quels sont les « intérêts » qui doivent être sauvegardés. ... Il faut tenir compte, quelle qu'en soit la nature, de tous les intérêts qui risquent d'être affectés par les travaux entrepris, même s'ils ne correspondent pas à un droit. Seule cette solution correspond aux termes de l'article 16, à l'esprit des Traités pyrénéens, aux tendances qui se manifestent en matière d'aménagements hydroélectriques dans la pratique internationale actuelle.

La deuxième question est de déterminer la méthode suivant laquelle ces intérêts pourront être sauvegardés. Si cette méthode implique nécessairement des entretiens, elle ne saurait se ramener à des exigences purement formelles, telles que de prendre connaissance des réclamations, protestations ou regrets présentés par l'Etat d'aval. Le Tribunal est d'avis que l'*Etat d'amont a, d'après les règles de la bonne foi, l'obligation de prendre en considération les différents intérêts en présence, de chercher à leur donner toutes les satisfactions compatibles avec la poursuite de ses propres intérêts et de montrer qu'il a, à ce sujet, un souci réel de concilier les intérêts de l'autre riverain avec les siens propres*.

Il est délicat d'apprécier s'il a été satisfait à une telle obligation. Mais, sans se substituer aux parties, le juge est en mesure de procéder à cette appréciation sur la base des éléments fournis par les négociations. »[38]

---

38. Sentence relative à l'*Utilisation des eaux du lac Lanoux* (Tribunal arbitral franco-espagnol, Genève, 16 novembre 1957), *Recueil des sentences arbitrales (RSA)*, vol. XII, pp. 285 ss. (aussi publiée dans la *Revue générale de droit international public*, vol. XXIX (1958), n° 1, 62e année, 3e série, pp. 79-119). L'italique est de nous.

L'affirmation progressive de principes tels le devoir de consulter et de négocier ou encore celui de l'utilisation équitable et raisonnable des cours d'eau internationaux [39] a pris le contre-pied de manifestations de souveraineté absolutistes telle la doctrine Harmon. Les efforts de codification du droit applicable en la matière ont apporté une contribution significative en ce sens. La Cour internationale de Justice, reprenant à son compte un prononcé de la Cour permanente de Justice internationale (CPJI), a également posé sa pierre à l'édifice en précisant en 1997 :

> « En 1929, la Cour permanente de Justice internationale, à propos de la navigation sur l'Oder, a déclaré ce qui suit :
>
> « [la] communauté d'intérêts sur un fleuve navigable devient la base d'une communauté de droit, dont les traits essentiels sont la parfaite égalité de tous les Etats riverains dans l'usage de tout le parcours du fleuve et l'exclusion de tout privilège d'un riverain quelconque par rapport aux autres » (*Juridiction territoriale de la Commission internationale de l'Oder*, *arrêt n° 16, 1929, CPJI série A n° 23*, p. 27).
>
> Le développement moderne du droit international a renforcé ce principe également pour les utilisations des cours d'eau internationaux à des fins autres que la navigation, comme en témoigne l'adoption par l'Assemblée générale des Nations Unies, le 21 mai 1997, de la Convention sur le droit relatif aux utilisations des cours d'eau internationaux à des fins autres que la navigation. » [40]

La multiplication des utilisations des cours d'eau pouvait s'avérer source potentielle de conflits. Le droit international a progressivement

---

39. Pour une lecture de ces principes antérieure à l'adoption de la Convention-cadre de 1997 (sur ce traité, voir *infra*), consulter, par exemple, Charles B. Bourne, « Procedure in the Development of International Drainage Basins : The Duty to Consult and to Negotiate », *Annuaire canadien de droit international*, vol. 10, 1972, pp. 212-234 ; Lucius Caflisch, « Sic utere tuo ut alienum non laedas : règle prioritaire ou élément servant à mesurer le droit de participation équitable et raisonnable à l'utilisation d'un cours d'eau international ? », *Internationales Recht auf See und Binnengewässer. Festschrift für Walter Müller*, Schulthess, Polygraphischer Verlag, Zurich, 1993, pp. 27-47.

40. Voir affaire relative au *Projet Gabčíkovo-Nagymaros (Hongrie/Slovaquie)*, Cour internationale de Justice, rôle général n° 92, 25 septembre 1997 (*CIJ Recueil 1997*, aussi disponible sur le site de la CIJ, www.icj-cij.org), par. 85. Pour un commentaire, lire, par exemple, Jochen Sohnle, « Irruption du droit de l'environnement dans la jurisprudence de la Cour internationale de Justice : l'affaire relative au projet Gabčíkovo-Nagymaros », *RGDIP*, 1998, 1, pp. 85-121, ou encore, en ce qui a trait à l'eau, Philippe Sands, « Les cours d'eau internationaux, l'environnement et la Cour internationale de Justice : l'affaire Gabčíkovo-Nagymaros », dans Salman M. A. Salman et Laurence Boisson de Chazournes (dir. publ.), *Cours d'eaux internationaux : renforcer la coopération et gérer les différends, op. cit.*, pp. 105-128.

tenté d'apaiser les tensions en ne privilégiant aucune utilisation, sauf à prendre en compte les besoins humains essentiels[41]. L'article 10 du projet soumis par la Commission du droit international (CDI) en 1994 sur le thème du « droit relatif aux utilisations des cours d'eau internationaux à des fins autres que la navigation », repris par la suite dans la Convention des Nations Unies de 1997, ne dit pas autre chose :

> « *Article 10. Rapport entre les utilisations*
>
> 1. En l'absence d'accord ou de coutume en sens contraire, aucune utilisation d'un cours d'eau international n'a en soi priorité sur d'autres utilisations.
> 2. En cas de conflit entre des utilisations d'un cours d'eau international, le conflit est résolu eu égard aux principes et aux facteurs énoncés aux articles 5 à 7, une attention spéciale étant accordée à la satisfaction des besoins humains essentiels. »

Dans son commentaire, la CDI précise :

> « Si la navigation bénéficiait peut-être d'une priorité généralisée pendant la première partie du vingtième siècle*, à mesure que d'autres types d'utilisations ont commencé à la concurrencer sur le plan économique et social, les Etats se sont rendu compte qu'il leur fallait se montrer plus souples. Une résolution adoptée en 1966 par le Conseil économique et social interaméricain à sa quatrième réunion ministérielle annuelle témoigne de ce changement d'attitude, car elle reconnaît combien il importe de tenir compte de la diversité des utilisations potentielles d'un cours d'eau. Dans cette résolution, il est recommandé aux Etats membres d'assurer la promotion, pour le plus grand bien de tous, de l'utilisation économique des voies d'eau, bassins et accidents hydrographiques de la région « dans le domaine des transports, de la production d'énergie électrique, des travaux d'irrigation et autres, notamment afin de contrôler et de prévenir les dégâts périodiques causés par les inondations de leurs eaux »**. La même année, l'Association de

41. Le *Rapport de la Commission du droit international sur les travaux de sa quarante-deuxième session* (2-22 juillet 1994) (Assemblée générale, doc. A/49/10, supplément n° 10, p. 280) précise que, sous le couvert de cette notion, il faut entendre qu'en cas de conflit entre diverses utilisations les Etats concernés

> « doivent veiller à fournir de l'eau en quantité suffisante pour la vie humaine, qu'il s'agisse de l'eau potable ou de l'eau à réserver aux productions vivrières destinées à empêcher la famine. Ce critère est une forme accentuée du facteur défini à l'article 6, paragraphe 1 *b)*, qui fait état des « besoins économiques et sociaux des Etats du cours d'eau concernés. »

droit international concluait elle aussi qu'aucune utilisation ne devait bénéficier d'une priorité systématique. C'est ainsi que l'article VI des «Règles d'Helsinki» dispose: «Aucune utilisation ou catégorie d'utilisations ne doit recevoir de préférence à priori sur toute autre utilisation ou catégorie d'utilisation.»*** [42]

Il est intéressant de remarquer en dernier lieu que les impératifs de gestion des cours d'eau internationaux ont contribué non seulement à l'évolution du droit en la matière, mais aussi du droit institutionnel axé sur la coopération interétatique. Le caractère international des cours d'eau appelle l'intervention de structures et d'institutions qui ne relèvent plus d'un seul Etat. En cela, l'expérience acquise, entre autres, par les fameuses «commissions fluviales» multilatérales a certainement contribué au développement du droit des organisations internationales[43].

SECTION 4 L'AFFIRMATION DE L'IDÉE DE GESTION COMMUNE DES COURS D'EAU INTERNATIONAUX ET L'ÉLABORATION DE CONVENTIONS-CADRES

Les travaux de la CDI, amorcés dès 1970[44], avaient pour objectif le développement d'un instrument de codification à vocation universelle, destiné à régir les utilisations des cours d'eaux interna-

42. Voir *Rapport de la Commission du droit international sur les travaux de sa quarante-deuxième session* (2-22 juillet 1994) (Assemblée générale, doc. A/49/10, supplément n° 10, p. 278). Les notes fournies par la CDI (marquées ici par des astérisques), évoquent aussi divers documents utiles:

* l'article 10, paragraphe 1, de la Convention et du Statut de Barcelone de 1921, relatifs au régime des voies navigables d'intérêt international (Société des Nations, *Recueil des traités*, vol. VII, p. 57); l'article 5 de la Déclaration de Montevideo approuvée par la septième Conférence interaméricaine en 1963 (reproduite dans *ACDI* (1974), vol. II, deuxième partie, p. 229, doc. A/5409, annexe I, A); et la règle II, 4, de la résolution de Madrid de 1911 de l'Institut de droit international, *Annuaire de l'Institut de droit international*, 1911 (Paris), vol. 24, p. 366.

** la résolution 24-M/66 sur la régularisation et l'utilisation économique des cours d'eau, des bassins et des accidents hydrographiques de l'Amérique latine, paragraphe unique du dispositif (reproduite dans *ACDI* (1974), vol. II, deuxième partie, p. 389, document A/CN.4/274, par. 380);

*** les «règles d'Helsinki», *op. cit.*, p. 491.

43. Philippe Sands et Pierre Klein, *Bowett's Law of International Institutions*, 5e éd., Sweet et Maxwell, Londres, 2001, pp. 6-13.

44. La CDI avait inscrit le sujet à son programme de travail lors de sa vingt-troisième session, suite à une recommandation de l'Assemblée générale (résolution 2669 (XXV), 8 décembre 1970). Son projet a été adopté en première lecture à sa soixante-troisième session (1991).

tionaux autres que la navigation. Celles-ci ne faisaient alors l'objet d'aucune réglementation écrite, si ce n'est des fameuses « Règles d'Helsinki » de l'Association de droit international, ensemble de recommandations normatives proposées par une société savante constituée d'experts n'agissant pas au nom de leurs Etats[45]. A la demande des pays en développement, l'Assemblée générale, par le biais de la CDI, entendait fournir à la communauté internationale un corps de règles destiné à régir un domaine dont l'importance prenait de plus en plus d'ampleur. Le processus allait aboutir, le 21 mai 1997, avec l'adoption par voie de résolution de l'Assemblée générale (A/Res.51/229) d'un traité multilatéral de portée globale. Conformément à son article 34, la Convention était ouverte à la signature et devait le rester pour tous les Etats et organisations d'intégration économique régionale jusqu'au 21 mai 2000. Au 1er août 2004, l'instrument ne comptait que douze parties sur les trente-cinq nécessaires pour son entrée en vigueur[46].

Paragraphe 1 **Un instrument à vocation universelle : la Convention sur le droit relatif aux utilisations des cours d'eau internationaux à des fins autres que la navigation (ONU, New York, 1997)**

L'adoption de cette convention marque une étape fondamentale dans l'évolution de la réglementation en la matière. Il s'agit en effet de la mise en place de la charpente vouée à soutenir l'architecture globale du régime de gestion des cours d'eaux internationaux.

C'est un instrument qui se veut la pièce maîtresse d'un système complexe, appelé à se consolider et à s'étendre graduellement pour couvrir les diverses situations particulières[47].

Ses dispositions ont fait l'objet de négociations lentes et ardues, menées à l'échelon universel. Si la recherche d'un nécessaire compro-

---

45. A propos de ce document, lire E. J. Manner et Veli-Martti Metsälampi (dir. publ.), *The Work of the International Law Association on the Law of International Water Resources*, Helsinki, 1988.

46. Au 1er août 2004, la Convention a recueilli seize signatures — dont huit seulement suivies de ratification (Afrique du Sud, Jordanie, Namibie, Norvège République arabe syrienne), d'acceptation (Finlande, Pays-Bas) ou d'approbation (Hongrie) — auxquelles sont venues s'ajouter quatre adhésions (Irak, Liban, Qatar, Suède).

47. Sur cette convention, voir Lucius Conrad Caflisch, « La Convention du 21 mai 1997 sur l'utilisation des cours d'eau à des fins autres que la navigation », *Annuaire français de droit international*, vol. 43, 1997, p. 751 ; Stephen McCaffrey et Mpazi Sinjela, « The 1997 United Nations Convention on International Watercourses », *American Journal of International Law*, vol. 92 (1998), p. 97.

mis et la portée la plus large possible de ce type d'instrument tendent à réduire sa teneur au plus petit dénominateur commun, il n'en reste pas moins que les principes et règles qu'on y retrouve représentent les fondements d'un édifice viable. L'élaboration successive de protocoles, traités corrélatifs, amendements, lignes directrices ou autres additions permettront de développer plus avant cet ensemble.

C'est ainsi que divers accords internationaux ont été et sont développés sur la base de la Convention de 1997[48], même si celle-ci n'est pas encore entrée en vigueur. Tel est le cas du Protocole révisé sur les cours d'eau partagés dans la Communauté de développement de l'Afrique australe conclu le 7 août 2000[49], ou encore du projet de convention-cadre entre les dix Etats riverains du Nil, élaboré avec le soutien de la Banque

48. Cette éventualité est d'ailleurs prévue, au même titre que d'autres techniques d'ajustement d'obligations existantes ou subséquentes, à l'article 3 relatif aux « accords de cours d'eau » :

> « 1. A moins que les Etats du cours d'eau n'en soient convenus autrement, la présente convention ne modifie en rien les droits ou obligations résultant pour ces Etats d'accords en vigueur à la date à laquelle ils sont devenus parties à la présente convention.
>
> 2. Nonobstant les dispositions du paragraphe 1, les parties à des accords visés au paragraphe 1 peuvent, si besoin est, envisager de mettre lesdits accords en harmonie avec les principes fondamentaux de la présente convention.
>
> 3. Les Etats du cours d'eau peuvent conclure un ou plusieurs accords, ci-après dénommés « accords de cours d'eau », qui appliquent et adaptent les dispositions de la présente convention aux caractéristiques et aux utilisations d'un cours d'eau international particulier ou d'une partie d'un tel cours d'eau.
>
> 4. Lorsqu'un accord de cours d'eau est conclu entre deux ou plusieurs Etats du cours d'eau, il doit définir les eaux auxquelles il s'applique. Un tel accord peut être conclu pour un cours d'eau international tout entier, ou pour une partie quelconque d'un tel cours d'eau, ou pour un projet ou un programme particulier, ou pour une utilisation particulière, dans la mesure où cet accord ne porte pas atteinte, de façon significative, à l'utilisation des eaux du cours d'eau par un ou plusieurs Etats du cours d'eau sans le consentement exprès de cet Etat ou ces Etats.
>
> 5. Lorsqu'un Etat du cours d'eau estime qu'il faudrait adapter et appliquer les dispositions de la présente convention en raison des caractéristiques et des utilisations d'un cours d'eau international particulier, les Etats du cours d'eau se consultent en vue de négocier de bonne foi dans le but de conclure un accord ou des accords de cours d'eau.
>
> 6. Lorsque certains Etats du cours d'eau d'un cours d'eau international particulier, mais non pas tous, sont parties à un accord, aucune disposition de cet accord ne porte atteinte aux droits et obligations qui découlent de la présente convention pour les Etats du cours d'eau qui n'y sont pas parties. »

49. Salman M. A. Salman, « Legal Regime for Use and Protection of International Watercourses in the Southern African Region : Evolution and Context », *Natural Resources Journal*, vol. 41 (automne 2001), pp. 981-1022.

mondiale, du Programme des Nations Unies pour le développement (PNUD) et d'autres bailleurs de fonds[50].

La principale vertu de la Convention de 1997 est de fournir les bases normatives et conceptuelles nécessaires à l'édification d'un régime harmonisé, mais non figé, capable d'évoluer dans le temps selon les développements sur le plan pratique comme sur celui des idées. Cette approche intégrée, cœur du système, s'articule autour de quatre piliers :

i) consécration des principes liés au partage de l'eau ;
ii) affirmation du devoir de coopération des Etats riverains ;
iii) intégration de la protection de l'environnement comme composante à part entière du régime de gestion des eaux internationales ;
iv) promotion de mécanismes de règlement et de prévention des différends.

Un cinquième pilier, à peine effleuré, est celui de la participation populaire. La prise en compte de ces piliers, qui sont liés les uns aux autres, est importante, même si ces derniers peuvent apparaître fragiles ou incertains dans certains de leurs contours.

A. Le partage des eaux et ses principes afférents

On rencontre ici deux principes : celui de l'« utilisation et participation équitables et raisonnables », ainsi que l'« obligation de ne pas causer de dommages significatifs » aux autres Etats du cours d'eau[51].

Le premier est énoncé à l'article 5 de la Convention, et précisé à l'article 6. Ce dernier indique des facteurs pertinents à prendre en compte dans l'application de l'article 5 :

> « 1. Les Etats du cours d'eau utilisent sur leurs territoires respectifs le cours d'eau international de manière équitable et raisonnable. En particulier, un cours d'eau international sera utilisé et mis en valeur par les Etats du cours d'eau en vue de parvenir à l'utilisation et aux avantages optimaux et durables — compte tenu des intérêts des Etats du cours d'eau concernés — compatibles avec les exigences d'une protection adéquate du cours d'eau.

50. Jutta Brunee et Stephen J. Toope, « The Changing Nile Basin Regime : Does Law Matter ? », *Harvard International Law Journal*, vol. 43 (hiver 2002), pp. 107-159.

51. Sur ces principes, voir Patricia Wouters, *Rivers of the World : Fundamental Principles of the Law of International Watercourses*, thèse, Institut universitaire de hautes études internationales (IUHEI), Genève, 1999.

2. Les Etats du cours d'eau participent à l'utilisation, à la mise en valeur et à la protection d'un cours d'eau international de manière équitable et raisonnable. Cette participation comporte à la fois le droit d'utiliser le cours d'eau et le devoir de coopérer à sa protection et à sa mise en valeur, comme prévu dans les présents articles. »

On retrouve le second proclamé à l'article 7 :

« 1. Lorsqu'ils utilisent un cours d'eau international sur leur territoire, les Etats du cours d'eau prennent toutes les mesures appropriées pour ne pas causer de dommages significatifs aux autres Etats du cours d'eau.

2. Lorsqu'un dommage significatif est néanmoins causé à un autre Etat du cours d'eau, les Etats dont l'utilisation a causé ce dommage prennent, en l'absence d'accord concernant cette utilisation, toutes les mesures appropriées, en prenant en compte comme il se doit les dispositions des articles 5 et 6 et en consultation avec l'Etat touché, pour éliminer ou atténuer ce dommage et, le cas échéant, discuter de la question de l'indemnisation. »

Les principes relevant de cette catégorie conservent des contours flous qu'il importe de mieux préciser et développer. En outre, la tentation de ne pas établir de priorité parmi les principes à mettre en œuvre crée le risque de voir s'installer un statu quo porteur de désaccords.

B. Le devoir de coopération

L'« obligation générale de coopérer »[52] visée par l'article 8 peut se matérialiser sous plusieurs formes (mises sur pied de

52. L'article 8 de la Convention se lit comme suit :

« 1. Les Etats du cours d'eau coopèrent sur la base de l'égalité souveraine, de l'intégrité territoriale, de l'avantage mutuel et de la bonne foi en vue de parvenir à l'utilisation optimale et à la protection adéquate du cours d'eau international.

2. Pour arrêter les modalités de cette coopération, les Etats du cours d'eau peuvent, s'ils le jugent nécessaire, envisager de créer des mécanismes ou commissions mixtes en vue de faciliter la coopération touchant les mesures et procédures appropriées compte tenu de l'expérience acquise à la faveur de la coopération dans le cadre des mécanismes et commissions mixtes existant dans diverses régions. »

Sur l'importance des mécanismes institutionnels de coopération pour la gestion des eaux internationales, voir L. Boisson de Chazournes, « The Role of Diplomatic Means of Solving Water Disputes : A Special Emphasis on Institutional Mechanisms », *Resolution of International Water Disputes. The Permanent Court of Arbitration/Peace Palace Papers*, Kluwer Law International, The Hague, 2003, pp. 91-110.

« mécanismes ou commissions mixtes » se basant sur l'expérience acquise au sein de semblables institutions, « échange régulier de données et d'informations » sur l'état du cours d'eau prévu par l'article 9, notification de mesures projetées, telle que régie par la troisième partie de la Convention, etc.). Il faut encore évoquer l'article 24 sur la création de commissions mixtes de gestion, même si cette disposition est fort modeste dans son exigence de création de tels mécanismes[53].

La récolte et l'échange d'informations sont essentiels au développement d'une coopération efficace (et constituent un élément clé du règlement, sinon de la prévention des différends). Toutefois, la Convention ne préconise qu'une obligation de type « diligence due », sans imposer de solution préétablie. Elle rappelle, mais n'insiste pas sur les efforts devant être mis en œuvre afin de s'assurer de l'ouverture des mécanismes institutionnels de coopération envisagés à tous les Etats riverains, que ceux-ci soient parties ou non à un « accord de cours d'eau ». La participation des Etats non parties peut être souhaitable, en ce qu'elle peut constituer un premier pas vers l'élaboration d'un accord plus général entre tous les Etats concernés.

C. La protection de l'environnement

La quatrième partie de la Convention, intitulée « Protection, préservation et gestion », contient les dispositions « environnementales » de la Convention. Celles-ci sont le fruit d'une propagation, par essaimage et contamination, des préoccupations qui se sont fait jour dans l'ordre juridique contemporain en ce qui a trait à la nécessité d'accorder une meilleure protection à l'environnement (envisagé d'abord comme « humain », puis comme « global »).

Le développement et l'élaboration de la Convention des Nations Unies sur le droit de la mer a connu un processus identique[54].

53. Art. 24 : « *Gestion*

1. Sur la demande de l'un quelconque d'entre eux, les Etats du cours d'eau engagent des consultations sur la gestion d'un cours d'eau international, y compris éventuellement la création d'un mécanisme mixte de gestion.

2. Aux fins du présent article, on entend par « gestion », en particulier :

a) le fait de planifier la mise en valeur durable d'un cours d'eau international et d'assurer l'exécution des plans qui auront pu être adoptés ; et
b) le fait de promouvoir de toute autre manière l'utilisation, la protection et le contrôle du cours d'eau dans des conditions rationnelles et optimales. »

54. Le texte de la Convention est reproduit notamment dans Laurence Boisson de Chazournes, Richard Desgagné et Cesare Romano, *Protection internationale de l'environnement : Recueil d'instruments juridiques*, *op. cit.*

Ainsi, l'article 20, inspiré de l'article 192 de la Convention de Montego Bay[55], stipule que:

> «Les Etats du cours d'eau, séparément et, s'il y a lieu, conjointement, protègent et préservent les écosystèmes des cours d'eau internationaux.»

Cette obligation n'est assortie d'aucune restriction. La notion d'«écosystème» des cours d'eau internationaux englobant les zones terrestres adjacentes, il faut interpréter l'article 20 comme stipulant que ces zones doivent être entretenues de telle manière que les cours d'eau qu'elles bordent ne soient pas endommagés, par exemple, par un excès de résidus agricoles. Les autres dispositions abordent des aspects spécifiques de la protection de l'environnement.

L'article 21 traite de la pollution des cours d'eau internationaux[56]. Après avoir défini le terme de «pollution», il utilise la formule type, aussi employée dans l'article 194 de la Convention sur le droit de la mer, selon laquelle les Etats riverains «préviennent, réduisent et maîtrisent la pollution des cours d'eau internationaux». Cette disposition, cependant, ne s'applique que si la pollution «risque de causer un dommage significatif à d'autres Etats du cours d'eau ou à leur environnement».

L'article 23 traite quant à lui, en des termes très généraux, du pro-

---

55. L'article 192, contenu dans la partie XII («Protection et préservation du milieu marin») de la Convention, s'intitule «Obligation d'ordre général» et se lit comme suit: «Les Etats ont l'obligation de protéger et de préserver le milieu marin.»

56. Art. 21: *«Prévention, réduction et maîtrise de la pollution*

> 1. Aux fins du présent article, on entend par «pollution d'un cours d'eau international» toute modification préjudiciable de la composition ou de la qualité des eaux d'un cours d'eau international résultant directement ou indirectement d'activités humaines.
>
> 2. Les Etats du cours d'eau, séparément et, s'il y a lieu, conjointement, préviennent, réduisent et maîtrisent la pollution d'un cours d'eau international qui risque de causer un dommage significatif à d'autres Etats du cours d'eau ou à leur environnement, y compris un dommage à la santé ou à la sécurité de l'homme, ou bien à toute utilisation positive des eaux ou bien aux ressources biologiques du cours d'eau. Les Etats du cours d'eau prennent des mesures pour harmoniser leurs politiques à cet égard.
>
> 3. A la demande de l'un quelconque d'entre eux, les Etats du cours d'eau se consultent en vue d'arrêter des mesures et méthodes mutuellement acceptables pour prévenir, réduire et maîtriser la pollution, telles que:
>
> *a)* définir des objectifs et des critères communs concernant la qualité de l'eau;
>
> *b)* mettre au point des techniques et des pratiques pour combattre la pollution de sources ponctuelles ou diffuses;
>
> *c)* établir des listes de substances dont l'introduction dans les eaux d'un cours d'eau international doit être interdite, limitée, étudiée ou contrôlée.»

blème de la détérioration de l'environnement marin d'origine tellurique, énonçant que

> «[l]es Etats du cours d'eau, séparément et, s'il y a lieu, en coopération avec d'autres Etats, prennent toutes les mesures se rapportant à un cours d'eau international qui sont nécessaires pour protéger et préserver le milieu marin, y compris les estuaires, en tenant compte des règles et normes internationales généralement acceptées».

Cette disposition s'avère cruciale, car la pollution en provenance des terres est la source la plus importante de pollution des mers et des océans.

Dans une «déclaration d'interprétation», le groupe de travail au sein duquel la Convention a été négociée indiquait que les articles 21 à 23 «imposent une norme de diligence raisonnable aux Etats du cours d'eau»[57], introduisant de ce fait une flexibilité qui permet de tenir compte de la diversité de capacités des Etats concernés ainsi que de la variabilité des écosystèmes.

L'article 25 porte sur des activités telles que le renforcement des berges pour prévenir l'érosion, le redressement du lit d'un fleuve, etc. Les Etats riverains doivent en ce cas coopérer pour répondre à la nécessité et participer aux travaux sur une base équitable[58].

Quant à la construction et à l'entretien des barrages et autres ouvrages de ce type, ils font l'objet de l'article 26 («Installations»)[59]. Etant

57. Voir Stephen McCaffrey, «La Convention sur le droit relatif aux utilisations des cours d'eau internationaux à des fins autres que la navigation: perspectives et embûches», dans Salman M. A. Salman et Laurence Boisson de Chazournes (dir. publ.), *Cours d'eaux internationaux: renforcer la coopération et gérer les différends*, *op. cit.*, p. 27.

58. Art. 25: «*Régulation*

> 1. Les Etats du cours d'eau coopèrent, selon que de besoin, pour répondre à la nécessité ou pour exploiter les possibilités de réguler le débit des eaux d'un cours d'eau international.
>
> 2. A moins qu'il n'en soit convenu autrement, les Etats du cours d'eau participent sur une base équitable à la construction et à l'entretien ou au financement des ouvrages de régulation qu'ils ont pu convenir d'entreprendre.
>
> 3. Aux fins du présent article, le terme «régulation» s'entend de l'utilisation d'ouvrages hydrauliques ou de toute autre mesure employée de façon continue pour modifier, faire varier ou contrôler d'une autre manière le débit des eaux d'un cours d'eau international.»

59. Art. 26: «*Installations*

> 1. Les Etats du cours d'eau, à l'intérieur de leurs territoires respectifs, s'emploient au mieux de leurs moyens à assurer l'entretien et la protection des installations, aménagements et autres ouvrages liés à un cours d'eau international.
>
> 2. Sur la demande de l'un quelconque d'entre eux qui a des motifs rai-

donné qu'un barrage défectueux peut poser des risques considérables pour les Etats riverains d'aval, cet article stipule que les Etats sur le territoire desquels est situé un barrage l'entretiennent et le protègent contre les forces qui pourraient causer des dommages aux autres Etats riverains.

Il est à noter que la Convention de 1997 ne requiert pas des Etats qu'ils procèdent à des études d'impact, envisageant seulement que la notification des mesures projetées pouvant avoir des effets négatifs soit « accompagnée des données techniques et informations disponibles y compris, le cas échéant, les résultats de l'étude d'impact sur l'environnement » (art. 12).

S'agissant des « Conditions dommageables et cas d'urgence », la Convention contient deux articles. Par « conditions dommageables », on entend les maladies à transmission hydrique, la formation de glace, l'envasement et l'érosion. L'article 27 stipule que les Etats riverains doivent prendre « toutes les mesures appropriées » pour prévenir ou atténuer ces conditions lorsqu'elles risquent d'être dommageables pour d'autres Etats du cours d'eau[60]. L'article 28 concerne les situations d'urgence, c'est-à-dire celles qui sont causées par des phénomènes naturels, tels que les inondations, ou par des activités humaines, telles que les déversements de produits chimiques[61].

---

sonnables de croire qu'il risque de subir des effets négatifs significatifs, les Etats du cours d'eau engagent des consultations concernant :

a) le bon fonctionnement et l'entretien des installations, aménagements ou autres ouvrages liés à un cours d'eau international ;

b) la protection des installations, aménagements ou autres ouvrages contre les actes intentionnels ou les actes de négligence ou les forces de la nature.

60. Art. 27 : « *Prévention et atténuation des conditions dommageables*

Les Etats du cours d'eau, séparément ou, s'il y a lieu, conjointement, prennent toutes les mesures appropriées pour prévenir ou atténuer les conditions relatives à un cours d'eau international résultant de causes naturelles ou d'activités humaines qui risquent d'être dommageables pour d'autres Etats du cours d'eau, telles que les inondations ou la formation de glace, les maladies à transmission hydrique, l'envasement, l'érosion, l'intrusion d'eaux salées, la sécheresse ou la désertification. »

61. Art. 28 : « *Cas d'urgence*

1. Aux fins du présent article, le terme « urgence » s'entend des situations qui causent, ou menacent de façon imminente de causer, un dommage grave aux Etats du cours d'eau ou à d'autres Etats et qui sont brusquement provoquées par des causes naturelles, telles que les inondations, la débâcle, les éboulements ou les tremblements de terre, ou par des activités humaines, en cas, par exemple, d'accident industriel.

2. Tout Etat du cours d'eau informe sans retard et par les moyens les plus rapides disponibles les autres Etats qui risquent d'être touchés ainsi que les organisations internationales compétentes de toute situation d'urgence survenant sur son territoire.

3. Tout Etat du cours d'eau sur le territoire duquel survient une situa-

D. La promotion du règlement des différends

L'article 33 portant sur le règlement des différends a été l'objet de désaccords, principalement parce qu'il prévoit, en sus du menu classique de moyens diplomatiques et juridictionnels que connaît le droit international, que toute partie à un différend peut demander que soit effectuée une enquête impartiale. De ce fait, une procédure obligatoire de règlement des différends avec saisine unilatérale est mise sur pied. Dénommée « enquête », elle s'apparente en fait bien davantage à une procédure de conciliation. Cette procédure prend effet s'il n'a pas été possible de régler le différend par la négociation dans un délai de six mois. L'article 33 prévoit également qu'en devenant parties à la Convention les Etats peuvent déclarer qu'ils acceptent comme obligatoire *ipso facto* la soumission des différends à la Cour internationale de Justice ou à l'arbitrage conformément aux procédures visées dans l'annexe à la Convention.

Les dispositions relatives au règlement des différends laissent néanmoins dans l'ombre un certain nombre de questions, dont celle de l'implication de la communauté scientifique et technique, notamment dans la procédure d'établissement des faits, qui est importante dans un tel domaine [62]. Le problème de la mise en œuvre et des procédures de sanction (ou des moyens d'incitation) touchant au respect des obligations n'est pas davantage éclairci.

E. Un principe effleuré : la participation populaire

Instrument juridique de facture classique, la Convention s'attache essentiellement aux relations entre Etats sans aborder l'implication d'acteurs non étatiques, notamment en ce qui a trait aux revendications des communautés locales, des populations autochtones ou encore des organisations non gouvernementales.

tion d'urgence prend immédiatement, en coopération avec les Etats qui risquent d'être touchés et, le cas échéant, les organisations internationales compétentes, toutes les mesures possibles en pratique que dictent les circonstances pour prévenir, atténuer et éliminer les conséquences dommageables de la situation d'urgence.

4. En cas de nécessité, les Etats du cours d'eau élaborent conjointement des plans d'urgence pour faire face aux situations d'urgence en coopération, le cas échéant, avec les autres Etats qui risquent d'être touchés et les organisations internationales compétentes. »

62. Voir en ce sens l'article 7 de la résolution adoptée par l'Institut de droit international et portant sur l'utilisation des eaux internationales non maritimes (en dehors de la navigation) dans *Annuaire de l'Institut de droit international*, session de Salzbourg, septembre 1961, t. II, 1961, Bâle, Editions juridiques et sociologiques, p. 89.

La Convention contient toutefois une disposition qui tient compte, dans une certaine mesure, des préoccupations des individus potentiellement touchés, en permettant aux ressortissants d'un Etat, par une sorte de «traitement national judiciaire», l'accès à toutes procédures juridictionnelles ou autres accessibles, y compris sur le territoire des autres riverains:

> «*Article 32. Non-discrimination*
>
> A moins que les Etats du cours d'eau intéressés n'en conviennent autrement pour protéger les intérêts des personnes, physiques ou morales, qui ont subi un dommage transfrontière significatif résultant d'activités liées à un cours d'eau international ou qui se trouvent sérieusement menacées d'un tel dommage, un Etat du cours d'eau ne fait pas de discrimination fondée sur la nationalité, le lieu de résidence ou le lieu où le préjudice a été subi dans l'octroi auxdites personnes, conformément à son droit interne, de l'accès aux procédures juridictionnelles et autres ou bien d'un droit à indemnisation ou autre forme de réparation au titre d'un dommage significatif causé par de telles activités menées sur son territoire.»

Il est bon de noter que l'Etat riverain ne peut se défaire de cette charge qu'à la condition de souscrire à une autre mesure entendue de commun accord et permettant d'atteindre le même résultat. L'utilité d'un tel principe a déjà été démontrée, notamment dans le cas de compensations accordées à des individus affectés par la pollution du Rhin[63].

De tels mécanismes sont un premier pas nécessaire, mais non suffisant dans la poursuite d'une meilleure participation publique dans la gestion des cours d'eau, garante de l'efficacité du régime. En amont, un meilleur accès et une dissémination plus efficace de l'information est cruciale pour assurer le soutien de la population affectée aux politiques envisagées; en aval, l'établissement de techniques de consultation ou d'ajustement des politiques pourra mieux asseoir la viabilité des mesures entreprises ou planifiées. Il est possible de faire appel pour ce faire à l'intervention des organisations non gouvernementales, dont le rôle en ce domaine est toujours plus affirmé. D'autres méthodes ayant déjà fait leurs preuves, telles les audiences publiques, les sessions d'information ou la réunion de groupes de travail, sont aussi envisageables. Ce type de garanties s'avère d'autant plus important au

63. Voir l'affaire *G. J. Bier* v. *Mines de potasse*, jugement nº 21 176, 1976, *Com. Mkt. Rep.*, 7816, et Alexandre Charles Kiss et Dinah Shelton, *International Environmental Law*, Transnational Publishers, 1995, pp. 364-367.

vu de l'évolution contemporaine dans le domaine des droits de l'homme, notamment quant à l'affirmation d'un droit à une eau saine[64].

Paragraphe 2 Une entreprise à portée régionale : les efforts de la CEE-ONU en Europe

Au début des années soixante-dix, la Commission économique pour l'Europe des Nations Unies (CEE-ONU) a également commencé à s'intéresser à la question des règles gouvernant la protection et l'utilisation des cours d'eau internationaux[65]. La Convention sur la protection et l'utilisation des cours d'eau transfrontières et des lacs internationaux a été négociée et conclue sous ses auspices en 1992[66].

A. Le cadre général : la Convention sur la protection et l'utilisation des cours d'eau transfrontières et des lacs internationaux (Helsinki, 1992)

Cet instrument élaboré sous les auspices de la CEE-ONU, et entré en vigueur le 6 octobre 1996[67], est le premier traité en vigueur qui codifie de manière générale les principes et règles relatives à l'utilisation, à la gestion et à la protection des eaux internationales. Il vise à renforcer les mesures locales, régionales et nationales en vue d'exploiter et de protéger les eaux transfrontalières selon des méthodes respectueuses de l'environnement.

L'objectif recherché dans l'élaboration de la Convention et sa fonction est de fournir un cadre normatif général destiné à inspirer et à guider le développement d'accords régionaux ou subrégionaux subsé-

64. Voir Alan E. Boyle et Michael R. Anderson, *Human Rights Approaches to Environmental Protection*, Clarendon Press, Oxford, 1996 ; sur le thème plus spécifique de l'eau, par exemple voir Henri Smets, « Le droit de chacun à l'eau » (27 décembre 2000) et « Mise en œuvre du droit à l'eau potable dans les pays de l'OCDE » (20 février 2001). Voir aussi les dispositions du Protocole sur l'eau et la santé, instrument examiné ci-après.

65. Voir United Nations Economic Commission for Europe (UNECE), *Two Decades of Cooperation on Water : Declarations and Recommendations by the Economic Commission for Europe*, Nations Unies, doc. ECE/ENVWA/2 (1988), ou encore le site internet de la CEE-ONU, à l'adresse www.unece.org.

66. Nations Unies, doc. ENWA/R.53 et Add.1. Ce texte est reproduit notamment dans Laurence Boisson de Chazournes, Richard Desgagné et Cesare Romano, *Protection internationale de l'environnement : Recueil d'instruments juridiques*, *op. cit.*

67. La Convention a été adoptée par les conseillers des gouvernements des pays de la Commission économique pour l'Europe pour les problèmes de l'environnement et de l'eau lors de la reprise de leur cinquième session tenue à Helsinki du 17 au 18 mars 1992. Au 1er août 2004, la Convention a recueilli vingt-six signatures. Elle compte trente-cinq parties.

quents, dont le contenu tiendra compte des spécificités de chaque bassin ou sous-bassin. Cette démarche fait écho à celle entreprise par la CDI, d'autant que la formulation de certains principes (contrôle de la pollution, utilisation équitable et raisonnable, coopération) préfigure leur énonciation dans le contexte plus général de la Convention sur le droit relatif aux utilisations des cours d'eau internationaux à des fins autres que la navigation. Toutefois, du fait de sa portée régionale visant les cours d'eau situés en Europe, la Convention d'Helsinki, présente certaines caractéristiques propres par rapport à la Convention de 1997.

D'une part, le champ d'application de la Convention est plus large puisque la notion d'eaux transfrontières y est définie à l'article 1, paragraphe 1, comme suit :

> « L'expression « eaux transfrontières » désigne toutes les eaux superficielles et souterraines qui marquent les frontières entre deux Etats ou plus, les traversent ou sont situées sur ces frontières ; dans le cas des eaux transfrontières qui se jettent dans la mer sans former d'estuaire, la limite de ces eaux est une ligne droite tracée à travers leur embouchure entre les points limites de la laisse de basse mer sur les rives. »

D'autre part, la Convention d'Helsinki met davantage l'accent sur la protection des fleuves transfrontaliers, voire de l'ensemble de l'écosystème dont ils font partie, que sur les modalités de leur partage. Cette différence s'explique par la prédominance du problème — sensible sur le continent européen fortement industrialisé — de la pollution des eaux sur celui de la répartition ou de la pénurie d'eau, plus proche des préoccupations des pays en développement et qui trouve un reflet dans la Convention de 1997[68]. La Convention sur la coopération pour la protection et l'utilisation durable du Danube adoptée en 1994 dans le sillage de la Convention d'Helsinki illustre bien cet accent placé sur la lutte contre la pollution et sur une meilleure protection de l'environnement[69].

La Convention d'Helsinki est donc plus imprégnée par les exigences

68. Cette différence tend à perdre de son acuité aujourd'hui, alors que le problème du manque d'eau chronique s'étend aux régions plus développées. Voir DDC (DFAE, Suisse), « Serons-nous bientôt privés d'eau ? », *op. cit.*

69. On peut trouver le texte de cette convention à l'adresse suivante : http ://www.admin.ch/ch/f/rs/0_814_20/, ou encore sur le site Eurolex (législation en vigueur — Union européenne) à http://europa.eu.int/eur-lex/fr/. Consulter aussi le rapport de la Commission de l'environnement, de l'aménagement du territoire et des pouvoirs locaux de l'Assemblée parlementaire du Conseil de l'Europe (2000), contenant un projet de Charte européenne du bassin du Danube : http://stars.coe.fr/doc/doc00/FDOC8812.htm.

liées à la protection de l'environnement[70]. Sa perspective quant à la protection des cours d'eau couvre naturellement les ressources hydriques, mais elle embrasse aussi un panorama sensiblement plus large, comme le montre la définition de l'impact transfrontière :

> « 2. L'expression « impact transfrontière » désigne tout effet préjudiciable important qu'une modification de l'état des eaux transfrontières causée par une activité humaine dont l'origine physique se situe entièrement ou en partie dans une zone relevant de la juridiction d'une partie produit sur l'environnement d'une zone relevant de la juridiction d'une autre partie. Cet effet sur l'environnement peut prendre plusieurs formes : atteinte à la santé et à la sécurité de l'homme, à la flore, à la faune, au sol, à l'air, à l'eau, au climat, au paysage et aux monuments historiques ou autres constructions, ou interaction de plusieurs de ces facteurs ; il peut s'agir aussi d'une atteinte au patrimoine culturel ou aux conditions socio-économiques résultant de modifications de ces facteurs. »[71]

La Convention appelle à une gestion de l'eau privilégiant la rationalité écologique, tout en se préoccupant de la conservation et même de la restauration des écosystèmes ayant déjà souffert des atteintes[72]. On y retrouve également énoncés les principes de prévention et du « pollueur-payeur » à l'appui de mesures visant à générer un développement

70. Voir Branko Bosnjakovic, « Les stratégies adoptées par la CEE-ONU pour protéger l'environnement dans le contexte des cours d'eau internationaux : les Conventions d'Helsinki et d'Espoo », dans Salman M. A. Salman et Laurence Boisson de Chazournes (dir. publ.), *Cours d'eaux internationaux — Renforcer la coopération et gérer les différends*, *op. cit.*, pp. 49-66.

71. Art. 1 : *Définitions*, par. 2.

72. Cf. les deux premiers paragraphes de l'article 2 :

> « 1. Les parties prennent toutes les mesures appropriées pour prévenir, maîtriser et réduire tout impact transfrontière.
>
> 2. Les parties prennent, en particulier, toutes les mesures appropriées :
>
> *a)* pour prévenir, maîtriser et réduire la pollution des eaux qui a ou risque d'avoir un impact transfrontière ;
>
> *b)* pour veiller à ce que les eaux transfrontières soient utilisées dans le but d'assurer une gestion de l'eau respectueuse de l'environnement et rationnelle, la conservation des ressources en eau et la protection de l'environnement ;
>
> *c)* pour veiller à ce qu'il soit fait un usage raisonnable et équitable des eaux transfrontières, en tenant particulièrement compte de leur caractère transfrontière, dans le cas d'activités qui entraînent ou risquent d'entraîner un impact transfrontière ;
>
> *d)* pour assurer la conservation et, si nécessaire, la remise en état des écosystèmes. »

durable des ressources en eau[73]. On y trouve aussi une certaine perspective évolutive, destinée à tenir compte de potentiels progrès technologiques, de par l'introduction de la notion de « meilleure technologie disponible » [74].

La perspective européenne de la Convention se fait par ailleurs sentir dans sa tendance à instaurer une institutionnalisation plus marquée, notamment en ce qui a trait au devoir de coopérer, comme le montre le paragraphe 1 de l'article 9 :

> « Les parties riveraines concluent, sur une base d'égalité et de réciprocité, des accords bilatéraux ou multilatéraux ou d'autres

---

73. Le paragraphe 5 de l'article 2 décrit ainsi ces principes :

> « Lors de l'adoption des mesures visées aux paragraphes 1 et 2 du présent article, les parties sont guidées par les principes suivants :
>
> *a)* le principe de précaution, en vertu duquel elles ne diffèrent pas la mise en œuvre de mesures destinées à éviter que le rejet de substances dangereuses puisse avoir un impact transfrontière au motif que la recherche scientifique n'a pas pleinement démontré l'existence d'un lien de causalité entre ces substances, d'une part, et un éventuel impact transfrontière, d'autre part ;
>
> *b)* le principe pollueur-payeur, en vertu duquel les coûts des mesures de prévention, de maîtrise et de réduction de la pollution sont à la charge du pollueur ;
>
> *c)* les ressources en eau sont gérées de manière à répondre aux besoins de la génération actuelle sans compromettre la capacité des générations futures de satisfaire leurs propres besoins. »

74. Evoquée à l'article 1, paragraphe 7, de la Convention, la notion figure à l'annexe I, intitulée « Définition de l'expression « meilleure technologie disponible » :

> « 1. L'expression « meilleure technologie disponible » désigne le dernier stade de développement des procédés, équipements ou méthodes d'exploitation indiquant qu'une mesure donnée est applicable dans la pratique pour limiter les émissions, les rejets et les déchets. Pour déterminer si un ensemble de procédés, d'équipements et de méthodes d'exploitation constituent la meilleure technologie disponible de façon générale ou dans des cas particuliers, il y a lieu de prendre tout particulièrement en considération :
>
> *a)* les procédés, équipements ou méthodes d'exploitation comparables qui ont été récemment expérimentés avec succès ;
>
> *b)* les progrès technologiques et l'évolution des connaissances et de la compréhension scientifiques ;
>
> *c)* l'applicabilité de cette technologie du point de vue économique ;
>
> *d)* les délais de mise en œuvre tant dans les nouvelles installations que dans les installations existantes ;
>
> *e)* la nature et le volume des rejets et des effluents en cause ;
>
> *f)* les technologies peu polluantes ou sans déchets.
>
> 2. Il résulte de ce qui précède que, pour un procédé particulier, la « meilleure technologie disponible » évoluera dans le temps, en fonction des progrès technologiques, de facteurs économiques et sociaux et de l'évolution des connaissances et de la compréhension scientifiques. »

arrangements, quand il n'en existe pas encore, ou adaptent ceux qui existent lorsque cela est nécessaire pour éliminer les contradictions avec les principes fondamentaux de la présente convention, afin de définir leurs relations mutuelles et la conduite à tenir en ce qui concerne la prévention, la maîtrise et la réduction de l'impact transfrontière. Les parties riveraines précisent le bassin hydrographique ou la (ou les) partie(s) de ce bassin qui fait (font) l'objet d'une coopération. Ces accords ou arrangements englobent les questions pertinentes visées par la présente convention ainsi que toutes autres questions au sujet desquelles les parties riveraines peuvent juger nécessaire de coopérer. » [75]

Les Etats parties dont le territoire jouxte les mêmes eaux transfrontières sont pour ce faire enjoints de créer des organes communs[76], à l'instar de commissions mixtes chargées de la gestion des cours d'eau. Ces organes se verront confier diverses tâches, dont l'article 9, paragraphe 2, dresse une liste minimale mais non exhaustive :

> « Les accords ou arrangements mentionnés au paragraphe 1 du présent article prévoient la création d'organes communs. Les attributions de ces organes communs sont notamment, et sans préjudice des accords ou arrangements pertinents existants, les suivantes :
>
> *a)* recueillir, rassembler et évaluer des données afin d'identifier les sources de pollution qui risquent d'avoir un impact transfrontière ;
>
> *b)* élaborer des programmes communs de surveillance de l'eau du point de vue qualitatif et quantitatif ;
>
> *c)* dresser des inventaires et échanger des informations sur les sources de pollution visées au paragraphe 2 *a)* du présent article ;
>
> *d)* établir des limites d'émission pour les eaux usées et évaluer l'efficacité des programmes de lutte contre la pollution ;

---

75. A cet égard, il est intéressant de comparer les dispositions plus timides des articles 8 (« les Etats du cours d'eau peuvent, s'ils le jugent nécessaire, envisager de créer des mécanismes ou commissions mixtes... ») de la Convention de 1997, aux termes non équivoques de l'article 9 (« Coopération bilatérale et multilatérale ») de la Convention d'Helsinki.

76. Le second paragraphe de l'article 9 précise :

> « 2. Les accords ou arrangements mentionnés au paragraphe 1 du présent article prévoient la création d'organes communs. ... »

La Convention en fournit d'ailleurs, à son article 1, la définition suivante :

> 5. L'expression « organe commun » désigne toute commission bilatérale ou multilatérale ou autre mécanisme institutionnel approprié de coopération entre les parties riveraines. »

e) définir des objectifs et des critères communs de qualité de l'eau en tenant compte des dispositions du paragraphe 3 de l'article 3 de la présente convention, et proposer des mesures appropriées pour préserver et, si nécessaire, améliorer la qualité de l'eau ;

f) mettre au point des programmes d'action concertés pour réduire les charges de pollution tant à partir de sources ponctuelles (par exemple, urbaines et industrielles) qu'à partir de sources diffuses (en particulier l'agriculture) ;

g) établir des procédures d'alerte et d'alarme ;

h) servir de cadre pour l'échange d'informations sur les utilisations de l'eau et des installations connexes existantes et prévues qui risquent d'avoir un impact transfrontière ;

i) promouvoir la coopération et l'échange d'informations sur la meilleure technologie disponible conformément aux dispositions de l'article 13 de la présente convention et encourager la coopération dans le cadre de programmes de recherche scientifique ;

j) participer à la réalisation d'études d'impact sur l'environnement relatives aux eaux transfrontières, conformément aux règlements internationaux pertinents. »

La collaboration entre parties riveraines ne s'arrête pas là. Les Etats doivent aussi élaborer des programmes d'action concertés, surveiller et évaluer conjointement la qualité des eaux, faciliter les activités communes de recherche et développement, mettre sur pied des voies efficaces assurant un échange soutenu d'information (et même de la « meilleure technologie disponible »), ou encore instaurer des systèmes d'alerte et d'assistance mutuelle dans les situations de crise[77]. L'article 16 vise quant à lui à faciliter l'accès du public à l'information, premier pas vers une meilleure participation publique telle qu'évoquée plus haut. C'est là encore une différence entre les deux conventions-cadres.

Qui plus est, la Convention a mis sur pied un système de suivi flexible, assurant une communication constante entre les parties et permettant en cas de besoin d'ajuster le régime aux évolutions en cours[78].

77. Voir plus spécifiquement les articles 11 à 15 de la Convention. De telles obligations en matière de contrôle de qualité, de surveillance, de recherche-développement et d'échange d'informations sont aussi requises de toutes les parties à la Convention, riveraines ou non : leur rigidité et leur degré d'institutionnalisation sont toutefois moindres (comparer les paragraphes 3 à 8 aux articles précités).

78. Voir les « Dispositions institutionnelles » de la partie III, qui prévoient des réunions régulières des parties et l'instauration d'un secrétariat, fonction dévolue au Secrétaire exécutif de la CEE-ONU.

Ce système se veut le garant d'une efficacité accrue des dispositions normatives de l'instrument.

B. Un développement thématique: le Protocole sur l'eau et la santé à la Convention de 1992 sur la protection et l'utilisation des cours d'eau transfrontières et des lacs internationaux (Londres, 1999)

C'est le problème essentiel de la sécurité et de la salubrité de l'approvisionnement en eau, cause de nombre de maladies et de problèmes de santé à travers le monde (notamment dans la zone intéressée par la Convention d'Helsinki[79]) qui a le premier retenu l'attention. Harmoniser la gestion de l'eau dans une perspective de protection des ressources, en assurer le traitement, la distribution et l'assainissement appropriés, et en garantir l'utilisation durable sont dès lors apparus comme une priorité.

Les efforts de l'OMS, par le biais de son Bureau régional pour l'Europe, ainsi que de la CEE-ONU ont placé la question de l'eau au cœur des préparatifs et des débats de la troisième Conférence ministérielle sur l'environnement et la santé, tenue à Londres en juin 1999 sur le thème des «Partenariats pour l'action»[80]. Les ministres de l'environnement, de la santé et des transports de cinquante et un pays européens, réunis pour l'occasion, ont donc été invités à discuter et à adopter un instrument contraignant apte à traiter des questions relatives à la gestion de l'eau sous l'angle de la santé humaine. Ce texte, le premier instrument conventionnel élaboré conjointement par l'OMS et la CEE-ONU, revêt la forme d'un protocole à la Convention de 1992, qui fournit comme on l'a vu le cadre d'action général dans lequel doivent s'inscrire les efforts des parties[81].

79. Voir Alán Pintér, «Eau et santé: nécessité d'une action concertée», *Naturopa*, vol. 90 («Santé et environnement»), Conseil de l'Europe, 1999. Disponible sur internet à l'adresse http://www.nature.coe.int/french/main/naturopa/revue/domaine1.htm. Le directeur de l'Institut national de la santé et de l'environnement hongrois, rapporteur de la Conférence de Londres, y rappelle les conclusions en la matière émises notamment par le bureau régional «Europe» de l'OMS.

80. Les deux conférences ministérielles qui l'avaient précédée avaient respectivement pour thème «L'élaboration de politiques» (Francfort, 1989) et «La planification» (Helsinki, 1994).

81. Les participants à la Conférence ont adopté le Protocole sur l'eau et la santé par consensus, le 17 juin 1999, à Londres, à l'occasion de la troisième Conférence ministérielle sur l'environnement et la santé. Il est ouvert aux Etats membres de la CEE-ONU ou du Comité régional de l'Europe de l'Organisation mondiale de la Santé (OMS-Euro), ainsi qu'aux Etats dotés du statut consultatif auprès de la CEE-ONU, et aux organisations d'intégration économique régionale constituées par des Etats souverains, membres de la CEE-ONU ou

Le Protocole de Londres vise à promouvoir la protection de la santé et du bien-être de l'homme en améliorant la gestion de l'eau et en combattant les maladies liées à l'eau [82]. Il s'applique aux eaux douces superficielles, aux eaux souterraines, aux estuaires, aux eaux côtières utilisées à des fins récréatives ou pour l'aquaculture ou la conchyliculture, et aux eaux fermées pour la baignade, aussi bien qu'aux opérations de collecte, de transport ou de traitement des eaux usées. Son champ d'application, plus large que celui de la Convention de 1992, se rapproche de celui que couvre la directive-cadre dans le domaine de l'eau adoptée au sein de l'Union européenne [83].

Le Protocole entend approfondir le cadre de la régulation en ce domaine en établissant des paramètres et en facilitant la prise de mesures efficaces de prévention, de contrôle et de réduction des maladies provoquées par l'eau. Ses principaux principes visent la qualité de l'approvisionnement en eau potable, un assainissement apte à assurer une protection suffisante de la santé et de l'environnement, la protection effective des ressources en eau, ainsi que la régulation des usages récréatifs des eaux en ce qui a trait à leurs potentiels effets nocifs pour la santé. Sa mise en œuvre requiert des parties la fixation et la publication d'objectifs nationaux et/ou locaux aptes à assurer un degré élevé de protection contre les maladies liées à l'eau, la mise en place de systèmes d'intervention à cet effet, et le développement d'une action internationale commune et coordonnée en la matière.

En sus des aspects novateurs que représentent le champ d'application du Protocole et le lien qui y est tissé entre la gestion des cours d'eau internationaux et les besoins humains en matière de santé, cet instrument prône une approche plus contemporaine de la gestion des cours d'eau en s'appuyant notamment sur le principe de la gestion intégrée. L'article 5, « Principes et orientations », à son alinéa *j)*, le précise :

---

de l'OMS-Euro, qui leur ont transféré compétence pour des matières dont traite le Protocole. Au 1er août 2004, le Protocole comptait, au sein des trente-six signataires, treize parties, sur les seize nécessaires à son entrée en vigueur.

82. Pour plus de détails sur la teneur du Protocole, voir Jochen Sohnle, « Les développements conventionnels récents en droit international des ressources en eau douce sous l'emprise des Conventions-cadres », *L'observateur des Nations Unies*, n° 11 (automne-hiver 2001), pp. 141-160, notamment pp. 149-153.

83. Directive 2000/60/CE du Parlement européen et du Conseil, du 23 octobre 2000, établissant un cadre pour une politique communautaire dans le domaine de l'eau (publiée au *Journal officiel*, L 327, 22 décembre 2000, disponible sur http://europa.eu.int/eur-lex/pri/fr/oj/dat/2000/l_327/l_32720001222fr00010072.pdf), modifiée par la décision 2455/2001/CE du Parlement européen et du Conseil du 20 novembre 2001 établissant la liste des substances prioritaires dans le domaine de l'eau et modifiant la directive 2000/60/CE (*JO*, L 331, du 15 décembre 2001, http://europa.eu.int/eur-lex/pri/fr/oj/dat/2001/l_331/l_33120011215fr00010005.pdf).

« Lorsqu'elles adoptent des mesures en application du présent Protocole, les parties sont guidées en particulier par les principes et orientations ci-après :

. . . .

j) Les ressources en eau devraient être gérées, dans toute la mesure possible, d'une façon intégrée au niveau des bassins hydrographiques, afin de lier, d'une part, le développement social et économique à la protection des écosystèmes naturels, et, d'autre part, la gestion des ressources en eau à des mesures réglementaires concernant d'autres secteurs de l'environnement. Cette démarche intégrée devrait s'appliquer à l'ensemble du bassin hydrographique, qu'il soit transfrontière ou non, y compris aux eaux côtières concernées, à l'ensemble de la nappe souterraine ou aux parties pertinentes de ce bassin hydrographique ou de cette nappe souterraine... »

L'accent soutenu placé sur le développement de « partenariats » souligne l'importance, dans la mise en œuvre du Protocole, de la participation active, en étroite collaboration, des organismes nationaux et internationaux, des organisations gouvernementales et intergouvernementales et de l'ensemble du public, dont la sensibilisation et l'information sont plus que jamais à l'ordre du jour.

SECTION 5 CONCLUSION. LES DÉFIS POSÉS PAR LA NÉCESSITÉ D'UNE GESTION INTÉGRÉE DES RESSOURCES EN EAU

Les appels à une gestion intégrée des eaux mettent au défi le droit international, requérant de lui (et de ses praticiens) une approche plus holistique[84]. Cela entraîne qu'aux côtés des instruments et normes portant de manière spécifique sur les eaux internationales, telles les Conventions de 1997 et de 1992 évoquées plus haut, il faut évoquer les nombreux instruments relatifs à la protection internationale de l'environnement (biodiversité, conservation de la nature, changements climatiques[85]...), ou encore à la préservation du patrimoine cul-

---

84. Par exemple Stephen McCaffrey, « The International Organizations and the Holistic Approach to Water Problems », *Natural Resources Journal*, vol. 31, 1991, pp. 139-165.

85. Dans son rapport intitulé *Dams and Development : A New Framework for Decision Making* (Earthscan Publications Limited, Londres et Sterling (VA), novembre 2000), la Commission mondiale des barrages a par exemple mis en lumière le lien entre une mauvaise gestion des réservoirs et le problème des émissions de gaz à effet de serre, pp. 75-77.

turel et naturel[86], à la protection des droits de l'homme[87] ou au droit humanitaire[88]. Ils contribuent eux aussi, sous certains aspects, au régime de protection des eaux internationales.

Toutefois, l'apport de ces ensembles de normes et principes n'est pour l'heure que limité, du fait, d'une part, de leurs buts et objectifs respectifs et, de l'autre, de la diversité de leur champ d'application. Cependant, les appels à une gestion intégrée des ressources en eau montrent bien qu'il est nécessaire d'appréhender la gestion des ressources en eau dans leur ensemble, ce qui, pour le droit international, signifie en premier lieu un dépassement du prisme classique des frontières nationales. Il lui faut s'intéresser de ce fait aux politiques menées par les Etats quelles que soient les sources des eaux utilisées. De fortes résistances sont d'ores et déjà à prévoir, s'agissant par exemple des eaux souterraines et de leur exploitation, question dont le caractère crucial a été relevé par le Secrétaire général de l'ONU dans son rapport au Sommet du Millénaire :

> « 275. Les eaux souterraines fournissent environ le tiers des besoins de la population mondiale. L'exploitation irrationnelle de ces ressources, qui ne retient guère l'attention, constitue un sujet de préoccupation particulier. La surexploitation des ressources en eau est pratique courante dans différentes parties de la Chine, des Etats-Unis, de l'Inde, du Mexique, de la péninsule arabique et de l'ex-Union soviétique. Dans certains cas, le niveau naturel de la nappe phréatique baisse de 1 à 3 mètres par an. Dans un monde où 30 à 40 % de la production alimentaire provient des terres irriguées, ce problème est fondamental pour la sécurité alimentaire. »[89]

86. Voir par exemple la Convention concernant la protection du patrimoine mondial, culturel et naturel conclue sous les auspices de l'Unesco en 1972, et plus généralement les conventions citées et commentées au chapitre III du volume de Laurence Boisson de Chazournes, Richard Desgagné et Cesare Romano, *Protection internationale de l'environnement : Recueil d'instruments juridiques*, *op. cit.*, pp. 127-321.

87. Voir observation générale n° 15 (2002) du Comité des droits économiques, sociaux et culturels, « Le droit à l'eau (articles 11 et 12 du Pacte international relatif aux droits économiques, sociaux et culturels) », E/C.12/2002/11, 20 janvier 2003.

88. Pour ce qui est par exemple des régimes d'occupation et du statut des ressources naturelles, voir Antonio Cassese, « Powers and Duties of an Occupant in Relation to Land and Natural Resources », dans Emma Playfair (dir. publ.), *International Law and the Administration of Occupied Territories : Two Decades of Israeli Occupation of the West Bank and Gaza Strip*, Clarendon Press, Oxford, 1992, pp. 419-442.

89. Kofi Annan, *Nous, les Peuples... — Le rôle des Nations Unies au XXIe siècle*, rapport du Millénaire du Secrétaire général, doc. A/54/2000, par. 275. Le texte est disponible à l'adresse http://www.un.org/french/millenaire/sg/report/index.html.

En outre, pendant longtemps l'eau a été considérée comme un bien public sans valeur économique définie. Or la nécessité d'en assurer la gestion de façon économiquement viable et efficace est de plus en plus mise en avant, notamment afin d'en assurer l'accès à tous, priorité fixée par le Secrétaire général dans son rapport précité :

> « 281. Concrètement, je prie instamment le Sommet d'adopter l'objectif visant à réduire de moitié, d'ici à 2015, la proportion de personnes qui n'ont pas accès de façon durable à des sources d'approvisionnement en eau potable à un prix raisonnable. » [90]

Le statut de cette ressource unique soulève naturellement des interrogations, notamment dans la perspective du droit international économique. S'agit-il d'un bien ? Doit-on en faire état en termes de service ? [91] Faut-il envisager une libéralisation des échanges en la matière ? Toutes ces questions, dont la composante éthique n'est pas à négliger, forment l'arrière-plan des négociations relatives à une gestion intégrée des ressources en eau. Ainsi, le traitement des facteurs sociaux et environnementaux sur le même plan que les facteurs strictement économiques s'impose, afin de favoriser à la fois l'équité et l'efficacité. Le droit international est, ici encore, appelé à connaître une mutation profonde, car il lui faut concilier tous ces impératifs pour permettre le traitement de la question de l'eau dans une perspective d'ensemble, allant au-delà des cloisonnements normatifs, conventionnels et institutionnels.

---

90. Kofi Annan, *Nous, les Peuples... — Le rôle des Nations Unies au XXIe siècle*, rapport du Millénaire du Secrétaire général, doc. A/54/2000, par. 281.

91. Voir E. Tuerk *et al.*, *GATS, Water and the Environment — Implications of the General Agreement on Trade in Services for Water Resources*, CIEL, WWF, Genève, 2003.

2 Evolution and Context of International Water Resources Law

Salman M. A. Salman*

SECTION 1 INTRODUCTION

Water is a scarce resource. It is a finite resource with no substitute, and upon which there is total dependence. The challenges facing the resource are immense. The population of the world has more than tripled from 1.6 billion to 6.1 billion during the last century, competing over the same amount of water. Industrialization, urbanization and environmental degradation are additional challenges [1]. The World Commission on Water in the 21st Century described what it called "the gloomy arithmetic of water". Nearly 450 million people in 29 countries face water shortage problems, and the figure is expected to jump to 4 billion by the year 2050, with conditions particularly severe in Africa, the Middle East and South Asia. About 1.4 billion people live without clean drinking water, 2.3 billion lack adequate sanitation and 7 million die annually of diseases linked to water. While the world population tripled during the last century, the aggregate use of water has increased six-fold. Irrigation, industrial and municipal uses account for, respectively, 70 per cent, 20 per cent and 10 per cent of global water withdrawals. These increases have come at high environmental costs. Half the world's rivers and lakes are seriously polluted, 50 per cent of the world's wetlands have disappeared in the last century, and some important rivers do not flow to the sea. Similarly, many of the most important

* Director of Studies of the English-speaking Section of the Centre. Lead Counsel, Legal Department, the World Bank, Washington DC.

This report represents the personal views of the author and reflects the lectures and discussion during the session, and does not represent the views of the World Bank, the Hague Academy, or any of the other institutions with which the author is associated.

1. William J. Cosgrove and Frank R. Rijsberman, *World Water Vision — Making Water Everybody's Business*, World Water Council, 2000, p. 4.

groundwater aquifers are being over-mined, with water tables already very deep and dropping by metres every year[2].

The competing demands between users and uses at the local, district, provincial and international levels are increasing, and increasingly resulting in disputes and conflicts. It should be recalled that more than 260 river basins and a large number of aquifers are shared by two or more States[3]. "These basins cover about 45 per cent of the earth's land surface, account for about 80 per cent of global river flow and affect about 40 per cent of the world's population."[4]

The attempts of the world community to address the problems associated with water resources started in earnest in the 1970s. It should be recalled that in 1970 the United Nations General Assembly asked the International Law Commission to study the topic of international watercourses[5]. Two years later, the United Nations Conference on the Human

2. Press Release, World Water Council, The World Water Gap: World's Ability to Feed Itself Threatened by Water Shortage (20 March 1999), available at http://www.worldwatercouncil.org/press.htm.

3. In 1977 the United Nations reported that there were 214 river basins shared between two or more States. See Register of the International Drainage Basins, Report of the Secretary-General of the United Nations, UN doc. E/C 7/71 (11 March 1977). The same figure of 214 river basins appeared again in another United Nations document published in 1978. See *Register of International Rivers, Prepared by the Centre for Natural Resources, Energy and Transport of the Department of Economic and Social Affairs*, United Nations (1978). The Register refers (on page 1) to an earlier United Nations document, "Integrated River Basin Development", published in 1958, where the number of international river basins was shown as 166. However, since the publication of the Register in 1978, a number of political boundaries have changed as a result of the emergence of a number of new nations. The former Soviet Union split into 15 independent States and the former Republic of Yugoslavia into five Republics, and each of Czechoslovakia and Ethiopia into two States, adding significantly to the number of such international rivers. Peter Gleick estimates that there are now 261 international river basins shared by two or more countries. See Peter Gleick, *The World's Water 2000-2001, The Biennial Report on Freshwater Resources*, Island Press, 2000, at p. 219, and Table 7, at pp. 220-238. It should be added that the World Water Council estimates the number of international rivers as close to 300, see William Cosgrove and Frank Rijsberman, *World Water Vision, Making Water Everybody's Business*, 2000, p. 43. The discrepancy between those figures clearly underscores the difficulty of determining the exact number of international rivers. The number of international aquifers is even more difficult to estimate, and no one has thus far attempted that.

4. See *World Commission on Dams, Dams and Development: A New Framework for Decision-Making*, The Report of the World Commission on Dams, Earthscan, 2000, at pp. 15-16.

5. See GA res. 2669 (XXV) UN, *GAOR* (8 December 1970). The International Law Commission started working on the draft Convention at its twenty-third session in 1971, and completed its work and adopted the articles of the draft Convention on 24 June 1994, and recommended the draft articles to the General Assembly on that date. See Report of the Commission to the General Assembly on the Work of it's Forty-Sixth Session, [1994] *YB Int'l L. Comm'n*, UN doc. A/CN.4/SER/1994/Add.1 (Part Two), at pp. 88 (1997).

Environment which was held in Stockholm in June 1972 addressed the issue of natural resources, including water, and issued the Stockholm Declaration on 16 June 1972. Although water was not given special prominence during the Conference, water was mentioned in the Declaration. Principle 2 of the Declaration urged that "the natural resources of the earth including the air, water, land, flora and fauna . . . must be safeguarded for the benefit of the present and future generations" [6].

In 1977, the United Nations Water Conference was held in Mar del Plata in Argentina. The fact that the entire two-week conference (14-25 March 1977) was devoted to water underscored the importance the world community was giving to the matter, and the urgency of the issues related thereto. Indeed, the Mar del Plata conference is a significant milestone and a major benchmark in the history of water resources. The Mar del Plata Action Plan which was adopted by the Conference was detailed and comprehensive, and included a number of recommendations and resolutions addressing various issues. Such issues included assessment of water resources, water use and efficiency, environment, health and pollution control, as well as international co-operation and river commissions for shared water resources [7]. Indeed, the Conference helped focus the world's attention for the first time exclusively on the water problems. One major outcome of the Conference was the agreement, as part of the Action Plan, to proclaim the period 1980-1990 as the "International Drinking Water Supply and Sanitation Decade" [8]. This

6. For the full text of the Stockholm Declaration see Report of the United Nations Conference on the Human Environment, UN doc. A/CONF.48/14/Rev.1, Sales No. E.73.II.A.14 (1973); see also Harald Hohmann, *Basic Documents of International Environmental Law*, Graham and Trotman, London, Boston, 1992, at p. 21.

7. See Report of the United Nations Water Conference, UN doc., Sales No. E.77.II.A.12 (1977). The United Nations General Assembly adopted on 19 December 1977 the Report of the United Nations Water Conference and approved the Mar del Plata Action Plan as well as the other agreements reached at the Conference. The General Assembly also urged the Member States and all organizations of the United Nations system to take intensified and sustained action for the implementation of the agreements reached at the Conference. See UN resolution 32/158, 107th Plenary Meeting, 19 December 1977. It is worth noting that the Report of the United Nations Water Conference used the term "shared water resources" to refer to international watercourses, and stated that "This term has been used only for the uniformity of the text and its use does not prejudice the position of the countries supporting the terms 'transboundary waters' or 'international waters' in any of the problems involved." See Report of the United Nations Water Conference, *ibid.*, at p. 51. It may be recalled that the United Nations General Assembly used the term "international watercourses" in resolution 2669 of 8 December 1970. See *supra* footnote 5.

8. The Report of the United Nations Water Conference referred to the UN Conference on Human Settlements which was held in Vancouver in 1976 (Report of Habitat: United Nations Conference on Human Settlements, UN doc. A/CONF.70/15, Sales No. E.76.IV.7 (1976), and stated that

proclamation assisted in the acceleration of the efforts in the developing countries to expand the provision of water supply and sanitation services to the underserved populations during that period. Although concerted efforts were mobilized in that direction, the population growth during that decade largely neutralized the success achieved under the proclamation. The United Nations General Assembly echoed this disappointment when it indicated at the end of the Decade in December 1990 that it was

> "deeply concerned that, notwithstanding the achievements attained during the International Drinking Water Supply and Sanitation Decade, the current rate of progress remains slow and would leave a significant number of poor people in urban and rural areas without suitable and sustainable services in water and sanitation by the year 2000"[9].

> "In order to implement Recommendation C.12 of Habitat, United Nations Conference on Human Settlements, the decade of 1980-1990 should be designated the International Drinking Water Supply and Sanitation Decade and should be devoted to implementation of the national plans for drinking water supply and sanitation in accordance with the Plan of Action contained in Resolution II below. This implementation will require a concerted effort by countries and the international community to ensure a reliable drinking water supply and provide basic facilities to *all* urban and rural communities . . ." See *ibid.*, at p. 14 (emphasis added).

The United Nations General Assembly did not refer in resolution 32/158 (adopting the Report of the United Nations Water Conference) (*supra* footnote 7) to the recommendation of the UN Water Conference designating the decade of 1980-1990 as the International Drinking Water Supply and Sanitation Decade. However, this matter was addressed by the General Assembly in a later resolution in 1980. Resolution 35/18 adopted by the General Assembly on 10 November 1980, at the 55th Plenary Meeting, after referring to the Mar del Plata Action Plan, proclaimed "the period 1981-1990 as the International Drinking Water Supply and Sanitation Decade, during which Member States will assume a commitment to bring about a substantial improvement in the standards and levels of services in drinking water supply and sanitation by the year 1990". The resolution went on to call upon Governments to develop the necessary policies, set targets and mobilize the necessary resources for this purpose. It also called upon the United Nations system and other intergovernmental and non-governmental organizations concerned to continue, and if possible to increase, their technical and financial co-operation with developing countries in order to enable them to attain the targets they have set. The United Nations General Assembly followed up on the matter and issued resolution 40/171 on 17 December 1985, at its 119th plenary meeting, as a middle of the Decade reminder to the States that "significant progress towards meeting the objectives of the Decade by 1990 will require a much greater sense of urgency and priority on the part of Governments and the continued support of the international community".

9. See United Nations General Assembly resolution 45/181 (21 December 1990). The World Health Organization (WHO) reported that

> "During the course of the Decade, an estimated total of 1,200 million

The 1990s witnessed more concerted efforts aimed at addressing the existing and emerging water resources problems. The first of those efforts was the International Conference on Water and the Environment organized by the United Nations in Dublin in January 1992. The Conference participants called for fundamental new approaches to the assessment, development and management of freshwater resources, which can only be brought about through political commitment and involvement from the highest levels of government to the smallest communities. The Dublin Principles which were issued at the end of the conference emphasized that water is a finite and vulnerable resource which should be developed and managed through participatory approach. The Principles also underscored the role of women and stated that water has an economic value in all its competing uses and urged that water should be recognized as an economic good [10]. "These 'holistic', 'institutional',

people were provided with an adequate and safe water supply, and 770 million were provided with access to an appropriate means of sanitation. In doing so, the number of unserved by an adequate and safe water supply fell by approximately 450 million, while those unserved by an appropriate means of excreta disposal remained almost the same. Overall, the Decade was a success in advancing water supply towards the ultimate goal of universal coverage, while in the case of sanitation, all that was achieved was to keep pace with population expansion." See *World Health Organization, The International Drinking Water Supply and Sanitation Decade — End of Decade Review*, WHO/CWS/92.12 (1992).

During 1990 a number of regional consultations were held to discuss the lessons of the Decade. Those consultations culminated in the Global Consultation which was held in New Delhi, India, 10-14 September 1990, and which was organized by the United Nations Development Programme (UNDP). The meeting issued "the New Delhi Statement" which included four Guiding Principles. Those principles were (i) protection of the environment and safeguarding of health through the integrated management of water resources (ii) institutional reforms promoting an integrated approach and including changes in procedures, attitudes and behaviour and the full participation of women (iii) community management of services backed by measures to strengthen local institutions in implementing and sustaining water and sanitation programmes, and (iv) sound financial practices to be achieved through better management of existing assets. However, the New Delhi Statement indicated that the concerted efforts during the 1980s brought water and sanitation services to hundreds of millions of the poorest people, but acknowledged that "this unprecedented progress was not enough. One in three people in the developing world still lack *[sic]* these two basic requirements for health and dignity." For the New Delhi Statement see UNDP, *Report of the Global Consultation on Safe Water and Sanitation for the 1990s*, 10-14 September 1990, New Delhi, India, at p. 8 (1990). The Delhi meeting was clearly more concerned with providing a road map for water resources management in the 1990s than with assessing the performance during the 1980s.

10. For the Dublin Principles see *Global Water Partnership, Towards Water Security: A Framework for Action*, at p. 101 (2000). It is noteworthy those principles are based, to a considerable extent, on the Guiding Principles of the New Delhi Statement (see *supra* footnote 9.)

'gender', and 'economic' principles have been part of a broad global consensus on how water should be managed."[11]

The Dublin Conference was planned as a preparatory meeting for the United Nations Conference on Environment and Development which was held in Rio de Janeiro in Brazil in June 1992. This Conference is also referred to as the Earth Summit. Agenda 21 which was adopted at the Summit included a separate chapter (Chapter 18) on fresh water resources. The Chapter, which is, by and large, an elaboration of the Mar del Plata Action Plan, included sections on water management and assessment, water quality and sanitation, agriculture and rural water supplies and climate change. Each section included a detailed discussion of the recommended programmes and activities in that area[12].

During the second half of the 1990s, two new institutions were established to deal with water resources issues: the World Water Council and the Global Water Partnership. The former was established in 1996 as an association under domestic French law, and is based in Marseilles, France. The main objective of the Council is to act as a think-tank on water resources matters. Specifically, the Council is entrusted with five objectives, namely to identify critical water issues at all levels on the basis of on-going assessments; to raise awareness about critical water issues; to provide a forum for arriving at a common strategic vision on integrated water resources management; to provide advice and relevant information to institutions and decision-makers on the development and implementation of policies and strategies for sustainable water resources management; and to contribute to the resolution of transboundary water issues[13]. The Global Water Partnership was also established in 1996 as a working partnership among all entities — government agencies, public institutions, private companies, professional organizations and multilateral development agencies — involved in water resources management[14]. The mission of the Global Water Partnership is to support countries in the integrated water resources management for the sustainable use of such water resources. The line of demarcation of responsi-

11. See *World Commission on Water, World Water Vision — A Water Secure World, Vision for Water Life, and the Environment*, at p. 6 (2000).

12. See Daniel Sitarz, *Agenda 21 — The Earth Summit Strategy to Save Our Planet*, Earth Press, 1993, Chap. 3. Unlike the Dublin Principles, Chapter 18 of Agenda 21 referred to water as a social as well as an economic good. Despite the special attention given to water at the Rio Conference, it should be noted that the Rio Declaration on Environment and Development, UN doc. A/CONF.151/26 (1993); 31 *ILM* 874 (1992) does not have a specific reference to water.

13. See http://www.worldwatercouncil.org. See also *World Water Council — The International Water Policy Think Tank — Six Years of Progress, 1994-2000* (2000).

14. See http://www.gwpforum.org.

bilities between the two institutions may be clear in theory. However, in practice there are areas of overlapping of responsibilities, particularly with the expanding work of the Technical Advisory Committee of the Global Water Partnership and its regional offices, including the work on the strategic vision on integrated water resources management [15]. Unlike the World Water Council, the Global Water Partnership was established as a network, hosted by the Swedish International Development Agency in Stockholm, with no legal status. At the time of preparation of this report, the Global Water Partnership was working to attain such a status by establishing itself as an inter-governmental organization [16]. The annual Stockholm Water Symposium that was started in 1992, and which attracts a large number of participants, has become an important meeting point for the World Water Council and the Global Water Partnership. A number of issues concerning the two institutions, as well as water resources management, are discussed and decisions thereon are taken during this annual symposium.

Those two institutions have clearly started dominating the global work on water resources issues, and have gradually taken the lead in this field from the different United Nations agencies that were actively involved in this area in the 1970s and 1980s [17]. The relationship between

15. In addition to the Technical Advisory Committee of the Global Water Partnership which is part of the Partnership Secretariat and is located at the headquarters, there are seven Regional Technical Advisory Committees a well; one for each, Southern Africa; West Africa; South Asia; South-eastern Asia; South America; Mediterranean, Central and Eastern Europe; and South America. In 1998 the Technical Advisory Committee (TAC) started publishing its series TAC Background Papers which present the Global Water Partnership more as a think tank than as a working partnership.

16. This process involves the signature of an agreement between some sponsoring organizations, based on the statute of the Global Water Partnership, followed by a headquarters agreement with the Government of Sweden. The author is involved in this process. The Global Water Partnership dropped the idea of establishing itself as an international organization through a treaty because of the length of time it will take to complete this process.

17. Among the United Nations agencies working in the field of water resources are the Food and Agriculture Organization (FAO), the United Nations Development Programme (UNDP), the United Nations Environment Programme (UNEP), the United Nations Educational, Scientific and Cultural Organization (Unesco), the World Health Organization (WHO), and the World Meteorological Organization (WMO). The World Conservation Union (IUCN) is also involved with water resources issues. In addition, two of the research institutions under the Consultative Group on International Agricultural Research (CGIAR) also work on water. Those research institutions are the International Water Management Institute (IWMI), and the International Food Policy Research Institute (IFPRI). Mention should also be made of the international financial institutions, such as the World Bank and the other regional institutions (which include the Asian Development Bank, the African Development Bank, the European Bank for Reconstruction and Development, and the Inter-

those two institutions on the one hand, and the different United Nations agencies working in this field on the other, seems increasingly to be one of competition rather than co-operation.

Less than a year after its establishment, the World Water Council organized the First World Water Forum in Marrakech, Morocco, in March 1997. This Forum was attended by more than 500 participants. The Forum issued the "Declaration of Marrakech" which urged the world community to put into practice the Mar del Plata Action Plan and the Dublin Principles, as well as Chapter 18 of the Earth Summit on freshwater resources. The Declaration called for the initiation of a "blue revolution" to ensure sustainability of the earth's water resources. The Forum mandated the World Water Council to launch a three-year initiative of study, consultation and analysis that would lead to a global vision for water, life and the environment in the twenty-first century [18]. This Declaration prompted the World Water Council to establish, a year later, the World Commission on Water in the 21st Century. The Commission was entrusted with preparing the global vision for water mandated by the Marrakech Declaration, and to be presented to the Second World Water Forum.

That Forum was held in March 2000 at The Hague in the Netherlands, and was attended by more than five thousand participants. A series of reports were presented and discussed at the Forum, including the World Water Council, World Water Vision's Report "Making Water Everybody's Business" [19] and the World Commission on Water Report "A Water Secure World" [20]. They also included the Global Water Partnership report "Towards Water Security: A Framework for Action" [21], as well as the report on "National Sovereignty and International Watercourses" [22].

The Forum culminated in the issuance of the "Ministerial Declara-

---

American Development Bank), as well as the bilateral development agencies (such as the United States Agency for International Development, Department for International Development of the United Kingdom, the Canadian International Development Agency, and the Swedish International Development Agency) which are also actively involved in the field of water resources. In addition a number of international NGOs, such as Green Cross International and International Rivers Network, are also active in this field.

18. See M. Ait-Kadi *et al.* (eds.), *Water, the World's Common Heritage — Proceedings of the First World Water Forum*, Marrakech, Morocco, 21-22 March 1997 (1997). The different documentation on this Forum spells "Marrakech" sometimes as "Marrakesh".

19. See William Cosgrove and Frank Rijsberman, *supra* footnote 3.

20. See *supra* footnote 11.

21. See *Global Water Partnership, Towards Water Security: A Framework for Action* (2000).

22. See Green Cross International, *National Sovereignty and International Watercourses* (2000).

tion of The Hague on Water Security in the 21st Century" [23]. Although the Declaration welcomed "the contribution of the World Water Council in relation to the Vision and of the Global Water Partnership with respect to the development of the Framework of Action" [24], the Declaration stopped short of endorsing either of them. It only "welcomed follow-up actions by all relevant actors in an open, participatory and transparent manner that draws upon all major groups in society" [25], Moreover, a number of NGOs at the Forum called for rejecting the report of the World Commission on Water, challenging the process of preparing it as not participatory [26]. Similarly, the World Conservation Union (IUCN) challenged the Global Water Partnership Framework for Action (GWP-FFA). IUCN claimed, *inter alia,* that the Framework for Action "continues the misguided notion that ecosystems are in competition with people for water, rather than recognizing that ecosystems provide and restore the water that humanity requires" [27].

Perhaps it is too early to judge the success of the Hague Forum. However, the World Water Council, the Global Water Partnership and the World Commission on Water in the 21st Century were clearly unable to muster a consensus for their plan of action. It was agreed during the Hague Water Forum that the Third World Water Forum would be held in Kyoto, Japan, in March 2003, in line with the practice that seems to be established now that the Forum would be held every three years. With this occasion in mind, the United Nations General Assembly adopted a resolution on 1 February 2002, proclaiming the year 2003 as the "International Year of Freshwater" [28]. The resolution encourages all Member States, the United Nations system and all other actors to take advantage of the Year to increase awareness of the importance of freshwater and to promote action at the local, national, regional and international levels. It further requests the Secretary-General to submit to the General Assembly at its fifty-seventh session a progress report on the preparations for the International Year of Freshwater.

The international water debate continued in another forum in parallel to the first World Water Forum and the work of the World Commission

23. See Second World Water Forum, Ministerial Declaration of The Hague on Water Security in the 21st Century, available at: http://www.worldwaterforum.net/index2.html.

24. See *ibid.*, para. 7 (H).

25. See *ibid.*

26. NGOs Statement, "Summary of Statement on World Commission on Water Report", 19 March 2000, available at: http://www.worldwaterforum.net/index2.html

27. IUCN's Statement "IUCN Calls for Transparency and Integrated Action — Reaction to the GWP-FFA", 21 March 2000, available at: http://www. worldwaterforum.net/index2.html.

28. See United Nations General Assembly resolution A/RES/55/196 (2001).

on Water in the 21st Century. In April 1997, the World Conservation Union (IUCN) and the World Bank organized a workshop in Gland, Switzerland, to review and discuss a World Bank report on the Bank experience with large dams[29]. The Gland Workshop which was attended by 37 participants agreed on the establishment of a two-year World Commission on Dams by November 1997[30]. The objectives of the Commission were to review the development effectiveness of large dams and assess alternatives for water resources and energy development, and to develop internationally acceptable criteria, guidelines and standards for planning, design, appraisal, construction, operation, monitoring and decommissioning of dams[31]. The Commission started its work in May 1998, and launched its report in November 2000. The Commission noted at the outset that

> "The key decisions are not about dams as such, but about options for water and energy development. They relate directly to one of the greatest challenges facing the world in this new century — the need to rethink the management of freshwater resources."[32]

The Commission concluded that although dams have made an important and significant contribution to human development, in many cases an unacceptable, and often unnecessary, price has been paid to secure these benefits, especially in social and environmental terms[33]. An analysis of the Commission's work is discussed in Section 9 of this chapter.

The developments discussed above show a clear realization by the world community of the urgency of the problems facing the freshwater resources. However, the attempts to address those problems seem incoherent, and lacked co-ordination. Moreover, the political will for implementing the different recommendations and principles of those conferences and forums, and for building consensus in the area of water resources management, seems to be lacking. There is also a clear proliferation of the international agencies working on water resources, and

29. See OED (Operations Evaluation Department of the World Bank) Précis Number 125, *World Bank Lending for Large Dams: A Preliminary Review of Impacts 1996* (summarizing an internal Bank Report prepared by OED entitled *The World Bank Experience with Large Dams — A Preliminary Review of Impacts*, Profile of Large Dams (Background Documents 15, 1996).

30. See Tony Dorsey (ed.), *Large Dams: Learning from the Past, Looking at the Future*, Workshop Proceedings, Gland, Switzerland (56 July 1997). Of the 37 participants, 7 were from the World Bank, 6 from government agencies, 7 from local NGOs, 5 from IUCN, 8 from private dam construction and consulting companies and industry organizations, and 4 from academia, see *ibid.*, at pp. 5-6.

31. See World Commission on Dams, *supra* footnote 4, at p. 28.

32. See World Commission on Dams, *supra* footnote 4, at p. xxix.

33. See World Commission on Dams, *supra* footnote 4, at p. xxviii.

the relationship between those different agencies does not seem to be well defined. It should be noted that in most of those conferences and forums water law, whether national or international, "was either absent, inaccurately represented or had limited presence" [34].

In parallel to the efforts of the World Water Council and the Global Water Partnership, the United Nations General Assembly adopted on 21 May 1997, the United Nations Convention on the Law of the Non-Navigational Uses of International Watercourses [35]. The adoption of the Convention culminated a long process that started with the General Assembly asking the International Law Commission to study the question of international watercourses in 1970 [36]. The process passed through a series of rapporteurs and reports, and lengthy discussion at the Sixth Committee and the General Assembly. The International Law Commission's work was based largely on the work of the Institute of International Law and the International Law Association in the area of international watercourses. The contribution of those organizations to the codification and progressive development of international water law has been recognized and utilized by the International Law Commission.

It should be emphasized, however, that the development of international water law has pre-dated the work of those institutions, especially with regard to navigational purposes. The process of evolution and codification of the principles of international law with regard to such navigational purposes started relatively early. Such process commenced with the adoption of the Act of the Congress of Vienna of 1815 which established the principle of priority and freedom of navigation for all the States sharing a river, on a reciprocal basis [37]. At that time, navigation was, by and large, the single user of rivers. Non-navigational uses such as irrigation, hydropower and industry were in the early stages of development, and as such navigational uses could easily claim priority. The trend towards freedom and priority of navigation established by the Act

34. See Patricia Wouters, Salman M. A. Salman and Patricia Jones, "The Legal Response to the World's Water Crisis: What Legacy from The Hague? What Future in Kyoto?", 4 *U. Den. Water. L. Rev.* 418 (2001).

35. The Convention was adopted by the General Assembly by a vote of 103 for and 3 against (Burundi, China and Turkey) with 27 abstentions. 52 countries did not participate in the voting. For the full text of the Convention, see 36 *ILM* 700 (1997). See also Salman M. A. Salman and Laurence Boisson de Chazournes (eds.), *International Watercourses, Enhancing Cooperation and Managing Conflict*, World Bank Technical Paper No. 414, Annex 1, at p. 173 (1998).

36. See *supra* footnote 5.

37. For the text of the Act, see Wilhem G. Grewe (ed.), *Fontes Historiale Iuris Gentium (*Sources Relating to the History of the Law of Nations), Vol. 1, W. de Gruyter, 1992 at p. 455. See generally, Martens and Cussey, *Recueil manuel et pratique de traités, conventions et autres actes diplomatiques*, 1935.

of the Congress of Vienna continued to prevail, and was reconfirmed in 1885 by the General Act of the Congress of Berlin with regard to the Congo and Niger Rivers, thus extending the freedom of navigation to non-riparian States as well[38]. The 1919 Peace Treaty of Versailles continued the liberalization trend in navigation by opening all the navigable rivers in Europe to all the European countries[39]. This trend was confirmed 10 years later by the Permanent Court of International Justice in the case of the Oder River, where the Court ruled that the jurisdiction of the International Commission for the Oder River extended to certain tributaries of such river[40].

However, industrialization started to gradually bring new modes of transportation, thus decreasing the importance of navigation. Concomitantly, non-navigational uses such as irrigation and hydropower generation started to grow in importance, particularly with the considerable increase in population. Thus, the primacy of navigation started to gradually erode in the 1920s, as reflected in the Barcelona and Geneva Con-

38. For the General Act of the Congress of Berlin, see 3 *Am. J. Int'l L.* (Supp.), at 7 (1909). The purpose of the expansion of the concept of freedom of navigation to the Congo and Niger Rivers was to facilitate the conquest of Africa by the European colonial powers. For detail see Bela Vitanyi, *The International Regime of River Navigation*, Sijthoff & Noordhoff, 1979, at p. 98. See also Richard Baxter, *The Law of International Waterways*, Harvard University Press, 1964, at p. 149.

39. It should be noted, however, that the notion of freedom of navigation did not prevail in the Americas. As Lucius Caflisch noted

> "The American States have, from the outset, been reluctant to open their waterways even to other riparians and have developed what one may call the regional custom of the 'concesion especial'. Each riparian State is entitled, on the part of watercourse located on its territory, to prohibit foreign navigation of any kind." See Lucius Caflisch, "Regulation of the Uses of International Watercourses", in Salman M. A. Salman and Laurence Boisson de Chazournes (eds.), *supra* footnote 35, at p. 78.

40. See case relating to the *Territorial Jurisdiction of the International Commission of the River Oder, 1929, PCIJ, Ser. A, No. 16* (Great Britain, Czechoslovak Republic, Denmark, France, Germany and Sweden v. Poland). The issue before the Permanent Court of International Justice was whether the jurisdiction of the International Commission of the Oder River extended, under the provisions of the Treaty of Versailles, to sections of the tributaries of the Oder, namely the Warthe and Netze, which were situated in Poland. Whereas Poland maintained that the jurisdiction of the Oder Commission excluded sections of those tributaries in Polish territory, the other six countries felt that the navigable portions of those tributaries should not be excluded from the Commission's jurisdiction. The Court ruled that the jurisdiction of the Commission extended to certain tributaries of the Oder River situated within Poland. Along those lines of liberalization, the Permanent Court of International Justice in the *Oscar Chinn* case *(Great Britain* v. *Belgium)* (*PCIJ, Ser. A/B, No. 63* (1934) stated, five years after its decision in the *River Oder* case, that "freedom of navigation implies, as far as the business side of maritime or fluvial transport is concerned, freedom of commerce also". *Ibid.*, at p. 83.

ventions[41]. The Cold War divided Europe politically and geographically, and virtually resulted in ending the principle of freedom of navigation between the countries of the two blocs. The erosion of both the primacy and freedom of navigation is reflected in contemporary customary international law which seems to grant freedom of navigation on international rivers to vessels flying the flags of one of the riparian States[42].

SECTION 2 INTERNATIONAL RIVERS AND LAKES AS BOUNDARIES

It should be added that in addition to navigational and non-navigational uses, international rivers and lakes are also used as boundaries, constituting the line that formally separates communities and States[43]. It is ironic that international rivers and lakes which are

41. For the Barcelona Convention (Convention and Statute on the Regime of Navigable Waterways of International Concern) see 7 *UNTS* 35. The Convention was signed at Barcelona on 20 April 1921. Although the Convention confirmed the freedom of navigation, supremacy of navigation was no longer absolute under the Convention. Article 10 recognized the right of a riparian State, in exceptional circumstances, to close the waterway, wholly or in part, to navigation, if navigation was of little importance to it. For the Geneva Convention (General Convention Relating to the Development of Hydraulic Power Affecting More Than One State), see 36 *UNTS* 75. The Convention was signed in Geneva on 9 December 1923. The Convention marked yet another step in the decline of the inherent supremacy of navigation by recognizing other uses for international watercourses.

42. See Lucius Caflisch, *supra* footnote 39, at p. 7.

43. It goes without saying that we are dealing here with boundary or contiguous rivers, i.e., those rivers that separate the territory of two States, and not successive rivers. It should be stressed, however, that international law does not draw any distinction between boundary rivers and successive rivers. The same rules of international law apply to both types of rivers. This has been concluded by the Permanent Court of International Justice in the *River Oder* case, *supra* footnote 40, at p. 27. For a general discussion of international rivers as boundaries, see Richard Baxter, *supra* footnote 38; see also R. Jennings and A. Watts (eds.), *Oppenheim's International Law*, Longman, 1992, at p. 664; Lucius Caflisch, "The Law of International Waterways and Its Sources", in R. Macdonald, *Essays in Honour of Wang Tieya*, Kluwer Academic Publishers, 1993, at pp. 115-129; F. Schroeter, "Les systèmes de délimitation dans les fleuves internationaux", XXXVIII *AFDI*, at 965 (1993); and Salman M. A. Salman, "International Rivers as Boundaries, the Dispute over the Kasikili/Sedudu Island and the Decision of the International Court of Justice", 25 *Water Int'l.*, 580 (2000); see also International Court of Justice, case concerning *Kasikili/Sedudu Island (Botswana/Namibia)*, ICJ General List No. 98 (1999). The case which involved a dispute between Botswana and Namibia over the ownership of the Kasikili/Sedudu island relates basically to the issue of demarcation of the boundaries between the two countries across the Chobe River, and involves interpretation of the 1890 Treaty between Great Britain and Germany regarding the borders of their respective sphere of influence in Africa.

used as highways facilitating commerce and communication between nations are also used as formal boundaries separating such communities and nations[44]. Indeed, international rivers and lakes form boundaries, at stretches varying in length, between a large number of countries[45]. It has to be restated at the outset that boundaries, as a general rule, are established by treaties.

However, despite the large number of treaties that have been concluded in this respect[46], it has not been easy to deduce from them the existence of a State practice, or a material element of custom. Their conventional clauses are far from being uniform or coherent, and they usually lack precision. Moreover, there are no customary rules indicating a special system of delimitation of boundaries. The few guidelines that exist represent technical standards, which States may have recourse to when delimiting their boundaries across an international river or lake[47]. Therefore, whatever methods are used to delimit the boundaries, the special characteristics of the river or lake forming such boundaries would have to be taken into consideration in interpreting such treaties.

The methods used to delimit the boundaries vary. The first method of delimitation is the *condominium* or "no man's land". In such cases, there are two boundaries, one at the right and the other at the left bank of the river in question, which would result in the entire river being under the sovereignty of both riparian States. This method, which was popular in

---

44. See Salman, *supra* footnote 43, at p. 581.

45. International rivers and lakes form the boundaries between a large number of countries. As examples, in Africa, the Senegal River constitutes the boundary between Senegal and Mauritania; the Congo River between the Democratic Republic of the Congo and the Congo; and the Zambezi River between Namibia and Zambia, and Zambia and Zimbabwe. In Asia the Mekong River is a boundary river between Laos and Cambodia, Laos and Thailand and Laos and Myanmar; the Salween River between Thailand and Myanmar; the Ganges between India and Bangladesh; and the Mahakali between India and Nepal. In Europe the Danube River constitutes the boundary between a number of countries, including Germany and Austria, Austria and Slovakia, Yugoslavia and Romania, and Romania and Ukraine. The Rio Grande and the Colorado Rivers constitute borders between Mexico and the United States; the Parana River between Argentina and Paraguay; and the Amazon River between Peru and Colombia. Similarly, a number of lakes, such as Lake Victoria, Lake Chad, Lake Constance, and the Great Lakes in North America also constitute the borders between a number of countries. See Salman, "International Rivers as Boundaries", *supra* footnote 43.

46. The World Commission on Dams stated that "since AD 805 approximately 3,600 water related treaties were signed between nations. Although the majority of these relate to navigation and national boundaries, approximately 300 are non-navigational." See Report of the World Commission on Dams, *supra* footnote 4, at p. 174.

47. See Lucius Caflisch, "The Law of International Waterways and Its Sources", *Essays in Honour of Wang Tieya, supra* footnote 43.

the past, is seldom applied nowadays[48]. Another method involves using one of the river banks as the boundary, leaving the entire river under the sovereignty of one of the riparian States[49]. Although unusual and its disadvantages are self-evident, States have consented to this type of boundary delimitation in the past due to a number of reasons varying from political pressures to colonial legacies.

Both methods have gradually given way in both treaty and practice to the process of delimiting the boundaries across rivers abiding either by their *thalweg*[50] (or main channel) or median line. The former has been interpreted to mean the succession of deepest points in the river bed, whereas the latter as the line which is equidistant from the nearest point on each shore[51]. The median line is the preferred means for delimiting the boundaries across international lakes. Indeed, it appears as the most appropriate from a technical standpoint and also because it implements the most equitable partition from a political point of view[52]. States may

48. In this sense, see the Treaty of Aix-la-Chapelle, of 26.VI.1816, Netherlands-Germany, in Charles de Martens, *Nouveau Recueil des traités*, Vol. 3, p. 36. The said agreement was later confirmed on 8.IV.1960, Nations Unies, *Recueil des traités*, Vol. 508, p. 14.

49. One example is the Boundary Treaty of 1858 between Nicaragua and Costa Rica. By virtue of the said agreement, the River San Juan falls completely under Nicaraguan sovereignty, Costa Rica was recognized only some rights of navigation in the river, see Parry, *Consolidated Treaty Series*, Vol. 118, pp. 439-443. Another example is Lake Malawi where the entire Lake falls on the Malawi side with Tanzania owning no part of the lake. Lake Malawi was delimited by virtue of the Anglo-German Treaty of 1890, which divided the spheres of influence between both States (Parry, 173 *CTS* 271 *et seq.*). See also Haritini Dipla, "Boundary Delimitation on International lakes", in Ralph Zacklin and Lucius Caflisch (eds.), *The Legal Regime for International Rivers and Lakes*, Nijhoff, 1981, at p. 409. The boundaries were revised in 1954 by virtue of the Treaty of Lisbon between Great Britain and Portugal (325 *UNTS* 320). The former Tanganyika acceded at independence as the new State of Tanzania, and has been since claiming the right of access to the lake, which Malawi has continuously refused. Although it is not an international dispute, another example is the case of the Potomac River. The entire river is owned by the State of Maryland under a 1632 land grant from King Charles II, leaving the borders of the State of Virginia on the shores of the Potomac River. Virginia has to ask for permission from Maryland every time it needs to expand its water use from the Potomac. The refusal of Maryland for such expansion in 2000 prompted Virginia to take the case to the United States Supreme Court challenging the 1632 land grant and hence the demarcation of the borders between the two states across the Potomac River. See Salman, *supra* footnote 43, at p. 581.

50. *Thalweg* is a German word meaning the path running at the bottom of the valley.

51. See Caflisch, *supra* footnote 43, at p. 5.

52. In practice there are two types of median lines: the geographical one, and the conventional median line. This latter is really made up of straight lines that in the end correspond to the former one. The conventional one has been sometimes implemented when the banks of the lake in question are rather

also use astronomical or straight lines for the delimitation of boundaries across a lake. The first of these possibilities — i.e. resorting to parallels and meridians as a guiding reference for establishing the boundary in the lake — has been applied in the delimitation of lakes that constitute the meeting point of many States [53].

However, the difficulties of putting either of the two methods of the *thalweg* or the median line into practice, particularly the former, have been evident, due to their vagueness and ambiguity. Such difficulties were quite apparent in the *Kasikili/Sedudu* case [54]. Each of the parties had its own interpretation of similar facts concerning the characteristics of the river for determining the main channel. Arbitrary straight lines across the river have been used to delimit the boundaries, particularly in rivers of large width [55]. One advantage for this method is that it makes up for the instability of meandering rivers.

Some of the difficulties that may arise in connection with boundary rivers may result from the natural alterations in the course of such rivers. These alterations may occur by the progressive deposit of sediments on one of the river banks or on the river bed. Another difficulty that may be encountered in this field is the case of what is known as the "walking islands". This phenomenon may result from erosion caused by the waters of the river, and the gradual deposit of the material in suspension somewhere else. This apparent movement may have international legal effects if the island appertains to an international river. It may well happen that an island that was once placed under the sovereignty of one State suddenly forms part of the territory of its neighbour.

Thus, the issue of how to delimit the boundaries across a river or lake is still far from being settled. The variety of the methods presented stand in the way of deriving a general customary rule in this respect. Moreover, because boundaries are, as a general rule, established through

---

unstable. This is the case of Lake Geneva, as reflected in the Treaty of Geneva, 25 February 1953, France-Switzerland, *RGDIP*, at p. 442 (1960). See also F. Schröeter, *supra* footnote 43, at pp. 917-918.

53. This is the case of Lake Victoria, which is shared by Uganda, Kenya and Tanzania. See the Anglo-German Treaty of 1890, which the riparian States have taken up after their independence, *supra* footnote 49.

54. See the ICJ decision in the *Kasikili/Sedudu* case, *supra* footnote 43.

55. This method has been used by Canada and the United States for delimiting their boundaries across the St. John River. Initially the two countries followed the *thalweg*, but because the river proved to be unstable, they replaced this method by the straight line. South Africa and Namibia currently have a disagreement over their boundaries across the Orange River. Whereas South Africa claims that the borders should be the deepest part of the river, Namibia insists that the borders should be the middle of the Orange River. See Salman M. A. Salman, "Legal Regime for Use and Protection of International Watercourses in the Southern African Region: Evolution and Context", 41 *Nat. Res. J.* 981 (2001).

treaties, in most of those cases the issue becomes one of treaty interpretation which would have to take into account the special characteristics of each river or lake.

SECTION 3 THE UNITED NATIONS WATERCOURSES CONVENTION AND ITS PROCEDURAL RULES

The adoption by the United Nations General Assembly of the United Nations Convention on the Law of the Non-Navigational Uses of International Watercourses on 21 May 1997 marks the most important development in the history of international water law. As mentioned earlier, the work of the Institute of International Law and the International Law Association, as well as the two conventions adopted under the auspices of the League of Nations, namely the Barcelona and the Geneva Conventions[56], have, no doubt, contributed immensely to the evolution of the law of international watercourses. By the time the International Law Commission started working on the United Nations Convention on the Law of the Non-Navigational Uses of International Watercourses in the early 1970s, a number of resolutions, rules, regulations and conventions were in place. The preamble to the United Nations Watercourses Convention itself acknowledges the valuable contribution of international organizations, both governmental and non-governmental, to the codification and progressive development of international law in this field[57].

The United Nations Convention is *a framework convention,* which aims at ensuring the utilization, development, conservation, manage-

56. For the Barcelona Convention and the Geneva Convention, see *supra* footnote 41.

57. See generally, Recital 10, Preamble to the UN Watercourses Convention. For discussion of the Convention, see Aaron Schwabach, "The United Nations Convention on the Law of Non-Navigational Uses of International Watercourse, Customary International Law, and the Interests of Developing Upper Riparians", 33 *Tex. Int. LJ*, at 257 (1998); Attila Tanzi, "Codifying the Minimum Standards of the Law of International Watercourses: Remarks on Part One and a Half", 21 *Nat. Res. F.*, at 109 (1997); John R. Crook and Stephen C. McCaffrey, "The United Nations Start Work on a Watercourses Convention", 91 *Am. J. Int'l L.*, at 374 (1997); Stephen C. McCaffrey and Mpazi Sinjela, "The 1997 United Nations Convention on International Watercourses", 92 *Am. J. Int'l L.*, at 97 (1998); and Stephen McCaffrey, "The UN Convention on the Law of the Non-Navigational Uses of International Watercourses: Prospects and Pitfalls", in Salman M. A. Salman and Laurence Boisson de Chazournes (eds.), *supra* footnote 35, at p. 22 (1998). See also Attila Tanzi and Maurizio Arcari, *The United Nations Convention on the Law of International Watercourses — A Framework for Sharing*, Kluwer Academic Publishers Group, 2001, and Stephen C. McCaffrey, *The Law of International Watercourses — Non-navigational Uses*, Oxford University Press, 2001.

ment and protection of international watercourses and promoting optimal and sustainable utilization thereof for present and future generations[58]. The decision to opt for a framework convention was quite realistic given the varying and competing interests of the different riparian States. These include the competing interests of the upper and lower riparians[59], as well as the issue of which of the two principles prevails over the other, the equitable and reasonable utilization principle, or the obligation not to cause harm[60].

The strongest element of the Convention is its procedural mechanisms. Those elements are based on the essential and primary obligation of the riparian States to co-operate with each other. Co-operation in international law is a widely used term-of-art. It is a broad concept implying different obligations in a variety of contexts. In the context of the law of international watercourses, the obligation to co-operate is affirmed in numerous treaties and conventions, whether in general terms[61], or whether translated into specific procedural obligations. The

58. See generally, Preamble to the UN Watercourses Convention.

59. The three countries that voted against the Convention (Burundi, China and Turkey) are all upper riparians. Similarly, most of the 27 countries that abstained are upper riparians. This could lead to the conclusion, adopted by some upper riparian countries, that the Convention is biased in favour of lower riparian countries. However, it should be stressed that not all upper riparian countries have abstained, nor are all the countries that abstained are upper riparians.

60. It is interesting to note how the language of the articles of the Convention on the relationship between the principle of equitable and reasonable utilization on the one hand, and the no harm rule on the other, were negotiated during discussion of the draft UN Watercourses Convention. The attempt to reconcile the views of the participants on those two principles, as noted by Caflisch (*supra* footnote 39, at p. 13) resulted in the replacement of the words "taking into account" in Article 7 (2) of the Convention (dealing with the obligation not cause significant harm), with the expression "having due regard for". As such the revised Article 7 (2) reads

> "Where significant harm nevertheless is caused to another Watercourse State, the State whose use causes such harm shall, in the absence of agreement to such use, take all appropriate measures, *having due regard for* the provisions of Articles 5 and 6, in consultation with the affected State, to eliminate or mitigate such harm, and where appropriate, to discuss the question of compensation."

> "This new formula was considered by a number of lower riparians to be sufficiently neutral not to suggest a subordination of the no-harm rule to the principle of equitable and reasonable utilization. A number of upper riparians thought just the contrary, namely, that that formula was strong enough to support the idea of such subordination." See Caflisch, *supra* footnote 39, at p. 15.

61. This is apparent in Article 8 of the UN Convention which deals with the "General obligation to cooperate" and lays down general basis for such co-operation such as sovereign equality, territorial integrity, mutual benefit, and good faith.

United Nations Convention addressed this issue in a comprehensive manner, and included the obligation to exchange data and information regularly, the obligation to notify other riparian States of planned measures, the establishment of joint mechanisms, environmental impact assessments, the provision of emergency information, the obligation to enter into consultations, and the obligation to negotiate in good faith.

Indeed, Part III of the United Nations Convention on "Planned Measures" is the longest and most detailed part of the Convention, and comprises 9 out of the 37 articles of the Convention. Those articles deal with a number of aspects, including the obligation to notify other riparians of planned measures which may have a significant adverse effect on them, period for reply for notification, obligations of the notifying State during the period for reply, reply for notification[62], absence of reply for notification, consultations and negotiations concerning planned measures, procedures in absence of notification and urgent implementation of planned measures[63].

62. Article 13 of the Convention states that the notified State is allowed a period of six months within which to study and evaluate the possible effects of the planned measures and to communicate its findings. This period can be extended at the request of the notified State for another period of six months.

63. Notification was addressed in the work of the Institute of International law, particularly in what is commonly known as Salzburg Resolution of 1961, "Utilization of Non-Maritime International Waters (Except for Navigation)", reprinted in 56 *Am. J. Int'l L.*, at 737 (1962). Under Article 5 of the Salzburg Resolution, works or utilization that may have serious effects on the possibility of utilization of the same waters by other States may not be undertaken except after prior notice to the interested States. See Salzburg Resolution, Art. 5. Under Article 6, if an objection is made, the States will enter into negotiations with the intention of reaching an agreement within a reasonable time. The International Law Association has provided further commentary on the issue of notification, through the Helsinki Rules. See International Law Association, *The Helsinki Rules, Report of the Fifty-Second Conference Held at Helsinki*, 1966, at pp. 484, 518-519 (1967). The Helsinki Rules address the issue of notification in Chapter 6, "Procedures for the Prevention and Settlement of Disputes". Article 29 of the Rules requires a State, regardless of its location in a drainage basin, to "furnish to any other basin State, the interest of which may be substantially affected, notice of any proposed construction or installation which would alter the regime of the basin". The notifying State should afford the notified States a reasonable period of time, not exceeding six months, to assess the probable effects of the planned construction. If a dispute arises, then the Helsinki Rules require the parties to seek a solution through negotiations, use of a joint agency, mediation of a third State, commission of enquiry, or referral to the International Court of Justice. Thus, the work of the Institute of International Law and the International Law Association has contributed significantly to the thinking of the International Law Commission in the area of "Planned Measures". It should also be pointed out that the concept of notification is found in a number of international legal instruments. Article 74 of the United Nations Charter which deals with "good neighbourliness" reads

"Members of the United Nations also agree that their policy in respect

The general obligation to co-operate and the procedural rules it comprises have a crucial role to play in the implementation of the substantive principles of equitable and reasonable utilization and of diligent prevention of significant transboundary harm[64]. These procedural rules are considered instrumental since they aim to ensure that in the decision-making process concerning a planned measure the interests of other States likely to be affected are taken into account[65]. In fact, such procedural rules are designed to be applied before any harm has occurred and planned measures have been carried out[66]. Accordingly, recent con-

---

> of the territories to which this Charter applies, no less than in respect of their metropolitan areas, must be based on the general principle of good-neighbourliness, due account being taken of the interests and well-being of the rest of the world, in social, economic and commercial matters."

The Charter of Economic Rights and Duties of States (GA res. 3281 (XXIX), UN, *GAOR*, adopted on 12 December 1974 (24 *ILM* 251 (1975)), requires co-operation and prior consultation in the exploitation of natural resources shared by two or more countries. Similarly, Article 3 (2) of the United Nations Declaration on the Right to Development adopted by the General Assembly on 4 December 1986 states that "the realization of the right to development requires full respect for the principles of international law concerning friendly relations and co-operation among States in accordance with the Charter of the United Nations". See Resolutions and Decisions adopted by the General Assembly during its Forty-first Session (16 September-19 December 1986), GA res., UN, *GAOR*, 46 Sess., Supp. No. 53, UN doc.A/41/53 (1987).

64. For a thorough analysis of the relationship between substantive and procedural rules, see Special Rapporteur McCaffrey, Third Report on the Law of the Non-Navigational Uses of International Watercourses, UN doc. A/CN.4/406, reproduced in *YB Int'l L. Comm'n*, UN doc., Vol. II, Part One, para. 32, at p. 23 (1987).

65. This is the essence of the World Bank Policy for Projects on International Waterways. The World Bank policy has benefited considerably from the work of the Institute of International Law and the International Law Association and the early work of the International Law Commission in the field of planned measures, and, in turn, has contributed to the evolution of the procedural rules in this area. See World Bank Operational Polices and Bank Procedures 7.50 (in Salman and Boisson de Chazournes, eds., *supra* footnote 35, at p. 193. The Bank policy, for example, introduced the possibility of the Bank notifying the other riparians on behalf of the borrower if the latter does not want to carry out the notification itself. Article 30 of the UN Convention addresses the same situation by proposing indirect procedures where there are obstacles to direct contact between States. The Bank policy has also introduced the notion of "opinion of independent experts" in case of objection to the project by one of the riparians. This notion has the advantages of (i) not giving one of the riparians a veto power over the decision of whether to proceed with the project or not, and (ii) injecting an element of objectivity in the process of reviewing and deciding on the likelihood that the proposed project may have adverse impact on other riparians. For discussion of the World Bank Policy for Projects on International Waterways, see Raj Krishna, "The Evolution and Context of the Bank Policy for Projects on International Waterways", in Salman and Boisson de Chazournes (eds.), *supra* footnote 35, at p. 31.

66. See Phoebe Okowa, "Procedural Obligations in International Environmental Agreements", 67 *Brit. YB Int'l L.*, at 275-336 (1997).

ventional State practice indicates an increasing willingness of States to have recourse to procedural rules in order to avoid conflict and to strengthen the process of settlement of disputes. Indeed, recent treaties, particularly those adopted in the sequence of the 1997 United Nations Convention, point to a trend towards the conclusion of multilateral and more comprehensive agreements which include detailed procedural rules addressing the basic elements of co-operation [67].

SECTION 4 **INTERNATIONAL GROUNDWATER LAW**

One other major contribution of the United Nations Watercourses Convention is the attention it has given to transboundary groundwater. Although groundwater has been an important water source in arid regions for centuries, it was only in the middle of the last century that groundwater use expanded from meeting strictly local needs to serving as a primary source of freshwater for whole nations [68]. Today, a majority of the world's population is dependent on groundwater for its basic needs [69]. Twelve of the twenty-three megacities that have popula-

67. In this connection see "Revised Protocol on Shared Watercourses in the Southern African Development Community (SADC)", 40 *ILM* 320 (2001); see also Salman M. A. Salman, "Introductory Note to the SADC Revised Protocol on Shared Watercourses in the Southern African Development Community", *ibid.* at p. 317. See also Salman M. A. Salman, "Legal Regime for Use and Protection of International Watercourses in the Southern African Region: Evolution and Context", *supra* footnote 55.

68. See Joseph Dellapenna, *The Evolving International Law of Transnational Aquifers, Management of Shared Groundwater Resources: An Israeli-Palestinian Case with an International Perspective*, Feitelson and Haddad, eds., 2001, at p. 212.

69. Stephen McCaffrey, Seventh Report on the Law of the Non-Navigational Uses of International Watercourses, UN doc. A/CN.4/436 (1991), reprinted in II *YB Int'l L. Comm'n 45* 52, UN doc. A/CN.4/SER.A/ 1991/Add.1 (Part 1) (1991) (hereinafter, Seventh Report). For example, groundwater accounts for at least 75 per cent of drinking water in much of Europe. See E. Almássy and Z. Busás, *Guidelines on Transboundary Groundwater Monitoring, Volume 1: Inventory of Transboundary Groundwaters*, UN/ECE Task Force on Monitoring & Assessment, at p. 21 (1999) where the author identified the following percentages of groundwater in respective countries' drinking water supplies: Austria (99%), Belarus (80%), Bulgaria (60%), Croatia (90%), Estonia (70%), Finland (57%), Germany (75-90%), Hungary (95%), Lithuania (100%), Netherlands (67%), Portugal (60%), Slovak Republic (80%), Slovenia (90%), Switzerland (84%), Ukraine (65%); see Seventh Report, at p. 53; see also Stefano Burchi, "National Regulations for Groundwater: Options, Issues and Best Practices", in Salman M. A. Salman (ed.), *Groundwater: Legal and Policy Perspectives*, Proceedings of a World Bank Seminar, 1999, at p. 55 where the author noted that groundwater accounts for approximately one-half of drinking water in the United States.

tions of over 10 million are heavily dependent on groundwater[70]. Certainly, the sheer volume of this resource holds a promise of tremendous opportunity[71]. Nonetheless, few treaties pertaining to transboundary surface waters acknowledged interrelated groundwater, and even fewer sought to regulate or manage shared groundwater resources[72]. Generally, groundwater was managed and regulated, if at all, separately from its surface water counterparts[73], thus leaving considerable uncertainly about the status of groundwater under international law.

Although the United Nations Watercourses Convention addressed groundwater, this has not been complete. The Convention defines the term "watercourse" to include both surface water and groundwater which is connected to surface water[74]. This definition leaves out confined groundwater — that is groundwater not connected to surface water. This incomplete definition is attributed, by and large, to the fact that the scientific knowledge on groundwater is still limited.

In this regard, the United Nations Watercourse Convention is indeed behind the work of other institutions on transboundary groundwater. As far back as 1966, the International Law Association had defined "drainage basin" as including both "surface and underground waters flowing

70. See Jacob J. Burke and Marcus H. Moench, *Groundwater and Society: Resources, Tensions and Opportunities*, United Nations, 2000, at p. 12. The cities cited by the authors are Mexico City, Tehran, Shanghai, Buenos Aires, Jakarta, Karachi, Dhaka, Manila, Cairo, Bangkok, London and Beijing; see *ibid.*, at p. 12.

71. Global groundwater supplies dwarf all water found in rivers, lakes and other freshwater surface resources by a factor of 100. See Peter Gleick, *supra* footnote 3, at p. 21. Bouwer estimates that total volume of readily usable groundwater, i.e., accessible and not saline, constitutes approximately 4.2 x 10^6 km^3, while lakes and streams contain only about 0.126 x 10^6 km^3 of fresh water. See Herman Bouwer, *Groundwater Hydrology 23*, McGraw-Hill, 1978.

72. See Dante Caponera and Dominique Alhéritière, "Principles of International Ground Water Law", in Ludwik Teclaff and Albert Utton (eds.), *International Groundwater Law*, at p. 25 (1981), where the authors discussed the problem of numerous projects that employ fundamentally disparate principles and policies for underground and surface waters. See also Robert Hayton, "The Ground Water Legal Regime as Instrument of Policy Objectives and Management Requirements", in Ludwik Teclaff and Albert Utton (eds.), *ibid.*, at pp. 57, 60, where the author noted that the modern legal system does not always keep pace with scientific knowledge or the needs of society.

73. See Albert Utton, "International Groundwater Management: The Case of the U.S. Mexican Frontier", in Ludwik Teclaff and Albert Utton (eds.), *supra* footnote 72, at pp. 157, 178, where the author noted that the law often created a distinction between surface and groundwater contrary to scientific reality.

74. Article 2 *(a)* of the Convention defines the term "watercourse" as "a system of surface waters and groundwater constituting by virtue of their physical relationship a unitary whole and normally flowing into a common terminus". Article 2 *(b)* defines international watercourse as "a watercourse parts of which are situated in different states". For the full text of the Convention, see *supra* footnote 35.

into a common terminus"[75]. Similar to the United Nations Convention, this definition clearly excluded confined groundwater. The Comment of the International Law Association clarified the provisions of this Article by stating that "The underground waters constituting a part of the drainage basin described in this article are those that contribute to its principal river, a stream or lake or other common terminus."[76] However, the International Law Association realized this lacuna and addressed this issue 20 years later. During its sixty-second conference held in 1986 in Seoul, Korea, the International Law Association adopted four articles, known as the Seoul Rules, to fill this gap[77]. Article 2 (2) of the Seoul Rules states that

> "an aquifer intersected by the boundary between two or more states that does not contribute water to, or receive water from, surface waters of international drainage basin constitutes an international drainage basin for the purpose of the Helsinki Rules".

The Seoul Rules were issued in 1986 when the International Law Commission was still working on the definition of the term "watercourse"[78].

In parallel to the work of the International Law Association as reflected in the Seoul Rules, Professor Barberis identified four cases in which an aquifer is considered an international one. Those four cases are (i) a confined aquifer which is intersected by an international border, and is not linked hydraulically with other groundwater or surface water, making the aquifer the shared water resource; (ii) an aquifer which lies entirely within the territory of one State but is linked hydraulically with an international river; (iii) an aquifer which is situated entirely within the territory of a single State but is linked hydraulically with another aquifer in a neighbouring State; and (iv) an aquifer which is situated entirely within the territory of a given State but has its recharge zone in another State[79]. Case (i), and possibly (iii), could be read as dealing with confined groundwater.

In connection with the emerging international law on groundwater, mention must also be made of the Bellagio Draft Treaty which is the work of a group of multidisciplinary specialists in the field of transboun-

---

75. See Article II of the Helsinki Rules, *supra* footnote 63, at p. 484.
76. See *ibid.*
77. See Seoul Rules on International Groundwaters, International Law Association, *Report of the Sixty Second Conference*, Seoul, Korea, 1986, at p. 251 (1987).
78. See Seventh Report, *supra* footnote 69.
79. See Julio A. Barberis, *International Groundwater Resources Law*, Food and Agriculture Organization, Legis. Study No. 40, at p. 1 (1986).

dary groundwater in the mid to late 1980s. The draft treaty is proposed by them to serve as a model international groundwater treaty [80]. It is worth adding that the Draft Treaty did not make a distinction between connected and confined groundwater.

The draft Watercourses Convention proposed by the International Law Commission in 1994 included the same definition of the term "watercourses" that was eventually adopted by the United Nations in 1997. Yet, the Commission itself noted separately the limited scope of its definition. Similar to the approach adopted by the International Law Association in Seoul in 1986, the International Law Commission issued in 1994, after completing its work on the United Nations Watercourses Convention, a Resolution "on Confined Transboundary Groundwater" [81]. The Resolution addressed the fact that the definition of the term watercourse in the Convention does not include confined transboundary groundwater. The Resolution commends States to be guided by the principles contained in the United Nations Convention, where appropriate, in regulating transboundary groundwater.

Thus, despite the fact that the issue of confined groundwater has been addressed by the International Law Association in 1986, as well as by other scholars, the United Nations Watercourses Convention has fallen short of addressing the issue of groundwater in a complete manner. However, this situation is not difficult to understand. A number of scientific and technical issues with regard to groundwater remain unresolved. Even the inclusion of "connected groundwater" in the definition of the term "watercourse" in the Convention has not been without controversy and "was cited as a reason for the abstentions of two states from the vote on the Convention" [82]. Those elements are likely to persist for some time and could slow down further co-operation in the field of transboundary groundwater.

80. For the Bellagio Draft Treaty see Robert D. Hayton and Albert E. Utton, "Transboundary Groundwaters: The Bellagio Draft Treaty", 29 *Nat. Res. J.*, at 677 (1989). For a consolidated version of the Draft Treaty see Salman M. A. Salman (ed.), *Groundwater*, *supra* footnote 69, at p. 221.

81. For the International Law Commission Resolution, see *Yearbook of the International Law Commission*, 1994, *supra* footnote 5, at p. 135. For discussion of the issue, see Stephen McCaffrey, "International Groundwater Law: Evolution and Context", in Salman M. A. Salman (ed.), *Groundwater*, *supra* footnote 69, at p. 139 (1999); see also Raj Krishna and Salman M. A. Salman, "International Groundwater Law and the World Bank Policy for Projects on Transboundary Groundwater", in Salman M. A. Salman, *Groundwater*, *supra* footnote 69, at p. 163.

82. See Stephen McCaffrey, "UN Convention on the Law of the Non-Navigational Uses of International Watercourse: Prospects and Pitfalls", *supra* footnote 57, at pp. 17-18. The two countries that abstained because of inclusion of groundwater are Pakistan and Rwanda.

SECTION 5 SEAS AND INTERNATIONAL WATERCOURSES: ISSUES OF LAND-BASED POLLUTION

One of the fallouts of man's quest towards industrialization has been the generation of huge amount of waste which ultimately finds its way into rivers. Because river waters eventually meet and intermingle with sea water, land-based pollution is becoming increasingly a threat to the marine environment. The Joint Group of Experts on the Scientific Aspects of Marine Pollution (GESAMP) in a recent report estimates that nearly 77 per cent of all marine pollution is caused by land-based sources [83].

Attempts towards dealing with this matter started in earnest during the United Nations Conference on Human Environment that was held in Stockholm in 1972 [84]. Principle 21 of the Stockholm Declaration stated that

> "States have in accordance with the Charter of the United Nations and the principles of international law the sovereign right to exploit their own resources pursuant to their own environmental policies, and the responsibility to ensure that activities within their jurisdiction or control do not cause damage to the environment of the other States or of areas beyond the limits of national jurisdiction."

One of the immediate tasks assigned to the United Nations Environment Programme (UNEP) after its inception in 1972 was the development of regional seas programmes to address the growing incidents of marine pollution [85].

The United Nations Convention on the Law of the Sea provides a comprehensive definition reflecting the fresh water marine water interface [86]. Moreover, Article 207 of the Law of the Sea Convention that regulates pollution by land-based sources requires States to take meas-

83. For a scientific basis of land-based marine pollution, see Douglas Cormack, "Scientific and Technical Background of LBSMP", 16 (1) *Marine Pol'y* at 5-19 (1992).

84. For the Stockholm Declaration, see *supra* footnote 6.

85. See http://www.unep.org.

86. Article 1.4 of the Law of the Sea Convention states

> "Pollution of the marine environment means introduction by man, directly or indirectly, of substances or energy into the marine environment (including estuaries), which results or is likely to result in such deleterious effects as harm to living resources and marine life, hazard to human health, hindrance to marine activity including fishing and other legitimate uses of the sea, impairment of the quality for the use of sea water and reduction of amenities." See United Nations Convention on the Law of the Sea, done 10 December 1982, at Montego Bay, 21 *ILM* 1261 (1982).

ures, including the adoption of laws and regulations, to prevent, reduce and control pollution from land-based sources. "Thus, there is an 'international' dimension to any freshwater source that threatens the marine environment, which by definition includes all estuaries."[87] It may however be added that, unlike provisions on dumping and vessels source pollution, Article 207 does not require adherence to any international standards. It has been left to States to decide how they would like to draw up the implementing legislation at the regional, sub-regional and national levels. It is noteworthy, however, that international regimes governing dumping (London Convention 1972 and its 1996 Protocol) and oil pollution from ships (various IMO Conventions) are in place. The reason why an international regime governing land-based pollution has not been established is perhaps due to the fact that a large number of States, especially developing countries, felt such a regulation would hinder their developmental activities. It should be added in this respect that customary international law in this area is of general nature and is not strictly concerned with marine pollution[88].

The absence of an internationally binding regime has given a place to the emergence of a large number of regional conventions addressing land-based pollution[89].

As mentioned earlier, UNEP was entrusted upon its establishment with the development of regional programmes for dealing with marine pollution. Those two factors resulted in a plethora of regional conventions, including the 1974 and 1992 Helsinki Conventions (Baltic Sea), 1974 Paris Convention and the new OSPAR Convention of 1992 (North Sea and North-East Atlantic), the 1976 Barcelona Convention (Mediterranean), the 1978 Kuwait Convention (Persian and Arabian Gulf), the 1981 Abidjan Convention (West Africa), the 1982 Jeddah Convention (Red Sea and Gulf of Aden), 1982 Lima Convention (South-East

87. See Robert Hayton, "Rights and Duties of Riparian States of International Rivers", Centre for Studies and Research in International Law and International Relations, Hague Academy of International Law, Kluwer Academic Publishers Group, 1990, at p. 64.

88. A number of cases can be read as establishing normative framework in this field. Those cases include the *Trail Smelter* arbitration *(United States* v. *Canada)* 3, *RIAA* (1911) which established the principle of *sic utero tuo ut alienum* (use your own property in such a manner as not to injure that of another). Similarly, in the *Corfu Channel (United Kingdom* v. *Albania)*, *ICJ Reports 1949*, at p. 3, the International Court of Justice confirmed the principle of harmless use of territory and concluded that under international law every State is under obligation not to allow knowingly its territory to be used for acts contrary to the rights of other States.

89. See generally Meng Qing-Nan, *Land Based Marine Pollution*, Martinus Nijhoff, 1987; also see E. Franck, "Regional Marine Environment Protection Regimes in the Context of UNCLOS", 13 *Int'l J. Marine. & Coastal L.*, at 308 (1998).

Pacific), the 1983 Cartagena Convention (Caribbean), 1985 Nairobi Convention (East Africa) and the 1986 Noumea Convention (South Pacific). Incidentally, the 1976 Barcelona Convention, the 1981 Lima Convention, the 1978 Kuwait Convention and the 1983 Cartegena Convention have all adopted special regimes by way of protocols to strengthen the implementing mechanisms governing abatement of marine pollution from land-based sources.

The United Nations Watercourses Convention includes a number of provisions dealing with the environment, including definition of the term pollution [90], while Article 23 deals with "Protection and Preservation of the Marine Environment". This Article, which is of general nature, requires watercourses States to take all measures for protection and preservation of the marine environment, including estuaries, thus establishing a duty of conduct rather than result.

The examination of the general principles and customary international law shows that the obligation not to cause harm, the principle against abuse of rights, as well as the principle of good neighbourliness and others, govern land-based pollution of other territories and areas beyond national jurisdiction. The minimum flow doctrine which is gradually gaining grounds is also relevant since the concerns, at the international level, about decreased flow "will become issues in the determination of appreciable harm and cooperative and collaborative measures for environmental protection" [91]. Moreover, the basic approach of UNEP's regional conventions shows that the standards set are stringent and getting progressively more strict on issues of time frames for phasing out land-based pollutants. In the absence of an international regime, the UNEP-sponsored Global Programme of Action (GPA) and other international organizations such as the United Nations Informal Consultative Process on the Oceans (UNICPO) and UNIDO are providing a regulatory framework based on the UNEP-sponsored Montreal Guidelines of 1995, governing land-based marine pollution. However, those regional approaches should not be seen as an alternative to an international regime governing land-based marine pollution. With the increasing deterioration in the quality of river waters, the need for such an international regime is indeed pressing.

---

90. Article 21 (1) of the UN Watercourses Convention defines pollution as "any detrimental alteration in the composition or quality of the waters of an international watercourse which results directly or indirectly from human conduct". This definition is based largely on the definition proposed by the Institute of International Law in Article 1 of its Athens Resolution of 1979 on "Pollution of Rivers and Lakes and International Law". For the text of the Resolution, see Harald Hohmann, *supra* footnote 5, at p. 256.

91. See Robert Hayton, *supra* footnote 87, at p. 87. See also the general discussion of the minimum flow doctrine at pages 85-87.

SECTION 6 THE EUROPEAN COMMUNITY WATER FRAMEWORK DIRECTIVE

Another regional approach to the management and protection of transboundary water resources can be found in the European Community Framework for Action in the field of Water Policy [92]. This Water Framework Directive which entered into force on 22 December 2000 constitutes an innovative approach to the development of water policy of the European Community. It rationalizes the Community's highly fragmented water legislation under one coherent legal framework which takes an integrated approach towards the protection and management of water resources in the Member States of the Community.

Water is one of the most comprehensively regulated areas of the Community. The legal instrument most frequently used in this respect is the so-called "Directive" [93]. During the last 25 years, the Community has adopted a number of water-related directives — aimed at specific uses, processes, industries or substances. In the course of this process, it became increasingly apparent that the different pieces of Community water legislation were fairly unrelated and represented a patchwork of incoherent — sometimes even contradictory — legal instruments which were fragmented both in objectives and means [94]. Hence, the Community decided on the adoption of the Water Framework Directive. The Directive takes a holistic and comprehensive approach towards water management as it covers the relevant components of water, namely, inland surface waters, transitional waters, coastal waters and groundwater. For the first time surface waters and groundwater are managed in an integrated manner at the European level.

Based on its character as a comprehensive instrument, the Directive focuses on encouraging water protection by providing common objectives, principles, definitions and basic measures at the Community level.

---

92. For a general discussion of the topic, see Rainer E. Enderlain, "The EU Water Framework Directive within the Context of Joint Protection Policies", in Thomas Burha and Hans-Joachim Koch (eds.), *Integrierte Gewasserpoliitik in Europa*, Nomos Verlagsgesellschaft, 2001, at p. 129.

93. Directives of the Community regulate a subject matter by setting up legally binding objectives which have to be achieved by Member States within a certain specified timeframe. The individual Member States retain the power to choose the specific means and to draw up detailed provisions by which they would put the Directive into effect within their national jurisdiction.

94. As of January 2001, nine Member States of the European Community were found guilty by the European Court of Justice for non-compliance with water legislation in 42 cases involving 17 water-related directives. See Klaus Lanz and Stefan Scheuer, *EEB Handbook on EU Water Policy under the Water Framework Directive*, European Environmental ed., 2001, at p. 7.

The specific administrative arrangements to achieve the Directive's objectives take place within the Community Member States at the level of the national, sub-national, or local authorities. The basic reference unit for water management is the "river basin"[95]. Disregarding existing administrative or political boundaries Member States are obliged to establish specific River Basin Districts. The key managerial tool for the implementation of these objectives is the River Basin Management Plan (RBMP) which consists of a standardized set of programmes of measures.

The Directive also follows a combined integrated approach to pollution prevention and control with the view of streamlining the different approaches to pollution control within the Community. It sets both emission limitations and water quality standards. Regarding discharges into surface waters, the Directive combines both approaches. It requires all existing emission controls to be implemented within 12 years, while it also co-ordinates all the environmental objectives in existing legislation and establishes "good status" of all waters as a new overall objective[96].

The Key to understanding the Directive as a regional approach towards the management of transboundary freshwater resources in Europe lies in the capacity of the Directive to exert influence on three different legal spheres, namely directly shaping the *supranational* law of the European Community itself, influencing the *national* water legislation of the European Community Member States, and having the potential to have a considerable effect on the development of *international* law on transboundary water resources in Europe.

The influence of the Directive on the development of international water law is based on the obligation of the Community Member States to ensure that a river basin covering the territory of more than one Member State is assigned to an *international* River Basin District. Within such an international River Basin District, each Member State remains obliged to ensure the appropriate administrative arrangements for the application of the Directive within the portion of the international River Basin District lying within its territory. More specifically, the Member States shall ensure that the requirements of the Directive for the achievement of environmental objectives are co-ordinated for the whole of an *international* River Basin District. The Directive expressly proposes that for the co-ordination within *international* River Basin Districts the Member States may use existing structures stemming from international

95. River basin is defined as "the area of land from which all surface run-off flows through a sequence of streams, rivers and, possibly, lakes into the sea at a single river mouth, estuary or delta". See Article 3 of the Framework.

96. See generally, Wyn Grant *et al.*, *The Effectiveness of European Union Environmental Policy*, St. Martin's Press, 2000.

agreements. Thus, river commissions or equivalent arrangements already established between riparian States under other treaties and conventions may act as "competent authorities" responsible for the management of international River Basin Districts [97].

With regard to freshwater resources which extend beyond the territory of the European Community — like Europe's most important transboundary watercourses, the Danube and Rhine — it is clear that the Directive does not have any *legally binding* force beyond the territory and jurisdiction of the European Community [98]. Nevertheless, the Directive has the potential to exert considerable influence on the development of new and already existing international agreements on the management and protection of transboundary water resources in Europe. The pivotal regulation in this regard is Article 3, which states that where a River Basin District extends beyond the territory of the Community the Member States concerned shall endeavour to establish appropriate co-ordination with the relevant non-Member States, with the aim of achieving the objectives of the Directive throughout the River Basin District. This means that both the Community's Member States and the European Community itself in its own capacity as parties to international agreements on transboundary water resources are obliged to pursue the objectives of the Directive.

Hence, it can be argued that the Directive functions as a unique interface between the *supranational* law of the European Community, *national* water law as well as *international* law on transboundary fresh water resources [99]. Indeed, the potential of the Water Framework Directive to exert influence on conventions and treaties on international water resources involving both Members and non-Members is considerable.

97. See for example Convention on the Protection and Use of Transboundary Watercourses and International Lakes 1992 (the Helsinki Convention), for the text of the Convention, see 31 *ILM* 1312 (1992); see also International Watercourse, *supra* footnote 35, at p. 203. For a discussion of the Helsinki Convention and related instruments, see Branko Bosnjakovic, "UN/ECE Strategies for Protecting the Environment with Respect to International Watercourses: The Helsinki and Epsoo Convention, in International Watercourses", *supra* footnote 35, at p. 47. See also Branko Bosnjakovic, "Regulation of International Watercourses under the UN/ECE Regional Agreements", 25 *Water. Int'l* 544 (2000).

98. See, in this connection, *Convention on Cooperation for the Protection and Sustainable Use of the Danube River 1994*, in OJ (L 342), 19 (1997). See also *Convention on the Protection of the Rhine, 1999*, in OJ (L 289), 31 (2000).

99. For a comparative analysis of the UN Watercourses Convention and the Helsinki Convention, see Attila Tanzi, *The Relationship between the 1992 UN/ECE Convention on the Protection and Use of Transboundary Watercourses and International Lakes and the UN Convention on the Law of the Non-Navigational Uses of International Watercourses*, Report of the UN/ECE Task Force on Legal and Administrative Aspects (2000).

This will in turn reshape international water law in Europe by confirming the Directive regional approach to the management of transboundary water resources throughout Europe.

SECTION 7 **THE STATUS OF WATER IN INTERNATIONAL ECONOMIC LAW**

Although the Dublin Principles have stated, *inter alia,* that water has an economic value in all its competing uses and urged that water should be recognized as an economic good [100], putting this principle into practice has not been an easy task. In theory, a market approach to water will lead to an optimal use of the resource. However, the implications in practice are more complicated and have led to a lively debate pertaining to the unique characteristics and nature of water.

It needs to be emphasized at the outset that physical ownership of water in a strict sense is rarely possible [101]. Many cultures and religions do not consider water as a commodity for individual ownership or for sale. Moreover, rivers do not respect political boundaries. Another issue which requires attention concerns fresh water beyond territorial jurisdiction : does an iceberg present *res nullius* or *res communis* [102] ? Thus, considering the possible forms of ownership, water is likely to constitute a natural monopoly and therefore public ownership seems most suitable [103]. National security is another consideration in favour of public control over water.

Yet, it has been constantly argued that a market approach to pricing of water will in theory result in optimal and efficient use since it would transfer water use from low-value uses to high-value uses [104], and that full cost recovery provides an economic incentive to prevent waste of water. However, this would require in certain circumstances intervention through national or international public law so as to safeguard the right of access to a certain amount and quality of water for domestic use and

100. For the Dublin Principles, see *supra* footnote 10.

101. For a discussion of this issue, see Maude Barlow, *Blue Gold — The Global Water Crisis and the Commodification of the World's Water Supply, International Forum for Globalization*, at p. 4 (1999).

102. See Stephen McCaffrey, "Water Scarcity: Institutional and Legal Responses", in Edward Brans *et al.* (eds.), *The Scarcity of Water: Emerging Legal and Policy Responses*, Kluwer Law International, 1997, at p. 57.

103. Jasper M. Dalhuisen *et al.*, "The Economics of Water: A Survey of Issues", *Int'l J. Dev. Plan. Literature*, Vol. 15, No. 1, at p. 8 (2000).

104. See for example, the approach proposed by the World Commission on Water, *supra* footnote 11, at p. 63, where the Commission emphasized the need for adoption of full-cost pricing of water use and services.

sanitation[105]. Other principles to be considered are related to, among other things, environmental protection and intergenerational equity, as well as the right to development of the present generation. It is argued that combining those elements might lead to a pricing system that consists of three different layers[106]. The first would provide for the basic needs of which the price will depend on the capability of payment of the users. The second part would be in line with economic efficiency and would therefore, at least, cover all costs. The third part concerns unsustainable use of water that needs to be discouraged and its price level should be decided upon based on this fact.

Notwithstanding scarcity of water in many areas and its unequal distribution in quantity and quality in general, water has not been viewed as a tradable commodity until recently[107]. Trade in water, however, is gradually becoming a reality, as in the case of bottled water which represents water in one form as a tradable commodity. There are actual situations where fresh water is being traded, such as the case of the Kingdom of Lesotho's sale of water to the Republic of South Africa[108]. Half of

105. This would be in line with Article 10 (2) of the UN Watercourses Convention which requires, in the event of a conflict between use of international watercourses that "special regard be given to the requirements of vital human needs".

106. For a similar pricing system, see Riccardo Petrella, *The Water Manifesto: Arguments for a World Water Contract*, 2001, at pp. 95-97.

107. On water and trade in general see Esther J. De Haan, "Balancing Free Trade in Water and the Protection of Water Resources in GATT", in Edward Brans *et al.* (eds.), *The Scarcity of Water: Emerging Legal and Policy Responses*, 1997, at pp. 245-249.

108. The "Lesotho Highlands Water Project" started in 1986 when Lesotho and South Africa signed a treaty for this purpose (Treaty on the Lesotho Highlands Water Project between the Government of the Kingdom of Lesotho and the Government of the Republic of South Africa, signed at Maseru, 24 October 1986, in *Treaties Concerning the Non-Navigational Uses of International Watercourses, Africa*, 61 FAO Legislative Study, at p. 172 (1997). The project consists of "storing, regulating, diverting and controlling the flow of the Sengue/Orange River and its affluents in order to effect the delivery of specified quantities of water to the Designated Outlet Point in the Republic of South Africa". See Article 4 of the Treaty. However, a number of intricate questions related to trade in water in connection with the Lesotho Highlands Project need to be addressed. The Sengue/Orange River whose waters are being diverted to South Africa from Lesotho is an international river shared by South Africa, Namibia, Botswana and Lesotho. That being the case, why then would South Africa pay for waters that it shares? Perhaps a more pertinent question is whether South Africa is really paying for the waters of the Sengue/Orange River or for something else. Article 12 of the Treaty deals with "Royalty Payments" and states that consequent upon the implementation of the first phase of the Lesotho Highlands Project, "South Africa undertakes to share with Lesotho by way of royalty payments, on the basis of fifty-six percent on the part of Lesotho and forty-four percent on the part of South Africa the net benefit computed in accordance with the provisions of paragraph (2) . . .". This may be interpreted to mean that South Africa is paying either for water or for the loca-

Singapore supplies of freshwater comes from Malaysia [109]. Negotiations on trade in water are reported to be taking place between Turkey and Israel, and the United States is constantly expressing interest in talking to Canada about "piping Canadian water to the parched American Southwest" [110].

The question of whether or not the price is paid for the water itself, or for other elements, such as the service of delivering it, is being raised at the national contexts. However, in the international context, there is little doubt that the price is for the water itself. The WTO as well as NAFTA will have a great role in deciding whether or not, and to what extent, water will be dealt with as a tradable commodity, and whether or not States will be allowed to take protective measures for social or environmental reasons. Article XI of the GATT formulates the aim to eliminate quantitative restrictions, while Article XX *(b)* and *(g)* of the GATT offer an exception in favour of environmental measures. Although NAFTA seems to go beyond GATT in its aim to eliminate trade restrictions, Article 104 of NAFTA provides in certain circumstances for trade restrictive provisions of certain specified international environmental agreements to take precedence over the provisions of NAFTA [111]. The limited scopes of WTO and NAFTA might nevertheless lead to the conclusion that they may not be the most suitable organizations to regulate water management and trade.

Water can be viewed as an economic good and may under certain circumstances be dealt with as a tradable commodity under present inter-

---

tion of the dams and other infrastructure needed to divert the waters. The Loan Agreement for the Lesotho Highlands Water Project (Phase 1A) between International Bank for Reconstruction and Development (IBRD) and Lesotho Highlands Development Authority (LHDA), dated 16 September 1991 (Loan Number 3393 LSO) states that the objective of the Project "is to establish the physical and managerial capacity for Lesotho to earn export revenues by transforming its principal natural resource — water — into an export commodity". See Loan Agreement, Schedule 2, Description of the Project. This same objective was repeated in the Loan Agreement for the Lesotho Highlands Water Project (Phase 1B) between IBRD and LHDA dated 18 December 1998 (Loan No. 4339 LSO). Thus, the issue of what South Africa is actually paying for under the Lesotho Highlands Water Project is clearly an intricate one, and requires further study and research.

109. See *International Rivers and Lakes Newsletter*, prepared jointly by the Department of Economic and Social Affairs of the United Nations, and the Economic Commission for Latin America and the Caribbean, No. 35, at 12 (June 2001).

110. See Maude Barlow, *supra* footnote 101, at p. 6. See also Isabel Dendauw, "The Great Lakes Region and Bulk Water Exports — Issues of International Trade in Water", 25 *Water. Int'l* 565 (2000).

111. See William J. Davey, "The WTO/GATT World Trading System: An Overview", in Pierre Pescatore *et al.* (eds.), *Handbook of WTO/GATT Dispute Settlement*, Vol. I, Kluwer Law International, 1995, at p. 85. See also Maude Barlow, *supra* footnote 101, at p. 32.

national economic law. However, water also constitutes a social and environmental good and balancing all three elements appears to hold the key to an equitable and reasonable use, and seems to provide the best chances for reaching sustainability of water use.

SECTION 8 **HUMAN RIGHT TO WATER**

As discussed earlier, The United Nations Watercourses Convention provides in Article 10 (2) for special regard to be given to "the requirements of vital human needs" in the event of conflict of uses of an international watercourse. This is the only provision in the United Nations Convention addressing this issue, and the closest the Convention gets to in connection with water and human rights.

However, a number of other international instruments have addressed the issue of human right to water, thus entrenching the right to water within the debate on international human rights system, as well as providing the basis for further development and interpretation of this system[112].

Amongst the international instruments that addressed the issue of human right to water, directly or indirectly, are the 1948 Universal Declaration of Human Rights, the International Covenant on Civil and Political Rights, the International Covenant on Economic, Social and Cultural Rights, and the Convention on the Rights of the Child[113]. The Mar del Plata Conference explicitly recognized the right to have access to drinking water[114].

Still, there have been different ways of addressing the issue of human right to water. One approach has been to try to ascertain a normative context for the right to water by extrapolating the right from a variety of treaties and the above-mentioned legal instruments. The General Comment issued in November 2002 by the Committee on Economic, Social

112. For a general discussion of the topic, see Peter Gleick, "The Human Right to Water", 1 *Water Policy*, at 487 (1998).

113. The first three instruments do not have a specific reference to water but that is implied from the text. For example, Article 25 of the Universal Declaration of Human Rights states that "Everyone has the right to a standard of living adequate for the health and well being of himself and of his family, including food, clothing, housing . . .". Water is explicitly mentioned only in the Convention of the Rights of the Child. Article 24 states that a child has the right to enjoy the highest attainable standard of health through, *inter alia* "the provision of adequate nutritious foods and clean drinking water".

114. Resolution II on Community Water Supply reads

> "All peoples, whatever their stage of development and their social and economic conditions, have the right to have access to drinking water in quantities and of a quality equal to their basic needs." See Report of the United Nations Water Conference, *supra* footnote 7, at p. 66.

and Cultural Rights of the United Nations proclaimed that there is a human right to water. The Committee inferred this right from Articles 11 and 12 of the International Covenant on Economic, Social and Cultural Rights. According to this General Comment, everyone has a right to "sufficient, safe, acceptable, physically accessible and affordable water".

The value in referring to human rights as a source of the right to water is inspirational, with the idea being that it could provide an impetus for encouraging States to meet the basic needs of their populations, as well as to solidify the right as a domestic legal obligation. Furthermore, focusing on water as a human right could serve to spotlight the problem of wasteful water management, particularly in light of the contention that many water problems relate to inadequate means of supply. The goal is to attempt to discern a human right to water from existing treaties and other legal instruments.

The key problem here is the individual versus group dichotomy that has plagued the international human rights system in various guises, and the fact that those instruments are considered "soft law" lacking normative clarity, and thus the implementation of which is difficult to attain.

Another approach to the issue of human right to water is linking it to environmental law. The underlying contention for deriving a human right to water from the emerging principles of environmental law is that there exists some form of individual human right to the environment, as well as a general right of the environment, whereby States must consider the importance of preserving nature for nature's sake. Inherent in both of these ideas is the notion of water as a human right, both as deriving from an individual's right to water, as well as the obligation on the State to account for water resources both now and in the future [115]. The right to the environment can arguably serve as a basis for the right to water by recognizing that the State is to uphold the right by providing the basic needs of its people through a proper and adequate use of the State's natural resources.

The problems with the environmentally oriented approach towards the human right to water are the inherent conflicts that have not been resolved when considering the needs of the person versus those of the environment, as well as the lack of normative clarity which leads towards an ambiguous and uncertain practical applicability of the human right to water.

115. Luis Rodriguez-Rivera, "Is the Human Right to Environment Recognized under International Law? It Depends on the Source", 12 *Colo. J. Int'l Envtl. L. & Pol'y*, at 145 (2001).

However, regardless of the problems associated with either of the two approaches, it has to be emphasized that the notion of a human right to water assumes that it is the State that is under obligation to provide this right. With the little resources available and the large investments needed for the water sector, few developing countries would want to assume that obligation, or to take their international obligations seriously. Moreover, the notion of human right to water implies a passive approach to water resources management and does not place any corresponding duties on those who are to be conferred with this right. In other words, the notion "is unclear with regard to overall water resources management" [116]. Thus, perhaps rather than placing the emphasis on the human right to water, the approach would be the right to manage or participate in the management of the water resources.

> "The critical point to ensure that fundamental human rights to water and sanitation are met will therefore be to ensure that actors other than the government will be allowed and supported to engage themselves in water management." [117]

Indeed, the second of the Dublin Principles emphasizes that water development and management should be based on a participatory approach involving users, planners and policy-makers [118]. This participatory approach confers "empowerment" on the users and results in both rights and corresponding duties [119].

Thus the classic approach to human right to water needs a rethinking that would take into account a positive and proactive role for those on whom the right is to be conferred.

SECTION 9 **DAMS, DIVERSION AND INTERNATIONAL LAW**

Dams are built for varying purposes. Dams may be built to generate hydroelectric power or to store and divert water for irri-

---

116. See Jan Lundqvist, "Rules and Roles in Water Policy and Management — Need for Clarification of Rights and Obligations", 25 *Water. Int'l*, at 194 (2000).

117. See *ibid.*, at 199.

118. See *supra* footnote 10.

119. The World Bank Water Resources Management Policy Paper (1993) stresses this notion of users' participation. The Paper states

> "The participation of users in managing and maintaining water facilities and operations brings many benefits. Participation in planning, operating, and maintaining irrigation works and facilities to supply water and sanitation services increase the likelihood that these will be well maintained and contributes to community cohesion and empowerment in ways that can be spread to other development activities." See *ibid.*, at p. 55.

gation, water supply, or flood control. Construction of dams for any of these purposes usually alters or diverts river flows and could adversely affect existing water rights of riparian States and result in appreciable harm to them. Such adverse effects can be quantitative, qualitative, or both, and can extend to downstream as well as to upstream riparian States.

Thus, dams have become a major source of tension between riparian States. Such tension has escalated in some parts of the world into disputes over the rights and obligations of the riparian States over the shared rivers [120].

Diversion whether through dams, barrages or other means is by definition a unilateral act, and rarely relies on an agreement with other riparian States. The States carrying out such diversions rely on most cases on their sovereignty over watercourses, thus invoking the principle of absolute territorial sovereignty. However, this principle has long been rejected by all the judicial and arbitral awards as inconsistent with the concept of State responsibility and the obligation not to cause harm to other States [121]. The procedural rules laid down in the United Nations Watercourses Convention, as discussed earlier, require notification of other riparian States of any planned measures which may cause significant adverse effect upon other riparians. Indeed, dams and other diversion measures are certain to cause significant adverse effects on other riparians.

The debate over dams and their impact on the environment and affected people, as well as the relevant issues of international law, have been heightened recently by the publication of the Report of the World

---

120. Dams and diversion of waters of the international rivers have resulted in many international disputes in the different regions of the world. For instance, the dispute between Mexico and the United States in 1895 resulted from the United States diversion of water from the Rio Grande River. The dispute between the Netherlands and Belgium in 1930 was a consequence of the diversion of the waters of the Meuse River by Belgium as a result of the construction of Albert Canal. India's diversion of the waters of the Indus River in 1948 resulted in a major dispute with Pakistan. The dispute between Spain and France, 1955, was caused by the French diversion of waters from Lake Lanoux. The relationship between India and Bangladesh suffered a major set-back in the 1970s because of India's diversion of waters from the Ganges River. The dispute between North Korea and the Republic of Korea in 1985 resulted from the decision of North Korea to divert water from the Han River. The *Gabčíkovo-Nagymaros* dispute between Hungary and Slovakia which started in the mid eighties, and reached the International Court of Justice in 1993, resulted from diversion of the waters of the Danube River by Slovakia. The ongoing dispute between Syria and Turkey regarding the Euphrates River is based on Turkish projects which divert large amounts of water from Euphrates River. Most of those diversions involve the construction of dams or barrages.

121. See Stephen McCaffrey, "The Harmon Doctrine One Hundred Years Later: Buried, Not Praised", 36 *Nat. Res. J.*, at 549 (1996).

Commission on Dams [122]. The work of the Commission was extensive and elaborate, and addressed technical, economic, financial, environmental and social aspects, as well as the rights and obligations of riparian States over the shared rivers where the dams are built. Indeed, the Commission covered the issue of international rivers by including it as one of its seven strategic priorities entitled "sharing rivers for peace, development and security" [123]. The Commission also recommended a number of guidelines governing the building of dams on shared rivers as part of its 26 guidelines under the seven strategic priorities [124].

The Commission indicated at the outset that improving development outcomes requires an expanded basis for decision-making that reflects full knowledge of benefits, impacts, and risks with regard to water and energy [125]. Such an expanded basis for decision-making also requires "introducing new voices, perspectives and criteria into decision-making, as well as processes that will build consensus around the decisions reached" [126]. The Commission identified five core values which illustrate its understanding of those issues : equity, efficiency, participatory decision-making, sustainability, and accountability [127]. These core values are a fundamental part of the Report. Furthermore, the Commission linked those values to "a globally accepted framework for setting universal goals, norms and standards" [128]. The Commission identified the United Nations Charter (1945) and the Universal Declaration of Human Rights (1948) as the foundation for the framework. The United Nations Declaration on the Right to Development (1986) and the Rio Declaration on Environment and Development (1992) also provide support for the framework utilized by the Commission. The "core values" and the aforementioned international agreements are complementary because they "cover a broad spectrum [of issues] ranging from human rights, through social development and environment, to economic co-operation" [129].

---

122. See World Commission on Dams, *supra* footnote 4.

123. For discussion of the strategic priorities proposed by the Commission, see the Commission's Report, *supra* footnote 4, Chap. 8, at p. 213. Those seven strategic priorities are gaining public acceptance, comprehensive options assessment, addressing existing dams, sustaining rivers and livelihoods, recognizing entitlements and sharing benefits, ensuring compliance and sharing rivers for peace, development and security.

124. For discussion of the 26 Guidelines, see the Commission's Report, *supra* footnote 4, at p. 278.

125. For discussion of the decision-making structure used by the Commission, see Commission's Report, *supra* footnote 4, Chap. 6.

126. See *ibid.* at p. xxxii.

127. For discussion of the values of the Commission, see *ibid.*, at p. 23.

128. See *ibid.* at p. xxxiii.

129. See *ibid.* at pp. 200-202 where the elements of each of the instruments were highlighted. See *ibid.* at pp. 284-285 for discussion of the precautionary approach.

Indeed, the discussion by the Commission on the issue of shared rivers centres around the need for co-operation between riparian States [130] in sharing the waters and other benefits derived therefrom. The Commission's Report elaborates on this concept by stating that:

> "As specific interventions for diverting water, dams require constructive co-operation. Consequently, the use and management of resources increasingly becomes the subject of agreement between States to promote mutual self-interest for regional co-operation and peaceful collaboration. This leads to a shift in focus from the narrow approach of allocating a finite resource to the sharing of rivers and their associated benefits in which States are innovative in defining the scope of issues for discussion." [131]

The Commission endorsed the United Nations Watercourses Convention and urged the States to make every effort to ratify and bring it into force [132]. The Commission recommended five principles with regard to the strategic priority for shared rivers [133]. The first two principles recommend that national water policies and legislation should make specific provisions for basin agreements on shared rivers, and that there should be a shift from the focus on water allocation to a wider focus on sharing the benefits derived from the use of water. The fourth principle deals with shared rivers between political units within one country and recommends following the seven strategic priorities for such rivers [134]. The other two principles are discussed in more detail below.

The third principle deals with "notification, reply and dispute settlement". The Commission laid down detailed two-stage procedures for notification [135]. The first notification is to take place at the early stage of

---

130. See Commission's Report, *supra* footnote 4, at p. 257 where the term riparian State is defined "to mean any State through which a transboundary river flows or forms part of its boundary, or which includes part of the catchment area of a transboundary river". This is a wider definition than the generally agreed upon definition as it renders a State riparian because it includes part of the catchment area. See UN Watercourses Convention, *supra* footnote 35, Article 2 *(a)*, which defines the term "watercourse" to mean "a system of surface waters and groundwaters constituting by virtue of their physical relationship a unitary whole and normally flowing into a common terminus".

131. See Commission's Report, *supra* footnote 4, at p. xxxv.

132. See Commission's Report, *supra* footnote 4, at p. 253.

133. For a detailed analysis of the recommendations of the Commission for dams on shared rivers, see Salman M. A. Salman, "Dams, International Rivers and Riparian States: An Analysis of the Recommendations of the World Commission on Dams", 16 *Am. U. Int'l L. Rev.*, at 1477 (2001).

134. For the seven strategic priorities, see *supra* footnote 4.

135. For details on the procedures on prior notification for shared rivers, see *ibid.*, at p. 360.

planning, as part of the strategic impact assessment [136]. The notifying State should allow potentially affected riparian States at least three months to identify relevant issues to be addressed at the subsequent preparatory stage [137]. The notified States should respond within those three months [138]. The second notification should take place prior to selecting a location on a shared river, and the notifying State should supply other affected riparian States with adequate technical information about the proposed project and the results of any impact assessment. The notified States should respond within six months of the notification [139]. In case any of the notified States fails to respond within the specified time, the notifying State could proceed with the planning and construction subject to its observance of the relevant international law principles and the Commission's strategic priorities and policy principles.

Although those notification procedures may seem far-reaching, they are, by and large, in line with the procedures laid down in the United Nations Watercourses Convention [140], and should be seen not only as an endorsement to the United Nations Watercourses Convention, but to the general principles of co-operation under international law. The recommendation for a two-tier notification by the Commission is perhaps prompted by the fact that the recommendation relates specifically to dams where the issues involved are more complex and have far-reaching effects than other water infrastructure projects.

The fifth and last recommendation of the Commission addresses situations where dams on shared rivers are built in contravention of good faith negotiations between riparian States, including refusal to establish a panel in case of a dispute, or rejecting its findings when it has been established and has issued its findings. In such cases, the Commission recommends that external financing agencies, whether bilateral, multilateral, or export credit agencies, withdraw their support for projects and programmes promoted by that agency [141].

The Commission emphasizes that the decision to build a dam is often considered a sovereign decision. However, the Commission also underscores both the need for the international community to take a strong and consistent stance and the importance of compliance with the policies and guidelines of the financing agency in cases of shared rivers [142]. The Commission also highlights the importance of the financing agen-

136. See Commission's Report, *supra* footnote 4, at p. 360.
137. *Ibid.*, at p. 306.
138. *Ibid.*
139. *Ibid.*
140. See *supra* footnote 3.
141. See Commission's Report, *supra* footnote 4, at p. 255.
142. See *ibid.*

cies harmonizing their policies towards shared rivers[143]. The Commission seems to have based its recommendation on the theory of fungibility of funds. This means that although the external agency may not be financing the dam built in contravention of good faith negotiations, its financial support for other projects in the same sector frees the agency's resources for other projects and programmes related to the dam. Another argument advanced in support of this recommendation is that by supporting other projects and programmes, the external financing agencies are helping the development of the area around the controversial dam.

This developed land will attract movement of people to that area, which, in turn, will increase the consumptive and non-consumptive uses of the waters of the shared river. This could result in less water reaching lower riparian States, and would assist in establishing rights over water vis-à-vis other riparian States, thus exacerbating the adverse impact of the dam on those States.

This is the most far-reaching of all the Commission's recommendations in connection with shared rivers. The third recommendation is based on an elaboration of customary international water law, the United Nations Watercourses Convention, and the World Bank Policy for Projects on International Waterways. However, this recommendation is a major innovative contribution to the field, and is based on the overall spirit enshrined in the principles of co-operation, good faith negotiations, and collaborative arrangements. The recommendation is likely to put pressure on some countries and their dam agencies, as well as the external financing agencies, to pay more attention to the established rules of good faith negotiations with other riparian countries. Indeed, this recommendation will certainly enliven and enrich the debate in this area and contribute to the emerging principles of international water law.

SECTION 10 STATE SUCCESSION AND INTERNATIONAL WATERCOURSES

As mentioned earlier, the number of international watercourses has increased tremendously in the last decade of the last century, principally because of the changes in political boundaries as a result of the break-up of the Soviet Union, Yugoslavia, Czechoslovakia and Ethiopia[144]. Those four cases, particularly the first one, present

143. See Commission's Report, *supra* footnote 4, at p. 255.
144. See *supra* footnote 3.

major issues of State succession with regard to international watercourses [145].

The number of transboundary inland water bodies in the former Soviet Union is tremendous. Such water bodies include, in Europe, Lake Choudskoye (or Peipus), the Narva River, the Neman River, the Western Dvina River, the Dnepr (or Dnieper) River, the Dnestr (or Dniester) River, the Severskiy Donets River; in the Caucasus, the Kura River, the Araks (or Aras) River, the Samur River; between the Caucasus and Asia, the Caspian Sea; in Asia, the Ural River, the Irtysh River, the Ishim River, the Tobol River, the Amu Darya River, the Syr Darya River, the Aral Sea [146]. This situation created two immediate issues, that of boundary limitations and the legal regime applicable to such transboundary water bodies.

As for boundaries, it is necessary to distinguish the issue of borders between the new independent States, and between them and the predecessor State, on the one hand, and that of borders between the new independent States and third States, on the other. The rule that governs the first case is the *uti possidetis* principle, that is the administrative (or internal) borders become the new international borders [147]. This is an established customary international rule aiming at preventing international conflicts, provoked by the challenging of frontiers [148]. According to the International Court of Justice, the same rule is applicable to maritime boundaries as well [149]. Hence, by analogy the principle of *uti possidetis* can also be enforced in the case of the inland water bodies boundary delimitation.

145. We have to distinguish here between the two basic forms of State succession: (i) the complete break-up of the predecessor State, with its subsequent extinction and the birth of new States on its territory; as the case with Czechoslovakia, and (ii) the detachment of parts of territory from a still-existing State. This last one is the case of the demise of the Soviet Union, where the Russian Federation continues the existence of the USSR, as well as the case of Yugoslavia and Ethiopia, see Rein Mullerson, "The Continuity and Succession of States, by Reference to the Former USSR and Yugoslavia", 43 *Int'l & Comp. LQ*, at 473 (1993); see Martti Koskenniemi and Marja Lehto, "La succession d'Etats dans l'ex-URSS, en ce qui concerne particulièrement les relations avec la Finlande", 38 *AFDI*, at 189 (1992); see Jean Charpentier, "Les déclarations des Douze sur la reconnaissance des nouveaux Etats", 96 *RGDIP*, at 343 (1992).

146. See Sergei Vinogradov, "Transboundary Water Resources in the Former Soviet Union: Between Conflict and Cooperation", 36 *Nat. Res. J.*, at 394-400 (1996).

147. See J.-M. Sorel and R. Mehdi, "L'uti possidetis entre la consécration juridique et la pratique: essai de réactualisation", 40 *AFDI*, pp. 11 *et seq.*

148. See *ICJ Reports 1986*, case concerning the *Frontier Dispute (Burkina Faso/Republic of Mali)*, para. 20, at p. 565, 22 December 1986.

149. *Arbitral Award of 31 July 1989 (Guinea Bissau* v. *Senegal)*, available on the Internet at: http://www.icjcij.org/icjwww/idecisions/ipleadingsnotavailable.htm.

With regard to boundaries between the new independent States and the States bordering the former State before its demise, the international law rule that comes into consideration is instead the *jus cogens* duty to respect the territorial integrity of States, established by Article 2, paragraph 4, of the United Nations Charter. In the case of the former Soviet Union, this rule would apply to the Araks (Aras) River, which forms part of the boundaries between Turkey and Armenia, Armenia and Iran, and Iran and Azerbaijan [150]. The rule would also apply to the Caspian Sea, following the *de facto* delimitation between the former Soviet Union and Iran (a straight line across the lake, between the land borders) [151]. It would also apply to the Irtysh River, which crosses the Chinese border before entering Kazakhstan [152], as well as the Amu Darya River, which is part of the border between Afghanistan and Uzbekistan [153].

The Vienna Convention on Succession of States in Respect of Treaties was adopted on 22 August 1978 by the United Nations Conference, and was opened for signature for a year thereafter. However, the Convention did not enter into force until 6 November 1996, well after the demise of the Soviet Union and Yugoslavia [154]. The Convention has stated specifically that it applies only in respect of a succession of States which has occurred after its entry into force [155]. The question that arose in the interim, and after the Convention entered into force, was whether treaties relating to the regime of rivers and lakes would be subject to automatic succession. However, the International Court of Justice stated in the *Gabčíkovo-Nagymaros* case that Article 12 of the Vienna Convention, dealing with other territorial regimes, codifies customary international law in this area [156].

150. See Problems of Kura-Araks, *Environmental Movement in Azerbaijan*, edited by the Bureau of Educational and Cultural Affairs of the US Department of State, on the Internet at: http://ruzgar.aznet.org/ruzgar/1-7.htm.

151. See Sergei Vinogradov, *supra* footnote 146, at p. 398.

152. *Ibid.*

153. See D. Momtaz, "Le régime juridique des ressources en eau des cours d'eau internationaux du Moyen-Orient", 39 *AFDI* 874.

154. For the text of the Convention see 17 *ILM* 1488 (1978).

155. See Article 7 of the Convention, *supra* footnote 154.

156. See Jan Klabbers, "Cat on a Hot Tin Roof: The World Court, State Succession, and the *Gabčíkovo-Nagymaros* Case", 11 *Leiden J. Int'l L.*, at 345-356. Article 12 of the Vienna Convention on Succession of States in Respect of Treaties states that

> "1. A succession of States does not as such affect: *(a)* obligations relating to the use of any territory, or to restrictions upon its use, established by a treaty for the benefit of any territory of a foreign State and considered as attaching to the territories in question; *(b)* rights established by a treaty for the benefit of any territory and relating to the use, or to restrictions upon the use, of any territory of a foreign State and considered as attaching to the territories in question.
>
> 2. A succession of States does not as such affect: *(a)* obligations relat-

Clearly, the issues here are complex, and not confined to the fact that a number of watercourses are still not covered by any treaty between the new States. They also extend to whether the existing treaties that the new States succeeded to incorporate the basic elements of international water law and the emerging principle thereon.

SECTION 11 DISPUTE SETTLEMENT OVER INTERNATIONAL WATERCOURSES

The competing demands over the freshwater resources have resulted in tensions, and in some instances, outright disputes and conflicts, between the different uses, as well as the different users at the local, district, provincial and, more importantly, State levels. Despite the existence of many agreements on international watercourses [157], there are still a large number of watercourses that are not covered by international agreements. The absence of agreements on such watercourses has been one main reason for disputes and conflicts. However, there have been cases in which disputes have persisted despite the presence of agreements because of the ambiguities and the inadequacy of the provisions on dispute prevention and settlement in such agreements [158].

Although the principles of international law on dispute settlement are elaborate, those principles embody a duty of conduct which is to be fulfilled in good faith, and not a duty of result. Article 2 (3) of the Charter of the United Nations calls on the members to settle their international disputes "by peaceful means in such a manner that international peace and security, and justice, are not endangered". Moreover, Article 33 (1) lays down the means for seeking solution "by negotiation, enquiry,

---

ing to the use of any territory, or to restrictions upon its use, established by a treaty for the benefit of a group of States or of all States and considered as attaching to that territory; *(b)* rights established by a treaty for the benefit of a group of States or of all States and relating to the use of any territory, or to restrictions upon its use, and considered as attaching to that territory."

157. See *supra* footnote 46 for an estimate on the number of such agreements.

158. One such example is the Ganges River which is governed by a treaty between India and Bangladesh signed in 1996 (36 *ILM* 523 (1997)). The purpose of the treaty is to allocate the dry season flow of the Ganges between India and Bangladesh. However, the first year following the signing of the Treaty witnessed an exceptionally low flow of the Ganges. Although dispute settlement provisions are included in the Treaty, such provisions are weak and did not help in resolving the dispute. For discussion of this issue see Salman M. A. Salman, "Sharing the Waters of the Ganges between India and Bangladesh: An Analysis of the 1996 Treaty", in Salman and Boisson de Chazournes, *International Watercourses*, *supra* footnote 35, at p. 127.

mediation, conciliation, arbitration, judicial settlement, resort to regional agencies or arrangements, or other peaceful means of their own choice". The work of the Institute of International Law and the International Law Association addressed the issue of dispute settlement repeatedly in a number of their resolutions and rules [159]. The Helsinki Rules included a detailed article on dispute prevention and resettlement [160].

The United Nations Watercourses Convention has provided a major contribution to this area through the detailed provisions on dispute settlement in Article 33, as well as the Annex to the Convention on Arbitration. Article 33 (2) calls on the parties to the dispute, when they cannot reach agreement by negotiation, to seek the good offices or request mediation or conciliation by a third party, or make use as appropriate of any joint watercourse institutions or agree to submit the dispute to arbitration or to the International Court of Justice. Thus, this article is more comprehensive than Article 33 (1) of the United Nations Charter.

Most of the bilateral and regional treaties create joint commissions which may serve two purposes. On the one hand they enhance co-operation between the riparian States, and on the other hand they may serve as a forum for settlement of disputes. In practice, the line between consultations as a means of co-operation and dispute-avoidance, and negotiations as a dispute settlement mechanism may not be that easy to draw. The various conventions and treaties which deal with this issue can be read to provide for intervention prior to, as well as after, the emergence of a dispute [161]. Even some specific conventions tend to confound those

---

159. Charles Bourne, "Mediation, Conciliation and Adjudication in the Settlement of International Drainage Basin Disputes", *Can. YB Int. Law*, Vol. IX, pp. 114-158, at 115 (1971).

160. See *supra* footnote 63.

161. An example of this could be found in Article 9 *(e)* of the 1996 Mahakali Treaty between India and Nepal (see 36 *ILM* 519 (1997)). One of the functions of the Mahakali River Commission is "to examine any differences arising between the Parties concerning the interpretation and application of this Treaty". However, Article 11 goes on to state that

> "If the Commission fails under Article 9 of this Treaty to recommend its opinion after examining the differences of the Parties within three (3) months of such reference to the Commission or either Party disagrees with the recommendation of the Commission, *then a dispute shall be deemed to have arisen.*"

As such, the role of the Commission is to avoid disputes. On the other hand Article 33 (2) of the 1997 UN Convention provides that States parties in a dispute shall make use, as appropriate, of any joint watercourse institutions that may have been established by them. Therefore, according to the UN Convention, the negotiations through the joint commission are a means to resolve the dispute. See Salman M. A. Salman and Kishor Uprety, "Hydro-Politics in South Asia: A Comparative Analysis of the Mahakali and Ganges Treaties", 39 *Nat. Res. J.*, at 295 (1999).

two roles of whether those joint commissions are supposed to intervene *prior to* or *after* the emergence of a dispute.

As a means of dispute settlement, joint commissions are considered as the preliminary step before proceeding to third party determination, or before moving to negotiations at a higher level. However, they can also be the last step. The main advantage of the joint commissions is that the dispute is handled by technical experts, not the politicians, government bureaucracies or the public opinion, thus avoiding unnecessary arguments based on political considerations. They are likely to take less time than other methods, and are usually far less expensive means of dispute settlement. However, distinction should be made here between legally established joint commissions whose powers are clearly defined in the relevant treaty, and *ad hoc* commissions which have no legal basis. The Joint Technical Committee for Regional Waters which includes representatives from Turkey, Iraq and Syria, was established in 1980 as a forum for discussing and deciding on methods and procedures which would lead to an agreement on the allocation of the waters of the Euphrates and Tigris among the three countries [162]. However, by 1993 it became clear that the Committee was unable to agree on such methods and procedures. Aside from the different views of the three riparians on the basic principles governing international watercourses, the fact that the Joint Technical Committee was not established through a treaty by the three riparians, specifying the powers of such a Committee, but was established only as an *ad hoc* committee, was indeed one of the main reasons for its failure.

Resort to jurisdictional mechanisms (arbitration and judicial settlement) have proven in practice to have extremely limited value for resolving international watercourse disputes. The main reason for this, perhaps, is because of the likelihood of a zero sum result. Moreover, States do not find them sufficiently flexible, they extend the reaching of a solution in time and could prove to be expensive. During the last century, only five international disputes concerning international watercourses have been resolved through either of the two mechanisms. Those disputes are the *Gut Dam* [163], the *Territorial Jurisdiction of the*

162. The Joint Technical Committee was established by Iraq and Turkey in 1988. Syria joined the Committee in 1983. See Waltina Scheumann, "Conflict on the Euphrates: An Analysis of Water and Non-Water Issues", in Waltina Scheumann and Manuel Schiffler, *Water in the Middle East — Potential for Conflicts and Prospects for Cooperation*, Springer, 1998, at p. 121. See also generally, John F. Kolars and William A. Mitchell, *The Euphrates River and the Southeast Anatolia Development Project*, Southern Illinois University Press, 1991.

163. See Canada-United States Settlement of the Gut Dam Claims, Report of the Agent of the United States before the Lake Ontario Claims Tribunal, 8 *ILM* 118 (1969).

River Oder[164], the *Diversion of Water from the River Meuse*[165], the *Lake Lanoux Arbitration*[166], and the *Gabčíkovo-Nagymaros Project*[167]. Indeed, these mechanisms are useful in a number of ways. They provide an opportunity for clarifying international legal standards or even for identifying emerging rules. They also provide the forum for granting compensation to the aggrieved party. It is worth noting that the *Gabčíkovo-Nagymaros* case is the first dispute on international watercourses to be adjudicated by the International Court of Justice.

International organizations have also played a major role in mediation and conciliation between States with regard to disputes over international watercourses[168]. The World Bank has been the leading institution in this regard. The Bank used its good offices to get India and Pakistan to conclude the Indus Waters Treaty in 1960 after lengthy, and sometimes acrimonious, negotiations, following the emergence of a bitter dispute over the Indus River system as a result of the partitioning of the Indian sub-continent[169]. Although tailored specifically for guiding the staff of the World Bank with regard to the policies and procedures to be followed for projects on international waterways, Operational Policy and Bank Procedures 7.50 lay down provisions for intervention by the Bank for prevention and settlement of disputes[170]. Paragraph 3 of Operational Policy 7.50 states that the Bank recognizes that the co-operation and good will of riparians is essential for the efficient utilization and protection of the waterway, and therefore the Bank attaches great impor-

---

164. See case relating to the *Territorial Jurisdiction of the International Commission of the River Oder, 1929, PCIJ, Ser. A, No. 16 (Great Britain, Czechoslovak Republic, Denmark, France, Germany and Sweden* v. *Poland)*.

165. See *Diversion of Water from the Meuse (Netherlands* v. *Belgium), 1937, PCIJ, Ser. A/B, No. 70*, at 6 (28 June).

166. See *Lake Lanoux Arbitration (France* v. *Spain)*, 24 *ILR* 101 (1957).

167. See *Gabčíkovo-Nagymaros Project (Hungary/Slovakia)*, ICJ General List No. 92 (1997) (reprinted in 37 *ILM* 162 (1998)).

168. See Mikiyasu Nakayama, "Successes and Failures of International Organizations in Dealing with International Waters", 13 *Int'l. J. Water Res. Dev.*, at 367 (1997).

169. See Indus Waters Treaty between India and Pakistan, 19 September 1960, 419 *UNTS* 126. In addition to using its good offices, the World Bank is also a signatory to the Treaty for the purposes specified in Articles 5 (Financial Provisions) and 10 (Emergency Provisions) and Annexures F (Neutral Expert), G (Court of Arbitration), and H (Transitional Arrangements). For more details on the role of the World Bank, see Niranjan D. Gulhati, *Indus Waters Treaty — An Exercise in International Mediation*, Allied Publishers, 1973. See also Aloys Arthur Michel, *The Indus Rivers, A Study of the Effects of Partition*, Yale University Press, 1967, and Syed Kirmani and Guy Le Moigne, *Fostering Riparian Cooperation in International River Basins, The World Bank at Its Best in Development Diplomacy*, World Bank Technical Paper No. 335, at p. 3 (1997).

170. For Bank Operational Policy and Bank Procedures 7.50, see *supra* footnote 65.

tance to riparians making agreements or arrangements for these purposes, and stands ready to assist riparians in achieving this end[171].

The World Bank is currently facilitating the efforts in the Nile Basin Initiative whose objectives, *inter alia,* include ensuring "co-operation and joint action between the riparian countries"[172]. Through this intervention, the World Bank is aiming at both establishing and enhancing co-operation amongst the ten riparian countries of the Nile, as well as managing and preventing disputes.

The upsurge in the world population and the increasing competition over the limited freshwater resources is likely to result in more disputes over the shared water resources. The need for co-operative arrangements, including arrangements for prevention and settlement of disputes, is, more than ever before, quite pressing. The United Nations Watercourses Convention has indeed laid down detailed provisions for achieving those ends. Complementing the United Nations Watercourses Convention with bilateral and regional treaties on the shared watercourses and taking the necessary measures for compliance with and enforcement of the provisions of those treaties will take the world community a long way in the prevention, and indeed settlement, of existing and emerging disputes.

SECTION 12 **CONCLUSION**

The last decade has witnessed major global efforts aimed at addressing the issues of water scarcity as well as its deteriorating quality. That global effort was manifested in the conspicuous expansion of the international debate over water, a proliferation of the institutions working thereon and a large number of resolutions, declarations and action plans. However, as discussed earlier, those efforts lacked co-ordination, and competition characterized the work of the different institutions involved in the water sector. Moreover, there was no consensus on how best to approach those problems, and the political will to follow up on the recommendations and resolutions of the different forums was absent. It is worth noting that, except for the work of the World Commission on Dams, no adequate attention was paid to shared water resources in those forums. There was no awareness of the work of the

171. See Operational Policy 7.50, para. 3.

172. See Nile Basin Initiative Secretariat, *The Nile Basin Initiative — Preparatory Phase Working Documents*, Report No. 01, Entebbe, at p. 1 (June 1999). The Report also states other objectives for the Nile Basin Initiative, including developing the water resources of the Nile Basin "in a sustainable and equitable way to ensure prosperity, security and peace for all its peoples", and ensuring efficient water management and the optimal use of the resources". See *ibid.*

Institute of International Law and the International Law Association on shared water resources, and as such there was no effort to integrate such work in the different resolutions and recommendations issued at those forums.

Nevertheless, the adoption of the United Nations Watercourses Convention by the General Assembly on 21 May 1997 has certainly brought international water law a long way. As a *framework* convention, it addresses the major issues in a general way, and provides adequate guidance to States to use its provisions in negotiating and agreeing on detailed treaties on their shared watercourses. Its provisions on the equality of rights of riparian States and the factors it lays down for achieving equitable and reasonable utilization build on already existing standards and should enhance the opportunities for co-operation. Its recognition of existing agreements provides stability and predictability. Its dispute settlement options are comprehensive, and its environmental provisions bring it within the mantra of sustainable development.

Although the Convention has not yet entered into force [173], it has received a number of endorsements, including endorsements by the World Commission on Water in the 21st Century [174], and its prestigious panel on National Sovereignty and International Watercourses [175], as well as the World Commission on Dams [176]. The International Court of

173. The Convention was open for signature for three years, from 21 May 1997 until 20 May 2000. According to Article 36 of the Convention, the Convention shall enter into force on the ninetieth day following the date of deposit of the thirty-fifth instrument of ratification, acceptance, approval or accession with the Secretary-General of the United Nations. As of July 2004, sixteen countries have signed the Convention, and only twelve have ratified or acceded to the Convention. See http://untreaty.un.org/ENGLISH/bible/english internetbible/part/chapterXXVII/treaty40.asp

174. The World Commission on Water in the 21st Century concluded that the basis for consensus in the management of shared waters "would be strengthened by the reactivation and follow-up of the currently stalled work of the United Nations Convention on Non-Navigable *[sic]* Uses of International Watercourses". See *Global Water Partnership, Towards Water Security: A Framework for Action* (2000), at p. 32.

175. A clearer statement of endorsement of the Convention was delivered by the Sovereignty Panel of the World Commission on Water in the 21st Century when it proposed "the ratification of the UN Convention on the Law of the Non-Navigational Uses of International Watercourses". The Panel added that

> "This would not only contribute to the universal application of the principles of equitable utilization and the obligation not to cause significant harm, but would be a gesture of goodwill and indicate a high level of dedication to resolving the question of international watercourses." See *Green Cross International, National Sovereignty and International Watercourses (Report of the Sovereignty Panel)*, 60 (2000).

176. The World Commission on Dams stated

> "The Commission views the principles of the UN Convention as an emerging body of customary law and considers that States will reduce

Justice has referred to the United Nations Convention in its judgment in the *Gabčíkovo-Nagymaros* case less than four months after the Convention was adopted by the General Assembly [177]. It should be added that the Southern African Development Community (SADC) revised their 1995 Protocol on Shared Watercourses Systems and reissued it in August 2000 to incorporate the provisions of the United Nations Watercourses Convention [178].

It may take a while for the Convention to attain the number of ratifications needed for it to enter into force. This is not unusual, as many of the controversial conventions have taken a long time to enter into force. It should be recalled in this connection that the Law of the Sea Convention took about 12 years to enter into force [179]. However, even if the United Nations Watercourses Convention fails to enter into force, it has certainly codified a number of customary international water law principles. Those principles include the obligation to use the international watercourse in an equitable and reasonable manner and not to cause significant harm, as well as the obligation to notify other riparians of planned measures that may have significant adverse effect on them [180]. The Convention's environmental and dispute settlement provisions also reflect customary international law. As such, regardless of whether it enters into force or not, the United Nations Watercourses Convention is no doubt a major watershed in the history of international water law, and will continue to provide the necessary guidance, and indeed with influence, in this field.

> the possibility of conflict if they are prepared to endorse and adhere to them."

In clear, unequivocal words, the Commission added

> "The principles embodied in the 1997 UN Convention on the Law of the Non-Navigational Uses of International Watercourses warrant support. States should make every effort to ratify the Convention and bring it into force."

See World Commission on Dams, *supra* footnote 4, at pp. 252-253.

177. See *Gabčíkovo-Nagymaros* case, *supra* footnote 167.

178. See *supra* footnote 55.

179. See R. R. Churchill and A. V. Lowe, *The Law of the Sea*, at pp. 18-19, 3rd ed., Juris Publishing, Manchester University Press, 1999.

180. See Stephen McCaffrey, "The UN Convention on the Law of the Non-Navigational Uses of International Watercourses: Prospects and Pitfalls", *supra* footnote 57, at p. 27.

PREMIÈRE PARTIE

PART I

La question des frontières

The Boundary Issues

3 Rethinking International Rivers and Lakes as Boundaries

María Querol *

SECTION 1 INTRODUCTION

From the most remote times, rivers and lakes have presented themselves to human beings as natural obstacles. Consequently, they have been taken into account when establishing a boundary between two different territorial entities, whether they be municipal, national or international.

Access to water is essential to human life. It is in relation to this necessity that the uses of both rivers and lakes come into scene. Indeed, the use that a State may make of either a river or a lake can well affect another State, which also has access to that same watercourse. Such is actually the case as regards international watercourses, in as far as they are tantamount to "a watercourse parts of which are situated in different States" [1].

This is the reason why international rivers, as well as international lakes, as stated above, correspond to the special category of shared natural resources, or — as some writers have very accurately underlined — a natural resource to be shared [2].

International boundaries are mainly created by the consent of the States. In practice, such consent is materialized in both treaty provisions and arbitral or judicial awards. International boundary rivers and lakes are not exempted from this rule. However, in the absence of such rules, the question arises whether there is a different source of validity for those international norms that establish the spatial domain of valid-

---

* DES in International Law, Graduate Institute of International Studies, Geneva. Associate Professor of Public International Law at the University Austral in Buenos Aires.

1. Cf. Article 2 *(b)* of the UN Convention on the Non-Navigational Uses of International Watercourses, adopted on 21 May 1997.

2. L. Caflisch, "Règles générales du droit des cours d'eau internationaux", 219 *Recueil des cours* (1989), t. 219, p. 134.

ity of a certain legal order. Are there general customary norms that prescribe the use of a certain system of delimitation for international rivers and lakes ?

Certainly, it has been put forward in doctrine that navigable waterways should be delimited abiding by their *thalweg* or main channel, while non-navigable ones should resort to their median line[3]. Nevertheless, despite the number of treaties that have been concluded in this respect, we cannot deduce from them the existence of a State practice, or a material element of custom. Definitely, those conventional clauses are far from being uniform and coherent. In addition, they usually lack precision.

Therefore, it becomes useless to look for a psychological element or *opinio juris*. There are no customary rules prescribing resort to a special system of delimitation. Those rules merely represent technical standards, which States may have recourse to when delimiting an international river or lake[4].

It is also important to bear in mind that international rivers and lakes may be considered as natural boundaries, in so far as they are natural elements, taken as a reference point when delimiting the territories of two or more States. Still, from the moment the mentioned watercourses have been chosen to separate those States, and taking into account that this is done through an international agreement, all boundaries are artificial. This means that they are a legal creation that corresponds to the legal order as such. The said watercourses will be erected as boundaries so far as there is a legal rule that prescribes it.

Once this precision has been made, the purpose of this chapter is to analyse the systems of delimitation that are usually used in international boundary rivers and lakes. Thus, we have resorted to the most relevant examples of the application of each of the above-mentioned methods, considering their implementation in Latin America. We have preferred to stick to the traditional structure of examining international rivers and lakes independently and autonomously in order to avoid prejudging the application of any of these systems of delimitation in particular. Moreover, international rivers are subject to natural alterations that are nonexistent for international lakes.

---

3. R. Jennings and A. Watts, *Oppenheim's International Law*, Vol. 1, Parts 2-4, London, Longman, 1992, pp. 664-665.

4. In this sense, see L. Caflisch, "The Law of International Waterways and Its Sources", *Essays in Honour of Wang Tieya*, R. St. J. Macdonald (ed.), Kluwer Academic Publishers, UK, 1993, pp. 120-121. See also H. Ruiz Fabri, "Règles coutumières générales et droit international fluvial", 36 *AFDI* 818-842 (1990). See also F. Schröter, "Les systèmes de délimitation dans les fleuves internationaux", 38 *AFDI* 965-968 (1992).

SECTION 2 INTERNATIONAL RIVERS AS BOUNDARIES

Paragraph 1 General Remarks

As long as it flows within a State territory, water is subject to the effective control of that State. Those rivers that flow within the territory of one single State are known as national rivers. On the contrary, international rivers are those which either flow across the territory of more than one State or act as boundaries between two or more States.

Thus, when studying international rivers we must first distinguish between two different types of rivers. On the one hand, some rivers traverse one or more international boundaries. They are successive rivers, for they cross the territory of more than one State. On the other hand, contiguous rivers are those that separate the territory of two States[5].

From the above-mentioned distinction, we can define an international river as that which either passes through the territory of two or more States or constitutes a boundary between States[6]. We will only analyse here the latter case, i.e. that of contiguous rivers, as that is the subject of this chapter.

Indeed, some voices in doctrine have argued against the adoption of rivers as boundaries between States[7]. To support this thesis it has been put forward that rivers are difficult to conceptualize: no two rivers, nor even two parts of the same river, are alike. Moreover, rivers require maintenance, marking and administration, all of which may prove to be troublesome in practice.

Notwithstanding this argument, it is a fact that a large number of rivers have been adopted as boundaries in the past and will continue to be so. Almost all the States of the world have sought to assure its nationals access to fresh water[8]. Indeed, rivers are primarily used for

5. As a matter of fact, it may well occur that the same river corresponds to both categories depicted above. Such is the case of the Danube, which right from its source is a successive river (between Germany and Austria), then it turns into a contiguous one (between Slovakia and Hungary), to become again successive (when leaving Hungarian territory) and later on becomes contiguous again (between Croatia and Yugoslavia, the latter and Romania, and finally between Romania and Bulgaria), and finally it recovers its successive character when it gets into Romanian territory, to end up being a contiguous river between the latter and Ukraine before flowing into the Black Sea.

6. J. A. Barberis, *Los recursos naturales compartidos entre Estados y el derecho internacional*, Tecnos, Madrid, 1979, p. 15.

7. S. Jones, *Boundary-Making. A Handbook for Statesmen, Treaty Editors and Boundary Commissioners*, Carnegie Endowment for International Peace, Washington, 1945, pp. 108 and 133.

8. This statement can also be analysed in the light of State Succession. In this respect, if we consider the latest cases we will notice that the newly cre-

different purposes, the main ones being domestic and sanitary purposes (fresh water), navigation, irrigation, hydroelectric power, and fishing, among many others.

Consequently, great importance has been attached to the access to both national and international rivers.

In this sense, the utilization of an international river by a riparian State can have numerous consequences outside its boundaries, so far as they flow through the territory of more than one State[9].

Therefore, rather than arguing for or against the choice of such a boundary, we should analyse the existing systems of delimitation for international rivers, taking into account the interests of riparian States in relation to the uses and possible exploitation they can make of those rivers.

Paragraph 2 **Different Systems of River Delimitation**

A whole series of possibilities is open to State agents, or boundary commissioners, faced with the task of choosing the most suitable type of boundary to be applied to delimit a certain river. In any case, the guiding element to determine which type of boundary should be applied in each case should be given by both the natural properties of that river in particular as well as by the main functions envisaged by its riparian States[10].

---

ated State has taken into consideration access to fresh water when agreeing with its neighbour States the resulting international boundaries. In fact, after the unification of Germany in 1990, this State confirmed its former boundary with Poland at the Oder-Neisse Treaty of 12 September 1990 between Germany and "the Four", *RGDIP* 1166-1170 (1990).

The similar idea is present after the independence of Namibia on 31 March 1990. The Namibian Constitution foresees the application of the former boundary treaties, which were concluded by Germany as a colonial Power. As a result of this, some years ago a controversy arose between this State and Botswana on the interpretation of one of these treaties that regulated the boundary between both States.

For a further analysis of the recent cases of State succession and their consequences as regards international boundaries, see María del Carmen, Marquez Carrasco, "Régimes de frontières et autres régimes territoriaux face à la succession d'Etats", M. Eisemann and M. Koskenniemi (eds.), *State Succession: Codification Tested against the Facts*, M. Nijhoff, The Hague, 2000, pp. 549 *et seq.*

9. Cf. Julio A. Barberis, "Bilan de recherches de la section de langue française du Centre d'étude et de recherche de l'Académie", *CER 1990. Droit et obligations des pays riverains des fleuves internationaux*, Centre d'étude et de recherche de droit international et de relations internationales, Académie de droit international de La Haye, Martinus Nijhoff, 1991, pp. 18-20.

10. Cf. L. J. Bouchez, "The Fixing of Boundaries in International Boundary Rivers", 12 *ICLQ*, July 1963, pp. 797 *et seq.*

A. *"No man's land" or condominium*

The first type of boundary to be analysed is made up of two lines, each of which runs along the right and left riverbanks respectively, thus leaving the watercourse in question under the sovereignty of both riparian States. It is interesting to underline that the very concept of condominium finds its root in the notion of natural boundary or *frontière naturelle* alluded to above [11]. In this sense there is no boundary line but a border area between the States concerned. This is the reason why it has been also considered as "no man's land".

Examples of this type of boundary can be traced back to the past [12]. Condominium was used mainly until the sixteenth century. It has even been stated that this was the rule in the Middle Ages for the Rhine: "ex una ripa Galliae, ex altera Germaniae limes [est]" [13]. At first view such a boundary would appear to be equitable and respectful of the rights of both riparian States over the watercourse in question. Nevertheless, though claimed on various occasions, it is nowadays seldom applied. This is not surprising if we take into account that the condominium — or *coimperium* — is a very fragile institution, which has proved to be feeble in practice. Actually, such a regime entails a perfect understanding between riparian States, concord that is not abundant whenever there are opposing interests over the same watercourse.

B. *A single boundary at the riverbank*

If the international agreement that foresees the delimitation of a particular international river places the river boundary at one

11. Cf. L. Caflisch, "Règles générales du droit des cours d'eau internationaux", *op. cit.*, pp. 67-68.

12. In this sense, see the treaty of Aix-la-Chapelle, of 26.VI.1816, between the Netherlands and Germany in C. de Martens, *Nouveau recueil des traités*, Vol. 3, p. 36. The said agreement was later confirmed on 8.IV.1960, United Nations, 508 *UNTS* 14. More recently, it was presented by Brazil to both Argentina and Paraguay at the IV Meeting of Chancellors of the Countries of the Plata Basin, in relation to water allocation in the Paraná River. In fact, the Brazilian Government took up a theory developed by Sauser-Hall on the impossibility to divide the hydraulic power of water and the consequent necessity of a condominium. This idea appears in Article 2 of the Declaration of Asunción of 3 June 1971, which was emitted as a result of the mentioned meeting. For the content of the declaration see COMIP (Comisión Mixta Argentino Paraguaya del Río Paraná), *Aprovechamiento energético del Río Paraná, Documentos y tratados*, Buenos Aires, 1992, pp. 78-79. For the alluded theory of the *condominium* see G. Sauser-Hall, "L'utilisation industrielle des fleuves internationaux", 83 *Recueil des cours* (1953), pp. 488 *et seq.* See also A. Coret, *Le condominium*, Pedone, Paris, 1960.

13. L. J. Bouchez, *op. cit.*, p. 790.

of the riverbanks, the whole river falls under the sovereignty of only one of the riparian States, the other remaining — at least in principle — completely excluded from having access to the river. This boundary is known in Spanish as the theory of "la costa seca" — the dry shore — a term that depicts to perfection both the geo-morphological structure of such a boundary as well as the fact that one of the riparian States will end up being fully left out from access to and profit from the many uses of the river in question.

Contrary to what many writers have stated [14], cases in which this kind of a boundary has been adopted are not as rare as they may appear to be. As a matter of fact, it is present in the delimitation of various rivers between France and Switzerland, such as the Foron [15], the Morge, the Eau Noire and the Barberine [16], just to enumerate some of them. As regards Africa, "the single bank system" has been adopted for many international rivers such as the Senegal between Mauritania and Senegal [17] and a number of other rivers that divide Liberian territory from that belonging to the Ivory Coast [18]. Concerning Latin America, the River San Juan is a good example of the system of river delimitation under study. By virtue of the treaty of 15 April 1858 [19], the whole river falls under Nicaraguan sovereignty, leaving Costa Rica with the sole right of navigation over the river [20]. Furthermore, it is interesting to

---

14. See, for example, L. J. Bouchez, *op. cit.*, pp. 791 *et seq.* This author declares that such a method will only be applied when either one of the riparian States is much more powerful than the other and the first can press the latter politically to agree to such a boundary line, or as long as one of these States is not in the least interested in the river, which would be truly exceptional.

15. Treaty of 16 March 1816, Parry, 65 *CTS* 447 *et seq.*

16. Treaty of 10 June 1891, Parry, 175 *CTS* 169 *et seq.* (for the Morge) and 173 *et seq.* (for the Eau Noire and the Barberine).

17. Decree of 8 December 1933, *Journal officiel de l'Afrique occidentale française*, 1934, p. 69.

18. Declaration of 13 January 1911, Parry, 213 *CTS* 2 *et seq.* Signed by Liberia and France, this declaration was later confirmed by the Ivory Coast after its independence in 1961. For a further analysis of this boundary see I. Brownlie, *African Boundaries: A Legal and Diplomatic Encyclopedia*, London, The Royal Institute of International Law, 1979, pp. 369 *et seq.*

19. For the text of the treaty in its original Spanish version see República de Costa Rica, *Colección de tratados internacionales*, Vol. I, 1892, pp. 97-101. An English version of the said treaty can be found in Parry, *op. cit.*, Vol. 118, pp. 439-443.

20. For an in-depth study of the River San Juan see N. Boeglin Naumovic, *La frontiére terrestre entre le Costa Rica et le Nicaragua*, thèse pour le doctorat en droit de l'Université Panthéon-Assas (Paris II), Paris, 1996.

Moreover, also in Central America, Guatemala and Honduras have made use of this delimitation system for their contiguous rivers, i.e. the rivers Montagua and Tinto. This was stipulated in the arbitrage treaty of 16 July 1930 related to the territorial dispute between both States, C. de Martens, *op. cit.*, Vol. 31, pp. 365 *et seq.*

stress that it was the thesis put forward by Argentina in relation with the boundary of the River Plate — or Río de la Plata as it is called in Spanish —, immediately after the independence of Uruguay[21]. Needless to say, in due course this argument lost all its strength, if it had any. Although in its early years the Banda Oriental — as Uruguay was called at that time — did not have any jurisdiction whatsoever over the said river, it enjoyed in fact numerous rights over it with the consent of Argentina. Later on, the treaty of 1973, which we will analyse further on in due course, regulated the rights of both riparian States.

The method of the single boundary at a riverbank has also been implemented in national rivers that separate federal States[22].

All in all, a difficulty can arise when promoting such method of tracing river boundaries: the definition of the concept of riverbank. In this sense, authors such as Jones assert that the notion of "bank is an excellent example of the ambiguity of familiar terms"[23]. Certainly, from the moment we take up one of the banks of a river as the boundary line, it is a fact that the water level of that river has a direct influence on that line. Really, whilst the high water mark will definitely favour the State under whose sovereignty the river is, the excluded State would benefit more from a low water mark. Not specifying such a question can entail never-ending problems between both riparian States. In any case, despite the occasions when treaties are silent on the matter[24], State parties usually take this fact into account.

The main disadvantage of riverbanks as boundaries is self-evident. States will not readily consent to being cut off from access and exploitation of the river in question. In fact, most of the cases in which such consent was given respond to a policy of force imposed by one of the States over the other[25]. As time went by, the large majority of those

21. It is worth stressing that, at that time, this argument almost caused the outbreak of a war between Uruguay and Argentina. For a development of the mentioned theory see J. Barberis and E. Pigretti, *Régimen jurídico del Río de la Plata*, Abeledo-Perrot, Buenos Aires, 1969, pp. 52-53.

22. In this sense it was adopted in many rivers of the United States such as the Potomac, between the State of Virginia and the District of Columbia, that leaves the whole river for Columbia. See *Virginia* v. *District of Columbia*, 283 US 348.

23. S. B. Jones, *op. cit.*, p. 118. For a more in-depth study on the ambiguity and vagueness of natural language see M. Querol, *The Concepts of Nullity and Sanction with Special Reference to the Law of Treaties*, mémoire en vue de l'obtention du DES, Institut universitaire de hautes études internationales, Université de Genève, 2000, pp. 4-10.

24. Such is the case of the agreement of 21 January 1895 that specifies both British and French possessions in Sierra Leone, C. de Martens, *op. cit.*, Vol. 23, pp. 3 *et seq.*

25. Cf. P. Lapradelle, *La frontière*, Les éditions internationales, Paris, 1928, pp. 95 *et seq.*

agreements have been either denunciated or revised. In this respect, the River Shatt-el-Arab is paradigmatic. The said river was first delimited in 1847 by resort to the method of the riverbank[26]. Later on, this system was combined with that of the *thalweg* of the river, thus mitigating the disadvantages of the first agreement[27]. Nevertheless, this latter treaty was denounced by Iran in 1969 and a new treaty was concluded in Algiers in 1975 taking into account the river *thalweg*[28].

C. The median line

Another system of river delimitation within the reach of riparian States, who are willing to establish an international river as a boundary between them, is that of the median line or *medium filum aquae*. Since the sixteenth century it has had a large number of followers[29], and has been adopted for the delimitation of numerous rivers[30].

The median line consists of a line made up of a series of points, all of which are equidistant from the nearest points of both opposite shores of the waterway in question[31]. The very definition of this delimitation method speaks of its virtues. Indeed, not only does it profit from stability, it is also more easily fixed than other systems described in this paper[32]. As it can be simply drawn in a large-scale map — if not on

---

26. Treaty of Erzeroum, Parry, 101 *CTS* 85 *et seq.*

27. Treaty of 1937, League of Nations, 190 *LNTS* 241.

28. Treaty of 6 March 1975, United Nations, 1017 *UNTS* 55 *et seq.* It is interesting to point out that many of the other treaties containing such system of river delimitation for ex-colonies were denounced at the time of decolonization, and accordingly new agreements were subscribed to, which contemplated the interests of both riparian States.

29. Among the authors who advocate in favour of the median line we can find Grotius, *De iure belli ac pacis*, 1672, libro 2, cap. 3, p. xviii. See also Puffendorf, *De iure naturae et gentium*, 1758, libro 4, cap. 7, p. xi.

30. The median line was implemented for the delimitation of the River Bidassoa, between France and Spain, by virtue of the Treaty of Bayonne in 1869. Parry, 116 *CTS* 85 *et seq.*

This boundary line has also been adopted in Africa for the delimitation of the Niger River by the treaty of 19 October 1906 between Niger and Benin, C. de Martens, *op. cit.*, 3rd Ser., Vol. 1, p. 612. However, a dispute arose between both States concerning the said boundary line. Consequently, Niger and Benin signed a Special Agreement of 15 June 2001, where they agreed to submit the definitive delimitation of the whole boundary between them to a Chamber of the International Court of Justice. Accordingly, by an Order of 27 November 2002, the Court decided to create a Special Chamber of five judges to deal with the case and fixed the time-limit for the filing of the memorials by each Party. See case concerning the *Frontier Dispute (Niger/Benin)* in www.icj-cij.org.

31. Cf. F. Schröter, *op. cit.*, pp. 957 *et seq.* L. Caflisch, "Règles générales du droit des cours d'eau internationaux", *op. cit.*, pp. 69 *et seq.*

32. For an opposite view, see F. Schröter, *op. cit.*, p. 959.

a satellite photograph — it assures, in principle, equity among the riparian States.

Still, that is only apparent distributive justice. The main flaw of this system is its disregard for the navigation interests of riparian States. Actually, adopting the median line could entail leaving in practice the main channel of navigation totally under the sovereignty of only one of the riparian States. This point has lost its rationale as regards European rivers, for which the rule is nowadays freedom of navigation. On the contrary, such an argument is of much importance for Latin American rivers. These rivers are still today regulated by a regional customary norm that forbids such freedom[33]. Consequently, navigation in any of these rivers must be first consented to by riparian States.

D. The thalweg *or main channel*

It has usually been asserted that the *thalweg* is indeed both for treaty-makers and demarcation commissioners, the apple of their eye. Along this line, some authors have even alleged the existence of a rule of customary international law prescribing the use of such a system of delimitation as regards international rivers.

Adopted since the nineteenth century[34], it was conceived to surmount the disregard of the median line for navigation, which at that time was the main use of the river[35]. State practice shows that the *thalweg* has been and still is used for uncountable delimitations throughout the globe[36]. Following the same idea, it is worth noting that numerous

33. On the development of this customary rule at the regional level, see J. Barberis, "Les règles spécifiques du droit international en Amérique latine", 255 *Recueil des cours* (1992), pp. 176-184.

34. The first reference to the *thalweg* in the determination of a river boundary appears in Article 4 of the Peace Treaty of 27 October 1795 between Spain and the United States. In fact, the said clause establishes "the western boundary of the United States . . . is in the middle of the channel or bed of the River Mississipi", Parry, 53 *CTS* 9. Yet, the term as such was mentioned for the first time in the Peace Treaty of Lunéville of 9 February 1801. Signed between France and the German Empire, its Article 6 determines "Le *thalweg* du Rhin sera désormais la limite entre la République française et l'Empire germanique", Parry, 55 *CTS* 479.

35. Cf. Lapradelle, who defines the thalweg as "chemin variable suivi par les bateliers qui descendent le cours du fleuve frontière", *op. cit.*, p. 202.

36. In this regard, the *thalweg* has been implemented for the delimitation of the Rivers Meuse (Convention of 8 August 1843 between Belgium and the Netherlands, Parry, 95 *CTS* 224 *et seq.*) and Rhine (Treaty of 6 July 1969 between Germany and France, United Nations, 760 *UNTS* 305 *et seq.*) in Europe. It is also present as the boundary for the African River Kagera (League of Nations, 190 *LNTS* 95 *et seq.*), between Tanzania and Rwanda, as well as for the Australian Fly (Treaty between Australia and Indonesia of 12 February 1973, United Nations, 975 *UNTS* 3 *et seq.*). Concerning Asia, the Mekong

Latin American rivers have been delimited according to the *thalweg*. Such is the case of the Paraná River[37] as well as the Uruguay[38].

As a matter of fact, it has been preferred as the river boundary for both navigable and non-navigable waterways. An etymologic approach to this notion shows that the term derives from the German words "das Tal", which mean the valley, and "der Weg", the way or the route to somewhere. Put together both terms are tantamount to the downstream route, or main channel.

It is worth highlighting that the *Dictionnaire de la terminologie du droit international* assigns various meanings to the notion in question[39]:

(a) From a geographical point of view, it means the line of deepest soundings of a watercourse.
(b) The middle of the riverbed. This is the first allusion made to the thalweg in diplomatic exchanges.
(c) The middle of the river current or mid-channel.

Despite the number of treaties on river delimitation that have provided for the *thalweg*, most of them are inconsistent as to its exact meaning[40]. Actually, riparian States have adopted this system of delimitation in various and diverse senses. They amount to the following:

(a) the most suitable way for downstream navigation at the lowest water level[41];

(Convention of 25 August 1926 between French Indo-China and Siam, League of Nations, 69 *LNTS* 315 *et seq.*) can well be cited as an example of the application of such a delimitation system. In America, see the case of the Río Grande (Treaty of 2 February 1848, Parry, 102 *CTS* 29 *et seq.*) and of the Oyapock, Kerindiotou, and Souarne Rivers (Exchange of Notes between Brazil and France (Guyana) of 18 July 1980, 86 *RGDIP* 638-640 (1982).

37. See Article 1 of the Treaty of 9 January 1872 between Paraguay and Brazil, Parry, 144 *CTS* 155. See also the Treaty of 3 February 1876 between Argentina and Paraguay. Its Article 1 prescribes that the boundary divides the Paraguayan territory from the Argentinian by the middle current of the main channel of the Paraná River from its confluence with the Paraguay River, until it reaches the left bank of the limits of the Brazilian Empire ("por la mitad de la corriente del canal principal del río Paraná desde su confluencia con el río Paraguay, hasta encontrar por la margen izquierda los límites del Imperio del Brasil", Parry, 150 *CTS* 248).

38. Cf. the Treaty of 3 February 1961 between Argentina and Uruguay, United Nations, 635 *UNTS* 99 *et seq.*

39. *Dictionnaire de la terminologie du droit international*, avec préface de Georges Basdevant, Sirey, Paris, 1960, pp. 601-603. See also K. Schultess, *Das internationale Wasserrecht*, Publikationen des Schweizer.Wasserwirstschafts-Verbandes No. 3, Zurich, 1915, pp. 12 *et seq.*

40. Cf. S. B. Jones, *op. cit.*, p. 116.

41. The channel here defined forms a corridor, which becomes common to both riparian States. Caflisch believes that, in a certain way, it amounts to a natural boundary, for vessels would make use of the said channel due, pre-

(*b*) the line of continuous deepest soundings[42] (which corresponds to the geographical meaning mentioned above);
(*c*) the line of continuous speed of water circulation[43];
(*d*) a combination of the above-mentioned meanings, i.e. the mid-channel or mid-current that usually coincides with the deepest part of the river, which is the way generally followed by boats sailing downstream[44].

From all the different meanings we have presented to the reader, it can easily be concluded that the *thalweg*, a term that is both ambiguous

---

cisely, to its natural conditions, *op. cit.*, p. 73. Hence, the *thalweg* would amount to a boundary area. Some authors have pronounced themselves in favour of such a boundary. In this respect Bouchez emphasizes:

> "From the practical point of view the *thalweg* as a boundary area . . . is more desirable, as a ship in using the channel will never navigate without interruption on the one side of the boundary line. On the contrary, ships will nearly always navigate at the same time partly on the one side and partly on the other side of the precise boundary line", *op. cit.*, pp. 793-794.

Practice in this respect is more characteristic of olden times. It was adopted in the Peace Treties of 1919, more specifically in Article 30 of the treaties of Versailles, Trianon, Saint-Germain, Neuilly and Sèvres, C. de Martens, *NRT*, Vol. 11, p. 691, and Vol. 12, pp. 323, 423 and 664. See also Article 6 of the Peace Treaty of Lausanne, 25 July 1923, signed between Turkey and the Allies, League of Nations, 28 *LNTS* 11.

42. It is indeed a boundary-line with all the inconveniences this entails for navigation. Article 2 of the Treaty of 5 April 1840 between France and Bade take up the *thalweg* in the above described sense, Parry, 90 *CTS* 31. The same meaning is specified with more detail in the Exchange of Notes of 15 March 1940, between Brazil and the United Kingdom in relation to Guiana. It reads: "The *thalweg* is understood to imply the line of minimum level along the bed of the river throughout its length", United Nations, 5 *UNTS* 71.

Both Bouchez (*op. cit.*, pp. 793 *et seq.*), and Schröter (*op. cit.*, p. 960, note 90), criticize the definition given by Lapradelle, who states that the river boundary can be turned into a boundary-line by taking into account the line made up of the deepest soundings at low water level of the river, *op. cit.*, p. 203. The said authors argue that it is a very complicated solution given the case of a river with many depressions.

43. Such was the thesis of the Italian Government during the negotiation of the 28 protocols of the European Commission for the boundary delimitation at the Danube between Bulgaria and Turkey, from 21 October 1878 to 24 September 1879. Cf. Adami, *I confini di stato nella legislazione internazionale*, Stabilimento Poligrafico per l'Amministrazione della Guerra, Rome, 1912, p. 22. See also W. S. Boggs, *International Boundaries. A Study of Boundary Functions and Problems*, Columbia University Press, New York, 1940, p. 184.

44. Cf. Institut de Droit International, *Résolution de Heidelberg*, 1887, Art. 3: "La frontière des Etats séparés par le fleuve est marquée par le thalweg, c'est-à-dire par la ligne médiane du chenal." Such is an artificial boundary-line, which aims to combine the benefits of the median line and the *thalweg*. For this reason, it has been considered as the most modern and advanced solution in river delimitation. Cf. L. Caflisch, *op. cit.*, p. 73.

and vague. In other words, from the moment we consider both law and science of law, we must acknowledge that their rules are definable in natural language.

Above all, one of the main functions of words is that of making reference to objects, properties, phenomena, activities etc. However, our language is not sufficiently vast to foresee a sole and unique term for each particular object, each particular situation etc. that reality presents us with daily. It is at this level, in the use of general words — which have simultaneously a classificatory character — that a source of uncertainties comes into play, uncertainties that can and do sometimes frustrate the communication process.

Paradoxically, the words we use daily to make reference to real world phenomena are deemed by the imprecision we have described. This statement applies even to those terms that we use to describe the world, which seem in fact clear, although they are simultaneously — at least potentially — vague. This potential vagueness that characterizes natural languages has been labelled "the open texture of language" [45]. Actually, we do not benefit from a single criterion to either include or exclude all and every possible case where a particular word may be applicable, for the simple reason that we cannot foresee all these potential situations.

Legal rules, in as far as they authorize, forbid, or prescribe certain actions, are made up of words enjoying the specific characteristics of natural languages definable in natural terms [46]. Not only do they resort to natural language to perform this task, they have to do it, for they regulate actions that belong to the sphere of reality. No matter how hard some jurists have tried to build up a rigorous and artificial language with crystal-clear limits, legal language — in as far as it is tantamount to natural language — remains fuzzy. Even so, both the legislator and the jurist can determine the scope of application and the special characteristics of the notions they resort to, consequently trying to remove as far as possible the intrinsic vagueness and ambiguity of such terms [47]. In doing so, they usually take into account the utility, simplicity and exactness of the chosen definition.

Nevertheless, there are many cases in which this ambiguity cannot be artificially removed. Agreements on river delimitation that resort to the

45. Cf. G. Carrió, *Notas sobre Derecho y Lenguaje*, Abeledo-Perrot, Buenos Aires, 1965, pp. 33-35. See also H. L. A. Hart, *The Concept of Law*, 2nd ed., Clarendon Press, Oxford, 1994, pp. 121-132.

46. For an opposing view see S. Soler, *La interpretación de la ley*, ed. Ariel, Barcelona, 1962, pp. 162 *et seq.*

47. Cf. J. A. Barberis, "Nouvelles questions concernant la personnalité juridique internationale", 179 *Recueil des cours* (1983), p. 160.

thalweg are not exempted from this fact. Thus, the issue will become one of treaty interpretation.

The recent case of the International Court of Justice on the *Kasikili/ Sedudu Island* may shed some light on the question under discussion[48]. Placed in the Chobe River, the island in question lies some 20 kilometres (12.5 miles) upstream of Kazungula where the Chobe flows into the Zambezi. The island is referred to as "Kasikili" by Namibia, while Botswana names it "Sedudu". Consequently, the Parties requested the Court to establish the boundary around the island in the light of the Anglo-German Treaty of 1890[49], which divided the respective spheres of influence of these latter States in Africa.

Accordingly, the Court observed that Article III (2) of the mentioned treaty determines the sphere of influence to be granted to Germany. As regards the dividing line when it reaches the Chobe River the said article stipulates that it "descends the centre of the main channel of that river till its junction with the Zambezi, where it terminates". However, the German version of the agreement in question alludes to the *Thalweg* der Hauptlaufes[50]. Moreover, the 1890 Treaty did not provide any guideline as to where the main channel should be located. Hence, the Court had to interpret the term *thalweg* or main channel[51]. In doing so, the Court took into account that the "the natural features of a river may vary markedly along its course and from one case to another". Therefore, it considered the elements of width, depth and volume of the water and navigability as the necessary criteria for delimiting the scope of the term under discussion.

As a result of the application of these factors, the Court arrived at the conclusion that

> "in accordance with the ordinary meaning of the terms that appear in the pertinent provision of the 1890 Treaty, the northern channel of the River Chobe around Kasikili/Sedudu Island must be regarded as its main channel"[52].

48. Case concerning *Kasikili/Sedudu Island (Botswana/Namibia)*, Judgment of 13 December 1999, *ICJ Reports 1999*, pp. 3 *et seq.*

49. For the complete text of the treaty see Parry, 173 *CTS* 271 *et seq.*

50. "bis er den Tschobe-Fluss erreicht und setzt sich dann im Thalweg der Hauptlaufes dieses Flusses bis zu dessen Mündung in den Zambese fort, wo sie ihr Ende findet", *ibid.*, p. 276.

51. It is interesting to stress that neither Namibia nor Botswana was Party to the 1969 Vienna Convention on the Law of Treaties. Nonetheless, the International Court of Justice recognized, as it has done in previous occasions, that the rule contained in Article 31 of the said Convention is tantamount to a customary rule of international law, thus applicable to both States Parties.

52. For a more in-depth study of the case see S. M. A. Salman, "International Rivers as Boundaries. The Dispute over Kasikili/Sedudu Island and the Decision of the International Court of Justice", *Water International*, Vol. 25,

The lack of unanimity as to the scope of the term under study as well as the need for interpreting in each particular situation its meaning, prevents us from asserting that the *thalweg* amounts to a rule of customary international law. This is time even as regards non-navigable waterways[53].

Furthermore, the advantages of this method of delimitation are not as many as may at first appear. Indeed, although the aim of its users was, at least in the beginning, to ensure navigation, this cannot be accomplished in practice by this means. Regulating navigation needs a special agreement on this point. Still, it has been argued that the *thalweg* did assure equality of rights to the waters of the river in question to both riparian States. Nonetheless, this is not usually so. From the moment we consider the natural alterations of the river, which are not only possible but also in fact truly frequent, the former is no longer a valid statement. Variations of the river course and movements of its sediments can turn the river boundary into a mere illusion. Thus, before choosing such a boundary in order to delimit a particular river, it is advisable to first consider its natural configuration.

E. Arbitrary straight lines and astronomical boundaries

Despite seeming seldom applied, arbitrary straight lines can be used for delimiting river boundaries. They are feasible in certain parts of very broad rivers. Maybe this is the reason why they enjoy much more popularity with relation to boundaries in international lakes.

In its favour, it has been put forward that they make up for the inconveniences of natural boundaries. Ranging a river boundary with reference marks could constitute a good solution for rivers that suffer from changes in their course. Furthermore, it is a solution if one is to take into consideration the islands found in a certain river. The case of the River Uruguay illustrates this statement[54]. As a matter of fact — and as we will be able to analyse below — though the river is delimited by its *thalweg*, islands have been taken into account during the stage of the negotiation of its treaty. Hence, the river will have two different boundary lines: one fixing the boundary for the river in question, and the

2000, No. 4, pp. 580-585. See also R. Ranjeva, "Nouveaux aspects du droit des frontières en Afrique à la lumière de la jurisprudence de la Cour Internationale de Justice", *The International Legal System in Quest of Equity and Universality — Liber Amicorum Georges Abi-Saab*, Martinus Nijhoff Publishers, The Hague, 2001, pp. 605 *et seq.*

53. Cf. L. Caflisch, *op. cit.*, p. 74.

54. See *supra*, footnote 36.

other acting as a straight boundary line for the islands. Besides, this example can be also subsumed in the last category still to be considered for river delimitation: a combination of all the methods that we have examined so far.

In addition to straight lines, States might well favour resorting to tracing the river boundary by reference to parallels and meridians, i.e. by turning to astronomical points. These points, once put together, shall form the boundary line of the river. Generally, astronomical lines have come into the scene for the delimitation of meandering rivers, or those with an unstable *thalweg* [55]. In this sense, this method has been applied in North America for the delimitation of the River St. John [56]. There is another example of application of these lines in Africa, especially in a section of the River Kagera, between Tanzania and Rwanda [57].

Both the astronomical and the geometrical lines add up to unchanging lines [58]. Thus, the facility to determine and mark these lines with precision appears as a logical corollary of the main feature these lines have. Against their utility, it has been put forward that they disregard navigation interests in the river, for it may exclude one of the States from access to the main navigable channel. Also, these systems of delimitation would probably lose their rationale when implemented in too sinuous rivers. The number of short lines aiming to overcome this sinuosity may go against any aim of simplicity, which the treaty makers or boundary commissioners might have sought to achieve.

F. A combination of all the methods of delimitation

Since the methods of river delimitation that we have presented so far depend fully on the choice and consent of the States, it is needless to assert that these remain free to combine the methods they prefer, taking into account the natural configuration of the river in question and the uses they have envisaged. In line with these ideas, the Treaty of the Río de la Plata of 19 November 1973 has tried to reconcile both the functions of the river and the main interests of each riparian State in an original way [59]. The outcome of this aim is more than a

55. Cf. F. Schröter, *op. cit.*, p. 964.
56. Formerly delimited by resort to the *thalweg*, the unstableness of this latter in a part of the river made it necessary to redefine the boundary line by means of astronomical lines. In this respect, see the Treaty Webster-Ashburton of 1824. See also S. Jones, *op. cit.*, p. 112, and the *croquis* he presents on page 117 (figure 15).
57. Article 2 of the Treaty between Great Britain and Belgium of 22 November 1934, League of Nations, *op. cit.*, Vol. 190, pp. 95 *et seq.*
58. K. Gleditsch, "Rivers as International Boundaries", *Acta Scandinavica Iuris Gentium*, Vol. 21, 1952, p. 21.
59. *International Legal Materials*, Vol. XIII, 1974, pp. 251 *et seq.*

boundary agreement: it is a real statute of the river[60]. As a matter of fact, the treaty establishes different boundaries for the waters of the river on the one hand, and for the riverbed, subsoil and islands on the other hand.

Concerning the former, the said agreement stipulates that each riparian State will have a zone of seven sea miles of exclusive jurisdiction along each riverbank, which will narrow up to two sea miles at the upper part of the river[61]. The remaining middle waters will be tantamount to a common zone that resembles a *condominium*. With relation to the riverbed and subsoil, these are delimited by a boundary line, which is made by resorting to astronomical references[62].

There are indeed numerous boundary agreements in which States have not contented themselves with only one method of delimitation. This decision could have its cause in the desire to make compatible opposing uses of the river by riparian States. Co-operation among riparian States might lead them in the short run to apply a combination of these systems more often. It could even be a good solution for the situation of numerous international rivers, which are still disputed by their riparian States.

Paragraph 3 **Possible Alterations in a River Boundary**

From the moment a territorial boundary is established, it enjoys legal stability. This means that the international legal order considers — at least in principle — that those boundaries that have been fixed will not be readily altered without the consent of the neighbouring States who are separated by them. However, as far as boundaries are natural accidents, their immutability becomes truly unpredictable[63].

International rivers, in as far as they consist of natural accidents arbitrarily erected in international boundaries by a legal rule, also appertain to this category. Certainly, they can be modified in geophysical structure as a result of human intervention. But what is more striking from a legal standpoint is the possibility of natural modifications in international rivers and their legal consequences.

60. Cf. F. Armas Pfirter, F.; J. A. Barberis, A. Beraud and N. Freyre, "Límites de la República Argentina", *Cuadernos de Derecho Internacional*, Vol. 2, Abaco-Depalma, Buenos Aires, 2000, pp. 128-143.

61. Cf. Article 2 of the mentioned treaty.

62. Cf. Article 41 of the 1973 Treaty. This line is also the boundary for the islands of the river.

63. Cf. L. Caflisch, *op. cit.*, p. 80.

A. Natural modifications in a river

Natural movements can take place in a river in a sudden and abrupt way, which makes them easily perceptible to the human eye. On the contrary, there are other changes that occur extremely slowly and their assessment can only be achieved with technical aid.

As regards the legal consequences that derive from such an alteration, there are no general rules applicable in this respect. Therefore, the question will be solved in a case-by-case approach. In principle, riparian States that have agreed to delimit their respective territories by reference to an international river are considered to have foreseen, at least implicitly, the natural alterations of that watercourse. Riparian States can easily avoid the inconveniences that derive from such natural alterations by choosing either an astronomical boundary or a combination of this former method of delimitation with any of the others that have been described[64].

(i) *Changes of course and of the riverbed*

According to its geomorphological and hydrological configuration, a river can be more or less prone to suffering alterations in both its course and its riverbed[65]. Material sediments flowing downstream a particular river may well sluggishly deposit in one of the riverbanks or on the riverbed. This phenomenon is better known as accretion or *alluvio*. On the contrary, avulsion *(avulsio)* is characterized by its abruptness. Such a sudden alteration may have its cause in either a geological phenomenon or an extraordinary flood[66].

From a legal standpoint, it is interesting to find out what happens to the boundary lines in such cases. In other words, we are now to study whether the international boundary shifts due to the change in the course of a particular river. Once again, in the absence of customary

64. J. A. Barberis, "Los modos de adquisición de territorio en derecho internacional", a chapter of a monograph on State Territory soon to be published.

65. Jones identifies three different types of rivers in this respect. First of all, he alludes to those rivers which flow in narrow valleys or canyons. "They may change their courses but slightly and very slowly." Then, this author makes reference to rivers or parts of rivers that "are actively building up their beds". When overloaded with sediment, they develop braided courses. Generally, this kind of river changes its main channel rather frequently. Finally, the "average rivers" may turn out to be really meandering. This may cause, more often than not, some lateral shift of the course of the river, *op. cit.*, pp. 119-120.

66. J. A. Barberis, "Un precedente poco conocido sobre la aplicación del uti possidetis a un río limítrofe que cambia de curso", *Anuario de Derecho Internacional*, Universidad de Navarra, Vol. X, 1994, p. 78.

law rules foreseeing an answer to the query, State practice comes up with the most diverse prescriptions[67].

Riparian States may agree that whilst the boundary will remain unaltered in the case of avulsion, it will follow the watercourse along its new bed in the event of an accretion. Such a stipulation can be tracked back to the time of the classic scholars of international law, where it finds its direct antecedent. These applied the rules of private Roman law in order to regulate these kinds of situations. The most relevant example in this respect is that of the Treaty of 1848 between the United States and Mexico that regulates the boundary between both States at the Rivers Grande and Colorado[68]. As a matter of fact, the interpretation of this treaty lies at the core of the *Chamizal* case[69].

Between 1854 and 1861 and the period from 1864 until 1911 the river suffered a shift of its riverbed to the south due to natural causes, which resulted in the formation of the area of the Chamizal. It is worth stressing that whilst in the first period the movement was gradual and progressive, in the last it was abrupt. Faced with this new situation, both co-riparian States evidently viewed it from different perspectives. On the one hand, Mexico considered that the phenomenon was tantamount to an avulsion, which did not in the least affect the actual international boundary. On the contrary, the United States alleged that it was indeed an accretion, thus altering the river boundary as such. The Mixed Commission entitled by the States in question to solve the case took into account both periods described, and adjudicated to the United States the portion of territory that was formed as a result of the first shift of the river and to Mexico the one corresponding to the last movement of the river[70].

Secondly, States may prefer to establish that the international boundary will follow any possible movement of the international watercourse. Actually, this is the solution envisaged in the Final Protocol of the Boundary Commission between Syria and Turkey, of 3 May 1930, which prescribes that the boundary for both rivers will always be their

67. Concerning State practice see H. Dipla, *op. cit.*, pp. 612 *et seq.*

68. Guadalupe-Hidalgo Treaty of 2 February 1848, Parry, 102 *CTS* 29 *et seq.*

69. *Chamizal* case, Arbitral Award of 5 June 1911, 11 *RIIA* 309 *et seq.* For a study of this case see D. Anzilotti, "Intorno agli effetti delle modificazioni del corso di un fiume sul confine fra due Stati", *Rivista di Diritto Internazionale*, 1914, pp. 73-83.

70. As the United States refused to enforce the award, the question remained unsolved until 1963, when both co-riparian States signed a new treaty foreseeing the setting in motion of some works in order to move the watercourse to its former riverbed.

respective *thalweg*, regardless of any change whatsoever that may occur in either its bed or its course [71].

Finally, riparian States can agree that the river boundary will remain unaltered despite any possible change in the river course. Such is the case of the Boundary Treaty of 7 April 1961, for the River Uruguay, whose Article 3 foresees:

> "The demarcation agreed upon in the preceding articles shall be that consistent with the general condition of the river on the date on which this Treaty was signed.
>
> The agreed boundary shall be permanent and unalterable and shall not, except as provided for in article 1, paragraph (A), be affected by any natural or artificial changes which the features that now determine the boundary may undergo in the future." [72]

As regards international case law, the International Court of Justice in its judgment of 1992 on the frontier dispute between El Salvador and Honduras implied that general international law applies different rules for accretion and avulsion respectively [73]. But, again, this does not suffice *per se* to create a general customary rule.

---

71. See also the Exchange of Notes of 27 October and 1 November 1932, between Great Britain and Brazil over the Rivers Mahu and Tucutu in the British Guiana, League of Nations, 177 *LNTS* 128-133. Another example of the same solution is the Boundary Convention of 8 August 1843, between Belgium and the Netherlands. Paragraph 1 of Article 11 of the said treaty reads: "Si, par une catastrophe quelconque, la Meuse vient à abandonner son lit actuel et à s'en creuser un nouveau, le thalweg de ce nouveau lit n'en continuera pas moins à former limite entre les 2 Etats", Parry, 95 *CTS* 229.

72. United Nations, 635 *UNTS* 104. This solution has been also applied for national rivers that are tantamount to boundaries between federal units of a State. This is the case of the River Desaguadero between Mendoza and San Luis. Faced with a shift of the course of the river, the Inter-provincial Commission competent to decide the legal consequences of such change applied the principle of *uti possidetis* on which the States had previously agreed. For an analysis of this example see J. A. Barberis, *op. cit.*, *Anuario de Derecho Internacional*, Universidad de Navarra, Vol. X, 1994, pp. 61-82.

73. *Frontier Dispute (El Salvador/Honduras)*, Judgment of 11 September 1992, *ICJ Reports 1992*, p. 546, para. 308, in which the Court asserts:

> "The contention of El Salvador that a former bed of the river Goascorán forms the *uti possidetis juris* boundary depends, as a question of fact, on the assertion that the Goascorán formerly was running in that bed, and that at some date it abruptly changed its course to its present position. On this basis El Salvador's argument of law is that where a boundary is formed in the course of a river and the stream suddenly leaves its old bed and forms a new one, this process of 'avulsion' does nor bring about a change in the boundary, which continues to follow the old channel. No record of such an abrupt change of course having occurred has been brought to the Chamber's attention, but where the Chamber is satisfied that the river's course was earlier so radically different from its present one, then an avulsion might reasonably be inferred. While the area is low

(ii) *The issue of the "walking islands"*

Islands in rivers are also subject to natural alterations that can raise knotty issues concerning both the river boundary and the legal status of the isle. In fact, these islands are exposed to erosion of the waters of the river where they are located. Furthermore, they can well become a deposit of the suspended sediments, which are carried along the watercourse[74].

Given this situation, it may well happen that an island is eroded in its upstream area, and its sediments deposited in its downstream zone. As a result of this geological change, the island will appear to the human eye as having lost its surface on a part of it, and as having simultaneously gained it on another. If this phenomenon takes place for a number of years and an aero-photometrical assessment of the area in question is done, the photo will show that the island has actually moved, as though it has literally walked downstream. What would be the legal effects of such movement if the island is situated in an international river and, by virtue of the shift, it ends up in the territory of the other co-riparian State?

There is not one single answer to this query. On the one hand, there are some islands which have been delimited according to a general rule applicable to all of them. In this case, effectiveness comes into the scene. The factual situation that existed before the natural alteration that resulted in the island "walking" across the boundary line of the river should be applicable as a general rule. It is self-evident, though, that more often than not a controversy may arise between co-riparian States as to the sovereignty of the said island. Therefore, it is advisable to resort to the competent boundary commission — or whatever organ with sufficient capacity to enforce the boundary treaty there may be — so that the islands of the river in question are adjudicated to one or the other State.

The panorama is much clearer when the possible "walking islands" have already been identified and adjudicated to any of the co-riparian

---

and swampy, so that different channels might well receive different proportions of the total run-off at different times, there does not seem to be a possibility of the change having occurred slowly by erosion and accretion, to which, as El Salvador concedes, different legal rules apply."

74. Actually, sedimentation is quite frequent in both the Paraguay and the Paraná Rivers, both part of the Plata Basin. The largest erosions take place in the upper basin of the Bermejo River, a tributary of the Paraguay River, in the Andean region of Argentina and Bolivia, N. V. Cordeiro, "Environmental Management Issues in the Plata Basin", A. K. Biswas *et al.* (eds.), *Management of Latin American River Basins: Amazon, Plata and São Francisco*, United Nations University Press, Tokyo, 1999, p. 151.

States by the boundary treaty[75]. In this respect, it is worth mentioning the Boundary Treaty of 3 February 1876 between Paraguay and Argentina[76]. This treaty regulates the situation of the islands, which are situated on both the Paraná and the Paraguay Rivers. Articles 1 and 3 of the said treaty establish that, whilst the isle of Yaciretá falls under Paraguayan sovereignty, those of Cerrito and Apipé correspond to Argentina. Article 3 further stipulates that the rest of the islands will appertain to one or the other co-riparian State according to their adjacency to the territory of each of them. Therefore, the legal status of those islands that have already been adjudicated, i.e. Apipé, Cerrito and Yaciretá, remained unaltered even if they moved[77]. As to the rest of the islands, the first solution described above should be applied in order to determine their legal status.

B. Modifications in a river due to human activities

Co-riparian States may decide to intervene in their boundary river with the aim of optimizing the uses of the said watercourse. To all intents and purposes, States can build dams for hydroelectric power or divert waters for irrigation purposes. Still, these activities — as well as many others — can really result in a change of the course of the river.

In this regard, the consensual basis of the rules regulating international boundary rivers becomes once again central to the subject we are discussing. As long as both States have agreed on the realization of works in the river, even when these could result in alterations, no legal issue will arise in principle. Generally, riparian States which agree to tamper with some work in the river also foresee the possible modification in the river boundary.

75. Such is the case of the Treaty of 7 April 1961 for the River Uruguay between Argentina and Uruguay, which identifies each of the islands of the river, and consequently adjudicates each one of them to either one or the other State. See *supra* footnote 67. The same solution appears in the Treaty of 21 January 1929 between Haiti and the Dominican Republic, that expressly stipulates that a number of isles appertain to this latter, League of Nations, 105 *LNTS* 193-213.

76. Parry, 150 *CTS* 248 *et seq.*

77. In this line of ideas, some years after the entry into force of the Treaty of 1876 between Argentina and Paraguay, the island of Yaciretá split in two: one part continued to be known as Yaciretá and the other was named Talavera. One might well wonder what was the legal status of the new island. If the general rule of contiguity was applied, the Talavera island should correspond to Argentina. Nevertheless, as the island was a part of the former Yaciretá that had been expressly adjudicated to Paraguay by a conventional rule, the co-riparian States regarded the new island as Paraguayan too.

Hence, in the absence of a previous consent of its co-riparian, a State is not entitled to make any alteration in the river which may result in a modification of its course, and consequently of the river boundary. Altering the river course in some way or another entails diversion, which, as far as it is unilateral, results in a breach of the general customary no-harm rule[78] and of that of equitable utilization of the watercourse as well. Moreover, many boundary agreements expressly prevent the co-riparian States from altering in any way the international river that serves as a boundary between them, without the consent of each other[79]. Thus, acting contrary to these provisions amounts to a breach of an international legal obligation, opening the way for the pertinent rules of international State responsibility[80].

C. Bridges and other works in the river

What is the boundary between two co-riparian States when a bridge is built over an international river or a tunnel is made on its riverbed? Do these works have their own boundary independent from that of the river, or will the boundary adjust to the river[81]?

State practice shows that both solutions have been regularly envisaged[82]. In the first place, the boundary in the bridge or tunnel corresponds to that of the international river that either lies beneath or surrounds the work in question. Following this line of thought, it may well happen that the mentioned work is adjudicated to a single State. This is so in those cases where the international river has been delimited by resorting to a single riverbank[83]. But, it can also occur that the bridge or tunnel is a *condominium* because that is precisely the boundary chosen for the international river. If the system of delimitation chosen by

78. We will neither analyse more in depth the case of diversion nor the other possibilities of breaches of the no-harm rule, for it goes beyond the subject of this paper.

79. Cf. L. J. Bouchez, *op. cit.*, p. 812. See the treaty of 1848 between the United States and Mexico, and that of 1925 between Norway and Finland, *supra* footnotes 63 and 67 respectively.

80. The Institut de Droit International, in its session of Madrid in 1911 laid down the norm that when a river amounts to an international boundary between two States neither of them is entitled to carry out or let its nationals carry out any activity that may affect the river boundary.

81. See specially K. Bauer, "Grenzen an Strassenbrücken uber Grenzflüsse", *Zeitschrift für Wasserrecht*, Vol. 15, No. 2, 1976, pp. 259-266.

82. Cf. F. Schröter, *op. cit.*, pp. 978-979. See also L. Caflisch, *op. cit.*, pp. 92-94; and H. Dipla, *op. cit.*, pp. 619-620.

83. This is the solution that has been implemented for the three bridges that cross the Morge, between Switzerland and France. As the boundary line is the riverbank, the bridges appertain accordingly to France. See the treaty of 10 June 1891 in Parry, 175 *CTS* 169 *et seq.*

the riparian States is the *thalweg*, one might well wonder what happens in the event of a shift in this boundary. In this respect, it has been argued that it would not be logical to choose a correspondence between both boundaries — i.e. that of the bridge or tunnel and that of the international river — to change it later[84]. Still, riparian States are always free to agree on a different solution[85]. To sum up, in all the examples just described boundaries coincide.

However, the second possibility at reach for co-riparian States is that of autonomous boundaries for the international river, on the one hand, and for the works that have been made in it, on the other. In this case, the boundary will lie at the middle of the bridge or of the tunnel, independently from the boundary of the river in question[86]. This seems, to our mind, only logical. From the moment we consider that both co-riparian States may make use of the bridge for obvious communication considerations with all the consequences this entails, this appears as the more equitable solution. In this way, both States will bear the costs of maintenance and administration of the work on an equal basis and not only proportionally, as would be the case for the river boundary.

Paragraph 4 **Conclusions**

Certainly, no method of delimitation is better than others for international rivers. As we stated above, no two rivers are identical. Therefore, the choice of a particular system of delimitation has to be decided — in our view — on a case-by-case approach. Still, this does not mean that the general features of the application of these methods cannot be derived from State practice.

> "It is ironic that international rivers, which are used as international highways facilitating commerce and communication between nations, are also used as formal boundaries separating communities and nations."[87]

Is there a way of articulating these apparent antithetical elements? Above all, when deliberating on the most convenient boundary line for

---

84. F. Schröter, *op. cit.*, p. 979.
85. H. Dipla, *op. cit.*, p. 619.
86. See the Treaty of 30 January 1963 between France and Germany on the Rhine in Bauer, Konrad, *op. cit.*, pp. 262 *et seq.*
It is interesting to notice that in all the cases where autonomous and independent boundaries are preferred, from a territorial point of view there will always be one boundary between both co-riparian States: its only peculiarity will be that of its form, for it will amount to an oblique boundary line when it goes up from — or down — the river to the work in question.
87. S. M. A. Salman, *op. cit.*, p. 581.

a particular river, co-riparian States should take into account the natural properties of the watercourse in question on the one hand — its natural configuration and hydro-geological features — and its main functions or the uses envisaged by those States on the other.

Therefore, provided that these elements have been considered when delimiting an international watercourse, two goals would have been simultaneously achieved: the best possible boundary line would have been drawn, and future co-operation among riparian States would be assured.

SECTION 3 INTERNATIONAL LAKES AS BOUNDARIES

Paragraph 1 General Remarks

When discussing the delimitation of international lakes, some preliminary specifications need to be made. Indeed, the distinction between a lake and a sea is of great importance in international law. Actually, the legal consequences that will follow from the determination of such a status will determine the application, or not, of the law of the sea. In this regard, it has been pointed out that the distinctive criterion should be the saltiness of the waters in question[88]. However, reality shows the inapplicability of such a distinguishing element. Whilst there are seas whose degree of saltiness is rather poor[89], there are also large lakes which have turned out to be really salty[90]. Rather, a lake can be more easily differentiated from a sea — be it the open sea or even a semi-enclosed one — by the level of its waters. In the case of lakes, the level of their waters does not correspond to those of the sea[91]. On the contrary, every extension of water situated at level zero is a sea.

Furthermore, various doctrinal voices have favoured a total assimilation between rivers and lakes. This is not surprising, because more often than not the lake in question is part of a river system taken as a whole. In such cases, the sought distinction will become troublesome. In this respect, one might well wonder what is the established size by which one could qualify a portion of an international river as an international lake. It is true that one cannot identify every enlargement of a

88. Cf. P. Daillier and A. Pellet (eds.), Nguyen Quoc Dinh, *Droit international public*, LGDJ, Paris, 1999, p. 1180.

89. Such is the case of the Baltic Sea. Cf. F. Schröter, "La délimitation des lacs internationaux: essai d'une typologie", 40 *AFDI* 911 (1995).

90. Among other examples, see the case of the Great Salty Lake. Cf. P. Pondaven, *Les lacs-frontière*, Pedone, Paris, 1972, pp. 12-13.

91. P. Pondaven, *op. cit.*, p. 12.

river as if it were a lake. On the other hand, it would not be sound to categorize as a river a given watercourse for the sole reason of its being connected to a river. Therefore, it is advisable to search for answers in other sciences that describe reality, and, more specifically, those that study lakes as such. According to limnology there are two decisive distinguishing elements of lakes: on the one hand it is important to bear in mind that lakes are tantamount to a mass of water with horizontal surface[92]. On the other hand, the relation between the daily amount of water flowing and water retained is much lower than a unit.

Lakes should also be distinguished from the phenomenon of water accumulation, which often takes place in dams. The issue is easily settled by the application of the distinguishing scientific elements cited above.

Once we have established what we understand by "lakes", it is fitting to delimit the scope of our study still further. Along these lines, international lakes will be defined as both those lakes whose hydrological basin is common to more than one State, and those others that are cut in some way or another by a boundary between more than one State[93]. Still, given our purpose to analyse the delimitation systems that can be applied in determining a boundary in a lake, we will stick to the latter category — that of lakes which act as boundaries between two or more States.

The tracing of a boundary in a lake necessarily modifies the status of such watercourse. Likewise, in the case of international rivers, State practice will provide the sphere of reality that the international legal order will turn to in establishing its rules. In this respect, it is not surprising to find that the boundary in almost every international lake has been conventionally established[94]. Indeed, except for the *thalweg*[95] —

92. P. Pondaven, *op. cit.*, p. 11.

93. These latter have also been named boundary lakes, in order to distinguish them from the international lakes. Thus, international lakes would be tantamount to a *genus*, out of which boundary lakes ("lacs-frontière") would be a *species. Ibid.*, pp. 6 *et seq.*

94. Both Lake Constance and the Caspian Sea are the exception to the rule. Be it either for geographical or historical circumstances, riparian States have not come till the present to an agreement as regards the boundary for those watercourses. For an analysis of the situation of Lake Constance, see M. Schlag, "Die österreichische Bundesgrenze auf dem Bodensee", *Austrian Journal of Public International Law* 241-266 (1992). See also J. A. Frowein, "Lake Constance", *Encyclopedia of Public International Law*, published under the auspices of the Max-Planck Institute for Comparative Public Law and International Law under the direction of Rudolf Bernhardt, Vol. 3, 1997, pp. 116-119.

95. This method of delimitation has been agreed for the Mirim Lagoon, between Brazil and Uruguay. Actually, this is one of the rare cases of lakes that possess a navigable channel. This latter has been adopted as the boundary by virtue of Article 3 of the Treaty of 30 October 1909, that prescribes:

"The new frontier shall traverse longitudinally Lake Mirim . . . by

which has been seldom applied due to the natural geological configuration of lakes as such, i.e. they usually lack a navigable channel — States have not agreed in the choice of one particular system of delimitation for international lakes. Because of all this, the attempt that has been made in doctrine to apply the categories of "successive" or "contiguous", which exist for international rivers, to international lakes does not apply[96]. Whilst the former would be those lakes in which the boundary in question traverses the waters across its width, in the latter case the boundary will cross the lake along its length. This thesis claimed the application of the median line as the rule for contiguous lakes — especially in the case of those lakes whose waters are crossed lengthwise by their respective boundary. However, we have ascertained the absence of only one "golden rule" applicable to every international lake. Furthermore, this position starts from a wrong premise. From the moment we take into account the boundary in order to classify the lake as contiguous or successive, we acknowledge that the boundary already exists for that lake. Therefore, it is useless to establish a new one[97].

Paragraph 2 **Different Systems of Lake Delimitation**

The former precisions made, we are in a position to review the main systems of delimitation that are used for lakes at present. As in our previous discussion when we tackled the existing methods of delimitation for international rivers, our aim is not to describe all and every international lake from the standpoint of either its legal or geological nature. Rather, the purpose here is to provide an approach to the question of the applicability of the distinct methods of delimitation concerning international lakes, as well as the intrinsic issues that may be involved therein.

A. A single bank

Indeed, resort to the single riverbank is progressively disappearing. As in the case of international rivers, such a boundary is

---

means of a broken line, defined by many straight lines as may be necessary to maintain the average distance between the principal points of the two shores, or, if the depth be insufficient, by as many straight lines as may be necessary to keep in the principal channel of the said lake . . . the deepest channel . . .", Parry, 209 *CTS* 419 *et seq.*

96. This theory has been developed by P. Pondaven, *op. cit.*, pp. 74-76.

97. Caflisch presents one more objection to this doctrinal approach. He claims that the rather round form of certain lakes renders the theory under study inapplicable, *op. cit.*, p. 96.

drawn at one of the banks of the lake in question, thus leaving the whole lake under the sovereignty of only one of the co-riparians, the other one being completely excluded from it.

Quite common in the past, this type of boundary was primarily linked to the colonial regimes[98]. Much to our regret, it is still present today in some regions of the world. In such cases, it is a circumstantial boundary whose root lies in a policy of force. Actually, the boundary line runs along one of the banks of Lake Malawi, in the area where it separates Tanzania from Malawi. As a matter of fact, the Anglo-German Treaty of 1890 first delimited Lake Malawi and divided the spheres of influence between both States[99]. This boundary was revised in 1954 by virtue of the Treaty of Lisbon between Great Britain and Portugal that established the median line in the river[100]. Yet, with the accession of the former Tanganyika to independence, the newly created State — as from April 1964, Tanzania — started, and has been since, claiming for recognition of its rights of access to the lake. Tanzania

---

98. In fact, it was presented as a feasible boundary by many writers of the time. See among others Adami, who foresees its application in small lakes.

Consequently, he provides the example of the Lake Idro, between Austria and Italy, which followed the western bank of the lake itself, excluding Austria from access to the lake, *National Frontiers in Relation to International Law*, Oxford University Press, London, 1927, pp. 39 *et seq.*

Just to provide the reader with some examples of international lakes, which were formerly delimited according to the single bank method, both the lakes Titicaca and the Mirim correspond to this category. As regards the former, it was first delimited in accordance with the former administrative divisions of the time of the Spanish colonies. As a result, the Titicaca fell under Peruvian sovereignty, while the Vinamarca, which is connected to the former, corresponded to Bolivia. See the treaty of 22 September 1829 that is the first to declare this situation in Parry, 80 *CTS* 97.

In relation to the Mirim Lagoon, the same solution was applicable by virtue of the treaty of San Ildefonso of 1 October 1777 between Spain and Portugal (Parry, 46 *CTS* 361 *et seq.).* With the access to independence of both Brazil and Uruguay, they concluded a new treaty on 12 October 1851 (Parry, 106 *CTS* 350 *et seq.*) and a supplementary one on 15 May 1852. Article 1 of this latter agreement stipulates:

> "From the embouchoure of the stream Chuy in the ocean, the line of division, shall ascend the said stream, and shall pass from thence, by the point of San Miguel, until it meets the lake Merim, and shall proceed along its western margin as far as the mouth of the Yaguaron (according to the *uti possidetis*)", Parry, 108 *CTS* 139.

For an analysis of this case see Dipla, "Le tracé de la limite sur les lacs internationaux", 36 *Annuaire suisse de droit international* 35-36 (1980). From the same author see also "Le tracé de la frontière sur les lacs internationaux", R. Zacklin and L. Caflisch (eds.), *The Legal Regime of International Rivers and Lakes*, Nijhoff, The Hague, 1981, pp. 247-306.

99. Parry, 173 *CTS* 271 *et seq.*

100. United Nations, 325 *UNTS* 320 *et seq.*

alleges that the lake should be delimited according to the median line, an argument which Malawi has continuously refused to accept [101].

This type of boundary is also present in Lake Tiberias. The Armistice of 20 July 1949 between Israel and Syria establishes, only for military and not political purposes, a demarcation line between both States [102]. In line with this idea, it adopts the boundary established in 1920 by France and Great Britain, mandatory Powers of Syria and Palestine respectively at the time of the agreement. This convention prescribed that the boundary should be the northern bank of the lake, leaving the entire watercourse, plus a territory of ten kilometres, under Palestinian sovereignty [103]. Both the lake and the mentioned area are today considered by Israel as Israeli territory, an argument which is contested by Syria [104].

All in all, this delimitation method has been almost unanimously condemned by doctrine [105]. In general, most of the boundary agreements that have been concluded adopting this type of boundary have been later revised, replacing the single bank by the median line [106].

B. The median line

The median line is no doubt the apple of the eye of both treaty makers and boundary commissioners as far as international lakes are concerned [107]. It consists of "the line every point of which is equidistant from the nearest points on the shores of the two sovereignties" [108]. Indeed, this method of delimitation appears as the most appropriate from a technical standpoint and also because it implements the most equitable apportionment/distribution from a political point of view [109].

---

101. Tanzania has not even recognized the name "Malawi" given to the lake in question by Malawi. It still continues to use its former name, Lake Nyasa. For a detailed analysis of the controversy from the time of the 1890 Treaty see A. C. McEwen, *International Boundaries of East Africa*, Clarendon Press, Oxford, 1971, pp. 170 *et seq.*

102. Cf. Article II (2) of the said treaty, United Nations, 42 *UNTS* 329 *et seq.*

103. League of Nations, 22 *LNTS* 365 *et seq.*

104. Cf. Dipla, *op. cit.*, pp. 36-37.

105. See in this respect P. Pondaven, *op. cit.*, pp. 68 *et seq.*

106. We find an example of this revision in Lake Titicaca. See *supra* footnote 92. For the description of this case see Pondaven, *op. cit.*, pp. 63-64.

107. Among the doctrinal positions, which are in favour of the median line for the delimitation of international lakes, see C. de Visscher, *Problèmes de confins en droit international public*, Pedone, Paris, 1969, pp. 63 *et seq.* See also W. Boggs, *op. cit.*, p. 184.

108. W. Boggs, *op. cit.*, p. 184. This definition has been taken up by almost every author who has written on the subject under analysis.

109. Cf. P. Pondaven, *op. cit.*, pp. 71 *et seq.*

Notwithstanding its apparent and multiple benefits, the application of the median line may encounter some problems derived from the geomorphological configuration of the lake in question [110]. State practice has tried to make up for this difficulty by the creation of a double classification of median lines. Certainly, conventional rules in this respect present two types of median lines: the geographical one, and the conventional one. As its name implies, the geographical median line is that which corresponds to the definition set out above, i.e. the line which is equidistant to the lake banks [111]. This is the median line that has been agreed for the delimitation of Lake Titicaca. In effect, after many years of negotiations between Bolivia and Peru for the revision of a former treaty of 22 September 1829 [112] that adopted the single bank method, both States finally reached an agreement on 15 February 1932 [113]. This agreement stipulated the application of the median line along the whole lake — i.e., including both the Titicaca itself and Lake Vinamarca [114].

Concerning the conventional median line, it is really made up of straight lines that in reality correspond to the geographical median line. The conventional median line has been sometimes implemented when the banks of the lake in question are rather unstable. This is the boundary that has been foreseen for Lake Geneva, according to the Treaty of Geneva of 25 February 1953, between France and Switzerland [115]. According to Articles 1 and 2 of the said treaty, the boundary is made up of a median line on both ends of which there are two transversal lines, which connect the former with Hermance and St. Gingolph respectively [116].

110. Cf. F. Schröter, *op. cit.*, p. 916.

111. The author of this distinction is Pondaven, *op. cit.*, pp. 79 *et seq.*

112. See *supra* footnote 92.

113. Ministerio de Relaciones Exteriores, *Los Tratados de Límites del Perú*, Lima, 1966.

114. Lake Moëro has also been delimited by resort to the geographical median line. On the contrary this is not the case for Lake Tanganyika, despite what many authors have stated. See F. Schröter, *op. cit.*, p. 917, note 59. The boundary of the latter lake consists of a combination of the median line and astronomical lines. Both boundaries were foreseen in the Declaration of 1885 of the Ministry of Foreign Affairs of the Independent State of Congo. Dipla, *op. cit.*, pp. 29-31.

115. *RGDIP*, 1960, pp. 442 *et seq.* See also F. Schröter, *op. cit.*, pp. 917-918.

116. See M. E. Villiger, "Lake Geneva", *Encyclopedia of Public International Law*, published under the auspices of the Max-Planck Institute for Comparative Public Law and International Law under the direction of Rudolf Bernhardt, Vol. 3, 1997, pp. 119-120.

The Great Lakes of North America have been similarly delimited by the treaty Webster-Ashburton of 1842, Parry, 93 *CTS* 415 *et seq.* Still, due to errors in the maps a new treaty was later negotiated by Canada and the United States, and signed on 11 April 1908. The mentioned agreement entitles an

All in all, resorting to a conventional median line is actually nothing more than an agreed combination of the median line with other systems of delimitation. Indeed, this latter mixture of boundary lines is quite frequent in State practice. Moreover, it has proved to be a good solution for both those lakes whose waters are not very deep and those that have islands [117].

C. Astronomical and straight lines

When do States prefer to use astronomical or straight lines for the delimitation of a lake? The first of these possibilities — i.e., resorting to parallels and meridians as a guiding reference for establishing the boundary in the lake — has been applied in the delimitation of lakes that constitute the meeting point of many States [118]. This is the case of Lake Victoria, which is shared by Uganda, Kenya and Tanzania. After the independence of these riparian States, they decided to adopt the boundary just as it had been established at the time of the Anglo-German Treaty of 1890. This agreement foresees in its Article 1 the tracing of the boundary according to astronomical orientation [119]. Still, the presence of islands on the eastern part of the lake had to be taken into account. In fact, it became necessary to resort to another method of delimitation, which would take into consideration their exact location. Thus, the three riparian States agreed on the delimitation system that had been formerly adopted by Great Britain at the time when Kenya was half colony, half British protectorate. By virtue of an Order-in-Council of 1926, Great Britain stipulated that the boundary in this part of the lake should be made up of a series of short straight lines that would avoid cutting the islands that are situated between Kenya and Uganda on the one hand and between Kenya and Tanzania on the other [120].

---

international commission to draw the boundary, which is also a conventional median line. Actually, it consists of a line made up of a series of shorter straight lines that in reality correspond to the geographical median line of the lakes. For the text of the lastly cited treaty see Parry, 206 *CTS* 377.

117. Cf. S. Jones, *op. cit.*, p. 140.

118. See *supra* footnote 15. Cf. F. Schröter, *op. cit.*, p. 920.

119. With relation to the sphere of influence to be granted to Germany in East Africa, Article 1 of the treaty in question reads:

> "[the line] thence is drawn direct to the point on the eastern side of Lake Victoria Nyanza, which is intersected by the 1st parallel of south latitude; thence crossing the lake on that parallel, it follows the parallel to the frontier of the Congo Free State, where it terminates", Parry, 173 *CTS* 273.

120. Cf. H. Dipla, *op. cit.*, pp. 25-26. See also McEwen, *op. cit.*, pp. 299 *et seq.*

This example shows the disadvantages of astronomical lines when there are islands in the lakes to be delimited. Yet, as with relation to international rivers, riparian States are always free to combine this system with any other they may consider suitable, given the configuration of the lake in question. As in the example mentioned above, the boundary is usually integrated with both parallels and meridians and straight lines.

The combination of the astronomical reference points and straight lines has also been implemented for the delimitation of Lake Chad. Bordered by Cameroon, Chad, Niger and Nigeria, the lake was delimited at the time when these States were colonies [121]. Indeed, in the nineteenth century the area in question amounted to a strategic point in Africa for Great Britain, France and Germany [122]. The boundaries of Lake Chad have been agreed by a series of Anglo-German, Anglo-French and Franco-German agreements. For the area that divides Chad from Niger, an old agreement on French administrative divisions — by virtue of the *uti possidetis* — was applied [123]. As a result of these instruments, Lake Chad was delimited by both astronomical and straight lines, some of which cut some islands in the sector that divides Chad from Nigeria [124].

As a matter of fact, this type of boundary line has been more clearly defined by the International Court of Justice in the case concerning the *Land and Maritime Boundary between Cameroon and Nigeria (Cameroon* v. *Nigeria: Equatorial Guinea intervening)* of 10 October 2002, in the area of Lake Chad where these States are co-riparian. Whilst Nigeria contended that Lake Chad had never been subject to any

121. For a study of this lake see P. H. Sand, "Lake Chad", *Encyclopedia of Public International Law*, published under the auspices of the Max-Planck Institute for Comparative Public Law and International Law under the direction of Rudolf Bernhardt, Vol. 3, 1997, pp. 113-116.

122. Among the treaties between Germany and Great Britain concerning the lake see those of 15 November 1893 (C. de Martens, *op. cit.*, Vol. 20, pp. 276 *et seq.*), and 19 March 1906 (C. de Martens, *op. cit.*, Vol. 2, pp. 391 *et seq.*).

With relation to the treaties signed by France and Germany see especially that of 15 March 1898 (C. de Martens, *op. cit.*, Vol. 29, pp. 116 *et seq.*), that of 18 April 1908 (C. de Martens, Vol. 1, pp. 612 *et seq.*), and that of 4 November 1911 (C. de Martens, *op. cit.*, Vol. 5, pp. 651 *et seq.*). The Versailles Peace Treaty rejected this agreement.

Finally, as regards the Anglo-French treaties see particularly those of 14 June 1898 (C. de Martens, *op. cit.*, Vol. 29, pp. 116 *et seq.*), which was replaced by those of 8 April 1904 (C. de Martens, *op. cit.*, Vol. 35, pp. 352 *et seq.*), and 29 May 1906 (C. de Martens, *op. cit.*, Vol. 35, pp. 463 *et seq.*). It is worth mentioning also the exchange of notes of 9 January 1931 (C. de Martens, *op. cit.*, Vol. 25, pp. 478 *et seq.*).

123. Cf. P. H. Sand, *op. cit.*, p. 114.

124. Such would be the case of the Bogomeron Archipelago.

form of delimitation [125], Cameroon argued that the boundary had been clearly defined by virtue of the above-mentioned instruments as well as by later declarations given by both mandatory Powers at the time [126].

The Court concluded that although those declarations did not specify the boundary in question in sufficient detail, they had in fact established it as such [127].

As regards the choice for straight lines independently, they are present in lakes which are situated in regions not too densely populated. Furthermore, the application of such lines obeys geographical considerations. In reality, the lakes that are delimited according to this kind of boundary more often than not have a rather quadrilateral shape, which makes it impossible to draw a median line. The system of the straight lines has been applied in Latin America for the delimitation of Lake Guija, between Guatemala and El Salvador [128]. In this case, the boundary consists of a simple line that combines short connecting lines with reference points on the territorial boundary. In this regard, it has been suggested that these boundaries would actually become an annex to the terrestrial boundary [129]. The boundary lines at various lakes between Argentina and Chile provide an illustrative example of this viewpoint. Lake General Paz, Lake Buenos Aires and Lake Pueyrredón have been demarcated with this type of boundary [130].

125. Nigeria claimed that the delimitation was programmatic in nature. Furthermore, it had not been achieved due to two important reasons: firstly, the imprecision as to the longitude of one of the astronomical references taken into account to draw the line, and secondly, the blurred meaning of the words "mouth of the Ebeji" in the light of both the changes in the course of the river as well as the shrinking dimensions of the lake. See particularly paragraphs 45 and 51 of the judgment in www.icj-cij.org.

126. Cameroon stated that the boundary line was made up of the combination of astronomical references and a straight line to the mouth of the Ebeji River. Moreover, such boundary had been further specified in the Milner-Simon Declaration of 1919 and the Thomson-Marchand Declaration of 1929-1930 as incorporated in the 1931 Henderson-Fleuriau Exchange of Notes. See especially paragraph 47 of the judgment, *supra* footnote 125.

127. The Court "decides that the boundary between the Republic of Cameroon and the Federal Republic of Nigeria in the Lake Chad is delimited by the Thomson-Marchand Declaration of 1929-30, as incorporated in the Henderson-Fleuriau Exchange of Notes of 1931", paragraph 325 of the judgment. See also paragraphs 49-50 of the same instrument.

128. Treaty of 9 April 1938, that declares: "atravesando el lago de Guija en línea recta hasta el punto más septentrional de la península llamada Tipa Afuera . . .", League of Nations, 189 *LNTS* 275.

129. Pondaven, *op. cit.*, p. 95. However, this has been contested by Dipla, *op. cit.*, p. 44.

130. Paragraph 22 of the Report of the Mixed Commission charged with the implementation of the Arbitral Award of His British Majesty, the King Edward VII on 20 November 1902 reads: "hasta llegar a la orilla Norte del Lago Gen-

Paragraph 3 **Particular Cases**

The enclaves

International lakes have a special characteristic: enclaves. They consist of a part of a territory of one State which is detached from the rest of the territory of that State and is entirely surrounded by the territory of another State [131]. In general, enclaves are regulated on a conventional basis, previously agreed by the co-riparian States. Thus, they can only be approached by a case-by-case study. The Treaty of 18 June 1954 establishes the legal regime of the islands Chisamulo and Likoma in Lake Malawi [132]. These islands fall under the sovereignty of Malawi. However, they lie near the eastern bank of the lake, surrounded by waters that constitute the territory of Mozambique. This is so due to historical reasons. At the time when Malawi was a British colony — Nyasaland — British missionaries first occupied the island of Likoma and built there the first cathedral of the colony. This situation was later consolidated. Thus, when the mentioned agreement of 1954 was negotiated between Great Britain and Portugal, the latter could not oppose the argument of the existence of a close tie between this island and Nyasaland. As a result, both Likoma and Chisamulo were established as British enclaves inside Portuguese territory. In addition, similarly to what happens as regards maritime islands, it was agreed that a belt of two sea miles would surround each of these islands [133]. The rest of the waters of the lake were delimited according to the median line. Hence, despite the portion of "British water" granted

eral Paz . . . El límite cruzará entonces el Lago en su línea más corta . . .". Concerning Lake Buenos Aires it states: "el límite pasará en línea recta hasta la boca del más ancho canal del río Jeinemeni". Finally, as regards Lake Pueyrredón, it is prescribed that "De esta junta cruzará el Lago pasando directamente hasta un punto en la cumbre de la colina . . .", Oficina de Límites Internacionales, *La frontera argentino-chilena. Demarcación general 1894-1906*, Buenos Aires, 1908, Vol. I, pp. 360-363.

131. Cf. J. Charpentier, "Le problème des enclaves", Société française pour le droit international (ed.), *La frontière*, Colloque de Poitiers, Pedone, Paris, 1980, p. 41.

132. See *supra* footnote 15.

133. Paragraph 2 of Article 1 of the mentioned treaty stipulates:

> "The Government of the United Kingdom shall retain sovereignty over the islands of Chisamulo and Likoma, together with the exercise of all rights flowing from such sovereignty, including full, unrestricted and unconditional rights of access. The Government of the United Kingdom shall also retain sovereignty over a belt of water two sea miles in width surrounding each of these islands . . .", United Nations, 325 *UNTS* 310. For the analysis of this enclave, see P. Pondaven, *op. cit.*, pp. 110-111 and 114-115.

to the islands in question, they are still bordered by Portuguese waters [134].

The applicable rules for lake enclaves are *grosso modo* the same as those which regulate terrestrial ones. Above all, the State whose territory is tantamount to an enclave should be assured the possibility of exercising all its sovereign rights. Consequently, neighbourly relations among riparian States are emphasized, together with the inherent right of passage across the part of the lake that corresponds to the other State whose waters surround the enclave in question.

Paragraph 4 **Conclusions**

International lakes are really not subject to the meanders or shifts that may affect either the course or the geomorphological structure of international rivers. At first sight, this might simplify the choice of both treaty makers and demarcation agents of the system of delimitation to be applied to international lakes. However, despite the apparent benefits — asserted by some doctrinal opinions — of the median line as lake boundaries, it cannot be applied generally, as we have described above.

In line with these ideas, when envisaging a particular method of lake delimitation, State agents should consider reality. Lakes cannot be conceptualized in such a way as to be deprived of their intrinsic particularities, which characterize each of them. State practice — as we have tried to show throughout this chapter — is consistent with this view. Hence, States may resort to any system of lake delimitation they may agree to establish. Each case of lake delimitation speaks for itself.

Therefore, the best boundary line for a particular lake will not find its origin in a general rule. Rather, it should be based on both geographical considerations and the interests of the riparian States involved.

SECTION 4 **GENERAL CONCLUSIONS**

International rivers and lakes are, above all, shared natural resources, i.e. natural resources which are meant for the States

134. On the contrary, there is no conventional instrument that foresees the rules to be applied to Campione de Italia, a half lake, half terrestrial enclave. Situated in the Swiss Lake Locarno, Campione was a donation of Charlemagne to the Saint Ambrose Foundation from Milan. Switzerland accepted this fact from the beginning, letting Italian officials and civilians traverse Swiss waters to get to the enclave under analysis. From this practice, we can deduce a bilateral customary rule, as far as the right of passage to the enclave is concerned. See in this respect, Charpentier, *op. cit.*, pp. 47 *et seq.*

to share. What is the use then of tracing boundaries that go against the essential co-operation involved in that very notion?

Notwithstanding the arguments put forward in the sense that international watercourses would not be the ideal boundaries due to their instability, it is a fact that international rivers and lakes exist as such. In every region of the globe there may well be either contiguous rivers or lakes which are cut in some way or another by a boundary between more than one State. Consequently, the riparian States of these lakes and rivers must have agreed — or will have to do so — on the way they want to delimit them, taking into consideration their mutual interests as well as the uses they have foreseen to make of the watercourse in question. In this respect, there are no general customary rules favouring the application of a particular system of delimitation as opposed to another one. States remain free to choose the method they might consider more appropriate for the international river or lake in question. They may even prefer to combine more than one of these systems. Thus, every one of these watercourses should be analysed independently and guided by a case-by-case approach.

Nevertheless, from the examples described throughout this chapter there is — to our mind — one general customary rule which can be deduced: the right of every riparian State to have access to the watercourse they border. Actually, there is no consensus in doctrine about the existence of such a general rule. In fact, it has been put forward that there is no general State practice, not to talk of a psychological element, in this respect. Access to international watercourses has been assured and still today depends on the effective exercise of public power that lies at the basis of the concept of sovereignty [135]. Thus, our previous assertion on the feasibility of a general customary rule prescribing the access of every riparian State to the international river or lake to which they are adjacent would appear to be at stake.

Still, from the moment we take into account the application of the different systems of delimitation in international watercourses, we can easily notice that in the large majority of cases access to the watercourse is assured. Hence, the presence of a constant, general and uniform practice in this respect becomes evident. It is true that some scattered examples of the adoption of the single bank boundary still remain: such is the case of the River San Juan in Latin America [136], and of Lake Malawi [137] in Africa, and Lake Tiberias [138] in Asia. However, in

135. L. Caflisch, "Règles générales . . .", *op. cit.*, p. 100.
136. See *supra*, p. 102.
137. See *supra*, p. 123.
138. See *supra*, p. 124.

every one of the mentioned watercourses, the State that has been excluded from it has continuously and persistently been opposed to this situation. Moreover, these States demand the revision of the boundary line, alleging that they have not given their consent to such a system of delimitation. Neither should it be imposed on them with the excuse of a previously existing objective regime. These apparent exceptions should rather be viewed as the confirmation of the opposite general rule: that which prescribes the right of every riparian State to have access to the river or lake in question.

In line with this view, one might well infer that the *condominium* is the best system of delimitation in so far as it assures the access of every riparian State to the whole river. On the contrary, it is frail indeed, in so far as it is difficult to fix and specify the scope of the rights and obligations of each riparian State. This may cause the prolongation of latent claims [139].

River and lake delimitation lies at the basis of a rational exploitation of the natural resources of the watercourses in question. It provides the international system with legal security by protecting the acquired rights of the riparian States over international watercourses, unless — as we have described above — there are prevailing reasons for their revision [140]. International boundaries in rivers and lakes are a legal creation. They appertain to the legal order as concepts, which divide in practice what was naturally unified. They are a tool international law provides the States with, to enable them to divide the sphere of their respective competences.

No matter how much human beings might prefer to optimize the uses of international watercourses in peaceful coexistence by resorting to concepts such as those of "fringe" or "furthermost bound" in which boundaries would become blurred [141], reality shows us daily that humanity has not yet reached that stage of development. International co-operation presupposes international peaceful coexistence. If the latter is not guaranteed, States will hardly be able and willing to co-operate with each other in the optimization of the uses of international watercourses.

139. P. Pondaven, *op. cit.*, p. 57.

140. Cf. G. Abi-Saab, "La pérennité des frontières en droit international", *Relations internationales*, No. 64, Winter 1990, p. 345.

141. The scope of this concept has been developed by C. de Visscher, *op. cit.*, pp. 1 *et seq.* See also C. Blumann, "Frontières et limites", Société française pour le droit international (ed.), *op. cit.*, pp. 26-29.

4 De l'usage des cours d'eau internationaux comme frontières

Nicolas Boeglin-Naumovic *

SECTION 1 INTRODUCTION

« Il n'est de bonne frontière que celle que l'on voit », affirmait Paul Geouffre de La Pradelle[1] dans son bel ouvrage sur la frontière. Aussi les diplomates ont-ils très souvent estimé que les fleuves ou les lacs constituaient précisément une excellente référence afin de fixer une « bonne frontière », puisque leur cours et leurs rives offrent un élément objectif, visible sur le terrain, notamment lorsqu'il s'agit de zones étendues et peu explorées. Cela sans compter l'importance attachée au « sentiment de stabilité »[2] du tracé frontalier que signifie pour les gouvernants le recours à des supports naturels comme les chaînes de montagne, mais aussi, et surtout, les fleuves ou les lacs. Cela explique en partie le nombre considérable de frontières fluviales et lacustres dans le monde à l'heure actuelle[3].

---

* Docteur en droit (Université Paris II). Ancien professeur de droit international à la faculté de droit de l'Université La Salle (Costa Rica).

1. P. G. de La Pradelle, *La frontière. Etude de droit international*, Paris, Les Editions internationales, 1928, p. 144.

2. Selon l'expression de Jacques de La Ferrière, dans J. de La Ferrière, « La frontière dans la théorie et la stratégie militaire », *Relations internationales*, n° 63, 1990, pp. 247-264.

3. Deux cent quatorze fleuves internationaux sont ainsi répertoriés en 1978 par les Nations Unies (Center for Natural Resources, Energy and Transport of the Department of Economic and Social Affairs of the United Nations, *Register of International Rivers*, Pergamon Press, Oxford, New York, Paris, Francfort, 1978). Pour ce qui est des bassins internationaux, la FAO en recense deux cent cinquante-trois (*Répertoire systématique par bassin des traités, déclarations, textes législatifs et jurisprudence concernant les ressources en eau internationale. Etude n° 34*, FAO, Rome, 1984). La préface d'une publication de la Banque mondiale de 1998 fait état, quant à elle, de « plus de deux cent quarante-cinq bassins fluviaux internationaux » (World Bank, *International Watercourses: Enhancing Co-operation and Managing Conflict*, Washington, 1998, p. vii). Le récent rapport de la Commission internationale des barrages (plus connue sous son sigle anglais de WCD) fait état de deux cent soixante et un « international river basins worlwide » (WCD, *Dams and Development*, *A New*

La réalité montre toutefois que ce type de référence s'est bien souvent révélé insuffisant, et la pratique des Etats illustre les graves désaccords qui surgissent entre Etats riverains de cours d'eau internationaux. En effet, ces derniers changent et se déplacent sous l'action de divers éléments : leur configuration (notamment celle de leur cours, de leurs rives et de leurs embouchures) varie en fonction du niveau des eaux, des courants, des sédiments apportés par l'eau et des déplacements naturels qui se développent dans un cours d'eau. Pour ne prendre qu'un élément en apparence stable, la largeur même de certains cours d'eau « peut augmenter ou diminuer en fonction du niveau variable de ses eaux »[4]. Les critères traditionnellement utilisés pour préciser l'emplacement de la frontière (notamment le thalweg, la rive — dans le cas de la limite à la rive — ou le chenal navigable, dans celui où les deux rives constituent la frontière), sont loin de constituer des concepts précis, et leur traduction sur le terrain prend souvent les Etats au dépourvu, ouvrant ainsi la voie à des interprétations distinctes de part et d'autres du cours d'eau, et à bien des controverses interétatiques. Cette instabilité risque d'entraîner une grande incertitude sur le tracé frontalier, car au lieu d'une ligne stable initialement adoptée, on se trouve face à une ligne mouvante dont les changements sont souvent difficiles à prévoir. Et, à une époque telle la nôtre, caractérisée par la rareté des espaces et des ressources, la précision des lignes divisoires est indispensable à une bonne entente entre les Etats. On devine ainsi mieux les tensions existant entre les Etats riverains, qui ont donné lieu à de multiples controverses dont certaines ont été menées devant la Cour internationale de Justice (CIJ)[5]. Et l'on comprend également

---

Framework for Decision Making, Londres, Earthscan, 2000). Enfin, le chiffre de deux cent cinquante « bassins fluviaux internationaux » est repris dans une étude récente présentée à Strasbourg par Jochen Sohnle, *Le droit international des ressources en eau douce — solidarité contre souveraineté*, thèse, mention droit international public, Université de Strasbourg III, Robert Schumann, janvier 2000 (document polycopié, p. 39). On notera que, outre les différents concepts utilisés, et l'absence d'information concernant les critères retenus pour qualifier de « bassin » ces différents cours d'eau internationaux, une lacune semble perdurer en la matière, étant donné que ces chiffres ne semblent pas inclure les « nouveaux » bassins internationaux créés du fait des démembrements récents (ex-URSS, ex-Yougoslavie, partition de la Tchécoslovaquie).

4. Selon la CIJ, à propos du fleuve Chobe entre le Bostwana et la Namibie. Cf. *CIJ Recueil 1999*, affaire de l'*Ile de Kasikili/Sedudu (Botswana/Namibie)*, par. 33, p. 25.

5. *CIJ Recueil 1960*, affaire de la *Sentence arbitrale rendue par le roi d'Espagne le 23 décembre 1906 (Nicaragua/Honduras)*; *CIJ Recueil 1992*, affaire du *Différend frontalier terrestre, insulaire et maritime (El Salvador/Honduras; Nicaragua (intervenant))*, notamment pour ce qui concerne le rio Goascorán dans le sixième secteur de la frontière); *CIJ Recueil 1997*, affaire du *Projet Gabčíkovo/Nagymaros (Hongrie/Slovaquie)*, bien qu'il ne s'agisse pas d'un différend frontalier à proprement parler; *CIJ Recueil 1999*,

mieux que certains auteurs aient été amenés à contester le bien-fondé de l'utilisation des fleuves comme frontière[6].

Par rapport aux frontières terrestres proprement dites, les frontières fluviales et lacustres sont paradoxales à plus d'un titre. Tout d'abord, il s'agit de lignes tracées afin de garantir la stabilité et le caractère définitif de la ligne divisoire entre deux souverainetés étatiques, qui ont beaucoup de mal à s'accommoder à cette «mobilité» naturelle du milieu sur lequel elles sont fixées: le cours d'eau utilisé comme référence pour fixer une frontière prétendument stable et définitive est, par définition, un élément instable, aux caprices imprévisibles. En second lieu, pour reprendre un adage bien connu, les montagnes séparent, alors que les fleuves rapprochent[7]: aussi un fleuve-frontière ou un lac-frontière rompent-ils une unité géographique et humaine sans toujours tenir compte des liens de solidarité, d'échange, et autres équilibres qui se sont développés entre les communautés riveraines installées de part et d'autre du cours d'eau[8]. De ce fait, Charles De Visscher affirmait que, par rapport aux autres éléments du territoire, «le fleuve international est celui dont le régime est le plus sensible à l'action des facteurs économiques et politiques»[9].

On notera que, bien que relevant du régime des frontières terrestres, au sens où ces frontières séparent deux souverainetés s'exerçant pleinement, les actes de puissance publique que les Etats exercent sur ce type de frontière sont sporadiques et irréguliers par rapport aux frontières terrestres proprement dites. La difficulté de maintenir une présence militaire, douanière, fiscale ou autre sur ce type de frontière ou

---

affaire de l'*Ile de Kasikili/Sedudu (Bostwana/Namibie)*. On notera enfin que, le 10 septembre 2002, El Salvador a déposé devant la CIJ une demande en révision de l'arrêt rendu le 11 septembre 1992 par la chambre de la Cour dans l'affaire du différend frontalier avec le Honduras en précisant que

> «la demande a pour seul but de chercher à obtenir une révision du tracé de la frontière fixée par la Cour en ce qui concerne le sixième secteur en litige de la frontière terrestre entre El Salvador et le Honduras».

6. St. Jones, *Boundary Making. A Handbook for Statesmen, Treaty Editors and Boundary Commissioners*, Washington, Carnegie Endowment for International Peace, 1945, p. 109, et K. Gleditsh, «Rivers as International Boundaries», *Acta Scandinavica Juris Gentium*, vol. 21 (1952), pp. 15-32, spéc. p. 16.

7. «Mountains divide, rivers connect», affirme Kristian Gleditsh (K. Gleditsh, *op. cit.*, p. 16).

8. Ces communautés riveraines sont établies et coexistent, se connaissent, commercent ensemble, et ont tissé des liens souvent étroits, familiaux mêmes, des siècles avant que ne soit décidé le tracé d'une frontière qui les sépare. Cette «indigénéité» des populations situées sur les marges d'un fleuve est bien connue des géographes. Cf. par exemple J. Bethemont, *Les grands fleuves. Entre Nature et Société*, Paris, Armand Colin, 1999, pp. 182 ss.

9. Ch. De Visscher, *Théorie et réalité du droit international public*, Paris, Pedone, 1970, p. 231.

de démontrer qu'un Etat a exercé son autorité jusqu'à telle ou telle ligne peut rendre malaisée la détermination par le juge international de l'exercice effectif et incontesté de la puissance publique (notamment lorsque le juge international a recours à la règle de l'effectivité)[10].

Le présent chapitre tente de relever certaines des difficultés auxquelles les Etats s'exposent en adoptant comme ligne divisoire un cours d'eau, et les solutions pratiques retenues par les Etats au regard de la gestion conjointe de leurs ressources hydriques. Ce faisant, nous n'allons pas exposer de façon systématique les différents procédés de fixation de la frontière fluviale ou lacustre, thème sur lequel l'apport du Centre d'étude et de recherche de l'Académie de droit international de La Haye n'est plus à démontrer[11], mais tenter une approche mettant l'accent sur la «vie» de la méthode de délimitation fluviale elle même, au regard des aménagements opérés par les Etats riverains en vue de

---

10. Rappelons à cet effet l'arrêt de la CPIJ rendu en l'affaire du *Statut juridique du Groënland oriental*, qui précise que:

> «il est ... opportun d'indiquer qu'une prétention de souveraineté fondée, non pas sur quelque acte ou titre en particulier, tel qu'un traité de cession, mais simplement sur un exercice continu de l'autorité, implique deux éléments dont l'existence, pour chacune, doit être démontrée: l'intention et la volonté d'agir en qualité de souverain, et quelque manifestation ou exercice effectif de cette autorité» (*CPIJ série A/B n° 53*, pp. 45-46).

La difficulté pour le juge international d'apprécier ces actes sporadiques de puissance publique s'est manifestée tout au long de l'affaire de l'*Ile de Kasikili/Sedudu* opposant la Namibie au Botswana. Cf. *CIJ Recueil 1999*, et tout spécialement pp. 1101-1106, par. 90-99.

11. En effet, les articles en la matière sont écrits par L. J. Bouchez, participant hollandais à la session de 1961, Haritini Dipla (Grèce, session de 1977) et François Schroeter (Suisse, session de 1990), dont les rapports publiés postérieurement dans différentes revues de droit international ou publications constituent les articles de référence obligés dans ce domaine. Pour ce qui est de la délimitation fluviale, Cf. J. L. Bouchez, «The Fixing of Boundaries in International River», *ICLQ*, vol. 12, 1963, pp. 789-817; H. Dipla, «Les règles de droit international en matière de délimitation fluviale: remise en question?», *RGDIP*, n° 89, 1985, pp. 589-624; F. Schroeter, «Les systèmes de délimitation dans les fleuves internationaux», *AFDI*, n° 38, 1992, pp. 948-982. Sur la délimitation des lacs, cf. H. Dipla, «Le tracé de la frontière sur les lacs internationaux», dans R. Zacklin et L. Caflisch (dir. publ.), *Le régime juridique des fleuves et des lacs internationaux*, Martinus Nijhoff, 1981, pp. 247-306, et F. Schroeter, «Les délimitations dans les lacs internationaux», *AFDI*, n° 40, 1994, pp. 910-930. On consultera avec profit une étude plus ancienne portant sur les fleuves de K. Gleditsh, «Rivers as International Boundaries», *Acta Scandinavica Juris Gentium*, vol. 21, 1952, pp. 15-32. Enfin, on retiendra deux cours de référence de l'Académie de droit international de La Haye, à savoir D. Bardonnet, «Les frontières terrestres et la relativité de leur tracé (Problèmes juridiques choisis)», *Recueil des cours*, tome 153 (1976), pp. 9-166, notamment pp. 90-96 pour ce qui concerne les fleuves, et L. Caflisch, «Règles générales du droit des cours d'eau internationaux», *Recueil des cours*, tome 219 (1989), pp. 13-225, notamment pp. 62-103.

l'utilisation du cours d'eau. Cela nous permettra d'examiner la façon par laquelle les Etats ont réaménagé d'anciens traités frontaliers afin de faciliter une gestion conjointe de leurs ressources en eau.

Nous limiterons toutefois notre approche à trois aspects de la question : tout d'abord, la frontière placée sur un lac ou sur un fleuve est tributaire du milieu naturel dans lequel elle passe (section 2). En second lieu, fait de l'homme, la méthode de délimitation doit également refléter un minimum d'équité, au risque d'être déplacée par un autre procédé de fixation de la frontière (section 3). Enfin, la frontière, telle qu'elle a été fixée par l'homme, sans que soient toujours suffisamment prises en compte les activités humaines, ne peut pas résister aux aménagements nécessaires à la mise en œuvre de la gestion commune des eaux (section 4).

Aussi traiterons-nous dans les lignes qui suivent de cours d'eau internationaux, terme recouvrant aussi bien les lacs que les fleuves, s'agissant d'espaces aquatiques qui appellent une approche intégrale en matière de délimitation, et ce pour trois raisons : tout d'abord, parce que, comme l'ont fait remarquer plusieurs auteurs, il est parfois malaisé de distinguer clairement un lac d'un fleuve [12] ; mais aussi parce que les méthodes de délimitation retenues pour les uns sont également en pratique utilisées pour les autres (limite à la rive, ligne médiane, thalweg, lignes astronomiques ou lignes droites) ; et, enfin, parce qu'il s'agit d'espaces qui en définitive relèvent tous deux des frontières terrestres, c'est-à-dire sur lesquels sont fixées des frontières divisant des espaces relevant de la pleine souveraineté des Etats riverains [13].

SECTION 2 LES FRONTIÈRES FLUVIALES ET LACUSTRES À L'ÉPREUVE DU MILIEU NATUREL

La frontière, qu'elle soit fluviale ou lacustre, est tributaire des déplacements que souffre périodiquement, et parfois de façon imprévisible, le lit du cours d'eau. Pas une des techniques de délimitation traditionnelle (double rive, limite à la rive, ligne médiane, thalweg) n'échappe à l'emprise du milieu naturel du cours d'eau interna-

12. Cf., en ce sens, F. Schroeter, *op. cit.*, pour qui

> « cette fréquente impossibilité de distinguer aisément de visu entre un lac et un fleuve plaide en faveur d'une vision globale des méthodes de délimitation fluviale et lacustre, qu'il ne faudra distinguer que dans la mesure du nécessaire » (*op. cit.*, 1994, p. 911).

13. Cf. par exemple L. Caflisch, *op. cit.*, *Recueil des cours*, tome 219 (1989), pp. 63-64.

tional. Nous voudrions cependant centrer notre attention sur trois aspects qui dans la pratique ont donné lieu à de vives contestations de part et d'autre du cours d'eau, à savoir les déplacements du fleuve et leur incidence éventuelle sur le tracé de la frontière (paragraphe 1), le problème bien connu des îles (paragraphe 2) et, enfin, l'imprécision du concept d'«embouchure» retenu par les Etats pour fixer une frontière (paragraphe 3).

Paragraphe 1 **Changements et déplacements dans le cours d'eau**

Comme cela a été dit, «les cours d'eau constituent par excellence des agents d'érosion» [14]. Aussi, les frontières fixées sur le cours d'eau ne peuvent-elles pas échapper à cette mobilité naturelle, et la question qui se pose est alors celle de savoir quels sont les changements naturels [15] susceptibles de modifier le tracé frontalier et quels sont ceux qui ne le sont pas. Dans la pratique, les Etats ont adopté diverses solutions. A savoir, en premier lieu, celle du cramponnement farouche du tracé original de la frontière, consistant à fixer la ligne divisoire sur le lit du cours d'eau et à écarter toute idée de modification ultérieure de la frontière, et ce «même si le lit original des cours d'eau était complètement abandonné par le courant» [16]. En second lieu, on retiendra une solution plus fréquente, qui accepte l'idée selon laquelle la frontière fluviale n'est pas complètement immuable. Dans ce cas, on peut distinguer les traités prévoyant des révisions périodiques pour permettre les ajustements nécessaires [17] des traités qui stipulent que la

---

14. D. Bardonnet, *op. cit.*, p. 90.

15. Nous limiterons l'étude aux seuls changements naturels des fleuves. Pour un aperçu de la pratique en matière de changement du cours des fleuves pour des causes artificielles, cf. F. Schroeter, *op. cit.*, pp. 970-972.

16. Cf. l'article II du traité de délimitation de la frontière entre le Guatemala et le Honduras qui mérite d'être reproduit:

> «Tous les changements qui pourraient se produire dans les lits des cours d'eau formant la frontière, que ces changements soient provoqués par des causes naturelles comme des dépôts d'alluvions, des éboulements, des crues, etc., ou par des causes artificielles comme la construction d'ouvrages d'art, l'approfondissement de chenaux pour l'utilisation des eaux, etc., ne modifieront pas la ligne frontière fixée au moment de la démarcation, qui continuera à constituer la limite entre les deux pays, même si le lit original des cours d'eau était complètement abandonné par le courant.» (Société des Nations, *Recueil des traités*, vol. 189 (1938), p. 294.)

Une solution semblable, adoptée par l'Argentine et l'Uruguay à propos du fleuve Uruguay, précise le «caractère permanent et immuable» de la frontière (article III, paragraphe 2, du Traité de délimitation entre l'Argentine et l'Uruguay du 7 avril 1961, *RTNU*, vol. 635, p. 105).

17. Traité du 30 janvier 1827 entre la France et le duché de Bade, relatif aux changements du thalweg dans le Rhin. Cité par D. Bardonnet, *op. cit.*, p. 92.

frontière suivra le nouveau cours du fleuve, notamment lorsque la frontière est fixée en référence au thalweg[18], ou encore à la ligne médiane[19].

La sentence arbitrale rendue le 15 juin 1911 dans l'affaire du *Chamizal*, opposant les Etats-Unis au Mexique à propos des changements subis par le Rio Grande[20], précise les événements naturels susceptibles d'affecter le tracé de la frontière fluviale. En effet, le tribunal avait à décider de la souveraineté du terrain du Chamizal, une portion de terre qui s'était retrouvée entre l'ancien et le nouveau lit du Rio Grande. Il a énoncé la règle selon laquelle on distingue entre les déplacements brusques (avulsion[21]) et les déplacements lents du fleuve (alluvionnement ou accrétion[22]). Tandis que l'avulsion n'affecte en rien le tracé de la frontière originelle, le phénomène d'accrétion ou alluvionnement en revanche pousserait progressivement la frontière vers le nouveau lit du cours d'eau, le fleuve

> « emport[ant] en quelque sorte avec lui la frontière existante, la modification de la limite entraînant, pour l'un des Etats riverains, acquisition par voie d'accession de la souveraineté »[23].

On notera toutefois que, malgré l'acceptation de cette distinction que connaît bien le droit privé[24], l'existence d'une règle de droit international concernant les effets de ces changements sur le tracé de la frontière est plus qu'incertaine. L'idée selon laquelle, en cas d'alluvionnement, la frontière suivrait les déplacements progressifs de cours d'eau, tandis que, en cas d'avulsion, la frontière serait maintenue dans l'ancien lit — thèse dite de l'inaltérabilité de la frontière en cas d'avulsion — est loin

---

18. Echange de notes anglo-brésilien des 27 octobre et 1er novembre 1932 (Société des Nations, *Recueil des traités*, vol. 177, pp. 127-137) qui précise que « la ligne frontière à quelque époque que ce soit sera le thalweg de la rivière, quelle que soit la place du thalweg au moment donné » (p. 134). Cf. aussi l'article 4 du Traité du 15 février 1961 relatif au régime de la frontière d'Etat polono-soviétique, *RTNU*, t. 420, p. 239.

19. Cf. l'article 4 du Traité entre la Pologne et l'URSS du 15 février 1961 qui stipule au paragraphe 2 que,

> « sur les rivières et les ruisseaux non navigables, le tracé de la frontière suit les déplacements de la ligne médiane causés par des changements naturels de la configuration des rives » *(ibid.)*.

20. Cf. Ph. Jessup et El Chamizal, *AJIL* (1973), pp. 423-445. Cette sentence ne fut jamais exécutée par les Etats-Unis, et le règlement de la question ne fut obtenu que dans les années soixante-dix.

21. « Avulsion » en anglais, le même terme étant utilisé en espagnol.

22. « Accretion » en anglais, « aluvión » en espagnol.

23. D. Bardonnet, *op. cit.*, pp. 94-95.

24. Ainsi en est-il du droit privé romain et de nombreux codes civils contemporains, à commencer par le Code Napoléon, art. 556 ss.

de constituer une règle de droit international[25]. On constatera d'ailleurs qu'une jurisprudence arbitrale reconnaît qu'en cas d'avulsion la frontière suivra le déplacement du fleuve[26] et qu'une jurisprudence fédérale relativement récente fait fi de cette «prétendue règle»[27]. Rappelons enfin que cette distinction, bien qu'établie dans certains traités anciens[28], ne figure pas pour autant dans les traités frontaliers récents faisant référence aux différents changements naturels d'un fleuve[29]. Au

25. Cf. par exemple Dionisio Anzilotti, qui, en commentant la sentence *El Chamizal* en 1914 dans la *Rivista italiana di diritto internazionale*, estimait que

> «la prétendue règle de droit international positif est donc, en réalité, une simple opinion doctrinale, rien de plus» («Intorno agli effetti delle modificazioni del corso d'un fiume sul confine fra due stati», *Opere di Dionisio Anzilotti*, t. I, *Scritti di diritto internazionale pubblico*, Padoue, Cedam, 1956, p. 701). Cf. aussi L. J. Bouchez, *op. cit.*, p. 807, et L. Caflisch, *op. cit.*, p. 82.

26. Affaire des frontières entre le Guatemala et le Honduras, sentence arbitrale du 23 janvier 1933. Concernant les changements à venir du Río Motagua et du Río Tinto, délimités par la technique de la limite à la rive, l'arbitre estime que:

> «the boundary is established on the right banks of these rivers at mean high water mark, and, in the event of changes in these streams in the course of time, whether due to accretion, erosion or avulsion, the boundary shall follow the mean high water mark upon the actual right bank of both rivers» (*RSA*, vol. II, p. 1362).

27. Il s'agit de l'affaire opposant, en Argentine, les provinces de San Luis et de Mendoza, à propos du phénomène d'avulsion subi par un cours d'eau, le Desaguadero. Pour San Luis, la frontière devait passer par l'ancien lit du fleuve. Pour la province de Mendoza, la frontière devait être fixée au lit actuel du cours d'eau. Dans ses écrits, San Luis avançait l'existence d'une règle de droit international selon laquelle, en cas de changement du cours du fleuve, la limite demeure invariable. Cette question a été réglée par une décision de la Comisión Nacional de Limites Interprovinciales du 12 novembre 1969. Dans son *dictamen*, la Commission rejette la thèse de San Luis qui prétendait que la limite devait demeurer fixée dans l'ancien lit du Río Desaguadero: pour la Commission, la partie invoquant la règle dite de l'invariabilité des limites doit être en mesure de prouver l'existence de l'ancien lit du fleuve, et, en l'absence d'une telle preuve, ladite règle doit être considérée comme inapplicable. (Cf. D. Bardonnet, *op. cit.*, p. 94. Cf. aussi R. E. Vinuesa, «Le règlement des conflits de limites entre Etats membres d'un Etat fédéral: l'expérience argentine, utilisation du droit international et apports de celui-ci», *AFDI*, n° 34, 1988, pp. 283-330, p. 311.)

28. Par exemple, Traité du 11 octobre 1884 entre les Etats-Unis et le Mexique, texte dans *RSA*, vol. XI, p. 323.

29. Ainsi en est-il par exemple du Protocole relatif à la délimitation de la frontière fluviale entre l'Iran et l'Irak du 13 juin 1975, selon lequel

> «la ligne frontière, telle que définie à l'article premier ci-dessus, variera avec les changements ayant pour origine des causes naturelles dans le chenal navigable. La ligne frontière ne sera pas modifiée par d'autres changements à moins que les deux parties contractantes ne concluent un accord spécial à cet effet.» (*RTNU*, art. 2, 2, p. 59.)

regard d'une jurisprudence aussi mince et d'une pratique étatique aussi diverse, la prudence semble s'imposer face à la tentation toute naturelle pour le juriste de vouloir identifier une règle de droit international dans ce domaine.

Paragraphe 2 **La question des îles**

Les îles, situées de part et d'autre de la frontière — notamment lorsque la ligne retenue est celle du thalweg[30] —, ou encore, traversées par la ligne séparative — en particulier si on utilise la ligne médiane —, constituent souvent des problèmes importants du fait de l'instabilité plus ou moins grande du fleuve : à la suite de crues ou de phénomènes d'érosion, des îles disparaissent, de nouvelles îles font leur apparition, voire se déplacent d'un côté ou de l'autre de la ligne de délimitation ; d'autres îles « de souveraineté différente se réunissent pour n'en former qu'une seule »[31] ; d'autres encore, sous l'effet de l'érosion, perdent définitivement leur caractère d'île en se retrouvant accolées à l'une des rives du fleuve, tandis que, pour les mêmes raisons, des morceaux de la rive se détachent progressivement de celle-ci et deviennent des îles[32] ; sans compter que, dans certains fleuves, telle île n'est île qu'en période de pluies, tandis que, à la saison sèche les bancs de sable la rattachent à l'une des rives. Enfin, il peut arriver qu'en temps de crues une île se trouve submergée par les inondations, le fleuve prenant alors à cet endroit « l'apparence d'un immense lac »[33]. Finalement, il se peut qu'une île disparaisse complètement et, selon toute apparence, définitivement. Se pose alors la question de savoir si la frontière doit être ou non corrigée en fonction de cette disparition, ou si les effets du souvenir de l'île disparue doivent se maintenir[34].

30. La ligne du thalweg a en effet « l'avantage de passer obligatoirement d'un côté ou de l'autre d'une île » (cf. Schroeter, *op. cit.*, p. 973).

31. Echange de notes anglo-brésilien des 27 octobre et 1er novembre 1932 (Société des Nations, *Recueil des traités*, vol. 177, 1937, *op. cit.*, p. 135).

32. C'est par exemple le cas de l'île appelée Tchenpao par les Chinois et Damansky par les Soviétiques, qui a donné lieu à des affrontements armés entre les deux Etats en 1969. Les Chinois faisaient valoir que le lit du fleuve Oussouri s'était profondément modifié et que l'île, à l'origine, faisait partie intégrante de la rive chinoise de l'Oussouri, tandis que les Soviétiques estimaient que l'île se trouvait sous leur juridiction, le fleuve étant, selon leur interprétation, délimité avec la technique de la limite à la rive. Sur ce point, cf. D. Bardonnet, *op. cit.*, p. 91.

33. Selon l'expression utilisée par la Cour internationale de Justice à propos de la région de l'île de Kasikili/Sedudu. Cf. *CIJ Recueil 1999*, *Ile de Kasikili/Sedudu (Bostwana/Namibie)*, par. 37, p. 1070.

34. Pour le professeur Lucius Caflisch,

> « on peut se demander si une limite qui a été initialement construite en

L'éventail des possibilités est tel que l'on peut difficilement tenter de prévoir les changements futurs dans un traité de délimitation entre deux riverains d'un fleuve. Aussi trouve-t-on diverses façons d'approcher le problème bien particulier des îles dans les fleuves[35] : dans certains cas, les Etats considèrent que le déplacement de la frontière (formée par le chenal) n'affecte en rien l'appartenance des îles[36] à une souveraineté ou à une autre. Une autre solution consiste à dire que les îles futures seront soumises à la juridiction de l'Etat en fonction de leur localisation par rapport à la ligne retenue, thalweg[37], ligne médiane ou autre, et que celles qui se trouveraient interceptées par la ligne divisoire seront démarquées d'un commun accord[38]. En cas d'union de deux îles pour n'en former qu'une seule, certains Etats ont prévu une partition de l'île[39] ou l'attribution de la totalité de l'île à l'Etat « possédant la plus grande surface »[40]. Il arrive aussi que deux types de lignes soient utilisés par les Etats : l'une « attributive de souveraineté, l'autre dite d'allocation, distribuant les îles »[41]. En bref, la pratique disparate[42] en la matière, qui mériterait sans aucun doute une très utile systématisation de la part de la doctrine, appelle à la plus grande prudence

---

s'appuyant sur des îles fluviales plutôt que sur les rives principales ne devrait pas être corrigée en fonction de l'emplacement des nouvelles îles » (*op. cit.*, p. 86).

35. Le problème des îles en droit de la mer (à commencer par la question de ce qu'il faut entendre par la notion d'île et la distinction à faire avec d'autres formations maritimes telles que les hauts-fonds découvrants) s'est posé avec une acuité particulière dans l'affaire entre Qatar et Bahreïn devant la CIJ (*CIJ Recueil 2001*, *Délimitation maritime et questions territoriales entre Qatar et Bahreïn (Qatar c. Bahreïn)*, *fond*, arrêt du 16 mars 2001. Sur ce point précis, cf. P. Palomar, « La qualification juridique des formations maritimes dans l'arrêt du 16 mars 2001 en l'affaire Qatar c. Bahreïn », *RGDIP*, n° 106, 2002, pp. 329-356.

36. J. L. Bouchez, *op. cit.* (note 119), p. 816 : article 3 du traité de frontière du 25 mai 1891 entre le Congo et le Portugal, Parry, *CTS*, vol. 175, p. 136.

37. Par exemple, article 5, paragraphe 2, du Traité entre la Birmanie et la Chine du 13 octobre 1961 concernant la frontière entre les deux Etats (FAO, Asie, *op. cit.*, p. 40) ; *RTNU*, vol. 1010, p. 162.

38. Article 7 du Traité entre Burma et le Pakistan concernant la démarcation de la frontière entre les deux Etats sur le fleuve Naaf, signé le 9 mai 1966 (FAO, *Asie*, *op. cit.*, p. 43) ; *RTNU*, vol. 1014, p. 3.

39. Traité du 19 novembre 1973 entre l'Argentine et l'Uruguay à propos de l'île de Martin Garcia (cité par F. Schroeter, *op. cit.*, p. 974).

40. *Ibid.*

41. Selon le mot de F. Schroeter, *op. cit.*, p. 974, en faisant notamment référence à un accord conclu entre le Paraguay et l'Argentine à propos des îles du fleuve Parana, et datant de 1876 : la ligne du thalweg constitue la frontière entre ces deux pays, alors que la ligne médiane est utilisée pour partager les îles existantes.

42. Selon le professeur L. Caflisch (*op. cit.*, *Recueil des cours*, tome 219 (1989), p. 87).

ceux qui seraient tentés d'affirmer l'existence de règles générales en matière d'attribution d'îles fluviales.

Paragraphe 3 **Le parcours terminal du fleuve**

Un nombre important de traités de délimitation fixent la frontière en faisant référence au point où le fleuve se jette dans la mer, à savoir son embouchure. S'il est vrai que, pour certains cours d'eau au lit étroit, l'embouchure constitue un point facilement repérable sur le terrain, en revanche, pour un grand nombre de cours d'eau, l'estuaire qui se forme à cet endroit est loin de constituer un point donné, une zone déterminée. Il s'agit souvent d'une zone étendue aux contours incertains dans laquelle l'eau douce et l'eau salée se confondent, où le cours du fleuve vient mourir en une infinité de bras et de sous-bras dont la configuration varie au gré des saisons — durant la saison des pluies, certains fleuves sortent régulièrement de leur lit par plusieurs « déversoirs » —, des courants et des marées, et où le thalweg cesse parfois d'exister. Pour les Etats, le problème se pose donc de savoir où fixer un point d'un commun accord. Déjà en 1960, le Nicaragua, devant la Cour internationale de Justice estimait que, « l'embouchure d'un fleuve ne constituant pas un point déterminé, ne saurait servir de limite commune entre deux Etats »[43]. Or l'incidence de l'embouchure sur la frontière doit être considérée non seulement depuis la perspective terrestre, mais aussi depuis la perspective maritime : en effet, il est d'usage que le point terminal de la frontière terrestre coïncide avec le point de départ de la frontière maritime[44]. C'est dire si la frontière maritime « est conditionnée par la frontière fluviale qui, toutefois, peut se déplacer »[45]. Afin d'illustrer notre propos, nous esquisserons ici trois cas de figure auxquels ont été confrontés dans la pratique les Etats.

A. Existence d'un lit ancien et d'un lit actuel du cours d'eau à l'endroit où il se jette dans la mer

Le cours d'eau utilisé par les signataires du traité de délimitation pour fixer la frontière dans son embouchure est susceptible de changer de lit. Autrement dit, il s'agit pour les Etats de décider si le lit ancien doit être écarté au profit du lit actuel, ou si une autre

---

43. *CIJ Recueil 1960*, p. 216.

44. Cf. D. Bardonnet, *op. cit.*, p. 90, note 416, et aussi, une autre étude du même auteur, « Frontières terrestres et frontières maritimes », *AFDI*, n° 25, 1989, pp. 1-64, notamment pp. 9-14.

45. L. Caflisch, *op. cit.*, p. 88.

solution peut être envisagée. Certains ont avancé l'idée selon laquelle, si un fleuve «abandonne son ancien cours, la frontière internationale demeure au milieu du cours abandonné» du fleuve[46]. En définitive, la question se pose de savoir quel est le lit dont l'embouchure sera retenue pour fixer le point terminal de la frontière terrestre. Dans le sixième secteur de la frontière terrestre entre le Honduras et El Salvador, il était demandé à la Cour internationale de Justice de décider entre le cours actuel du Goascorán (thèse hondurienne) et l'ancien lit de ce même cours d'eau frontalier avant 1821 (thèse d'El Salvador). La Cour écarte la thèse salvadorienne au motif que son auteur n'avait pas pu présenter de prétention motivée[47] et elle se garde d'examiner la question au regard du changement de lit principal dans le parcours terminal du cours d'eau en droit international. Ce faisant, elle évite soigneusement de résoudre la question de l'effet des modifications subies par les fleuves sur la ligne séparative[48]. On notera que, dix ans après le jugement rendu par la Cour, El Salvador vient tout juste de déposer une demande en révision de l'arrêt rendu le 11 septembre 1992 par la CIJ pour ce qui concerne précisément le Río Goascorán[49].

B. Le cours d'eau se divise en plusieurs bras, chacun rejoignant la mer par un lit différent

Certains fleuves, dans leur partie terminale, se jettent dans la mer en plusieurs endroits, utilisant des bras différents, ce qui n'est pas sans soulever des difficultés lorsque le traité se limite à indiquer que la frontière suit le fleuve «jusqu'à son embouchure». Il est alors nécessaire de préciser parmi les différents bras celui qui sera la

46. «If a river abandons its former course, the international boundary remains the middle of the abandoned course of the river», selon la position défendue par El Salvador à propos du Goascorán. Cf. *CIJ Mémoires, plaidoiries et documents, Différend frontalier, terrestre et maritime (El Salvador/Honduras; Nicaragua (intervenant))*, mémoire d'El Salvador, chap. 6.66, p. 114.

47. *CIJ Recueil 1992*, par. 321.

48. *CIJ Recueil 1992*, par. 311.

49. El Salvador soutient dans sa demande de révision en date du 10 septembre 2002 qu'il a obtenu des éléments de preuve scientifiques, techniques et historiques tendant à démontrer que «l'ancien cours de la rivière Goascorán débouchait dans le golfe de Fonseca à Estero «La Cutú», et que la rivière a brusquement changé de cours en 1762». Il affirme que ces éléments de preuve, dont il ne disposait pas avant le prononcé de l'arrêt, peuvent être qualifiés, aux fins de la révision, de «fait nouveau ayant les caractères qui donnent ouverture à la révision de l'arrêt», et font obligation à la Chambre de prendre en considération «les conséquences de l'avulsion de la rivière Goascorán pour déterminer la frontière dans le sixième secteur en litige de la frontière terrestre entre El Salvador et le Honduras». (Cf. communiqué de presse de la CIJ du 10 septembre 2002, qui peut être consulté sur le site de la CIJ: www.icj-cij.org).

frontière entre les Etats. En cas de désaccord persistant entre les Etats, c'est à l'arbitre que revient la décision de déterminer le bras qui marque la frontière. Dans une sentence arbitrale rendue dans l'affaire opposant le Costa Rica au Nicaragua, en 1888 [50], le président Grover Cleveland saisi de la question par le Nicaragua qui lui demandait de considérer comme frontière le bras méridional du San Juan appelé Río Colorado, rejeta la thèse nicaraguayenne en fondant son choix sur un critère non pas physique mais fonctionnel, à savoir la qualité de voie de commerce du bras, déterminée, selon l'arbitre, par l'existence d'un port de commerce à l'extrémité du bras [51]. En revanche, dans l'affaire entre le Chili et l'Argentine, tranchée par la sentence arbitrale rendue le 9 décembre 1966 par la reine Elizabeth II, le tribunal devait déterminer si c'était le bras oriental ou le bras occidental qui formait le Río Encuentro; il estima qu'il existe un principe général selon lequel, en l'absence de stipulation expresse d'un traité sur le choix du bras à considérer comme frontière, la frontière est située sur le bras principal, dont la détermination répond à des critères d'ordre exclusivement scientifique (au nombre de trois selon le tribunal, à savoir: la longueur respective de chacun des bras, les surfaces drainées par chacun deux et leur débit annuel) [52].

C. Déplacement, dans une embouchure elle-même stable, d'un fleuve frontière, du thalweg retenu pour fixer la ligne divisoire

Bien souvent, même en présence d'une embouchure stable, le thalweg du fleuve constitue un élément extrêmement mobile en raison de l'envasement de la zone et des changements de courant dans le parcours terminal du fleuve. Comment identifier alors le nouveau thalweg? Cette question a été à l'ordre du jour entre le Brésil et la France dans les années soixante-dix, au moment ou ces deux Etats délimitèrent leurs espaces marins. Une sentence du Conseil fédéral suisse du 1er décembre 1900 [53] fixait la frontière au thalweg du fleuve Oyapock depuis son embouchure jusqu'à sa source. Les altérations subies par ce fleuve dans son parcours terminal, notamment celles de

50. Voir la sentence arbitrale du 22 mars 1888 du président Grover Cleveland rendue dans l'affaire opposant le Nicaragua au Costa Rica (H. La Fontaine, *Pasicrisie internationale*, Berne, Stampfli, 1902, p. 299).
51. Cf. à ce sujet notre étude, N. Boeglin-Naumovic, *La frontière terrestre entre le Costa Rica et le Nicaragua*, thèse, Université Paris II (Panthéon-Assas), 1996 (polycopiée), pp. 170-174.
52. Cf. *RSA*, vol. XVI, pp. 109-182, pp. 214-216.
53. La Fontaine, *op. cit.*, p. 563.

son thalweg et de ses rives depuis 1900, menèrent les deux Etats, en 1979, à entreprendre conjointement une campagne de sondages afin de tenir compte de la nouvelle topographie de l'estuaire, et à fixer comme point de départ de la limite maritime un point distinct[54] de celui retenu en 1900. Le cas de l'estuaire du Río Segovia ou Coco, entre le Nicaragua et le Honduras, mérite également d'être signalé : faute d'accord entre les deux Etats pour fixer la frontière dans cette zone, une sentence arbitrale du roi d'Espagne de 1906[55] décidait de fixer la frontière en suivant la *« vaguada »* (thalweg) du fleuve Segovia vers l'amont[56]. Le Nicaragua ayant dénoncé cette sentence en 1912, le Honduras présenta en 1958 une requête introductive d'instance demandant à la CIJ de dire que le Nicaragua était tenu d'exécuter la sentence[57]. C'est à cette occasion que le Nicaragua allégua que l'embouchure d'un fleuve ne saurait servir de frontière entre deux Etats en raison de son caractère imprécis. La Cour ne se référa pas à ce point et se contenta de confirmer la validité de la sentence arbitrale de 1906 de la Couronne espagnole. Peu après cependant, une commission mixte fut finalement chargée de définir la frontière à l'embouchure du Río Coco[58].

Ces quelques exemples que nous venons de citer montrent combien les Etats sont attentifs aux embouchures des fleuves dont ils sont les riverains. Or, les zones maritimes proches des embouchures recèlent généralement des ressources halieutiques abondantes, et l'on ne saurait donc s'étonner du « durcissement » des positions des Etats concernant la localisation du point terminal de la frontière terrestre située dans une embouchure (et, partant, du point initial de la frontière maritime).

SECTION 3 LES FRONTIÈRES FLUVIALES ET LACUSTRES À L'ÉPREUVE DE L'ÉQUITÉ : LE CAS DE LA LIMITE À LA RIVE

Bien que la méthode de délimitation fluviale de la limite à la rive ait très peu retenu l'attention des auteurs, les lignes qui suivent tentent d'analyser ce qu'il en est aujourd'hui d'une technique de délimitation fluviale qui, de prime abord, aboutit à un résultat inéquitable pour l'un des deux riverains.

---

54. Sur cette affaire, cf. D. Bardonnet, « Frontières terrestres et frontières maritimes », *op. cit.*, pp. 11-14, et L. Caflisch, *op. cit.*, pp. 90-92.
55. Martens, *NRG*, deuxième série, vol. 35, pp. 563 ss.
56. *Ibid.*, p. 565.
57. Cf. *CIJ Recueil 1960*, p. 7, notamment pp. 216 ss.
58. Cf. D. Bardonnet, « Frontières terrestres et frontières maritimes », *op. cit.*, p. 10.

En effet, dans les cours d'eau internationaux ainsi délimités, la frontière se trouve sur l'une des rives, l'un des Etats riverains exerçant sa souveraineté sur l'ensemble du lac ou du fleuve, alors que l'autre en est exclu. On se trouve ainsi dans une situation qui, bien souvent, traduit sur le terrain l'inégalité de fait existant entre les deux riverains, la méthode de délimitation retenue n'étant que le reflet de ce déséquilibre entre les parties, puisque l'un des deux Etats se trouve privé de tout accès aux eaux du fleuve ou du lac.

Paragraphe 1 **La pratique de la méthode de délimitation à la rive**

Contrairement à ses deux prédécesseurs au Centre de recherche de l'Académie de droit international de La Haye ayant analysé le thème des délimitations fluviales, François Schroeter montre clairement que les cas où ce type de délimitation a été retenu « ne sont pas aussi rares que bien des auteurs l'affirment » [59], puisqu'il recense une vingtaine de cas situés sur l'ensemble des continents, contre une dizaine de cas dénombrés par l'ONU dans les années cinquante [60].

En Europe, les exemples sont nombreux, ainsi les cours d'eau séparant notamment la France de ses voisins : en plus du Doubs [61] et du Foron [62], Francois Schroeter recense les cours d'eau de la Morge, de l'Eau noire, ainsi que la Barberine [63]. Ce fut également le cas de la Netze entre la Prusse et la Pologne [64], du Sprechos, alors fleuve séparant la Grèce et l'Empire ottoman [65], de l'Adige et du Pô [66], du Danube entre la Turquie et la Russie — la frontière étant fixée à la rive turque [67].

59. F. Schroeter, *op. cit.*, p. 952.
60. En 1952, dans le cadre de la Commission économique pour l'Europe (ONU), une étude avait recensé douze cas de limite à la rive : cf. P. Sevette, *Legal Aspects of the Hydro-Electric Development of Rivers and Lakes of Common Interest*, Committee on Electric Power of the United Nations Economic Commission for Europe, Nations Unies, janvier 1952 (doc. E/ECE/136, annexe I, pp. 234-240).
61. Convention de frontières entre la France et le prince-évêque de Bâle, (Martens, *NRG*, vol. 3, pp. 333-334, et Parry, *CTS*, vol. 47, p. 331).
62. Traité de cession et de frontière entre la Suisse et la Sardaigne du 16 mars 1816, Parry, *CTS*, vol. 65, p. 447.
63. Cf. F. Schroeter, *op. cit.*, p. 954.
64. Traité de Varsovie entre la Prusse et la Pologne du 18 septembre 1773 (Parry, *CTS*, vol. 45, p. 253).
65. Arrangement entre la France, la Grande-Bretagne, la Russie et la Turquie (Parry, *CTS*, vol. 82, p. 477).
66. Traité de Campoformio du 17 octobre 1797 entre la France et l'empereur-roi de Hongrie et de Bohême (Parry, *CTS*, vol. 54, p. 157).
67. Traité d'Andrinople du 14 septembre 1829 entre la Turquie et la Russie (Parry, *CTS*, vol. 80, p. 83).

En Asie, on a également fait appel à cette technique de délimitation pour le Chatt al-Arab entre l'Iran et l'Irak — la frontière étant fixée à la rive iranienne[68]. On voit également l'interprétation soviétique considérer la frontière fixée à la rive chinoise du fleuve Amour-Oussouri[69].

Cette technique a également été retenue pour délimiter des cours d'eau aussi variés que les fleuves Kaboul et Kolossai entre l'Inde et l'Afghanistan[70], ou les rivières Odong, Boewan et Berenas entre la Grande-Bretagne et les Pays-Bas dans l'île de Bornéo[71].

En Amérique latine, enfin, on peut citer le cas du fleuve San Juan entre le Costa Rica et le Nicaragua[72], des fleuves Tinto et Motagua, entre le Guatemala et le Honduras[73], tandis que sur le continent africain cette méthode a été retenue pour le fleuve Sénégal entre la Mauritanie et le Sénégal[74], une série de fleuves entre la Côte d'Ivoire et le Liberia[75], le fleuve San Pedro, le Tendo entre la Gambie et le Sénégal[76].

Pour ce qui est des lacs internationaux, on pourrait mentionner à l'heure actuelle, outre le lac de Tibériade, sur lequel Israël exerce sa pleine souveraineté au détriment de la Syrie[77], le lac Malawi, le Malawi privant la Tanzanie d'un accès au lac dans le secteur supérieur[78] mais partageant le lac avec le Mozambique dans sa partie inférieure[79].

Souvent héritées de l'époque coloniale, durant laquelle les puis-

---

68. Traité entre la Perse et l'Irak de 1847 (Parry, *CTS*, vol. 101, p. 85).

69. Traité des 2/14 novembre 1860 entre la Chine et la Russie (Parry, *CTS*, vol. 123, p. 125). Cf. échange de cartes dans le Protocole du 16 juin 1861 (Martens, *NRG*, première série, vol. 17, p. 192).

70. Traité du 22 novembre 1921 (Société des Nations, *Recueil des traités*, vol. 14, p. 67).

71. Traité du 26 mars 1928 entre la Grande-Bretagne et les Pays-Bas (Société des Nations, *Recueil des traités*, vol. 108, p. 331).

72. Traité du 15 avril 1858 entre le Costa Rica et le Nicaragua (Parry, *CTS*, vol. 118, pp. 440-443).

73. Traité du 16 juin 1930 entre le Guatemala et le Honduras (Société des Nations, *Recueil des traités*, vol. 137, p. 231).

74. Décret du 8 décembre 1933 portant détermination de la limite entre le Sénégal et la Mauritanie (*JOAOF*, 1934, p. 69). Cité par I. Brownlie, *op. cit.*, p. 433.

75. Arrangement entre la France et le Liberia de 1907: déclaration franco-libérienne du 13 janvier 1911 (Parry, *CTS*, vol. 213, p. 2).

76. Procès-verbal franco-britannique du 9 juin 1891 (reproduit dans I. Brownlie, *op. cit.*, p. 219).

77. Accord d'armistice signé le 20 juillet 1949 entre Israël et la Syrie (*RTNU*, vol. 42, p. 329).

78. Accord entre l'Allemagne et la Grande-Bretagne du 1er juillet 1890 (Martens, *NRG*, deuxième série, vol. 16, p. 894).

79. Accord du 18 novembre 1954 (*RTNU*, vol. 325, p. 307).

sances européennes faisaient appel à cette méthode pour fixer la frontière sur un certain nombre de fleuves séparant leurs zones d'influence respectives [80], ces délimitations de « zones d'intérêt plutôt que de lignes frontalières » [81] se sont maintenues jusqu'à nos jours [82]. En ce qui concerne l'Afrique, et bien que les Etats africains aient proclamé leur attachement aux anciennes frontières héritées de l'époque coloniale, on aurait pu penser que la décolonisation aurait amené ces Etats à reconsidérer au moins la technique de la limite à la rive pour trouver une solution plus équitable. Mais, pour ne prendre qu'un exemple, l'arrangement entre la France et le Liberia de 1907-1911 [83] a été confirmé lors de l'accession à l'indépendance de la Côte d'Ivoire en 1961 [84], privant ainsi le Liberia d'un accès aux eaux frontalières avec la Côte d'Ivoire. Il en est de même pour le fleuve Sénégal entre le Sénégal et la Mauritanie [85], situation génératrice de fortes tensions entre ces deux Etats riverains.

---

80. Accord du 21 janvier 1895 fixant les possessions britanniques et françaises au nord et à l'est de la Sierra Leone (Martens, *NRG*, deuxième série, vol. 23, p. 3) ; Traité du 26 mars 1928 entre la Grande-Bretagne et les Pays-Bas à propos des rivières Odong et Tring sur l'île de Berudo (Borneo) (Société des Nations, *Recueil des traités*, vol. 108, p. 331) ; Traité entre la France et la Grande-Bretagne à propos de la Gambie du 10 août 1889 (Parry, *CTS*, vol. 172, p. 185), qui précise que « la ligne frontière suivra la rive droite ... à une distance de 10 kilomètres du fleuve » ; Accord franco-britannique relatif à la frontière entre la Sierra Leone et la Guinée du 4 septembre 1913 (Martens, *NRG*, troisième série, vol. 9, p. 802) ; article 8 du Traité de paix entre la France et le Portugal fixant à la rive portugaise la frontière entre la Guyane française et le Portugal (Parry, *CTS*, vol. 54, p. 145). En Afghanistan, le fleuve Egri-Gueuk entre la Russie et l'Empire britannique fut également délimité avec la limite à la rive (cf. le Protocole relatif à la frontière afghane entre la Russie et la Grande-Bretagne, signé le 10 septembre 1885 (texte dans La Fontaine, *op. cit.*, pp. 287-288). Notons aussi que le Traité de paix entre la France et le Portugal du 11 avril 1713 fixait la frontière à l'une des deux rives de l'Amazone (Parry, *CTS*, vol. 28, p. 175), disposition qui cependant fut interprétée par le Conseil fédéral suisse comme une ligne suivant le thalweg lors de l'arbitrage concernant la frontière entre la Guyane française et le Brésil rendue le 1er décembre 1900.

81. Selon l'expression utilisée par le juge C. G. Weeramantry dans son opinion dissidente dans l'affaire de l'*Ile de Kasikili/Sedudu*. Cf. *CIJ Recueil 1999*, p. 1187.

82. Certains auteurs n'excluent pas l'idée d'établir une distinction entre les traités de délimitation et les traités définissant ces fameuses sphères d'influence. Cf. par exemple l'opinion dissidente du juge C. G. Weeramantry dans l'affaire de l'*Ile de Kasikili/Sedudu* (*CIJ Recueil 1999*, pp. 1153-1195, et spécialement pp. 1185-1188).

83. Accord de délimitation entre la France et le Liberia du 13 janvier 1911 (Parry, *CTS*, vol. 213, p. 2).

84. Cf. I. Brownlie, *op. cit.*, p. 369.

85. Le décret du 8 décembre 1933 portant détermination de la limite entre le Sénégal et la Mauritanie fixe la limite à la rive de la Mauritanie (cf. *JOAOF*, 1934, p. 69. Cité par I. Brownlie, *op. cit.*, p. 433.)

Paragraphe 2 Vers le remplacement progressif de la méthode de la limite à la rive par une autre méthode ?

Cette situation inéquitable, reflétant bien souvent l'inégalité de fait entre deux Etats, constitue une source de discorde constante entre les deux riverains. Aussi cette méthode de délimitation a-t-elle poussé, dans certains cas, les Etats à réviser leurs traités et à adopter une technique de délimitation plus équitable. En pratique, la méthode de délimitation à la rive a été substituée par une ligne médiane ou par le thalweg dans certains fleuves internationaux : c'est notamment le cas du Traité de 1816 entre la Sardaigne, la Suisse et Genève[86], qui utilise la ligne médiane et mentionne les « portions du Rhône, qui, ayant fait jusqu'ici frontière entre les deux Etats, appartenaient à S. M. [le roi de Sardaigne] ». De même, le Traité de 1903 fixant à la rive la limite entre la Grande-Bretagne et le Liberia[87] a été révisé en 1913, le nouveau traité fixant la limite au thalweg de ces fleuves[88]. En Amérique latine, le Traité du 12 octobre 1851 entre l'Uruguay et le Brésil[89] fixait la frontière entre les deux Etats à la rive uruguayenne de la rivière Yaguaron et de la lagune de Merim, laissant le fleuve et la lagune en territoire brésilien. En 1909, le Brésil « poussé par un esprit de bon voisinage »[90] signe un nouveau traité avec l'Uruguay[91], fixant cette fois la frontière sur le Merim à une ligne longitudinale, et sur le Yaguaron au thalweg (art. III). En Afrique, les lacs Albert et Edouard, qui aujourd'hui forment la frontière entre le Zaïre (République démocratique du Congo depuis 1999) et l'Ouganda, furent âprement disputés entre l'Angleterre et la Belgique. Par un Accord du 12 mai 1894, la Grande-Bretagne et le Congo convenaient que le lac Albert serait entièrement placé sous souveraineté anglaise, tandis que le lac Edouard serait partagé entre les deux Etats suivant le méridien de lon-

86. Traité du 16 mars 1816 (Parry, *CTS*, vol. 65, p. 447).

87. Procès-verbal de la commission de frontière anglo-libérienne du 25 juin 1903, à propos de l'Udalfu, de la Biwa et du Mano. (Cf. I. Brownlie, *op. cit.*, pp. 383 ss.).

88. Convention anglo-libérienne du 21 janvier 1911 (Parry, *CTS*, vol. 213, p. 26), cité par I. Brownlie, *op. cit.*, p. 386. Seule la frontière sur le Mano continue à passer sur la rive.

89. Texte reproduit dans *Colección de tratados, convenciones y otros pactos internacionales de la Republica Oriental del Uruguay*, Montevideo, 1922, t. I, pp. 215 ss. Cité par J. Barberis, « La conception brésilienne de l'*uti possidetis* », dans E. Yapko et T. Boumedra (dir. publ.), *Liber amicorum Mohammed Bedjaoui*, La Haye, Londres, Boston, Kluwer Law International, 1999, pp. 49-62, p. 58. Voir texte du traité dans Parry, *CTS*, vol. 106, p. 350.

90. H. Dipla, *op. cit.*, p. 285.

91. Traité du 30 octobre 1909 entre le Brésil et l'Uruguay (cf. Parry, *CTS*, vol. 209, pp. 419 ss., et Martens, *NRG*, troisième série, vol. 6, p. 858).

gitude 30[92]. En 1910, faisant suite aux travaux de la Commission internationale pour l'examen de certains litiges en Afrique orientale, une convention fut signée entre la Belgique et l'Allemagne, par laquelle la souveraineté sur le lac Albert fut délimitée au moyen d'une ligne médiane[93].

Plus récemment, en 1991, la Chine et la Fédération de Russie semblent avoir accepté de fixer leur frontière commune dans le fleuve Amour-Oussouri en référence à la ligne du chenal navigable. Comme on s'en souvient, une longue controverse avait opposé l'URSS à la Chine à propos de leur frontière commune, et notamment en ce qui concerne le fleuve Amour-Oussouri. D'après l'URSS, l'article 1 du Traité de Pékin du 2/14 novembre 1860[94] signifiait que la frontière passait à la rive chinoise du fleuve. La Chine, pour sa part, défendait l'idée du thalweg (on notera que ni l'une ni l'autre de ces deux techniques de délimitation ne sont mentionnées dans cet article, au reste fort imprécis)[95]. Cette situation mena les deux puissances à des affrontements armés en 1969, à propos d'une île (Tchenpao pour les Chinois, Damansky pour les Soviétiques) qui s'était progressivement détachée de la rive chinoise, les Chinois défendant l'idée que cette île faisait partie intégrante de la rive chinoise et les Soviétiques argumentant que la frontière du fleuve passe par la rive chinoise. Divers pourparlers engagés à la fin des années quatre-vingt aboutirent, le 16 mai 1991, à un premier traité de frontière[96], signé entre les deux Etats, et ratifié par la Russie le 13 février 1992[97], « mais qui ne règle pas entièrement toutefois la question de la souveraineté sur l'Amour »[98]. Postérieurement, un second traité sino-russe concernant la partie orientale de leur fron-

92. Art. I. Cité par H. Dipla, *op. cit.*, p. 272.

93. Convention du 14 mai 1910 entre la Belgique et l'Allemagne. Citée par Ph. Pondaven, *Les lacs frontières*, Paris, Pedone, 1972, pp. 45-46.

94. Parry, *CTS*, vol. 123, p. 125.

95. L'article 1 du Traité de 1860 entre les deux empires se lit comme suit :

> « Désormais la frontière orientale entre les deux empires, à commencer du confluent des rivières Chilka et Argoun, descendra le cours de la rivière Amour jusqu'au confluent de la rivière Ousouri avec cette dernière. Les terres situées sur la rive gauche (au nord) de la rivière Amour appartiennent à l'Empire de Russie, et les terres situées sur la rive droite (au sud), jusqu'au confluent de la rivière Oussouri, appartiennent à l'Empire de Chine. » (Parry, *CTS*, vol. 123, pp. 126-127.)

96. Cf. F. Schroeter, *op. cit.*, p. 956.

97. N. Polat, *Boundary Issues in Central Asia*, Ardsley, Transnational Publishers, 2002, pp. 35-37.

98. Cf. F. Schroeter, *op. cit.*, p. 956, note 54. Selon le professeur Lucius Caflisch, « le texte de cet instrument [l'Accord de frontières entre la Fédération de Russie et la Chine] n'a pas encore été rendu public ». (L. Caflisch, *op. cit.*, *Recueil des cours*, tome 219 (1989), p. 68, note 136.)

tière fut signé le 3 septembre 1994 et ratifié le 15 juillet 1995 par la Russie, selon lequel la frontière serait fixée en suivant la ligne du thalweg[99].

Il ne faudrait pas, au vu des quelques exemples antérieurement cités, conclure que la méthode de délimitation à la rive constitue une pratique aujourd'hui désuète, et qu'elle a été remplacée par des méthodes plus équitables, ou tout du moins plus « modernes ». Dans certains cas, les difficultés que rencontrent les Etats riverains de fleuves importants sont telles qu'il devient impossible de remplacer cette méthode de délimitation par une autre.

Ainsi en est-il de la délimitation à la rive du Chatt al-Arab entre l'Iran et l'Irak, source de tension continuelle, qui a débouché sur une longue guerre : en effet, la frontière terrestre et fluviale entre l'Iran et l'Irak constitue depuis longtemps une source constante de conflits entre ces deux Etats, servant de prétexte facile pour alimenter l'animosité traditionnelle entre le monde perse et le monde arabe. Cette frontière aboutit dans son parcours terminal au fleuve Chatt al-Arab dont il sera question dans les lignes qui suivent. L'article 2 du Traité de 1847[100] signé par la Perse et l'Empire ottoman plaçait la frontière à la rive perse du Chatt al-Arab tout en reconnaissant aux navires perses le droit d'y « naviguer librement ». Le port de Khoramchar était accordé à la Perse ainsi que le droit d'ancrage à Abadan. En 1913, un protocole entre la Turquie et la Perse[101] confirmait le tracé sur la rive perse. L'accès à l'indépendance de l'Irak en 1932 mena les deux Etats à une série d'affrontements et le Conseil de la Société des Nations fut saisi de la question par l'Irak en 1934, ce dernier alléguant le non-respect par l'Iran des dispositions du Protocole de 1913, tandis que l'Iran estimait le Traité de 1847 et le Protocole de 1913 caducs du point de vue juridique[102]. En 1937, un nouveau traité, signé le 4 juillet, vit le jour entre les deux Etats[103], dont l'article 2 combinait la limite à la rive avec, dans la partie supérieure du fleuve, une frontière fixée au thalweg. Ce dernier traité fut dénoncé par l'Iran en 1969[104], et ce n'est qu'en 1975 qu'un nouvel accord, connu sous le nom d'« Accord

99. Il n'a pas été possible de consulter le texte de ce traité, mais c'est ce que l'on peut conclure d'un article publié à Moscou par le chef de la délégation russe à la commission mixte de démarcation, G. Kireyev (cf. G. Kireyev, « Demarcation of the Border with China », *International Affairs*, vol. 45 (Moscou), n° 2, 1999, pp. 98-109, p. 101).

100. Parry, *CTS*, vol. 101, p. 85.

101. Société des Nations, *Journal officiel*, 1935, p. 244.

102. E. Lauterpacht, « River Boundaries : Legal Aspects of the Shatt-al-Arab Frontier », *ICLQ*, 1960, p. 215.

103. Société des Nations, *Recueil des traités*, vol. 190, p. 241.

104. Cf. *Yearbook of the UN*, vol. 23, 1969, pp. 245 ss.

d'Alger»[105], fut signé sous les auspices de l'Algérie, fixant cette fois la frontière au thalweg sur l'ensemble du cours d'eau. En 1980, à son tour, l'Irak dénonça ce traité[106] et envahit l'Iran ; la guerre entre ces deux Etats dura huit ans, pour aboutir finalement à des négociations engagées sous l'égide des Nations Unies, qui obligèrent l'Irak à accepter l'Accord d'Alger de 1975 et, par là, la délimitation du Chatt al-Arab au moyen du thalweg[107]. A notre connaissance, cependant, cette acceptation irakienne n'a pas fait l'objet d'un nouvel accord définitif concernant la frontière fluviale entre les deux pays, mais uniquement d'un échange de lettres dont seule l'une des parties (l'Iran) a expressément demandé qu'il soit enregistré comme document de l'Organisation des Nations Unies[108]. Un observateur avisé a d'ailleurs fait remarquer que «l'Irak ... n'a apparemment pas, à ce jour, agi de façon réciproque en demandant l'enregistrement des lettres finales»[109]. Etant donné la rivalité traditionnelle entre ces deux Etats, et les tensions que le thème des ressources en eau douce va contribuer à exacerber dans cette région du monde dans les années à venir, on ne peut que craindre une réapparition de la «question» du Chatt al-Arab sur les devants de la scène internationale.

Paragraphe 3 **La limite à la rive comme élément conflictuel**

La méthode de la délimitation à la rive n'est donc pas, pour l'heure, un cas d'école, cette technique de délimitation fluviale continuant à produire ses effets : si ceux-ci sont sans graves conséquences pour certains cours d'eau séparant la France et la Suisse, il en va différemment dans le cas de fleuves plus importants, comme ceux qui séparent la Côte d'Ivoire et le Liberia, le Sénégal et la Mauritanie, ou le Costa Rica et le Nicaragua. En Asie, deux situations hautement conflictuelles concernant le Chatt al-Arab et l'Amour-Oussouri de par le passé viennent compléter une liste qui ne se veut pas exhaustive.

Si l'on considère les conflits ayant opposé la Chine à l'URSS en 1969 à propos de l'Amour-Oussouri, ou l'Iran à l'Irak pendant plus de huit ans à propos du Chatt al-Arab, et ceux qui opposent régulièrement

105. Traité de frontières et de bon voisinage du 13 juin 1975 (cf. texte dans *RTNU*, vol. 1017, pp. 55-135, ou dans *ILM*, vol. 14, 1975, pp. 1133 ss.).

106. Cf. E. David, «La guerre du Golfe et le droit international», *RBDI*, n° 20, pp. 153-183.

107. Cf. C. R. Symmons, «L'échange de lettres de 1990 entre l'Irak et l'Iran : un règlement définitif du différend et du conflit ?», *AFDI*, n° 36, 1990, pp. 229-247.

108. Cf. C. R. Symmons, *op. cit.*, p. 245.

109. C. R. Symmons, *op. cit.*, p. 246.

la Mauritanie au Sénégal à propos du fleuve Sénégal ou encore le Nicaragua au Costa Rica à propos du fleuve San Juan[110], ou enfin la Syrie à Israël en ce qui concerne le lac de Tibériade, force est de constater le haut potentiel conflictuel que représente pour les relations entre deux Etats cette méthode de délimitation. L'Etat exerçant sa souveraineté sur les eaux du fleuve a une tendance toute naturelle à considérer le fleuve comme un fleuve national et à le traiter comme tel, ignorant ou limitant la portée de certaines dispositions des traités reconnaissant des droits de navigation pour les navires de l'autre riverain. Pour ce dernier, qui voit sa souveraineté limitée à sa propre rive, cette méthode s'avère peu adaptée aux usages traditionnels (navigation, utilisation des eaux pour irrigation agricole, pêche, commerce), même si certains droits lui sont reconnus dans ces domaines par le traité de délimitation fluviale lui-même (San Juan, Sénégal, Chatt al-Arab). Cette technique s'avère enfin insuffisante pour régler les problèmes contem porains intéressant les cours d'eau internationaux (protection de l'environnement, contrôle de la qualité des eaux, lutte contre la pollution, mais aussi ceux relatifs aux opérations de surveillance policière et aux contrôles douaniers). Dans certains cas, toute tentative d'établir une coopération avec l'Etat exerçant sa souveraineté sur le cours d'eau est

110. En 1994, le président du Costa Rica menaça le Nicaragua de saisir la Cour internationale de Justice si cet Etat ne levait pas les interdictions concernant la navigation de navires de tourisme et de police costa-riciens sur le fleuve San Juan. Après diverses tentatives de négociation, et l'échec de la médiation du Secrétaire général de l'OEA en mars 2000, les deux Etats ont maintenu leurs divergences, au point que le Costa Rica avait prévu, au mois de septembre 2001, un fonds spécial pour couvrir d'éventuels frais de procédure à La Haye dans l'exercice budgétaire 2002. Le 23 octobre 2001, le Nicaragua présenta une déclaration modifiant sa déclaration d'acceptation de juridiction obligatoire de la CIJ qui lui permettrait d'écarter tout recours du Costa Rica à propos du San Juan (déposée au greffe de la Cour). Dernier épisode en date, un accord a été conclu le 26 septembre 2002 entre les deux Etats, par lequel, au point 3, le Costa Rica s'engage à ne pas saisir la CIJ pendant une durée de trois ans, et le Nicaragua à ne pas donner d'effet à la modification de la déclaration d'acceptation de la juridiction obligatoire de la Cour d'octobre 2001 ; le point 3 de l'accord précise :

> « 3. El Gobierno de Nicaragua se compromete a mantener, durante un plazo de tres años a partir de hoy, la situación jurídica existente en esta fecha, respecto a su declaración de aceptación de la jurisdicción de la Corte Internacional de Justicia. Por su parte, durante dicho plazo, el Gobierno de Costa Rica se compromete a no iniciar ninguna acción o reclamación internacional contra Nicaragua, ante dicha Corte, ni en ninguna otra instancia internacional, respecto de cualquier asunto o reclamación referido a Tratados o Acuerdos actualmente vigentes entre ambos países. »

(Texte complet de l'accord du 26 septembre 2002 entre le Costa Rica et le Nicaragua inclus dans le communiqué de presse officiel du Nicaragua NP-258-02, consultable sur www.cancilleria.gob.ni/prensa/notas.asp.)

vouée à l'échec, ce dernier invoquant le sacro-saint principe de la souveraineté nationale lorsqu'il s'agit d'un domaine touchant à « son » fleuve.

Ces tensions traduisent aussi les limites de la notion d'équité face à la volonté de l'un des deux Etats de maintenir et d'exercer sa souveraineté sur l'ensemble du cours d'eau. Elles mettent également en relief toute la difficulté pour les gouvernants de céder face à des opinons publiques souvent exacerbées lorsqu'il s'agit de négocier sur un cours d'eau considéré comme « fleuve national » ou « lac national ». Elles rappellent enfin l'extrême prudence avec laquelle il faudra aborder la question dans le futur, notamment si une agence de coopération venait à proposer aux deux Etats riverains l'élaboration d'un projet de gestion commune des eaux du cours d'eau qui les sépare.

SECTION 4 LES FRONTIÈRES FIXÉES SUR UN COURS D'EAU À L'ÉPREUVE DES ACTIVITÉS HUMAINES

En 1911, le juriste Nicolas Politis faisait déjà remarquer lors de la session de l'Institut de droit international à Madrid que

> « quel que soit l'emplacement de la frontière, qu'elle soit placée sur le thalweg ou sur l'une des rives, le droit d'utilisation pour les deux Etats devrait être toujours le même »[111].

C'est-à-dire qu'indépendamment de la méthode de délimitation adoptée on devrait considérer le fleuve comme un condominium ou une zone commune, idée généreuse déjà évoquée, par exemple, par le décret édicté les 16/20 novembre 1792 par le conseil exécutif provisoire de la Convention lorsqu'il affirmait que « le cours des fleuves est la propriété commune et inaliénable de toutes les contrées arrosées par les eaux »[112]. Car il est vrai qu'indépendamment de la frontière politique qui les sépare les Etats riverains d'un cours d'eau forment naturellement une « communauté d'intérêts », idée avancée par la Cour per-

111. Cf. *AIDI*, vol. 24 (1911), p. 175. Dans son cours à l'Académie de droit international de La Haye, le professeur Georges Sauser-Hall en déduit que l'idée soutenue par Nicolas Politis à l'époque était celle « d'un condominium limité à la force hydraulique des fleuves ou rivières contigus » (cf. G. Sauser-Hall, « L'utilisation industrielle des fleuves internationaux », *Recueil des cours*, tome 83 (1953), p. 547).

112. Il s'agit d'un décret relatif à l'Escaut, alors occupé par les troupes françaises, et que les Pays-Bas refusaient d'ouvrir à la navigation, craignant que le port d'Anvers pût concurrencer ceux d'Amsterdam et de Rotterdam (cf. décret des 16-20 novembre 1792, dans L. Le Fur, et G. Ch. Klaver, *Recueil des textes de droit international*, 2e éd., Paris, Dalloz, 1934, p. 67. Cité par A. Coret, *Le condominium*, Paris, LGDJ, 1960, p. 142. Cité également par L. Caflisch, *op. cit.*, p. 39).

mamente de Justice internationale en 1923 à propos de la Commission de l'Oder[113], mais en se référant uniquement à la navigation. Cette idée de communauté d'intérêts et de solidarité qui anime la pensée juridique contemporaine en matière de ressources naturelles partagées se situant sur les cours d'eau internationaux trouverait peut-être sa meilleure expression dans la méthode de délimitation utilisée couramment au Moyen Age[114] consistant à fixer la frontière sur chacune des rives, et à considérer le fleuve comme *res communis* ou comme condominium[115]. On peut se demander si la sagesse de cette solution ancienne, par laquelle les Etats exercent leur souveraineté sur le cours d'eau de façon conjointe[116], ne devrait pas guider les Etats vers cette voie pour ce qui est des éventuelles modifications à apporter à la délimitation fluviale au regard d'une utilisation conjointe des ressources en eau du fleuve ou du lac. On notera au passage que cette solution qui retient l'idée d'une souveraineté conjointe a été réaffirmée en 1960 par l'Allemagne et les Pays-Bas concernant leurs cours d'eau frontaliers[117], et par l'Allemagne et le Luxembourg à propos de la Sure, de l'Our et de la Moselle en 1984[118]. C'est cette même idée de communauté d'intérêt qui inspire la thèse selon laquelle les cours d'eau sont soumis à un « régime d'indivision, ou plutôt de communauté »[119], distinguant qu'il s'agit

---

113. « Cette communauté d'intérêt sur un fleuve navigable devient la base d'une communauté de droit, dont les traits essentiels sont la parfaite égalité de tous les Etats riverains dans l'usage de tout le parcours du fleuve et l'exclusion de tout privilège d'un riverain quelconque par rapport aux autres » (affaire relative à la *Juridiction territoriale de la Commission internationale de l'Oder, CPIJ série A n° 23*, 1929, p. 27).

114. Selon F. Schroeter, *op. cit.*, p. 951.

115. Sur le « faux » régime de condominium existant sur certaines frontières fluviales européennes, cf. A. Coret, *op. cit.*, pp. 142-147.

116. Ainsi le Brésil et l'Uruguay s'accordent à reconnaître que « the two countries will meanwhile exercise jurisdiction in common in the waters of [San Miguel] rivulet » (article 1 du Traité relatif à la frontière entre le Brésil et l'Uruguay signé le 7 mai 1913, Parry, *CTS*, vol. 218, p. 120).

117. Cf. Traité entre l'Allemagne et les Pays-Bas du 8 avril 1960, *RTNU*, vol. 508, p. 14.

118. Traité du 14 avril 1984 par lequel les riverains réaffirment leur attachement à la solution retenue dans le Traité de Clèves du 7 octobre 1816 (Martens, *NRG*, t. 3, pp. 54 ss.). Reproduit dans *Bundesgesetzblatt*, 1988, II, p. 414. Cité par F. Schroeter, *op. cit.*, p. 952.) Aussi ne faut-il donc pas considérer cette méthode de délimitation fluviale comme désuète, puisqu'elle est en vigueur pour les pays cités antérieurement, même s'il faut reconnaître qu'elle nécessite une très bonne entente entre les riverains, étant donné que toute décision concernant le cours d'eau doit être prise conjointement (idée à laquelle tend précisément la pensée juridique contemporaine).

119. Ce fut notamment la position défendue par l'Espagne dans l'affaire du *Lac Lanoux* (sentence arbitrale du tribunal franco-espagnol du 16 novembre 1957 (cf. *RSA*, vol. XII, pp. 285 ss. et 39, *RGDIP*, 1958, pp. 79-119, p. 109).

plutôt d'une communauté d'usage que d'une communauté de propriété [120].

Mais comme l'a fait remarquer le tribunal arbitral dans l'affaire du *Lac Lanoux* opposant la France à l'Espagne en 1957,

> « il est difficile de faire, en matière d'eaux courantes, une très grande différence entre une communauté de propriété et une communauté d'usage » [121].

Et c'est bien là que se trouve en effet le fossé existant entre, d'une part, un discours généreux et moderne sur les régimes conjoints d'exploitation des ressources en eaux sur les cours d'eau internationaux et, d'autre part, les effets de ce régime sur les droits souverains de chacun des Etats riverains.

Notons d'ailleurs que les traités de gestion conjointe des ressources hydriques des différents bassins internationaux ne remettent pas en cause le tracé frontalier et évitent de mentionner le thème de la frontière située sur le cours d'eau en question. La question d'une éventuelle propriété commune des Etats riverains est simplement ignorée [122].

Pourtant, l'utilisation et l'exploitation conjointes des ressources en eau a parfois des effets sur la ligne séparative, la frontière étant alors sujette à certains « ajustements » par les Etats lorsque la rigueur de ses effets porte préjudice à la construction d'un ouvrage commun sur le cours d'eau. Dans certains cas, les exigences pratiques d'une gestion conjointe mènent les Etats à aménager le tracé et le régime frontaliers existants. Il ne s'agit pas alors de réviser le tracé frontalier, mais simplement de procéder à quelques ajustements ou « révisions mineures » [123] du tracé afin de faciliter, là où cela s'avère nécessaire, la frontière fluviale ou lacustre (paragraphe 1). D'autre part, l'organisation de la vie de part et d'autre d'un fleuve fait tout naturellement pen-

---

120. Mémoire espagnol cité par le tribunal franco-espagnol, *ibid.*

121. *Ibid.*

122. A notre connaissance, seul un projet de convention va plus loin que les autres en tentant de soustraire de la souveraineté des Etats le cours d'eau en tant que tel: le projet de Convention relative à la gestion du fleuve Congo/Zaïre, qui va jusqu'à qualifier de « zone internationale » le cours d'eau qui baigne les rives des différents Etats riverains (article 4 du projet de Convention relative au statut du bassin du fleuve Congo/Zaïre). Texte dans M. Mubiala, *L'évolution du droit des cours d'eau internationaux à la lumière de l'expérience africaine, notamment dans le bassin du Congo/Zaïre*, Paris, PUF, 1995, p. 153. Mais il s'agit là d'une exception notable, et d'un texte qui n'a pas encore pris la forme d'une convention.

123. Article 22 du Traité entre la Hongrie et la Tchécoslovaquie relatif à la construction et au fonctionnement du système d'écluses de Gabčíkovo-Nagymaros du 16 septembre 1977 (*RTNU*, vol. 1109, p. 249).

ser que les Etats sont amenés à atténuer la rigueur du tracé frontalier afin que puissent se développer de part et d'autre des activités économiques traditionnelles (paragraphe 2).

Paragraphe 1 **Les modifications du tracé frontalier à la suite de la construction d'installations relatives à la gestion commune des eaux**

Tout d'abord, les Etats sont parfois amenés à retracer la ligne de la frontière lorsque celle-ci leur pose des difficultés pratiques en raison de l'existence d'ouvrages et d'installations hydroélectriques (notamment lorsque la ligne divisoire traverse le barrage ou la centrale hydroélectrique [124]). Mais, souvent, ces révisions et ajustements se révèlent insuffisants, et il faut alors recourir à des cessions, des occupations temporaires, voire à des transferts de souveraineté définitifs (système d'échange de parcelles de surfaces égales) qui ont un effet indéniable sur le tracé définitif de la frontière. On distinguera dans les lignes qui suivent les cessions de territoires temporaires (A) des cessions ayant un caractère définitif pour les Etats (B).

A. Aménagements temporaires du tracé de la frontière durant l'exécution d'ouvrages

Dans ce cas, les Etats procèdent à des cessions temporaires de leur souveraineté territoriale afin de faciliter la construction d'ouvrages relatifs à des installations hydroélectriques ou autres. Il ne s'agit donc pas d'un transfert de souveraineté à proprement parler, mais simplement d'une cession temporaire de souveraineté, et l'on peut distinguer les deux cas de figure suivants :

i) *Occupation et usage temporaire de territoires et d'installations hydrauliques*

La construction de barrages ou d'installations pour la mise en commun des ressources hydrauliques nécessite parfois que, de façon temporaire, une partie du territoire relevant d'un Etat soit occupé par l'autre. Ainsi en est-il par exemple du Népal qui cède temporairement à l'Inde une partie des terrains proches du barrage de Sarada [125]. Il ne s'agit pas d'un transfert de souveraineté, mais d'une simple mise à disposition temporaire des terrains avoisinants les ouvrages.

---

124. Voir *supra* note 123.

125. Cf. article 2 du Traité entre le Népal et l'Inde signé le 12 février 1996 concernant le développement intégré du fleuve Mahakali (*ILM*, 1997, p. 535).

ii) *Transfert à bail*

Moins connu et peu étudié, il s'agit d'un cas de figure qui correspond, en droit interne, à la prise à bail. Ainsi en est-il par exemple de la prise à bail par la Finlande de la partie soviétique du canal de Saimaa et de l'île soviétique Maly Vysotsky [126]. Grâce à ce bail, la Finlande peut construire sur le territoire ainsi loué par l'URSS des installations hydrauliques complémentaires (art. 6), « la ligne de la frontière devant être en conséquence ajustée sur la base des plans pour la reconstruction du canal » (art. 1) [127]. Les territoires ainsi « loués » continuent cependant d'être soumis à la juridiction soviétique (art. 13), tandis que l'URSS récupère ses territoires à la fin du bail, ainsi que les installations construites par la Finlande, sans aucun type de compensation pour cette dernière (art. 18).

B. Cessions définitives et transfert de souveraineté

On est ici en présence de modifications du tracé frontalier avec pour effet une cession définitive de la souveraineté territoriale d'un Etat au profit de l'autre. On peut distinguer les deux cas de figure suivants.

i) *Cessions de territoires et transfert de souveraineté en vue de la construction d'installations hydrauliques*

La construction d'installations relatives à un barrage ou à une centrale mène les Etats à ajuster le tracé frontalier afin de faciliter la mise en œuvre de ces projets hydroélectriques. Dans ce cas, il s'agit d'un véritable transfert de souveraineté entre deux Etats. Ainsi, au lendemain de la seconde guerre mondiale, la Finlande cède une partie de son territoire (126 km^2) à l'URSS dans la région de la centrale hydroélectrique de Janisoski et du barrage de contrôle de Niskakoski [128], amenant

126. Traité entre la Finlande et l'URSS concernant le bail à la Finlande de la partie soviétique du canal de Saimaa et de l'île Maly Vysotsky, signé le 27 septembre 1962 (cf. FAO, *Série législative*, n° 50, *Europe*, pp. 222-225).

127. Les frontières des territoires ainsi baillés firent l'objet d'une révision ultérieure : cf. à ce sujet le protocole additionnel signé par la Finlande et l'URSS le 11 août 1964 (*ibid.*, pp. 224-225). Dans un accord d'un autre type, s'agissant d'une mise à disposition gratuite de leurs territoires frontaliers respectifs, la Norvège et l'URSS mettent mutuellement à disposition de l'autre partie des terrains situés sous leur souveraineté : cf. Traité entre la Norvège et l'URSS relatif à l'utilisation des ressources hydrauliques du Paatsojoki (Pavsik), signé le 18 décembre 1957 (*RTNU*, vol. 535, 1965, pp. 426-429).

128. Traité entre l'URSS et la Finlande relatif au transfert à l'URSS d'une portion du territoire de la Finlande dans la région de la centrale hydroélectrique de Janiskoski et du barrage de Niskakoski, signé le 3 février 1947 (cf. FAO, *Série législative*, n° 50, *Europe*, pp. 219-220).

les deux Etats à réviser ultérieurement le tracé de la frontière les séparant [129].

ii) *Cessions de territoires et transfert de souveraineté à la suite de la construction d'ouvrages hydrauliques : l'échange de parcelles de surfaces égales entre Etats*

Une fois construites, les installations hydroélectriques imposent des changements en ce qui concerne le tracé frontalier. Ces révisions mènent ainsi les Etats à établir une nouvelle frontière dans la zone en question. C'est ainsi que la Suisse et l'Italie procèdent à un échange de surfaces égales (1285 m^2) à la suite de l'aménagement du torrent Breggia [130], ou que la France et la Suisse décident de modifier le tracé de la frontière entre le canton du Valais et le département de la Haute-Savoie

> « de manière que le barrage et le bassin d'accumulation Emosson soient situés en entier en territoire suisse et la centrale du Chatelard entièrement en territoire français »,

procédant à un échange de territoires d'égales surfaces [131]. C'est également un échange de surfaces qui est prévu entre la Roumanie et l'URSS à propos de la centrale hydroélectrique commune de Stinca-Costesi sur le cours d'eau frontalier du Prut [132], ou encore entre la Roumanie et la Yougoslavie [133]. Le recours à l'échange de surfaces n'est pas seulement pratiqué en Europe, et l'on retrouve cette méthode dans un traité entre l'URSS et l'Iran à propos du réservoir de la centrale de

---

129. Cf. aussi l'article 4 du Traité entre l'Autriche et la Tchécoslovaquie concernant la délimitation de la frontière entre l'Autriche et la Tchécoslovaquie et plusieurs questions relatives à l'utilisation de la rivière de Thaya signé le 10 mars 1921 (cf. Nations Unies, *Série législative des Nations Unies, Textes législatifs et dispositions de traités concernant l'utilisation des fleuves internationaux à des fins autres que la navigation*, doc. ST/LEG/SER.B/12, 1963, pp. 448-451).

130. Convention entre la Suisse et l'Italie concernant la rectification de la frontière le long du torrent Breggia, signée le 23 juin 1972 (texte dans FAO, *Série législative*, n° 50, *Europe*, pp. 411).

131. Article 24 de la Convention franco-suisse au sujet de l'aménagement hydroélectrique d'Emosson (avec modification) signée le 23 août 1963 (cf. texte dans FAO, *Série législative*, n° 50, *Europe*, pp. 333-342, p. 341).

132. Cf. article 9 du Traité entre l'URSS et la Roumanie relatif à la construction conjointe de la centrale hydroélectrique Stinca-Costesi sur le fleuve Prut, signé le 16 décembre 1971 (texte dans FAO, *Série législative*, n° 50, *Europe*, pp. 493-499).

133. Cf. aussi par exemple l'échange de lettres entre la Roumaine et la Yougoslavie en date du 30 novembre 1963 concernant les ajustements à la frontière sur le Danube (texte dans FAO, *Série législative*, n° 50, *Europe*, pp. 522-523).

l'Araxes et du barrage Mil-Mugan[134]. Ces échanges de territoires se font généralement par des commissions mixtes qui élaborent une nouvelle carte en indiquant les coordonnées du nouveau tracé frontalier.

Paragraphe 2 **Aménagement de la frontière du fait de l'organisation de la vie entre communautés riveraines locales**

« L'unité d'un bassin n'est sanctionnée, sur le plan juridique, que dans la mesure ou elle correspond à des réalités humaines. »[135] Pourtant, malgré l'existence d'un tissu généralement dense de relations humaines entre les communautés riveraines d'un cours d'eau international, la frontière est dans la plupart des cas maintenue intacte sur le fleuve ou le lac international, et ce n'est que dans certains domaines bien précis que les effets de la rigueur de la ligne frontalière sur le cours d'eau sont timidement atténués par les Etats au moment de la fixer. Ainsi, en matière douanière par exemple, on considère que la frontière « qui partage les eaux du lac Kivu ne sera pas considérée comme une ligne de douane », disposition aussitôt suivie d'une autre indiquant cependant que

> « cette disposition ne porte pas atteinte au droit de surveillance et de police que les autorités de colonies riveraines exercent sur les eaux soumises à leur souveraineté respective »[136].

En effet, les populations riveraines ont tôt fait de développer des activités qui les mènent naturellement à partager les usages du fleuve en matière de pêche, de navigation, et d'utilisation des eaux, et ce parfois bien avant que ne soit établie une frontière[137]. Celle-ci est alors perçue par ces populations comme un élément artificiel, voire arbitraire, dont elles essaient de s'affranchir en tentant de continuer à vivre presque comme si la frontière n'existait pas ou ne les concernait pas directement. Ces activités sont loin d'être incompatibles avec l'exis-

---

134. Protocole additionnel au Traité entre l'Iran et l'URSS, signé le 2 décembre 1954, concernant la ligne qui doit être considérée comme frontière entre ces deux pays dans la région du réservoir et de la centrale hydroélectrique de l'Araxes et du barrage de MilMugan, signé le 7 mai 1970 (cf. FAO, *Série législative*, *Asie*, *op. cit.*, pp. 95-97).

135. Sentence du tribunal arbitral dans l'affaire du *Lac Lanoux* opposant la France à l'Espagne (*RGDIP*, par. 8. Cf. texte dans *RGDIP*, n° 39, 1958, pp. 79-119, p. 103.)

136. Traité entre la Belgique et l'Allemagne concernant la détermination de la frontière entre la partie allemande de l'Afrique de l'Est et le Congo belge, au nord du lac Tanganyika, signé le 14 mai 1910 (cf. Parry, *CTS*, vol. 211, p. 96).

137. En particulier sur les fleuves ayant servi de référence aux puissances coloniales pour délimiter leurs zones.

tence même de la frontière, mais elles tendent à atténuer les effets du tracé frontalier sur le cours d'eau. Notons cependant que ces usages ne remettent nullement en cause la frontière conventionnelle, mais qu'ils tentent, tant bien que mal, de réduire les effets de la frontière dans la vie des riverains afin de faciliter le transit d'une rive à l'autre, ou encore le régime de pêche. Ces pratiques locales, qui échappent bien souvent à l'emprise des autorités des deux Etats concernés, sont souvent tolérées avec bienveillance par les administrations locales, et c'est dans le domaine des relations de voisinage et de bon voisinage que l'on se trouve alors [138]. Ainsi l'Espagne, dans l'affaire du *Lac Lanoux*, défendait l'idée de liens communautaires extrêmement forts dans les vallées pyrénéennes, au point de soutenir que la ligne de démarcation de la frontière pyrénéenne constitue, plutôt qu'une limite aux droits souverains des Etats frontaliers, une zone organisée conformément à un droit spécial de caractère coutumier, incorporé au droit international par les traités de délimitation qui l'ont reconnue [139].

La pratique internationale inclut un certain nombre de traités relatifs aux usages et aux coutumes locales concernant les communautés riveraines d'un cours d'eau (traités de bon voisinage, de libre navigation, ou autres). Mais en aucune manière ces accords ne remettent en cause le tracé de la frontière sur le cours d'eau ou le lac. On peut avancer l'idée que ces usages se développent de part et d'autre de la rive du cours d'eau de façon empirique, et qu'ils sont parfois « tolérés » par les administrations centrales des Etats, mais sans que celles-ci reconnaissent dans un acte formel cette « porosité » du tracé frontalier [140], qui ne

138. Cf. I. Pop, *Voisinage et bon voisinage en droit international*, Paris, Pedone, 1980.

139. Mémoire espagnol, p. 55. Cité par le tribunal arbitral, *RGDIP*, n° 39, 1958, p. 107. Pour l'Espagne,

> « la manifestation la plus caractéristique de ce droit coutumier serait l'existence de « compascuites » ou de « faceries » (plaidoiries, quatrième séance, p. 16) qui sont elles-mêmes le résidu d'un système communautaire plus vaste qui, dans les vallées pyrénéennes, était fondé sur la règle que les matières d'intérêt commun doivent être réglées par des accords librement débattus » (cf. sentence arbitrale rendue dans l'affaire du *Lac Lanoux*, *op. cit.*, p. 107).

A noter que le tribunal arbitral est très réticent à reconnaître des effets quelconques de la notion de frontière zone, puisqu'il affirme :

> « Quant au recours à la notion de « frontière zone », il ne peut, par l'usage d'un vocabulaire doctrinal, ajouter une obligation à celles que consacre le droit positif » (p. 107).

140. S'agissant d'une modification des effets du tracé frontalier dans la vie des riverains, notamment dans les communautés de pêcheurs, ces pratiques et coutumes se développent souvent dans les régions frontalières de façon absolument empirique et ne revêtent pas la forme d'un traité entre les deux riverains, mais plutôt de pratiques locales « tolérées » par les administrations cen-

fait que traduire, pour certains fleuves, l'intensité des relations sociales entre les communautés riveraines appartenant à des Etats différents.

Cela conduit à considérer que ces pratiques devraient aussi être prises en compte par le juge lorsque celui-ci doit décider entre plusieurs lignes possibles afin de fixer la frontière entre deux Etats [141], tout comme les obligations liées au régime de bon voisinage. A cet égard, la Cour internationale de Justice, dans l'affaire de l'*Ile de Kasikili/Sedudu* entre le Botswana et la Namibie, devait identifier le chenal principal parmi les bras du fleuve Chobe contournant l'île, afin de déterminer la frontière entre ces deux Etats ainsi que le statut de l'île. Dans son arrêt, le juge international s'est préoccupé des comportements saisonniers traditionnels des populations riveraines des deux Etats, et notamment des usages que les deux Etats s'étaient engagés à mettre en œuvre en matière de libre navigation sur les chenaux autour de l'île de Kasikili/Sedudu pour les bateaux de leurs ressortissants. La Cour a tenu à affirmer, dans les deux derniers paragraphes de l'arrêt, que sa décision d'accorder l'île de Kasikili/Sedudu au Bostwana n'empiète en rien sur le régime de libre navigation souscrit entre les deux Etats dans le communiqué de Kasane, signé en 1992, pour les bateaux battant leurs pavillons [142]. Cette nouvelle approche de la Cour, qui contribue à

---

rales. « On ne touche pas à la frontière » dans l'ensemble des conventions et traités répertoriés par la FAO par exemple.

141. Cf. par exemple l'opinion individuelle du juge *ad hoc* Abi-Saab, dans l'arrêt de la CIJ relatif au *Différend frontalier (Burkina Faso/République du Mali), CIJ Recueil 1986*, pp. 659-663, lorsqu'il écrit :

> « Certes il s'agit d'une solution juridique possible dans les limites de la marge de liberté existant en l'espèce ; et c'est la raison pour laquelle je la considère juridiquement acceptable. Mais elle n'est pas la seule qui soit juridiquement possible, ni à mon avis la meilleure. J'en aurais préféré une autre qui, tout en respectant les points de repère (et ce n'est pas un hasard s'ils sont tous les deux des points d'eau), soit plus imbue de considération d'équité *infra legem*, dans l'interprétation et l'application du droit, s'agissant d'une zone de nomadisation qui souffre de la sécheresse et où l'accès à l'eau est donc d'une importance vitale » (p. 661).

142. Sur ce point, cf. R. Ranjeva, « Nouveaux aspects du droit des frontières en Afrique à la lumière de la jurisprudence de la Cour internationale de Justice », dans L. Boisson de Chazournes et V. Gowlland-Debas, *The International Legal System in Quest of Equity and Universality — L'ordre juridique international en quête d'équité et d'universalité, Liber amicorum Georges Abi-Saab*, Dordrecht, Boston, Londres, Kluwer Law International, 2001, pp. 603-607. On lira également avec intérêt l'opinion dissidente du juge Weeramantry dans l'affaire de l'*Ile de Kasikili/Sedudu*, qui, tout en s'interrogeant sur « la réponse du juge à une délimitation de la frontière qui impose de démanteler ou de diviser un ensemble intégré sur le plan écologique ou culturel » (*CIJ Recueil 1999*, pp. 140-141), défend l'idée du chenal sud du Chobe en fondant son choix sur des considérations liées à la protection de l'environnement.

> « la renaissance de la théorie des relations de bon voisinage dans un domaine particulier, celui de la délimitation de la frontière sur un fleuve » [143],

permettrait ainsi de limiter les effets qu'un nouveau tracé frontalier provoque sur les populations locales, et d'« atténuer la rigueur de l'effet divisoire de la délimitation linéaire de la frontière » [144] effectuée par le juge international.

SECTION 5 **CONCLUSION**

Qu'on le veuille ou non, la notion de frontière comme ligne séparatrice de deux souverainetés est plus vivante que jamais. Les conflits frontaliers qui secouent régulièrement la planète, mais également le nombre croissant d'affaires de délimitation menées devant la Cour internationale de Justice, nous le rappellent sans cesse. Les frontières fixées sur un cours d'eau ou un lac n'échappent pas à ce constat. Qu'il s'agisse des différents types de problèmes auxquels sont confrontés les Etats lorsqu'ils ont choisi de fixer leur frontière sur un lac ou un fleuve, abordés dans cette étude, ou de la ferme résistance des délimitations fluviales inéquitables héritées du passé, ou encore des aménagements, somme toute mineurs, du tracé frontalier en cas d'ouvrages communs, la frontière maintient ses effets de part et d'autre, avec une ténacité insensible aux vents de la coopération et de la solidarité.

On aurait certes pu imaginer que l'idée de communauté d'intérêts, telle que développée par la Cour permanente en 1929 à propos de la liberté de navigation, ait pu faire son chemin, notamment eu égard au processus de codification des règles concernant les cours d'eau internationaux, qui a abouti à la Convention de New York de 1997. Mais la pratique des Etats en la matière nous démontre, une fois de plus, que c'est d'abord et avant tout la logique du mètre carré qui s'impose — et, sous certaines latitudes, celle du mètre cube d'eau.

En effet, les traités de gestion conjointe des ressources hydriques des différents bassins internationaux dans le monde ne remettent pas en

143. Selon J. Sohnle, *Le droit international des ressources en eau partagée : solidarité contre souveraineté*, Paris, CERIC, Documentation française, 2002, p. 261.

144. R. Ranjeva, *op. cit.*, p. 607. A cet effet, notons par exemple que le *dictum* de la chambre de la CIJ en 1992 dans l'affaire opposant El Salvador au Honduras a mené les deux Etats à conclure une série de traités concernant le changement de nationalités des habitants des « bolsones », l'exploitation des bois dans la zone des bolsones, les règles de bon voisinage et toute une série d'aspects de la vie des populations locales affectées par la rigueur de l'effet divisoire de la délimitation linéaire opérée par la Cour en 1992.

cause le tracé frontalier et évitent de mentionner le thème de la frontière située sur le cours d'eau en question. Ainsi le professeur Lucius Caflisch dans son cours à l'Académie de droit international de La Haye rappelle que :

> « on ne peut pas davantage prétendre que la souveraineté des Etats d'un cours d'eau a été remplacée ou complétée par un concept coutumier de condominium ou de « patrimoine commun » des Etats concernés » [145].

Les réactions, parfois virulentes, des Etats au sein de la Sixième Commission de l'Assemblée générale des Nations Unies durant le processus de codification des règles concernant l'usage des cours d'eau internationaux à des fins autres que la navigation illustrent bien les limites posées à ces idées déjà fort anciennes de partage des eaux.

Pour conclure, on peut penser, comme l'affirme le professeur Lucius Caflisch, que

> « le droit contemporain des cours d'eau internationaux est clairement orienté vers l'idée de souveraineté territoriale des pays individuels concernés, idée assortie de restrictions justifiées par les égards dus aux voisins et par le postulat d'une attribution équitable des utilisations et ressources » [146].

Vu l'importance du caractère territorial du droit des cours d'eau et tant que subsistera une situation conflictuelle concernant la localisation de la ligne divisoire sur un fleuve ou sur un lac, les Etats se montreront plus réticents à mettre en œuvre un projet conjoint de coopération ou de gestion commune des ressources hydriques de leur zone frontalière. Cela est d'autant plus vrai des pays de l'Europe de l'Est et du sud de la planète, pour lesquels, à la différence de certains pays européens [147], les questions frontalières revêtent une dimension affective considérable déchaînant bien des passions au sein de population, situation qui n'est pas sans effet sur l'action des gouvernants.

---

145. L. Caflisch, *op. cit.*, *Recueil des cours*, tome 219 (1989), p. 61.

146. L. Caflisch, *op. cit.*, p. 61.

147. Ainsi en est-il en Europe de certaines pratiques relatives à la frontière, que l'on peut difficilement imaginer transposables sous d'autres latitudes de la planète ; citons par exemple, entre la France et la Suisse, le recours régulier (dernier exercice en date : 1994-1995) à l'échange de parcelles mené à bien en toute quiétude par les deux Etats. Il s'agit d'ailleurs d'une pratique ancienne, déjà relevée dans les grands manuels de droit international (par exemple, Ch. Rousseau, *Traité de droit international public*, t. III, Paris, Sirey, 1977, pp. 299-302, par. 211-212). Il va sans dire que de telles pratiques sont encore loin de voir le jour dans d'autres parties de la planète étant donné précisément les passions que déchaînent, au sein de l'opinion publique, les questions de frontières.

DEUXIÈME PARTIE

PART II

Perspectives de droit international économique

Perspectives of International Economic Law

5 Le statut de l'eau en droit international économique. Principaux aspects au regard des règles de l'Organisation mondiale du commerce

Mireille Cossy *

«Good water, good life,
bad water, bad life,
no water, no life.»
(Sir Peter Blake, 1948-2001.)

SECTION 1 INTRODUCTION

Traditionnellement, la gestion de cours d'eau, de lacs ou d'eaux souterraines partagés entre deux ou plusieurs Etats a été réglée par le droit international de l'eau, ainsi que dans des accords régionaux ou bilatéraux. Ces accords contiennent des règles de partage quantitatif, mais aussi diverses normes se rapportant à la qualité de l'eau, au règlement pacifique des différends, aux procédures de notification, etc. Bien qu'ils soient motivés en grande partie par des considérations économiques (partage des eaux et des ressources, notamment halieutiques, qu'elles contiennent), ces instruments ne sont pas à proprement parler des accords économiques [1]. Il n'y est pas non plus question de «vente» d'eau, puisque l'idée qui les sous-tend est le partage et la gestion d'une ressource commune.

Mis à part le cas de l'eau minérale, qui ne sera pas traité dans ce chapitre, l'eau douce n'a jamais fait l'objet d'échanges commerciaux à grande échelle entre Etats. Une des raisons principales est sans doute le fait que l'idée de «vendre» de l'eau est une question politiquement sensible, voire un tabou dans de nombreuses cultures. Une autre expli-

* Conseillère à l'Organisation mondiale du commerce (OMC).

1. Bien que la définition de «droit international économique» — et son existence même en tant que branche distincte du droit international public — fasse l'objet de controverses, on peut considérer que le droit international économique est

> «constitué par l'ensemble des règles qui régissent l'organisation des relations internationales économiques, c'est-à-dire, pour l'essentiel, des relations macro-économiques par opposition à des relations micro-économiques» (D. Carreau et P. Juillard, *Droit international économique*, 4e éd., Librairie générale de droit et de jurisprudence, Paris, 1998, p. 7).

cation, plus pratique, est liée aux caractéristiques mêmes de l'eau (volume important, faible valeur par unité), qui fait que son transport sur de longues distances n'est pas économiquement intéressant[2].

La situation est en train de changer. Il y a d'abord le constat que la répartition de l'eau est très inégale dans les différentes régions du monde : alors que certains pays disposent d'importantes ressources hydriques, excédant parfois de très loin leurs besoins, d'autres pays souffrent d'une pénurie chronique et, dans certains cas, ont de la peine à satisfaire les besoins minimaux de leur population. La grande rareté de l'eau douce dans certaines régions du monde — due à une série de facteurs souvent conjugués, comme la situation climatique, la pression démographique, une mauvaise gestion des ressources hydriques, l'augmentation de la pollution — a donc pour corollaire un accroissement de sa valeur.

D'autre part, des techniques sont à l'étude, qui permettraient de transporter de l'eau en grandes quantités à coûts réduits (par pipeline, tankers ou encore au moyen de grands sacs de plastique). Parmi les projets de pipelines, on peut citer celui qui transporterait de l'eau de la baie Saint-James, au Canada, jusqu'à l'ouest des Etats-Unis, région qui souffre d'un déficit chronique d'eau ; ou encore le « pipeline de la paix », qui permettrait à la Turquie de fournir de l'eau, sur une base commerciale, à Israël, à la Syrie, à la Jordanie et à Gaza[3]. La Malaisie envisagerait pour sa part de vendre de l'eau au Moyen-Orient en utilisant des pétroliers reconvertis[4]. Israël souhaiterait aussi importer de l'eau d'Anatolie, en la transportant par mer dans des sacs plastiques géants (sacs dits « Medusa »)[5]. Une compagnie grecque, Aquarius Water Transportation, cherche à exporter de l'eau d'Amérique du Nord en utilisant des radeaux de la taille d'un terrain de football, qui seraient remorqués vers des pays souffrant de sécheresse. Cette compagnie

2. Voir Esther J. de Haan, « Balancing Free Trade in Water and the Protection of Water Resources in GATT », *The Scarcity of Water — Emerging Legal and Policy Responses*, Brans, de Haan, Nollkaemper et Rinzema (dir. publ.), La Haye, Kluwer Law International, 1997, pp. 245 ss.

3. Voir *Exporting Fresh Water*, sur le site http://www.time.com/time/global/august/hotcom.html, consulté le 25 août 2001, et B. Wachtel, « The Peace Canal Project : A Multiple Conflict Resolution Perspective for the Middle East », dans *Water and Peace in the Middle East*, J. Isaac et H. Shuval (dir. publ.), Amsterdam, 1994, *BV Elsevier Science*, pp. 363 ss.

4. Voir S. McCaffrey, « Report on Fresh Water », *Yearbook of International Environmental Law*, 1994, p. 175. Ce rapport indique aussi que, selon les experts travaillant sur le projet, l'eau sera de « meilleure qualité » que celle actuellement produite par les installations de dessalement d'eau de mer et l'effet sur les lacs et rivières de Malaisie sera « négligeable ».

5. J. Schwartz, « Management of Israel's Water Resources, et G. E. Gruen, Contribution of Water Imports to Israeli-Palestinian-Jordanian Peace », *Water and Peace in the Middle East*, *op. cit.*, pp. 73 et 273.

aurait déjà utilisé la même méthode pour transporter de l'eau dans la région de la mer Egée[6]. Une entreprise canadienne projetterait d'envoyer 132 millions de gallons par semaine dans le sud des Etats-Unis en utilisant des pétroliers spécialement aménagés depuis Terre-Neuve[7]. Et l'Autriche examinerait les moyens de tirer parti de ses importantes réserves d'eau douce, dont elle ne consomme que trois pour cent[8].

Pour l'instant, ces projets semblent avoir de la peine à se concrétiser: soit ils ne sont pas rentables financièrement, soit les autorités concernées se sont opposées au prélèvement d'eau à grande échelle. La vente et l'exportation d'eau douce à grande échelle (ou « en vrac ») ne sont cependant plus une chimère, et les pressions, tant de la part des compagnies souhaitant lancer un « marché de l'eau » que des acheteurs potentiels, risquent d'augmenter[9].

La question qui se pose est de savoir quel rôle le droit international économique et en particulier les règles du commerce international sont susceptibles de jouer dans le partage des ressources en eau, voire dans les conflits susceptibles d'éclater à ce sujet. Loin d'être théorique, cette question fait depuis près d'une dizaine d'années l'objet de vives controverses au Canada. Ce pays est détenteur des plus importantes réserves d'eau douce de la planète, alors que certaines régions des Etats-Unis, comme la Californie, souffrent de graves pénuries. Certes, la question de la répartition des eaux entre les deux pays ou de la diversion d'eaux canadiennes vers le Sud-Ouest américain n'est pas nouvelle. Cependant, l'entrée en vigueur, en 1993, de l'Accord de libre-échange nord-américain (ALENA), entre le Canada, les Etats-Unis et le Mexique, a ajouté un nouvel élément à la controverse. Certains considèrent en effet que l'ALENA peut obliger le Canada à exporter son eau et risque donc de limiter considérablement, voire de faire perdre à Ottawa tout contrôle sur la gestion et la préservation des ressources hydriques du pays[10]. La controverse n'est pas éteinte, loin s'en faut[11].

---

6. Site internet http://www.time.com/time/global/august/hotcom.html, consulté le 25 août 2001.

7. *Ibid.*

8. *Europe Environment*, n° 584, 20 février 2001.

9. Voir notamment S. Ph. Little, « Canada's Capacity to Control the Flow: Water Export and the North American Free Trade Agreement », *Pace International Law Review*, vol. VIII, n° I, 1996, pp. 127 ss.

10. Voir notamment S. Ph. Little, *op. cit.*, ou C. Baumann, « Water Wars: Canada's Upstream Battle to Ban Bulk Water Export », *Minnesota Journal of Global Trade*, vol. 10, n° 1, 2001, pp. 109 ss.

11. Une récente déclaration du président G. W. Bush a remis le feu aux poudres. En juillet 2001, le président des Etats-Unis aurait déclaré: « water will forever be an issue in the United States, particularly the Western part » et aurait

La possible application de certains accords commerciaux dans des litiges relatifs à l'eau pose de nombreux problèmes politiques et juridiques. Faut-il envisager des exportations d'eau en vrac de pays disposant d'abondantes ressources à destination de ceux qui souffrent d'une pénurie chronique ? Si oui, s'agit-il d'un « commerce » comme un autre et est-il soumis au droit international économique, en particulier aux règles de l'Organisation mondiale du commerce et/ou à celles d'accords économiques régionaux, tel l'ALENA ? Un gouvernement peut-il décider d'interdire que son eau soit exportée ? Le droit international économique est-il susceptible de réduire la capacité des gouvernements à gérer leurs ressources en eau ? Offre-t-il des possibilités aux pays souhaitant importer de l'eau ? Force-t-il à la privatisation des ressources en eau ?

Ce chapitre a pour objectif d'examiner le statut de l'eau au regard des disciplines de l'Organisation mondiale du commerce (OMC) et d'identifier les principales dispositions qui sont susceptibles d'entrer en jeu. D'un côté, il y a la question de savoir quelles seront les obligations pour les pays « exportateurs » et dans quelle mesure les règles du commerce international peuvent influer sur leur marge de manœuvre dans la gestion et la préservation des eaux se trouvant sur leur territoire. D'un autre côté, la question du « commerce » de l'eau se pose aussi du point de vue des pays souffrant de graves pénuries et souhaitant importer de l'eau. Peuvent-ils invoquer le droit commercial international pour avoir accès à l'eau qui leur fait défaut ?

Deux grands volets seront traités, qui correspondent à la distinction, fondamentale, dans le système de l'OMC, entre commerce des marchandises et commerce des services. La question des investissements ne sera pas traitée comme telle parce que l'OMC ne dispose pas pour l'instant d'un régime d'ensemble sur le sujet. Pour ce qui concerne le commerce des marchandises, l'analyse se concentrera sur l'Accord général sur les tarifs douaniers et le commerce (GATT)[12] : l'eau est-elle un « produit » ou une « marchandise » au regard des règles du GATT ? Si oui, quelles sont les obligations des Etats exportateurs ? Quelle latitude ont-ils pour refuser les exportations d'eau ? Le deuxième volet examinera les implications de l'Accord général sur le commerce des services (AGCS) sur les activités de services liées à

fait part de son intention d'en parler avec Jean Chrétien, premier ministre du Canada. Ce dernier a répondu que son pays était opposé à toute exportation d'eau. Voir CRI Online, *Canada Halts Bush's Water Plan*, http://web12.cri.com.cn/english/2001/Jul/23406.htm, consulté le 25 août 2001.

12. D'autres accords de l'OMC, notamment l'Accord sur l'agriculture, l'Accord sur les mesures concernant les investissements ou l'Accord sur les subventions et les mesures compensatoires, sont néanmoins susceptibles d'entrer en ligne de compte.

l'eau. Les questions qui se posent dans ce domaine ont trait notamment à la définition des services pertinents, au statut des services publics, ainsi qu'aux dérogations possibles.

Il semble important de faire la distinction entre les arguments politiques et juridiques. Le fait de savoir s'il est souhaitable que l'eau soit une marchandise comme une autre et, en tant que telle, soumise aux règles du commerce international, est un débat avant tout politique. Déterminer si, en l'état actuel du droit *(de lege lata)*, l'eau est soumise aux dispositions des accords commerciaux de l'OMC et quelles en sont les conséquences possibles pour les Etats concernés découle d'une analyse juridique. Après tout, connaître la situation juridique actuelle est un passage obligé si l'on veut négocier un statut particulier pour l'eau au niveau international.

SECTION 2 **L'EAU DANS LE COMMERCE DES MARCHANDISES**

La présente section commencera par examiner si l'eau, et notamment l'eau «en vrac» peut être considérée comme un «produit» ou une «marchandise» et, partant, être soumise aux disciplines du GATT. On y discutera ensuite de la principale obligation pesant sur les Etats susceptibles d'exporter de l'eau, à savoir l'interdiction des restrictions à l'exportation. Une troisième partie examinera les exceptions dont pourrait se prévaloir un pays pour interdire ou limiter des exportations d'eau.

Paragraphe 1 **L'eau est-elle un «produit»?**

A. La notion de «produit» dans le GATT

Notons d'abord que, a priori, rien ne permet d'affirmer que l'eau, sous quelque forme que ce soit, soit exclue du champ d'application des règles du GATT. Cependant, cela ne signifie pas non plus que celles-ci s'appliquent à l'eau dans n'importe quelles conditions. Le GATT fait partie de l'annexe 1A des accords de l'OMC qui contient les Accords multilatéraux sur le commerce des marchandises [13]. Le GATT, quant à lui, s'applique au commerce des «produits» (voir, par exemple, articles I, III ou XI). L'eau ne sera soumise aux

13. *Résultats des négociations commerciales multilatérales du Cycle d'Uruguay — Textes juridiques*, adoptés le 15 avril 1994, Organisation mondiale du commerce, Genève.

règles du GATT que dans la mesure où on peut la considérer comme un «produit» ou une «marchandise».

Une interprétation textuelle passe par la définition de ces deux mots. Le *Petit Robert*[14] définit le mot «produit» comme «substance, fait ou être qui résulte d'un processus naturel, d'une opération humaine». Le mot «marchandise» comme étant une «chose mobilière pouvant faire l'objet d'un commerce, d'un marché. V. *article*, *denrée*, *produit*». Les notions de «produit» et de «marchandise» sont donc très larges: la matière première subit une intervention, une manipulation humaine, avant d'être mise sur le marché, mais la transformation peut aussi être le résultat d'un «processus naturel». Le second élément important est la valeur marchande: l'eau doit avoir un prix. Ces deux éléments seront examinés ci-après.

Une autre indication se trouve dans le «Système harmonisé» (SH), classification de produits établie par l'Organisation mondiale des douanes, que les membres de l'OMC utilisent pour l'établissement de leurs listes tarifaires. Au chapitre 22, intitulé «Boissons, liquides alcooliques et vinaigres», le SH contient une entrée relative à l'eau: «Eaux, y compris les eaux minérales naturelles ou artificielles et les eaux gazéifiées, non additionnées de sucre ou d'autres édulcorants ni aromatisées; glace et neige.» Elle contient deux sous-positions, la première se référant aux «eaux minérales et eaux gazéifiées», alors que la seconde est une catégorie générale «autres». La référence à une catégorie générale pour l'eau, ainsi que l'inclusion de la neige et de la glace peuvent permettre de penser que l'eau sous toutes ses formes est susceptible d'être considérée comme étant un produit. D'un autre côté, le fait que cette position se trouve au chapitre des «Boissons, liquides alcooliques et vinaigres» pourrait faire penser que l'eau n'est considérée comme un produit que dans la mesure où elle est destinée à la consommation «directe», ce qui exclurait, par exemple, des usages agricoles et industriels.

Il faut cependant relever que, si le SH peut fournir certaines indications concernant le statut de l'eau dans le commerce des marchandises, il ne saurait représenter un argument décisif à cet égard. Il est avant tout un instrument de classification, sans portée obligatoire, que les membres de l'OMC utilisent pour l'établissement de leur liste tarifaire.

On est donc tenté de se ranger à l'opinion du Gouvernement canadien, selon laquelle une liste tarifaire

> «ne définit pas ce qu'est un bien, mais elle fournit simplement un

14. *Le Petit Robert 1*, édition de 1991.

organigramme devant servir aux négociations tarifaires et à l'administration douanière. Autrement dit, elle ne nous dit pas si l'eau est un bien ni quand elle le devient; elle nous indique seulement *que lorsque* l'eau est classée comme un bien, elle entre dans une position tarifaire donnée. »[15]

B. Les différentes formes de transfert d'eau

Dans la pratique, l'eau peut être transférée sous diverses formes. L'eau minérale, qui est mise en bouteilles, après avoir subi certains traitements (purification, gazéification, par exemple), répond clairement à la définition de «produit».

Le cas de l'eau transférée en grandes quantités est plus ambigu. Un critère de distinction peut être la manière dont l'eau est transférée d'un pays à l'autre: l'eau suit-elle son cours «normal» ou subit-elle des manipulations qui l'en éloignent? L'application du droit international commercial présuppose un certain degré d'intervention humaine qui transformera la ressource naturelle en produit commercialisable[16]. Certains transferts en grandes quantités requièrent des manipulations qui sont semblables à celles mises en œuvre dans l'industrie de l'eau minérale, la principale différence étant les quantités en jeu. Ainsi, le transfert de l'eau dans des containers ou de grands sacs en plastique (sacs «Medusa») exige différentes opérations comme le pompage, le remplissage, le chargement sur des bateaux, qui devraient donner à l'eau la qualité de «produit».

Le transfert d'eau par pipeline demande également certaines manipulations, comme le pompage. De plus, ce mode de transfert est aussi utilisé pour transporter diverses ressources naturelles qui sont considérées comme des produits (pétrole, gaz). La frontière entre le droit international économique et le droit de l'eau devient plus floue dans le cas de dérivations de l'eau (canal, par exemple), et parler ici d'«exportations» d'eau semble plus difficile. Finalement, l'eau qui s'écoule naturellement d'un pays à un autre ressortit clairement au droit international de l'eau «traditionnel».

---

15. Ministère des Affaires étrangères et du Commerce international, *Bout de papier sur les prélèvements massifs d'eau et considérations relatives au commerce international*, http://198.103.104.95/geo/usa/waters5-f.asp, consulté le 21 août 2001.

16. Voir dans le même sens S. P. Little, «Technically, a Water Diversion Is Not Tantamount to the Export of Water», *Pace International Law Review*, p. 130, et Esther J. de Haan, «Balancing Free Trade in Water and the Protection of Water Resources in GATT», *The Scarcity of Water — Emerging Legal and Policy Responses*, E. H. P. Brans *et al.* (dir. publ.), La Haye, Kluwer Law International, 1997, pp. 245 ss.

Bien que la frontière entre commerce et «partage» des eaux soit floue, il semble que certaines formes de transfert d'eau en vrac puissent être assimilées à du commerce au sens où l'entend le droit commercial multilatéral.

C. L'eau, objet de transactions commerciales

Le statut de l'eau en droit interne, et notamment la question de savoir si l'eau est une marchandise pouvant faire l'objet d'échanges commerciaux dans un pays, est également susceptible d'influencer la qualification de l'eau comme «produit» dans le droit commercial international. Procéder à un examen détaillé des différentes législations et pratiques nationales est un sujet d'étude en lui-même, qui dépasserait largement le cadre de cet article. Aussi nous arrêterons-nous seulement sur quelques exemples.

Aux Etats-Unis, la Cour suprême a jugé, dans l'arrêt *Sporhase* v. *Nebraska*[17], que l'eau souterraine était un «article de commerce»[18] et qu'une loi restreignant le droit des citoyens d'exporter dans un autre Etat américain de l'eau tirée de nappes phréatiques était illégale. Se fondant sur cette jurisprudence, la cour fédérale de district du Nouveau-Mexique a jugé qu'un embargo total, mis en place par le Nouveau-Mexique, sur l'exportation d'eau souterraine équivalait à du protectionnisme économique et était inconstitutionnel[19]. Il semble donc que les transferts d'eau opérés sur des bases commerciales soient une pratique reconnue aux Etats-Unis, et que l'eau y soit considérée comme un «produit» avant même d'avoir subi une manipulation. Dans une autre région du monde, les érudits musulmans paraissent être d'avis que l'eau peut être vendue et commercialisée, à l'instar de tout autre produit[20].

Pour ce qui est des transferts d'eau à l'échelon international, la réalité économique et commerciale doit également être prise en compte. En effet, certains pays souffrant d'un stress hydrique souhaitent acheter de grandes quantités d'eau et, dans certains cas, une offre est prête à répondre à cette demande. Quelques exemples ont été donnés précédemment.

17. 458 US 941 (1982). Voir E. B. Schwartz, «Water as an Article of Commerce: State Embargoes Spring a Leak under Sporhase *v.* Nebraska», *Boston College Environmental Affairs Law Review*, vol. 12, nº 1, 1985, pp. 103 ss.

18. La Cour suprême utilise l'expression «article of commerce».

19. Affaire *El Paso* v. *Reynolds*, 563 F. Supp. 379 (DNM, 1983). Voir S. Zeller, «New Mexico's Water Exportation Statute: Will It Float?», *Natural Resources Journal*, vol. 24, nº 1, 1984, pp. 471 ss.

20. M. T. Kadouri, Y. Djebbar et M. Nedhi, «Water Rights and Water Trade: An Islamic Perspective», *Water Management in Islam*, N. Farouqui *et al.* (dir. publ.), United Nations University Press, 2001, pp. 85 ss.

D. *Le prix de l'eau*

Savoir si un prix est payé pour l'eau transférée est un élément important pour déterminer si l'on est en présence d'une transaction commerciale. Or, il est particulièrement difficile de répondre à cette question pour ce qui concerne l'eau. La question du prix de l'eau, qui fait depuis quelques années l'objet d'un débat économique en relation avec l'internalisation des coûts environnementaux, est très politique et suscite des débats enflammés, d'aucuns considérant que l'eau est un bien commun et que « l'accès de base à l'eau est *un droit politique, économique et social fondamental, individuel et collectif* »[21].

La pratique, dans ce qu'il faut bien appeler l'industrie de l'eau, donne peu de renseignements. Dans la plupart des pays, le consommateur paie une somme forfaitaire qui englobe les différents coûts liés à la distribution de l'eau. Il est donc difficile de déterminer si une valeur est attribuée à l'eau en tant que telle, ou si la facture ne comprend que les services liés à la distribution de l'eau. Cette incertitude est renforcée par la structure de l'industrie elle-même, souvent dominée par des monopoles, généralement publics, qui contrôlent toute la chaîne de la gestion de l'eau, de l'extraction à la distribution au consommateur. Dans un tel schéma d'intégration verticale, il est difficile de distinguer le produit — et sa valeur — du ou des services qui l'accompagnent[22].

Une évolution se dessine cependant, qui devrait amener à considérer l'eau comme un bien économique, ayant, pour corollaire, un prix. Le chapitre 18 du programme Action 21[23] se réfère à l'eau comme à un « bien social et économique ». La Déclaration de Dublin reconnaît comme principe directeur que « l'eau, utilisée à de multiples fins, a une valeur économique et devrait donc être reconnue comme bien économique »[24]. Elle stipule encore que

> « la valeur économique de l'eau a été longtemps méconnue, ce qui a conduit à gaspiller la ressource et à l'exploiter au mépris de

---

21. Voir par exemple R. Petrella, *Le Manifeste de l'eau*, Editions Labor, 1998, pp. 63 ss. (L'italique est dans le texte original.)

22. Du côté des distributeurs privés, il est intéressant de relever que la société française Suez considère que la distribution d'eau est un service, et que « c'est le prix de ce service qui est facturé [au consommateur] et non l'eau comme matière première ». (Voir Suez/Ondeo, *La vraie bataille de l'eau*, novembre 2001, p. 6.)

23. Adopté par la Conférence des Nations Unies sur l'environnement et le développement (CNUED), Rio de Janeiro, 1992.

24. Déclaration de Dublin sur l'eau dans la perspective d'un développement durable, adoptée par la Conférence internationale sur l'eau et l'environnement, Dublin, 1994. Voir à ce sujet M. Solanes, « Integrated Water Management from the Perspective of the Dublin Principles », *CEPAL Review*, n° 64, 1998, pp. 165 ss.

l'environnement. Considérer l'eau comme bien économique et la gérer en conséquence, c'est ouvrir la voie à une utilisation efficace et à une répartition équitable de cette ressource, à sa préservation et à sa protection.»

Le Conseil mondial de l'eau a repris ce principe à son actif, tout en le nuançant[25]. Plus concrètement, la Commission mixte internationale sur la protection des eaux des Grands Lacs, dans le rapport final qu'elle a présenté aux Gouvernements du Canada et des Etats-Unis, recommande, «dans la mesure du possible, la tarification de l'eau selon un barème qui favorisera la conservation»[26]. L'idée qui sous-tend ces initiatives est la nécessité d'internaliser les coûts environnementaux liés à la consommation de l'eau: l'attribution d'une valeur économique à l'eau devrait favoriser une meilleure gestion de la ressource et éviter le gaspillage[27].

A l'échelon international, les exemples de vente d'eau en grandes quantités sont encore trop peu fréquents pour permettre de déterminer de quelle manière le prix est fixé. On peut cependant mentionner que, dans les négociations entre la Turquie et Israël, les deux Etats prévoient de fixer le prix de l'eau au mètre cube[28].

E. Statut de l'eau «dans son état naturel»

L'eau est soumise aux règles de l'OMC si elle devient un produit. La conclusion logique est que, pour soustraire l'eau aux disciplines de l'OMC, il faut l'empêcher de devenir un produit.

Dans une déclaration conjointe faite en 1993 lors de la signature de

25. «In the world of 2000, with water rapidly becoming more scarce, the Commission agreed with the Dublin principle that to create proper incentives for the management of water, water should be treated as an economic good. But the Commission recognised that full implementation of marginal cost pricing was too big a step to make at that time. Thus it recommended a first step: that the full cost of water services be recovered from users.» (Voir *World Water Vision — A Water Secure World*, Conseil mondial de l'eau, 2000, p. 55.)

26. Rapport final sur la protection des eaux des Grands Lacs, mars 2000, http://www.ijc.org/boards/cde/finalreport/rapportfinal.html, consulté le 21 août 2001.

27. Voir par exemple M. Solanes, «Water Rights — Functions, Conditionalities, Administration», *Management of Shared Groundwater Resources: the Israeli-Palestinian Case with an International Perspective*, publié par International Development Research Center (IDRC) et Kluwer Law International, Boston, 2001, pp. 259 ss.

28. *Ha'aretz*, édition en ligne du 16 mai 2001, «The Price of Turkish Water Is Going up as the Negotiators Tread Water on the Deal», http://www2.haaretz.co.fl/special/water-e/d/36396/.asp, consulté le 21 août 2001.

l'ALENA, les Gouvernements du Canada, du Mexique et des Etats-Unis ont indiqué notamment que

> « l'eau à l'état naturel, dans les lacs, cours d'eau, réservoirs, aquifères, bassins hydrographiques et autres, ne constitue pas une marchandise, n'est pas commercialisable et, par conséquent, elle ne fait pas et n'a jamais fait l'objet de dispositions d'aucun accord commercial »[29].

Le Canada se fonde sur ce principe dans sa stratégie pour gérer les eaux canadiennes, en opposant l'eau comme ressource naturelle et l'eau comme objet de commerce. Plutôt que d'interdire l'exportation d'eau en vrac, un projet de loi canadien vise à réglementer l'eau « dans son état naturel », en interdisant les prélèvements massifs d'eau[30] :

> « l'eau est réglementée dans son état naturel, avant d'être devenue un bien commercial ou une denrée pouvant être mise en vente. Cette façon de faire est conforme aux obligations du Canada en matière de commerce international. »[31]

Ottawa compare ensuite l'eau à d'autres ressources naturelles :

> « même si on prélève de l'eau dans son état naturel pour la commercialiser (par exemple pour l'embouteiller, ou comme ingrédient d'une boisson en bouteille), la source naturelle dont elle provient existe toujours dans son état naturel et elle ne peut donc être considérée comme une marchandise. L'eau à l'état naturel peut se comparer à d'autres ressources naturelles comme les arbres de la forêt, les poissons dans la mer ou les minéraux du sol. Même si toutes ces choses peuvent être transformées en articles commerciaux par la récolte, la pêche ou l'extraction, elles demeurent, jusqu'à ce que cette étape soit franchie, des ressources naturelles et se situent à l'extérieur du champ d'application de ces ententes commerciales [le Canada se réfère ici à l'ALENA et à l'OMC]. »[32]

29. Ministère des Affaires étrangères et du Commerce international, *Questions et réponses*, http://198.103.104.95/geo/usa/water4-f.asp, consulté le 21 août 2001. Il y a controverse sur le point de savoir si cette déclaration est contraignante pour les Etats parties à l'ALENA. Voir par exemple Steven Shrybman, « A Legal Opinion concerning Water Export Controls and Canadian Obligations under NAFTA and the WTO », *West Coast Environmental Law, Occasional Paper Series, No. 25.01, 1999.* Notons aussi que cette déclaration semble être en contradiction avec l'arrêt de la Cour suprême des Etats-Unis dans l'affaire *Sporhase* v. *Nebraska*, voir ci-dessus lettre C.

30. Projet de loi C-15, 1999, et projet de loi C-6, 2001.

31. Ministère des Affaires étrangères et du Commerce international, *Questions et réponses*, http://198.103.104.95/geo/usa/water4-f.asp, consulté le 21 août 2001.

32. *Ibid.*

La prémisse de base sur laquelle se fonde la stratégie canadienne — à savoir que les règles de l'OMC n'empêchent pas un gouvernement de réglementer l'exploitation de ses ressources naturelles — est correcte. Le cas de figure le plus simple est celui où l'exploitation d'une ressource naturelle est totalement interdite, ce qui a logiquement pour effet d'en empêcher le commerce. C'est le cas, par exemple, pour certaines espèces animales ou végétales protégées. En fait, une telle interdiction ne tombe pas dans le champ d'application du GATT.

Les règles de l'OMC sont cependant susceptibles d'entrer en jeu dès que la ressource naturelle est exploitée, que l'exploitation soit assortie ou non de restrictions. Le problème se complique encore dans le cas de l'eau : en effet, selon la manière dont l'eau est exploitée, il faut distinguer différents cas de figures. Un gouvernement qui délivre une autorisation d'extraire de l'eau pour la vendre dans des contenants (bouteilles, sacs en plastique de plus ou moins grande taille) reste libre de réglementer, par exemple, la quantité maximale d'eau qui peut être extraite à cette fin. Les règles de l'OMC entreront cependant en jeu dans l'hypothèse où l'eau ainsi extraite ne peut être vendue que sur le marché national, ce qui équivaudrait à une interdiction d'exporter et entraînerait l'application des dispositions pertinentes du GATT, notamment celle de l'article XI.

Quid si un gouvernement autorise le prélèvement d'eau à des fins industrielles ou agricoles ? Le Canada semble considérer que l'eau n'est une marchandise que si elle est vendue dans des bouteilles ou des emballages, en vrac,

> « ce qui ne comprendrait probablement pas l'eau fournie au moyen d'un permis ou comme service par les municipalités ou une province à des fins domestiques, industrielles et agricoles où les frais à payer pour cette eau englobent le coût de l'approvisionnement plutôt que le prix d'un produit ».

Selon le Gouvernement canadien, il s'agirait là d'un « usage temporaire » qui « ne suffit pas à transformer cette eau en bien » et, dans une telle situation, « il est probablement mieux de parler d'un droit d'usage que d'un droit sous forme de bien »[33]. Cet argument est peu convaincant et le conditionnel utilisé par le Gouvernement canadien est de mise. Le GATT ne distingue pas entre « droit d'usage » et « droit sous forme de bien ». De plus, il est difficile de considérer que l'on parle d'un service (voir ci-après (pp. 195 ss.) la section sur l'Accord général sur le commerce des

33. Ministère des Affaires étrangères et du Commerce international, *Bout de papier sur les prélèvements massifs d'eau et considérations relatives au commerce international*, http://198.103.104.95/geo/usa/waters5-f.asp, consulté le 21 août 2001.

services) puisque l'objet de la transaction — ou du litige — dans cet exemple n'est pas la distribution de l'eau, mais bien l'eau comme telle. Si un pays, se fondant sur l'autorisation exceptionnelle de prélever de l'eau à des fins d'irrigation, devait invoquer les règles commerciales pour importer de l'eau, la question qui continuerait à se poser serait bien celle de savoir si l'eau exploitée à des fins d'irrigation demeure un «produit».

Paragraphe 2 **Obligations des Etats exportateurs si l'eau est considérée comme un produit**

L'eau est soumise aux disciplines du GATT si elle est considérée comme un «produit». On examinera alors les principales dispositions susceptibles d'influencer la marge de manœuvre du pays exportateur dans la gestion de ses ressources en eau. La disposition clé à cet égard est l'article XI du GATT, qui interdit les restrictions à l'exportation. Dans un deuxième temps, on discutera les exceptions dont un gouvernement pourrait se prévaloir pour justifier des mesures restrictives (paragraphe 3).

A. Les restrictions quantitatives à l'exportation

Sur la question des exportations d'eau en vrac, le paragraphe 1 de l'article XI du GATT, intitulé «Elimination générale des restrictions quantitatives», est une disposition cruciale. En effet, cette disposition, considérée comme l'un des «principes fondamentaux du système juridique du GATT et de l'OMC»[34], contient la règle de base interdisant aux membres de l'OMC les restrictions quantitatives tant à l'importation qu'à l'exportation:

> «Aucune partie contractante n'instituera ou ne maintiendra à l'importation d'un produit originaire du territoire d'une autre partie contractante, à l'exportation ou à la vente pour l'exportation d'un produit destiné au territoire d'une autre partie contractante, de prohibitions ou de restrictions autres que des droits de douane, taxes et autres impositions, que l'application en soit faite au moyen de contingents, de licences d'importation ou d'exportation ou de tout autre procédé.»

Cette disposition doit être lue conjointement avec l'article XIII qui

34. *Inde — Restrictions quantitatives à l'importation de produits agricoles, textiles et industriels*, WT/DS90, rapport du groupe spécial, par. 5.127. Ce rapport note aussi que le terme «restriction» doit être envisagé dans un sens large (par. 5.142).

stipule que, dans le cas où un membre applique des prohibitions ou des restrictions, à l'importation ou à l'exportation, il doit le faire de manière non discriminatoire, c'est-à-dire en traitant tous ses partenaires commerciaux sur un pied d'égalité.

L'article XI, paragraphe 1, établit une distinction fondamentale, qui sous-tend toute la philosophie de l'Accord général, entre restrictions quantitatives et restrictions par les coûts. Alors que les premières sont généralement interdites, à moins qu'elles ne tombent sous certaines exceptions de l'Accord (voir ci-après), les secondes sont autorisées, principalement sous forme de droits de douane. Dans un récent litige, le groupe spécial concerné a résumé cette philosophie comme suit :

> « L'interdiction du recours à des restrictions quantitatives est l'une des pierres angulaires du système du GATT. Suivant un principe fondamental du système du GATT, les droits de douane constituent la forme de protection acceptable et à préférer. ... L'interdiction des restrictions quantitatives témoigne du fait que les droits de douane sont la forme « privilégiée » de protection à la frontière dans le cadre du GATT. Les restrictions quantitatives imposent des limites absolues sur les importations, ce que les droits de douane ne font pas. Contrairement aux droits NPF qui permettent au concurrent le plus efficace de fournir les produits importés, les restrictions quantitatives ont généralement un effet de distorsion sur le commerce, leur répartition peut poser problème et elles peuvent ne pas être administrées de manière transparente.
>
> Les participants au Cycle d'Uruguay ont reconnu les effets préjudiciables globaux des restrictions non tarifaires à la frontière (qu'elles soient appliquées aux importations ou aux exportations) et la nécessité de favoriser des mesures plus transparentes fondées sur les prix, c'est-à-dire les droits de douane ... »[35]

La plupart des litiges mettant en cause l'article X, paragraphe 1, ont porté sur des restrictions quantitatives à l'importation. A ce jour, seuls trois litiges concernant des restrictions à l'exportation ont été portés à l'attention d'un groupe spécial. L'un d'eux avait trait à une restriction quantitative à l'exportation sur une ressource naturelle. Il s'agissait d'une mesure canadienne interdisant l'exportation de certains harengs et saumons non préparés, qui a été jugée contraire à l'article XI, paragraphe 1[36].

---

35. *Turquie — Restrictions à l'importation de produits textiles et de vêtements*, rapport du groupe spécial, WT/DS34/R, par. 9.63 et 9.65.

36. *Canada — Mesures affectant l'exportation de harengs et de saumons non préparés*, IBDD S35/106. Les deux autres litiges sont les affaires *Japon —*

L'article XI, paragraphe 1, a pour conséquence que toute interdiction d'exporter de l'eau ou d'en limiter quantitativement l'exportation est en principe interdite, sauf si elle peut être justifiée au titre d'une exception de l'Accord (voir ci-après). Telle semble être d'ailleurs l'opinion du Canada, qui déclare qu'une

> « interdiction générale de l'exportation d'eau commercialisée, par exemple en bouteille ou en navire ou wagon-citerne, pourrait être contestée [au titre du GATT ou de l'ALENA] » [37].

B. Les droits de douane à l'exportation

Si les restrictions quantitatives à l'exportation sont clairement interdites, l'article XI permet cependant le prélèvement des « droits de douane, taxes ou autres impositions » sur les produits exportés. C'est là le pendant, pour les exportations, des droits de douane qui frappent les produits importés ; dans les deux cas, les droits constituent une forme de protection. En effet, un droit de douane très élevé peut avoir le même effet qu'une restriction quantitative dans la mesure où il est susceptible de réduire considérablement, voire de supprimer, les échanges commerciaux. Il semble que le prélèvement de droits de douane à l'exportation frappe avant tout les matières premières et autres ressources naturelles [38]. Comme indiqué ci-après, les diverses tentatives faites pour développer des disciplines plus strictes dans ce domaine se sont heurtées à de vives résistances, notamment parce que les Etats utilisent ces droits de douane pour gérer (limiter) l'exploitation de leurs ressources naturelles.

A l'instar des droits de douane frappant les produits importés, les droits de douane et autres impositions à l'exportation ne sont inscrits dans des listes tarifaires que s'ils font l'objet d'une consolidation. Dans les faits, ces inscriptions sont très rares. On ne recense que deux cas dans les premières années du GATT, concernant des exportations d'étain. Dans deux autres cas, le pays importateur a subordonné ses concessions tarifaires concernant certains produits transformés à

Commerce des semi-conducteurs, IBDD, S35/126, et *Argentine — Mesures visant l'exportation de peaux de bovins et l'importation de cuirs finis*, WT/DS155/R. Notons que, dans cette dernière affaire, il existait un droit à l'exportation sur les peaux brutes, qui n'a pas été contesté par la partie demanderesse (voir p. 130, note 338).

37. Ministère des Affaires étrangères et du Commerce international, *Questions et réponses*, http://198.103.104.95/geo/usa/water4-f.asp, consulté le 21 août 2001.

38. Voir MTN.GNG/NG3/W/23 (12 juillet 1989) ; MTN.GNG/NG3/W/11 (12 février 1988) ; MTN.GNG/NG/W/13 (8 juin 1988) ; MTN.GNG/NG/W/40 (8 août 1989).

l'absence de restriction à l'exportation sur les matières premières entrant dans la composition de ces biens[39].

A notre connaissance, aucun pays n'a institué de droits de douane sur les exportations d'eau. On pourrait cependant imaginer que de tels droits soient utilisés pour décourager les exportations d'eau. Un droit élevé aurait pour effet pratique de supprimer les exportations d'eau, ou à tout le moins de les limiter de manière drastique[40]. De plus, il n'y a pas d'obligation de consolider ces droits dans des listes de concessions tarifaires. Si tel devait cependant être le cas, le droit serait sujet à réduction lors de négociations ultérieures et la protection ne serait donc que provisoire.

C. L'exception de l'article XI, paragraphe 2

Le paragraphe 2 de l'article XI contient une exception qui vise à permettre à un gouvernement de maintenir, dans certaines circonstances, des restrictions quantitatives à l'exportation. Le cas envisagé à l'article XI, paragraphe 2, alinéa *a)*, se réfère à des

> «prohibitions ou restrictions à l'exportation appliquées temporairement pour prévenir une situation critique due à une pénurie de produits alimentaires ou d'autres produits essentiels pour la partie contractante exportatrice, ou pour remédier à cette situation».

Les rédacteurs du GATT auraient ajouté le terme «autres produits» pour permettre des mesures, par exemple, des contingents à l'exportation, ayant pour but la conservation de ressources naturelles[41]. L'eau pouvant être considérée comme un produit alimentaire ou comme un «autre produit», cette exception est susceptible d'être invoquée dans le cas de restrictions quantitatives à l'exportation d'eau. Les concepts subjectifs utilisés dans cette disposition («situation critique», «pénurie») rendent néanmoins difficile toute interprétation abstraite et appellent une application au cas par cas. C'était d'ailleurs aussi l'avis des rédacteurs de l'Accord général, pour qui «l'importance d'un produit quelconque devrait être appréciée en se plaçant au point de vue du pays intéressé»[42].

---

39. *Restrictions et impositions à l'exportation*, note du Secrétariat du GATT, MTN.GNG/NG2/W/40, 8 août 1999.

40. Un droit de douane fixé à un niveau si élevé qu'il aboutirait à supprimer totalement les exportations pourrait cependant être considéré comme abusif parce que ayant des effets semblables à ceux d'une restriction quantitative, et donc jugé contraire à l'article XI.

41. J. Jackson, *World Trade and the Law of GATT*, Bobbs-Merrill, New York, 1969, p 317.

42. Voir *Index analytique — Guide des règles et pratiques du GATT*, OMC, 1995, p. 349.

Il faut également noter que l'entrée en vigueur de l'Accord sur l'agriculture a ajouté de nouvelles conditions à l'utilisation de l'article XI, paragraphe 2, alinéa *a)*[43]. Aux termes de l'article 12 de cet accord, le pays qui invoque l'article XI, paragraphe 2, alinéa *a)*, « prendra dûment en considération » les effets d'une prohibition ou d'une restriction à l'exportation sur la sécurité alimentaire des pays importateurs, et doit procéder à des consultations à la demande de tout pays ayant « un intérêt substantiel en tant qu'importateur au sujet de toute question liée à ladite mesure » (par. 1 *a)* et *b)*). Bien que le terme « prendre en considération » permette une certaine liberté d'appréciation, cette disposition établit un lien entre les besoins du pays exportateur et ceux du pays importateur, avec pour effet possible de limiter la marge de manœuvre du premier.

L'article XI, paragraphe 2, alinéa *a)*, n'a jamais été interprété dans un litige. Notons toutefois que, dans la controverse qui a opposé les Communautés européennes et l'Indonésie (voir ci-dessus), cette dernière a invoqué l'article XI, paragraphe 1, alinéa *a)*, pour justifier les restrictions à l'exportation qu'elle maintenait sur certains bois tropicaux[44].

L'intérêt de l'exception contenue à l'article XI, paragraphe 2, alinéa *a)*, pour interdire ou limiter les exportations d'eau est réduit. Si l'eau peut sans doute être considérée comme un des « autres produits » auquel il est fait référence, voire comme un produit alimentaire, l'objectif même de cette disposition semble peu propice à des mesures de conservation environnementale.

D'abord, cette exception ne permet que des mesures « temporaires ». Bien que ce terme ne soit pas défini, il semble d'emblée exclure des mesures conservatoires à long terme, qui sont souvent nécessaires en matière de protection de l'environnement. Ensuite, le caractère temporaire de la mesure est encore renforcé par l'exigence que cette dernière ait pour objectif de prévenir une « situation critique due à une pénurie » des produits en question. Cette disposition semble donc envisager des situations d'urgence, peu appropriées pour la gestion d'une ressource naturelle à long terme. Or, les mesures de conservation d'eau devraient pouvoir être prises sans attendre l'assèchement presque total des ressources. Finalement, si l'eau est exportée comme produit alimentaire, l'article 12 de l'Accord sur l'agriculture oblige le pays exportateur à tenir compte de la situation dans le ou les pays importateur(s).

---

43. Dans la mesure où l'eau apparaît au chapitre 22 du Système harmonisé (SH), elle est visée par l'Accord sur l'agriculture puisque ce dernier concerne notamment les chapitres 1 à 24 du SH.

44. MTN.SB/3, par. 6. Voir ci-dessus présent paragraphe, lettre A.

D. Symétries et asymétries entre importations et exportations

La symétrie que le texte de l'article XI, paragraphe 1, établit entre importations et exportations doit cependant être nuancée car elle subit quelques aménagements importants, qui ne sont d'ailleurs pas sans intérêt pour notre discussion sur les ressources en eau. D'une part, les exceptions à l'interdiction des restrictions quantitatives à l'exportation sont plus généreuses (voir ci-dessus). D'autre part, les règles concernant les mesures relatives aux exportations, notamment en ce qui concerne les mesures tarifaires, sont moins détaillées que celles relatives aux importations. Il semble en résulter, *de facto* et même *de jure*, une plus grande tolérance à leur égard, qui s'explique en partie par le fait que les négociateurs du GATT se sont concentrés sur les mesures les plus restrictives pour le commerce international, c'est-à-dire les mesures affectant les importations.

On sait néanmoins que les gouvernements recourent aux restrictions à l'exportation, qu'elles soient quantitatives ou qu'elles prennent la forme d'une taxe. Leur ampleur est toutefois mal connue. Selon le Secrétariat du GATT, les gouvernements utilisent ces mesures pour diverses raisons, notamment commerciales et économiques (amélioration des termes de l'échange, protection des industries de transformation, stabilisation des prix intérieurs), ainsi que stratégiques. Certains pays les utilisent aussi afin de promouvoir la conservation de ressources naturelles épuisables. Comme l'a relevé le Secrétariat du GATT :

> « certains pays ont imposé des restrictions à l'exportation de produits provenant de ressources naturelles épuisables, tels que les produits énergétiques, au motif que les prix du marché ne tenaient pas compte des coûts sociaux à long terme de l'appauvrissement de ces ressources et pour tenter de ralentir cet épuisement tout en maximisant leurs recettes. Tel a surtout été le cas des pays dont la capacité à absorber les revenus de l'exploitation de produits provenant de ressources naturelles est limitée et qui ont donc été tentés de ralentir leur rythme d'exploitation. Toutefois, les restrictions à l'exportation de produits provenant des ressources naturelles épuisables sont inopérantes si elles ne s'accompagnent pas d'une limitation de la production. »[45]

Dans l'histoire du GATT et de l'OMC, l'enjeu principal des discussions sur les restrictions à l'exportation a été la gestion des ressources naturelles, les Etats voyant dans les premières des possibilités de

45. *Restrictions et impositions à l'exportation*, note documentaire du Secrétariat, MTN.GNG/NG2/W/40, 8 août 1989, par. 2.

mieux gérer et préserver les secondes. Durant le Cycle d'Uruguay, une note du Secrétariat relevait que,

> « par le passé, les restrictions et les taxes à l'exportation ont posé des problèmes, car les pays importateurs souhaitaient améliorer les conditions d'accès aux approvisionnements. Toutefois, ... les tentatives visant à renforcer la discipline en ce qui concerne les restrictions à l'exportation se sont heurtées à une opposition de la part de pays qui considéraient que ces tentatives constituaient une atteinte à leur souveraineté sur leurs ressources naturelles. » [46]

Le Groupe de travail du commerce de certains produits provenant des ressources naturelles, qui a travaillé dans le cadre des négociations du Cycle de l'Uruguay, avait mis à son ordre du jour la question des restrictions et taxes à l'exportation, mais n'a abouti à aucune conclusion.

Ce bref rappel historique montre que, même si elles ne jouissent pas d'un statut spécial au sein de l'OMC, les ressources naturelles ont toujours fait l'objet d'une attention particulière, qui s'est reflétée avant tout dans le débat sur l'utilisation de restrictions à l'exportation. La volonté exprimée par certains Etats de limiter l'accès aux ressources naturelles par le biais de restrictions aux exportations répondait, il est vrai, à des préoccupations d'ordre économique plutôt qu'environnemental [47]. L'eau n'a jamais été explicitement mentionnée dans ces discussions et il est même fort probable que personne n'y songeait. Bien que ce sujet ne soit pas à l'ordre du jour pour l'heure, on ne peut exclure la reprise d'un débat sur la question des ressources naturelles. Une note du Secrétariat du GATT, écrite en pleine crise pétrolière, trouve de fait un écho dans un contexte de pénurie d'eau :

> « quoi que réserve l'avenir, il est maintenant possible de se représenter concrètement des situations où les restrictions à l'exportation pourraient être un facteur important dans le commerce mondial. Jusqu'ici, toute l'organisation de l'économie internationale s'est fondée sur le postulat qu'il était possible d'assurer le libre-échange en donnant à toutes les nations le droit de vendre à l'étranger ; il faudra peut-être, à l'avenir, y ajouter dans certains domaines le droit d'acheter aux autres pays. » [48]

---

46. *Op. cit. supra* note 45, par. 6.
47. Il a été proposé à diverses reprises que le problème des restrictions à l'exportation soit traité conjointement avec celui de la progression tarifaire. Cette expression se réfère à la pratique de fixer des droits de douane peu élevés sur les matières premières, mais plus élevés sur les produits finis ou semi-finis incorporant celles-ci, ce qui a pour effet de pénaliser l'industrie de transformation dans les pays exportateurs de matières premières, souvent des pays en développement.
48. MTN/28 et Corr. 1.

Paragraphe 3 **Les exceptions de l'article XX**

L'article XX de l'Accord général permet à un Etat de mettre en place, à certaines conditions, des mesures qui sont incompatibles avec d'autres dispositions de cet accord. Les exceptions les plus pertinentes pour justifier une mesure d'interdiction ou de restriction aux exportations d'eau se trouvent aux alinéas *b)* et *g)*. Pour être pleinement compatible avec l'article XX, une mesure doit encore être conforme au préambule de cette disposition. Ces trois éléments seront examinés tour à tour ci-dessous.

L'article XX a été invoqué dans plusieurs litiges commerciaux ayant une dimension environnementale, et la jurisprudence a connu une évolution intéressante. Cette disposition a été interprétée d'une manière que l'on peut qualifier d'autiste dans les premiers litiges, qui l'avait vidée de sa raison d'être. Une jurisprudence récente a dégagé une interprétation plus nuancée, tentant de prendre en compte des considérations autres que commerciales.

Le but de ce paragraphe n'est pas de déterminer une fois pour toutes si les exceptions de l'article XX peuvent justifier une interdiction ou une restriction aux exportations d'eau. Une telle généralisation est impossible, surtout pour une disposition dont l'application requiert toujours un examen minutieux des faits de la cause. Notre propos est plutôt d'attirer l'attention sur certains aspects de l'article XX qui sont susceptibles d'être particulièrement pertinents dans des litiges relatifs à l'eau.

A. Article XX, alinéa b), *de l'Accord général*

L'alinéa *b)* de l'article XX permet à un membre de l'OMC de maintenir une mesure par ailleurs incompatible avec d'autres dispositions de l'Accord si cette mesure est « nécessaire à la protection de la santé et de la vie des personnes et des animaux ou à la préservation des végétaux ».

Cette disposition a été invoquée dans plusieurs litiges mettant en cause des mesures visant à la protection de la santé humaine[49] ou à celle des animaux[50]. Dans ces litiges, la mesure contestée visait à

49. Voir *Thaïlande — Restrictions à l'importation et taxes intérieures touchant les cigarettes*, IBDD S37/214 (ci-après *Thaïlande — Cigarettes)*; *Etats-Unis — Normes concernant l'essence: nouvelle et ancienne formules*, WTDS2/9 (ci-après *Etats-Unis — Essence)*; *Communautés européennes — Mesures affectant l'amiante et les produits en contenant*, WT/DS135 (ci-après *CE — Amiante*).

50. *Etats-Unis — Restrictions à l'importation de thon*, IBDD, S39/174; *Etats-Unis — Restrictions à l'importation de thon*, DS29/R.

empêcher l'importation de produits accusés de représenter un danger pour la santé de l'homme ou de certains animaux. Cependant, rien dans le texte de l'alinéa *b)* ne permet de considérer que cette disposition doive se limiter aux restrictions à l'importation. A priori, elle devrait également pouvoir être invoquée pour justifier une restriction ou une interdiction à l'exportation.

i) *Protection de la santé et de la vie des personnes et des animaux, préservation des végétaux*

Dans la pratique, les groupes spéciaux et l'Organe d'appel[51] qui appliquent cette disposition commencent par examiner si, de manière générale, la politique dans laquelle s'inscrit la mesure qui doit être justifiée au titre de l'alinéa *b)* entre dans la catégorie des politiques destinées à protéger la santé et la vie des personnes et des animaux ou à préserver les végétaux. Notons que, selon une jurisprudence bien établie, le niveau de protection choisi n'est pas remis en question[52].

Une restriction ou une interdiction aux exportations d'eau devrait entrer dans la catégorie de politiques envisagées à l'alinéa *b)*. L'Etat exportateur pourra argumenter que ce genre de mesure s'inscrit dans le cadre d'une politique environnementale dont l'objectif est la protection des écosystèmes et, par extension, la santé et la vie des personnes et des animaux, ainsi que la préservation des végétaux.

ii) *Le critère de «nécessité»*

La deuxième étape est l'examen de ce qu'il est convenu d'appeler le «critère de nécessité», c'est-à-dire la question de savoir si la mesure est «nécessaire» pour atteindre l'objectif poursuivi. Les premiers groupes spéciaux qui ont appliqué l'article XX, alinéa *b)*, ont interprété ce terme de manière très étroite. Pour que la restriction incriminée soit «nécessaire», le gouvernement qui invoquait l'alinéa *b)* de l'article XX devait démontrer qu'«il n'y avait pas d'autres mesures compatibles, ou moins incompatibles, avec l'Accord général qu'[il] pouvait raisonnablement être censé employer pour atteindre les objectifs»

51. La procédure de règlement des différends de l'OMC connaît deux «instances». Le litige est d'abord examiné par un groupe spécial, composé de trois personnes choisies par les parties au litige, qui rendra ses conclusions dans un rapport soumis aux membres de l'OMC. Les conclusions en droit du groupe spécial sont susceptibles d'être portées devant l'Organe d'appel de l'OMC. Ce dernier est composé de sept personnes, dont trois siègent pour chaque litige.

52. Voir par exemple *CE — Amiante*, rapport de l'Organe d'appel, par. 168.

recherchés[53]. Selon cette interprétation, la mesure devait être vraiment indispensable pour atteindre l'objectif recherché.

Une jurisprudence récente a cependant assoupli cette exigence et introduit quelques nuances importantes. Elle a été inaugurée par l'Organe d'appel dans l'affaire *Corée — Viande de bœuf*, en application de l'alinéa *d)* de l'article XX, disposition qui contient aussi un critère de nécessité[54]. L'Organe d'appel en a ensuite repris les grands principes dans le litige *CE — Amiante*. Dans ce litige, le Canada, demandeur, argumentait que l'interdiction totale de l'amiante, mise en place par la France, n'était pas «nécessaire» au sens de l'alinéa *b)* parce que d'autres mesures permettaient de se protéger contre le risque présenté par l'amiante.

L'Organe d'appel a d'entrée de jeu remis en question l'équation nécessaire = indispensable. Se référant à la définition du mot «nécessaire», il a remarqué que

> «la portée du mot «nécessaire n'est pas limitée à ce qui est «indispensable», «d'une nécessité absolue» ou «inévitable» ... d'autres mesures peuvent elles aussi ressortir à cette exception. ... Le terme «nécessaire» désigne, à notre avis, des nécessités d'ordre différent. A une extrémité du champ sémantique, on trouve «nécessaire» dans le sens d'«indispensable»; à l'autre extrémité, on trouve «nécessaire» pris dans le sens de «favoriser». Dans ce champ sémantique, nous estimons qu'une mesure «nécessaire» se situe beaucoup plus près du pôle «indispensable» que du pôle opposé: «favoriser» simplement.»[55]

Pour déterminer si une mesure est «nécessaire», même si elle n'est pas «indispensable», trois paramètres doivent désormais être soupesés et mis en balance: i) le rôle joué par la mesure dans le respect de la loi en question, autrement dit son efficacité; ii) «l'importance de l'intérêt commun ou des valeurs communes qui sont protégés par cette loi»; iii) l'incidence de la loi sur les importations ou les exportations[56].

Le second paramètre est sans conteste innovateur. Précisant sa pensée, l'Organe d'appel relève que l'interprète qui doit apprécier une mesure

---

53. Voir par exemple *Thaïlande — Cigarettes*, par. 75; *Etats-Unis — Essence*, rapport de l'Organe d'appel, par. 6.25.

54. L'article XX, point *d)*, se réfère à des mesures «nécessaires pour assurer l'application des lois et règlements qui ne sont pas incompatibles avec les dispositions» de l'Accord général.

55. *Corée — Mesures affectant les importations de viande de bœuf fraîche, réfrigérée et congelée*, WT/DS161 — WT/DS169 (ci-après *Corée — Viande de bœuf*), rapport de l'Organe d'appel, par. 161.

56. *Ibid.*, par. 164.

« peut, s'il y a lieu, tenir compte de l'importance relative de l'intérêt commun ou des valeurs communes que la loi ou le règlement que l'on veut faire respecter est censé protéger. Plus cet intérêt commun ou ces valeurs communes sont vitaux ou importants, plus il sera facile d'admettre la « nécessité » d'une mesure conçue comme un instrument d'application. »[57]

L'exercice n'est cependant pas sans danger car l'appréciation de l'intérêt commun ou vital de la mesure est laissée aux Groupes spéciaux et à l'Organe d'appel, au cas par cas. Certes il est délicat de tirer des conclusions générales, mais on peut néanmoins relever que les mesures visant à protéger et à conserver l'eau peuvent se placer sans difficultés au rang des valeurs communes vitales. Cette nouvelle jurisprudence ne peut ainsi que faciliter des mesures de conservation d'une ressource vitale comme l'eau.

B. Article XX, alinéa g)

Un Etat membre de l'OMC cherchant à justifier une interdiction d'exportation d'eau serait très sûrement amené à invoquer l'alinéa *g)* de l'article XX qui permet des mesures

« se rapportant à la conservation de ressources naturelles épuisables, si de telles mesures sont appliquées conjointement avec des restrictions à la production ou à la consommation nationales ».

A l'instar de l'alinéa *b)*, cette disposition fait l'objet d'une jurisprudence car elle a été appliquée dans plusieurs litiges mettant en cause des mesures environnementales[58]. Son interprétation passe également par plusieurs étapes.

i) *La notion de « ressources naturelles épuisables »...*

Un pays invoquant l'alinéa *g)* devra d'abord démontrer que la mesure en question a pour objectif général la conservation de ressources naturelles épuisables. La jurisprudence a donné une acception large à ce concept puisque des ressources biologiques, en principe

57. Voir *supra* note 55, par. 162.
58. Voir *Etats-Unis — Interdiction des importations de thon et de produits du thon en provenance du Canada*, IBDD, S29/96 ; *Canada — Mesures affectant l'exportation de harengs et de saumons non préparés*, IBDD, S35/106 (ci-après *Canada — Saumons/Harengs*) ; *Etats-Unis — Restrictions à l'importation de thon*, IBDD, S39/174 ; *Etats-Unis — Restrictions à l'importation de thon*, DS29/R ; *Etats-Unis — Essence*, WT/DS2/9 ; *Etats-Unis — Prohibition à l'importation de certaines crevettes et de certains produits à base de crevettes*, WT/DS58 (ci-après *Etats-Unis — Crevettes*).

« renouvelables », comme des thons, des saumons, des harengs, des dauphins ou encore des tortues marines, sont également incluses. Il convient de s'arrêter sur la décision de l'Organe d'appel dans l'affaire *Crevettes*, qui entérine et explicite cette interprétation évolutive.

Dans ce litige, l'Organe d'appel a considéré que l'expression « ressources naturelles épuisables » devait être analysée « à la lumière des préoccupations actuelles de la communauté des nations en matière de protection et de conservation de l'environnement ». Il a relevé que l'inclusion d'une référence à « l'objectif du développement durable » dans le préambule de l'Accord sur l'OMC montre que les signataires de cet accord étaient « conscients de l'importance et de la légitimité de la protection de l'environnement en tant qu'objectif de la politique nationale et internationale ». L'Organe d'appel a aussi noté que les « conventions et déclarations internationales modernes font souvent référence aux ressources naturelles comme étant à la fois des ressources biologiques et non biologiques ». Il en a déduit que l'article XX, alinéa *g)*, ne devait pas se limiter à la conservation de ressources naturelles « minérales » ou « non vivantes », et que les espèces vivantes, qui sont en principe « renouvelables », peuvent dans certaines circonstances « se raréfier, s'épuiser ou disparaître, bien souvent à cause des activités humaines »[59].

Concernant les ressources non biologiques, il faut relever que, dans l'affaire *Etats-Unis — Essence*, le groupe spécial a considéré que l'air pur était une ressource naturelle épuisable puisqu'il pouvait être épuisé par des polluants.

L'eau se différencie des autres ressources non biologiques en ce sens qu'elle est à la fois finie et renouvelable. Finie parce que la quantité totale d'eau sur la planète est constante ; renouvelable parce que, dans une région donnée, ou dans un bassin hydrographique donné, le cycle de l'eau assure normalement son renouvellement. Les prélèvements d'eau à des fins d'irrigation ou de consommation, les dérivations, la pollution peuvent cependant altérer le cycle normal de l'eau et obérer gravement les ressources. L'eau douce devrait donc pouvoir être considérée comme une « ressource naturelle épuisable » au titre de l'article XX, alinéa *g)*.

ii) *« ... se rapportant à... »*

Les premiers groupes spéciaux qui ont appliqué l'alinéa *g)* exigeaient qu'une mesure « vise principalement à la conservation d'une ressource naturelle épuisable pour qu'elle soit considérée comme « se

59. *Etats-Unis — Crevettes*, rapport de l'Organe d'appel, par. 130 et 134.

rapportant à... » Une telle interprétation aboutissait dans les faits à introduire un «critère de nécessité», semblable à celui contenu à l'alinéa *b)*, et, partant, à alourdir le fardeau de la preuve pour la partie qui invoquait l'exception[60]. Dans les affaires *Etats-Unis — Essence* et *Etats-Unis — Crevettes*, l'Organe d'appel a contesté cette jurisprudence et s'est prononcé en faveur d'une interprétation textuelle du concept «se rapportant à...», qui a pour effet d'alléger considérablement le fardeau de la preuve pour la partie défenderesse. Dans l'affaire *Etats-Unis – Crevettes*, l'Organe d'appel a considéré que les critères à prendre en compte sont notamment «le lien entre la structure et la conception générale de la mesure en cause ... et l'objectif qu'elle est censée permettre d'atteindre...»[61]. Il s'agit donc de démontrer un lien opérationnel entre la mesure et l'objectif qu'elle vise.

iii) *Le concept de restrictions conjointes à la production ou à la consommation nationales*

Troisième et dernière étape dans l'application de l'alinéa *g)*: l'examen de l'exigence que les restrictions à l'importation ou à l'exportation soient appliquées «conjointement avec des restrictions à la production ou à la consommation nationales». Là encore, la jurisprudence récente de l'Organe d'appel a considérablement assoupli cette exigence.

Comme pour le concept «se rapportant à...», les groupes spéciaux appliquant cette disposition dans les premiers litiges avaient réduit le champ d'application de l'exception en faisant dire au texte plus qu'il ne disait réellement. Ainsi, pour être appliquée «conjointement avec» des restrictions à la production ou à la consommation, une mesure devait «viser principalement à donner effet à ces restrictions», ce qui exigeait de la partie invoquant l'exception qu'elle démontre que la restriction sur les produits importés ou exportés avait un effet — lien de causalité — sur les restrictions intérieures[62].

Là encore, l'Organe d'appel est revenu à une interprétation textuelle de l'exception, au terme de laquelle l'exigence d'application conjointe établit «une obligation d'impartialité dans l'imposition de restrictions»[63]. Selon l'Organe d'appel, cette obligation d'impartialité n'équivaut cependant pas à une obligation de traitement «identique»,

60. Voir notamment *Canada — Saumons/Harengs*; *Etats-Unis — Thon I*; *Etats-Unis — Thon II*; *Etats-Unis — Essence.*

61. *Etats-Unis — Crevettes*, rapport de l'Organe d'appel, par. 137.

62. Voir par exemple *Canada — Saumons/Harengs*, par. 4.6.

63. Voir *Etats-Unis — Essence*, rapport de l'Organe d'appel, par. 23-24; *Etats-Unis — Crevettes*, rapport de l'Organe d'appel, par. 143-145.

ce qui laisse entendre que les mesures visant les produits importés ou exportés peuvent être plus strictes que celles réglementant la consommation ou la production nationale. Déterminer dans quelle mesure ce traitement peut être différent reste une question d'appréciation au cas par cas. L'Organe d'appel justifie l'obligation d'impartialité de la manière suivante:

> « si *aucune* restriction n'est imposée sur les produits similaires d'origine nationale et que toutes les limitations frappent les produits importés *uniquement*, on ne peut admettre que la mesure est destinée principalement ou même de manière substantielle à la réalisation d'objectifs de conservation. ... Il s'agirait simplement d'une discrimination destinée à protéger les produits d'origine locale. »[64]

L'obligation d'impartialité peut soulever des questions délicates en relation avec les exportations d'eau. D'un côté, il peut sembler logique que, si l'objectif est réellement la conservation et la protection des ressources en eau, la consommation intérieure d'eau fasse également l'objet de certaines restrictions (internalisation des coûts environnementaux, etc.). Une telle exigence n'irait pas à l'encontre de mesures de conservation, au contraire. D'un autre côté, l'idée qu'un gouvernement souhaitant interdire ou limiter l'exportation de son eau doive en quelque sorte « payer » cette interdiction en restreignant la consommation intérieure pourrait se révéler très difficile à défendre au plan national.

C. Le préambule de l'article XX

Une mesure qui tombe dans le champ d'application de l'alinéa *b)* ou *g)* de l'article XX doit encore être jugée conforme au paragraphe introductif (ou « préambule ») de cette disposition, c'est-à-dire qu'elle ne doit pas être appliquée

> « de façon à constituer soit un moyen de discrimination arbitraire ou injustifié entre les pays où les mêmes conditions existent, soit une restriction déguisée au commerce international ».

Selon l'Organe d'appel de l'OMC, le préambule de l'article XX s'applique

> « non pas tant à la mesure en cause ou à sa teneur spécifique proprement dite [cet examen se fait au titre de chaque exception], mais plutôt dans la manière dont cette mesure est appliquée »[65].

64. *Etats-Unis — Essence*, rapport de l'Organe d'appel, p. 23.
65. *Ibid.*, p. 25.

Un peu plus loin, l'Organe d'appel précise que «le but et l'objet du préambule sont d'éviter l'abus ou l'utilisation illégitime des exceptions aux règles de fond prévues à l'article XX»[66]. En d'autres termes, le préambule de l'article XX est une expression du principe de la bonne foi[67].

L'analyse d'une mesure au titre du préambule requiert un examen de tous les éléments pertinents se rapportant à l'application de la mesure. Les aspects discriminatoires d'une mesure — que cette discrimination se réfère à une différence de traitement entre produits étrangers et nationaux ou entre divers produits étrangers — pèseront lourd dans la balance. D'autres éléments, tels que le manque de transparence et de prévisibilité dans l'application de la mesure, peuvent également entrer en ligne de compte[68]. L'évaluation de la conformité d'une mesure avec le chapeau de l'article XX est étroitement liée aux faits de la cause, et le juge — groupe spécial ou Organe d'appel — bénéficie d'un pouvoir d'appréciation étendu. Il est par conséquent impossible de dégager des conclusions générales concernant l'application de l'article XX dans des litiges mettant en cause des transferts d'eau.

SECTION 3 **L'EAU DANS LE COMMERCE DES SERVICES**

Pour l'heure, l'industrie de l'eau est avant tout une industrie de services puisque, on l'a vu, le commerce de l'eau n'a pas encore pris son essor, du moins pour ce qui concerne les transferts d'eau en grandes quantités. L'industrie des services relatifs à l'eau a, en revanche, une longue histoire, l'approvisionnement en eau ayant toujours été un souci primordial de toute communauté humaine. De nos jours, les services liés à l'eau incluent une gamme d'activités, parmi lesquelles l'extraction et le traitement de l'eau en vue de la consommation humaine, la distribution aux consommateurs ou encore, à l'autre bout de la chaîne, l'évacuation et l'assainissement des eaux usées. Ces activités sont susceptibles de tomber dans le champ d'application de l'Accord général sur le commerce des services (AGCS), puisque ce dernier s'applique en principe à tous les secteurs de services[69].

66. Voir *supra* note 64, p. 28.
67. Voir *Etats-Unis — Crevettes*, rapport de l'Organe d'appel, par. 158.
68. Voir affaires *Etats-Unis — Essence*, *Etats-Unis — Crevettes* et *CE — Amiante*.
69. L'article I de l'AGCS stipule que «[l]e présent accord s'applique aux mesures des membres qui affectent le commerce des services». Seuls sont exclus la plupart des services liés au transport aérien, ainsi que les services «fournis dans l'exercice du pouvoir gouvernemental». Sur ce dernier point, voir présente section, paragraphe 2.

L'AGCS ressemble au GATT à plusieurs égards, mais s'en distingue aussi de manière parfois substantielle. Si l'on y retrouve des concepts familiers, tels le principe du traitement national ou celui de la nation la plus favorisée, leur portée et leur application sont toutefois différentes. L'AGCS définit le commerce des services en fonction de quatre modes de fourniture[70], qui déterminent en grande partie l'organisation de l'Accord, mais aussi la portée des droits et obligations des membres.

On a coutume de considérer que la structure de l'AGCS est plus flexible que celle du GATT : les principales obligations, notamment celles qui déterminent l'accès au marché et l'octroi du traitement national (articles XVI et XVII), ne s'appliquent que dans les secteurs pour lesquels un gouvernement prend des « engagements spécifiques ». En l'absence de tels engagements, le commerce international des services est soumis à certaines obligations de portée générale, dont le rôle est cependant plus réduit que dans le GATT. Il faut dire encore que l'AGCS est un accord récent (il est entré en vigueur en 1995), et, contrairement au GATT, ses dispositions n'ont été que très peu « testées » dans la pratique.

L'application de l'AGCS aux services ayant trait à l'eau est pour l'heure une question plutôt théorique. Aucun gouvernement n'a souscrit à des engagements spécifiques dans les activités relatives à la distribution d'eau. Ces dernières années, l'industrie de l'eau a cependant subi des réformes importantes sur tous les continents avec des initiatives tendant à la délégation de certaines activités au secteur privé, ou même à leur privatisation pure et simple. Cette évolution se répercute sur les négociations qui se sont engagées en 2000 sous les auspices de l'AGCS.

La présente section abordera en premier lieu la question de l'identification et de la classification des activités de services relatifs à l'eau ; une discussion sur ce sujet très technique est actuellement en cours à l'OMC, qui touche notamment les services de distribution d'eau. Un deuxième paragraphe portera sur la question de savoir si la distribution d'eau assurée par les autorités publiques tombe dans le champ d'application de l'AGCS. En troisième lieu, on passera en revue les principales dispositions de l'AGCS — obligations et exceptions — qui peuvent être pertinentes pour l'industrie des services de l'eau. On se limitera à attirer l'attention sur les principaux rouages de l'Accord et à soulever certaines questions clés.

---

70. Ces quatre modes, définis à l'article I, sont les suivants : fourniture transfrontière (mode 1) ; consommation à l'étranger (mode 2) ; présence commerciale (mode 3) ; et présence de personnes physiques (mode 4). Voir *Lignes directrices pour l'établissement des listes d'engagements spécifiques dans le cadre de l'Accord général sur le commerce des services (AGCS)*, adoptées par le Conseil du commerce des services le 23 mars 2001, doc. S/L/92.

Paragraphe 1 **La classification des services relatifs à l'eau**

La classification des services joue, dans l'AGCS, le même rôle que le Système harmonisé dans le GATT : elle identifie et définit des activités de services d'une manière mutuellement exclusive et offre une base à partir de laquelle les membres de l'OMC vont établir leur liste d'engagements spécifiques.

Dans le cadre de l'AGCS, il n'y a pas de système de classification obligatoire. Les membres de l'OMC utilisent généralement une classification établie par le Secrétariat de l'OMC [71], elle-même fondée sur la Classification centrale de produits provisoire (ci-après la « CPC provisoire »), établie par le Conseil économique et social des Nations Unies [72]. Ils peuvent aussi adopter leur propre système de classification, la seule exigence étant que la description des secteurs de services pour lesquels ils ont l'intention de souscrire des engagements soit suffisamment claire et précise afin d'éviter toute ambiguïté sur l'étendue de leurs obligations.

Il n'y a pas, ni dans la CPC provisoire ni dans la classification du Secrétariat, de catégorie distincte pour les services relatifs à l'eau, mais certains secteurs englobent des activités liées à l'eau. Dans la classification du Secrétariat, le secteur qui intéresse le plus directement l'eau est celui des « Services concernant l'environnement », qui comprend notamment les « services d'assainissement » [73]. La CPC provisoire définit ce sous-secteur comme comprenant « l'évacuation, le traitement et l'élimination des eaux résiduaires » (sous n° 9401) [74]. Ni la CPC provisoire ni la classification du Secrétariat n'identifient la distribution d'eau comme secteur de services distinct [75]. La CPC provisoire exclut même explicitement du chapitre des services les activités de « captage,

---

71. *Classification sectorielle des services*, MTN.GNS/W/120 (10 juillet 1991).

72. La CPC provisoire englobe tant les biens que les services et a été établie à des fins statistiques ; elle a été récemment révisée (CPC/Rev.1).

73. Les trois autres catégories sont les « services de voirie », les « services d'enlèvement des ordures », ainsi qu'une catégorie générale « autres services » dont le contenu n'est pas défini par le Secrétariat.

74. La CPC précise que

> « les équipements utilisés à ces fins englobent les tuyaux d'évacuation, les canalisations ou les égouts, les puisards ou les fosses septiques, tandis que les processus de traitement mis en œuvre comprennent entre autres la dilution, le criblage, la filtration, la sédimentation, la précipitation chimique, etc. ».

75. Il faut néanmoins relever que la division 88 des « services fournis aux secteurs agricole, minier et manufacturier » mentionne les « services de transport et de distribution, à forfait ou sous contrat, ... de vapeur et d'eau chaude aux ménages, aux industries, au commerce et à d'autres utilisateurs ».

d'épuration et de distribution de l'eau», qu'elle range dans la catégorie des marchandises (sous n° 18000). La classification du Secrétariat de l'OMC ne fait quant à elle aucune mention de la distribution d'eau, et la question ne semble même pas avoir été soulevée à l'époque de la rédaction.

Les activités liées à la distribution d'eau font néanmoins l'objet d'un intérêt croissant, certainement influencé par les développements dans l'industrie de l'eau. La version révisée de la CPC (dite «CPC Rev.1») a introduit, dans le chapitre des services, diverses activités liées à la distribution d'eau.

En premier lieu, le chapitre 69, intitulé «Services de distribution d'électricité; services de distribution de gaz et d'eau par conduites», comprend, sous le numéro 692, une section concernant les «services de distribution par conduites», couvrant la distribution d'eau froide, chaude ou de vapeur. Ce chapitre ne semble cependant concerner que les activités de distribution dites «pour compte propre»[76], qui ne tombent pas dans le champ d'application de l'AGCS, puisque ce dernier ne couvre que les prestations faites pour autrui.

En second lieu, la distribution d'eau apparaît au chapitre des «Services de production, à forfait ou sous contrat» (sous n° 86), dans deux contextes distincts. Le sous-secteur des services fournis au secteur agricole mentionne l'opération de systèmes d'irrigation (sous n° 86111). Ensuite, le sous-secteur des «services de distribution d'électricité, de gaz et d'eau (à forfait ou sous contrat)» (sous n° 8622), contient les «services de distribution d'eau par conduites (à forfait ou sous contrat)» (sous n° 86223).

En ce qui concerne ce dernier point, il faut relever qu'il y a controverse entre les membres de l'OMC sur la question de savoir si les services de production «à forfait ou sous contrat» doivent être considérés comme des services en tant que tels, et être dès lors soumis aux disciplines de l'AGCS, ou s'il faut considérer qu'il s'agit d'activités manufacturières, auquel cas seraient applicables les dispositions du GATT concernant les produits.

La nouvelle version de la CPC n'a aucun impact sur les engagements que les membres de l'OMC ont actuellement au titre de l'AGCS, et ne préjuge pas non plus des engagements futurs. De plus, aucune décision n'a été prise pour l'instant quant à son statut à l'OMC, ni quant à l'utilisation qui pourrait en être faite.

76. L'indication que ce chapitre ne couvre que les services «pour compte propre» apparaît sous le chiffre 86223, qui concerne les services de distribution d'eau par conduites, fournis à forfait ou sous contrat. Sous ce chiffre, la CPC/Rev.1 exclut explicitement les «services de distribution d'eau par conduites *pour compte propre*, cf 69210» (l'italique est de nous).

La classification des services est aussi à l'examen dans le Comité des engagements spécifiques de l'OMC. Dans ce contexte, les Communautés européennes ont proposé de réviser la nomenclature des services concernant l'environnement pour les classer en fonction du milieu environnemental (air, eau, sol, bruit, etc.)[77]. Leur proposition établit un sous-secteur intitulé «Eau destinée à la consommation humaine et gestion des eaux usées», divisé lui-même en deux sections. La première section inclurait les «services de captage, de purification et de distribution d'eau par canalisations...»[78], alors que le traitement des eaux usées[79] relèverait d'une seconde. Cette initiative a été reçue diversement par les autres membres de l'OMC. Parmi les questions en suspens figure celle de savoir si la distribution d'eau en tant que telle peut être assimilée à un service concernant l'environnement ou encore si la distribution d'eau ne tombe pas déjà dans la catégorie générale des services de distribution. Au-delà de ces questions techniques, la proposition d'inclure explicitement dans la classification du Secrétariat la distribution d'eau et les activités qui lui sont liées suscite aussi des réactions d'ordre plus politique. Certains pays ont expressément demandé à ce que l'eau en vrac soit exclue d'une possible classification des services de distribution d'eau au motif qu'elle avait trait à la conservation de ressources naturelles épuisables et qu'elle ne devait donc pas relever de l'AGCS[80]. Le débat devrait se poursuivre au cours de ces prochains mois.

Si la proposition des Communautés européennes devait être acceptée, quelles en seraient les conséquences? Rappelons que les activités que les Communautés européennes proposent d'inclure dans la classification du Secrétariat tombent déjà dans le champ d'application de l'AGCS puisque ce dernier couvre tous les secteurs de services; cela signifie que les obligations dites «générales» trouvent déjà application. D'autre part, mentionner explicitement un secteur de service dans la classification du Secrétariat n'implique pas *ipso facto* que les pays

77. *AGCS 2000: Services concernant l'environnement*, communication des Communautés européennes et de leurs Etats membres, S/CSS/W/38, 22 décembre 2000.

78. Ce sous-secteur est décrit comme incluant les opérations de «traitement, purification et distribution de l'eau potable, y compris surveillance».

79. Ce sous-secteur comprendrait les opérations suivantes:

> «évacuation, traitement et élimination des eaux résiduaires ménagères, industrielles ou commerciales et autres eaux usées, y compris vidage et nettoyage des fosses, surveillance, enlèvement et traitement des résidus solides».

80. Cette discussion s'est déroulée au Comité des engagements spécifiques, voir documents S/CSC/M/17 (24 novembre 2000), et S/CSS/M/18/Rev.1 (24 avril 2002).

doivent souscrire à des engagements spécifiques dans ce domaine; l'AGCS permet aux pays de déterminer les secteurs et sous-secteurs de services dans lesquels ils sont prêts à ouvrir leurs marchés. Toutefois, la réalité des négociations commerciales d'accès au marché aura pour conséquence que la mention explicite de certains secteurs de services dans un instrument de classification incitera peut-être certains pays à demander à leurs partenaires commerciaux d'ouvrir ces secteurs, ce qui pourrait contribuer à y favoriser la prise d'engagements. Il est non moins vrai que les négociations d'accès au marché ne se limitent pas aux secteurs de services mentionnés dans la classification du Secrétariat. Dans les négociations en cours, les Communautés européennes ont d'ores et déjà demandé à plusieurs pays de prendre des engagements en matière de distribution d'eau [81].

Il faut ajouter que le fait d'inclure la distribution d'eau dans la classification de l'OMC, et, le cas échéant, de souscrire à des obligations dans ce domaine, ne signifie pas qu'un gouvernement octroie à des opérateurs économiques privés un droit de propriété sur l'eau. Dans leur communication sur les services concernant l'environnement, les Communautés européennes précisent d'ailleurs que

> «l'AGCS ne s'applique pas aux mesures d'un membre qui limitent les intrants servant à la fourniture de services. En conséquence, un engagement pris dans le présent sous-secteur n'empêche pas un membre de réguler l'offre et la demande de ressources naturelles.» [82]

De leur côté, les prestataires privés de services d'eau semblent être sur la même ligne quand ils soulignent qu'ils

> «ne vend[ent] pas un produit mais assur[ent] un service, celui de rendre disponible à chacun et en permanence une eau purifiée et de restituer cette eau au milieu naturel après traitement. C'est le prix de ce service qui est facturé et non l'eau comme matière première.» [83]

Le souci de dissocier la propriété sur une ressource naturelle des services qui peuvent intervenir dans le processus d'exploitation de cette ressource se retrouve dans les négociations sur les services énergétiques. La plupart des gouvernements qui ont fait des propositions dans ce domaine ont pris soin de préciser que les négociations à l'OMC ne

81. Voir http://www.gatswatch.org/requests-offers.html, consulté le 29 avril 2002.
82. S/CSS/W/38, note de bas de page 5, p. 2.
83. Voir Suez/ONDEO, *La vraie bataille de l'eau*, novembre 2001, p. 6.

sauraient remettre en question la souveraineté des Etats sur leurs ressources naturelles[84].

Paragraphe 2 **Services d'eau et autorités publiques**

Traditionnellement, la distribution d'eau et le traitement des eaux usées ont été assurés par les collectivités publiques. La construction de réseaux de distribution et d'installations d'épuration exige de très lourds investissements, ce qui a découragé les investissements du secteur privé et favorisé un monopole des pouvoirs publics. Ces derniers contrôlent encore largement le secteur, mais cherchent de plus en plus à y attirer des capitaux privés, principalement aux fins d'alléger les budgets publics. La tendance à la privatisation, ou à tout le moins à une certaine délégation de gestion, des services de distribution d'eau s'observe tant dans les pays développés que dans les pays en développement.

La distribution d'eau est-elle couverte par les disciplines de l'AGCS quand elle est assurée par les pouvoirs publics ? L'article I, paragraphe 3, alinéa *b)*, exclut du champ d'application de l'Accord les services fournis « dans l'exercice du pouvoir gouvernemental ». Ces derniers sont définis comme n'étant fournis « ni sur une base commerciale, ni en concurrence avec un ou plusieurs fournisseurs de services » (art. I, par. 3, al. *c)*). Cette définition *sui generis* n'a jamais été testée dans la pratique et elle n'est pas exempte d'ambiguïtés. On peut par exemple se demander si la proposition que le service doive être fourni sur une base non commerciale équivaut à la notion de « sans but lucratif ». La notion de « concurrence » devrait également être clarifiée car, dans plusieurs domaines, dont certains, tels que la santé ou l'éducation, sont considérés comme des exemples classiques de services publics, il y a coexistence des secteurs privé et public : cette coexistence implique-t-elle nécessairement qu'il y a « concurrence » ? A ce jour, il n'existe aucune jurisprudence susceptible de préciser la portée de l'article I, paragraphe 3, alinéa *b)*.

Il n'y a vraisemblablement pas de réponse unique à la question de savoir si la distribution d'eau assurée par les autorités publiques doit être considérée comme un service « fourni dans l'exercice du pouvoir gouvernemental », ou s'il s'agit d'un monopole public, par exemple. Il est probable que la conclusion varie d'un pays à l'autre. Une telle détermination sera influencée par un examen attentif des circonstances

---

84. Voir par exemple les communications des Etats-Unis (S/CSS/W/24), du Canada (S/CSS/W/58), de la Norvège (S/CSS/W/59) et du Venezuela (S/CSS/W/69).

de chaque cas et portera sur des facteurs tels que la manière dont l'industrie est organisée, le rôle des autorités publiques, la structure des coûts, les conditions de raccordement au réseau, l'existence d'autres fournisseurs, etc.[85] La réponse a cependant des conséquences juridiques importantes puisque, si l'on conclut que l'eau distribuée par les autorités publiques est un service fourni dans l'exercice du pouvoir gouvernemental, l'AGCS ne s'applique tout simplement pas. Dans le cas d'un monopole, privé ou public, en revanche, il trouve application.

Finalement, il s'agirait d'examiner dans quelle mesure certains contrats passés entre autorités publiques et prestataires privés peuvent être caractérisés comme des « marchés publics » au sens de l'article XIII de l'AGCS. Cette disposition prévoit que les obligations du traitement de la nation la plus favorisée, de l'accès au marché et du traitement national ne s'appliquent pas

> « aux lois, réglementations ou prescriptions régissant l'acquisition, par des organes gouvernementaux, de services achetés pour les besoins des pouvoirs publics et non pas pour être revendus dans le commerce ou pour servir à la fourniture de services destinés à la vente dans le commerce ».

Les marchés publics sont donc exclus pour l'essentiel des disciplines de l'AGCS et des négociations sont en cours pour tenter de développer des disciplines dans ce domaine, sans grand succès pour l'instant. Les travaux butent notamment sur la définition du concept de « marché public ». D'autre part, il y a controverse sur le point de savoir si certaines formes de contrats — ainsi les concessions ou les BOT (« Build-Operate-Transfer »), fréquemment utilisés pour les services d'eau — peuvent être considérées comme des marchés publics.

Paragraphe 3 **Principales obligations et exceptions pertinentes pour les services d'eau**

A. Obligations générales et engagements spécifiques

Dans la mesure où les services d'eau tombent dans le champ d'application de l'AGCS, deux grandes options existent, dont les conséquences juridiques diffèrent considérablement. Ces deux options sont d'ailleurs valables pour tous les secteurs de services.

---

85. Il faudrait également analyser dans quelle mesure les contrats passés entre autorités publiques et opérateurs privés peuvent être des marchés publics (article XIII de l'AGCS).

i) *Un pays ne prend pas d'engagements spécifiques*

En premier lieu, un gouvernement peut décider de ne souscrire à aucun engagement spécifique dans les services d'eau. Cela signifie principalement que les fournisseurs étrangers de services ne disposeront d'aucune garantie en matière d'accès au marché et de traitement national. Le secteur ne sera soumis qu'aux seules obligations générales de l'AGCS, qui s'appliquent pour tous les membres de l'OMC, dans tous les secteurs de services, indépendamment de l'existence d'engagements spécifiques. La portée de ces obligations générales est cependant beaucoup plus limitée dans l'AGCS que dans le GATT.

La plus significative de ces obligations est sans doute l'exigence du traitement de la nation la plus favorisée. Aux termes de l'article II, chaque membre doit accorder

> « immédiatement et sans condition aux services et fournisseurs de services de tout autre Membre un traitement non moins favorable que celui qu'il accorde aux services similaires et fournisseurs de services similaires de tout autre pays ».

Cela signifie par exemple que, si un gouvernement décide d'ouvrir le secteur de distribution d'eau à la concurrence étrangère — sans pour autant prendre des engagements au titre de l'AGCS [86] —, il doit traiter tous les fournisseurs étrangers sur le même pied.

Les membres de l'OMC sont aussi soumis à certaines exigences minimales de transparence, énoncées à l'article III. Cette disposition exige notamment que soient publiés dans les moindres délais « toutes les mesures d'application générale pertinentes qui visent ou affectent le fonctionnement », ainsi que les « accords internationaux visant ou affectant le commerce des services » de l'AGCS (art. III, par. 1). Au titre des obligations générales, il convient de mentionner enfin l'obligation de mettre à disposition des fournisseurs de services étrangers des voies de droit afin de permettre la révision des décisions administratives les concernant (art. VI, par. 2).

ii) *Un pays prend des engagements spécifiques*

Le second scénario est celui dans lequel un gouvernement décide de souscrire à des engagements spécifiques dans un secteur de ser-

86. En l'absence d'engagements spécifiques, un gouvernement peut réserver l'accès à son marché aux seuls services et fournisseurs de services « nationaux ». Il peut aussi décider d'accepter *de facto* les services et fournisseurs de services d'origine étrangère. Ces derniers ne bénéficieront cependant d'aucune garantie au titre de l'AGCS.

vices[87]. Ce faisant, il détermine dans quelle mesure il va ouvrir l'accès à son marché aux services et aux fournisseurs de services étrangers (art. XVI), et s'il s'engage à leur octroyer le traitement national (art. XVII). Les engagements spécifiques se prennent par secteur (ou sous-secteur) de services et par mode de fourniture, et ne peuvent être modifiés ou retirés que suivant des conditions strictes (art. XXI). Prendre des engagements spécifiques dans un secteur ne signifie pas nécessairement ouvrir complètement le marché d'un jour à l'autre à la concurrence étrangère : l'AGCS donne en effet beaucoup plus de latitude aux gouvernements pour moduler l'ouverture de leurs marchés, par exemple en se réservant le droit de limiter à certains égards les activités des fournisseurs étrangers.

La prise d'engagements spécifiques déclenche, dans le secteur de services concerné, l'application d'autres dispositions de l'AGCS (outre celles relatives à l'accès au marché ou au traitement national). Les plus significatives pour les activités liées à la distribution d'eau sont sans doute les prescriptions ayant trait à la réglementation intérieure (art. VI, par. 1, 3, 4 et 5), ainsi que les dispositions concernant les monopoles et fournisseurs exclusifs de services. Les dispositions générales de l'Accord s'appliquent également.

Actuellement, aucun pays n'a pris des engagements dans le secteur de la distribution d'eau. Près de quarante pays ont pris des engagements spécifiques dans le sous-secteur de l'évacuation et du traitement des eaux usées (services d'assainissement, CPC 9401). Ces engagements portent avant tout sur l'établissement de la présence commerciale (mode 3).

B. L'exception de l'article XIV

A l'instar du GATT, l'AGCS contient une disposition permettant à un gouvernement de déroger à ses obligations pour donner la priorité à certains objectifs réglementaires touchant, par exemple, la morale ou la santé publique. Le langage de l'article XIV de l'AGCS est calqué sur celui de l'article XX du GATT. Comme dans le GATT, une exception justifiée au titre de l'article XIV est soumise à une clause introductive dont le contenu ressemble à celui de l'article XX, puisqu'il stipule :

> « Sous réserve que ces mesures ne soient pas appliquées de façon à constituer soit un moyen de discrimination arbitraire ou injustifiable entre les pays où des conditions similaires existent,

87. Ainsi qu'il a été indiqué, aucun membre de l'OMC n'a pris d'engagements spécifiques dans le domaine de la distribution de l'eau.

soit une restriction déguisée au commerce des services, aucune disposition du présent accord ne sera interprétée comme empêchant l'adoption ou l'application par tout Membre de mesures ... »

L'article XIV contient une exception qui permet de prendre en compte des préoccupations environnementales. Il s'agit de l'alinéa *b)*, qui, reprenant mot pour mot l'article XX, alinéa *b)*, du GATT, permet à un membre de prendre des mesures « nécessaires à la protection de la santé et de la vie des personnes et des animaux ou à la préservation des végétaux ». L'article XIV n'ayant pas été invoqué dans un litige à ce jour, aucune jurisprudence ne peut nous éclairer sur son application. A priori, cependant, on peut penser qu'un groupe spécial ou l'Organe d'appel ira chercher son inspiration dans la jurisprudence qui a été développée au titre de l'article XX. Les termes des deux dispositions sont, on l'a vu, virtuellement identiques, ainsi que leur rôle dans l'Accord. Il paraîtrait donc logique que certains principes dégagés lors de l'application de l'article XX, tels ceux ayant trait à la séquence d'analyse, au concept de « nécessité » ou encore à l'interprétation de la clause introductive, soient repris dans le cadre de l'AGCS.

Contrairement à l'article XX du GATT, l'article XIV de l'AGCS ne contient aucune référence à la protection des ressources naturelles. L'alinéa *g)* de l'article XX, ou une disposition équivalente, n'a pas été repris dans l'AGCS. Durant la rédaction de l'article XIV, certaines délégations avaient fait une proposition pour inclure une exception relative à la conservation des ressources naturelles épuisables, au motif que l'AGCS devait avoir un pendant à l'article XX, alinéa *g)*, du GATT. Les rédacteurs n'ont finalement pas retenu cette proposition, considérant qu'une telle exception n'était pas nécessaire pour l'AGCS, notamment parce qu'ils estimaient que l'alinéa *b)* couvrait la quasi-totalité des mesures nécessaires à la protection de l'environnement [88].

Il a néanmoins été décidé de poursuivre cette discussion à l'OMC. Une décision ministérielle adoptée lors de la Conférence de Marrakech, en avril 1994, donne mandat au Comité du commerce et de l'environnement (CCE) d'examiner les relations entre le commerce des services et l'environnement, cela « pour déterminer s'il serait nécessaire de modifier l'article XIV [de l'AGCS] afin de tenir compte [des mesures nécessaires à la protection de l'environnement] » [89]. Cette

88. *Environnement et services*, note du Secrétariat, WT/CTE/W/9, 8 juin 1995, par. 9 et 23.

89. *Décision sur le commerce des services et l'environnement*, adoptée le 15 avril 1994. La décision mandate aussi le CCE pour étudier « la pertinence des accords intergouvernementaux sur l'environnement et leurs rapports avec l'Accord ».

décision semble un compromis entre, d'une part, les partisans d'une exception plus explicite pour la protection de l'environnement — qui avaient perdu la première manche durant les négociations — et, d'autre part, ceux qui étaient d'avis que la disposition contenue dans l'AGCS permettait de prendre en compte les nécessités des politiques environnementales. Les travaux sur cette question au CCE n'ont abouti à aucun résultat tangible pour l'instant[90]. Les termes très vagues, mais aussi conservateurs, de ce mandat ne contribuent pas à faciliter les travaux, et le CCE a porté très peu d'attention à ce sujet jusqu'ici[91].

Quelle serait la valeur ajoutée d'une disposition supplémentaire semblable à l'alinéa *g)*, notamment pour les problèmes relatifs à l'eau ? Dans l'abstrait, on peut partir du principe qu'une exception destinée à protéger explicitement les ressources naturelles est potentiellement utile pour tout problème relatif à l'eau. Pourtant, la question ne semble pas être tant de décider si une référence à la protection des « ressources naturelles » serait utile, que de savoir de quelle manière elle devrait être rédigée. Dans le cadre du GATT, il est vrai que dans deux grands litiges « environnementaux », la partie défenderesse a mis l'accent sur l'alinéa *g)*, plutôt que sur l'alinéa *b)*, de l'article XX[92]. Dans ces deux cas cependant, la mesure pouvait être justifiée au titre de l'une ou l'autre des deux dispositions : soit la santé publique, animale et végétale, soit la protection des ressources naturelles. Ce qui a déterminé la partie défenderesse à se fonder sur l'alinéa *g)* plutôt que sur l'alinéa *b)*, c'est plutôt le fait que le premier est moins exigeant quant au fardeau de la preuve, puisqu'il ne contient pas le fameux test de nécessité. Une

90. Dans son premier rapport, le CCE indiquait que

> « les débats préliminaires qui se sont déroulés sur ce point … jusqu'à présent n'ont pas permis d'identifier des mesures que les Membres pourraient juger nécessaire d'appliquer au commerce des services à des fins environnementales et qui ne seraient pas adéquatement couvertes par les dispositions de l'AGCS, en particulier par son article XIV *b)*. … Le CCE devra poursuivre ses travaux sur ce point avant d'être en mesure de tirer des conclusions concernant les rapports entre le commerce des services et l'environnement… » (Voir *Rapport (1996) du Comité du commerce et de l'environnement*, WT/CTE/1, 12 novembre 1996, par. 210-211.)

91. On est même tenté de dire que la décision préjuge très fortement du résultat des travaux : en effet, dans le préambule, les membres

> « not[ent] que, puisque les mesures nécessaires à la protection de l'environnement se caractérisent par le fait qu'elles ont pour objectif la protection de la santé et de la vie des personnes et des animaux ou la préservation des végétaux, il n'est peut-être pas nécessaire de prévoir d'autres dispositions que celle de l'alinéa *b)* de l'article XIV ».

92. Voir *Etats-Unis — Essence* (comparer le rapport du groupe spécial avec celui de l'Organe d'appel) et *Etats-Unis — Crevettes*, rapport de l'Organe d'appel.

disposition se référant à la protection des ressources naturelles n'aurait dès lors de vraie « valeur ajoutée » pour les pays souhaitant limiter les exportations d'eau que si elle permettait d'alléger le fardeau de la preuve.

SECTION 4 **CONCLUSION**

A l'exception de la question très étroite de la classification des services de distribution d'eau dans le cadre de l'AGCS, l'eau n'a pas été l'objet d'attention à l'OMC ou au GATT, même lorsque le sujet des ressources naturelles a été abordé. Cela tient sans doute au fait que l'idée même de ce genre de commerce a été pendant longtemps plutôt chimérique. Une actualité récente montre cependant que, dans plusieurs points du globe, certains pays en situation de stress hydrique sont susceptibles d'être à l'origine d'une demande pour importer de l'eau en grandes quantités. Au-delà de considérations politiques et d'arguments émotionnels, il ne serait peut-être pas inutile d'engager un débat — à l'OMC ou ailleurs — sur la question des transferts d'eau, qu'ils se fassent sur une base commerciale ou non (on pourrait imaginer des transferts guidés par des raisons humanitaires). Un tel débat devrait avoir une portée globale et inclure les aspects économiques, écologiques et sociaux, tant du point de vue des pays « exportateurs » que des pays « importateurs ».

On ne peut exclure que le sujet de l'eau soit abordé un jour à l'OMC. Le débat sera alors, à n'en pas douter, éminemment « chaud ». Certains semblent considérer que l'OMC pourrait contribuer à lutter contre le risque de pénurie d'eau douce. Ainsi, W. Cosgrove, vice-président du Conseil mondial de l'eau, considère que l'OMC devrait inclure le thème de l'eau dans son agenda de négociations « given the grave shortage approaching over the coming 25 years for 2.5 billion inhabitants, one third of humanity »[93]. A l'inverse, d'autres accusent déjà l'Organisation de favoriser le bradage des ressources d'eau douce aux entreprises multinationales. A propos de la Déclaration ministérielle de Doha de novembre 2001, qui a lancé une nouvelle série de négociations à l'OMC, Maude Barlowe, présidente du Conseil des Canadiens, a déclaré que :

« with one stroke of a pen, they have launched a process that will

93. Voir Granma Internacional Digital, Cuba, *Water: for Sharing or Selling?*, 23 August 2001, http://www.granma.cu/ingles/agosto3/34agua-i.html, consulté le 7 novembre 2001, et *Deberá OMC abordar tema del agua en próximas negociaciones*, El Universal Online, 13 août 2001, http://www.eluniversal.com.mx/pls/fm, consulté le 14 août 2001.

see our water and water services turned into commodities and open the floodgates for the big global water corporations to sell off our water »[94].

Les pages qui précèdent ont examiné dans quelle mesure, *de lege lata*, l'eau est soumise aux principaux accords commerciaux de l'OMC — GATT et AGCS — et avec quelles conséquences possibles. Comme on l'a vu, il est envisageable que, dans un certain nombre de situations, l'eau en vrac puisse être considérée comme un produit et être soumise aux disciplines du GATT, ce qui aurait notamment pour effet de prohiber les restrictions à l'exportation. L'article XX du GATT devrait néanmoins permettre à un pays « exportateur » de justifier certaines mesures restrictives. Actuellement, l'eau est avant tout une industrie de services et les disciplines de l'AGCS sont susceptibles d'entrer en ligne de compte pour les différentes activités qui se développent dans ce domaine.

Le présent chapitre est avant tout une opération de défrichage et vise à poser un certain nombre de questions. Le thème est nouveau et de nombreuses incertitudes demeurent, tant quant aux données factuelles concernant le « commerce » de l'eau que sur le plan du droit, ce dernier dépendant étroitement de celles-là. La réflexion devrait se poursuivre sur plusieurs points, notamment sur la notion de « produits », ainsi que sur l'application des dispositions de l'AGCS. Le rôle de l'OMC dans un débat sur l'eau ainsi que ses relations avec d'autres organisations ou instruments internationaux pertinents devraient également être abordés.

94. Voir *Council of Canadians Shocked That the WTO Set to Negotiate Away Our Water*, 14 november 2001, http:/www.canadians.org/campaigns/campaigns-trademedia011114.html, consulté le 5 décembre 2001.

6 Water as an Economic Good

Antoinette Hildering *

SECTION 1 INTRODUCTION

Fresh water increasingly is a scarce good and can therefore be regarded as an economic good in need of efficient use [1]. As stated in the United Nations Freshwater Assessment: "Water use has been growing at more than twice the rate of the population increase during this century, and already a number of regions are chronically water-short." [2] There are multiple causes for scarcity of water such as a growing population, unequal distribution causing local scarcity, and pollution causing scarcity related to a certain quality of water [3]. Water is involved in almost all human activities and production processes and often has to be allocated between competing uses [4]. Many problems

* Ph.D. Candidate at the Vrije Universiteit, Amsterdam. Project Officer, India Committee of the Netherlands.

1. When water is mentioned hereafter, it will refer to fresh water. Scarcity of fresh water is not normally viewed as absolute but linked with the proportioning of water, creating regional scarcity, scarcity for part of the population, and scarcity of a certain quality of water. According to Hirji and Grey (1998) [in the present chapter, the author's names refer to the general "Selected Bibliography", *infra* pp. 754-756], p. 83:

> "Competition for water between sectors and countries is becoming more intense even in countries with relatively abundant supplies, such as Ghana, and water pollution and environmental degradation are intensifying as economies grow."

2. Comprehensive Assessment of the Freshwater Resources of the World, 4 February 1997, E/CN.17/1997/9. According to the assessment, two-thirds of the world population could be under water stress conditions by the year 2025.

3. Additional causes include the concentration of people away from water resources and technology connecting many people to the water network leading to a higher per capita demand. See Dalhuisen, De Groot and Nijkamp (2000), p. 3. See on population growth and water Villiers (2001), pp. 306-309.

4. The uses can be categorized as domestic uses (drinking water and sanitation), food production (agriculture, cattle-breeding and fishery and fish-breeding), industrial uses, environment, energy, recreation and tourism, waste disposal and transport.

have been encountered in efficiently managing water, such as enormous wastes of the resource in its transport.

Dealing with water as an economic good is one of the ways increasingly suggested in order to efficiently manage water[5]. In the Dublin Statement on Water and Sustainable Development, Guiding Principle No. 4, it is stated that:

> "Past failure to recognize the economic value of water has led to wasteful and environmentally damaging uses of the resource. Managing water as an economic good is an important way of achieving efficient and equitable use, and of encouraging conservation and protection of water resources."[6]

The formulation of the Principle emphasizes that dealing with water as an economic good is a means and not an objective in itself. A market approach in theory will lead to an optimal use. In practice, a perfect market, without market failures, does not exist. And even in the case of a perfect market, in which it is acknowledged that economics not only concern finances, optimal use does not necessarily lead to a desirable result in all aspects. The vital and irreplaceable nature of water makes it a unique good, involving interests other than economic ones[7].

According to the Dublin Statement water should be recognized as an economic good, but with recognition of the basic right of all human beings to have access to clean water and sanitation at an affordable price[8]. At the Johannesburg Summit, the importance of water to sustainable development was fully acknowledged and key commitments

---

5. For example, by I. Serageldin, environment vice-president of the World Bank, cited in De Haan (1997), p. 245 (referring in note to citation in "Water, flowing uphill", *The Economist*, 12 August 1995, p. 83): "The saving grace for future wars over water would be if the universal natural resource water were to assume its proper place as an economically valued and traded commodity." According to Dalhuisen, De Groot and Nijkamp (2000), p. 4: "An economic approach to water supply and demand may contribute to a better management of water and to its sustainable use." See also, for example, the Global Water Partnership (2000), p. 36: "The recognition of water as an economic good is central to achieving equitable allocation."

6. See www.dundee.ac.uk/cepmlp/water/html/dublin_statement.html for the text of the Dublin Statement on Water and Sustainable Development.

7. A strict trade or financial approach that appears to be ignoring other interests involved raises more and more opposition, witnessing the failure in October 1998 to come to a multilateral agreement on investments (MAI) and of the WTO Millennium Round in Seattle in December 1999.

8. In the Ministerial Declaration of The Hague the importance is acknowledged as well of access to enough safe water at an affordable cost and of managing water in a way that reflects its economic, social, environmental and cultural values for all its uses. See *Ministerial Declaration of The Hague on Water Security in the 21st Century*, agreed to on 22 March 2000, pp. 1-2, see http://www.worldwaterforum.net/Ministerial/declaration.html.

made include the ones to halve, by the year 2015, the proportion of people without access to safe drinking water and, by the same year, halve the proportion of people without access to basic sanitation [9]. Basic access to water for all people requires on average 50 litres of a certain quality per person per day [10]. The provision of such access will not always be economically rational. Sustainable development requires that dealing with water as an economic good is conciliated with water as a social and environmental good [11].

This chapter aims at identifying, from an international law perspective, the elements of water as an economic good that clash with the other pillars of sustainable development and will suggest ways to overcome those collisions. The debate on water as an economic good will first be set by discussing the elements of ownership and pricing of water. Second, the present status of water within trade and investment rules are elaborated upon.

SECTION 2 **OWNERSHIP OF WATER**

Although ownership of land can imply ownership of surface as well as groundwater, it is hard to specify what is actually owned [12]. The biophysical complexity of water makes ownership of water in a strict sense rarely possible [13]. Ownership in a strict sense

9. World Summit on Sustainable Development, Johannesburg, 26 August-4 September 2002, see www.johannesburgsummit.org.

10. On the amount of water needed to meet basic needs see Gleick (2000), p. 11, who recommends 50 litres per person per day as an average basic need for water, including drinking water, sanitation services, bathing and food preparation, but excluding water required to grow food.

11. The definition of sustainable development most referred to is the one in the 1987 Brundtland Report (report *Our Common Future* by the Experts Group on Environmental Law of the World Commission of Environment and Development): a development that "meets the needs of the present generation without compromising the ability of future generations to meet their own needs". The International Court of Justice in its Judgment of 25 September 1997 in the case concerning the *Gabčíkovo-Nagymaros Project (Hungary/Slovakia)*, states: "This need to reconcile economic development with protection of the environment is aptly expressed in the concept of sustainable development." In the separate opinion to this Judgment of then Vice-President Weeramantry, sustainable development as a principle of international law is elaborated upon. See also ILA Resolution 3/2002 on Sustainable Development containing the New Dehli Declaration of Principles of International Law Relating to Sustainable Development.

12. On ownership and the right to use water, such as under the Islamic system, civil law and common law, see Caponera (1992). See for an Islamic vision on water, including ownership and trade, Faruqui, Biswas and Bino (2001).

13. According to Dalhuisen, De Groot and Nijkamp (2000), p. 4:

"A crucial characteristic of water from an economic point of view is

implies the identification of a specific amount and quality of water. In its natural state, water flows and the ownership does not accompany the water, indicating that the right does not concern the drops as such but the right to use water contained in a certain area at a given moment. Necessary information on the whereabouts of water is missing, especially when considering groundwater, further complicating the establishment of ownership[14]. The rights and duties involved are in practice usually related to the use instead of the ownership of water[15]. In the case of, for example, bottled water, ownership *stricto senso* can be more easily established. Even in such cases in which a certain quantity of water can be established, ownership in itself is debatable when it comes to water. Water, in many of its functions, cannot be replaced by alternatives and therefore it is not an interchangeable good, which makes it very different from natural resources such as oil[16]. Water poses a basic need for every individual, any human community, and all earth's ecosystems. Moreover, many cultures and religions hold water sacred and for that reason not capable of being possessed by humans[17]. Hereafter, reference to ownership will extend to control over and the right to use water[18].

Paragraph 1 **Public Ownership**

At the international plane, as stated in Principle 2 of the Rio Declaration, States have the sovereign right to exploit their own resources pursuant to their own environmental and developmental

---

that the assignment of property rights is difficult. Water falls from heaven, and flows and evaporates with no regard to any boundary, be it private, state, or national."

14. See Gleick (2000), Chap. 2, on the water stocks and flows and international river basins in the world, where it is concluded as well that more information is required.

15. Caponera (1992), p. 249:

> "Modern legal enactments purport to limit individual and exclusive rights of ownership in favour of a centralized administrative control over groundwater through the introduction of a formal separation between the two concepts of 'ownership' and 'right to use'."

16. See, upon the unreplaceable nature of water, e.g., Petrella (2001), p. 55.

17. According to Caponera (1992), p. 156:

> "It should be noted that in many countries paying for water per se seems to go against religious, customary or other legal beliefs. In such cases, some countries have resorted to charging for the 'services of water supply' rather than for the water."

18. In the summary report of the Second World Water Forum by His Royal Highness The Prince of Orange and Rijberman (2000), p. 17, it is stated that: "When we determine water rights we establish use rights — not ownership."

policies [19]. According to Article 5 of the 1997 United Nations Convention on the Law of the Non-navigational Uses of International Watercourses (Watercourses Convention), States are entitled to utilize a watercourse [20]. Sovereignty of States over their natural resources is qualified by the obligation not to cause harm beyond their jurisdiction [21]. Water, travelling the hydrological cycle, does not obey to boundaries and national water management can in many ways have impact on other States and areas. It can moreover be argued that the resources are to be used in the interest of the people of a State [22]. State practice seems to be in favour of limited territorial sovereignty and limited territorial integrity, while there appears to exist little to no support for absolute territorial sovereignty or integrity in international law [23].

At the national level, an argument in favour of public control, instead of private control, over water resources is that the investment needed causes the supply-chain of water as a whole likely to be a natural monopoly, calling for public provision of at least the distribution network [24]. On the other hand, water as a common pool resource re-enacts the tragedy of the commons [25].

National security is another consideration in favour of public control

19. Rio Declaration on Environment and Development, Annex I to the Report of the United Nations Conference on Environment and Development, Rio de Janeiro, 3-14 June 1992, A/CONF.151/26 (Vol. I). See on an elaborate discussion on sovereignty over natural resources Schrijver (1997). See on the issue of States trying to gain control over water, for example, Villiers (2001), pp. 309-313.

20. The Convention on the Law of the Non-Navigational Uses of International Watercourses was adopted by the UN General Assembly on 21 May 1997, A/RES/51/229, and is not in force.

21. Principle 2 Rio Declaration and Article 7 of the Watercourses Convention.

22. The right of self-determination, as expressed in Article 1 of both the 1966 International Covenant on Economic, Social and Cultural Rights and the 1966 International Covenant on Civil and Political Rights, states that a people may in no case be deprived of its own means of subsistence. See also Article 7 of the 1974 Charter of Economic Rights and Duties, adopted by the UN General Assembly on 12 December 1974, and Article 21 of the African Charter on Human and Peoples Rights, adopted by the OAU, entry into force 21 October 1986.

23. See, e.g., McCaffrey (2001), p. 171. The well-established principle of equitable and reasonable utilization of water resources implies such limited sovereignty and integrity as well, by requiring all relevant factors to be taken into account.

24. Dalhuisen, De Groot and Nijkamp (2000), p. 8.

25. According to Dalhuisen, De Groot and Nijkamp (2000), p. 4: "The classical tragedy of the commons arises, since users are likely to ignore the effects of their actions on the pool when pursuing their self-interest." See Murty, James and Misra (1999), p. 107, on the management of common pool resources under various property rights regimes.

over water. National security of a State needs to be taken into consideration when deciding upon the ownership of water. This is not necessarily referring to situations of war, but concerns the survival of the State in a broader sense. In practice, freshwater resources are often viewed as a matter of national security. The link between control over water and national security partly explains the concerns of Arab countries over Turkish control over the Euphrates and their rejection of the offer of Turkey in 1987 to export its waters (on a commercial basis) by jointly building a "peace aqueduct"[26]. In 1974 Iraq threatened to bomb the Tabga dam in Syria and Turkey has threatened to reduce water supply downstream in order to stop Syrian support to the Kurds in south-east Turkey[27]. Totally replacing national self-sufficiency by import, resulting in increased vulnerability of a nation, can be argued not to constitute an advisable policy.

Furthermore, developing countries do not have the competitive position required for the functioning of an international market. A downside of the recognition of water resources as a matter of national security is that it can complicate co-operation, including the exchange of information. Another minus of the national security approach is that it can lead to over-protection of certain sectors such as agriculture, user number one when it comes to water. Less protection of agriculture is often expected to result in higher efficiency as well as in decreasing pollution.

Another practical dilemma when considering reversing a system of public ownership into any other is that it might be difficult to undo in case of different choices over time — for example, if converting a system of private ownership (back) to public ownership, the expropriation involved requires financial compensation[28]. Developing countries especially will often not be able to buy back their natural resources. Water acts are known for having been used to gain State control over water resources[29]. If public ownership is transferred to another system,

26. See on the "peace pipeline" McCaffrey (2001), p. 284.

27. See Petrella (2001), p. 45.

28. Water is often historically connected to the ownership of land. Caponera (1992), p. 258:

> "Since the establishment of protected zones or areas may require the expropriation of land, the compensation of landowners is also provided for."

29. Caponera (1992), p. 249, on comprehensive water acts governing both surface and underground water:

> "either by vesting these resources in the collectivity, or by declaring them national property, or incorporating them in the public domain, has in fact introduced full state control over all water resources, including groundwater".

the implications of the applicable law (public or private law) have to be taken into account as well[30].

Paragraph 2 **Community Ownership**

The transboundary characteristics of water underline the suitability of the principle of community of interests[31]. It was concluded at the Second World Water Forum that the government monopoly should not be replaced by a private monopoly and that the water resources should not be privatized, but that water resources are a common heritage and should be treated as a common property resource[32]. Combining the aforementioned with the establishment of a user right instead of strict ownership, it can be argued that the State is the custodian over water, and has to take into account the common interests involved[33]. Beyond territorial jurisdiction, the common heritage or common concern of humankind approach has much in its favour[34].

At the national level, placing responsibility with the community can be argued to enable participation and facilitate the implementation of access to water for all people. The International Trade Unions, as represented by Public Services International (PSI), reject privatization of water and sanitation services, based on the belief that these services should be owned and managed by democratic and accountable public

30. Water could be governed by private law such as expressed as a possibility by the European Commission as well as the Law Reforms Commission of Canada, see Murty, James and Misra (1999), p. 109.

31. The principle was recognized in the case concerning the *River Oder, 1929, PCIJ, Ser. A, No. 23.* Linked to the community of interest is the progressive principle of common management, see Birnie and Boyle (1992), p. 222:

> "It represents a community of interest approach which goes beyond the allocation of equitable rights, however, and opens up the possibility of integrated development and international regulation of the watercourse environment." See for an elaboration of community of interests McCaffrey (2001), pp. 149-171.

32. See the summary report of the Forum by His Royal Highness The Prince of Orange and Rijsberman (2000), pp. 16-17.

33. According to McCaffrey (2001), p. 53:

> "It would be going too far in the current state of international law to suggest that all freshwater is *res communis*. But it is critical that states begin to conceive of the *hydrologic cycle* in this way."

34. McCaffrey (1997), p. 57:

> "But a fundamental question that will have to be addressed as water resources continue to dwindle is, who 'owns' the water involved? For example, is an iceberg floating in the sea beyond the limits of national jurisdiction *res nullius*, so that it is subject to appropriation? Or is it *res communis*, subject to allocation only by the international community?"

bodies close to the communities[35]. Pre-colonial India seems to provide an example of successful community ownership, although in relation to the caste system the definition of community can be questioned[36]. However, its population these days — and therefore the number of (potential) conflicts over water — is much higher and complicates comparison. Another form of community ownership is through the creation of Water Users Associations (WUAs) to which the management of water is transferred. The WUAs aim at: "optimum utilization of available water through a participatory process that endows farmers with a major role in the management decisions over water in their hydraulic unit"[37]. Especially in cases such as government failure community ownership might offer a good alternative and offers an interesting alternative to be further examined.

Paragraph 3 **Private Ownership**

Another option of "ownership" is delegation of control to the private sector at the national level. Property rights, as well as permit trading arrangements, influence directly the access to the use of, and disposal into, water[38]. They can be a tool in sustainable as well as in unsustainable allocation of fresh water. As stated above, there is a need for a distinction between property rights and right to use. Even if property rights are not granted to private parties, alternative ways of handing over control over water are possible. Governments could, for example, sell utility rights to water for a specific period of time. They could also, under certain conditions, delegate the management of water to the private sector or other parties through contracts. The relative importance of private and public organizations in the water supply function in various cases differs immensely[39].

In many countries, the trend of privatization of publicly managed resources has now reached water as well[40]. Reasons why water these

35. See Statement by Public Services International on behalf of International Trade Unions, World Water Council (2000), p. 92.

36. See Petrella (2001), p. 15, where he refers to the pre-colonial situation in India as a positive example of destatization.

37. Salman (1997), p. 1.

38. Caponera (1992), pp. 248, states that at the national level: "The introduction of a strict permit system and the declaration of special zones where the use of groundwater takes place represent the basic features of modern legal regimes."

39. Dalhuisen, De Groot and Nijkamp (2000), p. 9.

40. Examples of such resources subjected to privatization are mail services, telecommunications, gas and electricity, urban transport, railways, airlines, health, education and training, and social security. The consequences of the high held privatization of branches are not all positive, as is increasingly realized due to cases such as the electricity supply problem in California.

days is viewed as appropriate for privatization include the failing of Governments and the increasing scarcity of water, making it a potential profitable line of business attracting the attention of the private sector. Privatization is often meant to, through introducing competition, reduce inefficiencies. For example, in California the granting of rights over water to farmers has resulted in an increase in efficiency. It enabled them to sell water to the cities, stimulating more efficient irrigation and offering cities an alternative to the creation of new reservoirs. At the international level, developing countries regularly are compelled to take a market approach under restructuring programmes of financial or commercial multilateral bodies (IMF, World Bank and GATT/WTO). The community law of the European Union does not force any country to privatize, but it does stimulate de-monopolization through the application of competition rules and therefore stimulates movements in favour of privatization of water management[41].

On the other hand, transferring ownership or control over water, vital to life, to the private sector and to the logic of profit brings with it certain risks. Publicly owned firms can be financed out of other government sources; the privatized part of the water industry requires a profit[42]. Moreover, shareholders often require an *increasing* profit[43]. The profit made by rising prices might therefore not be invested in, for example, a better water infrastructure, but be paid to the shareholders. Furthermore, as mentioned earlier for reasons to do with the likelihood of a natural monopoly, at least the transporting network is likely to be best kept by the Government. Moreover, the quality of water has to be guaranteed necessitating strict control, especially if the water is transported through one network by different users implying a risk of free-rider behaviour[44]. As already stated, in case of the desire to return control to the public, compensation might have to be paid. Considering the large profits multinationals often make in comparison with the national incomes of developing countries, the risk that natural resources come under full control of multinationals appears a realistic one. Furthermore, if water ownership or control is privatized and the principles of free trade are applied, the question poses itself whether or not one can

41. See Hancher (1997), p. 285.
42. Dalhuisen, De Groot and Nijkamp (2000), p. 9.
43. Petrella (2001), pp. 70-71:

> "The private Swiss bank Pictet announced the launch in January 2000 of a unit trust geared to the stock market values of eighty water companies . . . The companies comprising its reference portfolio were chosen by Pictet because of their high profitability and great hopes for their long-term appreciation."

44. Dalhuisen, De Groot and Nijkamp (2000), p. 14.

prevent foreign take-over[45]. An additional reason to reconsider the arguments in favour of privatization is that the private sector is not necessarily efficient itself in providing water to people[46]. This is well illustrated by the following examples.

In England the prices of water have gone up since privatization in 1989, causing the Government to impose a special windfall tax on excess profits in 1997[47]. From the privatization in England it also appears that it is harder to pass on costs to consumers, such as environmental costs or quality investments, once a service is privatized[48]. An example of delegated management is presented by France. According to Article 1 of the French 1992 law, water management is part of the common national heritage. The last couple of years the price of water has gone up, raising the profit levels for companies such as Vivendi and Lyonnaise des eaux[49]. The rise in prices such as in France as well as in the United Kingdom, where water is not even extremely scarce, raises concern about the affordability of water for people in poorer countries in case of privatization. In 1997, responsibility for the water supply in Manila was handed over to two private-enterprise groups — one consisting of a Philippines company, the American Bechtel corporation and the British United Utilities, and the other consisting of one Philippines company and the French Lyonnaise des eaux — of which the one in the richer part of Manila is said to charge less than the one in the poorer area[50].

Before considering (further) privatizing water, the position and

---

45. See Hancher (1997), pp. 288-289, on this situation in the United Kingdom in which case the bid of the French Lyonnaise des eaux SA was not accepted and a take-over was stopped by the British authorities and agreed upon by the EC Commission, not so much because of a provision of public security but because of continued effective regulation.

46. According to Hunter, Salzman and Zaelke (2002), p. 814:

> "In practice, however, privatization of water supplies has frequently led to monopoly control of water resources (with their own problems of inefficiency and inequity), as well as to reduced services for the poor and lower ecosystem protection."

It continues to state conditions in case of privatization of water resources.

47. See, e.g., on the case of the United Kingdom, Petrella (2001), pp. 74-75.

48. See Hancher (1997), pp. 286-289, on the United Kingdom privatization in relation to, among other things, the requirements of the EC drinking and bathing water directives causing public protest since its application would lead to higher prices of water and considering that the costs are harder to pass on than had it been publicly owned.

49. Petrella (2001), pp. 71-74, referring to the parliamentary report of Guelle.

50. See Petrella (2001), pp. 9-10, including other examples of major cities in developing countries of which the control over (part of) water has been transferred to private companies: Mexico City, Hanoi, Buenos Aires, Casablanca and Moscow.

power of the water industry and its multinationals and its promises as well as its dangers have to be thoroughly identified. The French corporations Générale des eaux (of the Vivendi group) and Suez-Lyonnaise des eaux are the largest water distribution water companies. Vivendi (also involved in other collective sectors) and Lyonnaise des eaux (of the Suez group) are the leading world water operators, while Degremont is the world leader in water treatment engineering. Other players in the field include the French Saur-Bouygues, the British Severn-Trent, the American Bechtel and some German and Japanese companies[51]. In case of privatization, international minimum standards need to be set and respected[52]. Private law procedures can be an additional means to, for example, implement the polluter-pays principle[53]. Nevertheless, privatization should not affect State liability under international law[54].

SECTION 3 THE PRICE OF WATER

As formulated in the report of the thematic sessions on valuing water at the Second World Water Forum, the challenge is:

> "To manage water in a way that reflects its economic, social, environmental and cultural values for all its uses, and move towards pricing water services to reflect the cost of their provision. This approach should take account of the need for equity and the basic needs of the poor and vulnerable."[55]

Pricing of water can be used as an economic incentive through which

51. Petrella (2001), p. 68. For an overview of the widespread influence of La Lyonnaise see Petrella (2001), p. 69, and for an overview of cities whose water is managed by Lyonnaise des eaux see Petrella (2001), p. 70.

52. See Report of the Thematic Sessions on Valuing Water, World Water Council (2000), pp. 55-56: "Whenever water services are privatised, there is need for a regulatory function to ensure fair pricing, assure quality and infrastructure investment in water services in remote parts of the country."

53. Bruhács (1993), p. 220.

54. Gillies (1999), p. 91:

> "In other judgements, the European Court has said that local or regional government, the police and health authorities are all considered to be part of the state. Privatized water companies, gas and electricity companies and waste disposal companies would probably also be regarded as part of the state."

55. See Report of the Thematic Sessions on Valuing Water, World Water Council (2000), pp. 55-56. In this session water as a basic human right was recognized but linked to the acknowledgment that it should not be provided free of charge.

people's behaviour is influenced and can therefore be suitable as an instrument of water management[56]. The effect of a change in price, the elasticity of water, is debated. It may depend on factors such as posed by economic variables[57]. Taking into account the goal of reaching sustainable development, pricing of water is to be guided by factors other than economic ones as well[58]. The elements required to be taken into account are first identified. The block-pricing system suggested to embrace all pillars of sustainable development is discussed separately.

Paragraph 1 **Elements to Be Taken into Account**

Although there is a distinction between valuation and pricing of water needs, they are strongly related:

> "Water's *value* is important in deciding on alternative uses of the scarce resource whilst *charging* is an economic instrument to recover costs and provide incentives for efficiency and conservation."[59]

Valuing water economically can pose some problems, such as in case basic domestic needs would be valued lower than industrial use, requiring intervention by means of national or international public law[60]. Another difficulty is that, despite much research, there is not

56. See, e.g., Caponera (1992), p. 155, who argues that water has a price and that the costs entailed by its development and conservation need to be reimbursed as far as possible by the users, taking into account: "market forces, social needs, political requirements, public interest, availability of water and, last but not least, the ability of the users to pay".

57. Dalhuisen (2002), p. 145, states:

> "Including a variable like the gross domestic product (GDP) per capita does have a significant impact in explaining the effectiveness of price instruments, so in less developed countries there is less room for price instruments and authorities should find other ways to influence water demand."

58. See, e.g., Hunter, Salzman and Zaelke (2002), p. 769: "Water, like other natural resources, not only has a commercial value, but also an environmental and social value not readily determined by or reflected in market prices."

59. Global Water Partnership (2000), p. 35. As stated in the Framework for Action, on the same page, realigning economic and financial practices is at the heart of the World Water Vision.

60. See for the need and potential for government intervention in the market Dalhuisen, De Groot and Nijkamp (2000), pp. 12-14, who identify the following means of intervention by the government:

> "pricing policies (taxes and subsidies), regulation (imposing standards and norms), technical intervention (i.e. stimulating the development and adoption of new technologies), the provision of information aimed at increasing awareness of the scarcity of water, and deregulation".

enough information available on elements such as the flow and impact of water on economy, people and environment[61].

A further complication is posed by the many externalities involved, in welfare economics regarded as market failures[62]. In developing countries, the majority of diseases are water related, but the price this poses to a country by, for example, loss of productivity, is not normally reflected in the price and value of water[63]. Such externalities can, up to a certain extent, be internalized. For example, public regulation could influence the price to reflect the pollution the water use causes. At the international level this will require co-operation by means of, for example, joint institutions[64]. Price wars by large companies in order to gain a strong position may lead to imperfect prices, not reflecting their value, as well[65].

From an economic perspective, low prices of water can be said to encourage wasteful use of water resources[66]. The lack of an efficient

---

61. See, for example, Magat, Huber and Viscusi (2000), p. 1: "While water is undeniably one of our most fundamental and highly valued natural resources, it has been difficult to assign a value to improvements in water quality."

62. See on externalities in the context of water pollution Murty, James and Misra (1999), pp. 6-8. On p. 6 it is explained that:

> "An externality is present whenever individual A's utility and production relationships include real (i.e. non-monetary) variables, whose values are chosen by others (persons, corporations, governments) without particular attention to the effects on A's welfare (Baumol and Oates, 1988)."

Externalities can be both positive as well as negative, such as environmental pollution. In order to create information on the value of water in certain circumstances, encompassing all elements of the available economic options, including valuation of preservation and other "goods" that are not reflected in the present-day economics, it is best if the externalities are internalized. However, it is almost impossible to transfer the various values of water into entities such as numbers or money necessary for comparing values as well as for internalizing externalities.

63. Another example is the labour of women, domestic as well as on the land, which is often not paid and therefore not translated into economic values.

64. See Murray, James and Misra (1999), p. 30:

> "While economic instruments can be used by national governments to deal with national or local externalities, alternative institutions are needed to support economic instruments to deal with transnational or global externalities."

65. Large companies can very well be in the position to play the market. A large company by lowering its price beyond cost recovery can cause competition to disappear and create a monopoly.

66. In both developing and developed countries there are examples of water not paid for by the amount of use and a pricing below cost recovering. For example, contrary to most of the Netherlands, people in Amsterdam and parts of Rotterdam pay a flat fee for their use of water no matter how much they actually use. See Dalhuisen, De Groot and Nijkamp (2000), p. 12. Moreover, in many industrialized countries agricultural use of water is highly subsidized.

pricing system, not reflecting the economic value of water, is not necessarily the only reason for such wasteful use. Other factors involved are, for example, unsustainable use by the agricultural sector, industrial pollution, and a change in use caused by consumer products such as washing machines.

In order to be efficient in an economic sense, prices should at least cover the costs[67]. Full-cost recovery is often viewed as the economically sound way of pricing water[68]. The private sector will be stimulated to invest in the supply of water when the price reflects full costs. When calculating the price of water, its use costs (incurred in financing and operating the abstraction, transmission, treatment and distribution systems) and opportunity costs (imposed on others as a result of use of the water) need to be taken into account[69].

From the social angle, all people are to have basic access to water, even if this means that cost recovery is not always possible. The inequality of incomes needs to be reflected in the price of water[70]. Furthermore, it is not uncommon that poor people that do not have access to tap water need to buy water in bottles and therefore have to pay more[71]. In identifying the price for water, the user-pays as well

67. See, for example, World Commission for Water in the 21st Century (2000), p. 63, where it is stated that adoption of full-cost pricing of water use and services is the most important policy recommendation they make, and the EC Directive establishing a framework for Community action in the field of water policy (Water Framework Directive) (2000/60/EC, OJ 2000 L 327 EC), of which Article 9 requires member States to take account of cost recovery of water services, but this provision can be deviated from.

68. See, e.g., World Commission for Water in the 21st Century (2000), p. 3, where it is stated that fresh water must be recognized and managed as a scarce commodity and that full-cost pricing of water services will be needed to promote conservation and to attract the required large investments. It continues:

> "Polluter pays and user pays principles must be enforced. And mechanisms must be found whereby those who use water inefficiently have incentives to desist and transfer that water to higher-valued uses, including environmental purposes."

69. See Briscoe (1996) for an elaboration of the different costs to be reflected in the price of water.

70. Caponera (1992), p. 9, argues that a system of allocating water in accordance with its maximum cost benefit would only be adequate if all users had the same monetary capacity.

71. For example, in Mexico City poor people in certain areas, not connected to taps, have to buy expensive water while rich people are connected to taps and therefore provided with cheap water. It is often believed that even the poor are willing to pay more for water if a certain provision and quality are guaranteed. See Petrella (2001), p. 64, where he refers to a short article by John Barham, "How to Sell the World's Water Industry" in which the views of a director at the International Finance Corporation are given including that even the poor are prepared to pay very high prices for water.

as the polluter-pays principles are to be applied while at the same time protecting the poor from unaffordable prices [72].

From a sustainable and environmental viewpoint, the price of water touches upon a public interest and requires common decision-making and democratic control in order to take into account issues such as intergenerational equity and the exhaustibility of groundwater. At this level, water use is beyond sustainability and should be discouraged by a high price not just reflecting current economics but including the costs for future generations and sufficiently high to stimulate efficient use and investments in water-saving technologies and eradicate over-pumping and pollution as much as possible. The parties and uses involved can make such use of water still very lucrative and effective, requiring differentiation. For example, a private actor using fresh water on a large scale and thereby destroying an environmental system but making huge profits by its production of luxury goods will not be discouraged by the same prices as a consumer using water for washing his or her car every day and keeping a lawn in an arid region.

Paragraph 2 **Three-Tranches Pricing System**

Based upon the aforementioned, the price of water is divided into three tranches as represented in the model and table following [73]. These are only meant to present an outline of elements to be taken into account from an international law perspective and do not reflect an economic analysis as such. The amounts, quality required and price of water in the specific circumstances need to be further identified. The set amount of litres needed will differ depending on local aspects such as climate. Moreover, it will be difficult to measure or provide required amounts in cases where people do not possess land with wells or are not connected to taps or meters [74].

In the model following hereafter, p stands for price and q for quan-

72. See, among others, Global Water Partnership (2000), pp. 36-38. On page 38 of the Framework to Action, a list sums up the different criteria on tariffs identified.

73. Dalhuisen (2002), p. 15, describes "increasing block-rate pricing" as a price that is constant within discrete intervals of use, but increasing between different intervals. According to Dalhuisen (2002), p. 145: "Increasing block rates often result in a more elastic price elasticity of water demand." For a pricing system comparable to the one presented here, see, e.g., Petrella (2001), pp. 95-97.

74. In the case where even the basic amount of a certain quality of fresh water is scarce, the problem enters another dimension in which the obligation to co-operate will be of great importance and could lead to exchange of water such as through trade between States.

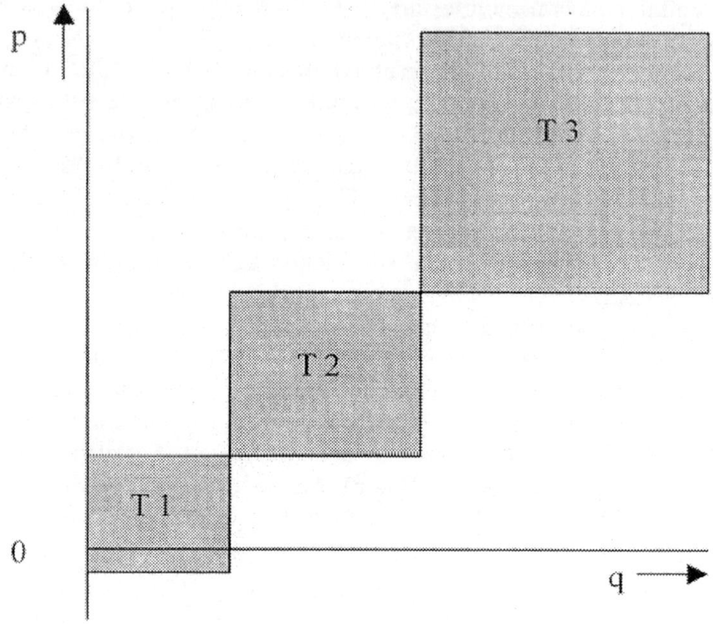

Consumer		
Price 1	Tranche 1	On average 50 litres per person per day
Price 2	Tranche 2	a
Price 3	Tranche 3	b

tity of fresh water. Tranche 1 (social) consists of a single price in order not to create a complicated and expensive system. The price can range from subsidized to a market price, depending on the ability of people in a society to pay for water. This tranche mainly is a "social tranche", reflecting the social perspective in considering the basic need of people. It relates to domestic uses of fresh water. A (human) right of access to this water could be implemented through this tranche[75]. Notwithstanding the attraction of subsidies, it is advisable to only use that instrument as a means of last resort and temporarily, since practice has shown it often stimulates ineffectiveness. Tranche 2 (economic) consists of a market price, which should not be too differentiated, again not to create a complicated and expensive system. Here the market approach and its economic efficiency and rationality comes to full effect. In tranche 3 (environmental) the price is much more flexible

75. See for example Gleick (2000), Chap. 1, on a human right to water.

and depending on the ability to pay of the user, since the goal is to discourage this use of fresh water.

In case almost all water use is unsustainable, affordability of the first tranche should still be guaranteed (right of access to water), but the second might be minimal or even absent, leading (almost) directly to the third tranche. It might well be that guaranteeing the first tranche is not economically rational but water is a vital and irreplaceable good and people should therefore not be disconnected to a certain amount and quality. The prices of and borders between the tranches will vary according to local circumstances such as availability and quality of water, incomes, infrastructure and transport costs, and the degree of unsustainability. Depending on such circumstances, within a tranche the prices may vary as well. It is not advisable to complicate the (administrative) system too much since that would most likely increase the costs of the system, maybe even outweighing the benefits, and could lead to a decrease of transparency and therefore efficiency. Tranches 2 and 3 relate to all uses except for the basic domestic uses. Their prices will take into account costs such as environmental costs. They will be guided by principles such as the polluter-pays and user-pays principles and the principle of intergenerational equity.

In the table, price 1 will be set on an amount guaranteeing the ability to fulfil average basic needs. Price 2 will be an economic effective price including costs such as for the environment and future generations. Price 3 will, on top of the economic effective price, include a "penalty" depending on the ability to pay and the amount therefore needed to discourage such use. The quantity of water falling within Price 2 and 3 depends, for example, on the available amount of water and the impact of its use. They are therefore only referred to as a and b. There might very well be a need for (temporary) subsidies to overcome problems such as encountered with the low food grain prices, making it almost practically impossible at the moment to fully recover the costs of irrigation[76].

SECTION 4 **WATER AS A TRADABLE COMMODITY**

Notwithstanding scarcity of water in many areas and unequal distribution in quantity and quality of water, it has not been

76. See Bhatia (2000), p. 3. See also Postel (1996), p. 55:

"There is a broad spectrum of options between full-cost pricing, which could put many farmers out of business, and a marginal cost of nearly zero to the farmer, which is a clear invitation to waste water."

popular as a trading commodity until recently[77]. Reason for this was, among others, difficulty of transport because of its voluminous nature in the case of trade of any significance (bulk commodity) as well as its biophysical nature making it difficult to pinpoint the volume and quality[78]. Moreover, up until recently, the conviction was widespread that water concerned a public asset managed through Government and not suitable to be regarded as a tradable commodity[79]. Greater scarcity and therefore a higher price, better technology, and a different view on water seem to have opened up the way to treating it as a tradable commodity[80]. Trade in water for the private sector will become more interesting since water will become more expensive and even the poor will be compelled to buy it, diversification opens up new markets in the bottled water industry, large investments are accompanying water management, mega-cities will create pressing needs, and there is a change in State regulation and control that makes the whole sector profitable[81]. At the Second World Water Forum it was argued that, although water normally cannot be seen as a tradable good, if contained it can be considered a tradable good[82]. Many still argue that water is not suitable to be dealt with as a commodity under present international trade law[83]. Trade in bulk water supplies is often regarded as a growing threat to relatively water-rich countries such as Canada[84]. The actual transport of water between or within States will first be elaborated upon.

Regulation of trade-related issues increasingly involves, besides States, international organizations. The WTO and NAFTA will be further discussed, considering their possible great impact on the position of water within international trade. The WTO as well as the NAFTA

77. On water and trade, see De Haan (1997), in favour of valuing water economically although aware of (environmental) incompatibilities between trade and sustainable development.

78. See De Haan (1997), pp. 246-247.

79. Also liberal economists seem to have looked upon water supply as an exception to the market approach. Since society appears to regard water so essential that it must be made available to all regardless of their ability or willingness to pay the market price for it, it can be classified as a "merit goods", better produced by the State.

80. See, for example, Villiers (2001), pp. 275-281, on Medusa bags and other ways of transporting water.

81. Petrella (2001), p. 65.

82. Van Krieken (2000), p. 1.

83. See, for example, Barlow (1999) who argues that water should not become a commodity sold to the highest bidder and that access to clean water for basic needs is a human right.

84. Hunter, Salzman and Zaelke (2002), p. 814 and p. 815 for a further elaboration on the case of the Great Lakes, concerning a 1998 proposal from a Canadian company to export 158 million gallons from Lake Superior to Asia. See also Baumann (2001).

will have an important role in deciding whether or not and to what extent water will be dealt with as a tradable commodity and whether or not the provisions allow States to take protective measures for social or environmental reasons[85]. Since both WTO and NAFTA do not exclude water and even mention it in their tariff tables, it can be assumed that water — at least in identifiable quantities as bottled water — falls within the rules of international trade law. If water is viewed, in certain circumstances, as a tradable good, it is likely to be dealt with under international trade dispute settlement[86].

Paragraph 1 **Transport of Water**

In a sense, it can be argued that trade in water is already largely spread since all kinds of products, especially drinks, mainly consist of water. Moreover, throughout history humans have transported water[87]. Exchange of water does not necessarily constitute trade in water. It can be argued that it depends on elements such as whether the payment is for the actual water or for the delivering of the water.

An example of transfer of water between States is the tender between Turkey and Israel[88]. Export and import of water is a hot issue in many other countries, such as Canada[89]. Between Mexico and the United States an informal water market seems to have come into existence[90].

---

85. Hunter, Salzman and Zaelke (2002), pp. 814-815:

> "NAFTA and other trade agreements thus might prevent countries from putting export controls on water supplies, thereby limiting their ability to ensure water benefits to local populations."

86. Dunoff (1994) concludes that integration of principles of sustainable development with principles governing world trade will not occur in an institutional setting designed to further only one of these interests, and argues that trade-environment conflicts need to be dealt with by a forum sensitive to all the interests involved.

87. See McCaffrey (2001), pp. 8-15, on water transfers, further elaborating upon the "Great Man-Made River" in Libya, diversions in California, the hydraulic undertakings in the American West, and the role of anthropocentrism.

88. In May 2001 the special tenders committee of the Government of Israel has issued the first tender for importing water from Turkey (35-50 million cubic metres of water annually for 5-10 years), see Haaretz special for the online edition, www2.haaretz.co.il/special/water-e/d/364915.asp. On 6 August 2002, Israel agreed to buy 50 million cubic metres of water from Turkey for the next 20 years, see Associated Press, Wednesday, 7 August 2002, http://enn.com/news/wire-stories/2002/08/08072002/ap_48059.asp.

89. For the discussion taking place in Canada concerning water export, see, e.g., Villiers (2001), pp. 246-254, and Little (1996).

90. See Sánchez (1997), pp. 275-276.

On a non-international level, payment for water can be identified as well, such as in the case of Hong Kong paying China for water, and water markets have come into existence [91].

As a separate product, bottled water concerns a certain amount of fresh water and is therefore more easily recognized as a tradable commodity. Bottled water markets hold great promise. The number one in the world of water bottlers is Nestlé (Perrier, Vittel, Volvet, San Pellegrino, etc.), followed by Danone (Evian, Volvic, Ferrarelle, Cannon, Villa del Sur, etc.), increasingly competing with Coca Cola and Pepsi Cola, while Suez-Lyonnaise des eaux and Vivendi might join the business as well [92].

A question that trade will raise is on the balancing of interests between the importing and exporting States in case of, for example, over-exploitation [93]. International trade between States can under certain circumstances pose an option to effectively distribute water [94]. Those circumstances, however, should include acknowledgment of national security situations including (potential) social and/or environmental disasters of exporting as well as importing States and measures need to be able to protect interests other than financial and economic ones. At the bilateral level, States might want to make sure to insert clauses covering such situations when concluding an agreement on water trade or allocation [95]. Reciprocal (trade) co-operation between States of widely differing power positions, such as developing and developed countries, has proved itself difficult to reach, calling for measures to balance those positions [96]. Co-operation within a country

91. See www.planetark.org/dailynewsstory, "Greenpeace says metals pollute HK drinking water" (article, China, 18 December 2000): "Hong Kong pays mainland China HK$2 billion (US$256 million) a year for drinking water." See on water markets, for example, Mariño and Kemper (1999).

92. See Petrella (2001), pp. 80-82, on water bottlers.

93. See on this question De Haan (1997).

94. On import of water and other means to increase the amount of available water, see, e.g., Villiers (2001), pp. 284-293.

95. See, for example, De Haan (1997), pp. 249-251, on plans on trade of water between British Columbia and the United States, in which case the government of British Columbia opposes the diversion plans but might be forced to accept them under NAFTA regulation, prohibiting export restrictions.

96. Difficulties in upholding reciprocity are described in, for example, the 2001 report of economic co-operation on the sustainable development treaties between the Netherlands, Bhutan, Benin and Costa Rica. Measures could include, e.g., capacity building and finances to stimulate equal participation in negotiations and exchange of technology to enable sustainable development of water resources. The success of agreements on allocation or trade of water will by and large depend on elements such as tension or relaxation between States.

For example, the allocation agreement signed in 1964 between Arab States and Israel did not prevent the 1967 Six Day War, related to, for example,

could take shape by water contracts — such as the river contracts in Belgium, Switzerland and France — between all parties concerned[97]. A future aspect of trade might be trade in pollution of water comparable to trade in emissions under the Kyoto Protocol to the United Nations Framework Convention on Climate Change.

Paragraph 2 **World Trade Organization**

From 1948 till the coming into existence of the World Trade Organization (WTO), the General Agreement on Tariffs and Trade (GATT) was the principal agreement regulating trade between States[98].

The main aim of the GATT and its related side agreements, referred to as the GATT system, has been the promotion of trade liberalization. The aim of liberalization has led to a policy of first reducing, but in the end eliminating, trade restrictions. The GATT system has succeeded in significantly reducing tariffs and covers a large range of trade. With the entry into force of the Uruguay Round agreements on 1 January 1995, the WTO was established[99]. The GATT has been integrated into the WTO.

The GATT/WTO is mainly about commerce. It does acknowledge the special position of developing countries, especially through the enabling clause[100]. The objective of the WTO, as stated in its preamble, goes beyond the GATT objective of increasing economic well-being by requiring compliance of the use of resources with the objective of sustainable development and, moreover, by adding an objective calling for special regard for the economic development of developing countries[101].

---

diversion of the Jordan River. See, e.g., Petrella (2001), p. 44. According to De Waart (1997), p. 118, future trade agreements relating to clean fresh water should be applied in the context of the right of a specified access to clear fresh water. He continues by stating that if international trade cannot realize this right, it should be effected through international migration.

97. See on river contracts, Petrella (2001), p. 47. In cases such as flooding one might consider to proceed beyond co-operation by creating an obligation to provide assistance. The question whether an obligation to provide assistance should exist in case of flooding is raised by Bruhács (1993), p. 148.

98. For an elaboration on the WTO/GATT, see Davey (1995).

99. Agreement Establishing the World Trade Organization, Marrakech, 15 April 1994. The WTO completed the Bretton Woods construction based on three complementing bodies.

100. Differential and More Favourable Treatment Reciprocity and Fuller Participation of Developing Countries, Decision of 28 November 1979 (L/4903).

101. See, e.g., Davey (1995), p. 11.

The status of water itself within WTO law remains uncertain. Under GATT, water would most probably fall within the definition of good, but might be a service as well. The tariff list contains bottled water as well as natural water [102]. Article XI GATT deals with the elimination of quantitative restrictions. It prohibits measures other than duties, taxes or other charges. In case of critical shortages, the exporting party can, under Article XI (2) *(a)*, temporarily exclude water from this prohibition [103]. Moreover, Article XX GATT contains the exceptions. The adoption or enforcement of measures taken under this article are not prevented by GATT. Article XX *(b)* relates to measures necessary to protect human, animal or plant life or health. Article XX *(g)* deals with measures relating "to the conservation of exhaustible natural resources if such measures are made effective in conjunction with restrictions on domestic production or consumption". In order to fulfil the requirements of Article XX, measures are not to be arbitrary or unjustifiable, discriminatory, or a disguised restriction.

In the *Tuna-Dolphin* case Article XX GATT was interpreted in a limited way and it was decided that the United States could not (unilaterally) ban imports of tuna from other countries that might not have taken dolphin protecting measures when catching the tuna [104].

The decision of the Panel caused great commotion within the environmental groups and is regarded as one of the elements that triggered their protest and pressure. In response to this pressure, in 1992 GATT issued a report on trade and environment [105]. It also reactivated its Committee on Environmental Measures and International Trade, and a WTO committee on trade and environment was established with the aim of making trade and environment mutually supportive [106].

In the *Shrimp-Turtles* case the prohibition by the United States to import shrimps from countries not using certain turtle excluding devices was found by the Appellate Body to constitute unjustifiable discrimination and reference was also made to Principle 12 of the Rio Declaration on Environment and Development:

---

102. For the tariff classification waters are mentioned, including natural or artificial waters, aerated waters, not sweetened or flavoured, as well as ice and snow.

103. Article XI (2) *(a)*: "Export prohibitions or restrictions temporarily applied to prevent or relieve critical shortages of foodstuffs or other products essential to the exporting contracting party."

104. See *United States — Restrictions on Imports of Tuna*, BISD 39S/155. See on the case also Davey (1994), pp. 83-84. For a discussion of the WTO dispute settlement system, see Davey (1995), pp. 70-80.

105. See GATT Secretariat (1992), *Trade and the Environment*, reprinted in *International Trade 90-91*, Vol. 1 (1992), pp. 19-47.

106. See Davey (1995), pp. 84-85.

> "Unilateral actions to deal with environmental challenges outside the jurisdiction of the importing country should be avoided. Environmental measures addressing transboundary or global environmental problems should, as far as possible, be based on international consensus." [107]

However, in this case the Appellate Body took a less restrictive approach towards the exceptions in Article XX *(b)* and *(g)* GATT than in the *Tuna-Dolphin* cases and the decision provides better opportunities to take into account environmental considerations.

For now, based on the *Tuna-Dolphin* cases and the *Shrimp-Turtles* case, it appears that the WTO is nevertheless cautious in letting such considerations enter its system [108].

Paragraph 3 **North American Free Trade Agreement**

Water and trade have been discussed under the North American Free Trade Agreement (NAFTA) [109]. NAFTA does not exclude water by its definitions and like the WTO has mentioned water in its tariff lists. NAFTA builds on the rights and obligations under the GATT. According to its preamble, the purposes of NAFTA are to be consistent with environmental protection and conservation. It continues to state that the parties resolve to preserve flexibility to safeguard the public welfare, promote sustainable development, and strengthen the development and enforcement of environmental laws and regulations. The parties of NAFTA have declared that no rights to the natural water resources of any party to NAFTA are created by NAFTA and that water is only covered by trade agreements if it has entered into commerce and become a good or product [110]. The statement continues that parties are not obliged to exploit their water for commercial use nor to start exporting water in any form.

Furthermore, it is declared that:

> "Water in its natural state in lakes, rivers, reservoirs, aquifers, water basins and the like is not a good or a product, is not traded,

107. Report of the Appellate Body on United States Import Prohibition on Certain Shrimp and Turtle Products, WT/DS 58/AB/R, 12 October 1998.

108. On the *Tuna-Dolphin* cases and the *Shrimp-Turtles* case see Kentin (2001), pp. 82-85, and De Haan (1997), pp. 258-259.

109. For the text of NAFTA, see the website of the Department of Foreign Affairs and International Trade of Canada: www.dfait-maeci.gc.ca/nafta-alena/agree-e.asp.

110. Statement of 1993 by the Governments of Canada, Mexico and the United States.

and therefore is not and never has been subject to the terms of any trade agreement."[111]

Some of the articles of NAFTA of special relevance are now further discussed.

One of the main objectives of NAFTA mentioned in Article 102 (1) *(a)* is to eliminate barriers to trade. According to Article 103 NAFTA, the rights and obligations under GATT and other agreements are affirmed. Article 104 NAFTA regulates the relation to environmental and conservation agreements. It is interesting to notice that Article 104 of the NAFTA in certain circumstances arranges for specific trade obligations of certain international environmental agreements to take precedence over the provisions of NAFTA[112]. Article 1110 NAFTA arranges for expropriation and compensation. The article prohibits nationalization or expropriation of an investment of another NAFTA party, but allows for it under cumulative conditions including that it concerns a public purpose and that compensation equivalent to the fair market value of the investment is paid. Article 1114 NAFTA deals with environmental measures. Article 1114 (1) NAFTA states:

> "Nothing in this Chapter shall be construed to prevent a Party from adopting, maintaining or enforcing any measure otherwise consistent with this Chapter that it considers appropriate to ensure that investment activity in its territory is undertaken in a manner sensitive to environmental concerns."[113]

Noteworthy as well is the North American Agreement on Environmental Cooperation[114]. Although not part of NAFTA as such, it can influence the application of NAFTA in favour of environmental considerations[115].

---

111. Statement of 1993 by the Governments of Canada, Mexico and the United States. Especially in Canada export of water poses a sensitive subject, see for example Little (1996).

112. See Davey (1994), p. 85. Article 104 (1) NAFTA refers to the Convention on International Trade in Endangered Species of Wild Fauna and Flora (Washington, 3 March 1973, as amended 22 June 1979), the Montreal Protocol on Substances that Deplete the Ozone Layer (Montreal, 16 September 1987, as amended 29 June 1990), the Basel Convention on the Control of Transboundary Movements of Hazardous Wastes and Their Disposal (Basel, 22 March 1989, on its entry into force for the NAFTA parties), or agreements set out in Annex 104.1.

113. Cases related to this issue are *The Ethyl Corporation* case and *The Metalclad* case, see Kentin (2001), pp. 86-89.

114. North American Agreement on Environmental Cooperation between the Government of the United States of America, the Government of Canada, and the Government of the United Mexican States, 13 September 1993, entry into force 1 January 1994, 32 *ILM* 1480.

115. See on the environmental co-operation agreement Saunders (1994).

Like with the WTO, the status of water under NAFTA is as yet uncertain. The scope of NAFTA is not broad enough to apply integrated management of water resources. Nevertheless, depending on their use, some of the articles in NAFTA enable parties to take into account aspects other than commercial ones, strengthened by the agreement on environmental co-operation.

SECTION 5 **INVESTMENTS IN WATER**

The investments required to overcome (some of) the water-related problems are enormous, which partly explains the desire and need to involve the private sector. In making investments, projects can vary widely from areas such as flood protection and water quality improvement up to capacity building [116]. Moreover, investments are also needed to create and implement legislation on water. Possible payment of compensation and the limited freedom to take environmental measures under international economic law may be a reason for concern towards the relationship between States and investors and their *de facto* control over water. The principle of co-operation is of great importance considering the various investors and the effect of their investments [117]. Investments through international organizations such as the Bretton Woods institutions [118] are shortly elaborated upon hereafter. The considerable influence of the World Bank on water management of States justifies its separate treatment.

Paragraph 1 **International Organizations**

The International Monetary Fund (IMF) came into existence on 27 December 1945, following the consideration of its

116. See on capacity building investments Global Water Partnership (2000), pp. 45-47, and *ibid.*, pp. 75-84, on investing in water.

117. On the need for donor co-ordination, see, e.g., Boisson de Chazournes (1998), p. 75.

118. The Bretton Woods institutions, as well as the changes that took place within them during the years, have to be viewed in a historical context. In July 1944, the United Nations Monetary and Financial Conference was held in Bretton Woods, New Hampshire, United States, resulting in the creation of the International Monetary Fund and the World Bank. The International Trade Organization never came into existence, although a charter (Havana Charter) was created. The three institutions were supposed to work in a complementary fashion. The main goals of the creation of these institutions was to increase worldwide well-being and to prevent the sort of economic discrimination that was seen as partly paving the way for World War II.

Articles of Agreement at the Bretton Woods conference [119]. The original goal of the IMF was to promote international currency stability [120]. The IMF mainly concerns finances and one of the criteria for the granting of loans is whether it will stimulate development of the private sector and private production of goods and services traditionally operated by the State or co-operatives [121]. One of the main purposes of the IMF is "to facilitate the expansion and balanced growth of international trade" (Art. I (ii)). The IMF does not directly deal with water, but by its policy of restructuring towards liberalization (decentralization, reducing tariffs, prohibiting subsidies) it can influence the ownership of water as well as its regulation and its price.

The Global Environment Facility (GEF) was established in 1991 and restructured after the UNCED, and brings together States, institutions, NGOs, the private sector and scientists. The GEF mainly addresses biodiversity loss, climate change, degradation of international waters, and ozone depletion. During its existence it assisted in more than 100 water-related projects in various countries [122]. The GEF has promised to scale up its contributions to solving water and land degradation problems and to increasing public and private participation in addressing the global water crisis by: increasing financial support to water and related land resources activities; catalysing public and private investments, requiring better pricing; supporting regionally integrated land and water resources activities and the implementation of integrated ecosystem management efforts; and protecting water resources from land-based pollution [123].

Other regimes specialized in, for example, water, and able to invest in its management, are, among others, the European Union, the Organization for Economic Co-operation and Development (OECD), the Food and Agriculture Organization (FAO), United Nations Development Programme (UNDP), United Nations Environment Programme (UNEP), UNCTAD and the Asian Development Bank [124]. The OECD

119. See, e.g., Chatterjee (1992*a*) on the International Monetary Fund. A member has 250 votes in addition to one vote for each part of its quota that is equivalent to a certain amount of Special Drawing Rights (SDRs).

120. The principal means to this end, at the time that it was set up, consisted of assisting its member States in correcting their balance of payments deficits and by promoting or requiring certain standards of international monetary conduct.

121. Petrella (2001), pp. 61-62.

122. For more information on GEF, see www.gefweb.org. See for water-related projects Global Environment Facility (2000), pp. 6-7 and 48-53.

123. See pledge by the Global Environment Facility, World Water Council (2000), p. 72.

124. See Petrella (2001), Appendix, pp. 124-125, for a list of international organizations and United Nations bodies specifically involved in water-related issues.

has committed itself to support water security and to contribute to the effort to reconcile economic, environmental and social policy objectives related to water in the context of sustainable development through different means such as collecting water resource data and developing pricing strategies that properly incorporate social objectives [125].

Paragraph 2 **World Bank**

The World Bank Group consists of the International Bank for Reconstruction and Development (IBRD) which is better known as the World Bank, the International Development Association (IDA) and the International Finance Corporation (IFC) [126]. Like the IMF, the World Bank was established following the Bretton Woods conference and is governed by its Articles of Agreement [127]. The World Bank's original goal was to finance the reconstruction and development of economies of its member States. Over time, the focus of the World Bank shifted from reconstruction to development. Among its purposes are the promotion of private foreign investment and of the long-range balanced growth of international trade (Art. II (ii) and (iii) Articles of Agreement of the International Bank for Reconstruction and Development). Its principal functions are to lend funds, provide advice and technical assistance, and to serve as a catalyst to stimulate investment.

The World Bank has worked on water since its coming into existence. Lending for water historically accounts for about 15 per cent of their total lending. The World Bank contributed to the development of a Comprehensive Development Framework (CDF), supporting, for example, a holistic approach and that ownership must reside with communities and countries, for which approach the water sector is seen as the most naturally suited [128]. At the end of 2000, a new Water Resources Strategy has been presented and a Water Resources Manage-

125. See pledge of OECD, World Water Council (2000), pp. 72-74.

126. The IDA forms an integral part of the World Bank. IDA and the World Bank share their staff. Moreover, both are State-oriented and aim to promote economic and social progress primarily in developing countries. The IFC has its own staff and focuses on private investors and commercial enterprises in its member States. All three "family members" share one President. Dispute settlement is arranged for by the loan agreements, normally choosing conciliation and arbitration over court procedures. For settlement of disputes within the World Bank Group, see Chatterjee (1992*b*), pp. 142-144.

127. The World Bank came into operation on 25 June 1946 and has its headquarters in Washington, DC. The voting system provides every member with a basic vote in addition to one vote for each share it holds. See on the World Bank, e.g., Chatterjee (1992*b*).

128. Pledge of the World Bank, World Water Council (2000), pp. 75-77.

ment Group (WRMG) was launched just after the 2000 World Water Forum[129]. The role of the World Bank in projects on international rivers has been of great importance[130]. The World Bank usually operates through projects, but can nevertheless provide non-project lending in special circumstances such as caused by natural disasters, for example serious flooding, calling for urgent reconstruction and rehabilitation of an economy[131]. Concerning the projects, during the appraising stage, environmental considerations are taken into account and monitored during the project and can even lead to the loan being conditional upon environmental safeguards[132].

Under the operational policies of the World Bank on projects on international waterways and the Bank procedures on projects on international waterways, notification of the other riparians by the borrower or through the World Bank of the proposed project is a condition for processing the project[133]. The procedures further more include provisions on responses and objections from the other riparians and the possibility to seek independent expert opinion.

SECTION 6 **CONCLUDING REMARKS**

Ownership of water in principle concerns user rights. These rights seem to be best regulated and controlled by democratic public bodies functioning as guardians over the water resources. Community management of water resources is an effective way to ensure the involvement of stakeholders and can facilitate the implementation of participation, such as required by the Rio Principles. Bringing the management of water resources to the people might moreover prove a practical way to implement the right of access to water for all people. Co-operation between the public and private sector is desirable, but privatization of water management that transfers the actual control over water to the private sector brings with it too many risks relating to

129. Pledge of the World Bank, World Water Council (2000), p. 76.

130. See on the Bank's policy for projects on international waterways Krishna (1998).

131. See Chatterjee (1992*b*), p. 125.

132. See Chatterjee (1992*b*), p. 131.

133. Salman (1998), Annexes 2A, pp. 193-196, 2B, pp. 197-200, and 2C, p. 201, concern, respectively: the World Bank Operational Manual, Operational Policies, Projects on International Waterways, OP 7.50, October 1994. The World Bank Operational Manual, Bank Procedures, Projects on International Waterways, BP 7.50, October 1994, including, under paragraph 1, defined types of international waterways; and the World Bank Operational Manual, Good Practices, Projects on International Waterways, GP 7.50, November 1994.

the common interests involved and the vital and irreplaceable nature of water. Initiatives for partnerships between the private sector on the one hand and the public sector, multilateral institutions such as the World Bank, and civil society on the other, seem to provide a promising alternative.

Apart from economic rationale such as cost recovery, pricing of water needs to take into account elements such as basic human needs and environmental principles. The price of water can therefore be divided into various tranches: the first one guaranteeing the basic amount and quality of water needed; a second one priced according to the market approach; a third one discouraging unsustainable use. Externalities will have to become internalized to a great extent and the different qualities of water will have to be reflected in order to reach optimal use[134]. The realization of the limitations posed by valuing externalities such as a human life and pollution requires frequent reconsideration.

Trade can contribute to sustainable development, for example by shipping ice or reserving a certain amount and quality of a river for the lower riparian States. It can also work against sustainable development, for example, in case of abstraction and export of large amounts of water for production of luxury goods that causes serious environmental harm. Moreover, the mandates of international trade organizations such as WTO and NAFTA seem too limited to arrange the management of water. For example, the WTO dispute settlement panel might not take into account international law at large. Furthermore, reducing consumption, taking into account that water is involved in almost all production processes, might be hard to combine with the goal to stimulate international trade. Institutions such as the IMF and the World Bank might be inclined to steer developing countries toward privatization in order to obtain modern management of fresh water, even in cases in which the desirability of privatization is questionable for reasons already mentioned. All in all, it might be better to co-ordinate water management at the international level through United Nations bodies with a wider scope.

Water is not only an economic good, but a social and environmental good as well. An economic approach to water can assist in efficient water management but is no guarantee for it to be in line with sustainable development. When dealing with water as an economic good, regulation is needed to ensure that it takes the social and environmental interests into account, and that it reflects the transboundary nature of water. Criteria include, for example, application of the precautionary

134. Dalhuisen, De Groot and Nijkamp (2000), p. 15.

principle and the duty to co-operate. In order to arrive at the co-operation required to face the water problems of the world, globalization needs to gain more trust by, for example, broadening its scope beyond economics and underlining solidarity. Concepts such as the common heritage or concern of humankind, if more firmly established within international law, might then offer a framework guiding the use of the world's water resources.

TROISIÈME PARTIE

PART III

Notification et consultation

Notification and Consultation

7 Notification et consultation en droit des cours d'eaux internationaux

Amidou Garane*

SECTION 1 INTRODUCTION

Le droit international des ressources naturelles a été marqué, dès sa naissance, par le droit international classique plus préoccupé d'assurer la coexistence pacifique entre les acteurs majeurs de la société internationale. C'est ainsi que l'essentiel des règles du droit international des ressources naturelles a consisté pendant longtemps en interdictions et abstentions, dans le souci premier de ménager la souveraineté des Etats.

Mais, depuis quelques années, on assiste — peut-être à l'image du droit international général — à une tendance, certes encore timide, vers plus de coopération en matière de gestion des ressources naturelles. En ce domaine, plus qu'en tout autre, l'instauration d'une meilleure coopération se révèle d'une importance fondamentale, compte tenu de l'interdépendance de fait entre Etats. En effet, ces ressources naturelles se situent rarement dans les limites territoriales des souverainetés étatiques étriquées. Elles sont le plus souvent des ressources naturelles partagées. Ce concept traduit l'idée de l'existence d'une communauté de droits et d'intérêts entre les différents Etats qui peuvent être légitimement intéressés par lesdites ressources.

C'est dans le cadre de cette quête de plus en plus accélérée d'une gestion concertée des ressources naturelles que s'inscrivent les principes de notification et de consultation en matière de gestion des ressources naturelles partagées dont les ressources internationales en eau constituent une partie. Les cours d'eau internationaux sont une composante majeure de ces ressources en eau partagées. Appliqués aux cours d'eau internationaux, ces principes de notification et de consultation prennent un relief particulier en raison de la nature paradoxalement double de ce milieu physique. Elément de rapprochement, voire

* Docteur en droit public. Maître assistant à l'Université de Ouagadougou.

d'union entre les peuples, les cours d'eau internationaux peuvent aussi, à l'inverse, constituer un facteur de conflits s'ils ne sont pas gérés de manière satisfaisante. Ils peuvent alors constituer une source potentielle et permanente de conflits aux conséquences imprévisibles. De nos jours, ce risque s'est encore accru en raison de la compétition et de la pression internationale qui s'exercent sur les ressources en eau, de plus en plus rares.

La notification et la consultation sont des notions intimement liées. C'est pourquoi, dans les textes internationaux, le devoir de consultation accompagne celui de notification [1]. Notification et consultation, notions voisines, ne se confondent pas cependant. Il s'agit de deux notions distinctes, de deux concepts autonomes même s'ils sont souvent successifs. La notification désigne l'acte qui consiste, pour un Etat, à communiquer officiellement à un autre Etat des informations ou des données relatives à un cours d'eau partagé [2]. Quant à la consultation, elle consiste en échanges de vues entre Etats du cours d'eau sur une question d'intérêt commun, afin de parvenir notamment à une compréhension commune ou harmonisée de la situation et d'entrevoir éventuellement la suite à lui réserver.

Les principes de notification et de consultation s'inscrivent dans le cadre du principe plus général de coopération qui pèse sur les Etats en matière de gestion des cours d'eau internationaux. Cette obligation générale de coopération, qui est une constante dans le droit international des cours d'eau, a une portée plus vaste que la notification et la consultation, qui n'en sont qu'un aspect spécifique [3]. En effet, la notion de coopération, constamment invoquée dans le droit international, est imprécise et recouvre des réalités diverses. Elle englobe des aspects aussi variés que la consultation et l'information mutuelle, l'harmonisation des politiques, la réalisation d'opérations concertées ou de véritables actions communes, ou la fourniture d'assistance unilatérale ou conjointe. C'est pourquoi « l'obligation de coopérer formulée sans autre précision est donc une obligation très vague et dont il est bien

---

1. A. Kiss, *Droit international de l'environnement*, Paris, Pedone, 2000, p. 117. Il est en effet fréquent qu'elles soient appréhendées comme une notion unique. On parle alors de l'obligation de notification et de consultation. Voir A. Nollkaemper, *The Legal Regime for Transboundary Water Pollution : Between Discretion and Contraint*, Dordrecht, Martinus Nijhoff, 1993, p. 165 ; principe 19 de la Déclaration de Rio sur l'environnement et le développement qui traite de la notification et de la consultation.

2. La notification est aussi connue sous le terme d'« échange d'informations ». Les deux expressions seront utilisées indifférenciées.

3. A. Nollkaemper, *The Legal Regime for Transboundary Water Pollution : Between Discretion and Contraint*, Dordrecht, Martinus Nijhoff, 1993, p. 165 ; H. Ruiz Fabri, « Règles coutumières générales et droit international fluvial », *AFDI*, 1990, p. 834.

difficile de dire à quoi elle oblige vraiment»[4]. La notification et la consultation contribuent ainsi à préciser l'obligation de coopération dont elles constituent sans doute les premiers linéaments[5] qui détermineront dans une large mesure les autres dimensions du principe de coopération.

Notification et consultation s'appliquent à des situations diverses en droit international et obéissent, dans chacune de ces situations, à des objectifs différents. Elles peuvent d'abord s'inscrire dans le cadre de la surveillance continue des cours d'eau internationaux pour la préservation de la qualité des eaux par leur protection permanente contre les pollutions diverses et toutes autres situations dommageables. Elles peuvent intervenir également en matière de mesures envisagées ou projetées, lorsqu'un Etat manifeste sa volonté d'entreprendre des activités ou toutes autres initiatives sur un cours d'eau international et qui sont susceptibles d'être préjudiciables à d'autres Etats du cours d'eau. Elles visent alors à prévenir les conflits éventuels entre Etats dans l'utilisation et la protection du cours d'eau international. Notification et consultation interviennent enfin dans le cadre des situations critiques sur le cours d'eau. Dans ce cas, notification et consultation visent à prévenir, à éviter ou à réduire les effets de la catastrophe sur les autres Etats du cours d'eau susceptibles d'être affectés.

La notification et la consultation ont une portée anticipative en matière de gestion des ressources naturelles en eau partagées. Elles visent à prévenir les conflits éventuels dans le cadre de la gestion des ressources internationales en eau entre des utilisateurs souverains, les Etats. En effet, la compétition qui s'exerce entre ceux-ci sur les ressources des cours d'eau est susceptible de dégénérer en conflits si des mécanismes appropriés de régulation et de prévention ne sont pas mis en place. Dans une approche plus positive, et indépendamment de tout conflit potentiel, une gestion réglementée et consensuelle des cours d'eau internationaux favorise nécessairement une exploitation rationnelle et optimale de la ressource au profit de tous les utilisateurs.

La notification et la consultation en tant que règles procédurales visent essentiellement à faciliter la mise en œuvre des règles dites substantielles que sont l'interdiction de causer des dommages à d'autres Etats et l'utilisation équitable et raisonnable des cours d'eau internationaux. En tant que mécanisme de prévention des conflits, la notification et la consultation permettent à chaque Etat du cours d'eau de prendre dûment en compte les préoccupations, voire les exigences, des autres

4. H. Ruiz Fabri, «Règles coutumières générales et droit international fluvial», *AFDI*, 1990, p. 834.
5. *Ibid.*, p. 835.

Etats en matière d'utilisation et de protection des ressources en eau. En effet, comment prévenir efficacement les dommages à l'environnement d'autres Etats du fait de ses propres activités si ces derniers ne sont pas pleinement associés auxdites activités ? De même, dans la perspective d'une réparation et en cas de divergences profondes de vues, comment déterminer l'ampleur du dommage pour une possible indemnisation dans le cadre d'un règlement amiable éventuel ? Ce sont autant de situations où notification et consultation sont indispensables pour la mise en œuvre de la règle de l'interdiction de dommages à d'autres Etats.

Il en est de même de l'importance de la notification et de la consultation dans la mise en œuvre de l'utilisation équitable et raisonnable des cours d'eau internationaux. La mise en œuvre d'une utilisation équitable et raisonnable va nécessairement de pair avec les principes de notification et de consultation. Il serait difficile, sinon impossible, pour un Etat du cours d'eau, d'apprécier objectivement sa propre utilisation et les besoins ou les intérêts des autres Etats, pour déterminer si celle-ci répond aux exigences de l'utilisation équitable et raisonnable.

Plus que des règles procédurales, la notification et la consultation sont d'une importance fondamentale pour l'effectivité des règles dites matérielles. Bien qu'elles ne déterminent pas les règles d'utilisation des cours d'eau internationaux ni ne préviennent directement les effets dommageables que peuvent subir les cours d'eaux internationaux, elles complètent et concilient les règles dites substantielles, en imposant une procédure à suivre [6]. Elles assurent les conditions de mise en œuvre sans lesquelles les règles substantielles se réduiraient à des formules incantatoires et voueraient la solidarité interétatique à de simples vœux. En effet, les initiatives unilatérales dans ce domaine aboutissent nécessairement à une appréciation subjective de l'utilisation des eaux que fait un Etat d'un cours d'eau international. La primauté des intérêts nationaux n'amène-t-elle pas les Etats à considérer comme équitable et raisonnable toute utilisation, dès lors qu'elle satisfait à leur besoin d'intérêt national ?

Au regard de l'importance que revêtent la notification et la consultation dans la gestion concertée des cours d'eau internationaux, et partant dans la pacification des relations internationales, il convient de chercher à mieux appréhender leurs contours. Notification et consultation en matière de cours d'eau internationaux sont-elles de véritables obligations de droit international ? Quelles sont les différentes hypothèses de mise en œuvre de la notification et de la consultation ? En quoi consistent véritablement la notification et la consultation entre Etats en

6. J. Sohnle, *Le droit international des ressources en eau : solidarité contre souveraineté*, thèse de doctorat, université de Strasbourg, 2000, p. 477.

la matière, et quelles en sont les limites éventuelles ? Il s'agit d'autant d'interrogations que nous tenterons d'élucider en recherchant d'abord les fondements juridiques de la notification et de la consultation (section 2) pour ensuite envisager leur véritable portée dans le domaine des cours d'eau internationaux (section 3).

SECTION 2 **LES FONDEMENTS JURIDIQUES DE LA NOTIFICATION ET DE LA CONSULTATION**

La notification et la consultation en droit des cours d'eau internationaux trouvent leur fondement juridique aussi bien dans les travaux des organismes scientifiques internationaux (paragraphe 1) que dans le droit déclaratoire (paragraphe 2) et le droit conventionnel (paragraphe 3).

Paragraphe 1 **Le rôle pionnier des organismes scientifiques internationaux**

La notification et la consultation en matière de cours d'eau internationaux sont des règles récentes du droit international. Pendant longtemps, on s'était interrogé sur la nature juridique des règles de notification et de consultation entre Etats. La question pouvait se poser en ces termes : le droit international impose-t-il aux Etats une obligation générale d'avertir, d'informer et de consulter les autres Etats avant d'entreprendre une initiative interne pour la surveillance continue du cours d'eau, pour les mesures envisagées ou pour faire face à des situations critiques ? Les opinions étaient fortement partagées sur la question[7].

L'émergence des règles de notification et de consultation en droit des cours d'eau internationaux a été longue au niveau international au triple plan de la surveillance continue, des mesures envisagées et des situations d'urgence. Elles étaient en gestation depuis le début des années soixante. Elles ont fait l'objet de nombreuses réflexions au sein d'instances aussi bien gouvernementales que non gouvernementales, et ce dans le cadre plus vaste de la régulation des utilisations concurrentielles et de la protection des cours d'eau internationaux à des fins autres que la navigation.

Les premières structures à mener une réflexion sur la question furent sans conteste les organismes internationaux à caractère scientifique. En

---

7. Voir « Travaux préparatoires sur la pollution des fleuves et lacs et le droit international de l'IDI », *Annuaire de l'Institut de droit international*, 1979, t. 1, p. 239, où les opinions étaient partagées sur la question.

effet, précédant les Etats, ces organismes ont commencé à s'intéresser à l'utilisation des cours d'eau internationaux à des fins autres que la navigation. Ils jouaient alors un rôle pionnier en la matière, à un moment où les Etats se souciaient surtout des utilisations classiques [8] des cours d'eau internationaux et se préoccupaient de la coexistence pacifique plutôt que de l'institution d'une véritable coopération internationale en la matière.

Parmi ces institutions, il convient de mentionner en premier lieu l'Institut de droit international (IDI) [9] dont la contribution au développement du droit des cours d'eau internationaux demeure inestimable. En 1961, l'IDI, réuni à Salzbourg, adoptait une résolution sur «l'utilisation des eaux internationales non maritimes (en dehors de la navigation)», qui institue en ses articles 5, 6 et 7 l'obligation de consultation préalable dans la gestion des cours d'eau internationaux [10].

Il convient de signaler également l'Association de droit international (ADI) [11], qui a consacré de nombreux travaux à l'utilisation des cours d'eau internationaux à des fins autres que la navigation [12]. Parmi ces travaux, les Règles d'Helsinki, adoptées en 1966 [13], méritent une place particulière: elles contiennent les énoncés substantiels des règles actuelles d'utilisation des cours d'eau en dehors de la navigation.

Selon l'article XXIX des Règles d'Helsinki, tout Etat ayant l'intention d'entreprendre des ouvrages ou des travaux qui pourraient modifier le régime d'un bassin de drainage international [14] d'une manière pouvant affecter sensiblement les intérêts d'autres Etats du bassin est tenu de notifier à ces Etats son intention de mettre en œuvre les mesures envisagées. Il doit, à travers un avis [15], fournir aux Etats susceptibles de subir des effets dommageables de son activité les faits et

8. En plus de la navigation, il convient de mentionner la seconde utilisation classique des cours d'eau à titre de frontières entre Etats.

9. L'Institut de droit international (IDI) est composé de spécialistes du droit international qui siègent à titre privé et individuel et dont le rôle est de contribuer à la promotion du droit international.

10. *Annuaire de l'Institut de droit international*, 1961, vol. 49, t. II, p. 372.

11. L'Association de droit international (ADI) est, à l'instar de l'IDI, composée de spécialistes du droit international qui siègent à titre individuel et privé et poursuit les mêmes objectifs que l'Institut.

12. «Projet d'articles relatifs aux rapports entre l'eau, d'autres ressources naturelles et l'environnement» (Belgrade, 1980); «Régulation du débit des cours d'eau internationaux» (Belgrade, 1980); «Règles sur la pollution des eaux d'un bassin de drainage international» (Montréal, 1982); «Règles complémentaires applicables aux ressources internationales d'eau» (Séoul, 1987).

13. Les Règles d'Helsinki forment en fait un véritable code du droit des cours d'eau internationaux à des fins autres que la navigation, à l'exclusion toutefois des questions relatives aux frontières et aux eaux souterraines.

14. On parle aujourd'hui de bassin hydrographique.

15. L'italique est de nous.

renseignements pertinents permettant à l'Etat destinataire d'évaluer les conséquences probables des activités futures. Il doit en outre accorder un temps raisonnable à l'Etat destinataire de l'avis pour réagir. En tout état de cause, en l'absence dudit avis, les initiatives d'un Etat sur le cours d'eau ne sont pas opposables aux autres Etats [16].

Cette œuvre majeure des sociétés savantes pour les cours d'eau internationaux à des fins autres que la navigation est demeurée dans l'histoire. Et la communauté internationale a tenu à leur rendre un juste hommage à travers la Convention des Nations Unies sur l'utilisation des cours d'eau à des fins autres que la navigation [17], d'autant plus que leur œuvre a fortement inspiré, par la suite, la pratique de la communauté internationale qui a pris de nombreuses initiatives pour accompagner la réflexion déjà amorcée au sein de ces sociétés savantes. Les déclarations et les recommandations constituent une partie importante de ces initiatives internationales.

Paragraphe 2 **La profusion du droit déclaratoire**

Au fils des ans, les Etats, à travers les différentes organisations internationales, ont progressivement manifesté leur attachement à la notification et à la consultation en matière de cours d'eau internationaux, contribuant du coup à les consolider. A cet égard, les Nations Unies ont joué un rôle majeur. Déjà en 1972, lors de la Conférence des Nations Unies sur le développement humain qui s'est tenue à Stockholm, les principes de notification et de consultation, à défaut d'être inscrits dans la Déclaration de Stockholm, en raison de divergences entre Etats latino-américains, figurent dans les recommandations de la Conférence. Selon la recommandation 51 :

> « Les Etats conviendront que, lorsqu'ils envisagent d'importantes activités faisant intervenir des ressources en eau et qu'elles risquent d'avoir des effets notables sur l'environnement dans un autre pays, ce dernier doit en être avisé assez longtemps à l'avance. » [18]

A partir de cette date, les Nations Unies adopteront un grand nombre de déclarations et de recommandations sur la nécessité de procéder à

---

16. Art. XXIX, par. 1, 2 et 3.

17. « Ayant à l'esprit la contribution précieuse des organisations internationales, gouvernementales comme non gouvernementales, à la codification et au développement progressif du droit international dans ce domaine. » (Préambule, al. 10.)

18. Al. *b)*, i).

des notifications et consultations en matière de gestion des ressources naturelles partagées, dont les ressources en eau. La résolution 3281 affirme que:

> «Dans l'exploitation des ressources naturelles communes à deux ou plusieurs pays, chaque Etat doit coopérer sur la base d'un système d'information et de consultation préalable afin d'assurer l'exploitation optimale de ces ressources sans porter préjudice aux intérêts légitimes des autres Etats.»[19]

Le principe sera réaffirmé en 1977 lors de la Conférence mondiale sur l'eau. Selon la recommandation 86:

> «En l'absence d'accord sur la façon d'utiliser les ressources en eau partagées, les pays qui partagent ces ressources devraient échanger des renseignements pertinents sur lesquels la gestion desdites ressources pourrait être fondée à l'avenir, de manière à éviter des dégâts prévisibles.»[20]

Un an plus tard, le Programme des Nations Unies pour l'environnement (PNUE) adoptait la recommandation suivante:

> «1. Il est nécessaire que chaque Etat partageant une ressource naturelle avec un ou plusieurs Etats,
>
> *a)* notifie au préalable l'autre Etat ou les autres Etats des détails pertinents des plans visant à entreprendre la conservation ou l'utilisation de la ressource ou à apporter un changement à cette utilisation quand on peut raisonnablement s'attendre à ce que cette utilisation affecte de façon sensible l'environnement du territoire de l'autre Etat ou des autres Etats; et
>
> *b)* entre en consultation au sujet des plans précités si l'autre Etat ou les autres Etats le demandent...»[21]

La notification et la consultation aussi bien en matière de surveillance continue des cours d'eau que de mesures projetées ou de situations d'urgence sont énoncées dans la Déclaration de Rio sur l'environnement et le développement de 1992. Au titre des mesures envisagées, elle souligne que:

> «Les Etats doivent prévenir suffisamment à l'avance les Etats

19. Résolution 3281 (XXIX) portant Charte des droits et devoirs économiques des Etats, art. 3.

20. Recommandation 86, al. *g)*.

21. PNUE, *Principes de conduite dans le domaine de l'environnement pour l'orientation des Etats en matière de conservation et d'utilisation harmonieuse des ressources naturelles partagées entre deux ou plusieurs Etats*, 19 mai 1978.

susceptibles d'être affectés et leur communiquer toutes informations pertinentes sur les activités qui peuvent avoir des effets transfrontières sérieusement nocifs sur l'environnement et mener des consultations avec ces Etats rapidement et de bonne foi.»[22]

Au titre des situations d'urgence, la Déclaration souligne que :

«Les Etats doivent notifier immédiatement aux autres Etats toute catastrophe naturelle ou toute autre situation d'urgence qui risque d'avoir des effets néfastes soudains sur l'environnement de ces derniers...»[23]

Au-delà des Nations Unies, les principes de notification et de consultation ont été adoptés au niveau d'autres instances internationales. C'est ainsi que, lors de la quatrième Conférence des chefs d'Etat et de gouvernement des pays non alignés qui s'est tenue à Alger du 5 au 9 septembre 1973[24], le Comité juridique consultatif afro-asiatique[25] de même que l'OCDE, à de nombreuses reprises, ont réaffirmé les principes de notification et de consultation dans la gestion des ressources partagées[26].

Durant le long processus de leur formation, les principes de notification et de consultation en matière de cours d'eau internationaux ont été confirmés par certaines institutions internationales dans leur pratique. C'est ainsi que le groupe de la Banque mondiale a fait de l'obligation de notification et de consultation une dimension essentielle de sa politique de coopération économique à travers son droit dérivé. Dès 1956, les directives de la Banque faisaient obligation aux Etats candidats à des projets de développement sur des cours d'eau internationaux de notifier leur intention aux autres Etats susceptibles d'être affectés par les conséquences dommageables éventuelles de leurs activités[27]. C'est un ensemble de règles procédurales que les administrateurs de la Banque doivent prendre en compte pour le financement de tout projet ou tout programme de développement relatif à un cours d'eau international. Il était évident que la Banque mondiale, dans son rôle d'instrument de coopération internationale pour la pacification des relations

22. Principe 19.
23. Principe 18.
24. *Déclaration économique*, par. 12.
25. The Asian-African Legal Consultative Committee, *Report of the Fourteenth Session (New Delhi, 1973)*, proposition X, p. 107.
26. Recommandation C (74) 224/ E du 14 novembre 1974 ; recommandation C (77) 28 (final) du 17 mai 1977 ; recommandation C (780) 77 (final) du 21 septembre 1978.
27. Banque mondiale, *Mémorandum opérationnel pour les projets relatifs à des voies d'eau intérieures internationales*, n° 8, 1956. Révisé successivement en 1964 et en 1985 ; *Politiques opérationnelles* Op 7.50, BP 7.50 et GP 7.50.

internationales, ne pouvait manquer d'intégrer cette dimension majeure dans sa politique, sans risque de contribuer à la résurgence des conflits, surtout dans des régions où la compétition sur les ressources en eau devenait de plus en plus vive[28]. En cela, la Banque mondiale ne faisait qu'accompagner le mouvement en cours de la consécration conventionnelle des principes de notification et de consultation.

Paragraphe 3 **La consécration conventionnelle**

Au-delà du domaine général de la gestion des ressources naturelles partagées[29], la consécration conventionnelle des obligations de notification et de consultation dans le domaine spécifique des cours d'eau internationaux s'est opérée à travers de nombreux traités bilatéraux, plurilatéraux ou multilatéraux[30]. La pratique conventionnelle de la notification et de la consultation en matière de cours d'eau internationaux est fort ancienne : les premières conventions en la matière remontent au début du XIXe siècle. Mais il faudra attendre le XXe siècle pour voir la pratique se généraliser. Certaines conventions affirment le principe alors que d'autres s'efforcent de détailler l'ensemble de la procédure.

Au titre des conventions bilatérales, il convient de noter la Convention de 1816 entre la Prusse et les Pays-Bas[31], le Traité de 1866 entre la France et l'Espagne[32], la Convention de 1922 entre le Danemark et l'Allemagne[33], ou la Convention spéciale du 11 mai 1929 signée entre la Suède et la Norvège. Chacun de ces traités impose la notification et la consultation chaque fois que l'un des deux Etats du cours d'eau a

28. Sur ce point, il faut noter que la Banque mondiale a favorisé la conclusion d'accords de cours d'eau dans sa politique d'assistance aux Etats.

29. Les ressources naturelles partagées transcendent les seules ressources en eau. Elles peuvent concerner des ressources diverses telles que la faune, la flore, la biodiversité. Ces différentes ressources partagées font l'objet de conventions internationales dont certaines méritent d'être mentionnées : Convention régionale du Koweït relative à la coopération pour la protection du milieu marin contre la pollution (24 avril 1978) ; Convention de Genève sur la pollution atmosphérique transfrontière à longue distance (Genève, 13 novembre 1979) ; Convention sur la conservation de la nature et des ressources naturelles (Kuala Lumpur, 9 juillet 1985) ; Convention sur l'évaluation d'impact sur l'environnement dans un contexte transfrontière (Espoo, 25 février 1991) ; Mémorandum d'accord entre les Etats-Unis d'Amérique et le Canada (5 août 1980).

30. Pour une vue d'ensemble, voir le troisième rapport Schwebel à la CDI, p. 145.

31. Convention du 26 juin 1816 entre la Prusse et les Pays-Bas, art. XIV, al. 2, et art. XXVII, al. 1.

32. Acte additionnel aux traités de frontière du 26 mai 1866, art. 11.

33. Accord du 10 avril 1922, art. 31.

l'intention de réaliser dans ses eaux fluviales des travaux de nature à provoquer une modification sensible des eaux dans l'autre pays. Il en est de même du Traité du Río de la Plata du 19 novembre 1973 signé entre l'Uruguay et l'Argentine, du Traité de 1990 entre le Nigeria et le Niger sur les ressources en eau partagées de quatre cours d'eau [34].

S'agissant des régimes conventionnels plurilatéraux ou régionaux, de nombreuses conventions instaurent l'obligation de notification et de consultation en matière de gestion des cours d'eau internationaux. Il en est ainsi de la Convention relative au statut du fleuve Sénégal [35], du Traité entre les Etats du bassin du fleuve Niger [36], de la Convention concernant la coopération pour la protection et l'utilisation durable du Danube [37], du Protocole révisé sur les cours d'eau partagés dans la Communauté de développement de l'Afrique australe [38], de l'Accord sur la coopération pour le développement durable du bassin du fleuve Mékong [39].

Peut être également mentionnée la Convention d'Helsinki de 1992 sur la protection et l'utilisation des cours d'eau transfrontières et des lacs internationaux, élaborée dans le cadre de la Commission économique pour l'Europe de l'Organisation des Nations Unies (CEE/ONU) [40] qui va dans le même sens. Cette convention qui porte plus sur la protection des ressources en eau que sur l'ensemble de leur utilisation, consacre les règles de notification et de consultation. C'est ainsi qu'elle institue des échanges d'informations notamment sur les questions les plus importantes visées par les dispositions de la Convention [41]. Elle organise également, à la demande de tout Etat partie à la Convention, des consultations sur la base de la bonne foi et du bon voisinage entre riverains en vue d'instaurer une coopération permanente

---

34. *Agreement between the Federal Republic of Nigeria and the Republic of Niger concerning the Equitable Sharing in the Development, Conservation and Use of Common Water Resources* (Maiduguri, 18 juillet 1990), art. 4 et 16, al. 2.) Il s'agit des cours d'eau suivants: «the Magia/Lamido River Basin, the Gada/Goulbi of Maradi River Basin, the Tagwai/El Fadama River Basin and the lower section of the Komadougou/Yobe River Basin».

35. Convention relative au statut du fleuve Sénégal (Nouakchott, 11 mars 1972), art. 4.

36. *Act Regarding Navigation and Economic Co-operation between the States of the Niger Basin* (Niamey, 26 octobre 1963), art. 4.

37. Convention concernant la coopération pour la protection et l'utilisation durable du Danube, Sofia, 29 juin 1994, art. 11 et 12.

38. Protocole révisé sur les cours d'eau partagés dans la Communauté de développement de l'Afrique australe (SADC) (Windhoek, 7 août 2000), art. 5.

39. Accord sur la coopération pour le développement durable du bassin du fleuve Mékong (Chiang Rai, 5 avril 1995), art. 5 et 10.

40. Convention sur la protection et l'utilisation des cours d'eau transfrontières et des lacs internationaux (Helsinki, 17 mars 1992).

41. Art. 13, et aussi art. 6.

sur les obligations faisant l'objet de la Convention[42]. De même, elle organise l'information et la consultation en matière de survenance de situation critique[43]. Les mêmes préoccupations sont prises en compte par la Convention pour la protection du Danube[44].

S'agissant des conventions multilatérales, la consécration la plus éclatante des obligations de notification et de consultation émane de la Convention des Nations Unies de 1997 sur l'utilisation des cours d'eau internationaux à des fins autres que la navigation[45].

Cette convention est l'œuvre de la Commission du droit international (CDI) dont les travaux sur l'utilisation des cours d'eau à des fins autres que la navigation constituent une mine de richesses. En effet, en 1970, sur proposition de la Finlande, qui voulait faire avaliser par l'Organisation des Nations Unies les Règles d'Helsinki, l'Assemblée générale des Nations Unies demanda à la CDI d'entreprendre un projet de Convention sur les utilisations des cours d'eau à des fins autres que la navigation[46]. La CDI, qui inscrivit le thème à son ordre du jour dès 1978, a produit, pendant les deux décennies environ que durèrent ses travaux (1978-1994), treize rapports qui sont l'œuvre de cinq rapporteurs spéciaux. Dans ses rapports successifs, la CDI a accordé une attention particulière à la notification et à la consultation entre Etats partageant un cours d'eau commun.

Les principes de notification et de consultation n'ont pas donné lieu, lors des travaux de la CDI, contrairement à d'autres dispositions, à des divergences profondes et, partant, à des modifications fréquentes. Depuis les premières années de travaux de la CDI, les dispositions relatives à la notification et à la consultation sont restées sans changement[47] jusqu'à la transmission du projet de convention à l'Assemblée générale des Nations Unies.

En 1994, le projet d'articles de la CDI a été transmis à l'Assemblée générale des Nations Unies conformément à la procédure en la matière. Celle-ci, au lieu de convoquer une conférence diplomatique, créa un groupe de travail ouvert à tous les Etats.

Lors des négociations dans le cadre du groupe de travail établi à cet effet, les obligations de notification et de consultation n'ont pas fait non plus l'objet de divergences entre Etats. Bien au contraire, ces derniers ont largement admis cette double obligation en matière de gestion

42. Art. 10.
43. Art. 14 et 15.
44. Convention concernant la coopération pour la protection et l'utilisation durable du Danube (Sofia, 29 juin 1994), art. 3 et 11.
45. Convention sur le droit relatif aux utilisations des cours d'eau internationaux à des fins autres que la navigation (New York, 21 mai 1997).
46. Résolution 2669 (XXV) du 8 décembre 1970.
47. Sauf la substitution du mot «significatif» au mot «appréciable».

des cours d'eau internationaux[48]. Comme le note M. Stephen McCaffrey, l'un des anciens rapporteurs spéciaux de la CDI :

> « Le fait que la plupart des délégations ont accepté que l'obligation fondamentale de donner notification préalable de ces changements fasse l'objet de la Convention est important en soi : il prouve encore une fois que la communauté internationale dans son ensemble rejette vigoureusement l'idée qu'un Etat a entière discrétion pour faire ce que lui seul désire sur le tronçon d'un cours d'eau international traversant son territoire. »[49]

Au terme de trois années de travaux, le groupe de travail parvint à un accord et la Convention fut signée le 21 mai 1997. Elle n'est pas encore entrée en vigueur.

Cette convention, après avoir rappelé le devoir général de coopération entre Etats en la matière[50], consacre des dispositions importantes à l'obligation qui pèse sur les Etats de procéder à des notifications et consultations de bonne foi. Ces dernières doivent s'effectuer aussi bien dans le cadre de la concertation permanente pour la surveillance continue du cours d'eau international[51], en matière de mesures envisagées[52] qu'en cas de situation d'urgence[53].

La Convention de 1997 est novatrice : il s'agit en effet du premier instrument multilatéral explicitant et décrivant en détail l'ensemble de la procédure de notification et de consultation, notamment en matière de mesures projetées[54]. Cependant, si l'on peut se féliciter de l'apport inestimable de la Convention de 1997 pour la procédure détaillée de notification et consultation, en ce qu'elle est indispensable à la mise en

48. Seuls trois pays (l'Ethiopie, le Rwanda et la Turquie) se sont opposés à l'adoption des obligations de notification et de consultation.

49. S. McCaffrey, « La Convention des Nations Unies sur le droit relatif aux utilisations des cours d'eau internationaux à des fins autres que la navigation : perspectives et embûches », dans A. S. Salman et L. Boisson de Chazournes (dir. publ.), *Cours d'eau internationaux : renforcer la coopération et gérer les différends*, actes du séminaire de la Banque mondiale, Washington, 1999, p. 25. Seuls trois Etats — l'Ethiopie, le Rwanda et la Turquie — ont rejeté cette disposition. Cette position dominante consacre du même coup la fin définitive de la doctrine Harmon de la « souveraineté territoriale absolue » et son rejet par le pays qui l'avait inventée, les Etats-Unis d'Amérique.

50. Art. 8, par. 1 et 2.

51. Art. 9.

52. Art. 11-19. Notamment l'article 11 qui dispose que

> « les Etats du cours d'eau échangent des renseignements, se consultent et, si nécessaire, négocient au sujet des effets éventuels des mesures projetées sur l'Etat d'un cours d'eau ».

53. Art. 28.

54. Les dispositions consacrées à la notification et à la consultation en matière de situations d'urgence sont moins abondantes.

œuvre consensuelle des obligations dites substantielles, l'on pourrait s'interroger sur l'efficacité et la pertinence d'une telle option. Une double question mérite d'être posée. Peut-on fixer *in abstracto* les détails de règles de procédure pour tous les cours d'eau internationaux, sachant que ces détails seront fonction de la spécificité de chaque cours d'eau international envisagé ? Ne risque-t-on pas de figer — et, partant, de compromettre l'effectivité des règles de fond — des situations qui par nature sont fluctuantes et complexes au regard des considérations politiques, économiques, sociales et culturelles propres à chaque cours d'eau ? En outre, revient-il à une convention-cadre de fixer dans les détails les règles de fond, a fortiori les règles de procédure que des accords spécifiques ultérieurs d'application sont à même de mieux mettre en œuvre ?

Le détail des règles de procédure relève normalement du droit conventionnel. Il appartient donc aux Etats, dans le cadre d'accords bilatéraux et régionaux, de définir les règles procédurales détaillées de l'obligation de notification et de consultation pour chaque cours d'eau international.

Au-delà de ces aspects, il convient de noter que, de nos jours, la question de la normativité de la notification et de la consultation ne se pose plus. Si, au départ, les obligations de notification et de consultation, aussi bien en matière de surveillance continue des eaux que de mesures projetées ou de situation d'urgence, jouissaient d'une faible normativité qui faisait douter une partie de la doctrine[55], la quasi-totalité de celle-ci estime aujourd'hui qu'elle est devenue un principe général du droit, une règle coutumière[56].

55. L. Caflisch, « Règles générales du droit des cours d'eau internationaux », *Recueil des cours*, tome 219 (1989), p. 189 ; C. B. Bourne, « Procedure in the Developpement of International Drainage Basins », *University of Toronto Law Journal*, 1972, pp. 204-206.

56. E. Jiménez de Aréchaga, « International Law in the Past Third of a Century », *Recueil des cours*, tome 159 (1978), p. 198 ; C. B. Bourne, « Procedure in the Development of International Drainage Basins : The duty to Consult and to Negotiate », *The Canadian Yearbook of International Law*, 1972, p. 233 ; Kirgis, *Prior Consultation in International Law*, Charlottesville (Etats-Unis), 1983, pp. 86 et 128 ss. ; United Nations Organization, *Management of International Water Resources : Institutional and Legal Aspects*, doc. ST/ESA/5, 1975, pp. 50 et 51 ; F. Griffin, « The Use of Waters of International Drainage Basins under Customary International Law », *American Journal of International Law*, 1959, p. 79 ; A. Kiss et D. Shelton, *International Environmental Law*, 1991, pp. 136-141 ; A. Nollkaemper, *The Legal Regime for Transboundary Water Pollution : Between Discretion and Constraint*, Dordrecht, Martinus Nijhoff, 1993, p. 167 ; L. Caflisch, « Règles générales du droit des cours d'eau internationaux », *Recueil des cours* (1989), p. 195 ; *id.*, « La Convention du 21 mai 1997 sur l'utilisation des cours d'eau internationaux à des fins autres que la navigation », *AFDI*, 1997, p. 784 ; A. Kiss, *Droit international de l'environnement*, Paris, Pedone, 2000, p. 54 ; J. A. Barberis, « Bilan de recherches », *CER 1990*.

L'absence de divergences fondamentales sur les clauses de coopération à travers la notification et la consultation, aussi bien au sein de la CDI qu'au niveau du groupe de travail, la pratique constante des Etats à travers la *soft law* de même que l'intérêt manifesté par certaines organisations intergouvernementales, la multiplication des régimes conventionnels et la convergence des positions doctrinales témoignent largement, s'il en était encore besoin, d'un consensus réel entre Etats sur la question, confirmant ainsi la naissance et la consécration d'une règle coutumière internationale qui s'est forgée durant les vingt dernières années[57].

Il en est cependant autrement pour les détails de la procédure qui ne relèvent pas encore du droit international général. Ceux-ci doivent être spécifiés dans chaque cas[58] par des régimes conventionnels.

Si la Convention des Nations Unies de 1997 propose une procédure détaillée de notification et consultation, c'est seulement à titre supplétif. Elle ne codifie guère mais développe le droit international en ce domaine.

Mais, au-delà de ces considérations, ne conviendrait-il pas, au regard de leur importance essentielle, d'envisager un régime coutumier pour un certain nombre de règles importantes de procédure relevant de la notification et de la consultation ? Il semble qu'à ce niveau une évolution sensible soit en cours. La doctrine semble percevoir, dans certaines modalités d'application des règles de notification et de consultation, une consécration coutumière. Il en serait ainsi de la nécessité d'accorder, sauf cas d'urgence, un délai raisonnable à l'Etat notifié pour réagir[59].

Si les fondements juridiques des obligations de notification et de consultation en droit des cours d'eau internationaux sont solidement établis au plan international, en est-il de même quant à leur portée ?

Droits et obligations des pays riverains des fleuves internationaux, Académie de droit international, Centre d'étude et de recherche de droit international et de relations internationales, La Haye, Martinus Nijhoff, 1991, p. 31 ; H. Ruiz Fabri, « Règles coutumières générales et droit international fluvial », *AFDI*, 1990, p. 834 ; premier rapport Evensen à la CDI, 1983, doc. A/CN. 4/367, pp. 181 ss., notamment pp. 186 et 188, et troisième rapport McCaffrey à la CDI, 1987, doc. A/CN. 4/406, pp. 29 ss.

57. A. Kiss, « Legal Procedures Applicable to Interstate Conflicts on Water Scarcity : The Gabčíkovo Case », dans E. H. P. Brans *et al.* (dir. publ.), *The Scarcity of Water. Emerging Legal Policy Responses*, Kluwer Law International, Londres, La Haye, Boston, 1997, p. 65.

58. L. Caflisch, « Règles générales du droit des cours d'eau internationaux », *Recueil des cours*, tome 219 (1989), p. 195.

59. L. Caflisch, « La Convention du 21 mai 1997 sur l'utilisation des cours d'eau internationaux à des fins autres que la navigation », *AFDI*, 1997, p. 784.

SECTION 3 LA PORTÉE DES OBLIGATIONS DE NOTIFICATION ET DE CONSULTATION

Les obligations de notification et de consultation dans le cadre des cours d'eau internationaux se rencontrent dans trois situations différentes. Elles sont instituées pour la protection des eaux dans le cadre de la surveillance continue des cours d'eau (paragraphe 1), en matière de mesures envisagées (paragraphe 2) et en cas de situation critique (paragraphe 3).

Paragraphe 1 Notification et consultation dans le cadre de la surveillance continue des cours d'eau internationaux

Il convient d'examiner successivement la nature des informations devant faire l'objet de notification (A) et leurs destinataires (B).

A. La nature des informations dans le cadre des obligations de notification et de consultation

De nombreux accords de cours d'eau visent la protection permanente des ressources en eau contre des situations ou des phénomènes susceptibles d'avoir des effets préjudiciables sur les cours d'eau internationaux. Ces phénomènes peuvent consister, d'une part, en pollutions diverses et, d'autre part, en toutes autres situations préjudiciables dues à l'action de l'homme ou à des causes naturelles et que certains régimes conventionnels qualifient de « conditions dommageables »[60].

La protection des cours d'eau internationaux contre ces phénomènes s'opère essentiellement au moyen de la surveillance permanente de ces cours d'eau. C'est dans le cadre de cette surveillance continue qu'interviennent les obligations de notification et de consultation entre Etats. L'objectif général visé par de telles obligations de communication de renseignements et d'échanges est de veiller à préserver une meilleure qualité des ressources en eau du cours d'eau international. Il s'agit donc, par cette obligation, d'assurer une surveillance continue des eaux aux fins de prévenir ou de corriger toutes les formes de pollution et de situations dommageables au cours d'eau. Cette surveillance nécessite

60. Convention sur le droit relatif aux utilisations des cours d'eau internationaux à des fins autres que la navigation (New York, 21 mai 1997), art. 27. Ces conditions dommageables consistent en des phénomènes aussi divers que les inondations, l'envasement, l'érosion, l'intrusion d'eaux salées, les maladies à transmission hydrique, la sécheresse ou la désertification, la formation de glace.

la collecte, la centralisation et la mise à disposition, entre Etats riverains, des informations relatives au cours d'eau.

C'est au regard de cet objectif utilitaire que la nature et le contenu des informations devant faire l'objet de notification et de consultation doivent être appréciés. Si le contenu des informations et données peut varier d'une convention à une autre, il n'en demeure pas moins que, dans le domaine de la protection contre les pollutions et les situations dommageables, elles se rapportent essentiellement à la préservation de l'état du cours d'eau pour les ressources en eau tant du point de vue quantitatif que qualitatif.

La Convention des Nations Unies de 1997 dispose que

> « les Etats du cours d'eau échangent régulièrement les données et les informations aisément disponibles sur l'état du cours d'eau, en particulier celles d'ordre hydrologique, météorologique, hydrogéologique, écologique et concernant la qualité de l'eau, ainsi que les prévisions s'y rapportant »[61].

La Convention d'Helsinki et celle pour la protection du Danube énoncent les informations devant faire l'objet d'échanges entre les parties riveraines[62]. Quant à la directive européenne, elle détaille les informations et les données faisant l'objet de communications[63].

Certaines conventions innovent en la matière puisque, au-delà des informations et des données classiques, elles encouragent les Etats à faciliter « l'échange de la meilleure technologie disponible » à travers la coopération industrielle, technique et les programmes de formation communs[64].

---

61. Art. 9, al. 1.

62. Art. 13, al. 1. Convention concernant la coopération pour la protection et l'utilisation durable du Danube (Sofia, 29 juin 1994), art. 12, par. 1 ; Convention sur la protection et l'utilisation des cours d'eau transfrontières et des lacs internationaux (Helsinki, 17 mars 1992), art. 13.

63. Elles concernent notamment :

- les copies des plans de gestion des districts hydrologiques et toutes leurs mises à jour subséquentes, pour les portions intéressant le territoire de l'Etat membre ;
- les caractéristiques du district hydrographique, l'étude des incidences de l'activité humaine sur l'état des eaux de surface et des eaux souterraines et l'analyse économique de l'utilisation de l'eau ;
- la surveillance de l'état des eaux de surface, des eaux souterraines et des zones protégées. Directive 2000/60/CE du Parlement européen et du Conseil du 23 octobre 2000, établissant un cadre pour une politique communautaire dans le domaine de l'eau, article 15 combiné avec les articles 5 et 8.

64. Convention sur la protection et l'utilisation des cours d'eau transfrontières et des lacs internationaux (Helsinki, 17 mars 1992), art. 13, al. 4, et Convention concernant la coopération pour la protection et l'utilisation durable du Danube (Sofia, 29 juin 1994), art. 12, par. 4.

L'obligation d'échanges réguliers d'informations et de données dans le cadre de la gestion permanente des cours d'eau apparaît comme la première étape de la coopération entre Etats du cours d'eau. Elle est à distinguer de l'obligation de notification dans le cadre des mesures envisagées sur le cours d'eau international[65]. Déjà en 1972, le professeur Charles Bournes indiquait qu'il s'agissait de deux obligations différentes de notification qui étaient devenues des règles de droit international[66].

Plus tard, dans son troisième rapport à la CDI, Stephen Schwebel notait :

> « In addition to the technical information and data pertaining to any specific project or programme that may cause appreciable harm to another system State, there is a recognised need for exchange of broader information and data on the regular basis in order that the system State may continually analyse the conditions in the international watercourse system, formulate their plans and adjust their activities in the light of the performance of the system and their knowledge of the needs of their people and their economies. »[67]

Les informations et données faisant l'objet de communications régulières sont celles qui sont disponibles. Les conventions parlent de données et informations qui sont « aisément »[68] ou « raisonnablement »[69] disponibles. Dans le cas contraire, elles peuvent donner lieu à paiement pour couvrir le coût de la collecte et de l'élaboration des données[70]. On comprend aisément la préoccupation des Etats à limiter l'obligation de

---

65. A. Tanzi et M. Arcari, *The United Nations Convention on the Law of the International Watercourses. A Framework of Sharing*, Londres, La Haye, Boston, Kluwer Law International, 2001, p. 195.

66. C. B. Bourne, « Procedure in the Development of International Drainage Basins », *University of Toronto Law Journal*, 1972, p. 175.

67. S. Schwebel, « Third Report on the Non-navigable Uses of International Watercourses », Nations Unies, doc. A/CN.4/348 (1981), repris dans *Yearbook of the International Law Commission*, n° 65 (1982), par. 187, p. 110.

68. Convention sur le droit relatif aux utilisations des cours d'eau internationaux à des fins autres que la navigation (New York, 21 mai 1997), art. 9, point 1.

69. Convention sur la protection et l'utilisation des cours d'eau transfrontières et des lacs internationaux (Helsinki, 17 mars 1992), art. 13, al. 1 ; Convention concernant la coopération pour la protection et l'utilisation durable du Danube (Sofia, 29 juin 1994), art. 12, par. 1.

70. Convention sur le droit relatif aux utilisations des cours d'eau internationaux à des fins autres que la navigation (New York, 21 mai 1997), art. 9, par. 2 ; Convention sur la protection et l'utilisation des cours d'eau transfrontières et des lacs internationaux (Helsinki, 17 mars 1992), art. 13, par. 3 ; Convention concernant la coopération pour la protection et l'utilisation durable du Danube (Sofia, 29 juin 1994), art. 12, par. 3.

renseignements aux seules données et informations disponibles pour éviter que l'Etat auteur de la notification ne soit soumis à la lourde charge qu'engendrait la demande de réunion d'informations et de données non disponibles.

Enfin, pour rendre utilisables les informations et données dans le cadre de l'obligation de notification et de consultation pour la protection des cours d'eau contre la pollution et les situations dommageables, il est de plus en plus exigé l'uniformisation, du moins l'harmonisation, des méthodes de collecte et de traitement des données. La Convention de New York de 1997 énonce que :

> «Les Etats du cours d'eau s'emploient, au mieux de leurs moyens, à collecter et, le cas échéant, à élaborer les données et les informations d'une manière propre à en faciliter l'utilisation par les autres Etats du cours d'eau auxquels elles sont communiquées.» [71]

La communication des informations dans le cadre de la surveillance continue de l'état du cours d'eau se fait essentiellement par le canal multilatéral. C'est à travers des organes communs, généralement les commissions ou agences de gestion de bassin que les informations sont centralisées. La quasi-totalité des accords de cours d'eau mettent en place ces commissions [72]. Les conventions qui ne les ont pas établies

71. Convention sur le droit relatif aux utilisations des cours d'eau internationaux à des fins autres que la navigation (New York, 21 mai 1997), art. 9, par. 3 ; Convention sur la protection et l'utilisation des cours d'eau transfrontières et des lacs internationaux (Helsinki, 17 mars 1992), art. 11, par. 4, et 13, par. 2.

72. Conventions pour la protection de l'Escaut et de la Meuse (26 avril 1994), art. 2, al. 2 ; Convention concernant la coopération pour la protection et l'utilisation durable du Danube (29 juin 1994), art. 4, *a)*, et art. 18, instituant la Commission internationale pour la protection du Danube ; Traité sur le développement intégré de la rivière Makhali (Inde et Népal) (12 février 1992), art. 9 et 10 ; Convention sur la protection et l'utilisation durable des eaux des bassins hydrographiques (Espagne et Portugal) (30 novembre 1998), art. 4, par. 2, al. *b)* ; Convention relative à la protection du Rhin (Berne, 12 avril 1999), art. 6, par. 1, instituant la Commission internationale pour la protection du Rhin ; Convention sur la Commission internationale pour la protection de l'Elbe (Magdeburg, 8 octobre 1990) ; Accord de coopération pour un développement durable du bassin du Mékong (Chiang Rai, 5 avril 1995), art. 11-25, instituant la Commission du Mékong composée de trois organes permanents que sont le Conseil, la Commission mixte et le Secrétariat ; Convention portant création de l'Organisation de mise en valeur du fleuve Sénégal (Nouakchott, 11 mars 1972), art. 1 ; Convention portant création de l'Organisation pour le développement du bassin du fleuve Gambie (Kaolack, 30 juin 1978) ; Convention révisée portant création de l'Autorité du bassin du Niger (N'Djaména, 29 octobre 1987) ; Convention portant création de l'Organisation pour l'aménagement et le développement du bassin de la rivière Kagéra (24 août 1977).

font obligation aux Etats de les instituer ultérieurement[73]. D'autres, en revanche, ne rendent leur création que souhaitable[74].

Ces diverses commissions instituées par les régimes conventionnels disposent d'énormes pouvoirs en matière de gestion des cours d'eau internationaux. Elles gèrent souvent de manière exclusive les informations qui leur sont communiquées par les Etats au titre des obligations de notification. Elles reçoivent, traitent, communiquent aux Etats et éventuellement publient les données et informations dans le cadre des structures et mécanismes existants. Certaines commissions internationales ont une compétence générale en ce que les traités de cours d'eau leur confient la responsabilité de la mise en œuvre générale des dispositions du traité[75]. En revanche, d'autres commissions ont une compétence d'attribution en ce que leur mission est bien définie dans les conventions de cours d'eau[76] sans que cette compétence ne soit cependant exclusive[77].

Certaines informations sont exclues du champ de l'échange d'informations. Il s'agit d'informations confidentielles que l'auteur de la notification n'est pas tenu de fournir à l'Etat notifié, sans que cela ne soit pourtant perçu comme préjudiciable à l'obligation de coopération interétatique en la matière. Nombreuses sont les conventions de cours d'eau qui excluent de l'obligation de notification les données et informations relatives à la défense et à la sécurité nationales[78]. Ces infor-

73. Convention sur la protection et l'utilisation des cours d'eau transfrontières et des lacs internationaux (Helsinki, 17 mars 1992), art. 9, par. 2.

74. Convention sur le droit relatif aux utilisations des cours d'eau internationaux à des fins autres que la navigation (New York, 21 mai 1997), art. 8, par. 2.

75. « For implementing the obligations of the Contracting Parties pursuant to Articles 1 to 18, the International Commission elaborates proposals and recommendations addressed to the Contracting Parties » (Convention concernant la coopération pour la protection et l'utilisation durable du Danube (29 juin 1994), art. 18, par. 1).

76. Convention sur la Commission internationale pour la protection de l'Elbe (Magdeburg, 8 octobre 1990), art. 1 et 2, et Convention relative à la protection du Rhin (Berne, 12 avril 1999), art. 8, qui assignent nommément de nombreuses missions aux deux commissions internationales pour la protection de chaque cours d'eau. Quant à la Commission du Mékong, ses attributions sont définies à travers celles des trois organes qui la composent (Accord de coopération pour un développement durable du bassin du Mékong (Chiang Rai, 5 avril 1995), art. 18, 24 et 30).

77. « En outre, la Commission est compétente pour toutes les questions que les parties contractantes lui confient de commun accord » (Convention sur la Commission internationale pour la protection de l'Elbe (Magdeburg, 8 octobre 1990), art. 2, par. 2).

78. « Aucune disposition de la présente convention n'oblige un Etat du cours d'eau à fournir des données ou des informations qui sont vitales pour sa défense ou sa sécurité. Néanmoins, cet Etat doit coopérer de

mations ne peuvent donc être communiquées aux différents destinataires de la notification et de la consultation qu'il convient à présent d'identifier.

B. Les destinataires de la notification

La notification est adressée en général à l'Etat ou aux Etats susceptibles d'être affectés par les activités envisagées, à l'exclusion des acteurs privés[79]. Il s'agit en principe de tous les Etats, riverains ou non riverains. En effet, des Etats non riverains du cours d'eau peuvent être affectés directement ou indirectement, de manière médiate ou immédiate, par certaines activités entreprises en territoire étranger sur le cours d'eau. Le seul facteur important est donc plus le risque d'être affecté, plutôt que la qualité de riverain.

Dans les conventions de gestion des cours d'eau internationaux qui organisent avant tout les droits et obligations interétatiques *stricto sensu*, il est rare de rencontrer des obligations dont les bénéficiaires directs ne sont pas les Etats mais des particuliers auxquels des droits procéduraux sont accordés. Quelques conventions de cours d'eau prévoient cependant une information du public en spécifiant les renseignements à leur fournir et les conditions d'accès à ces informations[80], souvent en des termes d'ailleurs très peu contraignants[81]. Une place

bonne foi avec les autres du cours d'eau en vue de fournir autant d'informations que les circonstances le permettent.» (Convention sur le droit relatif aux utilisations des cours d'eau internationaux à des fins autres que la navigation (New York, 21 mai 1997), art. 31);

Convention concernant la coopération pour la protection et l'utilisation durable du Danube (Sofia, 29 juin 1994), art. 12, par. 5. Lorsque ces informations sont malgré tout fournies, l'Etat bénéficiaire doit en respecter la confidentialité et ne les utiliser qu'aux conditions et aux fins auxquelles il les a obtenues, art. 12, par. 6.

79. Convention sur le droit relatif aux utilisations des cours d'eau internationaux à des fins autres que la navigation (New York, 21 mai 1997), art. 9, 11, 12; Convention sur la protection et l'utilisation des cours d'eau transfrontières et des lacs internationaux (Helsinki, 17 mars 1992), art. 6 et 13; Protocole révisé sur les cours d'eau partagés dans la Communauté de développement de l'Afrique australe (SADC) (Windhoek, 7 août 2000), art. 4; Convention concernant la coopération pour la protection et l'utilisation durable du Danube (Sofia, 29 juin 1994), art. 12, par. 1.

80. Convention sur la protection et l'utilisation des cours d'eau transfrontières et des lacs internationaux (Helsinki, 17 mars 1992), art. 16; Convention concernant la coopération pour la protection et l'utilisation durable du Danube (Sofia, 29 juin 1994), art. 14; Protocole sur l'eau et la santé (Londres, juin 1999), art. 9 et 10; Directive européenne, art. 14.

81. «[L]es Parties riveraines font en sorte que les renseignements suivants soient mis à la disposition du public...» (Convention sur la protection et l'utilisation des cours d'eau transfrontières et des lacs internationaux (Helsinki, 17 mars 1992), art. 16); «les Etats membres encouragent la participation

particulière mérite d'être réservée à la Convention pour la protection du Rhin, qui adopte une attitude doublement restrictive en matière d'information du public: d'une part, elle organise des échanges d'informations avec les seules organisations non gouvernementales, à l'exclusion des individus et, d'autre part, seulement «dans la mesure où leurs domaines d'intérêts ou leurs activités sont concernés» [82].

Les renseignements faisant l'objet de communication au public sont très divers et varient selon les régimes conventionnels. La Convention d'Helsinki insiste sur les informations relatives à la qualité de l'eau [83] alors que la directive européenne concerne celles ayant trait aux plans de gestion des districts hydrographiques [84]. La Convention pour la protection du Danube organise l'information du public sur l'état ou la qualité de l'environnement marin du bassin du Danube [85]. Les modalités de l'information du public sont également variées. La communication d'informations au public peut être systématique [86] ou uniquement à la demande expresse de particuliers [87]. Elle est gratuite [88] ou payante [89].

---

active de toutes les parties...» (Directive 2000, art. 14, consacrée à l'«information et consultation du public»); Convention concernant la coopération pour la protection et l'utilisation durable du Danube (Sofia, 29 juin 1994), art. 14, par. 1.

82. Ces échanges d'informations avec les organisations non gouvernementales sont assurés par la Commission du Rhin. Celle-ci recueille l'avis de ces organisations avant délibération si les décisions à prendre sont susceptibles d'avoir «un impact important» pour ces dernières et les informe dès que les décisions ont été prises. De même, elle peut les inviter à participer aux réunions de la Commission (art. 14, par. 2, al. *c)*, et par. 3).

83. «*a)* les objectifs de qualité de l'eau;
b) les autorisations délivrées et les conditions à respecter à cet égard;
c) les résultats des prélèvements d'échantillons d'eau et d'effluents effectués aux fins de surveillance et d'évaluation, ainsi que les résultats des contrôles pratiqués pour déterminer dans quelle mesure les objectifs de qualité de l'eau ou les conditions énoncées dans les autorisations sont respectées» (art. 16, par. 1).

84. «1. Les Etats membres encouragent la participation active de toutes les parties concernées à la mise en œuvre de la présente directive, notamment à la production, à la révision et à la mise à jour des plans de gestion de district hydrographique» (art. 14, par. 1).

85. Art. 14, par. 1.

86. Convention sur la protection et l'utilisation des cours d'eau transfrontières et des lacs internationaux (Helsinki, 17 mars 1992), art. 16, par. 2; Directive européenne de 2000, art. 14, par. 1.

87. Convention concernant la coopération pour la protection et l'utilisation durable du Danube (Sofia, 29 juin 1994), art. 14, par. 1.

88. Dans la Convention d'Helsinki, la mise à disposition est gratuite alors que l'obtention de copies de ces informations se fait «contre paiement de frais raisonnables».

89. Dans la Convention concernant la coopération pour la protection et l'utilisation durable du Danube (Sofia, 29 juin 1994), l'obtention de l'information est payante (art. 14, par. 1).

Elle peut être ouverte ou restrictive[90]. Elle s'inscrit dans des délais plus ou moins rigoureux.

L'obligation d'information du public témoigne de la prise en compte d'intérêts légitimes pour une double raison. D'abord, les personnes privées sont le plus souvent les premières victimes des dommages environnementaux. En effet, les conséquences dommageables d'activités ayant leur source à l'extérieur, si elles peuvent affecter les éléments de l'environnement naturel, touchent d'abord les individus dans leur santé, leurs biens et leur moyen de subsistance. Ensuite, les personnes privées (entreprises privées, associations de protection et de promotion de l'environnement et individus) sont devenues de nos jours des acteurs significatifs en matière de gestion des ressources naturelles. Leur association aux procédures environnementales internationales n'est que la juste application du principe fondamental de participation du public à la gestion des affaires environnementales, tel que constamment rappelé dans les instances internationales.

Une telle association des personnes privées à des procédures internationales de notification cause cependant un certain nombre de problèmes. Si le principe de l'information par les Etats de leurs propres citoyens a mis longtemps à être accepté et met du temps à se concrétiser, il risque d'être encore plus long à réaliser au niveau international.

La concrétisation de cette approche pose un double problème. D'abord un problème de principe en ce que l'état actuel du droit international, largement dominé par la souveraineté, ne permet pas à un Etat d'accéder directement aux citoyens d'un autre Etat sans intercession de ce dernier. Ensuite, il serait d'ailleurs matériellement malaisé pour un Etat étranger d'organiser efficacement cette information sans les structures de l'Etat territorialement compétent. Même dans le cas où un Etat après notification donnerait son consentement, aucun résultat ne peut être obtenu sans l'implication matérielle et active de ce dernier.

Dans les circonstances actuelles, il demeure que cette question sera résolue par le droit interne de chaque Etat destinataire de notification. En effet, il est probable — avec toute la prudence nécessaire — que, dans les Etats où les procédures d'information du public sont profondément ancrées, les acteurs privés seront associés aux procédures internationales d'information en matière environnementale. En revanche, dans les pays où la démocratie environnementale — à l'instar d'ailleurs de la démocratie politique et économique — recherche encore sa voie, il est à craindre que des acteurs importants de la cause

90. La Convention concernant la coopération pour la protection et l'utilisation durable du Danube (Sofia, 29 juin 1994) prévoit un certain nombre de cas dans lesquels les Etats parties sont autorisés à refuser l'information du public (art. 14, par. 3).

environnementale soient superbement ignorés et leur cause rejetée aux calendes grecques. C'est certainement ce qui explique que ce sont les conventions régionales, notamment européennes, qui consacrent aujourd'hui le mieux la démocratie environnementale à travers l'information du public [91].

Paragraphe 2 **Notification et consultation en cas de mesures envisagées**

Si les obligations de notification et de consultation en cas de mesures envisagées demeurent désormais solidement établies en droit international, il en va autrement de leur portée qui gagnerait à être mieux précisée si l'on veut qu'elles assurent efficacement le rôle qui leur est dévolu en tant que mécanisme de prévention des conflits. La clarification de cette portée passe par la détermination des conditions de leur déclenchement (A), leur contenu (B) et leurs effets (C).

A. Les conditions de déclenchement de la notification et de la consultation

Les obligations de notification et de consultation en matière de mesures envisagées sur les cours d'eau internationaux ne visent pas le même objectif qu'en matière de surveillance continue des eaux. Elles visent à protéger les Etats du cours d'eau des initiatives solitaires des autres Etats susceptibles de leur causer des dommages. Alors que l'obligation de notification oblige l'Etat qui envisage sur le cours d'eau des mesures susceptibles de porter préjudice à d'autres Etats du cours d'eau à informer ces derniers sur les effets négatifs éventuels de ces mesures, la consultation l'oblige à procéder à des échanges avec l'Etat potentiellement affecté pour prendre en considération ses intérêts dans la décision finale [92].

L'initiative de la notification et éventuellement de la consultation en matière de cours d'eau internationaux émane de l'Etat qui envisage de mettre en œuvre des mesures sur le cours d'eau international. La notification doit être faite par l'Etat, même si les activités en question appartiennent à des personnes privées. C'est une obligation qui pèse

91. Voir Convention sur l'accès à l'information, la participation du public au processus décisionnel et l'accès à la justice en matière d'environnement (Aarhus, 25 juin 1998) adoptée dans le cadre de la Commission économique pour l'Europe des Nations Unies (CEE/ONU).

92. A. Nollkaemper, *The Legal Regime for Transboundary Water Pollution: Between Discretion and Constraint*, Dordrecht, Martinus Nijhoff, 1993, p. 165.

sur l'Etat, dans le cadre de la *due diligence*, sous peine d'engager sa responsabilité internationale[93].

L'obligation de notification en matière de mesures envisagées n'est pas générale. Elle ne s'applique pas à toutes les mesures[94] mais aux seules mesures relatives à des utilisations nouvelles. Il s'agit soit d'activités que l'Etat du cours d'eau n'a pas exercées auparavant, soit de la modification majeure d'activités existantes[95] susceptibles de causer des préjudices à d'autres Etats du cours d'eau. L'obligation en cause concerne toutes les mesures projetées indépendamment du fait qu'elles soient l'œuvre d'acteurs étatiques ou non étatiques, comme les communautés locales ou les personnes privées (entreprises, individus). Dès lors que les effets nuisibles d'une activité sont susceptibles de concerner d'autres Etats, c'est la puissance publique qui doit prendre l'initiative de la notification.

L'obligation de notification ne concerne que les mesures susceptibles d'engendrer des effets d'une certaine gravité, formule qui ne manque pas de poser de délicats problèmes d'appréciation. En effet, le droit international ne définit pas le seuil de gravité à partir duquel la procédure de notification doit être déclenchée. C'est ainsi que les conventions internationales en la matière rivalisent de formules sans qu'aucune ne soit véritablement convaincante[96]. La Convention des Nations Unies de 1997 parle d'«effets négatifs significatifs» alors que la CDI avait privilégié pendant longtemps la notion d'«effets négatifs appréciables». Il en est de même du protocole de la SADC[97]. Mais qu'est-ce qu'un effet «négatif» et de surcroît «significatif»? Si de telles expressions reflètent en général le compromis qui caractérise les négociations diplomatiques, elles sont susceptibles d'être interprétées trop diversement par les Etats en fonction de leurs intérêts. Surtout de nos jours, en raison de l'exploitation intensive de la plupart des cours

93. A. Garane, «La responsabilité internationale de l'Etat: un instrument économique de la protection de l'environnement», dans M. Bothe et P. H. Sand (dir. publ.), *La politique de l'environnement. De la réglementation aux instruments économiques*, La Haye, Martinus Nijhoff, 2003, pp. 607-648.

94. Les «mesures» est une expression suffisamment large qui englobe aussi bien les projets que l'ensemble des activités ou initiatives pouvant être effectués sur un cours d'eau international.

95. A l'exception des travaux de remise en l'état de constructions ou autres réalisations destinées à compléter ou à modifier des ouvrages existants ou déjà entrepris, s'ils ne risquent pas de nuire à la qualité ou au débit des eaux parvenant aux autres riverains.

96. Effets importants, graves, sérieux, substantiels, significatifs, appréciables, notables, négatifs. Pour un recensement exhaustif, voir troisième rapport Schwebel, p. 119.

97. «Significant adverse effect» *(Revised Protocol on Shared Watercourses in the Southern African Development Community (SADC)* (Windhoek, 7 août 2000), art. 4, par. 1, al. *b)*).

d'eau, voire de leur surexploitation, les risques d'effets « négatifs significatifs » demeurent liés à toute nouvelle exploitation. Il y a certainement là un problème délicat susceptible de donner lieu à des interprétations divergentes et subjectives, toutes choses qui résultent de la difficulté à concilier deux impératifs : la nécessité d'une certaine discrétion et celle de restreindre cette discrétion afin de protéger les intérêts des Etats potentiellement affectés [98]. Il demeure évident qu'une procédure dont le déclenchement dépend d'une notion aussi vague qu'ambiguë [99], à savoir le risque de survenance d'« effets négatifs significatifs », est nécessairement aléatoire [100].

Au-delà de la querelle terminologique, même si l'on retient l'idée que le dommage doit être d'une certaine importance ou d'une certaine gravité, une autre question demeure sans réponse. C'est celle de la nature des dommages susceptibles d'être subis par l'Etat. S'agit-il des dommages susceptibles de nuire à la santé humaine ou à l'environnement ? A ce propos, il est aujourd'hui admis que le dommage écologique doit aussi être pris en compte, au même titre que le dommage économique [101].

Le devoir de notification pose donc à ce niveau des problèmes théoriques certains, notamment l'évaluation par un Etat des conséquences de ses propres actes au-delà de son espace territorial. En effet, le critère qui détermine les situations où une information doit être fournie à un autre Etat est celui de l'effet qu'il peut produire sur le territoire de ce dernier. Or cela nécessite une évaluation préalable de cet effet, c'est-à-dire l'appréciation d'un fait susceptible de se produire dans un espace soumis à la compétence exclusive d'un Etat étranger. En l'absence de standards internationaux en matière de critères et normes objectivement définis, l'Etat ne risque-t-il pas d'apprécier la situation en fonction de sa législation nationale [102], de faire prédominer ses inté-

98. A. Nollkaemper, *The Legal Regime for Transboundary Water Pollution : Between Discretion and Constraint*, Dordrecht, Martinus Nijhoff, 1993, p. 167.

99. L. Caflisch, « La Convention du 21 mai 1997 sur l'utilisation des cours d'eau internationaux à des fins autres que la navigation », *AFDI*, 1997, p. 784.

100. C'est pour éviter ces difficultés qu'une partie de la doctrine est favorable à une conception extensive en la matière en assujettissant les obligations de notification et de consultation non pas à des risques d'effets dommageables, mais dès lors qu'il y a conflit d'intérêts entre Etats sur l'utilisation du cours d'eau international (Kirgis, *Prior Consultation in International Law*, Charlottesville (Etats-Unis), 1983, p. 41 ; P. Birnie et A. Boyle, *International Law and the Environment*, Oxford University Press, 2002, p. 320.

101. H. Ruiz Fabri, « Règles coutumières générales et droit international fluvial », *AFDI*, 1990, p. 841.

102. A. Kiss, *Droit international de l'environnement*, Paris, Pedone, 2000, p. 117.

rêts nationaux, et de conclure ainsi systématiquement à l'absence d'effets dommageables de ses activités sur un territoire étranger ?

C'est pour vaincre ou prévenir les risques d'inertie en la matière, et résultant d'interprétations unilatérales de la part des Etats envisageant des mesures nouvelles, que la majorité des régimes conventionnels reconnaît le droit à tout Etat qui s'estime susceptible d'être affecté par les effets négatifs d'activités d'autres Etats d'intervenir en déclenchant la procédure de notification [103]. Dans cette hypothèse, les consultations et négociations entre les deux Etats peuvent porter aussi bien sur l'applicabilité de la clause de notification que sur sa substance [104].

Il s'agit d'une alternative offerte aux Etats susceptibles d'être affectés mais non notifiés, pour la préservation légitime de leurs intérêts. Déjà dans l'affaire du *Lac Lanoux*, le tribunal arbitral franco-espagnol, au regard du refus de la France d'informer les autorités espagnoles sur la dérivation des eaux du fleuve Carol, au motif que la réalisation envisagée n'était pas susceptible de provoquer des préjudices sensibles au-delà de ses propres frontières, avait reconnu à l'Espagne le droit de réagir.

Tout en affirmant que l'obligation de procéder à une notification préalable ne pouvait dépendre de l'appréciation unilatérale de l'Etat qui compte entreprendre les ouvrages sur le cours d'eau, le tribunal arbitral a notamment déclaré :

> « L'affirmation du Gouvernement français, suivant laquelle les travaux projetés ne peuvent causer aucun préjudice aux riverains espagnols ne suffit pas, contrairement à ce qui a été soutenu ..., à dispenser celui-ci d'aucune des obligations prévues à l'article 11...
>
> L'Etat exposé à subir les répercussions des travaux entrepris par un Etat limitrophe est seul juge de ses intérêts, et si ce dernier n'en a pas pris l'initiative, on ne saurait méconnaître à l'autre, le droit d'exiger notification des travaux ou concessions qui sont l'objet d'un projet. » [105]

---

103. Convention sur le droit relatif aux utilisations des cours d'eau internationaux à des fins autres que la navigation (New York, 21 mai 1997) :

> « Si un Etat du cours d'eau a des motifs raisonnables de penser qu'un autre Etat du cours d'eau projette des mesures qui peuvent avoir des effets négatifs significatifs pour lui, il peut demander à cet autre Etat d'appliquer les dispositions de l'article 12... » (art. 18) ;

Revised Protocol on Shared Watercourses in the Southern African Development Community (SADC) (Windhoek, 7 août 2000), art. 4, par. 1), al. *h)*.

104. L. Caflisch, « La Convention du 21 mai 1997 sur l'utilisation des cours d'eau internationaux à des fins autres que la navigation », *AFDI*, 1997, p. 783.

105. Nations Unies, *Recueil des sentences arbitrales*, vol. XII, p. 314.

B. Le contenu de la notification et de la consultation

La notification, comme déjà souligné, consiste en communication d'informations et de données pour permettre à l'Etat notifié de réagir de manière éclairée dans le cadre des mesures envisagées sur le cours d'eau international. Pour remplir cette fonction utilitaire et produire pleinement ses effets, la notification doit contenir un minimum d'informations et de données. La pertinence des informations communiquées doit donc être appréciée à l'aune de cette aptitude à permettre à l'Etat notifié une évaluation exacte de la situation envisagée et notamment les risques d'être affecté par les effets négatifs des mesures envisagées. C'est pourquoi elles doivent être aussi complètes que possibles.

Ce caractère utilitariste et exhaustif impose donc que soient notifiés tous les effets potentiels [106]. Une telle approche permet d'éviter tous les problèmes inhérents à l'évaluation unilatérale de la nature de tels effets, qu'ils soient négatifs ou positifs. Aussi, en matière d'utilisation équitable et raisonnable, les effets positifs qu'un pays peut escompter des mesures envisagées sont-ils souvent un indice pour le pays notifié pour apprécier l'effet négatif qui lui sera imputé. Un Etat sera souvent négativement affecté dans la mesure des effets positifs retirés par l'autre Etat des opérations projetées sur le cours d'eau international.

Le droit international ne détermine pas les éléments de l'information. Il donne seulement des indications sur leur nature. Les conventions invoquent des « données techniques et informations disponibles » [107].

Mais ces informations peuvent s'avérer, malgré tout, insuffisantes. Il est d'ailleurs à craindre que ce ne soit généralement le cas, car la tentation est grande, pour l'Etat auteur de la notification, de privilégier les données consensuelles au détriment de celles qui sont sujettes à suspicion parce que susceptibles d'engendrer des dommages à d'autres Etats. Dans une telle hypothèse, la notification serait loin de remplir le rôle qui lui est assigné et serait instrumentalisée en tant qu'exigences purement formelles.

A cet égard, l'étude d'impact sur l'environnement pourrait s'avérer un instrument précieux de la notification en raison de l'apport inestimable d'informations et de données qu'elle peut fournir sur des

106. Convention sur le droit relatif aux utilisations des cours d'eau internationaux à des fins autres que la navigation (New York, 21 mai 1997), art. 11.

107. Convention sur le droit relatif aux utilisations des cours d'eau internationaux à des fins autres que la navigation (New York, 21 mai 1997), art. 12; *Revised Protocol on Shared Watercourses in the Southern African Development Community (SADC)* (Windhoek, 7 août 2000), art. 4, al. *b)*.

mesures envisagées sur un cours d'eau international. En effet, quel autre instrument peut-il être aussi exhaustif en matière de données que l'étude d'impact environnemental? Comment identifier des risques d'effets négatifs significatifs sans une étude d'impact environnemental? La mesure dans laquelle les obligations de notification et de consultation atteindront leurs objectifs dépendra de la crédibilité de l'évaluation d'impact environnemental, encore faudrait-il que les résultats soient communiqués intégralement aux autres parties.

Cependant, en dépit de cette importance, les résultats de l'étude d'impact environnemental ne sont pas systématiquement inclus dans les renseignements et données qui font l'objet de notification. En effet, en dehors de régimes conventionnels particuliers imposant une telle exigence en matière de ressources naturelles partagées [108], il n'existe pas encore, en droit international, un devoir général d'assujettir des mesures projetées à une étude d'impact sur l'environnement qui serait devenue une règle coutumière. Dans le domaine spécifique des ressources en eau partagées, les régimes conventionnels instituant une telle obligation sont rares.

Cependant, certaines conventions rendent obligatoire, au titre de la notification, la communication des résultats de l'étude d'impact sur l'environnement dans la mesure et seulement dans la mesure où celle-ci a eu lieu. C'est le cas de la Convention des Nations Unies de 1997 qui impose à l'Etat auteur de la notification l'obligation de communiquer à l'Etat notifié les résultats de l'étude d'impact sur l'environnement pour les projets potentiellement susceptibles de porter atteinte aux autres Etats du cours d'eau [109].

Toutes ces informations doivent être fournies dans un délai non spécifié par le droit international général. Dans les régimes conventionnels, il est fréquemment question de notification «en temps utile». En somme, au-delà de la terminologie, il s'agit d'avertir suffisamment tôt pour permettre aux Etats destinataires de réagir et aussi de ne pas être mis devant le fait accompli. Là encore, l'on peut se rendre aisément compte que bien que la détermination du moment approprié pour une notification utile soit capitale, elle dépend largement de la volonté de l'auteur de la notification, qui peut rendre l'obligation stérile.

108. Il convient de mentionner surtout la Convention sur l'évaluation d'impact sur l'environnement dans un contexte transfrontière (Espoo, 25 février 1991). Elle détaille la procédure, les activités donnant lieu à l'étude de même que le contenu de l'étude d'impact sur l'environnement. Voir aussi la Convention des Nations Unies sur la diversité biologique (Rio de Janeiro, juin 1992).

109. «La notification est accompagnée des données techniques et informations disponibles, y compris, le cas échéant, les résultats de l'étude d'impact sur l'environnement...»

Ces informations peuvent être fournies selon différentes modalités. Certains régimes conventionnels organisent l'échange d'informations de manière bilatérale et l'ensemble de la procédure se mène individuellement d'Etat à Etat. Dans ce cas, les informations sont fournies réciproquement entre Etats du cours d'eau. C'est ce mécanisme que semble emprunter la Convention des Nations Unies de 1994. Mais la pratique contemporaine montre que l'échange d'informations en matière de mesures envisagées s'opère de manière privilégiée dans le cadre des organes communs chargés de la gestion des eaux partagées. Il s'agit notamment des structures que sont les commissions ou les agences déjà invoquées dans le cadre de la surveillance continue des cours d'eau internationaux [110].

Sans que l'on puisse préjuger de l'efficacité intrinsèque de chaque modalité d'organisation de la procédure de notification et consultation, il est évident que son institutionnalisation constitue un effort certain dans le sens du perfectionnement du multilatéralisme dont elle est le parfait aboutissement. La multilatéralisation de la procédure peut, un tant soit peu, constituer un moyen efficace de pression sur les Etats peu enclins au dialogue. Mais, en l'absence d'une obligation de création d'organismes mixtes de gestion au titre du droit coutumier ou du droit international général, caractère obligatoire qui pourrait pourtant se justifier sur le fondement du principe de la communauté d'intérêts formée par les Etats, une telle modalité de communication d'informations ne demeure que souhaitable en dehors d'un régime conventionnel l'instituant de manière expresse.

L'Etat destinataire de la notification dispose d'un certain délai pour étudier les mesures envisagées, évaluer leurs effets et communiquer ses observations et conclusions à l'Etat auteur de la notification. Ce délai varie selon les conventions [111].

C. Les effets de la notification

Durant cette période d'attente de réaction de la part de l'Etat destinataire de la notification, deux obligations majeures pèsent sur l'Etat auteur de la notification. Il s'agit d'abord de l'obligation de

110. Convention concernant la coopération pour la protection et l'utilisation durable du Danube (29 juin 1994), art. 18 ; *Revised Protocol on Shared Watercourses in the Southern African Development Community (SADC)* (Windhoek, 7 août 2000), art. 5.

111. Il est de six mois dans la Convention sur le droit relatif aux utilisations des cours d'eau internationaux à des fins autres que la navigation (New York, 21 mai 1997), art. 13, et dans le *Revised Protocol on Shared Watercourses in the Southern African Development Community (SADC)* (Windhoek, 7 août 2000), art. 4, par. 1, al. *c)*, point i).

coopérer et de fournir à tout Etat notifié, et à sa demande, toutes les données et informations supplémentaires disponibles et nécessaires à une évaluation précise des effets des mesures envisagées [112].

Il s'agit ensuite de l'obligation d'abstention, de la part de l'Etat auteur de la notification, d'entreprendre ou de faire entreprendre les mesures projetées ayant fait l'objet de notification tant que les Etats notifiés n'ont pas donné leur consentement [113]. Même en dehors d'une consécration conventionnelle, cette obligation d'abstention en vue de permettre aux autres pays concernés d'examiner les mesures envisagées, de les évaluer et de communiquer leurs observations et éventuellement d'engager des négociations semble désormais coutumière [114].

Il existe souvent cependant des clauses d'urgence qui permettent à l'Etat auteur de la notification de mettre en œuvre les mesures projetées sans attendre la réponse des Etats notifiés [115]. Il est évident que la sauvegarde d'intérêts essentiels ne peut en aucun cas être assurée aux dépens d'intérêts aussi essentiels d'autres Etats.

Comme l'on peut s'en rendre compte, le risque est grand que dans ces circonstances l'Etat projetant les mesures invoque la clause d'urgence pour vaincre les réticences tenaces éventuelles. La clause d'urgence risque alors d'être instrumentalisée pour faire prévaloir *in fine* les intérêts des Etats, au risque pour eux d'engager leur responsabilité internationale.

C'est au regard des dérives et plus précisément pour prévenir les abus éventuels liés à de telles clauses que la faculté ainsi reconnue est strictement encadrée par les régimes conventionnels. La Convention des Nations Unies pose une triple condition aux plans formel, matériel et temporel. C'est ainsi que la mise en œuvre d'urgence des mesures doit être, entre autres, « d'une extrême urgence pour la protection de la

112. Convention sur le droit relatif aux utilisations des cours d'eau internationaux à des fins autres que la navigation (New York, 21 mai 1997), art. 14, al. *a)*; *Revised Protocol on Shared Watercourses in the Southern African Development Community (SADC)* (Windhoek, 7 août 2000), art. 4, par. 1, al. *d)*, point i).

113. Convention sur le droit relatif aux utilisations des cours d'eau internationaux à des fins autres que la navigation (New York, 21 mai 1997), art. 14, al. *b)*; *Revised Protocol on Shared Watercourses in the Southern African Development Community (SADC)* (Windhoek, 7 août 2000), art. 4, par. 1, al. *d)*, point ii).

114. L. Caflisch, « La Convention du 21 mai 1997 sur l'utilisation des cours d'eau internationaux à des fins autres que la navigation », *AFDI*, 1997, p. 784.

115. Convention sur le droit relatif aux utilisations des cours d'eau internationaux à des fins autres que la navigation (New York, 21 mai 1997), art. 19; *Revised Protocol on Shared Watercourses in the Southern African Development Community (SADC)* (Windhoek, 7 août 2000), art. 4, par. 1, al. *i)*, point i).

santé ou de la sécurité publique ou d'autres intérêts également importants», sous réserve cependant du respect des règles substantielles de l'utilisation des cours d'eau. Elle doit en outre faire l'objet d'une «déclaration formelle proclamant l'urgence des mesures accompagnée des données et informations pertinentes», l'ensemble devant être communiqué «sans délai» aux autres Etats du cours d'eau. Par ailleurs, l'Etat des mesures d'urgence doit se soumettre «promptement» à toute demande éventuelle de consultation et de négociation de la part des Etats concernés du cours d'eau international[116].

Durant le délai accordé à l'Etat destinataire, deux cas de figure peuvent se présenter. Le premier cas est celui du consentement de l'Etat destinataire de la notification. Ce consentement peut être explicite ou implicite. Dans le premier cas, l'Etat notifié donne son accord en indiquant qu'il n'émet aucune objection contre les mesures envisagées. Dans le second cas, l'Etat notifié ne réagit pas dans le délai qui lui est imparti. Son silence est alors interprété comme un consentement implicite[117]. De toutes les manières, un Etat ne peut souffrir de l'inertie ou de la négligence d'un autre Etat. Dans un domaine aussi sensible et important, on peut raisonnablement croire que l'absence de réponse à la notification exprime le consentement de l'Etat, du moins sa conviction que ses intérêts fondamentaux ne sont pas remis en cause par les mesures envisagées.

Lorsque le consentement a été donné explicitement ou implicitement, l'Etat auteur de la notification peut commencer à exécuter les mesures projetées, dans le respect toutefois des règles de l'utilisation équitable et raisonnable et de l'interdiction de causer des dommages à d'autres Etats du cours d'eau. Le consentement ne s'analyse cependant pas comme un blanc-seing donné à l'Etat auteur de la notification pour la mise en œuvre des initiatives envisagées. L'Etat notifié conserve le droit d'être tenu informé de la mise en œuvre des mesures pour lesquelles il a donné son consentement. En effet:

> «Les Etats qui ont été notifiés peuvent constater, pendant la

116. Convention sur le droit relatif aux utilisations des cours d'eau internationaux à des fins autres que la navigation (New York, 21 mai 1997), art. 19; *Revised Protocol on Shared Watercourses in the Southern African Development Community (SADC)* (Windhoek, 7 août 2000), art. 4, par. 1, point i).

117. Dans le cadre du nouveau barrage de Ziga sur la Volta, qui devrait approvisionner en eau potable la ville de Ouagadougou au Burkina Faso, l'absence de réaction du Ghana, suite à la notification qui lui a été adressée, a été considérée comme un «accord tacite». Voir R. Hirji et D. Grey, «Gestion des eaux internationales en Afrique: modalités et résultats», dans S. A. Salman et L. Boisson de Chazournes, *Cours d'eau internationaux: renforcer la coopération et gérer les différends*, actes du séminaire de la Banque mondiale, Banque mondiale, Washington, 1999, p. 84.

mise en œuvre de l'exploitation en territoire étranger, si celle-ci est conforme au projet qui leur a été communiqué. »[118]

La seconde hypothèse, et sans doute la plus fréquente, est l'objection de l'Etat destinataire à la notification de mesures projetées. Des consultations et éventuellement des négociations doivent être alors engagées entre les Etats concernés. La consultation consiste en un échange de vues obligatoire entre Etats pour une meilleure compréhension mutuelle par une meilleure prise en considération des intérêts de l'Etat qui invoque le risque d'être affecté. La négociation, quant à elle, est un mode de règlement pacifique des différends. Elle suppose donc la naissance d'un différend entre Etats.

Mais le droit international ne donne pas d'indications significatives, ni sur l'objection ni sur les modalités de la consultation. Cependant, il est de coutume qu'une objection doit être motivée. L'Etat qui objecte doit justifier son opposition en apportant la preuve que les mesures envisagées lui porteront un préjudice sensible ou que l'utilisation de la ressource n'est pas équitable.

A la demande de l'Etat notifié, un délai supplémentaire doit lui être accordé pour permettre aux deux Etats d'engager la procédure de consultation et de négociation[119]. En attendant que celle-ci aboutisse, l'Etat auteur de la notification doit continuer à observer l'obligation de s'abstenir de mettre en œuvre les mesures nouvelles.

La consultation est une phase importante car elle doit permettre aux parties de trouver les moyens pour régler leur situation en permettant de prendre notamment en compte les exigences de l'Etat notifié. La consultation peut aboutir à une solution équitable et acceptable lorsque ont été dûment prises en compte les préoccupations de l'Etat objectant. C'est le cas lorsque l'Etat qui envisage les mesures sur le cours d'eau modifie son projet initial pour éliminer ou réduire à un niveau acceptable ses effets préjudiciables, adapte le projet initial à d'autres utilisations ou accorde des compensations à l'Etat potentiellement affecté. Dans le cas d'un tel accord, l'Etat envisageant les mesures sur le cours d'eau peut les mettre en œuvre, dans le respect toutefois des règles substantielles.

---

118. J. A. Barberis, Académie de droit international, Centre d'étude et de recherche de droit international et de relations internationales, « Bilan de recherches », *CER 1990. Droits et obligations des pays riverains des fleuves internationaux*, La Haye, 1991, p. 52.

119. Il est de six mois dans la Convention sur le droit relatif aux utilisations des cours d'eau internationaux à des fins autres que la navigation (New York, 21 mai 1997), art. 17, point *c)*; *Revised Protocol on Shared Watercourses in the Southern African Development Community (SADC)* (Windhoek, 7 août 2000), art. 4, par. 1), al. *g)*, point iii).

Lorsque les consultations n'ont pas permis de s'entendre sur les mesures projetées, elles doivent déboucher sur de véritables négociations. Celles-ci semblent une étape supplémentaire dans le dialogue permanent et continu entre les différentes parties. Mais le droit international n'indique pas si ces consultations et négociations doivent s'opérer dans des cadres formels ou informels.

D'une manière générale, leur cadre est étroitement fonction de celui dans lequel a eu lieu la notification. Elles peuvent se dérouler aussi bien dans un cadre bilatéral que multilatéral à travers les structures instituées à cet effet.

Si leur cadre n'est pas défini, consultations et négociations sont cependant soumises à des conditions de fond, celle du respect du principe cardinal de bonne foi, pierre angulaire des relations entre Etats, mais aussi de l'équité [120]. Consultation et négociation ne sont utiles que s'il y a une volonté réelle de la part des Etats concernés d'en faire des instruments de gestion pacifique de leurs relations mutuelles. En effet, comme le note Alexandre Kiss:

> «Le devoir d'entrer en consultation signifie que l'Etat potentiellement pollueur doit accepter la discussion au sujet des informations qu'il a transmises et que l'autre Etat, la victime potentielle, doit pouvoir faire des observations concernant le projet.» [121]

Mais existe-t-il dans le cadre de ces consultations, et éventuellement de ces négociations, une obligation d'aboutir à un accord? L'absence d'accord empêche-t-il la mise en œuvre des mesures envisagées, ce qui équivaudrait à un droit de veto reconnu à l'Etat objectant et du même coup pénaliserait l'Etat auteur de la notification? Ou, au contraire, l'Etat projetant les mesures peut-il passer outre l'absence d'accord entre Etats du cours d'eau pour l'exécution des mesures envisagées?

A ce niveau, il convient d'avoir une juste compréhension des obligations de notification et de consultation. D'abord, relativement à l'obligation de négocier, il convient de souligner qu'elle n'oblige pas, en dehors d'un cadre conventionnel, à la conclusion d'un accord:

> «Car l'obligation de négocier n'est pas une obligation de

120. «Les consultations et les négociations se déroulent selon le principe que chaque Etat doit de bonne foi tenir raisonnablement compte des droits et des intérêts légitimes de l'autre Etat» (Convention sur le droit relatif aux utilisations des cours d'eau internationaux à des fins autres que la navigation (New York, 21 mai 1997); *Revised Protocol on Shared Watercourses in the Southern African Development Community (SADC)* (Windhoek, 7 août 2000), art. 4, par. 1, al. *g)*, point ii).

121. A. C. Kiss, *Droit international de l'environnement*, *op. cit.*, p. 117.

conclure. Si la bonne foi doit présider, il est cependant clairement établi en droit international général que l'obligation de conclure repose nécessairement sur un fondement conventionnel et cela vaut aussi en droit fluvial. » [122]

Ces obligations visent à informer, échanger et mener, le cas échéant, des tractations pour aboutir à une solution profitable pour tous. Elles ne consistent pas à conclure un accord avec l'Etat notifié, à lui demander son consentement préalable, car en dehors d'un cadre conventionnel [123] il n'y a pas une sorte de droit de veto conféré à l'Etat notifié [124]. C'est pourquoi, à l'expiration du délai maximal fixé par chaque régime conventionnel, l'Etat auteur de la notification peut procéder à la mise en œuvre des mesures envisagées, dans le respect cependant des règles du droit international général. En dehors de régimes conventionnels particuliers, il n'existe de nos jours aucune règle coutumière qui interdirait l'utilisation d'un cours d'eau international en l'absence d'accord préalable entre les Etats du cours d'eau. Dans l'affaire du *Lac Lanoux*, le tribunal arbitral a rappelé, à propos d'une éventuelle obligation pour un Etat d'attendre l'accord d'un coriverain pour entreprendre des aménagements hydrauliques, qu'une telle obligation « ne pourrait résulter entre la France et l'Espagne que d'un acte conventionnel » ; « qu'elle constituerait une restriction essentielle à la souveraineté d'un Etat et elle ne saurait être admise qu'en présence d'une démonstration certaine » [125], démonstration que l'Espagne n'a pu faire en l'espèce. Une telle obligation irait en effet à l'encontre des principes cardinaux de souveraineté et de l'égalité des droits des Etats qui sont encore aujourd'hui l'expression prioritaire de la communauté internationale [126]. C'est plutôt le droit pour tout Etat d'utiliser les eaux d'un cours d'eau partagé — dans le respect des règles de fond et de procédure — qui relève du droit international général.

122. H. Ruiz Fabri, « Règles coutumières générales et droit international fluvial », *AFDI*, 1990, p. 839.

123. Quelques régimes conventionnels exigent le consentement préalable des autres Etats du cours d'eau avant qu'un ouvrage ne puisse être entrepris. Pour ces cas, voir Kirgis, *Prior Consultation in International Law*, Charlottesville (Etats-Unis), 1983, p. 40.

124. J. A. Barberis, « Bilan de recherches », *CER 1990. Droits et obligations des pays riverains des fleuves internationaux*, Académie de droit international, Centre d'étude et de recherches de droit international et de relations internationales, La Haye, Martinus Nijhoff, 1991, p. 52 ; D. A. Caponera, *Principles of Water Law and Administration. National and International*, Rotterdam, Balkema, 1992, p. 216 ; P. Birnie et A. Boyle, *International Law and the Environment*, Oxford University Press, 2002, p. 321.

125. Nations Unies, *Recueil des sentences arbitrales*, vol. XII, par. 14.

126. D. A. Caponera, *Principles of Water Law and Administration. National and International.* Rotterdam, Balkema, 1992, p. 216.

Paragraphe 3 **Notification et consultation en cas de situation critique**

La plupart des conventions en matière de gestion des cours d'eau internationaux contiennent des dispositions relatives aux situations critiques ou d'urgence[127]. Les situations critiques ou d'urgence[128] sont des situations exceptionnelles caractérisées par une menace grave contre les Etats, les biens et les personnes. Il s'agit de situations qui causent ou menacent de causer de façon imminente un dommage grave à d'autres Etats du cours d'eau que celui dans lequel elles sont nées. L'ensemble de la procédure des situations critiques est placé sous le signe de l'urgence absolue.

Les situations critiques peuvent avoir des origines diverses. Elles peuvent être provoquées par des causes naturelles telles que les inondations, les éboulements ou les tremblements de terre. Elles peuvent également être le fait d'activités humaines, comme les accidents industriels.

La notification et la consultation en matière de situation d'urgence poursuivent un autre objectif qu'en matière de mesures projetées. Ici, notification et consultation ne visent pas à prévenir des dommages lointains mais à gérer une situation de crise environnementale qui s'est déjà produite ou qui risque de se produire et qui menace de façon imminente d'affecter d'autres Etats. Les obligations de notification et de consultation consisteront donc à informer d'urgence les Etats du cours d'eau des effets de la catastrophe susceptible de les affecter, afin qu'ils puissent entreprendre les mesures nécessaires pour échapper à la situation critique ou, du moins, réduire ses effets.

Le contenu des informations devant faire l'objet de notification a trait notamment, d'une part, aux caractéristiques de la situation critique et, d'autre part, aux mesures prises par l'Etat affecté pour éliminer ou réduire les conséquences de la catastrophe, et éventuellement aux mesures de précaution qu'il pourrait indiquer aux Etats potentiellement affectés pour éliminer ou atténuer les dommages qu'ils encourent. Ici

---

127. Convention sur le droit relatif aux utilisations des cours d'eau internationaux à des fins autres que la navigation (New York, 21 mai 1997), art, 28; *Revised Protocol on Shared Watercourses in the Southern African Development Community (SADC)* (Windhoek, 7 août 2000), art. 4, par. 5; Convention sur la protection et l'utilisation des cours d'eau transfrontières et des lacs internationaux (Helsinki, 17 mars 1992), art. 14 et 15; Convention concernant la coopération pour la protection et l'utilisation durable du Danube (Sofia, 29 juin 1994), art. 16 et 17; Convention relative à la protection du Rhin (Berne, 12 avril 1999), art. 5, par. 4, al. *e)*, et art. 5, par. 6. Accord de coopération pour un développement durable du bassin du Mékong (Chiang Rai, 5 avril 1995), art. 10.

128. Les deux expressions seront utilisées de manière indifférenciée.

encore les obligations de notification et de consultation doivent être appréciées à l'aune de l'aptitude des renseignements et données pour permettre à l'Etat notifié de prendre rapidement et en connaissance de cause les mesures appropriées pour la protection nationale.

C'est l'urgence absolue caractérisant les situations critiques qui détermine le régime qui leur est applicable. Elle affecte d'abord le délai de notification et de consultation. En effet, en cas de survenance d'une situation critique, les régimes conventionnels imposent l'obligation d'informer le plus rapidement possible les autres Etats susceptibles d'être affectés par la situation [129]. Le temps d'information est fonction de l'urgence. De même, contrairement aux autres situations, la consultation en matière de situation critique est concomitante à l'échange d'informations. Dès que la notification est réalisée, les Etats du cours d'eau doivent se consulter afin de prendre toutes les mesures possibles qu'exigent les circonstances pour prévenir, atténuer et éliminer les conséquences dommageables de la situation critique.

Une gestion efficace des situations critiques nécessite des mesures de prévention qui passent par l'élaboration préalable de scénarios de gestion de crise. C'est pourquoi les régimes conventionnels prévoient des plans d'urgence à travers des systèmes d'alerte et d'alarme pour faire face aux situations critiques éventuelles [130]. Ces plans d'urgence

---

129. Les expressions employées dans les conventions sont marquées par des exigences de rapidité dans l'information: «Tout Etat du cours d'eau informe sans retard et par les moyens les plus rapides disponibles les autres Etats qui risquent d'être touchés...» (Convention sur le droit relatif aux utilisations des cours d'eau internationaux à des fins autres que la navigation (New York, 21 mai 1997), art. 28, par. 2); «Les parties riveraines s'informent mutuellement sans délai de toute situation critique susceptible d'avoir un impact transfrontière...» (Convention sur la protection et l'utilisation des cours d'eau transfrontières et des lacs internationaux (Helsinki, 17 mars 1992), art. 14; «les parties s'engagent:

> 6. A avertir sans retard, en cas d'incidents ou accidents dont les effets pourraient présenter un risque pour la qualité des eaux du Rhin ou en cas de crues imminentes, la Commission et les parties contractantes susceptibles d'en être affectées...» (Convention relative à la protection du Rhin (Berne, 12 avril 1999), art. 5, 4, 6).

Voir aussi: *Revised Protocol on Shared Watercourses in the Southern African Development Community (SADC)* (Windhoek, 7 août 2000), art. 4, par. 5, qui impose d'informer «promptement» les autres Etats, et la Convention concernant la coopération pour la protection et l'utilisation durable du Danube (Sofia, 29 juin 1994), qui parle d'informer «immédiatement».

130. Convention sur le droit relatif aux utilisations des cours d'eau internationaux à des fins autres que la navigation (New York, 21 mai 1997), art. 28, par. 4; Convention sur la protection et l'utilisation des cours d'eau transfrontières et des lacs internationaux (Helsinki, 17 mars 1992), art. 14; Convention concernant la coopération pour la protection et l'utilisation durable du Danube (Sofia, 29 juin 1994), art. 16, par. 1 et 2; Convention relative à la protection du Rhin (Berne, 12 avril 1999), art. 5, par. 6, et art. 8, par. 1, al. *c)*, qui indique

consistent en l'exploitation en temps normal de systèmes coordonnés ou communs d'exploitation, d'alerte et d'alarme aux fins d'obtenir et de transmettre des informations [131].

La plupart des régimes conventionnels associent les organisations internationales à la gestion des situations d'urgence aussi bien dans l'établissement des plans d'urgence que dans leur exploitation. L'expérience mondiale de ces institutions internationales dans la gestion des situations de crise peut constituer un atout majeur pour les Etats confrontés à de telles catastrophes.

Mais, au-delà de l'obligation de notification et de consultation, existe-t-il un devoir général d'assistance aux Etats du cours d'eau affectés par une situation d'urgence ? En d'autres termes, un Etat est-il obligé de porter secours à un autre Etat dont l'environnement est menacé par une situation critique qui risque de l'affecter lui aussi ? Il semble que la réponse doit être négative. En effet, en dehors de régimes conventionnels imposant une telle obligation, le droit international général n'organise pas un devoir général d'assistance entre Etats pour juguler une situation d'urgence [132].

C'est ainsi que, dans le cadre des régimes conventionnels sur la gestion des cours d'eau internationaux, certaines conventions prévoient une obligation d'assistance mutuelle en cas de survenance de situation critique [133]. Cette assistance ne doit s'effectuer qu'à la demande de l'Etat affecté. Les modalités pratiques de cette assistance doivent être réglées par accord entre les parties et peuvent porter sur des aspects divers [134].

---

que la Commission « coordonne les plans d'avertissement et d'alerte des Etats contractants sur le Rhin ».

131. Convention sur la protection et l'utilisation des cours d'eau transfrontières et des lacs internationaux (Helsinki, 17 mars 1992), art. 14.

132. Le principe 18 de Rio encourage cependant les Etats à y procéder.

133. Convention sur la protection et l'utilisation des cours d'eau transfrontières et des lacs internationaux (Helsinki, 17 mars 1992), art. 15 ; Convention concernant la coopération pour la protection et l'utilisation durable du Danube (Sofia, 29 juin 1994), art. 17.

134. La Convention sur la protection et l'utilisation des cours d'eau transfrontières et des lacs internationaux (Helsinki, 17 mars 1992), art. 15, par. 2, et la Convention concernant la coopération pour la protection et l'utilisation durable du Danube (Sofia, 29 juin 1994), art. 17, indiquent les différents aspects sur lesquels peut porter l'assistance mutuelle. Il s'agit des aspects suivants :

- — direction, contrôle coordination et supervision de l'assistance ;
- — facilités et services à fournir localement par la partie qui demande une assistance, y compris, si nécessaire, la simplification des formalités douanières ;
- — arrangements visant à dégager la responsabilité de la partie qui fournit l'assistance et/ou le personnel, à l'indemniser et/ou à lui accorder réparation, ainsi qu'à permettre le transit sur le territoire de tierces parties, si nécessaire ;
- — modalités de remboursement des services d'assistance.

En dehors du droit conventionnel, il n'existe pas encore une règle coutumière d'obligation d'assistance à un Etat affecté par une situation critique. Une telle position du droit international contemporain est logique. Toute autre solution aurait engendré deux problèmes délicats.

L'assistance à un Etat affecté par une situation critique nécessite le plus souvent des activités opérationnelles à travers une intervention directe sur le territoire de l'Etat, d'où les problèmes délicats de souveraineté que cette intervention peut poser. En dehors d'arrangements spécifiques préalablement organisés, l'admission, l'acheminement des secours et du matériel, la conduite des opérations ou la responsabilité des équipes de secours peuvent être sources de conflits entre Etats demandeurs et fournisseurs de l'assistance [135].

En outre, en raison de l'ampleur de l'obligation en question et du coût onéreux difficilement supportable par les Etats, il ne peut être envisagé une obligation générale d'assistance à des Etats affectés par une situation critique. Comment imposer à un Etat, aussi susceptible d'être affecté soit-il, de supporter, sans son consentement explicite, les coûts des mesures de lutte contre une situation d'urgence qui a son origine dans un autre Etat et dont il n'est guère responsable ?

S'il n'y a pas une obligation générale d'assistance à un Etat affecté par une situation critique, l'on pourrait s'interroger sur la faculté pour un Etat de refuser une assistance pour une situation critique qui l'affecte et qui menace d'affecter de manière imminente l'Etat qui propose son assistance. En d'autres termes, un Etat peut-il intervenir pour se porter au secours des populations d'un autre Etat et se prémunir lui-même contre d'éventuelles catastrophes imminentes ? Se pose là le problème du droit ou de l'obligation d'ingérence écologique.

Il demeure qu'en l'état actuel du droit international la réponse doit être négative. Aucun Etat ne peut intervenir sur le territoire d'un autre Etat, même à but humanitaire ou écologique, pour protéger des populations de cet Etat ou défendre ses propres intérêts, sans l'accord de l'Etat territorial. L'ingérence écologique, à l'instar de l'ingérence humanitaire, est loin de se concrétiser en règle de droit international. Le principe de souveraineté des Etats est encore tenace dans les relations internationales.

SECTION 4 **CONCLUSION**

En conclusion, l'on peut faire observer que les règles de notification, de consultation et éventuellement de négociation en matière de cours d'eau internationaux sont caractérisées par leur nature

135. A. Kiss, *Droit international de l'environnement*, *op. cit.*, p. 125.

diffuse et subjective, offrant ainsi des échappatoires aux Etats. Tout le mécanisme savamment construit au plan conventionnel ou coutumier peut être facilement mis en échec en cas de mauvaise foi de la part d'un Etat. Ces règles ne peuvent jouer leur rôle que si les Etats acceptent de coopérer de bonne foi sur la base de la conviction que l'approche concertée dans la gestion des cours d'eau partagés offre des avantages comparatifs mutuellement profitables pour tous. Comme l'a souligné le professeur Ruiz-Fabri,

> «ce sont des obligations de bonne volonté. Elles traduisent juridiquement la certitude que le traitement collectif des problèmes fluviaux offre à chaque riverain des avantages plus que proportionnels aux démarches individuelles. En d'autres termes, que la conciliation par la limitation des souverainetés est moins coûteuse que la concurrence des souverainetés.» [136]

Ces règles peuvent donc contribuer de façon notable à la pacification des relations internationales, d'une part en limitant ne serait-ce que temporairement la liberté des Etats, et d'autre part en créant les conditions de dialogue et de concertation entre Etats partageant ou dépendant souvent d'une ressource aussi fondamentale que l'eau. Il s'agit de faire prévaloir la solidarité sur les souverainetés étriquées qui sont souvent à la base des initiatives unilatérales et des démarches solitaires des Etats.

C'est pourquoi, au-delà des efforts normatifs et institutionnels déjà accomplis, il convient d'encourager et d'approfondir la coopération internationale dans cette direction pour une gestion davantage concertée des ressources en eau partagées. Cette coopération doit viser plus particulièrement à prendre en compte les spécificités de chaque cours d'eau à la lumière du droit conventionnel et du droit international général. C'est le seul moyen de s'assurer que sera pris en compte l'ensemble des conflits d'intérêts autour d'une ressource aussi stratégique que la ressource en eau, pour la mettre au service de la coopération, de la paix et du développement.

---

136. H. Ruiz Fabri, «Règles coutumières générales et droit international fluvial», *AFDI*, 1990, p. 841.

8 Notification and Consultation in the Law Applicable to International Watercourses

Maria Manuela Farrajota *

"For good faith, in the language of Cicero, is not only the principal hold by which all governments are bound together, but is the key-stone by which the larger society of nations is united. Destroy this, says Aristotle, and you destroy the intercourse of mankind."

Hugo Grotius, *De Jure Belli ac Pacis* (1625),
Book III, Chapter 25: Conclusion.

SECTION 1 INTRODUCTION

Paragraph 1 Legal Issues in Context

Over the centuries, inter-State relations have developed in order to share the fresh water from the 261 international watercourses of the world[1]. Although numerous international water treaties have been concluded dealing specifically with transboundary watercourses[2], many international river basins worldwide are still wholly

* Attorney (Portugal). LL.M. (Lond.). Doctoral Researcher in Public International Law, University College, London, University of London.

1. Although there is no precise figure as to the number of international shared rivers, mainly due to methodological problems, some figures have been put forward. See, for example, P. H. Gleick, *The World's Water 2000-2001: The Biennial Report on Freshwater Resources*, 2000, p. 33. An "international river basin" was defined as such if any tributary crosses the political boundaries of two or more States. Only perennial rivers, that is, those that flow all the time, were considered.

2. According to a recent study, the majority of treaties on international watercourses are at the bilateral level and focus on a sole water use. From the total of 145 treaties examined, 124 (86 per cent) are bilateral treaties, and only 21 treaties (14 per cent) are multilateral. Most of the treaties focus on hydroelectric power generation (57 treaties/39 per cent) or water supplies (53 treaties/37 per cent). For the list of 145 water treaties adopted from 1874 until 1996, see H. L. Beach, *et al.*, *Transboundary Freshwater Dispute Resolution: Theory, Practice, and Annotated References*, 2000, pp. 50 *et seq.* and 132 *et seq.* See also the Transboundary Freshwater Dispute Database and its International Freshwater Treaties Database at http://www.transboundarywaters.orst.edu/.

unregulated or insufficiently regulated, and consequently prone to give rise to tension or to aggravate existing conflicts.

This state of affairs emphasizes the importance of the obligation falling upon States to co-operate with each other. In international law, co-operation intertwines with other principles of international law such as those of good neighbourliness and limited territorial sovereignty. But at the heart of the concept of co-operation lies the fundamental principle of good faith, the foundation of all aspects of inter-State relations, from the duty to negotiate to the performance and interpretation of treaties. As stated by the tribunal in the *Lake Lanoux* arbitration, "there is a general and well-established principle of law according to which bad faith is not presumed"[3], and a State is entitled to rely on the word of another State. Indeed, in international law, as in domestic legal systems, all obligations are to be fulfilled in good faith.

In the context of the law of international watercourses, the obligation to co-operate is affirmed in numerous treaties, whether in general terms[4] or translated into specific procedural obligations, such as the obligation to exchange data and information regularly, the obligation of notification comprising the obligation to notify planned measures, environmental impact assessments, and the provision of emergency information, the obligation to enter into consultations, and the obligation to negotiate in good faith.

The general obligation of States to co-operate and the procedural rules it comprises play a critical role in the implementation of the substantive principle of equitable and reasonable utilization and the obligation not to cause significant transboundary harm[5], as well as in the protection, preservation and management of the watercourses. These procedural rules help to ensure that in the decision-making process concerning existing and planned uses of the waters of the watercourse the interests of other States likely to be affected are taken into account.

3. See *Lake Lanoux Arbitration (France* v. *Spain)*, Award of 16 November 1957, 53 *American Journal of International Law (AJIL)* 156 (1959); 24 *ILR* 101, 126 (1957). This was later reiterated by the International Court of Justice in the *Nuclear Tests* case. See *Nuclear Tests (Australia* v. *France), ICJ Reports 1974*, 253, 268, para. 46.

4. Such as in Article 8 of the United Nations Convention on the Law of the Non-Navigational Uses of International Watercourses. This Convention was adopted by General Assembly resolution 51/229 of 21 May 1997. Not yet in force; UN doc. L.3/L.4ADD.1/CRP.94; 36 *ILM* 703-20 (1997) (hereinafter "the 1997 UN Watercourses Convention").

5. For a thorough analysis of the relationship between substantive and procedural rules, see Special Rapporteur McCaffrey, Third Report on the Law of the Non-Navigational Uses of International Watercourses, UN Doc. A/CN.4/406, reproduced in 1987 *Yrbk ILC*, Vol. II (Part One), p. 23, paras. 32 *et seq.* (hereinafter "McCaffrey's Third Report").

These rules are designed to be applied before any harm has occurred and planned measures have been implemented[6]. Accordingly, conventional State practice indicates an increasing willingness of States to conform to procedural rules in order to avoid conflict.

Paragraph 2 **The Method Adopted**

The chapter introduces some considerations on the principle of co-operation in the context of the law of international watercourses. As a starting point, the procedural rules, as applications of the principle of co-operation amongst States, will be discussed as a whole and the function they serve in their relationship with the substantive obligations.

This chapter then examines the individual procedural rules relevant to the law applicable to international watercourses and their evolution, primarily in conventional State practice, through a comparative approach. The procedural rules under scrutiny include the obligation to exchange data and information regularly, the obligation to notify planned measures and environmental impact assessments, the provision of emergency information, and the obligation to enter into consultations.

The relevance of the 1997 UN Convention on the Non-Navigational Uses of International Watercourses and some regional conventions, and the influence of the work of the World Bank, are also analysed in order to identify the main strengths and central difficulties of the procedural rules under review, as well as their importance outside the treaty regimes. Thus, this chapter assesses the evolution of the obligations of notification and consultation in the context of transboundary watercourses towards higher degrees of co-operation, notably through an integrated management approach and the establishment of joint institutional mechanisms.

SECTION 2 **THE PRINCIPLE OF CO-OPERATION AND ITS COROLLARIES**

Paragraph 1 **The Principle of Co-operation**

In international law, co-operation is a widely used term-of-art. It is a general concept implying different obligations in a variety of contexts. It was used by Professor Friedmann to characterize

6. P. Okowa, "Procedural Obligations in International Environmental Agreements", 67 *British Year Book of International Law (BYIL)* 275-336, at 275 (1997).

the general movement that changed the principles and structure of international law, which originated in the nineteenth century and developed after World War II, the "international law of co-operation", as opposed to the "international law of coexistence" between sovereign States[7]. This development of international law requiring States to co-operate in order to attain objectives beneficial to all is more evident in areas such as that of transboundary natural resources.

The principle of co-operation is contained in a number of international legal instruments[8] together with other international law principles[9]. In the context of the law of international watercourses, this principle is manifested primarily through specific procedural rules, but it is also articulated as a general obligation in several instruments[10].

As referred to above, many international watercourses are not governed by specific treaties, and rely instead on multilateral conventions and existing rules of customary international law.

In this respect, the 1997 UN Watercourses Convention is of the utmost importance. Even though it is not yet in force[11], its framework character

7. This was defined as "a set of rules of abstention, of adjustment and delimitation between different national sovereignties". Conversely, "international law of co-operation" is referred to as positive rules in an expanded international legal order that includes new subjects of international law. See W. Friedmann, "General Course in Public International Law", 155 *Recueil des cours* (1969), pp. 39-246, at pp. 92-93. See also by the same author, *The Changing Structure of International Law*, 1964.

8. For example, Article 1 (3) of the UN Charter, and UN General Assembly resolution 2625 (XXV), adopted on 24 October 1970, containing the "Declaration on Principles of International Law concerning Friendly Relations and Co-operation among States in Accordance with the Charter of the United Nations", and multilateral conventions.

9. For instance, the principle of good neighbourliness, of good faith, of limited territorial sovereignty and integrity, the principle of sustainable development, and the precautionary principle.

10. See, e.g., Articles 2 (6) and 9 of the Convention on the Protection and Use of Transboundary Watercourses and International Lakes, adopted by the Senior Advisers to the Governments on Environmental and Water Problems of the Economic Commission for Europe. The Convention was signed at Helsinki, on 17 March 1992, by 26 signatories, and entered into force on 6 October 1996. As of January 2004, 34 States and the European Community are parties to the Convention. UN doc. ENVWA/R.53 and Add.1; 31 *ILM* 1312 (1992) (hereinafter "the 1992 Helsinki Convention"); and Article VII of the 1960 Indus Waters Treaty concluded between India and Pakistan, signed at Karachi, on 19 September 1960, 419 *UNTS* 125; UN Legislative Series, *Legislative Texts and Treaty Provisions concerning the Utilization of International Rivers for Other Purposes than Navigation* (ST/LEG/SER.B/12), p. 300, No. 98 (hereinafter "the 1960 Indus Waters Treaty").

11. In accordance with Article 34, the Convention was opened to all States and regional economic integration organizations for signature from 21 May 1997 until 21 May 2000 at the Headquarters of the United Nations in New

> "may nevertheless offer appropriate terms of reference for the parties of a watercourse dispute to reach a mutually agreeable assessment on a case-by-case basis. To that purpose, the Convention provides an obligation of co-operation as the catalyst for achieving such a mutually agreeable assessment." [12]

The Convention lays down in Article 8 (1) a general obligation to co-operate "on the basis of sovereign equality, territorial integrity, mutual benefit and good faith". This general enunciation of the principle is intended to enhance the "normative force of other provisions of the Convention on specific aspects of co-operation" [13]. In addition, the Article specifies the two purposes of the obligation as the "optimal utilisation and adequate protection of an international watercourse", thus establishing a clear link between the rules on the use and the rules on the protection, preservation and management of international watercourses. The UN Watercourses Convention also lays down in Article 5 (2) the principle of participation, which includes both the right of riparian States to utilize the watercourse and the duty to co-operate in the protection and development thereof. In addition, Article 8 (2) suggests, as a form of co-operation, the establishment of joint mechanisms or commissions "to facilitate cooperation on relevant measures and procedures" [14].

The 1997 UN Watercourses Convention is the result of a long process of codification and progressive development of international law by the International Law Commission (ILC) on the topic of the law of the non-navigational uses of international watercourses, and thus it has been argued to provide "decisive evidence that the utilisation régime of international watercourses has rules which form part of customary international law" [15].

However, uncertainty remains concerning the legal status of some of the rules in the field.

York. Although the Convention has 16 signatories, as of January 2004, only 12 States are Parties to the Convention (Finland, Hungary, Iraq, Jordan, Lebanon, Namibia, Netherlands, Norway, Qatar, South Africa, Sweden and the Syrian Arab Republic). Article 36 of the Convention requires 35 States to ratify, accept, approve or accede the Convention for its entry into force.

12. A. Tanzi, "The UN Convention on International Watercourses as a Framework for the Avoidance and Settlement of Water Law Disputes", 11 *Leiden Journal of International Law* 441-472, 467-468 (1998).

13. A. Tanzi and M. Arcari, *The United Nations Convention on the Law of International Watercourses*, London, 2001, Chap. 4, p. 183.

14. On the issue of non-binding institutional co-operation, see *infra*, Section 6.

15. J. Bruhács, *The Law of Non-Navigational Uses of International Watercourses*, Dordrecht, 1993, p. 77.

Paragraph 2 **Procedural Rules Identified**

There are numerous examples of unilateral acts of States that could involve actual or potential detriment to the interests of other States. In the 1960s, Brazil decided to construct a dam of enormous proportions in the Paraná River, which is shared between Brazil, Paraguay and Argentina. After Brazil and Paraguay agreed to construct the dam in a regime of condominium for the purposes of hydroelectric power generation, Argentina, the downstream State, protested at having been excluded from the negotiating table. Today, the Itaipú Hydroelectric Power Plant [16], the largest in operation in the world, located in the stretch of the frontier between Brazil and Paraguay, is the subject of a three-party agreement between Brazil, Paraguay and Argentina, signed on 19 October 1979 [17], on the dam project and the establishment of technical co-operation.

Decades later, similar situations continue to occur. However, not all differences end with the same reasonable results. This is the case, for instance, with China's decision, without notifying, or consulting with, other riparian States, to construct eight dams on the Mekong River, which will produce significant adverse effects downstream [18]. Another example of failure to provide timely notification is the case of Turkey's decision to carry out the controversial South Eastern Anatolia Project (GAP Project) on the Euphrates and Tigris Rivers without giving advance notification to Syria and Iraq of the project [19]. This project

16. The Itaipú Hydroelectric Power Plant is a

> "binational undertaking developed by Brazil and Paraguay in the Paraná River. The installed power of the plant is 12,600 MW (megawatts), with 18 generator units of 700 MW each. . . . Every year, the plant surpasses its own world record of energy production. In 1999, the plant produced 90 billion kilowatt-hours (kWh), whereas in 2000 the production exceeded 93.4 billion kWh, sufficient to guarantee 95% of the electric energy consumed in Paraguay and 24% of all the demand of the Brazilian market. The power plant didn't break its record in 2001 due to the electric energy rationing in the Brazilian market, which decreased consumption by 20%." http://www.itaipu.gov.br on 29.01.2003.

17. Agreement on Paraná River Projects, adopted on 19 October 1979, 19 *ILM* 615 (1980).

18. This river is shared between six States (China, Myanmar, Laos, Thailand, Cambodia and Vietnam) but only four States are parties to the 1995 Agreement on the Cooperation for the Sustainable Development of the Mekong River Basin, adopted in Chiang Rai, Thailand, on 5 April 1995; *ILM* 864-880 (1995) (hereinafter "the 1995 Mekong River Agreement"). China and Myanmar (formerly Burma), which are the upstream States, are not parties to the treaty, although they have observer status.

19. On the main issues raised by the GAP Project, see, e.g., W. Scheumann, "Conflicts on the Euphrates: An Analysis of Water and Non-water Issues", in W. Scheumann and M. Schiffler (eds.), *Water in the Middle East: Potential for*

comprises the construction of a series of dams including the colossal Ataturk dam, designed to prevent flooding, to produce hydroelectricity, and to increase irrigation. These situations raise the following questions:

— Does the principle of co-operation impose any substantive limitations on the activities that States may undertake in their own territory?
— Are there any procedural requirements that have to be satisfied before a State can unilaterally undertake works that actually interfere or may substantially interfere with the rights of other States?
— Do States generally notify or consult other States in the absence of a treaty before embarking on planned projects or activities which may entail transboundary harm?
— Does a potentially affected State have a right to veto the implementation of planned works by another State?

The answer to these questions requires examination of the specific procedural duties, which are corollaries of the general obligation to co-operate. Although interconnected, these are independent rules, and should be assessed separately as to their scope, legal status and application. They may vary considerably in each case in their implementation, depending to a great extent on the mechanisms established between the parties in bilateral or multilateral treaties. In this regard, both the 1992 Helsinki Convention and the 1997 UN Watercourses Convention play an important role in providing possible model rules.

Further to the general obligation to take all appropriate measures to prevent, control and reduce any transboundary impact, the 1992 Helsinki Convention sets forth a general obligation to co-operate "on the basis of equality and reciprocity" (Arts. 2 (6) and 9 (1)), and a series of specific procedural obligations. These include *inter alia* the obligation to exchange data and information regularly (Arts. 6 and 13), the obligation to undertake joint research and development activities (Arts. 5 and 12), the obligation to provide emergency information and mutual assistance (Arts. 14 and 15), and the obligation of consultation (Art. 10). This has to be achieved on the basis of "reciprocity, good faith and good neighbourliness" (Art. 10), through joint bodies (Art. 9 (2)). Although a regional Convention, its influence has long surpassed its boundaries[20].

Conflicts and Prospects for Cooperation, Berlin, 1998, pp. 113-135; and S. McCaffrey, *The Law of International Watercourses, Non-Navigational Uses*, 2001, pp. 279-284.

20. On the importance of UNECE Conventions in the pan-European context and beyond, see B. Bosnjakovic, "The UNECE Environmental Conventions:

The 1997 UN Watercourses Convention also lays down several procedural obligations. These include the duty to exchange data and information (Arts. 9 and 11), the duty to notify planned measures with possible adverse effects (Arts. 12 to 16), the duty to enter into consultations, and "if necessary" to negotiate concerning planned measures (Arts. 11 and 17). The main concern of the Convention is the management of the entire international watercourse, and it requires consultations and suggests the establishment of joint mechanisms to this effect (Art. 24).

As a general statement, it may be asserted that the rules of the 1992 Helsinki Convention are more stringent and detailed than those of the 1997 UN Watercourses Convention, especially the procedural rules[21]. Indeed, as a universal framework convention, the latter allows for considerable flexibility[22].

Paragraph 3 **The Role of Procedural Rules in the Law of International Watercourses**

Procedural rules are intended to regulate the relations between States, whether established on a regular basis, such as the obligation to exchange data and information on the condition of the watercourse, or on specific occasions, such as the obligation to notify planned measures. They play a decisive role in the implementation of the substantive principles of equitable and reasonable utilization and of diligent prevention of significant transboundary harm[23], and in the protection of the environment of international watercourses. These rules serve primarily a preventive function, but if harm has nevertheless been caused to another State, they come into play in order to eliminate or mitigate such harm.

The principle of equitable and reasonable utilization is a general and flexible principle requiring rules of procedure for its implementation. Otherwise, situations could frequently occur where, for example, a State would only find out its equitable share by unintentionally depriv-

Their Role and Potential to Promote Conflict Prevention and Settlement of Disputes in Transboundary Environmental Issues", in E. Petzold-Bradley, A. Carius and A. Vincze (eds.), *Responding to Environmental Conflicts: Implications for Theory and Practice*, 2001, pp. 263-282.

21. A. Tanzi, "The Relationship between the 1992 UN/ECE Convention on the Protection and Use of Transboundary Watercourses and International Lakes and the 1997 UN Convention on the Law of the Non-Navigational Uses of International Watercourses", Report of the UN/ECE Task Force on Legal and Administrative Aspects, Geneva, 2000, at p. 53.

22. For a comparative analysis of the two conventions, see Tanzi, *ibid.*

23. See McCaffrey's Third Report, *supra* footnote 5, 23, para. 35.

ing another State of its own share. In presenting this possible scenario, Special Rapporteur McCaffrey explains:

> "It cannot lightly be presumed that state practice has created such a legal state of affairs, since this would mean that the norm of equitable utilization, in effect, creates disputes rather than avoiding them. There would be no legal certainty in respect of States' use of international watercourses . . . the practice of States does attest to the existence of a procedural complement to the substantive norm of equitable utilisation. Without the sharing of data and information and without prior notification of planned projects or new uses, the doctrine of equitable utilization would be of little use to States in planning their watercourse activities; it would be of use principally for third-party dispute settlement." [24]

In reality, the role of international courts and tribunals has been limited to assessing whether a particular State's conduct had been equitable and reasonable or to pointing out what is *not* considered equitable and reasonable, rather than determining *how* this should be attained in the particular case. This may be illustrated by the *Gabčíkovo-Nagymaros Project* case before the International Court of Justice[25]. After citing the judgment of the Permanent Court of International Justice in the *River Oder* case regarding the community of interests of riparian States, the Court held that Slovakia, by its unilateral diversion of the Danube and by unilaterally assuming control of a shared resource, had deprived Hungary of "its right to an equitable and reasonable share of the natural resources of the Danube"[26]. The Court pointed out that the Danube is not only a shared international watercourse, but also an international boundary river to which the principle of the perfect equality of all riparian States applies. However, the Court did not specify what the equitable and reasonable solution would be. Instead, the Court required the parties to resume co-operation in the utilization of the shared water resources of the Danube without prescribing the results to be reached by further actions[27].

24. McCaffrey's Third Report, *supra* footnote 5, 23, para. 36.

25. *(Hungary/Slovakia)*, Judgment of 25 September 1997, *ICJ Reports 1997*, pp. 7 *et seq.*, 37 *ILM* 162 (1998).

26. *Ibid.*, paras. 85 and 152.

27. The Court explained its position as follows:

> "In this case, the consequences of the wrongful acts of both Parties will be wiped out 'as far as possible' if they resume their co-operation in the utilization of the shared water resources of the Danube, and if the multi-purpose programme, in the form of a co-ordinated single unit, for the use, development and protection of the watercourse is implemented in an equitable and reasonable manner. What it is possible for the Parties to do is to re-establish co-operative administration of what remains of the Project." *Ibid.*, para. 150.

In fact, the scope of the right of equitable and reasonable utilization depends on the facts and circumstances of each individual case. But the major problem in applying the principle under review is one of weighting the relevant factors, i.e., the different uses and needs, and assessing and balancing the benefits[28]. This clearly requires policy decisions that go beyond the legal field.

The obligation not to cause significant transboundary harm also requires different procedural rules to be complied with. Should harm occur, the issue of the responsibility of the State is raised. These rules then help measuring the degree of diligence of the State's conduct[29], and consequently the level of compensation that might have to be paid.

These procedural obligations aim at ensuring participation of all interested States in the decision-making process concerning planned measures or new uses of the watercourse, thus enabling the States likely to be affected to express their concerns, to assess the effects of the proposed activities on the environment and on the territory of the other States, and to take adequate measures[30].

Hence, the substantive decisions reached by each riparian State take into consideration potential transboundary harm from planned works or existing uses of the waters and the interests of the States likely to be affected. This follows the modern approach to water resource management which "requires basin-wide planning *ex ante*, rather than accommodation of conflicting uses *ex post*"[31], thus confirming that the substantive principles and the procedural rules "form an integrated whole"[32].

Last, but certainly not least, at the domestic level, the rules under consideration are part of the due process of governmental policies, since they assist in preventing arbitrary decision-making by introducing mandatory external factors[33].

Each procedural rule will now be examined separately.

---

28. See Article V of the 1966 ILA Helsinki Rules and Article 6 of the 1997 UN Watercourses Convention, which provide a useful guide for the manner in which States are to implement this principle, by setting forth assessment criteria to be followed by each State to ensure compliance. For a study of these criteria, see X. Fuentes, "The Criteria for the Equitable Utilization of International Rivers", 67 *BYIL* 337-412 (1997). According to Fuentes, "in the light of jurisprudence . . . the most relevant factors to be taken into account are those related to the water requirements of the States concerned", at p. 412.
29. Okowa, *supra* footnote 6, pp. 332-333.
30. *Ibid.*, p. 277.
31. McCaffrey's Third Report, *supra* footnote 5, p. 23, para. 34.
32. *Ibid.*
33. Okowa, *supra* footnote 6, p. 278.

SECTION 3 THE OBLIGATION TO EXCHANGE DATA AND INFORMATION

States have a right to require data and information from other riparian States relating to the physical characteristics of the river and to present and planned uses in order to determine their rights and comply with their obligations under the principle of equitable and reasonable utilization and their obligation not to cause significant transboundary harm[34].

The general obligation to exchange data and information between riparian States is well established in treaty practice, in addition to finding support in declarations and resolutions adopted by intergovernmental and international non-governmental organizations. Initially, and in particular through the work of scholarly associations, the obligation under consideration was put forward as a mere recommendation[35], but soon afterwards its legally binding character was recognized[36].

This obligation has been inserted in numerous multilateral and bilateral treaties of different regions relating to international rivers in terms requiring continuous compliance. This practice shows a wide recognition of the need for the systematic exchange of different types of information of a technical, scientific, or administrative nature. Frequently, they relate to the general conditions of the river environment, the measurement of water flow, extractions, releases from reservoirs, etc. But the provisions vary from those of general character to detailed ones concerning not only the exchange but also the collection and processing of the data and information relating to the international watercourse. A good example is the 1960 Indus Waters Treaty, which contains in Article 6 a set of very elaborate rules on the exchange of data

34. See Articles 9 and 11 of the 1997 UN Watercourses Convention and Article 13 of the 1992 Helsinki Convention.

35. See recommendation 3 of the resolution on "The Uses of the Waters of International Rivers" adopted by the ILA at the New York session in 1958, which was the basis for Article XXIX (1) of the Helsinki Rules. See *Report of the Forty-eighth Conference, New York, 1958*, London, 1959. For the evolution of the obligation, see C. B. Bourne, "Procedures in the Development of International Drainage Basins: Notice and Exchange of Information", *University of Toronto Law Journal*, Vol. XXII, p. 172 (1972), reprinted in P. Wouters (ed.), *International Water Law: Selected Writings of Professor Charles B. Bourne*, London, 1997, pp. 143-175, at 161-163. For a survey on the matter, see Special Rapporteur McCaffrey's Fourth Report, *Yrbk ILC 1988*, vol. II (Part One), pp. 209-214, paras. 15-26.

36. See Article VII of the Resolution of the Institute of International Law on "The Pollution of Rivers and Lakes and International Law", adopted in Athens in 1979, 58 *Annuaire de l'Institut de droit international* 196-203, 201 (1979); and Article 5 of the "Rules on Water Pollution in an International Drainage Basin" approved by the ILA in 1982 at the Montreal session, *Report of the Sixtieth Conference, Montreal, 1982*, London, 1983, p. 540.

concerning water flow and extractions[37]. Furthermore, unless the data and information are to be provided at the request of the other States[38], the frequency of the exchange may be specified[39].

Several treaties also set forth the obligation to provide different types of data and information on specific occasions, such as in the case of planned measures and in emergencies[40].

The purposes of the provisions concerning the exchange of data and information are varied: primarily, they aim at maintaining an equitable allocation of the waters and preventing transboundary harm, and, more recently, they aim at attaining optimum utilization of the waters and consequently maximizing the benefits for all riparian States. This is particularly evident in agreements establishing joint institutional mechanisms to implement planning and development schemes for the entire river basin so as to facilitate co-operation between watercourse States[41]. In this respect, the several projects of technical assistance supported by one or more donors, which promote, among other things, the collection, analysis and exchange of relevant data and information, are of particular significance[42].

The 1997 UN Watercourses Convention contains several relevant provisions. It lays down in Article 9 the obligation to exchange data and information on the condition of the watercourse "on a regular basis"[43]. It makes a general reference to the type of data and information to

37. Another example is the Treaty between Portugal and Spain on the Cooperation for the Protection and Sustainable Use of the Waters of the Luso-Spanish River Basins, signed at Albufeira, on 30 November 1998 (hereinafter "the 1998 Luso-Spanish Treaty"). This treaty lays down detailed rules in Annex 1, Articles 4 (2) *(a)* and Article 5.

38. E.g., Article VI (2) of the 1960 Indus Waters Treaty; Article 13 (3) of the 1992 Helsinki Convention; and Article 5 (3) of the 1998 Luso-Spanish Treaty.

39. E.g., Article VI (1) of the 1960 Indus Waters Treaty.

40. See *infra* Section 4.

41. See, e.g., the Agreement between Angola, Botswana, and Namibia on the establishment of a permanent Okavango river basin water commission (OKACOM), signed at Windhoek, 16 September 1994, (hereinafter "the 1994 OKACOM Agreement"). For the role of OKACOM, see I. Gonçalves Pinheiro, G. Gabaake and P. Heyins, "Co-operation in the Okavango River Basin: the OKACOM Perspective", in A. Turton, P. Ashton and E. Cloete (eds.), *Transboundary Rivers, Sovereignty and Development: Hydropolitical Drivers in the Okavango River Basin*, Pretoria and Geneva, 2003, pp. 105-108.

42. E.g. the Project on the Environmental Protection and Sustainable Management of the Okavango River Basin, funded by the Global Environmental Facility in co-operation with UNDP, and executed by FAO, or the Project for the Joint Integrated Management of the Maputo Basin, also funded by the Global Environmental Facility in co-operation with UNDP, UNEP and the World Bank, and executed by FAO on behalf of UNDP.

43. The 1992 Helsinki Convention provides for this obligation in Article 13 in more detail, but it is not exhaustive.

be provided, namely, information of a "hydrological, meteorological, hydrogeological and ecological nature and related to water quality as well as related forecasts" (Art. 9 (1)). The Convention lacks a substantive description as to the specific information to be submitted. This may be justified by the fact that the ILC and the UN Sixth Committee considered that the provisions on the subject should be sufficiently flexible to take into account the wide variety of circumstances to which they must apply. Indeed, the Convention is intended to merely provide guidelines to States which must then adjust its provisions to the characteristics and uses of the particular watercourse by concluding other agreements (Art. 3 (3)). Hence, there is a need to identify the data and information that is required to be exchanged between the riparian States. This need has been recognized at the international level[44]. Since multilateral framework conventions only provide general guidance, it is left for the parties to bilateral or multilateral regional or river basin treaties to agree on what data and information should be exchanged.

There are obviously problems of application of this obligation due to data constraints. They derive from limitations on the quality and availability of the water data, for instance, due to the lack of adequate measuring instruments or the lack of long-term records. But some of these may be solved by agreement between the parties, for example by allowing access to their territory for purposes of data collection and observation or for the installation of flow measuring devices. In addition, problems may arise from the cost of collecting and processing the information. A balance must be reached in order to allow the economic and social development of the States while not imposing an onerous burden on other States. Here, the 1997 UN Watercourses Convention provides some guidance: the obligation to co-operate relates to "readily available" data and information, but if this data and information is not

44. For example, the Interregional Meeting of International River Organizations held at Dakar in 1981 concluded that

> "an adequate and reliable data base is deemed indispensable to rational planning and project and programme execution. Since data gathering, processing and dissemination for complex shared water resources systems is costly and is a continuous process, it is more than normally important that the system States agree quite specifically on the kinds of data needed for different purposes, and on the scheme for their collection. With respect to the basic hydrologic data and operational information, however, a free and ample flow on a timely basis is called for at all times."

The Proceedings of the United Nations Interregional Meeting of International River Organizations, held at Dakar, Senegal, from 5 to 14 May 1981, in *Experiences in the Development and Management of International River and Lake Basins*, Natural Resources/Water Series No. 10, Part One, para. 49, conclusion 11.

readily available, States have an obligation of due diligence to provide the requested information, that is, States should "employ the best efforts to comply with the request". However, a State "may condition its compliance upon payment by the requesting State of the reasonable costs of collecting and, where appropriate, processing such data and information" (Art. 9 (2)). This solution had already been adopted, for instance, in the 1960 Indus Waters Treaty (Arts. VI (2) and VII (1) *(b)*), and in the 1992 Helsinki Convention (Art. 13 (1) and (3)).

The requirement of provision of data and information appears in many instances connected with the obligation to enter into consultations. This is explained by the fact that meaningful consultations may only take place if relevant information has previously been provided to all riparian States or to those States likely to be affected by planned measures [45].

In fact, the obligation to exchange data and information is the minimal co-operation and a "precondition for the realisation of higher degrees of co-operation" [46].

In this respect, Article 11 of the UN Watercourses Convention lays down a general obligation of each watercourse State to provide the other riparian States with information concerning the possible effects upon the condition of the international watercourse of measures they plan to undertake and to consult with them in this regard. This article goes beyond the notification requirement set forth in Article 12 and subsequent articles, since it requires not only the exchange of information on the possible significant adverse effects but also on the positive effects of the planned works. This exchange of information and consultation aim at preventing problems arising from a unilateral assessment of the effects of the project [47].

It should be noted that Article 12 of the UN Watercourses Convention also lays down an obligation to provide "available technical data and information . . . in order to enable the notified States to evaluate possible effects of the planned measures". This obligation is, in fact, implicit in the obligation to notify planned works or uses with possible adverse effects [48].

---

45. For instance, UNGA resolution 3129 (XXVIII), para. 2, adopted on 13 December 1974, underlined the importance of co-operation to be developed "on the basis of a system of information and prior consultation". In the same line, see Article 3 of the Charter of Economic Rights and Duties of States, adopted on 12 December 1974 by the UNGA resolution 3281 (XXIX).

46. Tanzi and Arcari, *supra* footnote 13, p. 195.

47. See the Report of the International Law Commission on the Work of its Forty-sixth Session, UN, *GAOR*, 49th Sess., Suppl. No. 10, UN doc. A/49/10 (1994) reprinted in *Yrbk ILC 1994*, Vol. II (Part Two), pp. 88-135 (hereinafter "the 1994 ILC Report") at p. 111.

48. Bourne, *supra* footnote 35, p. 174.

A number of treaties provide for notification and exchange of information concerning new uses or planned works through institutional mechanisms. This may be illustrated by the 1994 Treaty of Peace between the State of Israel and the Hashemite Kingdom of Jordan[49], which provides in Article VI of Annex II concerning water-related matters an obligation to exchange relevant data on water resources through the Joint Water Committee established under Article VII. Similarly, the collection of data on water flow is often one of the main tasks entrusted to joint commissions or other bodies. States frequently establish observation stations, even on other States' territory, in order to facilitate the collection of the data and information. This may be exemplified by the 1960 Indus Waters Treaty concluded between India and Pakistan[50], which provides in Article VII for co-operation in the collection of data and information through the establishment of observation stations since "the two Parties recognize that they have a common interest in the optimum development of the rivers".

Article 31 of the 1997 Watercourses Convention sets forth an exception to the obligation of provision of data and information in the cases where these data and information are "vital to national defence or security". To avoid a situation where the potentially affected State would "be left entirely without information concerning those possible effects"[51], Article 31 qualifies this exception by providing that States have an obligation to co-operate in good faith "with a view to providing as much information as possible under the circumstances". It should be pointed out that, unless there is a state of necessity, States may not invoke this exception in the event of a breach of the principle of equitable and reasonable utilization or the no-harm rule[52].

In 1972, Professor Bourne argued that the general obligation to exchange data and information regularly had not yet attained the status of a rule of international law[53]. More recently, Professor Tanzi has suggested that the 1997 UN Watercourses Convention has crystallized the obligation to exchange data and information on the condition of the watercourse — a minimal form of co-operation — into a rule of general customary international law[54]. The same reasoning used when examining the existing evidence supporting an identical proposition in relation to other procedural rules may be presented here[55].

49. Signed on 26 October 1994, at the Arava/Araba Crossing Point.
50. See *supra* footnote 10.
51. The 1994 ILC Report, *supra* footnote 47, p. 132.
52. See Tanzi and Arcari, *supra* footnote 13, pp. 200-201.
53. See Bourne, *supra* footnote 35, p. 174.
54. See Tanzi and Arcari, *supra* footnote 13, p. 196.
55. See *infra* Section 4, para. 1, *D*.

Conversely, the obligation to provide data and information concerning planned measures which might cause serious injuries to co-basin States was emerging, already in 1972, as a rule of general customary international law or as a general principle[56]. Since then international law has evolved, and as with the obligation to notify it may be argued that this obligation is now part of the *corpus* of customary international law[57].

SECTION 4 THE OBLIGATION OF NOTIFICATION

Paragraph 1 The Evolution of the Obligation of Notification

A. Concept

The obligation to notify planned measures arises when a riparian State intends to carry out new activities on its territory on an international river and these entail a risk of affecting other riparian States. These activities might concern the construction of a dam and a hydroelectric power plant, or a reservoir for irrigation purposes or flood control. The planning State must notify these States before the proposed new works or change of previously existing use are implemented, and provide relevant technical data and information, including the results of any environmental impact assessment, relating to the activity and risks involved, as well as the potential harm to the States likely to be affected.

The purpose of the notification is to allow the potentially affected States to make their own evaluation of the situation and to initiate a period of consultations during which the planning State may take into account the interests of the potentially affected States. This obligation also arises in emergencies, so that the potential victim States may take some measures to mitigate the harmful effects[58].

B. The work of scholarly associations

Both the Institute of International Law and the International Law Association (ILA) contributed to the development of the rules on the notification procedure[59].

---

56. Bourne, *supra* footnote 35, pp. 173 and 175.
57. For a discussion of the legal status of procedural rules, see *infra* Section 4, para. 1, *D*.
58. See *infra* Section 4, para. 3.
59. For the contribution of the ILA to international water resources law, see generally C. B. Bourne, "The International Law Association's Contribution to

In 1961, the Institute of International Law adopted at its Salzburg session a resolution on the "Utilization of Non-Maritime International Waters (Except for Navigation)"[60] where it established in Article 5 the mandatory requirement of prior notification in case the works or utilization of the waters might produce serious effects on the use of those waters by other States. In addition, Articles 6 to 8 set forth a notification procedure: in the event that an objection is made, States should enter into negotiations in order to reach an agreement within a reasonable period of time; and during negotiations States should, in accordance with the principle of good faith, abstain from implementing the works or utilization of the waters or from taking any other measure that could aggravate the situation.

Subsequently, the International Law Association included rules on notification in the 1966 Helsinki Rules[61], a milestone in the ILA's work on the law of international watercourses. The inclusion of this procedure in Chapter 6, entitled "Procedures for the Prevention and Settlement of Disputes", is explained by the fact that the Committee considered it very important for the avoidance of disputes and one of the most difficult questions encountered in connection with the settlement of disputes[62]. But in contrast to the Institute of International Law's Salzburg Resolution, these rules have the nature of mere recommendations. Article XXIX (2) stipulates that a State should, regardless of its location in a drainage basin, "furnish to any other basin State, the interests of which may be substantially affected, notice of any proposed construction or installation which would alter the regime of the basin". In addition, it is recommended in Article XXIX (3) that a State providing the notice afford the notified State a reasonable period of time in which to assess the impact of the proposed measures and to furnish its views to the planning State. Since prior notice is not mandatory, the Committee considered that the State proposing the change should not be penalized for failure to comply with these recommendations. Nevertheless, Article XXIX (4) provides in fact a sanction: if the planning State fails to give notice to other basin States, it will not be allowed to avail

International Water Resources Law", 36 *Nat. Resources J.* 155, reprinted in Wouters, *supra* footnote 35; and S. Bogdanovic, *International Law of Water Resources: Contribution of the International Law Association (1954-2000)*, London, 2001.

60. 49 *Annuaire de l'Institut de droit international*, Part II, 1961, Salzburg, pp. 381-384.

61. 'The Helsinki Rules on the Uses of the Waters of International Rivers", adopted by the ILA at its Helsinki Session on 20 August 1966, 52 *Report of the Fifty-Second Conference, Helsinki, 1966, London*, 484 (1967) (hereinafter "the Helsinki Rules").

62. See commentary of Article XXIX, *ibid.*, p. 520.

itself of any right which may derive from temporal priority in use. Even though the Helsinki Rules fail to mention the extent to which a State may secure a recognized advantage through priority of use[63], this rule, which finds no support elsewhere, has been criticized for allowing a situation where the substantive rights of the planning State could be seriously affected while the other basin States have not suffered any harm from the lack of prior notice[64].

Several other studies and resolutions have been adopted supporting the principle concerned[65]. However, it was the work of the International Law Commission for more than 20 years on the topic of the law of the non-navigational uses of international watercourses that made the most significant contribution to the codification and progressive development of international law on the notification procedure.

C. Lake Lanoux *arbitration*

The landmark case[66] that unquestionably contributed to the development of the law concerning the notification procedure is the *Lake Lanoux* arbitration[67] between France and Spain. It concerned the diversion of the waters of the Lake Lanoux to the Ariège River with full restitution still on French territory to the international River Carol. The planned diversion amounted to 25 per cent of the flow of the river, the waters of which were relied upon in Spain for irrigation. Fearing that its rights and interests would be adversely affected by the French works, Spain claimed that under the Treaty of Bayonne, of 26 May 1866, such works could only be undertaken with its consent. In the award of 1957, the arbitral tribunal considered the existence of pro-

63. *Supra* footnote 61, p. 522.

64. For a criticism of Article XXIX (4), see Bourne, *supra* footnote 35, p. 160.

65. Further to the Helsinki Rules, the ILA confirmed the principle of prior notification in the articles on "Regulation of the Flow of Water of International Watercourses" adopted at the Belgrade session in 1980 (Arts. 7 and 8), *Report of the Fifty-ninth Conference, Belgrade, 1980*, London, 1982; and in the 'Rules on Water Pollution in an International Drainage Basin' approved in 1982 at the Montreal session (Arts. 5 and 6), *Report of the Sixtieth Conference, Montreal, 1982*, London, 1983, reproduced in McCaffrey's Third Report, *supra* footnote 5, at p. 34, para. 85. See also Article II of the "Complementary Rules Applicable to International Water Resources", adopted at Seoul in 1986, *Report of the Sixty-Second Conference, Seoul, 1986*, London, 1987, pp. 275 *et seq*.

66. See also the *San Juan River* Arbitration between Costa Rica and Nicaragua, Award of 22nd March 1888, rendered by US President, Grover Cleveland, in Moore, *History and Digest of International Arbitration to Which the United States Has Been a Party*, Washington, 1898, Vol. V, p. 4706; and Case, Decision of the Central American Court of Justice of 30 September 1916, 11 *AJIL* 181-229 (1997).

67. See *supra* footnote 3.

cedural obligations, namely the obligations to notify, to consult and to negotiate with the potentially affected States.

The tribunal had to decide, *inter alia*, whether France had complied with the procedure laid down in Article XI of the Additional Act to the Treaty of Bayonne, before proceeding with its project of diverting the waters of Lake Lanoux. According to this article, France had to give prior notice of works that could change the course or the volume of a watercourse flowing into Spain, so that the interests that could be involved on both sides would be safeguarded. The tribunal held that France had complied with its obligations under Article XI by notifying Spain of its planned works, including the diversion project, by consulting with Spain prior to initiating the project, and by subsequently altering its original plan, so that the waters would reach Spain from the same point on the frontier, in order to accommodate Spanish interests.

The tribunal also held that international law does not require prior consent by the notified State for the implementation of the proposed measures by the planning State. The tribunal stated that

> "the rule according to which States may utilise the hydraulic force of international watercourses only on condition of a *prior* agreement between the interested States cannot be established as a custom, or even less as a general principle of law"[68].

This award was based on the terms of a treaty, but the examination of the procedural rules by the arbitral tribunal went beyond the interpretation of those treaty provisions. Among other statements, the tribunal seems to suggest that there is a principle of general application according to which

> "[a] State wishing to do that which will affect an international watercourse cannot decide whether another State's interest will be affected; the other State is the sole judge of that and has the right to information on the proposals"[69].

This assertion necessarily leads to the obligation to notify planned works, to consult and to negotiate in the context of an international watercourse[70].

D. Notification procedure in State practice

The International Law Commission carried out surveys of the authorities supporting the principles of prior notification and con-

68. *Supra* footnote 3, p. 130.
69. *Ibid.*, p. 119.
70. Bourne, *supra* footnote 35, p. 166.

sultation[71]. The large number of treaties containing these principles illustrates the widespread practice of States willing to notify and consult other States in the case their planned conservation or new engineering works could affect other States' interests or uses of an international river[72]. State practice is consistent and not simply based on treaty[73]. In most instances, the duty of notification of planned measures is provided in the framework of an institutional mechanism[74].

The 1997 UN Watercourses Convention provides a detailed notification procedure from Articles 11 to 19 based on the experience of the World Bank[75], and to a great extent on existing conventional practice.

Article 12 lays down the obligation of the planning State to notify the proposed measures with possible significant adverse effects to all potentially affected States prior to implementing them. This raises at the outset two issues: the need for identification of "planned measures", and the clarification of the expression "significant adverse effect" upon other watercourse States.

As to planned measures, the 1997 United Nations Watercourses Convention fails to produce a listing, even non-exhaustive, of the types of activities that require notification, for example the construction of a dam or other hydraulic works beyond a certain scale. However, since the planned measures to be notified are those that may have significant

71. These surveys included international agreements, decisions of international courts and tribunals, declarations and resolutions adopted by intergovernmental organizations, conferences and meetings, and studies by intergovernmental and international non-governmental organizations. See Special Rapporteur McCaffrey's Third Report, *supra* footnote 5, pp. 28-35, paras. 60-87, and Second Report, doc. A/CN.4/399 and Add. 1 and 2, *Yrbk ILC 1986*, Vol. II (Part One), Chap. II; and Special Rapporteur Schwebel's Third Report, *Yrbk ILC 1982*, Vol. II (Part One), pp. 105-110, paras. 170-186. See also Bourne, *supra* footnote 35, and C. B. Bourne, "Procedures in the Development of International Drainage Basins: The Duty to Consult and to Negotiate", 10 *Canadian Yearbook of International Law* 212-234 (1972), reprinted in Wouters, *supra* footnote 35, pp. 177-193; and F. L. Kirgis, Jr., *Prior Consultation in International Law*, 1983, in particular Chap. II, pp. 16-87.

72. McCaffrey's Third Report, *supra* footnote 5, at p. 30, para. 72.

73. See Kirgis, *supra* footnote 71. For examples of recent practice in Africa, see C. O. Okidi, "International Law and Water Scarcity in Africa", in E. H. P. Brans, de E. J. Haan and A. Nollkaemper (eds.), *The Scarcity of Water: Emerging Legal and Policy Responses*, London, 1997, pp. 166-180, 176-177.

74. This is the case, for instance, of the 1994 OKACOM Agreement, Art. 1 (3), *supra* footnote 41; or of the 1975 Statute of the Uruguay River, adopted between Argentina and Uruguay, which provides a detailed notification procedure. The Statute was adopted at Salto, Uruguay, on 26 February 1975. Uruguay, Ministry for External Relations, *Actos Internacionales Uruguay-Argentina 1830-1980*, Montevideo, 1981, p. 593. Articles 7 to 12, reproduced in McCaffrey's Third Report, *supra* foofnote 5, p. 29.

75. See *infra* Section 4, para. 1, E.

adverse effect, this seems to exclude small-scale works, for example minor alterations or additions to an ongoing project [76].

The Convention does not identify the form of relevant injury. It makes a distinction between the expression "significant adverse effect" used in Articles 12 and 26 and "significant harm" used in Article 7 (1) regarding the due diligence obligation. This seems to indicate that the threshold established for the obligation to notify is lower than that which deals with damage which entails liability. This raises the question of who assesses the character of the potential significant adverse effects [77]. According to Article 12, it is the notifying State itself which makes this assessment, since notice must be given before it decides to implement the measures or before it gives private entities permission to implement the planned measures. However, in the event that the planning State does not consider the planned works to produce significant adverse effects or simply if it decides not to notify potentially affected States, the notification procedure may be triggered by the latter States as soon as they become aware of the proposed activities. This procedure of notification upon request is set forth in Article 18 (1) [78]. This is intended for situations where States likely to be affected have "reasonable grounds to believe that another State is planning measures that may have a significant adverse effect upon it". For this reason, the request has to be accompanied by a documented explanation setting forth these grounds. In the event that the planning State considers that it is not under an obligation to notify, it has to inform the potentially affected State of this and justify it. If nevertheless this State is not satisfied with the explanation of

76. Similarly, the ILC regarding the topic of injurious consequences arising out of acts not prohibited by international law, which includes the work now completed on prevention of transboundary damage from hazardous activities, does not include a list of activities that should be subjected to the obligation to notify, leaving the determination on an *ad hoc* basis. See Article 1 and commentary of the Draft Articles on Prevention of Transboundary Damage from Hazardous Activities, *Report of the International Law Commission on the Work of its Fifty-third Session*, 2001, pp. 377-436, UN, *GAOR*, 56th Sess., Suppl. No. 10, UN doc. A/56/10, Chap. V.E.1, and available at http://www.un.org/law/ilc/texts/prevention/preventionfra.htm.

77. Sohnle suggests that the ideal solution would be to leave the appreciation of the character of the effect of the project to an independent organ with management functions, such as the one established in Article 7 of the Statute of the River Uruguay, of 26 February 1975. In case of dispute, the issue should be referred to a court or tribunal. See J. Sohnle, *Le droit international des ressources en eau douce — solidarité contre souveraineté*, Ph.D. Thesis, University Strasbourg III-Robert Schumann, 2000, p. 504.

78. Following the same terms of Article 3 (7) of the 1991 Convention on Environmental Impact Assessment in a Transboundary Context. Signed at Espoo, Finland, on 25 February 1991, and entered into force on 10 September 1997. The Convention has 30 signatories, and, as of January 2004, 39 States and the European Community are parties to the Convention. UN doc. E/ECE/1250, 1991; 30 *ILM* 802 (1991) ("the 1991 Espoo Convention").

the planning State, it may promptly ask to enter into consultations and negotiations. Moreover, it may request the suspension of the works for a period of six months, "unless otherwise agreed" (Art. 18 (3)). This is in line with the case law established by the *Lake Lanoux* arbitration, where the tribunal considered that a notifying State "cannot decide whether another State's interest will be affected" since the State likely to be affected is "the sole judge of that and has the right to information on the proposals"[79]. In this case, the results of any environmental impact assessment carried out by the planning State are necessary to justify the lack of notification of the planned works[80].

It should be noted that Article 12 requires "timely notification". This term, although not precise, is intended to require notification at an early stage in the project, thus permitting meaningful consultations and, if necessary, negotiation. Some bilateral and multilateral treaties set forth specific but varied time frames for the provision of notification for different reasons. Already in 1926, South Africa and Portugal agreed that a written notification of planned works should be provided two years prior to the implementation of any project for the use of the waters of the Kunene River in order to allow the other State to express its intention to join the project[81]. Similarly, the Agreement between the United Arab Republic and the Republic of Sudan for the Full Utilization of the Nile Waters[82], provides in Article III (2) that Egypt must give two years' notice of the intention to start the execution of the joint projects specified in the previous paragraph to build certain works in the territory of the Republic of Sudan in order to allow the parties to negotiate the precise terms of the scheme.

Another issue arising from the scope of the notification requirement is that of the identification of its addressees. Criticism has been made to the effect that the 1997 UN Watercourses Convention provides only for the State which intends to implement new measures to notify potentially affected States rather than all watercourse States, as is required, for instance, by the World Bank[83]. It should be noted, however, that the interests of all watercourse States are already protected under Article 11. That is to say, planning States have a general obligation to exchange information and consult all other watercourse States on the possible

79. *Lake Lanoux Arbitration*, *supra* footnote 3, p. 119.

80. Tanzi and Arcari, *supra* footnote 13, p. 207.

81. Article 2 of the Agreement concerning the Use of the Waters of the Kunene River for the Purposes of Production of Water Power, Flood Control and Irrigation in the Territory under Mandate of South West Africa, signed on 1 July 1926. UN Legislative Series, *supra* footnote 10, pp. 132-136, No. 29.

82. Signed in Cairo, on 8 November 1959. 453 *UNTS* 51 (hereinafter "the 1959 Nile Waters Agreement").

83. See *infra*, Section 4, para. 1, E.

effects of the planned measures on the condition of the international watercourse. Moreover, any State may seize the initiative and request the planning State to be notified of the project in accordance with Article 18 if it has some evidence that the activity planned by other watercourse States will interfere with its rights by having a significant adverse effect on its territory.

The 1997 UN Watercourses Convention also provides, in Articles 13 to 17, a procedure subsequent to notification. According to Articles 13, the notified State is given a period of six months[84], which may be extended for another six-month period upon request in case of special difficulty, to study and evaluate the possible effects of the planned measures on its territory and to reply to the notifying States with its findings. Within this period of time, the notifying State is prohibited from implementing or permitting the implementation of the planned measures without the notified State's consent, which, in turn, may ask for additional data and information (Art. 14). The purpose of this timeframe is, thus, to prevent any abuse by the notified State, since otherwise this would amount to admitting a right of veto "which at the discretion of one State paralyses the exercise of the territorial jurisdiction of another"[85].

However, if within the period of six months from the notification the notified State does not reply, Article 16 (1) provides that the notifying State may proceed with the implementation of the planned measures, as long as these are in accordance with the notification and relevant information provided and do not result in an inequitable or significantly harmful use of the watercourse. In fact, the absence of a reply may be taken as acquiescence in the implementation of the proposed activities, and thus the notified State may be precluded from subsequently objecting to the implementation of these activities. Yet, if these activities violate the obligation of equitable and reasonable utilization and the obligation not to cause significant harm, there is no presumption of acquiescence and the notified State may claim compensation after the period of six months. The notifying State is, therefore, under an obligation to take all appropriate measures to eliminate or mitigate such harm[86]. Nevertheless, Article 16 (2) provides that the claim for compensation may be offset by the costs incurred by the notifying State in

84. Some treaties also specify a different period for reply. But other treaties, as well as the Institute of International Law and the ILA, use the more flexible expression "reasonable period of time". See Article 6 of the Institute of International Law's 1961 Salzburg Resolution, *supra* footnote 60; and Article XXIX (3) of the Helsinki Rules.

85. See *Lake Lanoux Arbitration*, *supra* footnote 3, p. 128. See also Tanzi and Arcari, *supra* footnote 13, p. 208.

86. Tanzi and Arcari, *supra* footnote 13, p. 209.

the implementation of its planned measures after the expiration of the time for the reply. In this case, Professor Tanzi argues that there is a presumption that the planning State acted in accordance with its due diligence obligation, since it notified the State likely to be affected[87].

If the notified State does not object to the project, it has the obligation to inform the notifying State accordingly "as early as possible", and the latter State may start the implementation of its project. If, on the other hand, the notified State considers the planned measure to be inconsistent with the provisions of Articles 5 and 7, it has the obligation to inform the notifying State and to attach a documented explanation setting forth the reasons for the finding (Art. 15). The States must then enter into consultations and, eventually, negotiations "with a view to arriving at an equitable resolution of the situation" (Art. 17 (1))[88].

Article 19 establishes an exception to the regular notification procedure "in the event that the implementation of planned measures is of the utmost urgency in order to protect public health, public safety or other equally important interests", such as protecting the population from the danger of flooding[89]. The planning State may immediately proceed to implement the measures, but it has to make a formal declaration of the urgency of these measures and provide relevant data and information without delay to the States likely to be affected. Upon request, the States may promptly enter into consultations and negotiations. This procedure is, however, susceptible to abuse[90].

It should be noted that there is no provision in the 1997 UN Watercourses Convention regarding legal consequences in the case of non-compliance with the obligation to notify[91] or to respond to a request of notification. This means that the general regime of State responsibility

87. Tanzi and Arcari, *supra* footnote 13, p. 209.

88. For an examination of the obligation to enter into consultations and negotiations concerning planned measures, see *infra*, Section 5.

89. The 1994 ILC Report, *supra* footnote 47, p. 118. The situations covered by this article are different from those covered by Article 28 on notification in emergency situations. See *infra*, Section 4, para. 3.

90. Sohnle, *supra* footnote 77, p. 512. Sohnle criticizes the imposed timeframes of the 1997 UN Watercourses Convention's notification procedure since it arguably leads to abuses. If a notifying State follows the regular procedure, it might have to suspend its works for 18 months. But if it decides not to notify and refuses to notify even at the request of the potentially affected State, it might just suspend its works for six months during the period of consultations and negotiations. It may be argued, however, that the planning State is under a duty of due diligence, and therefore it will have to prove, notably through an environmental impact assessment, that it has fulfilled its obligation and that the planned measures do not adversely affect the other riparian States.

91. Only the 1966 Helsinki Rules provided for a sanction in this case. See *supra*, Section 4, para. 1, B.

applies, and therefore, in case of damage caused in the territory of the affected State, this breach may affect the level of compensation to be paid.

Since the 1997 UN Watercourses Convention is a framework convention, some delegations at the Sixth Committee of the United Nations General Assembly considered the notification procedure to be too detailed [92]. Yet, there was not much debate about it within the Working Group of the Sixth Committee.

The issue of the legal status of the rule still needs to be addressed. If the rule exists in general customary international law it applies to all States irrespective of whether they are bound by a treaty [93]. General rules of procedure, as opposed to detailed rules such as the six-month period to reply to notification, may become rules of customary international law. This is the case with the obligation of prior notification of planned works.

The obligation of notification has been considered by several authors as a rule of general customary international law [94]. This assertion is based on different evidence. Authors who support this contention rely heavily on treaty practice, but this seems to be inconclusive. There is in fact an extensive number of States that have been participating in this practice in a consistent manner. Yet, the assessment of the value of the large number of treaties containing procedural obligations in the process of formation of customary international law requires considerable caution. Several arguments may be put forward. First, because of the diversity of factual situations to which customary rules would apply, it may be argued that they exist, if at all, only with regard to some

92. This criticism was made mainly by upstream States, such as Turkey, Ethiopia, Czech Republic, Slovakia, Romania and France. See UN doc. A/C.6/51/SR.20 (1996).

93. Unless the persistent objector rule applies. See *infra* footnote 117.

94. See, e.g., Bourne, *supra* footnote 35, pp. 173 and 175, who in 1972 suggested that the rule was in the process of crystallization, and in 1992 asserted that the obligations to exchange information, to notify, to consult and to negotiate form already part of customary international law, C. B. Bourne, "The International Law Commission's Draft Articles on the Law of International Watercourses: Principles and Planned Measures", 3 *Colo. J. Int'l Envtl. L. & Pol'y* 65, 72 (1992); L. Caflisch, "Règles générales du droit des cours d'eau internationaux", 219 *Recueil des cours* (1989), pp. 9-225, 167; S. McCaffrey, "The UN Convention on the Law of the Non-Navigational Uses of International Watercourses: Prospects and Pitfalls", in S. M. A. Salman and L. B. Chazournes (eds.), *International Watercourses: Enhancing Cooperation and Managing Conflict — Proceedings of a World Bank Seminar*, World Bank Technical Paper No. 414, 1998, pp. 17-28, 27, and McCaffrey, *supra* footnote 19, pp. 406-407; and Tanzi and Arcari, *supra* footnote 13, pp. 204 and 210. Tanzi suggests that the whole notification procedure set out in the 1997 UN Watercourses Convention, with the exception of the temporal details, reflects rules of customary international law.

regions[95]. However, procedural rules, by their very nature, have clear common denominator characteristics which allow them to be applied independently of a specific region. Professor Kirgis puts the issue into perspective as follows:

> "As a rule . . . general custom is less important than regional custom in the law of drainage basins, since all states interested in any given basin will usually be within the same region. General custom becomes important primarily when state practice is inconclusive in a particular region and there is no reason to regard practice elsewhere as unsuited to basins in that region."[96]

Secondly, it may be argued that the fact that this area of the law has a preponderantly conventional character is *ipso facto* contradictory to the existence of rules of customary international law[97]. This argument, however, does not stand, and that is precisely due to the diversity of river basins. Even if States believe a norm to be obligatory, the difference between basins would always require treaties which provide for specific rules to be agreed and applied between riparian States.

Thirdly, the fact that so many treaties evidence a relatively consistent normative pattern may arguably demonstrate that States believe that a principle or rule is obligatory, or at least it may indicate what the international community as a whole considers to be good policy[98] in similar situations. These consistent patterns may be a source or reflection of normative expectations also for non-parties[99]. State practice in this respect is not conclusive, since the existence of *opinio juris* may not be presumed[100]. Thus, to assert the existence of this rule as general customary international law it is essential to clearly demonstrate the belief by States that this obligation exists as a legal duty, notably outside the treaty framework[101]. This includes the practice of States parties to

95. E.g., F. J. Berber, *Rivers in International Law* (translated by R. K. Batstone), London, 1959, p. 114.

96. Kirgis, *supra* footnote 71, pp. 86-87.

97. Bruhács, *supra* footnote 15, p. 72.

98. Or "equitable". See M. H. Mendelson, "On the Quasi-Normative Effect of Maritime Boundary Agreements", in N. Ando, E. McWhinney and R. Wolfrum *et al.* (eds.), *Liber Amicorum Judge Shigeru Oda*, The Hague, 2002, pp. 1069-1086, on the possible legal significance of bilateral maritime delimitation agreements.

99. Kirgis, *supra* footnote 71, p. 19.

100. See Principle 25 of the International Law Association, *London Statement of Principles Applicable to the Formation of General Customary International Law*, approved in 2000 at the London session, *Report of the Sixty Ninth Conference*, 2000, London, also at http://www.ila-hq.org/pdf/CustomaryLaw.pdf (hereinafter "the ILA London Principles of CIL").

101. Commentary to Principle 25 of the ILA London Principles of CIL, *ibid.*, p. 48.

bilateral or multilateral treaties in relation to States non-parties and the practice of States non-parties amongst themselves.

Although the World Bank policies and good practices contributed directly to the practice of States and to the development of the law by its influence in the 1997 UN Watercourses Convention, State practice in this regard may be taken as reflecting the conditionality of the World Bank financing policy [102]. Also, it may be argued that States occasionally notify other States in the course of good-neighbourly relations, or simply because they consider it opportune at a given time, without the conviction of this being a legal obligation.

Principle 19 of the Rio Declaration on Environment and Development [103], for example, may arguably serve as an indication of the view of the international community as a whole on the concerned obligation. It provides for procedural rules in the following general terms:

> "States shall provide prior and timely notification and relevant information to potentially affected States on activities that may have a significant adverse transboundary environmental effect and shall consult with those States at an early stage and in good faith."

Here, the fact that this statement of principles was approved by consensus indicates their emerging legal significance [104]. But, as with many other international instruments, the weight of this declaration is limited as it does not have binding force [105].

More significant is the work of the ILC for over 20 years on the topic of the law of the non-navigational uses of international watercourses. Procedural rules were drafted by different special rapporteurs in several reports and later on discussed in the Sixth Committee. Following its practice, the ILC has not indicated whether it considered these rules as *lex lata* or *lex ferenda* [106]. However, some weight may be given to the

102. See *infra*, Section 4, para. 1, E.

103. 31 *ILM* 874, 879 (1992). This declaration resulted from the United Nations Conference on Environment and Development (UNCED or the "Earth Summit"), which was held in Rio de Janeiro, Brazil, in June 1992.

104. P. Birnie and A. Boyle, *International Law and the Environment*, Oxford, 2002, p. 105. See also UN GA resolution 2995, UN doc. A/RES/2995 (1973).

105. See also Article 3 of the Charter of Economic Rights and Duties of States, proclaimed in UNGA resolution 3281 (XXIX), UN doc. A/9631 (1974). This article was not adopted by consensus, but by a majority of 97 States.

106. S. McCaffrey and M. Sinjela, "The 1997 United Nations Convention on International Watercourses", 92 *AJIL* 97-107, 106 (1998). However, the former Special Rapporteur asserts the international customary character of the obligations to use the international watercourse in an equitable and reasonable manner, not to cause significant harm, and to notify potentially affected riparian States of planned measures on the international watercourse. See, e.g., McCaffrey, in Salman and Chazournes, *supra* footnote 94, pp. 26-27.

fact that procedural rules were not controversial during the negotiation of the Convention and that they were adopted with the opposition of only three upstream riparians [107]. The Convention was finally approved by the United Nations General Assembly in 1997 with 103 votes in favour, 27 abstentions, and only three votes against [108].

It is of considerable importance the fact that while the ILC was working on the draft rules, they were already influencing State practice [109]. One good example is the 1992 Helsinki Convention. This regional framework Convention subsequently led to the conclusion of particular treaties in Europe.

The fact that the 1997 UN Watercourses Convention is not yet in force and only 12 States have as yet ratified it may be seen to limit the weight that could be given to the argument that the Convention has assisted in the crystallization of the emerging procedural rules into rules of general customary international law, or even codified existing rules [110]. However, this may be explained by the fact that other key articles, such as those on the settlement of disputes, were very controversial, and not due to any rejection of the rules in question [111]. In addition, it may also be argued that many States parties to existing particular treaties regulating the uses of their watercourses find only some advantages in ratifying the Convention [112]. Nevertheless, the influence of the Convention on subsequent treaties is evident [113]. Some States have even expressly recognized that the principles and rules embodied in the Convention reflect international law [114].

---

107. Ethiopia, Rwanda and Turkey. McCaffrey attributes considerable weight to this fact. See McCaffrey, *supra* footnote 19, p. 406.

108. These were the votes of China, Burundi and Turkey. See *supra* footnotes 4 and 11.

109. See, e.g., McCaffrey, *supra* footnote 106, p. 106.

110. See commentary to Principle 26, of the ILA London Principles of CIL, *supra* footnote 100, at pp. 49-50.

111. See McCaffrey and Sinjela, *supra* footnote 106, p. 104; and Tanzi and Arcari, *supra* footnote 13, pp. 281-283.

112. McCaffrey and Sinjela, *supra* footnote 106, p. 105.

113. For example, on the Revised Protocol of Shared Watercourses in the Southern African Development Community, signed on 7 August 2000, 40 *ILM* 321 (2001) (hereinafter "the 2000 SADC Revised Protocol", or the 1995 Mekong River Agreement.

114. E.g., paragraph 4 of the Preamble of the Incomaputo Tripartite Interim Agreement which states as follows:

> "Taking into account the modern principles and norms of International Law as reflected in the Convention on the Law of the Non-Navigational Uses of International Watercourses adopted by the General Assembly of the United Nations on 21 May 1997."

See the Incomaputo Tripartite Interim Agreement between the Republic of Mozambique and the Republic of South Africa and the Kingdom of Swaziland

The representativeness of State practice also raises some questions. Some key regional States, such as Turkey [115], China and Brazil — upstream States of large international river basins — might challenge the legal status of the obligations of prior notification and consultation. The conduct of these States seems to indicate that they do not accept these obligations. It is arguable that in the face of opposition by a State whose interests are specially affected, an emerging rule may not mature into a rule of general customary international law [116]. In the alternative, i.e., if it is argued that the rule already exists, the rule of the persistent objector might be invoked [117] since these States have rejected the procedural rules in their practice. This argument requires careful analysis of these States' practice as to consistency while the rule of international custom was being formed. The reason for these States' position seems to be the fact that they have been involved in disputes with their downstream neighbours after having taken unilateral action.

Considering the existing evidence, and the fact that this area of the law is continuously evolving, it is difficult to determine whether a rule of *general* customary international law has emerged. It is possible, however, that a rule of *particular* customary law has matured and is thus binding on the States accepting it. In any event, there is little doubt that if a dispute is referred to international adjudication or arbitration, the court or tribunal, in line with the *dicta* of *Lake Lanoux*'s award and the International Court of Justice's decision in the case concerning the *Gabčíkovo-Nagymaros Project* [118], will consider the rule of prior notification to be part of the corpus of general customary international law. It must be underlined that procedural rules are *sine qua non* conditions

---

for Co-operation on the Protection and Sustainable Utilisation of the Water Resources of the Incomati and Maputo Watercourses, signed at Johannesburg on 29 August 2002. This treaty complements the 2000 SADC Revised Protocol, but, as an interim agreement, it will remain in force only until 2010 or until a new comprehensive water agreement is concluded for the relevant watercourse. This depends on the finalization of studies and the political willingness of the Parties.

115. Further to voting against the 1997 UN Watercourses Convention, Turkey also objected to Part III on Planned Measures, with the exception of Article 11, since it challenged its nature of general customary international law.

116. See commentary to Principle 14, of the ILA London Principles of CIL, *supra* footnote 100, pp. 23-26.

117. A persistent objector is a State that can "exclude itself from the operation of the new rule" by manifesting its dissent to that practice before it has developed into a rule of general customary international law. See M. H. Mendelson, "The Formation of Customary International Law", 272 *Recueil des cours* (1998), pp. 155-410, 228; and commentary to Principle 15 of the ILA London Principles of CIL, pp. 27-29.

118. *(Hungary/Slovakia)*, *ICJ Reports 1997*, pp. 7 *et seq.*, and 37 *ILM* 162 (1998).

for compliance with the substantive rules of equitable and reasonable utilization and the obligation not to cause significant harm [119].

Further to this discussion of the legal status of procedural rules in the law applicable to international watercourses, it has been argued that in the international law of the environment, general rules of prior notification and consultation in cases of environmental risk are rules of general customary international law [120]. This being the case [121], and even considering the nature of *lex specialis* of the law of international watercourses, these customary rules may be applied in the field of shared water resources.

E. The impact of World Bank policies

The World Bank, as an international financial institution, has since its inception been financing projects on international watercourses, which enables it to impose conditions on the very procedures for the projects' implementation [122]. Over the years, the importance of the role of the World Bank in enhancing co-operation amongst States [123] and compliance with its procedural applications increased. This may be evidenced by the wording used in the revised Word Bank Operational Policies on Projects on International Waterways [124] where the Bank urges States to "negotiate in good faith with other riparians to

119. See *supra*, Section 2, para. 3.

120. Birnie and Boyle, *supra* footnote 104, pp. 126-129. For a contrary view, see Okowa, *supra* footnote 6.

121. The examination of the evidence here goes beyond the scope of this article.

122. For an examination of the evolution of the World Bank policies for projects on international watercourses, and its contribution to the consolidation of the notification procedure, see generally R. Krishna, "The Evolution and Context of the Bank Policy for Projects on International Waterways" in Salman and Chazournes, *supra* footnote 94, pp. 31-43.

123. This may be illustrated by the World Bank assistance with good offices in the conclusion of the 1960 Indus Waters Treaty between India and Pakistan, or presently the assistance in the development of the Nile Basin Initiative. See G. T. K. Pitman, "The Role of the World Bank in Enhancing Cooperation and Resolving Conflict on International Watercourses: The Case of the Indus Basin", in Salman and Chazournes, *supra* footnote 94, pp. 155-165; and S. M. A. Salman, "Good Offices and Mediation and International Water Disputes", in the International Bureau of the Permanent Court of Arbiration (ed.), *Resolution of International Water Disputes*, The Hague, 2003, pp. 155-199.

124. The Word Bank Operational Manual: Operational Policies — Projects on International Waterways (OP 7.50), from October 1994; The Word Bank Operational Manual: Bank Procedures — Projects on International Waterways (BP 7.50), from October 1994; and The Word Bank Operational Manual: Good Practices — Projects on International Waterways (GP 7.50), from November 1994, reprinted in Salman and Chazournes, *supra* footnote 94, 193-201.

reach appropriate agreements or arrangements" and offers its assistance for this purpose [125].

The World Bank developed policies which required the application of notification procedures in the absence of agreement on the matter. These policies are more demanding than that of the 1997 UN Watercourses Convention, since they require the notification to *all* riparian States, both upstream and downstream, for *all* the proposed projects, notably the construction of new dams or irrigation projects, whether these may have significant adverse effects or not. According to these requirements, notification has to provide sufficient project details in order to enable the other riparians to determine whether the proposed project may cause appreciable harm [126]. Furthermore, notified States are normally given a "reasonable" period of six months to respond to the notification. This may be shortened in cases of emergency [127] or extended at the request of the notified State. In these cases, the World Bank has been giving an extension of two to three months [128].

In case of an objection by a notified State, the World Bank may appoint one or more independent experts to provide an additional opinion [129]. These independent experts, as with the fact-finding commission specified in Article 33 of the 1997 UN Watercourses Convention [130], have no decision-making role in the processing of the project. Their technical opinion is submitted to the World Bank for its consideration [131]. These opinions are used by the Bank to enhance the authority of its mediation or conciliation functions [132]. In fact, the role of the World Bank is instrumental in enhancing the rules in this area, given that it may play a decisive role in the negotiation between the riparians and in third party dispute resolution procedure [133].

There are, however, three exceptions to the notification requirement. These are: (1) projects involving additions or alterations to any continuing schemes that require rehabilitation, construction, or other changes

125. OP 7.50, para. 3, at 194.
126. BP 7.50, para. 3, at 198.
127. GP 7.50, para. 3, at 201.
128. See S. M. A. Salman, "Dams, International Rivers, and Riparian States: An Analysis of the Recommendations of the World Commission on Dams", 16 *American University International Law Review* 1477-1505 (2001), at 1497 footnote 81.
129. BP 7.50, paras. 8-12, at pp. 199-200.
130. *Ibid.*, at p. 122.
131. BP 7.50, para. 11, at p. 199.
132. See A. Tanzi, "Recent Trends in International Water Law Dispute Settlement", in The International Bureau of the Permanent Court of Arbitration (eds.), *International Investments and Protection of the Environment*, The Hague, 2001, pp. 133-174, at 153-154.
133. See Salman, *supra* footnote 123, and Pitman, *supra* footnote 123.

which in the judgment of the Bank will not adversely change the quality or quantity of water flows to the other riparians, and will not be adversely affected by the other riparians' possible water use; (2) water resource studies and feasibility studies; and (3) projects related to a tributary of an international waterway that runs exclusively in the lowest downstream State [134].

The experience of the World Bank also contributed directly to Article 30 of the 1997 UN Watercourses Convention concerning indirect procedures. This Article applies in cases where there are "serious obstacles to direct contacts between States", for example where parties do not have diplomatic relations or are in armed conflict. In these cases, if the planning State indicates to the Bank that it does not wish to give notification, the Bank will itself do so [135]. Similarly, in the Convention, States have the obligation to fulfil the obligation to co-operate through any indirect procedure, that is, through third States, usually those protecting their interests under the procedures set out in Articles 45 and 46 of the 1961 Vienna Convention on Diplomatic Relations [136], or peace commissions, or the good offices of an international organization [137]. But the World Bank policy goes even further: if the beneficiary State also objects to the Bank's notifying other States, the World Bank will discontinue processing the project [138], thus making clear that notification of the project is a *sine qua non* condition of the Bank's involvement in any project affecting an international waterway.

The role of the World Bank in encouraging arrangements amongst riparian States has contributed to the development of international norms while it has been simultaneously influenced by the development of international law in this field, in "a gradual and subtle process of cross-fertilization" [139].

F. The report of the World Commission on Dams

The World Commission on Dams (WCD), an *ad hoc* independent body established in 1998 by different interest groups [140],

134. OP 7.50, para. 7, at pp. 194-195.
135. OP 7.50, para. 4, at p. 194 and BP 7.50 para. 2, at p. 197.
136. 500 *UNTS* 96, at p. 122.
137. The 1994 ILC Report, *supra* footnote 47, at p. 132.
138. OP 7.50, para. 4, at p. 194, and BP 7.50 para. 2, at p. 197.
139. Salman and Chazournes, "Conclusion — International Watercourses: Enhancing Cooperation and Managing Conflict", in Salman and Chazournes, *supra* footnote 94, pp. 167-170, 169.
140. The WCD was established in the sequence of the workshop organized by the World Conservation Union and the World Bank in Gland, Switzerland, in April 1997. The different interests represented ranged from private sector and Governments to academic institutions and NGOs.

such as the World Conservation Union and the World Bank, was commissioned with the specific objectives of reviewing the development effectiveness of large dams and assess alternatives; of developing a framework for assessing options and decision-making processes for water resources, energy services and development; and of developing internationally acceptable criteria and guidelines for planning, designing, construction, operation, monitoring, and decommissioning of dams [141].

The Commission has conducted the most comprehensive and independent review of the experience with large dams to date. It produced a report approved by consensus where it lays down "sharing rivers for peace, development, and security" as a strategic priority for guiding decision-making with regard to dams [142]. The Commission presents a new framework for decision-making based on recognizing rights and assessing risks of all interested parties. This priority comprises five policy principles on shared rivers.

Particularly relevant to the matter under consideration is the first recommendation, which refers to the need to inform other riparian States of planned measures that may have significant effect on them [143], and the third recommendation, which states that dams on shared rivers should not be built in cases where riparian States raise an objection upheld by an independent panel [144]. In addition, the Commission recommends the adoption by States of a notification procedure for the building of dams which is more sophisticated than that established in the 1997 UN Watercourses Convention [145], and which follows closely the procedure set forth in the 1991 Espoo Convention [146]. It is suggested that States proposing the building of a dam notify the potentially affected States at the planning stage, as part of the strategic impact assessment, and should allow them at least three months to identify relevant issues to be included at the subsequent preparatory studies and impact assessments. The notified States have the correlative obligation to respond within those three months of the notification. Subsequently, but prior to selecting an option on the shared river, the notifying State should provide the potentially affected States with adequate technical information about the proposed project and the results of any impact

141. World Commission on Dams, *Dams and Development: A New Framework for Decision-Making*. The Report of the World Commission on Dams, 2000, at p. 28. Also at the WCD website, http://www.dams.org/report/.
142. See *ibid.*, pp. 251 *et seq.*
143. See *ibid.*, pp. 252-253.
144. See *ibid.*, p. 254.
145. See for the description of the recommended procedure, *ibid.*, p. 306.
146. See Article 3 of the 1991 Espoo Convention.

assessment. The notified State should respond within six months of the notification. If after this period, the parties fail to reach an agreement, an independent panel should be established according to the terms of the 1997 UN Watercourses Convention on fact-finding procedures to solve the dispute [147].

If this panel upholds the objection raised by the notified State, the dam should not be constructed. If the dispute remains, and if the parties do not have recourse to dispute resolution through international, regional or bilateral agreements, the issue should be referred to the International Court of Justice [148].

In the event that the notified State does not respond within the specified time, the notifying State may proceed with the planning and building of the dam subject to observing the relevant international law principles and the Commission's strategic priorities and policy principles. In case a State fails to notify a potentially affected State of the proposed project, the latter should be able to request and receive relevant information and express its views. If this is denied, the Commission recommends recourse to the International Court of Justice.

These recommendations follow, to a certain extent, the procedure on planned measures set forth in Part III of the 1997 UN Watercourses Convention [149]. But it goes beyond its rules: first, as with the notification procedure set forth in the 1991 Espoo Convention, by providing for a notification procedure in two stages, thus increasing the communication required between the States; and secondly, by recommending that dams should not be built in cases where riparian States raise an objection that is upheld by an independent panel. Unfortunately, the work of the Commission has not gone as far as ascertaining whether these or other notification procedures have been followed in practice [150]. In fact, in contrast to its work carried out in other areas, the Commission failed here to present recommendations based on empirical data [151].

Despite this shortcoming, the report addressed issues of international water resources law, thus bringing them for the first time to the international fora debating dams on international rivers [152]. The report, however, is not a legally binding document.

147. See Article 33 of the 1997 UN Watercourses Convention.

148. See *supra* footnote 141, p. 254.

149. For the detailed notification procedure in the 1997 UN Watercourses Convention, see *supra*, Section 4, para. 1, D.

150. S. M. A. Salman, "Sharing Rivers for Peace, Development, and Security: Analysis of the Recommendations of the World Commission on Dams", 26 *Water International* 2, 283-288, at 287 (2001). For an analysis and criticism of the Report, see also Salman, *supra* footnote 128.

151. Salman, *supra* footnote 128, at p. 1501.

152. Salman, *supra* footnote 150, at p. 288.

Paragraph 2 **The Notification of Environmental Impact Assessments**

Since the nineteenth century, several treaties included the obligation to carry out studies of possible effects prior to the implementation of a project on an international watercourse [153]. In modern treaties, this obligation seems also to have focused on the requirement of States to conduct environmental impact assessments [154]. These consist of preliminary viability studies of projects that also evaluate the effects of the proposed activities on the environment of the planning State and of other potentially affected States. Although they aim at ensuring that the environmental effects are taken into account at an early stage in the decision-making process at the domestic level, they also seem to foster the participation of the other basin States in implementing the substantive principles of equitable utilization in the use, development and protection of the watercourse, and the exercise of due diligence in preventing any harm thereto [155]. This is because the potentially affected State, once notified of the study, may participate in the procedure itself or enter into consultations or negotiations with a view to reaching a satisfactory resolution of the situation.

The obligation to conduct environmental impact assessments, although expressly provided for in numerous international legal instruments [156], and well-established in domestic law, has not yet attained the status of a rule of customary international law, that is, it is not binding on all States [157]. Still, it has been argued that when there is a conven-

153. See, for instance, Article 26 of the Boundaries Treaty between Portugal and Spain, of 29 September 1864. 67 *British and Foreign State Papers, 1865-1866*, p. 941 (1877), and UN Legislative Series, *supra* footnote 10, p. 893, No. 241.

154. The use of this term and not of the more general term "impact assessments" in the 1997 UN Watercourses Convention is criticized by McCaffrey, since these assessments of the transboundary impacts of the new activities should not be limited to those on the environment. McCaffrey, *supra* footnote 19, p. 408.

155. See Tanzi and Arcari, *supra* footnote 13, p. 205.

156. Both treaties on particular rivers, such as the 1994 Convention on Co-operation for the Protection and Sustainable Use of the Danube River, Art. 7 (5) *(f)*, which follows the terms of the 1991 Espoo Convention, and other general instruments, such as Principle 17 of the Rio Declaration on Environment and Development, 31 *ILM* 874, 879 (1992), or Agenda 21, para. 18.40 (h., iv), or the UNEP Guidelines on Goals and Principles of Environmental Impact Assessment, UNEP Resolution GC14/25 (1987). The practice of international banks, such as the World Bank or the Asian Development Bank, also require the conduct of EIA before engaging on projects that may cause transboundary harm.

157. Okowa, *supra* footnote 6, p. 281. Birnie and Boyle argue that this obligation already exists under general international law in cases of transboundary risk to the environment of other States or the marine environment. See Birnie and Boyle, *supra* footnote 104, p. 132.

tional obligation to notify other States of planned activities that may entail a risk of causing transboundary harm, the obligation to carry out environmental impact assessments may be taken to be implied [158]. Although the 1997 UN Watercourses Convention does not expressly impose any obligation of conducting environmental impact assessments, Article 12 concerning notification of planned measures with possible adverse effects provides that the notification has to be accompanied by available technical data and information "including the results of *any* environmental impact assessment" [159]. This phrase was inserted in the ILC Draft Articles by the Working Group as a result of a number of proposals put forward by different delegations [160]. It may literally be construed as meaning that States are only obliged to provide the result of any environmental impact assessment if these are conducted.

Nevertheless, logic suggests, as well as the examination of Article 12 in conjunction with other provisions, that even when such assessments are not explicitly provided for, the discharge of other duties imposed on States, such as the due diligence obligation of prevention of significant transboundary harm, would usually require some preliminary assessments. Thus, environmental impact assessment may be deemed to be one of the "all appropriate measures" required to be taken by States according to Article 7 on the obligations of States not to cause significant harm. In fact, in conducting an environmental impact assessment the planning State is transferring the burden of proof to the affected State. In addition, these assessments are fundamental instruments if the notified State considers that the implementation of the planned measures would result in an inequitable or harmful utilization of the watercourse, and Article 17 on consultations come into play. That is, "meaningful consultations can only take place if the precise nature and effects of the proposed activity have been investigated" [161].

But as referred to before, this Convention is not yet in force, and as a framework convention that had to reach a compromise between the frequently conflicting interests of upstream and downstream riparian States, it is not surprising that it falls short of developing the law and of establishing a clear obligation on States to conduct what is now well recognized in the international community as an essential procedural obligation [162]. In line with the 1997 UN Watercourses Convention, the

158. Okowa, *supra* footnote 6, p. 279.
159. Emphasis added.
160. See UN doc. A/C.6/51/SR.24 (1996), p. 23.
161. Okowa, *supra* footnote 6, p. 280.
162. Strong evidence of this contention is Principle 17 of the Rio Declaration. See Birnie and Boyle, *supra* footnote 104, p. 131.

International Court of Justice also recognized the importance of the conduct of EIA, as well as of subsequent monitoring, in the case concerning the *Gabčíkovo-Nagymaros Project*[163], but it has not expressly referred to an obligation[164].

At the regional level, existing and future bilateral or multilateral treaties on particular rivers may refer to the 1992 Helsinki Convention or to the 1991 Convention on Environmental Impact Assessment in a Transboundary Context[165] in this matter[166]. The 1992 Helsinki Convention provides in Article 3 (1) *(h)* for measures to be taken to ensure the application of environmental impact assessments in order to prevent, control and reduce transboundary impact, and in Article 9 (2) *(j)* for the participation of the joint bodies established under bilateral or multilateral agreements or other arrangements in the implementation of environmental impact assessments relating to transboundary waters "in accordance with appropriate international regulations". This refers to, *inter alia*, the 1991 Espoo Convention, also adopted by the United Nations Economic Commission for Europe and in force since 1997. This framework Convention sets standards for transboundary environmental impact assessment. It sets forth the obligations of the parties to assess the environmental impact of certain activities at an early stage of planning. It stipulates that the parties have the obligation to "take all appropriate and effective measures to prevent, reduce and control significant adverse transboundary environmental impact from proposed activities" (Art. 2 (1)). In particular, the Convention provides for the obligation to notify other parties of any proposed activity that is likely to have a significant adverse transboundary impact (Art. 3 (1)). This is required to be carried out as early as possible in order to ensure adequate and effective consultations. It goes on to specify the procedure of notification, which takes place before the conduct of the environmental impact assessment to allow the potentially affected State to participate in the process, notably through the exchange of relevant information. The parties to the Convention further agreed in great detail on the

---

163. *(Hungary/Slovakia)*, Judgment 25 September 1997, *ICJ Reports 1997*, pp. 7 *et seq.*, para. 112, and 37 *ILM* 162 (1998).

164. *Ibid.*, p. 112, para. 5. However, see Judge Weeramantry, sep. op., Part B, where he speaks of a principle of continuing EIA in relation to projects while in operation, and diss. op. in *Request for an Examination of the Situation in Accordance with the Court's Judgment in the Nuclear Tests Case*, *ICJ Reports 1995*, p. 288, where he asserts the existence of this obligation.

165. See *supra* footnote 78.

166. See B. Bosnjakovic, "UN/ECE Strategies for Protecting the Environment with Respect to International Watercourses: The Helsinki and the Espoo Conventions", in Salman and Chazournes, *supra* footnote 94, pp. 47-64.

format for notification under Article 3 [167]. The main difference regarding the procedure set forth in the 1997 UN Watercourses Convention is that it allows potentially affected States to participate in the EIA process itself. In addition, its time frame is left for the parties to determine.

In Europe, recent bilateral and multilateral treaties on particular watercourses follow the ECE Conventions and adapt their procedures to the specific circumstances of the basin concerned. That is the case of the 1998 Luso-Spanish Treaty [168], which sets forth the obligation to conduct environmental impact assessment in relation to certain projects and activities, according to their nature, dimension and location, before their approval (Art. 9 (1)). The identification of the projects and activities, as well as the procedures for the implementation of the assessment, is made within a joint commission established by the treaty. In addition, Annex II specifies the conditions for the identification of these projects and activities, and refers to European Union legislation on the matter.

The European Union has been developing its legislation on EIA over the past decades. On EIA procedures, two Directives are of relevance here: Directive 85/337/EEC and Directive 2001/42/EC [169]. These Directives do not provide for the possibility of a potentially affected Member States to participate in a two-stage EIA process, as in the 1991 Espoo Convention, since it does not provide for information exchange before the preparation of the environmental assessment documentation [170]. They also do not provide for formal notification, but rather refer to the "forward[ing]" of information on the project and of the environmental assessment report [171]. This may be explained by the fact

167. This includes specific information requirements and the form of the notification. See Report of the First Meeting of the Parties to the Convention on EIA in a Transboundary Context, held in Oslo from 18 to 20 May 1998, Annex IV, Decision I/4 on the Format for Notification and its appendix. Doc. ECE/MP.EIA/2, 10 November 1998, also at http://www.unece.org/env/eia/report.htm#notification.

168. See *supra* footnote 37.

169. Council Directive 85/337/EEC of 27 June 1985 on the assessment of the effects of certain public and private projects on the environment, OJ L 175, 05.07.1985, 40, amended by Council Directive 97/11/EC of 3 March 1997; and on Strategic Environmental Assessment (SEA), Directive 2001/42/EC of the European Parliament and of the Council of 27 June 2001 on the assessment of the effects of certain plans and programmes on the environment, OJ L 197, 21.07.2001, 30-37. The scope of application of the Directives is very broad and it covers numerous other categories of projects that potentially cause a significant impact on the environment.

170. On the parallel between the 1991 Espoo Convention and Directive 85/337/EEC, see A. Nollkaemper, *The Legal Régime for Transboundary Water Pollution: Between Discretion and Constraint*, 1993, pp. 189-196.

171. See Article 7 of Directive 85/337/EEC and Article 7 of Directive 2001/42/EC. The latter provides for transboundary consultations to take place within a reasonable timeframe agreed between the parties.

that these directives lay down a minimum environmental assessment framework, and leave the details to the Member States, having due regard to the principle of subsidiarity [172].

In Africa, it must be noted that treaties regarding international watercourses have also begun to expand the nature of EIA by adopting these national instruments' procedures in their treaty regimes [173].

Paragraph 3 **The Obligation to Notify in Emergency Situations**

In the context of international watercourses, as in other fields related to the environment [174], it is now generally accepted that States are under an obligation to notify other potentially affected States in emergencies that may cause significant transboundary harm. These emergencies may result from natural causes, such as floods, or from human conduct, such as industrial accidents, or from both [175]. The objective of the prompt notification is to enable all potentially affected States effectively to prevent or minimize the harmful effects on human life, property and the environment, by taking all necessary measures.

This obligation is well established in treaty practice. From as early as 1948 [176], States have, in different regions [177], included this obligation in numerous bilateral and multilateral treaties related to watercourses [178].

---

172. See paragraph 8 of the Preamble of Directive 2001/42/EC.

173. E.g., the Agreement on the Action Plan for the Environmentally Sound Management of the Common Zambezi River System, signed in Harare, on 28 May 1987, Annex 1, II, C (hereinafter, "Zambezi Action Plan"), in *Treaties concerning the Non-Navigational Uses of International Watercourses: Africa*, 1997, FAO Legislative Study No. 61, pp. 84-112. Article 4 *(d)* (iii) of the 1995 SADC Protocol provides that river basin management institutions have, as one of their functions, to promote environmental impact assessments. However, the 2000 SADC Revised Protocol follows the terms of the 1997 UN Watercourses Convention.

174. For instance, in the field of protection of the environment from nuclear accidents, where this obligation is now well established. Following the Chernobyl nuclear power plant accident in 1986, the Convention on Early Notification of a Nuclear Accident was adopted on 26 September 1986 by 70 States, and entered into force on 27 October 1986. There are now 92 parties to the Convention, including some of the States possessing nuclear weapons, such as China, France, Russia, the United Kingdom and the United States of America. See Article 2 of the Convention, 25 *ILM* 1377 (1986).

175. The ILC provides some examples, such as a flood caused by earthquake damage to a dam. See the 1994 ILC Report, *supra* footnote 47, p. 129, n. 397.

176. See Article 14 of the Boundary Agreement between the USSR and Finland of 9 December 1948.

177. For example, Article IV (8) *in fine* of the 1960 Indus Waters Treaty concluded between India and Pakistan, and Article 11 of the 1976 Convention on the Protection of the Rhine against Chemical Pollution, 1124 *UNTS* 375; 16 *ILM* 242 (1977).

178. For an exhaustive list of the treaties, see Sohnle, *supra* footnote 77, p. 501, n. 2904.

In addition, the Institute of International Law made a contribution to the development of the rule by setting forth the obligation in relation to a "sudden increase in the level of transboundary pollution in the basin" in Article VII *(c)* of the 1979 Athens Resolution on Pollution of Rivers and Lakes and International Law [179].

More recently, and at the regional level, the 1992 Helsinki Convention provides in Article 14 the obligation to inform other riparian Parties to the Convention "without delay" about "any critical situation that may have transboundary impact". But it goes beyond the usual notification requirement and provides for the obligation of States to set up "where appropriate" [180] warning and alarm systems, thus calling for co-operation between States at a stage where prevention may still be possible.

Also within the United Nations European Commission for Europe, and with a focus on prevention, the Convention on the Transboundary Effects of Industrial Accidents [181] was concluded with a view at protecting human beings and the environment against industrial accidents. This is to be achieved by preventing such accidents as far as possible, by reducing their frequency and severity and by mitigating their effects. The Convention provides for the establishment and operation of compatible and efficient industrial accident notification systems for the transmission of early warnings, information and assistance requests. In case of an industrial accident or imminent threat thereof, notification containing the information needed to counteract transboundary effects is to be provided (Art. 10 and Annex IX).

The 1997 UN Watercourses Convention, as a universal framework convention, also sets forth in Article 28 the obligation of notification in emergency situations. There are certain fundamental elements that characterize the obligation. Firstly, the term "emergency" is defined in paragraph (1) as a "situation that causes, or poses an imminent threat of causing, serious harm", hence adopting a different terminology from that used in the 1992 Helsinki Convention. Secondly, the time element

179. See the 1979 Athens Resolution of the Institute of International Law, *supra* footnote 36.

180. This is left to the discretion of States, since the need for the establishment of warning systems depends on the physical characteristics and uses made of each particular watercourse.

181. This Convention was adopted by the Economic Commission for Europe on 17 March 1992, in Helsinki, and signed on 18 March 1992 by 26 UN/ECE States and the European Community. It entered into force on 19 April 2000. There are now 33 Parties (32 States and the European Community) to the Convention. UN doc. ENVWA/R.54 and Add.1. See also Council Directive 96/82/EC of 9 December 1996 on the control of major-accident hazards involving dangerous substances (Seveso II directive).

and the means to be used follow the terms already used in other treaties, i.e., the notification of the emergency originating within its territory should be made "without delay and by the most expeditious means available" (Art. 28 (2)) upon learning of the emergency [182]. Thirdly, and quite apart from the obligation to notify planned measures, the notifying State has to notify not only other watercourse States, but also other States which may be affected, as well as "competent international organizations", such as a joint river commission. The importance of the extended scope of this notification requirement should not be underestimated. The case of a water-borne disease like cholera, which may spread beyond riparian States, may well serve to illustrate this point. Although the particular case of water-borne diseases is not included as an example of an emergency in Article 28, it is referred to in Article 27. This article provides for a duty of due diligence for watercourse States to prevent or mitigate transboundary harmful conditions. It differs from Article 28 in that it does not have the element of urgency which characterizes Article 28. However, as stated by Professor Tanzi, "the same factual situation, being susceptible to escalation may, in different points in time, fall within the purview of both provisions" [183]. And here one of the instances provided is that of an upstream flood that causes the sudden appearance of water-borne diseases [184].

Like Article 27, Article 28 (3) lays down a duty of action for States who have to "immediately take all practicable measures necessitated by the circumstances" to prevent, mitigate or eliminate harmful effects. In addition, the Convention provides in Article 28 (4) for the development of contingency plans to respond to emergencies, the elaboration of which is left to the discretion of the States since it depends on the characteristics of each watercourse [185]. Instead of providing for a responsive action, like the previous paragraphs, paragraph (4) calls for anticipatory action, as it requires the joint co-operation of States before any emergency situation has occurred [186].

Since the adoption of the 1997 United Nations Watercourses Convention, several new treaties followed its provisions in this regard, more or less closely, such as the 1995 Mekong River Agreement (Art. 10), the 2000 SADC Revised Protocol (Art. 4 (5)), and the 1998 Convention on the Protection of the Rhine (Art. 5 (6)). The 1998 Luso-Spanish Treaty also provides in Article 11 on "Communication, Alert

182. See the 1994 ILC Report, *supra* footnote 47, p. 130.
183. Tanzi and Arcari, *supra* footnote 13, p. 223.
184. *Ibid.*, at n. 201, where Tanzi cites the Expert Consultant in the Working Group (UN doc. A/C.6/51/SR.22 (1996) 12).
185. The 1994 ILC Report, *supra* footnote 47, p. 130.
186. *Ibid.*

and Emergency Systems", a general obligation to notify the other watercourse State, and in Articles 18 and 19, a more detailed notification requirement concerning floods and droughts and resource scarcity, respectively. All of these recent treaties require the notification to be made to the other parties to the treaty and to a joint commission. This seems to indicate that States, independently of their region, follow the general terms of the 1997 UN Watercourses Convention or go further to specify them and assign to joint commissions certain type of communication functions. Joint institutional mechanisms are evidently considered a privileged link between watercourse States, whether they are conferred more or less powers, notably decision-making power regarding the taking of urgent measures [187].

There is enough support in State practice and case law to affirm with conviction the existence of a general customary obligation to notify in emergencies which also applies to international watercourses [188]. This is also sustained in the literature [189]. As mentioned earlier, this obligation is recognized in treaty regimes for some decades. After the Chernobyl nuclear power plant accident in 1986 and the claim by several States of a breach of the right to be notified, the Convention on Early Notification of a Nuclear Accident was adopted on 26 September 1986 by 70 States, and entered into force one month later [190]. The promptness of the adoption of this Convention as well as the large number of signatories demonstrates, at minimum, the will of States to be bound by such an obligation. The inclusion of this obligation in the 1997 UN Watercourses Convention without opposition suggests the existence of this obligation in the context of international watercourses.

In the *Corfu Channel* case [191], the International Court of Justice, although in a different context, also referred to an obligation to give warning to other States in case they become exposed to known dangers. This was reaffirmed in the *Nicaragua* case [192].

---

187. See *infra*, Section 6.

188. Although, breaches of the obligation do occur. A recent example is the cyanide spill from a Romanian gold smelter in January 2000, where 100,000 cubic metres of cyanide tainted waste water into the adjacent Lapus River and Somes River, before crossing the border into Hungary, where it reached the Tisza River, a tributary of the Danube, and one of eastern Europe's largest and formerly cleanest rivers. The cyanide was carried downstream to the Danube River in Yugoslavia. This was considered the worst ecological disaster since the Chernobyl accident.

189. See, for example, Special Rapporteur McCaffrey's Fifth Report, *Yrbk ILC 1989*, Vol. II (Part One), p. 91, at 113; Okowa, *supra* footnote 6, pp. 330-332; or Birnie and Boyle, *supra* footnote 104, pp. 322-323.

190. There are now 92 Parties to the Convention. See *supra* footnote 174.

191. *UK* v. *Albania (Merits), ICJ Reports 1949*, pp. 4, 22.

192. *Nicaragua* v. *USA (Merits), ICJ Reports 1986*, pp. 14, 112.

SECTION 5 THE OBLIGATION TO ENTER INTO CONSULTATIONS

Paragraph 1 The Obligation to Enter into Consultations in State Practice

Consultation is a procedural mechanism used to prevent disputes — a form of negotiation — whereby States, based on the information exchanged, discuss pending issues. Potentially or actually affected States have the opportunity to manifest their position and contribute to the decision-making process concerning existing or planned uses of the waters of shared water resources and the protection and preservation of their ecosystem.

In the *Lake Lanoux* arbitration, the tribunal explained what it considered consultation entailed:

> "according to the rules of good faith, the upstream State is under the obligation to take into consideration the various interests involved, to seek to give them every satisfaction compatible with the pursuit of its own interests, and to show that in this regard it is genuinely concerned to reconcile the interests of the other riparian State with its own"[193].

But the tribunal recognizes that "[it] is a delicate matter to establish whether such an obligation has been complied with"[194].

Consultations may take place after notification of planned measures or upon request of any riparian State. It is an opportunity for both interested States to discuss the potential impact of the actual or proposed uses of the waters, and to prevent, mitigate or eliminate their potential or actual adverse effects. In fact, the purpose of notification with the provision of relevant data and information on planned measures is for the planning State to take into account the interests of the notified State, and if need be to make changes in its proposed project in order to meet the concerns of the potentially affected State. Indeed, the obligation to enter into consultations completes the obligation of notification, but it may come into play without prior notification.

However, the potentially affected State has no right of veto[195]. The danger here is that while consent is not given, the planning State may not proceed with the implementation of the project for an indefinite

193. *Lake Lanoux Arbitration*, *supra* footnote 3, p. 139.
194. *Ibid.*
195. *Lake Lanoux Arbitration*, *supra* footnote 3, p. 130. See also *supra*, Section 4, para. 1, *C.*

period of time. But once the views of the potentially affected States are put forward the planning State may not ignore these views. The reverse is also valid, that is, if a notified State does not reply to notification and does not enter into consultations, there is a presumption that it has acquiesced.

Although general international law appears not to require prior consent[196], a number of treaties do include it. This is the case of several treaties concluded between the United Kingdom and indigenous Governments in Africa and the Indian subcontinent[197], the 1972 Statute of the Senegal River[198], or the 1996 Mahakali River Treaty[199]. This may, in fact, be a useful tool to prevent conflicts in cases where water is scarce and its allocation is disputed[200].

In 1983, Professor Kirgis concluded from a study of State practice that there is considerable evidence in support of the proposition that the rule of prior consultation is part of general customary international law with a "clear common denominator — consultation with interested states is required before activities are undertaken that could reasonably be expected to cause a change in the watercourse appreciably damaging their interests"[201]. This has also been the opinion of other authors[202] and scholarly associations[203]. As with notification and the exchange of

196. In the beginning of last century, some authors and the Institute of International Law pointed to this rule, and a large number of treaties in Europe included it. See, e.g., Rules I and II (1) of the Resolution of the Institute of International Law on international regulations regarding the use of international watercourses, adopted at its Madrid session in 1911, 24 *Annuaire de l'Institut de droit international, Session de Paris* (1911), p. 336, and Kirgis, *supra* footnote 71, p. 20.

197. For a list of the treaties, see Kirgis, *supra* footnote 71, p. 42; and McCaffrey's Third Report, *supra* footnote 5, p. 30, n. 108.

198. See Article 4 (1) of the Convention relating to the Status of the Senegal River and Convention establishing the Organization for the Development of the Senegal River, between Mali, Mauritania and Senegal, signed in Nouakchott, Mauritania, on 11 March 1972, in FAO Legislative Study No. 61, *supra* footnote 173, Nos. 5 and 6.

199. See Article 7 of the Treaty between His Majesty's Government of Nepal and the Government of India concerning the Integrated Development of the Mahakali River including Sarada Barrage, Tanakpur Barrage, and Pancheshwar Project, signed on 12 February 1996, 36 *ILM* 531 (1997).

200. Sohnle, *supra* footnote 77, p. 520. See, for example, Annex II, Article V (1) of the 1994 Treaty of Peace between Israel and Jordan, which provides that "artificial changes in or of the course of the Jordan and Yarmouk Rivers can only be made by mutual agreement".

201. Kirgis, *supra* footnote 71, p. 86.

202. E.g., Bourne, *supra* footnote 71, p. 193.

203. See, e.g., comment to Article 8 of the ILA Montreal Rules of International Law Applicable to Transfrontier Pollution, approved in 1982 at the Montreal session, *Report of the Sixtieth Conference, Montreal, 1982*, London, 1983.

information, this rule is based not only on treaty practice but also on State practice outside the treaty framework [204].

There are some cases of State practice of consultations in different regions where there has been no previous agreement between the States regulating their uses of the waters of the shared river basin. In some cases, notification and consultations have taken place after protests made by potentially affected States. In these cases, States entered into consultations which eventually have led to agreements [205].

The obligation to consult other States is well established in treaty regimes, thus providing evidence that States recognize the importance of consultations as a means of preventing disputes. For example, the case of the Aswan High Dam project is considered in this matter "normatively significant and tends to support a rule of consultation, at least before final action is taken" [206]. After the United Arab Republic decided to build the Aswan High dam, Sudan claimed its right to be consulted in a timely fashion. This led to negotiations, which culminated in the conclusion of the 1959 Nile Waters Agreement [207] before the actual building of the dam.

Another important example is the African Convention on Conservation of Nature and Natural Resources [208], concluded in 1968 in the ambit of the Organization of African Unity. It contains a general clause establishing an obligation of States to "act in consultation" and, if the need arises, the setting up of interstate commissions — to study and resolve problems arising from the joint use and for the joint development and conservation for both surface and groundwater resources (Art. V (2)).

In addition, Article XIV (3) provides for an obligation to consult "where any development plan is likely to affect the natural resources of another State" [209].

204. See the general considerations on the evidence of custom relating to all procedural rules, *supra*, Section 4, para. 1, D.

205. This is the case of the protest made by Sudan to Egypt concerning the Aswan High Dam that eventually led to the 1959 Nile Waters Agreement.

206. Kirgis, *supra* footnote 71, p. 44.

207. See *supra* footnote 82.

208. The Convention was signed in Algiers on 15 September 1968. It has 30 States Parties. Angola, South Africa and Zimbabwe are not parties to the Convention. *Sources of International Law*, FAO Legislative Study No. 65, 1998, p. 47.

209. It also provides in Article 16 for inter-State co-operation by establishing an obligation of co-operation to implement the provisions of the Convention and "whenever any national measure is likely to affect the natural resources of any other state", that is, when there is risk of planned activities causing transboundary harm to other riparian States. Article 17 lays down exceptions to this and other obligations, such as in the case of force majeure.

The 1997 UN Watercourses Convention provides for consultations in a number of different contexts. Article 6 (2) sets forth a duty to enter into consultations *when the need arises* in the application of the principle of equitable and reasonable utilization of the watercourse and the weighing of all the relevant factors and circumstances. According to the ILC, this means that this obligation is triggered by the request of any watercourse State[210]. The wording of Article 6 (2) is unfortunate.

Firstly, for the sake of consistency, it should have used the expression *at the request of one watercourse State* or a similar expression. Secondly, because it is difficult to conceive a fair determination by a watercourse State of what are its reasonable and equitable uses of the waters without prior exchange of data and information and consultation with other watercourse States. This is supported by the dictum in the *Lake Lanoux* arbitration, which clearly affirmed that a watercourse State "cannot decide whether another State's interest will be affected; the other State is the sole judge of that and has the right to information on the proposals"[211].

Article 24 (1) provides for the duty to enter into consultations at the request of any watercourse State concerning the *management* of the international watercourse. Although it seems to overlap in application, this article actually extends the scope of the duty to consult to the protection and control of the watercourse, including monitoring on a continuous basis and irrespective of the uses of the waters[212]. Further, Article 7 (2) provides for consultation when significant harm has occurred so that the State causing the harm may take "all appropriate measures" to eliminate or mitigate such harm. In addition, the Convention specifies that the parties have to consult "with a view to arriving at mutually agreeable measures and methods to prevent, reduce and control pollution of an international watercourse" (Art. 21 (3)).

The duty under consideration applies to both actual and planned uses[213]. Article 11 lays down the general obligation of exchange of information and consultation on the possible effects of planned measures on the condition of the watercourse. But the Convention goes on to specify that in the notification procedure, should the notified State object to the planned measure on the grounds of inequitable and unreasonable use, i.e., its inconsistency with the provisions of Articles 5 or 7,

210. See the 1994 ILC Report, *supra* footnote 47, p. 102.
211. *Lake Lanoux Arbitration, supra* footnote 3, p. 119.
212. Tanzi and Arcari, *supra* footnote 13, p. 216.
213. Thus Article 26 provides for a due diligence obligation and an obligation to consult relating to the operation, maintenance, and protection of installations.

or if the States concerned disagree as to whether notification of the proposed project was due, States have an obligation to enter into consultations and to negotiate under the terms of Articles 17 and 18[214]. The notifying State, at the request of the notified State, has to suspend the implementation of the project for a period of six months. If after this period of time the parties have not arrived at an equitable resolution of the situation, the parties may then resort to third party dispute resolution in accordance with Article 33.

Article 17 (2) provides that States must act in good faith during consultations and negotiations. This is in line with the award of the *Lake Lanoux* arbitration, the *Fisheries Jurisdiction* case[215], and the *North Sea Continental Shelf* cases[216]. In the *Lake Lanoux* arbitration, the tribunal went further to provide examples of conduct of States in the course of consultations and negotiations which the tribunal considered unacceptable.

These include

> "an unjustified breaking off of the discussions, abnormal delays, disregard of the agreed procedures, systematic refusals to take into consideration adverse proposals or interests, and, more generally, violation of the rules of good faith"[217].

The two most common problems which may arise in the process of consultation are a stalemate or the evidence of unequal bargaining power[218]. And although prior consultation does not always prevent differences, "a considerable body of knowledgeable opinion supports the presumption that, despite its deficiencies, in a variety of cases prior consultation is worth the time, effort, and expense"[219].

---

214. In 1961, the Institute of International Law in its Salzburg Resolution had already included negotiations with obligatory character in Article 6. This Article provides that, following notification, if a State objects to the notifying State's proposed works, the two States "will enter into negotiations with a view to reaching an agreement within a reasonable time". See *supra* footnote 60. See also Article VI of ILA's 1956 Dubrovnik Resolution, Article 6 of the 1982 Montreal Rules, and Article VII *(d)* of the 1979 Athens Resolution of the Institute of International Law, *supra* footnote 36.

215. *ICJ Reports 1974*, p. 3.

216. *ICJ Reports 1969*, footnote 3, pp. 46-47.

217. *Lake Lanoux Arbitration*, *supra* footnote 3, p. 128, para. 11. The tribunal refers to the *Tacna-Arica Arbitration*, 2 *Reports of International Arbitral Awards*, pp. 921 *et seq.* (1925), and *Annual Digest*, 1925-1926, Case No. 269; and Case of *Railway Traffic between Lithuania and Poland, PCIJ, Ser. A/B, No. 42*, 108 *et seq.*, 1931-1932, Case No. 215.

218. Kirgis offers the example of the remarks made by the United Kingdom delegate in the UN Conference on the Law of Treaties, 1 Sess., UN doc. A/CONF.39/11, at p. 420 (1969). Kirgis, *supra* footnote 71, p. 6, n. 14.

219. Kirgis, *supra* footnote 71, p. 6, n. 14.

Paragraph 2 **Consultation and Its Correlation with the Obligation to Negotiate**

The negotiation process "viewed as a whole is the principal vehicle for cooperation between states"[220]. Consultation may be considered "a preliminary stage to a negotiation but differs from the latter when the country which initiates the consultation is merely seeking the opinion of the country[ies] concerned by the proposed activities or measures"[221]. On the other hand, the obligation to negotiate *stricto sensu*, that is, the obligation to negotiate in good faith in order to reach an agreement, is the link between other procedural rules and the mechanisms for the settlement of disputes. Once a dispute arises, it follows consultation as a logical sequence in procedure and as the preliminary stage of the process for its settlement[222].

The 1997 UN Watercourses Convention makes a distinction between consultations and negotiations. Of particular relevance is the reference in Article 17 concerning planned measures to the obligation to enter into consultations and, "if necessary, negotiations with a view to arriving at an equitable resolution of the situation". This article comes into play when the notified State objects to the proposed works or uses. The wording in the article seems to imply that in certain cases agreement should be sought. Therefore, there is a need for evidence of the parties' willingness to reach a compromise. Examples of this "equitable resolution" include modification of the original project in order to eliminate potential adverse effects, adjustment of the uses by either State, or the payment of some form of compensation acceptable to the notified State by the planning State[223].

In multilateral conventions on international rivers, the general obligation to negotiate is usually established as a *pactum de negotiando*, since it imposes on States an obligation to negotiate in order to reach an

220. M. Rogoff "The Obligation to Negotiate in International Law: Rules and Realities", 16 *Michigan Journal of International Law* 141-185, 183 (1994).

221. OECD Doc. ENV (79) 23, at 6 (1979) referred to by Kirgis, *supra* footnote 71, p. 12, n. 27.

222. The terms are often used interchangeably and may even have the same legal effects, the main difference being that the existence of a dispute is not an essential condition for the consultation process, as it is for the negotiation process. C. M. Fombad, "Consultation and Negotiation in the Pacific Settlement of International Disputes", *American Journal of International and Comparative Law*, 707-724, at 709 (1989). See also J. G. Merrills, *International Dispute Settlement*, 3rd ed., Cambridge, 1998, pp. 1-26; and J. Collier and V. Lowe, *The Settlement of Disputes in International Law, Institutions and Procedures*, Oxford, 2000, pp. 20-24.

223. The 1994 ILC Report, *supra* footnote 47, p. 116.

agreement, as opposed to a *pactum de contrahendo*, i.e., an obligation to conclude a definite substantive agreement. This may be illustrated by the 1923 Convention Relating to the Development of Hydraulic Power Affecting More than One State[224], which stipulates in Article 4 concerning operations that "might cause serious prejudice" to any other contracting State, that the States concerned shall enter into negotiations *with a view* to the conclusion of agreements which will allow such operations to be executed. Moreover, the tribunal in the *Lake Lanoux* arbitration asserted that "international practice reflects the conviction that States ought to strive to conclude such agreements"[225]. However, the effective conclusion of the agreement is not imposed: the obligation under review is not one of result. Accordingly, the obligation to negotiate does not imply that the conduct would be unlawful merely because the negotiations fail to produce an agreement[226]. This was recognized by the Permanent Court of International Justice in the case of *Railway Traffic between Lithuania and Poland.* The Court clearly stated that "an obligation to negotiate does not imply an obligation to reach an agreement"[227].

On this score, the obligation to enter into consultations "with a view to negotiating in good faith" for the purpose of concluding an agreement is enshrined in Article 3 (5) of the 1997 UN Watercourses Convention and may be triggered by a single watercourse State when it considers that the provisions of the Convention need to be adapted to a particular watercourse[228].

SECTION 6 THE ESTABLISHMENT OF INSTITUTIONAL MECHANISMS

Paragraph 1 The Variety of Institutional Mechanisms

There are different forms and levels of co-operation concerning transboundary rivers: from the minimum form of direct exchange of fundamental data and information to the establishment of joint development commissions or other institutional mechanisms for the integrated management of the river basin. Consequently, the scope

224. Signed on 9 December 1923. Although intended to be of a universal character, this Convention was ratified only by a few States.
225. *Lake Lanoux Arbitration*, *supra* footnote 3, p. 130.
226. Kirgis, *supra* footnote 71, p. 14.
227. Case of *Railway Traffic between Lithuania and Poland*, *supra* footnote 217, at 116.
228. See also Articles 2 (6) and 9 of the 1992 Helsinki Convention.

of the obligations to undertake specific co-operative actions in international law varies significantly. It ultimately depends on what States are politically and administratively willing to establish. This is especially true, since outside treaty regimes there are no rules of international law requiring positive joint management[229].

The establishment of joint bodies was recommended as early as 1911 by the Institute of International Law in the resolution on international regulations regarding the use of international watercourses adopted at its Madrid session[230]. It was followed by a number of other resolutions by the Institute of International Law[231] and the International Law Association. The most relevant in this matter is the Resolution on International Water Resources Administration adopted by the International Law Association at the Madrid session in 1976 and its annex with "Guidelines for the Establishment of an International Water Resources Administration"[232]. The need for institutional mechanisms was then justified as follows:

> "Since diplomatic negotiations are often not sufficient for an effective implementation and for an adequate control of the various activities involved, such a co-operation may reasonably take place only through the institutionalisation of some form of administrative machinery."[233]

There is extensive treaty practice concerning joint institutions or commissions[234]. An examination of the relevant treaty provisions reveals a rather large variety of institutional mechanisms with different powers vested in them[235].

---

229. See the 1994 ILC Report, *supra* footnote 47, 125, para. 2; and F. X. Perrez, *Cooperative Sovereignty: From Independence to Interdependence in the Structure of International Environmental Law*, The Hague, 2000, p. 317. For the submission that the establishment of joint institutional mechanisms may be deemed obligatory on the basis of the principle of the community of interests, see Caflisch, *supra* footnote 94, p. 204.

230. See *supra* footnote 196.

231. E.g., the Salzburg Resolution adopted by the Institute of International Law at its session in 1961, which recommends in Article 9 the establishment of joint bodies for planning the uses of the river basin for its economic development, and to prevent and settle disputes. See *supra* footnote 60, p. 373; and Article VII (g) of the 1979 Athens Resolution of the Institute of International Law, *supra* footnote 36, p. 201.

232. See *Report of the Fifty-Seventh Conference*, Madrid, London, 1978, pp. xxxvii-xii.

233. *Ibid.*, p. 249.

234. For some examples of joint mechanisms, see 1994 ILC Report, *supra* footnote 47, p. 126, ns. 389 and 390 and the references therein.

235. As mentioned earlier, these may include the establishment of observation stations, or provide for the creation of an institution with technical or procedural functions, such as the regular exchange of data and information or the

They may have an *ad hoc* character or be established on a permanent basis[236].

It should also be noted that, in some cases, States might require the assistance of international organizations. This may be illustrated by the 1987 Zambezi Action Plan[237], which requires the financial support of several international organizations, but also requests their assistance in the implementation of the Plan[238].

Of much relevance to the establishment of recent joint institutions is the 1992 Helsinki Convention. As a regional framework convention, it stipulates that riparian States shall enter into bilateral or multilateral agreements or other arrangements in order to define their mutual relations and conduct regarding the prevention, control and reduction of transboundary impact (Art. 9 (1)). In addition, Article 9 (2) provides a clear obligation for co-riparian States to establish joint bodies by agreement, where all consultations are to be conducted (Art. 10). Article 9 (2) comprises a non-exhaustive list of functions of joint bodies[239].

notification of planned measures. They may also provide for joint research in order to determine the geographical characteristics and development potential of the river.

236. See the 1994 ILC Report, *supra* footnote 47, p. 126, paras. 4 and 5.

237. See *supra* footnote 173.

238. The request is addressed in Article 4 (2) to UNEP, but the co-operation of a number of organizations of the United Nations system is acknowledged in paragraph 4 of the Preamble, Annex I, paras. 4 and 6, and in Annex II, I, para. 7, and II, para. 21. See also on the participation of United Nations organizations and bodies in the management of water resources, as well as in international institutional mechanisms, Agenda 21, 1992, Chaps. 18 and 38.

239. It reads as follows:

> "*(a)* To collect, compile and evaluate data in order to identify pollution sources likely to cause transboundary impact;
> *(b)* To elaborate joint monitoring programmes concerning water quality and quantity;
> *(c)* To draw up inventories and exchange information on the pollution sources mentioned in paragraph 2 *(a)* of this article;
> *(d)* To elaborate emission limits for waste water and evaluate the effectiveness of control programmes;
> *(e)* To elaborate joint water quality objectives and criteria having regard to the provisions of Article 3, paragraph 3 of this Convention, and to propose relevant measures for maintaining and, where necessary, improving the existing water quality;
> *(f)* To develop concerted action programmes for the reduction of pollution loads from both point sources (e.g. municipal and industrial sources) and diffuse sources (particularly from agriculture);
> *(g)* To establish warning and alarm procedures;
> *(h)* To serve as a forum for the exchange of information on existing and planned uses of water and related installations that are likely to cause transboundary impact;
> *(i)* To promote co-operation and exchange of information on the best available technology in accordance with the provisions of Article 13

Conversely, the 1997 UN Watercourses Convention does not provide for compulsory institutional co-operation. Article 8 (2), on the general obligation to co-operate, and Article 24 (1), specifically on management, provide respectively that "watercourse States *may consider* the establishment of joint mechanisms or commissions" and "*may include* the establishment of a joint management mechanism"[240]. These articles avoid legally binding language[241]. Although mentioning in Article 8 (2) that States should use the "experience gained through cooperation in existing joint mechanisms and commissions in various regions", the Convention falls short of providing a list, even if non-exhaustive, of possible functions to be carried out by the institutional mechanisms to be established[242]. These could include, *inter alia*,

> "*(a)* Data collection and evaluation; *(b)* Terms to deal with water quantity and quality; *(c)* Development of action programmes against pollution loads; *(d)* Warning and alarm procedures; *(e)* Facilitation of notification and consultations routines; *(f)* Means and procedures for dispute prevention and resolution; and *(g)* Means to harmonise applicable regulation."[243]

In a comparative analysis of these two framework conventions, Professor Tanzi asserts that since the 1992 Helsinki Convention plays a complementary role to the 1997 Watercourses Convention in many different areas, here it could provide "exemplary terms of reference for a constructive interpretation of Articles 8, para. 2, and 24"[244], notably through its list of joint bodies' functions. In addition, Professor Tanzi justifies the lack of a notification procedure in the 1992 Helsinki

---

of this Convention, as well as to encourage co-operation in scientific research programmes;

(j) To participate in the implementation of environmental impact assessment relating to transboundary water, in accordance with appropriate international regulations."

240. Emphasis added.

241. This non-compulsory character of the provision is explained by the fact that some States were not willing to be under an obligation *de contrahendo*, that is, under the obligation to negotiate and reach a definite agreement on the matter. See Tanzi and Arcari, *supra* footnote 13, p. 186.

242. Tanzi and Arcari, *supra* footnote 13, p. 188; Sohnle, *supra* footnote 77, p. 490.

243. This list was provided in the text of the proposal submitted by 14 countries (Argentina, Austria, Egypt, Germany, Greece, Hungary, Italy, Mali, Portugal, Romania, Switzerland, Syria, Venezuela and Vietnam) in March 1997 that gave rise to Article 8 (2). See UN doc. WG/CRP.84. However, it was opposed mainly due to the fact that it referred to the functions of prevention and settlement of disputes, the object of Article 33 (2). Tanzi and Arcari, *supra* footnote 13, p. 187.

244. Tanzi, *supra* footnote 21, p. 33.

Convention by the fact that this Convention provides a stronger obligation to enter into agreements to establish joint institutional mechanisms, the functions of which may include "the exchange of information on existing and planned uses of water and related installations that are likely to cause transboundary impact" and the participation "in the implementation of environmental impact assessment relating to transboundary water"[245]. It may be argued, however, that the potential problems the notification procedure tries to prevent may still exist. For instance, the planning State may commence the implementation of its proposed activities before the potentially affected State had been informed of the proposed measures or had time to consider all the potential effects on its territory. Conversely, an unreasonable delay may occur in the implementation of the planned measures due to the failure of the potentially affected State to react to the information on new uses or due to a deadlock during negotiations where the parties fail to agree on the proposed project. This raises the question of how helpful joint mechanisms really are in the event that no rules are established relating to procedural duties.

To contribute to the implementation of the obligations stemming from the 1992 Helsinki Convention, as well as other international conventions on water protection and management, the EU adopted Directive 2000/60/EC ("the EU Water Framework Directive")[246]. This Directive provides a framework for action by EU Member States to achieve efficient, integrated water resources management at the river basin level by preventing water degradation, and in linking sustainable development to the quantitative attributes of water supply. It provides for the establishment of a single river basin management plan by the riparian Member States in order to optimize the management of European transboundary watercourses. This requires close co-operation, notably through co-ordination of administrative structures. As a framework Directive, it requires implementation structures to be established at the national and regional level.

Paragraph 2 **Towards Higher Levels of Co-operation**

The theory of equitable and reasonable utilization, also known as the theory of limited territorial sovereignty or integrity, considers international watercourses as shared resources and requires States to take into account the interests of the neighbouring riparian

245. Article 9 *(h)* and *(j)*.

246. Directive 2000/60/EC of the European Parliament and the Council establishing a framework for Community action in the field of water policy, adopted on 23 October 2000, OJ 327/1, 22.12.2000.

States, thus requiring "some compromise of interest by all"[247]. States may, however, develop the river basin in their territory independently. This theory has acquired the largest support in State practice, bilateral treaties, multilateral conventions, and decisions of both domestic and international courts and tribunals. But the theory of "community of interests", also known as the theory of common management[248], seems to be gaining support at the international level. This theory aims at obtaining an optimum utilization of the waters by an integrated and joint management of the river basin in its entirety, with little regard to the political frontier demarcations[249]. This is a very ambitious theory, given that it implies a high level of co-operation, mainly by requiring an institutional framework further to the procedural obligations indispensable for the implementation of the substantive principles. In fact, the common management approach diverges from the theory of equitable and reasonable utilization only in degree[250], since it is based on the same premises.

In the nineteenth century, most of the treaties on international watercourses were mainly concerned with establishing boundaries or with navigation. Subsequently, treaties provided for a specific use, for instance, hydroelectric power generation, irrigation, flood control or pollution, and consequently other uses, if mentioned in the agreement, were regulated only by connection to the principal utilization. These types of uses, together with the increase demand for water, required the establishment of some form of joint institutional mechanism. Recently, the number of treaties shifting the focus from the mere allocation of waters to an integrated management approach is increasing. This is because States recognize that in this way they may better protect and preserve the river environment and may maximize the benefits derived from the river basin by pooling the advantages of each State derived from geographical characteristics. In fact, recent treaties demonstrate a trend towards the conclusion of more comprehensive agreements between basin States, on the one hand, and the adoption of more detailed rules regarding procedures within a joint institutional mechanism, on the other[251].

247. J. Lipper, "Equitable Utilisation", in Garretson *et al.* (eds.), *The Law of International Drainage Basins*, 1967, pp. 18-88, 33.

248. See Birnie and Boyle, *supra* footnote 104, pp. 304-305.

249. Lipper, *supra* footnote 247, p. 38.

250. *Ibid.*, p. 67, n. 4.

251. A good example is the case of the Iberian Peninsula's treaties. In the 1960s, Portugal and Spain concluded two treaties which focus on the specific use of water for hydroelectric power generation. Following the evolution of international water law in Europe, in particular the ECE Conventions, the 1998 Luso-Spanish Treaty, which establishes a Joint Commission for the application

From the examination of State practice, recommendations of conferences and resolutions of scholarly associations, and the studies of experts, it is possible to conclude that the obligation to co-operate concerning international watercourses and its applications is better fulfilled through joint institutional mechanisms. This was underlined, for example, by former Special Rapporteur McCaffrey in relation to the Jordan River, where he states that the

> "[e]xperience in other international drainage basins suggests that the most positive thing the parties may have done was to establish the Joint Water Committee, since this body provides a potential forum for ongoing communication between them" [252].

But, at the end of the day, it is up to the parties to implement the agreement and actually create the institution.

This raises the question of whether existing watercourse treaties are in fact implemented. The problem seems to be also related to the establishment of institutional mechanisms since this requires investment and governmental spending. In relation to the African Continent, a significant number of States adopt treaties for the management of their river basins, but conclude new agreements when the existing treaties do not function adequately. To solve these problems of long-term implementation of treaties urgent supporting initiatives regarding capacity building, financial support, and good governance are required [253]. On the other hand, the absence of adequate legal and institutional mechanisms amongst riparian States also prevents more readily available grants, loans and foreign investment in the concerned areas. At present, several donors and agencies support the implementation of watercourse agree-

---

and development of the Treaty, reveals a wide regulatory scope with quite precise procedural rules. See the Treaty between Portugal and Spain to Regulate the Hydro-electric Development of the International Sections of the River Douro and its Tributary Streams, signed at Lisbon on 16 July 1964, No. 21 245, 1288 *UNTS* 191 (1982); the Treaty between Portugal and Spain to Regulate the Hydraulic Use and Development of the International Sections of the Rivers Minho, Lima, Tagus, Guadiana, Chança and Their Tributary Streams, and Additional Protocol, signed at Madrid on 29 May 1968, and 2nd Additional Protocol, signed at Guarda, Portugal, on 12 February 1976, No. 19 298, 1206 *UNTS* 3 (1980); and the 1998 Luso-Spanish Treaty. On the transboundary water issues of the Iberian Peninsula see, e.g., L. Crucho de Almeida, "The Water-Flow Regime Established by the Luso-Spanish Agreements Governing the Shared Rivers and Other Matters", in Luso-American Foundation, *Shared Water Systems and Transboundary Issues with Special Emphasis on the Iberian Peninsula*, Lisbon, 2000, pp. 279-299.

252. S. McCaffrey, "Middle East Water Problems: Jordan River", in Brans, de Haan and Nollkaemper, *supra* footnote 73, Chap. 9, pp. 158-165, at 165.

253. Okidi, *supra* footnote 73, pp. 176-177, 179-180. See also C. Okidi, "The State and the Management of International Drainage Basins in Africa", 28 *Nat. Resources J.* 645-669 (1988).

ments in Africa and elsewhere[254]. The number of these projects involving transboundary watercourses clearly underscores the importance that the international community gives to international water issues, and the recognition of the problem of implementation of these agreements[255].

For different reasons, the 1995 Protocol on Shared Watercourse Systems in the Southern African Development Community (SADC) Region (hereinafter "the 1995 SADC Protocol")[256], which was concluded to a large extent for the purpose of establishing river basin management institutions (Arts. 3 to 6), has never been implemented. Among them was the fact that soon after its conclusion, the 1997 UN Watercourses Convention was adopted and States felt the need to include in their Protocol fundamental principles that were absent initially. The 1995 SADC Protocol was later replaced by the 2000 SADC Revised Protocol[257], some of whose terms were taken from the 1997 UN Watercourses Convention. The 2000 SADC Revised Protocol also provides in Article 5 for an institutional framework for its implementation, namely through the establishment of four committees at different levels and with diverse functions, and requires from watercourse States the establishment of commissions, water authorities or water boards[258].

In 1996, Professor Benvenisti suggested the construction of model rules regarding co-operation through joint institutions in the management of shared water resources[259]. A set of rules elaborated for joint institutions "would offer negotiating parties a model they could adopt with or without adjustments, which would lower the costs of negotiating and designing their institutions"[260]. This was based on the concept

254. This is the case of the Global Environment Facility (GEF), a financial mechanism, which helps developing countries by funding projects and programmes that protect the global environment. GEF's implementing agencies are the United Nations Development Programme (UNDP), the United Nations Environment Programme (UNEP), and the World Bank. For a list of its projects on international watercourses, search http://www.gefonline.org.

255. Such as the Mekong River Basin Water Utilization Project, co-financed by GEF and implemented by the World Bank, or the Project on the Environmental Protection and Sustainable Management of the Okavango River Basin, co-funded by the GEF in co-operation with UNDP, and executed by FAO.

256. The Protocol was adopted on 23 August 1995, in Johannesburg, and entered into force on 29 September 1998. The Parties to the Protocol are the then ten members of the SADC, except for Angola.

257. See *supra* footnote 113.

258. See S. M. A. Salman, "Legal Regime for Use and Protection of International Watercourses in the Southern African Region: Evolution and Context", 41 *Nat. Resources J.* 981-1022 (2001).

259. E. Benvenisti, "Collective Action in the Utilization of Shared Freshwater: The Challenges of International Water Resources Law", 90 *AJIL* 384-415, 414, n. 15 (1996). See also by the same author, *Sharing Transboundary Resources: International Law and Optimal Resource Use*, Cambridge, 2002.

260. *Ibid.*, p. 412.

of co-operation as a long-term effort based on collective action for an indefinite time period. But these institutions too require rules of procedure to operate. Moreover, procedural obligations may be applied without the establishment of joint institutions. Therefore, it is suggested that a model of co-operation should be elaborated consisting of rules setting out detailed procedural duties[261], in particular the obligation to exchange data and information, since this is a *sine qua non* condition for co-operation.

SECTION 7 **CONCLUDING REMARKS: EVOLUTION AND CONSOLIDATION**

International law imposes on States a general obligation to co-operate with co-riparians regarding shared international watercourses. But this principle, for lack of specification, is manifested through procedural obligations.

The "Procedural Law of Co-operation"[262] has evolved significantly over the last few decades. Most procedural obligations developed from recommendations and rules of scholarly associations, and gained consistency with treaty practice. These obligations have been repeatedly affirmed in treaties and other international legal instruments, thus indicating an increasing willingness of States to have recourse to these procedural rules in order to avoid conflict.

International law requires the systematic exchange of data and information on the watercourse as a minimal form of co-operation. In addition, the obligation to provide data and information on planned measures is implied in notification. This obligation of prior notice, qualified for the situations where the proposed measures may cause significant adverse effects, has evolved in State practice, also due to the impact provoked by the World Bank policies and good practices. This is particularly evident in the notification procedure, and it reveals that international organizations may contribute significantly to the development of international law.

The obligations to enter into consultations and to negotiate in good faith concerning planned measures which may cause significant adverse effect have also evolved, almost *pari passu*. But even though these obli-

261. In 1980, a study on water conflicts concluded that "[i]t is often not realised that it is not enough to call for cooperation — the way such cooperation is to be brought about must be spelled in detail". See Widstrand (ed.), *Water Conflicts and Research Priorities* 172 (1980).

262. R. Higgins, *Problems and Process: International Law and How We Use It*, 1993, p. 136.

gations have been repeatedly affirmed in treaties and other international legal instruments, the status of some of these rules as general or particular customary international law is still subject to debate.

As framework conventions, both the 1992 Helsinki Convention and the 1997 UN Watercourses Convention play an important role in providing a set of procedural rules. Although not yet in force[263], the importance of the 1997 UN Watercourses Convention should not be underestimated. Of universal framework character, the Convention has undoubtedly influenced subsequent regional treaties, such as the 2000 Revised Protocol on Shared Watercourse Systems in the Southern African Development Community, as well as particular bilateral and multilateral treaties from different regions, such as the 2002 Incomaputo Tripartite Interim Agreement between Mozambique, South Africa, and Swaziland, the 1995 Mekong River Agreement, and the 1998 Treaty between Portugal and Spain on the Cooperation for the Protection and Sustainable Use of the Waters of the Luso-Spanish River Basins. These follow the 1997 UN Watercourses Convention in their general terms, and occasionally even *ipsis verbis*[264]. Even if arguably some of the provisions of the Convention do not yet reflect customary international law rules, they undoubtedly serve as authoritative policy guidelines[265], and assist in the interpretation of existing particular watercourse treaties in the context of specific controversies[266].

The specific procedural duties may vary in each case as regards implementation, depending to a greater or lesser extent on the mechanisms established between the parties in bilateral or multilateral treaties. From examination of State practice, recommendations of conferences and resolutions of scholarly associations, and the studies of experts, it is possible to conclude that the obligation to co-operate concerning international watercourses and its applications is better fulfilled through joint institutional mechanisms, since these are the most effective vehicles of ongoing communication between the States. However, at present, international law still falls short of requiring their establishment. Water treaties continuously create these institutions, and their number continues to increase. In addition, recent treaties demonstrate a trend towards the conclusion of more comprehensive agreements

263. Due to the sensitivity of the subject and divergent positions adopted by the States at the United Nations Sixth Committee, many authors believe that this Convention, although adopted by the United Nations General Assembly, will never enter into force. On the ratification of the 1997 UN Watercourses Convention, see *supra* footnote 11.

264. See, e.g., Article 4 (1) of the 2000 SADC Revised Protocol.

265. Tanzi, *supra* footnote 21, p. 54.

266. McCaffrey and Sinjela, *supra* footnote 106, p. 106.

between riparian States. The increasing number of treaties shifting the focus from the allocation of waters to sharing the benefits reveals the will of States to attain the optimal utilization of the international water resources amongst riparian States[267].

Sharing the waters of international rivers is inevitable. States have their sovereignty limited by the principle of equitable and reasonable utilization and by the obligation not to cause significant transboundary harm, which demand some form of co-operation between them. The greater the form of co-operation established between States, the more likely it is that States maximize the utilization of the watercourse while protecting the environment. International law evolved in order to set the framework for co-operative alternative solutions and to settle water disputes peacefully. Higher levels of co-operation, however, ultimately depend on the political will of Governments.

> "And may God, to whom alone it belongs to dispose the affections and desires of sovereign princes and kings, inscribe these principles upon their hearts and minds, that they may always remember that the noblest office, in which man can be engaged, is the government of men, who are the principal objects of the divine care."[268]

267. See Salman, *supra* footnote 128, pp. 1489-1491, and the examples offered of the 1961 Treaty between Canada and the United States Relating to Cooperative Development of the Water Resources of the Columbia River Basin, the 1996 Mahakali River Treaty, and the Nile Basin Initiatives.

268. H. Grotius, *De Jure Belli ac Pacis* (1625), Book III, Chap. 25, Conclusion.

QUATRIÈME PARTIE

PART IV

Règlement des différends

Dispute Settlement Procedures

9 Dispute Settlement over Non-Navigational Uses of International Watercourses: Theory and Practice

Natalia Ochoa-Ruiz*

SECTION 1 THE DUTY TO SETTLE INTERNATIONAL DISPUTES OVER NON-NAVIGATIONAL USES OF WATERCOURSES PEACEFULLY

The scarcity of fresh water and the problems concerning the allocation of water resources between States which share a watercourse have given rise to tensions and conflicts in many regions of the world and are likely to become a major source of disputes in the twenty-first century [1]. In the past navigation was the main use for international watercourses [2]. Nowadays, however, industrialization, urbanization and population growth have resulted in the decreased importance of navigation in favour of non-navigational uses [3]. In this respect, river basin countries may face disputes concerning competing, often incompatible, uses, including drinking, domestic uses, irrigation, fishing, electric power production or other industrial uses [4], as well as the conservation and development of water resources.

---

* Doctor in Law, University Complutense of Madrid. Lecturer at the European University of Madrid.

1. The controversies, *inter alia*, between Israel, Syria, Lebanon and Jordan over the allocation of the waters of the Jordan River, and between Turkey, Syria and Iraq involving the Tigris and Euphrates basin. See P. Wouters, "The Legal Response to International Water Conflicts: The UN Watercourses Convention and Beyond", 42 *GYIL* 292-336, at 292-297 (2000).

2. International watercourses are those which serve as boundaries between two or more States, or traverse their territories. On the concept of international watercourses, see generally: V. Abellán Honrubia, "Los espacios de interés internacional (II): Los cursos de agua internacionales", in M. Díez de Velasco, *Instituciones de Derecho Internacional Público*, ed. Tecnos, 12th ed., Madrid, 1999, pp. 467-484, at 467-470; L. Caflisch, "Règles générales du droit des cours d'eau internationaux", in 219 *Recueil des cours* (1989), pp. 9-225, at 24-36.

3. See H. A. Smith, *The Economic Uses of International Rivers*, P. S. King & Son Ltd., London, 1931, at pp. 1-13.

4. Non-navigational uses of fresh water may be categorized into the following three clusters: agricultural uses, economic and commercial uses, and domestic and social uses (cf. *Yearbook of the ILC*, 1978, Vol. II, Part One, at p. 254).

The law governing international watercourses neither establishes priorities for the uses of water resources, nor does it grant riparian States full dominion over the portion of the watercourse located in their territory. The theory currently laid down by international law is that of the limited territorial sovereignty of riparian States, with every riparian State being entitled to utilize an international watercourse within its jurisdiction if its use does not cause significant harm to neighbouring States. Therefore, the principle of equitable and reasonable utilization is deemed to be the cornerstone of the international watercourses regime, together with the obligation not to cause significant harm[5]. This assertion has recently been reaffirmed by the International Court of Justice (ICJ) which in 1997, in *Gabčíkovo-Nagymaros Project* case, emphasized the importance of operating the project "in an equitable and reasonable manner"[6], as well as in Articles 5 and 7 of the Convention on the Law of the Non-Navigational Uses of International Watercourses, adopted by the United Nations General Assembly in 1997[7].

In practice, the implementation of both principles involves a number of wide-ranging problems, such as the determination of the legal entitlements to water resources or the definition of what is reasonable and equitable in each case. A dispute might also arise in cases where a State opposes works planned by another riparian State alleging they cause substantial harm to their rights and interests[8]. To these problems can be added those derived from the necessity of protection and preservation of ecosystems, prevention, reduction and control of transboundary pollution, and the extinction of species.

The current legal regime stresses co-operation between river basin States. Indeed, since there are very few legal rules which are binding on all States, co-riparians are intended to regulate the allocation of

5. See in this respect: L. Caflisch, "Regulation of Uses of International Watercourses", in S. M. A. Salman and L. Boisson de Chazournes (eds.), *International Watercourses. Enhancing Cooperation and Managing Conflict*, Proceedings of a World Bank Seminar, World Bank technical paper, No. 414, 1998, pp. 3-16, at 8-16; J. A. Pastor Ridruejo, *Curso de Derecho Internacional Público y Organizaciones Internacionales*, ed. Tecnos, 8th ed., Madrid, 2001, at pp. 450-451.

6. Case concerning the *Gabčíkovo-Nagymaros Project (Hungary/Slovakia)*, *ICJ Reports 1997*, p. 80, at para. 150.

7. The text of the Convention may be found in 36 *ILM* 700 (1997). Although the Convention has not entered into force yet, the principle of equitable and reasonable utilization, embodied in Article 5 of the UN Convention, was not contested during the drafting of the Convention, so it can be considered to belong to customary law. See J. A. Pastor Ridruejo, *supra* footnote 5, at p. 451.

8. L. Caflisch, "Regulation of Uses of International Watercourses", *supra* footnote 5, at pp. 12 ff.; P. Wouters, *supra* footnote 1, at pp. 319-331.

shared water resources and environmental protection by common agreement[9], and to manage conflicting interests through the exchanging of information, the notification of planned measures, consultation with affected States and, if possible, joint measures[10]. Finally, there is a need to establish effective mechanisms to be employed in case States are not able to resolve their disagreements through consultation and negotiations.

To this end, co-riparians should endeavour to conclude bilateral or regional treaties[11]. The conclusion of agreements relies, of course, on the spirit of co-operation among States. The large number of treaties dealing with the apportionment, conservation and development of international watercourses testifies to the good-will of States in this area.

At the same time, the failure to address and resolve some of the current disputes seems to be due to the absence of agreements managing the use of water resources which provide effective dispute settlement mechanisms. Nonetheless, this absence is not an obstacle to the existence of a customary obligation on States to resolve their international disputes in a peaceful way. As shall now be explained, States can resort to whatever peaceful means they consider appropriate.

9. Allocation of water resources can be defined by bilateral or regional agreements or customs; if not, it is up to the concerned States to apportion jointly the resources taking into account all relevant factors and circumstances. The UN Convention in Article 3 (1) expressly indicates that it respects the rights and obligations arising from agreements in force. Where such agreements do not exist, paragraph 3 encourages States to enter into agreements to apply and adjust the provisions of the Convention to the characteristics and uses of a particular watercourse or part thereof. Article 6 of the UN Convention enumerates a non-exhaustive list of factors, namely the physical characteristics of each watercourse, the vital human needs and the main economic activities of their populations, the impact on the environment and the existence of practicable alternatives. All these provisions should be considered in order to reach an equitable and reasonable allocation of water resources, bearing in mind that, as affirmed by Article 10 of the UN Convention, "in the absence of agreement or custom to the contrary, no use of an international watercourse enjoys inherent priority over other uses".

10. S. M. A. Salman and L. Boisson de Chazournes, "International Watercourses: Enhancing Cooperation and Managing Conflict", in S. M. A. Salman and L. Boisson de Chazournes (eds.), *supra* footnote 5, pp. 167-170. However, as Professor Bourne explained, the so-called duty to consult and negotiate is not a customary obligation on States even though they "usually are willing to try to settle their water disputes by consultation and negotiation and in that way usually succeed in reaching agreement" (C. B. Bourne, "Procedure in the Development of International Drainage Basins: The Duty to Consult and to Negotiate", 10 *Can. YB Int'l Law* 212-234, at 222 (1972)).

11. Professor Berber asserted in 1959 that "the conclusion of specific and specialized water treaties remains far and away the best solution" for international water disputes. See F. J. Berber, *Rivers in International Law*, Stevens & Sons, London, 1959, at p. 270.

Paragraph 1 **The Nature and Extent of the Duty Embodied in the United Nations Charter**

According to customary international law, as reflected in Article 2 (3) of the United Nations Charter, States must solve their differences in good faith "by peaceful means in such a manner that international peace and security, and justice, are not endangered". Closely connected to this provision, Article 33 (1) of the same instrument indicates that they must "seek a solution by negotiation, enquiry, mediation, conciliation, arbitration, judicial settlement, resort to regional agencies or arrangements, or other peaceful means of their own choice". Therefore, the United Nations Charter allows the parties to a dispute to choose by mutual consent whatever means they find suitable. As the Permanent Court of International Justice (PCIJ) stated in 1923:

> "[I]t is well established in International Law that no State can, without its consent, be compelled to submit its disputes with other States, either to mediation or to arbitration or to any other kind of pacific settlement." [12]

It is widely accepted that this rule only embodies a duty of conduct, which must be fulfilled in good faith, with a view to attaining a peaceful settlement [13]. If States fail to agree to a means, or if the selected means does not prove effective in addressing and solving the dispute, it could remain unresolved indefinitely. But even in such a case, pursuant to the principle of good faith, the duty to resolve the dispute peacefully remains, and the States concerned must use other means until the dispute is settled [14].

In this essay we will examine and assess the suitability of the methods employed by riparian States in solving inter-State disputes concerning non-navigational uses of watercourses. To this end, we shall follow the traditional classification which divides the means into two main categories: (i) adjudicative means and (ii) non-adjudicative,

---

12. "Eastern Carelia Advisory Opinion", *PCIJ, Ser. B, No. 5*, at p. 5.

13. For a review on the requirements that the principle of good faith demands of States in terms of a duty to consult and negotiate, see C. B. Bourne, *supra* footnote 10, at 224 ff.

14. J. D. González Campos, L. I. Sánchez Rodríguez and P. Andrés Sáenz de Santamaría, *Curso de Derecho Internacional Público*, ed. Civitas, Madrid, 1998, at pp. 819-820. On the contrary, C. B. Bourne arrived at the conclusion that this provision contains no duty at all for States to resolve their differences over international watercourses. See C. B. Bourne, "Mediation, Conciliation and Adjudication in the Settlement of International Drainage Basin Disputes", 9 *Can. YB Intn'l Law* 114-158, at 157-158 (1971).

or political, means. The difference between the categories lies in the way a settlement is reached and in the character of the final outcome.

With adjudicative means (arbitration and judicial settlement), the dispute is settled through the application of the relevant international rules by the arbitral tribunal or the court and its decision is legally binding on the parties. With non-adjudicative means (negotiation, good offices, mediation, fact-finding and conciliation), it is tackled through political or diplomatic avenues. The solution proposed may not be based upon international law but only upon factual considerations and, unlike adjudication, the terms of settlement are advisory in character only [15]. Thus, in cases where a political means is chosen, the disputant States may not find the proposed settlement acceptable and may choose to reject it. Also, even where both States accept the settlement, it might not be equitable as the interests of the more powerful State could prevail.

In order to approach the issue we shall review inter-State practice with a special emphasis on treaties adopted in the 1990s and awards handed down by arbitral tribunals and the ICJ. Due to the large number of conventions concluded and space restrictions we shall focus on non-navigational uses. This approach follows that taken in 1970 by the United Nations General Assembly [16] and assumed by the International Law Commission (ILC). However, the sharp separation between navigational and non-navigational uses is not exempt from criticism. This classic distinction arises because in the past navigation was the predominant use and States had developed specific rules related to it [17]. Nonetheless, the dividing line is fading nowadays, with navigation tending to be regarded as one use among many [18].

We observe that there is no universal multilateral convention in force over non-navigational uses of international watercourses which

15. See, e.g., J. D. González Campos, L. I. Sánchez Rodríguez and P. Andrés Sáenz de Santa María, at 822; J. A. Pastor Ridruejo, *supra* footnote 5, at p. 588; A. Remiro Brotóns, J. Díez-Hochleitner, E. Orihuela Calatayud, L. Pérez-Prat Durbán, R. Riquelme Cortado, *Derecho Internacional*, McGraw-Hill, Madrid, 1997, at p. 831.

16. See GA resolution 2669 (XXV) of 8 December 1970.

17. L. Caflisch, "Règles générales du droit des cours d'eau internationaux", *supra* footnote 2, at pp. 104-132; H. Ruiz-Fabri, "Règles coutumières générales et droit international fluvial", 36 *AFDI* 818-842 (1990).

18. V. Abellán Honrubia, *supra* footnote 2, at p. 472. See as an example Article 3 of the Treaty between the United States and Mexico relating to the utilization of the waters of the Colorado and Tijuana Rivers, and of the Rio Grande (Rio Bravo) from Fort Quitman, Texas, to the Gulf of Mexico, signed at Washington on 3 February 1944 (*UNTS*, Vol. 3, p. 314). This provision arranges an order of preferences of the joint uses of shared waters, among which navigation is listed in the fifth position. However, navigation has expressly been excluded from the 1997 UN Convention.

sets out a compulsory procedure to deal with the disputes arising in this area. On the contrary, there is a mosaic of bilateral and regional instruments, which are either silent on the matter or provide their own methods of settlement. More alarmingly, there are situations that lack any particular regulation[19]. The reasons for the fragmentation and the shortcomings in regulation are to be found in the highly sensitive character of the problems involved and the specificities of each basin.

As noted above, States cannot be compelled to undertake a mode of settlement which they have not voluntarily accepted. However, they can agree in advance to particular methods of resolving disputes. It is important for the maintenance of international peace and security that co-riparian States strive to adopt bilateral or regional agreements which provide effective *ad hoc* mechanisms for the settlement of any dispute that may arise among them, though this is often fraught with difficulties. Indeed, it is a common feature of contemporary international order that States engage more easily in the codification of primary rules (those recognizing rights or imposing duties) but are usually reluctant to accept compulsory means of third-party dispute settlement.

For reasons outlined above, it would appear that adjudication is the most suitable mechanism for dispute settlement. Nonetheless, some authors have argued that this method is not suitable for disputes concerning water resources[20]. Treaties providing recourse to political means far outnumber those indicating adjudicative means. Is this due to the inappropriateness of adjudication or, more accurately, is it further testament to the general climate of refraining from accepting adjudication ?

19. Such is the case for example of the Mekong River, in so far as only its lower part has been made the object of a treaty. The opposition of China, an upstream riparian, and its unwillingness to co-operate, have prevented the conclusion of an agreement on the entire river. There is only a treaty signed in 1995 between Vietnam, Cambodia, Laos and Thailand. See Agreement on the Cooperation for the Sustainable Development of the Mekong River Basin, 5 April 1994, 34 *ILM* 864. For further information on this issue see G. Browder and L. Ortolano, "The Evolution of an International Water Resources Management Regime in the Mekong River Basin", *Nat. Res. J.*, Vol. 40 (3), 2000, pp. 499-531, especially at pp. 525-527; D. E. Weatherbee, "Cooperation and Conflict in the Mekong River Basin", *Studies in Conflict and Terrorism*, Vol. 20, 1997, pp. 167-184.

20. F. J. Berber, *supra* footnote 11, at pp. 161 and 263; B. R. Chauhan, *Settlement of International Water Law Disputes in International Drainage Basins*, Erich Schmidt Verlag, Berlin, 1981, at p. 342; G. Handl, "Balancing of Interests and International Liability for the Pollution of International Watercourses: Customary Principles of Law Revisited", 13 *Can. YB Int'l L.* 190 (1975).

Paragraph 2 First Attempts to Regulate Mechanisms of Dispute Settlement in Watercourse Agreements

With the increasing importance of hydroelectric production from the early twentieth century, the drive to establish a compulsory means of third-party settlement in disputes concerning international watercourses able to involve all relevant States became a constant theme in the work of legal academics and international organizations. We will now consider the efforts of relevant scholarly associations and the earliest attempts of international organizations (League of Nations and United Nations) to regulate this issue.

A. The work of scholarly associations

The most prestigious scholarly associations in the field of international law, that is, the Institute of International Law (IIL) and the International Law Association (ILA), have traditionally advocated recourse to procedures involving the participation of third parties, namely, mediation, conciliation and international adjudication[21].

The major statement of legal principles governing the utilization of international water resources by these associations include the resolution on "Utilization of non-maritime international watercourses (except for navigation)", adopted by the IIL at Salzburg in 1961[22], and the Helsinki Rules on the Uses of the Waters of International Rivers, adopted in 1966 by the ILA[23]. The former recommended recourse to technical experts, commissions and appropriate agencies in order to achieve solutions assuring the greatest advantage to all concerned (Art. 6). If the interested States failed to reach agreement within a reasonable time, they should submit the question to judicial settlement or arbitration (Art. 8). The latter recommended that ideally dispute resolution should commence by referral to a joint agency (Art. XXXI). Where the agency is unable to resolve a dispute, the co-riparians should seek the good offices or jointly request the mediation of a third State, a qualified international organization or a qualified person (Art. XXXII). If resort to third parties proves unproductive, or if the States concerned have not been unable to agree on a mutually accept-

21. C. B. Bourne, "Mediation, Conciliation and Adjudication in the Settlement of International Drainage Basin Disputes", *supra* footnote 14, at p. 115.

22. Adopted by the Institute of International Law at its Session at Salzburg (4-13 September 1961), 49 *Annuaire de l'Institut de droit international*, tome II, pp. 381-384 (1961).

23. Adopted by the International Law Association at the fifty-second conference, held at Helsinki in August 1966. Report of the Committee on the Uses of the Waters of International Rivers, International Law Association, London, 1967.

able go-between, they should form a commission of enquiry or an *ad hoc* conciliation commission, and endeavour to find a satisfactory solution (Art. XXXIII)[24]. If such a commission is not formed, or if it is not able to recommend a solution, or if the recommended solution is not accepted by the States concerned, and an agreement has not been otherwise arrived at, they should submit their legal disputes either to an arbitral tribunal or to the ICJ (Art. XXXIV).

B. The 1923 Geneva Convention relating to the development of hydraulic forces affecting more than one State

The Convention relating to the development of hydraulic forces affecting more than one State was adopted in Geneva in 1923 under the auspices of the League of Nations[25]. Although restricted *ratione materiae* to the production of hydraulic power, it is currently the only convention in force with universal scope. However, it has not been implemented because only two of the signatory States are riparian to an international watercourse. The instrument's drafters were unable to set up a compulsory third-party mechanism for the settlement of disputes. In addition to relying on diplomatic avenues, Article 12 advocates more far-reaching methods of dispute settlement. It states:

> "If a dispute arises between contracting States as to the application or interpretation of the present Statute, and if such dispute cannot be settled either directly between the Parties or by some other amicable method of procedure, the Parties to the dispute may submit it for an advisory opinion to the body established by the League of Nations as the advisory and technical organization of the Members of the League in matters of communications and transit, unless they have decided or shall decide by mutual agreement to have recourse to some other advisory, arbitral or judicial procedure."

Paragraph 3 **The 1997 United Nations Convention on the Law of the Non-Navigational Uses of International Watercourses**

In 1970, the United Nations General Assembly vested the ILC with the task of progressively developing and codifying the rules concerning the development, utilization and management of inter-

24. An annex to the Helsinki Rules set forth a recommended conciliation commission.
25. Done at Geneva, 9 December 1923, 36 *LNTS* 76.

national watercourses[26]. The Commission began work on this project in 1974 but it was not until 1991 that it was ready to forward a first draft of Articles to the Sixth (Legal) Committee of the Assembly for discussion and for comments by Governments[27]. This first draft was modified and adopted by the ILC on its second reading in 1994 and then sent back to the Sixth Committee, which was convened as a Working Group of the Whole with a view to adopting it in the form of a multilateral treaty[28]. In 1997, the Convention on the Law of the Non-Navigational Uses of International Watercourses (hereinafter the "UN Convention") was adopted by the General Assembly[29], as "a framework convention" to

> "ensure the utilization, development, conservation, management and protection of international watercourses and the promotion of the optimal and reasonable utilization thereof for present and future generations"[30].

It has not yet come into force[31].

During the *travaux préparatoires* and in the final discussion of the Sixth Committee, a number of States, headed by the Swiss delegation, strongly advocated the insertion of an Article providing for compulsory and binding arbitration. This point became one of the more controversial issues discussed by the Sixth Committee. Another group of States

---

26. The ILC was asked by the General Assembly to "take up the study of the law of international watercourses with a view to its progressive development and codification" (GA resolution 2669 (XXV) of 1970).

27. During these sixteen years the ILC nominated five Special Rapporteurs (R. D. Kearney, S. M. Schwebel, J. Evensen, S. C. McCaffrey and R. Rosenstock) who delivered a total of 14 reports. For a summary with comments on the *travaux préparatoires* by the ILC, see L. Caflisch, "La Convention du 21 mai 1997 sur l'utilisation des cours d'eau internationaux à des fins autres que la navigation", 43 *AFDI* 751-798, at 760-769 (1997). For the text of the draft set of articles adopted by the ILC and submitted to the Sixth Committee, see Draft Articles on the Law of the Non-Navigational Uses of International Watercourses, Report of the ILC on the Work of its Forty-Sixth Session (1991), UN, *GAOR*, 49th Session, Supp. 10, UN doc. A/49/10.

28. GA resolution 49/52 of 1994. On the final set of draft Articles see M. Fitzmaurice, "The Law of Non-Navigational Uses of International Watercourses — The International Law Commission Completes Its Draft", 8 *Leiden J. Int'l L.* 361 (1995).

29. Approved by GA resolution 51/229 (21 May 1997), with 103 votes in favour, 3 against (Burundi, China and Turkey) and 27 abstentions. For the text of the Convention, see reference in footnote 7 *supra*.

30. UN Convention, Preamble, para. 5.

31. To date it has acquired 12 ratifications or accessions (Finland, Hungary, Iraq, Jordan, Lebanon, Namibia, Netherlands, Norway, Qatar, South Africa, Sweden and Syria). In addition, 8 States have signed it (Côte d'Ivoire, Germany, Luxembourg, Paraguay, Portugal, Tunisia, Venezuela and Yemen). The Convention needs 35 instruments of ratification to enter into force (Art. 36).

opposed the very inclusion of a provision on dispute settlement. They alleged such a provision was not suitable for a framework convention and that this matter should be left to the discretion of the States concerned[32]. However, they conceded that, if dispute settlement mechanisms were introduced, it would be preferable to establish more flexible ones, namely, fact-finding. Article 33 and its Annex on arbitration were put to a vote at the request of China[33]. It was finally adopted by 33 votes to 5 (China, Colombia, France, India and Turkey), with 25 abstentions[34].

As a consequence of this disagreement between States, efforts to institute binding arbitration did not succeed. Instead, the final text of Article 33 only encourages recourse to fact-finding on the basis of common consent by the States party to a dispute. As a consequence, the dispute-settlement procedure drafted by Special Rapporteur McCaffrey was considerably weakened. McCaffrey had provided for a mechanism consisting of stages[35], which started with consultations and negotiations within the context of a joint commission or other institutional arrangement which may be established by the States[36]. This was based on the belief that it was advisable to attempt resolution of differences at a technical level before proceeding to invoke more formal dispute-resolution procedures. If negotiations were not successful, then six months after the initial request for negotiations any of the parties could unilaterally set in motion a fact-finding commission, unless they

32. See the views of the representatives of Ethiopia (UN doc. A/C.6/51/SR.20 (1997), at p. 11, para. 55), Egypt (UN doc. A/C.6/51/SR.23, at p. 12, para. 87) and India (*ibid.*, at p. 13, para. 90). For further information: L. Caflisch, "La Convention du 21 mai 1997 sur l'utilisation des cours d'eau internationaux à des fins autres que la navigation", *supra* footnote 28, at p. 769 and 793-795; A. Tanzi and M. Arcari, *The United Nations Convention on the Law of International Watercourses. A Framework for Sharing*, Kluwer Law International, 2001, at 38-45; P. Wouters, *supra* footnote 1, at pp. 304-316.

33. UN doc. A/C.6/51/SR.62 (1997), at p. 10, paras. 86-87.

34. Among the States abstaining, some of them found the mechanism provided insufficient (Syria, *ibid.*, at para. 83). But even those which voted against Article 33 did not reject resorting to third-party dispute settlement mechanisms on an *ad hoc* basis. In this respect the Chinese declaration in the Sixth Committee may be cited: "China was not opposed to binding procedures, only to the adoption of such procedures without the consent of the parties" (UN doc. A/C.6/51/SR.59 (1997), at p. 3, para. 4). Colombia supported Chinese views (*ibid.*, para. 10). Furthermore, France pointed out that these mechanisms were not suitable for the convention in the following terms: "France did not agree to the inclusion of such detailed provisions for the settlement of disputes, since that approach did not appear to be consistent with the concept of a framework convention" (*ibid.*, para. 5). India and Turkey held the same position (*ibid.*, paras. 6 and 8).

35. *Yearbook of the ILC*, 1990, Vol. II, Part One, at pp. 66-82, paras. 40-90; *Yearbook of the ILC*, 1994, Vol. II, Part Two, at pp. 133-135.

36. *Yearbook of the ILC*, 1990, Vol. II, Part One, at p. 66, para. 40.

had agreed to resort to mediation or conciliation. The fact-finding commission would produce a non-binding report accompanied by a recommended course of action. If this did not help to settle the dispute within twelve months of the initial request for fact-finding, mediation or conciliation, then the parties may agree to submit the dispute to arbitration or judicial settlement.

Article 33 in its final form, as approved by the General Assembly, abandons this graduated approach. Paragraph 2 merely lumps together the various means, including arbitration and judicial settlement, and leaves the choice of appropriate means to the parties' discretion. The only compulsory means is fact-finding. If States party to a dispute have not arrived at a solution through consultation and negotiation within six months of the request for negotiation, any of them may unilaterally have recourse to an independent fact-finding commission, unless they agree otherwise[37].

On the whole, this Article provides a flexible approach to dispute settlement, since it envisages supplementary means, always subject to the will of the parties involved. Indeed, the provision is intended to be residual in nature to other mechanisms provided by existing or future treaties. This is consistent with the character of a framework convention. As indicated in Article 3, this Convention does not exclude the co-existence of other instruments providing dispute settlement mechanisms. Therefore, bilateral and regional agreements on the same subject envisaging more far-reaching mechanisms have precedence over Article 33[38]. As the UN Convention is not currently in force and in view of its residual nature, solutions agreed to by riparian States are taken into account when studying practice in this area.

SECTION 2 **NON-ADJUDICATIVE MEANS**

Paragraph 1 **Common Features**

Under the heading of political, or non-adjudicative, means are a wide range of techniques sharing some common elements.

37. Art. 33 (3) of the UN Convention.

38. Consequently, we consider this convention a supplementary mechanism in case existing bilateral or regional agreements do not provide dispute settlement mechanisms as well as a point of reference for future agreements to be adopted, with the aim of encouraging them to imitate the mechanisms foreseen. See A. Tanzi, *The Relationship between the 1992 UN/ECE Convention on the Protection and Use of Transboundary Watercourses and International Lakes and the 1997 UN Convention on the Law of the Non-Navigational Uses of International Watercourses*, Report of the UN/ECE Task Force on Legal and Administrative Aspects, Geneva, February 2000, at pp. 40-49.

Firstly, by resorting to them, the parties to a dispute retain control over the entire procedure and the outcome, in that they may accept or reject a proposed settlement. The suggested terms of settlement will only be compulsory if they are expressly accepted by the parties through the conclusion of a treaty. Secondly, the solution agreed to may not take into account the applicable legal rules but only factual and political considerations. Non-adjudicative means do not aim to identify the applicable rules of law in a given case but to achieve a solution acceptable to both parties [39].

Among non-adjudicative means we may distinguish between, on the one hand, negotiations held directly between States; and, on the other hand, those means involving an impartial third-party intervention, namely good offices, mediation, fact-finding and conciliation. As will now be explained, differences among the latter category depend on the reach of the intervention of the third party.

Paragraph 2 **International Joint Commissions**

Undoubtedly, negotiations are the international dispute settlement mechanism most often resorted to by States. This is not a distinctive feature of disputes concerning international watercourses but also applies for most of the controversies arising in inter-State relations. The success of negotiations is attributed to their direct and flexible character, which allows the parties to shape the procedure, and freely express their points of view and proposals for settlement [40].

Negotiations may be conducted either through normal diplomatic channels (that is, by the respective foreign offices of the States concerned or by their diplomatic representatives), through summit discussions (between heads of States or foreign ministers), through competent authorities (the representatives of the ministry or department competent in the field), or through the so-called international mixed or joint commissions [41].

In most cases, negotiations concerning international watercourses are carried out in the framework of joint commissions. Most bilateral and regional conventions provide for the establishment of such institutional arrangements. Their spread to the international arena dates back to mid-nineteenth century. Indeed, the first international organization

39. J.A. Pastor Ridruejo, *supra* footnote 5, at p. 588.
40. B. R. Chauhan, *supra* footnote 21, at p. 375.
41. J. G. Merrills, *International Dispute Settlement*, Cambridge University Press, 3rd ed., 1998, at pp. 8-12.

was one such commission, the Commission for Navigation in the Rhine[42].

It is difficult to describe the features and functioning of joint commissions because each is entrusted with different tasks by its constituent treaty. Most commissions have a technical character, and are composed of experts appointed in equal numbers by every river basin State. They usually include high-ranking engineers competent in the field of hydrology and water-use, for example as foreseen by the Indus Waters Treaty[43], joined on some occasions by legal advisers[44]. In other cases they are composed of Government members, that is, politicians. In a number of river basins, where both kinds of institutions have been established, their respective functions supplement each other and, to a certain extent, overlap. As an example, in the Columbia River Basin, there co-exists a Permanent Engineering Board[45], consisting of four members, two appointed by Canada and the other two appointed by the United States[46], and an International Joint Commission[47], composed of six commissioners, three on the part of the United States and three on the part of the United Kingdom, the latter appointed on the recommendation of Canada[48].

42. C. B. Bourne, "Mediation, Conciliation and Adjudication in the Settlement of International Drainage Basin Disputes", *supra* footnote 14, at p. 118.

43. Concluded between India and Pakistan, signed at Karachi on 19 September 1960. (See for the text, *The Indian Journal of International Law*, Vol. 1, October 1960-January 1961, p. 341). Its Article VIII envisages the creation of a Permanent Indus Commission, consisting of two Commissioners, each representing their own Government.

44. E.g., Treaty between the United States of America and Mexico relating to the Utilization of the Waters of the Colorado and Tijuana Rivers, and of the Rio Grande (Rio Bravo) from Fort Quitman, Texas, to the Gulf of Mexico, signed in Washington on 3 February 1944, and Supplementary Protocol, signed in Washington on 14 November 1944. Article 2 of this Treaty envisages the creation of an International Boundary and Water Commission, composed of engineers and legal advisers. Text reprinted in United Nations Legislation Series, *Legislation, Texts and Treaty Provisions concerning the Utilization of International Rivers for Other Purposes than Navigation*, UN doc. No. ST/LEG/SER.B/12, at pp. 236-258.

45. Set in motion pursuant to the Treaty between the United States of America and Canada relating to co-operative development of the water resources of the Columbia River Basin, signed in Washington, 17 January 1961.

46. Art. XV.

47. Established by the Boundary Waters Treaty, concluded in 1909 between the United Kingdom and the United States of America relating to boundary waters and questions arising along the boundary between Canada and the United States.

48. Art. 7. For a survey on the work of the Commission, see M. Cohen, "The Commission from the Inside", in R. Spencer, J. Kirton and K. R. Nossal, *The International Joint Commission Seventy Years On*, Centre for International Studies, University of Toronto, 1981, pp. 106-123; K. R. Nossal, "The ICJ in Retrospect", *ibid.*, pp. 124-130.

A similar structure has been provided by the Spanish-Portuguese Treaty of 1998 [49].

The joint institution may also be split into several bodies of a differing nature. For instance, the Mekong River Commission, as established by the Agreement on the Co-operation for the Sustainable Development of the Mekong River Basin [50], consists of three permanent bodies, namely the Council, the Joint Committee and the Secretariat [51]. The Council is composed of one member from each participating riparian State (i.e., Cambodia, Laos, Thailand and Vietnam) at the Ministerial and Cabinet level [52], and the Joint Committee by Governmental representatives at no less than Head of Department level [53].

The composition of each joint institution has a direct impact on its functions. From a review of treaty practice we can infer that those with a technical character are endowed with tasks such as the following [54]:

(a) *Co-operation*. Joint commissions serve as a regular channel of communication and offer a forum for dialogue, co-operation and joint management through the gathering of data, studies, research and development, planning, mutual assistance in implementation and exchange of information on planned measures. Notifications and consultations, which typically occur through the commissions, are crucial to confidence-building and maintaining good-neighbourly relations between riparian States and hence to avoiding disputes between them.

(b) *Advisory functions*. Commissions are entrusted with the task of providing expert evaluation of projects envisaged by each State and issuing recommendations. In general, they are not empowered to make decisions [55], except where they are composed of Government

---

49. Treaty on the Cooperation for the Protection and Sustainable Management of Water Resources in the Spanish-Portuguese River Basin, signed in Albufeira, Portugal, 30 November 1998. The text can be found in 15 *ADI* 961 (1999). The Treaty calls for the establishment of two bodies: the Conference of the Parties, held at the Ministerial level (Art. 21), and the Commission for the Application and Development of the Treaty, composed of governmental representatives at lower levels (Art. 22). See on this Treaty, M. P. Pozo Serrano, "El régimen jurídico de los cursos de agua hispano-portugueses", 15 *ADI* 325-361 (1999).

50. Done at Chiang Rai, Thailand, 5 April 1995. For the text, 34 *ILM* 864 (1995).

51. Art. 12.

52. Art. 15.

53. Art. 21.

54. See generally H. A. Smith, *supra* footnote 3, at pp. 120-135.

55. As specified for example in the Treaty between Bangladesh and India on Sharing of the Ganges Waters at Farakka, done at New Delhi, 12 December 1996. Pursuant to Article VI the Joint Committee does not have any decision

members, as is the case of the Council in the Mekong River Commission[56].

(c) *Implementation.* The bodies are charged with the development, execution and operation of projects, and with policy-making, or at least with "policy guidance", by making recommendations to the parties[57].

(d) *Monitoring of compliance* through several mechanisms: (i) allowing States to carry out mutual inspections within the framework of the commission or undertaking investigations itself on the implementation of treaties, and drawing up reports on its activities to be disseminated to the public[58]; and (ii) receiving reports furnished by the concerned States with respect to the matters coming within the scope of the relevant treaties[59].

(e) *Prevention and avoidance of disputes or settlement of them.* Most of the joint institutions are empowered to examine difficulties arising out of treaty implementation and sometimes to determine minor disputes and investigate other cases, before referring them for settlement through diplomatic channels. Generally, in the field of dispute resolution, international joint commissions serve two purposes: (i) they enhance co-operation among States in order to avoid conflicts, and (ii) they serve as a forum for the settlement of disputes.

(i) As a means of co-operation, they can help to reconcile divergent

---

powers. It is vested with the duty to submit to the two Governments all data collected as well as a yearly report. Following submission of the reports the two Governments will meet at an appropriate level to decide upon such further action as may be required. Text reprinted in 36 *ILM* 519 (1997).

56. According to Article 15 of the 1995 Mekong River Basin Treaty, "the Council shall be composed of one member from each riparian State at the Ministerial and Cabinet level (no less than Vice-Minister level), who would be empowered to make policy decisions on behalf of his/her government".

57. For example, Agreement on the Action Plan for the Environmentally Sound Management of the Common Zambezi River System, signed at Harare, Zimbabwe, 28 May 1987, between Botswana, Mozambique, Tanzania, Zambia and Zimbabwe. Pursuant to Annex II, the Zambezi Intergovernmental Monitoring and Co-ordinating Committee of the Zambezi Action Plan is vested with the operational and policy guidance for its implementation. For the text 27 *ILM* 1109 (1988). See also Article 8 of the Convention on the Protection of the Rhine, done at Bern, Switzerland, 4 December 1999, between the European Commission of the European Communities, France, Germany, Luxembourg, Netherlands and Switzerland. For the text, *International Environmental Treaties. Multilateral Treaties*, Vol. VIII.

58. For example, Article VIII of the Indus Waters Treaty (1960); Article 15 of the Treaty on the Columbia River Basin (1961).

59. For example, Article 10 of the Convention on the Protection and Sustainable Use of the Danube River; Article 5 *(a)* of the Agreement on the Protection of the River Meuse, signed at Charleville Mezieres, France, 26 April 1994, between France, Netherlands and the regional Governments of Brussels-Capital, Flanders and Wallonia. Text in 34 *ILM* 851 (1995).

views, before a dispute arises. As C. B. Bourne stated, such commissions "provide[s] a forum where co-basin States may dispute each other's claims without involving their governments at a high level"[60]. Activities developed by joint institutions give them a close knowledge of the issues involved, preventing disputes from arising at the international level.

(ii) As a means of dispute settlement, their participation is considered the preliminary step before proceeding to third-party determination or moving to negotiation at a higher level. Though discussions within the context of a joint commission may also be the last step. The main advantage of joint commissions is that debate is held between technical experts rather than involving Governments or public opinion, thereby avoiding unnecessary arguments based on political considerations.

In practice, the line between consultation as a means of co-operation and dispute-avoidance, and negotiation as a dispute settlement mechanism is very thin. It is not self-evident whether the involvement of a joint commission simply marks the beginning of an international dispute or whether it avoids its commencement[61]. Even some specific conventions can tend to confuse their role.

Hence, are joint commissions supposed to intervene *prior to* or *after* the commencement of a dispute? A review of treaty provisions does not help to clarify this issue. According to Article 9 *(e)* of the 1996 Treaty on the Mahakali River[62], one of the functions of the Mahakali River Commission is "to examine any differences arising between the Parties concerning the interpretation and application of this Treaty". But then Article 11 goes on to say:

> "If the Commission fails under Article 9 of this Treaty to recommend its opinion after examining the differences of the Parties within three (3) months of such reference to the Commission or either Party disagrees with the recommendation of the Commission, *then a dispute shall be deemed to have arisen . . .*"

Therefore, according to the letter of this treaty, the controversy is

60. C. B. Bourne, "Mediation, Conciliation and Adjudication in the Settlement of International Drainage Basin Disputes", *supra* footnote 14, at p. 122.

61. A. Tanzi, "Recent Trends in International Water Law Dispute Settlement", in the Permanent Court of Arbitration/Peace Palace Papers, *International Investments and Protection of the Environment*, Kluwer Law International, 2001, pp. 133-174, at 145-146.

62. Treaty between India and Nepal concerning the Integrated Development of the Mahakali River, signed at New Delhi, 12 February 1996. Reprinted in 36 *ILM* 531 (1997).

deemed to have arisen when negotiations in the Commission have failed. The same holds true for other recent treaties[63].

However, in a number of instruments, the joint institutions are a forum to resolve international disputes. Their functions in this respect are two-fold: normally, they are envisaged to provide assistance to disputant States in order to facilitate their reaching an agreement. For example, Article 24 of the Convention on the Danube of 1994 reads as follows,

> "If a dispute arises between two or more Contracting Parties about the interpretation or application of this Convention, they shall seek a solution by negotiation or by any other means of dispute settlement acceptable to the parties to the dispute, *if appropriate with assistance by the International Commission*."[64]

In practice it is rather common to trust in the ability of joint commissions to settle disputes. For instance, in the long-term dispute between France and Spain with regard to Lake Lanoux, a Franco-Spanish Commission of Engineers was set up in 1949 to examine its technical aspects[65]. Frequently the functions of joint institutions may involve fact-finding and mediation. The authors of the 1997 United Nations Convention probably had this in mind when they approved Article 33 (2). This paragraph provides that States party to a dispute shall "make use, as appropriate, of any joint watercourse institutions

63. Similarly, according to Article 9 (1) of the Indus Waters Treaty of 1960,

> "any question which arises between the Parties concerning the interpretation or application of this Treaty or the existence of any fact which, if established, might constitute a breach of this Treaty shall first be examined by the Commission, which will endeavour to resolve the question by agreement".

Paragraph 2 goes on as follows: "If the Commission does not reach an agreement . . ., then a difference will be deemed to have arisen . . ."

64. Similarly, Article 5 (2) *(a)* (i) of the Revised Protocol of the SADC empowers the Committee of Water Ministers to "oversee and monitor the implementation of the Protocol and assist in resolving potential conflicts on shared watercourses". See Revised Protocol on Shared Watercourses in the Southern African Development Community (SADC). Reprinted in 40 *ILM* 321 (2001). This instrument replaces the Protocol on Shared Watercourses Systems in the SADC Region, signed at Johannesburg, 23 August 1995.

Also, the Permanent Engineering Board established by the Columbia River Basin Treaty is entrusted with the task of assisting to reconcile differences concerning technical or operational matters that may arise between the entities (Art. XV (2) *(c)*). According to its Article XVI, in the event that the differences cannot be resolved by this body within three months of the referral either State may then submit the difference to arbitration by written notice to the other.

65. J. G. Merrills, *supra* footnote 41, at p. 9.

that may have been established by them . . ."[66]. But some institutions may also play an arbitral role. For instance, the Canadian-United States International Joint Commission, established pursuant to the Boundary Waters Treaty of 1909, is empowered to render binding decisions by majority on matters submitted to it involving the use, obstruction or diversion of shared waters[67].

Special Rapporteur McCaffrey, in his Sixth Report to the ILC on the Law of the Non-Navigational Uses of International Watercourses, relied strongly on the role played by joint institutions established by co-riparian States. On the basis of his study of State practice in this field, he concluded that "international watercourse disputes can often be most effectively avoided or resolved by referring questions to experts for investigation and report". He stressed that "a technique for the resolution of international watercourse-related questions that has proved successful is the reference of such matters to joint institutions established by the parties"[68].

It is nearly impossible to evaluate the effectiveness of the action of joint commissions because evidence in this field is extremely scarce. Most problems appear to be resolved at this level but they are often not reported. An example of successful conversations having taken place in the framework of a Joint Commission is the management of the conflict between India and Bangladesh concerning the sharing of the Ganges waters through the Indo-Bangladesh Joint Rivers Commission, which eventually led to the 1996 Treaty[69]. After a long-lasting dispute,

66. The Agreement on the Mekong River Basin is rather unusual for it makes the participation of the Mekong River Commission a lengthy and difficult procedure. Firstly, the Joint Committee is required "to address and make every effort to resolve issues and differences that may arise between regular sessions of the Council, referred to it by any Joint Committee member or member State on matters arising under this Agreement, and when necessary to refer the matter to the Council" (Art. 24.F). Secondly, this latter is meant "to entertain, address and resolve issues, differences and disputes referred to it by any Council member, the Joint Committee, or any member State on matters arising under this agreement" (Art. 18.C). Lastly, according to Article 35,

> "in the event the Commission is unable to resolve the difference or dispute within a timely manner, the issue shall be referred to the Governments to take cognizance of the matter for resolution by negotiation through diplomatic channels . . .".

67. Article 8 of the Treaty. See in this respect H. A. Smith, *supra* footnote 3, at pp. 125-131 ; S. J. Toope and J. Brunnée, "Freshwater Régimes : The Mandate of the International Joint Commission", 15 *Arizona J. Int'l & Comp. L.* 273-287, at 277-278 (1998).

68. *Yearbook of the ILC*, 1990, Vol. II, Part One, at pp. 69 ff.

69. S. M. A. Salman, "Sharing the Ganges Waters between India and Bangladesh : An Analysis of the 1996 Treaty", in S. M. A. Salman and L. Boisson de Chazournes, *supra* footnote 5, at pp. 127-153.

the problem in the Ganges was satisfactorily resolved by the Governments of India and Bangladesh. Several rounds of intense negotiations were held between the two Governments during the period from July to December 1996 at various levels, as a result of which a Treaty on sharing of the waters of the Ganges was concluded at Farakka on 12 December 1996[70].

Another example may be found in the Rio Grande dispute between Mexico and the United States[71]. The two Governments instructed the United States and Mexican Commissioners on the International Boundary Commission to investigate and report on the Rio Grande situation. The Commissioners delivered a joint report in 1896 where they recommended the matter be settled by a treaty dividing the use of the waters equally. This report paved the way for the conclusion of the 1906 Convention, which eventually settled the dispute.

In summary, international joint commissions are worthy of praise since they can prevent either a dispute from arising or a disagreement from resulting in a confrontation between States. For these reasons, their creation in relation to every international watercourse should be encouraged. However, they are not always feasible. Such bodies are created by a treaty which obviously presupposes a certain level of agreement between the affected States, which is often impossible to reach. For this reason, agreements are lacking in hot spots like the Nile and the Jordan Rivers.

Finally, in some cases international joint commissions may not be sufficient to bring about a settlement. However, they usually encourage a spirit of co-operation that may facilitate agreement on a procedural solution. For instance, in the River Oder case, the dispute was first submitted to the League of Nations Advisory and Technical Committee for Communications and Transit. The conciliation efforts did not result in a solution but at least the parties signed a *compromis* to bring the dispute before the PCIJ. Similarly, in the controversies relating to Lake Lanoux, the River Meuse and the Gabčíkovo-Nagymaros Project, the various joint commissions established with the aim of resolving the dispute were not effective, so, as a last resort, the dispute was submitted to adjudication[72].

70. T. A. Khan, "Management and Sharing of the Ganges", 36 *Nat. Res. J.* 455-479 (1996); S. M. A. Salman and K. Uprety, "Hydro-Politics in South Asia: A Comparative Analysis of the Mahakali and the Ganges Treaties", 39 *Nat. Res. J.* 295-343, at 299-310 (1999).

71. *Yearbook of the ILC*, 1986, Vol. II, Part One, at pp. 106-107, paras. 82-83.

72. C. P. Romano, *The Peaceful Settlement of International Environmental Disputes. A Pragmatic Approach*, Kluwer Law International, 2000, at pp. 220-225, 235-237 and 249-251.

Paragraph 3 **Negotiations**

As noted previously, negotiations may be held directly between the relevant Governments at different levels or through any joint watercourse institution which may have been established. As we saw above, the framework of joint commissions typically lacks definition on what is to be considered negotiations and consultations as a means of co-operation and dispute-avoidance, and negotiations as a dispute settlement mechanism. In any case, when riparian States are unable to reach an agreement through discussion in a joint commission, a settlement is sought through diplomatic channels. In this cluster we shall refer to negotiations as any discussions held at a diplomatic level, either carried out by foreign offices or by competent authorities of each party or even through discussions "in the summit" [73].

In the words of C. P. Romano, "negotiation can be explained as an attempt to explore and reconcile conflicting positions, by identifying areas of common interest and conflict, in order to reach an outcome acceptable for both parties" [74]. Its main features are the flexibility and freedom they provide for parties to exchange proposals and counter-proposals in an attempt to arrive at an agreement from which all sides can derive a measure of satisfaction. The duty to negotiate in good faith is envisaged in almost all treaties, thereby emphasizing that States should make every effort to resolve their conflicts bilaterally. The ICJ has underlined that it is a well-established principle of international law that parties to a dispute should conduct their negotiations in good faith and in a meaningful way [75]. For negotiations to be meaningful, riparian States should be amenable to accepting the other disputant's views and modifying their own positions with the aim of reaching a definitive agreement that satisfies all the parties' claims [76].

In general, negotiations are envisaged as the first step before moving to third-party determination. Indeed, most watercourse treaties provide that, in the event of a dispute, the parties are expected to firstly attempt direct negotiations. If this is unsuccessful, then the way is opened to methods involving the participation of third parties. For instance,

---

73. J. G. Merrills, *supra* footnote 41, at pp. 8-9.

74. C. P. Romano, *supra* footnote 72, at p. 47.

75. *North Sea Continental Shelf (Federal Republic of Germany* v. *Denmark)*, Judgment of 20 February 1969, *ICJ Reports 1969*, p. 47, para. 85 *(a)*.

76. As expressed by the ICJ:

> "the parties . . . are under an obligation so to conduct themselves that the negotiations are meaningful, which will not be the case when either of them insists upon its own position without contemplating any modification of it" *(ibid.)*.

according to Article 7 of the Revised Protocol of the South African Development Community (SADC) of 2000,

> "States Parties shall strive to resolve all disputes regarding the implementation, interpretation or application of the provisions of this Protocol amicably in accordance with the principles enshrined in Article 4 of the Treaty."

In cases where a peaceful resolution has not been achieved, then the disputes shall be referred to the Tribunal of the SADC[77].

Although this is the sequence contained in most treaties[78], negotiations — held at different levels — are the only modes of settlement provided for by the Bangladesh-India Treaty of 1996 on sharing of the Ganges Waters. Pursuant to Article VII of the Treaty, negotiations will take place in three steps: firstly, in the Joint Committee established by Article IV of the Treaty and composed of representatives nominated by the two Governments; secondly, in the Indo-Bangladesh Joint Rivers Commission; and thirdly by discussion at the Government level.

Negotiation has often proved an effective means to settle disputes concerning international watercourses[79]. Indeed, it is probable that the vast majority of such disputes have been either avoided or settled through negotiations[80]. Unfortunately, it is not easy to find evidence of where negotiations have taken place or which results they have achieved.

The features of negotiation make it well suited to the settlement of disputes among States with similar political and economic characteristics, since it provides them with a great flexibility to approach the issues and achieve agreements that take into consideration all pertinent factors and provide an equitable and reasonable solution[81]. However, in some cases factors external to the controversy may be brought to the negotiating table, which may force the weaker party to accept an agreement which is unfavourable to it[82]. For this reason, the suitability of

---

77. S. M. A. Salman, "Legal Régime for Use and Protection of International Watercourses in the Southern African Region: Evolution and Context", 41 *Nat. Res. J.* (2001).

78. See also *inter alia* Article 33 of the 1997 UN Convention, Article 9 of the Indus Waters Treaty and Article 11 of the Mahakali River Treaty.

79. The Manila Declaration on the Peaceful Settlement of International Disputes describes negotiations as "a flexible and effective means" (GA resolution 37/10 of 15 November 1982, Annex, Sect. I, para. 10).

80. *Yearbook of the ILC*, 1990, Vol. II, Part One, at pp. 67-68, para. 49.

81. The list of bilateral treaties concluded between the Netherlands and Belgium concerning the Rivers Meuse and Scheldt should be seen in this light. See in this respect, F. Maes, "The Content of the Agreements on the Protection of the Rivers Scheldt and Meuse", 30 *RBDI* 661-681 (1997).

82. A. Remiro Brotóns, J. Díez-Hochleitner, E. Orihuela Calatayud, L. Pérez-Prat Durbán and R. Riquelme Cortado, *supra* footnote 15, at p. 834.

negotiations to tackle every kind of dispute can be questioned. In so far as the parties are often placed in an unequal starting point in relation to power, political or economic considerations, it seems a rather obvious assertion that non-adjudicative means are preferred by more powerful States.

However, sometimes negotiations may be impossible, for example if the parties refuse to have any dealings with each other or if they are hindered by mutual suspicion and resentment. Similarly, they may turn out to be ineffective, if the disputants' positions are far apart and there is no will to make concessions. In other cases negotiations may be inappropriate, for instance where the disagreement involves the determination of facts or interpretation of legal rules. Hence, other methods are sometimes necessary to settle a dispute[83].

Paragraph 4 **Good Offices and Mediation**

If negotiations are not successful within a reasonable time limit[84], a number of watercourse treaties endeavour to resort to mediation or good offices provided by an impartial third party. Both techniques have been conceived to restore negotiations when the relations between disputant States have seriously deteriorated or have even been discontinued[85]. Therefore, they are intended to facilitate the resolution of a dispute through agreement by the parties themselves. Professor Brierly emphasized that these modes of settlement aim "not at deciding the quarrel for the disputing parties but at inducing them to decide it for themselves"[86].

The difference between them is to be found in the role of the third party. In good offices, the third party does not take part in the actual negotiations but acts only as a channel for dialogue between States. It can help them to meet either by calling joint meetings or by visiting both of them separately and conveying to each party the other's respective proposals[87]. In mediation, the go-between can undertake this role

83. J. G. Merrills, *supra* footnote 41, at pp. 22-26.

84. International rules do not fix time limits, but a deadline for negotiations may have been agreed amongst the disputants by mutual consent.

85. A. Remiro Brotóns, J. Díez-Hochleitner, E. Orihuela Calatayud, L. Pérez-Prat Durbán and R. Riquelme Cortado, *supra* footnote 15, at p. 836; C. P. Romano, *supra* footnote 72, at pp. 51-52.

86. J. L. Brierly, *The Outlook for International Law*, 1944, at p. 373.

87. B. R. Chauhan, *supra* footnote 20, at p. 322; J. D. González Campos, L. I. Sánchez Rodríguez and P. Andrés Sáenz de Santamaría, *supra* footnote 14, at pp. 823-824. As provided in Article 9 of the Pact of Bogotá, good offices may be defined as

"the attempt by one or more . . . Governments not parties to the contro-

but is also empowered to advance proposals for a negotiated settlement or, at least, to suggest another procedural solution [88].

In practice, the dividing line between good offices and mediation is not self-evident. Since it is not easy to find a totally impartial third party, that is, a party which does not somehow contribute to solving the underlying problem, the two mechanisms usually merge. Within inter-State practice it is difficult to establish clear-cut distinctions among the various means and there is always a grey zone where the features sketched out by academics tend to blur. Also, as we saw above, to a certain extent, discussions carried out in the framework of a joint commission do not differ much from mediation, especially when it is constituted by more States than those that are parties to a dispute.

Good offices and mediation may be requested by disputants or spontaneously offered by an interested third party. Treaty practice indicates that good offices and mediation are normally listed together with the various political means, without any *a priori* individualization of a particular third party [89]. Although mediation is often associated with poor outcomes, some treaties still attempt to prevent States making use of it. For instance, in the 1995 Agreement on the Mekong River Basin mediation can only be resorted to after having gone through a number of steps. According to its Article 35,

> "In the event the Commission is unable to resolve the difference or dispute within a timely manner [90], the issue shall be referred to the Governments to take cognizance of the matter for resolution by negotiation through diplomatic channels within a timely manner, and may communicate their decision to the Council for further proceedings as may be necessary to carry out such decision. Should the Governments find it necessary or beneficial to facilitate the resolution of the matter, they may, by mutual agreement, request the assistance of mediation through an entity or party mutually agreed upon, and thereafter to proceed according to the principles of international law."

versy, or by one or more eminent citizens of any . . . State which is not party to the controversy to bring the parties together, so as to make it possible for them to reach an adequate solution between themselves". Cf. Pact of Bogotá, 1948, *UNTS*, Vol. 30, at pp. 55.

88. B. R. Chauhan, *supra* footnote 20, at pp. 321-326; J. D. González Campos, L. I. Sánchez Rodríguez and P. Andrés Sáenz de Santamaría, *supra* footnote 15, at p. 824; J. G. Merrills, *supra* footnote 41, at pp. 27-43.

89. Such is the case, for example, of Article 33 (2) of the 1997 UN Convention and of Article 16 of the Convention on the Protection of the Rhine.

90. In reference to the Mekong River Commission, established by Article 11 of the same instrument. See *supra* footnote 67 and text accompanying it.

For mediation to be successful the parties must have a vested interest in reaching an agreement. In fact, mediation is no more than negotiations directed and impelled by a third party. Participation of international institutions is not unusual in those disputes involving the apportionment of water resources. However, the success of this participation is by and large dependent upon the willingness of riparian countries to co-operate and the financial assistance put at the disposal of the parties [91].

The World Bank has played a major role in mediation and conciliation between riparian States [92]. This role is performed in those cases in which the disputed utilization is connected with a project financed by the Bank. To obtain a loan for a project on an international waterway this institution requires that the issues involved are covered by an appropriate agreement or arrangement between the beneficiary State and the other riparians or, at least, that they do not object to the project (Rule 8 of the Operational Policies on Projects on International Watercourses of the World Bank Operational Manual) [93]. Rule 3 asserts the Bank's readiness to assist riparians in reaching agreements, providing for their co-operation in the "efficient utilization and protection of the waterway" [94]. The Bank has achieved remarkable success in the Indus Basin, where its mediation led to the adoption of a treaty between India and Pakistan in 1960 [95]. In recent years, the agency has also been

91. L. Caflisch, "Règles générales du droit des cours d'eau internationaux", *supra* footnote 2, at p. 210. See also M. Nakayama, "Successes and Failures of International Organizations in Dealing with International Waters", 13 (3) *Int. J. Water Resour. Dev.*, 1997, pp. 367-382.

92. See R. Krishna, "The Evolution and Context of the Bank Policy for Projects on International Waterways", in S. M. A. Salman and L. Boisson de Chazournes (eds.), *International Watercourses. Enhancing Cooperation and Managing Conflict*, *supra* footnote 5, at p. 31; A. Tanzi, "Recent Trends in International Water Law Dispute Settlement", in the Permanent Court of Arbitration/Peace Palace Papers, *International Investments and Protection of the Environment*, Kluwer Law International, 2001, pp. 133-174, at 151-154.

93. The World Bank Operational Manual. Operational Policies. Projects on International Waterways, OP 7.50, June 2001.

94. Rule 3 reads as follows:

> "The Bank stands ready to assist riparians in achieving this end. In cases where differences remain unresolved between the state proposing the project (beneficiary state) and the other riparians, prior to financing the project the Bank normally urges the beneficiary state to offer to negotiate in good faith with the other riparians to reach appropriate agreements or arrangements." (Reprinted in S. M. A. Salman and L. Boisson de Chazournes (eds.), *supra* footnote 5, at pp. 193-196).

95. G. T. P. Pitman, "The Role of the World Bank in Enhancing Cooperation and Resolving Conflict on International Watercourses: The Case of the Indus Basin", in S. M. A. Salman and L. Boisson de Chazournes (eds.), *supra* footnote 5, at pp. 127-153.

involved in assisting Ethiopia and Egypt to seek an amicable solution on the allocation of the uses of the Blue Nile[96].

Together with this mediation in open disputes the Bank is currently facilitating the finalization of appropriate arrangements for the management and development of waters in a number of international basins, including the Nile River, the Mekong River (involving China and Myanmar, which are not parties to the 1995 Mekong Treaty), and the Guarani aquifer[97]. This involvement is not good offices or mediation in a proper sense since formally there is no international dispute over these basins although in all of them there exists a controversy over the uses of waters or, at least, a lack of co-operation among riparians which could eventually lead to a dispute. The assistance of the Bank is aimed mostly at preventing future disputes and helping the parties to achieve co-operative agreements for the management and preservation of the basins.

Besides the World Bank, other institutions have also played their part in mediating international water disputes. In the Mekong River conflict, in 1978, with assistance from the United Nations Economic and Social Commission for Asia and the Pacific (ESCAP), representatives from Laos, Thailand, and Vietnam signed the 1978 Interim Mekong Committee (IMC) Declaration[98]. When this system collapsed in 1992, the United Nations Development Programme (UNDP) mediated the negotiations between the four lower basin countries, Cambodia, Laos, Thailand and Vietnam. In this it was joined by the World Bank and the Asian Development Bank[99]. Negotiations eventually led to the adoption of the Agreement on the Co-operation for the Sustainable Development of the Mekong River Basin in 1995[100].

Paragraph 5 **Fact-finding and Conciliation**

While fact-finding and conciliation are two different techniques, we shall study them together as they have a number of features in common. Indeed, as often happens with dispute settlement

96. P. Wouters, *supra* footnote 1, at p. 300, and footnote 37.

97. S. M. A. Salman, "Good Offices and Mediation, and International Water Disputes", paper presented at the sixth biannual International Law Seminar of the Permanent Court on Arbitration on the "Resolution of International Water Disputes", held at The Hague on 8 November 2002.

98. G. Browder and L. Ortolano, *supra* footnote 19, at p. 509. See also M. Nakayama, "Role of the UNDP in the Negotiation Process of the New Agreement Adopted by Riparian Countries of the Mekong River Basin", 11 *J. Japan Soc. Hydrol. & Water Resour.* 128-140.

99. For further information in the topic, see G. Browder and L. Ortolano, *supra* footnote 19, at pp. 516-518.

100. 34 *ILM* 864 (1995).

mechanisms, they frequently merge in practice. Both procedures are carried out through a commission appointed by mutual agreement between the parties to the dispute with the aim of rendering a written report. They are by nature optional and consensual procedures, as the fact-finding or conciliation commissions can only be established through special agreements. Proceedings terminate with a non-binding expert report, possibly accompanied by a recommended course of action, which the parties shall consider in good faith and use as a basis to settle the dispute amicably. Consequently, both means are no more than a form of support for face-to-face negotiation. The solution, if eventually attained, would be agreed directly by the parties themselves.

Fact-finding, also called investigation, inquiry or enquiry, aims to shed light on the disputed factual questions, through a comprehensive, objective and impartial examination of them [101]. The fact-finding commission investigates the disputed questions, obtains from the parties all relevant data and information, and delivers a written report setting out its findings. This report is non-binding unless otherwise agreed by the parties. Although the parties are free to decide what effect, if any, they would give the report drawn up by the commission, it serves to reveal the truth and thus can facilitate a negotiated settlement [102]. It is therefore a suitable mechanism when the disputed issue is mainly one of fact, rather than law or policy.

The conciliation commission, in addition to investigating the disputed factual questions, attempts to reconcile the disputants' points of view so they may agree on a solution. Once again, the final outcome is a report containing non-binding recommendations which the parties consider in good faith and which can be found to be acceptable or not. The main difference between this procedure and fact-finding is that in conciliation the elucidation of facts is not necessarily the most important element, as the search for a solution acceptable for both parties takes primacy.

A number of features closely connect conciliation to arbitration. These include: (i) the procedure is carried out by an impartial commission of experts agreed upon by the disputing parties; (ii) while fulfilling its task, the commission may also take into account the relevant legal rules; (iii) it handles the dispute following a contradictory pro-

---

101. B. R. Chauhan, *supra* footnote 20, at p. 328; J. D. González Campos, L. I. Sánchez Rodríguez and P. Andrés Sáenz de Santamaría, *supra* footnote 14, at pp. 824-825; C. P. Romano, *supra* footnote 72, at pp. 55-60; J. G. Merrills, *supra* footnote 41, at pp. 44-61.

102. To date, no water-related dispute has ever been brought to fact-finding. Nevertheless, it should not be underestimated in terms of dispute resolution, because once the facts have been impartially established, there is a greater chance of peaceful resolution of the dispute.

cedure set out by the parties; and (iv) the outcome is a report proposing a settlement. In reality, the main differences with arbitration lie in that: (i) the parties retain control over the dispute throughout the procedure; (ii) the proposed settlement is not solely based upon legal rules but also on political factors; and (iii) the decision given is not binding on the parties, its effectiveness being related to the political and moral pressure that it can place upon them [103]. The main aim of a conciliation commission is to seek co-operative and widely acceptable solutions to watercourse problems, not to interpret or apply legal rules.

The commission may be established *ad hoc* by the disputing States or pursuant to any treaty to which they are party. With a view to assisting States to solve their disputes, the Permanent Court of Arbitration (PCA), located in The Hague, developed its Optional Rules for Fact-Finding Commissions on Inquiry, effective since 15 December 1997 [104]. They contain guidelines under which the initiation of fact-finding proceedings is based on the consent of both disputing parties.

Many water resources treaties envisage the constitution of a fact-finding or conciliation commission for the settlement of disputes between States parties. As we saw above, fact-finding is the only compulsory mechanism provided for in the 1997 UN Convention. In line with the flexible and supplementary approach envisaged by Article 33, the establishment of the fact-finding commission stipulated in paragraph 3 has a residual character. It can be inferred from paragraphs 2 and 3 that disputant States may jointly agree to set in motion an alternative kind of institutional arrangement. If an alternative arrangement is not proposed, the fact-finding commission is obligatory after a request is made by *any* party to the dispute and six months have passed following the request for negotiations. At the end of the procedure, pursuant to paragraph 8, the commission shall submit a report to the parties concerned:

> "setting forth its findings and the reasons therefor and such recommendations as it deems appropriate for an equitable solution of the dispute, which the parties concerned shall consider in good faith".

---

103. J. A. Pastor Ridruejo, *supra* footnote 5, at pp. 593-596; B. R. Chauhan, *supra* footnote 20, at pp. 327-339; J. D. González Campos, L. I. Sánchez Rodríguez and P. Andrés Sáenz de Santamaría, *supra* footnote 14, at p. 825; A. Remiro Brotóns, J. Díez-Hochleitner; E. Orihuela Calatayud, L. Pérez-Prat Durbán and R. Riquelme Cortado, *supra* footnote 15, at pp. 839-840; C. P. Romano, *supra* footnote 72, at pp. 60-64; M. E. García Jiménez, "Notas sobre la conciliación: ¿Un procedimiento de arreglo pacífico de controversias internacionales con sentido actual y perspectivas de futuro?", in 9 *ADI* 57-121 (1993); J. G. Merrills, *supra* footnote 42, at pp. 62-87.

104. A. Tanzi, "Recent Trends in International Water Law Dispute Settlement", *supra* footnote 61, at pp. 154-157.

The fact that the commission is empowered to make recommendations to the parties on the merits of the dispute suggests that technically it is not so much a fact-finding commission but more a commission of conciliation [105].

Some authors have criticized the UN Convention's listing of the fact-finding commission as the only compulsory dispute settlement procedure. They maintain that the means is deficient because the commission's report is not binding and hence the dispute could remain unresolved if parties do not agree to comply with its terms. Furthermore, it only deals with the determination of the facts, whereas disputes could also relate to the interpretation and application of legal rules, such as those embodied in Articles 5 and 7 [106].

Nonetheless, the mechanism may prove useful when the disputed issue is one of fact. Special Rapporteur McCaffrey, relying heavily on technical expertise, argued that ascertaining and agreeing upon the facts involved in a dispute was a prerequisite to determining the applicable rules to the dispute [107]. In his words:

> "How can States determine whether their utilization is 'equitable and reasonable' without an agreed factual basis? And how can a State establish that it has sustained significant harm if the State that allegedly caused the harm denies that it caused it or that any harm has been suffered?" [108]

Indeed, factual questions are often at the root of water-related differences. In some cases a clear and impartial exposition of the factual information may be enough to make States fulfil their obligations. The suitability of this mechanism for disputes of technical character is highlighted by Article 26 (2) of the Spanish-Portuguese Convention of 1998. But the fact-finding or conciliation procedures are limited when the dispute involves legal issues. Only adjudication is well suited to dealing with disputes concerning the interpretation or application of international law rules.

---

105. L. Caflisch, "La Convention du 21 mai 1997 sur l'utilisation des cours d'eau internationaux à des fins autres que la navigation", *supra* footnote 29, at p. 795. See also statement of the representative of Guatemala in the Working Group of the 6th Committee (UN doc. A/C.6/51/SR.21 (1996), at *supra* footnote 9).

106. L. Caflisch, "La Convention du 21 mai 1997 sur l'utilisation des cours d'eau internationaux à des fins autres que la navigation', *ibid.*, at p. 796; J. A. Pastor Ridruejo, *supra* footnote 5, at p. 452. See also statement made by the Observer of Switzerland at the Sixth Committee (UN doc. A/C.6/51/SR.20 (1997), at p. 10, para. 47).

107. *Yearbook of the ILC*, 1990, Vol. II, Part One, at p. 66, paras. 40-43.

108. S. C. McCaffrey and M. Sinjela, "The 1997 United Nations Convention on International Watercourses", 92 *AJIL* 97-107 (1998), at p. 104.

The multiplicity of roles that mixed or joint commissions may play has led to a certain degree of confusion about the nature of, and the role played by, fact-finding commissions. In theory it seems rather simple to distinguish between fact-finding commissions, created *ad hoc* to resolve a dispute, and joint commissions which, as described above, have among their functions to implement watercourse treaties on a daily basis and provide technical expertise to co-riparian States. However, in practice the latter can and often do play a fact-finding role.

All the same, most treaties make a clear distinction between both types of institutional arrangements. For instance, Article 33 (1) of the UN Convention mentions the possibility, in order to solve a dispute, of making use of any joint watercourse institution that may have been established by the parties. Then, in paragraph 3 it envisages the creation of a fact-finding commission following the guidelines set out in paragraphs 4-9 where earlier attempts at resolving the dispute have failed.

The major drawback of fact-finding and conciliation is that they require a durable agreement among the relevant parties on the composition, functions, procedure and outcome of the commission, and that they entail expenses that must be shared by the parties. In order to avoid lack of agreement and reduce financial costs, fact-finding and conciliation are often undertaken with the assistance of multilateral institutions which place their competent staff and resources at the disposal of the disputing States to resolve disputes that fall within their field of expertise.

The World Bank Procedures for Projects on International Waterways, as revised in June 2001, is one such example [109]. As we mentioned above, the Bank is ready to assist riparians in reaching agreements for the waterways in which it has been asked to finance a project [110]. In case other riparians raise objections to the proposed project, the Bank is allowed to establish unilaterally a third-party enquiry procedure [111]. The third party is asked to assess impartially

109. The World Bank Operational Manual. Bank Procedures. Projects on International Waterways, BP 7.50, June 2001. Indeed, as A. Tanzi has noted, the World Bank "virtually encompasses the whole range of traditional means aimed at enhancing a negotiated settlement of watercourses differences between riparian concerning the potential harmful utilisation of an international watercourse" (A. Tanzi, "Recent Trends in International Water Law Dispute Settlement", *supra* footnote 61, at p. 151).

110. Rule 3 of the Operational Policies on International Waterways. See text accompanying footnote 93.

111. See particularly Rule 6 of the Operational Policies and Rules 8-12 of the World Bank Operational Manual.

the factual, technical and legal terms of the dispute and provide a written opinion to the Bank authorities solely in relation to the completion of the project.

SECTION 3 ADJUDICATIVE MEANS

Paragraph 1 Common Features

The heading of adjudicative means, also called legal means or adjudication, includes two methods involving the participation of international courts and arbitral tribunals, namely judicial settlement and arbitration. From the outset, the main advantages of adjudication over political means are to be found in the following features [112]:

Firstly, the dispute is examined by an impartial third party taking into account all relevant facts and applicable international legal rules, unless the parties have authorized it to decide *ex aequo et bono* [113].

Secondly, adjudication results in a binding decision. The award granted by the arbitral tribunal and the judgment handed down by the court are legally binding on the parties and definitive for them as *res judicata*. They shall be executed in their entirety in good faith. Therefore, adjudication can provide a definitive settlement to a particular inter-State dispute.

Thirdly, adjudication grants more equality among States involved in a dispute. The fact that the differences are acknowledged by an impartial third party acting on the basis of law and that it leads to binding decisions makes adjudication more advantageous than political means for States occupying unequal starting positions [114].

Fourthly, adjudicative means aim to interpret and apply international legal rules. Therefore, they are well suited to disputes involving legal issues, such as difficulties in determining the applicable legal rules or their interpretation and application to the particular case. At the same time, they can help to clarify the scope of international legal standards or even to consolidate emerging ones. While such decisions do not have any binding force *erga omnes*, they are often relied upon by the rest of the international community to resolve their own differences, and cited by other arbitral or judicial bodies adjudicating similar cases.

112. J. A. Pastor Ridruejo, *supra* footnote 5, at pp. 597-611 ; A. Remiro Brotóns, J. Díez-Hochleitner, E. Orihuela Calatayud, L. Pérez-Prat Durbán and R. Riquelme Cortado, *supra* footnote 15, at p. 831.
113. Article 38 (2) of the Statute of the ICJ.
114. J. A. Pastor Ridruejo, *supra* footnote 5, at p. 588.

Finally, it was argued previously that, ideally, negotiation is the best mode of resolving an international dispute. However, when the interests and claims of disputants are diametrically opposed, a negotiated settlement, even with the aid of mediators, may prove impossible. In such cases, the only way to achieve a solution can be through adjudication.

Like other dispute resolution techniques, adjudication has a strongly consensual basis. For a court or tribunal to have jurisdiction in a particular dispute, it is a prerequisite that all the States involved have given their consent, be it *a priori* or *a posteriori*. Consent may be given beforehand:

(i) through the conclusion of a general treaty of arbitration stipulating that all differences arising between them in future, or all differences within a certain category, shall be settled by this technique;
(ii) by including in a water resources treaty a dispute settlement provision on the basis of which, in the event of a disagreement over the interpretation or implementation of the agreement, the case may be referred to the ICJ or to an arbitral tribunal set up to that end; or
(iii) by the States having formulated an optional declaration recognizing as compulsory *ipso facto* the ICJ's jurisdiction in all legal disputes. In such an event, the Court would have jurisdiction when two converging unilateral declarations of acceptance without any reservations are present.

Finally, consent may also be given once the controversy has arisen. In such a case the parties may enter into a special agreement concluded expressly for the purpose of establishing an *ad hoc* tribunal or referring the question to the ICJ. Under such an agreement, the parties would express their acceptance and indicate the questions that they would be referring to the Court or the tribunal for decision.

A review of treaty practice in this field shows that States are reluctant to recognize the jurisdiction of international courts or to permit the submission of disputes to arbitration. In those treaties where adjudication is foreshadowed, an attempt to resolve the problem by diplomatic means is a prerequisite to adjudication [115]. In addition, it is fairly

115. Some other categories of treaties do not make negotiations or resort to political means a pre-condition to adjudication. As an example, Article IX of the 1948 Genocide Convention contains an unconditional compromissory clause which provides that

> "Disputes between the Contracting Parties relating to the interpretation, application or fulfilment of the present Convention, including those relating to the responsibility of a State for genocide or for any of the

unusual to allow unilateral recourse by any of the parties to the dispute. As an example, Article 33 (10) of the UN Convention indicates that

> "When ratifying, accepting, approving or acceding to the present Convention, or at any time after, a Party . . . may declare in a written instrument submitted to the Depository that, in respect of any dispute not resolved in accordance with paragraph 2, it recognizes as compulsory *ipso facto* and without special agreement in relation to any Party accepting the same obligation:
>
> *(a)* Submission of the dispute to the International Court of Justice, and/or
>
> *(b)* Arbitration by an arbitral tribunal established and operating, unless the parties to the dispute otherwise agreed . . ."

To date, only five international decisions concerning non-navigational uses of international watercourses have been adjudicated [116]. Although this is a small number, it must be considered within the context of a general suspicion vis-à-vis international adjudication [117]. Furthermore, as indicated above, some authors have argued that adjudication has proved poorly suited to resolving international watercourse disputes [118]. The treaty practice in this field and the effectiveness of arbitral and judicial decisions will now be examined.

Paragraph 2 **Arbitration**

Arbitration was defined by Article 37 of the 1907 Hague Convention (I) as follows:

> "International arbitration has for its object the settlement of disputes between States by judges of their own choice and on the basis of respect for law.

> other acts enumerated in article III, shall be submitted to the International Court of Justice at the request of any parties to the dispute."

This provision paved the way to the lodging of two applications before the ICJ, one by the Government of Bosnia and Herzegovina against Yugoslavia in 1993 *(ICJ Reports 1993)* and the other one by the Government of Croatia against the same State in 1999. (See for the text: www.icj-cij.org/icj.org/icjwww/idocket/icry/icryframe.htm.)

116. *Helmand River Cases (Afghanistan* v. *Persia)* (1872 and 1905), *Diversion of Water from the River Meuse (Netherlands* v. *Belgium)* (1937), *Lake Lanoux Arbitration (France* v. *Spain)* (1957), and, finally, the case concerning the *Gabčíkovo-Nagymaros Project (Hungary/Slovakia)* (1997).

117. Compulsory settlement of disputes has become more widespread in the last ten years, as Professor Treves has observed. See T. Treves, "Recent Trends in the Settlement of International Disputes", 1 *CEBDI* 395-436 (1997).

118. See text accompanying footnote 20, *supra*.

Recourse to arbitration implies an engagement to submit in good faith to the award."

While arbitration and judicial settlement share a number of key features, the main difference between them is that the former provides the parties with a larger degree of freedom and flexibility. The parties retain control over the formation of the tribunal by mutual agreement. Hence, they can decide what kind of tribunal will be appointed, whether it be a single arbitrator or a collegiate body, and select the judges [119]. The parties are also able to define the limits of the arbitral tribunal's powers, define the criteria to be applied in determining the dispute, draft its rules of procedure, determine how the proceedings are to be conducted and where arbitration is to be held [120]. They are meant to bear the expenses equally, so they have to decide how the cost of the proceedings will be paid.

Consequently, the parties can exercise a high degree of control over the handling of their dispute. This is one of the reasons why arbitration is frequently preferred to judicial settlement. However, arbitration also has major drawbacks, namely the time and effort involved in creating an arbitral tribunal and developing its procedures, as well as the cost of financing its operation [121].

Few treaties provide for recourse to arbitration and, even when they do, it is generally included as a residual mechanism subject to political means being exhausted [122]. Hence, direct recourse to arbitration is not possible in the majority of cases where a dispute arises between the States party to a watercourse treaty.

Although the possibility of unilateral recourse is not envisaged in the universal instruments, that is, the 1923 Geneva Convention and the 1997 UN Convention, a number of recent conventions provide for the submission of a dispute to an arbitral tribunal at the request of *any* of the parties to the dispute. Examples which can be cited include Article XVI (2) of the Columbia River Basin Treaty, Article 11 (1) of the Mahakali Treaty, Article 26 (3) of the 1998 Spanish-Portuguese Convention, Article 19 of Convention on the Protection of the Rhine, and Article 24 of the 1994 Danube Convention.

119. J. G. Merrills, *supra* footnote 41, at pp. 92-95.

120. *Ibid.*, at pp. 95-99.

121. The parties to the dispute are to pay the fees of the arbitrators, the cost of the tribunal and of the Secretariat. Cf. C. P. Romano, *supra* footnote 72, at p. 103.

122. See, *inter alia*, Article 33 (10) of the 1997 UN Convention; Article XVI (2) of the Columbia River Basin Treaty; Article 11 (1) of the Mahakali Treaty; Article 9 (4) of the Indus Waters Treaty; and Article 16 of the Convention on the Protection of the Rhine.

The composition of the arbitral tribunal to be created and its procedure can be spelled out either in the body of the treaty, an annex to the treaty, or an additional protocol. Also, parties have the option of resorting to other methods to constitute arbitral tribunals. For instance, the PCA has developed some Optional Rules for the arbitration of disputes relating to natural resources and/or the environment (effective since 19 June 2001). These rules have not yet been employed to solve any watercourse dispute.

We can derive some lessons about the effectiveness of arbitration in disputes involving water resources by studying arbitral practice. States bring a case to arbitration with the intention of obtaining a binding decision which will put an end to a longstanding dispute [123]. Indeed, arbitration seems a convenient way of eliminating what may be a persistent obstacle to friendly relations between neighbouring States. In the *Lake Lanoux* case, Spain and France had for more than forty years attempted to achieve a negotiated settlement, even through the establishment of joint institutions [124], to the controversy arising from the French desire to develop a hydroelectric scheme to exploit the waters of Lake Lanoux. Eventually, following the failure of negotiations the two countries entered into a *compromis* for the submission of the dispute to arbitration. Similarly, Afghanistan and Persia had twice requested arbitration to resolve a long-lasting dispute over the apportionment of the waters of the River Helmand, primarily for the purpose of irrigation [125].

As indicated above, arbitration is particularly appropriate for those disputes involving the determination of the legal rules to be applied; or where there is an agreed factual basis but irreconcilable claims on legal rights and duties exist. At the same time, because it is confined to a dispute on legal matters, adjudication entails a depoliticization of the controversy. However it is not clear that adjudication is suitable in resolving controversies relating to factual questions.

A decision on the basis of law was required in the previously mentioned *Helmand River* and *Lake Lanoux* cases [126]. The *Helmand River* case involved a dispute over the rights to land and water over Sistan, a riverside region shared by Persia and Afghanistan. Arbitration was requested on two occasions, in 1872 and in 1905, to resolve the dispute on the grounds of "ancient rights and present possession" [127].

123. J. G. Merrills, *supra* footnote 41, at pp. 108 and 116.
124. C. P. Romano, *supra* footnote 72, at pp. 220-225.
125. See C. A. Robb (ed.), *International Environmental Law Reports*, Vol. 1, Early Decisions, Cambridge University Press, 1999, at pp. 3-14.
126. J. G. Merrills, *supra* footnote 41, at p. 88.
127. C. A. Robb, *supra* footnote 125, at p. 9.

In the *Lake Lanoux* case, there was agreement over the law to be applied but diverging interpretations of its scope. The hydroelectric project planned by France, although intended to be located entirely in French territory, involved diversion of the waters of Lake Lanoux towards the River Ariège, thereby affecting the course of waters which naturally drained into Spanish territory via the Carol River [128]. While France offered to return to the Carol an amount of water equivalent to that which would have been diverted, Spain opposed any diversion. It argued that the French project:

> "would alter the natural conditions of the hydrographic basin of Lake Lanoux by diverting its waters to the Ariège and by thus making restitution of the waters to the Carol physically dependent upon human will, which only result in the *de facto* preponderance of one party only, rather than in the preservation of the equality of the two parties as provided for by the Treaty of Bayonne of 26 May 1866 and by the Additional Act of the same date . . .". [129]

In summary, the French project was opposed by the Spanish Government, which argued that the works affecting transboundary waters could only be executed with its consent. By contrast, France insisted on its complete freedom of action [130]. The arbitral tribunal was called to determine the obligations of the French Government in the matter. It addressed the following question:

> "Is the French Government justified in its contention that, in carrying out, without a preliminary agreement between the two Governments, works for the use of the waters of Lake Lanoux on the terms laid down in the project and in the French proposals mentioned in the preamble to this compromis, it would not commit a violation of the provisions of the Treaty of Bayonne of 26 May 1866 and of the Additional Act of the same date?" [131]

The tribunal concluded that the French project violated neither the 1866 Treaty nor the Additional Act. In terms of resolution of the underlying dispute, the Lake Lanoux arbitration has been widely praised as an example of the capacity of judicial means to resolve a dispute in a rapid, efficient and satisfactory manner [132]. An agreement

128. See C. A. Robb, *supra* footnote 125, at pp. 334-335.
129. United Nations, *Reports of International Arbitral Awards*, Vol. XII, at p. 285.
130. C. P. Romano, *supra* footnote 72, at pp. 225-232; J. G. Merrills, *supra* footnote 42, at p. 12.
131. Article 1 of the *compromis*. Reprinted in C. A. Robb, *supra* footnote 125, at pp. 344-345.
132. C. P. Romano, *supra* footnote 72, at p. 229.

was concluded in 1958 between both countries, which in fact endorsed the diversion of the waters of Lake Lanoux as initially projected by France, thereby settling the dispute for good [133]. Furthermore, the decision set out a number of principles of general international law, such as the extent of the obligation of notification and consultation among riparian States in those projects affecting boundary waters [134].

Although arbitration produces a binding decision, there is usually no guarantee that the unsuccessful party will carry out its obligations under the award [135]. There is the problem of how to ensure States enforce decisions, especially because after the arbitral award is delivered it is often necessary that the disputing States re-enter negotiations, this time taking into account the legal rules that the tribunal has ascertained as applicable. However, ensuring enforcement of the award can be problematic. The second award in the *Helmand River* case, given by Arbitrator McMahon [136], was not accepted in its entirety by the Afghan Government, and was rejected altogether by Persia, on the basis that it was more favourably treated under the previous award [137]. This outcome shows how State consent determines the resolution of a dispute, even when the outcome is legally binding on States and they would incur inter-State responsibility for non-compliance with their international obligations.

Paragraph 3 **Judicial Settlement**

Judicial settlement is conducted via the permanent international judicial organs, which pronounce decisions based on international legal rules following a process laid down for all on a permanent basis. Unlike arbitration, in judicial settlement the parties resort to a pre-existing tribunal and are only empowered to appoint an *ad hoc* judge under certain conditions. They are governed by the rules of procedure of the international tribunal. The advantages of judicial settlement are that the parties need only recognize the jurisdiction of the Court without requiring further agreement on any points, making it less expensive and time-consuming than arbitration. Furthermore, inte-

133. C. P. Romano, *supra* footnote 72, at pp. 227-228.

134. C. A. Robb, *supra* footnote 125, at pp. 372-385.

135. J. G. Merrills, *supra* footnote 41, at p. 118.

136. For the background and the text of the award see C. A. Robb, *supra* footnote 125, at pp. 3-14.

137. The first award was delivered by Arbitrator Goldsmith in 1872. Although it was accepted by both parties, changes occurred in the Helmand River and its tributaries causing further disputes so a new arbitration was requested. See C. A. Robb, *supra* footnote 125, at pp. 4-5.

gration of a tribunal into an international organization (like the United Nations, in the case of the ICJ) can offer an additional guarantee in relation to the implementation of decisions[138]. In many other respects, the characteristics of judicial settlement are very similar to those of arbitration, which have been outlined previously. Among the different judicial bodies which currently exist, the only one capable of dealing with disputes relating to water resources is the ICJ (although its predecessor, the PCIJ, also undertook this role).

As to treaty practice in this field, we observe that recourse to the ICJ has been avoided in most recent watercourse conventions. When it is foreshadowed, such clauses do not constitute *per se* an authorization to take a dispute before the ICJ. On the contrary, the jurisdictional avenue is only open by way of specific agreement rather than unilateral recourse. Therefore, such clauses have the effect of encouraging recourse to the ICJ but they do not provide for it. Furthermore, the text of such clauses reflects the general preference of States for arbitration over judicial settlement. This is exemplified by Article 33 (10) of the UN Convention and Article 24 of the Danube Convention. According to the latter, if parties to a dispute have not been able to settle it by non-adjudicative means, the dispute shall be submitted for compulsory decision to either the ICJ or arbitration in accordance with Annex V to the Convention[139], on the understanding that if at least one of the parties has not expressly accepted the jurisdiction of the Court, it is considered to have accepted the arbitration[140]. Where both procedures have been accepted by States party to a controversy, normally the jurisdiction of the ICJ would prevail, unless the parties agree otherwise[141].

So far the PCIJ/ICJ has only rendered two decisions involving non-navigational uses of international watercourses. The first decision was in 1937, in the case concerning the *Diversion of Water from the River Meuse (Netherlands* v. *Belgium)*, and the other 60 years later, in the

138. See in this respect Article 94 (2) of the United Nations Charter:

> "If any party to a case fails to perform the obligations incumbent upon it under a judgement rendered by the Court, the other party may have recourse to the Security Council, which may, if it deems necessary, make recommendations or decide upon measures to be taken to give effect to the judgement."

139. Paragraph 2 *(a)* of the 1994 Convention on Cooperation for the Protection and Sustainable Use of the Danube River.

140. Paragraph 2 *(e)* of the same instrument.

141. Article 24 (2) *(c)* of the Danube Convention reads as follows:

> "If the parties to the dispute have accepted both means of dispute settlement [arbitration and recourse to the International Court of Justice] . . . the dispute shall be submitted to the International Court of Justice, unless the parties agree otherwise."

case concerning the *Gabčíkovo-Nagymaros Project (Hungary/Slovakia)*. This lengthy refrain vis-à-vis judicial settlement of issues concerning water resources is somewhat surprising, given the significantly increased level of acceptance of the jurisdiction of the Court over the last decade. Furthermore, recourse to the ICJ is provided for in other treaties dealing with sensitive issues such as human rights protection [142] or regulating the allocation of shared natural resources, like the 1982 Convention on the Law of the Sea. To a certain extent, the situation can be seen as a legacy of the general tendency to reject binding resolution of international problems which developed during the Cold War [143]. However, in spite of this, two former Eastern bloc countries, Hungary and Slovakia, concluded a *compromis* for the purpose of bringing their dispute over the Danube before the ICJ in 1993.

The role of the World Court in helping to resolve the underlying disputes has been widely criticized in both the *River Meuse* and *Gabčíkovo-Nagymaros* cases. In fact the *compromis* concluded by the parties asked the Court to determine the legal parameters which would then form the basis of a negotiated settlement. For example, in the *River Meuse* case, the Netherlands basically asked the Court to adjudge and declare that the diversion works carried out by Belgium were in violation of the treaty concluded in 1863 between both countries [144]. The Netherlands also requested the Court to order Belgium to discontinue all the works in breach of the 1863 treaty and to restore all conditions to those consistent with the treaty [145]. The Belgian Government rejected the Dutch claim, asking the Court to declare the submission ill founded and at the same time filing a counter-claim inviting the Court

142. A number of conventions concerning human rights protection adopted by the United Nations contain a compromissory clause accepting the jurisdiction of the ICJ for matters concerning the interpretation or application of their provisions. Examples include the 1965 Convention on the Elimination of All Forms of Racial Discrimination; the 1973 Convention on the Suppression and Punishment of the Crime of *Apartheid*; the 1979 Convention on the Elimination of All Forms of Discrimination against Women; and the 1984 Convention against Torture and Other Cruel, Inhuman or Degrading Treatment or Punishment.

143. L. Caflisch, "La Convention du 21 mai 1997 sur l'utilisation des cours d'eau internationaux à des fins autres que la navigation", *supra* footnote 28, at p. 796. However, compromissory clauses contained in various treaties have been accepted by a number of States since the collapse of Communism. See J. A. Pastor Ridruejo, *supra* footnote 5, at p. 587.

144. Treaty between Belgium and the Netherlands for the Regulation of Drawings of Water from the Meuse, The Hague, 12 May 1863. This Treaty was concluded in order to "settle permanently and definitively the regime governing diversions of water from the Meuse for the feeding of navigation canals and irrigation channels".

145. *Diversion of Water from the River Meuse (Belgium* v. *Netherlands), Judgment, 1937, PCIJ, Series A/B, No. 70*, at 28.

to adjudge and declare that the works performed by the Netherlands were in breach of the same treaty. Thus, both parties ascertained the same instrument as a source of rights and duties but differed in their interpretation of its scope. What they needed was a judgment which preserved the equality between them and might serve to facilitate their future negotiations.

In a quite similar fashion, the dispute over the *Gabčíkovo-Nagymaros Project* revolved around the 1977 Treaty between Hungary and Czechoslovakia. In the Special Agreement concluded to refer the dispute to the ICJ, they asked the Court to decide: (i) whether Hungary was entitled to suspend and, in 1989, abandon its part of the works set out by the 1977 Treaty; (ii) whether Slovakia was entitled to proceed to the alternative solution known as Variant C, and later put it into operation; (iii) what the legal effects of the notification of 19 May 1992 of the termination of the 1977 Treaty by Hungary were; and (iv) what were the legal consequences, including the rights and obligations of the parties, arising from the judgment [146]. In answering these questions the Court was expected to apply the 1977 treaty and "rules and principles of general international law, as well as such other treaties as the Court may find applicable" [147]. Finally, the disputing parties had decided that immediately after the transmission of the judgment they would enter into negotiations on the modalities for its execution [148].

Therefore, the Court itself was not expected to resolve the disputes but to assist the parties in reaching a negotiated settlement, through the determination of the applicable legal rules and their scope. However, a definitive agreement in the *River Meuse* case was not achieved until 1995, and in the *Gabčíkovo-Nagymaros* case the dispute currently remains unresolved.

The Court has also been criticized for resolving these disputes on the basis of the law of treaties and the law of State responsibility without acknowledging the emerging rules of the law of international watercourses and environmental law, in spite of the evidence submitted by the parties [149]. It is perhaps not surprising that the Court would apply the law with which it is most familiar. As previously noted, on the basis of the agreements, the role of the Court was confined to ascertaining the legal rules, and that was what it did. In the

146. Article 2 of the Special Agreement for Submission to the International Court of Justice of the Differences between Hungary and the Slovak Republic concerning the Gabčíkovo-Nagymaros Project, done at Brussels, 7 April 1993. Text reprinted in 32 *ILM* 1293-1297 (1993).

147. *Ibid.*

148. *Ibid.*

149. C. P. Romano, *supra* footnote 72, at p. 252.

Gabčíkovo-Nagymaros case, the Court declared the legality and illegality of the conduct of both parties and the validity of the disputed 1977 treaty [150].

Perhaps the major source of disappointment to environmental law experts was that the Court paid scarce attention to the scientific data submitted by the parties in the *Gabčíkovo-Nagymaros* case and did not assess certain environmental implications. However, such a criticism is not completely justified. Indeed the Court took into account a number of principles in the watercourse and environmental fields [151]. It recognized *inter alia* the existence of a principle of "ecological necessity", whereby a State may seek to preclude responsibility for otherwise wrongful acts by invoking the law of State responsibility [152]. The Court also recalled the principle of a "community of interests", asserted by the PCIJ in the case concerning *Territorial Jurisdiction of the International Commission of the River Oder* (1929) with regard to navigation in international rivers [153], and applied it to non-navigational uses [154]. In doing so, the Court referred to the 1997 UN Convention confirming the nature of customary rule of the principle of the equitable and reasonable utilization of watercourses [155]. Last but not least, the Court stressed the suitability of negotiations and co-operation between riparian States. Hungary and Slovakia were requested to conduct negotiations to ensure compliance by each side with the 1977 treaty to find "an agreed solution that takes into account the [1997] Treaty . . . as well as the norms of international environmental law and the principles of the law of international watercourses" [156].

In spite of this, what the Court was expected to say and did not say in the decision rendered on the *Gabčíkovo-Nagymaros* case fuelled

---

150. In the words of the ICJ:

> "Hungary and Slovakia must negotiate in good faith in the light if the prevailing situation, and must take all necessary measures to ensure the achievement of the objectives of the Treaty of 16 September 1977, in accordance with such modalities as they may agree upon." (Case concerning the *Gabčíkovo-Nagymaros Project*, at p. 83, para. 2 (B).)

See in this respect, A. Tanzi, "Recent Trends in International Water Law Dispute Settlement", *supra* footnote 61, at pp. 157-164.

151. P. Sands, "Watercourses, Environment and the International Court of Justice: The Gabčíkovo-Nagymaros Case", in S. M. A. Salman and L. Boisson de Chazournes, *supra* footnote 5, at pp. 103-107.

152. Case concerning the *Gabčíkovo-Nagymaros Project*, Judgment, paras. 51-53.

153. *Diversion of Water from the River Meuse*, Judgment, at p. 27.

154. Case concerning the *Gabčíkovo-Nagymaros Project*, Judgment, para. 85.

155. See text accompanying footnote 7 *supra*.

156. Case concerning the *Gabčíkovo-Nagymaros Project*, Judgment, para. 141.

criticism in relation to the lack of expertise of the bench in dealing with technical or environmental issues and consequently the suitability of the ICJ for resolving disputes relating to the environment or watercourses. As a result, there have been numerous calls for the establishment of an international environmental court, similar to the International Tribunal for the Law of the Sea (ITLOS)[157]. However, the implementation of such a proposal would doubtless be faced with many technical difficulties, as well as a probable lack of political will from States.

In addition, there are other, more basic problems. Firstly, a detailed evaluation of whether such a court would really be able to deliver what would be expected of it would need to be made. Cases which might be referred to it are typically not solely related to either environmental law or the law of non-navigational uses of international watercourses, but also involve other areas of international law, such as the law of treaties, inter-State responsibility, human rights protection, the law of the sea, delimitation of international boundaries, threat of the use of force in international relations, State succession, and trade law[158].

Secondly, it would be necessary to determine if a sectoral court is truly required or whether it would be sufficient to change the current approach by making better use of experts in different areas, such as hydrology and engineering, in resolving disputes on highly technical cases.

Finally, it would be necessary to consider the creation of a new tribunal within the context of the proliferation of judicial and quasi-judicial bodies already dedicated to the resolution of international disputes. These include *inter alia* the aforementioned ITLOS, the Appellate Body of the World Trade Organization, the European Court of Human Rights (ECHR), the Inter-American Court of Human Rights, and the Court of Conciliation and Arbitration established under the aegis of the Organization for Security and Co-operation in Europe (OSCE).

This proliferation has given rise to a phenomenon known as "forum shopping", in which States are able to refer disputes to a wide range of

157. Authors that have more strongly advocated the establishment of an international environmental court at the global level include Alfred Rest and Amedeo Postiglione. See A. Postiglione, "An International Court for the Environment?", 23 *Environmental Policy and Law* 73-78 (1993); A. Rest, "The Indispensability of an International Environmental Court", 7 *RECIEL* 63-67 (1998). For an argument against the establishment of an international environmental court, see E. Hey, "Reflections on an International Environmental Court", the Permanent Court of Arbitration/Peace Palace Papers, *International Investments and Protection of the Environment. The Role of Dispute Resolution Mechanisms*, Kluwer Law International, 2001, pp. 270-301.

158. E. Hey, *op. cit.*, at pp. 275-281.

bodies with expertise in the relevant field. While the co-existence of various law-based *fora* does provide some advantages (including a greater likelihood of experimentation within and deepening of particular areas of international law)[159]; it also gives rise to a risk of fragmentation within international law with inconsistent or even contradictory developments of its rules, which can then cause confusion as to the actual contents of the law[160]. From a practical point of view, it is also possible in matters of justice to question the usefulness of the creation of another new judicial body. For instance, the dispute-settlement mechanism established by the OSCE has not been used to date with Hungary and Slovakia preferring to bring their differences before the ICJ.

Confronted with these criticisms and the spread of environmental law, the ICJ (acting under Article 26 (1) of its Statute[161]) established in 1993 the "Chamber of the Court for Environmental Matters" (CEM)[162]. It is composed of seven judges elected by secret ballot, and is empowered to deal with any environmental case falling within its jurisdiction. Although the CEM was ready to receive applications as of 6 August 1993, to date no cases have been brought before it. This is not surprising given that the judges comprising the Chamber are exactly the same as those in the full Court aside from the fact that they do not possess expertise in the field of environmental law. Hence, there has been little interest in bringing cases before this particular forum[163].

SECTION 4 SOME FINAL REMARKS

From the foregoing discussion we can infer that international law provides a variety of procedures available for States to clarify facts, to improve their relations, and to avoid or settle disputes. These procedures may also be employed to settle inter-State controver-

159. See P. M. Dupuy, "The Danger of Fragmentation or Unification of the International Legal System and the International Court of Justice", 31 *New York University Journal of International Law and Politics* 791-807 (1999); G. Abi-Saab, "Fragmentation or Unification: Some Concluding Remarks", *ibid.*, pp. 919-933.

160. See G. Guillaume, "The Future of International Judicial Institutions", 44 *Int'l & Comp. L. Quart.* 848-862 (1995).

161. On the basis of which:

> "The Court may from time to time form one or more chambers, composed of three or more judges as the Court may determine, for dealing with particular categories of cases, for example labor cases and cases relating to transit and communications."

162. ICJ Press Communiqué No. 93/20, 19 July 1993. For further information see C. P. Romano, *supra* footnote 72, at pp. 122-125.

163. C. P. Romano, *ibid.*, at pp. 124-125.

sies over shared water resources. Co-riparian States may resort to them either on the basis of the treaties to which they are party or on the basis of customary international law.

As indicated above, the law governing international watercourses contains few rules and provides great flexibility to States to jointly apportion and manage shared resources via mutual agreement. In cases where a dispute arises, the States concerned should attempt to resolve it amicably. A survey of State practice reveals a preference for political means over adjudication. But when face-to-face negotiations have failed, it may be necessary to resort to other means involving third-party intervention.

Indeed, political means involving third-party intervention, namely good offices, mediation, fact-finding or conciliation, do not differ much from negotiations in so far as they require consent to be set in motion and to be effective. The impartial third party would attempt to accommodate States' positions so they can find a solution acceptable to both disputants. In summary, political means involving third-party intervention are basically aimed at assisting States to reach a negotiated settlement. Obviously, if the disputing States lack the political will to resolve their differences, they can reject the solution proposed and the dispute may remain unresolved. From this point of view, it is advisable to envisage the possibility of unilateral, compulsory recourse to adjudication. Its main advantage is that it facilitates a binding settlement which the parties must fulfil in good faith.

However, in spite of its binding character, adjudication contains major shortcomings which do not make it particularly appropriate for dealing with all disputes over shared water resources. The flexibility present in the law of international watercourses, the scarcity of rules, and the specificities involved mean that adjudication cannot replace a negotiated settlement[164]. The main function of adjudication is to interpret and apply legal rules in cases where the disputants cannot overcome their differences by negotiation, due to irreconcilable appreciations of the content and scope of such rules.

In fact, States often resort to adjudication to obtain guidance on the relevant legal parameters, which can then assist them in resolving their disputes by mutual agreement. Thus, the outcome of adjudication

---

164. This is a common feature of the disputes concerning shared natural resources. In 1974, in the *Fisheries Jurisdiction* cases, the ICJ stated that it is a "proper exercise of the judicial function" to refer the parties to a negotiated settlement, on account of the particular nature of the rights involved, and to set forth binding terms of reference for those negotiations, taking into account economic, social and ecological factors. See *Fisheries Jurisdiction (United Kingdom* v. *Iceland)*, Judgment of 25 July 1974, *ICJ Reports 1974*, p. 33, para. 78.

requires further agreement. Leaving aside the consequences of non-compliance with the award in terms of international responsibility, this agreement will only be concluded when States are willing to co-operate.

It should be noted that the role of the arbitral tribunal or the international court is confined to resolution of the case on legal grounds. The adjudicative body does not take into account the political or economic background of the differences which prevent them from reaching an agreement. Given this, it is perhaps not surprising then that an agreement has yet to be achieved in the *Gabčíkovo-Nagymaros* case and that a definitive, comprehensive treaty on the River Meuse was not concluded until some 60 years after the award.

Furthermore, as we mentioned above, adjudication permits evaluation of the legality of facts in relation to the applicable legal rules, where there is no disagreement about the factual issues. So adjudication essentially requires a minimal level of agreement over facts and is not practicable when one of the parties denies the existence of a dispute or when the versions of facts given differ broadly. In such cases, resolution at the technical level, within the context of mixed commissions or through the establishment of an *ad hoc* fact-finding commission, is probably the most suitable technique.

As we know, joint commissions are meant to deal with the differences among co-riparians on a day-to-day basis, so within their context international disputes are frequently avoided or settled. It is of the utmost importance that States agree to co-operate to avoid disputes by setting in motion joint commissions with monitoring, investigation, implementation and advisory powers. But in some cases a dispute cannot be settled at the technical level. Watercourse conventions embody a large number of legal duties. To recall an example, the 1997 UN Convention refers to the principle of equitable and reasonable utilization and the obligation not to cause significant harm. In such cases, adjudication is undoubtedly the best avenue.

Between the two modes included under the heading of adjudication, arbitration seems preferable to judicial settlement for handling those disputes which raise highly technical issues. This is because the parties can, voluntarily and on the basis of mutual agreement, select the arbitrators that they deem to have the most appropriate technical expertise and determine for themselves the material substantive law as well as the procedure to be followed. We do not consider the establishment of a new court necessary since the current judicial or quasi-judicial bodies with jurisdiction on all or some areas of international law provide a wide enough range of avenues to settle inter-State disputes over water resources. Indeed, some of them are under-utilized. In order to improve their performance of judicial functions, they should make better use of expert technical advice.

In summary, if States want to resolve their controversies involving watercourses it is necessary to complement the advantages of each category of techniques. Adjudication should be resorted to only when attempts to settle a dispute at the technical level have failed. Hence, adjudicative and non-adjudicative means are to be regarded as complementary. In affirming this we advocate an integrated approach to dispute resolution as preconized by A. Tanzi [165]. A wide range of possibilities should be made available to the parties, including unilateral recourse to adjudication. One major failure of the 1997 UN Convention is that it does not leave the door open to adjudication. But we must recall that this is a framework convention which does not preclude the adoption of bilateral or regional instruments [166]. States should attempt to provide unilateral recourse to adjudication in every basin-focused instrument they may adopt in the future in order to facilitate the settling of disputes.

165. A. Tanzi, "Recent Trends in International Water Law Dispute Settlement", *supra* footnote 61, at pp. 162-163.

166. Article 3, paragraphs 1-3, of the 1997 UN Convention contains a "clause of relation" between current or future agreements and the UN Convention. The formula adopted seems to give preference to previous agreements. While paragraph 1 provides that the Convention will not affect the rights and obligations deriving for States parties from *pre-existing* agreements, paragraph 2 merely indicates that States parties to the UN Convention which are also parties to any such agreement "may, when necessary, consider harmonizing such agreements with the basic principles of the present Convention". In respect of *future* agreements, paragraph 3 provides that its parties may conclude agreements which "apply and adjust" its provisions to the specific features of a particular watercourse.

10 Nouvelles tendances en matière de règlement pacifique des différends relatifs aux ressources en eau douce internationales

Jochen Sohnle *

SECTION 1 INTRODUCTION

Le XXIe siècle se caractérise par un potentiel conflictuel interétatique croissant en matière de ressources en eau douce. Ces conflits non seulement apparaissent entre pays limitrophes qui font valoir des droits concurrents sur des ressources naturelles partagées mais dépassent aussi les relations de voisinage. En effet, l'eau et sa raréfaction sont hautement susceptibles de constituer une cause de conflit entre régions déficitaires en eau et régions disposant de ressources suffisantes. Dans ce contexte, la mise en œuvre de deux sortes de règles s'avère indispensable: règles de fond susceptibles de régir le partage des ressources en eau douce et règles relatives à la résolution pacifique des différends. Il est révélateur, à cet égard, que lors de l'élaboration de la Convention de New York sur les cours d'eau internationaux à des fins autre que la navigation du 21 mai 1997, texte fondamental de codification et de développement du droit international en la matière, les règles de fond (articles 5 à 7), d'une part, et le règlement des différends (article 33), d'autre part, aient été le plus âprement discutés, littéralement jusqu'à la dernière minute des travaux. Le lien entre ces deux catégories de règles du droit des cours d'eau internationaux semble indissociable [1]. Le présent chapitre ne traitera que du second de ces deux aspects, à savoir le règlement pacifique des différends, en accor-

* Docteur en droit. Maître de conférences à la faculté de droit et d'économie de l'Université de Savoie.

1. Comparer L. Caflisch, «Règles générales du droit des cours d'eau internationaux», *Recueil des cours*, tome 219 (1989), p. 207; *id.*, «La Convention du 21 mai 1997 sur l'utilisation des cours d'eau internationaux...», *AFDI*, 1997, pp. 768, 793-795; Attila Tanzi, «The UN Convention on International Watercourses as a Framework for the Avoidance and Settlement of Waterlaw Disputes», *Leiden Journal of International Law (LJIL)*, 1998, p. 468; J. Sohnle, *Le droit international des ressources en eau douce: solidarité contre souveraineté*, La documentation française 2002, pp. 65-72.

dant une importance particulière aux conventions de codification, notamment à la Convention de New York précitée, ainsi qu'à la pratique conventionnelle générale en matière de ressources en eau douce[2].

Le règlement pacifique des différends est sans aucun doute une obligation générale supérieure du droit international, confirmée par la Charte des Nations Unies, qui couvre également les conflits sur l'eau[3]. Toutefois, dans le cas d'un tel conflit persistant, y a-t-il des obligations qui dépassent celles qu'indique — très généralement — l'article 33 de la Charte des Nations Unies ? A défaut de clause conventionnelle particulière, il ne semble pas qu'il y ait en droit international une obligation imposant de recourir à des modes particuliers de règlement[4]. Les Etats demeurent donc libres dans le choix des moyens, choix difficile dans la mesure où il doit recevoir l'accord de toutes les parties au litige. Les controverses lors de l'élaboration de la Convention de New York ont démontré qu'aucun consensus n'existe dans ce domaine. C'est pourquoi, dans l'ensemble, le droit de l'utilisation des cours d'eau internationaux à des fins autres que la navigation s'inspire des techniques générales du droit international des conflits. Toutefois, cette spécialité génère également des conceptions innovatrices, se manifestant dans le régime international du règlement pacifique des différends qui oscille entre conformisme et atypie (section 2). Une seconde tendance innovatrice résulte d'un dépassement des contours traditionnels du droit international public : le règlement des différends fait, au moins en partie, l'objet d'une privatisation (section 3).

SECTION 2 LE RÈGLEMENT INTERÉTATIQUE ENTRE CONFORMISME ET ATYPIE

Le droit des cours d'eau internationaux adopte d'abord une perspective conformiste dans la mesure où les modes établis de règlement des conflits persistent suivant la séquence classique : négo-

2. Il s'agit essentiellement des traités sur l'eau. Les traités qui visent spécifiquement le règlement pacifique des différends et qui peuvent comporter des clauses sur les cours d'eau partagés seront également pris en compte : voir par exemple la Convention du 15 juillet 1937 concernant la procédure pour l'investigation et le règlement d'incidents et de différends frontaliers (URSS-Turquie), protocole 2.

3. B. Kasme, « L'obligation de règlement des différends relatifs aux cours d'eau internationaux », *Liber Amicorum Judge Mohammed Bedjaoui*, Kluwer Law International, La Haye, 1999, p. 185.

4. Sur la nature particulière de l'obligation en matière aquatique, comparer le Protocole du 5 janvier 1910 relatif à la question de la compétence sur la rivière Plate (Argentine-Uruguay), par. 3 ; les Règles d'Helsinki sur les utilisations des eaux des fleuves internationaux, International Law Association (ILA), 1966, art. XVII, XXVI.

ciation, règlement diplomatique et règlement juridictionnel[5] (paragraphe 1). Toutefois, une analyse plus approfondie démontre que, dans la réalité, les étapes de cette séquence traditionnelle ne se présentent pas toujours dans la chronologie annoncée, et que les mécanismes inhérents à chacune de ces trois catégories de situations s'interpénètrent. L'effacement des distinctions établies entre les modes de règlement des différends révèle donc l'existence d'une atypie par rapport au modèle de référence (paragraphe 2).

Paragraphe 1 **L'aspect conformiste : la persistance des modes classiques de règlement des conflits**

La pratique internationale en matière de gestion des cours d'eau internationaux va procéder d'une manière classique pour résoudre les différends. Après l'échec des négociations elle propose deux modalités de règlement des différends, mises en œuvre soit successivement soit alternativement, à savoir le règlement diplomatique (A) et le règlement juridictionnel (B).

A. Règlement diplomatique

Les modes diplomatiques ou non juridictionnels de règlement pacifique des différends aboutissent généralement à une décision non obligatoire pour les parties. Dans la pratique conventionnelle, ces modes peuvent constituer la première phase applicable à un conflit[6] ou la modalité exclusive de règlement des différends[7].

---

5. Les Règles d'Helsinki (art. XVII-XXXVII) recommandent une telle série de moyens de règlement auxquels les parties sont invitées à recourir successivement. Voir aussi : Résolution de Salzbourg relative à l'utilisation des eaux internationales non maritimes, Institut de droit international (IDI), 11 septembre 1961, art. 6, 8 ; Rapport de Tokyo sur la prévention et le règlement des conflits en matière d'utilisation des eaux d'un bassin de drainage international, ILA, 1964, art. I-V ; Projet de Convention européenne du 13 mars 1974 relative à la protection des cours d'eau internationaux contre la pollution, art. 22 et annexe A (arbitrage).

6. Convention d'Helsinki du 17 mars 1992 sur la protection et l'utilisation des cours d'eau transfrontières et des lacs internationaux (ci-après Convention d'Helsinki), art. 22, par. 1 ; Convention du 29 juin 1994 sur la protection du Danube, art. 24, par. 1 et 2, al. *a)* ; Convention du 30 novembre 1998 sur la protection et l'utilisation durable des eaux des bassins hydrographiques (Espagne-Portugal), art. 26, par. 1 ; Convention du 12 avril 1999 sur la protection du Rhin, art. 16.

7. Accord du 16 septembre 1994 (création de la Commission permanente des eaux du bassin du fleuve Okavango) (Angola-Botswana-Namibie), art. 7, par. 4 ; Accord du 9 février 1995 (Commission trinationale pour le développement du bassin Río Pilcomayo) (Argentine-Bolivie-Paraguay), art. XIV ;

L'article 33 respectivement du Projet d'articles de la Commission de droit international (CDI) de 1994 sur les utilisations des cours d'eau à des fins autres que la navigation[8] et de la Convention de New York, particulièrement élaboré et résultat d'une négociation mondiale complexe, pourrait servir de modèle. Cette disposition établit une procédure détaillée à caractère supplétif[9].

Deux catégories de situations peuvent s'ensuivre pour régler un différend : la première, à caractère préventif, s'impose à la demande de seulement l'une des parties, l'autre ayant consenti préalablement à la naissance du différend (par l'adoption de la Convention de New York) (procédure dite d'enquête, voir ci-après paragraphe 2, lettre B) ; la seconde dépend de l'accord des parties qui se réalise à propos d'un différend déjà né.

Dans cette seconde hypothèse, les parties disposent de quatre voies à mettre en œuvre d'un commun accord : solliciter les bons offices d'une tierce partie[10], lui demander d'intervenir à des fins de médiation[11] ou de conciliation, recourir à toute institution mixte établie, soumettre le différend à une procédure juridictionnelle[12]. Cette solution reflète sans aucun doute le droit international de l'eau. B. R. Chauhan recense en 1981 de nombreux traités sur l'eau qui consacrent l'une ou

---

Accord du 5 avril 1995 (développement durable du bassin du Mékong) (Cambodge, Laos, Thaïlande, Vietnam), art. 35 ; Traité du 12 décembre 1996 (partage des eaux du Gange) (Bangladesh, Inde), art. VII.

8. Un article relatif au règlement des différends ne figure pas encore dans le Projet de la CDI de 1991 (critique : L. Caflisch, *op. cit.*, *AFDI*, 1997, pp. 763-765), il sera seulement inséré dans le Projet de 1994.

9. Projet CDI 1994, art. 33, al. 1, et comm. 1 ; Convention du 21 mai 1997, art. 33, par. 1. Voir aussi « Comptes rendus analytiques du groupe de travail plénier chargé d'élaborer une convention-cadre sur le droit relatif aux utilisations des cours d'eau internationaux à des fins autres que la navigation » (ci-après « C/R Sixième Commission »), 1997, SR.62, n° 76 ; Règles d'Helsinki, ILA, 1966, art. XVIII, XXXVII.

10. Dans l'affaire *Sandoz* (1986), le Gouvernement suisse s'était montré prêt à offrir ses bons offices dans les négociations qui réunissaient toutefois essentiellement des personnes infraétatiques, voir A. Kiss, *Droit international de l'environnement*, Paris, Pedone, 1989, pp. 194-196 ; A. Schwabach, « The Sandoz Spill : The Failure of International Law to Protect the Rhine from Pollution », *Ecology Law Quarterly (ELQ)*, 1989, p. 443 ; Devereaux F. McClatchey, « Chernobyl and Sandoz One Decade Later : The Evolution of State Responsibility for International Disasters, 1986-1996 », *Georgia Journal of International and Comparative Law (GJICL)*, 1996, pp. 659 ss. (voir aussi *infra* section 3, paragraphe 2).

11. Médiation de la BIRD dans le conflit Inde-Pakistan au sujet du litige relatif aux eaux de l'Indus, aboutissant au Traité du 19 septembre 1960 conclu entre le Pakistan, l'Inde et la BIRD, un succès dû avant tout aux ressources financières que cet organisme a pu mettre à la disposition des parties.

12. Convention du 21 mai 1997, art. 33, par. 2 ; voir aussi Projet CDI, 1994, art. 33, al. *a)* et *b)*, et comm. 2, 4.

l'autre de ces modalités, y compris l'enquête [13]. La Convention de New York codifie ce point, mais n'apporte pas de détails sur les modalités concrètes de ces modes de règlement des conflits.

Les organisations internationales, surtout les organes de la famille des Nations Unies, ainsi que les commissions mixtes de gestion de l'eau, sont particulièrement sollicitées dans le règlement des différends (voir aussi ci-après) [14]. Si le recours à ces organisations semble être approprié, son efficacité peut être anéantie dans le cas d'une représentation paritaire ou d'un droit de veto des parties. Dans ce contexte, il convient de préciser que l'article 8 relatif à la coopération de la Convention de New York a fait l'objet d'un complément (devenu le paragraphe 2 de cet article) par rapport au projet de la CDI de 1994 reconnaissant l'utilité d'organismes mixtes. En revanche, l'inclusion dans la même disposition d'une liste de tâches exercées par les organismes mixtes n'a pas été retenue. Cette liste comprenait notamment un point *f)* relatif à des mesures et à des procédures pour la prévention et le règlement des différends [15].

B. Règlement juridictionnel

Le règlement juridictionnel, en raison de son caractère contraignant fort redouté, n'apparaît en pratique qu'à titre exceptionnel pour régler les conflits sur l'eau [16], bien qu'il soit prévu par un nombre considérable de clauses introduites à cet effet dans les traités. Le recours à un règlement juridictionnel vise essentiellement l'arbitrage, parfois le choix étant ouvert en faveur du recours à une juridiction permanente [17]. En présence de clauses obligatoires automatiques, ces recours peuvent être déclenchés par une seule partie [18].

---

13. Chauhan, *Settlement of International Water Law Disputes in International Drainage Basins*, Berlin, Erich Schmitt Verlag, 1981 : médiation : 5 accords (p. 326) ; enquête et conciliation dans le cadre d'organismes mixtes : 66 accords (pp. 332-339) ; recours à une organisation internationale : 6 accords (pp. 373, 374) ; recours aux modes diplomatiques en général : 47 accords (pp. 382-386).

14. Comparer Chauhan, *op. cit.*, pp. 367-375 ; St. McCaffrey, « A Human Right to Water : Domestic and International Implications », *Georgetown International Environmental Law Review (GIELR)*, 1992, p. 16. Dans le domaine juridictionnel, voir titre suivant.

15. C/R Sixième Commission 1997, SR.52, n°s 65, 66, et SR.57, n°s 1-11. Liste : doc. A/C.6/NUW/WG/CRP.84.

16. Déclaration de Montevideo du 24 décembre 1933, par. 10 ; Règles d'Helsinki, ILA, 1966, art. XXXIV.

17. Convention d'Helsinki du 17 mars 1992, art. 22, par. 2.

18. Traité du 13 mars 1992 (bassin du fleuve Komati), Swaziland, Afrique du Sud, art. 16, par. 2 ; Traité du 13 mars 1992 (établissement de la Commission des eaux commune), Swaziland, Afrique du Sud, art. 7, par. 2 ;

Bien évidemment, la décision juridictionnelle s'impose aux parties[19].

Dans le cadre de la Convention de New York, le règlement juridictionnel constitue l'une des alternatives consensuelles de règlement et s'offre au choix au même titre et au même moment (après la naissance du différend) que les bons offices, la médiation et la conciliation (art. 33, par. 2). Toutefois, il se distingue de ces modes de règlement par le fait qu'il peut faire l'objet, lors de l'expression de l'Etat d'être lié par la Convention, ou à tout moment par la suite, et sous réserve de réciprocité, d'une déclaration d'acceptation obligatoire automatique de la soumission du litige à la Cour internationale de Justice (CIJ) ou à l'arbitrage, conformément à l'annexe de la Convention[20].

A défaut de cette déclaration et suite à la naissance d'un différend, un accord des deux parties est nécessaire, un accord qui a fait l'objet de critiques. En effet, il est peu probable qu'après un premier échec, celui de la procédure dite d'enquête impartiale (voir ci-après paragraphe 2, lettre B), les parties s'entendent pour renvoyer le différend au règlement juridictionnel. Cette critique explique les efforts (qui n'ont pas été couronnés de succès) de certaines délégations gouvernementales d'intégrer le recours juridictionnel automatique à caractère préventif dans le dispositif obligatoire de la Convention au lieu de le faire dépendre d'une déclaration spécifique préalable[21]. Toutefois,

---

Convention du 29 juin 1994 (protection du Danube), annexe V, par. 2, al. *a)*; Protocole du 28 août 1995 (systèmes de cours d'eau en Afrique australe), art. 7, par. 1; Convention du 12 avril 1999 (protection du Rhin), annexe, par. 7.

19. Traité du 24 octobre 1986 (projet d'eau des montagnes de Lesotho) (Lesotho, Afrique du Sud), art. 16 (15 *b)*); Traité du 13 mars 1992 (bassin du fleuve Komati) (Swaziland, Afrique du Sud), art. 16, par. 6; Traité du 13 mars 1992 (établissement de la Commission des eaux commune) (Swaziland, Afrique du Sud), art. 7, par. 6; Convention du 30 juin 1994 (organisation des pêcheries du lac Victoria) (Kenya, Tanzanie, Ouganda), art. XXII; Protocole du 28 août 1995 (cours d'eau en Afrique australe), art. 7, par. 2, al. *b)*; Traité du 12 février 1996 (développement intégré de la rivière Mahakali) (Inde, Népal), art. 11, par. 3. Voir aussi Règles d'Helsinki, ILA, 1966, art. XXXVI.

20. La Convention d'Helsinki du 17 mars 1992 prévoit une clause facultative identique de juridiction obligatoire de la CIJ ou d'un tribunal arbitral, art. 22, par. 2; de même: Convention du 29 juin 1994 (protection du Danube), art. 24, par. 2, al. *b)*, qui toutefois présume, en l'absence de déclaration, l'acceptation de l'arbitrage (art. 24, par. 2, al. *e)*); Protocole de Londres sur l'eau et la santé du 17 juin 1999, art. 20.

21. Ainsi: proposition finlandaise modifiant l'article 33 *c) in fine* du Projet CDI 1994:

> «si les Etats intéressés ne sont pas parvenus à régler le différend, ils ont recours, à la demande de l'un quelconque d'entre eux, à l'arbitrage obligatoire ou à une procédure de règlement judiciaire devant une instance compétente pour connaître du différend» (C/R Sixième Commission, 1996, SR.20, n°s 45 et 46).

C'est dans ce contexte que les délégations du Royaume-Uni et de l'Italie,

l'intégration du recours dans le dispositif obligatoire de la Convention aurait, dans le meilleur des cas, provoqué la formulation de réserves de la part des Etats hostiles et, dans le pire des cas, leur refus pur et simple d'adopter la Convention. La solution retenue, bien que critiquable, est donc de bon sens.

Dans l'analyse du règlement juridictionnel, il faut distinguer entre recours à une juridiction occasionnelle (arbitrage) (i)) et recours à une juridiction permanente (ii)).

i) *Recours à une juridiction occasionnelle (arbitrage)*

Le recours à une juridiction occasionnelle (arbitrage) constitue la forme la plus ancienne et de loin la plus fréquente de règlement juridictionnel en matière d'eau. Si, traditionnellement, le principe de confidentialité peut régir la procédure arbitrale, la Convention d'Helsinki du 17 mars 1992 sur la protection et l'utilisation des cours d'eau transfrontières et des lacs internationaux, convention générale adoptée dans le cadre de la Commission économique pour l'Europe de l'Organisation des Nations Unies, prévoit une ample information de toutes les parties sur le déroulement de celle-ci par l'intermédiaire du secrétariat, qui doit préalablement être informé de l'objet de l'arbitrage[22]. Certains instruments restent très généraux sur les modalités de l'arbitrage[23], tandis que d'autres, depuis une époque plus récente, en particulier dans le cadre d'une annexe spécifique, donnent des détails de procédure, essentiellement relatifs aux délais et à la composition du tribunal arbitral[24].

---

appuyées par celles d'Israël et de l'Inde, font allusion à la solution de compromis en introduisant dans le cadre de l'article 33 le jeu des réserves ou des déclarations facultatives lors de la ratification (C/R Sixième Commission, 1996, SR.21, n°s 3, 13, 24, 49). Les Etats-Unis proposent une procédure obligatoire aboutissant toutefois à une simple recommandation (C/R Sixième Commission, 1996, SR.21, n° 7). La France désire réduire l'article à une formule prononçant le principe essentiel :

> « Les Etats du cours d'eau prennent toutes les mesures appropriées pour régler pacifiquement et aussi rapidement que possible tout différend pouvant naître entre eux en ce qui concerne les utilisations du cours d'eau en question à des fins autres que la navigation. » (C/R Sixième Commission, 1996, SR.21, n° 32 ; 1997, SR.59, n° 5, et SR.62, n°s 88, 89.)

22. Annexe IV, par. 1. Une ample information des parties à travers la Commission internationale pour la protection du Danube est également prévue par la Convention du 29 juin 1994, annexe V, par. 2, al. *b)*.

23. Déclaration commune du 31 janvier 1975 (utilisation des eaux du bassin inférieur du Mékong) (Cambodge, Laos, Thaïlande, Vietnam, art. XXIX) ; Accord du 28 juillet 1987 (utilisation du fleuve Zambèze) (Zimbabwe, Zambie), art. 32. Voir aussi Règles d'Helsinki, ILA, 1966, art. XXXIV (favorisant une procédure de conciliation. Comparer Chauhan, *op. cit.*, pp. 344-355, qui recense cent seize accords sur l'eau ayant recours à l'arbitrage.

24. Traité du 24 octobre 1986 (projet d'eau des montagnes de Lesotho) (Lesotho, Afrique du Sud), art. 16, par. 8-18 ; Traité du 13 mars 1992 (bassin

Une formule très élaborée est proposée par les dispositions figurant en annexe de la Convention de New York. Le tribunal arbitral établi en vertu de ces dispositions peut recommander, à la demande de l'une des parties, les mesures conservatoires indispensables (annexe, art. 7). Il rend à la majorité des voix des décisions motivées obligatoires (annexe, art. 12 et 14). Les arbitres statuent non seulement conformément à la Convention, mais également au droit international[25], solution qui permet d'anticiper sur le développement de problèmes juridiques qui ne sont pas encore consacrés dans la Convention. Il faut toutefois rappeler que bien qu'une formule similaire figure dans le compromis régissant le différend relatif au Projet *Gabčíkovo-Nagymaros* devant la CIJ (arrêt du 25 septembre 1997), les juges ont eu recours d'une manière modérée au droit international général, préférant l'interprétation évolutive du traité litigieux[26].

La procédure d'arbitrage dans le cadre de la Convention de New York suppose l'existence d'un compromis ou que les parties aient préalablement opté pour la clause du recours obligatoire automatique (art. 33, par. 2, art. 33, par. 10, al. *b)*, annexe, art. 1). L'objet de l'arbitrage ainsi que les dispositions en cause de la Convention doivent être indiqués; à défaut, le président du tribunal arbitral déterminera l'objet (annexe, art. 2). Chacune des parties nomme un arbitre. Les deux arbitres désignent d'un commun accord le président du tribunal (annexe, art. 3, par. 1). En l'absence de désignation d'un des membres ou du président dans un délai de deux mois après la réception de la requête ou après la nomination du deuxième arbitre, l'une des parties peut demander au président de la CIJ cette désignation dans un nouveau délai de deux mois[27].

---

du fleuve Komati) (Swaziland, Afrique du Sud), art. 16; Traité du 13 mars 1992 (Commission des eaux commune) (Swaziland, Afrique du Sud), art. 7; Convention du 30 juin 1994 (Organisation des pêcheries du lac Victoria) (Kenya, Tanzanie, Ouganda), art. XXII; Traité du 12 février 1996 (développement intégré de la rivière Mahakali) (Inde, Népal), art. 11; Convention du 30 novembre 1998 (bassins hydrographiques) (Espagne, Portugal), art. 26; Convention du 12 avril 1999 (protection du Rhin), art. 16 et annexe.

25. Convention du 21 mai 1997, annexe, art. 5; voir aussi Convention d'Helsinki du 17 mars 1992, annexe IV, par. 5; Convention du 29 juin 1994 (protection du Danube), annexe V, par. 5, al. *a)*; Convention du 30 novembre 1998 (bassins hydrographiques) (Espagne, Portugal), art. 2, par. 2, 26, par. 6; Convention du 12 avril 1999 (protection du Rhin), annexe, par. 6.

26. J. Sohnle, «Irruption du droit international de l'environnement dans la jurisprudence de la CIJ: l'affaire relative au projet *Gabčíkovo-Nagymaros*», *RGDIP*, 1998, p. 96.

27. Convention du 21 mai 1997, annexe, art. 4. Le texte initial avait prévu le recours au Secrétaire général de l'Organisation des Nations Unies (C/R Sixième Commission, 1997, SR.59, n° 1, 30-35, et SR.62, n° 78), recours que l'on retrouve aussi dans le Traité du 13 mars 1992 (bassin du fleuve Komati) (Swaziland, Afrique du Sud), art. 16, par. 4, et le Traité du 13 mars 1992 (éta-

Sauf accord contraire des parties, le tribunal établit ses propres règles de procédure[28]. Durant l'instance, les parties facilitent les travaux du tribunal en matière probatoire, en particulier en lui fournissant tous les documents et renseignements nécessaires et en lui permettant de convoquer des témoins ou des experts[29]. En revanche, la visite des lieux n'est pas expressément mentionnée[30]. La sentence définitive est rendue au plus tard cinq mois après la création du tribunal, sauf prolongation exceptionnelle de cinq mois supplémentaires. Elle peut être assortie en annexe d'opinions individuelles des membres du tribunal. Ce dernier ne peut être ressaisi qu'en cas de différend concernant l'interprétation ou l'exécution de la sentence[31].

L'implication de la Communauté européenne dans une procédure d'arbitrage constitue un cas particulier. Cette organisation est devenue partie de plusieurs traités sur l'eau, où elle se substitue aux Etats

---

blissement de la Commission des eaux commune) (Swaziland, Afrique du Sud), art. 7, par. 4.

D'autres instruments prévoient également le recours au président de la CIJ (Convention du 29 juin 1994 (protection du Danube), annexe V, par. 4; Convention du 30 novembre 1998 (bassins hydrographiques) (Espagne, Portugal), art. 26, par. 4; Convention du 12 avril 1999 (protection du Rhin), annexe, par. 2-4. Le projet de Convention du 23 septembre 1997 avait hésité entre la CIJ et la CEDH.) D'autres encore prévoient le recours au président de la Cour européenne des droits de l'homme (Accord du 20 novembre 1980 (pêche dans le lac Léman) (France, Suisse), annexe, par. 3; Convention du 12 mars 1986 (implantations industrielles sur la Moselle) (France, Luxembourg), art. 11, al. 4), au président de la CJCE (Accord du 6 décembre 1982 (construction d'un pont routier sur le Rhin) (France, Allemagne), annexe par. 2, 3), au Secrétaire général de la CPA (Traité du 12 février 1996 (développement intégré de la rivière Mahakali) (Inde, Népal), art. 11, par. 2), à l'organe exécutif d'une organisation internationale (Convention d'Helsinki du 17 mars 1992, annexe IV, par. 3, 4: Secrétaire exécutif de la CEE (ONU)), à une commission spécifique neutre (Traité du 24 octobre 1986 (projet d'eau des montagnes de Lesotho) (Lesotho, Afrique du Sud), art. 16, par. 10, al. *b)*: président de la Commission internationale des grands barrages). Parfois les instruments prévoient des instances nationales (Accord du 18 juin 1959 (questions de l'hydroéconomie), Grèce, Yougoslavie, art. 7, al. 2: président du Tribunal fédéral suisse).

28. Convention du 21 mai 1997, annexe, art. 6; voir aussi Convention du 17 mars 1992, annexe IV, par. 6.

29. Convention du 21 mai 1997, annexe, art. 8, al. 1. Voir aussi Convention d'Helsinki du 17 mars 1992, annexe IV, par. 9; Convention du 29 juin 1994 (protection du Danube), annexe V, par. 6, al. *d)*.

30. Comparer Convention d'Helsinki du 17 mars 1992, annexe IV, par. 8: «Le tribunal peut prendre toutes les mesures voulues pour établir les faits»; de même Convention du 29 juin 1994 (protection du Danube), annexe V, par. 6, al. *b)*; Convention du 30 novembre 1998 (bassins hydrographiques) (Espagne, Portugal), art. 26, par. 8.

31. Convention du 21 mai 1997, annexe, art. 14; voir aussi Convention d'Helsinki du 17 mars 1992, annexe IV, par. 16-18; Convention du 29 juin 1994 (protection du Danube), annexe V, par. 8, 10; Convention du 30 novembre 1998 (bassins hydrographiques) (Espagne, Portugal), art. 26, par. 7: sentence dans un délai de six mois.

membres lorsque des compétences communautaires sont affectées. C'est notamment le cas dans le cadre de la Convention pour la protection du Rhin du 12 avril 1999 (art. 10, par. 3). Cette convention apporte une précision quant au rôle de la Communauté dans le cadre de l'arbitrage. Une partie qui n'est pas membre de la Communauté (la Suisse) doit adresser sa requête à la fois à l'Etat membre avec lequel elle a un différend et à la Communauté. Ceux-ci notifieront à la requérante si l'Etat membre, la Communauté ou les deux conjointement se constituent parties au différend. A défaut de notification dans un délai de deux mois, l'Etat membre et la Communauté sont réputés n'être qu'une seule et même partie à la procédure (annexe, par. 8). Pour tout règlement d'un différend entre Etats membres de la Communauté n'impliquant pas un autre Etat, l'article 292 du Traité instituant la Communauté européenne s'applique [32].

ii) *Recours à une juridiction permanente*

La saisine d'une juridiction permanente, rarement prévue dans le passé, devient de plus en plus fréquente en matière de conflit sur l'eau. Dans l'hypothèse d'une acceptation cumulée de juridiction obligatoire, arbitrale et permanente, c'est toutefois la première qui semble continuer à prévaloir [33]. Le recours à une juridiction permanente vise notamment la saisine de la CIJ [34], étant entendu que les structures juridictionnelles permanentes de l'arbitrage [35] constituent une forme transitoire

32. Convention du 12 avril 1999 (protection du Rhin), protocole de signature, par. 4. L'article 292 (ex-article 219) du traité CE dispose que

> « (l)es Etats membres s'engagent à ne pas soumettre un différend relatif à l'interprétation ou à l'application du présent traité à un mode de règlement autre que ceux prévus par celui-ci ».

33. Solution consacrée par la Convention d'Helsinki du 17 mars 1992, art. 22, par. 3. Toutefois, solution inverse : Convention du 29 juin 1994 (protection du Danube), art. 24, par. 2, al. *c)*, pourvu que les parties aux différends aient accepté le règlement en termes identiques (art. 24, par. 2, al. *d)*).

34. Traité du 19 novembre 1973 (Río de la Plata et sa frontière maritime) (Argentine, Uruguay), art. 87 ; Convention du 30 juin 1978 (statut du fleuve Gambie), art. 18, al. 1 ; Convention du 30 juin 1978 (création de l'Organisation pour la mise en valeur du bassin du fleuve Gambie), art. 23 ; Convention du 21 décembre 1978 (statut juridique des ouvrages communs) (Mali, Mauritanie, Sénégal), art. 32 ; Convention d'Helsinki du 17 mars 1992, art. 22, par. 2, al. *a)* ; Convention du 29 juin 1994 (protection du Danube), art. 24, par. 2, al. *a)*.

35. Recours à la Commission de médiation, de conciliation et d'arbitrage de l'OUA ; Convention du 30 juin 1978 (statut du fleuve Gambie), art. 18, al. 1 ; Convention du 30 juin 1978 (création de l'Organisation pour la mise en valeur du bassin du fleuve Gambie), art. 23 ; Convention du 21 décembre 1978 (statut juridique des ouvrages communs) (Mali, Mauritanie, Sénégal), art. 32 ; Accord du 18 juillet 1990 (ressources en eau communes) (Nigeria, Niger), art. 17, par. 2.

entre ces deux catégories. A ce propos il faut signaler l'adoption le 19 juin 2001 du Règlement facultatif pour l'arbitrage de différends relatifs aux ressources naturelles et/ou à l'environnement de la Cour permanente d'arbitrage (CPA), qui intéressera également les conflits sur l'eau. Ce règlement propose en particulier deux listes, l'une composée d'experts techniques (annexe II et art. 27), l'autre de juristes spécialisés (annexe I et art. 8, par. 3), susceptibles d'intervenir dans la procédure[36].

Devant la CIJ, qui a créé en juillet 1993 une chambre spécialisée en matière d'environnement[37], seuls les Etats peuvent se présenter; des tribunaux spéciaux doivent être créés pour connaître des litiges impliquant d'autres parties. L'article 33 de la Convention de New York, relatif au règlement des différends, ne fait pas exception à cette règle: il n'ouvre la possibilité de saisir la CIJ qu'aux seuls Etats (art. 33, par. 10 *in fine*) bien que l'expression «Etat du cours d'eau» englobe, en ce qui concerne les autres dispositions de la Convention, également les organisations internationales d'intégration économique (art. 2, al. *c)*).

L'existence d'organes juridictionnels spécialisés doit également être signalée[38]. Les commissions mixtes (fluviales et lacustres) ont souvent une compétence accessoire de règlement des litiges[39]. Cette fonction peut même aboutir à la création d'organes judiciaires internes à l'organisation. Parfois il peut s'agir de sa fonction principale[40]. Dans l'exercice de ses compétences juridictionnelles, l'organisme peut être autorisé à prendre des mesures conservatoires pour sauvegarder les intérêts en cause, en attendant la solution du différend[41]. Certains tribunaux éta-

36. Sur l'origine de ce texte, voir P. R. Kalas, «International Environmental Dispute Resolution and the Need for Access by Non-State Entities», *Colorado Journal of International Environmental Law and Policy*, 2001, pp. 212, 213.

37. Voir *CIJ Annuaire 1995*, n° 49 p. 17. Comparer Jennings, «Need for Environmental Court ?», *Environmental Policy and Law (EPL)*, 1992, p. 314; P. R. Kalas, *op. cit.*, pp. 207-209 et pp. 230-237.

38. F. Armas Pfirter, «Le tribunal arbitral international de Salto Grande et sa jurisprudence», *AFDI*, 1993, p. 552.

39. Déjà Traité du 11 janvier 1909 relatif aux eaux frontalières (Etats-Unis, Canada), art. IX, X, et Traité du 17 janvier 1961 (Etats-Unis, Canada), art. XVI. Sur l'évolution historique comparer J. Sohnle, «Les fleuves partagés», dans M. Cornu et J. Fromageau (dir. publ.), *Genèse du droit de l'environnement*, vol. 1, Paris, L'Harmattan, 2001, p. 190.

Plus récemment Traité du 24 octobre 1986 (Lesotho, Afrique du Sud), art. 16, par. 4-6; Accord du 18 juillet 1990 (Nigeria, Niger), art. 17, par. 1; Accord du 5 avril 1995 (Cambodge, Laos, Thaïlande, Vietnam), art. 34; Traité du 12 février 1996 (Inde, Népal), art. 9, par. 3, al. *e)*; Traité du 12 décembre 1996 (Bangladesh, Inde), art. VII.

40. Traité du 13 mai 1963 (Belgique, Pays-Bas), art. 42 (élargissement des compétences de la commission arbitrale par la Convention du 23 mai 1970 (Pays-Bas, Belgique), art. 21); Accord du 23 octobre 1968 (Bulgarie, Turquie), art. 8.

41. Convention du 11 mars 1972 (Mali, Mauritanie, Sénégal), art. 18, al. 2.

blis par des traités d'intégration économique se voient également investis de compétences en matière d'eau. Ainsi la Cour de justice des Communautés européennes est très fréquemment saisie afin d'assurer le respect du droit communautaire dérivé adopté en matière d'eau. De même, le Protocole sur les systèmes de cours d'eau partagés dans la Communauté pour le développement de l'Afrique australe du 8 août 2000 prévoit, en cas de litige entre Etats membres, le recours au tribunal créé par le traité instituant la Communauté.

Paragraphe 2 **L'aspect atypique : l'effacement des distinctions établies entre les modes de règlement des différends**

Les différentes étapes de la séquence classique du règlement des différends, à savoir la négociation, le règlement diplomatique et le règlement juridictionnel, ne se manifestent pas, dans la réalité, comme des catégories exclusives et étanches. Notamment la négociation se présente à la fois comme une modalité préalable au conflit et concomitante de l'ensemble du processus de règlement du conflit (A). De même, le mécanisme de l'enquête s'analyse en même temps comme procédure préliminaire à l'adoption d'un nouveau projet, mode diplomatique de règlement des différends, et technique probatoire lors de la procédure juridictionnelle (B).

A. L'omniprésence de la notion de négociation

La négociation constitue la modalité minimale obligatoire lorsqu'un conflit sur l'eau surgit[42]. Elle se présente en premier lieu à la fois comme prolégomènes et composante de la procédure de règlement des différends (i)). En deuxième lieu, la séquence classique du règlement pacifique des différends (négociation, règlement non juridictionnel, règlement juridictionnel) se dilue (ii)). En troisième lieu, la négociation efface complètement les contours entre les différents modes de règlement dans le cadre multilatéral de solution des conflits (iii)).

i) *La négociation, à la fois prolégomènes et composante de la procédure de règlement des différends*

L'une des causes potentielles d'un conflit sur l'eau résulte de l'intention d'un Etat riverain d'un cours d'eau international de réaliser un nouveau projet tel que la construction d'un barrage hydroélectrique,

42. Pour une opinion différente, Badr Kasme, *op. cit.*, p. 187 (voir aussi p. 200).

d'installations d'irrigation ou la mise en place d'une industrie polluante. Dans ce contexte, il est difficile de distinguer entre un simple échange d'opinions divergentes entre Etats et un différend. Toutefois, les textes semblent opposer ces deux sortes de situations. Ainsi la Convention de New York décrit, d'une part, dans sa troisième partie, une procédure détaillée de consultation et de négociation en matière de mesures projetées et, d'autre part, à l'article 33 (situé dans la sixième partie) une procédure de règlement pacifique des différends dont la première étape est également constituée par la négociation (art. 33, par. 2). L'obligation de négociation peut ainsi être analysée à la fois comme prolégomènes et composante du règlement des différends pour parvenir à une solution équitable[43]. Dans la pratique, toutefois, il est impossible de séparer les deux situations. Il faut considérer que la procédure applicable en matière de mesures projetées ne fait que préciser l'obligation de négociation dans le cadre du règlement pacifique des différends. A ce titre, la négociation devient une modalité obligatoire (certes préventive) du règlement des différends et imposée par la Convention. Cela étant précisé, la procédure de consultation et de négociation doit être brièvement analysée[44].

D'une manière générale, le droit des cours d'eau internationaux exige de l'Etat projetant de nouvelles mesures qu'il négocie préalablement, ce qui suppose la consultation et la notification des Etats riverains potentiellement affectés[45]. Ces procédés impliquent des pourparlers entre les Etats concernés durant lesquels la mise en œuvre du projet est reportée à plus tard. Dans l'arrêt rendu le 25 septembre 1997 dans l'affaire relative au *Projet Gabčíkovo-Nagymaros*, la CIJ estime que les dispositions du traité litigieux relatives à l'environnement

> « sont, par définition, d'ordre général, et doivent être transformées en obligations spécifiques de faire, à l'issue d'un processus de consultation et de négociation. De ce fait leur mise en œuvre exige une disposition réciproque à discuter de bonne foi des risques réels et potentiels pour l'environnement. » (*CIJ Recueil 1997,* par. 112, al. 3, p. 68.)

L'obligation vise, sur demande unilatérale[46], l'échange de vues obli-

---

43. Projet CDI 1994, art. 33, al. *a)*, et comm. 3. La Convention du 21 mai 1997 ne comporte pas de disposition analogue, mais suppose son existence, voir art. 33, par. 2.

44. Pour plus de détails, voir J. Sohnle, *Le droit international des ressources en eau douce, op. cit.* note 1, pp. 339-355.

45. Accord du 28 juillet 1987 (Zimbabwe, Zambie), art. 18 ; Convention du 29 juin 1994 (protection du Danube), art. 11 ; Protocole du 17 juin 1999, art. 13, par. 1, al. *d)*.

46. Convention d'Helsinki du 17 mars 1992, art. 10.

gatoire entre Etats[47] pour prendre en considération les intérêts de l'Etat qui se prétend affecté. Avant la prise de décision finale, l'Etat consulté doit, exception faite des situations d'urgence, attendre le résultat des consultations[48]. La procédure peut aboutir à une solution équitable qui donne suite aux observations de l'Etat affecté[49]. Ainsi l'Etat consulté peut modifier le projet initial pour éliminer certains effets jugés potentiellement dommageables, l'adapter à d'autres utilisations ou accorder des compensations. Bien que distincte d'elle, l'obligation suppose fréquemment l'existence de l'obligation de notification qu'elle ne fait que compléter dans la mesure où elle s'avère nécessaire. Ainsi la consultation et la négociation interviennent lorsque surgissent des différences dans le cadre de la notification[50].

Toutefois, si la procédure est obligatoire, elle ne doit pas nécessairement aboutir à un résultat positif, donc à un accord obligatoire qui supposerait le consentement de l'Etat affecté pour que le projet puisse être réalisé. En effet, l'Etat consulté ne demande pas l'accord des Etats affectés pour effectuer ses travaux ; il peut passer outre leurs objections sous réserve de s'exposer à des poursuites sur le plan des règles de fond. Ce problème était au cœur de l'affaire du *Lac Lanoux* de 1957 où le tribunal arbitral a dû répondre à la question de savoir si le Gouvernement français avait le droit d'exécuter des travaux d'utilisation des eaux du lac Lanoux sans accord préalable entre les deux gouvernements. Pour exiger un tel accord, le Gouvernement espagnol se fondait non seulement sur le traité litigieux, mais encore sur les règles du droit international commun, de caractère non écrit (par. 10). Les arbitres observèrent qu'une telle obligation, consistant en fait dans un droit de veto, apportait une restriction essentielle à la souveraineté d'un Etat et ne saurait être admise qu'en présence d'une démonstration certaine (par. 11). Ils conclurent que

47. Convention de New York du 21 mai 1997/Projet CDI 1994, art. 17, par. 2 ; Projet CDI 1994, art. 17, comm. 3. Aussi affaire du *Projet Gabčíkovo-Nagymaros*, *CIJ Recueil 1997*, arrêt du 25 septembre 1997, par. 141, 142 ; affaire du *Lac Lanoux*, sentence arbitrale du 16 novembre 1957, par. 22-24, *RGDIP*, pp. 116-118.

48. Affaire du *Lac Lanoux*, sentence arbitrale du 16 novembre 1957, par. 18, *RGDIP*, 1958, p. 111 ; Convention du 29 juin 1994 (protection du Danube), art. 11, par. 2.

49. Convention de New York du 21 mai 1997/Projet CDI 1994, art. 17, par. 1, et comm. 2. Voir aussi C. B. Bourne, « Procedure in the Development of International Drainage Basins : The Duty to Consult and to Negotiate », *CYIL*, 1972, p. 233 ; L. Caflisch, *op. cit.*, *Recueil des cours*, tome 219 (1989), pp. 193-194.

50. Convention du 29 juin 1994 (protection du Danube), art. 11, par. 1 ; Convention de New York du 21 mai 1997, art. 11 (ajout par rapport au Projet CDI 1994).

> «la règle suivant laquelle les Etats ne peuvent utiliser la force hydraulique des cours d'eau internationaux qu'à la condition d'un accord préalable entre les Etats intéressés, ne peut être établie ni à titre de coutume, ni encore moins à titre de principe général de droit» [51].

Il en résulte qu'une telle obligation générale, si elle ne peut être établie en vertu du droit international, doit résulter d'un régime particulier.

ii) *La dilution de la séquence classique du règlement pacifique des différends (négociation, règlement non juridictionnel, règlement juridictionnel)*

La séquence classique ne se présente, dans la réalité, pas toujours selon la suite chronologique mentionnée. Ainsi la négociation n'est pas toujours et d'une manière exclusive l'étape qui précède les autres modes de règlement, au contraire, la négociation constitue une modalité présente tout au long du processus du règlement du conflit. A juste titre, Attila Tanzi souligne que le règlement diplomatique ou le règlement juridictionnel ne sont pas des modes alternatifs de règlement du conflit, voire incompatibles par rapport à la négociation, mais doivent être considérés dans une approche intégrée [52].

L'affaire *Gabčíkovo-Nagymaros* illustre parfaitement ce phénomène en amalgamant les différents modes de règlement des conflits. Déjà, le compromis du 7 avril 1993 conclu entre la Hongrie et la Slovaquie, soumettant le différend à la CIJ, est le résultat de longues négociations, d'abord bilatérales, associant ensuite la Commission de la Communauté européenne en tant que tierce partie. La Cour y est priée de déterminer les conséquences juridiques, y compris les droits et obligations de son arrêt pour les parties. Le compromis prévoit que les Etats engagent ensuite des négociations pour fixer les modalités de son exécution. S'ils ne parviennent pas à un accord dans un délai de six mois (à l'aide de la Commission de la Communauté européenne), l'un ou l'autre pourra prier la Cour, en vertu de l'article 5, alinéa 3, du com-

51. Compromis d'arbitrage du 19 novembre 1956, art. 1 ; requêtes des parties: affaire du *Lac Lanoux*, sentence arbitrale du 16 novembre 1957, *RGDIP*, 1958, pp. 92-98.

52. A. Tanzi, «Recent Trends in International Water Law Dispute Settlement», *International Investments and Protection of the Environment — The Role of Dispute Resolution Mechanisms*, Kluwer Law International, La Haye, Londres, Boston, 2001, p. 157. Voir déjà Chauhan, *op. cit.*, pp. 375-376, recensant vingt-six accords sur l'eau ayant recours d'une manière générale à la négociation comme mode de règlement du conflit (*ibid.*, pp. 377-380).

promis, de rendre un arrêt supplémentaire pour déterminer les modalités d'exécution. En effet, suite à une nouvelle saisine, l'affaire est actuellement pendante devant la Cour[53].

Quant au fond, la Cour devait apprécier la légalité des conduites étatiques, en s'appuyant, parmi d'autres règles, sur le principe de l'utilisation équitable d'un cours d'eau international. Or, ce principe, par recours à la notion d'équité et supposant la technique de la balance des intérêts, peut être considéré en même temps comme une règle de référence au long du processus de négociation[54]. S'inspirant de cette modalité de règlement des différends, le juge international, bien que statuant en droit, se montre prudent dans la pratique et tente de trouver une solution de compromis, susceptible de satisfaire les prétentions des deux parties. Ainsi, dans l'affaire relative au *Projet Gabčíkovo-Nagymaros*, la CIJ constate la violation croisée du traité litigieux et du droit international général par les deux parties[55].

iii) *La négociation dans le cadre multilatéral de solution des conflits*

Une autre manifestation de l'omniprésence de la négociation résulte de son intégration dans un cadre multilatéral de solution des différends. Ici les contours entre les différents modes de règlement des conflits sont complètement effacés. Les Etats peuvent s'affronter lors d'une conférence internationale instituée par un accord sur l'eau, structure multilatérale occasionnelle susceptible de résoudre un conflit. Les conférences sont convoquées dans des délais maximaux obligatoires ou provoquées à la demande d'une ou plusieurs parties (par exemple à propos d'un conflit)[56]. Des fonctions de règlement des différends peuvent être attribuées expressément aux conférences des parties[57]. Par ailleurs, ces conférences sont fréquemment maintenues en parallèle à des organismes de gestion permanents, par exemple pour résoudre

53. Arrêt du 25 septembre 1997, par. 24, 113, 143. Comparer J. Sohnle, *RGDIP*, 1998, pp. 88-89.

54. Comparer A. Tanzi, *op. cit.*, 2001, pp. 158-160. Voir aussi J. Sohnle, «Le paradigme postpositiviste ou révélation d'une méthode spécifique dans l'application du droit international de l'environnement» (première partie), *Revue européenne de droit de l'environnement (REDE)*, 1998, pp. 280-281.

55. Arrêt du 25 septembre 1997, par. 151-153 (aussi par. 147).

56. Demande par une partie: Accord du 2 mai 1984 (projet Cahora Bassa) (Portugal, Mozambique, Afrique du Sud), art. 16. Demande par plusieurs parties: Traité du 23 avril 1969 (bassin du Río de la Plata), art. II (réunion extraordinaire convocable par trois parties sur cinq); Convention du 9 septembre 1996 (déchets survenant en navigation rhénane et intérieure), art. 14, par. 1 (réunion extraordinaire par deux parties au moins).

57. Convention du 9 septembre 1996 (déchets survenant en navigation rhénane et intérieure), art. 14, par. 4.

des problèmes restés sans solution au sein des organismes permanents[58].

Le recours à une institution mixte est aussi possible[59]. Dans ce contexte la négociation d'accords en général[60], ou plus spécifiquement instituant des commissions internationales de gestion, est une modalité efficace pour prévenir des conflits.

Toutefois, les Etats ne se voient pas imposer une obligation générale de négocier de tels accords. Enfin, une fois l'organisme créé, la règle de l'unanimité, forme de vote la plus fréquente au sein des commissions fluviales et lacustres, peut poser des problèmes; elle peut aboutir au blocage de l'institution. Par un retour des choses, on peut sortir de l'impasse en recourant à l'arbitrage ou encore aux moyens diplomatiques de solution de conflits[61].

B. La nature protéiforme de la notion d'enquête

En tant que mécanisme qui vise l'établissement des faits, l'enquête a une fonction importante lors de la prévention et de la résolution d'un conflit sur l'eau.

Ce mécanisme transcende les différents modes classiques de règlement des conflits et constitue à la fois une procédure préliminaire lorsqu'un Etat projette des mesures sur un cours d'eau (i)), un mode diplomatique de règlement (ii)) et une technique probatoire lors d'une procédure juridictionnelle (iii)).

---

58. Autorité du bassin du Niger de la Convention du 21 novembre 1980 (création de l'organisation), texte révisé par la Convention du 29 octobre 1987, art. 5, al. *a)*, art. 6; Commission pour l'application et le développement de la Convention du 30 novembre 1998 (protection et utilisation durable des eaux des bassins hydrographiques) (Espagne, Portugal), art. 16, par. 2: proposition du régime des débits pour chaque bassin par la Commission, approbation par la Conférence, art. 21, par. 3: solution des problèmes non résolus.

59. Projet CDI 1994, art. 33, al. *a)*, et comm. 2. En revanche: Convention du 21 mai 1997, art. 33, par. 1, qui ne mentionne plus, à cette étape, le recours facultatif à une institution mixte.

60. Comparer Chauhan, *op. cit.*, p. 389, qui recense six accords sur l'eau proposant la négociation d'un accord sur l'eau comme mode de règlement des différends.

61. Pour le recours à l'arbitrage: Commission permanente des eaux frontières du Traité du 8 avril 1960 (frontière commune, eaux frontières) (Allemagne, Pays-Bas), art. 67. Pour le recours aux modalités diplomatiques: voir Marc Wolfrom, *L'utilisation à des fins autres que la navigation des eaux des fleuves, lacs et canaux internationaux*, Paris, Pedone, 1964, p. 162. Par exemple Commission internationale des frontières et des eaux (Traité du 3 février 1944 (eaux du Colorado) (Etats-Unis, Mexique), art. 24, al. *d)*); Commission commune des fleuves (Statut du 24 novembre 1972 (Inde, Bangladesh), art. 9; Comité commun de l'Accord du 5 novembre 1977 (partage des eaux du Gange) (Inde, Bangladesh), art. VII, XI.

i) *L'enquête, procédure préliminaire à un nouveau projet*

L'obligation d'effectuer des enquêtes et des études préalables à un projet existe depuis longtemps, notamment dans le domaine quantitatif de la gestion des cours d'eau internationaux [62]. Elle sert à établir les éléments factuels avant tout litige ou indépendamment de celui-ci. Déjà, dans ce cadre, il semble approprié de confier l'enquête aux organismes mixtes de gestion. Peu à peu, l'état sanitaire des eaux et les caractéristiques biologiques de leur faune et de leur flore [63] sont pris en compte dans l'appréciation générale des incidences des projets sur le régime du fleuve, ce qui a mené à l'émergence de l'étude d'impact environnemental en tant que procédure autonome [64]. Dans l'affaire du *Projet Gabčíkovo-Nagymaros* de 1997, la CIJ affirme l'existence de l'obligation de l'étude d'impact [65], bien que l'on n'apprenne pas de détails sur son contenu.

ii) *L'enquête, mode diplomatique de règlement des différends*

L'enquête permettra la connaissance objective des faits, fort redoutée par certains Etats. Elle est censée, sinon faciliter un règlement amiable entre les parties, du moins éviter l'aggravation du différend. Certains traités sur l'eau envisagent des procédures d'enquête [66] en prévoyant notamment le recours à des commissions mixtes déjà existantes [67]. Il s'agit essentiellement d'une solution des différends au niveau technique.

Une particularité de la Convention de New York consiste dans l'organisation d'une procédure d'établissement des faits à caractère préventif, détaillée et impartiale, susceptible d'être déclenchée sur initiative unilatérale suite à la naissance d'un différend sous réserve du respect de plusieurs conditions, notamment l'échec des autres modes

62. Traité frontière du 29 septembre 1864 (Espagne, Portugal), art. 26; Convention de Genève du 9 décembre 1923 (aménagement des forces hydrauliques intéressant plusieurs Etats), art. 2; Accord du 20 juin 1934 (travaux hydrauliques sur le fleuve Maritza-Ebros) (Grèce, Turquie), partie III.

63. Convention du 11 mars 1972 (statut du fleuve Sénégal) (Mali, Mauritanie, Sénégal), art. 4, al. 2.

64. Convention d'Helsinki du 17 mars 1992, art. 3, par. 1, al. *h)*; Convention du 29 juin 1994 (protection du Danube), art. 7, par. 5, al. *f)*; Protocole du 28 août 1995 (systèmes de cours d'eau partagés dans la Communauté pour le développement de l'Afrique australe), art. 5, par. *d)*, al. iii).

65. Arrêt du 25 septembre 1997, par. 112, al. 5; par. 140, al. 1, al. 2 et al. 5.

66. Convention du 30 novembre 1998 (bassins hydrographiques) (Espagne, Portugal), art. 26, par. 2.

67. Traité du 19 septembre 1960 (eaux de l'Indus) (Pakistan, Inde, BIRD), art. IX, par. 1-3; Traité du 17 janvier 1961 (bassin du fleuve Colombia) (Etats-Unis, Canada), art. XVI.

de règlement diplomatiques et l'absence d'acceptation d'une procédure juridictionnelle obligatoire automatique[68]. Qualifiée par la Convention de «procédure d'enquête impartiale», elle ne se limite en réalité pas à l'établissement des faits, mais permet à la commission instituée à cet effet de formuler des recommandations en vue d'un règlement équitable du différend. Elle s'analyse ainsi, malgré son intitulé, comme une procédure de conciliation internationale[69]. Il convient de souligner que l'accord de l'autre partie est donné d'une manière automatique et par anticipation au différend du fait de l'adoption de la Convention. Comme, par la suite, la procédure peut être déclenchée sur requête unilatérale, elle a été vivement contestée par certains Etats lors des négociations intergouvernementales, au point qu'elle a mis en question l'adoption même de l'ensemble du texte[70]. Ces Etats ont provoqué un vote sur l'article controversé, l'article 33[71].

La commission prévue par l'article 33 peut entrer sur le territoire étatique afin d'inspecter les installations, établissements, équipements, constructions ou accidents topographiques intéressant l'enquête. Elle adopte ensuite un rapport motivé comportant les conclusions et les recommandations qu'elle juge appropriées en vue d'un règlement équitable du différend. Conformément à la nature non juridictionnelle de la procédure, la seule obligation des parties consiste dans un examen de bonne foi de ce rapport[72].

iii) *L'enquête, technique probatoire au cours d'une instance juridictionnelle*

La problématique de la constatation judiciaire des faits se présente surtout sous l'angle hautement factuel[73] de la preuve[74] où les précédents sont rares. Les Etats, réservés face au règlement juridictionnel,

68. Convention du 21 mai 1997, art. 33, par. 3; Projet CDI 1994, art. 33, al. *b)*.

69. En effet, le rapport de la Commission appelée à intervenir devra énoncer des conclusions motivées et des recommandations (comparer art. 33, par. 8).

70. La délégation de la Chine se fait porte-parole de ceux qui refusent catégoriquement tout élément impératif de l'article 33 et qui défendent une procédure consensuelle pour l'établissement des faits. Elle est appuyée particulièrement par l'Inde, la Turquie, Israël, la Colombie (C/R Sixième Commission, 1997, SR.59, n°s 3 et 4, 6, 8, 9, 10).

71. Sur les résultats du vote, voir J. Sohnle, *Le droit international des ressources en eau douce, op. cit.* note 1, pp. 66-67.

72. Convention du 21 mai 1997, art. 33, par. 4, 7, 8.

73. Voir développements factuels très détaillés: affaire des *Prises d'eau à la Meuse* (*CPJI série A/B n° 70*, 1937, pp. 10 ss.); affaire du *Projet Gabčíkovo-Nagymaros*, CIJ, 1997, par. 15-20.

74. Refus d'une réparation pour absence de preuve, voir affaire des *Prises d'eau à la Meuse* (*CPJI série A/B n°70*, 1937, pp. 25, 30).

tendent à dissocier les problèmes probatoires de toute procédure judiciaire. Sans aucun doute, cette procédure *ex post facto* est peu satisfaisante du point de vue du principe de prévention[75], mis à part le caractère dissuasif pour l'avenir qui résulte d'une condamnation étatique. L'enquête peut s'inscrire dans le cadre d'une descente sur les lieux, rarement décidée par les tribunaux internationaux. Elle a été effectuée dans les affaires des *Prises d'eau à la Meuse* de 1937 et du *Projet Gabčíkovo-Nagymaros*[76]. Le rôle d'enquêteur sera confié à des experts qui peuvent intervenir soit par leur participation dans les instances judiciaires elles-mêmes[77], soit suite à une demande d'expertise indépendante sur l'initiative du tribunal[78], soit, enfin, en tant qu'experts des parties[79]. L'expertise peut donc être établie par des personnes privées, des scientifiques ou des organismes spécialisés, telles certaines organisations non gouvernementales, ce qui nous mène sur le terrain de la privatisation du règlement des différends.

SECTION 3 LA PRIVATISATION DU RÈGLEMENT DES DIFFÉRENDS

Une innovation importante du régime du règlement pacifique des différends résulte du fait que les contours traditionnels du droit international de l'eau sont dépassés sans toutefois que soient com-

75. K. Sachariew, «Beweiserhebung internationaler Gerichtsinstanzen in Fällen grenzüberschreitender Umweltbeeinträchtigung», *ZaöRV*, 1991, 51/4, pp. 896, 920; A. Kiss, *op. cit.*, al. *c)*, p. 108; J. Sohnle, *REDE*, 1998, p. 274.

76. 28 juin 1937, *CPIJ série A/B n°* 70, p. 9; ordonnance du 5 février 1997 où la CIJ a décidé à l'unanimité «d'exercer ses fonctions relatives à l'établissement des preuves en se rendant sur les lieux auxquels l'affaire se reporte» (*CIJ Recueil 1997*, p. 5); arrêt par. 10, premier déplacement de la Cour dans son histoire, du 1er au 4 avril 1997.

77. Les experts peuvent participer au tribunal même. L'avantage de cette procédure est d'associer des scientifiques au litige tout au long de l'affaire (Sachariew, *op. cit.*, *ZaöRV*, 1991, pp. 906-907). Les experts sont amenés à siéger d'une manière permanente au sein d'institutions internationales où ils ont une fonction de surveillance de l'état de l'environnement, les faits étant ainsi constatés à titre préventif (art. 5, al. *a)*, Accords concernant la protection de l'Escaut et concernant la protection de la Meuse, 26 avril 1994).

78. Le Règlement facultatif pour l'arbitrage de différends relatifs aux ressources naturelles et/ou à l'environnement de la CPA du 19 juin 2001 prévoit à cet égard une commission d'experts spécialisés en matière d'environnement (art. 27, par. 5).

79. A cet égard, se pose le problème de la valeur judiciaire de ces expertises. Malgré leur niveau scientifique, elles ne garantissent évidemment pas l'objectivité probatoire. Comparer l'affaire des *Prises d'eau à la Meuse* (*CPJI série A/B 70*, 1937, p. 9); affaire du *Projet de Gabčíkovo-Nagymaros* (par. 54-55, par. 140-141, cependant: appel à une instance indépendante, la Commission des Communautés européennes, par. 143).

plètement abandonnées les techniques traditionnelles. Une « privatisation » de cette spécialité se produit suite à la prise en compte de personnes privées par le droit international public (paragraphe 1). D'une manière plus radicale, le règlement des différends va recourir également à des solutions en marge du droit international public (paragraphe 2).

Paragraphe 1 **Prise en compte de personnes privées par le droit international public relatif au règlement des différends**

Le droit international public ne s'oppose pas à l'accès des personnes privées aux instances juridictionnelles internationales (A). Il peut prescrire un cadre juridique autorisant les personnes privées à faire valoir leurs droits devant les autorités étatiques (B). Enfin, il permet l'accès des organisations non gouvernementales, catégorie particulière de personnes privées, aux instances internationales, ce qui est également susceptible d'apaiser les conflits internationaux dans la mesure où elles défendent des intérêts non étatiques et disposent d'une expérience particulière dans le cadre des activités visées par leur objet social (C).

A. L'accès des personnes privées aux instances juridictionnelles internationales

En pratique, l'ouverture aux personnes privées des voies de recours internationales, en particulier juridictionnelles, peut réduire le potentiel conflictuel interétatique. Une interposition de l'Etat par le biais de la protection diplomatique devient inutile. De même, la mise en cause d'un Etat par une personne privée, sujet dérivé du droit international, peut être considérée comme moins attentatoire à la souveraineté étatique qu'une mise en cause par son égal, un autre Etat.

Le droit international public ne permet que tout à fait exceptionnellement aux personnes privées de saisir une juridiction permanente internationale. En revanche, l'arbitrage permet plus facilement d'opposer des personnes privées (physiques ou morales, notamment les entreprises) directement aux Etats (i)). Plus récemment dans l'évolution du droit international public, les juridictions internationales protectrices des droits de l'homme accordent d'une manière permanente un accès direct aux personnes privées (ii)).

i) *Le recours des personnes privées à l'arbitrage*

Le droit international du règlement pacifique des différends s'adresse en premier lieu aux Etats. Cela n'interdit pas de recours directs exercés par des sujets non étatiques. Notamment l'arbitrage permet d'opposer des personnes privées, en particulier des personnes physiques et des entreprises, directement aux Etats. Le bureau de la Cour permanente d'arbitrage (CPA) a adopté, en 1996, des règlements d'arbitrage pour les organisations internationales et les Etats, d'une part, et les parties privées, d'autre part. Dans le domaine de la gestion de ressources aquatiques, il arrive que des accords entre organisations internationales et sociétés privées mettent les deux parties sur un pied d'égalité en prévoyant le règlement des litiges par arbitrage, notamment par la CPA[80]. Toutefois, normalement un recours aux juridictions nationales s'impose (voir ci-après).

Dans l'ensemble l'intervention du juge international dans les conflits sur l'eau opposant personnes privées et Etats est cependant rare. La procédure suivie dans l'affaire du *Barrage de Gut* constitue un précédent isolé. Un accord avait été signé le 25 mars 1965 à Ottawa par les Etats-Unis d'Amérique et le Canada, qui est entré en vigueur le 11 octobre 1966. Il prévoyait la création d'un tribunal international d'arbitrage chargé de régler les réclamations des Etats-Unis relatives au barrage de Gut.

Le tribunal était compétent pour connaître des requêtes présentées par des nationaux américains contre le Gouvernement du Canada pour le dommage causé par le barrage. Alors que le tribunal a tenu largement compte dans le calcul du préjudice de tous les nationaux américains qui avaient subi un dommage, l'indemnisation s'est effectuée à travers le versement d'une somme au bénéfice du Gouvernement des Etats-Unis[81].

Une action spécifique en matière financière peut être accordée aux groupes de particuliers. Il s'agit d'un droit collectif du « groupe » d'être entendu devant une instance juridictionnelle internationale pour contester des actes émanant d'organisations internationales. Ainsi, devant le panel d'inspection pour la BIRD et l'Association internationale de développement, un groupe de particuliers arguant de la violation par une organisation financière de ses propres procédures, établies notamment en matière d'environnement, peut déposer un recours devant un groupe d'experts qui présentera ses conclusions à l'institution. La

80. « Aspects institutionnels de la gestion des bassins fluviaux internationaux : considérations financières et contractuelles », *Ressources naturelles, Série Eau*, n° 17, Département de la coopération technique pour le développement, Nations Unies, New York, 1988, pp. 28, 36, 37, 39, 40.

81. Sentences arbitrales du 15 janvier 1968, du 12 février 1968 et du 27 septembre 1968 rendues par le Lake Ontario Claims Tribunal (voir *ILM*, 1969, p. 121). Comparer G. Handl, « State Liability for Accidental Transnational Environmental Damage by Private Persons », *AJIL*, 1980, pp. 538-539. Comparer plus particulièrement *ILM*, 1969, pp. 136, 138, 141.

conséquence peut en être le retrait des fonds mis à disposition par l'organisme financier[82].

ii) *L'accès direct des personnes privées aux juridictions de protection des droits de l'homme*

Le fait qu'une personne privée puisse saisir une juridiction internationale à l'encontre d'un Etat, y compris de son Etat national, contribue à la paix sociale et prévient un comportement militaire d'autres Etats, cela pour maintenir l'ordre public régional (européen, américain...) qui pourrait exister à propos de la gestion des ressources en eau douce. Cet accès direct des individus suppose l'existence d'un droit de l'homme à l'eau qui n'est consacré que d'une manière indirecte par le biais du droit à la nourriture et à la santé, du droit à la vie ou du droit à l'environnement[83]. L'interprétation très extensive du droit au respect de la vie privée et familiale et du domicile par les organes de la Convention européenne des droits de l'homme (art. 8) fait du droit à l'environnement une composante de ce droit, comme il ressort notamment de l'arrêt *López Ostra c. Espagne* du 9 décembre 1994 (par. 51). Dans le cadre européen, le droit au respect du domicile semble être un droit de l'homme particulièrement apte à englober par ricochet non seulement un droit à l'environnement, mais également un droit à l'eau.

La même observation vaut pour le droit au respect de la propriété. Cela est illustré par l'affaire *FS c. Italie* qui a fait l'objet d'un rapport

82. Règlement du Panel du 19 août 1994, par. II, A (4), par. IV (27). Des procédures similaires existent au sein de la Banque asiatique de développement et de la Banque interaméricaine de développement (voir *Inspection Procedures, Asian Bank of Development* (9 octobre 1996) et *Independent Investigation Mechanism, Banque interaméricaine de développement* (non daté). Voir Alain Vandervorst, *La conditionnalité écologique dans les organisations financières internationales*, thèse polygraphiée, soutenue le 22 janvier 1999 à l'Université de Rouen, pp. 258-266, annexes L et M.

83. Pour le droit à la nourriture: Déclaration universelle des droits de l'homme (1948), art. 25; Pacte international relatif aux droits économiques, sociaux et culturels (1966), art. 11, par. 2; Protocole additionnel à la Convention américaine des droits de l'homme, 17 novembre 1988, art. 12. Pour le droit à la santé: Déclaration universelle (1948), art. 25; Pacte relatif aux droits économiques, sociaux et culturels (1966), art. 12, par. 2, al. *b)*. Pour le droit à la vie: Pacte international (1966), art. 6, par. 1; Convention européenne des droits de l'homme (1950), art. 2; Convention américaine des droits de l'homme (1969), art. 4. Pour le droit à l'environnement: Déclaration de Stockholm 1972, principe 1; Protocole additionnel à la Convention américaine, 17 novembre 1988, art. 11, par. 1. En revanche, la Charte africaine des droits de l'homme et des peuples du 27 juin 1981 consacre un tel droit en faveur des peuples (art. 24). Voir, en général, McCaffrey, *op. cit.*, *GIELR*, 1992, pp. 8-15; R. Schmidt-Radefeldt, «Praktische Relevanz der EMRK für den Umweltschutz» (note sous l'arrêt *Guerra* de la Cour européenne des droits de l'homme du 19 février 1998), *EuGRZ*, 1999, p. 193.

de la Commission européenne des droits de l'homme du 15 janvier 1998. Le requérant, propriétaire agricole subissant une procédure d'expropriation, allègue, sur le fondement de l'article 1 du Protocole additionnel n° 1 à la Convention européenne des droits de l'homme, une atteinte au droit au respect de ses biens et à l'environnement. D'après le plan d'occupation des sols, la zone litigieuse, zone d'approvisionnement d'eau et inondable, était protégée pour des raisons environnementales et hydrogéologiques (par. 16, 17, 19, 30 et 40). La Commission tient à souligner dans un *obiter dictum* l'importance des considérations d'ordre environnemental :

> « La Commission n'exclut pas que des mesures poursuivant en principe un but d'utilité publique, mais allant manifestement contre les intérêts de la protection de l'environnement et d'un aménagement correct du territoire, d'une telle manière que le sacrifice de pareils intérêts comporterait des coûts manifestement supérieurs aux possibles bénéfices, pourraient soulever un problème en termes de « base raisonnable » et d'existence *effective* d'une cause d'utilité publique. » (Par. 43 ; l'italique est dans l'original.)

Dans l'affaire *Zander c. Suède* du 25 novembre 1993 (paragraphe 27 de l'arrêt), la Cour européenne des droits de l'homme a jugé, à propos de la pollution de l'eau d'un puits, causée par les activités d'une décharge publique, que le droit de jouir de l'eau de son puits comme boisson est un élément du droit de propriété, protégé par la Convention européenne des droits de l'homme sous le couvert du droit à un procès équitable (art. 6)[84]. Ainsi un droit individuel à l'eau permet à un individu d'agir contre un Etat et suppose l'existence de tout l'éventail de droits procéduraux et de remèdes devant les institutions internationales en question.

B. L'accès des personnes privées aux autorités étatiques

Les différends interétatiques pourraient être évités ou réduits si l'on privilégiait davantage le recours des personnes privées aux voies internes de l'Etat d'origine d'un préjudice effectif ou éven-

84. D'après la Cour, l'absence d'un moyen de recours viole l'article 6 (paragraphe 1) de la Convention européenne des droits de l'homme (droit à un procès en matière de contestations sur des droits et obligations à caractère civil), applicable étant donné que « la demande de M. et Mme Zander avait directement trait à leur droit de jouir de l'eau de leur puits comme boisson, élément de leur droit de propriété du terrain » (par. 27).

tuel. L'obstacle consiste dans le fait qu'il s'agit d'accorder toute une série de droits aux particuliers. L'accès aux procédures des personnes privées après l'intervention d'un dommage doit être examiné dans le cadre d'une atteinte transfrontière (i)) et indépendamment de tout élément d'extranéité (ii)).

i) *Accès dans le cadre d'une atteinte transfrontière*

En l'absence d'un recours médiat (protection diplomatique) ou immédiat devant un juge international, le seul recours du particulier victime d'une atteinte transfrontière est l'action menée devant les juridictions soit de l'Etat du territoire duquel l'atteinte tire son origine, soit de l'Etat sur le territoire duquel l'atteinte exerce ses effets.

D'une manière générale, de telles procédures internes assurent que l'Etat d'origine d'où s'exercent des activités (potentiellement) dommageables aux ressources aquatiques prend en considération les particuliers relevant d'autres Etats[85]. Ces procédures visent en même temps à favoriser l'utilisation des voies de droit internes de l'Etat d'origine pour réduire le nombre des conflits portés sur le plan interétatique[86]. Une action devant les juridictions internes suppose réunies de nombreuses conditions, notamment la non-discrimination, la compétence des juridictions, et que le principe de territorialité de la loi n'interdise pas à des étrangers non-résidents d'invoquer les dispositions du droit interne de l'Etat pollueur[87].

Sur le plan universel, malgré des oppositions[88], la Convention de New York impose aux Etats le principe de non-discrimination fondée sur la nationalité, le lieu de résidence ou le lieu où le préjudice s'est

85. Voir Convention nordique pour la protection de l'environnement, 19 février 1974, art. 3, par. 2. Comparer aussi l'affaire des *Mines de potasse d'Alsace*, tribunal administratif de Strasbourg, jugement du 27 juillet 1983 (*RJE*, 1983, p. 343): admission des personnes morales de droit public étrangères, admission qui tend à la reconnaissance de l'égalité d'accès des personnes résidant à l'étranger (A. Kiss, « Un Tribunal administratif applique les principes internationaux d'égalité d'accès et de non-discrimination », *RJE*, 1983, pp. 355, 356).

86. L. Caflisch, *op. cit.*, *Recueil des cours*, tome 219 (1989), pp. 214-215.

87. Affaire des *Mines de potasse d'Alsace*, tribunal d'arrondissement de Rotterdam, jugement du 12 mai 1975 (*RJE*, 1976, p. 75); tribunal régional supérieur de Saarbrucke (Allemagne), 22 octobre 1957, *Poro c. Houillères du Bassin de Lorraine* (*RJE*, 1976, p. 75); cour d'appel de Charleville-Mézières, 9 décembre 1976, *Ministère public et diverses sociétés de pêche parties civiles c. Beausir* (arrêt inédit, rapporté par Salmon, *Ann. IDI*, 1979, t. 1, pp. 257-258); affaire de l'empoisonnement de poissons survenu en 1969 dans le Rhin par l'insecticide Endosulvan (*RGDIP*, 1970, pp. 439-440).

88. On a reproché à l'article 32 de régler une question d'une manière prématurée, le principe ne serait développé qu'essentiellement en Europe. Comparer délégation de l'Inde (C/R Sixième Commission, 1996, SR.23, n°s 30, 31, SR.25, n° 28, et C/R Sixième Commission, 1997, SR.54, n° 77).

produit dans le cas d'un dommage transfrontière significatif subi par des personnes physiques ou morales[89]. La disposition a été critiquée en ce qu'elle accorde des droits aux particuliers et aux entités étrangères infraétatiques, fait difficilement conciliable avec le contexte général de la Convention consacré aux relations interétatiques *stricto sensu*. Plus que cela, cette obligation s'applique non seulement à l'accès aux procédures internes, mais également à l'octroi auxdites personnes, conformément au droit interne de l'Etat, d'un droit à l'indemnisation ou autre forme de réparation au titre d'un dommage significatif causé par de telles activités menées sur le territoire étatique[90].

La non-discrimination a un double fondement: d'une part, l'état de la personne (nationalité, résidence), d'autre part le lieu où le dommage a été subi, l'Etat ne pouvant pas se retrancher derrière le prétexte que le dommage émanant d'activités menées sur son territoire s'est produit en dehors de sa juridiction.

Notons que la Convention de New York s'applique à un dommage causé par les activités menées sur le *territoire* étatique tandis que le Projet d'articles de la CDI de 1994 fait référence aux activités menées dans le cadre de la *juridiction* de l'Etat. Si la modification terminologique semble non pertinente pour le droit des cours d'eau internationaux, le terme «juridiction», plus large, est préférable dans le contexte plus étendu des ressources aquatiques. Ce dernier inclut certaines compétences que l'Etat exerce en dehors de son territoire proprement dit, par exemple en zone économique exclusive où l'incinération de déchets pourrait causer un dommage à travers le transport par les eaux atmosphériques.

Ainsi, toute personne doit, où que le dommage ait été subi, bénéficier du même traitement accordé par le pays d'origine à ses ressortissants en cas de dommage survenu sur son territoire. Toutefois, cette règle n'empêche pas que les non-ressortissants doivent, préalablement à une procédure, déposer une caution. Et même si la disposition a vocation à protéger (tous) les intérêts des victimes en tant qu'individus, la règle de non-discrimination ne s'applique pas aux dommages transfrontières se situant en dessous du seuil significatif, peu importe si le système national prévoit ou non à leur égard un recours.

---

89. Le même principe s'applique par ailleurs aux recours juridictionnels et administratifs qui sont engagés à titre préventif (voir Convention du 21 mai 1997/Projet CDI 1994, art. 32; Projet CDI 1994, art. 32, comm. 2).

90. Délégations de l'Inde, de la Russie (C/R Sixième Commission, 1996, SR.23, n°s 32, 35); Convention du 21 mai 1997, art. 32. Conformément au Projet CDI 1994, art. 32 (voir aussi comm. 3), deux volets sont visés: l'accès aux procédures internes en premier lieu, et le droit à indemnisation ou autre forme de réparation en second lieu.

ii) *Accès indépendamment d'un élément d'extranéité*

Le droit international consacre un accès à la justice au bénéfice des particuliers indépendamment de l'élément d'extranéité, le seul fondement en constituant la source juridique formelle d'origine internationale[91]. Notamment l'article 9 de la Convention d'Aarhus du 25 juin 1998 traite de l'accès à la justice, assorti de certaines garanties, y compris un redressement par injonction (par. 4 et 5), dans trois cas de figure. Les Etats veillent à ce qu'un tel accès soit assuré à toute personne estimant qu'une demande d'information, présentée en vertu de la Convention, a été ignorée, rejetée abusivement ou insuffisamment prise en considération (par. 1). Cela concerne ensuite le recours pour contester la légalité de toute décision, acte ou omission tombant sous le coup des dispositions s'appliquant à la participation du public aux décisions relatives à des activités particulières (par. 2). Enfin, sont visées les procédures administratives ou judiciaires pour contester les actes ou omissions de particuliers ou d'autorités publiques allant à l'encontre des dispositions du droit national de l'environnement (par. 3)[92].

C. L'accès des organisations non gouvernementales aux instances internationales

Les organisations non gouvernementales peuvent contribuer à l'apaisement des différends sur l'eau grâce à leurs compétences techniques en matière de gestion des eaux. C'est ainsi qu'une fonction consultative formelle peut leur être accordée. La Convention pour la protection du Rhin du 12 avril 1999, exemplaire en ce qui concerne le rôle consenti aux organisations non gouvernementales, prévoit, au sein de la Commission internationale pour la protection du Rhin, la consultation des représentants spécialisés des organisations non gouvernementales reconnues, qui peuvent être invités aux réunions (art. 14, par. 5)[93]. Elles peuvent également être autorisées à intervenir dans le processus de prise de décision, en tant qu'observateurs, à la fois sur le plan étatique et au sein des organisations internationales intergouvernementales[94]. Enfin, des compétences juridictionnelles peu-

91. Protocole sur l'eau et la santé du 17 juin 1999, art. 16, par. 3, al. *g)*. Voir aussi : P. R. Kalas, *op. cit.*, p. 195.

92. Voir aussi A. Curzydlo, *Les effets de la Convention d'Aarhus sur le plan international, communautaire et français*, mémoire DESS droit de l'environnement, université R. Schuman, Strasbourg, 2002, pp. 29-31.

93. Comparer J. Sohnle, « Les développements conventionnels récents en droit international des ressources en eau douce sous l'emprise des conventions-cadres », *Observateur des Nations Unies*, n° 11, 2001, p. 149.

94. Convention sur l'établissement de l'Organisation des pêcheries du lac Victoria du 30 juin 1994, art. XI ; Convention pour la protection du Rhin du

vent être accordées aux organisations non gouvernementales, se limitant en général à un rôle d'*amicus curiae*. Parfois elles vont jusqu'à la reconnaissance d'une véritable capacité procédurale [95], cette dernière s'exprimant en termes d'accès à un juge international.

Paragraphe 2 Le recours à des solutions en marge du droit international public

Notons que la résolution d'un litige par une compensation financière dans le cadre du régime de la responsabilité internationale est rare [96]. Même après la production d'accidents catastrophiques à dimension internationale, les Etats se limitent à encadrer le règlement du différend qui se déroule formellement au niveau infraétatique. Cette pratique donne lieu à des arrangements qui ne relèvent pas du droit international public. Dans l'affaire *Sandoz*, suite à l'accident qui s'est produit sur le terrain d'une usine chimique près de Bâle le 1er novembre 1986 polluant gravement les eaux du Rhin, la Suisse a certes reconnu sa responsabilité vis-à-vis des autres Etats riverains. En revanche, pour résoudre le conflit sur le terrain, le Gouvernement suisse s'était seulement montré prêt à offrir ses bons offices dans les négociations qui se déroulaient entre l'usine Sandoz, d'une part, et les victimes de la catastrophe dans les Etats riverains, d'autre part, personnes privées et personnes publiques de droit interne (essentiellement les communes riveraines s'alimentant en eau potable à partir du Rhin). Le différend s'est réglé concrètement par une importante compensation financière dans le cadre d'un accord en date du 29 septembre 1987 entre personnes infraétatiques. Une solution analogue s'est dégagée suite à l'accident de Baia Mare en Roumanie du 30 janvier 2000, accident impliquant une industrie de mine d'or roumano-australienne et ayant causé un dommage grave aux eaux de la Tisza partagées entre la Roumanie, la Hongrie et la Yougoslavie [97].

---

12 avril 1999 (protection du Rhin), art. 14, par. 2 *c)*, et par. 4. En revanche, cette solution est écartée dans le cadre des Accords du 26 avril 1994 relatifs à la protection de l'Escaut ainsi que de la Meuse, respectivement art. 7.

95. Comparer Convention de Lugano du 21 juin 1993 sur la responsabilité civile des dommages résultant d'activités dangereuses pour l'environnement, art. 18.

96. En 1951, la France a obtenu de la Suisse une indemnisation de 20 000 FF pour les dommages causés à des sociétés françaises de pêche par des boues putrides provenant du nettoyage de barrages suisses. En 1960, l'Autriche a fourni à la Yougoslavie une réparation en espèces et en nature pour une pollution accidentelle de la Mur (voir Salmon, *Ann. IDI*, 1979, t. I, p. 26).

97. Sur l'affaire *Sandoz*: A. Kiss, *op. cit.*, 1989, pp. 194-196; A. Rossbach, «Die international-privatrechtlichen Probleme der grenzüberschreitenden Rheinverschmutzung», *Neue Juristische Wochenschrift*, 1988, p. 590; Schwa-

Il est donc fréquent, à propos de différends ayant une dimension également interétatique, que la pratique opte plutôt pour un renvoi à des règles qui ne relèvent pas du droit international public. Il peut s'agir de règles de droit interne dans le cadre d'un règlement du différend par le droit international privé ou le droit pénal international (A), de règles particulières proches du droit interne dans le cadre du règlement des différends impliquant des entreprises inter ou multinationales (B) ou relevant du droit de la coopération transfrontalière (C).

A. Le règlement des différends par le droit international privé ou le droit pénal international

Il arrive que le droit international public renvoie aux modalités de réparation civile ou pénale, procédant par un transfert de la responsabilité interétatique au niveau des individus. Le régime de responsabilité ainsi établi relève du droit international privé (i)), voire du droit pénal international (ii)), spécialités dont certains aspects précisés par les conventions internationales méritent d'être mentionnés.

i) *Le droit international privé*

Le droit international privé est applicable en principe par le juge national. Pourtant, il arrive exceptionnellement, dans le cadre d'un recours préjudiciel, que les problèmes de la responsabilité soient discutés devant les instances internationales. Ainsi, dans l'affaire des *Mines de potasse d'Alsace* de 1976, la Cour de justice des Communautés européennes était amenée, sur le fondement de la Convention concernant la compétence judiciaire et l'exécution des décisions en matière civile et commerciale, conclue à Bruxelles le 29 septembre 1968, à interpréter l'expression « lieu où le fait dommageable s'est produit », dans l'hypothèse de pollutions du milieu aquatique au-delà des frontières d'un Etat. Elle trancha en faveur d'une option ouverte au demandeur d'introduire son action devant le tribunal compétent, soit du lieu où le dommage a été matérialisé, soit du lieu de l'événement causal[98].

---

bach, *ELQ*, 1989, pp. 443 ss.; Sachariew, *ZaöRV*, 1991, p. 906; McClatchey, *GJICL*, 1996, pp. 659 ss. Voir aussi la recommandation 1052 (1987) relative à la pollution du Rhin du 29 janvier 1987, adoptée par l'Assemblée parlementaire du Conseil de l'Europe après l'accident Sandoz. Sur l'affaire de *Baia Mare*: C. Lucas, « The Baia Mare and Baia Borsa Accidents: Cases of Severe Transboundery Water Pollution », *Environmental Policy and Law*, 2001, pp. 106-111.

98. Affaire *Bier c. Mines de potasse d'Alsace* (demande de décision préjudicielle, formée par le Gerechtshof de La Haye), CJCE, arrêt du 30 novembre 1976, par. 19 (*Rec.*, p. 1746). L'avocat général dans l'affaire avait conclu à la prise en compte du lieu dans lequel s'était produit le dommage dont il était

S'il s'agit en l'espèce d'une demande de décision préjudicielle, formée par un tribunal néerlandais, le litige sur le fond sera réglé par des juridictions nationales.

La responsabilité civile peut également être limitée en vertu du droit international. La Convention sur la limitation de la responsabilité en navigation intérieure, adoptée le 4 novembre 1988 dans le cadre de la Commission internationale pour la navigation du Rhin, limite la responsabilité des propriétaires de bateaux, entre autres en ce qui concerne les créances pour mort, lésions corporelles, pertes ou dommages à tous biens (y compris aux ouvrages d'art des ports, bassins, voies navigables, écluses, ponts et aides à la navigation) ainsi qu'en ce qui concerne les créances pour d'autres préjudices résultant de l'atteinte à tout droit de source extracontractuelle (préambule et articles 1 et 2). Cette limitation est cependant exclue s'il est prouvé que le dommage résulte du fait de la personne responsable ou de son omission personnelle, commis avec l'intention de provoquer un tel dommage, ou commis témérairement avec conscience qu'un tel dommage en résulterait probablement (art. 4).

ii) *Droit pénal international*

La sanction pénale dépasse traditionnellement le règlement dans le cadre de la coopération interétatique en matière des ressources en eau douce. D'une manière générale, la Convention du Conseil de l'Europe sur la protection de l'environnement pour le droit pénal, du 4 novembre 1998, prescrit des mesures détaillées que les Etats doivent prendre tant au niveau national qu'au niveau international. L'eau, visée par la Convention parmi les autres éléments de l'environnement (art. 2 et 4), fait seule l'objet d'une définition spécifique: «l'expression «eau» s'entend de tout type d'eaux souterraines et de surface, y compris des eaux des lacs, fleuves, océans et mers» (art. 1, al. *b)*).

Si les traités sur l'eau renvoient au droit interne des Etats respectifs, ils peuvent néanmoins prévoir une harmonisation des législations pénales, voire une coopération judiciaire. Il peut être précisé que les poursuites ont lieu devant le tribunal du lieu où le délit a été commis, devant le tribunal du résident et que le produit des amendes et les

demandé réparation (*Rec.*, p. 1758). Voir aussi A.-C. Kiss, «Commentaire de l'arrêt du 30 novembre 1976», *RJE*, 1977, p. 330; Huet, note, *Journal du droit international*, 1977, p. 729. Voir plus généralement J. M. van Dunné, «Liability in Tort for the Detrimental Use of Fresh Water Resources under Dutch Law in Domestic and International Cases», dans E. H. P. Brans, E. J. de Haan, A. Nollkaemper et J. Rinzema (dir. publ.), *The Scarcity of Water — Emerging Legal and Policy Responses*, Kluwer Law International, Londres, La Haye, Boston, 1997, pp. 204-207, 209.

objets confisqués reviennent à l'Etat. Des dispositions pénales précises (relatives à la définition des peines, à l'augmentation de la peine en cas de récidive, à la responsabilité pour le fait d'autrui, au délai de prescription de l'action publique, aux moyens de preuve) peuvent figurer dans un acte conventionnel international, et sont applicables par les tribunaux nationaux [99].

Des bateliers sont traditionnellement sanctionnés dans l'hypothèse d'une méconnaissance des règlements sur le fondement du droit international. La violation des règlements de pêche est également visée. La pratique fait parfois état de répression pénale d'actes de pollution volontaire. La sanction pour crime international, par exemple pour pollution massive de ressources en eau douce, pourrait intervenir dans ce contexte, bien qu'elle présente une autre qualité dans la mesure où elle peut se situer dans l'ordre international et être prononcée par un tribunal international, notamment la Cour pénale internationale [100].

B. Le règlement des différends impliquant des entreprises inter ou multinationales

Dans le cadre de la prévention des différends, le droit international des ressources en eau douce a d'abord des répercussions

99. Renvoi au droit interne: Traité frontière du 24 juin 1862 (Autriche, Bavière), art. 58, par. 11 ; Accord du 10 avril 1922 (cours d'eau) (Danemark, Allemagne), art. 51 ; Convention du 10 mai 1927 (pêche de saumon) (Finlande, Suède), règlement annexé, art. 14-17. Harmonisation des législations pénales: Convention du 25 août 1926 (relations entre les deux pays) (France, Siam), art. 10, par. 3 *in fine*. Coopération judiciaire: Echange de lettres du 23 avril 1955 (forces hydrauliques du Reno di Lei) (Suisse, Italie), par. VII, al. 2). Tribunal du lieu du délit: Convention du 17 février 1949 (flottage du bois dans les fleuves frontières) (Finlande, Suède), annexe, art. 36; Convention du 14 juillet 1959 (pêche dans la Bidassoa) (France, Espagne), art. 29; tribunal du résident: Accord du 20 novembre 1980 (pêche dans le lac Léman) (France, Suisse), art. 13. Confiscations: Convention du 18 février 1886 (pêche dans la Bidassoa) (France, Espagne), art. 21 (distribution aux pauvres du poisson saisi); Convention du 10 mai 1927 (pêche de saumon) (Finlande, Suède), règlement annexé, art. 16; dispositions pénales dans un acte international: Avenant du 24 septembre 1952 (pêche dans la Bidassoa) (France, Espagne), art. 17, et échange de lettres des 11 mai/8 juin 1954; Accord du 16 septembre 1971 (fleuves frontières) (Finlande, Suède), chap. 9, art. 10, 11. Application par les tribunaux nationaux: Accord du 16 septembre 1971 (fleuves frontières) (Finlande, Suède), chap. 9, art. 12.

100. Sanction sur la base du droit international: Convention du 28 septembre 1867 (navigation sur le lac intérieur et le Rhin entre Constance et Schaffhouse) (Suisse, Bade), art. 7. Règlements de pêche: Convention du 3 juillet 1897 (pêche dans le lac inférieur et le Rhin) (Bade, Suisse), règlement par. 40, 41 (amende de 150 marks ou emprisonnement). Répression pénale: tribunal de Clèves, 7 décembre 1970, affaire *Hamburger Lloyd* (*RGDIP*, 1971, p. 1086-1087); tribunal correctionnel de Strasbourg, 16 juin 1971, affaire *Cellulose de Strasbourg* (*RGDIP*, 1972, p. 880); Cour de cassation française

sur le fonctionnement d'entreprises nationales. Pour assurer une concurrence équitable, le droit international peut établir une obligation de non-discrimination à la charge des autorités publiques [101]. L'Etat, dans son obligation de diligence, doit prévenir tout dommage transfrontière. A ce titre, les entreprises sont soumises en droit interne à certaines obligations substantielles (par exemple ne pas causer de dommage aux ressources en eau) et procédurales (par exemple fournir une étude d'impact [102], fournir des informations au public, notifier certaines activités aux autorités étatiques, demander des autorisations). Après avoir vu la réglementation relative aux entreprises internationalisées (i)) et multinationales (ii)), le Tribunal international de l'eau, organisation non gouvernementale à objet quasi judiciaire, mérite une mention particulière (iii)).

i) *La réglementation relative aux entreprises internationalisées*

L'internationalisation d'une entreprise peut résulter d'une concession internationale dont le régime transnational reste soumis au contrôle étatique. En effet, les Etats ou les organismes chargés, en vertu d'un accord international, d'une exploitation en matière d'eau peuvent concéder celle-ci à une entreprise nationale. La concession, qui est normalement une opération contractuelle à caractère administratif du droit interne, devient ainsi un acte du droit international dans la mesure où elle est établie en vertu d'un traité international [103].

Déjà l'établissement et l'encadrement d'une concession internationale indiquent les relations complexes qui surgissent entre les entreprises nationales d'un côté et les Etats et les organismes internationaux de gestion de l'autre. Il arrive également que les entreprises concluent des contrats avec des entités infraétatiques, telles que des municipalités, dans le contexte transfrontalier [104]. Quant à l'initiative d'établir une

(chambre criminelle), arrêt du 15 novembre 1977 : compétence du juge répressif français pour connaître du déversement, effectué dans un cours d'eau belge par un ressortissant belge, de substances nocives polluant gravement une rivière française. Sur la CPI, comparer P. Rodgers Kalas, *op. cit.*, pp. 210-212.

101. Traité du 24 octobre 1986 (projet d'eau des montagnes de Lesotho) (Lesotho, Afrique du Sud), art. 6, par 16 : non-discrimination à propos des établissements amenés à financer ou à garantir un projet.

102. Convention d'Espoo du 25 février 1991 (évaluation de l'impact sur l'environnement), art. 2, par. 3.

103. Convention frontière du 10 mars 1921 (Autriche, Tchécoslovaquie), sect. I, art. 1 ; Traité du 11 août 1927 (Duero) (Espagne, Portugal), art. 3 (liberté de chaque Etat de concéder l'exploitation hydroélectrique ou de l'exercer directement) ; Convention du 21 décembre 1978 (statut juridique des ouvrages communs) (Mali, Mauritanie, Sénégal), art. 1 (« *Entrepreneur* »).

104. Echange de notes des 18 janvier-24 mars 1983 (livraison d'eau potable à la ville d'Irún) (Espagne, France).

concession internationale, souvent des sociétés nationales ou des groupes internationaux sont directement à l'origine d'un traité établissant les conditions d'une concession internationale [105]. Le contrôle peut s'effectuer directement par les Etats [106] ou moyennant une commission interétatique mixte [107]. Ainsi, il peut être convenu que les Etats impliqués sont représentés d'une manière paritaire au sein du capital ou dans les instances directrices et de contrôle de la société [108].

Le droit applicable et la juridiction compétente relèvent en principe de l'ordre national. Le droit applicable relève essentiellement des règles du droit du travail, du droit administratif, du droit douanier et du droit fiscal. La juridiction compétente est normalement celle de la nationalité de l'entreprise à l'exclusion de tribunaux étrangers et arbitraux. A titre exceptionnel, les accords prévoient le règlement du différend par arbitrage (voir ci-dessus section 2, paragraphe 1, lettre B).

En revanche, ces régimes ne font normalement pas exception à la règle générale selon laquelle les personnes privées qui subissent un dommage du fait d'une concession accordée *par un autre Etat* ne disposent en principe d'aucun droit de réclamation. Dans la mesure où cette activité tombe sous la compétence de cet autre Etat, le dommage relève du droit international, et seul l'Etat national de la victime peut mettre en jeu la responsabilité internationale [109].

105. Convention du 19 novembre 1930 (utilisation hydroélectrique du Doubs) (France, Suisse), préambule (Compagnie générale d'électricité à Paris, Banque suisse des Chemins de fer/Société suisse d'électricité et de traction et un groupement international); Accord du 18 juin 1949 (concession de forces hydrauliques du Reno di Lei) (Suisse, Italie), préambule (société suisse Rhätische Werke für Elektrizität, société italienne Edison); Convention du 27 mai 1957 (force hydraulique du Spöl) (Italie, Suisse), préambule; Convention du 23 août 1963 (aménagement hydroélectrique d'Emosson) (France, Suisse), préambule.

106. Accord du 18 juin 1949 (concession de forces hydrauliques du Reno di Lei) (Suisse, Italie), art. 4.

107. Convention du 19 novembre 1930 (utilisation hydroélectrique du Doubs) (France, Suisse), art. 10; Convention du 27 mai 1957 (force hydraulique du Spöl) (Italie, Suisse), art. 16; Convention du 23 août 1963 (aménagement hydroélectrique d'Emosson) (France, Suisse), art. 4; Convention du 30 novembre 1963 (opération du système hydraulique et de navigation des portes de fer sur le Danube) (Yougoslavie, Roumanie), art. 3 ss.; Règlement du 6 juin 1969 de la Commission hispano-portugaise sur la notification des projets d'exécution des travaux hydrauliques, art. 1; Convention du 4 juillet 1969 (aménagement du Rhin) (Allemagne, France), art. 14, par. 1.

108. Accord du 16 octobre 1950 (Société hydroélectrique austro-bavaroise) (Autriche, Bavière), art. 5-9; Accord du 13 février 1952 (Société centrale Jochenstein sur le Danube) (Autriche, Allemagne, Bavière), art. 5-9; Convention du 23 août 1963 (aménagement hydroélectrique d'Emosson) (France, Suisse), art. 10; Accord du 25 novembre 1963 (Société hydraulique centrafricaine) (Rhodésie du Nord, Rhodésie du Sud), par. 1, 2.

109. Accord du 16 octobre 1950 (Autriche, Bavière), préambule et art. 4, 10, 28; Accord du 13 février 1952 (Autriche, Allemagne, Bavière), art. 4, 7, 23, par. 2.

ii) *La réglementation relative aux entreprises multinationales*

La caractéristique des *entreprises* que l'on pourrait qualifier de multinationales réside dans le fait que leur internationalisation est le résultat d'efforts privés ne faisant pas intervenir une autorité étatique. L'effacement de l'Etat face à l'action des entreprises multinationales suite à l'absence de contrôle étatique ainsi qu'une politique des entreprises multinationales ne se souciant pas toujours de l'intérêt général en matière de gestion de l'eau présentent des dangers [110]. A défaut d'un législateur universel, c'est l'Etat seul qui est capable de prendre certaines mesures régulatrices sur son territoire et à propos des entreprises sous sa compétence.

La réparation des dommages subis par les individus, victimes des entreprises multinationales, peut plus particulièrement être à l'origine de conflits.

La protection des victimes et de l'environnement aquatique pourrait se trouver renforcée par une politique plus active des grandes compagnies d'assurance opérant sur un plan global. Elles combleraient le vide réglementaire du fait de l'effacement de l'Etat. En outre, leur action s'inscrit dans la même sphère normative à laquelle appartiennent les entreprises multinationales. Aussi ces compagnies, au lieu d'assurer certains risques à la limite de l'assurabilité, pourraient-elles sortir de leur rôle passif et tardif d'agent payeur et s'immiscer, dans l'intérêt général, dans la gestion des entreprises multinationales. Elles pourraient leur imposer un audit environnemental approfondi, vérifier la légalité de leurs activités, les pousser vers des investissements de sécurité et de dépollution et exercer éventuellement la contrainte par le jeu de taux de franchise, de primes, voire du refus d'assurance [111].

iii) *Le Tribunal international de l'eau*

Le Tribunal international de l'eau est une institution particulière qui s'est donné pour tâche de dénoncer certaines pratiques des entreprises multinationales, notamment dans les pays en voie de développement, dans un cadre quasi judiciaire. Cette initiative s'inscrit dans le cadre de l'action des organisations non gouvernementales qui luttent contre l'absence de contrôle étatique et une politique des entreprises multinationales répondant exclusivement à des critères de rentabilité, peu soucieuse des intérêts des individus et de la nature. Une sensibilisation ori-

---

110. Sur cette problématique, voir P. Rodgers Kalas, *op. cit.*, pp. 191-195.

111. François Ost, *La nature hors la loi, l'écologie à l'épreuve du droit*, Paris, La Découverte, 1995, pp. 89, 103, 109, 127.

ginale du monde économique et des modalités particulières de recherche d'une solution sont proposées par la fondation du Tribunal international de l'eau (International Water Tribunal Foundation). Cette organisation non gouvernementale, dont le siège est à Amsterdam, organise des « tribunaux internationaux sur l'eau » qui permettent aux individus et aux organisations non gouvernementales de mettre en cause, devant un jury international indépendant, des projets de gestion de l'eau.

Lors de la deuxième session du Tribunal international de l'eau, en 1992, de nombreux consortiums et entreprises opérant au plan international se sont trouvés accusés.

Un aperçu sélectif des affaires traitées ainsi que des entreprises accusées illustre l'action du Tribunal : la pollution du bassin du fleuve Matanza-Riachuelo en Argentine par des industries diverses, notamment des entreprises d'origine argentine, britannique, néerlandaise, allemande, américaine ; la pollution du fleuve Elqui au Chili par des mines d'or, filiale d'une entreprise canadienne ; le projet de barrage des Trois Gorges sur le fleuve Yangtse, Chine, par un consortium canadien ; la pollution des vallées hydrographiques de Costa Rica par les producteurs de bananes contrôlés par une entreprise de fruits originaire des Etats-Unis d'Amérique ; la pollution de l'Amazone en Equateur suite aux activités de production pétrolière par des entreprises pétrolières originaires de l'Equateur, des Etats-Unis et des Bahamas ; le dommage écologique causé par des décharges minières dans le fleuve Ok Tedi en Papouasie-Nouvelle-Guinée, les mines étant exploitées par consortium composé d'entreprises australiennes et allemandes ; la gestion irrationnelle de l'eau par l'industrie minière dans le sud du Pérou par une entreprise originaire des Etats-Unis ; la gestion problématique de l'eau du lac Tanganyika par une entreprise pétrolière originaire des Etats-Unis. En contribuant à une sorte de « soft dispute settlement », le jury recommanda, dans la plupart des cas, des mesures préventives pour éviter des dommages futurs ainsi que des mesures de réparation [112].

112. Sur le tribunal voir José M. Borrero Navia, *Second International Water Tribunal, Environmental and Water Law in the South*, International Books, IWT Foundation, Amsterdam, 1994, p. 9 ; Ellen Hey, André Nollkaemper, « The Second International Water Tribunal », *EPL*, 1992, pp. 84-86. Dans ce contexte on peut également mentionner la Cour internationale d'arbitrage et de conciliation dans le domaine de l'environnement, qui a été créée en novembre 1994 par un groupe d'organisations non gouvernementales environnementales, et susceptible de connaître des différends sur l'eau. Elle rend des avis consultatifs sur saisine par des Etats, des personnes privées (personnes physiques ou organisation non gouvernementale). Comparer P. Rodgers Kalas, *op. cit.*, pp. 213-214.

C. Le règlement des différends dans le cadre du droit de la coopération transfrontalière

Un différend sur l'eau peut se résoudre dans le contexte de la coopération transfrontalière qui se situe dans un cadre frontalier de proximité où des entités infraétatiques relevant de différents Etats ont une frontière commune. Dans l'ensemble, les Etats ne sont pas opposés par principe à l'intervention d'entités infraétatiques en droit international des ressources aquatiques. Traditionnellement, ce sont les composantes des Etats fédéraux qui jouissent de larges compétences, parfois de nature quasi étatique. Les Etats à tradition unitaire peuvent également accorder une marge d'action plus importante à leurs collectivités territoriales. Toutefois, l'action de ces dernières reste limitée à la coopération avec des entités équivalentes et soumise à la règle du parallélisme des compétences internes et externes et, en amont ou en aval de l'activité, à un contrôle tutélaire par les autorités centrales. Certains instruments prévoient une action commune des autorités locales [113], en particulier pour lutter contre les situations exceptionnelles résultant de crues et de glaces en dérive [114], coopérer dans la réalisation de certains ouvrages [115], en vue d'une alimentation en eau à travers la frontière [116], et limiter la pollution des eaux [117]. Des compétences vastes peuvent être accordées à des organismes mixtes de coopération transfrontalière composés d'organes infraétatiques, les

113. Accord du 10 avril 1922 (cours d'eau) (Danemark, Allemagne), art. 6, 15 ; Echange de notes du 7 mai 1929 (utilisation des eaux du Nil à des fins d'irrigation) (Egypte, Royaume-Uni), note n° 1, par. 4 *d)* ; Accord du 15 novembre 1960 (pêche dans la zone du fleuve Tana) (Finlande, Norvège), art. 8, 9.

114. Accord du 8 août 1955 (Statut de la Commission sur le régime des eaux yougoslavo-hongroises), art. 8 ; Accord du 4 avril 1958 (hydroéconomie) (Yougoslavie, Bulgarie), art. 8 ; Accord du 18 juin 1959 (questions de l'hydroéconomie) (Grèce, Yougoslavie), art. 5.

115. Convention du 5 avril 1951 (correction de la Roggia Molinara) (Suisse, Italie), art. 3 ; Echange de lettres des 18 janvier-24 mars 1983 (livraison d'eau potable à la ville d'Irún) (Espagne, France).

116. Convention du 28 septembre 1967 (alimentation en eau de la commune de Menton) (France, Italie), art. 5 ; Echange de lettres des 18 janvier-24 mars 1983 (livraison d'eau potable à la ville d'Irún) (Espagne, France) : contrat entre la municipalité d'Irún et le Syndicat intercommunal d'alimentation d'eau potable de la Bidassoa et la Société lyonnaise des eaux. Un accord intéressant a été conclu en 1931 entre les usagers de la rivière Tachera, sanctionné par deux entités frontalières, le Distrito Bolivar (Venezuela) et la Municipalidad del Rosario (Colombie) au profit des riverains privés des deux côtés de la rivière (Nations Unies, *Série Eau*, 1, 1976, n° 180, note 11).

117. Déclaration commune des Länder, des régions et des cantons sur la coopération dans le domaine de l'environnement dans la plaine du Rhin supérieur, adoptée au Congrès tripartite à Bâle, les 7-8 mars 1991 (Bade-Wurttemberg, Rhénanie-Palatinat, Région Alsace, départements du Haut-Rhin et du Bas-Rhin, Bâle-Ville et Bâle-Campagne), principe II, par. 3 et 4.

Etats n'étant admis qu'en tant qu'observateurs. Ainsi le Conseil du Léman, institué par une Convention du 19 février 1987 conclue entre les cantons suisses de Vaud, du Valais et de Genève et les départements français de l'Ain et de la Haute-Savoie, exerce une fonction consultative dans une multitude de domaines, notamment de l'économie hydraulique, de la protection du milieu naturel, des lacs et des cours d'eau, des forêts, des sites, du patrimoine, du secteur touristique et du thermalisme (art. 6). Certains traités maintiennent, en faveur des villages, des droits sur des éléments territoriaux situés de l'autre côté de la frontière, ainsi en est-il des droits d'inspection [118], mais aussi des droits d'user des sources, des points d'eau et des abreuvoirs, des terres arables, des terrains de culture et des pâturages [119].

Des modalités concrètes de règlement des différends ne sont pas toujours prévues par les conventions consacrant une coopération entre collectivités locales ou créant un organisme mixte. Une solution consiste à attribuer le litige aux tribunaux nationaux du lieu du service rendu, de l'adoption de l'acte ou encore du siège de l'organisme mixte. Une autre solution s'inspire des modes de règlement du droit international. C'est le cas de la Convention du 22 décembre 1982 conclue entre le Land allemand de Bade-Wurtemberg et la commune de Rhinau dans le département français du Bas-Rhin. Elle concerne la gestion des surfaces de prés appartenant à la commune et l'exercice de la pêche et de la chasse sur le territoire de la République fédérale d'Allemagne, ainsi que les indemnités pour les restrictions d'exploitation convenues dans la zone de nature protégée du Taubergiessen. Cette convention se voit complétée par une convention dite d'arbitrage, du même jour, qui prévoit que les parties n'excluent pas les procédures judiciaires, en s'efforçant toutefois à régler à l'amiable les divergences d'opinions sur l'application et l'interprétation de la Convention. En réalité le texte instaure une procédure de conciliation puisque la « commission d'arbitrage » n'adopte que des recommandations décidées à la majorité. Cette commission est composée de sept personnes, à savoir trois membres nommés par chacune des parties contractantes et le président désigné par l'Institut de géobotanique de la Haute Ecole technique fédérale de Zurich.

En définitive, force est de constater que l'on retrouve parmi les

---

118. Arrangement frontière du 7 novembre 1929 (Allemagne, Belgique), art. 65-69.

119. Traité frontière du 29 septembre 1864 (Espagne, Portugal), art. 28 ; Echange de notes des 11 et 15 mai 1905 (frontière Côte-de-l'Or-Côte d'Ivoire) (France, Royaume-Uni), mémorandum point IV ; Echange de notes du 19 octobre 1906 (frontière Golfe de Guinée-Niger) (France, Royaume-Uni), annexe 1, art. III.

modes de règlement des différends «privatisés» des mécanismes calqués sur les modes du droit international, mécanismes souples et souvent peu contraignants, alors que l'une des motivations de la privatisation consiste dans la recherche d'une plus grande efficacité des solutions adoptées. L'implication du privilège étatique en matière de relations internationales autour de l'eau, quel que soit le niveau où se résout finalement le conflit (entre Etats, entre un Etat et une entité non étatique ou entre entités non étatiques), explique l'existence de cette spécificité.

CINQUIÈME PARTIE

PART V

Analyse de régimes régionaux et sectoriels

Regional and Sectorial Studies

11 The European Community's Water Framework Directive: A Regional Approach to the Protection and Management of Transboundary Freshwater Resources?

Götz Reichert *

SECTION 1 INTRODUCTION

In spite of almost three decades of a common water policy, the state of freshwater resources and the aquatic environment in the countries of the European Community (EC) is far from satisfactory [1]. On 22 December 2000, the "Directive 2000/60/EC of the European Parliament and the Council of 23 October 2000 establishing a framework for Community action in the field of water policy" (hereinafter "Water Framework Directive" — WFD) [2] entered into force. It acknowledges that the waters in the Community are under increasing pressure from the continuous growth in demand for sufficient quantities of good quality water for all purposes [3].

The Water Framework Directive constitutes a new stage in the development of the water policy of the European Community. It aims at rationalizing the Community's highly fragmented water legislation

---

* Ph.D. (Dr. iur.), Eberhard-Karls-Universität, Tübingen, LL.M., George Washington University, Washington, DC.

1. See European Environment Agency, *Environment in Europe at the Turn of the Century*, pp. 155-181 (Environmental Assessment Report No. 2, 1999); European Environment Agency, *Groundwater Quality and Quantity in Europe* (Environmental Assessment Report No. 3, 1999); European Environment Agency, *Nutrients in European Ecosystems* (Environmental Assessment Report No. 4, 1999); European Environment Agency, *Sustainable Use of Europe's Water? State, Prospects and Issues* (Environmental Assessment Series No. 7, 2000).

2. Directive 2000/60/EC of the European Parliament and the Council of 23 October 2000 establishing a framework for Community action in the field of water policy, 2000 OJ (Official Journal of the European Communities) (L 327) 1, last amended by Decision No. 2455/2001/EC of the European Parliament and of the Council of 20 November 2001 establishing the list of priority substances in the field of water policy and amending Directive 2000/60/EC, 2001 OJ (L 331) 1.

3. WFD, Preamble, para. 4, first sentence.

under one coherent legal framework for the protection and management of water resources in the countries of the EC. Similar to other areas of EC policy, the academic discussion in the years to come will mainly focus on the relationship between the WFD and national water law of EC Member States. However, given that the WFD pertains not only to water bodies entirely situated within the territory of individual Member States, its international dimension should not be underestimated. Indeed, the question whether the WFD constitutes a *regional* approach to the protection and management of *transboundary* water resources in the European Community — or even beyond — is justified. In order to answer this question, an analysis of the WFD's emerging role within the interrelated regimes of supranational, national, and international law on freshwater resources in Europe is needed.

In this respect, this study takes a two-step approach: Section 2 concentrates on the WFD as a legal instrument of the EC and its capacity to provide coherent concepts, harmonized strategies and compatible terminology for water legislation in the countries of the European Community. A short overview of the history of EC water policy and relevant legal instruments will be provided, followed by a discussion of the Directive's most innovative features for the protection and management of water resources. Section 3 analyses the WFD's approach to transboundary water resources and its relevance for the future development of international water law in Europe.

SECTION 2 SUPRANATIONAL AND NATIONAL DIMENSION: THE WFD AS A LEGAL INSTRUMENT OF THE EC

Water is one of the most comprehensively regulated areas of EC environmental policy, with a legislative history dating back to the early 1970s. Due to the specific nature of the European Community, the water-related instruments of the EC have a major impact on national water law of the EC Member States.

Paragraph 1 Background

A. EC water legislation and supranationality

The European Community was created under the rules of international law[4]. Consequently, the Treaty Establishing the Euro-

4. Eckart Klein, "Die Internationalen und Supranationalen Organisationen", in *Völkerrecht* 267, 373 (Wolfgang Graf Vitzthum, ed., 2001).

pean Community (EC Treaty)[5] states that — similar to other international organizations — the EC can only act "within the limits of the powers conferred upon it" by its Member States[6]. However, the powers conferred upon the EC are exceptionally broad, representing a new stage of co-operation between States. Established to promote unity and economic integration among its Member States after the experience of World War II, the powers of the European Community have been expanded considerably in the course of the last decades. As a result of this development, the EC does not only have its own institutional structure consisting, *inter alia*, of the European Parliament, the Council, the Commission and the European Court of Justice (ECJ)[7]. Most importantly, the Community has been entrusted with certain sovereign rights. Today, its competences encompass, *inter alia*, the protection of the environment[8] — including the quality of the aquatic environment — and the quantitative management of water resources[9]. In the specified fields of the Community's competence, the Member States have forfeited some aspects of their sovereignty and submitted themselves and their citizens to the directly binding jurisdiction of the EC and its institutions. Against this background, the ECJ stated that the EC represents a new legal order *sui generis*[10] of a "supranational" character. It is essential to note that — in contrast to international law — the powers of the European Community are not limited to exclusively international or transboundary issues. Thus, Community legislation regarding the protection and management of water does not only apply to transboundary freshwater resources — it also covers rivers, lakes and aquifers entirely situated within the territory of a Member State.

In order to carry out their tasks, the organs of the EC act through certain specified legal instruments: regulations, directives, decisions, recommendations and opinions[11]. These instruments vary mainly in the degree of their legally binding nature. The most powerful legal tool of EC legislation is the regulation, which has general application and is binding in its entirety and directly applicable in all Member States. In contrast to a regulation, a directive of the EC — like the Water Framework Directive — is binding upon each Member State only to the

5. Consolidated Version of the Treaty Establishing the European Community (EC Treaty]) 1997 OJ (C 340) 173.
6. EC Treaty, Art. 5, para. 1.
7. EC Treaty, Art. 7.
8. EC Treaty, Arts. 174 and 175 (1).
9. EC Treaty, Art. 175 (2), second indent.
10. Case 26/62, *van Gend & Loos* v. *Netherlands Inland Revenue Administration*, 1963 *ECR (European Court Reports)* 1; Case 6/64, *Flaminio Costa* v. *ENEL*, 1964 *ECR* 585.
11. EC Treaty, Art. 249.

result which has to be achieved, but the directive leaves the choice of form and methods for its implementation to the national authorities of the Member States. This means that a directive has to be transposed into national law and that the diversity among the Community's Member States with their individual legal traditions and administrative structures is respected — allowing some flexibility and leeway for national variations [12]. Nevertheless, due to their supranational legal force, directives of the EC exert considerable influence on the national legislation of the Community's Member States. There is no doubt that the transformation of the Water Framework Directive into national legislation will require far-reaching changes of water law in all countries of the European Community.

B. History and development of EC water policy

The water-related policy of the European Community began in the 1970s with the First Environmental Action Programme in 1973 [13], followed by several "waves" of EC water legislation [14]. By the mid-1990s it became apparent that a fundamental reform of the Community's fragmented and incoherent water-related legislation was needed — finally leading to the adoption of the Water Framework Directive in December 2000.

(i) *First phase of EC water legislation (1973-1980): laying the foundations*

EC water legislation has tended to focus on point source pollution control in order to protect the quality of freshwater resources. Compared to other water-related problems, it is easier to identify and to take action against specific pollutants and pollution sources [15]. The

12. Wyn Grant *et al.*, *The Effectiveness of European Union Environmental Policy*, 2000, p. 71.

13. Programme of Actions of the European Communities on the Environment, adopted by the Declaration of the Council of the European Communities and of the Representatives of the Governments of the Member States meeting in the Council of 22 November 1973, 1973 OJ (C 112) 1.

14. For a comprehensive overview and discussion of EC water legislation see Ludwig Krämer, *E.C. Environmental Law*, 2000, pp. 183-204, Wyn Grant *et al.*, *The Effectiveness of European Union Environmental Policy*, 2000, pp. 152-176, Alexandre Kiss and Dinah Shelton, *Manual of European Environmental Law*, 1997, pp. 290-337, and Albert Weale *et al.*, *Environmental Governance in Europe — An Ever Closer Ecological Union ?*, 2000, pp. 356-383.

15. Wyn Grant *et al.*, *The Effectiveness of European Union Environmental Policy*, 2000, p. 160.

basic control mechanism is to require economic activities (such as industrial discharge) to receive a permit by national authorities and to make the issuance of a permit dependent on the implementation of certain pollution control measures. In this respect, two strategies have been pursued since the First Environmental Action Programme of 1973: on the one hand, limiting the discharge of pollutants by setting emission standards ("emission limit values" — ELVs) for specific substances. On the other hand, setting quality standards ("water quality objectives" — WQOs) for waters intended for specific uses.

The *emissions*-approach focuses on the "end of the pipe" — namely the maximum allowed quantities of detrimental substances that may be discharged into the aquatic environment. ELVs are based on estimates of the maximum level of reduction in pollution that could be expected by the application of a specified level of technology. In contrast, the *quality*-approach concentrates on the water bodies receiving pollution. In this respect, WQOs representing minimum requirements for the overall quality of the aquatic environment are defined. WQOs aim at a certain level of water quality that is not harmful for specific human uses or the aquatic environment. After setting a WQO, the amount of pollution is estimated that is expected not to endanger the required water quality. On this basis, permits are issued to potential polluters. Both approaches have their potential flaws: where there is a concentration of polluters, ELVs at individual sources alone can allow a cumulative pollution load discharged by different sources which is severely detrimental to the receiving water body as a whole. Moreover, ELVs can lead to unnecessary investments in pollution control technology without significant benefit for the environment. On the other hand, inadequate WQOs can underestimate the effect of a particular substance on the aquatic ecosystem. Furthermore, WQOs can be abused as a "licence to pollute" up to the required quality level [16]. Given the fact that water directives mostly used to follow either the *emissions* — or the *quality* — approach without combining their respective advantages in a co-ordinated way, EC water policy before the adoption of the WFD was characterized by the *dichotomy* of both strategies against water pollution.

The first water-related instrument of the EC aimed at setting quality objectives for surface water intended for the abstraction of drinking water (1975) [17]. Subsequent directives set WQOs for bathing waters

---

16. Wyn Grant *et al.*, *The Effectiveness of European Union Environmental Policy*, 2000, p. 162.
17. Council Directive 75/440/EEC of 16 June 1975 concerning the Quality Required of Surface Water Intended for the Abstraction of Drinking Water in the Member States, 1975 OJ (L 194) 26.

(1976)[18], fish waters (1978)[19], shellfish waters (1979)[20], and the quality of drinking water (1980)[21]. The Dangerous Substances Directive (1976)[22] acted as a general framework for the control of discharges and water quality of surface waters. The Directive established two lists of substances: pollutants considered to be toxic, persistent and bioaccumulative (list I — "black list"), and other, less dangerous substances (list II — "grey list"). All discharges of substances contained in lists I and II were required to be authorized by permits laying down ELVs. In regard to substances contained in list I, the conditions — ELVs and WQOs — for respective permits were to be fixed by so-called "daughter directives", which had to be adopted in the course of the following years[23]. However, ELVs and WQOs were only set for 17[24] out of the 132 substances contained in list I[25]. The substances of list II were only subject to pollution reduction programmes of the Member States which had to include WQOs. Individual permits had to ensure that the WQOs could be attained. Up to the adoption of the WFD, no

18. Council Directive 76/160/EEC of 8 December 1975 concerning the Quality of Bathing Water, 1976 OJ (L 31) 1.

19. Council Directive 78/659/EEC of 18 July 1978 on the Quality of Fresh Waters Needing Protection or Improvement in Order to Support Fish Life, 1978 OJ (L 222) 1.

20. Council Directive 79/923/EEC of 30 October 1979 on the Quality Required of Shellfish Waters, 1979 OJ (L 281) 47.

21. Council Directive 80/778/EEC of 15 July 1980 Relating to the Quality of Water Intended for Human Consumption, 1980 OJ (L 229) 11. See also *infra* footnote 41.

22. Council Directive 76/464/EEC of 4 May 1976 on Pollution Caused by Certain Dangerous Substances Discharged into the Aquatic Environment of the Community, 1976 OJ (L 129) 23.

23. *Ibid.*, Art. 6 (1) and (2).

24. Council Directive 82/176/EEC of 22 March 1982 on Limit Values and Quality Objectives for Mercury Discharges by the Chlor-alkali Electrolysis Industry, 1982 OJ (L 81) 29; Council Directive 83/513/EEC of 26 September 1983 on Limit Values and Quality Objectives for Cadmium Discharges, 1983 OJ (L 291) 1; Council Directive 84/156/EEC of 8 March 1984 on Limit Values and Quality Objectives for Mercury Discharges by Sectors Other than the Chlor-alkali Electrolysis Industry, 1984 OJ (L 74) 49; Council Directive 84/491/EEC of 9 October 1984 on Limit Values and Quality Objectives for Discharges of Hexachlorocyclohexane (HCH/lindan), 1984 OJ (L 274) 11; Council Directive 86/280/EEC of 12 June 1986 on Limit Values and Quality Objectives for Discharges of Certain Dangerous Substances Included in List I of the Annex to Directive 76/464/EEC, 1986 OJ (L 181) 16 (carbon tetrachloride, DDT, pentachlorphenol, aldrin, dieldrin, endrin, isodrin, hexachlorbenzene, hexachlorbutadiene, chloroform, 1,2-dichlorethane, TRI, PER, and trichlorbenzene).

25. The Council agreed to a list of 129 substances established by the Commission in a Communication to the Council of 22 June 1982, adding another three. See Council Resolution of 7 February 1983 concerning the Combating of Water Pollution, 1983 OJ (C 46) 17.

Member State had established such programmes or fixed WQOs for the reduction of substances contained in list II[26].

With regard to groundwater, a directive on the protection of groundwater against the pollution caused by certain dangerous substances was adopted in 1980[27]. Like the 1976 Dangerous Substances Directive for surface water, the 1980 Groundwater Directive differentiated between two groups of pollutants: substances that were considered to be toxic, persistent or bioaccumulative (list I), and other substances with a potentially harmful effect on groundwater (list II). While the direct discharge of substances contained in list I was prohibited, the indirect discharge (percolation through the ground or subsoil) of pollutants in both lists was only subject to investigation and authorization. In practice this meant that the Member States had considerable discretion to authorize discharges of pollutants into groundwater — without being limited by ELVs or WQOs[28].

(ii) *Second phase of EC water legislation (1980-1991): implementation and deficiencies*

For several years after the first phase of EC water legislation, the adoption of new water-related instruments was limited to daughter directives of the 1976 Dangerous Substances Directive[29]. At the same time, the insufficiencies of EC water legislation became more and more apparent. The piecemeal approach of the regime left major gaps. For example, not all substances identified as potentially detrimental to water quality were covered, and water quantity aspects were almost entirely ignored[30]. In addition to that, the implementation of existing EC water legislation in the EC Member States — especially under the Dangerous Substances Directive and its daughter directives — proved to be extremely difficult.

A ministerial seminar held in Frankfurt am Main in 1988 to review the effectiveness of EC water policy concluded that the three main sources of water pollution (industry, municipalities, agriculture) could not be seen in isolation. Given the fact that EC water legislation of the first phase had focused disproportionately on industrial point sources,

26. Ludwig Krämer, *E.C. Environmental Law*, 2000, p. 194.

27. Council Directive 80/68/EEC of 17 December 1979 on the Protection of Groundwater against Pollution Caused by Certain Dangerous Substances, 1980 OJ (L 20) 43.

28. Ludwig Krämer, *E.C. Environmental Law*, 2000, p. 190.

29. *Supra* footnote 24.

30. Jürgen Lefevere, "Integrating Groundwater Quantity Control into European Community Water Policy", 8 *Rev. Eur. Community & Int'l Envtl. L.* 291, 292 (1999).

the EC environment ministers called upon the Commission to present proposals for fighting the serious problem of nitrate pollution stemming from diffuse agricultural sources and pollution caused by municipal waste water. As a result, the Urban Wastewater Treatment Directive [31] was adopted in 1991. It set conditions for the treatment and discharge of municipal and industrial wastewater — mainly intended to protect freshwater resources and marine waters against eutrophication caused by nutrients (especially nitrates and phosphates) [32]. The Directive required all settlements with more than 2,000 inhabitants to use a sewerage system and to purify the wastewater (usually by "secondary" — i.e., biological – treatment). It was estimated that the implementation of the Directive would require the construction or renovation of approximately 40,000 water treatment plants throughout the EC and investments of 130 billion euros for sewerage systems [33]. The Urban Wastewater Treatment Directive was complemented by the Nitrates Directive [34], which aimed to control and limit nitrate pollution by diffuse agricultural sources. The Directive required EC Member States to identify zones vulnerable to nitrate pollution and to establish codes of good agricultural practices for voluntary implementation by farmers.

(iii) *Third phase of EC water legislation (1991-2000): reorientation and fundamental reform*

All in all, the second phase of EC water legislation turned out to be only of remedial use, leaving many gaps. In particular, the directives of the first phase had not been revised since their adoption in the 1970s. Their outdated standards and incoherent — sometimes even contradictory — piecemeal approach made it clear that a reform of the fragmented EC water policy was necessary [35]. Furthermore, the implementation of the existing EC water legislation on the national level proved to be far from satisfactory. Virtually no directive was completely implemented and applied by the Member States [36]. In the view of these

31. Council Directive 91/271/EEC of 21 May 1991 concerning Urban Waste-water Treatment, 1991 OJ (L 135) 40.

32. Wolfgang Seidel, *Gewässerschutz durch europäisches Gemeinschaftsrecht — Grundlagen, Regelungsdefizite und Reformperspektiven*, 2000, p. 47.

33. Ludwig Krämer, *E.C. Environmental Law*, 2000, pp. 197-198.

34. Council Directive 91/676/EEC of 12 December 1991 concerning the Protection of Waters against Pollution Caused by Nitrates from Agricultural Sources, 1991 OJ (L 375) 1.

35. Jürgen Lefevere, "Integrating Groundwater Quantity Control into European Community Water Policy", 8 *Rev. Eur. Community & Int'l Envtl. L.* 291, 292 (1999).

36. As of January 2001, nine Member States were found guilty by the ECJ for non-compliance with water legislation in 42 cases concerning 17 water-

deficiencies, a consolidation and updating process of existing EC water legislation was started as an additional outcome of the 1988 Frankfurt seminar. The Commission was asked to work out guidelines for the integrated management of water quality and quantity aspects and to develop a policy for the rational use of water. Subsequently, the Council called upon the Commission to submit proposals for the improvement of the ecological quality of surface waters in the EC[37].

A ministerial seminar on EC groundwater policy held in The Hague in November 1991 recognized the need for action to avoid long-term deterioration of freshwater quality and quantity and called for a programme of actions aiming at sustainable management and protection of freshwater resources. In its subsequent resolutions of 1992[38] and 1995[39], the Council requested such an action programme for groundwater and a revision of the Groundwater Directive, as part of an overall policy on freshwater protection. As a result, the Commission published a proposal for a groundwater action programme[40].

Complementing the revision process regarding groundwater, the Commission started to redraft the 1980 Drinking Water Directive and the 1976 Bathing Water Directive, finally resulting in the adoption of the revised Drinking Water Directive in 1998[41]. Furthermore, the Commission attempted to simplify and integrate much of the remaining water legislation in a single directive on ecological quality of surface water proposed in 1994[42]. However, the Commission's proposal generated harsh criticism. It was argued that the proposed directive on ecological quality of water did not provide for a "sufficient and global approach", especially in regard to the integration of qualitative and quantitative aspects of water protection and management[43]. In December 1995, the Council called for drawing up a new framework directive establishing the basic principles of sustainable water policy in the

---

related EC directives. See Klaus Lanz and Stefan Scheuer, *EEB Handbook on EU Water Policy under the Water Framework Directive*, European Environmental Bureau ed., 2001, at p. 7.

37. Council Resolution of 28 June 1988, 1988 OJ (C 209) 3.

38. Council Resolution of 25 February 1992, 1992 OJ (C 59) 2.

39. Council Resolution of 20 February 1995, 1995 OJ (C 49) 1.

40. Commission Proposal of 9 September 1996 for a European Parliament and Council Decision on an Action Programme for Integrated Ground Water Protection and Management, COM (96) 315 final, 1996 OJ (C 355) 1.

41. Council Directive 98/83/EC of 3 November 1998 on the Quality of Water Intended for Human Consumption, 1998 OJ (L 330) 32. See also *supra* footnote 21.

42. Commission Proposal of 8 June 1994 for a Council Directive on the Ecological Quality of Surface Water, COM (93) 680 final, 1994 OJ (C 222) 6.

43. Jürgen Lefevere, "Integrating Groundwater Quantity Control into European Community Water Policy", 8 *Rev. Eur. Community & Int'l Envtl. L.* 291, 293 (1999).

Community and invited the Commission to come forward with a proposal. In response, the Commission published a communication containing its ideas for a comprehensive framework directive on water resources in February 1996[44]. Accordingly, the Commission proposed to manage surface water and groundwater water as well as quality and quantity aspects in an integrated manner based on the river basin approach. After its proposal had been endorsed by other EC organs, the Commission abandoned its work on a directive on ecological quality of surface water and started preparations for a single piece of framework legislation on EC water policy — resulting in a "proposal for a Directive establishing a framework for Community action in the field of water policy" published 1997[45] with the following key goals:

— expanding the scope of water protection to all waters: surface waters and groundwater;
— achieving good status for all waters by a set deadline;
— integrated water management based on river basins;
— "combined approach" of emission limit values and water quality standards;
— setting adequate water prices;
— intensifying participation of citizens;
— streamlining water-related legislation.

The proposed Water Framework Directive became the subject of a controversial debate between EC organs. While the European Parliament believed the Commission's original proposal to be deficient in various respects[46], the Council proposed to further weaken the text regarding the WFD's environmental safeguards for water protection[47]. Finally, after more than three years, the European Parliament and the Council agreed during the conciliation process of the co-decision procedure[48] on a compromise and adopted the "Directive of the European Parliament and of the Council 2000/60/EC establishing a framework for Community action in the field of water policy" in September 2000. With its publication in the *Official Journal* of the European Communities on 22 December 2000[49], the WFD entered into force. From this

44. Communication from the Commission to the Council and the European Parliament — European Community Water Policy, COM (96) 59 final.
45. Proposal of 26 February 1997 for a Council Directive Establishing a Framework for Community Action in the Field of Water Policy, COM (97) 49 final, 1997 OJ (C 184) 20.
46. Opinion of the European Parliament of 11 February 1999, 1999 OJ (C 150) 419.
47. Council Common Position (EC) No. 41/1999 of 22 October 1999, 1999 OJ (C 343) 1.
48. EC Treaty, Art. 251 (3)-(7).
49. *Supra* footnote 2.

date, the EC Member States have three years to transpose the Directive into their national legislation. The most innovative features of the WFD are outlined below.

Paragraph 2 The EC Water Framework Directive: Basic Structure and Innovative Features

The different parts of the hydrologic cycle are interconnected, influence each other and interact, *inter alia*, with terrestrial ecosystems and the climate. Consequently, the various components of the ecosystem cannot be seen and regulated in isolation. In sharp contrast to the piecemeal approach of earlier EC water legislation, the WFD's call for an integrated water policy of the European Community [50] pays tribute to this ecological interdependency and complexity in various ways. With regard to its regulatory approach, the WFD attempts to create — in a single legal instrument — a transparent, effective and coherent legislative framework for the protection and sustainable use of water in the EC [51]. To this end, important water-related EC directives will be repealed and replaced by the provisions of the WFD within seven [52] or thirteen years [53] after its entry into force [54].

A. Purpose and ecological scope (WFD Article 1)

The interdependency of the ecology is also reflected in the purpose and ecological scope of the WFD. The WFD aims at maintaining and improving the aquatic environment in the European Community [55]. Accordingly, Article 1 covers inland surface waters, transitional waters, coastal waters and groundwater as relevant components of the hydrosphere. Furthermore, the WFD is not only concerned with the status of aquatic ecosystems, but also with connected *terrestrial*

50. WFD, Preamble, para. 9.
51. WFD, Preamble, para. 18.
52. WFD, Art. 22 (1): e.g., the 1975 Surface Water Directive, *supra* footnote 17.
53. WFD, Art. 22 (2): 1978 Fish Waters Directive, *supra* footnote 19; 1979 Shellfish Waters Directive, *supra* footnote 20; 1980 Groundwater Directive, *supra* footnote 27; 1976 Dangerous Substances Directive, *supra* footnote 22. Article 6 of the 1976 Dangerous Substances Directive (regarding the setting of ELVs and WQOs) was repealed immediately with the entry into force of the WFD; WFD, Art. 22 (3), provides for transitional provisions in this respect.
54. However, the 1976 Bathing Water Directive, *supra* footnote 18, the 1998 Drinking Water Directive, *supra* footnotes 21 and 41, the 1991 Urban Waste-water Treatment Directive, *supra* footnote 31, and the 1991 Nitrates Directive, *supra* footnote 34, remain independent instruments.
55. WFD, Preamble, para. 19, first sentence.

ecosystems and *wetlands* in respect of their water needs[56]. The Directive's purposes also encompass the promotion of sustainable water use[57], the reduction and elimination of discharges of certain water contaminants[58], progressive reduction and prevention of further groundwater pollution[59], and the mitigation of floods and droughts[60].

For the first time qualitative and quantitative aspects of both surface waters and groundwater are managed in an integrated manner on the European level[61]. While the WFD is primarily concerned with water quality, control of water quantity is seen as an ancillary element to achieve this goal[62]. Furthermore, the WFD aims to contribute to the protection of the marine environment against land-based pollution[63]. Given the fact that the European Community and its Member States are parties to various international agreements for the protection of the marine environment, the WFD understands itself as a contribution to meet the respective international obligations of the EC and its Member States[64].

B. Setting the goals: environmental objectives (WFD Article 4)

While Article 1 introduces the water bodies to be protected and broadly describes the general purposes of the Directive, Article 4 moves on to specify the Directive's goals, thereby exhibiting a result-oriented approach: it sets legally-binding[65] objectives in

---

56. WFD, Art. 1 *(a)*.
57. WFD, Art. 1 *(b)*.
58. WFD, Art. 1 *(c)*.
59. WFD, Art. 1 *(d)*.
60. WFD, Art. 1 *(e)*.
61. WFD, Preamble, paras. 20 and 34.
62. WFD, Preamble, para. 19, second and third sentence.
63. WFD, Art. 1, third and fourth indent; WFD, Preamble, paras. 17, 21 and 27.
64. WFD, Preamble, para. 21, refers to the Convention on the Protection of the Marine Environment of the Baltic Sea Area, signed in Helsinki on 9 April 1992, and approved by Council Decision 94/157/EC, 1994 OJ (L 73) 19; the Convention for the Protection of the Marine Environment of the North-East Atlantic, signed in Paris on 22 September 1992, and approved by Council Decision 98/249/EC, 1998 OJ (L 104) 1; the Convention for the Protection of the Mediterranean Sea against Pollution, signed in Barcelona on 16 February 1976, and approved by Council Decision 77/585/EEC, 1977 OJ (L 240) 1, and its Protocol for the Protection of the Mediterranean Sea against Pollution from Land-Based Sources, signed in Athens on 17 May 1980, and approved by Council Decision 83/101/EEC, 1983 OJ (L 67) 1.
65. Ivo Appel, "Das Gewässerschutzrecht auf dem Weg zu einem qualitätsorientierten Bewirtschaftungsregime — Zum finalen Regelungsansatz der EG-Wasserrahmenrichtlinie", *ZUR Sonderheft 2001: Aktuelle Fragen des Gewässerschutzrechts* 129, 133 (2001). However, the binding nature of the environmental objectives is not undisputed, see David Grimeaud, "Reforming EU

regard to the environmental quality of certain components of the ecosystem to be achieved by the implementation of the WFD[66]. Furthermore, the conditions allowing the Member States to derogate from the attainment of these objectives are laid down in detail[67]. Article 4 (1) distinguishes between surface waters[68], groundwater[69] and so-called "protected areas"[70], for each of which individual measures are specified.

(i) *Good surface water status*

With respect to "surface water"[71] (which comprises inland water[72] except groundwater, transitional waters[73] and coastal water[74]), "Member States shall protect, enhance and restore all bodies of surface water[75] . . . with the aim of achieving good surface water status at the

Water Law: Towards Sustainability?" (Part 1), 10 *Eur. Envtl. L. Rev.* 41, 50 (2001): "The expression 'with the aim of' may indicate that Member States would be subject only to an obligation to use all reasonable means to achieve the specified objectives, rather than the 'absolute' requirement to realise them."

66. WFD, Art. 4 (1)-(2).

67. WFD, Art. 4 (3)-(9): extended deadlines for the achievement of objectives, temporary deterioration in status of water bodies, less stringent objectives, derogation from objectives. These exemptions will be at the core of legal discussions in the years to come as they raise doubts regarding the legal enforceability of the environmental objectives of WFD, Art. 4 (1)-(2), and the extent of their implementation in practice. The way EC Member States will interpret and apply these provisions will be crucial for the WFD's success. For a critical analysis see David Grimeaud, "Reforming EU Water Law: Towards Sustainability?" (Part 2), 10 *Eur. Envtl. L. Rev.* 88, 92-97 (2001), and Michael Schmalholz, "Die EU-Wasserrahmenrichtlinie — 'Der Schweizer Käse' im europäischen Gewässerschutz?", 40 *Zeitschrift für Wasserrecht* 69, 75-86 (2001).

68. WFD, Art. 4 (1) *(a)*.

69. WFD, Art. 4 (1) *(b)*.

70. WFD, Art. 4 (1) *(c)*.

71. WFD, Art. 2 (1).

72. "Inland water" means all standing or flowing water on the surface of the land. See WFD, Ar. 2 (3).

73. "Transitional waters" are defined as bodies of surface water in the vicinity of river mouths which are partly saline in character as a result of their proximity to coastal waters but which are substantially influenced by freshwater flows. See WFD, Art. 2 (6).

74. According to WFD, Art. 2 (7), "coastal water" means

> "surface water on the landward side of a line every point of which is at a distance of one nautical mile on the seaward side from the nearest point of the baseline from which the breadth of territorial waters is measured, extending where appropriate up to the outer limit of transitional waters".

75. A "body of surface water" is defined by WFD, Art. 2 (10), as a discrete and significant element of surface water such as a lake, a reservoir, a stream, river or canal, part of a stream, river or canal, a transitional water or a stretch of coastal water.

latest 15 years" after the entry into force of the WFD (December 2015)[76]. "Good surface water status" is defined as the status achieved by a surface water body when both its *ecological* status and its *chemical* status are at least "good"[77].

The "ecological status" is to be determined in accordance with Annex V of the WFD[78]. Annex V lays down quality criteria according to which the ecological status of a surface water body is classified. Relevant quality criteria — which vary depending on the type of surface water body in question — include biological elements on the one hand, and hydromorphological, chemical and physico-chemical elements supporting the biological factors on the other hand[79]. Accordingly, a surface water body is of "good ecological status" if

> "the values of the biological quality elements for the surface water body type show low levels of distortion resulting from human activity, but deviate only slightly from those normally associated with the surface water body type under undisturbed conditions"[80].

"Good surface water status" also requires "good chemical status," which is achieved if the concentrations of pollutants in the surface water body in question do not exceed (1) the environmental quality standards established in WFD Annex IX, which lists the daughter directives to the 1976 Dangerous Substances Directive[81], (2) environmental quality standards that have to be established under WFD Article 16 (7) for so-called "priority substances"[82], and (3) other environmental quality standards set under other EC legislation at the Community level[83].

Compared to other surface water bodies, so-called "artificial[84] and heavily modified[85] water bodies" receive special treatment under the WFD. Accordingly, "Member States shall protect and enhance all artificial and heavily modified bodies of water, with the aim of achieving

76. WFD, Art. 4 (1) *(a)* (ii).
77. WFD, Art. 2 (18).
78. WFD, Art. 2 (22).
79. WFD, Annex V, Sections 1.1.1-1.1.5.
80. WFD, Annex V, table 1.2.
81. *Supra* footnote 24.
82. See *infra*, Section 2, para. 2, C, vi (2).
83. WFD, Art. 2 (24).
84. Pursuant to WFD, Article 2 (8), an "artificial water body" means a body of surface water created by human activity.
85. A "heavily modified water body" is defined as a body of surface water which as a result of physical alterations by human activity is substantially changed in character, as designated by the Member State in accordance with the provisions of Annex II. See WFD, Art. 2 (9).

good ecological potential and good surface water chemical status" within 15 years[86]. While the same environmental objective applies to all types of surface waters with regard to their chemical status ("good surface water chemical status"), artificial and heavily modified water bodies are required to meet "good ecological *potential*"[87] — a less stringent standard compared to "good ecological status."

(ii) *Good groundwater status*

As far as groundwater[88] is concerned, "Member States shall protect, enhance and restore all bodies of groundwater, ensure a balance between abstraction and recharge of groundwater, with the aim of achieving good groundwater status" by December 2015[89]. "Good groundwater status" means the status achieved by a groundwater body[90] when both its *quantitative* status and its *chemical* status are at least "good"[91].

"Quantitative status" is an expression of the degree to which a body of groundwater is affected by direct and indirect abstractions[92]. Groundwater is in "good quantitative status" if "[t]he level of groundwater in the groundwater body is such that the available groundwater resource[93] is not exceeded by the long-term annual average rate of abstraction"[94]. The level of groundwater must not result in failure to achieve "good status" for associated surface waters, any significant

86. WFD, Art. 4 (1) *(a)* (iii).

87. WFD, Art. 2 (23) defines "good ecological potential" as the status of a heavily modified or an artificial body of water, so classified in accordance with the relevant provisions of Annex V. For further details see WFD, Annex V, table 1.2.5 ("Definitions for maximum, good and moderate ecological potential for heavily modified or artificial water bodies").

88. "Groundwater" means all water which is below the surface of the ground in the saturation zone and in direct contact with the ground or subsoil. See WFD, Art. 2 (2).

89. WFD, Art. 4 (1) *(b)* (ii).

90. A "body of groundwater" means a distinct volume of groundwater within an aquifer or aquifers. See WFD, Art. 2 (12). According to WFD, Art. 2 (11), "aquifer" is defined as a subsurface layer or layers of rock or other geological strata of sufficient porosity and permeability to allow either a significant flow of groundwater or the abstraction of significant quantities of groundwater.

91. WFD, Art. 2 (20).

92. WFD, Art. 2 (26).

93. "Available groundwater resource" is defined by WFD, Art. 2 (27), as the long-term annual average rate of overall recharge of the body of groundwater less the long-term annual rate of flow required to achieve the ecological quality objectives for associated surface waters specified under Article 4, to avoid any significant diminution in the ecological status of such waters and to avoid any significant damage to associated terrestrial ecosystems.

94. WFD, Art. 2 (28), in conjunction with Annex V, table 2.1.2.

diminution in the status of such waters, or any significant damage to terrestrial ecosystems depending directly on the groundwater body. Furthermore, alterations to flow direction resulting from level changes must not cause saltwater or other intrusion, unless they occur temporarily, or continuously in a spatially limited area [95].

"Good groundwater chemical status" is the chemical status of a body of groundwater meeting all the conditions set out in Table 2.3.2 of Annex V [96]. Parameters for the determination of groundwater chemical status are the concentrations of pollutants and the conductivity of the groundwater body [97]. Accordingly, the chemical composition of the groundwater body has to be as such that the concentrations of pollutants (1) do not exhibit the effects of saline or other intrusions, (2) do not exceed the quality standards applicable under other relevant Community legislation in accordance with Article 17 ("strategies to prevent and control pollution of groundwater") [98], and (3) are not such as would result in non-attainment of "good status" for associated surface waters nor any significant diminution of the ecological or chemical quality of such bodies nor in any significant damage to terrestrial ecosystems depending directly on the groundwater body. Furthermore, changes in conductivity must not be indicative of saline or other intrusion into the groundwater body [99].

(iii) *Protected areas*

In addition to setting environmental objectives for surface waters and groundwater, WFD Article 4 also obliges Member States to achieve compliance "with any standards and objectives" applying to "protected areas" established under Community legislation within 15 years (unless otherwise specified) [100]. In this respect, Member States have to compile registers "of all areas . . . which have been designated as requiring special protection under specific Community legislation for the protection of their surface water and groundwater or for the conservation of habitats and species directly depending on water" [101]. Such registers shall include the following types of protected areas [102]: (1) areas designated for the abstraction of water intended for human consumption under WFD Article 7; (2) areas designated for the protec-

95. WFD, Annex V, table 2.1.2.
96. WFD, Art. 2 (25).
97. WFD, Annex V, Section 2.3.1.
98. See *infra*, Section 2, para. 2, C, vii.
99. WFD, Annex V, table 2.3.2.
100. WFD, Art. 4 (1) *(c)*.
101. WFD, Art. 6 (1), first sentence.
102. WFD, Annex IV, Section 1.

tion of economically significant aquatic species; (3) bodies of water designated as recreational waters, including areas designated as bathing waters under the 1976 Bathing Water Directive [103]; (4) nutrient-sensitive areas, including areas designated as "vulnerable zones" under the 1991 Nitrates Directive [104] and areas designated as "sensitive areas" under the 1991 Urban Wastewater Treatment Directive [105]; and (5) areas designated for the protection of habitats or species where the maintenance or improvement of the status of water is an important factor in their protection, including relevant "Natura 2000 sites" designated under the 1992 Habitats Directive [106] and the 1979 Birds Directive [107]. The obligations regarding protected areas contained in those instruments represent minimum requirements to be complied with ("basic measures") by the Member States [108]. Therefore, if a protected area qualifies as a surface water or groundwater body protected under the WFD, EC Member States have to attain not only the relevant environmental quality objectives set under WFD Article 4 ("good surface water status" or "good groundwater status") as baseline obligations, but also the more stringent quality standards required by the mentioned directives.

C. Operationalizing objectives: the managerial framework

The complexity of water-related ecosystems is not only reflected in the WFD's purpose, ecological scope and environmental objectives, but also in its administrative approach to the protection and management of freshwater resources. The relevant regulations aim at setting up a managerial framework corresponding to the ecological preconditions of human water use.

(i) *River Basin Districts — RBDs (WFD Article 3)*

As opposed to political or administrative boundaries, the point of reference for managing freshwater and operationalizing the respective

103. *Supra* footnote 18.
104. *Supra* footnote 34.
105. *Supra* footnote 31.
106. Council Directive 92/43/EEC of 21 May 1992 on the Conservation of Natural Habitats and of Wild Fauna and Flora, 1992 OJ (L 206) 7, last amended by Council Directive 97/62/EC of 27 October 1997, 1997 OJ (L 305) 42.
107. Council Directive 79/409/EEC of 2 April 1979 on the Conservation of Wild Birds, 1979 OJ (L 103) 1, last amended by Commission Directive 97/49/EC of 29 July 1997, 1997 OJ (L 223) 9.
108. WFD, Art. 11 (3) *(a)*, in conjunction with Part A of WFD, Annex VI. See *infra*, Section 2, para. 2, C, iii.

environmental objectives of the WFD is the *river basin*. Accordingly, the WFD stipulates that the objective of achieving good water status should be pursued for each river basin in order to enable the co-ordination of measures in respect of surface water and groundwaters belonging to the same ecological, hydrological and hydrogeological system [109].

In an attempt to bring the WFD's managerial framework into line with the relevant components of the environment, the term "river basin" is defined as "the area of land from which all surface run-off flows through a sequence of streams, rivers and, possibly, lakes into the sea at a single river mouth, estuary or delta" [110]. The corresponding management unit is the "River Basin District" (RBD) which refers to "the area of land and sea, made up of one or more neighbouring river basins together with their associated groundwaters and coastal waters" [111].

According to Article 3, EC Member States have to identify the individual river basins lying within their national territory and assign them to RBDs. Small river basins may be combined with larger ones or joined with neighbouring small basins to form individual RBDs where appropriate. Groundwaters that do not completely follow a particular river basin, and coastal waters shall be identified and assigned to the nearest or most appropriate RBD [112].

For the application of the WFD within each RBD, the Member States of the EC have to ensure the appropriate administrative arrangements, including the identification of a competent authority [113]. More specifically, they must ensure that the requirements of the WFD for the achievement of the environmental objectives established under Article 4 are co-ordinated for the whole of the RBD [114]. Member States have the option of identifying an already existing body as competent authority for the purposes of the WFD [115].

109. WFD, Preamble, para. 33.
110. WFD, Art. 2 (13).
111. WFD, Art. 2 (15).
112. WFD, Art. 3 (1).
113. WFD, Art. 2 (16) in conjunction with WFD, Art. 3 (2) and 3 (3). According to WFD, Article 3 (7), in conjunction with WFD, Article 24 (1), first sentence, the competent authorities have to be identified by 22 December 2003. Six months after this date, Member States shall provide the Commission with a list of their competent authorities and of the competent authorities of all the international bodies in which they participate. The list has to include the information set out in WFD, Annex I: name, address, legal status and responsibilities of the competent authority together with the geographical coverage of the relevant RBD.
114. WFD, Art. 3 (4), first sentence.
115. WFD, Art. 3 (6).

(ii) *Analyses and monitoring of River Basin Districts (WFD Articles 5 and 8)*

Pursuant to Article 5, for each RBD an analysis of its natural characteristics, a review of the impact of human activity on the status of surface waters and groundwater, and an economic analysis of water use has to be undertaken according to the technical specifications set out in Annexes II and III within four years after the WFD entered into force [116]. The methods of characterizing surface waters and groundwater bodies are specified by the WFD in a highly detailed manner [117]. Furthermore, the anthropogenic pressures to which the surface water bodies in each RBD are exposed have to be identified [118]. Accordingly, Member States have to collect and maintain information on the type and magnitude of the significant human impacts, such as (1) significant point and diffuse source pollution, in particular by substances listed in Annex VIII, from urban, industrial, agricultural and other installations and activities, (2) significant water abstraction for urban, industrial, agricultural and other uses, including seasonal variations and total annual demand, and of loss of water in distribution systems, (3) the impact of significant water flow regulation, (4) significant morphological alterations to water bodies, (5) other significant anthropogenic impacts on the status of surface waters, and (6) land use patterns. Based on this information, an assessment of the susceptibility of the surface water status to anthropogenic pressures is to be carried out, paying special attention to those water bodies within the RBD in danger of failing to meet the environmental quality objectives set Article 4 [119]. Similar to surface waters, a review of the impact of human activity on groundwaters has to be undertaken in certain cases. For those bodies of groundwater identified as being at risk of failing to meet the environmental objectives under Article 4 or crossing the boundary between two or more Member States, information has to be collected on (1) points for the abstraction of groundwater, (2) rates and chemical composition of the abstracted water, (3) points into which water is directly discharged into groundwater bodies, (4) rates and chemical composition of discharge at such points, and (5) land use in the catchment area from which the groundwater body receives its

116. WFD, Art. 5 (1). WFD, Article 5 (2), provides that these analyses and reviews shall be reviewed and, if necessary, updated at the latest 13 years after the entry into force of the WFD and every six years thereafter.

117. WFD, Annex II, Section 1 *(Surface Waters)* and Section 2 *(Groundwaters)*.

118. WFD, Annex II, Section 1.4.

119. WFD, Annex II, Section 1.5.

recharge, including information on pollutant inputs and anthropogenic alterations to the recharge characteristics such as rainwater and run-off diversion through land sealing, artificial recharge, damming or drainage[120]. Finally, an economic analysis of the entire water use within a RBD (surface waters and groundwater) has to be carried out according to the specifications set out in Annexes III in order to obtain enough information in sufficient detail for the purposes of Article 9 ("recovery of the costs for water services")[121] and Article 11 ("programme of measures")[122].

Together, these elaborate and demanding analyses of a RBD serve to compile the necessary information on the features of the surface water and groundwater bodies concerned and the influence of anthropogenic pressures and economic water uses they are exposed to. They allow the definition of the status of a water body and aim at enabling the optimal design of both a "coherent and comprehensive review of water status" in each RBD by monitoring programmes pursuant to Article 8 on the one hand, and the programmes of measures for a RBD required under Article 11 on the other hand. For surface waters such monitoring programmes must cover (1) the volume and level or rate of flow to the extent relevant for ecological and chemical status and ecological potential, and (2) the ecological and chemical status and ecological potential. With regard to groundwater, monitoring of the chemical and quantitative status is required. For protected areas, monitoring programmes have to be supplemented by those specifications contained in EC legislation under which the individual protected areas have been established[123]. The monitoring programmes have to be operational at the latest by 2006 unless otherwise specified in the legislation concerned, and the must be in accordance with the requirements of Annex V.

(iii) *Programme of measures (WFD Article 11)*

Based on the analyses carried out pursuant to Article 5 (characteristics of the RBD, review of the impact of human activity on the status of surface waters and groundwater, economic analysis of water use), Article 11 requires the establishment of a "programme of measures"

120. WFD, Annex II, Section 2.3. WFD, Annex II, Sections 2.4 ("review of the impact of changes in groundwater level") and 2.5 ("review of the impact of pollution on groundwater quality") apply to those groundwater bodies which are subject to less stringent environmental objectives under WFD, Art. 4.
121. See *infra*, Section 2, para. 2, C, viii.
122. See *infra*, Section 2, para. 2, C, iii.
123. See *supra*, Section 2, para. 2, B, iii.

for each RBD[124] in order to achieve the environmental objectives set under Article 4[125].

Each programme of measures must include "basic measures" representing the obligatory minimum requirements to be complied with on the one hand and "supplementary measures" on the other hand[126]. If "basic measures" are insufficient to attain the environmental objectives established pursuant to Article 4, "supplementary measures" have to be implemented[127].

"Basic measures" comprise, firstly, those measures necessary to implement other EC directives on water protection which are not repealed and remain independent instruments, including measures required under the legislation specified in Article 10 and in Part A of Annex VI[128]. Accordingly, implementation of, *inter alia*, the following directives is an obligatory component of the programme of measures under Article 11 : the 1996 IPPC Directive[129], the 1991 Urban Wastewater Treatment Directive[130], the 1991 Nitrates Directive[131], the daughter directives to the 1976 Dangerous Substances Directive[132], the 1976 Bathing Water Directive[133], the 1979 Birds Directive[134], the 1980 Drinking Water Directive[135] as amended by Directive 98/83/EC[136], the 1992 Habitats Directive[137], and the directives which will be adopted pursuant to WFD Article 16 on the discharge of priority and priority hazardous substances[138]. Furthermore, the programme of measures for a RBD has to include, *inter alia*, measures deemed appropriate for cost

124. According to WFD, Art. 11 (7), all programmes of measures must be established at the latest nine years after the entry into force of the WFD (22 December 2009) and all the measures have to be made operational by 2012. The programmes will be reviewed and, if necessary, updated at the latest by 2015 and every six years thereafter. See WFD, Art. 11 (8), first sentence.

125. WFD, Art. 11 (1).

126. WFD, Art. 11 (2).

127. WFD, Art. 11 (4). Part B of Annex VI contains a non-exclusive list of "supplementary measures" including, *inter alia*, economic or fiscal instruments, negotiated environmental agreements, emission controls, codes of good practice, re-creation and restoration of wetlands areas, abstraction controls, desalination plants, rehabilitation projects, artificial recharge of aquifers, educational projects, and research, development and demonstration projects.

128. WFD, Art. 11 (3) *(a)*.

129. Council Directive 96/61/EC of 24 September 1996 concerning Integrated Pollution Prevention and Control, 1996 OJ (L 257) 26.

130. *Supra* footnote 31.

131. *Supra* footnote 34.

132. See WFD, Annex IX. See also *supra* footnote 24.

133. *Supra* footnote 18.

134. *Supra* footnote 107.

135. *Supra* footnote 21.

136. *Supra* footnote 41.

137. *Supra* footnote 106.

138. See *infra*, Section 2, para. 2, C, vi (2).

recovery for water services under Article 9 [139], measures to promote an efficient and sustainable water use in order to avoid compromising the achievement of the objectives specified in Article 4 [140], and measures to safeguard the quality of drinking water pursuant to Article 7 [141]. In addition to that, controls over the abstraction of fresh surface water and groundwater, and impoundment of fresh surface water, a registers of water abstractions and prior authorization for abstraction and impoundment are required [142]. With regard to artificial recharge or augmentation of groundwater bodies, controls including a requirement for prior authorization are obligatory [143]. For point source discharges liable to cause pollution, the programme of measures requires prior regulation (e.g., prohibition of pollutant discharges), prior authorization, or registration based on general binding rules, laying down emission controls for the pollutants concerned, including controls in accordance with Articles 10 and 16 [144]. Similarly, measures to prevent or control the input of pollutants from diffuse sources are compulsory. Controls may take the form of a requirement for prior regulation (e.g., prohibition of pollutant discharges), prior authorization, or registration based on general binding rules where such a requirement is not otherwise provided for under Community legislation [145].

Implementing these "basic measures" may on no account lead to increased pollution of surface waters. Furthermore, Member States must take all appropriate steps not to increase pollution of marine waters [146]. Where monitoring or other data indicate that the environmental objectives set under Article 4 for an individual water body are unlikely to be achieved, EC Member State have to ensure that the causes of the possible failure are investigated, and additional measures deemed necessary to achieve those objectives are established, including the establishment of stricter environmental quality standards [147].

(iv) *River Basin Management Plans — RBMPs (WFD Article 13)*

In order to make operational the programme of measures deemed to be necessary for the attainment of the environmental objectives set pursuant to Article 4 in an co-ordinated, coherent and effective way within

139. WFD, Art. 11 (3) *(b)*. See also *infra*, Section 2, para. 2, C, viii.
140. WFD, Art. 11 (3) *(c)*.
141. WFD, Art. 11 (3) *(d)*.
142. WFD, Art. 11 (3) *(e)*.
143. WFD, Art. 11 (3) *(f)*.
144. WFD, Art. 11 (3) *(g)*.
145. WFD, Art. 11 (3) *(h)*.
146. WFD, Art. 11 (6).
147. WFD, Art. 11 (5).

a RBD, all relevant information[148] has to be brought together in a single comprehensive document: the "River Basin Management Plan" (RBMP). According to Annex VII, the RBMP has to include a general description of the characteristics of the RBD required under Article 5 and Annex II[149], and a summary of significant pressures and impact of human activity on the status of surface water and groundwater[150]. Furthermore, RBMPs have to comprise, *inter alia*, a list of the environmental objectives established under Article 4 for surface waters, groundwaters and protected areas[151]; a summary of the economic analysis of water use as required by Article 5 and Annex III[152]; a summary of the programme of measures adopted under Article 11, including the ways in which the objectives established under Article 4 are thereby to be achieved[153]; a summary of the public information and consultation measures taken, their results and the changes to the plan made as a consequence[154]; and a list of competent authorities in accordance with Annex I[155]. In order to deal with particular aspects of water management, RBMPs may be supplemented by the production of more detailed programmes and management plans for specific sub-basins, sectors, issues, or water types[156].

148. WFD, Art. 13 (4) refers to WFD, Annex VII.
149. WFD, Annex VII, A.1.
150. WFD, Annex VII, A.2.
151. WFD, Annex VII, A.5.
152. WFD, Annex VII, A.6.
153. WFD, Annex VII, A.7. Pursuant to WFD, Annex VII, A.7.1-7.11, information on measures adopted under WFD, Article 11, includes: a summary of the measures required to implement Community legislation for the protection of water; a report on the practical steps and measures regarding the recovery of the costs of water use under Article 9; a summary of the measures taken to meet the requirements of Article 7 regarding drinking water; a summary of the controls on abstraction and impoundment of water, including reference to the registers and identifications of the cases where exemptions have been made under Article 11 (3) *(e)*; a summary of the controls adopted for point source discharges and other activities with an impact on the status of water in accordance with the provisions of Article 11 (3) *(g)* and 11 (3) *(i)*; an identification of the cases where direct discharges to groundwater have been authorized in accordance with the provisions of Article 11 (3) *(j)*; a summary of the measures taken in accordance with Article 16 on priority substances; a summary of the measures taken to prevent or reduce the impact of accidental pollution incidents; a summary of the measures taken under Article 11 (5) for bodies of water which are unlikely to achieve the objectives set out under Article 4; details of the supplementary measures identified as necessary in order to meet the environmental objectives established; details of the measures taken to avoid increase in pollution of marine waters in accordance with Article 11 (6).
154. WFD, Annex VII, A.9. See *infra*, Section 2, para. 2, C, v.
155. WFD, Annex VII, A. 10.
156. WFD, Art. 13 (5), first sentence. According to WFD, Article 2 (14), a "sub-basin" means the area of land from which all surface run-off flows through a series of streams, rivers and, possibly, lakes to a particular point in a water course (normally a lake or a river confluence).

RBMPs must be reviewed and updated at the latest 15 years after the entry into force of the WFD and every six years thereafter [157]. In addition to the information listed above, updated RBMPs also have to include, *inter alia*, a summary of any changes or updates since the publication of the previous version of the RBMP, an assessment of the progress made towards the achievement of the environmental objectives (including an explanation for any environmental objectives which have not been reached), and a summary of any measures foreseen in the earlier version of the RBMP which have not been undertaken [158].

(v) *Public participation: information and consultation (WFD Article 14)*

In its Preamble, the WFD emphasizes the importance of information, consultation and involvement of the public for its success [159]. More specifically, in order to ensure the participation of the general public (including the users of water) in the establishment and updating of RBMPs before final decisions on the necessary measures are adopted, the WFD acknowledges the necessity of providing proper information of planned measures and of reporting progress with their implementation [160]. Therefore, EC Member States are obliged to encourage the active involvement of all interested parties in the implementation of the WFD, in particular in the production, review and updating of the RBMPs. For each RBD, Member States have to publish and make available for comments to the public a timetable and work programme for the production of the RBMP, including a statement of the consultation measures to be taken, at least three years before the beginning of the period the plan refers to [161]. Furthermore, an interim overview of the significant water management issues identified in the river basin has to be publicized at least two years in advance [162]. At least one year before the beginning of the period the plan refers to, draft copies of the RBMP have to be made available [163]. In general, access has to be given

157. WFD, Art. 13 (7).
158. WFD, Annex VII, B. 1-4.
159. WFD, Preamble, para. 14. For a discussion of the role of public participation in the context of the WFD from the perspective of a NGO see generally Adam Harrison *et al.*, *WWF's Preliminary Comments on Public Participation in the Context of the Water Framework Directive and Integrated River Basin Management*, WWF European Freshwater Programme ed., 2001.
160. WFD, Preamble, para. 46.
161. WFD, Art. 14 (1) *(a)*.
162. WFD, Art. 14 (1) *(b)*.
163. WFD, Art. 14 (1) *(c)*.

upon request to background documents and information used for the development of the draft RBMP[164]. The public has to be given at least six months to comment in writing on those documents in order to allow active involvement and consultation[165].

(vi) *Strategies against surface water pollution*

(1) Setting standards at the national and supranational level

In regard to surface water pollution[166], Member States have to identify the environmental pressures on water bodies and the responsible pollutants. For all pollutants[167] identified as being discharged in significant quantities in bodies of surface water, environmental quality standards (EQSs)[168] have to be set at the Member State level in accordance with Annex V[169].

At the Community level, Community-wide standards apply, set out, *inter alia*, in the 1996 IPPC Directive[170], the 1991 Urban Wastewater Treatment Directive[171], the 1991 Nitrates Directive[172], the daughter directives to the 1976 Dangerous Substances Directive listed in Annex IX[173], and the directives on priority substances adopted pursuant to WFD Article 16.

164. WFD, Art. 14 (1), last sentence.
165. WFD, Art. 14 (2).
166. According to WFD, Article 2 (33), "pollution" is defined as the direct or indirect introduction, as a result of human activity, of substances or heat into the air, water or land which may be harmful to human health or the quality of aquatic ecosystems or terrestrial ecosystems directly depending on aquatic ecosystems, which result in damage to material property, or which impair or interfere with amenities and other legitimate uses of the environment.
167. Pursuant to WFD, Article 2 (31), the term "pollutant" refers to any substance liable to cause pollution, in particular those listed in Annex VIII ("Indicative List of the Main Pollutants"): (1) organohalogen compounds and substances which may form such compounds in the aquatic environment; (2) organophosphorus compounds; (3) organotin compounds; (4) substances and preparations, or the breakdown products of such, which have been proved to possess carcinogenic or mutagenic properties or properties which may affect steroidogenic, thyroid, reproduction or other endocrine-related functions in or via the aquatic environment; (5) persistent hydrocarbons and persistent and bioaccumulable organic toxic substances; (6) cyanides; (7) metals and their compounds; (8) arsenic and its compounds; (9) biocides and plant protection products.
168. According to WFD, Article 2 (35), "environmental quality standard" means the concentration of a particular pollutant or group of pollutants in water, sediment or biota which should not be exceeded in order to protect human health and the environment.
169. WFD, Annex V, Section 1.2.6.
170. *Supra* footnote 129.
171. *Supra* footnote 31.
172. *Supra* footnote 34.
173. *Supra* footnote 24.

(2) Priority substances (WFD Article 16)

Article 16 requires the adoption of Community-wide measures against water pollution caused by especially dangerous contaminants [174]. Accordingly, individual pollutants or groups of pollutants presenting a "significant risk to or via the aquatic environment" have to be identified as "priority substances" [175]. Among these pollutants, special attention has to be given to "priority hazardous substances" [176] which are toxic, persistent and liable to bio-accumulate, or which give rise to an equivalent level of concern [177]. On its adoption by the European Parliament and the Council in November 2001, the list proposed by the Commission of identified priority substances and priority hazardous substances [178] became Annex X to the WFD [179].

While measures regarding regular priority substances should aim at the progressive reduction of discharges, emissions and losses of the substances concerned [180], the cessation or phasing-out of priority hazardous substances is required within 20 years after the adoption of relevant control measures by the European Parliament and the Council [181]. In order to obtain these objectives, the Commission has to submit proposals for EQSs applicable to the concentrations of the priority substances in surface water, sediments or biota [182]. Within two years after pollutants have been identified as "priority substances" and included in

174. WFD, Art. 16 (1), first sentence. See also WFD, Preamble, paras. 42 and 43.

175. The identification of "priority substances" has to follow the procedure laid down in Article 16 (2). See WFD Art. 2 (30), first sentence.

176. "Priority hazardous substances" have to be identified in accordance with Article 16 (3) and (6). See WFD Art. 2 (30), second sentence. According to Article 16 (3), second sentence, the identification process has to take special account of the selection of substances of concern undertaken in the relevant Community legislation regarding hazardous substances or relevant international agreements. In identifying priority hazardous substances, account should also be taken of the precautionary principle relying in particular on the determination of any potentially adverse effects of the product and on a scientific assessment of the risk. See WFD, Preamble, para. 44.

177. WFD, Art. 2 (29).

178. Decision No. 2455/2001/EC of the European Parliament and of the Council of 20 November 2001 establishing the list of priority substances in the field of water policy and amending Directive 2000/60/EC, 2001 OJ (L 331) 1.

179. WFD, Art. 16 (11), first sentence. The Commission must review the adopted list of priority substances at the latest four years after the entry into force of the WFD and at least every four years thereafter, and come forward with proposals as appropriate. See WFD, Art. 16 (4).

180. WFD, Art. 16 (1), second sentence, and WFD, Art. 16 (6), first sentence, first indent.

181. WFD, Art. 16 (1), second sentence, and WFD, Art. 16 (6), first sentence, second indent.

182. WFD, Art. 16 (7).

the list of Annex X, the Commission must *at least* propose emission controls for point sources and EQSs in this regard[183]. If the European Parliament and the Council fail to adopt the proposed measures, the EC Member States have to establish EQSs for these substances for all affected surface waters, and controls on the principal sources of such discharges by December 2006. For contaminants subsequently included in the list of priority substances, Member States (in the absence of agreement at Community level) must take such action five years after the date of inclusion in the list[184]. Finally, Member States are obliged to implement the necessary measures in accordance with Article 16, with the aim of progressively reducing pollution from priority substances and ceasing or phasing-out emissions, discharges and losses of priority hazardous substances[185]. Article 16 takes over the earlier framework of the 1976 Dangerous Substances Directive[186] for the control of surface water pollution, which will be repealed once the relevant provisions of the WFD have been fully implemented[187].

(3) Combined approach (WFD Article 10)

As mentioned before, one of the serious deficiencies of past EC policy regarding water pollution was the dichotomy between the *emissions*-approach on the one hand, and the *quality*-approach on the other hand. The legal instruments set emission limitations and water quality standards in an uncoordinated fashion[188]. Against this background, the WFD stipulates that EC water policy with regard to pollution prevention and control should be based on a *combined approach*[189]. In this context, "combined approach" means the control of discharges and emissions into surface waters according to the approach set out in Article 10[190].

Pursuant to Article 10 (2), Member States must at first ensure the establishment and/or implementation of the emission controls[191] based

183. WFD, Art. 16 (8).
184. WFD, Art. 16 (8), second and third sentences.
185. WFD, Art. 4 (1) *(a)* (iv).
186. *Supra* footnote 22.
187. WFD, Preamble, para. 52. See also WFD, Art. 22 (2), fourth indent. According to WFD, Art. 22 (3) *(a)*, the list of priority substances adopted under WFD, Article 16, shall replace the list of substances prioritized by the Commission in 1982. See *supra* footnote 25.
188. See *supra*, Section 2, para. 1, B, i.
189. WFD, Preamble, para. 40.
190. WFD, Art. 2 (36).
191. Pursuant to WFD, Article 2 (41), "emission controls" are controls requiring a specific emission limitation, for instance an emission limit value, or otherwise specifying limits or conditions on the effects, nature or other characteristics of an emission or operating conditions which affect emissions.

on Best Available Techniques, or the relevant emission limit values (ELVs)[192], or in the case of diffuse impacts the controls including, as appropriate, Best Environmental Practices, set out, *inter alia*, in the 1996 IPPC Directive[193], the 1991 Urban Wastewater Treatment Directive[194], the 1991 Nitrates Directive[195], the daughter directives to the 1976 Dangerous Substances Directive listed in Annex IX[196], and the directives on priority substances adopted pursuant to WFD Article 16[197].

The centrepiece of the *combined approach* is the requirement that where an environmental quality objective or EQS (whether established pursuant to the WFD, in the daughter directives listed in Annex IX, or pursuant to any other Community legislation) requires stricter conditions than those resulting from the application of the emission controls referred to in WFD Article 10 (2), more stringent emission controls must be set accordingly[198]. This introduces a result-oriented and continuous control mechanism guaranteeing the dynamic adaptation of standards if they prove inadequate to attain the desired outcome.

(vii) *Strategies against groundwater pollution (WFD Article 17)*

As already mentioned, the WFD's environmental objective under Article 4 with regard to groundwater is the achievement of "good quantitative *and chemical* groundwater status" by 2015[199]. In respect to chemical groundwater status, Member States are obliged to implement the necessary measures in order to prevent or limit the input of

192. Pursuant to WFD, Article 2 (40), "emission limit values" are defined as the mass, expressed in terms of certain specific parameters, concentration and/or level of an emission, which may not be exceeded during any one or more periods of time. Emission limit values may also be laid down for certain groups, families or categories of substances, in particular for those identified under Article 16. The emission limit values for substances shall normally apply at the point where the emissions leave the installation, dilution being disregarded when determining them. With regard to indirect releases into water, the effect of a wastewater treatment plant may be taken into account when determining the emission limit values of the installations involved, provided that an equivalent level is guaranteed for protection of the environment as a whole and provided that this does not lead to higher levels of pollution in the environment.

193. *Supra* footnote 129.

194. *Supra* footnote 31.

195. *Supra* footnote 34.

196. *Supra* footnote 24.

197. See *supra*, Section 2, para. 2, C, vi (2).

198. WFD, Art. 10 (3).

199. WFD, Art. 4 (1) *(b)* (ii) in conjunction with WFD, Art. 2 (20). See *supra*, Section 2, para. 2, B, ii.

pollutants into groundwater, to prevent the deterioration of the status of all bodies of groundwater[200], and to reverse any significant and sustained upward trend in the concentration of any pollutant resulting from the impact of human activity in order to reduce progressively the pollution of groundwater[201]. "Good groundwater chemical status" is attained if, *inter alia*, the concentrations of pollutants in a groundwater body do not exceed the EQSs set pursuant to Article 17[202].

In order to achieve good groundwater chemical status by the prevention and control of groundwater pollution, Article 17 obliges the European Parliament and the Council to adopt specific measures[203], including criteria for assessing good groundwater chemical status[204] and criteria for the identification of significant and sustained upward trends and for the definition of starting points for trend reversals[205]. If such criteria are not adopted on the Community level, the individual Member States have to establish appropriate criteria by 2005[206]. Measures adopted under Article 17 have to be included in the programme of measures under Article 11[207].

(viii) *Recovery of costs for water services: water pricing (WFD Article 9)*

One of the most innovative and contentious features introduced by the WFD is the principle of cost recovery for water services pursuant to Article 9. In many EC Member States, prices for water do not represent the full costs associated with water use. Thus, the costs actually generated by the use of water are not borne by the water user, but by the general public ("spill-over effect"). Given the fact that water users do not have to include these costs ("externalities") into their individual calculations, inadequate water prices result not only in hidden subsidies for certain groups of water users (e.g., farmers), but also in economically inefficient and ecologically unsustainable water use. In accordance with the polluter-pays principle[208], the principle of cost

200. WFD, Art. 4 (1) *(b)* (i).
201. WFD, Art. 4 (1) *(b)* (iii).
202. WFD, Art. 2 (25) in conjunction with WFD, Annex V, table 2.3.2, second indent.
203. WFD, Art. 17 (1).
204. WFD, Art. 17 (2) *(a)*.
205. WFD, Art. 17 (2) *(b)*.
206. WFD, Art. 17 (4). If criteria are not set at the national level either, trend reversal shall take as its starting point a maximum of 75 per cent of the level of the quality standards set out in existing Community legislation applicable to groundwater. See WFD, Art. 17 (5).
207. WFD, Art. 17 (3).
208. EC Treaty, Art. 174 (2), second sentence.

recovery for water services[209], seeks to internalize external costs of water use[210], including environmental and resource costs associated with damage or negative impact on the aquatic environment[211].

Having due regard to the economic analysis conducted according to Annex III[212], Member States must ensure by 2010 that water pricing policies provide adequate incentives for users to use water resources efficiently, and thereby contribute to the environmental objectives of the WFD under Article 4[213]. Furthermore, an "adequate contribution" of the different water uses (disaggregated at least into industry, households and agriculture) to the recovery of the costs of water services has to be ensured[214].

While the attempt to use economic instruments for changing water use patterns has to be welcomed, a closer look at the provisions of Article 9 raises questions whether the principle of recovery of costs for water services will actually be made effective in practice throughout the EC[215]. As a result of the fierce opposition against stricter requirements especially from southern countries of the European Community with water-intensive agriculture, Member States enjoy almost unrestricted discretion regarding the way in which they implement and apply the principle[216]. For example, it is up to Member States to define what constitutes an "adequate contribution" to the recovery of the costs of water services. They can show ample consideration regarding the social, environmental and economic effects of the recovery as well as the

209. The term "water services" comprises all services which provide (for households, public institutions or any economic activity) *(a)* abstraction, impoundment, storage, treatment and distribution of surface water or groundwater, or *(b)* waste water collection and treatment facilities which subsequently discharge into surface water. See WFD, Art. 2 (38).

210. "Water use" means water services together with any other activity having a significant impact on the status of water. See WFD, Art. 2 (39).

211. WFD, Preamble, para. 38.

212. See *supra*, Section 2, para. 2, C, ii. Pursuant to WFD, Annex III, the economic analysis has to contain enough information in sufficient detail in order, *inter alia*, to make the relevant calculations necessary for taking into account under WFD, Article 9, the principle of recovery of the costs of water services, taking account of long-term forecasts of supply and demand for water in the RBD and, where necessary, (1) estimates of the volume, prices and costs associated with water services, and (2) estimates of relevant investment including forecasts of such investments.

213. WFD, Art. 9 (1), second sentence, first indent.

214. WFD, Art. 9 (1), second sentence, second indent.

215. The proactive use of water pricing policies in the context of the WFD is advocated by Charlie Avis *et al.*, *What Role for Water Pricing? — Ten Actions for Internalising Sustainability*, WWF ed., 2000.

216. For a critical analysis of WFD, Article 9, see Michael Schmalholz, "Die EU-Wasserrahmenrichtlinie — "Der Schweizer Käse" im europäischen Gewässerschutz?", 40 *Zeitschrift für Wasserrecht* 69, 88-91 (2001).

geographic and climatic conditions of the affected regions[217]. Furthermore, Member States are not considered to be in breach of Article 9 if they decide not to ensure water pricing policies or "adequate contributions" to the recovery of costs where this does not compromise the purposes and the achievement of the objectives of the WFD[218].

Paragraph 3 **The WFD and National Water Legislation in Europe**

The considerable discretion conceded to the Member States by key provisions of the Water Framework Directive leaves no doubt that the actual implementation on the national level will decide whether the Directive will succeed in achieving its ambitious objectives. In sum, it can be concluded that the WFD represents an attempt to create a coherent, effective and transparent legislative framework for the protection and sustainable use of water. It provides for harmonized strategies and common terminology regarding the scope, objectives and managerial approach to the protection and management of freshwater resources in the countries of the European Community. In accordance with its legal character as a directive of the European Community[219], the WFD is addressed to the Member States of the EC[220], which have to transpose it into national law. It is obvious that this transformation will change and shape the national water legislation of these countries significantly in the years to come[221].

Furthermore, the EC Water Framework Directive already exercises considerable influence on the national water legislation of countries interested in joining the European Union (EU). Pursuant to Article 49 of the Treaty on European Union (EU Treaty)[222], any European State respecting the principles[223] of liberty, democracy, respect for human rights and fundamental freedoms, and the rule of law may apply to become a member of the European Union[224].

217. WFD, Art. 9 (1), third sentence.
218. WFD, Art. 9 (4).
219. See *supra*, Section 2, para. 1, A.
220. WFD, Art. 26.
221. For the impact of the WFD, for example, on German water law see Kurt Faßbender, "Gemeinschaftsrechtliche Anforderungen an die normative Umsetzung der neuen EG-Wasserrahmenrichtlinie", 20 *Neue Zeitschrift für Verwaltungsrecht* 241 (2001), and Michael Reinhardt, "Wasserrechtliche Richtlinientransformation zwischen Gewässerschutzrichtlinie und Wasserrahmenrichtlinie", 116 *Deutsches Verwaltungsblatt* 145 (2001).
222. Consolidated Version of the Treaty on European Union, 1997 OJ (C 340) 145.
223. See EU Treaty, Art. 6 (1).
224. EU Treaty, Art. 49, first sentence.

Mainly as a result of the opening of the Berlin Wall in 1989 and the subsequent collapse of the Eastern bloc in the early 1990s, ten States (Cyprus, Czech Republic, Estonia, Hungary, Latvia, Lithuania, Malta, Poland, Slovak Republic and Slovenia) joined the EU in May 2004. Bulgaria and Romania are expected to become new member States of the EU in the near future.

Given that the EU's complex supranational order[225] is unsuitable for extensive renegotiations each time a State wants to join, Article 49 of the EU Treaty lays down an accession procedure which preserves the Union's identity. Consequently, accession countries have to accept not only the European founding treaties (e.g., the EU Treaty and the EC Treaty[226]), but also the entire body of supranational law based on them (the so-called *acquis communautaire*)[227]. As a result, candidates for accession must adapt their national legislation in advance to the requirements, *inter alia*, of EC directives on the environment[228], including the Community's water policy and the Water Framework Directive[229].

SECTION 3 INTERNATIONAL DIMENSION: THE WFD AND INTERNATIONAL WATER LAW IN EUROPE

In view of the WFD's formative influence on the national water legislation of EC Member States and accession countries, it might be concluded that the WFD represents a *regional* approach for the protection and management of freshwater resources throughout most of Europe. At least for water bodies entirely situated

225. See *supra*, Section 2, para. 1, A.
226. *Supra* footnote 5.
227. Thomas Oppermann, *Europarecht*, p. 802 (1999).
228. See Mar Campins Eritja and Andreu Olesti Rayo, "The New Accessions to the European Union from the Central and Eastern European Countries: The Strategy of Accession and Its Implications on the Environmental European Community Policy", 6 *ILSA J. Int'l & Comp. L.* 613, 627-632 (2000).
229. See, e.g., Gyula Bándi, "Integrated Water Policy as a Part of the EU Enlargement Process — The Case of Hungary", in *Integrierte Gewässerpolitik in Europa — Gewässerschutz, Wassernutzung, Lebensraumschutz*, Thomas Bruha and Hans-Joachim Koch, eds., 2001, p. 297; Andrew Farmer, "Revising Bulgarian Water Law: Building on the French Connection", 10 *Eur. Envtl. L. Rev.* 55 (2000); Jerzy Rotko, "Gewässerschutz im polnischen Recht und Auswirkungen des Europäischen Rechts", in *Gewässerschutz- und Hochwasserschutzrecht — Ein Vergleich zwischen Deutschland, Polen und Tschechien*, Matthias Kramer and Hans-Christian Brauweiler, eds., 2000, pp. 21-30; Daniela Joklova, "Transfer und Anwendung von EU-Direktiven in der Tschechischen Republik", in *Gewässerschutz- und Hochwasserschutzrecht — Ein Vergleich zwischen Deutschland, Polen und Tschechien*, Matthias Kramer and Hans-Christian Brauweiler, eds., 2000, pp. 33, 34-37.

within the territory of a single State, the WFD clearly epitomizes a consistent framework which provides for harmonized strategies and compatible terminology common to all current and prospective Member States of the European Community. However, this in itself does not sufficiently answer the question whether the WFD can also be characterized as a similar coherent approach to *transboundary* freshwater resources in Europe. While individual measures of States inevitably have some positive effect on the overall status of those resources shared with other countries, the necessity of *co-ordinated* strategies and international co-operation in this regard is out of question today. Therefore, a closer look at the rules specifically pertaining to transboundary bodies of water is indispensable. In particular, the relationship between the WFD and international water law needs to be to be clarified.

Paragraph 1 **International Water Law in Europe**

A. A regional framework: the UN/ECE Water Convention

In its Preamble, the WFD expressly states that it understands itself as a contribution

> "to the implementation of Community obligations under international conventions on water protection and management, notably the United Nations Convention on the protection and use of transboundary water courses and international lakes . . . and any succeeding agreements on its application"[230].

The mentioned Convention was developed under the auspices of the United Nations Economic Commission for Europe (UN/ECE) and adopted in Helsinki on 17 March 1992 (hereinafter "UN/ECE Water Convention")[231]. Most European countries — EC Member States and non-members alike — and the European Community itself[232] are

230. WFD, Preamble, para. 35, third sentence.

231. Convention on the Protection and Use of Transboundary Watercourses and International Lakes, done at Helsinki, on 17 March 1992, reprinted in 31 *ILM* 1312. See also Salman M. A. Salman and Laurence Boisson de Chazournes, eds., *International Watercourses — Enhancing Cooperation and Managing Conflict*, World Bank Technical Paper No. 414, 1998, p. 203. For a discussion of the UN/ECE Water Convention and related UN/ECE instruments see Branko Bosnjakovic, "Regulation of International Watercourses under the UN/ECE Regional Agreements", in 25 *Water International* 544 (2000).

232. Council Decision 95/308/EC of 24 July 1995 on the Conclusion, on Behalf of the Community, of the Convention on the Protection and Use of Transboundary Watercourses and International Lakes, 1995 OJ (L 186) 42.

parties to the UN/ECE Water Convention, which entered into force on 6 October 1997.

The UN/ECE Water Convention is intended as a general framework. Similar to the global Convention on the Law of the Non-navigational Uses of International Watercourses (hereinafter "UN Watercourse Convention") adopted in 1997[233], the UN/ECE Water Convention does not pertain to any specific river, lake or aquifer. However, significant differences exist between both instruments[234]. Although the UN Watercourse Convention also includes provisions on the environmental protection of international watercourses[235], it is clearly dominated by the dichotomy between the principle of equitable and reasonable utilization on the one hand[236], and the obligation not to cause significant harm to other watercourse States on the other hand[237]. In the face of intensifying water scarcity in many regions of the world, this is an expression of the underlying effort to balance competing interests of States mainly in the *quantitative* share of an international watercourse.

In contrast, the regional UN/ECE Water Convention is tailored to the specific situation in Europe where water supply is mainly endangered by the *qualitative* deterioration of freshwater resources. In this respect, the UN/ECE Water Convention goes beyond the sovereignty-based concepts represented by the principle of equitable utilization and the "no harm" rule. It takes account of the argument that the focus on territorial and quantitative interests is to narrow to address adequately the ecological preconditions of human water use, particularly the capacity of the aquatic environment to cope with anthropogenic pressures[238].

---

233. Convention on the Law of the Non-navigational Uses of International Watercourses, adopted by the UN General Assembly and opened to signature 21 May 1997, reprinted in 36 *ILM* 700. See also Salman M. A. Salman and Laurence Boisson de Chazournes, eds., *International Watercourses — Enhancing Cooperation and Managing Conflict*, World Bank Technical Paper No. 414, 1998, p. 163. A detailed analysis of the UN Watercourse Convention is provided by Attila Tanzi and Maurizio Arcari, *The United Nations Convention on the Law of International Watercourses — A Framework for Sharing* (2001).

234. For a comparative analysis of the two conventions see Attila Tanzi, *The Relationship between the 1992 UN/ECE Convention on the Protection and Use of Transboundary Watercourses and International Lakes and the 1997 UN Convention on the Law of the Non-Navigational Uses of International Watercourses* (Convention on the Protection and Use of Transboundary Watercourses and International Lakes — Working Parties on Legal and Administrative Aspects eds., 2000), available on the homepage of the UN/ECE Water Convention (visited 7 September 2001) http://www.unece.org/env/water/.

235. UN Watercourse Convention, Arts. 20-23.

236. UN Watercourse Convention, Arts. 5 and 6.

237. UN Watercourse Convention, Art. 7.

238. See generally Jutta Brunnée, "Environmental Security and Freshwater Resources: The Role of International Water Law", in *Selected Papers in International Law — Contribution of the Canadian Council on International Law*

Therefore, the UN/ECE Water Convention exhibits a more ecosystem-oriented approach[239]. One of its main concerns is the prevention, control and reduction of any "transboundary impact", broadly defined as "any significant adverse effect on the environment" of one party resulting from an anthropogenic change in the conditions of transboundary waters[240] — including both surface waters and groundwater[241] — which originates from the territory of another party to the Convention[242].

To this end, the parties of the UN/ECE Water Convention agreed, *inter alia*, to the following aims and basic principles: prevention, control and reduction of water pollution causing or likely to cause transboundary impact; ecologically sound and rational water management, conservation of water resources and environmental protection; conservation and restoration of ecosystems; the precautionary principle; the polluter-pays principle[243]. Riparian parties sharing a water resource are obliged to co-operate, in particular through bilateral and multilateral agreements, in order to develop harmonized policies, strategies and programmes covering the relevant *catchment areas*[244]. The implementation of a number of legal, economic and technical measures against transboundary impacts is required, including the setting of emission

---

(Yves Le Bouthillier *et al.*, eds., 1999, pp. 371, 373-375); Jutta Brunnée and Stephen J. Toope, "Environmental Security and Freshwater Resources: A Case for International Ecosystem Law", 5 *Yb. Int'l Envtl. L.* 41, 53-55 (1994).

239. See Jutta Brunnée and Stephen J. Toope, "Environmental Security and Freshwater Resources: Ecosystem Regime Building", in 91 *Am. J. Int'l L.* 26, at 50 (1997).

240. According to UN/ECE Water Convention, Article 1 (1), "transboundary waters" means

> "any surface or ground waters which mark, cross or are located on boundaries between two or more States; wherever transboundary waters flow directly into the sea, these transboundary waters end at a straight line across their respective mouths between points on the low-water line of their banks".

241. In the face of the fact that the development of international rules applying to transboundary groundwater resources is still in its infancy stage, the inclusion of groundwater in the scope of the Convention represents a major step. For a broad overview of the status of national and international groundwater law in various regions of the world see Salman M. A. Salman, ed., *Groundwater — Legal and Policy Perspectives*, World Bank Technical Paper No. 456, 1999.

242. UN/ECE Water Convention Art. 1 (2). Such impacts on the environment include effects on human health and safety, flora, fauna, soil, air, water, climate, landscape and historical monuments or other physical structures or the interaction among these factors; they also include effects on the cultural heritage or socio-economic conditions resulting from alterations to those factors.

243. UN/ECE Water Convention, Art. 2 (2)-(5).

244. UN/ECE Water Convention, Art. 2 (6).

limits for pollutant discharges on the one hand, and water quality objectives and criteria on the other hand[245].

In accordance with its character as a general framework, the UN/ECE Water Convention states that those parties sharing transboundary water resources as riparians

> "shall . . . enter into bilateral or multilateral agreements or other arrangements, where these do not yet exist, or adapt existing ones, where necessary to eliminate the contradictions with the basic principles of this Convention, in order to define their mutual relations and conduct regarding the prevention, control and reduction of transboundary impact"[246].

In particular, such agreements have to provide for the establishment of "joint bodies"[247], which are defined as "any bilateral or multilateral commission or other appropriate institutional arrangements for co-operation between the Riparian Parties"[248]. Furthermore, the UN/ECE Water Convention includes provisions, *inter alia*, on consultations between riparians, joint monitoring and assessment, common research and development, exchange of information, warning and alarm systems, mutual assistance in critical situations, and public information[249].

B. Sub-regional co-operation: bilateral and multilateral water agreements

Given that more than 100 bilateral and multilateral agreements on transboundary water resources exist in Europe, the importance of the UN/ECE Water Convention as a regional framework is obvious. Its strong institutional provisions, which establish a regular meeting of the parties to the Convention[250] and a permanent secretariat[251], enable the UN/ECE Water Convention to play an active role in the development of international water law in Europe. Together with a number of soft law instruments and its 1999 Protocol on Water and Health[252], the Convention provides guidance for the continuous

245. UN/ECE Water Convention, Art. 3 (1)-(3).
246. UN/ECE Water Convention, Art. 9 (1), first sentence.
247. UN/ECE Water Convention, Art. 9 (2), first sentence.
248. UN/ECE Water Convention, Art. 1 (5).
249. UN/ECE Water Convention, Arts. 10-16.
250. UN/ECE Water Convention, Arts. 17 and 18.
251. UN/ECE Water Convention, Art. 19.
252. Protocol on Water and Health to the 1992 Convention on the Protection and Use of Transboundary Watercourses and International Lakes, done in London, on 17 June 1999. The Protocol and many soft law documents ("recommendations" and "guidelines") related to the UN/ECE Water Convention are available on the Convention's homepage (visited 7 September 2001) http://www.unece.org/env/water/.

improvement of international co-operation on the protection and use of transboundary water resources. Already, this is reflected in several international agreements, which were signed following the UN/ECE Water Convention in the 1990s, notably the 1994 Meuse and Scheldt Agreements[253], the 1994 Danube Convention[254], the 1998 Luso-Spanish Basin Agreement[255], and the 1999 Rhine Convention[256]. While the political, social, economic and ecological conditions vary considerably between the respective river basins, all of these instruments make a serious effort to apply and adapt the basic approach of the UN/ECE Water Convention to the specific needs of the transboundary watercourse in question. The agreements share the catalogue of aims and principles laid down by the UN/ECE Water Convention (e.g., sustainable water management, the precautionary principle, the polluter-pays principle). They establish river commissions — "joint bodies" in the sense of the UN/ECE Water Convention — with significant tasks and competences[257]. Most importantly, all agreements take the river basin as the managerial unit for the protection and management of freshwater resources[258], including both surface waters and groundwater. The overall picture shows that international water law in Europe is in a dynamic process of change. While the substantive rules of the individual instruments are becoming more ecosystem-oriented, there is also an emphasis on a strong procedural and institutional component.

Paragraph 2 **The WFD and Transboundary Water Resources**

The European Community is taking part in this development on the international level, *inter alia*, as a party to the UN/ECE

253. Agreements on the Protection of the Rivers Meuse and Scheldt, done at Charleville Meziers, 26 April 1994, reprinted in 34 *ILM* 851 (1995).

254. Convention on Co-operation for the Protection and Sustainable Use of the Danube River, done at Budapest, 24 June 1994, reprinted in 1997 OJ (L 342) 19.

255. Convention on Co-operation for the Protection and Sustainable Use of the Waters of the Luso-Spanish River Basins, signed in Albufeira on 30 November 1998 (unofficial translation), reprinted in *Shared Water Systems and Transboundary Issues — With Special Emphasis on the Iberian Peninsula*, Luso-American Development Foundation ed., 2000, p. 429. According to its Article 3 (1), the Convention applies to the basins shared between Portugal and Spain of the rivers Minho, Lima, Tejo and Guadiana.

256. Convention on the Protection of the Rhine, done at Bern, 12 April 1999, reprinted in 2000 OJ (L 289) 31.

257. See Articles 5 and 6 of the 1994 Meuse and Scheldt Agreements; Articles 18 and 19 of the 1994 Danube Convention; Articles 22 and 23 of the 1998 Luso-Spanish Basin Agreement; Articles 6-12 of the 1999 Rhine Convention.

258. See Article 1 *(b)-(c)* of the 1994 Meuse and Scheldt Agreements; Article 1 *(b)* of the 1994 Danube Convention; Article 1 (1) *(b)* of the 1998 Luso-Spanish Basin Agreement; Article 2 *(d)-(e)* of the 1999 Rhine Convention.

Water Convention and the Conventions on the Elbe[259], the Danube[260], the Oder[261] and the Rhine[262]. Within the supranational sphere, the Water Framework Directive is intended as an important contribution to the implementation of the Community's obligations under these international conventions. Therefore, the WFD's treatment of *transboundary* water resources has to be examined. In this respect, the relationship between the supranational provisions of the WFD and international water law in Europe is of special interest.

In view of the fact that in both legal spheres the natural *river basin* is regarded as the relevant unit for the protection and management of freshwater resources, the WFD's managerial approach to transboundary river basins is taken as a starting point for this examination. As set out above[263], the implementation of the WFD takes place within the managerial framework of River Basin Districts (RBDs). According to WFD Article 3, the Member States have to identify the river basins lying within their national territory and assign them to an individual RBD. In the case of Germany, for example, most of the identified river basins extend well beyond the boundaries of the country. Moreover, the German portions of these basins (Rhine: 100,000 km^2; Elbe: 97,000 km^2; Danube: 56,000 km^2; Oder: 5,600 km^2) cover the main part of the country's entire territory (356,970 km^2)[264]. This shows the relevance of specific rules on transboundary aspects of water management and protection. Against this background, the WFD stipulates that if transboundary effects might occur within a river basin, the require-

259. See Council Decision 91/598/EEC of 18 November 1991 concerning the Conclusion of the Convention on the International Commission for the Protection of the Elbe, signed in Magdeburg on 8 October 1990, 1991 OJ (L 321) 24 (text of the Convention attached to the Decision). See also Council Decision 93/114/EEC of 15 February 1993 concerning the Conclusion of the Protocol to the Convention of 8 October 1990 between the Governments of the Federal Republic of Germany and of the Czech and Slovak Federal Republic and the European Economic Community on the International Commission for the Protection of the Elbe, 1993 OJ (L 45) 25 (text of the Protocol attached to the Decision).

260. Council Decision 97/825/EC of 24 November 1997 concerning the Conclusion of the Convention on Co-operation for the Protection and Sustainable Use of the River Danube, 1997 OJ (L 342) 18.

261. Council Decision 99/257/EC of 29 March 1999 concerning the Conclusion of the Convention on the International Commission for the Protection of the Oder, signed on behalf of the Community at Wroclaw on 11 April 1996, 1999 OJ (L 100) 20 (text of the Convention attached to the Decision).

262. See Council Decision 2000/706/EC of 7 November 2000 concerning the Conclusion, on Behalf of the Community, of the Convention for the Protection of the Rhine, 2000 OJ (L 289) 30.

263. See *supra*, Section 2, para. 2, C, i.

264. Bundesministerium für Umwelt, Naturschutz und Reaktorsicherheit, *Umweltpolitik — Wasserwirtschaft in Deutschland*, 1998, at p. 2.

ments for the achievement of the environmental objectives established under Article 4, and in particular all programmes of measures pursuant to Article 11, should be co-ordinated for the whole of the RBD[265]. The pivotal provision in this regard is Article 3 (3). It requires that in the case of a river basin covering the territory of more than one Member State, a so-called "international RBD" has to be established[266]. Member States are obliged to ensure together that the requirements of the WFD are *co-ordinated* for the whole of the international RBD. By providing the option of using existing structures stemming from international agreements, the WFD has found an innovative and elegant way to deal with the institutional aspects of such co-ordination[267]. Accordingly, Member States may identify an existing international body as a competent authority for the application of the rules of the WFD within the international RBD[268]. Thus, a "joint body" established under *international* law in the sense of the UN/ECE Water Convention may be entrusted with the task of implementing the *supranational* requirements of the WFD[269]. This *legal* link represents a remarkable fusion of the international and supranational spheres.

The WFD does not specify the extent to which river commissions or similar international structures may be utilized for the implementation of the WFD. In view of the political, social, economic and ecological diversity of transboundary river basins, this takes account of the need for sufficient flexibility in order to enable solutions tailored to the specific situation of an international RBD. Factors such as homogeneity of the basin States, a strong institutional structure of a joint body, and mutual trust based on long experience with international co-operation between the States concerned will be decisive in this respect.

The obligation of EC Member States to ensure the co-ordination for an entire international RBD is restricted by the general limits of the European Community's territorial jurisdiction. Important transboundary river basins — such as the Rhine and Danube basins — are shared with countries which are not members of the European Community. While accession countries are required to adhere to the entire *acquis*

265. WFD, Preamble, para. 35, first sentence.

266. WFD, Art. 3 (3), first sentence. If problems arise in the establishment of such international RBDs, the European Commission can provide assistance at the request of the Member States involved. See WFD, Art. 3 (3), second sentence.

267. WFD, Art. 3 (4), first and second sentence.

268. WFD, Art. 3 (6).

269. An analysis of the potential role of the international commissions for the Elbe, Oder, Rhine and Danube in the implementation of the WFD is provided by Astrid Epiney and Andreas Felder, *Überprüfung internationaler wasserwirtschaftlicher Übereinkommen im Hinblick auf die Implementierung der Wasserrahmenrichtlinie — UBA-Texte 17/02* (2002).

communautaire, including the WFD's provisions regarding international RBDs, before joining the European Union[270], other non-member States are, of course, not legally bound by the WFD to co-ordinate measures in order to achieve the Directive's objectives. For these States, obligations to co-operate on the protection and management of transboundary water resources can be derived only from the rules of international law. Nevertheless, where a RBD extends beyond the territory of the Community, the EC Member States concerned are under an obligation to *endeavour* the establishment of appropriate co-ordination with the other States sharing the basin, with the aim of achieving the objectives of the WFD throughout the whole RBD[271]. Regardless whether such co-ordination can be realized beyond the EC, each of the Member States remains obliged to ensure the application of the WFD within the portion of an international RBD lying within its territory[272].

SECTION 4 **CONCLUSION AND OUTLOOK**

"Who can clean up the Rhine: the European Community or the International Rhine Commission?" Already more than twenty years ago it was recognized that an effective solution to transboundary water problems in Europe can only be achieved by combining — and thereby activating — the strengths of supranational and international law, respectively[273]. Today, it is widely acknowledged that none of the instruments pertaining to shared freshwater resources can be seen in isolation, but that close linkages between them have to be established[274]. By providing the option of vesting international institutions with its implementation in a transboundary context, the Water Framework Directive of the European Community goes as far as

270. See *supra* text accompanying footnotes 225-229.
271. WFD, Art. 3 (5), first sentence.
272. WFD, Art. 3 (3), third sentence, and WFD, Art. 3 (5), second sentence.
273. See Menno T. Kamminga, "Who Can Clean up the Rhine: The European Community or the International Rhine Commission?", in *The Legal Regime of International Rivers and Lakes*, Ralph Zacklin and Lucius Caflisch, eds., 1981, pp. 371 and 383:

> "[I]t must be realized that the Rhine cannot be cleaned up by either the European Community or the International Rhine Commission alone. What is required is a strategy by which the weak points of both institutions can be minimised and their strong points can be fully utilized."

274. Rainer E. Enderlein, "The EU Water Framework Directive within the Context of Joint Protection Policies", in *Integrierte Gewässerpolitik in Europa — Gewässerschutz, Wassernutzung, Lebensraumschutz*, Thomas Bruha and Hans-Joachim Koch, eds., 2001, p. 129, at p. 130.

to create a *legal* link between the supranational and international sphere. Therefore, the conclusion can be drawn that the WFD forms *the* interface between supranational, national, and international water law within the European Community and even beyond. As such, the WFD has the potential to become the centrepiece of a multi-level governance system for water protection and management in Europe. Within such a normative system, each legal sphere could take on those functions it is most capable of to perform. The contours and basic features of this emerging *legal regime* consisting of supranational, national and international elements are already visible.

At the supranational level, the WFD establishes the basic legal structure for the protection and management of water in the European Community. In this respect, a common terminology is introduced throughout the EC. Accordingly, the WFD defines the ecological scope for its application and formulates the principal objectives to be achieved ("good water status" by 2015). The managerial framework for the achievement of the objectives is laid down in detail, with its main unit — the River Basin District — modelled on the hydrologic characteristics of the natural river basin. Common procedures for the identification and analysis of RBDs are characterized. Based on findings obtained pursuant to these procedures, a programme of standardized measures has to be established for each RBD in order to achieve the environmental objectives of the WFD. In this respect, the WFD classifies in detail obligatory "basic measures" (minimum requirements) on the one hand, and "supplementary measures" on the other hand. In order to make a programme of measures operational in a co-ordinated, coherent and effective way, the WFD requires all relevant information to be brought together in a single comprehensive River Basin Management Plan for individual RBDs. Public participation in the establishment, review and updating of such RBMPs has to be guaranteed. In regard to measures against water pollution, Community-wide standards set in existing EC legislation apply. For priority substances and priority hazardous substances, uniform standards have to be set on the supranational level. In sum, the WFD provides for minimum requirements for water protection and management in the countries of the EC. Its implementation has to follow a strict timetable and is subject to judicial review and enforcement procedures of the EC.

The responsibility for the WFD's implementation resides solely within the competence of the individual Member States. They alone have the administrative and financial capacities to realize the objectives of the WFD. Furthermore, each Member State will face specific questions and challenges related to national, regional or local situations which can be resolved only by the Member State concerned. Therefore, flexibility is crucial in the implementation process. This is taken into account by the WFD in various ways. By leaving the establishment of appropriate administrative arrangements to the Member States, administrative structures which have evolved over time within the individual countries are respected and can be made operational in the most effective way. The closer the responsible authorities are to the local situation, the more familiar they will be with the specific problems. In addition to Community-wide baseline requirements set on the Community level, the WFD allows the development of national and local solutions tailored to the particular needs of an individual river basins, including the setting of standards which are more stringent than those laid down in Community legislation.

Nevertheless, the implementation of the WFD raises challenges widely shared by EC Member States. Apart from the complexity of the text, all Member States are confronted with an extremely demanding timetable, and the diversity of possible solutions to scientific, technical and practical questions posed by the WFD. Especially the problems of capacity building and an incomplete technical and scientific basis require further substantiation to make a successful transition from principles and general definitions to the practical implementation of the Directive possible. Therefore, the need for establishing a common strategy for the implementation of the WFD is acknowledged by EC Member States. An informal joint implementation process for the elaboration of a "Common Implementation Strategy" (CIS) was launched by Water Directors of EC Member States in October 2000 [275]. It aims at a coherent and harmonious implementation of the WFD throughout the European Community. In addition to that, the CIS recognizes the importance of a common attitude towards Central and Eastern European countries which are candidates for accession to the EC. Participation of accession countries in the CIS process the will ease their efforts to implement the WFD as an important component of the supranational *acquis communautaire*.

Above all, a common understanding and approach is essential for the implementation of the WFD in *transboundary* river basins. In this regard, the risk of insufficient application of the WFD and subsequent dispute in international RBDs could be limited by a common strategy pursued by the States concerned [276]. Again, flexibility is crucial. While single efforts of individual basin countries of an international RBD

275. EU Water Directors, *Strategic Document — 2 May 2001 — Common Strategy on the Implementation of the Water Framework Directive*, 2001, at p. 4.

276. *Ibid.*, at 5.

are doomed to failure, the diversity of transboundary river basins in Europe with their specific problems also prohibits the application of an uniform strategy designed on the supranational level. Apart from significant ecological differences, the political, social and economic conditions vary considerably between and within international RBDs in Europe. For example, while the group of riparians to the Rhine consists of a comparatively small number of homogeneous States, the Danube basin is shared by 18 quite heterogeneous countries, ranging from Germany to Romania. Both the Rhine and the Danube basins also show the necessity to co-operate with countries which are neither Member States of the European Community nor accession candidates. Therefore, common strategies for water protection and management within international RBDs should be pursued, *inter alia*, within the institutional structures provided by international conventions on transboundary water resources. On the one hand, they are effective instruments for getting accession countries closer involved in the implementation process of the WFD[277].

On the other hand, they are most suitable to serve as platforms for co-operation on transboundary water issues within a specific basin between EC Member States, accession candidates and other European countries.

In this respect, the WFD has the potential to be a catalyst for the further development and refinement of international water law in Europe. As the example of the Rhine basin demonstrates, a process of bringing international co-operation into line with the WFD has already started. On a conference attended by the representatives of the European Commission and all countries of the Rhine catchment area (Germany, France, Liechtenstein, Luxembourg, the Netherlands, Austria, Switzerland, and the Belgian region of the Wallonie) held in Strasbourg in January 2001, the importance of the WFD for international co-ordination in transboundary river basins was emphasized[278]. On the same occasion, the parties to the International Commission for the Protection of the Rhine (ICPR) — Germany, France, Luxembourg, the Netherlands, Switzerland, and the European Community — adopted an action programme on the sustainable development of the Rhine ("Rhine 2020") corresponding by and large to the requirements of the WFD. It was acknowledged that the work programmes to be drafted periodically for "Rhine 2020" have to put into concrete terms the standards set out in

277. *Supra* footnote 275, at 18.

278. Conference of Rhine Ministers held in Strasbourg on 29 January 2001, "Ministerial Declaration". Document available on the homepage of the International Commission for the Protection of the Rhine (visited 7 September 2001) http://www.iksr.org/.

the WFD[279]. Furthermore, it was taken note of the efforts of the other joint bodies in the Rhine basin (the International Commission for the Protection of the Moselle and Sarre, the International Water Protection Commission for Lake Constance, and the International Commission of the Alp Rhine) to orient their respective programmes towards the requirements of the WFD[280]. Most importantly, a steering group was established by the European Commission and all countries of the Rhine basin (including Switzerland as a non-member of the EC) in order to co-ordinate the coherent application of the WFD and the drafting of a single international RBMP in the sense of the WFD for the entire international RBD of the Rhine. The international river commissions of the Rhine basin were invited to participate in the meetings of the steering group as observers[281]. The parties to the ICPR declared that the work of the steering group would be supported logistically by the secretariat of the ICPR[282].

Looking at the overall picture, it seems as if a sophisticated and balanced regime for the protection and management of European freshwater resources is about to emerge. Challenged by the complexity of water problems in Europe, the Water Framework Directive of the European Community attempts to create an adequate legal response by integrating supranational, national and international water law. Against this background, the conclusion is well justified that the WFD represents a regional approach to the protection and management of transboundary freshwater resources in Europe. Whether the Water Framework Directive can live up to the expectations will be seen in the years to come.

279. International Commission for the Protection of the Rhine, "Rhine 2020 — Program on the Sustainable Development of the Rhine", adopted at the Conference of Rhine Ministers held in Strasbourg on 29 January 2001. Document available on the ICPR's homepage (visited 7 September 2001) http://www.iksr.org/.

280. See *supra* footnote 278.281. *Ibid.*

282. International Commission for the Protection of the Rhine, "Ministerial Declaration", adopted at the Conference of Rhine Ministers held in Strasbourg on 29 January 2001. Document available on the ICPR's homepage (visited 7 September 2001) http://www.iksr.org/.

12 Le statut du fleuve Sénégal : Visages actuels

Makane Moïse Mbengue *

SECTION 1 INTRODUCTION

Sur les cinquante-quatre fleuves internationaux répertoriés en Afrique, onze traversent au moins quatre Etats [1]. Le fleuve Sénégal (ci-après également dénommé le « Sénégal ») appartient à cette catégorie. Contrairement à ce que son nom pourrait laisser croire, il n'est pas l'apanage de la juridiction territoriale exclusive de l'Etat de même nom, en l'occurrence le Sénégal. *De jure et de facto*, le fleuve Sénégal est un « cours d'eau international ». Il l'est *de facto* car, comme l'affirme McCaffrey :

> « A watercourse system is a natural phenomenon. It is made "international" when international political boundaries are superimposed upon it. » [2]

Il l'est *de jure* car il répond tout simplement à la définition d'un cours d'eau international telle que donnée par la Convention des Nations Unies du 21 mai 1997 sur le droit relatif aux utilisations des cours d'eau internationaux à des fins autres que la navigation (ci-après la « Convention de 1997 »). Celle-ci définit le cours d'eau international comme un « cours d'eau dont les parties se trouvent dans des Etats différents » [3]. L'expression « cours d'eau » signifie, quant à elle,

> « un système d'eaux de surface et d'eaux souterraines constituant du fait de leurs relations physiques un ensemble unitaire et aboutissant normalement à un point d'arrivée commun » [4].

---

* Doctorant. Assistant à la faculté de droit de l'Université de Genève.

1. C. O. Okidi, « International Law and Water Scarcity in Africa », *The Scarcity of Water. Emerging Legal and Policy Response* (dans E. H. P. Brans *et al.*), Kluwer Law International, Londres, 1997.
2. S. C. McCaffrey, *The Law of International Watercourses — Non-Navigational Uses*, Oxford University Press, 2001, p. 40.
3. Article 2, alinéa *b)*, de la Convention de 1997.
4. Article 2, alinéa *a)*, de la Convention de 1997.

La terminologie «fleuve» elle-même pose un problème de qualification pour nombre de fleuves internationaux et pour le Sénégal en particulier. Doit-il être considéré *stricto sensu* comme un «fleuve international»[5], ou *lato sensu* comme un «bassin de drainage international»?[6] Les concepts de «cours d'eau international» et de «système de

---

5. Un fleuve international est présenté comme désignant des

> «eaux de surface mouvantes localisées dans le territoire de plus d'un Etat et pouvant comprendre les affluents situés sur le territoire de plus d'un Etat, voire des canaux latéraux. Avec les lacs internationaux, les fleuves internationaux forment la catégorie des cours d'eau internationaux de surface» (*Dictionnaire de droit international public* (sous la direction de J. Salmon), Bruylant-AUF, Bruxelles, 2001, p. 506).

6. Selon l'Association de droit international (ILA), le bassin de drainage doit s'entendre d'une

> «zone géographique s'étendant sur deux ou plusieurs Etats et déterminée par les limites de l'aire d'alimentation du réseau hydrographique, y compris les eaux de surface et les eaux souterraines aboutissant en un point commun»

(voir Règles d'Helsinki de l'ILA, 1966, art. II, traduction française dans *ACDI*, 1974, vol. II, deuxième partie, p. 396). En outre, la notion de bassin peut correspondre non seulement aux eaux de surface et souterraines situées dans la zone se trouvant à l'intérieur des lignes de partage des eaux, mais englobe au surplus le territoire terrestre compris dans ces lignes (voir *Dictionnaire de droit international public*, *op. cit.*, p. 123). Cette conception est celle du Traité de coopération amazonienne du 3 juillet 1978. Aux termes de l'article 2,

> «le présent Traité s'applique aux territoires des Parties contractantes situés dans le bassin amazonien ainsi qu'à tout territoire d'une Partie contractante qui, en raison de ses caractéristiques géographiques, écologiques ou économiques, est considéré comme étant étroitement lié à ce bassin» (*ILM*, vol. 17, 1978, p. 1405).

Cette deuxième conception du bassin est également reflétée dans le Traité relatif au bassin du Río de la Plata du 23 avril 1969 qui prévoit en vertu de son article 1 que

> «les Parties contractantes conviennent d'unir leurs efforts en vue de favoriser le développement harmonieux et l'intégration physique du bassin du Plata, ainsi que de ses zones d'influence immédiates et identifiables» (*ILM*, vol. 8, 1969, p. 905).

La notion de «bassin hydrographique» a été rejetée par la Commission du droit international (CDI) dès le début comme base de ses travaux. Cette décision se fondait sur l'opinion de certains gouvernements et membres de la Commission, selon laquelle la notion de bassin hydrographique ne pouvait servir de base parce qu'elle impliquait que le projet d'articles s'appliquerait à la terre aussi bien qu'aux cours d'eau. La décision a été prise en dépit du fait qu'il est presque impossible d'exclure totalement les activités terrestres du champ d'application du projet, sinon dans la mesure où elles n'influeraient pas, pour un cours d'eau international, sur un autre Etat du cours d'eau. Comme l'explique McCaffrey,

> «il est clair, par exemple, que le projet d'articles couvrirait le dommage appréciable causé à un Etat du cours d'eau A par des déchets jetés dans le cours d'eau à partir d'une usine située sur la rive du cours d'eau dans l'Etat B. Le projet d'articles *in fine* s'appliquerait aussi à une telle usine

cours d'eau »[7] paraissent fédérateurs pour qualifier juridiquement un espace hydrologique et hydrographique international tel que le Sénégal[8].

Long de 1800 kilomètres, le fleuve Sénégal est le deuxième plus long fleuve d'Afrique, après le Niger[9]. Il est formé par la rencontre de multiples affluents à Bakel, à 800 kilomètres de Saint-Louis (Sénégal) à partir d'où le fleuve se jette dans l'océan Atlantique. Parmi les affluents, le Bafing fournit cinquante pour cent des eaux du fleuve Sénégal, le Bakoye et le Baoulé vingt-trois pour cent et le Falémé vingt-cinq pour cent. Ces affluents prennent leur source dans les hauteurs du plateau Mandingue au Mali et dans les montagnes du Fouta

---

projetée dans l'Etat du cours d'eau A. Il semble également évident que le projet d'articles couvrirait, par exemple, le dommage causé à l'Etat A par une usine située non sur la rive du cours d'eau international dans l'Etat B mais à une certaine distance du cours d'eau si l'usine déversait des déchets toxiques sur la terre et que ces déchets aboutissent dans le cours d'eau et finissent par causer un dommage à l'Etat A » (« Septième rapport du Rapporteur spécial sur le droit relatif aux utilisations des cours d'eau internationaux à des fins autres que la navigation », doc. A/CN.4/436, *ACDI*, 1991, vol. II, première partie, note de bas de page 97, p. 62).

7. Très tôt la CDI a mis l'accent sur l'utilité de recourir au concept de « système de cours d'eau » pour désigner des éléments hydrologiques terrestres formant un ensemble unitaire. A sa trente-deuxième session, la CDI avait adopté une hypothèse provisoire de travail se lisant comme suit :

> « Un système de cours d'eau est formé d'éléments hydrographiques tels que fleuves et rivières, lacs, canaux, glaciers et eaux souterraines constituant du fait de leur relation physique un ensemble unitaire ; toute utilisation qui a un effet sur les eaux d'une partie du système peut donc avoir un effet sur les eaux d'une autre partie. Un « système de cours d'eau international » est un système de cours d'eau dont les éléments sont situés dans deux ou plusieurs Etats. Dans la mesure où certaines parties des eaux se trouvant dans un Etat ne sont pas affectées par les utilisations des eaux se trouvant dans un autre Etat et n'ont pas d'effet sur ces utilisations, elles ne sont pas considérées comme faisant partie du système de cours d'eau international. Ainsi, c'est uniquement dans la mesure où les utilisations des eaux du système ont un effet les unes sur les autres que le système est international ; le caractère international du cours d'eau n'est donc pas absolu, mais relatif. » (*ACDI*, 1980, vol. II, deuxième partie, p. 105, par. 90.)

8. Certains accords utilisent expressément la notion de « bassin fluvial » : l'Acte de 1963 relatif à la navigation et à la coopération économique entre les Etats du bassin du Niger, la Convention et le Statut de 1964 relatifs à la mise en valeur du bassin du Tchad, l'Accord de 1977 portant création de l'Organisation pour l'aménagement et le développement du bassin de la rivière Kagera, la Convention de 1978 portant création de l'Organisation pour la mise en valeur du bassin de la Gambie, le Traité de 1969 du bassin de Río de la Plata et le Traité de 1961 relatif à la mise en valeur des ressources hydrauliques du bassin du fleuve Columbia.

9. Le fleuve Niger traverse un plus grand nombre d'Etats que le Sénégal : Bénin, Burkina Faso, Cameroun, Côte d'Ivoire, Guinée, Mali, Niger, Nigeria, Tchad.

Djallon en Guinée. Ainsi le fleuve Sénégal traverse quatre Etats : le Sénégal, la Mauritanie, le Mali et la Guinée [10]. A ce niveau encore, il pourrait se poser un problème de qualification juridique : le Sénégal est-il un cours d'eau « contigu » [11] ou « successif » [12] ? Il semblerait que ce fleuve présente les deux caractères [13]. Il est un cours d'eau contigu dans la mesure où, par exemple, il sépare le Sénégal et la Mauritanie. Il est un cours d'eau successif lorsqu'il traverse les territoires du Mali et de la Guinée. Les conséquences juridiques en termes de droits et obligations qui reposent sur les Etats selon qu'on est en présence d'un cours d'eau contigu ou d'un cours d'eau successif ne sont pas aisées à déterminer. Comme l'explique McCaffrey,

> « detecting such differences is often not a simple matter, even for purely factual reasons. It is not unusual for the same watercourse to be both contiguous and successive at different points along its way to the sea. This is true of such major international watercourses as the Danube, the Mekong and the Zambezi . . . But assuming that these factual considerations do not pose insurmountable obstacles, the question remains whether the law distinguishes, or should distinguish, between watercourses that are contiguous to two states and those that flow successively from one state to another. It is clear that both types come into physical contact with the territories of two or more states. On the other hand, a successive watercourse is wholly within the territory of a state before it passes into the next state, while only a portion of a contiguous watercourse lies in a riparian state's territory. Perhaps for this reason, most of the major cases and controversies

10. Il s'agit de la Guinée-Conakry.

11. Un cours d'eau contigu désigne les eaux de surface qui « séparent » les territoires de deux Etats.

12. Un cours d'eau successif fait référence aux eaux de surface qui traversent une ou plusieurs frontières internationales.

13. La distinction entre cours d'eau contigu et cours d'eau successif trouve son origine dans l'article 108 de l'Acte final du Congrès de Vienne du 9 juin 1815 aux termes duquel

> « les Puissances dont les Etats sont *séparés* ou *traversés* par une même rivière navigable s'engagent à régler, d'un commun accord, tout ce qui se rapporte à la navigation de cette rivière » (*Consolidated Treaty Series*, vol. 64, p. 453).

Cette distinction a été reprise par l'article 1, paragraphe 1, du Statut de Barcelone du 20 avril 1921 relatif au régime des voies navigables d'intérêt national :

> « seront considérées comme voies navigables d'intérêt international : 1. Toutes les parties naturellement navigables vers et depuis la mer d'une voie d'eau qui, dans son cours naturellement navigable vers et depuis la mer, *sépare* ou *traverse* différents Etats... » (Société des Nations, *Recueil des traités*, vol. 7, p. 50).

that have arisen with regard to international watercourses have involved successive rivers. One might hypothesize that a state's full physical control over its portion of a successive watercourse would give rise to different rights and obligations than a riparian state's partial physical control over a contiguous watercourse. »[14]

La perspective systémique ou holistique demeure la plus appropriée pour appréhender la réalité du Sénégal. L'une des recommandations de la Réunion interrégionale sur la mise en valeur des bassins fluviaux et lacustres, tenue à Addis-Abeba en 1988, est certainement l'un des instruments qui appuie le plus nettement l'approche systémique. D'après cette recommandation,

> « les gouvernements reconnaissent qu'une conception systématique de la gestion des ressources en eau d'un bassin fournit le nécessaire point départ pour en régir et gérer les ressources, étant donné l'interdépendance et la diversité des éléments du cycle hydrologique… »[15].

Le fleuve Sénégal et sa vallée fertile et humide ont été le centre de multiples confrontations politiques au moins depuis le VIe siècle. L'importance stratégique de ce fleuve découle de l'aridité et de l'imprévisibilité des conditions pluviométriques dans les espaces à la périphérie du fleuve, et de la capacité de la vallée du fleuve à garantir des possibilités abondantes de production agricole.

L'analyse de la régulation juridique du fleuve Sénégal est un tremplin pour illustrer le processus spécifique de cristallisation et de consolidation du droit international fluvial ou droit des cours d'eau interna-

14. S. C. McCaffrey, *The Law of International Watercourses — Non-Navigational Uses*, *op. cit.*, pp. 41-42. Voir la Déclaration d'Asunción sur l'utilisation des cours d'eau internationaux qui prévoit dans ses paragraphes 1 et 2 que :

> « 1. Dans les cours d'eau internationaux contigus, qui relèvent simultanément de la souveraineté de deux Etats, un accord bilatéral préalable doit être conclu entre les Etats riverains avant qu'aucune utilisation ne soit faite des eaux.
>
> 2. Dans les cours d'eau internationaux successifs, qui ne relèvent pas simultanément de la souveraineté de deux Etats, chaque Etat peut utiliser les eaux conformément à ses besoins, à condition qu'il ne cause de préjudice notable à aucun autre Etat du bassin » (Acte d'Asunción relatif à l'utilisation des cours d'eau internationaux, adopté par les ministres des Affaires étrangères des pays riverains du Río de la Plata (Argentine, Bolivie, Brésil, Paraguay et Uruguay) à leur quatrième réunion, tenue du 1er au 3 juin 1971, traduit dans *ACDI*, 1994, vol. II, deuxième partie, p. 105.

15. Citée dans *ACDI*, 1991, vol. II, première partie, p. 63.

tionaux. La spécification résulte d'une formation de ce droit par une technique particulière : celle de la régionalisation de la gestion juridique des ressources en eau partagées par plusieurs Etats. Le droit international fluvial n'est que la résultante en grande partie de la stratification d'expériences juridiques régionales dans le domaine des cours d'eau internationaux. L'Afrique a contribué à l'éclosion de ce droit par l'impulsion de stratégies et de modèles juridiques adaptés à une certaine conception continentale de la coexistence et de la coopération entre Etats voisins. D'où le relativisme culturel et anthropologique en droit des cours d'eau internationaux.

La régionalisation de la régulation de la gestion des fleuves internationaux en Afrique participe d'une logique de rupture avec la politique juridique en vigueur durant la période coloniale. Dans le cas du fleuve Sénégal, c'est à un véritable bond en avant qu'on assiste. En effet, ce fleuve n'a pas fait l'objet d'une réglementation entre puissances coloniales [16]. D'une situation de quasi vide juridique, les Etats riverains du fleuve Sénégal, malgré les différences culturelles, politiques et économiques qui les caractérisaient, sont parvenus à élaborer un cadre juridique de gestion du fleuve. Cet effort de juridicisation s'est fait de manière progressive. Deux temps ont caractérisé cette phase.

Un temps de tâtonnement et d'inflation juridiques, dans lequel les Etats riverains tout nouvellement indépendants se confrontent aux vicissitudes de la coopération interétatique. Ce temps est marqué par la déficience de stratégies juridiques pertinentes à mettre en œuvre pour la gestion efficace et effective du Sénégal. Le décodage du droit institutionnel et du droit matériel s'opère difficilement du fait d'une certaine confusion des objectifs juridiques visés. Trois étapes sont toutefois palpables. Une étape institutionnelle avec la conclusion, le 26 juillet 1963, de la Convention sur le développement du fleuve

16. La Conférence de Berlin n'a pas pris en considération le cas du fleuve Sénégal car la France s'est formellement opposée à toute réglementation internationale. Dans ses instructions aux plénipotentiaires français, le président du Conseil, Jules Ferry, avait estimé que les discussions de la Conférence de Berlin devaient être

> « uniquely limited to the Congo and Niver regions and that they must ensure the exclusion from discussing the rivers Senegal and Ogone whose waters traverse exclusively French territories, and which, therefore could not henceforth be considered as international rivers » (cité par B. A. Godana, *Africa's Shared Water Resources : Legal and Institutional Aspects of the Nile, Niger and Senegal River Systems*, Frances Pinter, Londres, 1985, p. 126).

Le statut du fleuve Sénégal sous la période coloniale se distingue ainsi du statut du Congo et du Niger. En effet, l'Acte final de la Conférence de Berlin, adopté le 26 février 1885, garantissait la liberté de navigation sur le Congo et le Niger à tous les bateaux marchands de toutes les nations.

Sénégal (ci-après la «Convention de 1963»)[17]. Cette convention institua une organisation quadripartite, le Comité inter-Etats[18], dans lequel chacun des quatre Etats riverains était représenté par un ministre, qui pouvait être à son tour assisté par des experts de son choix[19]. Les objectifs du Comité étaient de promouvoir et de coordonner les études et les travaux pour l'exploitation du bassin du Sénégal[20]. La Convention de 1963 internationalisait de ce fait le Sénégal, y compris ses affluents et sous-affluents[21]. Le Comité avait une double fonction: d'une part renforcer la navigabilité du fleuve et assurer un régime optimal de navigation; d'autre part, contrôler le régime du fleuve pour exploiter ses eaux à des fins agricoles et industrielles. Cependant, il était *expressis verbis* prévu que le Comité ne devait et ne pouvait constituer un obstacle à l'existence ou au fonctionnement normal d'organismes locaux[22]. Bien qu'apportant une architecture institutionnelle nouvelle en matière de gestion des fleuves internationaux en Afrique, la Convention de 1963, pour être complétée, nécessitait parallèlement une architecture normative adaptée[23].

C'est alors l'étape matérielle avec la conclusion, le 7 février 1964, de la Convention relative au statut du fleuve Sénégal (ci-après la «Convention de 1964»)[24]. Cette nouvelle convention précisait de façon détaillée les principes et modalités pour l'exploitation des ressources du Sénégal. Une distinction *ratione materiae* était faite entre deux catégories d'usages du fleuve: utilisations nationales par un Etat particulier du bassin et utilisations communes par plusieurs Etats du bassin. Pour les utilisations nationales, tout projet dépendait pour sa

17. L. Sohn, *Basic Documents of African Regional Organisations*, New York, Oceana, 1972. Les 10 et 11 janvier 1962 s'était tenue à Conakry, en Guinée, une Conférence regroupant des représentants du Sénégal, de la Mauritanie, du Mali et de la Guinée. Cette Conférence recommanda la mise en place d'un Comité interétatique et suggéra que les quatre Etats avec l'aide de l'Organisation des Nations Unies, élaborent une convention.

18. Si le Comité avait été conçu comme une organisation internationale à caractère économique, son organisation demeurait proche du système des commissions ou conférences semi-permanentes. En premier lieu, le Comité ne disposait pas toujours de moyens autonomes par rapport aux Etats. D'autre part, le Comité ne disposait pas, sur la base des textes constitutifs, de privilèges et immunités propres à une organisation internationale. En troisième lieu, le Comité délibérait à l'unanimité des membres dans la limite des pouvoirs délivrés aux représentants des Etats (voir J.-C. Gautron, «L'aménagement du bassin du fleuve Sénégal», *AFDI*, 1967, p. 694).

19. Articles 1 et 2 de la Convention de 1963.

20. Article 1 de la Convention de 1963.

21. Article 13 de la Convention de 1963.

22. Article 1, alinéa 1, de la Convention de 1963.

23. Article 13 de la Convention de 1963, qui prévoit la conclusion d'un accord sur le régime du fleuve.

24. Le même jour, le Comité inter-Etats adoptait ses règles de procédure.

réalisation de l'approbation unanime du Comité, ce qui signifiait qu'un seul Etat pouvait opposer son veto au projet d'un autre Etat du bassin[26]. Le Comité inter-Etats fut confronté à de nombreuses crises politiques entre les Etats membres. Tout d'abord, la désintégration de la Fédération du Mali et du Sénégal créa des incompréhensions de part et d'autre. Ensuite, une tension forte entre la Guinée et le Sénégal, exacerbée par une attitude d'isolationnisme économique de la Mauritanie vis-à-vis de ses voisins, mina la viabilité et la durabilité du Comité[27].

C'est dans ce contexte de relations troublées et paradoxalement de souci de consolider les acquis que les Etats riverains du Sénégal ont voulu franchir une nouvelle étape. Celle-ci pourrait être qualifiée d'étape de confusion institutionnelle et matérielle. Elle correspond juridiquement à la conclusion d'un Accord portant sur le Statut de l'Organisation des Etats riverains du Sénégal (OERS), le 2 mars 1968 (ci-après la « Convention de 1968 »). Confusion institutionnelle et matérielle dans la mesure où, *de jure*, la spécialisation fonctionnelle qui caractérisait le Comité inter-Etats ne se retrouve pas avec l'OERS. Celle-ci était appelée à réguler toutes les activités économiques, sociales, culturelles et même militaires des quatre Etats. En plus du développement des ressources du fleuve et de l'harmonisation des plans de développement, l'OERS était prise entre plusieurs pôles qui rendaient difficile toute rationalisation de ses activités[28]. Cette organi-

---

25. Comme l'explique Godana,

> « to this end, the Committee had to be informed by each State of every national project touching on the exploitation of the river, and every such project had to be complete, indicating all the effects on the regime of the river, the sanitary state of its waters and the conditions of its exploitation. In practice, however these requirements were of little use because most major national projects were already in the process of realization » (*op. cit.*, p. 219).

Voir aussi sur la question J. C. Gautron, « L'aménagement du fleuve Sénégal », *AFDI*, 1967, p. 696. Selon l'auteur, le Comité devait être informé, par chaque Etat riverain, de tout projet touchant à l'exploitation du fleuve. Le projet national devait être complet et faire apparaître tous les effets qu'il était susceptible d'entraîner sur le régime du fleuve, l'état sanitaire des eaux, les conditions de navigabilité ou d'exploitation.

26. En matière de navigation, le Comité exerçait une fonction réglementaire permanente : il fixait le règlement commun d'exploitation et les règlements particuliers d'utilisation ainsi que les modes de financement et les modalités d'exécution des travaux d'entretien ou d'amélioration de la navigabilité. Le Comité recueillait toutes données et autres informations relatives au fleuve et décida à sa troisième réunion en 1965 d'éditer une revue scientifique et technique sur le bassin du fleuve.

27. D'ailleurs les divergences entre le Sénégal et la Guinée ont amené celle-ci à suspendre ses contributions au Comité.

28. Comme le dit Godana, « the goals of OERS were frustrated by their broad scope and by the lack of funds to finance projects » (*op. cit.*, p. 221).

sation qui a remplacé *de facto* le Comité inter-Etats a eu une mission trop large pour aboutir à l'efficacité voulue. L'exacerbation des tensions politiques entre les Etats paralysèrent l'Organisation. Le 11 mars 1972, le Mali, le Sénégal et la Mauritanie dénoncèrent la Convention de 1968 et renoncèrent à leur qualité de membre de l'OERS, cette dernière se trouvant ainsi dissoute.

La politique a souvent entravé la marche et l'avancée du juridique dans la gestion des ressources en eau du fleuve Sénégal. Cela étant, les Conventions de 1963, de 1964 et de 1968 ont été un apport réel pour la construction de l'édifice juridique de la coopération entre Etats riverains du Sénégal.

Seulement, après ce temps de tâtonnement juridique, allait venir celui du pragmatisme juridique. Le 11 mars 1972 seront signées à Nouakchott, en Mauritanie, et simultanément, la Convention portant statut du fleuve Sénégal et la Convention portant création de l'Organisation pour la mise en valeur du fleuve Sénégal (OMVS)[29]. Seuls le Sénégal, le Mali et la Mauritanie seront parties signataires à ces deux conventions. C'est la naissance de ce que l'on pourrait dénommer le « système Sénégal », car il générera d'autres accords spécifiques sur la gestion du fleuve et il influencera d'autres régimes juridiques propres à d'autres fleuves africains. Ratione materiae, le système Sénégal a pour substratum la Convention portant statut du fleuve Sénégal (ci-après le « statut du fleuve »), la Convention portant création de l'Organisation pour la mise en valeur du fleuve Sénégal (OMVS) (ci-après le « statut de l'OMVS »)), l'Accord cadre relatif aux privilèges et immunités de l'OMVS, la Convention relative au statut juridique des ouvrages communs, du 21 décembre 1978 (ci-après le « statut des ouvrages communs »), la Convention relative aux modalités de financement des ouvrages communs, du 12 mai 1982, la Convention portant création de l'agence de gestion et d'exploitation de Diama et la Convention portant création de l'agence de gestion de l'énergie de Manantali. Une autre dynamique est ainsi insufflée aux relations de voisinage. Comme l'avait déclaré le tribunal arbitral dans l'affaire du *Filetage dans le golfe du Saint-Laurent*,

> « si le concept de « voisinage » est généralement utilisé en vue de désigner une situation de proximité géographique, il est plus spécifiquement utilisé dans le langage juridique pour qualifier des situations de proximité qui, à peine d'engendrer des frictions continuelles, appellent une collaboration continue au bénéfice des

29. Ce n'est que le 21 décembre 1978 que sera conclue à Bamako (Mali) entre le Mali, le Sénégal et la Mauritanie, la Convention relative au statut juridique des ouvrages communs.

nationaux ou des services publics de deux ou de plusieurs Etats dont les activités s'interpénètrent dans un même espace géographique. Tel est le cas par exemple de l'utilisation des eaux d'un même bassin fluvial... »[30]

Conscients des erreurs, des lacunes et des obstacles inhérents aux premiers accords sous-régionaux de gestion du fleuve, les Etats parties aux Conventions de 1972 vont tenter de donner une texture viable et durable à leur coopération au niveau du bassin du fleuve Sénégal. Il ne s'agit plus pour eux de coexister mais de coopérer afin de parvenir à une utilisation rationnelle, optimale et commune des ressources du fleuve.

Ce changement de paradigme dans la logique juridique se traduit par la détermination de fonctions précises pour le statut du fleuve Sénégal. Celui-ci présente dès lors trois visages essentiels : celui, politique, de la pacification (section 2), celui, technique, de l'administration (section 3), celui, économique, de la valorisation (section 4).

SECTION 2 **PACIFICATION**

Les termes de républiques bananières ou d'Etats hors la loi, qui ont été souvent utilisés pour qualifier des Etats africains en matière de droits de l'homme, sont quasiment inadaptés dans le domaine de la gestion des fleuves internationaux. Les Etats africains, pourtant si jaloux de leur souveraineté, ont préféré substituer, à un unilatéralisme prononcé, une politique interrelationnelle constante et mesurée par le biais d'une coopération juridique. Dans le cadre du fleuve Sénégal, celle-ci avait pour objectif premier d'apporter une fondation solide et viable à la coopération politique entre Etats riverains. A ce niveau, le droit assure une de ses fonctions essentielles qu'est la sécurité juridique des relations.

L'instrumentalisation du droit au service de la coopération politique est un moyen de respect des règles du droit international général en matière de paix et de relations pacifiques entre Etats. C'est pourquoi, les Etats parties aux Conventions de 1972 ont tenu à rappeler leur double attachement « chartiste »[31].

Le droit des cours d'eau internationaux met en exergue une nouvelle

30. Sentence arbitrale du 17 juillet 1986 relative au *Filetage dans le golfe du Saint-Laurent*, *RGDIP*, 1986, p. 732.

31. Les deux Conventions de 1972 font référence dans leur préambule à leur attachement aux valeurs contenues dans la Charte des Nations Unies du 26 juin 1945 et dans la Charte de l'Organisation de l'unité africaine du 25 mai 1963.

dimension des relations de bon voisinage entre Etats riverains[32]. Il ne s'agit pas simplement de coexister mais plutôt de coopérer. La logique de parcellisation doit être écartée au profit d'une logique de systématisation.

La «suprariveraineté»[33] est bannie du champ juridique et axiologique des fleuves internationaux au profit de ce qui pourrait être dénommé l'«interriveraineté». La reconnaissance de système de fleuves a entraîné par ricochet une approche systémique de la politique applicable à la gestion des fleuves internationaux. Le fleuve Sénégal comme système fluvial impose de penser la politique des différents Etats riverains comme devant faire l'objet d'une harmonisation internationale par la définition de principes, de règles et de valeurs inspirés du droit international général ou de la coutume internationale, mais aussi pouvant faire évoluer dans la positivité, et non dans la négativité, les relations conventionnelles entre Etats riverains d'un même fleuve. C'est dans ce cadre que la pacification va être assurée par la reconnaissance de libertés communes (paragraphe 1) et la prévention et la gestion des contentieux (paragraphe 2).

Paragraphe 1 **La reconnaissance de libertés communes**

Les premières tentatives de régulation du Sénégal à travers les Conventions de 1963, de 1964 et de 1968 ont échoué en grande partie du fait des tensions politiques très fortes entre les différents Etats riverains. Ainsi, la condition préalable et *sine qua non* à un espoir de réussite des Conventions de 1972 tient dans la capacité des

32. Voir F. de Martens, *Traité de droit international*, 1883, pp. 479 ss. Selon cet auteur,

> «Dans le domaine des relations internationales, la souveraineté territoriale se trouve déjà limitée par le fait de la coexistence et de l'association des Etats. La nature même de leurs relations de voisinage ne leur permet pas de disposer de leur territoire sans aucune restriction. De là sont nées les servitudes internationales naturelles auxquelles sont soumis tous les Etats par suite des conditions inévitables de leur existence physique les uns à côté des autres» (cité par J. Andrassy, «Les relations internationales de voisinage», *Recueil des cours*, tome 79 (1951), p. 103).

Au sein de l'Institut de droit international, dans son deuxième projet de résolution, Von Bar adopta la formule d'Engelhardt, selon laquelle

> «les Etats riverains d'un même cours d'eau sont, les uns vis-à-vis des autres, dans une dépendance physique permanente qui exclut l'idée d'une entière autonomie de chacun d'eux sur la section de la voie naturelle relevant de sa souveraineté» (*Annuaire de l'Institut de droit international*, 1911, pp. 180, 184, 197 et 365).

33. M. Mubiala, «Le régionalisme africain en droit international fluvial», *Revue africaine de droit international et comparé*, 1994, vol. 6, p. 465.

Etats riverains à pacifier leurs relations. La coopération dans le cadre de la gestion du fleuve Sénégal va constituer une voie juridique de transcendance et de prévention des conflits et des différends idéologiques et politiques. Cela passe par la réaffirmation de la liberté de navigation (A), de la liberté de pêche et du respect de la souveraineté des Etats (B).

A. La réaffirmation de la liberté de navigation

D'après une définition donnée par l'Institut de droit international à sa session de Paris de 1934, la liberté de navigation correspond au

> « droit pour tous les navires, bateaux, trains de bois et autres moyens de transport par l'eau, de circuler librement sur toute l'étendue navigable de la voie, à charge de se conformer aux stipulations du présent règlement, et le cas échéant, aux prescriptions supplémentaires ou d'exécution qui seront établies par les Etats riverains »[34].

C'est bien d'une réaffirmation de la liberté de navigation qu'il s'agit dans la Convention de 1972 relative au statut du fleuve Sénégal[35]. En effet, déjà dans le préambule de la Convention de 1963, il était prévu que « l'exploitation en commun du fleuve implique le principe de la liberté de navigation et de l'égalité de traitement des utilisateurs... » Le préambule du statut du fleuve de 1972 reprendra les mêmes termes que la Convention de 1963.

Néanmoins, une différence substantielle existe dans les dispositions relatives à la navigation de ces deux traités. Conformément à la pratique établie en droit international, la Convention de 1963 couvre aussi bien les aspects commerciaux que nautiques de la navigation[36].

La dichotomie se situe au niveau de la portée des termes utilisés. La

---

34. *Annuaire de l'Institut de droit international*, 1934, p. 713.

35. « Considérant que l'exploitation en commun du fleuve implique le principe de la liberté de navigation et l'égalité de traitement des utilisateurs. »

36. Il convient de préciser que, parfois, la doctrine en droit international limite la liberté de navigation à la navigation commerciale. Par exemple les Règles d'Helsinki de l'International Law Association prévoient en leur article XII, dans le chapitre IV concernant la navigation, que :

> « Rivers or lakes are navigable if in their natural or canalized state they are currently used for *commercial navigation* or are capable by reason of their natural condition of being so used. » (Voir International Law Association, *Report of the Fifty-second Conference*, Helsinki, 1966, p. 505 ; l'italique est de nous.)

Convention de 1963 mettait beaucoup plus l'accent sur la navigation commerciale [37] alors qu'aux termes du statut du fleuve,

> « sur les territoires nationaux des Etats contractants, la navigation sur le fleuve Sénégal et ses affluents, qui seront désignés ultérieurement, est entièrement libre et ouverte aux ressortissants, aux bateaux marchands et marchandises des Etats contractants, aux bateaux affrétés par un ou plusieurs Etats contractants, sur un pied d'égalité en ce qui concerne les droits de port et les taxes sur la navigation commerciale » [38].

Ratione personae, la liberté de navigation pose deux questions essentielles.

D'abord celle des navires qui jouissent de cette liberté. Le statut du fleuve pourrait ainsi s'appliquer aussi bien à la navigation commerciale, à la navigation de plaisance et au simple transport de passagers. La Convention de Niamey de 1963 à ce niveau s'était voulue plus précise [39].

Ensuite, la question des Etats qui jouissent de cette liberté. La Convention de Dakar de 1963 employait les termes de « bateaux marchands et marchandises des Etats » [40] alors que le statut de 1972 emploie ceux de « bateaux marchands et marchandises des Etats *contractants* » et de « bateaux affrétés par un ou plusieurs Etats *contractants* » [41]. Le statut du fleuve se veut ainsi plus strict dans son interprétation et son application, et ce à deux niveaux.

Premièrement, pour se différencier de la Convention de 1963, qui jetait un certain flou juridique et donnait lieu à des tentatives d'approche *lato sensu*. Les termes de la Convention de 1963 ont amené à se demander si les Etats riverains du Sénégal n'accordaient pas la liberté de navigation à *tous* les navires de *tous* les Etats, qu'ils soient ou non riverains du fleuve [42]. Certains auteurs, comme T. Maluwa, rejettent cette idée, estimant que :

> « it should be reiterated here that having regard to the evidence

37. Article 5 de la Convention de 1963 :

> « la navigation est entièrement libre et ouverte aux ressortissants, aux bateaux marchands et aux marchandises des Etats sur un pied d'égalité en ce qui concerne les droits de port et les taxes sur la navigation, ainsi que les conditions auxquelles est soumise la navigation commerciale ».

38. Voir intitulé du titre III du statut du fleuve : « Navigation et Transports ».
39. Voir article 3 de la Convention de Niamey.
40. Article 5 de la Convention de 1963.
41. Article 6 du statut du fleuve.
42. Voir l'opinion de B. Vitanyi, *The International Regime of River Navigation*, 1979, Sijthoff & Noordhoff, Alphen aan den Rijn, p. 143.

from the travaux préparatoires of the Conferences preceding the conclusion of both the Bamako and Dakar Treaties, and the provisions of the two agreements themselves, the conclusion must be that the utilization of the Senegal and its navigation were intended to be limited to the riparian States only »[43].

Deuxièmement, le statut opère une distinction réelle entre la *coriveraineté* et la *cocontractualité*. Ce ne sont pas les bateaux des «Etats riverains» qui bénéficient de la liberté de navigation mais les bateaux des «Etats parties» au statut du fleuve. Le géographique est ici supplanté par le juridique. Par une fiction juridique, sont seuls considérés *de jure* Etats riverains les Etats contractants de la Convention même si *de facto* d'autres Etats (en l'occurrence la Guinée) sont riverains du fleuve. Le statut du fleuve se distingue nettement de l'Acte de Niamey de 1963[44], qui a calqué la formule large de l'Acte final du Congrès

43. T. Maluwa, «The Development of International Fluvial Law in Post-Colonial West Africa: The Senegal Regime», *Revue de droit international, de sciences diplomatiques et politiques*, vol. 67, 1989, p. 24. L'auteur fonde son argumentation sur de nombreux documents de travaux préparatoires, documents de Conférence et résolutions non publiés, relatifs au Comité inter-Etats et auxquels il a eu accès lors d'une visite de recherche à l'OMVS à Dakar en avril 1982.

44. Pourtant, lors de la Conférence de Niamey de 1963, les pays riverains du fleuve Niger ont adopté une déclaration en vertu de laquelle

> «la Conférence de Niamey sur le fleuve Niger, en remettant en question le Traité de Berlin et la Convention de Saint-Germain-en-Laye, ne fait qu'entériner aujourd'hui la caducité d'un document dont la valeur ne pouvait tolérer de près les intérêts de l'Afrique ... Il n'est pas logique ... qu'une convention signée par des pays extra-africains continue de fixer les modalités d'utilisation d'une propriété africaine située sur des territoires africains indépendants. Le maintien de ce statut, dans l'état actuel de la conjoncture internationale, apparaîtrait comme une survivance malheureuse de la période coloniale déjà dénoncée, jugée et condamnée sur tous les plans. Bien plus, les grands principes qui avaient présidé à l'élaboration du Traité de Berlin et de la Convention de Saint-Germain-en-Laye, à savoir liberté de navigation et égalité de traitement des nations utilisatrices, sont devenus des principes inadéquats et insuffisants au stade actuel du développement économique des pays riverains du Niger ... La refonte du statut ancien devient ainsi obligatoire pour donner à ce fleuve un statut adéquat capable de préserver les intérêts particuliers des pays traversés.» (Voir texte de la Déclaration dans La documentation française, *Afrique contemporaine*, n° 7, mai-juin 1963, p. 6.)

Selon Mubiala, le nouveau régime du Niger adopté en 1977 en remplacement de l'Acte de Niamey de 1963 ne fait pas de référence à la navigation. D'après certains auteurs, le silence du texte impliquerait la disparition de la stipulation sur la liberté de navigation en faveur de tous les pavillons qui avait survécu à la révision de 1963 (voir M. Mubiala, «Le régionalisme africain en droit international fluvial», *op. cit.*, p. 461). Sur ce point voir aussi, B. Musawenkosi, *Inter-African Attempts to Cooperation on Common Goods. Case Study: The Niger River Commission*, mémoire de diplôme, Genève, IUHEI, 1980, p. 120.

de Berlin de 1885 en accordant la liberté de navigation à toutes les nations[45]. Aux termes de l'article 13 de cet acte,

> «la navigation du Congo, sans exception d'aucun des embranchements ni issues de ce fleuve, est et demeurera entièrement libre pour les navires marchands ... de toutes les nations, tant pour le transport des marchandises que pour celui des voyageurs ... En conséquence, sur tout le parcours et aux embouchures du Congo, il ne sera fait aucune distinction entre les sujets des Etats riverains et ceux non-riverains, et il ne sera concédé aucun privilège exclusif de navigation, soit à des sociétés ou corporations quelconques, soit à des particuliers. Ces dispositions sont reconnues par les Puissances signataires comme faisant partie du droit international.»[46]

---

45. Fauchille considérait que

> «un riverain ne peut jamais rien faire qui, directement ou indirectement, doive rendre impossible sur le fleuve le libre passage des navires d'un Etat quelconque, riverain ou non-riverain. On sait en effet que, pour nous, la liberté de navigation des fleuves internationaux constitue un *droit* pour *tous* les peuples (l'italique est dans l'original; cité par S. McCaffrey, *The Law of International Watercourses*, *op. cit.*, p. 47).

On sait que cette réflexion ne correspond pas au droit international contemporain. Par exemple, Pradier-Fodéré considérait que:

> «Si le développement du droit international réclame la libre navigation des fleuves, si le droit naturel, la logique, l'intérêt des peuples, les tendances générales, demandent que les fleuves formant la limite de deux Etats, ou traversant le territoire de plusieurs Etats différents, ou même entièrement renfermés dans les limites d'un seul Etat soient tous également ouverts à la *marine universelle* et partagent la liberté des mers auxquelles ils s'associent par leur embouchure, il s'en faut de beaucoup que ce vœu des théoriciens, des économistes et des amis du progrès soit complètement réalisé dans la pratique des peuples du 19e siècle. La liberté fluviale absolue basée sur l'égalité de tous les pavillons et comprenant tous les cours d'eau tributaires directs de la mer, n'est pas encore généralement reconnue et pratiquée» (cité dans International Law Association, *op. cit.*, 1966, pp. 449-450).

Voir également Oppenheim, qui affirmait que:

> «There is no general rule of international law which gives foreign states the right for their public or private vessels to navigate on national rivers» (*Openheim's International Law*, publié sous la direction de Sir R. Jennings et Sir A. Watts, 9e éd., p. 575).

46. Cité par T. Maluwa, «The Origins and Development of International Fluvial Law in Africa: A study of the International Legal Regimes of the Congo and Niger Rivers from 1885 to 1960», *Netherlands International Law Review*, vol. 19, 1982, pp. 368-400. Il convient de noter par ailleurs que la Convention de Saint-Germain-en-Laye de 1919 consacrait la liberté de navigation aux parties contractantes, mais l'étendait aux autres membres de la Société des Nations. Texte disponible dans G.-F. De Martens, *Nouveau Recueil général des traités*, troisième série, vol. 11, p. 691.

Le statut du fleuve se distingue également de la résolution de l'International Law Association (ILA), aux termes de laquelle « each riparian State is entitled to enjoy rights of free navigation on the entire course of a river or lake »[47]. Cette règle dégagée par l'ILA respecte l'interprétation du droit international telle que consacrée par la Cour permanente de Justice internationale (CPJI) dans l'affaire relative à la *Juridiction territoriale de la Commission internationale de l'Oder*.

Selon la Cour,

> « la communauté d'intérêts sur un fleuve navigable devient la base d'une communauté de droit, dont les traits essentiels sont la parfaite égalité de tous les Etats riverains dans l'usage de tout le parcours du fleuve et l'exclusion de tout privilège d'un riverain quelconque par rapport aux autres »[48].

Ratione materiae, la liberté de navigation telle qu'affirmée dans le statut du fleuve implique la liberté de trafic, la liberté de commerce et la non-discrimination. Pour ce qui est de la liberté de trafic, comme l'explique T. Maluwa,

> « all major navigation treaties concluded after 1815 — including the General Act of Berlin (1885) — incorporated the abolition of the practice of requiring boats to call at a given port and break bulk there or to transship their cargoes into vessels of local boatmen : droits de relâche, d'échelle, d'étape ou de rompre charge »[49].

La liberté de trafic comme élément consubstantiel de la liberté de navigation a été rappelée par la CPJI tant dans l'affaire relative à la *Juridiction territoriale de la Commission internationale de l'Oder*[50] que

47. Article XIII des Règles d'Helsinki, International Law Association, *op. cit.*, 1966.

48. *Juridiction territoriale de la Commission internationale de l'Oder*, arrêt n° 16, 1929, *CPJI série A n° 23*, p. 27.

49. T. Maluwa, « The Development of International Fluvial Law in Post-Colonial West Africa : The Senegal Regime », *op. cit.*, p. 9.

50. Affaire relative à la *Juridiction territoriale de la Commission internationale de l'Oder*, *op. cit.*, p. 28. D'après la Cour :

> « L'introduction de représentants de Puissances non riveraines dans les commissions fluviales n'est pas exclusivement ou principalement due à la préoccupation d'assurer aux intérêts des Etats enclavés une protection plus efficace ; elle s'explique plutôt par l'intérêt à la navigation que des Etats non riverains peuvent avoir sur les voies d'eau dont il s'agit. Il serait difficile de comprendre pourquoi cet intérêt ne serait pas reconnu lorsqu'il s'agit d'atteindre les ports du dernier Etat d'amont. L'intérêt qu'ont tous les Etats comporte la liberté de navigation dans les deux directions. »

dans l'affaire *Oscar Chinn*[51]. Dans l'avis consultatif relatif à la *Compétence de la Commission européenne du Danube entre Galatz et Braïla*, la Cour permanente de Justice internationale a estimé que:

> «la notion de navigation comprend, en premier lieu et essentiellement, celle du mouvement des navires en vue de l'accomplissement des voyages ... La liberté de la navigation qu'il incombe à la Commission européenne d'assurer vise donc, non seulement les navires qui traversent une section du fleuve correspondant à un port mais aussi ceux qui arrivent au port ou qui en partent ... Le second élément contenu dans la notion de navigation est celui du contact établi avec l'organisation économique et les moyens de communication du pays atteint par les navires. Les ports constituent précisément les moyens permettant d'établir ce contact. Dans cet ordre d'idées, il convient de distinguer entre, d'une part, tout ce qui a trait, 1) aux navires dans les ports, voire les conditions dans lesquelles ils doivent prendre leur mouillage ou en changer, leur placement le long des quais, leur admission dans les docks intérieurs, les mouvements ou manœuvres nécessaires à cet effet; 2) d'autre part, les opérations de chargement et de déchargement des navires, l'emmagasinage des marchandises, l'accès au chemin de fer, etc.»[52]

Le statut du fleuve prévoit, quant à lui, que

> «sur les territoires nationaux des Etats contractants, la navigation sur le fleuve Sénégal et ses affluents, qui seront désignés ultérieurement, est entièrement libre et ouverte...»[53]

D'après les Règles d'Helsinki de l'ILA, la notion de liberté de navigation *(free navigation)*

> «includes for vessels of a riparian State on a basis of equality: *(a)* freedom of movement on the entire navigable course of the river or lake; *(b)* freedom to enter ports and to make use of plants and docks; and *(c)* freedom to transport goods and passengers, either directly or through trans-shipment, between the territory of

51. Affaire *Oscar Chinn*, arrêt du 12 décembre 1934, *CPJI Série A/B n° 63*, 1934, p. 83. La Cour a considéré que:

> «La liberté de navigation ... comporte, d'après la notion communément admise, la liberté de mouvement pour les bateaux, la liberté d'approcher des ports, de profiter des ouvrages et docks, de charger et de décharger les marchandises, ainsi que la liberté de transporter des marchandises et des voyageurs.»

52. *CPJI Série B n° 14*, 1927, pp. 64-66.
53. Article 6 du statut du fleuve.

> one riparian State and the territory of another riparian State and between the territory of a riparian State and the open sea »[54].

Il s'agit là d'une cristallisation des éléments constitutifs de la liberté de navigation.

La liberté de commerce[55], quant à elle, est inhérente à la liberté de navigation. Ce sont deux matières interdépendantes en ce sens qu'elles sont interactives. Le but premier de la liberté de navigation est la facilitation de la liberté de commerce, et inversement la liberté de commerce a été essentiellement à l'origine de la consécration de la liberté de navigation.

Comme l'a observé la CPJI dans l'affaire *Oscar Chinn*,

> « la liberté de navigation, en tant qu'il s'agit des opérations commerciales des entreprises de transport fluvial ou maritime, implique à cet égard, la liberté du commerce »[56].

Toutefois, la Cour a précisé qu'« on ne saurait pas en déduire que la liberté de la navigation entraîne et présuppose à tous égards la liberté du commerce »[57].

Et le statut du fleuve de rappeler que

> « la navigation sur le fleuve Sénégal et ses affluents ... est entièrement libre et ouverte aux ressortissants, aux bateaux marchands et marchandises des Etats contractants, aux bateaux affrétés par un ou plusieurs Etats contractants sur un pied d'égalité en ce qui concerne les droits de port et les taxes sur la navigation commerciale »[58].

Une exception à la règle de non-discrimination a été reconnue par un bon nombre de traités en ce qui concerne le petit cabotage, c'est-à-dire la navigation d'un port à un autre port d'un même Etat[59]. Selon R. Baxter,

---

54. Article XIV des Règles d'Helsinki, International Law Association, *op. cit.*, 1966.

55. Dans l'affaire *Oscar Chinn*, *op. cit.*, p. 84, la Cour a déclaré que :

> « La liberté de commerce ... est la faculté, en principe illimitée, de se livrer à toute activité commerciale, que celle-ci ait pour objet le négoce proprement dit, c'est-à-dire la vente et l'achat des marchandises, ou qu'elle s'applique à l'industrie et notamment à l'industrie des transports, qu'elle s'exerce à l'intérieur ou qu'elle s'exerce avec l'extérieur par importation ou exportation... »

56. Affaire *Oscar Chinn*, *op. cit.*, p. 83.

57. *Ibid.*, p. 83.

58. Article 6 du statut du fleuve.

59. Le grand cabotage concerne la navigation entre plusieurs places sur un même fleuve.

> « since the limitation of cabotage to nationals constitutes a qualification of freedom of navigation on an international river, an express reservation of the power to exclude foreign shipping and persons must be made when the river is thrown open to free use . . . »[60]

Les Règles d'Helsinki ont prévu une telle situation :

> « each riparian State may restrict or prohibit the loading by vessels of a foreign State of goods and passengers in its territory for discharge in such territory »[61].

Le statut du fleuve est quasiment silencieux sur la question. Il prévoit tout simplement que « le cabotage le long du fleuve fera l'objet d'une réglementation commune approuvée par les Etats contractants »[62].

Ratione loci, la liberté de navigation renvoie à un contenu normatif original. En effet, il met en exergue l'intégration du concept de bassin dans le droit international des ressources en eau en Afrique[63]. Le statut du fleuve Sénégal reconnaît la liberté de navigation à deux niveaux spatiaux essentiels.

D'une part, un niveau spatial naturel qui couvre le fleuve et ses

---

60. R. Baxter, *The Law of International Waterways*, 1964, p. 154.

61. Article XVI des Règles d'Helsinki, International Law Association, *op. cit.*, 1966, pp. 508-509.

D'après le commentaire de l'ILA, cet article

> « deals with the important matter of "cabotage". Originally the word "cabotage" was used only with regard to the navigation along the coast of a littoral State. Early in the 19th century it began to be used to describe the navigation on an international river from one port in a State to another port in the same State. This in no way involved the application of the rules of the sea. The confusion was increased by Article 1 of the Elbe Convention of 1821 which read : "Die Schiffahrt auf dem Elbstrome soll von da an, wo dieser Fluss schiffbar wird, bis in die offene See, und umgekehrt aus der offenen See in Bezug auf den Handel völlig frei sein. Jedoch bleibt die Schiffahrt von einem Uferstaate zum andern (Cabotage) auf dem ganzen Strome ausschliessend den Unterthanen derselben vorbehalten" » (disponible dans De Martens, *Nouveau Recueil général de traités*, *op. cit.*, p. 714).

Selon l'ILA :

> « "cabotage" in this sense, has been called "grand cabotage", whereas the "cabotage" on part of an international river within one State has been referred to as "petit cabotage". It is, at any rate, preferable not to use the expression "grand cabotage", and to use the word "cabotage" instead of "petit cabotage" » (*ibid.*, p. 509).

62. Article 8, alinéa 2, du statut du fleuve.

63. Voir M. Mubiala, « Le régionalisme africain en droit international fluvial », *op. cit.*, pp. 450-451.

affluents[64]. Dans la plupart des cas, la définition du fleuve international a, depuis le Congrès de Vienne, été conceptualisée et construite de façon à couvrir non pas seulement le fleuve en tant que tel mais aussi ses affluents et sous-affluents. Selon T. Maluwa,

> « whereas some treaties have insisted on the qualification that such affluents and sub-affluents must themselves be international, other treaties not only dispense with this requirement but rather seek to extend the international regime to tributaries and sub-tributaries located exclusively within the territory of one State »[65].

Le statut de 1972 appartient à la dernière catégorie de traités. La couverture par le statut de l'ensemble du bassin hydrographique existait déjà dans les Conventions de Dakar (1963) et de Bamako (1964).

Auparavant déjà, la résolution adoptée en 1962 par la première Conférence ministérielle des quatre Etats riverains mettait l'accent *inter alia* sur le « caractère unitaire » du bassin[66]. Le statut du fleuve ne fait pas expressément référence aux sous-affluents. Toutefois, l'article 9, alinéa 1, du statut offre une faculté d'extension de la liberté de navigation à « certaines sections du fleuve, de ses affluents, embranchements et issues... » De même, les lacs pourraient être soumis au trafic international[67].

D'autre part, un niveau spatial artificiel ou du fait de l'homme. Il s'agit de l'espace des routes, chemins de fer et canaux latéraux. La plupart des traités postcoloniaux relatifs aux cours d'eau ouest-africains intègrent ces espaces. Cette approche avait été tout d'abord introduite en droit international par l'Acte général de Berlin[68]. Le statut du fleuve prévoit que

> « les routes, les chemins de fer ou canaux latéraux qui pourront

64. Article 1 du statut du fleuve :

> « Sur les territoires nationaux de la République du Mali, de la République islamique de Mauritanie et de la République du Sénégal, le fleuve Sénégal est déclaré fleuve international y compris ses affluents. »

Voir article 6 du statut du fleuve :

> « Sur les territoires des Etats contractants, la navigation sur le fleuve Sénégal et ses affluents, qui seront désignés ultérieurement, est entièrement libre et ouverte... »

65. T. Maluwa, *op. cit.*, p. 13.

66. Résolution citée par T. Maluwa, *op. cit.*, p. 13. Il faut rappeler que la référence au « caractère unitaire » des bassins hydrologiques dans la résolution n'était qu'une réaffirmation de l'« approche intégrée de la gestion du bassin fluvial » que de nombreuses études des Nations Unies ont recommandée aux Etats partageant les cours d'eau. Voir par exemple, *Rapport du Secrétaire général à l'ECOSOC sur les ressources naturelles*, doc. E/C.7/2/Add., p. 1.

67. Article 9, alinéa 2, du statut du fleuve.

68. Voir articles 16 et 33 de l'Acte général de Berlin.

être établis dans le but spécial de suppléer à l'innavigabilité ou aux imperfections de la voie fluviale sur certaines sections du fleuve, de ses affluents, embranchements et issues, pourront être considérés ... comme des dépendances de la navigation fluviale et, de ce fait, seront ouverts au trafic international»[69].

En définitive, la liberté de navigation constitue l'un des socles fondamentaux sur lesquels les Etats parties aux Conventions de 1972 souhaitent établir une coopération viable. Néanmoins, l'importance de la navigation ne signifie pas une primauté de celle-ci sur d'autres utilisations d'un cours d'eau international[70]. Aux termes de la Convention de 1997 sur le droit relatif aux utilisations des cours d'eau internationaux à des fins autres que la navigation, «en l'absence d'accord ou de coutume en sens contraire, aucune utilisation d'un cours d'eau international n'a en soi priorité sur d'autres utilisations»[71]. Ni les Conventions de 1972 ni la pratique des Etats parties auxdites conventions n'accordent une priorité à la navigation. Il reste que la navigation constitue une des utilisations majeures, en particulier, sur les fleuves internationaux africains. D'ailleurs la Commission du droit international (CDI) a estimé que

> «les besoins de la navigation influent sur le volume et sur la qualité de l'eau disponible pour les autres utilisations ... Les relations d'interdépendance entre les utilisations des cours d'eau aux fins de la navigation et à des fins autres que la navigation sont si nombreuses que, pour tout cours d'eau utilisé par la navigation ou que l'on envisage d'utiliser à cette fin, les exigences et les effets de la navigation et les exigences et effets des autres projets concernant l'eau ne peuvent être dissociés par les ingénieurs et les administrateurs chargés de l'exploitation du cours d'eau.»[72]

B. La liberté de pêche et la souveraineté des Etats

C'est une règle du droit international général que, même lorsque la liberté de navigation est garantie à d'autres Etats,

69. Article 9, alinéa 1 du statut du fleuve.

70. S. McCaffrey, «The Evolution of the Law of International Watercourses», *AJPIL*, 45, pp. 100 ss. Il faut rappeler que certains textes de la première partie du XXe siècle accordaient une priorité généralisée à la navigation. C'est le cas du paragraphe 1 de l'article 10 de la Convention et du Statut sur le régime des voies navigables d'intérêt international, l'article 5 de la Déclaration de Montevideo de 1933, la règle II, 4, de l'Institut de droit international, relative à la réglementation internationale de l'usage des cours d'eau internationaux.

71. Article 10 de la Convention de 1997.

72. Commentaire de l'article 1, paragraphe 2, de la Convention de 1997, *ACDI*, 1994, vol. II, deuxième partie, pp. 94-95.

l'Etat concerné conserve toujours sa souveraineté sur la portion du fleuve qui fait partie de son territoire. C'est le cas qu'il y ait ou non une disposition s'y référant dans une convention. La liberté conventionnelle de navigation a toujours été considérée largement comme une exception à la règle générale de la souveraineté[73]. Selon l'ILA,

> « a movement for the recognition of free navigation on international rivers set in at the end of the eighteenth century, but the rule that each riparian State of an international river shall have to accord free exercise of navigation to vessels flying the flag of any nation, has not yet been generally accepted as a principle law »[74].

Dans son avis consultatif sur la *Juridiction territoriale de la Commission internationale de l'Oder*, la CPJI a reconnu le droit de la Roumanie d'exercer sa souveraineté sur le Danube tant que cela n'était pas incompatible avec les pouvoirs de la Commission[75].

En outre, les Règles d'Helsinki reconnaissent le droit d'un Etat riverain à attribuer des droits de navigation à des Etats non riverains sur les rivières et lacs se trouvant dans les limites de sa juridiction territoriale. Selon l'ILA, « the grant of access by a riparian to a non-riparian State does not require the approval of co-basin or even co-riparian States »[76].

Qu'en est-il du *jus edicendi* ? Il découle a fortiori de la règle mentionnée de la souveraineté que les bateaux étrangers et nationaux relèvent des législations et des réglementations d'un Etat riverain tant que ces lois et règlements ne contredisent pas la liberté de navigation et l'égalité de traitement. Mais, là aussi, la pratique des Etats n'est pas uniforme. La preuve en est que certains traités précisent les domaines dans lesquels les Etats riverains sont habilités à légiférer[77].

---

73. B. Vitanyi, *op. cit.*, p. 233.

74. *Ibid.*, p. 143. Voir aussi, International Law Association, *Report of 50th Conference*, 1962, p. 451.

75. *Juridiction territoriale de la Commission internationale de l'Oder*, *op. cit.*, p. 64.

76. Article XVII. D'après le commentaire de l'ILA,

> « the exercise of such access may not interfere with the rights of basin States, including riparians, to an equitable utilization of the waters. Thus, State Z, a lower riparian, on that portion of an international river within State Z's territory, if the result of such navigation would increase traffic to an extent which would interfere with the vessels of State A, an upper riparian exercising its right to equitable utilization, including navigation to and from the sea. The extent of the right of a riparian State to an equitable utilization of the waters of a river or lake is not enlarged by its grant of a right of navigation within its territory to a non-riparian State. »

77. Voir, par exemple, le Traité entre le Venezuela et la Colombie de 1941 sur la détermination de la frontière et la navigation sur les fleuves communs, *BFSP*, vol. 144, p. 748.

Le statut du fleuve est silencieux sur ce point. Toutefois, on peut penser que les Etats riverains conservent le droit d'édicter toute réglementation favorable à la liberté de navigation et à l'utilisation commune du fleuve, de ses affluents et sous-affluents. Une solution pourrait être cherchée dans l'article XV des Règles d'Helsinki qui prévoit que:

> «a riparian State may exercise rights of police, including but not limited to the protection of public safety and health, over that portion of the river (subject) to its jurisdiction, provided the exercise of such rights does not unreasonably interfere with the enjoyment of the rights of free navigation»[78].

Le statut du fleuve ne fait pas référence *expressis verbis* à la délicate question de la liberté de pêche. Il est clair que la liberté de navigation et «l'exploitation en commun du fleuve»[79] impliquent la liberté de pêche pour les bateaux des Etats contractants de la Convention. Il n'est fait aucune mention de l'exploitation piscicole et halieutique du fleuve[80]. Et pourtant ce n'est pas que la pêche sur le fleuve constitue une activité accessoire ou faible. La pêche continentale[81] est une activité principale pour les populations vivant sur la rive sénégalaise et la rive mauritanienne du Sénégal. Est-ce une déclaration tacite d'impuissance des Etats contractants à s'entendre sur l'harmonisation internationale de leurs réglementations en matière de pêche, ou une volonté de ne pas frustrer les pratiques traditionnelles et coutumières des pêcheurs dans le bassin fluvial?[82]

Apparemment, l'hésitation quant à une régulation de la pêche sur les

---

78. International Law Association, *op. cit.*, 1966, p. 508. Toutefois un système de police et d'inspection internationale reste au stade de vœu pieux vu les difficultés économiques et financières auxquelles sont confrontés les Etats parties aux Conventions de 1972.

79. Préambule du statut du fleuve.

80. Titre I de la Convention: «Exploitation agricole et industrielle»; titre II: «Navigation et Transports».

81. La pêche continentale est une pêche artisanale et de subsistance. Elle se distingue de la pêche maritime en ce sens que celle-ci peut être à la fois artisanale et industrielle.

82. M. M. Mbengue, *Diagnostic de la réglementation de la pêche continentale: Le cas du fleuve Sénégal*, mémoire de maîtrise en droit public, Université Gaston Berger de Saint-Louis, Sénégal, 1998.

Pourtant, une Commission sous-régionale des pêches a été créée par une Convention du 29 mars 1985 amendée à Praia le 14 juillet 1985. Elle est chargée du développement des pêches maritimes des Etats membres par une politique d'harmonisation des législations et de supervision. Toutefois, cette commission ne regroupe que le Sénégal et la Mauritanie en plus de la Guinée-Bissau et du Cap-Vert. Le Mali et la Guinée, Etats riverains du fleuve Sénégal, n'y sont pas représentés. En outre, la Commission n'a pas de compétence sur le fleuve Sénégal.

cours d'eau internationaux est de règle en droit international. La Convention de 1997 — qui fait œuvre de codification à maints égards — ne contient pas de règles explicites sur la pêche. C'est à partir d'une interprétation téléologique de la partie IV de cette convention que l'on peut déduire l'existence de règles applicables à la pêche[83]. Selon A. Tanzi,

> «this interpretative statement is somewhat surprising, since fishing has traditionally been the primary non-navigational use of watercourses and the early agreements that adressed water quality issues in international watercourses mainly focused on the protection of fisheries. Excluding fishing and related issues from the purview of a convention on the non-navigational uses of international watercourses is no less surprising than if a similar exclusion was contemplated in a law of the sea convention.»[84]

Ce qui serait adéquat, c'est que les Etats riverains du fleuve Sénégal arrivent à déterminer par le biais d'accords des chiffres quant à la proportion de poissons pouvant être pêchés dans chaque partie du fleuve. En d'autres termes, il s'agirait de promouvoir une exploitation et une gestion commune des ressources halieutiques du fleuve.

C. A propos de l'épineuse question frontalière sénégalo-mauritanienne

Classiquement, les fleuves internationaux avaient pour fonction principale de servir de ligne de frontière entre les Etats riverains[85]. Au lendemain des indépendances, les Etats africains ont

---

83. Voir «Report of the Sixth Committee Convening as the Working Group of the Whole», *Official Records of the General Assembly*, Nations Unies, doc. A/51/869 (1997), p. 4. Une interprétation apparaît dans le rapport du groupe de travail à la séance plénière de l'Assemblée générale:

> «The present convention does not apply to the use of living resources that occur in international watercourses, except to the extent provided for in Part IV and except insofar as other uses affect such resources.»

84. A. Tanzi et M. Arcari, *The United Nations Convention on the Law of International Watercourses*, Kluwer Law International, 2001, p. 52. Voir aussi S. McCaffrey, «The Evolution of the Law of International Watercourses», *op. cit.*, pp. 100 ss.

85. La détermination de la frontière sur les cours d'eau internationaux peut relever de techniques différentes: thalweg, limite à la rive, ligne médiane, méthodes astronomiques, frontières tracées à partir de l'embouchure, frontières dépendant des changements et des déplacements dans un cours d'eau, etc. Pour un approfondissement de la question, voir L. Caflisch, «Règles générales du droit des cours d'eau internationaux», *Recueil des cours*, tome 219 (1989), pp. 62-103; F. Schroeter, «Les systèmes de délimitation dans les fleuves internationaux», *AFDI*, 1992, pp. 948-982.

affirmé dans la Charte de l'OUA, le principe de l'*uti possedetis juris* ou principe de l'intangibilité des frontières, qui s'impose désormais au titre du droit international général[86]. La Cour internationale de Justice, dans l'affaire de la frontière entre le Burkina Faso et la République du Mali, a déclaré que :

> « il faut voir, dans le respect par les nouveaux Etats africains des limites administratives et des frontières établies par les puissances coloniales, non pas une simple pratique qui aurait contribué à la formation graduelle d'un principe de droit international coutumier dont la valeur serait limitée au continent africain comme elle l'aurait été auparavant à l'Amérique hispanique, mais bien l'application en Afrique d'une règle de portée générale »[87].

Aux termes de l'article II, paragraphe 3, de la Charte de l'OUA, l'un des objectifs de l'Organisation panafricaine est de sauvegarder la souveraineté, l'intégrité territoriale et l'indépendance des Etats africains et malgache.

La résolution 16 de la première Conférence des chefs d'Etat et de gouvernement du Caire, en 1964, est plus explicite et proclame le principe du respect des frontières héritées de la colonisation. Comme l'explique M. Mubiala :

> « la sagesse et le réalisme politique ont commandé cette solution, au mépris des velléités d'unité des différentes composantes ethniques transfrontalières, précisément pour éviter l'éclatement des conflits territoriaux. En tout cas, si l'OUA n'a ni éliminé ni empêché certains d'entre eux de surgir, elle n'en a pas moins contribué, grâce à l'adoption de ce principe, à limiter la portée et l'étendue de ceux-ci, voire à la résolution de certains d'entre eux. Au moment même de l'adoption du principe de l'intangibilité des frontières par les Etats membres, seuls le Maroc et la Somalie ont émis des réserves, de sorte qu'on peut considérer que celui-ci a acquis valeur de pratique générale sur le plan régional. »[88]

Cependant pour le professeur Abi-Saab :

> « le droit international s'est efforcé de protéger le titre quand il existait, comme le traité ; d'essayer de trouver un principe qui

86. Voir texte de la sentence *Guinée c. Guinée-Bissau*, *RGDIP*, vol. 89, 1985, pp. 484-537 ; CIJ, *Burkina Faso c. Mali*, *CIJ Recueil 1986*, p. 565. Voir l'opinion dissidente du juge Bedjaoui dans l'affaire *Guinée-Bissau c. Sénégal*, *CIJ Recueil 1989*, pp. 91-92.

87. *CIJ Recueil 1986*, p. 565.

88. Mubiala, « Le régionalisme africain en droit international fluvial », *op. cit.*, p. 458.

joue le rôle du titre et de maintenir la situation en l'état là où il n'y avait pas de titre spécifique, comme le principe de l'*uti possidetis* ... Des situations se présentent cependant où il serait difficile juridiquement de maintenir le *statu quo*. Par exemple, lorsque la partie lésée réagit et continue à contester et à dénoncer le débordement. On ne peut pas, dans ces conditions, considérer qu'il y a acquiescement, même constructif.» [89]

L'adage selon lequel «mountains divide, rivers connect» [90] est à relativiser pour le fleuve Sénégal. L'internationalisation de ce fleuve comme voie de pacification entre Etats riverains a ses limites. En effet, entre le Sénégal et la Mauritanie persiste un conflit sur le tracé de la frontière sur le fleuve. Conflit entre la légalité et la légitimité, voire entre la légalité et l'équité [91]. Durant la période coloniale, la principale fonction de la frontière était fiscale. Les populations n'ont jamais connu d'obstacle dans la zone du fleuve Sénégal. Au contraire c'était la libre circulation des hommes et du bétail. Déjà en 1909, dans l'affaire des *Grisbadarna*, le tribunal arbitral, à propos de la détermination d'une partie de la frontière maritime entre la Norvège et la Suède, avait considéré que

> «dans le droit des gens, c'est un principe bien établi qu'il faut s'abstenir autant que possible de modifier l'état des choses existant de fait et depuis longtemps ... ce principe trouve une application toute particulière lorsqu'il s'agit d'intérêts privés, qui, une fois mis en souffrance, ne sauraient être sauvegardés d'une manière efficace même par des sacrifices quelconques de l'Etat auquel appartiennent les intéressés...» [92]

Dans le contexte du fleuve Sénégal, les positions des Etats ne reflètent nullement ce principe du «droit des gens». Selon le Sénégal, la fron-

89. G. Abi-Saab, «La pérennité des frontières en droit international», *Relations internationales*, n° 64, hiver 1990, p. 348.

90. K. Gleditsh, «Rivers as International Boundaries», *Acta Scandinavica Juris Gentium*, 1952, vol. 21, p. 16.

91. Il est intéressant à ce sujet de rappeler l'analyse du juge Ammoun dans son opinion individuelle à l'occasion des affaires du *Plateau continental de la mer du Nord*:

> «[il faut faire] le départ entre le principe d'équité dans le sens large du mot, se manifestant *praeter legem* comme source subsidiaire de droit international pour pallier ses insuffisances et en combler les lacunes logiques; et le règlement d'équité indépendante, *ex æquo et bono*, constituant une activité extra-judiciaire *contra legem*, destinée avec l'accord des parties, à pallier les insuffisances sociales du droit» (*CIJ Recueil 1969*, p. 139).

92. Nations Unies, *Recueil des sentences arbitrales*, vol. VI, p. 161.

tière se situe sur la rive droite mauritanienne en se fondant sur un décret français de 1933 [93]. La Mauritanie quant à elle revendique le tracé de la frontière sur la ligne médiane du fleuve.

Le fait que le cours du fleuve fluctue de façon saisonnière et d'une année à une autre rend difficile de trancher entre les deux prétentions.

A l'heure actuelle, un *modus vivendi* dépendant de la nature des relations entre les deux Etats prévaut. Quand ces relations sont au beau, les ressources du fleuve sont ouvertes à l'exploitation par les populations des deux rives. Quand ces relations sont tendues, le fleuve devient un *no man's land.*

De violentes tensions entre ces populations ont menacé pendant une certaine période l'exploitation en commun du fleuve Sénégal. La solution résiderait dans une coopération plus attentive aux besoins de chacun, et plus respectueuse des droits et obligations de tous. Comme cela a été affirmé:

> «en ce qui concerne le tracé des frontières, la doctrine moderne prône l'intérêt de la souplesse au moins tout autant que les vertus traditionnelles que sont la certitude, le caractère définitif ... mais de plus en plus s'agissant de frontières océaniques et fluviales ... les décideurs appelés à tracer des frontières feraient peut-être bien de considérer qu'ils doivent non pas tant tracer des lignes que concevoir des régimes susceptibles de bien fonctionner» [94].

Mais il est clair que «l'internationalisation des fleuves ne pourrait être considérée comme pouvant *prima facie* redéfinir les frontières entre Etats riverains» [95].

La Cour internationale de Justice a développé une approche originale des frontières fluviales dans l'affaire de l'*Ile de Kasikili/Sedudu* qui opposait le Botswana et la Namibie à propos de la détermination de la frontière entre les deux Etats sur le fleuve Chobe. Ainsi,

---

93. Décret du 8 décembre 1933 portant détermination de la limite entre le Sénégal et la Mauritanie, *JOAOF*, 1934, p. 69.

94. G. Blake, *International Boundaries and Environmental Security: Frameworks for Regional Cooperation*, 1997, pp. 11-12.

95. L. Caflisch, «Essai d'une typologie des frontières», *Relations internationales*, n° 63, automne 1990, p. 285. Dans la même lignée, M. Mubiala fait remarquer que

> «même l'internationalisation d'un cours d'eau n'affecte pas le régime des frontières entre Etats riverains. La question s'est posée à propos du conflit frontalier entre le Sénégal et la Mauritanie. Ce dernier pays a estimé que l'internationalisation du fleuve Sénégal plaçait désormais la frontière entre les deux pays au milieu du fleuve et non plus à la rive droite de celui-ci comme l'aurait fait le décret de 1933...» (*op. cit.*, p. 457).

> « la Cour, qui en vertu du compromis est habilitée à déterminer le statut juridique de l'île de Kasikili/Sedudu, conclut que les parties se sont mutuellement garanties la liberté de navigation, sur les chenaux autour de l'île de Kasikili/Sedudu, pour les bateaux de leurs ressortissants battant pavillon national. Il en résulte que, dans le chenal sud autour de l'île de Kasikili/Sedudu, les ressortissants de la Namibie et les bateaux battant son pavillon sont en droit de bénéficier et bénéficieront du traitement accordé par le Botswana à ses propres ressortissants et aux bateaux battant son propre pavillon. Les ressortissants des deux Etats et les bateaux battant pavillon du Botswana ou de la Namibie seront soumis aux mêmes conditions en ce qui concerne la navigation et la protection de l'environnement. Dans le chenal nord, chaque partie accordera également aux ressortissants et aux bateaux battant pavillon de l'autre partie, sur un pied d'égalité, le régime de traitement national. »[96]

L'approche de la Cour internationale de Justice témoigne de la nécessité *de lege ferenda* de transcender l'idée et le concept de frontière fluviale, pour privilégier la notion de communauté de droits et d'obligations sur un cours d'eau international[97].

Paragraphe 2 **La gestion des contentieux**

> « Les guerres pour les ressources en eau ne résolvent rien. Les tirs de mitraillette ne creusent pas des puits pour irriguer la terre asséchée ; une fois retombée la poussière des guerres, le problème reste le même. »[98]

Les Etats parties aux Conventions de 1972, conscients de ce fait, ont préféré établir un système procédural qui leur permettrait de prévenir tout contentieux (A) ou, le cas échéant, de le régler pacifiquement (B) conformément aux principes de la Charte des Nations Unies et de la Charte de l'Organisation de l'unité africaine.

---

96. Affaire de l'*Ile de Kasikili/Sedudu, CIJ Recueil 1999*, par. 103.

97. Voir à ce sujet l'affaire de la *Juridiction territoriale de la Commission internationale de l'Oder*, à l'occasion de laquelle la Cour permanente de Justice internationale a déclaré :

> « [la] communauté d'intérêts sur un fleuve navigable devient la base d'une communauté de droit, dont les traits essentiels sont la parfaite égalité de tous les Etats riverains dans l'usage de tout le parcours du fleuve et l'exclusion de tout privilège d'un riverain quelconque par rapport aux autres » (*CPJI série A n° 23*, arrêt n° 16, 1929, p. 27).

98. S. Peres, *Le temps de la paix*, Paris, Robert Laffont, 1993, p. 165.

A. *La prévention des contentieux*

Les mécanismes de prévention des contentieux sont un instrument juridique d'opérationnalisation de la coopération entre Etats riverains du fleuve Sénégal[99]. La prévention dans le cadre du régime du fleuve Sénégal, tel qu'établi par les Conventions de 1972, se matérialise *de jure* en une obligation d'information ou de notification et d'approbation préalables[100].

Le statut du fleuve prévoit spécifiquement l'obligation d'information à deux niveaux. Un niveau de régime commun, en ce sens que les Etats contractants doivent être informés en temps utile de tout projet intéressant l'exploitation du fleuve[101]. Un niveau de régime spécial, étant donné qu'aucun projet, susceptible de modifier d'une manière sensible les caractéristiques du régime du fleuve, ses conditions de navigabilité, d'exploitation agricole ou industrielle, l'état sanitaire des eaux, les caractéristiques biologiques de sa faune ou de sa flore, son plan d'eau, ne peut être exécuté sans avoir été au préalable approuvé par les Etats contractants après discussions, et justifications des oppositions éventuelles[102]. Ce seuil de sensibilité limite considérablement l'obligation de notification et d'approbation préalables. Qui sera juridiquement habilité à quantifier et à qualifier une telle situation de gravité ? L'on sait que le tribunal arbitral dans l'affaire du *Lac Lanoux*, avait décidé que l'obligation de faire une notification préalable ne pouvait pas dépendre de l'appréciation unilatérale de l'Etat qui se proposait de réaliser un projet d'ouvrage.

Selon le tribunal arbitral,

> « l'affirmation du Gouvernement français, suivant laquelle les travaux projetés ne peuvent causer aucun préjudice aux riverains espagnols, ne suffit pas ... à dispenser celui-ci d'aucune des obligations prévues ... L'Etat exposé à subir les répercussions des travaux entrepris par un Etat limitrophe est seul juge de ses intérêts,

---

99. Ils permettent l'application de l'article 2 aux termes duquel « les Etats du Mali, de la Mauritanie et du Sénégal ... affirment solennellement leur volonté de développer une étroite coopération... »

100. Voir article XXIX des Règles d'Helsinki :

> « 1. En vue de prévenir les différends qui pourraient s'élever entre Etats du bassin au sujet de leurs droits juridiquement reconnus ou de leurs autres intérêts, il est recommandé à chaque Etat intéressé de fournir aux autres Etats du bassin les renseignements pertinents et facilement disponibles concernant les eaux d'un bassin de drainage situées sur son territoire ainsi que l'utilisation qu'il fait de ces eaux et ses activités en ce qui les concerne... » (International Law Association, *op. cit.*, 1966).

101. Article 4, alinéa 3, du statut du fleuve.

102. Article 4, alinéa 1, du statut du fleuve.

et si ce dernier n'en a pas pris l'initiative, on ne saurait méconnaître à l'autre le droit d'exiger notification des travaux ou concessions qui sont l'objet d'un projet.» [103]

La règle de la notification préalable fut reconnue par la Conférence de Stockholm sur l'environnement de 1972, en vertu de laquelle

> «les Etats conviendront que, lorsqu'ils engagent d'importantes activités faisant intervenir des ressources en eau et qu'elles risquent d'avoir des effets notables sur l'environnement dans un autre pays, ce dernier doit en être avisé assez longtemps à l'avance» [104].

La recommandation 3281 (XXIX) appelée «Charte des droits et des devoirs économiques des Etats» prescrit que,

> «dans l'exploitation des ressources naturelles communes à deux ou plusieurs pays, chaque Etat doit coopérer sur la base d'un système d'information et de consultation préalables afin d'assurer l'exploitation optimale de ces ressources sans porter préjudice aux intérêts légitimes des autres Etats» [105].

L'on ne comprend pas pourquoi, sur le plan rédactionnel, l'obligation spéciale de notifier dans des situations particulières est dégagée avant l'obligation générale d'informer sur tout projet quel que soit son impact potentiel [106]. Est-ce à dire que cette obligation est secondaire par rapport à l'autre? En outre, le statut du fleuve ne fait pas mention de l'obligation de négocier ou d'approbation préalable pour les projets ne modifiant pas de manière appréciable ou sensible les caractéristiques du fleuve.

Le statut de 1972 ne fait pas référence non plus au droit procédural relatif à l'information et à la notification d'un projet d'un Etat aux autres Etats riverains. A juste titre, l'on peut penser que l'OMVS sera chargée de la coordination et de la centralisation des éléments d'information et de notification. Le problème est que le statut de l'OMVS ne prévoit pas de règles substantielles de procédure en la matière et

---

103. Nations Unies, *Recueil des sentences arbitrales*, vol. XII, p. 314.

104. Recommandation 51, al. *b)*, point i).

105. De même, la Conférence mondiale sur l'eau de 1977 approuva la recommandation 86, alinéa *g)*, aux termes de laquelle

> «en l'absence d'accord sur la façon d'utiliser les ressources en eau partagées, les pays qui partagent ces ressources devraient échanger des renseignements pertinents sur lesquels la gestion desdites ressources pourrait être fondée à l'avenir, de manière à éviter des dégâts prévisibles».

106. Le travail du Comité inter-Etats était limité par le fait que beaucoup de grands projets nationaux étaient déjà en voie de réalisation.

s'intéresse beaucoup plus aux projets communs qu'aux projets nationaux [107].

Et, pourtant, si à la suite de l'échange d'informations il survenait une controverse entre l'Etat qui se propose de faire une exploitation hydraulique et l'Etat qui en subirait éventuellement les dommages, les deux Etats doivent essayer de parvenir à un accord par la voie diplomatique.

Dans l'affaire du *Lac Lanoux*, le tribunal arbitral a estimé que

> «les Etats ont aujourd'hui parfaitement conscience de l'importance des intérêts contradictoires, que met en cause l'utilisation industrielle des fleuves internationaux, et de la nécessité de les concilier les uns avec les autres par des concessions mutuelles. La seule voie pour aboutir à ces compromis d'intérêt est la conclusion d'accords sur une base de plus en plus compréhensive. La pratique internationale reflète la conviction que les Etats doivent tendre à conclure de tels accords; il y aurait ainsi une obligation d'accepter de bonne foi tous les entretiens et les contacts qui doivent, par une large confrontation d'intérêts et par une bonne volonté réciproque, les mettre dans les meilleures conditions pour conclure des accords.» [108]

Il est possible de penser, à partir de là, qu'il existe une norme coutumière qui obligerait les Etats intéressés à négocier [109]. En outre, l'analyse de la pratique conventionnelle démontre que généralement les Etats essaient de parvenir à un accord par le moyen d'une négociation et évitent d'agir de façon unilatérale avant d'avoir épuisé ce recours [110].

L'obligation d'entamer une négociation pour essayer de parvenir à un accord entre les Etats intéressés est prévue à l'article 6 de la résolu-

---

107. Il y a là une différence notable avec l'article 2 de l'Accord de Rusumo de 1977 portant création de l'OBK qui dispose que

> «tout projet, ouvrage ou programme sera considéré de caractère international lorsque 1) il engagera le territoire de plus d'un des Etats membres; 2) les services ou bénéfices en découlant pourront être transmis ou reçus totalement ou partiellement dans un Etat membre autre que celui où le programme sera accompli; 3) il pourra, de l'avis de l'Organisation, produire des effets substantiels, bénéfiques ou nuisibles, dans le territoire d'un ou de plusieurs Etats membres autres que celui où le projet, les travaux ou le programme auront lieu».

108. Nations Unies, *Recueil des sentences arbitrales*, vol. XII, p. 308.

109. J. A. Barberis, «Bilan de recherches», *CER 1990. Droits et obligations des pays riverains des fleuves internationaux*, Centre d'étude et de recherche de droit international et de relations internationales de l'Académie de droit international de La Haye, Martinus Nijhoff, 1991, p. 54.

110. *Ibid.*, p. 54.

tion de l'Institut de droit international sur l'utilisation des eaux internationales, aux termes duquel,

> « en cas d'objection, les Etats entreront en négociations en vue de parvenir à un accord dans un délai raisonnable. A cet effet il est désirable que les Etats intéressés aient recours aux expertises techniques et éventuellement aux commissions et organismes appropriés pour arriver à des solutions assurant les plus grands avantages pour tous les intéressés. » [111]

De même les Règles d'Helsinki recommandent la négociation par voie diplomatique [112].

L'obligation de négocier ne signifie pas obligation de conclure ou de parvenir à un accord, mais celle d'amorcer une négociation [113]. Selon Barberis, cette obligation

> « implique celle de commencer véritablement unc négociation et de la poursuivre de bonne foi. Les parties intéressées doivent amorcer une négociation réelle et ne pas se limiter à un simple échange de notes ou à une conservation dans le but de respecter les formalités requises. La négociation n'est pas soumise à des conditions formelles : elle peut se faire par des réunions entre fonctionnaires spécialisés des deux gouvernements, par des échanges de projets successifs entre représentants diplomatiques des deux pays, etc. Les Etats doivent agir de façon telle que la négociation ait un sens et ce n'est pas le cas lorsqu'une partie se borne à réitérer sa position sans même considérer la possibilité de la modifier. » [114]

---

111. *Annuaire de l'Institut de droit international*, session de Salzbourg, 1961, deuxième partie, pp. 174-176.

112. Voir article XXX des Règles d'Helsinki : « In case of a dispute between States as to their legal rights or other interests . . . they should seek a solution by negotiation. » Dans le commentaire de l'article XXX, l'ILA estime que :

> « although certain disputes about international rivers and international river basins may lend themselves to third-party adjudication under established international law, the maximum utilization of an international drainage basin can more effectively be secured through joint planning. The great number of variables involved, the possibility of future changes in the condition of the waterway, the necessity of providing for affirmative conduct by the basin States, and the enormous complexity of a river basin make co-operative management of the basin greatly preferable to adjudication of each source of friction between the basin States . . . » (International Law Association, *op. cit.*, pp. 522-524.)

113. Il convient de rappeler que le devoir de négocier a été considéré par la Cour internationale de Justice comme un principe qui est à la base de toutes les relations internationales et qui a un caractère fondamental. Voir *CIJ Recueil 1969*, p. 47.

114. J. A. Barberis, *op. cit.*, p. 55.

Dans la sentence du *Lac Lanoux*, le tribunal arbitral a considéré que

> « l'Etat ... a, d'après les règles de la bonne foi, l'obligation de prendre en considération les différents intérêts en présence, de chercher à leur donner toutes les satisfactions compatibles avec la poursuite de ses propres intérêts et de montrer qu'il a, à ce sujet, un souci réel de concilier les intérêts de l'autre riverain avec les siens propres »[115].

L'obligation d'information et de notification dépendrait-elle alors de la simple bonne foi des Etats dans le statut du fleuve ? Les règles applicables à certains types de projets à risques pour l'équilibre du système fluvial, avec notamment la règle de l'approbation préalable des Etats pour l'exécution du projet, constituent un grand pas dans la coopération effective et la prévention des différends entre Etats sur la gestion du cours d'eau international. Bien que ce ne soit pas explicitement exigé par le statut de 1972, une opposition formelle est nécessaire pour empêcher un Etat de commencer à exécuter son projet à l'expiration de la période.

L'autre problème, c'est que cette opposition formelle doit se faire en principe *in abstracto* et non *in concreto*. Cela revient à dire, comme l'a noté le tribunal arbitral dans l'affaire du *Lac Lanoux*, que l'obligation de négocier de bonne foi n'est pas respectée quand l'une des parties rompt les conversations sans motif valable, ou leur impose des délais anormaux ou bien ne respecte pas la procédure prévue ou encore refuse de façon systématique de prendre en considération les propositions ou les intérêts de l'autre partie[116].

Le manque de moyens humains et financiers de ces Etats peut limiter leur volonté de contrôle effectif et efficace des activités projetées. Les institutions financières internationales telles que la Banque mondiale seraient alors d'un grand secours dans la politique d'impulsion, de promotion et de consolidation des efforts de négociation des Etats riverains ou partageant le bassin d'un même fleuve international[117]. En cas de divergence persistante sur les incidences du projet en cause, il faudra recourir à une procédure de règlement des différends.

---

115. Nations Unies, *Recueil des sentences arbitrales*, vol. XII, p. 315.
116. J. A. Barberis, *op. cit.*, p. 55.
117. Sur les politiques opérationnelles que pourraient mener la Banque mondiale, voir L. Boisson de Chazournes et S. M. A. Salman, *Cours d'eaux internationaux : renforcer la coopération et gérer les différends*, actes du séminaire de la Banque mondiale, rapport technique de la Banque mondiale n° 414, Washington, 1998, p. 194.

B. Le règlement des contentieux

Le règlement des différends dans le cadre des cours d'eau internationaux africains est original car régi par l'autorégulation [118]. Comme l'explique Mubiala,

> «cela signifie que, dans ce domaine, la recherche d'une solution africaine se fait à titre principal, les institutions de règlement extérieures au continent étant mentionnées ou mises à contribution de façon tout à fait marginale. C'est le résultat de l'influence du système juridique de l'OUA sur le fonctionnement des organisations africaines à vocation régionale ou sous-régionale.» [119]

Deux types de mécanismes de règlement des différends se retrouvent généralement en matière de gestion de fleuves africains. Certains textes préconisent le recours aux mécanismes propres aux organismes fluviaux [120].

D'autres instruments se réfèrent aux mécanismes institués dans le cadre de l'OUA. C'est le cas du statut du fleuve. Les Etats riverains du Sénégal, jaloux de préserver leur souveraineté face aux interférences d'un système aussi contraignant que celui du règlement judiciaire des différends, ont prévu dans le statut que, à défaut d'entente entre les Etats, tout différend qui surgirait entre eux quant à l'inter-

---

118. Voir M. Mubiala, *op. cit.*, p. 470.

119. *Ibid.*, p. 470. Sur la question du règlement des différends au sein de l'OUA, voir M. Bedjaoui, «Le règlement pacifique des différends africains», *AFDI*, vol. 18, 1972, pp. 85-99. Selon le juge Bedjaoui, l'OUA a généré et développé un système de règlement des différends interafricains qui consacre la marginalisation consécutive des procédés judiciaires. Les Etats membres de l'OUA ont expressément évité de prévoir le recours à la CIJ en cas de différend résultant de l'application de la convention de 1969 sur les réfugiés. En revanche, dès 1964, ils ont adopté le Protocole de médiation, de conciliation et d'arbitrage instituant une commission à laquelle pouvaient être soumis les différends. Dans la pratique, malgré l'existence de ce dernier texte, les Etats africains ont presque toujours privilégié le recours aux commissions *ad hoc* pour régler les différends.

120. C'est le cas de la Convention portant création de l'ABN qui prévoit en son article 15 que les différends pouvant surgir entre Etats seront soumis au «sommet» qui tranche définitivement tout litige qui n'a pas été réglé à l'amiable par voie de négociation directe. Voir également article 8 des Statuts de Yaoundé de 1974. Cette approche rejoint celle de l'article XXXI des Règles d'Helsinki de l'ILA aux termes duquel il est recommandé que:

> «If a question or dispute arises which relates to the present or future utilization of the waters of an international drainage basin, it is recommended that the basin States refer the question or dispute to a joint agency and that they request the agency to survey the international drainage basin and to formulate plans or recommendations for the fullest and most efficient use thereof in the interests of all such States» (International Law Association, *op. cit.*, 1966, p. 524).

prétation ou à l'application de la présente convention, sera résolu par la conciliation ou la médiation. A défaut d'accord, les Etats contractants devront saisir la Commission de conciliation et d'arbitrage de l'OUA. C'est seulement en dernier recours qu'ils saisiront la Cour internationale de Justice de La Haye [121]. Une procédure similaire est prévue dans l'Accord de Rusumo de 1977 portant création de l'OBK [122] et dans la Convention relative au statut du fleuve Gambie du 30 juin 1978 [123].

La Convention de 1997 prévoit en son article 33 une procédure de règlement des différends qui pourrait inspirer les Etats riverains du Sénégal [124]. Il s'agit de l'enquête, qui joue un rôle important tant dans la prévention que dans la résolution d'un contentieux sur les ressources en eau. La Convention de 1997 prévoit une procédure d'enquête impartiale susceptible d'être déclenchée sur l'initiative unilatérale d'un Etat suite à la naissance d'un différend et sous réserve de certaines conditions [125]. La commission d'enquête établie en vertu d'une telle procédure peut formuler des recommandations en vue d'un règlement équitable d'un différend portant sur la gestion des ressources d'un cours d'eau international [126]. Elle donne l'image d'une procédure de conciliation internationale qui pourrait se substituer au recours à la Commission de conciliation et d'arbitrage de l'OUA, tel que prévu par les Conventions de 1972.

121. Article 18 du statut du fleuve.

122. Article 18 de l'Accord de Rusumo :

> « Tout différend qui pourrait naître dans l'application [de l']Accord sera résolu par voie de consultations entre les Etats membres, et, en cas d'échec, par recours aux procédures prévues par la charte de l'OUA. »

123. Article 18 de la Convention relative au statut du fleuve Gambie :

> « Any dispute that may arise between the contracting States regarding the interpretation or implementation of the present agreement shall be settled through conciliation or mediation. If no agreement is reached, the contracting States shall place the matter before the Conciliation and Arbitration Committee of the OAU. As a last resort, they shall have recourse to the International Court of Justice at The Hague. »

124. A. Tanzi, « The UN Convention on International Watercourses as a Framework for the Avoidance and Settlement of Waterlaw Disputes », *Leiden Journal of International Law*, 1998, pp. 441-472.

125. Article 33, paragraphe 3, de la Convention de 1997 : il s'agit de l'écoulement d'un délai de six mois à compter de la date de la demande de négociation, de l'échec des autres modes de règlement diplomatiques, de l'absence d'accord contraire à la procédure, de l'absence d'acceptation d'une procédure juridictionnelle obligatoire automatique.

126. Il convient de préciser toutefois que l'établissement sur demande unilatérale de la procédure d'enquête ne peut se faire que si l'autre Etat partie au différend est déjà partie à la Convention de 1997.

C. A propos du regain de l'unilatéralisme dans la gestion du fleuve Sénégal

Récemment (entre avril et mai 2001), du fait de la demande croissante en eau de la ville de Dakar, le Sénégal a considéré qu'il pouvait utiliser le surplus en eau du fleuve Sénégal pour revitaliser les vallées sèches du Ferlo et les fleuves du Sine et du Saloum au centre du pays. La Mission d'aménagement et d'études des vallées fossiles mise en place par le Gouvernement sénégalais avait déjà terminé les études et commencé à mettre en œuvre le projet. La Mauritanie dénonça le projet comme étant contraire aux Conventions de 1972. En guise de représailles, elle demanda à tous les ressortissants sénégalais de quitter le territoire mauritanien. Le projet sénégalais d'irrigation des vallées fossiles a créé un incident diplomatique qui aurait pu se solder par un autre conflit entre le Sénégal et la Mauritanie. Le Gouvernement sénégalais a suspendu le projet et a commandé une étude qui devait démontrer la compatibilité du projet avec les Conventions de 1972.

Cette situation démontre les risques liés à un regain éventuel de l'unilatéralisme dans la gestion du fleuve Sénégal. Ainsi que le suggère la résolution de l'IDI :

> « en cas d'objection, les Etats entreront en négociations en vue de parvenir à un accord dans un délai raisonnable. A cet effet, il est désirable que les Etats en cause aient recours aux expertises techniques et éventuellement aux commissions et organismes appropriés pour arriver à des solutions assurant les plus grands avantages pour tous les intéressés ... Durant les négociations, tout Etat devrait, conformément au principe de la bonne foi, s'abstenir de procéder aux travaux ou utilisations faisant l'objet du différend, ou de prendre toutes autres mesures susceptibles de l'aggraver ou de rendre l'entente plus difficile. » [127]

Le mieux pour les Etats riverains du Sénégal est de consolider les acquis en matière de coopération et de règlement des différends. C'est pourquoi une bonne administration concertée des ressources du fleuve est plus que jamais indispensable. Comme il a été dit,

> « souvent, lorsqu'un Etat envisage une utilisation qui paraît devoir porter une atteinte grave et durable aux intérêts d'un autre Etat du fleuve, la mise en valeur de celui-ci a été différée jusqu'à ce qu'un accord ait été conclu entre les Etats. De tels accords ne

127. *Annuaire de l'Institut de droit international*, 1961, p. 188.

s'inspirent d'aucun modèle particulier mais règlent sur une base équitable les problèmes qui se posent dans l'immédiat.»[128]

Néanmoins, il convient de relever qu'un Etat du cours d'eau ne peut être réputé avoir manqué à son obligation de faire preuve de toute la diligence voulue que s'il savait ou aurait dû savoir que l'utilisation considérée du cours d'eau international causerait des dommages significatifs à d'autres Etats du cours d'eau[129]. Il existe un principe général de droit bien établi selon lequel la mauvaise foi ne se présume pas. Le simple fait pour un Etat de construire par exemple un barrage, même si cela le met en mesure de causer un préjudice à un autre Etat du cours d'eau, n'est pas interdit par le droit international et ne suffirait donc pas à entraîner sa responsabilité[130].

SECTION 3 **ADMINISTRATION**

D'après la recommandation 51 du Plan d'action pour l'environnement, adopté par la Conférence des Nations Unies sur l'environnement:

> «il est recommandé que les gouvernements intéressés envisagent la création d'une commission fluviale internationale ou de méca-

128. C. Eagleton, C. J. Olmstead et J. M. Sweeney, *Research Project on the Law and Uses of International Rivers*, New York University School of Law, 1959, cité dans M. Whiteman, *Digest of International Law*, United States Government Printing Office, vol. 3, 1964, p. 932 (traduit par la CDI, *ACDI*, 1994, p. 110).

129. Voir sur la question J. G. Lammers, *Pollution of International Watercourses*, Martinus Nijhoff Publishers, La Haye, 1984, p. 349. Comme l'a affirmé la CIJ dans l'affaire du *Détroit de Corfou*,

> «on ne saurait conclure du seul contrôle exercé par un Etat sur son territoire terrestre ou sur ses eaux territoriales que cet Etat a nécessairement connu ou dû connaître tout fait illicite international qui y a été perpétré non plus qu'il a nécessairement connu ou dû connaître ses auteurs. En soi, et indépendamment d'autres circonstances, ce fait ne justifie ni responsabilité *prima facie* ni déplacement dans le fardeau de la preuve» (*CIJ Recueil 1949*, p. 18).

130. Dans l'affaire du *Lac Lanoux*, le tribunal arbitral avait jugé que:

> «Même si l'on se plaçait uniquement sur le terrain des relations de voisinage, le risque politique allégué par le Gouvernement espagnol ne présenterait pas un caractère plus anormal que le risque technique ... En tout cas, on ne trouve ni dans le Traité ni dans l'Acte additionnel du 26 mai 1866 ni dans le droit international commun une règle qui interdise à un Etat, agissant pour la sauvegarde de ses intérêts légitimes, de se mettre dans une situation qui lui permette, en fait, en violation de ses engagements internationaux, de préjudicier gravement à un Etat voisin» (*op. cit.*, par. 9, p. 305).

nismes appropriés pour la coopération entre Etats intéressés quand des ressources en eau relèvent de plus d'une juridiction nationale... »[131]

Le cadre juridico-institutionnel du fleuve Sénégal a été établi bien avant la Conférence de Rio et démontre de ce fait le caractère précurseur des Conventions de 1972 dans l'administrativisation de la gestion des ressources en eau partagées. L'arsenal administrativo-institutionnel du fleuve Sénégal repose sur un pilier fondamental : l'OMVS (paragraphe 1). Toutefois, un autre pilier — celui-là étatique — est absent du système administratif du Sénégal : la Guinée. Cet état de faits amène à s'interroger sur le poids potentiel de cet Etat dans la gestion du fleuve Sénégal (paragraphe 2).

Paragraphe 1 **L'OMVS**

En même temps qu'était adoptée la Convention portant statut du fleuve Sénégal fut adoptée la Convention portant création de l'OMVS. De ce fait, la symbiose entre droit institutionnel et droit matériel était réalisée. Le statut de l'OMVS fut modifié par la Convention portant amendement du 17 novembre 1975. Cette « Organisation commune de coopération pour le développement des ressources du fleuve Sénégal »[132] est chargée « de l'application de la Convention du 11 mars 1972 relative au statut du fleuve Sénégal », « de la promotion et de la coordination des études et des travaux de mise en valeur des ressources du bassin du fleuve Sénégal sur les territoires nationaux des

131. Cité dans *ACDI*, 1990, vol. II, première partie, p. 45. Et la recommandation de préciser que :

> « De telles dispositions ... permettront d'assurer sur une base régionale : i) le rassemblement, l'analyse et l'échange de données hydrologiques grâce à un mécanisme international adopté d'un commun accord par les Etats intéressés ; ii) l'exécution de programmes mixtes de rassemblement de données pour les besoins de la planification ; iii) l'évaluation des incidences sur l'environnement des utilisations actuelles de l'eau ; iv) l'exécution d'une étude menée en commun des causes et des manifestations des problèmes liés aux ressources en eau, compte tenu des considérations d'ordre technique, économique et social qui interviennent dans le contrôle de la qualité de l'eau ; v) une utilisation rationnelle, y compris un programme de contrôle de la qualité des ressources en eau en tant que facteur de l'environnement ; vi) la protection judiciaire et administrative des droits et des prétentions dans le domaine des ressources en eau ; vii) la coopération financière et technique dans le cas de ressources partagées. »

132. Article 1, alinéa 1, du statut de l'OMVS tel que modifié par la résolution 6/CCEG/MLB de la Conférence des chefs d'Etat et de gouvernement de l'OMVS en date du 21 décembre 1978.

Etats membres de l'Organisation» et «de toute mission technique et économique que les Etats membres voudront ensemble lui confier» [133]. L'OMVS obéit ainsi à la logique de spécialisation fonctionnelle en axant ses missions exclusivement sur la mise en valeur des ressources du Sénégal [134]. Elle est une organisation intergouvermentale de coopération [135].

La plupart des principaux cours d'eau africains sont dotés d'organisations de cette nature [136].

Pour la réalisation de sa mission l'OMVS jouit de la personnalité juridique et possède notamment la capacité de

> «contracter, [d']acquérir et céder des biens meubles et immeubles nécessaires à son fonctionnement normal, [de] recevoir des dons, des subventions, des legs et autres libéralités, [de] souscrire à des emprunts, [de] faire appel à l'assistance technique [et d']ester en justice» [137].

Le problème est que cette disposition est d'emblée limitée par une autre disposition aux termes de laquelle

> «le Conseil des ministres est le représentant légal de l'Organisation. Il peut déléguer au Haut-Commissariat le pouvoir d'accomplir les actes juridiques énumérés ci-dessus» [138].

Cette limitation juridique reflète la méfiance des Etats africains en général et des Etats riverains du Sénégal en particulier à toute idée de

---

133. Article 1, alinéa 2, du statut de l'OMVS.

134. On peut présumer de manière irréfragable que les autres missions d'ordre technique et économique auxquelles il est fait référence à l'article 1, alinéa 2, porteront substantiellement sur des questions propres à la mise en valeur des ressources du fleuve.

135. M. Kamto, «Le droit international des ressources en eau continentales africaines», *AFDI*, 1990, p. 891. Selon l'auteur:

> «les organisations intergouvernementales de coopération sont des structures de coopération pour le développement chargées de maintenir la liaison entre les Etats membres en vue de l'utilisation efficace des eaux du bassin, de traiter toutes les questions relatives aux activités à réaliser dans le bassin, de promouvoir la coopération entre les Etats membres, d'harmoniser et de coordonner leurs politiques nationales de développement afin d'assurer un développement intégré et une politique équilibrée par rapport aux ressources en eau partagées».

136. C'est le cas de la Commission du bassin du lac Tchad (CBLT) créée en 1964, l'Organisation pour l'aménagement et le développement du bassin de la rivière de Kagéra (OADBK) créée en 1977, l'Organisation pour le développement du fleuve Gambie (OMVG) créée en 1978, l'Autorité du bassin du Niger qui a remplacé en 1980 la Commission du bassin du Niger.

137. Article 1, alinéa 3, du statut de l'OMVS.

138. Article 1, alinéa 4, du statut de l'OMVS.

supranationalisme ou de supranationalité en matière de gestion des ressources en eau. La personnalité juridique de l'OMVS est largement limitée en ce sens qu'elle ne peut agir que sur la base d'une délégation de pouvoir du Conseil des ministres [139]. La Convention n'enserre pas ce pouvoir de délégation qui relève alors de la stricte discrétion des Etats membres. D'ou le risque de politisation et de blocage de l'activité de l'Organisation en cas de désaccord entre ses membres [140]. Les organes de l'OMVS sont caractérisés par la forte représentativité du politique et non pas forcément du technique [141].

Il faudrait plutôt parler de centralisation à visage décentralisé. L'instance suprême de l'Organisation est la Conférence des chefs d'Etat et de gouvernement dont la fonction est de définir la politique de coopération et de développement de l'Organisation et de prendre les décisions concernant la politique économique générale de celle-ci et toute décision au niveau de son ressort [142]. Pour ce qui est des organes permanents, il y en a trois [143]. Il y a d'abord le Conseil des ministres, qui est l'organe de conception et de contrôle de l'Organisation. Il élabore la politique générale d'aménagement du fleuve Sénégal, de mise en valeur de ses ressources, de coopération entre les Etats autour du

---

139. Voir aussi Godana, *op. cit.*, p. 294. Selon lui :

> « The personality with which the Organisation has been endowed is limited in the sense that the OMVS cannot utilise the powers attributed to it by the various treaties save for the purposes for which each of them was conferred on it; each action of the Organisation must have its goal not only within the general objective of harnessing the river, but also within the framework of this general objective, the specific objectives which the relevant provisions of the treaties assign to it. »

Voir aussi, J. H. Kaiser, « Statut juridique des ouvrages communs au fleuve Sénégal », *Im Dienste Deutschlands und des Rechts. Festschrift fur Wilhelm Grewe*, Baden-Baden, 1981, p. 494.

140. Voir article 10, alinéa 7, tel que modifié par la résolution 8/CCEG/SSL de la Conférence des chefs d'Etat et de gouvernement de l'OMVS, en date du 11 décembre 1979, aux termes duquel les décisions du Conseil des ministres sont prises à l'unanimité des Etats membres.

141. Lors de la Réunion interrégionale des organisations fluviales internationales, tenue par l'ONU à Dakar en 1981, il a été reconnu que,

> « en ce qui concerne la composition du personnel directeur administratif et technique, on a considéré que les problèmes techniques devraient être confiés à des spécialistes et que les diplomates les assisteraient en cas de difficultés ; à cet égard, les activités des techniciens diplomates devraient se compléter mutuellement » *(ACDI*, 1990, vol. II, première partie, p. 46).

142. Article 3 du statut de l'OMVS. Pour la procédure de fonctionnement de la Conférence des chefs d'Etat et de gouvernement, voir articles 4 à 6 du statut de l'OMVS.

143. Article 7, alinéa 3, du statut de l'OMVS : « Il peut être créé tout organe jugé nécessaire à la réalisation du programme de l'Organisation. »

fleuve Sénégal [144]. Ensuite il y a le Haut-Commissariat, qui est l'organe d'exécution de l'Organisation [145] et dont la tâche est de rassembler les données de base intéressant le bassin du fleuve Sénégal sur le territoire des Etats membres et de soumettre au Conseil des ministres le programme commun des travaux pour la mise en valeur coordonnée et l'exploitation rationnelle des ressources du bassin du fleuve Sénégal. Le Haut-Commissariat est également responsable de l'exécution des études et des travaux relatifs à l'infrastructure régionale [146]. Enfin, la Commission permanente des eaux est chargée de définir les principes et les modalités de la répartition des eaux du fleuve Sénégal entre les Etats et entre les secteurs d'utilisation de l'eau : industrie, agriculture, transport [147]. Cette commission est composée des représentants des Etats membres de l'OMVS.

Un élément de viabilité et de durabilité de l'OMVS se retrouve dans la Convention. En effet, le retrait d'un Etat n'équivaut pas à la dissolution de l'OMVS [148]. En outre, tout Etat qui désire se retirer de l'Organisation en informe par écrit le président de la Conférence des chefs d'Etat et de gouvernement, qui en fera « immédiatement » notification aux autres Etats membres. Des négociations sont engagées « sans délai » par ledit Etat avec les autres Etats membres, d'une part, et les tiers intéressés, d'autre part, pour la liquidation de ses droits et obligations souscrits dans le cadre du statut de l'OMVS [149]. Le retrait ne deviendra effectif qu'après la signature d'accords de règlement satisfaisant pour les autres Etats membres d'une part et les tiers intéressés d'autre part [150]. C'est une garantie de sécurité juridique et de continuité pour l'activité de l'OMVS. Le régime du fleuve Sénégal est unique parmi les arrangements administratifs qui ont été pris pour la gestion de ressources en eau internationales ou pour faciliter la coopération entre les Etats intéressés aux fins de l'utilisation et de la mise en valeur de telles ressources [151]. L'on peut se demander si, en vertu de la théorie

144. Article 8, alinéa 1, du statut de l'OMVS. Pour la composition et la procédure du Conseil des ministres, voir articles 8 à 10 du statut de l'OMVS.

145. Voir article 11, alinéa 1, du statut de l'OMVS tel que modifié par la résolution 8/CCEG/SSL de la Conférence des chefs d'Etat et de gouvernement de l'OMVS, en date du 11 décembre 1979, aux termes duquel il applique les décisions du Conseil des ministres de l'Organisation, et rend compte régulièrement de l'exécution de ces décisions et de toute initiative qu'il est appelé à prendre dans le cadre des directives données par le Conseil des ministres.

146. Article 13 du statut de l'OMVS. Pour la procédure et les autres compétences du Haut-Commissariat, voir articles 11 à 19.

147. Article 20 du statut de l'OMVS.

148. Voir l'article 26, aux termes duquel l'Organisation peut être dissoute à la demande d'au moins deux Etats membres.

149. Article 25, alinéa 1, du statut de l'OMVS.

150. Article 25, alinéa 2, du statut de l'OMVS.

151. Troisième rapport de McCaffrey, *ACDI*, 1987, vol. II, première partie.

des pouvoirs implicites, l'OMVS ne détient pas de compétence pour ordonner des mesures conservatoires ou offrir sa médiation dans des différends entre Etats membres. L'IDI a recommandé,

> « [aux] Etats intéressés à des bassins hydrographiques déterminés, d'examiner l'opportunité de créer des organismes communs pour l'établissement de plans d'utilisation destinés à faciliter leur développement économique ainsi qu'à *prévenir et régler les différends qui en pourraient résulter* »[152].

Une telle reconnaissance de pouvoirs implicites de l'OMVS dans la prévention des différends serait une garantie contre le recours à des actions unilatérales.

Paragraphe 2 **La Guinée : un absent « sur le retour » ?**

Le régime du fleuve Sénégal de 1972 est caractérisé par l'absence d'un Etat riverain important à savoir la Guinée. Les nombreuses tensions entre la Guinée et le Sénégal sont à l'origine de cet isolationnisme juridique. Pourtant la Guinée avait été partie aux premières conventions sur le fleuve Sénégal.

Aux termes des Conventions de 1972, tout Etat riverain du fleuve Sénégal peut y adhérer[153]. La question qui se pose est celle de l'exacerbation de l'isolement de la Guinée dans la gestion du fleuve Sénégal. Il aurait été intéressant de lui accorder la liberté de navigation au même titre qu'aux autres Etats riverains. De même il aurait été adéquat d'accorder un statut d'observateur à la Guinée dans les structures de l'OMVS. Ce qui aurait jeté les bases d'une coopération transitoire avant d'aboutir au statut de contractant pour la Guinée.

Le régime des Conventions de 1972 semble contraire à certaines dispositions de la Convention de 1997[154]. Celle-ci prévoit que

---

152. Institut de droit international, art. 9, 1961, *op. cit.* (l'italique est de nous).

153. Article 15 du statut du fleuve et article 22 du statut de l'OMVS. A cet effet, il devra adresser une demande écrite à l'Etat dépositaire des instruments de ratification, qui en saisira les autres membres.

154. La Convention de 1997 reste très prudente sur le sort des accords de cours d'eau existants. Voir article 3 de la Convention de 1997 :

> « 1. A moins que les Etats du cours d'eau n'en soient convenus autrement, la présente Convention ne modifie en rien les droits ou obligations résultant pour ces Etats d'accords en vigueur à la date à laquelle ils sont devenus parties à la présente Convention.
>
> 2. Nonobstant les dispositions du paragraphe 1, les Parties à des accords visés au paragraphe 1 peuvent, si besoin est, envisager de mettre lesdits accords en harmonie avec les principes fondamentaux de la présente Convention. »

> «*tout Etat du cours d'eau a le droit de participer à la négociation de tout accord de cours d'eau* qui s'applique au cours d'eau international tout entier et de devenir partie à un tel accord, ainsi que de *participer à toutes consultations appropriées*» [155].

Par ailleurs,

> «un Etat du cours d'eau dont l'utilisation du cours d'eau international risque d'être affectée de façon significative par la mise en œuvre d'un éventuel accord de cours d'eau ne s'appliquant qu'à une partie du cours d'eau, ou à un projet ou programme particulier, ou à une utilisation particulière, *a le droit de participer à des consultations sur cet accord et, le cas échéant à sa négociation de bonne foi d'y devenir partie, dans la mesure où son utilisation du cours d'eau en serait affectée*» [156].

Une autre disposition semble s'adresser tant aux trois Etats contractants qu'à la Guinée :

> «Lorsque certains Etats riverains d'un cours d'eau international particulier, mais non pas tous, sont parties à un accord, aucune disposition de cet accord ne porte atteinte aux droits et obligations qui découlent de la [Convention de 1997] pour les Etats du cours d'eau qui n'y sont pas parties.» [157]

A la lecture de ces dispositions de la Convention de 1997, il apparaît que la Guinée ne saurait être exclue juridiquement du régime de gestion du fleuve Sénégal. Le droit international lui confère des droits certains et réels par rapport aux autres Etats riverains du fleuve. Des négociations devraient être entreprises dans ce cadre pour assurer un régime de protection adéquate et entière au fleuve. Le régime actuel ne peut être que partiel et parcellisé, *ratione loci* parlant [158]. Toutefois, il

155. Article 4, paragraphe 1, de la Convention de 1997 (l'italique est de nous).

156. Article 4, paragraphe 2, de la Convention de 1997 (l'italique est de nous). La Convention de 1997 stipule également en son article 3, paragraphe 4, que,

> «lorsqu'un accord de cours d'eau est conclu entre deux ou plusieurs Etats du cours d'eau, il doit définir les eaux auxquelles il s'applique. Un tel accord peut être conclu pour un cours d'eau international tout entier, ou pour une partie quelconque d'un tel cours d'eau, ou pour un projet ou un programme particulier, ou pour une utilisation particulière, dans la mesure où cet accord ne porte pas atteinte, de façon significative, à l'utilisation des eaux du cours d'eau par un ou plusieurs Etats du cours d'eau sans le consentement exprès de cet Etat ou ces Etats.»

157. Article 3, paragraphe 6, de la Convention de 1997.

158. D'ailleurs la Charte des eaux, sur laquelle nous reviendrons plus loin, met le doigt sur ce problème. Son préambule affirme «la nécessité de consoli-

convient de noter que l'effet préjudiciable d'un accord de cours d'eau sur les Etats du cours d'eau non parties à l'accord doit être « significatif ». A condition de ne pas leur porter préjudice « de façon significative », les autres Etats du cours d'eau peuvent librement conclure un accord de cours d'eau limité. Le seuil de gravité induit par l'expression « de façon significative » exige implicitement que l'effet produit puisse être établi par des constatations objectives. Il faut en outre qu'il y ait atteinte véritable à l'utilisation [159]. C'est ce qui ressort de l'affaire du *Lac Lanoux*. Dans le différend, l'Espagne avait exigé l'écoulement des eaux du lac Lanoux par le système d'origine. Le tribunal arbitral constata que

> « grâce à la restitution opérée selon le mécanisme décrit plus haut, aucun usager garanti ne sera lésé dans sa jouissance ... ; le volume à l'étiage des eaux disponibles du Carol, au passage de la frontière, ne subira à aucun moment une diminution... » [160]

Le tribunal indiqua ensuite que l'Espagne aurait pu soutenir que

> « les travaux auraient pour conséquence une pollution définitive des eaux du Carol ou que les eaux restituées auraient une composition chimique ou une température, ou telle autre caractéristique pouvant porter préjudice aux intérêts espagnols ... ni le dossier, ni les débats de cette affaire ne portent la trace d'une telle allégation » [161].

SECTION 4 **VALORISATION**

La perspective utilitariste de la gestion des cours d'eau internationaux ne pouvait être en reste dans le cadre du fleuve Sénégal. La régulation des cours d'eau internationaux n'est pas exclusivement juridique et normative ; elle se caractérise également par sa dimension « managériale ». Il se pose sans aucun doute la question de savoir s'il n'existerait pas une obligation de « valorisation » ou de « mise en valeur » d'un cours d'eau international par les Etats riverains. Proche d'une telle vision, un tribunal allemand (le Staatsgerichtshof) a déclaré

---

der les liens de bon voisinage entre les Etats riverains du fleuve Sénégal » et « l'intérêt de prendre en compte la partie guinéenne du bassin dans l'élaboration des politiques et des programmes de développement du bassin du fleuve Sénégal ».

159. *ACDI*, 1994, vol. II, deuxième partie, p. 99.

160. Paragraphe 6 de la sentence, *op. cit.*

161. *Ibid.*

dans l'affaire *Donauversinkung* (phénomène de la disparition du Danube) que :

> « Le principe selon lequel un Etat n'est pas tenu de réguler, dans l'intérêt d'un autre Etat, un phénomène naturel qui affecte un fleuve international est soumis à une seule limitation fondée sur la pratique moderne des Etats en matière de cours d'eau. Les cours d'eau, y compris ceux qui ne sont pas navigables, ne sont plus aujourd'hui uniquement le produit de forces naturelles. Leurs rives sont habitées et les habitants, dans le cours supérieur comme dans le cours inférieur des fleuves, ont intérêt à ce que les berges soient renforcées et à ce que le débit de l'eau soit régularisé, non seulement à cause des risques d'inondation mais dans le cadre d'une politique normale. Par conséquent, si un Etat a le devoir de ne pas altérer le débit d'un fleuve au détriment de ses voisins, il a également le devoir de faire ce que font de nos jours les Etats civilisés en ce qui concerne leurs fleuves. Si un gouvernement ne prend pas les mesures qu'il devrait prendre conformément aux règles généralement reconnues du droit et de l'économie, ou qu'il interdit même de telles mesures, et si son attitude a pour but ou pour résultat de nuire aux intérêts de personnes se trouvant à l'extérieur de son territoire, une telle attitude ne peut pas être considérée comme conforme au principe d'une communauté des nations. Elle cesse d'être une attitude simplement passive et revient à favoriser illicitement, par omission, certains événements naturels. Ce devoir d'accomplir des actes positifs a été clairement reconnu dans les règles relatives à la navigation sur les fleuves internationaux. Il n'y a aucune raison pour qu'il ne s'applique pas aux questions relatives à l'utilisation du cours des fleuves à des fins industrielles. » [162]

Paragraphe 1 **Cadre juridique de la valorisation** [163]

A. Le statut des ouvrages communs

Le fleuve Sénégal est l'un des rares fleuves africains pour lesquels a été prévu un statut spécifique des ouvrages. Il s'agit de la Convention relative au statut juridique des ouvrages communs

---

162. Le compte rendu de l'affaire se trouve dans A. McNair et H. Lauterpacht, *Annual Digest of Public International Law Cases 1927 and 1928*, Londres, Longman, 1931, p. 128. Voir également, *ACDI*, 1991, vol. II, première partie, p. 59.

163. Nations Unies, *Gestion des ressources en eau internationales*, cité dans *ACDI*, 1987, p. 47. Voir les conclusions du groupe d'experts de l'ONU spécia-

signée à Bamako le 21 décembre 1978. Cette convention pousse à un seuil assez élevé le caractère commun des ouvrages construits sur le fleuve. De manière générale, est considéré comme ouvrage commun tout ouvrage faisant l'objet d'un instrument juridique déclarant cet ouvrage propriété commune [164].

Ainsi, l'internationalité de l'ouvrage ne se présume pas ni ne se déduit *de facto*. On aurait pu penser que, dès qu'un ouvrage est installé sur le fleuve, son exploitation et ses conditions d'exécution relèvent de la compétence des Etats riverains. L'internationalisation du fleuve ne correspond pas, a fortiori, à une internationalisation des ouvrages. L'internationalité d'un ouvrage ne peut se déduire que *de jure* par une reconnaissance ou par un processus conventionnel. La Convention procède à une énumération précise mais non limitative des ouvrages communs [165]. En outre, est prise en compte une définition extensive de la notion d'ouvrages communs puisque tant les ouvrages annexes [166] que les ouvrages accessoires [167] en font partie intégrante.

Les Etats riverains du Sénégal ont poussé à son paroxysme la sécurité juridique de leur coopération. En effet, les ouvrages communs sont et demeurent pendant toute la durée de leur vie propriété commune et

---

lisés dans les aspects juridiques et institutionnels de la mise en valeur des ressources en eau internationales :

> « Dans bien des cas, la coopération mutuelle d'Etats coriverains ... a conduit à une exploitation plus efficace qu'il n'eût été possible dans d'autres conditions. Des plans d'aménagement offrant des avantages nets substantiels à tous les Etats intéressés ont pu être dressés à la suite d'enquêtes sur les possibilités multiples d'utilisation des eaux et sur les effets hydrologiques des aménagements, considérés dans le contexte du bassin et non du seul point de vue national. Des arrangements internationaux nombreux et efficaces ont été consacrés à l'échange de données d'ordre hydrologique et autres, à des entreprises coordonnées ou communes d'exécution et d'exploitation de projets concernant des barrages ou des travaux de régularisation des cours d'eau par exemple, ainsi qu'au partage des dépenses entraînées par ces entreprises. »

164. Article 2 du statut des ouvrages communs.

165. Article 3 du statut des ouvrages communs, aux termes duquel sont considérés comme ouvrages communs, ainsi que tout ouvrage déclaré ou reconnu comme tel conventionnellement,

> « le barrage de Manantali, le barrage de Diama, le port fluvio-maritime de Saint-Louis, le port fluvial de Kayes, les escales portuaires et les ouvrages d'aménagement du chenal navigable, les ouvrages annexes et accessoires ».

166. Voir article 1, alinéa 4, du statut des ouvrages communs : « on entend par ouvrage annexe un ouvrage qui est incorporé physiquement à l'ouvrage principal ».

167. Voir article 1, alinéa 5, du statut des ouvrages communs : « on entend par ouvrage accessoire un ouvrage qui, sans lui être incorporé physiquement, sert au bon fonctionnement de l'ouvrage principal ».

indivisible des Etats membres de l'Organisation. Non seulement le caractère de propriété commune est maintenu *ad vitam aeternam* sauf exception, mais en plus ces ouvrages ne peuvent être que propriété des Etats membres de l'OMVS.

La qualité d'Etat riverain est indifférente ici et il en est de même pour la qualité d'Etat contractant de la Convention de 1972 relative au statut du fleuve. Autrement dit un Etat qui serait partie au statut du fleuve Sénégal sans être partie au statut de l'OMVS pourrait bénéficier par exemple de la liberté de navigation sur le fleuve mais ne saurait invoquer un droit de propriété sur aucun des ouvrages communs. Le critère de l'appartenance organisationnelle ou institutionnelle est donc fondamental à ce niveau. D'un autre côté, la sécurité juridique est garantie par le fait qu'un Etat copropriétaire qui désire dénoncer le statut des ouvrages communs

> « doit engager des négociations avec les autres Etats copropriétaires d'une part, et les tiers intéressés d'autre part, en vue de la liquidation de ses droits et obligations relatifs à la propriété commune et indivisible et aux engagements financiers de l'OMVS. La dénonciation ne devient effective que lorsque cet Etat aura souscrit à des accords de règlement satisfaisants pour les autres Etats copropriétaires d'une part et les tiers intéressés d'autre part »[168].

Un autre critère d'indifférence est la territorialisation ou le rattachement territorial des ouvrages. Aux termes du statut des ouvrages communs,

> « sans préjudice de la souveraineté de l'Etat sur le territoire duquel se trouve tout ou partie d'un ouvrage commun, d'un ouvrage accessoire ou annexe, les Etats copropriétaires ont un droit individuel à une quote-part indivisible et un droit collectif d'usage, de jouissance et d'administration de l'ouvrage commun, de ses annexes et accessoires »[169].

L'Etat copropriétaire sur le territoire duquel se trouve tout ou partie d'un ouvrage commun ne met aucun obstacle à l'exercice par les autres Etats copropriétaires de leurs droits d'usage, de jouissance et d'administration[170]. Par ailleurs, l'ouvrage commun est exempt de toute perquisition, réquisition, confiscation, expropriation ou toute autre forme de saisie ou de mainmise forcée de la part des pouvoirs législatif, exécutif ou judiciaire des Etats copropriétaires[171].

---

168. Article 31 du statut des ouvrages communs. Voir aussi article 25, alinéa 1, tel que modifié par la résolution 6/CCEG/ML.B de la Conférence des chefs d'Etat et de gouvernement.
169. Article 4 du statut des ouvrages communs.
170. Article 6 du statut des ouvrages communs.
171. Article 5 du statut des ouvrages communs.

Le statut des ouvrages communs met en exergue un principe fondamental du droit des ressources en eau : le principe de l'utilisation équitable et raisonnable du cours d'eau. Tel qu'il résulte des termes de la recommandation 51, les Etats riverains d'un cours d'eau international appliquent le principe selon lequel

> « les avantages nets résultant d'activités menées dans des régions hydrologiques communes à plusieurs pays doivent être répartis équitablement entre les pays en cause... » [172]

En vertu du statut des ouvrages communs, les droits et obligations des Etats copropriétaires sont fondés sur les principes d'égalité et d'équité [173]. Et, fidèle à la logique de sécurité juridique, le statut procède à une définition explicite de ces deux notions. Par *égalité*, il faut entendre le droit identique pour chaque Etat copropriétaire d'accéder aux ressources générées par les ouvrages communs et de participer dans les mêmes conditions au processus de décision [174]. Par *équité*, il faut comprendre la modalité de répartition raisonnable, entre les Etats copropriétaires, des coûts, charges et bénéfices découlant de la réalisation et de l'exploitation des ouvrages communs [175].

La Convention constitue un véritable traité de droit économique et de développement. Cela est perceptible notamment en ce qui concerne le statut des agences de gestion des ouvrages communs. Par exemple, pour l'exploitation et l'entretien des ouvrages communs, les Etats copropriétaires accordent aux agences de gestion tous les privilèges et facilités, notamment l'exonération de droits et taxes à l'importation des produits, matériels, matériaux et des pièces détachées destinées à l'exploitation des ouvrages communs [176], le passage libre d'interdiction ou de restriction économique des matériaux, matières premières, matériels et pièces détachées destinés à l'exécution des travaux [177].

B. Les sphères de l'exploitation et de la production communes

On peut considérer qu'il existe plusieurs sortes d'utilisation des eaux des fleuves internationaux, dont trois principales : les utilisations agricoles, les utilisations industrielles et commerciales, les

172. Cité dans *ACDI*, vol. II, 1994, deuxième partie, p. 105.
173. Article 11 du statut des ouvrages communs.
174. Article 1, alinéa 8, du statut des ouvrages communs.
175. Article 1, alinéa 9, du statut des ouvrages communs.
176. Article 9 du statut des ouvrages communs.
177. Article 10 du statut des ouvrages communs.

utilisations domestiques et sociales [178]. Le statut du fleuve Sénégal prévoit un régime d'exploitation et de gestion commun, d'une part en matière agricole et industrielle [179] et d'autre part dans le domaine de la navigation et des transports [180]. C'est donc bien dans les domaines agricole et industriel que le statut du fleuve promeut une exploitation et une production communes.

Pour ce qui est de l'hydroagriculture, le droit conventionnel reste limité. On ne trouve une référence explicite à l'agriculture que dans la Déclaration de Montevideo de l'Union panaméricaine, adoptée en 1933 au cours de la septième Conférence des Etats américains. Cependant, il y est stipulé qu'en aucun cas «les travaux accomplis en vue d'une exploitation à des fins industrielles ou agricoles ne devront porter préjudice à la liberté de navigation» [181]. Depuis cette date, aucune convention n'a été spécifiquement adoptée en matière d'hydroagriculture. Du côté de la jurisprudence internationale, ce n'est qu'en 1937, avec l'affaire des *Prises d'eau à la Meuse* jugée par la CPJI, que les intérêts de l'irrigation sont directement pris en compte pour le développement économique, en l'occurrence celui des provinces belge et néerlandaise du Limbourg. Néanmoins, la Cour ne s'est placée que du point de vue de l'interprétation des traités et a considéré que chacun des deux Etats avait la liberté, agissant sur son propre territoire, de modifier, agrandir ou combler ses canaux, à condition de ne pas porter atteinte au puisement d'eau à la rigole conventionnelle et au volume d'eau que celle-ci doit débiter. La sentence rendue dans l'affaire du *Lac Lanoux* concernait à la fois l'hydroagriculture et l'hydroélectricité et s'est efforcée de distinguer entre les droits et les intérêts, faisant appel au principe de bonne foi et également au principe de la liberté de l'Etat, corollaire du principe de la souveraineté territoriale sur les eaux.

L'utilisation industrielle des cours d'eau internationaux ne fait pas

---

178. M. Bélanger, «L'utilisation des eaux des fleuves internationaux à des fins agricoles», *RGDIP*, 1977, p. 387. La CDI s'est posé la question de l'intérêt d'un tel classement. Ce qu'elle appelle les «utilisations économiques et commerciales» comprend: la production d'énergie (hydroélectrique, nucléaire et mécanique), les industries, la construction, les transports autres que la navigation, le flottage des bois, l'évacuation des déchets industriels, les industries extractives (minières, pétrolières, etc.). Les utilisations domestiques et sociales concernent la consommation (boisson, cuisine, lavage, blanchissage, etc.), l'évacuation des déchets domestiques, les loisirs (natation, pêche, sports nautiques, etc.). Selon M. Bélanger, il est souhaitable de distinguer les utilisations agricoles des utilisations industrielles, car si les secondes ne sont pas, en général, consommatrices d'eau, les premières, en revanche, entraînent un usage privatif, qualifié encore d'exhaustif des eaux.

179. Titre II du statut du fleuve.

180. Titre III du statut du fleuve.

181. Article 5 de la Déclaration de Montevideo.

l'objet, quant à elle, d'un régime spécifique en droit international. Dans le cadre du fleuve Sénégal, l'exploitation industrielle fait référence largement à l'hydroélectricité et à l'énergie. La Convention de Genève du 9 décembre 1923 relative à l'aménagement des forces hydrauliques intéressant plusieurs Etats contient des principes et règles applicables — selon certains auteurs — à l'utilisation industrielle des fleuves internationaux [182].

C. Cadre technique de la valorisation

Les barrages constituent par excellence des outils techniques de l'utilisation et de l'exploitation maximales des ressources en eau. Deux grands barrages ont été construits dans le cadre de la rationalisation de l'exploitation commune du fleuve Sénégal : le barrage de Diama et le barrage de Manantali.

i) *Le barrage de Diama*

Le 7 janvier 1997 a été conclue la Convention portant création de l'agence de gestion et d'exploitation de Diama. L'achèvement des travaux de construction du barrage de Diama en août 1986 a rendu possible la maîtrise des eaux. Les Etats parties aux Conventions de 1972 ont alors décidé de donner une nouvelle impulsion à l'OMVS en créant l'Agence de gestion et d'exploitation du barrage de Diama (SOGED). Cette agence de gestion est créée sous la forme d'une société publique interétatique dont le régime est défini particulièrement dans le statut des ouvrages communs. La SOGED est chargée de l'exploitation, de l'entretien et du renouvellement de certains ouvrages communs [183], ainsi que de la conception, la construction et le financement des nouveaux ouvrages programmés par l'OMVS que celle-ci décidera de lui confier dans le cadre du développement de la vallée du fleuve Sénégal, à l'exclusion de ceux consacrés à la production électrique [184]. En outre, l'OMVS peut confier à la SOGED l'exploitation, l'entretien et le renouvellement d'ouvrages communs lorsque ces ouvrages sont liés au développement agricole, au transport fluvial, à la fourniture d'eau pour la consommation humaine ou pour la production industrielle [185]. Les

182. Voir G. Sauser-Hall, « L'utilisation industrielle des fleuves internationaux », *Recueil des cours*, tome 83 (1953), pp. 471-582.

183. Il s'agit de l'ouvrage de prise de l'Aftout Es Sahel, des endiguements du fleuve et des ouvrages annexes, et des ouvrages accessoires aux deux premiers ouvrages.

184. Article 5, paragraphe 1, du statut de la SOGED.

185. Article 5, paragraphe 4, du statut de la SOGED.

organes de la SOGED sont le Conseil des ministres, agissant en qualité d'assemblée générale, le Conseil d'administration et la Direction générale [186]. La SOGED exerce les missions qui lui sont confiées, elle-même ou par l'intermédiaire de tout tiers, personne physique ou personne morale de droit public ou privé. Dans ce cadre, la SOGED conclut un contrat d'exploitation avec un opérateur professionnel [187]. La SOGED a le droit exclusif de vente de l'eau du fleuve Sénégal pour tous les usages autres que la production électrique et d'assurer des prestations de services par l'intermédiaire des ouvrages communs dont la gestion lui est confiée. Les principes et mécanismes de tarification et de commercialisation de l'eau et des services rendus par la SOGED doivent faire l'objet d'un accord entre les Etats membres de l'OMVS [188]. La SOGED tire ses ressources, à titre principal, des produits de la vente de l'eau. Les Etats membres de l'OMVS doivent s'assurer du paiement par les utilisateurs du prix des fournitures d'eau effectuées par la SOGED au titre de ses prestations ou de celles des sociétés auxquelles elle aura délégué tout ou partie de ses attributions [189]. Les ressources de la SOGED doivent notamment lui permettre de faire face à ses charges d'exploitation, d'assurer le service de la dette contractée ou mise à sa charge et de constituer une provision pour le renouvellement des équipements et installations des ouvrages communs [190].

ii) *Le barrage de Manantali*

Pour le barrage de Manantali, un autre instrument a été adopté le 7 janvier 1997 : la Convention portant création de l'Agence de gestion de l'énergie de Manantali. Cette agence de gestion, créée sous la tutelle de l'OMVS, est chargée de l'exploitation, de l'entretien et du renouvellement des ouvrages communs. Elle est dénommée Société de gestion de l'énergie de Manantali (SOGEM) [191]. Quant aux ouvrages communs, ils correspondent au barrage de Manantali, à la centrale hydroélectrique et au centre de commande, aux lignes de transport et aux postes, aux ouvrages annexes et aux ouvrages accessoires aux catégories d'ouvrages communs mentionnés [192]. Les organes de la SOGEM sont le Conseil des ministres, agissant en qualité d'assemblée générale, le

186. Article 8 du statut de la SOGED.
187. Article 9 du statut de la SOGED.
188. Article 12 du statut de la SOGED.
189. Article 13 du statut de la SOGED.
190. Article 18 du statut de la SOGED.
191. Article 3 du statut de la SOGEM.
192. Article 5 du statut de la SOGEM.

Conseil d'administration et la Direction générale[193]. La SOGEM a le droit exclusif de production, de transport et de vente de l'énergie produite par les ouvrages communs dont la gestion lui est confiée ou la possibilité d'assurer des prestations de services par l'intermédiaire de ces ouvrages. Elle peut également louer tout ou partie desdits ouvrages ou en concéder l'exploitation contre rémunération. Les principes et mécanismes de tarification et de commercialisation de l'énergie et des services rendus par la SOGEM doivent faire l'objet d'un accord entre les Etats membres de l'OMVS, la SOGEM et les sociétés d'électricité[194]. La SOGEM tire ses ressources, à titre principal, des produits de vente de l'énergie électrique. Les Etats membres de l'OMVS doivent s'assurer du paiement par les sociétés nationales d'électricité du prix des fournitures d'énergie effectuées par la SOGEM au titre de ses prestations ou de celles des sociétés auxquelles elle aura délégué tout ou partie de ses attributions. Aussi les Etats doivent-ils reconnaître à la SOGEM le droit de suspendre les fournitures d'énergie en cas de non-paiement des montants exigibles[195]. Les ressources de la SOGEM doivent lui permettre, entre autres, de faire face à ses charges d'exploitation, d'assurer le service de la dette contractée ou mise à sa charge, de constituer une provision pour le renouvellement des équipements et installations des ouvrages communs, de constituer une provision pour risque hydrologique si nécessaire[196].

Les statuts de la SOGED[197] et de la SOGEM[198] prévoient respectivement que la gestion des réservoirs de Diama et de Manantali s'inscrira dans le respect d'une Charte d'utilisation des ressources en eaux du fleuve Sénégal, dans laquelle seront définis les principes et les modalités de répartition des eaux entre les différents usages. Cette charte a été adoptée en mai 2002 et ouvre la voie à une nouvelle vision de la gestion des cours d'eau internationaux à travers une approche intégrée.

SECTION 5 CONCLUSION. LA CHARTE DES EAUX : VERS UNE APPROCHE INTÉGRÉE DE LA GESTION DU FLEUVE SÉNÉGAL

L'approche intégrée de la gestion des ressources en eau et son intérêt pour la viabilité et la durabilité de telles ressources ont été mis en relief dans Agenda 21 :

193. Article 8 du statut de la SOGEM.
194. Article 12 du statut de la SOGEM.
195. Article 13 du statut de la SOGEM.
196. Article 18 du statut de la SOGEM.
197. Article 11 du statut de la SOGED.
198. Article 11 du statut de la SOGEM.

«Pour mettre en valeur et gérer les ressources en eau, il convient d'adopter une approche intégrée qui tienne compte des besoins à long terme comme des besoins immédiats. Tous les facteurs, qu'ils soient écologiques, économiques ou sociaux, devront donc être pris en considération ... Il faudra pour cela considérer les besoins de tous les usages et la nécessité de prévenir et d'atténuer les risques liés à l'eau, approche qui doit faire partie intégrante du processus de planification du développement économique.»

La Charte des eaux se situe aux confluents du droit international des cours d'eau. Elle participe tant à une codification des principes et règles contenus dans la Convention de 1997 [199] qu'à un développement progressif du droit international par l'impulsion donnée à certains principes et valeurs nouveaux du droit international de l'environnement [200].

---

199. Pour s'en convaincre il suffit d'analyser le préambule de la Charte des eaux:

«Soucieux de renforcer la coopération entre les Etats et les peuples de la sous-région et attachés aux Conventions de base de l'Organisation; affirmant la nécessité de consolider les liens de bon voisinage entre les Etats riverains du fleuve Sénégal; Convaincus de l'intérêt de prendre en compte la partie guinéenne du bassin dans l'élaboration des politiques et des programmes de développement du bassin du Fleuve Sénégal; Conscients de la nécessité du respect des principes généraux du droit de l'eau résultant du droit international et du droit coutumier international qui ont inspiré le régime des cours d'eaux internationaux, et en particulier la Convention des Nations Unies sur le droit relatif aux utilisations des cours d'eau internationaux à des fins autres que la navigation du 21 mai 1997; Satisfaits de l'œuvre institutionnelle et politique accomplie à ce jour dans le cadre de l'Organisation pour la Mise en Valeur du Fleuve Sénégal; Désireux de donner un cadre à la fois durable et évolutif à la communauté des intérêts entre les Etats riverains du Fleuve Sénégal et de garantir à chaque Etat et à chaque usager du fleuve un avantage raisonnable et équitable de l'utilisation des eaux conformément aux principes régissant le droit des eaux partagées; Soucieux de coopérer dans la bonne foi, la consultation réciproque et dans l'esprit de bon voisinage présidant à leurs relations; Déterminés à combattre conjointement les pratiques de gestion de l'eau susceptibles de causer un préjudice aux Etats...»

200. Là encore le préambule est très révélateur:

«Conscients de la vulnérabilité et de la rareté des ressources en eau douce, ainsi que de l'importance des fonctions qu'elles remplissent aux plans économique, social et environnemental; Convaincus que le Fleuve Sénégal, écosystème essentiel à la poursuite d'un développement durable dans les pays riverains, est à considérer en appréciant le cycle de l'eau dans son ensemble ainsi que les besoins sectoriels et intersectoriels; Considérant que le partage des ressources en eau entre les usages, leur gestion et leur mise en valeur devront s'effectuer en tenant compte de l'objectif de développement durable, en y associant les différents acteurs: usagers, gestionnaires, décideurs, aménageurs et experts concernés, dans

La Charte des eaux[201] a pour objet de fixer les principes et les modalités de la répartition des eaux du fleuve Sénégal entre les différents secteurs d'utilisation. En vertu de la Charte, les différentes utilisations des eaux du fleuve concernent l'agriculture, l'élevage, la pêche continentale, la pisciculture, la sylviculture, la faune et la flore, l'énergie hydroélectrique, l'alimentation en eau des populations urbaines et rurales, la santé, l'industrie, la navigation et l'environnement, en tenant compte des usages domestiques. Un autre objet de la Charte est de définir les modalités d'examen et d'approbation des nouveaux projets utilisateurs d'eau ou affectant la qualité de l'eau, de déterminer les règles relatives à la préservation et à la protection de l'environnement, particulièrement en ce qui concerne la faune, la flore, les écosystèmes des plaines inondables et des zones humides, et de définir le cadre et les modalités de participation des utilisateurs de l'eau dans la prise des décisions de gestion des ressources en eau du fleuve Sénégal[202].

La Charte repose sur un socle de principes et modalités précis de répartition des eaux entre les usages[203]. L'utilisation des eaux du fleuve est ouverte à chaque Etat riverain, ainsi qu'aux personnes se trouvant sur le territoire d'un Etat riverain. La répartition des eaux entre les usages est fondée notamment sur les principes généraux suivants : l'obligation de garantir la gestion équilibrée de la ressource en eau, l'utilisation équitable et raisonnable des eaux du fleuve, l'obligation de préserver l'environnement, l'obligation de négocier en cas de

---

une approche globale et intégrée ; Considérant l'accroissement des besoins en eau, la multiplicité et la diversification des usages ; Désireux de promouvoir une politique d'utilisation optimale et durable de la ressource impliquant la responsabilité des utilisateurs et une politique affirmée dans le domaine des économies d'eau, par une gestion intégrée et équitable au bénéfice des générations actuelles et futures ; Rappelant les principes et recommandations relatifs à l'environnement adoptés notamment par la Conférence des Nations Unies pour l'environnement et le développement (CNUED) tenue à Rio de Janeiro en 1992... »

201. Pour ce qui est du champ d'application, voir article 4 de la Charte des eaux : « La présente Charte s'applique à l'ensemble du bassin hydrographique du Fleuve Sénégal y compris les affluents, les défluents et les dépressions associées. »

202. Article 2 de la Charte.

203. Article 5, paragraphe 1, de la Charte :

> « Toute répartition des eaux entre les usages est fixée en prenant en considération la disponibilité de la ressource et en intégrant les éléments suivants : La coopération sous-régionale, qui prend en compte : la sécurité et l'amélioration des revenus des populations du bassin du Fleuve Sénégal ; la lutte contre l'exode rural ; la sécurité alimentaire et la lutte pour la réduction de la pauvreté ; le renforcement des économies des Etats riverains par rapport aux changements climatiques ; le développement quantitatif et qualitatif de la production agricole, énergétique, minière et industrielle ; le développement intégré grâce aux infrastructures réalisées. »

conflit, l'obligation pour chaque Etat riverain d'informer les autres Etats riverains avant d'entreprendre toute action ou tout projet qui pourrait avoir un impact sur la disponibilité de l'eau et/ou la possibilité de mettre en œuvre des projets futurs. Les principes directeurs[204], devant guider toute répartition des eaux du fleuve, visent à assurer aux populations des Etats riverains la pleine jouissance de la ressource, dans le respect de la sécurité des personnes et des ouvrages, ainsi que « du droit fondamental de l'homme à une eau salubre, dans la perspective d'un développement durable »[205].

La gestion intégrée de la ressource s'articule autour de la disponibilité et de la continuité de la ressource, de l'intégration de la dimension de l'environnement dans la gestion de l'eau et le maintien durable des conditions écologiques favorables dans le bassin du fleuve, de l'irrigation d'une quantité maximale de superficies en fonction de la disponibilité de la ressource, de la navigabilité permanente du fleuve, de l'exploitation optimale du potentiel d'énergie hydroélectrique disponible, de la création des conditions hydrauliques nécessaires à l'inondation de la vallée et aux cultures traditionnelles de décrue, etc.[206].

Pour ce qui est des usages *per se* du fleuve, la Charte précise que l'usage de la ressource en eau vise à satisfaire de « manière juste » les besoins en eau potable des populations, notamment les plus vulnérables, les besoins pour l'agriculture, l'élevage, la sylviculture, la pisciculture, la pêche, la faune, la flore et l'environnement, les besoins en eau pour la production d'énergie, ceux pour l'industrie et ceux pour la navigation[207]. L'OMVS, en fonction des demandes des utilisateurs, fixe les priorités entre les besoins, ainsi que la consommation d'eau nécessaire. Aucun usage ne bénéficie d'une priorité par rapport aux autres, conformément aux principes du droit international.

Toutefois, en cas de pénurie de la ressource, une attention particulière devra être accordée à l'approvisionnement en eau potable et

---

204. Voir article 6 de la Charte:

> « Les principes techniques visés à l'article 7 sont secondaires par rapport au principe de non-discrimination, à l'obligation de satisfaire les besoins vitaux et à la sécurité des personnes. Ils s'apprécient en fonction de trois contextes différents: la situation normale correspondant à la situation où la satisfaction raisonnable de tous les besoins est possible; la situation correspondant aux inondations ou catastrophes naturelles; la situation de pénurie correspondant à une période d'insuffisance générale ou partielle, ou à un cas de force majeure. Dans ces deux derniers cas, la Commission permanente des eaux est saisie. Toutefois, si un Etat est amené à prendre des mesures d'urgence de manière unilatérale, il en tiendra immédiatement informés les autres Etats. »

205. Article 4 de la Charte.
206. Article 5, paragraphe 2, de la Charte.
207. Article 8 de la Charte.

aux usages domestiques de l'eau[208]. Hormis les usages domestiques qui sont libres, le captage des eaux du fleuve est soumis à un régime d'autorisation préalable ou de déclaration. Les opérations soumises au régime de l'autorisation sont notamment la construction ou le fonctionnement des installations ou des ouvrages, la réalisation de travaux ou d'activités diverses (prélèvements, déversements ou rejets), susceptibles de présenter des dangers pour la santé ou la sécurité publique, de nuire au libre écoulement des eaux, de réduire la ressource en eau, d'affecter le lit du fleuve, ou de porter atteinte à la qualité ou à la biodiversité du milieu aquatique. Les autres opérations sont soumises à simple déclaration. Les autorités exerçant les pouvoirs de police et d'administration de l'eau au sein de chaque Etat ont l'obligation de transmettre les déclarations au Haut-Commissariat. Une nomenclature des seuils d'autorisation et de déclaration devrait être élaborée et mise en œuvre dans l'avenir. Sur le plan quantitatif, les seuils d'autorisation ou de déclaration des opérations varient en fonction du débit prélevé par rapport au débit d'étiage. Sur le plan qualitatif, les seuils tiennent compte de la fragilité des zones de prélèvement ou de rejet[209]. Une procédure spéciale est prévue en la matière. La demande d'autorisation doit être transmise au Haut-Commissariat qui l'instruit et la soumet, dans un délai de quarante-cinq jours, à l'avis de la Commission permanente des eaux. C'est le Conseil des ministres qui octroie l'autorisation, après avis de la Commission permanente des eaux. L'autorisation doit respecter les droits des tiers et les droits antérieurement exercés. En outre, elle peut être retirée dans les mêmes formes pour les motifs d'intérêt public ou en cas de non-exécution. Les dispositions de la Charte s'appliquent à titre supplétif à tout ce que ne prévoient pas les législations nationales. Ce sont les autorités nationales de contrôle et de police des eaux qui seront chargées au premier chef de les appliquer[210]. En cas de désaccord entre le demandeur et l'autorité de contrôle, un recours sera possible auprès du Conseil des ministres sur saisine du Haut-Commissariat, après avis de la Commission permanente des eaux[211]. C'est là une nouvelle dimension de la gestion du Sénégal. Les individus et autres acteurs non étatiques bénéficient de mécanismes plus ou moins participatifs. Dans ce contexte, les Etats riverains sont tenus, en vertu de la Charte, de veiller à ce que les informations relatives à l'état des eaux du fleuve, aux mesures prévues ou prises pour assurer la régularité du débit du Sénégal, ainsi qu'à la qualité des eaux, soient accessibles au public. Les Etats et le Haut-

208. Article 9 de la Charte.
209. Article 10 de la Charte.
210. Article 11 de la Charte.
211. Article 12 de la Charte.

Commissariat doivent veiller parallèlement à l'éducation des populations riveraines en encourageant des programmes de sensibilisation pour une utilisation écologiquement rationnelle des eaux du fleuve[212].

Une autre dimension tient dans l'importance particulière qui est accordée à la protection et à la préservation de l'environnement *per se*. En effet, les Etats parties à la Charte ont pour obligation de protéger et de préserver l'écosystème du fleuve, de gérer les ressources dans le respect des équilibres naturels, notamment des zones humides fragiles et du milieu marin, soit séparément à travers leurs législations nationales, soit conjointement par le truchement des instruments juridiques de l'OMVS. Par ailleurs, les Etats contractants s'engagent à contrôler toute action de nature à modifier de manière sensible les caractéristiques du régime du fleuve, l'état sanitaire des eaux, les caractéristiques biologiques de sa faune et de sa flore, son plan d'eau et, de manière générale, son environnement. Ils devront prendre les dispositions de nature à prévenir, réduire ou maîtriser les événements ou conditions résultant de causes naturelles ou d'activités humaines qui risquent d'occasionner un dommage aux autres Etats, à l'environnement du fleuve, à la santé ou à la sécurité de l'homme[213]. La concertation est vigoureusement recommandée pour prévenir l'introduction d'espèces étrangères ou nouvelles, de plantes ou d'animaux, susceptibles d'altérer l'écosystème. Une liste conjointe des substances dont la présence dans les eaux du fleuve doit être interdite, limitée, étudiée ou contrôlée et une harmonisation des législations nationales relatives aux

212. Article 13 de la Charte.

213. La jurisprudence arbitrale offre des exemples de l'obligation pour un Etat riverain d'un fleuve international de ne pas causer de dommages à un autre Etat en provoquant des inondations, et qu'un tel acte internationalement illicite entraîne l'obligation envers l'Etat lésé de réparer. Voir par exemple l'affaire relative au *Fleuve San Juan* à l'occasion de laquelle l'arbitre déclara que:

> «La République du Costa Rica ne peut pas empêcher la République du Nicaragua d'exécuter ... sur son propre territoire ... des ouvrages d'aménagement, à condition toutefois que, du fait de ces ouvrages, le territoire costaricien ne se trouve pas occupé, inondé ou endommagé et à condition qu'ils n'empêchent ou n'entravent pas sérieusement la navigation sur le fleuve ou sur ses bras, partout où le Costa Rica a également les droits de navigation. La République du Costa Rica a le droit d'exiger une indemnisation si, du fait de la construction d'ouvrages d'aménagement, des lieux lui appartenant sur la rive droite du San Juan étaient occupés sans son accord et si des terrains lui appartenant sur la même rive étaient inondés ou endommagés de toute autre manière.» (J. B. Moore, *History and Digest of International Arbitrations to Which the United States Has Been a Party*, Washington, 1898, vol. II, p. 1964.)

Paragraphes 6 à 10 de la sentence, traduction dans *ACDI*, 1989, vol. II, première partie, pp. 123-124. Voir également l'affaire du *Barrage de Gut (Etats-Unis c. Canada)*, *ILM*, 1969, vol. 8, pp. 118 ss.

questions environnementales concernant le bassin hydrographique doivent être réalisées[214].

Les taxes instituées par les Etats à l'encontre des usagers pollueurs de l'environnement seront affectées au financement de la gestion écologiquement rationnelle de la ressource. Des incitations fiscales destinées à aider les opérateurs économiques qui pratiquent une utilisation de la ressource respectueuse de l'environnement doivent être prévues. Les Etats veilleront à ce que le principe pollueur-payeur soit appliqué aux personnes morales et physiques. Nonobstant l'application du principe pollueur-payeur, la violation par un Etat de ses obligations internationales en matière de pollution engage sa responsabilité conformément aux règles du droit international[215].

Conformément aux dispositions de l'article 4 de la Convention du 11 mars 1972 relative au statut du fleuve Sénégal et à l'article 10 de la Charte, tout projet d'une certaine ampleur ne peut être exécuté sans l'approbation préalable des Etats contractants. Une obligation d'information et de consultation réciproque lie les parties, concernant les effets éventuels des nouveaux projets. Il existe trois types de nouveaux projets : les projets susceptibles d'avoir des effets significatifs, les projets n'ayant pas d'effets significatifs et les projets dérogatoires, motivés par l'urgence. Pour les projets susceptibles d'avoir des effets significatifs, il est fait obligation, avant leur exécution, de les notifier aux Etats parties, par l'intermédiaire du Haut-Commissariat. La notification

214. Article 16 de la Charte. Voir également article 17 de la Charte :

> « les Etats contractants adopteront conjointement un plan général d'action environnementale déterminant en particulier les conditions dans lesquelles l'Organisation : prend des mesures de limitation ou de suspension provisoire de certains usages de l'eau, pour faire face à une situation de déficit, à une menace ou aux conséquences d'une catastrophe naturelle ; édicte, dans le respect de l'équilibre général des droits et obligations résultant de la présente Charte et des diverses autorisations accordées, des prescriptions spéciales applicables aux installations, activités et pratiques des usagers, ainsi que les conditions dans lesquelles peuvent être contrôlées, suspendues, limitées ou interdites les modalités d'exercice des divers usages des eaux ; met en place les procédures nécessaires au repérage et à la quantification des sources de pollution, et à la surveillance des effluents. Dans ce cadre, il est procédé chaque année à l'évaluation prospective de la quantité d'eau et de la qualité de l'eau du bassin hydrographique du Fleuve. En complément aux règles générales édictées ci-dessus, les Etats contractants pourront adopter ensemble d'autres dispositions déterminant en particulier les conditions dans lesquelles les règles de police des eaux sont applicables aux eaux partagées. En ce qui concerne les eaux souterraines, il est effectué un recensement cartographique des zones de recharge aquifères, afin de les inventorier, de délimiter les zones d'alimentation et de captage, et de connaître les interactions entre les eaux de surface et les eaux souterraines. »

215. Article 18 de la Charte.

doit se faire en «temps utile» et être accompagnée de toutes les données techniques nécessaires à son évaluation, notamment les études d'impact. Un délai de trois mois est accordé aux Etats pour répondre à la notification, l'absence de réponse valant approbation. En tout état de cause, aucun projet susceptible de modifier d'une manière sensible les caractéristiques du régime du fleuve, ses conditions de navigabilité, d'exploitation industrielle, l'état sanitaire des eaux, les caractéristiques biologiques de sa faune ou de sa flore, son plan d'eau, ne peut être exécuté sans avoir été au préalable approuvé par les Etats contractants. Si le projet est dérogatoire, l'Etat demandeur fait une déclaration formelle auprès du Haut-Commissariat, auquel est faite l'obligation de le transmettre au président du Conseil des ministres et aux Etats membres de l'OMVS. Des négociations sont ensuite entamées au niveau du Conseil des ministres sur la base d'un dossier instruit par le Haut-Commissariat[216].

La Commission permanente des eaux demeure le pilier fondamental de la gestion de l'eau et de l'environnement. Elle est chargée de définir les principes et modalités de la répartition des eaux entre les différents secteurs d'utilisation[217]. La Commission permanente des eaux émet un avis consultatif à l'adresse du Conseil des ministres sur tout projet ou programme en rapport avec la gestion de la ressource. Dans ce cadre, elle propose annuellement au Conseil des ministres le programme de gestion des ouvrages[218]. Le statut d'observateur auprès de la Commission permanente des eaux pourra être accordé par le Conseil des ministres sur proposition du Haut-Commissaire à certaines entités des Etats membres de l'OMVS. Ces entités participeront de manière effective aux travaux de la Commission permanente des eaux. Le statut d'observateur peut être accordé aux représentants des usagers, aux représentants des collectivités territoriales, aux représentants des organisations non gouvernementales et aux représentants des comités de gestion décentralisée[219].

Les dispositions de la Charte resteront inchangées pendant une période initiale de trois ans dite «période probatoire». Les annexes relatives à la gestion des ouvrages pourront être révisées dans des délais plus courts pour que les modalités techniques d'application de la Charte restent conformes dans la durée aux règles en vigueur et pour tenir compte des évolutions liées au contexte du bassin hydrographique. Les annexes à la Charte seront révisées sur la demande motivée d'un Etat ou sur l'initiative motivée du Haut-Commissariat de

216. Article 24 de la Charte.
217. Article 19 de la Charte.
218. Article 21 de la Charte.
219. Article 23 de la Charte.

l'OMVS en concertation avec les acteurs concernés. Le Conseil des ministres propose, sur la base d'une évaluation, les mesures appropriées aux chefs d'Etat et de gouvernement. Les mesures adoptées deviennent exécutoires[220].

Avec la Charte des eaux, les Etats riverains du Sénégal ont posé les jalons d'un nouveau développement des ressources en eau qui devrait être économiquement viable, socialement équitable et écologiquement durable. Cette avancée fulgurante démontre que le droit international des cours d'eau ne saurait être un «régime se suffisant à lui-même» *(self-contained regime)*. Ce droit demeure à la fois un carrefour et un réceptacle pour le droit international administratif, le droit international économique et le droit international de l'environnement. Tel est son présent et tel devrait être son avenir.

220. Article 29 de la Charte.

13

Le droit international de l'eau et les différends relatifs au Tigre et à l'Euphrate

Julien Cazala *

SECTION 1 INTRODUCTION

Le Tigre (long de 1860 kilomètres) et l'Euphrate (long de 2300 kilomètres) trouvent leurs sources dans les montagnes du nord-est de la Turquie. Le Tigre parcourt 400 kilomètres en Turquie, délimite la frontière avec la Syrie sur 44 kilomètres, puis traverse l'Irak sur 1400 kilomètres avant de se jeter dans le golfe Arabo-Persique. L'Euphrate coule en Turquie avant de rejoindre le territoire syrien, où le fleuve trouve ses trois affluents principaux (le Khabour, le Balikh, le Sajours). Enfin, il traverse l'Irak sur 1060 kilomètres avant de rejoindre le Tigre et de se jeter dans le golfe Arabo-Persique.

Les litiges relatifs au Tigre et à l'Euphrate impliquent ainsi trois pays: la Turquie, la Syrie et l'Irak [1]. Dans ces différends, la Turquie, en sa qualité d'Etat d'amont, est en position de force [2]. La situation de ces

* Docteur en droit. Maître de conférences à la faculté de droit d'Orléans.

1. Un différend lié au Tigre et à l'Euphrate a également opposé l'Iran à l'Irak, mais il ne sera pas étudié ici. Le différend concernait le tracé de la frontière et la navigation sur le Chatt al-Arab, confluent du Tigre et de l'Euphrate, au sud de l'Irak. Après diverses phases de négociations et de tensions, le différend a été réglé par un échange de lettres enregistrées au Secrétariat des Nations Unies, par lesquelles les deux Etats acceptaient la solution mise en œuvre par l'Accord d'Alger du 6 mars 1975. Sur cette question, voir D. A. Caponera, « The Legal Status of the Shatt-al-Arab (Tigris and Euphrates) River Basin », *Austrian Journal of Public and International Law*, vol. 45, 1993, n° 2, pp. 147-158.

2. Il est évident que l'Etat d'amont peut modifier la qualité ou la quantité d'eau s'écoulant dans le fleuve au-delà de la frontière. Cependant, comme le relève L. Caflisch, l'Etat d'aval peut établir des barrages proches de la frontière ou couper l'accès à la mer (« Règles générales du droit des cours d'eau internationaux », *Recueil des cours*, tome 219 (1989), p. 22. Sur ce point, voir S. Schwebel, « Troisième rapport sur le droit relatif aux utilisations des cours d'eau internationaux à des fins autres que la navigation », *ACDI*, 1982, vol. II, première partie, pp. 123-124. La construction d'un barrage par l'Etat d'amont peut avoir des effets bénéfiques pour l'Etat d'aval, notamment la possibilité de réguler le cours du fleuve et de l'adapter aux différentes saisons. La présence

trois Etats quant aux ressources en eau diffère: la Turquie[3] et l'Irak sont excédentaires tandis que la Syrie est, à moyen terme, menacée de pénurie[4]. Avec l'augmentation régulière de la population et des besoins en eau, la situation devient de plus en plus conflictuelle et l'eau viendra véritablement à manquer quand les projets des différents Etats seront menés à bien, même si pour l'instant ceux-ci sont ralentis par les difficultés de financement[5].

Le débit naturel de l'Euphrate varie extraordinairement au cours de l'année; de 5000 mètres cubes par seconde, de décembre à mars, à 150 mètres cubes par seconde de septembre à novembre[6]. Face à de telles variations, l'aménagement du fleuve apparaît être une nécessité. Si la situation du Tigre est moins complexe, la coopération n'en est pas moins nécessaire. Malgré les efforts de diverses organisations internationales[7], ce qui frappe à l'examen des projets de domestication et d'exploitation de ces cours d'eau, c'est l'absence quasi totale de concertation entre les Etats riverains.

L'irrigation à grande échelle est devenue une priorité de la politique agricole syrienne[8]. Cette politique d'irrigation consomme quatre-vingt-trois pour cent des ressources en eau du pays et dépend presque exclusivement de l'Euphrate[9]. Afin d'augmenter la superficie des terres irri-

---

d'un barrage permet également de retenir une partie des sédiments en amont, et donc limite l'obligation d'entretien du cours d'eau par l'Etat d'aval.

3. Evaluation que la Turquie réfute, voir le site du ministère turc des Affaires étrangères, www.mfa.gov.tr.

4. C. Chenost, *La bataille de l'eau au Moyen-Orient*, Paris, L'Harmattan, 1993, p. 27.

5. W. Scheumann, «Conflicts on the Euphrates: An Analysis of Water and Non-Water Issues», dans W. Scheumann et M. Schiffler (dir. publ.), *Water in the Middle East. Potential for Conflicts and Prospects for Cooperation*, Berlin, Springer Verlag, 1998, p. 119. Cf. *infra*, section 3.

6. D. Momtaz, «Le régime juridique des ressources en eau des cours d'eau internationaux du Moyen-Orient», *AFDI*, 1993, p. 890.

7. Banque mondiale, Organisation des Nations Unies pour l'agriculture et l'alimentation (FAO), Programme des Nations Unies pour le développement (PNUD), Ligue des Etats arabes, notamment.

8. N. Al Rifai, ancien ministre syrien de l'Industrie affirmait,

> «Syria will not be able to stand on its own feet and to ensure a stable and prosperous economy in future unless it is capable of benefiting from its share of the Euphrates water. There is no other way.» (Cité par B. Zohurul, «Syrian-Iraki Disputes over the Euphrates River», *International Studies*, vol. 16, 1977, n° 2, p. 235.)

Il est très difficile de se procurer des renseignements sur la politique hydrologique de la Syrie car Damas estime que ceux-ci relèvent du secret d'Etat.

9. W. Scheumann, «Conflicts on the Euphrates: An Analysis of Water and Non-Water Issues», dans W. Scheumann et M. Schiffler (dir. publ.), *Water in the Middle East. Potential for Conflicts and Prospects for Co-operation*, Berlin, Springer Verlag, 1998, p. 114. La deuxième source d'eau de la Syrie est un affluent de l'Euphrate, le Khabour.

guées et de développer sa production hydroélectrique[10], la Syrie s'est lancée au début des années soixante du siècle dernier dans un programme ambitieux d'aménagement de la vallée de l'Euphrate[11]. La mise en œuvre du barrage syrien de Tabqa (le principal de la vallée) en 1975 entraîna une forte diminution du débit de l'Euphrate et de vives protestations de la part de Bagdad.

La politique hydraulique de la Turquie est la plus ambitieuse de tout le Moyen-Orient. En tant qu'Etat d'amont, elle a la possibilité de contrôler les eaux du Tigre et de l'Euphrate. Longtemps, les principaux aménagements turcs sur l'Euphrate furent les barrages de Keban (1974) et de Karakaya (1988)[12] qui, malgré les plaintes répétées de la Syrie, furent financés grâce à un appel aux organisations financières internationales. La mise en eau du barrage de Keban en 1974 entraîna de vives protestations de la part des autorités syriennes.

Aujourd'hui, c'est le gigantesque projet hydraulique d'Anatolie du Sud-Est (GAP)[13] qui retient toute l'attention des Etats de la région, et au-delà. Ce projet, le plus grand de la région, dont la réalisation doit s'achever en 2010, consiste en la construction de vingt-deux barrages et dix-neuf centrales hydroélectriques sur le cours du Tigre et de l'Euphrate. Le GAP a, pour la Turquie, un triple objectif: développer l'agriculture, augmenter la capacité hydroélectrique et améliorer le niveau de vie de la population kurde présente en Anatolie du Sud-Est[14]. Avec un coût initialement estimé à 21 milliards de dollars[15], le projet représente huit à dix pour cent des dépenses nationales[16]. La

10. L'importance de cette question pour la Syrie est marquée par la création, en 1970, d'un «ministère des Barrages», voir B. Zohurul, «Syrian-Iraki Disputes over the Euphrates River», *International Studies*, vol. 16, 1977, n° 2, p. 234.

11. Voir J. Hannoyer, «Grands projets hydrauliques en Syrie», *Maghreb/Machreck*, 1985, n° 109, p. 24.

12. Les projets hydrographiques de la Turquie furent entrepris après les deux chocs pétroliers des années soixante-dix suite auxquels sa dépendance énergétique a été manifeste.

13. En Turc: «Güneydoga Anadolu Projesi.» En anglais: «Grand Anatolian Project.»

14. H. Teopfer, «Le projet du Sud-Est anatolien: fondements et objectifs d'un projet intégré de développement en Turquie», *Annales du Levant*, 1992, n° 5, p. 74. Ainsi, le projet s'inscrit dans la stratégie turque de résoudre une question socio-politique par des moyens économiques. En visant le développement économique de cette région, Ankara espère limiter les velléités indépendantistes de la population kurde.

15. Coût initialement prévu. Aujourd'hui, il semble que l'on puisse évaluer le coût total à plus de 32 milliards de dollars, O. Ünver, «Southeastern Anatolia Integrated Development Project (GAP), Turkey: An Overview of Issues of Sustainability», *Water Resources Development*, vol. 13, 1997, n° 2, p. 197.

16. OCDE, *Examens des performances environnementales — Turquie*, OCDE, 1999, p. 126.

Banque mondiale ayant refusé de participer au financement dès 1984, principalement à cause de l'absence d'accord entre les Etats riverains sur le partage des eaux [17], le projet est presque intégralement financé par des fonds publics. Or, la Turquie est actuellement confrontée à de grandes difficultés de financement pour la poursuite du projet [18].

La politique hydraulique de Bagdad sur le cours du Tigre et de l'Euphrate est particulière car, sur tout le long de ces deux fleuves, l'Irak est Etat d'aval, dernier territoire traversé avant que les fleuves ne se jettent dans le golfe Arabo-Persique. Il apparaît ainsi comme la « potentielle victime naturelle » de toute politique hydraulique irrationnelle des deux Etats d'amont. Parmi les pays de la région, l'Irak est le plus riche en ressources en eau par habitant [19]. Il fut également le premier des Etats de la région à mener une politique ambitieuse de gestion des deux cours d'eau. Aujourd'hui, les autorités de Bagdad accordent autant d'importance au Tigre qu'à l'Euphrate, car la surexploitation [20] de l'Euphrate par la Turquie et la Syrie causerait selon l'Irak une diminution de la quantité et de la qualité de l'eau pénétrant sur son territoire [21].

La salinité des sols irrigués est le second problème auquel l'Irak est aujourd'hui confronté. Pour lutter contre ce véritable fléau touchant près de quatre-vingt pour cent des sols irrigués [22], Bagdad a lancé, au milieu des années quatre-vingt, un programme ambitieux dit du « troisième fleuve », qui consiste en la création d'un canal long de 560 kilomètres ayant pour but de drainer et dériver les eaux saumâtres dans le golfe Arabo-Persique. Cependant, l'ensemble de la politique hydrau-

---

17. J. Kolars, « Problems of International River Management: The Case of the Euphrates », dans A. K. Biswas (dir. publ.), *International Waters of the Middle East. From Euphrates-Tigris to Nile*, Oxford University Press, Bombay, Delhi, Calcutta, Madras, 1994, p. 62.

18. Voir ONU, *Aspects institutionnels de la gestion des bassins fluviaux internationaux, Ressources naturelles, Série Eau*, n° 17, 1988, p. 72. Aujourd'hui, seuls quarante-six pour cent du projet seraient financés, www.gap.gov.tr (page mise à jour le 5 août 2002).

19. L. Chesnot, *La bataille de l'eau au Proche-Orient*, Paris, L'Harmattan, 1993, p. 27.

20. L'Euphrate est beaucoup plus exploité que le Tigre pour diverses raisons géographiques et économiques. A la différence du Tigre, l'Euphrate traverse des régions quasi désertiques pauvres en pétrole, l'eau est donc la seule source d'énergie disponible.

21. On estime que l'exploitation des deux fleuves par la Turquie et la Syrie entraîne une diminution de la quantité d'eau disponible en Irak passant de 15 à 7 milliards de mètres cube par an ; N. Kliot, *Water and Conflicts in the Middle East*, Routledge, Londres, New York, 1994, p. 144.

22. W. Scheumann, « Conflicts on the Euphrates: An Analysis of Water and Non-Water Issues », dans W. Scheumann et M. Schiffler (dir. publ.), *Water in the Middle East. Potential for Conflicts and Prospects for Co-operation*, Berlin, Springer Verlag, 1998, p. 114.

lique de l'Irak est confrontée à des problèmes financiers consécutifs aux deux guerres du Golfe. En outre, les mesures d'embargo prises à l'encontre de l'Irak ont entraîné une intensification de sa production interne dans le secteur agricole, particulièrement consommateur des eaux des deux cours d'eau internationaux[23].

Les positions des Etats riverains du Tigre et de l'Euphrate sur l'utilisation des cours d'eau sont ambiguës ; les discours officiels marquent un refus très net de coopérer tandis que, dans les faits, quelques mécanismes de coopération ont pu être mis en place (section 2). Cependant, ces mécanismes sont insuffisants et, compte tenu des lacunes des rares accords conclus entre les Etats riverains, seul le recours à certaines règles du droit international coutumier permettrait un règlement des différends (section 3). Faute de mécanisme contraignant de règlement des différends pour sanctionner la mise en œuvre de ces règles, il apparaît possible de se tourner vers d'autres mécanismes dont l'efficacité est assurée par l'argument financier et la pression des organisations non gouvernementales (section 4). Le droit international, par son origine et par son objet encore très largement interétatique, pourrait alors voir son « salut » dans la volonté d'entités non étatiques disposant sur les Etats d'un grand pouvoir d'influence. En reprenant à leur compte la réglementation applicable à la construction de barrage, les agences de garantie des crédits à l'exportation peuvent apparaître comme les « sauveurs » des principes adoptés au niveau interétatique. En refusant une telle possibilité, elles ne font qu'accroître l'image d'incapacité du droit international à s'imposer aux Etats récalcitrants à sa mise en œuvre.

SECTION 2 L'AMBIGUÏTÉ DES ÉTATS RIVERAINS : LES CONTRADICTIONS ENTRE LE DISCOURS ET LA PRATIQUE

Les Etats riverains du Tigre et de l'Euphrate ont une attitude ambiguë vis-à-vis des deux cours d'eau ; en effet, sur la scène

---

23. Quatre-vingt-douze pour cent de l'eau utilisée en Irak l'est pour l'agriculture, W. Scheumann, « Conflicts on the Euphrates : An Analysis of Water and Non-Water Issues », dans W. Scheumann et M. Schiffler (dir. publ.), *Water in the Middle East. Potential for Conflicts and Prospects for Co-operation*, Berlin, Springer Verlag, 1998, p. 114. Le 6 août 1990, après que le Conseil de sécurité des Nations Unies eut imposé des sanctions économiques à l'Irak, le ministre irakien de l'Agriculture a lancé un programme dont l'objectif est d'accroître de cinquante pour cent la production de céréales ; cf. N. Beschorner, *Water and Instability in the Middle East : An Analysis of Environmental, Economic and Political Factors Influencing Water Management and Water Disputes in the Jordan and Nile Basins and Tigris-Euphrates Region*, Londres, Brassey's, 1992, p. 36.

internationale, chacun d'eux défend des positions[24] très strictes contraires à toute idée de coopération (paragraphe 1), tandis que, dans la pratique, des embryons de coopération se sont mis en place, signe que la gestion d'un cours d'eau international ne peut se faire de manière totalement isolée (paragraphe 2).

Paragraphe 1 **Les divergences de conception perceptibles face aux travaux de la Commission du droit international sur le droit relatif aux utilisations des cours d'eau internationaux à des fins autres que la navigation**

La Turquie, d'une part, la Syrie et l'Irak, de l'autre, s'opposent sur de nombreuses questions fondamentales relatives au Tigre et à l'Euphrate. Ce paragraphe traitera de la nature juridique des cours d'eau (A), ainsi que, dans la mesure où ils sont qualifiés de cours d'eau internationaux, de leur régime juridique (B).

A. La nature juridique des cours d'eau en question

La frontière et la navigabilité furent longtemps les deux critères permettant de qualifier un cours d'eau d'« international ». Un fleuve serait international s'il est navigable et ne coule pas sur le territoire d'un seul Etat mais traverse (fleuve successif) ou sépare (fleuve contigu) les territoires de deux ou plusieurs Etats. L'accent mis sur le critère de la navigabilité correspond à ce qui fut longtemps la principale utilisation des fleuves[25]. Dans les débats de la Commission du droit international des Nations Unies[26], plusieurs Etats se sont montrés

---

24. Deux des Etats riverains ont édité des rapports présentant leurs positions sur la question du Tigre et de l'Euphrate. Pour la Turquie, *The Water Problem in the Middle East*, 1996, disponible sur www.mfa.gov.tr. Pour l'Irak, Republic of Iraq (Ministry of Foreign Affairs and Ministry of Irrigation), *The Division of Waters under the International Law, Facts on the Joint Waters with Turkey*, Bagdad, 1999.

25. Acte final du Congrès de Vienne, 1815, art. 108, reproduit dans G. F. Martens, *Nouveau Recueil des traités*, Dieterich, Götingue, 1887, t. II, p. 427 ; IDI, résolution de Madrid sur la réglementation internationale de l'usage des cours d'eau internationaux, 1911, art. 2 ; ILA, Règles d'Helsinki sur les utilisations des eaux des fleuves internationaux, 1966, art. 13 ; Statut de Barcelone sur le régime des voies d'eau navigables d'intérêt international, 19 avril 1921, art. 1. Voir également, *Juridiction territoriale de la Commission internationale de l'Oder*, *CPJI série A/B n° 23*, arrêt du 10 décembre 1929, p. 25, et *Oscar Chinn*, *CPJI série A/B n° 63*, arrêt du 12 décembre 1934, pp. 65-83.

26. Durant les travaux de codification du droit relatif aux utilisations des cours d'eau internationaux à des fins autres que la navigation, la question de la définition d'une « voie d'eau internationale » est longtemps restée en suspens (*ACDI*, 1976, vol. II, deuxième partie, p. 149, et *ACDI*, 1980, vol. II, deuxième partie, p. 105).

favorables à une telle conception étroite du fleuve international liée à la navigabilité[27]. Parmi ces Etats, qui partagent la qualité d'Etat d'amont, nous retrouvons la Turquie. Pour le représentant de cette dernière,

> « la question [de la qualification] devrait être fondée sur certains principes existant déjà dans la pratique et sur la définition traditionnelle du fleuve international donnée dans l'acte final du Congrès de Vienne de 1815 et reprise dans des centaines de traités et conventions... »[28]

A l'inverse, pour le représentant syrien, un cours d'eau international est

> « une voie d'eau qui traverse plusieurs pays voisins ou en délimite les frontières naturelles communes, chacun d'eux ayant le droit de l'utiliser librement »[29].

La navigabilité comme critère déterminant la qualité internationale d'un fleuve n'est plus retenue aujourd'hui[30]. L'attitude de la Turquie face aux travaux de la Commission du droit international laisse à penser que celle-ci désire se poser en objecteur persistant à l'émergence de principes de droit coutumier en matière d'utilisation des cours d'eau internationaux à des fins autres que la navigation. Cependant, cette tentative de la Turquie ne résiste pas à l'examen[31]. Dans le litige qui l'oppose à la Syrie au sujet de l'Oronte-Assi, qui n'est pas navigable, la Turquie estime le cours d'eau international, et revendique les droits afférents à cette qualification.

Diverses notions furent évoquées dans les travaux de la Commission, permettant de consacrer une conception large du cours d'eau. On peut notamment songer au bassin fluvial[32], au bassin hydrographique international[33] ou au bassin de drainage international[34]. La Commission a

27. *ACDI*, 1976, vol. II, première partie, pp. 155-193.

28. Nations Unies, *Documents officiels de l'Assemblée générale, trente et unième session, Sixième Commission, vingt-quatrième séance*, par. 13. Plus affirmatif encore est K. Inan, ancien conseiller de la présidence turque déclarant, « les deux fleuves ne sont pas internationaux mais turcs à cent pour cent, ils prennent leur source sur notre territoire », cité par J.-P. Tuquoi, « Les guerres de l'eau », *Expansion*, 4 juillet 1991, p. 44.

29. *ACDI*, 1980, vol. II, première partie, p. 152.

30. Voir affaire relative au *Projet Gabčíkovo-Nagymaros (Hongrie/Slovaquie)*, *CIJ Recueil 1997*, arrêt du 25 septembre 1997, par. 85, p. 56.

31. Cf. *infra*, p. 542.

32. R. Kerney, « Premier rapport sur le droit relatif aux utilisations », *ACDI*, 1976, vol. II, première partie, p. 202 ; S. Schwebel, « Premier rapport sur le droit relatif aux utilisations », *ACDI*, 1979, vol. II, première partie, pp. 161-162.

33. Voir J. Barberis, *International Groundwater Resources Law*, FAO, *Legislative Study*, 1986, n° 40, p. 12.

34. ILA, « Résolution de New York sur l'utilisation des eaux internationales », 1958, art. 4 ; ILA, Règles d'Helsinki sur les utilisations des eaux des

ainsi navigué entre une notion traditionnelle très étroite et des conceptions larges peu propices à recevoir l'assentiment des Etats, notamment d'amont[35]. En 1980, elle envisage de prendre pour hypothèse de travail la notion de système de cours d'eau internationaux[36], qui consacre une approche unitaire de compromis. La notion inclut le cours d'eau, ses affluents, les lacs et les eaux souterraines, mais exclut les eaux non liquides et surtout ne concerne pas le territoire ferme des Etats. La notion sera contestée par certains Etats et ne figure pas dans le titre de la Convention de New York de 1997 qui consacre la notion de « cours d'eau international ». Cependant on retrouve la notion de système dans le corps même de la Convention[37]. La notion finalement retenue par la Commission du droit international est celle de cours d'eau international définie comme « un cours d'eau dont les parties se trouvent dans des Etats différents »[38]. Compte tenu des éléments géographiques évoqués ci-dessus, et malgré les prises de position très fermes d'Ankara et la poursuite des projets turcs, le Tigre et l'Euphrate apparaissent bien être des cours d'eau internationaux au sens du droit international.

B. Quel régime pour un cours d'eau parcourant le territoire de plusieurs Etats ?

Diverses théories favorisant inconditionnellement un Etat du système furent avancées dès la fin du XIXe siècle par certains Etats riverains d'un cours d'eau traversant le territoire de plusieurs

fleuves internationaux, 1966, art. 2. Pour une critique de la notion, voir J. Sette-Camara, « Pollution of International Rivers », *Recueil des cours*, tome 186 (1984), p. 128. Pour une explication du rejet de la notion par la Commission du droit international et la Sixième Commission, cf. J. Evensen, « Premier rapport sur le droit relatif aux utilisations des cours d'eau internationaux à des fins autres que la navigation première », *ACDI*, 1983, vol. II, première partie, paragraphe 14, p. 164.

35. Les conceptions plus larges des cours d'eau internationaux ne sont pas absentes des rares accords conclus entre les Etats de la région au sujet du Tigre et de l'Euphrate, ainsi le Protocole irako-turc relatif à la régulation des eaux du 29 mars 1946 vise le Tigre, l'Euphrate et leurs affluents, art. 1 (Nations Unies, *Recueil des traités*, vol. 37, p. 286).

36. *ACDI*, 1980, vol. II, deuxième partie, p. 105. P. Buirette, « Genèse d'un droit fluvial international général (utilisations à des fins autres que la navigation) », *RGDIP*, 1991, n° 1, pp. 22-24.

37. L'« expression « cours d'eau international » s'entend d'un système d'eaux de surface et d'eaux souterraines constituant, du fait de leurs relations physiques, un ensemble unitaire et aboutissant normalement à un point d'arrivée commun » ; Convention sur le droit relatif aux utilisations des cours d'eau internationaux à des fins autres que la navigation, New York, 21 mai 1997, art. 2, al. *a)*.

38. Convention sur le droit relatif aux utilisations des cours d'eau internationaux à des fins autres que la navigation, art. 2, al. *b)*.

Etats. Face aux excès de ces théories fondées sur le territoire, le droit international a consacré une thèse de compromis, plus acceptable par l'ensemble des Etats[39].

i) *Théorie de la souveraineté territoriale absolue*

La thèse de la souveraineté territoriale absolue, également connue sous l'appellation de doctrine « Harmon »[40], postule le rejet de toute limitation de la souveraineté de l'Etat sur le cours du fleuve. Cette thèse permet à l'Etat d'amont de ne pas tenir compte des intérêts des Etats d'aval.

Ce « principe d'utilisation exclusive »[41] fut soutenu à la fin du XIXe siècle par les Etats-Unis d'Amérique avant d'être rapidement abandonné sans avoir jamais été mis en œuvre[42]. Au Moyen-Orient, seule la Turquie semble se réclamer encore de ce principe. Dans leur commentaire du projet de la Commission du droit international, les autorités d'Ankara affirment que l'on

> « n'a pas tenu suffisamment compte, lors de la détermination du régime à appliquer aux cours d'eau internationaux, de la souveraineté des Etats sur leurs propres ressources naturelles ou de leur droit de gérer lesdites ressources »[43].

Dans le même sens, lors de l'inauguration du barrage Atatürk en 1992, l'ancien premier ministre turc Süleyman Demirel affirmait :

> « nos voisins n'ont aucun droit de regard sur nos projets. Le GAP

---

39. Cela car, comme le rappelle le rapporteur spécial Evensen, il est nécessaire

> « de trouver l'équilibre souhaitable, en la matière, entre l'interdépendance des Etats riverains, d'une part, et leur souveraineté, leur indépendance et le droit de tirer parti des ressources naturelles se trouvant sur leur territoire, d'autre part » (J. Evensen, « Deuxième rapport sur le droit relatif aux utilisations des cours d'eau internationaux à des fins autres que la navigation », *ACDI*, 1984, vol. II, première partie, p. 107).

40. Du nom de l'*Attorney General* américain Harmon ; *Harmon Opinion (Opinion of US Attorney General Harmon to the US Secretary of State, 13 Dec. 1895)*, reproduite dans C. A. R. Robb, *International Environmental Law Reports*, vol. 1 : *Early Decisions*, Cambridge University Press, Cambridge, New York, 1999, pp. 543-549.

41. C.-A. Colliard, « Evolution et aspects actuels du régime juridique des fleuves internationaux », *Recueil des cours*, tome 125 (1968), p. 354.

42. La doctrine Harmon n'a jamais véritablement été mise en pratique, même aux Etats-Unis, cf. S. MacCaffrey, « The Harmon Doctrine One Hundred Years Later : Buried, Not Praised », *Natural Resources Journal*, vol. 36, 1996, n° 3, pp. 549-590.

43. *ACDI*, 1993, vol. II, première partie, p. 168.

> est en territoire turc ... La Syrie et l'Irak n'avaient pas plus de droit sur les eaux turques que la Turquie sur leur pétrole.»[44]

Cependant, il est intéressant de noter que, malgré le discours officiel d'Ankara, il n'apparaît aucune référence au principe de la souveraineté territoriale absolue dans les accords conclus entre les Etats riverains du Tigre et de l'Euphrate — mais le principe se prête-t-il à la coopération? En outre, et surtout, dans le cas de l'Oronte-Assi, sur lequel la Syrie est Etat d'amont et la Turquie Etat d'aval, cette dernière revendique des droits qui, si on applique la théorie de la souveraineté absolue, ne sauraient exister[45]. D'autres arguments plaident contre la thèse turque de l'objecteur persistant, notamment l'existence et l'application jusqu'à la fin des années soixante du Protocole au Traité d'amitié et de bon voisinage conclu en 1946 entre l'Irak et la Turquie, et la conclusion le 23 octobre 1968 d'un accord entre la Turquie et la Bulgarie concernant la coopération pour l'utilisation des eaux des fleuves communs aux deux pays.

Il est donc évident que la thèse de l'objecteur persistant que tente d'imposer la Turquie ne résiste pas à l'examen.

ii) *Théorie de l'intégrité territoriale absolue*

Cette seconde théorie découle de la tradition anglo-saxonne des droits des riverains *(riparian rights)*. En application de celle-ci,

> «les Etats d'aval, surtout celui ou ceux bordant le dernier segment du cours d'eau international, seraient habilités à exiger de leurs voisins d'amont la même quantité (et qualité) d'eau que celle qui leur est assurée par le cours naturel du fleuve, soit l'intégrité du débit de celui-ci»[46].

Cela consiste à demander l'autorisation de l'Etat d'aval pour tout projet conduit par l'Etat d'amont. Ainsi, sur l'Euphrate, les Etats d'aval (Syrie ou Irak) disposeraient d'un véritable droit de veto à l'encontre des projets de la Turquie, Etat d'amont. Le tribunal arbitral appelé à trancher le différend franco-espagnol dans l'affaire du *Lac Lanoux* a clairement rejeté cette théorie en affirmant:

> «la règle suivant laquelle les Etats ne peuvent utiliser la force

---

44. Cité par S. Dumont et F. de Broons, «L'eau au Proche-Orient, enjeux stratégiques et instrument de paix», *Revue de la Défense nationale*, 1995, février, p. 123.

45. Sur la question de l'Oronte-Assi, voir *infra*, pp. 549-550.

46. L. Caflisch, «Règles générales du droit des cours d'eau internationaux», *Recueil des cours*, tome 219 (1989), p. 51.

hydraulique des cours d'eau internationaux qu'à la condition d'un accord *préalable* entre les Etats intéressés ne peut être établie ni à titre de coutume, ni encore moins à titre de principe général du droit »[47].

Ainsi, n'étant ni de nature coutumière, ni inscrit dans un accord en vigueur entre les Etats riverains, le principe de l'intégrité territoriale ne peut être reconnu comme règle de droit applicable aux litiges relatifs au Tigre et à l'Euphrate.

Le reflet des divergences de conception entre les Etats riverains rejaillit lors du vote de la Convention sur le droit relatif aux utilisations des cours d'eau internationaux à des fins autres que la navigation. Même si cette convention entrait en vigueur, elle ne serait pas applicable en tant que droit conventionnel aux différends relatifs au Tigre et à l'Euphrate car, au sein de l'Assemblée générale des Nations Unies, la Turquie a voté contre l'adoption de la Convention[48], seule la Syrie a voté favorablement et a ratifié celle-ci[49], tandis que l'Irak, Etat *paria* à l'époque dans le système des Nations Unies, n'a pas pris part au vote. Cette convention peut néanmoins être valablement utilisée à de nombreux égards dans le cadre de la présente étude en ce qu'au moins en partie elle codifie la coutume internationale.

Paragraphe 2 **Des embryons de coopération avec interférence de facteurs non juridiques**

Comme le rappelle L. Caflisch dans son cours :

« Formant une unité naturelle malgré les frontières qui le divisent, un cours d'eau ou bassin international ne peut être à la merci de simples règles de coexistence. Les intérêts communs des Etats concernés appellent des règles de coopération. »[50]

Et la Commission du droit international précise :

« La coopération permettrait aux Etats de trouver eux-mêmes les moyens de concilier leurs propres intérêts. Elle permettrait aux

47. Affaire du *Lac Lanoux (Espagne c. France)*, sentence arbitrale du 16 novembre 1957, *RSA*, vol. XII, p. 308.

48. La Turquie a voté contre la Convention notamment à cause de l'articulation entre les articles 5 et 7 et de l'article 33 sur le règlement des différends.

49. *ILM*, vol. 36, 1997, p. 700. En outre, le nombre de ratifications nécessaire à son entrée en vigueur n'est pas atteint. Il est d'ailleurs possible que cette convention n'entre jamais en vigueur.

50. L. Caflisch, « Règles générales du droit des cours d'eau internationaux », *Recueil des cours*, tome 219 (1989), p. 186.

souverainetés en jeu de coexister de manière positive, tout en empêchant des abus éventuels. »[51]

La question du Tigre et de l'Euphrate n'a jamais véritablement fait l'objet d'une réglementation internationale négociée par les Etats du bassin. Cependant, quelques accords furent conclus par les Etats eux-mêmes ou les puissances exerçant des mandats sur ces territoires au cours du XXe siècle[52]; mais tous les Etats riverains ont rejeté ces traités de l'époque coloniale[53]. Plus intéressante, comme preuve d'une pratique de l'Irak et de la Turquie, est la question du Traité d'amitié et de bon voisinage conclu entre ces deux Etats en 1946[54]. Un protocole annexé à ce traité a pour objet

> « d'assurer le maintien d'un approvisionnement régulier en eau et la régularisation du débit des deux cours d'eau, pour éviter le danger d'inondation pendant les périodes annuelles de crue ».

Le projet était de construire dans le sud de la Turquie des barrages financés par l'Irak afin de limiter les risques d'inondation[55]. Ce proto-

51. « Rapport de la Commission à l'Assemblée générale sur les travaux de sa trente-neuvième session », *ACDI*, 1987, vol. II, deuxième partie, p. 21. Sur l'obligation de coopérer, voir S. Schwebel, « Troisième rapport sur le droit relatif aux utilisations des cours d'eau internationaux à des fins autres que la navigation », *ACDI*, 1981, vol. II, première partie, p. 110, et S. MacCaffrey, « Troisième rapport sur le droit relatif aux utilisations des cours d'eau internationaux à des fins autres que la navigation », *ACDI*, 1987, vol. II, première partie, p. 24; Convention sur le droit relatif aux utilisations des cours d'eau internationaux à des fins autres que la navigation, art. 8. Ch. Tomuschat relève l'ambiguïté de ce « duty to co-operate » à la frontière du juridique et du politique; Ch. Tomuschat, « International Law: Ensuring the Survival of Mankind on the Eve of a New Century. General Course on Public International Law », *Recueil des cours*, tome 281 (1999), p. 264.

52. La France sur la Syrie et le Royaume-Uni sur l'Irak; Convention franco-britannique concernant les conditions d'attribution des mandats en Palestine et en Mésopotamie, 23 décembre 1920, Société des Nations, *Recueil des traités*, vol. XXII, p. 354; Accord franco-turc en vue de réaliser la paix, 20 octobre 1921, Société des Nations, *Recueil des traités*, vol. LIV, p. 178; Traité de paix, Lausanne, 24 juillet 1923, Société des Nations, *Recueil des traités*, vol. XXVIII, p. 12; Convention franco-turque d'amitié et de bon voisinage, 30 mai 1926, Société des Nations, *Recueil des traités*, vol. LIV, p. 196; Protocole franco-turc, 3 mai 1930, Nations Unies, *Textes législatifs*, traité n° 94, p. 290.

53. G. Shapland, « Policy Options for Downstream States in the Middle East », J. A. Allan et Ch. Mallat (dir. publ.), *Water in the Middle East. Legal, Political and Commercial Implications*, Tauris Publishers, Londres, New York, 1995, p. 306.

54. Traité d'amitié et de bon voisinage entre l'Irak et la Turquie, Ankara, 29 mars 1946, Nations Unies, *Recueil des traités*, vol. 37, pp. 286-288.

55. Traité d'amitié et de bon voisinage entre l'Irak et la Turquie, Ankara, 29 mars 1946, préambule, par. 2 et 3.

cole auquel la Syrie n'était pas partie a permis de mettre en œuvre une coopération poussée entre la Turquie et l'Irak jusqu'à la fin des années soixante. Mais, dès cette époque, les ouvrages de grande envergure ont commencé à se multiplier sur le cours des deux fleuves sans qu'aucune coordination entre les projets ne soit envisagée par les Etats riverains[56]. La Turquie et l'Irak ont alors considéré que l'accord de 1946 n'était plus satisfaisant et ne pouvait plus être appliqué. Pour l'Irak, il est inacceptable car il organise la construction des ouvrages en territoire turc, tandis que la Turquie le rejette car il offre un droit de regard de l'Irak sur les projets turcs[57]. Depuis 1960, les rares tentatives pour parvenir à une gestion concertée des cours d'eau de la région n'ont abouti qu'à des arrangements bilatéraux[58] provisoires de nature plutôt politique[59].

A. Le Comité mixte, forum d'échange d'informations

L'échange de données fiables et cohérentes entre tous les Etats riverains d'un même cours d'eau international est nécessaire afin de favoriser une meilleure connaissance du cours d'eau et une meilleure appréciation des politiques des différents Etats riverains[60]. Cet échange de données peut concerner les caractéristiques physiques, hydrauliques, météorologiques, hydrogéologiques du cours d'eau[61]. L'objectif est ainsi d'éviter ou de gérer dans les meilleures conditions et sur les meilleures bases les éventuels litiges s'élevant entre les Etats riverains au sujet de l'exploitation du cours d'eau international. Ainsi, pour le rapporteur spécial Schwebel,

---

56. F. Riazi, *L'administration internationale et l'organisation des bassins fluviaux en Asie*, thèse dactylographiée, Paris I, 1972, p. 199.
57. W. Scheumann, « Conflicts on the Euphrates : An Analysis of Water and Non-Water Issues », dans W. Scheumann et M. Schiffler (dir. publ.), *Water in the Middle East. Potential for Conflicts and Prospects for Co-operation*, Berlin, Springer Verlag, 1998, pp. 113-135.
58. On est donc loin du principe aux termes duquel tout Etat du cours d'eau a le droit de participer à la négociation et de devenir partie à l'accord de cours d'eau ; Convention sur le droit relatif aux utilisations des cours d'eau internationaux à des fins autres que la navigation, art. 4.
59. Cf. *infra*, pp. 549-552.
60. Sur la nécessité de l'échange de données, S. MacCaffrey, « Quatrième rapport sur le droit relatif aux utilisations des cours d'eau internationaux à des fins autres que la navigation », *ACDI*, 1988, vol. II, première partie, pp. 210-219.
61. Nations Unies, *Mise en valeur des bassins fluviaux et lacustres*, *Ressources naturelles*, *Série Eau*, n° 20, 1990, p. 339. Convention sur le droit relatif aux utilisations des cours d'eau internationaux à des fins autres que la navigation, art. 9, par. 1. L'obligation d'échange de données ne saurait être absolue, seules les données nécessaires devront être échangées et on exclut classiquement certaines données touchant à la sécurité nationale.

> « il est impossible de tenter intelligemment de résoudre les problèmes liés aux systèmes de cours d'eau internationaux si l'on ne dispose pas de données nombreuses, exactes et vérifiables, réunies soit grâce à un effort commun soit par le biais d'un échange périodique » [62].

Au Moyen-Orient, les mécanismes d'échange de données scientifiques concernant le Tigre et l'Euphrate ne sont pas satisfaisants. Face aux crues terribles du Tigre, la Turquie s'était engagée à coopérer avec l'Irak en concluant le Protocole relatif à la régulation des cours du Tigre et de l'Euphrate de 1946, qui reconnaît la nécessité d'installer en territoire turc des stations permanentes d'observation [63]. Mais, on l'a vu, les termes de cet accord, organisant une coopération étroite entre les Etats, ne sont plus appliqués depuis que la Turquie, l'Irak et la Syrie ont mis en œuvre leurs grands projets hydroélectriques au début des années soixante-dix.

« L'idéal serait ... que les Etats poursuivent en permanence dialogue, concertation, collaboration, sous une forme institutionnalisée. » [64] Or, contrairement à la situation observable dans de nombreux bassins fluviaux internationaux, les relations entre les Etats riverains du Tigre et de l'Euphrate sont trop perturbées par des questions d'ordre politique pour que soit créé un organe mixte efficace de gestion des cours d'eau [65].

---

62. S. Schwebel, « Troisième rapport sur le droit relatif aux utilisations des cours d'eau internationaux à des fins autres que la navigation », *ACDI*, 1981, vol. II, première partie, p. 142.

63. Protocole irako-turc relatif à la régulation des cours du Tigre et de l'Euphrate, 29 mars 1946, préambule, par. 1, Nations Unies, *Recueil des traités*, vol. 37, p. 286. Cet accord organise une coopération étroite entre les Etats puisque les stations sont construites sur le territoire de la Turquie et leur financement est assuré conjointement par les deux Etats, art. 3.

64. P. Buirette, « Genèse d'un droit fluvial international général (utilisations à des fins autres que la navigation) », *RGDIP*, 1991, n° 1, p. 43. Dans le même sens, S. MacCaffrey, « Quatrième rapport sur le droit relatif aux utilisations des cours d'eau internationaux à des fins autres que la navigation », *ACDI*, 1988, vol. II, première partie, p. 211. Voir également Conférence des Nations Unies sur l'eau, Mar del Plata, 25 mars 1977, recommandation n° 85.

65. S. Schwebel, « Troisième rapport sur le droit relatif aux utilisations des cours d'eau internationaux à des fins autres que la navigation », *ACDI*, 1982, vol. II, première partie, p. 221 ; S. MacCaffrey, « Sixième rapport sur le droit relatif aux utilisations des cours d'eau internationaux à des fins autres que la navigation », *ACDI*, 1990, vol. II, première partie, pp. 4-21 ; IDI, Résolution de Madrid sur la réglementation internationale de l'usage des cours d'eau internationaux, 20 avril 1911, art. 2, par. 7 ; Conférence des Nations Unies sur l'environnement humain, Stockholm, 16 juin 1972, recommandation n° 51 ; Convention sur le droit relatif aux utilisations des cours d'eau internationaux à des fins autres que la navigation, art. 8, par. 1. La Syrie a proposé, sans succès, la création d'une véritable autorité internationale sur l'Euphrate, voir B. Zohurul, « Syrian-Iraki Disputes over the Euphrates River », *International Studies*, vol. 16, 1977, n° 2, p. 236.

Il convient de préciser qu'il n'existe pas en droit international d'obligation de créer de telles structures, l'obligation de coopérer n'ayant pas nécessairement une traduction institutionnelle [66].

Aujourd'hui, les seuls échanges de renseignements se font de façon discrétionnaire et sont suspendus à chaque période de tension. Le Comité technique mixte est la plus importante structure de coopération de la région. Mis en place à la suite d'une rencontre turco-irakienne en 1980 [67], il devient le Comité technique conjoint des eaux régionales en 1983 avec l'intégration de la Syrie au processus [68]. Cet organe qui a compétence sur l'ensemble du cours d'eau international est composé quasi exclusivement de techniciens et n'a qu'un rôle consultatif. Cette commission se montra peu efficace dans la recherche d'une solution au problème de gestion des eaux des deux cours d'eau. Pourtant, lors de la première réunion, Damas et Bagdad s'engagent à coopérer afin de limiter la pollution des eaux, et surtout prévoient que les Etats devraient se réunir au niveau ministériel. Il semble en effet illusoire de laisser à des techniciens le soin de gérer une situation dont les principaux ressorts sont politiques. Mais le processus de coopération entre les Etats a achoppé sur de nombreux points, de telle sorte que le Comité ne s'est pas réuni depuis 1992, malgré les demandes en ce sens adressées par la Syrie et l'Irak à la Turquie durant l'été 2001 [69].

B. La notification incomplète

Tout Etat riverain d'un cours d'eau international envisageant de conduire un projet sur celui-ci doit notifier son projet aux autres Etats riverains afin de recueillir leurs observations ou leurs objections. L'obligation de notifier et de consulter concerne toutes les mesures projetées par un Etat sur le cours d'eau international susceptibles d'avoir des effets négatifs significatifs pour les autres Etats riverains [70]. L'obligation de notifier et de consulter est présente dans divers accords relatifs à l'aménagement des deux fleuves. L'article 5 du protocole annexé au Traité de bon voisinage irako-turc de 1946 dispose,

---

66. Cependant, une forte incitation à l'institutionnalisation est donnée par la Convention sur la protection et l'utilisation des cours d'eau transfrontières et des lacs internationaux, Helsinki, 17 mars 1992, art. 9, par. 2.

67. La création du Comité n'est annoncée que par le procès-verbal de la rencontre, voir Republic of Iraq (Ministry of Foreign Affairs and Ministry of Irrigation), *The Division of Waters under the International Law, Facts on the Joint Waters with Turkey*, Bagdad, 1999, p. 23.

68. ONU, *Mise en valeur des bassins fluviaux et lacustres, Ressources naturelles, Série Eau*, n° 20, 1990, p. 204.

69. www.arabicnews.com, article du 23 août 2001.

70. Convention sur le droit relatif aux utilisations des cours d'eau internationaux à des fins autres que la navigation, art. 12.

notamment, « la Turquie tiendra l'Irak au courant de ses projets de construction d'ouvrages de conservation, sur l'un des deux fleuves ou leurs affluents »[71]. Cependant, depuis que les projets de grande envergure se développent dans le bassin du Tigre et de l'Euphrate, les questions liées à la notification sont source de tension. Il semble en effet que la notification ait toujours été organisée, mais que celle-ci n'ouvre pas un possible dialogue entre les Etats riverains. Les Etats du bassin du Tigre et de l'Euphrate ne s'ignorent pas totalement, mais les résultats des rares phases de négociations conduites par eux

> « ont été peu probants et se sont plutôt réduits à la mise en œuvre de gestion nationale qui, par manque de consultations et d'informations réciproques, a conduit à des incompréhensions et à des craintes cumulées »[72].

La notification n'est qu'une première étape des relations que doivent entretenir les Etats riverains d'un cours d'eau lorsque un projet est envisagé par l'un d'eux. En cas de réponse à la notification dans un délai raisonnable, les Etats ont le droit de demander des renseignements supplémentaires et, en cas d'opposition persistante, ils doivent, si cela est nécessaire, entrer en négociation[73].

Dans l'affaire du *Lac Lanoux*, le tribunal arbitral précise le sens de l'obligation de négocier :

> « Il y aurait ... une obligation d'accepter de bonne foi tous les entretiens et les contacts qui doivent, par une large confrontation d'intérêts et par une bonne volonté réciproque, les mettre dans les meilleures conditions pour conclure des accords. »[74]

Cette obligation de négocier est d'ailleurs considérée par la Cour internationale de Justice comme étant à la base des relations internationales[75].

---

71. Protocole irako-turc relatif à la régulation des cours du Tigre et de l'Euphrate, 29 mars 1946, art. 5, Nations Unies, *Recueil des traités*, vol. 37, p. 286.

72. B. d'Armaille, « L'eau, un levier de puissance pour la Turquie », *Stratégique*, 1992, n° 55, p. 175.

73. Convention sur le droit relatif aux utilisations des cours d'eau internationaux à des fins autres que la navigation, art. 11-19.

74. Affaire du *Lac Lanoux (Espagne c. France)*, sentence arbitrale du 16 novembre 1957, *RSA*, vol. XII, p. 308. Dans le même sens, *Compétence en matière de pêcheries (Royaume-Uni c. Islande)*, *CIJ Recueil 1974*, arrêt du 25 juillet 1974, par. 78, p. 33.

75. *Compétence en matière de pêcheries (Royaume-Uni c. Islande)*, *CIJ Recueil 1974*, arrêt du 25 juillet 1974, p. 31 ; *Plateau continental de la mer du Nord (République fédérale d'Allemagne c. Danemark ; République fédérale d'Allemagne c. Pays-Bas)*, *CIJ Recueil 1969*, arrêt du 20 février 1969, par. 85, p. 47.

La négociation et la coopération ne sont pas entièrement absentes de la région. Ainsi, même entre l'Irak et la Syrie, les « frères ennemis » du monde arabe marqués par une défiance mutuelle depuis la rupture idéologique des deux partis Baas dans les années soixante, une coopération économique limitée s'est mise en place depuis la fin des années quatre-vingt. Cette coopération a permis d'aboutir, en 1990, à la signature d'un accord bilatéral qui attribue à l'Irak cinquante-huit pour cent des eaux de l'Euphrate que la Syrie reçoit de la Turquie[76]. Mais, là encore, cette coopération s'organise en fonction d'éléments non juridiques dans une stratégie d'alliance contre la Turquie.

C. Les tentatives politiques et économiques de règlement des différends relatifs au Tigre et à l'Euphrate

La question de l'eau dans le bassin du Tigre et de l'Euphrate est essentielle mais elle n'est pas le seul point de discorde entre les Etats de la région[77]. Ainsi, l'eau ne fait qu'exacerber des conflits anciens entre les Etats. Songer à la rivalité entre la Syrie et l'Irak depuis les années soixante-dix, ou aux difficiles relations syro-turques au sujet des indépendantistes kurdes, permet d'illustrer la qualité de l'eau à devenir le relais d'oppositions politiques[78]. Le contrôle des ressources en eau est un enjeu de pouvoir et permet d'exercer une pression sur les Etats voisins au sujet d'autres questions[79]. La Turquie, véritable « château d'eau »[80] du Moyen-Orient, tente de lier les questions hydrauliques à des questions de territoire ou de sécurité intérieure, principalement dans ses relations avec la Syrie.

i) *La question de l'Oronte-Assi*

La Turquie, Etat d'amont sur le Tigre et sur l'Euphrate, affirme régulièrement son hostilité à la conclusion d'un accord multilatéral sur

76. Voir Republic of Iraq (Ministry of Foreign Affairs and Ministry of Irrigation), *The Division of Waters under the International Law, Facts on the Joint Waters with Turkey*, Bagdad, 1999, p. 24.
77. Voir T. Majzoub, *Les fleuves du Moyen-Orient*, Paris, L'Harmattan, 1994, p. 199.
78. G. Shapland, *Rivers of Discord, International Water Disputes in the Middle East*, Hurst and Company, Londres, 1997, p. 162; D. Momtaz, « Le régime juridique des ressources en eau des cours d'eau internationaux du Moyen-Orient », *AFDI*, 1993, p. 897.
79. Voir Unesco, *L'encyclopédie interactive de l'eau : l'Or bleu*, rubrique « L'eau un enjeu politique », 1999.
80. La Turquie récuse cette appellation. Selon Ankara, la Turquie serait ainsi qualifiée à cause de ses tentatives de vendre de l'eau aux pays arabes et à Israël (cf. projet de pipeline pour la paix et projet de transfert d'eau de la rivière Manavgat vers Israël). Voir *The Water Problem in the Middle East*, 1996, disponible sur www.mfa.gov.tr.

des quotas de répartition des eaux de la région [81]. Pourtant, depuis 1964, les autorités d'Ankara manifestent ouvertement leur volonté de conclure avec la Syrie un accord global de partage pour tous les cours d'eau traversant les deux pays [82]. Par ce biais, la Turquie fait directement référence au fleuve Oronte-Assi partagé entre les deux Etats. Or, le Sandjak d'Alexandrette (Hatay turc), territoire sur lequel coule le fleuve Assi (Oronte), est l'objet d'une contestation entre les deux Etats [83]. Cette région a été cédée par la France (puissance mandataire du territoire syrien) à la Turquie en 1939. Cette cession est, depuis lors, contestée par les autorités de Damas. Bien que la région soit contrôlée par la Turquie, sur les cartes officielles établies par Damas la région apparaît comme faisant partie intégrante du territoire national syrien. Malgré les demandes de la Turquie, la Syrie refuse toute négociation sur ce cours d'eau qu'elle considère comme entièrement arabe et qu'elle utilise intensément à des fins d'irrigation [84].

ii) *La question kurde*

Malgré l'échec de la diplomatie turque dans la recherche d'un accord global avec la Syrie, Damas et Ankara ont conclu, en 1987, un Accord provisoire de coopération économique par lequel la Turquie s'engage à assurer en moyenne un débit annuel de 500 mètres cubes/seconde sur l'Euphrate à la frontière turco-syrienne [85]. Ce protocole est d'une importance capitale en ce qu'il constitue le premier accord conclu depuis la fin de la seconde guerre mondiale organisant un partage des eaux dans la région. Or, cet accord ne repose pas sur une volonté de se conformer aux règles du droit international, mais n'a été possible que par la prise en compte d'éléments politiques. En effet, Ankara estime que les organisations anti-Turcs jouissent d'un accueil

81. Voir N. Beschorner, *Water and Instability in the Middle East: An Analysis of Environmental, Economic and Political Factors Influencing Water Management and Water Disputes in the Jordan and Nile Basins and Tigris-Euphrates Region*, Londres, Brassey's, 1992, p. 43.

82. Voir notamment A. Lien, «Still Thirsting: Prospects for a Multilateral Treaty on the Euphrates and Tigris Rivers Following the Adoption of the United Nations Convention on International Watercourses», *Boston University International Law Journal*, vol. 16, 1998, n° 1, p. 275.

83. Voir A. Soffer, *Rivers of Fire. The Conflict over Water in the Middle East*, traduit de l'hébreu par M. Rosovsky et N. Copaken, Rowman and Littlefield Publishers, Lanham, Boulder, New York, Oxford, pp. 205-212.

84. A ce titre, la Syrie a, depuis 1972, conclu deux accords de coopération avec le Liban au sujet de l'Oronte-Assi sans en avertir la Turquie (dernier accord en 1994).

85. Accord reproduit dans J. W. Daleppena, «The Two Rivers and the Land between: Mesopotamia and the International Law of Transboundary Waters», *BYUJ Pub. L.*, 1996, p. 251.

favorable en Syrie[86]. La Turquie (mais aussi la Syrie) tente de lier la question de l'eau à celle des activités des indépendantistes kurdes en conditionnant le respect de l'Accord de 1987 à l'engagement syrien de lutter ou au moins de ne pas favoriser le développement de ces dernières[87]. Dans les premières années, les engagements de la Syrie au sujet du PKK semblent tenues, mais la situation reste particulièrement tendue.

En juillet 1992, le ministre des Affaires étrangères de la Turquie, H. Cetin, en visite à Damas a réaffirmé que la Turquie respectera ses engagements concernant les eaux de l'Euphrate tant que la Syrie prendra des précautions contre le PKK, mais depuis 1996 la Turquie refuse ouvertement de négocier sur la base de «plus d'eau pour moins de terrorisme»[88]. Il convient de rappeler que le GAP lui-même a, entre autres objectifs (inavoués), de développer économiquement le Sud-Est anatolien ce qui contribuera à fragiliser le mouvement indépendantiste[89].

iii) *Le projet de pipeline pour la paix*

Faute d'une véritable coopération, la région est susceptible de souffrir d'une grave pénurie d'eau dans un avenir plus ou moins proche selon les pays. Plutôt que de fixer durablement un partage des eaux du Tigre et de l'Euphrate, la Turquie a tenté d'imposer aux Etats de la région une solution commerciale[90]. Ce projet consistait en la construc-

86. L'Armée secrète arménienne pour la libération de l'Arménie (ASALA), le Dev-sol (mouvement d'extrême gauche) et, surtout, les indépendantistes kurdes du PKK (Parti des travailleurs kurdes) illustrent les reproches adressés par Ankara à Damas. Ainsi, il est notoire que, jusqu'à son arrestation (dans des conditions contestables) au Kenya en février 1999, le leader Kurde A. Occalan vivait à Damas.

87. La question des indépendantistes kurdes a déjà été mêlée à un différend relatif à l'eau dans la région lorsque l'Irak manifesta auprès de l'Iran son refus de conclure un accord acceptable de délimitation de la frontière entre les deux pays sur le Chatt al-Arab. Au début des années soixante-dix, l'Iran apporta un soutien matériel au parti démocratique kurde durant la révolution kurde.

88. P. Williams, «Turkey's H_2O Diplomacy in the Middle East», *Security Dialogue*, vol. 32, 2001, n° 1, p. 30. Depuis 1990 la Syrie revendique une augmentation du débit moyen de l'Euphrate de 500 à 700 m^3/seconde.

89. N. Beschorner, *Water and Instability in the Middle East: an Analysis of Environmental, Economic and Political Factors Influencing Water Management and Water Disputes in the Jordan and Nile Basins and Tigris-Euphrates Region*, Londres, Brassey's, 1992, p. 30.

90. La dimension économique de l'eau dans la région est clairement évoquée par K. Inan, ancien ministre chargé des affaires du GAP qui estimait que:

> «l'eau devient une matière première des plus stratégiques, jouant un rôle économique car l'eau est, ici, beaucoup plus rare que le pétrole et elle le sera de plus en plus» (cité par T. Majzoub, «La Turquie, le GAP et le

tion de deux immenses pipelines permettant d'acheminer sur plusieurs milliers de kilomètres six millions de mètres cubes d'eau par jour en provenance de deux rivières turques peu exploitées[91]. La Syrie, l'Irak et l'Arabie saoudite notamment devaient profiter de ce projet.

Malgré la possibilité d'acheminer de grandes quantités d'eau potable dans divers pays de la région à un coût raisonnable, ce projet avait, dès le départ, des chances de succès assez limitées. Aucun Etat, a fortiori dans une région aussi troublée, n'accepte d'être directement dépendant de l'extérieur pour une ressource aussi stratégique que l'eau[92]. En outre, des pays comme la Syrie et l'Irak refusent de payer l'eau turque alors qu'ils accusent ce même pays de retenir et d'exploiter indûment les eaux du Tigre et de l'Euphrate qui devraient leur parvenir naturellement. Enfin, le projet prévoyait la possibilité de fournir de l'eau à Israël, éventualité que les pays arabes ne pouvaient tolérer.

SECTION 3 **L'INEFFICACITÉ DES NORMES COUTUMIÈRES POUR DÉVELOPPER LA COOPÉRATION ENTRE LES ÉTATS RIVERAINS**

Le droit conventionnel multilatéral de l'eau (fort logiquement, compte tenu de la grande diversité des situations de chaque cours d'eau, diraient certains[93]) est peu développé. En l'absence de tout traité international relatif à la matière applicable entre les parties aux différends, il convient de se tourner vers un possible droit interna-

point de vue irako-syrien», *L'évolution des enjeux économiques et l'équilibre des forces en Turquie et en Méditerranée orientale*, colloque d'Istanbul du CNRS, Paris, L'Harmattan, 1993, p. 86).

91. Les deux rivières peu exploitées par la Turquie devant fournir les deux pipelines sont la Seyhan et la Ceyhan.

92. Même dans des régions moins troublées que le Moyen-Orient, les projets de transfert d'eau entre deux Etats posent des difficultés. Nous pouvons évoquer notamment un cas entre la France et de la Belgique: en 1996, le Syndicat intercommunal de distribution des eaux du Nord a conclu, avec une société belge, un contrat de fourniture d'eau. Ce projet a donné lieu à une question à l'Assemblée nationale française sur la conformité du contrat à la loi sur l'eau du 3 janvier 1992 qui envisage l'eau comme patrimoine commun de la nation. L'affaire a également été portée par le préfet de la région Nord-Pas-de-Calais devant le tribunal administratif de Lille. Cette juridiction se déclara incompétente au motif que le contrat n'a fait naître que des relations de droit privé entre les parties (tribunal administratif de Lille, *Préfet du Nord c. Syndicat intercommunal de distribution d'eau du Nord (SIDEN) et Intercomunale Waterleidingsmaatschappij van Veurne-Ambacht*, jugement du 3 avril 1997).

93. Voir M. Wolfrom, *L'utilisation à des fins autres que la navigation des eaux des fleuves, lacs et canaux internationaux*, Paris, Pedone, 1964, pp. 68-76.

tional coutumier général ou régional applicable entre les parties[94]. Or, l'existence de règles coutumières générales du droit international fluvial fut longtemps très controversée[95]. La difficulté de dégager des principes de droit international coutumier dans ce secteur est influencée par la spécificité marquée de chacun des cours d'eau[96]. Cependant, il est incontestable que certains des principes de la Convention de 1997 sur l'utilisation des cours d'eau internationaux à des fins autres que la navigation sont de nature coutumière. La mise en œuvre de telles procédures, si elle est effective, rend obligatoire une véritable coopération entre les Etats riverains, principalement au moyen d'obligations procédurales, qui, selon le rapporteur MacCaffrey, «sont un complément indispensable au principe général de l'utilisation équitable»[97].

Paragraphe 1 **Obligation d'utiliser les cours d'eau de manière équitable et raisonnable**

On ne trouve mention de l'utilisation équitable et raisonnable que dans les anciens accords conclus entre les puissances mandataires ou les Etats de la région, sans que l'on puisse déclarer ces accords applicables aujourd'hui. Ainsi, l'article 12 de l'Accord franco-turc du 20 octobre 1921 dispose que les eaux du Koveik (ancien affluent de l'Euphrate) «seront réparties entre la ville d'Alep et la région au nord restée turque de manière à donner *équitablement* satis-

94. P. Buirette, «Genèse d'un droit fluvial international général (utilisations à des fins autres que la navigation)», *RGDIP*, 1991, n° 1, p. 49.

95. H. Ruiz-Fabri, «Règles coutumières générales et droit international fluvial», *AFDI*, 1990, pp. 818-842. Plus ancien et concluant à l'inexistence de règles coutumières en droit des cours d'eau internationaux, F. J. Berber, *Rivers in International Law*, Londres, Stevens and Son, 1959, spécialement pp. 185-255.

96. «On arrivera successivement à reconnaître à chaque rivière son individualité propre et ce tant du point de vue juridique qu'économique. Cette individualité est peut-être trop négligée par les théoriciens, mais elle existait toujours en pratique de droit ... Ainsi, chaque cours d'eau international est à considérer individuellement, et son caractère géopolitique devrait toujours impliquer son statut» (A. W. Quint, «Nouvelles tendances dans le droit international fluvial», *Revue de droit international et de législation comparée*, 1931, pp. 325-326).

Dans le même sens, B. Winiarski, «Droit fluvial international», *Recueil des cours*, tome 45 (1933), p. 188; G. Sauser-Hall, «L'utilisation industrielle des fleuves internationaux», *Recueil des cours*, tome 83 (1953), p. 471. Pour nuancer, voir J. Evensen, «Deuxième rapport sur le droit relatif aux utilisations des cours d'eau internationaux à des fins autres que la navigation», *ACDI*, 1984, vol. II, première partie, p. 108.

97. S. MacCaffrey, «Deuxième rapport sur le droit relatif aux utilisations des cours d'eau internationaux à des fins autres que la navigation», *ACDI*, 1986, vol. II, première partie, p. 143.

faction aux deux parties»[98]. Encore, la clause 2 du Protocole franco-turc du 3 mai 1930 dispose que «la solution de toutes les questions relatives à la pêche et à l'exploitation industrielle et agricole des eaux doit être basée sur le principe de la complète égalité»[99]. Nous retrouvons des considérations similaires dans le protocole annexé au Traité de bon voisinage conclu en 1946 entre la Turquie et l'Irak[100]. Ces différents accords n'étant plus en vigueur, ou plus appliqués par les Etats de la région, le principe de l'utilisation équitable et raisonnable ne pourra s'appliquer que sur le fondement coutumier.

Pour le rapporteur spécial Schwebel,

> «il est postulé que le droit dévolu à chaque Etat d'obtenir une part équitable des utilisations des eaux d'un système hydrographique international est incontestable et incontesté»[101].

MacCaffrey, son successeur, précise que «son applicabilité [n'est] limitée que par d'éventuels obstacles politiques à l'acceptation d'un partage équitable, plutôt que par des considérations proprement juridiques»[102].

Le caractère coutumier du principe ne saurait donc être écarté[103].

Les positions des Etats de la région sur le principe d'utilisation équitable et raisonnable des eaux des cours d'eau internationaux sont contrastées. Pour la Turquie, il faudrait inclure «une disposition limitant les utilisations [et spécialement les nouvelles utilisations] des Etats d'aval»[104] et il est

98. Accord franco-turc en vue de réaliser la paix, 20 octobre 1921, art. 12 (Société des Nations, *Recueil des traités*, vol. LIV, p. 178; l'italique est de nous).

99. Protocole franco-turc, 3 mai 1930, clause 2, Nations Unies, *Textes législatifs*, traité n° 94, p. 290.

100. Protocole irako-turc relatif à la régulation des cours du Tigre et de l'Euphrate, 29 mars 1946, préambule, par. 1, et art. 5, Nations Unies, *Recueil des traités*, vol. 37, p. 286.

101. S. Schwebel, «Troisième rapport sur le droit relatif aux utilisations des cours d'eau internationaux à des fins autres que la navigation», *ACDI*, 1982, vol. II, première partie, p. 103; S. MacCaffrey, «Deuxième rapport sur le droit relatif aux utilisations des cours d'eau internationaux à des fins autres que la navigation», *ACDI*, 1986, vol. II, première partie, pp. 116-134.

102. S. MacCaffrey, «Deuxième rapport sur le droit relatif aux utilisations des cours d'eau internationaux à des fins autres que la navigation», *ACDI*, 1986, vol. II, première partie, p. 134.

103. S. Schwebel, «Troisième rapport sur le droit relatif aux utilisations des cours d'eau internationaux à des fins autres que la navigation», *ACDI*, 1982, vol. II, première partie, pp. 41-84; S. MacCaffrey, «Deuxième rapport sur le droit relatif aux utilisations des cours d'eau internationaux à des fins autres que la navigation», *ACDI*, 1986, vol. II, première partie, p. 105, note 75, et pp. 130-131, note 294. Voir également, affaire relative au *Projet Gabčíkovo-Nagymaros (Hongrie/Slovaquie)*, *CIJ Recueil 1987*, arrêt du 25 septembre 1997, par. 147, p. 80.

104. *ACDI*, 1993, vol. II, première partie, p. 168.

« indispensable que le principe d'une utilisation équitable et raisonnable soit interprété à la lumière du principe fondamental des droits des Etats sur leur territoire » [105].

On voit donc clairement ici une résurgence du soutien de la Turquie à la doctrine de la souveraineté territoriale absolue évoquée précédemment. En revanche, l'Irak, Etat d'aval, estime que pour déterminer le caractère équitable et raisonnable d'une utilisation il convient d'accorder une attention particulière à la « qualité de l'eau arrivant sur le territoire de tous les Etats du cours d'eau », ainsi qu'aux « utilisations existantes par rapport aux utilisations potentielles au cas où il y aurait conflit entre elles » [106].

Ce dernier élément n'est pas surprenant dans le discours de l'Irak qui, le premier, a exploité les eaux de l'Euphrate à des fins d'irrigation. On voit donc ici une tentative d'imposer l'idée que les exploitations antérieures sont prioritaires sur les projets des autres riverains [107]. Pourtant, le droit international est clair sur ce point [108], le principe des droits acquis « ne peut pas être accepté comme règle générale. Il favoriserait la chance et la prévention, et empêcherait le développement des régions arriérées » [109]. Il ne faut cependant pas refuser toute protection aux utilisations existantes face aux projets futurs d'un autre Etat (principalement de l'Etat d'amont). Ainsi, les activités existantes constituent un facteur parmi d'autres à prendre en compte par les Etats dans l'appréciation de ce qui constitue une utilisation équitable et raisonnable [110].

Si la nature coutumière du principe de l'utilisation équitable et raisonnable des eaux d'un cours d'eau international n'est pas contestable, il n'en demeure pas moins que, lorsque les Etats de la région organi-

105. Nations Unies, *Documents officiels de l'Assemblée générale, cinquante et unième session, Rapport du Secrétaire général sur les commentaires et observations reçues des Etats* (A/51/275), août 1996, p. 34.

106. *ACDI*, 1993, vol. II, première partie, p. 159.

107. Sur ce point, voir L. Caflisch, « Règles générales du droit des cours d'eau internationaux », *Recueil des cours*, tome 219 (1989), p. 159. La position de l'Irak sur ce point est à rapprocher de celle de l'Egypte dans le bassin du Nil.

108. Convention sur le droit relatif aux utilisations des cours d'eau internationaux à des fins autres que la navigation, art. 10, par. 1.

109. G. Sauser-Hall, « L'utilisation industrielle des fleuves internationaux », *Recueil des cours*, tome 83 (1953), p. 521. Dans le même sens, J. Andrassy, « L'utilisation des eaux internationales non maritimes (en dehors de la navigation) — Rapport », *Annuaire de l'Institut de droit international*, vol. 49, t. I, 1959, p. 264 ; P. Buirette, « Genèse d'un droit fluvial international général (utilisations à des fins autres que la navigation) », *RGDIP*, 1991, n° 1, p. 38.

110. ILA, Règles d'Helsinki sur les utilisations des eaux des fleuves internationaux, 1966, art. 5 ; Convention sur le droit relatif aux utilisations des cours d'eau internationaux à des fins autres que la navigation, art. 6, par. 1, al. *c)*.

sent un partage des eaux, cela ne se fait presque jamais avec la conviction de se conformer à une obligation juridique. Ainsi, en réaction à la mise en eau du barrage syrien de Tabqa, Bagdad poste ses troupes à la frontière et saisit le Conseil de la Ligue des Etats arabes. Cet organe décida, le 21 avril 1971, de créer une Commission technique de médiation composée de neuf représentants d'Etats membres (Algérie, Arabie saoudite, Egypte, Irak, Koweït, Maroc, Soudan, Syrie, Tunisie), chargée de proposer des solutions aux deux parties au litige. Cette commission technique ne fonctionnera jamais correctement à cause des blocages de la Syrie. Néanmoins, grâce à l'intervention de l'Arabie saoudite puis de l'URSS, la Syrie accepte, le 3 juin 1975, de laisser s'écouler une quantité d'eau suffisante pour satisfaire les besoins irakiens [111]; cependant, la Syrie précise qu'elle consent à laisser couler cette quantité d'eau non pas parce que le droit international l'y oblige, mais par solidarité avec le peuple irakien [112]. Nous pouvons, dans le même sens, rappeler le cas du Protocole turco-syrien de 1987 dont l'application est conditionnée par l'attitude de Damas vis-a-vis des indépendantistes kurdes [113].

Paragraphe 2 **Obligation de ne pas causer de dommage**

La règle fondamentale du droit international en matière de bon voisinage (qui peut aller au-delà de la frontière commune [114]) peut être envisagée comme l'obligation faite à l'Etat de ne pas utiliser ou laisser utiliser son territoire d'une manière susceptible de causer un préjudice sur le territoire d'un autre Etat [115]. Ainsi,

« un Etat a le droit souverain d'utiliser comme il le veut les eaux

111. C. Rousseau, « Chronique des faits internationaux », *RGDIP*, 1976, p. 297.

112. R. A. Lien, « Still Thirsting: Prospects for a Multilateral Treaty on the Euphrates and Tigris Rivers Following the Adoption of the United Nations Convention on International Watercourses », *Boston University International Law Journal*, vol. 16, 1998, n° 1, p. 288.

113. Cf. *supra*, pp. 550-551.

114. Voir J. Andrassy, « Les relations internationales de voisinage », *Recueil des cours*, tome 79 (1951), p. 80, et I. Pop, *Voisinage et bon voisinage en droit international*, Paris, Pedone, 1980, p. 23.

115. Affaire de la *Fonderie de Trail (Canada/Etats-Unis)*, sentence arbitrale du 11 mars 1941, *RSA*, vol. III, p. 1965; affaire du *Lac Lanoux (Espagne c. France)*, sentence arbitrale du 16 novembre 1957, *RSA*, vol. XII, p. 304; *Détroit de Corfou (Royaume-Uni c. Albanie)*, *CIJ Recueil 1949*, arrêt du 9 avril 1949, p. 22; Déclaration finale de la Conférence des Nations Unies sur l'environnement humain, Stockholm, 16 juin 1972, principe 21; Déclaration finale de la Conférence des Nations Unies sur l'environnement et le développement, Rio de Janeiro, 13 juin 1992, principe 2.

situées sur son territoire, mais ce droit est limité par l'obligation de ne pas causer de préjudice à d'autres Etats »[116].

Dans les rares accords relatifs au Tigre et à l'Euphrate conclus entre les Etats de la région, les références à l'obligation de ne pas causer de dommage sur le territoire d'un autre Etat sont peu fréquentes. En fait, nous ne pouvons que mentionner le Protocole irako-turc du 29 mars 1946 qui précisait que les ouvrages construits par les deux parties sur les fleuves devaient être « adaptés d'un commun accord, dans la mesure du possible, aux intérêts de l'Irak, aussi bien qu'aux intérêts de la Turquie »[117]. Malgré la quasi-inexistence des références au principe dans les rares accords concernant le Tigre et l'Euphrate, il convient de ne pas le déclarer non applicable à la situation de ces deux cours d'eau. En effet, il n'est pas contesté que le principe *sic utere tuo ut alienum non laedas* a acquis valeur coutumière[118].

La multiplication des aménagements non concertés sur le Tigre et l'Euphrate, principalement par la Turquie (Etat d'amont), n'a pas manqué de provoquer des dommages non compensés sur le territoire de la Syrie et de l'Irak (Etats d'aval). Alors que, jusqu'à la fin des années cinquante la coopération était satisfaisante entre les Etats de la région, elle s'est rapidement détériorée dès que ces Etats ont commencé à envisager des projets de grande envergure sur les deux cours d'eau. Les périodes de tensions se sont succédé, allant parfois jusqu'à de véritables crises avec menace d'emploi de la force ou tentative d'intimidation militaire, notamment dans les phases de remplissage des lacs de retenue des barrages[119].

---

116. S. Schwebel, « Troisième rapport sur le droit relatif aux utilisations des cours d'eau internationaux à des fins autres que la navigation », *ACDI*, 1982, vol. II, première partie, p. 123.

117. Protocole irako-turc relatif à la régulation des cours du Tigre et de l'Euphrate, 29 mars 1946, art. 5, Nations Unies, *Recueil des traités*, vol. 37, pp. 286-288.

118. Affaire de la *Fonderie de Trail (Etats-Unis d'Amérique/Canada)*, sentence arbitrale du 11 mars 1941, *RSA*, vol. III, p. 1938 ; affaire du *Lac Lanoux (Espagne c. France)*, sentence arbitrale du 16 novembre 1957, *RSA*, vol. XII, p. 308 ; argument de Nauru, *Certaines terres à phosphate à Nauru (Nauru c. Australie)*, exceptions préliminaires, *CIJ Recueil 1992*, arrêt du 26 juin 1992, p. 244 ; *Demande d'examen de la situation présentée par la Nouvelle-Zélande au titre du paragraphe 63 de l'arrêt de la Cour de 1974 en l'affaire des* Essais nucléaires (Nouvelle-Zélande c. France), *CIJ Recueil 1995*, ordonnance du 22 septembre 1995, par. 24, p. 306 ; *Licéité de la menace ou de l'emploi d'armes nucléaires*, *CIJ Recueil 1998*, avis consultatif du 8 juillet 1996, par. 39, p. 241 ; affaire relative au *Projet Gabčíkovo-Nagymaros (Hongrie c. Slovaquie)*, *CIJ Recueil 1997*, arrêt du 25 septembre 1997, par. 140, p. 78.

119. Les références relatives à l'historique des crises entre les Etats de la région au sujet des aménagements sur le Tigre et l'Euphrate sont nombreuses, on peut consulter J. A. Allan et C. Mallat (dir. publ.), *Water in the Middle*

Le litige principal et le plus actuel est lié au grand projet anatolien développé par la Turquie depuis 1980. Afin de mettre en eau le gigantesque barrage Atatürk, véritable pièce maîtresse de tout le projet, les autorités d'Ankara retinrent les eaux de l'Euphrate pendant un mois entre le 13 janvier et le 12 février 1990 [120]. Cette procédure fut renouvelée en 1991, alors que Bagdad n'était pas en mesure de protester. Le débit du fleuve à l'aval du barrage se trouva fortement réduit et conduisit la Syrie à ajourner momentanément la production hydroélectrique de son principal barrage [121]. Suite à cette réduction du débit de l'Euphrate, répercutée en aval, on estime la perte des rendements agricoles irakiens à environ quinze pour cent [122]. En outre, la réalisation finale du grand projet turc risque de réduire de trente à quarante pour cent la surface de terres cultivées et le potentiel hydroélectrique de la Syrie et de l'Irak [123]. Enfin, la Turquie qui, dans le sud-est du pays, mène une politique agricole fondée sur une irrigation intensive n'a pas prévu de station d'épuration pour recycler l'eau d'irrigation. La solution retenue est de déverser directement trente-cinq pour cent des eaux usées dans les deux principaux affluents de l'Euphrate en Syrie, rendant cette eau difficilement utilisable par la suite [124].

Le droit international coutumier ne pose pas de règle interdisant de causer tout dommage à l'environnement ; seuls les dommages appréciables sont illicites [125]. Il est néanmoins difficile de trouver des critères objectifs ou une définition unanimement acceptée de ce qu'est un tel dommage [126].

East. Legal, Political and Commercial Implications, Londres, New York, Tauris Publishers, 1995 ; G. Shapland, *Rivers of Discord. International Water Disputes in the Middle East*, Hurst and Company, Londres, 1997 ; W. Scheumann et M. Schiffler (dir. publ.), *Water in the Middle East. Potential for Conflicts and Prospects for Cooperation*, Berlin, Springer Verlag, 1998.

120. C. Rousseau, « Chronique des faits internationaux », *RGDIP*, 1990, p. 796.

121. Sur les effets de cette rétention d'eau sur l'économie syrienne, voir *Le Monde*, 14 janvier et 21 février 1990.

122. P. Ribau, « La guerre de l'eau aura-t-elle lieu ? », *La Pensée*, 1992, n° 285, p. 40.

123. G. Ayeb, « Géopolitique de l'eau au Proche-Orient », *Egypte/Monde arabe*, 1992, n° 10, p. 12.

124. E. Picard, « Politique de développement et impératifs de sécurité dans les Etats de l'Euphrate », *Egypte/Monde arabe*, 1992, n° 10, p. 23.

125. Affaire du *Lac Lanoux (Espagne c. France)*, sentence arbitrale du 16 novembre 1957, *RSA*, vol. XII, p. 304.

126. Sur la distinction entre dommage grave, significatif, appréciable, important, sensible… et les ambiguïtés dans la distinction de ces notions, voir P. S. Rao, « Premier rapport sur la prévention des dommages transfrontières résultant d'activités dangereuses », *ACDI*, 1998, vol. II, première partie, par. 87-98, et *ACDI*, 1998, vol. II, deuxième partie, pp. 26-39 ; M. Arcari, *Il regime giuridico delle utilizzazioni dei corsi d'acqua internazionali. Principi*

Dans une société internationale non institutionnalisée, la question de l'auteur de la qualification du dommage transfrontière est souvent déterminante. Le meilleur moyen pour éviter les conflits d'interprétation est de confier la conduite de l'évaluation à un organisme mixte de gestion du cours d'eau [127]. Or, les Etats riverains du Tigre et de l'Euphrate n'ont pas mis en place de commission mixte dotée du pouvoir d'appréciation des dommages subis ou des risques de dommage.

Paragraphe 3 **Quelles obligations existent en matière environnementale ?**

La protection de l'environnement est devenue un des éléments essentiels du droit relatif aux utilisations des cours d'eau à des fins autres que la navigation [128]. Comme le rappelle la CIJ dans l'affaire du *Projet Gabčíkovo-Nagymaros* :

> « Au cours des âges, l'homme n'a cessé d'intervenir dans la nature pour des raisons économiques et autres. Dans le passé, il l'a souvent fait sans tenir compte des effets sur l'environnement. Grâce aux nouvelles perspectives qu'offre la science et à une conscience croissante des risques que la poursuite de ces interventions à un rythme inconsidéré et soutenu représenterait pour l'humanité — qu'il s'agisse des générations actuelles ou futures —, de nouvelles normes et exigences ont été mises au point, qui ont été énoncées dans un grand nombre d'instruments au cours des deux dernières décennies. Ces normes nouvelles doivent être prises en considération et ces exigences nouvelles convenablement appréciées non seulement lorsque des Etats envisagent de nouvelles activités, mais aussi lorsqu'ils poursuivent des activités qu'ils ont engagées dans le passé. Le concept de développement

generali e norme sostanziali, Padoue, CEDAM, 1998, pp. 174-184 ; R. Wolfrum, « Purposes and Principles of International Environmental Law », *GYIL*, vol. 33, 1990, p. 311.

127. L. Caflisch, « Règles générales du droit des cours d'eau internationaux », *Recueil des cours*, tome 219 (1989), pp. 205-207.

128. L. Caflisch, « Règles générales du droit des cours d'eau internationaux », *Recueil des cours*, tome 219 (1989), p. 163 ; J. Evensen, « Deuxième rapport sur le droit relatif aux utilisations des cours d'eau internationaux à des fins autres que la navigation », *ACDI*, 1984, vol. II, première partie, p. 108. Le droit international récent des ressources en eau se fonde le plus souvent sur la notion d'écosystème, c'est-à-dire qu'est pris en compte l'ensemble des plantes, animaux, et autres organismes présents dans l'environnement ; Convention sur le droit relatif aux utilisations des cours d'eau internationaux à des fins autres que la navigation, art. 20-26.

durable traduit bien cette nécessité de concilier développement économique et protection de l'environnement.» [129]

Ainsi, la Cour internationale de Justice expose l'intégration des pans du droit international visant à la fois la gestion d'un cours d'eau international et les questions de protection de l'environnement [130].

En application du principe coutumier de prévention [131], diverses obligations procédurales vont être mises à la charge des Etats désirant mettre en œuvre un projet susceptible de causer un dommage à l'environnement d'un autre Etat. On retrouve donc une illustration de l'obligation de ne pas causer de dommage sensible à l'environnement, prévue par la Convention de New York. Cependant, les obligations découlant du principe de prévention sont plus précises que celles de la Convention de New York, notamment en matière d'étude d'impact [132]. La référence à l'étude d'impact dans la Convention de New York n'est pas satisfaisante — seul l'article 12 l'évoque de manière marginale [133], tandis qu'aucune mention n'est faite de cette technique dans la partie IV de la Convention, pourtant consacrée à la protection de l'environnement. La conséquence première de la mise en œuvre du principe de prévention est de rechercher quels sont les effets sur l'environnement d'un projet, notamment relatif à l'eau. Ainsi, apparaît essentielle l'obligation de conduire une évaluation de l'impact du projet sur

129. Affaire relative au *Projet Gabčíkovo-Nagymaros (Hongrie c. Slovaquie)*, *CIJ Recueil 1997*, arrêt du 25 septembre 1997, par. 140, p. 78.

130. Ainsi les dimensions quantitatives et qualitatives devront être prises en compte dans la gestion du cours d'eau international (Rapport de la Conférence des Nations Unies sur l'environnement et le développement (Agenda 21), New York, 14 août 1992, disposition 18, par. 12, *k)*. On retrouve une même intégration des pans du droit international dans *Licéité de la menace ou de l'emploi d'armes nucléaires*, *CIJ Recueil 1996*, avis consultatif du 8 juillet 1996, p. 226.

131. Principe de prévention qui, pour N. de Sadeleer, a tendance à se confondre avec le droit de l'environnement. N. de Sadeleer, *Les principes du pollueur-payeur, de prévention et de précaution*, Bruxelles, Bruylant-AUF, 1999, p. 106.

132. Plusieurs délégations ont regretté l'absence de dispositions relatives à l'étude d'impact dans le projet de la CDI. Voir notamment le commentaire de la délégation néerlandaise, *ACDI*, 1993, vol. II, première partie, p. 163.

133. «Avant qu'un Etat du cours d'eau mette en œuvre ou permette que soient mises en œuvre des mesures projetées susceptibles d'avoir des effets négatifs significatifs pour les autres Etats du cours d'eau, il en donne notification à ces derniers en temps utile. La notification est accompagnée des données techniques et informations disponibles y compris, le cas échéant, *les résultats de l'étude d'impact sur l'environnement*, afin de mettre les Etats auxquels elle est adressée à même d'évaluer les effets éventuels des mesures projetées» (Convention sur le droit relatif aux utilisations des cours d'eau internationaux à des fins autres que la navigation, art. 12; l'italique est de nous).

l'environnement (A), et peut-être d'organiser la prise en compte des intérêts des populations locales (B).

A. L'obligation de procéder à une étude d'impact

La règle selon laquelle un Etat conduisant un projet susceptible d'avoir des répercussions transfrontières doit procéder à une étude de l'impact de ce projet sur l'environnement a acquis le statut de norme de droit international coutumier[134]. La Convention

---

134. Il existe une forte pratique des Etats en matière d'évaluation de l'impact sur l'environnement des mesures projetées ; ce même dans les pays les plus pauvres de la planète. Nous pouvons également voir les développements devant la Cour internationale de Justice : notamment la controverse dans l'affaire des essais nucléaires français (1995), le représentant de la Nouvelle-Zélande affirme,

> « it can now be said that there is a clear legal obligation on France to conduct an Environmental Impact Assessment before carrying out any further nuclear tests at Mururoa and Fangataufa both as a consequence of France's participation in the Noumea Convention and also *as a result of customary international law* derived from widespread international practice » (CR 95/19, 12 septembre 1995 ; l'italique est de nous).

Pour le juge *ad hoc* Palmer,

> « le droit international coutumier a peut-être créé une norme qui exige une évaluation de l'impact sur l'environnement dès lors que des activités risquent d'avoir des effets sensibles sur l'environnement » (*Demande d'examen de la situation présentée par la Nouvelle-Zélande au titre du paragraphe 63 de l'arrêt de la Cour de 1974 en l'affaire des* Essais nucléaires (Nouvelle-Zélande c. France), *CIJ Recueil 1995*, ordonnance du 22 septembre 1995, opinion dissidente de Sir Geoffrey Palmer, p. 412).

La CIJ semble consacrer cette vue quelques années plus tard dans l'affaire du *Projet Gabčíkovo-Nagymaros* où il est affirmé que :

> « La conscience que l'environnement est vulnérable et la reconnaissance de ce qu'*il faut continuellement évaluer les risques écologiques* se sont affirmées de plus en plus dans les années qui ont suivi la conclusion du traité »,

et que :

> « Grâce aux nouvelles perspectives qu'offre la science et à une conscience croissante des risques que la poursuite de ces interventions à un rythme inconsidéré et soutenu représenterait pour l'humanité — qu'il s'agisse des générations actuelles ou futures —, de nouvelles normes et exigences ont été mises au point, qui ont été énoncées dans un grand nombre d'instruments au cours des deux dernières décennies. Ces normes nouvelles doivent être prises en considération et ces exigences nouvelles convenablement appréciées non seulement lorsque des Etats envisagent de nouvelles activités, mais aussi lorsqu'ils poursuivent des activités qu'ils ont engagées dans le passé. Le concept de développement durable traduit bien cette nécessité de concilier développement économique et protection de l'environnement.
>
> Aux fins de la présente espèce, cela signifie que les Parties devraient,

d'Espoo relative à l'évaluation de l'impact sur l'environnement dans un contexte transfrontière, applicable notamment aux activités relatives à des ouvrages hydrauliques[135], « peut être considérée avec raison comme un modèle pour la réglementation des études d'impact »[136], mais n'étant pas applicable au bassin du Tigre et de l'Euphrate cette convention ne peut rester qu'un modèle à la disposition des Etats riverains, or rien n'indique, dans la pratique, qu'ils aient la volonté de s'en inspirer, même si la Turquie a participé aux négociations de cette convention. L'obligation coutumière de procéder à une évaluation de l'impact du projet sur l'environnement n'est certes pas aussi précise que celle décrite dans la Convention d'Espoo, mais il faut retenir que les projets (notamment hydrauliques), a fortiori susceptibles d'avoir des effets transfrontières, doivent être précédés d'une évaluation des risques qu'ils représentent pour l'environnement.

Dans la vallée du Tigre et de l'Euphrate, la question de la protection de l'environnement se pose avec une acuité particulière. La multiplication des barrages de grande envergure entraîne l'évaporation d'une grande quantité d'eau[137], l'augmentation de la salinité du sol et la contamination par les nitrates des terres cultivées. La simple diminution du débit d'un fleuve à la suite de la construction d'un barrage sur son cours peut provoquer une forte pollution en aval en accroissant la teneur en sel. A l'inverse, en amont du barrage, le niveau d'eau augmente et empêche l'oxygène et la lumière de pénétrer dans les couches profondes de l'eau. Bien que, depuis 1993, les grands projets d'infrastructures hydrauliques soient soumis à une étude d'impact environne-

---

ensemble, *examiner à nouveau les effets sur l'environnement* de l'exploitation de la centrale de Gabčíkovo. » (Affaire relative au *Projet Gabčíkovo-Nagymaros (Hongrie c. Slovaquie)*, *CIJ Recueil 1997*, arrêt du 25 septembre 1997, par. 112 et 140, pp. 68 et 78 ; l'italique est de nous.)

Pour la majeure partie de la doctrine, le principe de l'obligation de procéder à une évaluation de l'impact sur l'environnement a atteint le statut de norme coutumière. Voir notamment P.-M. Dupuy, *Droit international public*, Paris, Dalloz, 4e éd., 1998, p. 101 ; A.-Ch. Kiss et J.-P. Beurier, *Droit international de l'environnement*, Paris, Pedone, 2e éd., 2000, p. 54 ; N'guyen Quoc Dinh, P. Daillier et A. Pellet, *Droit international public*, Paris, LGDJ, 6e éd., 1999, p. 1257 ; A. Remiro Brotons *et al.*, *Derecho Internacional*, Madrid, Ciencas Juridicas, 1997, p. 1131 ; Ph. Sands, *Principles of International Environmental Law*, vol. I, Manchester, Manchester University Press, 1995, p. 594. Cependant, les auteurs estiment que, si le principe est coutumier, le contenu de l'obligation est beaucoup plus flou, au point qu'il peut être tout à fait vidé de sa substance.

135. Convention sur l'évaluation de l'impact sur l'environnement dans un contexte transfrontière, Espoo, 25 février 1991, appendice I.

136. A.-Ch. Kiss, « Le droit international à Rio de Janeiro et à côté de Rio de Janeiro », *Revue juridique de l'environnement*, 1993, no 1, p. 47.

137. OCDE, *Examens des performances environnementales — Turquie*, OCDE, 1999, pp. 56-57, 67-71.

mental, il apparaît très nettement que les projets de barrages d'Ilisu, d'Yusufeli et d'Artvin [138] portent exagérément (au regard des bénéfices attendus) atteinte à l'environnement [139].

B. Une obligation de consultation du public ?

Emergence d'une « société civile internationale » [140], prise en compte grandissante de la place de l'individu par le droit international, autant de tendances auxquelles le développement du droit international de l'environnement n'est pas étranger. Cependant, même exprimé dans la majorité des législations nationales [141] (dont la législation turque [142]) et des instruments internationaux de protection de l'environnement [143], le droit à l'information du public, véritable « nerf de la guerre » [144] préalable à toute action, reste délicat à mettre en œuvre [145].

La conclusion en 1998 de la Convention sur l'accès à l'information, à la participation du public au processus décisionnel et à l'accès à la justice en matière d'environnement [146], bien que très peu ratifiée,

138. Il s'agit des projets de barrage les plus récents en Turquie. Yusufeli et Artvin seront construits sur la rivière Coruh, au nord-est de la Turquie.

139. OCDE, *Examens des performances environnementales — Turquie*, OCDE, 1999, pp. 126-128.

140. Voir *L'émergence de la société civile internationale. Vers la privatisation du droit international ?*, colloque CEDIN-Paris X, IIAP, 2-3 mars 2001.

141. Le droit à l'information en matière environnementale est consacré dans la plupart des droits nationaux. Sur ce point, au niveau européen, on peut consulter M. Prieur (dir. publ.), *Le droit à l'information en matière d'environnement dans les pays de l'Union européenne*, Limoges, PULim, 1997.

142. Règlement d'application de la loi turque sur l'environnement nº 2872, février 1993, art. 25. Voir les principales lois turques relatives à l'environnement dans OCDE, *Examens des performances environnementales — Turquie*, OCDE, 1999, p. 46, et, sur les mécanismes de participation, p. 144.

143. Notamment, Déclaration finale de la Conférence des Nations Unies sur l'environnement et le développement, Rio de Janeiro, 13 juin 1992, principe 10. L'OCDE a conduit de nombreux travaux sur le développement de ce droit à l'information. Une synthèse en est présentée par H. Smets, « The Right to Information on the Risks Created by Hazardous Installations at the National and International Levels », dans F. Francioni et T. Scovazzi (dir. publ.), *International Responsibility for Environmental Harm*, Londres, Dordrecht, Boston, Graham and Trotman, Martinus Nijhoff, 1991, pp. 449-472.

144. N. de Sadeleer, *Les principes du pollueur-payeur, de prévention et de précaution*, Bruxelles, Bruylant-AUF, 1999, p. 339.

145. Pour Ph. Sands,

> « l'information reste difficile à obtenir, et il convient de ne pas surestimer, au niveau international, la mesure dans laquelle on peut parler de « gouvernement ouvert » (Ph. Sands, « Vers une transformation du droit international », *Droit international 4*, Paris, Pedone-IHEI, 1999-2000, p. 202).

146. Convention sur l'accès à l'information, la participation du public au processus décisionnel et l'accès à la justice en matière d'environnement, Aarhus, 25 juin 1998. Bien que conclue dans le cadre de la Commission éco-

démontre l'importance de cette question. Le mécanisme général de cette convention est de permettre à tout individu sans condition de nationalité ou d'intérêt [147] d'obtenir dans des délais raisonnables des informations sur l'environnement [148], notamment au moyen d'un rapport national périodique sur l'état de celui-ci. Il ne s'agit pas de la reconnaissance d'un simple droit à l'information passive, c'est-à-dire de diffuser les documents quand demande en est faite, mais également d'un droit à l'information active, c'est-à-dire que les autorités doivent informer même en l'absence de demande.

Dans la région du Tigre et de l'Euphrate, les préoccupations environnementales ne sont pas prioritaires. Dans le discours des Etats riverains, la question de la qualité des eaux apparaît subalterne face à celle de la quantité d'eau disponible sur le territoire. Ainsi, les projets de chacun des Etats sont conduits sans référence à des objectifs environnementaux [149]. De plus, ces projets étant entrepris sans consultation des autres pays riverains, on conçoit aisément que les populations des différents Etats dont le territoire est parcouru par les deux cours d'eau ne soient pas plus associées au projet, même si elles peuvent souffrir directement des ouvrages construits sur ces derniers. En outre, les Etats riverains du Tigre et de l'Euphrate ne sont pas parties à la Convention d'Aarhus [150], et il est douteux que l'obligation d'information du public puisse se parer des attributs de la règle coutumière [151].

La difficulté d'établir des relations entre l'Etat poursuivant le projet et la « société civile » est renforcée dans le cas du GAP par la position

---

nomique des Nations Unies pour l'Europe, cette convention est ouverte à la participation de tous les membres de l'Organisation des Nations Unies (art. 19, par. 3). Voir les commentaires « optimistes » de M. Prieur sur cet instrument (M. Prieur, « La Convention d'Aarhus, instrument universel de la démocratie environnementale », *Revue juridique de l'environnement*, 1999, numéro spécial, pp. 9-29).

147. Convention sur l'accès à l'information, la participation du public au processus décisionnel et l'accès à la justice en matière d'environnement, art. 1 et 3, par. 9.

148. Le droit à l'information est limité par les considérations traditionnelles de sécurité de l'Etat, de respect des secrets commerciaux, des droits de propriété intellectuelle et du droit à la vie privée (Convention sur la protection et l'utilisation des cours d'eau transfrontières et des lacs internationaux, 17 mars 1992, Helsinki, art. 8 ; Convention de coopération pour la protection et l'utilisation durable du Danube, 29 juin 1994, Sofia, art. 12, par. 5).

149. Cf. *supra*, p. 557-559.

150. La Turquie a pourtant participé aux négociations de cette convention. La législation turque devrait être largement modifiée si Ankara voulait ratifier ce texte.

151. En outre, les accords relatifs aux cours d'eau s'adressent avant tout aux Etats, et il est exceptionnel de trouver des dispositions accordant des droits procéduraux aux particuliers (J. Sohnle, *Le droit international des ressources en eau douce. Solidarité contre souveraineté*, thèse polycopiée, Université de Strasbourg III, 2000, p. 486).

de la population directement affectée par le projet. En effet, la minorité kurde[152] est potentiellement la part de la population la plus touchée par la réalisation effective du projet. Si la définition des minorités par le droit international est sujette à controverse[153], l'étendue (voire l'existence) de droits particuliers en faveur de ces groupes est encore plus contestée[154]. De nombreux instruments internationaux (contraignants ou non) envisagent cette question de protection des minorités, mais la Turquie n'est, semble-t-il, partie à aucun d'eux[155]. La ligne directrice

152. Nous retenons la qualification de minorité au regard des critères posés par le rapporteur Capotorti (Sous-Commission de la lutte contre les mesures discriminatoires et de la protection des minorités de la Commission des droits de l'homme des Nations Unies):

> «a group numerically inferior to the rest of the population of a State, in a non-dominant position, whose members — being nationals of the State — possess ethnic, religious or linguistic characteristics differing from those of the rest of the population and show, if only implicitly, a sense of solidarity directed towards preserving their culture, traditions or language» (Nations Unies, *Study on the Rights of Persons Belonging to Ethnic, Religious and Linguistic Minorities*, New York, 1991, par. 568 (doc. E/CN.4/sub.2/384/Rev.1, p. 102)).

153. Cf. *Question des «Communautés» gréco-bulgares*, *CPJI série B n° 17*, avis consultatif du 31 juillet 1930, et *Compétence des Tribunaux de Dantzig*, avis consultatif du 3 mars 1928, *CPJI série B n° 15*, p. 32. Sur cette controverse en doctrine, voir M. N. Shaw, «A Definition of Minorities in International Law», *Israel Yearbook on Human Rights*, vol. 20, 1990, pp. 13-43, et K. Henrad, *Devising an Adequate System of Minority Protection, Individual Human Rights, Minority Rights and the Right to Self-Determination*, La Haye, Londres, Boston, Martinus Nijhoff, 2000, spécialement pp. 16-55.

154. Voir F. Capotorti, «Are Minorities Entitled to Collective International Rights?», *Israel Yearbook on Human Rights*, vol. 20, 1990, pp. 351-357, et, sur la question kurde, voir notamment B. E. Argun, «Universal Citizenship Rights and Turkey's Kurdish Question», *Journal of Muslim Minority Affairs*, vol. 19, 1999, n° 1, pp. 85-103.

155. On peut voir notamment le développement de ces questions au sein d'organisations internationales dont est membre la Turquie. Pour l'Organisation internationale du travail: convention OIT n° 107 relative aux populations aborigènes et tribales, 1957 (en vigueur, non signée par la Turquie) et convention OIT n° 169 relative aux peuples indigènes et tribaux, 27 juin 1989 (en vigueur, non signée par la Turquie). Pour le Conseil de l'Europe: Convention-cadre pour la protection des minorités nationales, Strasbourg, 1er février 1995 (en vigueur, non signée par la Turquie); Protocole n° 12 à la Convention de sauvegarde des droits de l'homme et des libertés fondamentales, Rome, 4 novembre 2000 (non en vigueur, signé par la Turquie, non ratifié) (pour le Conseil de l'Europe, situation au 23 août 2002). Pour l'Organisation des Nations Unies: voir *Assemblée générale, Déclaration des droits des personnes appartenant à des minorités nationales ou ethniques, religieuses et linguistiques*, New York, 18 décembre 1992. Sur cette déclaration, voir I. O. Bokatola, «La Déclaration des Nations Unies sur les droits des personnes appartenant à des minorités nationales ou ethniques, religieuses et linguistiques», *RGDIP*, 1993, pp. 745-765. Cette déclaration fait suite à l'article 27 du Pacte international relatif aux droits civils et politiques de 1966 (auquel la Turquie n'est pas partie).

des instruments internationaux relatifs à la protection des minorités est que cette protection doit être plus forte que celle des individus issus de la population majoritaire, sans que ce traitement plus favorable soit contraire au principe d'égalité des individus, inscrit dans la Déclaration universelle des droits de l'homme[156]. Il n'est pas besoin de conduire des études très poussées pour s'apercevoir que les intérêts de la population kurde sont peu pris en compte par les autorités d'Ankara dans la conduite du projet GAP[157].

SECTION 4 L'ÉVENTUALITÉ D'UNE APPLICATION DU DROIT INTERNATIONAL DE L'EAU GRÂCE À L'INTERVENTION D'ACTEURS NON ÉTATIQUES : LE POIDS DE L'ARGUMENT FINANCIER

Les règles internationales de protection de l'environnement, au même titre que le droit relatif aux utilisations des cours d'eau internationaux à des fins autres que la navigation, impliquent la coopération entre les Etats riverains et le respect de principes de gestion du cours d'eau international. Les Etats riverains du Tigre et de l'Euphrate ne se conforment aux obligations ni de l'un ni de l'autre corps de règles. En l'absence de structure de règlement des différends contraignant pour les Etats[158], la solution ne semble se trouver que dans la négociation entre les parties. Or, tous les Etats de la région, et principalement la Turquie en tant qu'Etat d'amont, campent fermement sur leur refus de négocier un accord global relatif au Tigre, à l'Euphrate et à l'Oronte-Assi. Face à cette situation de blocage, l'un

156. « L'application du principe de la discrimination positive n'a d'autre objet que d'harmoniser le principe générique d'égalité avec la reconnaissance juridique du fait minoritaire » (S. Pierre-Caps, « Peut-on parler actuellement d'un droit européen des minorités ? », *AFDI*, 1994, p. 95).

Nous retrouvons la même conception dans *Ecoles minoritaires en Albanie*, *CPJI*, avis consultatif du 6 avril 1935, *Recueil série A/B n° 64*, p. 19.

157. *The Ilisu Dam. A Human Rights Disaster in the Making*, Kurdish Human Rights Project, Londres, 1999, pp. 15-17 ; B. E. Argun, « Universal Citizenship Rights and Turkey's Kurdish Question », *Journal of Muslim Minority Affairs*, vol. 19, 1999, n° 1, pp. 85-103. Dans la perspective de son adhésion à l'Union européenne, la Turquie a amendé sa constitution permettant désormais aux Kurdes de publier dans leur propre langue (voir *Le Monde* du 2 octobre 2001, p. 9). On peut voir également les réformes, durant l'été 2002, de certains éléments essentiels du droit pénal turc, dont la peine de mort.

158. Aucun des trois Etats concernés par les différends relatifs au Tigre et à l'Euphrate n'a fait de déclaration facultative d'acceptation de la juridiction obligatoire de la Cour internationale de Justice en vertu de l'article 36, paragraphe 2, du Statut. Voir www.icj-cij.org.

des seuls moyens pacifiques d'organiser le respect des règles du droit international apparaît dans la prise en compte de ces règles par les acteurs non étatiques auxquels sont confrontés les Etats désireux de conduire un projet ambitieux d'aménagement des cours d'eau de la région. Lorsqu'un pays en développement veut conduire un tel projet, l'intervention d'un acteur financier international ou étranger apparaît quasi incontournable. Soit, il y a un besoin de financement direct par le biais d'organisations internationales telles que la Banque mondiale, soit l'Etat se tourne vers des partenaires privés qui n'accepteront d'intervenir dans le projet qu'après avoir obtenu les garanties (contre les risques non commerciaux) des agences de crédit à l'exportation. La Banque mondiale a refusé de participer au projet de barrage Ilisu, mais la présentation des standards environnementaux et sociaux conditionnant l'implication de la Banque dans un projet doivent être présentés (paragraphe 1) car ils sont susceptibles d'être repris par les agences nationales de garantie des crédits à l'exportation dans l'examen des conditions de leur intervention sur un projet (paragraphe 2).

Paragraphe 1 **Les mécanismes de la Banque mondiale**

Les standards opérationnels de la Banque mondiale (politiques opérationnelles (OP), procédures de la Banque (BP) et directives opérationnelles (OD)) constituent un ensemble de textes organisant les règles d'intervention des équipes de la Banque mondiale dans un projet. A l'origine, les principes inscrits dans ces documents n'étaient envisagés que comme des objectifs à atteindre, mais peu à peu leur caractère contraignant s'est affirmé au sein de la Banque mondiale[159]. Contraignants pour la Banque mondiale, ces instruments le deviennent pour les Etats emprunteurs lorsqu'ils sont insérés dans un accord de prêt ou de crédit. Ainsi, la Banque conditionne son intervention au respect de certaines règles par les Etats emprunteurs. On retrouve parmi ces règles de nombreux éléments du droit international que les Etats refusent de mettre en œuvre dans leurs relations bi ou trilatérales au sujet du Tigre et de l'Euphrate. Nous pouvons étudier quatre standards opérationnels qui pourraient être applicables à un accord de prêt entre la Turquie et la Banque mondiale au sujet du GAP: celui concernant les projets relatifs aux voies d'eau internationales, celui concernant l'étude d'impact environnemental, ainsi que ceux relatifs aux populations indigènes et aux déplacements involontaires de population.

159. Voir T. Berger, «The World Bank's Independent Review of India's Sarovar Project», *AUJILP*, vol. 9, 1993, pp. 33-48.

Ces instruments de la Banque mondiale obligent les Etats du bassin à coopérer lorsqu'un projet est envisagé par l'un d'eux. Ainsi, la règle de notification posée par la politique opérationnelle applicable aux projets relatifs aux voies d'eau internationales permet d'engager une véritable coopération entre les Etats riverains [160]. La Banque demande à l'Etat emprunteur de notifier le projet aux riverains; en cas de refus de la part de l'Etat, la notification sera faite par la Banque elle-même. Si l'Etat s'oppose à ce que la Banque notifie le projet, la sanction immédiate est que la Banque cessera de préparer le projet [161]. C'est surtout en matière d'étude d'impact (A) et de prise en compte des intérêts des populations locales (B) que les mécanismes de la Banque mondiale apparaissent novateurs [162].

A. L'évaluation de l'impact du projet sur l'environnement

La politique opérationnelle de la Banque relative à l'étude d'impact sur l'environnement a pu valablement être qualifiée de «pierre angulaire» [163] dans l'examen par la Banque des conséquences possibles d'un projet sur l'environnement. La Banque opère une classification des projets en fonction de leurs effets potentiels sur l'environnement; plus les effets négatifs potentiels sont importants, plus la procédure d'étude d'impact sera rigoureuse [164]. La procédure de

160. *Operational Policy on Projects on International Waterways*, OP 7.50, octobre 1994, points 4-7.

161. OP 7.50, octobre 1994, point 4.

162. Nous prenons l'exemple de la Banque mondiale, organisation à vocation universelle, mais dans de nombreuses autres organisations financières internationales ou nationales des mécanismes similaires sont prévus. Pour la Banque asiatique de développement, cf. *Guidelines on Operational Procedures (GP), GP 20*, 7 janvier 1997; *The Bank's Policy on Indigenous People*, avril 1998; *The Bank's Policy on Involuntary Resettlement*, août 1995. Pour la Banque européenne d'investissement, cf. *Environmental Policy Statement*, 1996. Pour la Banque interaméricaine de développement, cf. *Operational Policy on Environment*, OP 703, mai 1979; *OP on Involuntary Resettlement*, OP 710, août 1998; *OP on Electric Energy*, OP 733.1, novembre 1997; *OP on Rural Development*, OP 752, août 1984. Pour l'Union européenne, cf. *Traité instituant les Communautés européennes tel que modifié par le Traité d'Amsterdam*, 2 octobre 1997, art. 6, et règlement 1260/1999 CE du Conseil, portant disposition sur les fonds structurels, 21 juin 1999, *JOCE*, L 161, 26 juin 1999, p. 1. Pour les Etats-Unis, voir *Overseas Private Investment Corporation (OPIC) Environmental Handbook*, avril 1999.

163. L. Boisson de Chazournes, «Policy Guidance and Compliance: The World Bank Operational Standards», dans D. Shelton, *Commitment and Compliance. The Role of Non-Binding Norms in the International Legal System*, Oxford, New York, Oxford University Press, 2000, p. 286.

164. *Operational Policy on Environmental Assessment*, OP 4.01, janvier 1999, point 8. Cependant, pour toute procédure d'étude d'impact, doivent être

la Banque en matière d'étude d'impact organise la participation obligatoire d'acteurs non étatiques tels que les groupes potentiellement affectés par le projet et des organisations non gouvernementales [165]. La conduite de l'étude d'impact et la rémunération des experts relèvent de la responsabilité de l'Etat emprunteur et non de la Banque mondiale [166]. Cependant, les projets de barrages et de réservoirs reçoivent un traitement spécial [167] dans lequel il est notamment précisé que l'étude d'impact doit être confiée à des experts indépendants et reconnus dont les références sont «jugées acceptables par la Banque» [168], même s'ils sont également rémunérés par l'Etat emprunteur. Nous pouvons analyser cette forme de conditionnalité comme une réelle tentative de mise en œuvre des principes du droit relatif aux utilisations des cours d'eau internationaux à des fins autres que la navigation et du droit de l'environnement.

B. Les règles de participation publique

Rien dans les procédures de la Banque mondiale concernant les projets relatifs aux cours d'eau internationaux n'évoque la prise en compte directe des intérêts des individus, mais on retrouve cette préoccupation dans d'autres standards de la Banque applicables en l'espèce.

C'est certainement sur cette question que les instruments de la Banque mondiale sont le plus originaux et le plus en avance sur l'état du droit international positif [169].

La Banque mondiale a notamment adopté des standards organisant la prise en compte des populations indigènes. Dans une acception particulièrement large, aux termes de la politique opérationnelle 4.20, est considérée comme population indigène toute minorité culturelle ou sociale. S'agissant du GAP, il ne fait aucun doute que la minorité kurde est la plus directement affectée par le projet, sans que les autorités d'Ankara aient véritablement organisé un mécanisme de compensation

pris en compte l'environnement naturel (air, eau et terre), la santé et la sécurité des populations, les aspects sociaux (déplacements involontaires de population, droit des minorités, et aspects culturels) et les aspects environnementaux transfrontières et globaux (OP 4.01, janvier 1999, point 3).

165. OP 4.01, janvier 1999, points 15-19.

166. *Bank Procedures on Environmental Assessment*, BP 4.01, janvier 1999, point 1.

167. BP 4.01, janvier 1999, annexe B.

168. BP 4.01, janvier 1999, annexe B, point 1.

169. Voir L. Boisson de Chazournes, «Policy Guidance and Compliance: The World Bank Operational Standards», dans D. Shelton, *Commitment and Compliance. The Role of Non-Binding Norms in the International Legal System*, Oxford, New York, Oxford University Press, 2000, p. 301.

adéquat[170]. Or, la Banque estime que les déplacements involontaires de populations doivent être évités au maximum. S'ils ne peuvent l'être, l'Etat emprunteur doit présenter à la Banque un plan de compensations pour les personnes déplacées. Or ce plan doit être considéré comme un élément à part entière du projet et, à ce titre, doit être préparé et présenté dès les premières phases de celui-ci[171]. Afin d'assurer la mise en œuvre de ces politiques, la consultation et la participation des populations sont nécessaires. Le principe 10 de la Déclaration finale de la Conférence des Nations Unies sur l'environnement et le développement, dont on a vu que le statut coutumier était discutable, reçoit ainsi une mise en œuvre tout à fait estimable[172]. En outre, la participation des individus peut être assurée de manière indirecte avec la saisine potentielle du panel d'inspection de la Banque mondiale par un groupe d'individus dont les intérêts sont affectés par la réalisation d'un projet financé par la Banque[173]. Ainsi, lorsque la Banque mondiale est impliquée dans un projet, de nombreuses règles en faveur des populations locales et de l'environnement doivent être respectées. La Banque n'étant pas directement impliquée dans le GAP, ces règles strictes ne peuvent influencer directement le projet turc[174].

Paragraphe 2 **Une extension des mécanismes de conditionnalité de la Banque mondiale dans les agences nationales de garantie des crédits à l'exportation**

Faute de financement par la Banque mondiale, ou parallèlement à celui-ci, les Etats sont susceptibles de se tourner vers le secteur privé qui cherchera à obtenir des garanties auprès des agences de crédit à l'exportation. Alors que nombre de ces agences ont longtemps paru peu scrupuleuses quant à la place à accorder à l'environne-

170. Voir *The Ilisu Dam. A Human Rights Disaster in the Making*, Kurdish Human Rights Project, Londres, 1999, pp. 15-17.

171. *Operational Policy on Involuntary Resettlement*, OP 4.30, juin 1990, point 3.

172. Cf. *supra*, pp. 563-566. Les références à la consultation et à la participation des populations locales aux projets candidats à un financement par la Banque mondiale sont, notamment, OP 4.01, janvier 1999, par. 15; OP 4.30, par. 7-10; OD 4.20, «indigenous people», par. 8.

173. Résolution BIRD n° 93.10 et résolution ADI n° 93.6 du 22 septembre 1993. Sur le panel d'inspection de la Banque mondiale, voir L. Boisson de Chazournes, «Le panel d'inspection de la Banque mondiale: à propos de la complexification de l'espace public international», *RGDIP*, 2001, n° 1, pp. 145-162.

174. Les effets indirects ne doivent pas être négligés: la réalisation du projet turc a été beaucoup ralentie, et le refus de la Banque mondiale de participer au financement du projet donne à celui-ci une mauvaise «publicité».

ment et aux enjeux des projets pour les populations locales dans leur activité de garantie, on constate aujourd'hui l'émergence, sous la pression d'une « opinion publique internationale », d'une plus grande prise en compte de ces intérêts, consistant parfois en la reprise par des acteurs publics ou privés des standards de la Banque mondiale ou de standards comparables [175]. Le cas du projet de barrage turc Ilisu sur le Tigre [176] illustre particulièrement bien cette évolution [177]. La Banque mondiale ayant refusé de participer au financement de ce barrage turc, a été constitué un consortium d'entreprises occidentales dont les opérations devaient être garanties par diverses agences nationales de garantie des crédits à l'exportation [178]. Suite aux protestations d'organisations non gouvernementales (principalement de Friends of the Earth [179]), les agences de crédit à l'exportation ont adopté un code de conduite énumérant les conditions dans lesquelles celles-ci accepteraient de participer à ce projet. Sommairement, les agences de crédit à l'exportation se sont engagées à ne pas garantir un emprunt pour des projets qui n'assurent pas de manière satisfaisante le relogement des populations déplacées, de même pour ceux qui n'assurent pas le maintien ni de la qualité de l'eau ni du flot vers les Etats d'aval ; enfin sera inéligible à la garantie tout projet qui ne respecte pas dans la

175. Sur la prise en compte des standards de la Banque mondiale par d'autres acteurs publics ou privés, voir R. G. Volterra et A. Bisiaux, « A Brief Practitioner's View of Foreign Invetsment and International Environmental Standards : The Developing Custom of a Non-State Practice », Cour permanente d'arbitrage (Bureau international) (dir. publ.), *International Investments and Protection of the Environment. The Role of Dispute Resolution Mechanisms*, La Haye, Londres, Boston, Kluwer Law International, 2001, p. 178.

176. Le projet de barrage Ilisu sur le Tigre fait partie du « Grand projet turc d'Anatolie du Sud-Est » (GAP).

177. Voir G. Bendall, « Briefing — The Ilisu Dam : A Definite Case for Export Credit Agency Reform », disponible sur www.foe.co.uk. On peut également voir le rapport de la Commission mondiale sur les barrages, qui recommande aux agences de crédit à l'exportation d'adopter des critères environnementaux et sociaux et propose de renforcer la coopération entre ces agences afin qu'un projet refusé dans l'une d'elles ne puisse pas être accepté devant une autre (World Commision on Dams, *Dams and Development, A New Framework for Decision-Making (The Report of the World Commission on Dams*, Londres, Earthscan, 2000, p. 316). En outre, le président de la Commission mondiale sur les barrages estimait, « we have not made a recommendation specifically about Ilisu . . . but it does not take much intelligence to see ilisu does not meet the guidelines for new dams » (Kadar Amsal cité par J. McCrystie Adams, « Environmental and Human Rights Objections Stall Turkey's Proposed Ilisu Dam », *Colorado Journal of International Environmental Law and Policy*, 2000, p. 182.

178. Notamment les agences de garantie américaine, britannique, autrichienne, allemande, italienne, japonaise, portugaise et suisse.

179. Voir les éléments de la campagne de Friends of the Earth sur le site électronique de l'organisation, www.foe.co.uk.

mesure du possible les richesses archéologiques[180]. Les agences de garantie des crédits à l'exportation concernées par le projet de barrage Ilisu se proposent donc de conditionner leur intervention au respect de certains principes largement inspirés des standards de la Banque mondiale. En octobre 2000, une délégation d'organisations non gouvernementales s'est rendue sur les lieux du projet de barrage Ilisu et a estimé que les quatre conditions posées par les agences de garanties à l'exportation ne sont pas susceptibles d'être respectées par les autorités turques responsables du projet[181]. Suite à la constatation des risques de dommage environnementaux et sociaux (ou plus vraisemblablement à leur révélation au grand public), de nombreuses sociétés devant participer à la construction du barrage Ilisu se sont retirées du projet[182]. La plus importante d'entre elles, la société britannique *Balfour Beatty*, qui dirigeait le consortium et devait assurer la majeure partie de la construction du barrage, a annoncé son retrait du projet en novembre 2001[183], suivi en février 2002 par la banque suisse UBS qui coordonnait depuis 1997 le programme financier du projet. Avec le retrait de ces deux principaux acteurs du projet, estimant officiellement que celui-ci ne respectait ni l'environnement ni les conditions de vie des populations locales, et portait gravement atteinte au patrimoine culturel de la région, la construction du barrage Ilisu est compromise, ou au moins retardée. Du fait de ces désistements majeurs d'entreprises liées au projet Ilisu, les agences de garantie des crédits à l'exportation n'ont pas eu à se prononcer sur la conformité du projet du barrage aux standards *ad hoc* élaborés lors de la procédure d'examen de celui-ci. La Turquie doit désormais trouver de nouveaux partenaires privés investissant sur le modèle du BOT *(Build, Operate, Transfer)*, or, la réputation du pays est très mauvaise en matière d'investissements; le pays est ainsi noté « C' » par la COFACE, ce qui correspond à une situation dans laquelle « l'environnement économique et politique du pays très incertain pourrait détériorer un comportement de paiement déjà souvent mauvais »[184].

Le cas du barrage Ilisu, dont la construction serait une violation très nette de diverses normes de droit international, a attiré le regard des

180. Sur ce point spécifique, voir Conseil de l'Europe (Assemblée parlementaire), *Aspects culturels du projet relatif au barrage d'Ilisu, Turquie. Rapport d'information. Commission de la culture, de la science et de l'éducation,* 18 décembre 2001, doc. 9301.

181. Ilisu Dam Campaign *et al.*, *The Ilisu Dam, the World Commission on Dams, and Export Credit Reform, The Final Report of a Fact-Finding Mission to the Ilisu Dam Region, 9-16 October 2000*, spécialement pp. 44-80.

182. Se sont retirées du projet, Skanska (société suédoise), Impreglio (société italienne), AMEC (société britannique).

183. Sur les réactions à ce retrait, dans la presse britannique voir l'article de J. Warner dans *The Independent*, 14 novembre 2001.

184. Voir *www.cofacerating.fr* (4 octobre 2002).

associations de protection de l'environnement sur le rôle des agences nationales de garantie des crédits à l'exportation. En Grande-Bretagne, d'où la contestation a été menée, le projet de barrage Ilisu a entraîné une vaste campagne contre le fonctionnement de l'Agence britannique de garantie des crédits à l'exportation (Export Guarantee Credit Department)[185]. Toutes les structures comparables des pays développés se sont dotées d'un code de bonne conduite environnementale, mais toutes ces règles ne sont pas contraignantes et surtout sont très souvent moins précises que les standards de la Banque mondiale. La conclusion d'un accord à vocation universelle ou plurilatérale regroupant les pays des principales structures de garantie des crédits à l'exportation permettrait de rejeter le risque de nivellement par le bas des standards environnementaux et sociaux applicables aux projets de grande envergure que sont les barrages hydroélectriques. Le cas du gigantesque barrage chinois des Trois Gorges est un précédent symptomatique. En 1996, l'Exim Bank américaine (US Export-Import Bank) a refusé d'accorder sa garantie à des entreprises impliquées dans le projet car celui-ci n'était pas conforme aux standards environnementaux très précis de cette agence américaine. Suite à ce refus de l'Exim Bank, la garantie a été accordée par des agences, principalement européennes, qui ne disposaient pas à l'époque de code de conduite en matière de protection de l'environnement. Si le refus de l'agence américaine a entraîné un ralentissement du projet chinois, il ne l'a pas remis en cause, alors qu'il est incontestablement attentatoire à l'environnement, au patrimoine culturel et à la population locale. Malgré les appels de nombreuses organisations non gouvernementales[186], l'inexistence d'un accord au sein de l'OCDE[187] souligne bien les réticences des Etats à

185. Le projet de barrage Ilisu et la possibilité pour l'EGCD d'accorder une garantie de 200 millions de livres sterling à la société Balfour Beatty, principal constructeur du barrage, ont entraîné de nombreux débats, jusqu'à la Chambre des communes. La recherche du terme « Ilisu » sur le site du Parlement britannique donne plusieurs dizaines de résultats. Cf. www.parliament.the-stationary-office.co.uk.

186. Voir le texte adopté par trois cent quarante-cinq organisations non gouvernementales, *Jakarta Declaration for Reform of Official Export Credit and Investment Insurance Agencies*, 13 juin 2000, reproduit dans Ilisu Dam Campaign *et al.*, *The Ilisu Dam, the World Commission on Dams, and Export Credit Reform, The Final Report of a Fact-Finding Mission to the Ilisu Dam Region, 9-16 October 2000*, pp. 107-115.

187. Actuellement, il n'existe que des principes directeurs au sein de l'OCDE et non une convention obligatoire pour les Etats : OECD, Development Assistance Committee (DAC), *Guidelines for Aid Agencies on Involuntary Displacement and Resettlement in Development Projects*, *Guidelines on Aid and Environment*, n° 3, 1992 ; disponible sur www.oecd.org ; et OCDE, *Recommandation sur l'évaluation environnementale des projets et programmes d'aide au développement*, 20 juin 1985, doc. C(85)104.

s'engager dans un processus contraignant. Un groupe de travail de l'OCDE (Groupe de travail sur les crédits et garanties de crédits à l'exportation) est en charge de cette question. En son sein, les Etats-Unis militent pour que les agences nationales de garantie des crédits à l'exportation appliquent au minimum les standards mis en œuvre par la Banque mondiale, ce que la plupart des autres membres du groupe de travail refusent. En décembre 2001, tous les membres du groupe de travail, à l'exception de la Turquie, ont accepté de mettre en œuvre, sous la forme d'une simple recommandation (par définition non contraignante), le dernier projet présenté qui est beaucoup moins précis et protecteur que les standards de la Banque mondiale [188]. Depuis lors, les négociations semblent au point mort.

Dans le cadre du projet Ilisu, les considérations environnementales et sociales ont (provisoirement) réussi à s'imposer, mais cela ne s'est pas fait grâce à l'intervention de règles de droit. Les principales entreprises liées au projet ont refusé de poursuivre le projet pour des raisons qui ne reposent pas forcément sur le sentiment de se conformer à une obligation juridique. Il n'y a dans cette espèce que des décisions privées, de simple opportunité. Or, le projet GAP n'est pas achevé, non seulement le projet de barrage Ilisu n'est pas abandonné par les autorités d'Ankara, mais, en plus, d'autres barrages extérieurs à ce vaste programme posent des problèmes analogues pour l'environnement et la population sur le territoire turc. On peut notamment songer aux projets de barrages Yusufeli et Artvin au nord-est de la Turquie sur le cours d'eau Coruh qui coule en aval sur le territoire de la Géorgie. En l'absence de textes juridiquement contraignants posant des obligations précises à la charge des agences nationales de garantie des crédits à l'exportation, ce que la pression médiatique a permis d'éviter (provisoirement) dans le sud-est sera peut-être accompli dans le nord-est de la Turquie.

SECTION 5 **CONCLUSION**

Le principe fondamental d'utilisation équitable et raisonnable et l'obligation de ne pas causer un dommage ne peuvent avoir qu'une faible efficacité s'ils ne s'inscrivent pas dans un véritable pro-

---

188. OCDE, Groupe de travail sur les crédits et garanties de crédit à l'exportation, *Projet de recommandation sur des approches communes concernant l'environnement et les crédits à l'exportation bénéficiant d'un soutien public — sixième version révisée*, 14 décembre 2001, doc. TD/ECG (2000) 11/REV.6: lire notamment les points 9 à 11. On peut voir également l'Arrangement relatif à des lignes directrices pour les crédits à l'exportation bénéficiant d'un soutien public, *gentleman's agreement* négocié au sein de l'OCDE, qui a pris effet en avril 1978.

cessus de coopération de bonne foi des Etats[189]. Pour le Tigre et l'Euphrate, la situation est telle que l'absence de coopération entre les Etats de la région conduit inévitablement à une surexploitation des eaux de ces deux fleuves, particulièrement préjudiciable à la préservation de l'environnement. Face à l'absence de droit conventionnel applicable entre tous les acteurs et aux difficultés à mettre en œuvre les règles du droit international coutumier, pourtant existantes, l'opportunité de l'application de ce que l'on peut appeler droit international de l'eau peut se trouver dans les difficultés de financement auxquelles sont confrontés les Etats : en reprenant à leur compte certaines règles du droit international public, les agences de garantie des crédits à l'exportation peuvent réussir là où les mécanismes classiques d'application du droit international interétatique ont montré leurs limites. Extraordinairement, le sort de la mise en œuvre des normes du droit international public est ici placé entre les mains de personnes privées ou parapubliques.

189. P. Buirette, « Genèse d'un droit fluvial international général (utilisations à des fins autres que la navigation) », *RGDIP*, 1991, n° 1, pp. 38, 42, 47.

14 Dams and International Law

Matthew Happold *

SECTION 1 INTRODUCTION

In November 2000 the World Commission on Dams issued its report on dams and development[1]. The Commission made a number of recommendations concerning States' conduct with regard to international watercourses[2]. In particular, it recommended that States should conclude agreements on the utilization of shared watercourses. In contradistinction from its other findings, however, the WCD did not base these conclusions on any studies surveying existing State practice with regard to treaties concerning the construction and operation of dams on international watercourses. A large number of such agreements exist. This chapter aims to survey the body of existing treaties between States regarding the planning, construction and operation of dams; to examine how the provisions of such treaties may have developed over time; and to determine to what extent such treaties may already conform to the model advanced by the WCD[3].

This survey has a fairly precise focus. It analyses the body of

* MA (Oxon); MSc, LLM (London); Diploma (Hague Academy of International Law). Barrister; Lecturer in Law, University of Nottingham.

1. World Commission on Dams, *Dams and Development: A New Framework for Decision-Making* (2000) (hereinafter WCD Report).
2. *Ibid.*, p. 251.
3. A survey of United Nations, *Legislative Texts and Treaty Provisions concerning the Utilization of International Rivers for Other Purposes than Navigation*, UN Legislative Series, UN doc. ST/LEG/SER.B/12 (1963) (hereinafter *UN Legislative Texts*); Food and Agriculture Organization, *Treaties concerning the Non-Navigational Uses of International Watercourses: Europe*, FAO Legislative Study 50 (1993) (hereinafter *FAO Legislative Study: Europe*); Food and Agriculture Organization, *Treaties concerning the Non-Navigational Uses of International Watercourses: Asia*, FAO Legislative Study 55 (1995) (hereinafter *FAO Legislative Study: Asia*); Food and Agriculture Organization, *Treaties concerning the Non-Navigational Uses of International Watercourses: Africa* (1997) (hereinafter *FAO Legislative Study: Africa*); and other sources has revealed over 80 such treaties.

treaties specifically concerning the building of dams on international watercourses, either regulating their effects or regarding their planning, construction and operation, using the WCD's recommendations as a template with which to examine them. It deals only tangentially with treaties settling disputes caused by the building and operation of dams [4], although admittedly the line between the two types of agreement is sometimes difficult to draw [5].

SECTION 2 **DAMS, THEIR FUNCTIONS AND EFFECTS**

In the world today, there are over 45,000 large dams in over 140 countries [6]. Although the construction of large dams peaked in the 1970s, it remains the case that some 160-320 large dams come into operation each year [7]. Dams are the largest man-made structures in the world and dam building is an incredibly costly enterprise. During the 1990s, an estimated $32-46 billion was spent annually on large dams, four-fifths of it in developing States [8]. The reservoirs of the world's dams are estimated to have a combined storage capacity of as much as 10,000 cubic kilometres, equivalent to five times the volume of water in all the rivers in the world [9]. They extend over 400,000 square kilometres, an area larger than the state of California [10]. Most dams

---

4. Such as, for example, the Accord entre le Gouvernement de la République française et le Gouvernement espagnol relatif au lac Lanoux, signed at Madrid, 12 July 1958, in *FAO Legislative Study: Europe*, p. 299, and the Treaty between the Government of the Republic of India and the Government of the People's Republic of Bangladesh on sharing of the Ganga/Ganges waters at Farakka, signed at New Delhi, 12 December 1996, 36 *ILM* 523 (1997).

5. See, for example, the Agreement on Paraná River projects (Argentina-Brazil-Paraguay), done at President Stroessner City, Paraguay, 19 October 1979, 19 *ILM* 615 (1980). This agreement both settled the dispute regarding the Itaípu Dam and provided the conditions for the construction of the Corpus Christi Dam downstream on the Paraná River. For the background to the Agreement, see Pierre-Marie Dupuy, "La gestion concertée des ressources naturelles : à propos du différend entre le Brésil et l'Argentine relatif au barrage d'Itaipu", 24 *AFDI* 866 (1978), and Julio A. Barberis, "L'exploitation hydroélectrique du Paraná et l'accord triparti de 1979", 32 *AFDI* 779 (1986).

6. The International Commission on Large Dams defines a large dam as a dam with a height over 15 m from the foundation or a dam between 5 and 15 m high with a reservoir volume of more than 3 million m^3. See *ICOLD World Register of Dams* (1998), referred to in WCD Report, p. 11, Box 1.2. This is a fairly expansive definition.

7. WCD Report, p. 10.

8. *Ibid.*, p. 11.

9. Patrick McCully, *Silenced Rivers : The Ecology and Politics of Large Dams*, 1996, p. 7.

10. *Ibid.*

are situated on national rather than international rivers. However, a significant proportion of the world's rivers cross international boundaries [11] and dams provide one of the primary means of utilizing the waters of international watercourses.

Dams provide water for a number of purposes: irrigation, human and industrial consumption, electricity generation, and protection against floods. Dams take two main forms: storage dams and run-of-river dams. Storage dams have a large reservoir behind the dam to impound water for storage and regulation of the river. Run-of-river dams have only a small reservoir (or head pond). Their purpose is primarily to raise the level of water upstream to increase "hydraulic head" to generate electricity. Nevertheless, some storage of water is necessary if the flow of water through the turbines is to be regulated. This is necessary, firstly, in cases where the normal flow of water through the river varies according to the seasons and, secondly, to permit the production of more power during the peak periods of demand during the day. Dams can, of course, be used for both water storage and the generation of hydroelectric power.

Dams have been promoted as instruments of development: as meeting needs for water and energy services, aiding regional development, creating jobs and fostering industry. Increasingly, however, such claims have been seen as exaggerated, and the benefits provided by dams as being outweighed by their negative impacts. Dams can cause serious environmental problems. They segment riverine ecosystems, damaging or destroying fisheries and other living resources. Damming can also result in changes in water quality, which can have damaging effects downstream. And the social costs of dam building have also been great. An estimated 40-80 million people worldwide have been displaced from their homes to permit construction of dams, reservoirs and their associated works [12].

Consequently, the damming of an international watercourse concerns both upstream and downstream riparians. Most obviously, upstream States may find part of their territory flooded by the dam's reservoir, with the consequent displacement of the inhabitants of such area. Less immediately, the building of the dam may cause damage to or destruction of valuable fisheries and restrict navigation and access to the sea. Even if such effects do not occur or are only minor, by damming the river the downstream riparian is establishing a right to a proportion of the water of the river, a right which it may assert to oppose the upstream State's subsequent plans to utilize the river's resources. The

11. WCD Report, p. 174.
12. WCD Report, p. 104.

abstraction of water from an international watercourse can also cause serious harm to downstream States, depriving them of water which they had previously put to any of a number of uses. Even if no water is abstracted by damming the river (as in cases where the dam is for the generation of hydroelectric power), downstream States may still suffer environmental damage and the river may be rendered impossible to navigate.

As a result of these potential adverse effects, the construction and operation of dams on international watercourses can cause tension, even conflict, between co-riparians. Indeed, the World Bank has required that States seeking funding for dam construction projects to notify both upstream and downstream riparians of their intentions [13]. However, dams are built because of the benefits they are perceived to create. To achieve these benefits and to avoid such conflicts, States have co-operated to build, operate and maintain a number of dams.

SECTION 3 **THE REPORT OF THE WORLD COMMISSION ON DAMS** [14]

In recent years and in many countries public opinion has swung against dam construction, and the various national opponents of particular projects have linked together to form an international campaign against current dam building practices [15]. The establishment of the World Commission on Dams was an acknowledgment of this development. After extensive consultations following a joint World Bank/IUCN workshop in Gland in Switzerland in April 1997, the Commission was established in February 1998 as an independent body of 13 commissioners chosen to reflect regional diversity, expertise and stakeholder perspectives. Its mandate was to review the development effectiveness of large dams and assess alternatives for water resources and energy development; and to develop internationally acceptable criteria, guidelines and standards for the planning, design,

13. World Bank Operational Policy (OP 7.50): Projects on International Waterways (October 1994), reproduced in Salman M. A. Salman and Laurence Boisson de Chazournes (eds.), *International Watercourses: Enhancing Co-operation and Managing Conflict*, 1998, p. 193.

14. For a more extensive discussion of the report, see Salman M. A. Salman, "Dams, International Rivers, and Riparian States: An Analysis of the Recommendations of the World Commission on Dams", 16 *Am. U. Int'l L. Rev. 101* (2001).

15. For the movement's aims, see the 1988 San Francisco Declaration of the International Rivers Network and the 1994 Manibeli Declaration Calling for a Moratorium on World Bank Funding of Large Dams, reproduced in McCully, *op. cit.* footnote 9, pp. 313 and 316.

appraisal, construction, operation, monitoring and decommissioning of dams [16].

The Commission's report is a milestone in the debate about dams. No discussion of the effects of dams can ignore it. However, the Commission was not a body specifically concerned with the development of international law. The Commission was neither a law-making body, nor even a particularly legally orientated one. Its mandate took the Commission far beyond the ambit of international water law. The Commission was to review the development effectiveness of all large dams, not just those on international watercourses. Its task was to develop "criteria, guidelines and standards" for the planning, construction and operation of all large dams. The Commission's conclusions are recommendations to Governments, setting out "guidelines for good practice" [17]. They are not mandatory minimum requirements, as are rules of international law.

Nevertheless, the Commission's report did refer to a number of international instruments. On the one hand, international law provided support for the Commission's conclusions. The WCD based its recommendations on a normative foundation of sustainable human development, based, *inter alia*, on a "framework of internationally accepted norms on human rights, the right to development and sustainability" [18]. On the other hand, and of more immediate relevance, in recommending co-operation between co-riparian States, the Commission made a number of references to the United Nations Convention on the Non-Navigational Uses of International Watercourses [19].

The Commission set out seven strategic priorities and related policy principles for future decision-making regarding dams and their alternatives. Only the last of these, "Strategic Priority 7: Sharing Rivers for Peace, Development and Security", specifically addressed international watercourses. It had as its message that:

> "Storage and diversion of waters on transboundary rivers has been a source of considerable tension between countries and

16. WCD Report, p. xxx.

17. *Ibid.*, p. 278.

18. WCD Report, p. 198. The Commission specifically referred to the United Nations Charter, the Universal Declaration of Human Rights, the Declaration on the Right to Development and the Rio Declaration on Environment and Development. With the exception of the United Nations Charter, none of these instruments is binding *per se* in international law and the extent to which they reflect customary international law is hotly debated.

19. GA res. 51/229 (1997), UN doc. A/RES/51/229. The Convention was adopted by 103 votes to 3, with 52 States abstaining. As of 31 December 2001, however, only 16 States have signed the Convention, only 11 of whom have ratified it. The Convention requires 35 parties to enter into force.

within countries. As specific interventions for diverting water, dams require constructive co-operation. Consequently, the use and management of resources increasingly becomes the subject of agreement between states to promote mutual self-interest for regional co-operation and peaceful collaboration. This leads to a shift in focus from the narrow approach of allocating a finite approach to the sharing of rivers and their associated benefits in which States are innovative in defining the scope of issues for discussion. External financing agencies support the principles of good faith negotiations between riparian States."[20]

The WCD stated that for the effective implementation of the strategic priority the application of a number of policy principles was required. These included that riparian States go beyond looking at water as a finite commodity to be divided and embrace an approach that allocates not the water, but the benefits that can be derived from it; and that agreements be negotiated in good faith between riparian States based on the principles of equitable utilization, no significant harm, prior information and the Commission's other strategic priorities[21]. The Commission advocated co-operation in shared river basins and the conclusion of basin-wide agreements[22]. It indicated that it favoured third-party settlement of disputes between co-riparians and recommended that States become parties to the Watercourses Convention, whose principles it viewed as "an emerging body of customary law"[23].

However, the Commission's recommendations with regard to Strategic Priority 7 were not based upon any specific study of current State practice with regard to the construction and operation of large dams on international watercourses[24]. This was despite the fact that five of the eight dams[25] which were the subjects of WCD commissioned case studies are located on international watercourses.

20. WCD Report, p. 251.

21. The Commission's other six strategic priorities were gaining public acceptance; comprehensive options assessment; addressing existing dams; sustaining rivers and livelihoods; recognizing entitlements and sharing benefits; and ensuring compliance.

22. WCD Report, pp. 173-175, in particular p. 174, Box 6.4.

23. *Ibid.*, p. 252.

24. Although one of the WCD commissioned thematic reviews was on "River Basins — Institutional Frameworks and Management". The report appears on the World Commission on Dam's website at www.dams.org/kbase/thematic/tr53.htm.

25. The Tarbela Dam, Indus River Basin, Pakistan; the Pak Mun Dam, Mun-Meking River Basin, Thailand; the Kariba Dam, Zambezi River, Zambia/Zimbabwe; the Gariep and Vanderkloof Dams, Orange River, South Africa (pilot study); and the Grand Coulee Dam, Columbia River, United

SECTION 4 **EXISTING TREATY PRACTICE**

With the rather old exception of the 1923 Geneva Convention relating to the development of hydraulic power affecting more than one State[26], there are no global treaties specifically covering the construction and operation of large dams[27]. The subject has been governed primarily, indeed almost exclusively, by bilateral agreements, even in circumstances where there have been more than two co-riparians. What multilateral treaties exist specifically regarding the construction and operation of dams are only multilateral insofar as they are trilateral rather than bilateral[28]. These treaties do, however, exhibit a number of common features. These include provisions relating to forms of co-operation, sharing water resources, territorial issues, displacement and expropriation, the environment, and dispute settlement. Each category of provision will be examined in turn.

Paragraph 1 **Methods of Co-operation**

Unsurprisingly, such agreements reveal a high degree of co-operation between States. Essentially there seem to be four approaches.

Firstly, one State constructs and operates the dam for its own benefit. The agreement is not concerned with the construction and operation of the dam *per se*, but rather with the effects those activities might

States/Canada. The three dams on national rivers are the the Aslantas Dam, Ceyhan River, Turkey; the Glomma and Laagen Basin, Norway; and the Tucurrí Dam, Tocantins River, Brazil.

26. Convention relating to the development of hydraulic power affecting more than one State and protocol of signature, signed in Geneva, 9 December 1923, 36 *LNTS* 77. The Convention was only ratified by eleven States, none of which shared an international watercourse.

27. Although, of course, a number of regional and universal multilateral treaties regulate their effects. See, in particular, the Watercourses Convention, *op. cit.* footnote 19, and the Convention on the Protection and Use of Transboundary Watercourses and International Lakes, Helsinki, 17 March 1992, Cm 2141.

28. See the Agreement between the Government of the Union of Soviet Socialist Republics, the Government of Norway and the Government of Finland concerning the regulation of Lake Inari by means of the Kaitakoski hydroelectric power station and dam, signed at Moscow, 29 April 1959, in *UN Legislative Texts*, p. 434; the Agreement on Paraná River projects, *op. cit.* footnote 5; and the Agreement between the Governments of the Republic of Portugal, the People's Republic of Mozambique and the Republic of South Africa relative to the Cabora Basin Project, done at Cape Town, 2 May 1984, in *FAO Legislative Study: Africa*, p. 78. See also the Agreement between the Government of the Republic of South Africa and the Government of the Republic of Portugal in regard to rivers of mutual interest and the Cunene River Scheme, Lisbon, 13 October 1964, to which Swaziland acceded in 1967.

have on other States and their regulation. One such treaty is the 1959 Agreement between the USSR, Norway and Finland concerning the regulation of Lake Inari by means of the Kaitakoski hydroelectric power station and dam[29]. The Kaitakoski Dam was constructed by and for the benefit of the Soviet Union. The Agreement gave the USSR the right to regulate Lake Inari, but only within agreed limits (relating to the water level, flow of water, rate of discharge, etc.)[30]. Further, by an associated protocol, the Soviet Union was required to pay Finland monetary compensation for the damage caused as the result of implementation of the agreement[31]. Another example is the 1963 Convention between France and Spain concerning the development of the Garonne[32]. The agreement permitted France to build and operate a hydroelectric dam across the Garonne, whose reservoir extended into Spanish territory[33], but in return required France to deliver to Spain a proportion of the power produced[34].

Secondly, one State constructs the dam, but does so on behalf of both States. For example, the building of the Owen Falls Dam was directed by the Uganda Electricity Board, but the contracts for its construction had to be approved by the Governments of both Egypt and the United Kingdom (the then colonial power)[35]. On the dam's com-

29. See, for example, the Agreement between the Government of the Union of Soviet Socialist Republics, the Government of Norway and the Government of Finland concerning the regulation of Lake Inari by means of the Kaitakoski hydroelectric power station and dam, *op. cit.* footnote 28; and the Convention entre le République fédérale d'Allemagne et la République française sur l'aménagement du cours supérieur du Rhin entre Bâle et Strasbourg et protocole annexé à la convention, signed at Strasbourg, 27 October 1956, in *UN Legislative Texts*, p. 660.

30. *Ibid.*, Arts. 1-3.

31. Additional Protocol between the Union of Soviet Socialist Republics and Finland concerning compensation for loss and damage and for the works to be carried out by Finland in connection with the implementation of the Agreement of 29 April 1959 between the Government of the Union of Soviet Socialist Republics, the Government of Finland and the Government of Norway concerning the regulation of Lake Inari by means of the Kaitakoski hydroelectric power station and dam, signed at Moscow, on 29 April 1959, in *UN Legislative Texts*, p. 655. In return, Finland agreed not to carry out or authorize any measures likely to affect the regime of Lake Inari or the Paattsjoki River: *op. cit.* footnote 28, Art. 4.

32. Convention entre le Gouvernement de la République française et le Gouvernement espagnol relative a l'aménagement du cours supérieur de la Garonne, signed at Paris, 29 July 1963, in *FAO Legislative Study: Europe*, p. 313.

33. *Ibid.*, Art. 1.

34. *Ibid.*, Art. 4.

35. Exchange of notes constituting an agreement between the Government of the United Kingdom of Great Britain and Northern Ireland and the Government of Egypt regarding the construction of the Owen Falls Dam, Uganda, Cairo, 30 and 31 May 1949, in *UN Legislative Texts*, p. 108, Arts. 1-4.

pletion, its operation was managed by the Uganda Electricity Board which was, however, required to regulate the discharges to be passed through the dam according to the instructions of an Egyptian engineer stationed there[36]. The distinction between this model and the previous one can sometimes be a fine one. Under the 1954 Agreement between India and Nepal on the Kosi Project[37], Nepal agreed to permit India to construct a dam and associated works on the Kosi River on Nepalese territory[38]. In return, Nepal was to receive compensation for the land acquired by India for the purposes of the project; the right to buy up to 50 per cent of the power generated by the project; and royalties in respect of the remaining power generated[39]. However, it is difficult to see the Kosi Project as being in any real sense a joint venture with one party acting as the other's agent. India was to have control over the operation of the dam[40]. The benefits accruing to Nepal are consequently best seen as payments by India for the use of Nepalese territory and water resources, and the agreement as falling within the first rather than the second category[41]. Indeed, there are few examples of this second category of treaty[42].

The third approach sees each State constructing and operating its part of the project, but establishing a joint commission or other mechanism to supervise and co-ordinate their efforts. There are numerous examples of this type of treaty. Under the Columbia River Treaty[43]

36. *UN Legislative Texts*, p. 108, Art. 4. For the background to the agreement, see Robert O. Collins, *The Waters of the Nile: Hydropolitics and the Jonglei Canal 1900-88*, 1990, pp. 217-222.

37. Agreement between the Government of India and the Government of Nepal on the Kosi project, signed at Kathmandu, 25 April 1954, in *UN Legislative Texts*, p. 290. See also the Amended Agreement between His Majesty's Government of Nepal and the Government of India concerning the Kosi project, signed at Kathmandu on 19 December 1966, in *FAO Legislative Study: Asia*, p. 60.

38. *Ibid.*, Art. 1.

39. *Ibid.*, Arts. 3, 4 and 6. The rates payable by both Nepal (in respect of power supplied to it by India) and India (in respect of royalties payable to Nepal) were left for subsequent agreement.

40. *Ibid.*, Art. 4.

41. For a similar agreement, see the Agreement between His Majesty's Government of Nepal and the Government of India on the Gandak irrigation and power project, signed at Kathmandu, 4 December 1959, in *UN Legislative Texts*, p. 295.

42. But see also the Convention pour le règlement des rapports entre la Suisse et la France au sujet de certaines clauses du régime juridique de la future dérivation du Rhin à Kembs, signed at Berne, 27 August 1926, in *UN Legislative Texts*, p. 710.

43. Treaty between Canada and the United States of America relating to co-operative development of the water resources of the Columbia River basin, signed at Washington, 17 January 1961, 592 *UNTS* 272. The treaty came into force in 1964 subject to an additional protocol. See the Exchange of Notes

Canada was required to build and operate the storage dams upstream on its territory [44], whilst the United States was to maintain and operate the hydroelectric facilities downstream on its territory [45]. The treaty also established a Permanent Engineering Board to co-ordinate the two States' activities [46]. In other agreements the parties have each constructed their own parts of the same facility. For example, facing riparians engaged in constructing a dam across their frontier river have each built different parts of the project (generally those situated in their territory) [47].

Alternatively, States have delegated their responsibilities to executing agencies. In the Treaty between Brazil and Argentina on the development of the Uruguay and Pepiri-Guaçu Rivers [48], the hydroelectric utilities were to be constructed and operated by the two States' national electricity undertakings [49]; while under the Lesotho Highlands Water Project Treaty [50], each party was required to establish an "autonomous statutory body" to carry out its part of the implementation, operation and maintenance of the project [51]. Most such agreements also establish a joint commission to co-ordinate the parties' activities, although the Columbia River Treaty [52] and the 1944 Treaty between the

(with attached Protocol) constituting an agreement concerning the abovementioned Treaty, Washington, 22 January 1964, 592 *UNTS* 302.

44. *Ibid.*, Arts. II and IV.

45. *Ibid.*, Art. III.

46. *Ibid.*, Art. XV.

47. See the Convention between the Government of the Socialist Federal Republic of Yugoslavia and the Government of the Romanian People's Republic concerning the execution of works for the Iron Gates water power and navigation system, signed at Belgrade, 30 November 1963, in *FAO Legislative Study: Europe*, p. 517, Art. 1; the Agreement between the Government of the Socialist Republic of Romania and the Government of the Union of Soviet Socialist Republics on the joint construction of the Stinca-Costesti hydraulic engineering scheme on the River Prut and the establishment of the conditions of its operation (with protocol), in *FAO Legislative Study: Europe*, p. 493, Art. 5; the Convention entre la Suisse et l'Italie relative à l'aménagement hydraulique du torrent Breggia à la frontière italo-suisse, avec annexes, signed at Berne, 23 June 1972, in *FAO Legislative Study: Europe*, p. 411, Art. 2.

48. Treaty between the Government of the Federative Republic of Brazil and the Government of the Argentine Republic for developing the shared water resources of the frontier sections of the Uruguay River and its tributary, the Pepiri-Guaçu (Pepirí-Guazú) River, 1333 *UNTS* 62 (1983).

49. *Ibid.*, Art. IV.

50. Treaty on the Lesotho Highlands Water Project between the Government of the Kingdom of Lesotho and the Government of the Republic of South Africa, signed at Maseru, 24 October 1986, in *FAO Legislative Study: Africa*, p. 172.

51. *Ibid.*, Arts. 6 (4) and (5), 7 (1) and 8 (1).

52. *Op. cit.* footnote 43, Art. XVI (disputes to be referred to the International Joint Commission established under the 1909 Boundary Waters Agreement).

United States and Mexico on the waters of the Colorado and Tijuana Rivers, and of the Rio Grande[53], utilized already existing bodies.

The fourth approach has the two States establishing or authorizing a third entity to construct and operate the project on their behalf[54]. This fourth model is perhaps the most interesting, in particular with regard to the various forms such entities have taken.

In some instances, States have created international organizations. In the treaty between Brazil and Paraguay for the construction and operation of the Itaípu dam[55], a "binational entity"[56] known as ITAIPU, was established to undertake the project[57]. A similar entity is the Zambezi River Authority, which operates the Kariba Dam complex. The Authority was reconstituted by a 1987 Agreement between Zambia and Zimbabwe[58] as the successor to the Central African Power Corporation, itself established by a 1963 agreement between the then Northern and

53. Treaty between the United States of America and Mexico relating to the utilization of the waters of the Colorado and Tijuana Rivers, and of the Rio Grande (Rio Bravo) from Fort Quitman, Texas, to the Gulf of Mexico, and supplementary protocol, signed at Washington, 14 November 1944, in *UN Legislative Texts*, p. 236, Art. 2 (International Boundary Commission established by the 1889 Convention between the United States and Mexico to be known hereafter as the International Boundary and Water Commission).

54. See the Treaty between the Federative Republic of Brazil and the Republic of Paraguay concerning the hydroelectric utilization of the water of the Paraná River owned in condominium by the two countries, from and including the Salto Grande de Sete Quedas or Salto del Guairá, to the mouth of the Iguassu River, 923 *UNTS* 57; the Agreement between the Republic of Zimbabwe and the Republic of Zambia concerning the utilization of the Zambezi River, signed at Harare, 28 July 1987, in *FAO Legislative Study: Africa*, p. 273; and the Treaty on the development and utilization of the water resources of the Komati River Basin between the Government of the Kingdom of Swaziland and the Government of the Republic of South Africa, signed on 13 March 1992, in *FAO Legislative Study: Africa*, p. 266.

55. *Ibid.*

56. *Ibid.*, Art. III.

57. The juridical status of the entity is not made wholly explicit in the treaty. ELETROBRÁS and ANDE, the two national electricity companies, are described as the parties constituting ITAIPU, each participating equally in the entity's capital (*ibid.*, Art. III (1) and Annex A (Statute of ITAIPU), Art. 1), which would indicate some form of joint venture between the two companies. On the other hand, ITAIPU is governed by the rules laid down in the Treaty and in its Statute, which is annexed to the Treaty, and is administered by a Governing Council composed of six councillors from each State, only two of whom are nominated by the national electricity company (*ibid.*, Annex A, Art. 8).

58. *Op. cit.* footnote 42, Art. 7 (1). Again, the status of the entity is not made wholly clear. The Agreement provides that the Authority has juridical personality (*ibid.*, Art. 7 (2)) and that the direction of the Authority be undertaken by a Board of Directors, six out of seven of whom are appointed by the two States (*ibid.*, Art. 8 (1) and (2)).

Southern Rhodesia[59]. Another example is the Komati Basin Water Authority established under the Komati River Treaty between South Africa and Swaziland[60] to manage the construction and operation of the Driekoppies and Maguga dams.

Another option is to establish a concessionaire, a company incorporated under the law of one of the States parties to the agreement, to construct and operate the project. Use of this method has been particularly common in Europe. Indeed, elements of the approach can be seen in some of the earliest treaties[61]. In essence, the treaty provides that each party will grant a concession to some private person (generally a company) to construct and manage the project under conditions agreed between the parties[62]. Alternatively, the treaty itself provides for the establishment of a corporation under the law of one of the parties, to which each of the parties grant the necessary concession[63]. In both situations, however, the treaty generally provides for equal participation in the share capital by nationals of each State.

---

59. Agreement relating to the Central African Power Corporation, signed at Salisbury, 25 November 1963, in *FAO Legislative Survey: Africa*, p. 271.

60. *Op. cit.* footnote 54, Art. 8. Interestingly, the Komati River Basin Authority is itself supervised by a Joint Water Commission, created by the Treaty on the establishment and functioning of the Joint Water Commission between the Government of the Kingdom of Swaziland and the Government of South Africa, signed on 13 March 1992, in *FAO Legislative Study: Africa*, p. 266.

61. See the Convention entre la France et la Suisse concernant la concession de la chute du Chatelot sur le Doubs, signed at Paris, 19 November 1930, in *UN Legislative Texts*, p. 713. See also the Convention entre la France et la Suisse pour l'aménagement de la puissance hydraulique du Rhône entre l'usine projetée de la Plaine et un point à déterminer en amont du pont de Pougny-Chancy, signed at Berne, 4 October 1913, in *UN Legislative Texts*, p. 708.

62. See the Accord entre la Suisse et l'Italie au sujet de la concession de forces hydrauliques du Reno di Lei, avec protocole additionel, signed at Rome, 18 June 1949, in *UN Legislative Texts*, p. 846; the Convention entre la Confédération suisse et la République italienne au sujet de l'utilisation de la force hydraulique du Spöl et protocole additionnel, signed at Berne, 27 May 1957, in *UN Legislative Texts*, p. 859; and the Convention entre la République française et la Confédération suisse au sujet de l'aménagement hydroélectrique d'Emosson (avec modification), signed at Sion, 23 August 1963, in *FAO Legislative Study: Europe*, p. 333.

63. See, for example, the Agreement between the Federal Government of the Republic of Austria and the Free State of Bavaria concerning the Österreichisch-Bayerische Kraftwerke AG (Austrian Bavarian Hydroelectric Company) concluded on 16 October 1950, in *UN Legislative Texts*, p. 470; and the Agreement between the Government of Republic of Austria and the Government of the Federal Republic of Germany and of the Free State of Bavaria concerning the Donaukraftwerk-Jochenstein-Aktiengellschaft (Danube Power-Plant and Jochenstein Joint-Stock Company) concluded on 13 February 1952, in *UN Legislative Texts*, p. 476. In each case, the agreement established a company under German law with the share capital being contributed in equal parts by a German and an Austrian group of shareholders.

An example of such an approach can be seen in the 1969 Agreement between France and Germany concerning the development of the Rhine between Strasbourg/Kehl and Lauterbourg/Neuburgweier[64]. Under the agreement two barrages were to be constructed across the Rhine, one at Gambsheim, with a hydroelectric power plant on the French bank of the river, and the other at Iffezheim, with the power plant on the German bank[65]. The Gambsheim hydroelectric plant was to be constructed by a company under French law whose capital was to be subscribed in equal portions by a French partner and a German partner. The Iffezheim plant was to be constructed by a company under German law whose capital was to be subscribed in equal portions by a German partner and a French partner[66]. Each concessionaire was to operate the hydroelectric plant constructed by it[67]. Although it is not made express in the agreement, it is obvious that the German and French partners in each company were to be the same persons[68].

Indeed, the 1969 Franco-German Agreement also provides a good example of how treaties concerning the planning, construction and operation of large dams frequently partake in aspects of more than one of the approaches sketched out above. Whereas the power plants were to be constructed by concessionaires, the dams themselves and their other associated works were to be constructed by the two parties to the agreement; France carrying out the works at the Gambsheim barrage and Germany the works at the Iffezheim barrage[69]. The four types of approach described form a continuum rather than four discrete methods of work.

Examination of the body of such agreements does seem to indicate, however, a shift away from direct State participation towards the use of separate entities acting on States' behalf, whether those entities are international organizations, national electricity undertakings, statutory bodies or corporations. Whether this development has been primarily for ideological reasons (a belief in the greater efficiency of private enterprise) or pragmatic reasons (a concern to encourage private foreign investment) cannot, however, be determined from the texts of the agreements.

64. Convention entre la République française et la République fédérale d'Allemagne au sujet de l'aménagement du Rhin entre Strasbourg/Kehl et Lauterbourg/Neuburgweier, signed at Paris, 4 July 1969, in *FAO Legislative Study: Europe*, p. 239.
65. *Ibid.*, Art. 1.
66. *Ibid.*, Art. 3 (6).
67. *Ibid.*, Art. 6 (2).
68. See, in particular, *ibid.*, Art. 7 (2), and Annex II, Art. 3.
69. *Ibid.*, Art. 3 (1).

Paragraph 2 Sharing Water Resources

The World Commission on Dams specifically mentioned the 1961 Columbia River Treaty[70] as an example of an agreement dividing the benefits generated by the waters of an international watercourse[71]. Under the agreement, Canada, the upstream riparian, agreed to build a number of water storage reservoirs to hold the spring flood waters for release during the low flow months of the year so as to permit the optimal utilization of the capacities of the hydropower plants downstream, on the United States stretch of the river[72].

In return, Canada gained half of the additional power generated as a result of this process[73], which it agreed to sell to the United States[74]. In addition, Canada has received payments from the United States in consideration of the flood control benefits provided by its construction and operation of the reservoirs[75].

The Columbia River treaty is only one of a number of such agreements. A rather old, but still functioning, agreement is that regarding the Owen Falls Dam in Uganda, entered into by Egypt and the United Kingdom (on Uganda's behalf)[76]. Uganda wanted hydroelectric power and financial assistance for a dam with which to generate it. Egypt wanted to use Lake Victoria for storage purposes, so as to regulate the flow of the Nile[77]. The agreement provided that Egypt was to pay the cost of raising the dam to increase the level of Lake Victoria, provide compensation for those interests effected by the raising of the lake, and pay the Uganda Electricity Board (which managed the construction

---

70. *Op. cit.* footnote 43. For the background to the agreement, see Ralph W. Johnson, "The Columbia River Basin", in A. H. Garretson, R. D. Hayton and C. J. Olmstead (eds.), *The Law of International Drainage Basins*, 1967.

71. WCD Report, p. 175. The Commission referred to a 1968 treaty, but this is an obvious mistake.

72. Columbia River Treaty, *op. cit.* footnote 43, Arts. II-IV.

73. *Ibid.*, Art. V.

74. Exchange of notes of 22 January 1964, *op. cit.* footnote 43.

75. *Op. cit.* footnote 36, Art. VI.

76. Strictly speaking, there are a number of agreements. See the exchange of notes constituting an agreement between the United Kingdom and Egypt of 30 and 31 May 1949, *op. cit.* footnote 35; the exchange of notes constituting an agreement between the Government of the United Kingdom of Great Britain and Northern Ireland and the Government of Egypt regarding the construction of the Owen Falls Dam, Uganda, Cairo, 3 December 1949, *UN Legislative Texts*, p. 110; and the exchange of notes constituting an agreement between the Government of the United Kingdom of Great Britain and Northern Ireland and the Government of Egypt regarding the construction of the Owen Falls Dam in Uganda, Cairo, 16 July 1952 and 5 January 1953, *UN Legislative Texts*, p. 144.

77. See Collins, *op. cit.* footnote 36.

of the dam) a sum in compensation for the consequent loss of hydroelectric power[78].

States have not invariably viewed the waters of international watercourses as a finite commodity simply to be divided up amongst coriparians. There are treaties that take such an approach. To take one instance, the 1959 Nile Waters Agreement between Egypt and Sudan[79] gave each State rights to the waters at Aswan in a ratio of 48 billion cubic metres per year to Egypt and 4 billion cubic metres per year to Sudan[80]. Indeed, the view of water as a finite commodity seems to be restricted to cases where both riparians want the water for irrigation and other consumptive uses. However, even in agreements where such an approach is paramount, other uses of the waters are often considered. Provisions regarding hydroelectric power generation appear, for example, in the both the 1944 United States-Mexico Agreement[81] and the 1960 Indus Waters Treaty[82].

It is difficult, however, to generalize about provisions allocating water for consumptive uses. Allocations seem very much based on factors specific to each situation, especially the particular needs and relative power of the parties to the agreements[83]. The same cannot be said, however, with regard to treaties relating to the generation of hydroelectric power (a non-extractive process). A number of such agreements exist, dating back to the early years of the twentieth century, and their form seems to have been fixed early. See, for example, the 1913 Convention between France and Switzerland concerning the development of the River Rhone[84]:

> "Chacun des deux Etats riverains aura droit à une partie de la force motrice ainsi crée, proportionnelle à la chute du fleuve au droit des portions des rives qui lui appartiennent, c'est-à-dire que le canton de Genève aura droit à toute la force correspondant à la chute dans la région où il possède les deux rives, et que chacun des deux Etats aura droit à la moitié de la force correspondant à la

78. Exchange of notes of 16 July 1952 and 5 January 1953, *op. cit.* footnote 76.

79. The Agreement between the United Arab Republic and the Republic of Sudan for the full utilization of the Nile waters, signed at Cairo, 8 November 1959, in *UN Legislative Texts*, p. 143.

80. *Ibid.*, Art. II.

81. *Op. cit.* footnote 53, Art. 7.

82. The Indus Waters Treaty concluded between India and Pakistan, signed at Karachi, 19 September 1960, in *UN Legislative Texts*, p. 300, Art. 3 and Annexure D.

83. See the Indus Waters Treaty, *ibid.*, and the Treaty between the United States and Mexico relating to the utilization of the waters of the Colorado and Tijuana Rivers, and of the Rio Grande, *op. cit.* footnote 53.

84. *Op. cit.* footnote 61.

chute dans la région où la rive gauche est suisse et la rive droite française."[85]

Such treaties seem to take the view that facing riparians have the right to half of the power potential of the frontier river[86]. In other situations, each party has the right to the potential power resulting from the drop in water level and the rate and volume of flow of the waters on its territory[87].

Such rights translate into an entitlement to a corresponding proportion of the electricity generated.

It might be argued that the entitlement to half the electricity generated by the joint venture derives from each party's bearing of half the costs of the development[88]. However, a number of treaties relate the entitlement to the parties' rights over the waters rather than their participation in the project to generate power from them[89]. It might also

85. *Op. cit.* footnote 61, Art. 5.

86. See the Convention entre la France et la Suisse concernant la concession de la chute du Chatelot sur le Doubs, signed at Paris, *op. cit.* footnote 61, Preamble and Art. 5; the Agreement between Austria and Bavaria concerning the Österreichisch-Bayerische Kraftwerke AG, *op. cit.* footnote 63, Art. 16 (1); the Agreement between Austria and Germany and Bavaria concerning the Donaukraftwerk-Jochenstein-Aktiengellschaft, *op. cit.* footnote 63, Art. 14 (1); and the Convention entre la France et l'Allemagne au sujet de l'aménagement du Rhin entre Strasbourg/Kehl et Lauterbourg/Neuburgweier, *op. cit.* footnote 64, Art. 7 (1) .

87. See the Convention pour le règlement des rapports entre la Suisse et la France au sujet de certaines clauses du régime juridique de la future dérivation du Rhin à Kembs, *op. cit.* footnote 42, Art. 2; the Accord entre la Suisse et l'Italie au sujet de la concession de forces hydrauliques du Reno di Lei, *op. cit.* footnote 62, Art. 5; the Convention entre la Suisse et l'Italie au sujet de l'utilisation de la force hydraulique du Spöl, *op. cit.* footnote 62, Preamble and Art. 4; and the Convention entre la France et la Suisse au sujet de l'aménagement hydroélectrique d'Emosson, *op. cit.* footnote 62, Preamble and Art. 5. See also the Convention entre la France et Espagne relative a l'aménagement du cours supérieur de la Garonne, *op. cit.* footnote 32, Art. 4.

88. Such a view might be derived from the Treaty between the United States and Mexico relating to the utilization of the waters of the Colorado and Tijuana Rivers, and of the Rio Grande, *op. cit.* footnote 53, Art. 7; and the Agreement between Romania and the USSR on the joint construction of the Stinca-Costesti hydraulic engineering scheme, *op. cit.* footnote 47, Art. 4.

89. See the Convention entre la France et la Suisse pour l'aménagement de la puissance hydraulique du Rhône, *op. cit.* footnote 61, Preamble; the Convention entre la France et l'Italie relative à l'utilisation des eaux de la rivière Roya et ses affluents, signed at Paris, 17 December 1914, in *FAO Legislative Study: Europe*, p. 287, Art. II; the Convention entre la France et la Suisse concernant la concession de la chute du Chatelot sur le Doubs, *op. cit.* footnote 61, Preamble; the Convention entre la Suisse et l'Italie au sujet de l'utilisation de la force hydraulique du Spöl, *op. cit.* footnote 62, Preamble; and the Convention entre la France et l'Allemagne au sujet de l'aménagement du Rhin entre Strasbourg/Kehl et Lauterbourg/Neuburgweier, *op. cit.* footnote 64, Art. 7 (1).

be argued that such practice is only found in treaties between European States. There are, however, treaties between States in the Americas[90], Africa[91] and Asia which take the same approach. Indeed, the recent Mahakali River Treaty between India and Nepal[92] prescribes a formula for the apportionment of the costs of all the dam benefits derived from the river (energy, water and navigation) on a fifty-fifty basis. The Mahakali River flows from Nepal into India, forming for a period the boundary between the two States, and the Treaty provides for India and Nepal to co-operate in the Pancheshwar Project, an undertaking to construct a dam on the river at the boundary between the two States[93].

One recent agreement shows particularly sophisticated approach to the allocation of the benefits to be derived from the waters of an international river. The Lesotho Highlands Water Project Treaty[94] provides for the construction, operation and maintenance of the project for the purposes of delivering certain quantities of water to South Africa and using the delivery system to generate hydroelectric power for Lesotho[95]. The Senqu River flows into the Orange River and from Lesotho to South Africa. However, the water flows southwards, while more water is needed by South Africa to the north, in the Vaal region. The project consists of four dams, from which water from Lesotho is carried through several tunnels over 400 km to the Vaal Dam in South Africa[96].

---

90. See the Treaty between the United States and Mexico relating to the utilization of the waters of the Colorado and Tijuana Rivers, and of the Rio Grande, *op. cit.* footnote 53, Art. 7; the Treaty between Brazil and Paraguay concerning the hydroelectric utilization of the waters of the Paraná River, *op. cit.* footnote 54, Preamble, Arts. I and XIII; and the Treaty between Brazil and Argentina on the development of Uruguay Pepiri-Guaçu Rivers, *op. cit.* footnote 48, Arts. I and IV (2) *(b)*.

91. See the Agreement concerning the utilization of the Zambezi River, *op. cit.* footnote 54, Art. 23.

92. Treaty concerning the integrated development of the Mahakali River, 12 February 1996 (India-Nepal), 36 *ILM* 531 (1996).

93. For a description of the treaty and its background, see Salman M. A. Salman and Kishor Uprety, "Hydro-Politics in South Asia: A Comparative Analysis of the Mahakali and Ganges Treaties", 39 *Nat. Res. J.* 295 (1999), and Surya P. Subedi, "Hydro-Diplomacy in South Asia: The Conclusion of the Mahakali and Ganges River Treaties" 93 *AJIL* 953 (1999). Unfortunately, the Treaty, although in force, has not entered into effect, as a detailed project report on the financing, construction and operation of the dam has not been agreed upon by the two States.

94. *Op. cit.* footnote 50.

95. *Ibid.*, Arts. 3 and 4.

96. For an explanation of the project and its background, see Fred O. Boadu, "Relational Characteristics of Transboundary Water Treaties: Lesotho's Water Transfer Treaty with the Republic of South Africa", 38 *Nat. Res. J.* 381 (1996).

Lesotho is obliged to deliver an annual minimum amount of water to South Africa[97], whilst South Africa pays royalties to Lesotho for the net benefit of the water supplied[98].

The waters of the river are thus utilized for two purposes, whilst Lesotho receives payment for the water abstracted for South Africa's benefit and South Africa receives much needed water more cheaply than any alternative scheme could provide. It may be that the Highlands Water Project Treaty relates to a highly fact-specific situation unlikely to be replicated. It does, however, show the potential for creativity in such agreements.

Paragraph 3 **Territorial Issues**

A number of treaties for the construction and operation of dams deal with territorial issues. Some such treaties simply provide that the operations to be executed under their auspices shall not give rise to any changes in the frontiers between the parties[99]. Those agreements which do include provisions for the exchange of territory generally do so in order to ensure that the dam, associated structures and reservoir fall in equal parts into the territories of the States parties. Such transfers, however, generally provide not only for an equal division of the project works, but also that the territory exchanged is equal in size[100]. In this respect, such treaties suffer from what Georges Scelle

97. *Op. cit.* footnote 50, Art. 7.

98. *Ibid.*, Art. 12.

99. See the Treaty between Brazil and Paraguay concerning the hydroelectric utilization of the waters of the Paraná River, *op. cit.* footnote 54, Art. VII; the Treaty between Brazil and Argentina on the development of the Uruguay and Pepiri-Gauçu Rivers, *op. cit.* footnote 48, Art. VIII; and the Agreement between the Federal Government of the Republic of Austria and the Free State of Bavaria concerning the Österreichisch-Bayerische Kraftwerke AG, *op. cit.* footnote 63, Art. 24.

100. See the Convention entre la France et la Suisse au sujet de l'aménagement hydroélectrique d'Emosson, *op. cit.* footnote 62, Art. 24; the Agreement between Yugoslavia and Romania concerning the Iron Gates, *op. cit.* footnote 47, Art. 9, and the exchange of letters constituting an agreement between the Romanian People's Republic and the Socialist Federal Republic of Yugoslavia concerning the adjustment of the frontier on the Danube, signed at Belgrade on 30 November 1963, in *FAO Legislative Study: Europe*, p. 522, Art. 9; the Additional Protocol to the Agreement between Iran and the Union of Soviet Socialist Republics, signed at Tehran on 2 December 1954, concerning the line to be taken by the new frontier between Iran and the Union of Soviet Socialist Republics through the reservoirs of the Araxes hydro-engineering complex and the Mil-Murgan dam on the River Araxes, signed at Moscow on 7 May 1970, in *FAO Legislative Study: Asia*, p. 95, Art. 1; and the Agreement between Romania and the USSR on the joint construction of the Stinca-Costesti hydraulic engineering scheme, *op. cit.* footnote 47, Art. 9.

called the *obsession du territoire* [101] as much as any other area of international law [102].

With regard to treaties where one party constructs and operates the dam for its own benefit and the agreement simply regulates the situation with regard to the other affected party matters are somewhat different. Although there is at least one example of the cession of territory in such a situation [103], the general approach has been to transfer ownership, but not sovereignty, over the territory utilized. For example, the agreement between Luxembourg and Land Rhineland-Palatinate on the construction of a hydroelectric power plant on the Sauer [104] provides that Rhineland-Palatinate shall transfer to Luxembourg "as private property" such land situated on the German side of the Sauer as may be required for the construction and operation of the power plant. Luxembourg, in return, is to pay Rhineland-Palatinate the land's purchase price plus costs [105]. Similarly, in two treaties with India [106] Nepal transferred ownership of land required for the execution of the project to India (with India paying the costs of acquisition) but retained sovereignty over the areas transferred. A similar situation has obtained with regard to land in one State flooded by damming conducted by another. Under the Nile Waters Treaty [107] Egypt paid Sudan Egyptian £15 million in compensation for the damage caused in Sudanese territory by the flooding of the Sudd el Aali reservoir [108]. Similarly, under the Komati River Basin Treaty [109] South Africa was to compensate Swaziland for that part of its territory forming part of the reservoir area

101. See Georges Scelle, "Obsession du Territoire", in *Symbolae Verzijl* (1958).

102. For an exception to the rule, see the Accord entre la Suisse et l'Italie au sujet de la concession de forces hydrauliques du Reno di Lei, *op. cit.* footnote 62, where Italy ceded to Switzerland an area of about 0.5 km^2. without a reciprocal cessation of any Swiss territory.

103. See the Agreement between the Union of Soviet Socialist Republics and the Republic of Finland on the transfer to the territory of the Soviet Union of part of the State territory of Finland in the region of the Jäniskoski hydroelectric power station and the Niskakoski control dam, signed at Helsinki on 3 February 1947.

104. State treaty between the Grand Duchy of Luxembourg and the Land Rhineland-Palatinate in the Federal Republic of Germany concerning the construction of a hydroelectric power-plant on the Sauer (Sûre) at Rosport/Ralingen, signed at Trier, 25 April 1950, in *UN Legislative Texts*, p. 721.

105. *Ibid.*, Art. 4. Although it might be argued that this approach was taken because Land Rhineland-Palatinate could not transfer sovereignty over German territory.

106. See the Agreement between India and Nepal on the Kosi project, *op. cit.* footnote 37, Art. 5; and the Agreement between Nepal and India on the Gandak project, *op. cit.* footnote 41, Art. 6.

107. *Op. cit.* footnote 73.

108. *Ibid.*, Art. II.

109. *Op. cit.* footnote 54.

of the Driekoppies dam [110]. In the Agreement concerning the development of the upper course of the Garonne [111], however, Spain permitted France to utilize a part of its territory as a reservoir in return for France providing it with a portion of the electricity generated by the project [112]. In none of these agreements, however, is there any suggestion of a transfer of sovereignty over the territory inundated.

Paragraph 4 **Displacement and Expropriation**

In contrast to the number of provisions concerning compensation payable by one State to another for the use of its territory, very few treaties relating to the construction and operation of dams have any provisions directly regarding the treatment of persons affected by such projects. Indeed, where such provisions do exist, they are often as much concerned with inter-State relations as with protecting the interests of persons displaced or whose property is destroyed or damaged by the damming operations. So, for example, in the Nile Waters Treaty [113], the payment made by Egypt to Sudan was expressed to be compensation for damage to Sudanese properties resulting from the filling of the Sudd el Aali reservoir. The money was, however, payable to Sudan rather than to the affected individuals [114] and, in return, Sudan was to arrange the transfer of its inhabitants from the areas to be submerged. Similarly, in one of the series of agreements between Egypt and the United Kingdom regarding the construction of the Owen Falls Dam, it was provided that Egypt was to bear the cost of compensation in respect of interests affected by the scheme [115]. However, the obligation can be seen as part of Egypt's undertaking to pay for the additional costs of the dam necessitated by the raising of Lake Victoria and the use of the lake for water storage [116]. In each case the obligations are reciprocal and only tangentially concerned with the rights of the persons affected.

Other agreements simply provide for the apportionment of any costs resulting from displacement and expropriation. For example, in the

110. *Op. cit.* footnote 54, Art. 5.
111. *Op. cit.* footnote 32.
112. *Ibid.*, Arts. 1 and 4.
113. *Op. cit.* footnote 94, Art. II.
114. Indeed, the provision appears analogous to a "lump sum agreement" negotiated by Sudan in exercise of its right of diplomatic protection of its nationals.
115. Exchange of notes constituting an agreement between the United Kingdom and Egypt of 16 July 1952 and 5 January 1953, *op. cit.* footnote 76.
116. The raising of the level of Lake Victoria was to permit the regulation of the waters of the Nile for Egypt's benefit. See Collins, *op. cit.* footnote 36.

agreement between Romania and the USSR on the joint construction of the Stinca-Costesti hydraulic engineering scheme [117] expropriation costs were to be shared equally between the two parties [118], whereas in the treaty between Brazil and Argentina on the development of the Uruguay and Pepiri-Guaçu Rivers [119] each executing agency is to be responsible for paying for the expropriations and relocations within the areas of its own operations [120]. A potential disadvantage of such provisions, however, is that the amount of compensation to be paid is frequently expressed as being that payable under national law [121]. It is consequently the adequacy and effectiveness of local law, not the provisions of the treaty, that are of relevance to the individuals affected by the damming operations [122].

There are, however, some exceptions to this situation. A number of recent treaties do display more concern for the human rights dimension of dam building [123]. The agreement between Zimbabwe and Zambia concerning the utilization of the Zambezi River [124] provides that the two States undertake to declare for public utility any areas necessary for hydroelectric development and to acquire, by purchase or expropriation, any properties or rights necessary for the operations of the Zambezi River Authority [125]. The agreement also provides, however, that although the rights of the parties under the agreement take precedence over private rights, they do so only to the extent that the States' rights are not inconsistent with the constitutional rights of private individuals

117. *Op. cit.* footnote 47.

118. *Ibid.*, Art. 4.

119. *Op. cit.* footnote 48.

120. *Ibid.*, Art. VII (1). See also the Agreement between Yugoslavia and Romania concerning the Iron Gates waterpower and navigation system, *op. cit.* footnote 47, Art. 19 (1).

121. See the Agreement between Brazil and Argentina, *op. cit.* footnote 47; and the Agreement between Yugoslavia and Romania, *ibid.* See also the State Treaty between Luxembourg and Rhineland-Palatinate, *op. cit.* footnote 101, Art. 4, and the Convention entre l'Allemagne et la France sur l'aménagement du cours supérieur du Rhin, *op. cit.* footnote 29, Art. 20, neither of which mentions how the compensation payable is to be calculated.

122. This is particularly the case with regard to issues of title to land. Indigenous (native) or informal titles are frequently unrecognized in domestic legal systems, leaving those persons holding property under such systems uncompensated for the deprivation of their property.

123. A rather older agreement, the Accord entre la Suisse et l'Italie au sujet de la concession de forces hydrauliques du Reno di Lei, *op. cit.* footnote 62, Art. 3, and its associated exchange of notes, *UN Legislative Texts*, p. 852, include extensive provisions regarding the replacement of lands submerged by the reservoir and the restoration of the agricultural economy of the region, but these seem exceptional.

124. *Op. cit.* footnote 54.

125. *Ibid.*, Art. 20.

in each State[126]. Although the reference is back to national, rather than international, law, there is at least a recognition that some individual rights cannot be overridden by the State parties to the agreement.

Provisions regarding displacement appear in two treaties South Africa has entered into with its neighbours. In the Lesotho Highlands Water Project Treaty[127], the Lesotho Highlands Development Agency is to ensure that members of local communities in Lesotho affected by the project will be enabled to maintain a standard of living not inferior to that obtaining at the time of first disturbance[128]. Further, the parties' obligation to take all reasonable measures to ensure that the implementation, operation and maintenance of the project are compatible with the protection of the existing quality of the environment explicitly includes an obligation to pay due regard to the maintenance of the welfare of persons and communities immediately affected by the project[129]. This latter obligation is reproduced in the Komati River Basin Treaty[130]. The agreement also has a number of more specific provisions regarding displacement[131]. The parties are to make sufficient land available for the project, the cost of making such land available and the relocation of persons resident or having rights to use such land forming part of the capital cost of the project. Each party is to be responsible for the relocation of persons on their territory, but in accordance with a relocation plan approved by the Joint Water Commission.

It might be asked, however, whether the presence or absence of such provisions is *per se* significant. It might be argued that most States are already bound, either under domestic or international law, to respect the human rights of their nationals when conducting displacement operations or expropriating individuals' property. However, although this is undoubtedly the case, the inclusion of such provisions is significant because it ensures that those constructing dams have to address such issues as an aspect of their operations. This can be seen clearly in the Komati River Basin Treaty: each party has to draw up a relocation plan and each plan has to be approved by the Joint Water Commission. Consideration of human rights issues is thus built into the planning and construction process.

126. *Op. cit.* footnote 54, Art. 24.
127. *Op. cit.* footnote 50.
128. *Ibid.*, Art. 7 (18). Further, South Africa is to pay the costs of such measures with regard to that part of the project relating to the delivery of water to South Africa: *ibid.*, Art. 10 (3) *(h)*.
129. *Ibid.*, Art. 15.
130. *Op. cit.* footnote 54, Art. 15.
131. *Ibid.*, Art. 5.

Paragraph 5 **Environmental Provisions**

Provisions regarding the environment in treaties regarding the construction and operation of large dams also tend to be concerned with the protection of State interests rather than with the preservation of the environment *per se*. In this they are similar to the body of provisions regarding displacement and expropriation described above.

An early example of such a provision can be seen in the 1913 Convention between France and Switzerland for the development of the hydraulic power of the Rhone[132], which provided that the two States should agree measures to conserve the fish in the river[133]. Similar provisions with regard to fisheries appear in a number of other agreements[134]. It seems obvious that the purpose of such provisions is to protect a valuable resource rather than to preserve biological diversity. More recently, more comprehensive provisions regulating environmental harm have appeared in a number of treaties. Again, however, such provisions have been expressly concerned at protecting the environment for human purposes. See, for example, this provision in the 1963 Convention between France and Switzerland for the development of the Emosson basin[135]:

> "Le concessionnaire sera tenu par les actes de concession de laisser s'écouler à l'aval du barrage et des prises d'eau les débits nécessaires pour sauvegarder les intérêts généraux, notamment en ce qui concerne la salubrité publique, l'alimentation des populations riveraines, l'irrigation, la conservation et la circulation des poisons et la protection des sites et paysages."[136]

Such provisions are not particularly common, however, only appearing in a few agreements between European States[137], as is also the case with provisions regulating pollution from damming activities[138].

---

132. *Op. cit.* footnote 61.
133. *Ibid.*, Art. 9.
134. See, for example, the State Treaty between Luxembourg and Rhineland-Palatinate, *op. cit.* footnote 101, Art. 15, which provides that, in order to permit the free passage of fish, a fish-ladder is to be installed at the dam. See also the Convention entre la France et l'Italie relative à l'utilisation des eaux de rivière Roya, *op. cit.* footnote 85, Art. VII.
135. *Op. cit.* footnote 62.
136. *Ibid.*, Art. 3.
137. See also the Convention entre l'Allemagne et la France sur l'aménagement du cours supérieur du Rhin, *op. cit.* footnote 29, Art. 4; and the Convention entre la France et l'Allemagne au sujet de l'aménagement du Rhin entre Strasbourg/Kehl et Lauterbourg/Neuburgweier, *op. cit.* footnote 64, Art. 2 (1).
138. See the Indus Waters Treaty, *op. cit.* footnote 82, Art. 4; and the Agreement between Romania and the USSR on joint construction of the Stinca-Costesti hydraulic engineering scheme, *op. cit.* footnote 47, Art. 16.

A few agreements have taken a more integrated and less anthropocentric approach to the environment. The Paraná River agreement between Argentina, Brazil and Paraguay [139], for example, provides that the parties shall

> "undertake efforts . . . to preserve the environment, the fauna and flora, as well as the quality of the waters of the Paraná River, avoiding its contamination and assuring, at the least, the present conditions of health in the areas of influence of both projects" [140].

A similar provision appears in the agreement between Brazil and Argentina on the development of the Uruguay and Pepiri-Guaçu Rivers [141].

In the agreements between South Africa and Lesotho [142] and South Africa and Swaziland [143] the parties are required to take all reasonable measures to ensure that their activities are compatible with the protection of the existing quality of the environment.

It is difficult to know what to make of these provisions. Although from some of the more recent agreements concerning the construction and operation of large dams, they are probably insufficient in number upon which to base any conclusions [144]. Nor does it seem warranted to make any inferences from the lack of any provisions concerning the environment in most such agreements. The pollution of international watercourses, for example, is regulated by a large number of international conventions [145]. It may simply be that States entering into agreements to build and operate large dams do not consider that they need to reiterate obligations they have already accepted elsewhere. Perhaps the most that can be said is that treaty practice is reflecting the increasing concern about the environmental effects of dam building. Nevertheless, as with provisions regarding displacement and expropriation, the inclusion of environmental provisions, if sufficiently specific [146], could at

---

139. *Op. cit.* footnote 5.

140. *Ibid.*, Art. 5 *(j)*.

141. *Op. cit.* footnote 48, Art. 1.

142. The Lesotho Highlands Water Project Treaty, *op. cit.* footnote 50, Art. 15.

143. The Komati River Basin Treaty, *op. cit.* footnote 54, Art. 13.

144. Indeed, only six States are parties to the four treaties mentioned.

145. For details, see Johan G. Lammers, *Pollution of International Watercourses*, 1984; Andre Nollkaemper, *The Legal Regime for Transboundary Water Pollution*, 1993; and Johan G. Lammers, "International and European Community Law Aspects of Pollution of International Watercourse", in Wilfred Lang, Hans-Peter Neuhold and Karl Zemanek (eds.), *Environmental Protection and International Law*, 1991.

146. Such as, for example, requiring the commissioning and consideration of environmental impact assessments.

least have the effect of integrating such issues into the activities of the dam builders [147].

Paragraph 6 **Dispute Settlement**

The dispute settlement provisions in treaties regarding the construction and operation of large dams are fairly uniform. If a joint or mixed commission has been established to supervise the dam's construction and operation, then disputes are generally, in the first instance, to be settled by it [148]. As such commissions are usually equally split in their membership between representatives of the parties, this in practice means that disputes must be settled by agreement. Reference of disputes to joint commissions also ensures that they are initially dealt with on a technical level.

If the joint commission is unable to agree, then disputes go to negotiation between the parties: that is, to settlement by diplomatic means. Negotiation is also the first method of dispute settlement in those treaties which do not provide for reference of disputes to a joint commission. If diplomacy fails, most treaties provide for reference by one of the parties to arbitration [149]. With regard to those treaties that do not,

147. In its judgment in the *Gabčíkovo-Nagymaros Project* case, the International Court of Justice held that States were required to take any newly developed norms of environmental law into consideration when implementing general obligations to protect the environment: *ICJ Reports 1997*, p. 7, at para. 112. Such a requirement, although welcome, does not serve to incorporate such norms into dam-building practice.

148. See the Treaty between the United States and Mexico relating to the utilization of the waters of the Colorado and Tijuana Rivers, and of the Rio Grande, *op. cit.* footnote 53, Art. 24 *(d)*; the Indus Waters Treaty, *op. cit.* footnote 82, Art. 9 (1); the Agreement between Yugoslavia and Romania on the Iron Gates water power and navigation scheme, *op. cit.* footnote 47, Art. 21 (1); the Columbia River Treaty, *op. cit.* footnote 43, Art. XVI (1); the Convention entre la France et l'Allemagne au sujet de l'aménagement du Rhin entre Strasbourg/Kehl et Lauterbourg/Neuburgweier, *op. cit.* footnote 64, Art. 16 (1) (option to seek views of Standing Commission); the Agreement between the USSR and Romania on the joint construction of the Stinca-Costesti hydraulic engineering scheme, *op. cit.* footnote 47, Art. 17; and the Lesotho Highlands Water Project Treaty, *op. cit.* footnote 50, Art. 16 (4) (option to request report and recommendations from Joint Permanent Technical Commission).

149. See the Accord entre la Suisse et l'Italie au sujet de la concession de forces hydrauliques du Reno di Lei, *op. cit.* footnote 62, Art. 13; the State Treaty between Luxembourg and Rhineland-Palatinate concerning the construction of a hydroelectric power-plant on the Sauer, *op. cit.* footnote 101, Art. 22; the Agreement between Austria and Bavaria concerning the Österreichisch-Bayerische Kraftwerke AG, *op. cit.* footnote 63, Arts. 26 and 27; the Agreement between Austria, Germany and Bavaria concerning the Donaukraftwerk-Jochensein-Aktiengesellschaft, *op. cit.* footnote 63, Art. 25; the Convention entre la Suise et l'Italie au sujet de l'utilisation de la force hydraulique du Spöl, *op. cit.* footnote 62, Art. 18; the Convention entre l'Alle-

the reasons for the absence of a compromissory clause seem to lie in the States parties' general dislike of third-party dispute settlement rather than from any reason intrinsic to the agreements [150]. In a number of treaties including compromissory clauses, however, the clauses are so drafted as to permit one party to frustrate resort to arbitration [151] or so as, in reality, to amount only to agreements to agree to arbitrate [152].

What is most striking, however, is that despite this plethora of arbitration clauses no dispute regarding the joint construction and operation of a dam has been referred to arbitration [153]. Indeed, the only such dispute that has been litigated was the *Gabčíkovo-Nagymaros Project* case before the International Court of Justice [154]. That dispute was referred to the Court by special agreement, as the 1977 Agreement between Czechoslovakia and Hungary to build and operate the project did not include any provision for reference to third-party settlement [155].

---

magne et la France sur l'aménagement du cours supérieur du Rhin, *op. cit.* footnote 29, Art. 26; the State Treaty between Luxembourg and Rhineland-Palatinate concerning the construction of hydroelectric power-installations on the Our, in *UN Legislative Texts*, p. 726, Art. 11; the Columbia River Treaty, *ibid.*, Art. XVI (2); the Convention entre la France et la Suisse au sujet de l'aménagement hydroélectrique d'Emosson, *op. cit.* footnote 62, Art. 21; the Agreement between Yugoslavia and Romania on the Iron Gates water power and navigation scheme, *ibid.*, Art. 21 (3); the Convention entre la France et l'Allemagne au sujet de l'aménagement du Rhin, *ibid.*, Art. 17; the Lesotho Highlands Water Project Treaty, *ibid.*, Art. 16 (8); and the Komati River Basin Treaty, *op. cit.* footnote 54, Art. 16.

150. There are no such clauses, for example, in agreements to which the Soviet Union was a party. See the Agreement between the USSR, Norway and Finland concerning the regulation of Lake Inari, *op. cit.* footnote 28, Art. 7 (disputes to be settled by a mixed commission or by diplomatic means); and the Agreement between the USSR and Romania on the joint construction of the Stinca-Costesti hydraulic engineering scheme, *op. cit.* footnote 47, Art. 17 (disputes to be settled by the Mixed Commission or by diplomatic means).

151. See, for example, the Agreement between India and Nepal on the Kosi project, *op. cit.* footnote 37, Art. 17; and the Agreement between Nepal and India on the Gandak project, *op. cit.* footnote 41, Art. 12. In each case resort to arbitration can be blocked by one party refusing to appoint its arbitrator as there is no provision for an appointing authority to act in such an eventuality.

152. See, for example, the Agreement between Zambia and Zimbabwe concerning the utilization of the Zambezi River, *op. cit.* footnote 54, Art. 32. The article provides for the reference of disputes to an arbitrator or board of arbitrators but says no more about how the tribunal is to be established or composed. See also the exchange of notes between the United Kingdom and Egypt regarding the construction of the Owen Falls Dam of 30 and 31 May 1949, *op. cit.* footnote 35, Art. 5 (disputes to be referred to arbitration in accordance with arrangements to be agreed).

153. Or, at least, not to this writer's knowledge.

154. *ICJ Reports 1997*, p. 7.

155. See the Treaty concerning the construction and operation of the Gabčíkovo-Nagymaros system of locks (Hungary-Czechoslovakia), signed 16 September 1977, Art. 27 (settlement of disputes to be by diplomatic means), reproduced *ibid.*, para. 18.

It may be, in this area as in others, that the incorporation into agreements of such provisions serves to promote dispute settlement because the parties wish to avoid resort to their procedures.

SECTION 5 **CONCLUSION**

Examination of the body of treaties relating to the planning, construction and operation of dams on international watercourses shows that to a large extent they fall within the classical model of contractual agreements. They are treaties based on reciprocity; on the balancing of States' interests. This is generally the case even with regard to provisions relating to displacement, expropriation and the environment. To this extent, then, current treaty practice cannot be said to comply with the model advanced by the World Commission on Dams.

Such a conclusion may, however, be overly harsh. The large number of treaties for the joint construction and operation of dams on international watercourses may be an indication that States do see themselves under a duty to co-operate in the exploitation of these shared resources. Indeed, it may be unfair to contrast treaties relating to specific dam-building projects with the model of basin-wide agreements promoted by the WCD. Basin-wide agreements can provide the framework for more particular projects; the two types of agreement can complement each other[156].

At the least, existing treaty practice shows that States can co-operate in the utilization of the resources of international watercourses and that they have been able to develop innovative schemes for sharing the benefits of such resources. There are indications in some recent treaties that issues of displacement and expropriation and the protection of the environment are being treated more seriously by dam-building States.

Such developments accord with the WCD's emphasis on human rights and sustainability, although they by no means go as far as does the Commission. The numerous provisions permitting resort to arbitration do, however, comport well with the WCD's emphasis on third-party dispute settlement.

In his discussion of treaties which may have an effect on the devel-

---

156. For a more general survey, which concludes that States are unwilling to enter into agreements containing rules covering water use generally, see Patrick K. Wouters, "An Assessment of Recent Developments in International Watercourse Law through the Prism of the Substantive Rules Governing Use Allocation", 36 *Nat. Res. J.* 417 (1996).

opment of general international law[157], Oscar Schachter described three types of treaty: general multilateral treaties; treaties which establish a collaborative mechanism for States to regulate a particular area of activity; and "bilateral treaties that in the aggregate create rules and patterns of conduct in particular subjects"[158]. With regard to this latter group of agreements, Schachter stated that:

> "Though more similar to contracts than to statutory law in form, such treaties are often standardized and therefore establish similar rights and obligations for a broad range of States. The many similar bilateral agreements on protection of foreign investments, on air transport, on extradition, on lakes and rivers create networks of legal obligations that are an important part of practical international law. Whether such agreements may be viewed as creating customary law in some cases is a separate matter, it is sufficient for our present purposes to recognize that as treaties they are a distinct and significant means for extending international law."[159]

It may be that the body of treaties relating to the construction and operation of dams on international watercourses falls into this category. Most of their provisions, such as those regarding the modalities by which States can co-operate in constructing and managing dams, are purely permissive. But others may establish general rules, such as those with regard to States' rights over the power potential of shared rivers. What can be seen, however, is that there is an extensive body of practice that can be built upon to implement the World Commission on Dams' recommendations.

157. Oscar Schachter, *International Law in Theory and Practice*, 1991, pp. 74-78.
158. *Ibid.*, pp. 75-76.
159. *Ibid.*, p. 76. Footnote omitted.

BIBLIOGRAPHIE SÉLECTIVE

SELECTED BIBLIOGRAPHY

Rens Steenhard

Note introductive

Cette bibliographie a été préparée sur la seule base des matériaux de la Bibliothèque du Palais de la Paix. L'information bibliographique d'origine, publiée en 2001 à l'usage des chercheurs du Centre d'étude et de recherche de droit international et de relations internationales de l'Académie de droit international de La Haye, a été complétée jusqu'en juillet 2004.

Introductory Note

This bibliography has been compiled exclusively from materials available in the Peace Palace Library. Originally published in 2001 for the use of the researchers of the Hague Academy's Centre for Studies and Research in International Law and International Relations, its bibliographic content has been extended and updated until July 2004.

Sommaire

Summary

I Droit international
International Law

A Ouvrages de référence
Reference Works

1 Bibliographies

ANDREWS, J. L., *Bibliography on the Law and Uses of International Rivers*, [New York], New York University School of Law, 1960.

"[Chapter] 8.3. The Law of Non-Navigational Uses of International Watercourses", *Analytical Guide to the Work of the International Law Commission, 1949-1997*, New York, United Nations, 1998, pp. 177-191.

"[Chapter] 8.4. Juridical Regime of Historic Waters, including Historic Bays", *Analytical Guide to the Work of the International Law Commission, 1949-1997*, New York, United Nations, 1998, pp. 192-193.

Fleuves, canaux et ports: notes bibliographiques comprenant la liste des principaux ouvrages parus en librairie et articles publiés par les périodiques de 1892 à 1906, Association intern. perm. des congrès de navigation, Bruxelles, [s.n.], 1908.

Fleuves, canaux et ports: notes bibliographiques comprenant la liste des principaux ouvrages parus en librairie et articles publiés dans les périodiques de tous pays du 1er janvier 1907 au 31 décembre 1910, Association intern. perm. des congrès de navigation, Bruxelles, société anonyme belge, 1912.

HOLUBESHEN, M., and H. A. AMERY, *Annotated Bibliography of Water in the Middle East*, Toronto, Centre for International Studies, University of Toronto, 1995.

KOST, I. L., *Rights and Duties of Riparian States of International Rivers: Selective Bibliography/Droits et obligations des pays riverains des fleuves internationaux: bibliographie sélective*, Centre for Studies and Research of the Hague Academy of International Law/Centre d'étude et de recherche de l'Académie de droit international de La Haye, The Hague/La Haye, Peace Palace Library/Bibliothèque du Palais de la Paix, 1990.

OTTO, I., and M. Schmidt-Dumont, *Die Wasserfrage im Nahen und Mittleren Osten: Literatur seit 1985: eine Auswahlbibliographie/Water in the Middle East and North Africa: Literature since 1985: A Selected Bibliography*, Hamburg, Deutsches Übersee-Institut, Übersee-Dokumentation, Referat Vorderer Orient, 1995. [Dokumentationsdienst Moderner Orient; No. 23; Reihe A.]

Public International Law: A Current Bibliography of Articles/Völkerrecht: laufende Bibliographie der Aufsatzliteratur/Droit international public: bibliographie périodique d'articles/Derecho internacional público: bibliografía de articulos, Max Planck Institute for Comparative Law and International Law/Max-Planck-Institut für ausländisches öffentliches Recht und Völkerrecht, Berlin, Heidelberg, Springer Verlag, Vol. 1 (1975).

Régime juridique des cours d'eau d'intérêt international: bibliographie/The Regime of Waterways of International Concern: Bibliography, Centre d'étude et de recherche de l'Académie de droit international de La Haye/Centre for Studies and Research of the Hague Academy of International Law, La Haye/The Hague, Bibliothèque du Palais de la Paix/Peace Palace Library, 1961. [Avec liste supplémentaire; With Supplementary List.]

Régime juridique des fleuves et des lacs internationaux: bibliographie/The Legal Regime of International Rivers and Lakes: Bibliography, Centre d'étude et de recherche de l'Académie de droit international de La Haye/Centre for Studies and Research of the Hague Academy of International Law, La Haye/The Hague, Bibliothèque du Palais de la Paix/Peace Palace Library, 1977. [Avec supplément; With Supplement.]

TECLAFF, L. A., and E. TECLAFF, "Bibliography on Legal and Related Aspects of the Use and Development of the Waters of International River Basins", *The Law of International Drainage Basins*, Dobbs Ferry, NY, Oceana Publications, 1967, pp. 609-778.

Water Resources, Planning, and Management: A Select Bibliography/Les ressources en eau, leur planification et leur gestion: Bibliographie sélective, New York, United Nations/Nations Unies, 1977. [Dag Hammarskjöld Library, Bibliographical Series; No. 23/Bibliothèque Dag Hammarskjöld, Série bibliographique, n° 23.]

2 Bibliographies
Periodicals; Serial Publications

The Journal of Water Law — Case Law — Environmental Control and Enforcement — Economic Regulation — Policy Development, Witney, Oxon, UK, Lawtext Publishing Limited, Vol. 23, No. 1 (January-February 2002).

Natural Resources Journal, Albuquerque, University of New Mexico, Vol. 13 (1973).

Natural Resources/Water Series, New York, United Nations, No. 1 (1975).

Schrifttum und Rechtsprechung des Wasserrechts, Cologne [etc.], Carl Heymanns Verlag KG (1975).

Water Law. Review and Analysis of Aquatic Environmental Law and Economic Regulation in the UK and EU, Bognor Regis: Wiley, Vol. 4, No. 1 (1993)-Vol. 12, No. 6 (2001).

Zeitschrift für Wasserrecht: deutsches und internationales Wasserrecht, Rechtsvergleichung: deutsches und internationales Umweltschutzrecht in den Bereichen Wasser und Abfall, Cologne [etc.], Carl Heymanns Verlag KG, Vol. 10/11 (1971/72).

B Organisations internationales, associations et institutions
International Organizations, Associations and Institutions

1 Union européenne
European Union

a Ouvrages et articles
Books and Articles

Aubin, D., et F. Varone, «La gouvernance européenne au «concret»: le cas de la gestion intégrée de l'eau», *Annales d'études européennes de l'Université catholique de Louvain*, 6 (2002), pp. 155-197.

Ball, S., "The Waste Management Licensing Regulations: The Waste Management Licensing System — Changes to the Law on Waste to Comply with the EC Framework Directive on Waste and the Groundwater Directive", *Water Law*, 5 (1994), No. 4, pp. 124-130.

Bates, J., "Examining Water Pollution Law and Regulation in the Light of Current Government and EU Policy", *Water Law*, 8 (1997), No. 2, pp. 76-80.

Beaucamp, G., "Einführung in die Tagung: Wasserrecht im Zeichen der Nachhaltigkeit", *Änderungsbedarf im Wasserrecht — zur Umsetzung europarechtlicher Vorgaben*, Rostocker Umweltrechtstag, 2002, Baden-Baden, Nomos Verlagsgesellschaft, 2003, pp. 13-18.

Bell, S., "Environment Mediation — Possibilities of Development?", *Water Law*, 10 (1999), No. 5, pp. 156-157.

BERGGREN, E. M., and R. A. TAAMS, "De Cockerill-zaak ; de betekenis van een vergunning en een Europese richtlijn voor lozingen in de Maas", *TMA*, 9 (1995), No. 2, pp. 46-52.

BLÖCH, H., "Europäische und internationale Normen zu Gewässerschutz und Wasserwirtschaft", *Das Recht des Wassers in nationaler und internationaler Perspektive*, Vienna, Braumüller, 1998, pp. 33-43.

BORSALINO, G., "The EC Fifth Framework Programme : Policy Options for Sustainable Management of Water Resources", *Sustainable Development and Management of Water Resources : A Legal Framework for the Mediterranean*, Rome, Institute for Legal Studies on the International Community — CNR, 1999, pp. 244-251.

BOUR, A., « Les relations entre la Communauté économique européenne et la Commission centrale pour la navigation du Rhin », *Internationales Recht auf See und Binnengewässern : Festschrift für Walter Müller*, Zurich, Schulthess Polygraphischer Verlag, 1993, pp. 61-74.

BOVIS, Ch., "The Regulation of the Drinking Water Industry under EC Public Procurement Legislation : The Dundalk Case", *Water Law*, 4 (1993), No. 3, pp. 93-95.

BROUWER, F., and Th. ZABEL, "Co-operative Agreements in the Context of EU Policy", *Governance of Water-Related Conflicts in Agriculture : New Directions in Agri-environmental and Water Policies in the EU*, Dordrecht [etc.], Kluwer Academic Publishers, 2003, pp. 207-215.

BROUWER, F., I. HEINZ and Th. ZABEL (eds.), *Governance of Water-Related Conflicts in Agriculture : New Directions in Agri-environmental and Water Policies in the EU*, Dordrecht [etc.], Kluwer Academic Publishers, 2003. [*Environment & Policy*, Vol. 37.]

BREUER, R., "Die Fortentwicklung des Wasserrechts auf europäischer und deutscher Ebene", *DVBl*, 112 (1997), No. 20, pp. 1211-1223.

—, "Die Umsetzung europäischer Vorgaben in deutsches Recht — § 6a WHG", *ZfW*, 38 (1999), No. 4, pp. 220-235.

—, "Europäisierung des Wasserrechts", *NuR*, 22 (2000), No. 10, pp. 541-549.

CERMAKIAN, J., *The Moselle : River and Canal from the Roman Empire to the European Economic Community*, Toronto [etc.], University of Toronto Press, 1975. [*Research Publications*, 14.]

COLES-RITSON, J., "Europe Revisits Groundwater Protection : The Proposed Groundwater Daughter Directive", *The Journal of Water Law*, 14 (2003), No. 6, pp. 291-296.

COURTNEY, L. "International Protection of Wetlands : Protection of a German Wetland under the Ramsar Convention and the European Union Habitats Directive", *Colorado Journal of International Environmental Law and Policy : 2001 Yearbook*, pp. 129-140.

CZYCHOWSKI, M., "Die EG-Grundwasserschutz-Richtlinie und ihre Auswirkungen auf das deutsche Recht", *ZfW*, 21 (1982), No. 3, pp. 325-338.

DIJK, G. R. M. van, and H. J. M. HAVEKES, "Europees waterbeleid en de lokale overheid", *Ars Aequi*, 48 (1999), No. 5, pp. 389-396.

ERBGUTH, W. (ed.), *Änderungsbedarf im Wasserrecht — zur Umsetzung europarechtlicher Vorgaben*, Rostocker Umweltrechtstag, 2002, Baden-Baden, Nomos Verlagsgesellschaft, 2003. [*Rostocker Schriften zum Seerecht un Umweltrecht*, Band 24.]

ETHERINGTON, L., "Transposing and Implementing European Environmental Legislation — The Case of the Shellfish Waters Directive", *Journal of Water Law*, 13 (2002), No. 1, pp. 5-18.

EVERARD, M., "Implementing the Water Framework Directive : Opportunities and Risks", *Journal of Water Law*, 13 (2002), No. 1, pp. 30-43.

FARMER, A. M., "The EC Water Framework Directive : An Introduction", *Water Law*, 12 (2001), No. 1, pp. 40-46.

FAßBENDER, K. "Gemeinschaftliche Anforderungen an die normative Umsetzung der neuen EG-Wasserrahmenrichtlinie", *NVwZ mit NVwZ-RR: Neue Zeitschrift für Verwaltungsrecht*, 20 (2001), No. 3, pp. 241-360.

GARCIA URETA, A., "EC Water Protection Law: Recent Decisions of the ECJ, Five Cases Examined", *Water Law*, 12 (2001), No. 2, pp. 123-138.

GILLIES, D., *A Guide to EC Environmental Law*, London, Earthscan, 1999.

GRATANI, A., "La tutela delle acque nell'Unione europea: un confronto tra gli Stati membri", *Riv. giur. ambiente*, 15 (2000), n° 1, pp. 135-158.

GRIMEAUD, D., "Reforming EU Water Law: Towards Sustainability? [Part I]", *Eur. Envtl. L. Rev.*, 10 (2001), No. 2, pp. 41-51.

—, "Reforming EU Water Law: Towards Sustainability? [Part II]", *Eur. Envtl. L. Rev.*, 10 (2001), No. 3, pp. 88-97.

—, "Reforming EU Water Law: Towards Sustainability? [Part III]", *Eur. Envtl. L. Rev.*, 10 (2001), No. 4, pp. 125-135.

GRONDEN, J. W. van de, *De implementatie van het EG-milieurecht door Nederlandse decentrale overheden: de EG-rechtelijke eisen voor de omzetting, inkadering, toepassing en handhaving van EG-milieurichtlijnen en -verordeningen door provincies, gemeenten en waterschappen*, Deventer, Kluwer, 1998.

HANCHER, L., "Privatization of Drinking Water in Europe", *The Scarcity of Water: Emerging Legal and Policy Responses*, London, The Hague, [etc.], Kluwer Law International, 1997, pp. 277-289. *[International Environmental Law and Policy Series.]*

HODGET, G., "The EC Commission's Proposal for a Council Directive on Integrated Pollution Prevention and Control", *Water Law*, 5 (1994), No. 1, pp. 30-32.

HOLTMEIER, E.-L., "Umsetzung der EG-Wasser-Rahmen-Richtlinie (WRR)", *ZfW*, 38 (1999), No. 2, pp. 69-77.

HOWARTH, W., "Environmental Citizenship, Economics and Water Pollution", *Water Law*, 10 (1999), No. 6, pp. 196-204.

—, "Recent Works on International and European Water Law: A Survey of Some of the Recent Literature", *Water Law*, 4 (1993), No. 4, pp. 135-138.

—, "Reflections on a Decade of Water Law", *Water Law*, 10 (1999), No. 6, pp. 183-185.

IRMER, U., "Umsetzung wasserrechtlicher Qualitätsziele", *Änderungsbedarf im Wasserrecht — zur Umsetzung europarechtlicher Vorgaben*, Rostocker Umweltrechtstag, 2002, Baden-Baden, Nomos Verlagsgesellschaft, 2003, pp. 55-63.

JACKSON, S. R. B., "Mediation and Environmental Disputes", *Water Law*, 10 (1999), No. 5, pp. 164-168.

JOKLOVA, D., "Transfer und Anwendung von EU-Direktiven in der Tschechischen Republik", *Gewässerschutz- und Hochwasserschutzrecht: ein vergleich zwischen Deutschland, Polen und Tschechien*, Wiesbaden, Dt. Univ.-Verl., Wiesbaden, Gabler, 2000, pp. 33-38.

JORDAN, A., "European Community Water Policy Standards: Locked in or Watered down?", *J. Common Mkt. Stud.*, 37 (1999), No. 1, pp. 13-37.

KAMMINGA, M. T., "Who Can Clean up the Rhine: The European Community or the International Rhine Commission", *The Legal Regime of International Rivers and Lakes/Le régime juridique des fleuves et des lacs internationaux*, The Hague [etc.], Nijhoff, 1981, pp. 371-387.

KEUNE, H., "Kollision rechtlicher, politischer und wirtschafts-psychologischer Gesichtspunkte bei der Auswahl der Stoffe für die Liste I der EG-Gewässerschutz-Richtlinie", *ZfW*, 17 (1978), No. 1, pp. 193-204.

KNOPP, L. "Flussgebietsmanagement und Verwaltungskooperation", *Änderungsbedarf im Wasserrecht — zur Umsetzung europarechtlicher Vorgaben*, Rostocker Umweltrechtstag, 2002, Baden-Baden, Nomos Verlagsgesellschaft, 2003, pp. 27-41.

KNOPP, G.-M., "Die künftige Europäische Wasserrahmenrichtlinie: der deutsche

Beitrag zur Entstehung und die deutsche Position zum Inhalt", *ZfW*, 38 (1999), No. 4, pp. 257-275.

—, "Die neue Grundwasserverordnung: ein Zwischenschritt zur Ausgestaltung des fächendeckenden Grundwasserschutzes in der Europäischen Gemeinschaft", *ZfW*, 36 (1997), No. 4, pp. 205-219.

—, "Qualitätsorientierte Gewässerbewirtschaftung", *Änderungsbedarf im Wasserrecht —zur Umsetzung europarechtlicher Vorgaben*, Rostocker Umweltrechtstag 2002, Baden-Baden, Nomos Verlagsgesellschaft, 2003, pp. 13-18.

KOTULLA, M., *Rechtliche Instrumente des Grundwasserschutzes: eine systematische Analyse des EG-, Bundes- und Landesrechts*, Berlin, Erich Schmidt, 1999.

LEFEVRE, J., "Integrating Groundwater Quantity Control into European Community Water Policy", *RECIEL*, 8 (1999), No. 3, pp. 291-300.

MACRORY, R., "European Community's Water Law", *Ecology LQ*, 20 (1993), No. 1, pp. 119-139.

MATTHEWS, D., "The Framework Directive on Community Water Policy: A New Approach for EC Environmental Law", *YEL*, 17 (1997), pp. 191-206.

MCLEOD, G., "Approaches to Setting Priorities and Policies amongst Water Quality Protection and Enhancement Alternatives: The European Community", *Water Pollution: Law and Liability*, London [etc.], Graham & Trotman and International Bar Association, 1993, pp. 3-24.

MURILLO, A., J. BOUGH and H. COOK, "Groundwater Abstraction and Legislative Control", *Water Law*, 10 (1999), No. 4, pp. 130-139.

NOLLKAEMPER, A., "The European Community and State Practice: A Case-Study on Land-Based Marine Pollution", *Essays on the New Law of the Sea 2*, Zagreb, Institute of International and Comparative Law, Faculty of Law, University of Zagreb, 1990, pp. 199-225.

POSCH, A., "Behandlung kommunaler Abwässer in Österreich auf Basis der EU-Richtlinie 91/271/EWG — eine ökonomische Analyse", *Gewässerschutz- und Hochwasserschutzrecht: ein vergleich zwischen Deutschland, Polen und Tschechien*, Wiesbaden, Dt. Univ.-Verl., Wiesbaden, Gabler, 2000, pp. 129-145.

REINHARDT, M., "Bewirtschaftungsplanung im Wasserrecht — Skizzen über ein Gewässerbewirtschaftung zwischen nationalem und europäischem Wasserrecht", *ZfW*, 38 (1999), No. 4, pp. 300-310.

—, "Europäische Rechtssprache", *Neue Juristische Wochenschrift*, 56 (2003), No. 48, pp. 3449-3452.

—, "Wasserrechtliche Richtlinientransformation zwischen Gewässerschutzrichtlinie und Wasserrahmenrichtlinie", *DVBl*, 116 (2001), No. 3, pp. 145-154.

RENGELING, H.-W., *Umweltvorsorge und ihre Grenzen im EWG-Recht: zu Grenzwerten für Pflanzenschutzmittel in der EWG-Richtlinie über die Qualität von Wasser für den menschlichen Gebrauch (80/778/EWG)*, Cologne, [etc.], Heymann, 1989.

RIJSWICK, H. F. M. W. van, "De consequenties van een ruime uitleg van het begrip lozing uit Richtlijn 76/464", *M en R*, 26 (1999), No. 12, pp. 291-296.

—, "De Europese kaderrichtlijn water", *M en R*, 27 (2000), No. 12, pp. 296-303.

—, "Gevraagd: Europees én nationaal waterrecht! Actuele ontwikkelingen op het gebied van het Europese en Nederlandse waterrecht", *Is er nog verschil tussen Europees en Nederlands milieurecht?*, Den Haag, Boom Juridische uitgevers, pp. 79-98.

—, *De kwaliteit van water: Europese en nationale instrumenten voor de bescherming van oppervlakte water*, Deventer, Kluwer, 2001.

—, "Op orde en in goede toestand: het waterkwantiteitsbeheer en de Europese Kaderrichtlijn water", *Milieu en Recht*, 30 (2003), No. 11, pp. 317-323.

ROGGENBUCK, S., *Wasserverschmutzungen und internationales Privatrecht: zur privatrechtlichen Abwehr von Verschmutzungen internationaler Gewässer in der EG und in den USA*, Frankfurt am Main [etc.], Lang, 1997. [*Europäische Hochschulschriften*, Bd. 2077. Rechtswissenschaft.]

ROTKO, J., "Gewässerschutz im polnischen Recht und Auswirkungen des Europäischen Rechts, *Gewässerschutz- und Hochwasserschutzrecht: ein vergleich zwischen Deutschland, Polen und Tschechien*, Wiesbaden, Dt. Univ.-Verl., Wiesbaden, Gabler, 2000, pp. 21-31.

ROTTKE, A., "Der Einfluß der Vierten Novelle zum Wasserhaushaltsgesetz auf die Richtlinien für die Festsetzung von Quellenschutzgebieten", *ZfW*, 17 (1978), No. 3, pp. 345-362.

SALZWEDEL, J., "Wasserrecht im Wandel: Änderungsbedarf", *Änderungsbedarf im Wasserrecht — zur Umsetzung europarechtlicher Vorgaben*, Rostocker Umweltrechtstag, 2002, Baden-Baden, Nomos Verlagsgesellschaft, 2003, pp. 19-26.

SCHEUER, S., "La direttiva quadro dell'Unione europea sulla protezione delle acque: si apre una nuova era?", *Riv. giur. ambiente*, 15 (2000), n° 6, pp. 1101-1104.

SCHMALHOLZ, M., "Die EU-Wasserrahmenrichtlinie — 'Der Schweizer Käse' im europäischen Gewässerschutz?", *ZfW*, 40 (2001), No. 2, pp. 69-102.

SCHULZ, P.-M., "Neues Übereinkommen zum Schutz des Rheins — Regelungen für eine internationale Flußgebietseinheit im Sinne der Wasserrahmenrichtlinie", *ZfW*, 38 (1999), No. 4, pp. 318-327.

SCOTT, P., "Bowden's Case, Shellfisheries and the Enforcement of European Environmental Standards", *Water Law*, 10 (1999), No. 5, pp. 169-178.

—, "Implementation of the Freshwater Fishwaters Directive in the United Kingdom", *Water Law*, 11 (2000), No. 1, pp. 29-40.

—, "Implications of Further Implementation of the Fresh Water Fishwaters Directive in the United Kingdom", *Journal of Water Law*, 14 (2003), No. 5, pp. 238-252.

—, "Implications of the Shellfish Waters Directive for Water Quality Standards", *Journal of Water Law*, 13 (2002), No. 2, pp. 105-116.

—, "Shellfish Waters, Sewage Discharges and Recreational Water Quality", *Water Law*, 10 (1999), No. 4, pp. 140-149.

SEELINGER, P., "Die neue Trinkwasserverordnung", *ZfW*, 40 (2001), No. 3, pp. 141-151.

—, "Die Novelle der EG-Trinkwasserrichtlinie", *ZfW*, 38 (1999), No. 1, pp. 1-10.

SELESNOW, J., "Darstellung des europäischen Gewässerschutzrechts", *Gewässerschutz- und Hochwasserschutzrecht: ein vergleich zwischen Deutschland, Polen und Tschechien*, Wiesbaden, Dt. Univ.-Verl., Wiesbaden, Gabler, 2000, pp. 1-10.

SOMSEN, H., "Case C-65/90 — Commission *v.* United Kingdom: Judgement of the European Court of 14 July 1993 and Commentary", *Water Law*, 4 (1993), No. 5, pp. 168-173.

—, "Case C-337/89 — Commission *v.* United Kingdom: Judgement and Commentary", *Water Law*, 4 (1993), No. 2, pp. 59-62.

—, "Driftnets and the Conservation of Fishery Resources: Case C-405/92, Etablissements Armand Mondiet *v.* Société Armement Islais, 24 November 1993 (not yet reported)", *Water Law*, 5 (1994), No. 2, pp. 65-69.

—, "The Meaning of Article 100a(4): Case C-41/93, French Republic *v.* Commission of the European Communities, 17 May 1994 (not yet reported)", *Water Law*, 5 (1994), No. 4, pp. 120-123.

—, "Member States' Obligations under Directive 79/409: Commentary on Case C-355/90, Commission *v.* Spain, Brought under the Wild Birds Directive", *Water Law*, 4 (1993), No. 6, pp. 209-212.

SPIER, J. L., "Een districtenstelsel in waterland: de implementatie van de EG-kaderrichtlijn water in het nederlandse recht", *Milieu en Recht*, 30 (2003), No. 11, pp. 310-316.

TAMBURELLI, G., "The ECJ Case Law and the Implementation of EC Water Law in Italy", *Sustainable Development and Management of Water Resources: A Legal Framework for the Mediterranean*, Rome, Institute for Legal Studies on the International Community — CNR, 1999, pp. 224-235.

—, "Sources and Evolution of EU Groundwater Law", *Groundwater Law and Administration for Sustainable Development*, Milan, Giuffrè Editore, 2002, pp. 65-81.

URBAN, D., "European Union Framework Directive", *Colo. J. Int'l Envtl. L. & Pol'y, 2000 Yearbook*, pp. 193-200.

WALL, D. P., "European Union Directive on the Quality of Water for Human Consumption", *Colo. J. Int'l Envt'l L. & Pol'y, 1999 Yearbook*, pp. 176-182.

ZULEEG, M., "EG-Richtlinien auf dem Gebiete des Wasserrechts und ihre innerstaatlichen Auswirkungen", *ZfW*, 14 (1975), No. 3, pp. 133-147.

b Documents

75/440/EEC: Council Directive of 16 June 1975 concerning the quality required of surface water intended for the abstraction of drinking water in the Member States/75/440/CEE: Directive du Conseil du 16 juin 1975 concernant la qualité requise des eaux superficielles destinées à la production d'eau alimentaire dans les Etats membres, Luxembourg, Office for Official Publications of the European Communities, 1995.

76/160/CEE: Council Directive of 8 December 1975 concerning the quality of bathing water/76/160/EEC: Directive du Conseil du 8 décembre 1975 concernant la qualité des eaux de baignade, Luxembourg, Office for Official Publications of the European Communities, 1996.

79/869/CEE: Council Directive of 9 October 1979 concerning the methods of measuring and frequencies of sampling and analysis of surface water intended for the abstraction of drinking water in the Member States/79/869/EEC: Directive du Conseil du 9 octobre 1979 relative aux méthodes de mesure et à la fréquence des échantillonnages et de l'analyse des eaux superficielles destinées à la production d'eau alimentaire dans les Etats membres, Luxembourg, Office for Official Publications of the European Communities, 1996.

80/68/EEC: Council Directive of 17 December 1979 on the protection of groundwater against pollution caused by certain dangerous substances/80/68/CEE: Directive du Conseil du 17 décembre 1979 concernant la protection des eaux souterraines contre la pollution causée par certaines substances dangereuses, Luxembourg, Office for Official Publications of the European Communities, 1996.

86/280/EEC: Council Directive of 12 June 1986 on limit values and quality objectives for discharges of certain dangerous susbstances included in List I of the Annex to Directive 76/464/EEC/86/280/CEE: Directive du Conseil du 12 juin 1986 concernant les valeurs limites et les objectifs de qualité pour les rejets de certaines substances dangereuses relevant de la liste I de l'annexe de la directive 76/464/CEE, Luxembourg, Office for Official Publications of the European Communities, 1996.

"European Communities: Council Directive of 4 May 1976 on pollution caused by certain dangerous substances discharged into the aquatic environment of the Community (76/464/EEC)", [Reproduced from the Official Journal of the European Communities, Volume 19, No. L 129 of 18 May 1976], *ILM*, 15 (1976), pp. 1113-1117.

"European Economic Community-France-Federal Republic of Germany-Luxembourg-Netherlands-Switzerland: Convention on the Protection of the Rhine Basin against Chemical Pollution, done at Bonn, 3 December 1976", [Reproduced from the English text provided by the US Department of State], *ILM*, 16 (1977), pp. 242-256.

2 Institut de droit international
Institute of International Law

a Annuaires et tableaux généraux (par ordre chronologique inverse)
Annuaires and General Tables (in reverse chronological order)

1957-1991 — Tableau général des résolutions adoptées

Session d'Athènes, 4-13 septembre 1979. Résolutions adoptées par l'Institut: «La pollution des fleuves et des lacs et le droit international», pp. 136-142/ Athens Session, 4-13 September 1979. Resolutions adopted by the Institute: "The Pollution of Rivers and Lakes and International Law", pp. 137-143.

Session de Salzbourg, 4-13 septembre 1961. Résolutions adoptées par l'Institut: «Utilisation des eaux internationales non maritimes (en dehors de la navigation)», pp. 28-32/Salzburg Session, 4-13 September 1961. Resolutions adopted by the Institute: "Utilization of Non-Maritime International Waters (Except for Navigation)", pp. 29-33.

Vol. 58 (I) — Session d'Athènes, 1979

Quinzième Commission. — «La pollution des fleuves et des lacs et le droit international». Rapport de M. Jean J. A. Salmon, pp. 193-263. Projet de résolution, pp. 264-267. Annexe I: «La pollution des fleuves et des lacs et le droit international» (Quinzième Commission). Exposé de M. Jean J. A. Salmon, pp. 268-293. Annexe II: «Questionnaire relatif à la pollution des fleuves et des lacs et le droit international», pp. 294-295. Annexe III: «Observations des membres de la Quinzième Commission en réponse au questionnaire annexé à l'exposé préliminaire», pp. 296-316. Annexe IV: «Liste des conventions consultées», pp. 317-329.

Quinzième Commission. — «La pollution des fleuves et des lacs et le droit international.» Rapport définitif de M. Jean J. A. Salmon, pp. 330-357. Projet de résolution, pp. 358-361. Annexe: «Observations des membres de la Quinzième Commission sur le rapport provisoire», pp. 362-380.

Vol. 58 (II) — Session d'Athènes, 1979

Délibérations de l'Institut en séances plénières. Deuxième question: «La pollution des fleuves et des lacs et le droit international», pp. 104-157.

Quinzième Commission. — Résolutions adoptées par l'Institut à sa session d'Athènes, 4-13 septembre 1979: «La pollution des fleuves et des lacs et le droit international», pp. 196-202/Fifteenth Commission. — Resolutions adopted by the Institute at Its Athens Session, 4-13 September 1979: "The Pollution of Rivers and Lakes and International Law", pp. 197-203.

Vol. 49 (II) — Session de Salzbourg, 1961

Délibérations de l'Institut en séances plénières. Première question: «Utilisation des eaux internationales non maritimes (en dehors de la navigation)» (Neuvième Commission). Rapporteur: M. Juraj Andrassy, pp. 84-192.

Résolutions adoptées par l'Institut de droit international à la session de Salzbourg, 4-13 septembre 1961: «Utilisation des eaux internationales non maritimes (en dehors de la navigation)» (11 septembre 1961), pp. 370-373/Resolutions adopted by the Institute of International Law at its Session at Salzburg, 4-13 September 1961: "Utilization of Non-maritime International Waters (Except for Navigation)" (11 September 1961), pp. 381-384.

Vol. 48 (I) — Session de Neuchâtel, 1959

Neuvième Commission. — «Utilisation des eaux internationales non maritimes (en dehors de la navigation).» Rapport provisoire et rapport définitif de M. Juraj Andrassy, pp. 131-358.

1873-1956 — Tableau général des résolutions

«Fleuves internationaux. Navigation»: *a)* Projet de règlement international de navigation fluviale (9 septembre 1887, session de Heidelberg), pp. 70-76; *b)* Règlement pour la navigation des fleuves internationaux (18 octobre 1934, session de Paris), pp. 76-80.

«Liberté de navigation sur le Congo» (7 septembre 1883, session de Munich), pp. 80-81.

«Réglementation internationale de l'usage des cours d'eau internationaux en dehors de l'exercice du droit de navigation» (20 avril 1911, session de Madrid), pp. 81-82.

«Protection et neutralité conventionnelle du canal de Suez» (4 septembre 1879, session de Bruxelles), pp. 82-83.

«Création d'un Office international des eaux» (19 octobre 1934, session de Paris), pp. 126-127.

Vol. 39 (I) — Session de Bruxelles, 1936

Cinquième Commission. — «Conflits de lois dans la navigation intérieure.» Rapport définitif par M. J. P. Niboyet, pp. 110-135. Projet de résolutions sur l'immatriculations des bateaux et sur divers conflits de lois dans la navigation intérieure, pp. 135-141. Annexes, pp. 142-214.

Vol. 38 (I) — Session de Paris, 1934

Sixième Commission. — «Fleuves internationaux et voies d'eau d'intérêt international (révision du Règlement international de navigation fluviale de 1887).» Rapporteur M. Valloton d'Erlach: texte définitivement arrêté par la Commission, en vue de la deuxième lecture, à Oslo, août 1932, pp. 167-173. Remarques au sujet des textes définitivement arrêtés par la Commission en vue de la deuxième lecture, à Oslo, août 1932, pp. 173-175. Observations de M. B. Winiarski, pp. 176-181.

Sixième Commission. — «Fleuves internationaux et voies d'eau d'intérêt international (révision du Règlement international de navigation fluviale de 1887).» Rapporteur: M. Valloton d'Erlach, pp. 572-622.

Vol. 37 (I) — Session d'Oslo, 1932

Sixième Commission. — «Fleuves internationaux et voies d'eau d'intérêt international (révision du Règlement international de navigation fluviale de 1887)», pp. 67-158.

Vol. 36 (I) — Session de Cambridge, 1931

Cinquième Commission. — «Création d'un Office international des eaux.» Rapport complémentaire de M. Karl Strupp, pp. 6-10. Questionnaire, pp. 10-15. Réponses au Questionnaire, pp. 16-24.

Vol. 36 (II) — Session de Cambridge, 1931

Sixième commission. — Rapport de M. de Valloton d'Erlach sur les fleuves internationaux et voies d'eau d'intérêt international, pp. 141-177.

Vol. 35 — Session de New York, 1929

Cinquième Commission. — «Création d'un Office international des eaux.» Rapport présenté par M. Karl Strupp, pp. 155-181. Les réponses des membres de la Cinquième Commission, pp. 181-198. Contre-projet présenté par M. Gidel, pp. 199-228.

Sixième Commission. — «Régime de la navigation fluviale en droit international.» Rapport de M. Valloton d'Erlach, pp. 228-401. Travaux préparatoires, pp. 402-458.

Vol. 34 — Session de Stockholm, 1928

Onzième Commission. — «Conflits de lois dans la navigation intérieure.» Rapport fait par M. Niboyet, pp. 145-150. Réponses, pp. 151-169. Projet de résolution sur les conflits de lois dans la navigation sur les fleuves dits d'intérêt international, pp. 169-172. Observations faites par divers membres de la Onzième Commission sur les propositions du rapporteur, pp. 173-185.

Vol. 24 — Session de Madrid, 1911

Délibérations et séances plénières. «Réglementation internationale des cours d'eau internationaux au point de vue de leurs forces motrices et de leur utilisation industrielle et agricole.» Rapporteur M. de Bar, pp. 347-367.

1904-1914 — Tableau général

«Protection et neutralité conventionnelle du canal de Suez.» Résolutions adoptées à Bruxelles en 1879.

«Fleuves internationaux. Le Congo spécialement.» Conclusions adoptées par l'Institut à Munich en 1883, pp. 70-71.

«Fleuves internationaux. Navigation.» Projet de règlement organique pour la navigation des fleuves internationaux, adopté par l'Institut à Heidelberg, le 9 septembre 1887, pp. 71-77.

«Les cours d'eau internationaux. Leur usage en dehors de la navigation.» Réglementation internationale de l'usage des cours d'eau internationaux en dehors de l'exercice du droit de navigation, adopté à Madrid le 20 avril 1911, pp. 78-80.

Neuvième année (1887-1888)

Deuxième commission d'étude. — «Règlement organique pour la navigation des fleuves internationaux.» Résumé, p. 153. Extrait de la circulaire du bureau du mois de mai 1887, rappelant les travaux antérieurs, p. 154. Projet de convention sur la navigation des fleuves internationaux présentée par M. Engelhardt, p. 156. Note communiquée par M. Engelhardt, à l'appui de la rédaction de l'article premier de son projet de règlement, p. 162. Observations communiquées par M. le comte Kamarowsky au sujet de règlement sur les fleuves internationaux proposée par M. de Martens, p. 164. Délibérations, p. 166. Projet de règlement international de navigation fluviale adopté par l'Institut à Heidelberg (d'après le projet de M. de Martens), p. 182.

Huitième année (1885-1886)

Neuvième commission. — «Élaborer un projet de règlement organique pour la navigation des fleuves internationaux.» Délibération en séance du 11 septembre, p. 272. Rapport de M. de Martens, p. 273.

Troisième et quatrième année (t. 1) (1879-1880)

Sixième commission. — «Conditions de neutralisation ou de protection internationale du canal de Suez», p. 111. Rapport de Sir Travers Twiss, p. 111. Extrait du procès-verbal de la séance du 4 septembre 1878, p. 127. Extrait du procès-verbal de la séance du 5 septembre 1878, pp. 128 ss.

Sixième commission. — «Conditions de neutralisation ou de protection internationale du canal de Suez», p. 328. Rapport de Sir Travers Twiss (avec une lettre de M. Martens), p. 329. Extrait du procès-verbal de la troisième séance, 2 septembre 1879, p. 344. Extrait du procès-verbal de la septième séance, 4 septembre 1879, p. 349.

1873-1892 — Tableau général

« Droit maritime en temps de paix. » « A. Protection internationale du canal de Suez », p. 84. Résolutions votées à Bruxelles, le 4 septembre 1879, p. 85.

« Fleuves internationaux. » « A. Le Congo », p. 147. Conclusion votée à Munich, le 4 septembre 1883, p. 148. « B. Navigation des fleuves internationaux », p. 148. Projet de règlement organique adopté à Heidelberg, le 9 septembre 1883, p. 149. Dispositions générales, p. 149. Dispositions spéciales, p. 150.

Deuxième année (première partie) (1878)

« Neutralisation de l'isthme de Suez. » Institution d'une commission d'étude, p. 147.

1875-1883 — Tableau général

Sixième Commission d'étude. — « Neutralisation ou protection internationale du canal de Suez », p. 296. Rapport de Sir Travers Twiss, p. 296. Extrait du procès-verbal de la séance du 4 septembre 1878, p. 312. Extrait du procès-verbal de la séance du 5 septembre 1878, p. 314.

Sixième Commission d'étude. — « Conditions de neutralisation de protection internationale du canal de Suez », p. 494. Rapport de Sir Travers Twiss, p. 494. Lettre de M. Martens, p. 495. Lettre de Sir Travers Twiss, p. 500. Extrait du procès-verbal de la séance du 2 septembre 1879, p. 510. Extrait du procès-verbal de la séance du 4 septembre 1879, p. 515.

« Navigation sur le fleuve Congo. » Résolutions votées à Munich le 17 septembre 1883, p. 1198.

b Autres ouvrages, articles et documents
Other Books, Articles and Documents

"Institute of International Law Resolution. Utilization of Non-Maritime International Waters (Except for Navigation): Resolution adopted by the Institute of International Law at its Session at Salzburg, 3-12 September 1961", *The Law of International Drainage Basins*, Dobbs Ferry, NY, Oceana Publications, 1967, pp. 831-833.

3 Cour internationale de Justice
International Court of Justice

a Ouvrages et articles
Books and Articles

ARCARI, M., "La controversia tra Slovacchia ed Ungheria circa la costruzione di un sistema di dighe sul Danubio", *Riv. giur. ambiente*, 8 (1993), No. 6, pp. 951-964.

ASSETTO, V. J., and H. Bruyninckx, "Environment, Security and Social Conflict: Implications of the Gabčíkovo-Nagymaros Controversy", *International Boundaries and Environmental Security: Frameworks for Regional Cooperation*, Lanham, MD [etc.], Rowman & Littlefield, 1997, pp. 349-370.

BERRISCH, G. M., "The Danube Dam Dispute under International Law", *ÖZöRV*, 46 (1993), No. 3, pp. 231-281.

BOSTIAN, I. L., "Flushing the Danube: The World Court's Decision concerning the Gabčíkovo Dam", *Colo. J. Int'l Envtl. L. & Pol'y*, 9 (1998), No. 2, pp. 401-427.

—, "The International Court of Justice Decision concerning the Gabčíkovo-Nagymaros Project (Hungary/Slovakia)", *Colo. J. Int'l Envtl. L. & Pol'y, 1997 Yearbook*, pp. 186-195.

BOURNE, Ch. B., "The Case concerning the Gabčíkovo-Nagymaros Project: An Important Milestone in International Water Law", *Yb. Int'l Env. L.*, 8 (1997), pp. 6-12.

BOYLE, A. E., "The Gabčíkovo-Nagymaros Case: New Law in Old Bottles", *Yb. Int'l Env. L.*, 8 (1997), pp. 13-20.

CANELAS DE CASTRO, P., "The Judgment in the Case concerning the Gabčíkovo-Nagymaros Project: Positive Signs for the Evolution of International Water Law", *Yb. Int'l Env. L.*, 8 (1997), pp. 21-31.

CEPELKA, C., "The Dispute over the Gabčíkovo-Nagymaros Systems of Locks Is Drawing to a Close", *Polish YB Int'l L.*, 20 (1993), pp. 63-73.

DIXON, M., "The Danube Dams and International Law", *CLJ*, 57 (1998), No. 1, pp. 1-4.

ECKSTEIN, G., "Application of International Water Law to Transboundary Groundwater Resources, and the Slovak-Hungarian Dispute over Gabčíkovo-Nagymaros", *Suffolk Transnat'l L. Rev.*, 19 (1995), No. 1, pp. 67-116.

FITZMAURICE, J., *Damming the Danube: Gabčíkovo and Post-Communist Politics in Europe*, Boulder, CO, Westview, 1996.

—, "The Ruling of the International Court of Justice in the Gabčíkovo-Nagymaros Case: A Critical Analysis", *Eur. Envtl. L. Rev.*, 9 (2000), No. 3, pp. 80-87.

"Gabčíkovo-Nagmaros Case", *Envtl. Pol'y & L.*, 28 (1998), No. 1, pp. 12-20.

GALAMBOS, J., "Political Aspects of an Environmental Conflict: The Case of the Gabčíkovo-Nagymaros Dam System", *Perspectives on Environmental Conflict and International Relations*, London [etc.], Pinter, 1992, pp. 72-95.

HOENDERKAMP, E., "The Danube: Damned or Dammed?: The Dispute between Hungary and Slovakia concerning the Gabčíkovo-Nagymaros Project", *LJIL*, 8 (1995), No. 2, pp. 287-309.

KISS, A., « Un conflit international à propos du Danube », *Les politiques de l'eau au XXIe siècle*, t. I, Paris, CIRPES, 2002, pp. 139-149.

—, "Legal Procedures Applicable to Interstate Conflicts on Water Scarcity: The Gabčíkovo Case", *The Scarcity of Water: Emerging Legal and Policy Responses*, London, The Hague, [etc.], Kluwer Law International, 1997, pp. 59-79. *[International Environmental Law and Policy Series.]*

KLABBERS, J., "Cat on a Hot Tin Roof: The World Court, State Succession, and the Gabčíkovo-Nagymaros Case", *LJIL*, 11 (1998), No. 2, pp. 345-355.

—, "The Substance of Form: The Case concerning the Gabčíkovo-Nagymaros Project, Environmental Law and the Law of Treaties", *Yb. Int'l Env. L.*, 8 (1997), pp. 32-40.

KOE, A., "Damming the Danube: The International Court of Justice and the Gabčíkovo-Nagymaros Project", *Sydney Law Review*, 20 (1998), No. 4, pp. 612-629.

KOVACS, P., « Quelques considérations sur l'appréciation et l'interprétation de l'arrêt de la Cour internationale de Justice rendu dans l'affaire Gabčíkovo-Nagymaros », *GYIL*, 41 (1999), pp. 252-266.

LAMMERS, J. G., "The Gabčíkovo-Nagymaros Case Seen in Particular from the Perspective of the Law of International Watercourses and the Protection of the Environment", *LJIL*, 11 (1998), No. 2, pp. 287-320.

LEFEBER, R., "The Gabčíkovo-Nagymaros Project and the Law of State Responsibility", *LJIL*, 11 (1998), No. 3, pp. 609-623.

MCCAFFREY, S. C., "International Watercourses in the Jurisprudence of the World Court", *Liber amicorum Judge Shigeru Oda*, Vol. 2, The Hague [etc.], Kluwer Law International, 2002, pp. 1055-1068.

MCGILLIVRAY and W. MANSELL, "The Water of the Danube: The ICJ Bottles It", *Water Law*, 9 (1998), No. 3, pp. 107-118, and 90.

McIntyre, O., "Case concerning the Gabčíkovo-Nagymaros Project (Hungary/Slovakia): International Court of Justice, The Hague, 25 September 1997", *J. Envtl. L.*, 10 (1998), No. 1, pp. 79-91.

Nagy, B., "Divert or Preserve the Danube?: Answers 'in Concrete' — a Hungarian Perspective on the Gabčíkovo-Nagymaros Dam Dispute", *RECIEL*, 5 (1996), No. 2, pp. 138-144.

Nii Botchway, F., "The Gabčíkovo-Nagymaros Case: A Step Forward for Environmental Considerations in the Joint Development of Transboundary Resources?", *Eur. Envtl. L. Rev.*, 8 (1999), No. 3, pp. 76-82.

Reichert-Facilides, D., "Down the Danube: The Vienna Convention on the Law of Treaties and the Case concerning the Gabčíkovo-Nagymaros Project", *ICLQ*, 47 (1998), No. 4, pp. 837-854.

Robert, E., « L'affaire relative au projet Gabčíkovo-Nagymaros (Hongrie/Slovaquie) : un nouveau conflit en matière d'environnement devant la Cour internationale de Justice ? », *Stud. Dipl.*, 47 (1994), n° 5, pp. 17-52.

Rodrigo Hernandez, A. J., "La aportación del asunto Gabčíkovo-Nagymaros al derecho internacional del medio ambiente", *Anu. Der. Internac. (Navarra)*, 14 (1998), pp. 769-807.

Salman, S. M. A., "International Rivers as Boundaries: The Dispute over Kasikili/Sedudu Island and the Decision of the International Court of Justice", *Water International*, 25 (2000), No. 4, pp. 580-585.

Sands, Ph., « Les cours d'eau, l'environnement et la Cour internationale de Justice : l'affaire Gabčíkovo-Nagymaros », *Cours d'eau internationaux : renforcer la coopération et gérer les différends*, Washington, DC, Banque mondiale, 1999, pp. 105-127.

—, "Watercourses, Environment and the International Court of Justice: The Gabčíkovo-Nagymaros Case", *International Watercourses: Enhancing Cooperation and Managing Conflict*, Washington, DC, World Bank, 1998, pp. 103-125.

Schwabach, A., "Diverting the Danube: The Gabčíkovo-Nagymaros Dispute and International Freshwater Law", *Berk. J. Int'l Law*, 14 (1996), No. 2, pp. 290-343.

Schwebel, S. M., "The Judgment of the International Court of Justice in the Case concerning the Gabčíkovo-Nagymaros Project (Hungary/Slovakia)", *Resolution of International Water Disputes*, The Hague [etc.], Kluwer Law International, 2003, pp. 247-258.

Sohnle, J., « Irruption du droit de l'environnement dans la jurisprudence de la CIJ : l'affaire Gabčíkovo-Nagymaros », *RGDIP*, 102 (1998), n° 1, pp. 85-121.

Stec, S., "Do Two Wrongs Make a Right? Adjudicating Sustainable Development in the Danube Dam Case", *Golden Gate UL Rev.*, 29 (1999), No. 3, pp. 317-397.

Stec, S., and G. E. Eckstein, "Of Solemn Oaths and Obligations: The Environmental Impact of the ICJ's Decision in the Case concerning the Gabčíkovo-Nagymaros Project", *Yb. Int'l Env. L.*, 8 (1997), pp. 41-50.

"Update: Hungary-Slovakia and the Gabčíkovo-Nagymaros Project", *Colo. J. Int'l Envtl. L. & Pol'y, 1998 Yearbook*, pp. 260-262.

Valloton, J., *Le régime juridique du Danube maritime devant la Cour permanente de Justice internationale : avis consultatif n° 14 sur la compétence de la Commission européenne [du Danube] entre Galatz et Braila*, Lausanne, Editions Spes, 1928.

Vari, A., and J. Linnerooth-Bayer, "A Transborder Environmental Controversy on the Danube: The Gabčíkovo-Nagymaros Dam System", *Transboundary Risk Management*, London, UK, and Sterling, VA, USA, IIASA, 2001, pp. 155-181.

Verhoosel, G., "Gabčíkovo-Nagymaros: The Evidentiary Regime on Environmental Degradation and the World Court", *Eur. Envtl. L. Rev.*, 6 (1997), No. 8-9, pp. 247-253.

WECKEL, Ph., «Convergence du droit des traités et du droit de la responsabilité internationale à la lumière de l'arrêt du 25 septembre 1997 de la Cour internationale de Justice relatif au projet Gabčíkovo-Nagymaros (Hongrie/Slovaquie)», *RGDIP*, 102 (1998), n° 3, pp. 647-684.

b Documents CIJ ICJ Documents

Compromis/Special Agreement

Special Agreement between the Republic of Hungary and the Slovak Republic for Submission to the International Court of Justice of the Differences between Them concerning the Gabčíkovo-Nagymaros Project, Jointly Notified to the Court on 2 July 1993/Compromis entre la République de Hongrie et la République slovaque visant à soumettre à la Cour internationale de Justice les contestations qui les opposent concernant le projet Gabčíkovo-Nagymaros, notifié conjointement à la Cour le 2 juillet 1993.

Arrêt/Judgment

Gabčíkovo-Nagymaros Project (Hungary/Slovakia), Judgment of 25 September 1997, ICJ Reports 1997, pp. 7-241/*Projet Gabčíkovo-Nagymaros (Hongrie/Slovaquie), arrêt du 25 septembre 1997, CIJ Recueil 1997*, pp. 7-241.

Mémoires, contre-mémoires/Memorials, Counter-Memorials, etc.

Gabčíkovo-Nagymaros Project (Hungary/Slovakia): Reply of the Republic of Hungary, 20 June 1995: Vol. 1; Vol. 2 (Scientific rebuttal; Appendices); Vol. 3 (Annexes); Vol. 4 (Chronology of significant events, 1988-1994).

Gabčíkovo-Nagymaros Project (Hungary/Slovakia): Reply submitted by the Slovak Republic, 20 June 1995: Vol. I; Vol. II (Rebuttal of Volume 2 of the Hungarian Counter-Memorial; Annexes 1-12); Vol. III (Data and monitoring reports, 1995).

Gabčíkovo-Nagymaros Project (Hungary/Slovakia): Counter-Memorial submitted by the Slovak Republic, 5 December 1994: Vol. I; Vol. II (Annexes 1-50). Gabčíkovo-Nagymaros Project (Hungary/Slovakia): Counter-Memorial of the Republic of Hungary, 5 December 1994: Vol. 1; Vol. 2 (Annexes: Scientific evaluation of the Gabčíkovo-Nagymaros barrage system and Variant C); Vol. 3 (Annexes: Diplomatic correspondence, minutes of intergovernmental meetings, public statements and internal documents); Vol. 4 (Part I) (Annexes: Scientific reports and studies); Vol. 4 (Part II) (Annexes: Scientific reports and studies)/*Projet Gabčíkovo-Nagymaros (Hongrie/Slovaquie): Contre-mémoire présenté par la République de Hongrie*, 5 décembre 1994: Vol. I.

Gabčíkovo-Nagymaros Project (Hungary/Slovakia): Memorial submitted by the Slovak Republic, 2 May 1994: Vol. I; Vol. II (Annexes 1-22); Vol. III (Annexes 23-56); Vol. IV (Annexes 57-141).

Case concerning the Gabčíkovo-Nagymaros Project (Hungary/Slovakia): Memorial of the Republic of Hungary, 2 May 1994: Vol. 1; Vol. 2 (Annexes, maps and photographs); Vol. 3 (Annexes: Treaties and international agreements); Vol. 4 (Annexes: Diplomatic correspondence, minutes of intergovernmental meetings, public statements and internal documents); Vol. 5 (Part I) (Annexes: Scientific reports); Vol. 5 (Part II) (Annexes: Scientific reports)

Ordonnances/Orders

Projet Gabčíkovo-Nagymaros (Hongrie/Slovaquie): ordonnance du 5 février 1997, CIJ Recueil 1997, pp. 1-6/*Gabčíkovo-Nagymaros Project (Hungary/Slovakia): Order of 5 February 1997, ICJ Reports 1997*, pp. 1-6.

Projet Gabčíkovo-Nagymaros (Hongrie/Slovaquie): ordonnance du 20 décembre

1994, CIJ Recueil 1994, pp. 151-152/*Gabčíkovo-Nagymaros Project (Hungary/Slovakia): Order of 20 December 1994, ICJ Reports 1994*, pp. 151-152.

Gabčíkovo-Nagymaros Project (Hungary/Slovakia): Order of 14 July 1993, ICJ Reports 1993, pp. 319-320/*Projet Gabčíkovo-Nagymaros (Hongrie/Slovaquie): ordonnance du 14 juillet 1993, CIJ Recueil 1993*, pp. 319-320.

Communiqués de presse/Press Communiqués

7 October 1998: "Hungary to file by 7 December 1998 a written statement of its position on Slovakia's request for an additional Judgment."/7 octobre 1998: «La Hongrie présentera d'ici au 7 décembre 1998 un exposé écrit sur la demande slovaque tendant au prononcé d'un arrêt supplémentaire.»

3 September 1998: "Slovakia requests an additional Judgment."/3 septembre 1998: «La Slovaquie demande un arrêt supplémentaire.»

25 September 1997: "Summary of the Judgment of 25 September 1997."/ 25 septembre 1997: «Résumé de l'arrêt du 25 septembre 1997.»

25 September 1997: "Judgment."/25 septembre 1997: «Arrêt.»

19 September 1997: "The Court will deliver its Judgment on 25 September 1997."/19 septembre 1997: «La Cour rendra son arrêt le 25 septembre 1997.»

15 April 1997: «Conclusion of the hearings.»/15 avril 1997: «Conclusion de la procédure orale.»

9 April 1997: "Second round of hearings; visit by the Court to the area to which the case relates."/9 avril 1997: «Deuxième tour de plaidoiries — descente de la Cour sur les lieux auxquels se rapporte l'affaire.»

17 February 1997: "Sittings of the Court on 3 March 1997 — Solemn declaration by two new Members of the Court."/17 février 1997: «Audiences de la Cour du 3 mars 1997 — Engagement solennel de deux nouveaux membres de la Cour.»

17 February 1997: "Visit by the Court to the site of the Gabčíkovo-Nagymaros hydroelectric dam project."/17 février 1997: «Descente de la Cour sur les lieux du projet de barrage hydro-électrique de Gabčíkovo-Nagymaros.»

6 December 1996: "Hearings to open on 3 March 1997."/6 décembre 1996: «Ouverture des audiences le 3 mars 1997.»

17 janvier 1995: «Fixation de délais.»

15 juillet 1993: «Fixation de délais.»

5 juillet: «La Hongrie et la Slovaquie portent une affaire devant la Cour.»

26 October 1992: "Hungary applies to the International Court of Justice in its dispute with the Czech and Slovak Federal Republic over the projected diversion of the Danube."/26 octobre 1992: «La Hongrie saisit la Cour internationale de Justice du différend qui l'oppose à la République fédérale tchèque et slovaque au sujet de détournement des eaux du Danube.»

c Autres documents
Other Documents

Bekker, P. H. F., "Gabčíkovo-Nagymaros Project (Hungary/Slovakia), Judgment. <http://www.icj-cij.org>: International Court of Justice, September 25, 1997", *AJIL*, 92 (1998), No. 2, pp. 273-278.

"Czech and Slovak Federation-European Commission-Hungary: London Agreement on the Gabčíkovo-Nagymaros Project, done at London, October 28, 1992" [Reproduced from the text provided by the Government of Hungary], *ILM*, 32 (1993), pp. 1291-1292.

"Czechoslovakia-Hungary: Treaty concerning the Construction and Operation of the Gabčíkovo-Nagymaros System of Locks and Hungarian Termination of

Treaty, done at Budapest, September 16, 1977" [Text of the Treaty reproduced from 1109 *UNTS* 235 (Treaty No. 17134). The text of the Hungarian Termination of the Treaty provided by the Hungarian Government], *ILM*, 32 (1993), pp. 1247-1290.

"Hungary-Slovak Republic: Special Agreement for the Submission to the International Court of Justice of the Differences between Them concerning the Gabčíkovo-Nagymaros Project, done at Brussels, April 7, 1993; entered into force June 28, 1993" [Reproduced from the text provided by the International Court of Justice], *ILM*, 32 (1993), pp. 1293-1297.

4 Association de droit international International Law Association

a Ouvrages et articles Books and Articles

BOGDANOVIC, S., *International Law of Water Resources: Contribution of the International Law Association (1954-2000)*, The Hague [etc.], Kluwer Law International, 2001. *[International and National Water Law and Policy Series.]*

— (ed.), *International Law Association Rules on International Water Resources/ Pravila udruženja za međunarodno pravo o međunarodnim vodnim resursima*, Novi Sad, Yugoslav Association for Water Law/Prometej, Belgrade, Yugoslav Branch of the ILA/ECPD, 1999.

BOURNE, Ch. B., "Doprinos udruženja za međunarodno pravo pravu međunarodnih vodnih resursa", *Pravila udruženja za međunarodno pravo o međunarodnim vodnim resursima*, Novi Sad, Jugoslovensko udruženje za vodno pravo/ Prometej, Beograd, Jugoslovensko udruženje za međunarodno pravo/ECPD, 1999, pp. 73-139.

—, "The International Law Association's Contribution to International Water Resources Law", *International Law Association Rules on International Water Resources*, Novi Sad, Yugoslav Association for Water Law/Prometej, Belgrade, Yugoslav Branch of the ILA/ECPD, 1999, pp. 3-71.

—, "The International Law Association's Contribution to International Water Resources Law", *N. Res. J.*, 36 (1996), No. 2, pp. 155-216.

MANNER, E. J., "The Present State of International Water Resources Law", *The Present State of International Law and Other Essays: Written in Honour of the Centenary Celebration of the International Law Association 1873-1973*, [Deventer], Kluwer, 1973, pp. 131-141.

b Documents

"Campione Consolidation of the ILA Rules on International Water Resources (1966-1999)", *International Law Association Rules on International Water Resources*, Novi Sad, Yugoslav Association for Water Law/Prometej, Belgrade, Yugoslav Branch of the ILA/ECPD, 1999, pp. 141-200.

"Campione konsolidacija pravila udruženja za međunarodno pravo o međunarodnim vodnim resursima (1966-1999)", in: *Pravila udruženja za međunarodno pravo o međunarodnim vodnim resursima*, Novi Sad, Jugoslovensko udruženje za vodno pravo/Prometej, Beograd, Jugoslovensko udruženje za međunarodno pravo/ECPD, 1999, pp. 141-201.

"Helsinška pravila i druga pravila o međunarodnim vodnim resursima kasnije usvojena od strane udruženja za međunarodno pravo (1966-1996)", *Pravila udruženja za međunarodno pravo o međunarodnim vodnim resursima*, Novi Sad, Jugoslovensko udruženje za vodno pravo/Prometej, Beograd, Jugoslovensko udruženje za međunarodno pravo/ECPD, 1999, pp. 203-265.

"The Helsinki Rules and Other Rules on International Water Resources Subsequently Adopted by ILA (1966-1996)", *International Law Association Rules on International Water Resources*, Novi Sad, Yugoslav Association for Water Law/Prometej, Belgrade, Yugoslav Branch of the ILA/ECPD, 1999, pp. 203-264.

"International Law Association: Helsinki Rules on the Uses of the Waters of International Rivers, Adopted August 20, 1966, by the International Law Association in Helsinki at its 52nd Conference", *The Law of International Drainage Basins*, Dobbs Ferry, NY, Oceana Publications, 1967, pp. 779-790.

Report of the Seventieth Conference held in New Delhi, 2-6 April 2002: "Water Resources Law", pp. 338-351.

Report of the Sixty-ninth Conference held in London, 25-29 July 2000: "Water Resources Law", pp. 833-874.

Report of the Sixty-seventh Conference held at Helsinki, Finland, 12 to 17 August 1996: "Water Resources Law", pp. 401-425.

Report of the Sixty-sixth Conference held at Buenos Aires, Argentina, 14 to 20 August 1994: "Water Resources", pp. 229-242.

Report of the Sixty-Second Conference held at Seoul, 24 to 30 August 1986: "International Water Resources Law", pp. 231-303.

Report of the Sixtieth Conference held at Montreal, 29 August to 4 September 1982: "International Water Resources Law", pp. 531-552.

Report of the Fifty-ninth Conference held at Belgrade, 17 to 23 August 1980: "International Water Resources Law", pp. 358-399.

Report of the Fifty-eighth Conference held at Manila, 27 August to 2 September 1978: "International Water Resources Law", pp. 219-247.

Report of the Fifty-seventh Conference held at Madrid, 30 August to 4 September 1976: "International Water Resources Law", pp. 213-266.

Report of the Fifty-sixth Conference held at New Delhi, 29 December 1974 to 4 January 1975: "International Water Resources Law", pp. 102-154.

Report of the Fifty-fifth Conference held at New York, 21 to 26 August 1972: "International Water Resources Law", pp. 22-106.

Report of the Fifty-fourth Conference held at The Hague, 23 to 29 August 1970: "Water Resources Law", pp. 917-923.

Report of the Fifty-second Conference held at Helsinki, 14 to 20 August 1966: "Uses of the Waters of International Rivers", pp. 447-533.

Report of the Fifty-first Conference held at Tokyo, 16 to 22 August 1964: "Uses of the Waters of International Rivers", pp. 118-214.

Report of the Fiftieth Conference held at Brussels, 19 to 26 August 1962: "Uses of the Waters of International Rivers", pp. 394-477.

Report of the Forty-ninth Conference held at Hamburg, 8 to 12 August 1960: "Law of International Waterways", pp. 33-61.

Report of the Forty-eighth Conference held at New York, 1 to 7 September 1958: "Uses of the Waters of International Rivers", pp. 28-102.

Report of the Forty-seventh Conference held at Dubrovnik, 26 August to 1 September 1956: "Waters of International Rivers", pp. 216-248.

Report of the Forty-sixth Conference held at Edinburgh, 8-14 August 1954: "Inland Water Rights", pp. 309-338.

"Resolution on Confined Transboundary Groundwater, Adopted by the International Law Association at the Sixty-second Conference Held at Seoul in 1986", *Groundwater: Legal and Policy Perspectives*, Washington, DC, World Bank, 1999, pp. 235.

"The Seoul Rules on International Groundwaters, [Adopted by the International Law Association at the Sixty-second Conference held at Seoul in 1986]", *Groundwater: Legal and Policy Perspectives*, Washington, DC, World Bank, 1999, pp. 219-220.

5 Commission du droit international
International Law Commission

a Ouvrages et articles
Books and Articles

ARCARI, M., "Il progretto della Commissione del diritto internazionale sul regime giuridico delle utilizzazioni dei corsi d'acqua internazionali", *Comunità internaz.*, 51 (1996), n° 2, pp. 284-316.

FITZMAURICE, M., "The Law of Non-Navigational Uses of International Watercourses: The International Law Commission Completes Its Draft", *LJIL*, 8 (1995), No. 2, pp. 361-375.

HAYTON, R. D., "Observations on the International Law Commission's Draft Rules on the Non-Navigational Uses of International Watercourses: Articles 1-4", *Colo. J. Int'l L. & Pol'y*, 3 (1992), No. 1, pp. 31-44.

IDRIS, K., and M. MPAZI, "The Law of the Non-Navigational Uses of International Watercourses: The International Law Commission's Draft Articles: An Overview", *AYIL*, 3 (1995), pp. 183-203.

KEARNEY, R. D., "Non-Navigational Uses of International Watercourses", *Brook. J. Int'l L.*, 1 (1975), pp. 1-17.

KHASSAWNEH, A., "The International Law Commission and Middle East Waters", *Water in the Middle East: Legal, Political and Commercial Implications*, London, [etc.], Tauris Academic Studies, 1995, pp. 21-28.

LAZERWITZ, D. J., "The Flow of International Water Law: The International Law Commission's Law of the Non-Navigational Uses of International Watercourses", *Indiana Journal of Global Studies*, 1 (1993-1994), pp. 1-16.

MCCAFFREY, S., and R. ROSENSTOCK, "The International Law Commission's Draft Articles on International Watercourses: An Overview and Commentary", *RECIEL*, 5 (1996), No. 2, pp. 89-96.

MACCAFFREY, S. C., "An Assessment of the Work of the International Law Commission", *N. Res. J.*, 36 (1996), No. 2, pp. 297-318.

—, "Background and Overview of the International Law Commission's Study of the Non-Navigational Uses of International Watercourses", *Colo. J. Int'l L. & Pol'y*, 3 (1992), No. 1, pp. 17-29.

—, "The International Law Commission and Its Efforts to Codify the International Law of Waterways", *Schweizerisches Jahrbuch für internationales Recht*, 47 (1991), pp. 32-55.

—, "The Law of International Watercourses: The ILC Completes Its Draft Articles", *Envtl. Pol'y & L.*, 22 (1992), No. 2, pp. 66-67.

NANDA, V. P., "The Law of the Non-Navigational Uses of International Watercourses: Draft Articles on Protection and Preservation of Ecosystems, Harmful Conditions and Emergency Situations, and Protection of Water Installations", *Colo. J. Int'l L. & Pol'y*, 3 (1992), No. 1, pp. 175-207.

PONTE IGLESIAS, M. T., *La responsabilidad internacional y la contaminacíon de los cursos de aguas internacionales en los trabajos de la Comision de derecho internacional: especial referencia a la responsabilidad por las consecuencias perjudiciales de actos no prohibidos por el derecho internacional*, [s. l., s. n.], 1989. [XIII *Jornadas de profesores de derecho internacional y relaciones internacionales*, Alicante, 28-30-9-1989.]

REY CARO, E. J., "El derecho de los usos de los cursos de aqua internacionales para fines distriutos de la navegacion en los trabajos de la Comision de derecho internacional", *REDI*, 21 (1979), pp. 39-64.

SCANLAN, K. P., "The International Law Commission's First Ten Draft Articles on the Law of the Non-Navigational Uses of International Watercourses: Do They Adequately Address All the Major Issues of Water Usage in the Middle East?", *Fordham Int'l LJ*, 19 (1996), No. 5, pp. 2180-2229.

SOLANES, M., *The International Law Commission and Legal Principles Related to the Non-Navigational Uses of the Waters of International Rivers*, [s.l., s.n.], 1987.

SZÉKELY, A., "'General Principles' and 'Planned Measures' Provisions in the International Law Commission's Draft Articles on the Non-Navigational Uses of International Watercourses: A Mexican Point of View", *Colo. J. Int'l L. & Pol'y*, 3 (1992), No. 1, pp. 93-101.

VINOGRADOV, S. V., "Observations on the International Law Commission's Draft Rules on the Non-Navigational Uses of International Watercourses: 'Management and Domestic Remedies'", *Colo. J. Int'l L. & Pol'y*, 3 (1992), No. 1, pp. 35-259.

b Documents

"[Chapter] 8.3. The Law of Non-Navigational Uses of International Watercourses", *Analytical Guide to the Work of the International Law Commission, 1949-1997*, New York, United Nations, 1998, pp. 177-191.

"[Chapter] 8.4. Juridical Regime of Historic Waters, including Historic Bays", *Analytical Guide to the Work of the International Law Commission, 1949-1997*, New York, United Nations, 1998, pp. 192-193.

"ILC Draft Articles on the Law of the Non-Navigational Uses of International Watercourses, 1994", *RECIEL*, 5 (1996), No. 2, pp. 169-174.

"Non-Navigational Uses of International Watercourses: Draft Articles", *Envtl. Pol'y & L.*, 18 (1988), pp. 235-236.

"Law of the Non-Navigational Uses of International Watercourses: Text of Draft Articles as a Whole Adopted by the Commission of First Reading", *Yb. Int'l Env. L.*, 2 (1992), pp. 764-775.

"The Law of the Non-Navigational Uses of International Watercourses: Draft Report of the International Law Commission on the Work of its Forty-third Session", *International Waters of the Middle East: From Euphrates-Tigris to Nile*, Bombay, [etc.], Oxford University Press, 1994, pp. 204-214.

"The Law of the Non-Navigational Uses of International Watercourses: Draft Report of the International Law Commission on the Work of its Forty-third Session, Chapter III", *Colo. J. Int'l L. & Pol'y*, 3 (1992), No. 1, pp. 1-11.

"United Nations: International Law Commission Report on the Draft Articles Adopted at Its Forty-third Session, September 11, 1991: III. Draft Articles on the Law of the Non-Navigational Uses of International Watercourses", *ILM*, 30 (1991), pp. 1575-1583.

6 Organisation des Nations Unies pour l'alimentation et l'agriculture (FAO)
Food and Agriculture Organization of the United Nations (FAO)

a Ouvrages et articles
Books and Articles

BARBERIS, J. A., *International Groundwater Resources Law*, Rome, FAO, 1986. [*FAO Legislative Study*, No. 40.]

BURCHI, S. (ed.), *Preparing National Regulations for Water Resources Management: Principles and Practice*, Rome, FAO, 1994. [*FAO Legislative Study*, No. 52.]

CAPONERA, D. A. (ed.), *The Law of International Water Resources: Some General*

Conventions, Declarations, and Resolutions Adopted by Governments, International Legal Institutions, and International Organizations, on the Management of International Water Resources, Rome, FAO, 1980. [*FAO Legislative Study*, No. 23.]

— (ed.), *Water Law in Selected African Countries: Benin, Burundi, Ethiopia, Gabon, Kenya, Mauritius, Sierra Leone, Swaziland, Upper Volta, Zambia*, Rome, FAO, 1979. [*FAO Legislative Study*, No. 17.]

HAYTON, R. D., *The Freshwater-Maritime Interface: Legal and Institutional Aspects*, Rome, FAO, 1990. [*FAO Legislative Study*, No. 46.]

Issues in Water Law Reform: Expert Consultation, Pretoria, South Africa, 3-5 June 1997, Rome, FAO, 1999, pp. 53-81. [*FAO Legislative Study*, No. 67.]

RAMAZOTTI, M., *Readings in African Customary Water Law/Anthologie du droit coutumier de l'eau en Afrique*, Rome, FAO, 1996. [*FAO Legislative Study*, No. 58/*FAO Etude législative*, n° 58.]

VALLS, M. F. (ed.), *Water Legislation in South American Countries: Argentina, Bolivia, Brazil, Chile, Colombia, Ecuador, French Guiana, Guyana, Paraguay, Peru, Uruguay, and Venezuela*, Rome, FAO, 1983. [*FAO Legislative Study*, No. 19.]

Water Law in Selected European Countries: Volume I: Belgium, England and Wales, France, Israel, Italy, Spain, Turkey, Rome, FAO, 1975. [*FAO Legislative Study*, No. 10.]

Water Law in Selected European Countries: Volume II: Cyprus, Finland, the Netherlands, Union of Soviet Socialist Republics, Yugoslavia, Rome, FAO, 1983. [*FAO Legislative Study*, No. 30.]

b Documents

BURCHI, S (ed.), *Treaties concerning the Non-Navigational Uses of International Watercourses: Europe/Traités concernant l'utilisation des cours d'eau internationaux à des fins autres que la navigation: Europe/Tratados sobre el uso de los cursos internacionales de agua para fines diferentes de la navegación: Europa*, Rome, FAO, 1993. [*FAO Legislative Study*, No. 50/*FAO Etude législative*, n° 50/*FAO estudio legislativo*, n° 50.]

CAPONERA, D. A., *The Law of International Water Resources: Some General Conventions, Declarations, and Resolutions Adopted by Governments, International Legal Institutions, and International Organizations, on the Management of International Water Resources*, Rome, FAO, 1980. [*FAO Legislative Study*, No. 23.]

Sources of International Water Law, Rome, FAO, 1998. [*FAO Legislative Study*, No. 65.]

Systematic Index of International Water Resources Treaties, Declarations, Acts, and Cases by Basin/Répertoire systématique par bassin de traités, déclarations, textes législatifs et jurisprudence concernant les ressources en eau internationales/Repertorio sistematico por cuenca de convenios, declaraciones, textos legislativos y jurisprudencia relativos a los recursos hidricos internacionales, Rome, FAO, 1978. [*Legislative Study*, No. 15/*Etude législative*, n° 15/*Estudio legislativo*, n° 15.]

Systematic Index of International Water Resources Treaties, Declarations, Acts, and Cases by Basin: Vol. II/Répertoire systématique par bassin de traités, déclarations, textes législatifs et jurisprudence concernant les ressources en eau internationales: t. II/Repertorio sistematico por cuenca de convenios, declaraciones, textos legislativos y jurisprudencia relativos a los recursos hidricos internacionales: t. II, Rome, FAO, 1984. [*Legislative Study*, No. 34/*Etude législative*, n° 34/*Estudio legislativo*, n° 34.]

Treaties concerning the Non-Navigational Uses of International Watercourses:

Africa/Traités concernant l'utilisation des cours d'eau internationaux à des fins autres que la navigation: Afrique, Rome, FAO, 1997. [*FAO Legislative Study*, No. 61/*FAO Etude législative*, n° 61.]

Treaties concerning the Non-Navigational Uses of International Watercourses: Asia/Traités concernant l'utilisation des cours d'eau internationaux à des fins autres que la navigation: Asie, Rome, FAO, 1995. [*FAO Legislative Study*, No. 55/*FAO Etude législative*, n° 55.]

7 Organisation des Nations Unies United Nations Organization

a Ouvrages et articles Books and Articles

BOSNJAKOVIC, B., «Les stratégies adoptées par la CEE-ONU pour protéger l'environnement dans le contexte des cours d'eau internationaux: les Conventions d'Helsinki et d'Espoo», *Cours d'eau internationaux: renforcer la coopération et gérer les différends*, Washington, DC, Banque mondiale, 1999, pp. 49-66.

—, "UN/ECE Strategies for Protecting the Environment with Respect to International Watercourses: The Helsinki and Espoo Conventions", *International Watercourses: Enhancing Cooperation and Managing Conflict*, Washington, DC, World Bank, 1998, pp. 47-64.

CAFLISCH, L., "Regulation of the Uses of International Waterways: The Contribution of the United Nations", *The United Nations at Work*, Westport, CT, USA [etc.], Praeger, 1998, pp. 3-35.

JANSEN, C. H., "Kritiek op het waterbeleid van de VN", *VN Forum*, 16 (2003), No. 3, pp. 21-24.

TANZI, A., "Regional Integration and the Protection of the Environment: The UN/ECE Process on Water Law", *Italian Yearbook of International Law*, 10 (2001), pp. 71-112.

b Documents

Voir UNBISnet — Système d'information bibliographique de l'ONU: http://unbisnet.un.org. Catalogue des publications et de la documentation des Nations Unies indexés par la Bibliothèque Dag Hammarskjöld et la Bibliothèque du Bureau des Nations Unies à Genève, et des publications extérieures aux Nations Unies acquises par la Bibliothèque Dag Hammarskjöld.

See UNBISnet — UN Bibliographic Information System: http://unbisnet.un.org. Catalogue of UN publications and documentation indexed by the United Nations Dag Hammarskjöld Library and the Library of the UN Office at Geneva, and non-UN publications held in the collection of the Dag Hammarskjöld Library.

8 Banque mondiale World Bank

a Ouvrages et articles Books and Articles

DIXON, J. A., L. M. TALBOT and G. LE MOIGNE, *Dams and the Environment: Considerations in World Bank Projects*, Washington, DC, World Bank, 1989.

FEITELSON, E., and M. HADDAD, *Identification of Joint Management Structures for Shared Aquifers: A Cooperative Palestinian-Israeli Effort*, Washington, DC, World Bank, 1998. [World Bank Technical Paper, No. 415.]

KRISHNA, R., "International Watercourses: World Bank Experience and Policy", *Water in the Middle East: Legal, Political and Commercial Implications*, London, [etc.], Tauris Academic Studies, 1995, pp. 29-54.

—, « L'évolution et le contexte de la politique de la Banque relative aux projets portant sur des cours d'eau internationaux », *Cours d'eau internationaux: renforcer la coopération et gérer les différends*, Washington, DC, Banque mondiale, 1999, pp. 33-45.

—, "The Evolution and Context of the Bank Policy for Projects on International Waterways", *International Watercourses: Enhancing Cooperation and Managing Conflict*, Washington, DC, World Bank, 1998, pp. 31-43.

KRISHNA, R., and S. M. A. SALMAN, "International Groundwater Law and the World Bank Policy for Projects on Transboundary Groundwater", *Groundwater: Legal and Policy Perspectives*, Washington, DC, World Bank, 1999, pp. 163-189.

MARINO, M., and K. E. KEMPER (eds.), *Institutional Frameworks in Successful Water Markets: Brazil, Spain, and Colorado, USA*, Washington, DC, World Bank, 1999. [World Bank Technical Paper, No. 415.]

PITMAN, G. T. K., « Le rôle de la Banque mondiale dans le renforcement de la coopération et le règlement des conflits relatifs aux cours d'eau internationaux: le cas du bassin de l'Indus », *Cours d'eau internationaux: renforcer la coopération et gérer les différends*, Washington, DC, Banque mondiale, 1999, pp. 155-166.

—, "The Role of the World Bank in Enhancing Cooperation and Resolving Conflict on International Watercourses: The Case of the Indus Basin", *International Watercourses: Enhancing Cooperation and Managing Conflict*, Washington, DC, World Bank, 1998, pp. 155-165.

SALMAN, S. M. A., *The Legal Framework for Water Users' Associations: A Comparative Study*, Washington, DC, World Bank, 1997. [World Bank Technical Paper, No. 360.]

SALMAN, S. M. A., et L. BOISSON DE CHAZOURNES (dir. publ.), *Cours d'eau internationaux: renforcer la coopération et gérer les différends*, actes du séminaire de la Banque mondiale, Washington, DC, Banque mondiale, 1999. [Rapport technique de la Banque mondiale, n° 414.]

— (eds.), *International Watercourses: Enhancing Cooperation and Managing Conflict: Proceedings of a World Bank Seminar*, Washington, DC, World Bank, 1998. [World Bank Technical Paper, No. 414.]

SHIVA, V., R. H. BAHR, A. H. JAFRI and K. JALEES, *Corporate Hijack of Water: How the World Bank, IMF and GATS-WTO Rules Are Forcing Water Privatisation*, New Delhi, Vandana, 2002.

TEERINK, J. R., and M. NAKASHIMA, *Water Allocation, Rights, and Pricing: Examples from Japan and the United States*, Washington, DC, World Bank, 1993. [World Bank Technical Paper, No. 198.]

b Documents

« Manuel opérationnel de la Banque mondiale: Politiques opérationnelles (OP 7.50): projets relatifs aux voies d'eau internationales », *Cours d'eau internationaux: renforcer la coopération et gérer les différends*, Washington, DC, Banque mondiale, 1999, pp. 193-196.

« Manuel opérationnel de la Banque mondiale: Pratiques recommandées (GP 7.50): projets relatifs aux voies d'eau internationales », *Cours d'eau internationaux: renforcer la coopération et gérer les différends*, Washington, DC, Banque mondiale, 1999, p. 201.

« Manuel opérationnel de la Banque mondiale: Procédures de la Banque (BP

7.50) : projets relatifs aux voies d'eau internationales », *Cours d'eau internationaux : renforcer la coopération et gérer les différends*, Washington, DC, Banque mondiale, 1999, pp. 197-199.
"The World Bank Operational Manual: Bank Procedures (BP 7.50): Projects on International Waterways", *International Watercourses: Enhancing Cooperation and Managing Conflict*, Washington, DC, World Bank, 1998, pp. 197-200.
"The World Bank Operational Manual: Good Practices (GP 7.50): Projects on International Waterways", *International Watercourses: Enhancing Cooperation and Managing Conflict*, Washington, DC, World Bank, 1998, p. 201.
"The World Bank Operational Manual: Operational Policies (OP 7.50): Projects on International Waterways", *International Watercourses: Enhancing Cooperation and Managing Conflict*, Washington, DC, World Bank, 1998, pp. 193-196.

C Cours d'eau ou lacs frontières ; cours d'eau et canaux internationaux

Boundary Waters or Lakes, International Waterways and Canals

1 En général ; concepts ; les théories relatives à l'utilisation des cours d'eau internationaux, etc.

In General ; Basic Concepts ; Theories on the Utilization of International Watercourses, etc.

a Ouvrages et articles

Books and Articles

ANDRASSY, J., *L'utilisation des eaux des bassins fluviaux internationaux*, Paris, Association des études internationales, 1962-1963.
ARCARI, M., « Le droit interétatique de l'eau : les principes matériels de la Convention de New York (21 mai 1997) », *Les politiques de l'eau au XXIe siècle*, t. II, Paris, CIRPES, 2002, pp. 17-32.
—, « Il progretto della Commissione del diritto internazionale sul regime giuridico delle utilizzazioni dei corsi d'acqua internazionali », *Comunità internaz.*, 51 (1996), n° 2, pp. 284-316.
—, « Sviluppi nel diritto internazionale in materia di uso e protezione delle risorse idriche : la Convenzione di New York sui corsi d'acqua internazionali », *Riv. giur. ambiente*, 15 (2000), n° 6, pp. 1057-1077.
Atlas of International Freshwater Agreements, Nairobi, UNEP, 2002.
AZCARRAGE, J. L. DE, "Cuestiones de derecho marítimo y fluvial : a) El mar territorial y la plataforma submarina. b) El regimen jurídico, en paz y en guerra, de los ríos internacionales", *Anuario de la Sección de Derecho Marítimo del Instituto Francisco de Vitoria*, 2 (1954), pp. 20-41.
BARANDAT, J., and A. KAPLAN, "International Water Law: Regulations for Cooperation and the Discussion of the International Water Convention", *Water in the Middle East: Potential for Conflicts and Prospects for Cooperation*, Berlin [etc.], Springer, 1998, pp. 11-30.
BAXTER, R. R., and J. F. TRISKA, *The Law of International Waterways: With Particular Regard to Interoceanic Canals*, Cambridge, Massachusetts, Harvard University Press, 1964.
BECK, R. E. (ed.), *Waters and Water Rights*, [7 vols.], Charlottesville, Virginia, The Michie Company, 1991 ed. Vol. 1: Part I — Introduction; Part II — Riparianism; Vol. 2: Part II — Riparianism; Part III — Prior Appropriation; Vol. 3: Part IV — Groundwater; Part V — Distribution and Storage; Vol. 4: Part VI — Public Rights; Part VII — Federal and Indian Rights; Part VIII —

Interstate Allocation; Vol. 5: Part IX — International Waters; Chap. 49: "International Streams and Lakes Generally", by Albert E. Utton, pp. 1-44; Chap. 50: "Canadian International Waters", by Albert E. Utton, pp. 45-93; Chap. 51: "Mexican International Waters", by Albert E. Utton, pp. 95-128; Part X — Environmental Controls; Chap. 57: "International Treaties and Interstate Compacts", by Robert E. Beck, pp. 461-489; Vol. 6: Part XI — State Surveys; Part XII - Glossary; Vol. 7: Cumulative Tables of Cases and Statutes; Cumulative Index.

BENVENISTI, E., "Collective Action in the Utilization of Shared Freshwater: The Challenges of International Water Resources Law", *AJIL*, 90 (1996), No. 3, pp. 384-415.

BERBER, F. J., *Die Rechtsquellen des internationalen Wassernutzungsrechts*, Munich, Oldenbourg Verlag, 1955.

—, *Rivers in International Law*, London, Stevens & Sons Limited, New York, Oceana Publications Inc., 1959. [The Library of World Affairs, 46.]

BETHEMONT, J., *De l'eau et des hommes: essai géographique sur l'utilisation des eaux continentales*, Paris, Bordas, 1977.

BLUMKIN, S. B., *Cuencas hidrografica internacionales*, Buenos Aires, Colegio de Abogados, 1982. Broch. 1984, 49.

BRANS, E. H. P., *[et al.]*, *The Scarcity of Water: Emerging Legal and Policy Responses*, London, Kluwer Law International, 1997. *[International Environmental Law and Policy Series.]*

BOURNE, Ch. B., "Canada and the Law of International Drainage Basins", *Canadian Perspectives on International Law and Organization*, Toronto, University of Toronto Press, 1974, pp. 468-499.

—, "Procedure in the Development of International Drainage Basins", *U. Toronto LJ*, 22 (1972), pp. 172-206.

—, "The Development of International Water Resources: The 'Drainage Basin Approach' ", *Can. Bar Rev.*, 37 (1969), pp. 62-87.

—, "The Right to Utilize the Waters of International Rivers", *Can. Yb. Int'l L.*, 3 (1965), pp. 187-264.

BOURNE, Ch. B., and P. WOUTERS, *International Water Law: Selected Writings of Professor Charles B. Bourne*, London, Kluwer Law International, 1997.

BURCHI, S., "2001 Year-end Review of Comparative International Water Law Developments", *Water Law*, 12 (2001), No. 6, pp. 330-337.

BURSZTYN WAS, S. and M. RUIBAL DIBELLO, *Reglas y principios sobre utilización y aprovechamiento de ríos internacionales*, Montevideo, Ediciones juridicas Amalio M. Fernandez, 1972.

BUSH, W., "Compensation and the Utilization of International Rivers and Lakes: The Role of Compensation in the Event of Permanent Injury to Existing Uses of Water", *The Legal Regime of International Rivers and Lakes/Le régime juridique des fleuves et des lacs internationaux*, The Hague [etc.], Nijhoff, 1981, pp. 309-329.

CAFLISCH, L., "The Law of International Waterways and Its Sources", *Essays in Honour of Wang Tieya*, Dordrecht [etc.], Nijhoff, 1994, pp. 115-129.

—, "The Law of International Waterways in Its Institutional Aspects", *Im dienst an der Gemeinschaft: Festschrift für Dietrich Schindler zum 65. Geburtstag*, Basel [etc.], Helbing & Lichtenhahn, 1989, pp. 21-45.

—, « Sic utere ut alienum non laedas: règle prioritaire ou élement servant à mesurer le droit de participation équitable et raisonable à l'utilisation d'un cours d'eau international ?", *Internationales Recht auf See und Binnengewässern: Festschrift für Walter Müller*, Zurich, Schulthess Polygraphischer Verlag, 1993, pp. 27-47.

—, « Réglementation des utilisations des cours d'eau internationaux », *Cours d'eau internationaux: renforcer la coopération et gérer les différends*, Washington, DC, Banque mondiale, 1999, pp. 3-17.

—, "Regulation of the Uses of International Watercourses", *International*

Watercourses: Enhancing Cooperation and Managing Conflict, Washington, DC, World Bank, 1998, pp. 3-16.

CANO, G. J., "Los tratados y convenios entre divisiones políticas de países federales como fuentes del derecho fluvial internacional", *La Ley: revista juridica argentina*, 98 (1960), No. abril-junio, pp. 775-780.

CAPONERA, D. A., *The Law of International Water Resources: Some General Conventions, Declarations, and Resolutions Adopted by Governments, International Legal Institutions, and International Organizations, on the Management of International Water Resources*, Rome, FAO, 1980. [*FAO Legislative Study*, No. 23.]

—, *National and International Water Law and Administration*, The Hague [etc.], Kluwer Law International, 2003.

—, *Principles of Water Law and Administration: National and International*, Rotterdam [etc.], Balkema, 1992.

—, *Water Laws in Moslem Countries*, [2 vols.], Rome, Water Resources and Development Service, Land and Water Development Division, FAO, 1973.

CARDONA, S., "El régimen jurídico de los ríos internacionales", *Revista de derecho internacional*, 56 (1949), pp. 24-29.

CHAUHAN, B. R., "Operation of International Law Relating to Water Resources in India", *Water Law in India*, New Delhi, The Indian Law Institute, 1992, pp. 368-383.

—, *Rangordnung verschiedener Arten von Wassernutzungen nach internationalem Wasserrecht*, [Thèse München, Ludwig-Maximilians-Universität], Munich, UNI-Druck, 1963.

CLARK, R. E. (ed.), *Waters and Water Rights: A Treatise on the Law of Waters and Allied Problems: Eastern, Western, Federal*, Indianapolis, Indiana, The Allen Smith Company Publishers, 1969. Vol. 1: Sections 1 to 90 + 1978 Supplement; Vol. 2: Sections 100 to 152 + 1978 Supplement; Chap. 11: "International Stream and Lakes", by Albert E. Utton, pp. 401-495; Vol. 3: Sections 200 to 251; Vol. 3: Sections 200 to 212 (2nd ed., 1984); Vol. 3: Sections 200 to 212 (3rd ed., 1988); Vol. 4: Sections 300 to 364 + 1978 Supplement; Vol. 5: Sections 400 to 459 + 1978 Supplement; Vol. 6: Sections 500 to 533 + 1978 Supplement; Vol. 7: Sections 600 to 657 + 1978 Supplement + Addendum to 1978 Supplement.

COLLIARD, C.-A., «Droit fluvial international: les problèmes actuels des ressources en eau», *Rev. roum. d'ét. int.*, 22 (1988), pp. 158-168.

—, «Evolution et aspects actuels du régime juridique des fleuves internationaux», *Recueil des cours*, tome 125 (1970), pp. 337-442.

CRUZ MIRAMONTES, R., *Derecho internacional fluvial: origenes desenvolvimiento y situación actual*, [Thèse Universidad nacional autonoma de México], México City, [s. n.], 1958.

DAVIS, R. J., "Atmospheric Water Resources Development and International Law", *N. Res. J.*, 31 (1991), No. 1, pp. 11-44.

DECLEVA, M., *L'utilizzazione delle acque nel diritto internazionale*, Université de Trieste, 1939. [Publications de l'Institut de droit international et de législation comparée de l'Université de Trieste, nº 14.]

DELLAPENNA, J. W., "The Customary International Law of Transboundary Fresh Waters", *Exploitation of Natural Resources in the 21st Century*, The Hague [etc.], Kluwer Law International, 2003, pp. 143-190.

—, "Treaties as Instruments for Managing Internationally-Shared Water Resources: Restricted Sovereignty vs. Community of Property", *Case W. Res. J. Int'l L.*, 26 (1994), No. 1, pp. 27-56.

DIETRICH, B. H., and J. M. HENDERSON, *L'approvisionnement des villes en eau: situation et besoins dans soixante-quinze pays en voie de développement*, Genève, Organisation mondiale de la Santé, 1964.

DRAPER, S. E. (ed.), *Model Water Sharing Agreements for the Twenty-First Century*, Reston, VA, American Society of Civil Engineers, 2002.

DRNAS DE CLEMENT, Z., "Los recursos naturales compartidos entre los Estados y el derecho internacional", *Anuario argentino de derecho internacional*, 12 (2003), pp. 79-105.

DZUNOV, T., "International Agreements on Utilization of Waters", *JRMP*, 17 (1970), pp. 256-263.

EAGLETON, C., "The Use of the Waters of International Rivers", *Can. Bar Rev.*, 33 (1955), pp. 1018-1034.

FAHMI, A. M., "Notes on international water systems with special reference to the Helsinki Rules", *AJPIL/ÖZöRV*, 25 (1974), pp. 333-338.

—, "The Degree of Effectiveness of International Law as Regards International Rivers", *AJPIL/ÖZöRV*, 28 (1977), No. 3-4, pp. 291-302.

FENET, A., « Droit de la mer, droit des cours d'eau internationaux : similitudes et convergences », *Annu. dr. marit. et aérospatial*, 11 (1991), pp. 89-107.

FLORIO, F., « Sur l'utilisation des eaux non maritimes en droit international », *Festschrift für Friedrich Berber zum 75.Geburtstag*, Munich, Beck'sche Verlagsbuchhandlung, 1973, pp. 151-164.

FUENTES, X., "Sustainable Development and the Equitable Utilization of International Watercourses", *BYIL*, 69 (1998), pp. 119-200.

—, "The Criteria for the Equitable Utilization of International Rivers", *BYIL*, 67 (1997), pp. 337-412.

GARG, S. K., *International and Interstate River Water Disputes*, New Delhi, Laxmi Publications, 1999.

GARRETSON, A. H. (ed.), *[et al.]*, *The Law of International Drainage Basins*, Dobbs Ferry, NY, Oceana Publications, 1967.

GIDEL, G., *Le régime des fleuves internationaux : Cours*, [Paris], [s. n.], 1948.

GLASER, E. (ed.), *[et al.]*, *Drept international fluvial : culegere de studii*, Bucharest, Editura Academiei Republicii Socialiste România, 1973.

GLEICK, P. H., "Coping with the Global Fresh Water Dilemma : The State, Market Forces, and Global Governance", *The Global Environmental in the Twenty-First Century : Prospects for International Cooperation*, Tokyo, New York, United Nations University Press, 2000, pp. 204-222.

— (ed.), *Water in Crisis : A Guide to the World's Freshwater Resources*, New York [etc.], Oxford University Press, 1993.

—, "Water Resources : A Long-Range Global Evaluation", *Ecology LQ*, 20 (1993), No. 1, pp. 141-149.

GOLDIE, D. M. M., *Effect of Existing Uses on the Equitable Apportionment of International Rivers : Part 2 : A Canadian View*, [s. l.], [s. n.], 1963.

—, *International Law and the Development of International River Basins*, [s. l.], [s. n.], 1963.

HAFNER, G., "The Optimum Utilization Principle and the Non-Navigational Uses of Drainage Basins", *AJPIL/ÖZöRV*, 45 (1993), No. 2, pp. 113-146.

HARTIG, E., *Internationale Wasserwirtschaft und internationales Recht*, Vienna,n Springer, 1955. [Schriftenreihe des Österreichischen Wasserwirtschaftsverbandes, Heft 28/29.]

HAYTON, R. D., "The Formation of Customary Rules of International Drainage Basin Law", *The Law of International Drainage Basins*, Dobbs Ferry, NY, Oceana Publications, 1967, pp. 834-895.

—, "Report on the Dakar Meeting of International River Commissions", *N. Res. J.*, 23 (1983), pp. 441-449.

HEINTZE, H.-J., "Wasser und Völkerrecht", *Wasser- Konfrontation oder Kooperation : Ökologische Aspekte von Sicherheit am Beispiel eines weltweit begehrten Rohstoffs*, Baden-Baden, Nomos, 1997, pp. 279-297.

HEY, E., "The Watercourses Convention : To What Extent Does It Provide a Basis for Regulating Uses of International Watercourses ?", *RECIEL*, 7 (1998), No. 3, pp. 291-300.

HILDERING, A., "Waken over water via het internationale recht", *VN Forum*, 16 (2003), No. 3, pp. 5-13.

HOBDAY, S. R., *Coulson & Forbes on the Law of Waters, Sea, Tidal, and Inland and Land Drainage*, London, Sweet & Maxwell Limited, 1952.

HOWARTH, W., "Recent Works on International and European Water Law: A Survey of Some of the Recent Literature", *Water Law*, 4 (1993), No. 4, pp. 135-138.

JAGER, H., *Das Recht der wirtschaftlichen Nutzung mehrstaatlicher Gewässer*, [s.l.], [s.n.], 1952.

JOHNSON, R. W., *Effect of Existing Uses on the Equitable Apportionment of International Rivers: Part 1: An American View*, [s.l.], [s.n.], 1963.

KAECKENBEECK, G., *International Rivers*, London, Stationery Office, 1920.

KRAKAU, K., *Die Harmon Doktrin: eine These der Vereinigten Staaten zum internationalen Flussrecht*, Hamburg, Instituts für Auswärtige Politik, 1966. [Schriftenreihe des Instituts für Auswärtige Politik, Bd. 4.]

LAYLIN, J. G., *Principles of Law Governing Use of International Rivers*, Washington, DC, Inter-American Bar Association, 1957.

LEANZA, U., *Il diritto degli spazi internazionali*, 2 t., Turin, Giappichelli, 1999.

LIPPER, J., "Equitable utilization", *The Law of International Drainage Basins*, Dobbs Ferry, NY, Oceana Publications, 1967, pp. 15-88.

MACDONALD, R. St. J., "Charles B. Bourne: Scholar, Teacher, and Editor, Innovator in the Development of the International Law of Water Resources", *Can. Yb. Int'l L.*, 34 (1997), pp. 3-88.

MANNER, E. J., "The Present State of International Water Resources Law", *The Present State of International Law and Other Essays: Written in Honour of the Centenary Celebration of the International Law Association 1873-1973*, [Deventer], Kluwer, 1973, pp. 131-141.

MCCAFFREY, S. C, "International Organizations and the Holistic Approach to Water Problems", *N. Res. J.*, 31 (1991), No. 1, pp. 139-165.

—, "The Law of International Watercourses: Present Problems, Future Trends", *A Law for the Environment: Essays in Honour of Wolfgang E. Burhenne*, Gland, IUCN, pp. 113-120.

—, "The Evolution of the Law of International Watercourses", *AJPIL/ÖZöRV*, 45 (1993), No. 2, pp. 87-111.

—, "The Harmon Doctrine one Hundred Years Later: Buried, nor Praised", *N. Res. J.*, 36 (1996), No. 4, pp. 725-767.

—, "The Law of International Watercourses: Some Recent Developments and Unanswered Questions", *Denv. J. Int'l L. & Pol'y*, 17 (1989), pp. 505-526.

—, "Sharing Tranboundary Resources: International Law and Optimal Resource Use: Eyal Benvenisti, Cambridge University Press, 276 pp. (2002)", *Emory International Law Review*, 17 (2003), No. 3, pp. 1091-1108.

MARCHISIO, S., "Water Management and General Principles of International Law", *Sustainable Development and Management of Water Resources: A Legal Framework for the Mediterranean*, Rome, Institute for Legal Studies on the International Community, CNR, 1999, pp. 103-118.

MCINTYRE, O., "The Law Relating to the Use of Shared International Freshwater Resources: A Job for Equity?", *WL*, 6 (1995), No. 1, pp. 23-28.

MULLER, R., "Die völkerrechtliche Verantwortlichkeit im internationalen Wasserwirtschaftsrecht", *Deutsche Aussenpolitik*, 25 (1980), No. 2, pp. 95-104.

MUNDEL, M., *Völkerrechtliche Sätze über die gewerbliche Nutzung hoheitgeteilter Flüsse*, [Diss. Erlangen], Coburg, [s.n.], 1934.

NASKOU, P., "The Status of International Waters in International Law", *Thesaurus Acroasium*, 7 (1977), pp. 483-486.

NOLLKAEMPER, A., "Beschermde rechtsbelangen in het internationale waterrecht", *Ars aequi*, 48 (1999), No. 5, pp. 413-418.

OLWAN, M. Y., "International Canals", *International Law: Achievements and Prospects*, Paris, Unesco, Dordrecht [etc.], Nijhoff, 1991, pp. 999-1015.

PATRY, A., « Le régime des cours d'eau internationaux », *Canadian Yearbook of International Law*, 1 (1963), pp. 172-212.

Register of International Rivers, Oxford [etc.], Pergamon Press for the United Nations, 1978.

REVILLARD, M. L., «Les fleuves internationaux», *Annu. AAA/Yearbook of the AAA*, 41 (1971), pp. 41-54.

RHEINSTROM, H., *Die völkerrechtliche Stellung der internationalen Kanäle*, [Budapest], [Révai], 1937.

ROTHENBERGER, S., *Die angemessene Nutzung gemeinschaftlicher Ressourcen am Beispiel von Flüssen und speziellen Ökosystemen: eine vergleichende Betrachtung zum modernen Verständnis eines klassischen völkerrechtlichen Nutzungsprinzips*, Frankfurt am Main [etc.], Peter Lang, 2003. [Schriften zum internationalen und zum öffentlichen Recht, Band 50.]

RUIZ FABRI, H., «Règles coutumières générales et droit international fluvial», *AFDI*, 36 (1991), pp. 818-842.

SALMAN, S. M. A., "From Marrakech through The Hague to Kyoto: Has the Global Debate on Water Reached a Dead End?", *Water International*, 28 (2003), No. 4, pp. 491-500.

SAMAD, M. A., "Pakistan's Water Problem and the Law of International Rivers", *Pakistan Horizon*, 23 (1970), pp. 265-274.

SCHIFFLER, M., "International Water Agreements: A Comparative View", *Water in the Middle East: Potential for Conflicts and Prospects for Cooperation*, Berlin [etc.], Springer, 1998, pp. 31-45.

SCHIMMER, O., *Die Internationalisierung der Flüsse*, [Thèse Würzburg], Arnstein Ufr: [s. n.], 1930.

SCHROER, F., "Der Gegenstand des internationalen Wasserrechts", *NILR*, 20 (1973), pp. 147-161.

SEIDL-HOHENVELDERN, I., "Austrian Views on International Rivers", *Annales Universitatis Saraviensis*, 9 (1961), No. 3-4, pp. 191-198.

SHIHATA, I., "Draft Proposition on the Law of International Rivers", *Rev. égypt. dr. int'l*, 30 (1974), pp. 163-171.

SOHNLE, J., *Le droit international des ressources en eau douce: solidarité contre souveraineté*, [Thèse Université Strasbourg III — Robert Schuman, faculté de droit], Strasbourg, [s. n.], 2000.

SOLANES, M., "Water Rights: Functions, Conditionalities, Administration", *Management of Shared Groundwater Resources: The Israeli-Palestinian Case with an International Perspective*, Boston [etc.], Kluwer Academic Publishers, 2001, pp. 259-284.

SUBEDI, S. P., "Regulation of Shared Water Resources in International Law: The Challenge of Balancing Competing Demands", *Nepal Law Review*, 15 (2002), Nos. 1-2, pp. 1-14.

TANZI, A., *The Completion of the Preparatory Work for the UN Convention on the Law of International Watercourses*, [s. l.], Elsevier Science, 1997, pp. 239-245.

TANZI, A., and M. ARCARI, The United Nations Convention on the Law of International Watercourses, The Hague [etc.], Kluwer Law International, 2001.

TECLAFF, L. A., *Abstraction and Use of Water: A Comparison of Legal Regimes*, New York, United Nations, 1972.

—, "Evolution of the River Basin Concept in National and International Water Law", *N. Res. J.*, 36 (1996), No. 2, pp. 359-391.

—, "Fiat or Custom: The Checkered Development of International Water Law", *N. Res. J.*, 31 (1991), No. 1, pp. 45-73.

—, *Water Law in Historical Perspective*, Buffalo, NY, W.S. Hein, 1985.

TECLAFF, L. A., and A. H. GARRETSON, *The River Basin in History and Law*, The Hague, Martinus Nijhoff, 1967.

THOMAS, C., and D. A. HOWLETT (eds.), *Resource Politics: Freshwater, and Regional Relations*, Buckingham [etc.], Open University Press, 1993.

TORRES CAZORLA, M. I., "Otra vuelta de tuerca del derecho internacional para regular los cursos de agua internacionales: el Convenio de Helsinki de 17 de marzo de 1992", *Anu. Der. Internac. (Navarra)*, 16 (2000), pp. 225-261.

UTTON, A. E., and J. UTTON, "International Law of Minimum Stream Flows", *Colo. J. Int'l Envt'l L. & Pol'y*, 10 (1999), No. 1, pp. 7-37.

VITANYI, B., "La relative gratuité de l'utilisation des voies d'eau internationales est-elle devenue une règle coutumière ?", *GYIL*, 26 (1984), pp. 54-85.

VRIJ, P. M., and L. W. LYDE, *International Rivers : A Problem of the Day*, [s.l., s.n.], 1920.

WESTCOAT, J. L., "Main Currents in Early Multilateral Water Treaties : A Historical-Geographic Perspective, 1648-1948", *Colo. J. Int'l Envtl. L. & Pol'y*, 7 (1996), No. 1, pp. 39-74.

WHITE, G. F., "A Perspective of River Basin Development", *Law & Contemp. Probs.*, 22 (1957), pp. 157-187.

WOLF, A. T., "From Rights to Needs : Water Allocations in International Treaties", *Management of Shared Groundwater Resources : The Israeli-Palestinian Case with an International Perspective*, Boston [etc.], Kluwer Academic Publishers, 2001, pp. 133-165.

WOODHOUSE, M., "Is Public Participation a Rule of the Law of Watercourses ?", *Natural Resources Journal*, 43 (2003), No. 1, pp. 137-183.

WOUTERS, P. K., "An Assessment of Recent Developments in International Watercourse Law through the Prism of the Substantive Rules Governing Use Allocation", *N. Res. J.*, 36 (1996), No. 2, pp. 417-439.

—, "National and International Water Law : Achieving Equitable and Sustainable Use of Water Resources", *Water International*, 25 (2000), No. 4, pp. 499-512.

YU, S., "International Rivers and Lakes", *International Law : Achievements and Prospects*, Paris, Unesco, Dordrecht [etc.], Nijhoff, 1991, pp. 989-998.

—, « Les fleuves et les lacs internationaux », *Droit international : bilan et perspectives*, Paris, Pedone, 1991, pp. 1055-1065.

ZACKLIN, R., and L. CAFLISCH (eds.), *The Legal Regime of International Rivers and Lakes/Le régime juridique des fleuves et des lacs internationaux*, The Hague [etc.], Nijhoff, 1981.

ZIEGLER, A. VON, T. BURCKHARDT *[et al.]*, *Internationales Recht auf See und Binnengewässern : Festschrift für Walter Müller*, Zurich, Schulthess Polygraphischer Verlag, 1993.

b Documents

CAPONERA, D. A., *The Law of International Water Resources : Some General Conventions, Declarations, and Resolutions Adopted by Governments, International Legal Institutions, and International Organizations, on the Management of International Water Resources*, Rome, FAO, 1980. [*FAO Legislative Study*, No. 23.]

"Convention on the Protection and Use of Transboundary Watercourses and International Lakes, done at Helsinki, on 17 March 1992", *International Watercourses : Enhancing Cooperation and Managing Conflict*, Washington, DC, World Bank, 1998, pp. 203-223.

« Convention sur la protection et l'utilisation des cours d'eau transfrontières et des lacs internationaux, en date, à Helsinki, du 17 mars 1992 », *Cours d'eau internationaux : renforcer la cooperation et gérer les diférends*, Washington, DC, Banque mondiale, 1999, pp. 203-224.

Helsinki Rules on the Uses of the Waters of International Rivers, Adopted by the International Law Association at the 52nd Conference Held in Helsinki on 20th August, 1966, London, International Law Association, 1967.

River and Lake Basin Development : Proceedings of the United Nations Interregional Meeting on River and Lake Basin Development with Emphasis on the Africa Region, Addis Ababa, Ethiopia, 10-15 October 1988, New York, NY, United Nations, 1990. [*Natural Resources/Water Series*, No. 20.]

"United Nations : Convention on the Protection and Use of Transboundary

Watercourses and International Lakes, Done at Helsinki, March 17, 1992", [Reproduced from the text provided by the United Nations], *ILM*, 31 (1992), pp. 1312-1329.

Sources of International Water Law, Rome, FAO, 1998. [*FAO Legislative Study*, No. 65.]

Systematic Index of International Water Resources Treaties, Declarations, Acts, and Cases by Basin/Répertoire systématique par bassin de traités, déclarations, textes législatifs et jurisprudence concernant les ressources en eau internationales/Repertorio sistematico por cuenca de convenios, declaraciones, textos legislativos y jurisprudencia relativos a los recursos hidricos internacionales, Rome, FAO, 1978. [*Legislative Study*, No. 15/*Etude législative*, n° 15/*Estudio legislativo*, n° 15.]

Systematic Index of International Water Resources Treaties, Declarations, Acts, and Cases by Basin: Vol. II/Répertoire systématique par bassin de traités, déclarations, textes législatifs et jurisprudence concernant les ressources en eau internationales: t. II/Repertorio sistematico por cuenca de convenios, declaraciones, textos legislativos y jurisprudencia relativos a los recursos hidricos internacionales: t. II, Rome, FAO, 1984. [*Legislative Study*, No. 34/ *Etude législative*, n° 34/*Estudio legislativo*, n° 34.]

2 De l'usage des fleuves et des lacs internationaux comme frontière

International Rivers and Lakes as Boundaries

a Ouvrages et articles

Books and Articles

BAUER, K., "Grenzen an Straßenbrücken über Grenzflüsse", *ZfW*, 15 (1976), No. 2, pp. 259-266.

DIPLA, H., «Le tracé de la frontière sur les lacs internationaux», *The Legal Regime of International Rivers and Lakes/Le régime juridique des fleuves et des lacs internationaux*, The Hague [etc.], Nijhoff, 1981, pp. 247-306.

—, «Les règles de droit international en matière de délimitation fluviale: remise en question?», *RGDIP*, 89 (1985), pp. 589-624.

ENCINA, F. A., *La cuestión de límites entre Chile y la Argentina desde la independencia hasta el tratato de 1881*, Santiago, Chile, Nascimento, 1959.

HUGHES, D. M., "Water as a Boundary: National Parks, Rivers, and the Politics of Demarcation in Chimanimani, Zimbabwe", *Reflections on Water: New Approaches to Transboundary Conflicts and Cooperation*, Cambridge, Massachusetts, USA, London, England, The MIT Press, 2001, pp. 267-294.

JORDAN, F. J. E., "The International Joint Commission and Canada-United States Boundary Relations", *Canadian Perspectives on International Law and Organization*, 1974, pp. 522-543.

LAMBDEN, D. W., *Legal Aspects of Surveying Water Boundaries*, Scarborough, Carswell, 1996.

MULLER, A., "The Delimitation of Boundary River Waters", *Thesaurus Acroasium*, 14 (1985), pp. 661-672.

SALMAN, S. M. A., "International Rivers as Boundaries: The Dispute over Kasikili/Sedudu Island and the Decision of the International Court of Justice", *Water International*, 25 (2000), No. 4, pp. 580-585.

SCHLAG, M., "Die Österreichische Bundesgrenze auf dem Bodensee", *AJPIL/ ÖzöRV*, 43 (1992), No. 2-3, pp. 241-266.

SCHROER, F., "Zur völkergewohnheitsrechtlichen Grenzregelung an Grenzgewässern", *ZfW*, 12 (1973), No. 2, pp. 78-84.

SCHROTER, F., « La délimitation des lacs internationaux : essai d'une typologie », *AFDI*, 40 (1995), pp. 910-929.
—, « Les systèmes de délimitation dans les fleuves internationaux », *AFDI*, 38 (1993), pp. 948-982.
ZEBALLOS, E. S., *Demarcación de limites entre la República Argentina y Chile : extracto de la memoria presentada al congreso de la nación*, Buenos Aires, Ministerio de relaciones exteriores [de la] República Argentina, 1892.

b Documents

"Federal Republic of Germany and Belgium: Treaty concerning a Rectification of the German-Belgian Frontier in the Area of the Regularized Border Streams Breitenbach and Schwarzbach, Districts of Aachen and Malmédy (with maps). Signed at Brussels on 26 March 1982"/« République fédérale d'Allemagne et Belgique : Traité portant rectification de la frontière germano-belge dans la zone des ruisseaux frontières normalisés Breitenbach et Schwarzbach (avec cartes), signé à Bruxelles le 26 mars 1982 », *UNTS*, Vol. 1679 (1992), No. 29007, pp. 3-23.

3 Droit de la navigation sur les lacs et fleuves internationaux

Law of the Navigational Uses of International Rivers and Lakes

a Ouvrages et articles

Books and Articles

ARBO, H., *Libre navegación de los ríos : régimen jurídico de los ríos de la Plata, Paraná y Paraquay*, Buenos Aires, "El Ateneo", 1939.
BARMANN, *Die Freiheit der europäischen Binnenschiffahrt*, Mannheim : UNA-Europäische Verlagsgesellschaft, 1950. [Schriftenreihe der Europaeischen Akademie, Heft 7.]
BORCHERT, A., *Der Einfluss der Verkehrsfreiheit auf die völkerrechtlichen Regeln über die Höhe der Schiffahrtsangaben auf international bedeutsamen Schiffahrtswegen*, Hamburg, Forschungsstelle für Völkerrecht und ausländisches öffentliches Recht der Universität Hamburg, 1964.
CAPONERA, D. A., *Diritto internazionale della navigazione : i fiumi internazionali*, Rome, Edizioni internazionali sociali, 1959.
CARATHEODORY, E., *Du droit international concernant les grands cours d'eau : étude théorique et pratique sur la liberté de la navigation fluviale*, Leipzig, Brockhaus, 1861.
CRISTOBAL-MARTES, A., "La navegación de los ríos internacionales con especial referencia a Venezuela", *Temis : revista de ciencia y técnica jurídicas* (1971), n°s 29-32, pp. 41-91.
CORTHESY, F., *Etude de la Convention de Barcelone sur le régime des voies navigables d'intérêt international*, Paris, Rousseau, 1927.
CZERWENKA, G. B., "Das Budapester Übereinkommen über den Vertrag über die Güterbeförderung in der Binnenschiffahrt (CMNI)", *Transportrecht*, 24 (2001), No. 7-8, pp. 277-284.
DELLAPENNA, J. W., "The Customary International Law of Transboundary Fresh Waters", *Exploitation of Natural Resources in the 21st Century*, The Hague [etc.], Kluwer Law International, 2003, pp. 143-190.
GIANNINI, A., *La codificazione del diritto maritimo e fluviale : movimento interno ed internazionale*, Rome, Soc. ed. del *Foro Italiano*, 1938. [Publication de l'Associazione italiana per la Società delle Nazioni, n° 9.]
—, *Le convenzioni internazionali di diritto fluviale*, Rome, Anonima romana

editoriale, 1933. [Publication de l'Associazione italiana per la Società delle Nazioni, XXI.]

GIESECKE, G., *Die völkerrechtliche Stellung der internationalen Wasserläufe des deutschen Stromgebiets in Geschichte und Gegenwart dargestellt mit besonderer Berücksichtigung des Statuts von Barcelona*, [Diss. Breslau], Breslau, NS-Druckerei, 1936.

GONNENWEIN, O., *Die Freiheit der Flussschiffahrt*, Stuttgart [etc.], W. Kohlhammer Verlag, 1940.

HERREN, P., *Der Friedensvertrag von Versailles in seiner Bedeutung für die internationalisierten deutschen Wasserstrassen*, [Thèse München], M. Gladbach, [s. n.], 1929.

HIS, E., und R. HAAB, *Rechtsgrundlagen einer schweizerischen Gesetzgebung über die Grosschiffahrt auf internationalen Gewässern, besonders auf dem Rhein*, Zurich, Art. Institut Orell Füssli, 1922.

IALOMITEANU, F., *La liberté du transit dans les conférences des communcations, à l'exclusion du transit fluvial et routier*, [thèse, Université de Paris, faculté de droit], Paris, Loviton, 1933.

KASAMA, A., *La navigation fluviale en droit international*, Paris, Les éditions internationales, 1928.

LYNCH, A. M., *Propiedad y jurisdiccion en las riberas de los rios navegables*, Buenos Aires, Restoy & Doeste, 1927.

MANCE, O., and J. E. WHEELER, *International River and Canal Transport*, London [etc.], Oxford University Press, 1944.

MAUGERI, V., *Manuale della navigazione: marittima, fluviale, lacuale, nautica da diporto, pesca e sport*, Rome, Pastena, 1978.

MCCAFFREY, S. C., *The Law of International Watercourses: Non-Navigational Uses*, Oxford [etc.], Oxford University Press, 2001.

MILKOWSKI, M., "Waterways and Inland Navigation in the Light of International Law and the CSCE Final Act", *Polish W. Aff.*, 18 (1977), No. 1, pp. 125-143.

OTTO, H.-W., *Das Wesen und die innere Berechtigung der Internationalisierung der Ströme unter besonderer Berücksichtigung der Bestimmungen des Versailler Friedensvertrages*, [Diss. Breslau], Wohlau, Bez. Breslau, Triepel-Schulze, 1934.

RAMIREZ, J. I., *La libre navegación de los ríos internacionales en la nueva constitución argentina*, Asunción, Paraguay, [s. n.], 1952.

REITER, K. F., *Die Verkehrsbestimmungen des Versailler Vertrages und ihre Weiterbildung auf den allgemeinen Verkehrskonferenzen von Barcelona und Genf*, [Thèse Würzburg], Würzburg, [s. n.], 1929.

TOTZEK, W., *Das Wesen und die innere Berechtigung der Strominternationalisierung: unter besonderer Berücksichtigung der Bestimmungen des Versailler Vertrages*, [Diss. Breslau], Ohlau i. Schl, H. Eschenhagen, 1933.

TRIEPEL, H., *Internationale Wasserläufe: kritische Betrachtungen*, Berlin, Ferd. Dümmler Verlagsbuchhandlung, 1931. [Völkerrechtsfragen, 35. Heft.]

VALLOTON, J., *La Suisse et le droit de libre navigation sur les fleuves internationaux,* Lausanne, [s. n.], 1914.

VITANYI, B. K. J., « La navigation fluviale dans la doctrine du droit naturel », *RGDIP*, 75 (1971), pp. 1060-1076.

—, *The International Regime of River Navigation*, Alphen aan den Rijn, Sijthoff & Noordhoff, 1979.

—, "The Question of Reservation of Local Transport (Cabotage) on International Waterways", *NYIL*, 8 (1977), pp. 3-33.

—, "The Regime of Navigation on International Waterways: Part I: The Beneficiaries of the Right of Navigation", *NYIL*, 5 (1974), pp. 111-166.

—, "The Regime of Navigation on International Waterways: Part II: The Territorial Scope of the Regime of Free Navigation", *NYIL*, 6 (1975), pp. 3-58.

—, "The Regime of Navigation on International Waterways: Part III: Substantive Rights and Duties", *NYIL*, 7 (1976), pp. 3-90.

WEGENER, W., *Probleme der völkerrechtlichen Ordnung der internationalen Binnenschiffahrt in geschichtlicher und systematischer Beleuchtung*, [Diss. Göttingen], Göttingen, [s. n.], 1939.

ZOUREK, J., « La Cour internationale d'arbitrage pour la navigation maritime et fluviale (siège à Gdynia, Pologne) et son activité », *Rev. de l'arb.*, (1968), pp. 91-104.

b Documents

Brasil-Bolívia, *Tratado de Comércio e Navegação Fluvial*, Rio de Janeiro : Departamento de Imprensa Nacional, 1955. [Coleção de atos internacionais, nº 363.]

Comité économique pour l'Europe. Comité des transports intérieurs, *CEVNI : Code européen des voies de navigation intérieure*, 2e éd., rév. 1, New York [etc.], Nations Unies, 1998.

Etude sur le régime international de la navigation intérieure dans les divers pays d'Amérique, Genève, Société des Nations, 1934. [Série de publications de la Société des Nations, « VIII. Communications et transit », 1934, VIII, 4.]

"Germany and Bulgaria : Agreement on Inland Waterways (with Protocol Dated at Sofia on 15 July 1988). Signed at Bonn on 4 July 1989"/« Allemagne et Bulgarie : Accord relatif à la navigation sur les eaux intérieures (avec protocole en date à Sofia du 15 juillet 1988), signé à Bonn le 4 juillet 1989 », *UNTS*, Vol. 1908 (1996), No. 32518, pp. 211-250.

"Germany and Poland : Agreement on Inland Navigation (with Protocol), Signed at Warsaw on 8 November 1991"/« Allemagne et Pologne : Accord relatif à la navigation sur les voies d'eau intérieures (avec protocole), signé à Varsovie le 8 novembre 1991 », *UNTS*, Vol. 1910 (1996), No. 32536, pp. 107-150.

"Germany and Poland : Agreement on the Passage of Ships through the Internal Waters in the Area of Usedom Island, Signed at Bonn on 17 February 1993"/« Allemagne et Pologne : Accord concernant la circulation des navires dans les eaux intérieures dans la région de l'île d'Usedom, signée à Bonn le 17 février 1993 », *UNTS*, Vol. 1910 (1996), No. 32537, pp. 151-169.

"Germany and Romania : Agreement concerning Navigation on Inland Waterways (with Protocol), Signed at Bonn on 22 October 1991"/« Allemagne et Roumanie : Accord relatif à la navigation sur les voies d'eau intérieures (avec protocole), signé à Bonn le 22 octobre 1991 », *UNTS*, Vol. 1910 (1996), No. 32542, pp. 399-438.

"Netherlands and Romania : Agreement on Inland Navigation. Signed at Bucharest on 20 October 1992"/« Pays-Bas et Roumanie : Accord concernant la navigation fluviale, signé à Bucarest le 20 octobre 1992 », *UNTS*, 1948 (1996), No. 33372, pp. 3-28.

4 L'utilisation des cours d'eau internationaux à des fins autres que la navigation

Non-navigational Uses of International Watercourses

i En général

In General

a Ouvrages et articles

Books and Articles

ANDRASSY, J., « L'utilisation des eaux des bassins fluviaux internationaux », *Rev. égypt. dr. int.*, 16 (1960), pp. 23-40.

—, "Nachbarrecht und Wassernutzung", *Völkerrecht und rechtliches Weltbild : Festschrift für Alfred Verdross*, Vienna, Springer, 1960, pp. 55-66.

ARCARI, M., « Le droit interétatique de l'eau : les principes matériels de la Convention de New York (21 mai 1997) », *Les politiques de l'eau au XXI*[e] *siècle*, t. II, Paris, CIRPES, 2002, pp. 17-32.

BAR, L. VON, « L'exploitation industrielle des cours d'eau internationaux au point de vue du droit international », *RGDIP*, 17 (1910), pp. 281-288.

BENVENISTI, E., "Collective Action in the Utilization of Shared Freshwater: The Challenges of International Water Resources Law", *AJIL*, 90 (1996), No. 3, pp. 384-415.

BRUHACS, J., *The Law of Non-Navigational Uses of International Watercourses*, Dordrecht [etc.], Nijhoff, 1993.

CAFLISCH, Ch., *La Suisse et la protection des eaux douces dans le cadre du droit international*, [diss. Neuchâtel], Berne, H. Lang, 1976.

CAFLISCH, L., « La Convention du 21 mai 1997 sur l'utilisation des cours d'eau internationaux à des fins autres que la navigation », *AFDI*, 43 (1997), pp. 751-798.

—, "Regulation of the Uses of International Waterways: The Contribution of the United Nations", *The United Nations at Work*, Westport, CT, USA [etc.], Praeger, 1998, pp. 3-35.

CASTILLO DAUDI, M., "La proteccion y preservacion de los cursos de agua internacionales: el Convenio sobre el derecho de los usos de los cursos de agua internacionales para fines distintos de la navegacion de 21 de Mayo de 1997", *Anu. Der. Internac. (Navarra)*, 15 (1999), pp. 115-158.

CHENEVERT, D. J., "Application of the Draft Articles on the Non-Navigational Uses of International Watercourses to the Water Disputes Involving the Nile River and the Jordan River", *Emory Int'l L. Rev.*, 6 (1992), afl. 2, pp. 495-575.

CHIESA, N. E., *La problematica estructural, tecnica y juridico-institucional del aprovechamiento compartido del recurso hidroelectrico internacional (no maritimo)*, Rosario, Universidad Nacional de Rosario, 1976.

DELLAPENNA, J. W., "The Customary International Law of Transboundary Fresh Waters", *Exploitation of Natural Resources in the 21st Century*, The Hague [etc.], Kluwer Law International, 2003, pp. 143-190.

DEMETER, B., *Schutz und Nutzung internationaler Binnengewässer: zwei ahmenkonventionen im Vergleich*, Frankfurt am Main [etc.], Peter Lang, 2001. [Europäische Hochschulschriften Reihe II Rechtswissenschaft, Bd. 3273.]

DRNAS DE CLEMENT, Z., "Los recursos naturales compartidos entre los Estados y el derecho internacional", *Anuario argentino de derecho internacional*, 12 (2003), pp. 79-105.

EAGLETON, C., "The Use of the Waters of International Rivers", *Can. Bar Rev.*, 33 (1955), pp. 1018-1034.

FITZMAURICE, M., "Convention on the Law of the Non-Navigational Uses of International Watercourses (1997)", *LJIL*, 10 (1997), No. 3, pp. 501-508.

—, "The Law of Non-Navigational Uses of International Watercourses: The International Law Commission Completes Its Draft", *LJIL*, 8 (1995), No. 2, pp. 361-375.

— « Genèse d'un droit fluvial international général : utilisations à des fins autres que la navigation », *RGDIP*, 95 (1991), n° 1, pp. 5-70.

HAFNER, G., "The Optimum Utilization Principle and the Non-Navigational Uses of Drainage Basins", *AJPIL/ÖZöRV*, 45 (1993), No. 2, pp. 113-146.

HAYTON, R. D., "Observations on the International Law Commission's Draft Rules on the Non-Navigational Uses of International Watercourses: Articles 1-4", *Colo. J. Int'l L. & Pol'y*, 3 (1992), No. 1, pp. 31-44.

IDRIS, K., and M. MPAZI, "The Law of the Non-Navigational Uses of International Watercourses: The International Law Commission's Draft Articles: An Overview", *AYIL*, 3 (1995), pp. 183-203.

KAHN, J. C., "1997 United Nations Convention on the Law of Non-Navigational

Uses of International Watercourses", *Colo. J. Int'l Envt'l L. & Pol'y, 1997 Yearbook*, pp. 178-185.

KAYA, I., *Equitable Utilization: The Law of the Non-Navigational Uses of International Watercourses*, Aldershot [etc.], Ashgate Publishing Limited, 2003.

"The Law of the Non-Navigational Uses of International Watercourses", *Envtl. Pol'y & L.*, 21 (1991), No. 5-6, pp. 247-249.

LAZERWITZ, D. J., "The Flow of International Water Law: The International Law Commission's Law of the Non-Navigational Uses of International Watercourses", *Indiana Journal of Global Studies*, 1 (1993-1994), pp. 1-16.

LEE, L.-F., Die effiziente Nutzung grenzüberschreitender Wasserressourcen, Berlin, Duncker & Humblot, 2003. [Schriften zum Völkerrecht, Band 149.]

MANNER, E. J., "Some Legal Problems relating to the Sharing of Boundary Waters", *Festschrift für Friedrich Berber zum 75. Geburtstag*, Munich, Beck'sche Verlagsbuchhandlung, 1973, pp. 321-338.

MACCAFFREY, S. C., "Background and Overview of the International Law Commission's Study of the Non-Navigational Uses of International Watercourses", *Colo. J. Int'l L. & Pol'y*, 3 (1992), No. 1, pp. 17-29.

MCCAFFREY, S., « La Convention des Nations Unies sur le droit relatif aux utilisations des cours d'eau internationaux à des fins autres que la navigation: perspectives et embûches », *Cours d'eau internationaux: renforcer la coopération et gérer les différends*, Washington, DC, Banque mondiale, 1999, pp. 19-30.

—, "Sharing Transboundary Resources: International Law and Optimal Resource Use: Eyal Benvenisti: Cambridge University Press, 276 pp. (2002)", *Emory International Law Review*, 17 (2003), No. 3, pp. 1091-1108.

—, "The UN Convention on the Law of the Non-Navigational Uses of International Watercourses: Prospects and Pitfalls", *International Watercourses: Enhancing Cooperation and Managing Conflict*, Washington, DC, World Bank, 1998, pp. 17-28.

MCINTYRE, O., "The Law Relating to the Use of Shared International Freshwater Resources: A Job for Equity?", *WL*, 6 (1995), No. 1, pp. 23-28.

MICHAEL, M. L., "The Allocation of Waters of International Rivers", *Nat. Res. Lawyer*, 7 (1974), pp. 45-66.

NANDA, V. P., "The Law of the Non-Navigational Uses of International Watercourses: Draft Articles on Protection and Preservation of Ecosystems, Harmful Conditions and Emergency Situations, and Protection of Water Installations", *Colo. J. Int'l L. & Pol'y*, 3 (1992), No. 1, pp. 175-207.

QUINT, A. W., *Internationaal rivierenrecht: betreffende gebruik tot andere doeleinden dan de scheepvaart*, [Thèse Leiden], Amsterdam, H.J. Paris, 1930.

RAHMAN, R., "The Law of the Non-Navigational Uses of International Watercourses: Dilemma for Lower Riparians", *Fordham Int'l LJ*, 19 (1995), No. 1, pp. 9-24.

REY CARO, E. J., "El derecho de los usos de los cursos de aqua internacionales para fines distriutos de la navegacion en los trabajos de la Comision de derecho internacional", *REDI*, 21 (1979), pp. 39-64.

—, "La codificacion del derecho de los usos de los cursos de agua internacionales para fines distintos de la navegacion", *El derecho internacional en un mundo en transformacion: Liber amicorum en homanaje al Professor Eduardo Jiménez de Aréchaga*, t. I, Montevideo, Fundación de Cultura Universitaria, 1994, pp. 677-712.

ROBEN, B. B., "International Freshwaters", *International, Regional and National Environmental Law*, The Hague [etc.], Kluwer Law International, 2000, pp. 285-328.

SAR, C., « Droit d'utilisation des fleuves internationaux aux buts industriels et agricoles», *The Turkish Yearbook of International Relations*, 10 (1969), pp. 99-148.

SCANLAN, K. P., "The International Law Commission's First Ten Draft Articles on the Law of the Non-Navigational Uses of International Watercourses: Do They Adequately Address All the Major Issues of Water Usage in the Middle East?", *Fordham Int'l LJ*, 19 (1996), No. 5, pp. 2180-2229.

SCHROEDER-WILDBERG, E., "The Negotiation Process of the International Water Convention: Balancing Upstream-Downstream Interests", *Co-operation on Transboundary Rivers*, Baden-Baden, Nomos Verlagsgesellschaft, 2002, pp. 35-51.

SCHWABACH, A., "The United Nations Convention on the Law of Non-Navigational Uses of International Watercourses, Customary International Law, and the Interests of Developing Upper Riparians", *Tex. Int'l LJ*, 33 (1998), No. 2, pp. 257-279.

SMITH, H. A., *The Economic Uses of International Rivers*, London, King & Son, 1931.

SOLANES, M., *The International Law Commission and Legal Principles Related to the Non-Navigational Uses of the Waters of International Rivers*, [s.l., s.n.], 1987.

SZEKELY, A., "'General Principles' and 'Planned Measures' Provisions in the International Law Commission's Draft Articles on the Non-Navigational Uses of International Watercourses: A Mexican Point of View", *Colo. J. Int'l L. & Pol'y*, 3 (1992), No. 1, pp. 93-101.

TORRES CAZORLA, M. I., "Otra vuelta de tuerca del derecho internacional para regular los cursos de agua internacionales: el Convenio de Helsinki de 17 de marzo de 1992", *Anu. Der. Internac. (Navarra)*, 16 (2000), pp. 225-261.

VILLELA, A. M., «Les principes de droit international régissant l'utilisation économique des fleuves internationaux», *RDI*, 58 (1980), pp. 105-140.

VINOGRADOV, S. V., "Observations on the International Law Commission's Draft Rules on the Non-Navigational Uses of International Watercourses: 'Management and Domestic Remedies'", *Colo. J. Int'l L. & Pol'y*, 3 (1992), No. 1, pp. 35-259.

WOLFROM, M., et C. ROUSSEAU, *L'utilisation à des fins autres que la navigation des eaux des fleuves, lacs et canaux internationaux*, Paris, Pedone, 1964.

WOUTERS, P. K., "An Assessment of Recent Developments in International Watercourse Law through the Prism of the Substantive Rules Governing Use Allocation", *N. Res. J.*, 36 (1996), No. 2, pp. 417-439.

YAMADA, C., "Revitalization of the UN Codification Process of International Law: A Case of the Convention of the Law of the Non-Navigational Uses of International Watercourses", *Jap. Ann. of Int'l L.*, 40 (1997), pp. 44-56.

ZANOTTI, I., *Aproveitamento dos rios e lagos internacionais para fins industriais e agricolas*, [s.l.], [s.n.], 1964.

b Documents

BURCHI, S (ed.), *Treaties concerning the Non-Navigational Uses of International Watercourses: Europe/Traités concernant l'utilisation des cours d'eau internationaux à des fins autres que la navigation: Europe/Tratados sobre el uso de los cursos internacionales de agua para fines diferentes de la navegación: Europa*, Rome, FAO, 1993. [*FAO Legislative Study*, No. 50/*FAO Etude legislative*, n° 50/*FAO Estudio legislativo*, n° 50.]

"Convention on the Law of the Non-Navigational Uses of International Watercourses", *Resolution of International Water Disputes*, The Hague [etc.], Kluwer Law International, 2003, pp. 429-451.

"Convention on the Law of Non-Navigational Uses of International Watercourses, Done at Helsinki, March 17, 1992", *Groundwater: Legal and Policy Perspectives*, Washington, DC, World Bank, pp. 237-256.

"Convention on the Law of the Non-Navigational Uses of International Watercourses, Done at New York, the 21st of May, 1997", *International Watercourses: Enhancing Cooperation and Managing Conflict*, Washington, DC, World Bank, 1998, pp. 173-191.

« Convention sur le droit relatif aux utilisations des cours d'eau internationaux à des fins autres que la navigation, fait à New York le 21 mai 1997 », *Cours d'eau internationaux: renforcer la coopération et gérer les différends*, Washington, DC, Banque mondiale, 1999, pp. 173-192.

Helsinki Rules on the Uses of the Waters of International Rivers, Adopted by the International Law Association at the 52nd Conference Held in Helsinki on 20th August, 1966, London, International Law Association, 1967.

"ILC Draft Articles on the Law of the Non-Navigational Uses of International Watercourses, 1994", *RECIEL*, 5 (1996), No. 2, pp. 169-174.

Non-Conventional Water Resources Use in Developing Countries: Proceedings of the Interregional Seminar, Willemstad, Curaçao, Netherlands Antilles, 22-28 April 1985, New York, United Nations. [*Natural Resources/Water Series*, No. 22.]

"Non-Navigational Uses of International Watercourses: Draft Articles", *Envtl. Pol'y & L.*, 18 (1988), pp. 235-236.

"Law of the Non-Navigational Uses of International Watercourses: Text of Draft Articles as a Whole Adopted by the Commission of First Reading", *Yb. Int'l Env. L.*, 2 (1992), pp. 764-775.

Legislative Texts and Treaty Provisions concerning the Utilization of International Rivers for Other Purposes than Navigation/Textes législatifs et dispositions de traités concernant l'utilisation des fleuves internationaux à des fins autres que la navigation, New York, United Nations/Nations Unies, 1961. *[United Nations Legislative Series/Série legislative des Nations Unies.]*

"The Law of the Non-Navigational Uses of International Watercourses: Draft Report of the International Law Commission on the Work of Its Forty-Third Session", *International Waters of the Middle East: From Euphrates-Tigris to Nile*, Bombay, [etc.], Oxford University Press, 1994, pp. 204-214.

"The Law of the Non-Navigational Uses of International Watercourses: Draft Report of the International Law Commission on the Work of Its Forty-Third Session, Chapter III", *Colo. J. Int'l L. & Pol'y*, 3 (1992), No. 1, pp. 1-11.

The Use of Non-Conventional Water Resources in the Developing Countries, New York, NY, United Nations, 1985. [*Natural Resources/Water Series*, No. 14.]

Treaties concerning the Non-Navigational Uses of International Watercourses: Africa/Traités concernant l'utilisation des cours d'eau internationaux à des fins autres que la navigation: Afrique, Rome, FAO, 1997. [*FAO Legislative Study*, No. 61/*FAO Etude législative*, n° 61.]

Treaties concerning the Non-Navigational Uses of International Watercourses: Asia/Traités concernant l'utilisation des cours d'eau internationaux à des fins autres que la navigation: Asie, Rome, FAO, 1995. [*FAO Legislative Study*, No. 55/*FAO Etude législative*, n° 55.]

Treaties concerning the Utilization of International Watercourses for Other Purposes than Navigation: Africa/Traités concernant l'utilisation des cours d'eau internationaux à des fins autres que la navigation: Afrique, New York, NY, United Nations/Nations Unies, 1984. [*Natural Resources/Water Series*, No. 13/*Ressources naturelles/Série Eau*, n° 13.]

"United Nations: Convention on the Law of the Non-Navigational Uses of International Watercourses, Adopted by the UN General Assembly and Opened to Signature, May 21, 1997", *ILM*, 36 (1997), pp. 700-720.

"United Nations: International Law Commission Report on the Draft Articles Adopted at Its Forty-Third Session, September 11, 1991: III. Draft Articles on the Law of the Non-Navigational Uses of International Watercourses", *ILM*, 30 (1991), pp. 1575-1583.

ii Ressources hydroénergétiques, détournement de cours d'eau, barrages, eau potable, commerce, irrigation, pêche, etc.

Hydroelectric Power, Diversion of Watercourses, Dams, Drinking Water, Commerce, Irrigation, Fisheries, etc.

a Ouvrages et articles

Books and Articles

H. A. S., "Diversion of International Waters", *BYIL*, 11 (1930), pp. 195-196.

AMR, M. S., "Diversion of International Watercourses under International Law", *African Yearbook of International Law*, 10 (2002), pp. 109-179.

ASMAL, K., "Introduction: World Commission on Dams Report, 'Dams and Development' ", *American University International Law Review*, 16 (2001), No. 6, pp. 1411-1433.

BASDEVANT, J., « Contribution à l'étude du régime juridique de l'utilisation domestique, agricole et industrielle des eaux », *L'évolution du droit public: études offertes à Achille Mestre*, [Paris], Sirey, 1956, pp. 9-24.

BAXI, U., "What Happens Next Is Up to You: Human Rights at Risk in Dams and Development", *American University International Law Review*, 16 (2001), No. 6, pp. 1507-1529.

BELANGER, M., « L'utilisation des eaux des fleuves internationaux à des fins agricoles », *RGDIP*, 81 (1977), pp. 386-430.

BIRD, J., "A Global Water Policy Arena: The World Commission on Dams", *Water Law*, 12 (2000), No. 6, pp. 208-216.

BONUCCI, N., W. R. EDESON and A. R. VAN HOUTE, *Analyse préliminaire de certains textes législatifs régissant l'aquaculture*, Rome, FAO, 1993.

BOUDERBALA, N. *[et al.]*, *Les périmètres irrigués en droit comparé africain (Madagascar, Maroc, Niger, Sénégal, Tunisie)*, Rome, FAO, 1992.

BRADLOW, D. D., "The World Commission on Dams' Contribution to the Broader Debate on Development Decision-Making", *American University International Law Review*, 16 (2001), No. 6, pp. 1531-1572.

BRADLOW, D. D., A. PALMIERI et S. M. A. SALMAN, *Cadres réglementaires de la sécurité des barrages*, Washington, DC, Banque internationale pour la reconstruction et le développement/Banque mondiale, 2004.

BRADLOW, D. D., A. PALMIERI et S. M. A. SALMAN, *Regulatory Frameworks for Dam Safety*, Washington, DC, International Bank for Reconstruction and Development/The World Bank, 2002.

Cuestiones juridicas relatives a las obras hidroelectricas de Salto Grande, Montevideo, Universidad Mayor de la Republica Oriental del Uruguay, 1976.

DHARMADHIKARY, S., "Implementing the Report of the World Commission on Dams: A Case Study of the Narmada Valley in India", *American University International Law Review*, 16 (2001), No. 6, pp. 1591-1630.

DIXON, J. A., L. M. TALBOT and G. LE MOIGNE, *Dams and the Environment: Considerations in World Bank Projects*, Washington, DC, World Bank, 1989.

DORCEY, T., A. STEINER, M. ACREMAN and B. ORLANDO (eds.), *Large Dams: Learning from the Past, Looking at the Future: Workshop Proceedings*, Gland, Switzerland, IUCN and Washington, DC, World Bank Group, 1997.

DUDLEY, N., and S. STOLTON, *Running Pure: The Importance of Forest Protected Areas to Drinking Water: A Research Report*, [s.l.], World Bank/WWF Alliance for Forest Conservation and Sustainable Use, 2003. http://www.ppl.nl/passcat.php?sig=runningpurereport.pdf

HEYDTE, F. A. VON DER, "Der Parana-Fall: Probleme der gemeinsamen Nutzung der Wasserkraft eines internationalen Stroms", *Festschrift für Friedrich Berber zum 75. Geburtstag*, Munich, Beck'sche Verlagsbuchhandlung, 1973, pp. 151-164.

HODGSON, S., *Legislation on Water Users' Organizations: A Comparative Analysis*, Rome, Food and Agriculture Organization of the United Nations, 2003. [*FAO Legislative Study*, No. 79.]

KHAGRAM, S., "Toward Democratic Governance for Sustainable Development: Transnational Civil Society Organizing around Big Dams", *The Third Force: The Rise of Transnational Civil Society*, Tokyo [etc.], Japan Center for International Exchange, 2000, pp. 83-114.

KURZ, H., *Kraftnutzung an internationalen Gewässern*, [Thèse Zürich], Zurich, [s. n.], 1933.

LONG, L. Th., "Vietnamese Water Resources Legislation and Legislation and Legal Regulation of Dams: Viewed through the World Commission on Dams' Suggested Policy Framework", *American University International Law Review*, 16 (2001), No. 6, pp. 1631-1694.

MCCOY, H. D., *American and International Aquaculture: A Comprehensive Legal Treatise and Handbook Covering Aquaculture Law, Business and Finance of Fishes, Shellfish and Aquatic Plants*, Peterstown, WV, Supranational Publishing Company, 2000.

MCCULLY, P., *Silenced Rivers: The Ecology and Politics of Large Dams*, London [etc.], Zed Books, 1996.

—, "The Use of a Trilateral Network: An Activist's Perspective on the Formation of the World Commission on Dams", *American University International Law Review*, 16 (2001), No. 6, pp. 1453-1475.

MUBIALA, M., « L'utilisation énergétique des cours d'eau internationaux », *RJPIC*, 48 (1994), n° 2, pp. 220-231.

SALMAN, S. M. A., "Dams, International Rivers, and Riparian States: An Analysis of the Recommendations of the World Commission on Dams", *Am. UL Rev.*, 16 (2001), No. 6, pp. 1477-1505.

—, "Sharing Rivers for Peace, Development, and Security: Analysis of the Recommendations of the World Commission on Dams", *Water International*, 26 (2001), No. 2, pp. 283-288.

SANCHEZ, R. M., "Mexico's El Cuchillo Dam Project: A Case Study of Non-sustainable Development and Transboundary Environmental Harms", *U. Miami Inter-Am. L. Rev.*, 28 (1996), No. 2, pp. 425-436.

—, "To the World Commission on Dams: Don't Forget the Law, and Don't Forget Human Rights: Lessons from the U.S.- Mexico Border", *U. Miami Inter-Am. L. Rev.*, 30 (1999), No. 3, pp. 629-657.

SAUSER-HALL, G., « L'utilisation industrielle des fleuves internationaux », *Recueil des cours*, tome 83 (1955), pp. 465-586.

SCHAUMANN, W., "Die Nutzung der Wasserkräfte an quergeteilten internationalen Gewässern: eine nachträgliche Glosse zum Spölvertrag", *Schweizerisches Jahrbuch für internationales Recht*, 15 (1958), pp. 131-152.

SEWELL, W. R. D., "The Politics of Hydro-Megaprojects: Damming with Faint Praise in Australia, New Zealand, and British Columbia", *N. Res. J.*, 27 (1987), No. 3, pp. 497-532.

SIMSARIAN, J., *A Study of the Law Governing the Diversion of International Waters*, [Diss. Columbia University], Washington, D.C, [s. n.], 1939.

SPOTA, A. G., "Régimen jurídico de los ríos internacionales: la ejecucion de obras hidroelectricas", *Ley*, A (1980), pp. 853-862.

STEIN, R., "South Africa's Water and Dam Safety Legislation: A Commentary and Analysis on the Impact of the World Commission on Dams' Report, 'Dams and Development' ", *American University International Law Review*, 16 (2001), No. 6, pp. 1573-1590.

STREET, P., "Global Water Markets and the General Agreement on Trade in Services", *The Journal of Water Law*, 13 (2002), No. 4, pp. 259-268.

TARRIUS, G., *Les eaux industrielles internationales et leur réglementation internationale*, [thèse Académie de Montpellier, faculté de droit], Perpignan, Imprimerie Gilles et Trilha, 1935.

VIGNERON, G., "The Most Recent Efforts in the International Community to Implement the 1995 United Nations Straddling Fish Stocks Agreement", *Colo. J. Int'l Envt'l L. & Pol'y, 1998 Yearbook*, pp. 225-245.

Water Consumption and Sustainable Water Resources Management, Paris, OECD, 1998. [OECD Proceedings.]

b Documents

Dams and Development: A New Framework for Decision-Making: The Report of the World Commission on Dams, London [etc.], World Commission on Dams, 2000.

Legal and Institutional Factors Affecting the Implementation of the International Drinking Water Supply and Sanitation Decade, New York, NY, United Nations, 1989. [*Natural Resources/Water Series*, No. 23.]

Promotion of Women's Participation in Water Resources Development: Report of the Seminar, Bamako, Mali, 14-18 November 1988, New York, NY, United Nations, 1990. [*Natural Resources/Water Series*, No. 25.]

"The Report of the World Commission on Dams", *American University International Law Review*, 16 (2001), No. 6, pp. 1435-1452.

Ríos y lagos internacionales (utilización para fines agrícolas e industriales), [2 vol.], Washington, DC, Secretaría de la Organización de los Estados Americanos, 1971.

Water Resources Planning to Meet Long-Term Demand: Guidelines for Developing Countries, New York, NY, United Nations, 1988. [*Natural Resources/Water Series*, No. 21.]

D Eaux souterraines ; aquifères
International Groundwater Resources ; Aquifers

a Ouvrages et articles
Books and Articles

ARIAS, H. M., "International Groundwaters: The Upper San Pedro River Basin Case", *N. Res. J.*, 40 (2000), No. 2, pp. 199-221.

ARLOSOROFF, S., "Water Resource Management in Israel", *Management of Shared Goundwater Resources: The Israeli-Palestinian Case with an International Perspective*, Boston [etc.], Kluwer Academic Publishers, 2001, pp. 57-74.

BARBER, M. D., "The Legal Dilemma of Groundwater under the Integrated Environmental Plan for the Mexican-United States Border Area", *St. Mary's LJ*, 24 (1993), afl. 3, pp. 639-697.

BARBERIS, J. A., *International Groundwater Resources Law*, Rome, FAO, 1986. [*FAO Legislative Study*, No. 40.]

—, "La utilización de las aguas subterráneas y el derecho internacional", *Anu. Der. Internac. (Navarra)*, 8 (1985), pp. 39-82.

—, « Le régime juridique international des eaux souterraines », *AFDI*, 33 (1988), pp. 129-162.

BENEVENISTI, E., "International Law and the Mountain Aquifer", *Water and Peace in the Middle East: Proceedings of the First Israeli-Palestinian International Academic Conference on Water, Zürich, Switzerland, 10-13 December 1992*, Amsterdam [etc.], Elsevier, 1994, pp. 229-238.

BENVENISTI, E., and H. GVIRTMAN, "Harnessing International Law to Determinate Israeli-Palestinian Water Rights: The Mountain Aquifer", *N. Res. J.*, 33 (1993), pp. 543-567.

BISWAS, A., "Water Crisis: Current Perceptions and Future Realities", *Groundwater: Legal and Policy Perspectives*, Washington DC, World Bank, 1999, pp. 1-11.

BRADLEY, M. D., and K. J. DECOOK, "Ground Water Occurrence and Utilization in the Arizona-Sonora Border Region", *N. Res. J.*, 18 (1978), pp. 29-48.

BURCHI, S., "National Regulations for Groundwater: Options, Issues and Best Practices", *Groundwater: Legal and Policy Perspectives*, Washington, DC, World Bank, 1999, pp. 55-67.

BURKE, J., M. MOENCH and C. SAUVEPLANE, "Groundwater and Society: Problems in Variability and Points of Engagement", *Groundwater: Legal and Policy Perspectives*, Washington, DC, World Bank, 1999, pp. 31-51.

BURKE, J. J., and M. H. MOENCH, "Groundwater and Society: Resources, Tensions and Opportunities: Themes in Groundwater Management for the Twenty-First Century", New York, NY, DESA/ISET, 2000.

BURTON, L., "Negotiating the Cleanup of Toxic Groundwater Contamination: Strategy and Legitimacy", *N. Res. J.*, 28 (1988), No. 1, pp. 105-143.

CAPONERA, D. A., and D. ALHERITIERE, "Principles for International Groundwater Law", *International Groundwater Law*, London [etc.], Oceana Publications, 1981, pp. 25-55.

CAPONERA, D. A., and D. ALHERITIERE, "Principles for International Groundwater Law", *N. Res. J.*, 18 (1978), pp. 589-619.

CATALDI, G., "Legal Aspects of Groundwaters: Sources and Evolution of International Law", *Groundwater Law and Administration for Sustainable Development*, Milan, Giuffrè Editore, 2002, pp. 101-113.

CLARK, R. E., "Institutional Alternatives for Managing Groundwater Resources: Notes for a Proposal", *International Groundwater Law*, London [etc.], Oceana Publications, 1981, pp. 147-155.

COGHLIN, J. H., "All-American Canal Project Sparks Test Case for Transboundary Groundwater Law", *BC Int'l & Comp. L. Rev.*, 14 (1991), No. 1, pp. 159-194.

DELLAPENNA, J. W., "The Evolving International Law of Transnational Aquifers", *Management of Shared Groundwater Resources: The Israeli-Palestinian Case with an International Perspective*, Boston [etc.], Kluwer Academic Publishers, 2001, pp. 209-257.

DESCROIX, P., Le régime juridique des eaux souterraines en France et à l'étranger, Paris, Pedone, 1943.

—, *Le régime juridique des eaux souterraines en France et à l'étranger*, [thèse Paris], Paris, Pedone, 1942.

DINAR, A., "Droughts, Crisis Management and Water Rights: An International Perspective", *Management of Shared Groundwater Resources: The Israeli-Palestinian Case with an International Perspective*, Boston [etc.], Kluwer Academic Publishers, 2001, pp. 285-299.

DRNAS DE CLEMENT, Z., "Los recursos naturales compartidos entre los Estados y el derecho internacional", *Anuario argentino de derecho internacional*, 12 (2003), pp. 79-105.

ECKSTEIN, G., "Application of International Water Law to Transboundary Groundwater Resources, and the Slovak-Hungarian Dispute over Gabčíkovo-Nagymaros", *Suffolk Transnat'l L. Rev.*, 19 (1995), No. 1, pp. 67-116.

ECKSTEIN, G., and Y. ECKSTEIN, "A Hydrogeological Approach to Transboundary Ground Water Resources and International Law", *American University International Law Review*, 19 (2003), No. 2, pp. 201-258.

FAHMI, A. M., and F. BASSIOUNI, "Legal Principles for Managing International Groundwater Resources", *Groundwater Law and Administration for Sustainable Development*, Milan, Giuffrè Editore, 2002, pp. 83-92.

FEITELSON, E., and M. HADDAD, *Identification of Joint Management Structures for Shared Aquifers: A Cooperative Palestinian-Israeli Effort*, Washington, DC, World Bank, 1998. [World Bank Technical Paper, No. 415.]

FEITELSON, E., and M. HADDAD (eds.), *Management of Shared Groundwater Resources: The Israeli-Palestinian Case with an International Perspective*, Boston [etc.], Kluwer Academic Publishers, 2001.

FEITELSON, E., and M. HADDAD, "A Sequential Flexible Approach to the Management of Shared Aquifers", *Management of Shared Groundwater Resources:*

The Israeli-Palestinian Case with an International Perspective, Boston [etc.], Kluwer Academic Publishers, 2001, pp. 455-473.

FOSTER, S., "Essential Concepts for Groundwater Regulators", *Groundwater: Legal and Policy Perspectives*, Washington DC, World Bank, 1999, pp. 15-29.

FREESTONE, D., "International Environmental Law: Principles Relevant to Transboundary Groundwater", *Groundwater: Legal and Policy Perspectives*, Washington DC, World Bank, 1999, pp. 191-204.

FUENTES, X., "The Utilization of International Groundwater in General International Law", *The Reality of International Law: Essays in Honour of Ian Brownlie*, Oxford, Clarendon Press, 1999, pp. 177-198.

Ground Water in Eastern Central and Southern Africa, New York, United Nations, 1989.

GUN, J. A. M. VAN DER, "From Monitoring and Modeling to Decision Support Frameworks for the Joint Management of Shared Aquifers", *Management of Shared Groundwater Resources: The Israeli-Palestinian Case with an International Perspective*, Boston [etc.], Kluwer Academic Publishers, 2001, pp. 303-321.

GVIRTZMAN, H., "Groundwater Allocation in Judea and Samaria", *Water and Peace in the Middle East: Proceedings of the First Israeli-Palestinian International Academic Conference on Water, Zürich, Switzerland, 10-13 December 1992*, Amsterdam [etc.], Elsevier, 1994, pp. 205-218.

HAASTEREN, J. A. VAN, et R. VAN DEN BERG (dir. publ.), *Pesticides et eaux souterraines*, Strasbourg, Conseil de l'Europe, 1993.

HADDAD, M., "The Islamic Approach to the Environment and Sustainable Groundwater Management", *Management of Shared Groundwater Resources: The Israeli-Palestinian Case with an International Perspective*, Boston [etc.], Kluwer Academic Publishers, 2001, pp. 25-39.

HADDAD, M., E. FEITELSON and S. ARLOSOROFF, "The Management of Shared Aquifers", *Management of Shared Groundwater Resources: The Israeli-Palestinian Case with an International Perspective*, Boston [etc.], Kluwer Academic Publishers, 2001, pp. 3-23.

HADDAD, M., E. FEITELSON, S. ARLOSOROFF and T. NASSEREDIN, "A Proposed Agenda for Joint Israeli-Palestinian Management of Shared Groundwater", *Management of Shared Groundwater Resources: The Israeli-Palestinian Case with an International Perspective*, Boston [etc.], Kluwer Academic Publishers, 2001, pp. 475-493.

HARPAZ, Y., "Hydrological Planning Aspects of Groundwater Allocation", *Management of Shared Groundwater Resources: The Israeli-Palestinian Case with an International Perspective*, Boston [etc.], Kluwer Academic Publishers, 2001, pp. 323-327.

HARPAZ, Y., M. HADDAD and S. ARLOSOROFF, "Overview of the Mountain Aquifer: A Shared Israeli-Palestinian Resource", *Management of Shared Groundwater Resources: The Israeli-Palestinian Case with an International Perspective*, Boston [etc.], Kluwer Academic Publishers, 2001, pp. 43-56.

HAYES, D. L., "The All-American Canal Lining Project: A Catalyst for Rational and Comprehensive Groundwater Management on the United States-Mexico Border", *N. Res. J.*, 31 (1991), No. 4, pp. 803-837.

HAYTON, R. D., "The Ground Water Legal Regime as Instrument of Policy Objectives and Management Requirements", *International Groundwater Law*, London, [etc.], Oceana Publications, 1981, pp. 57-75.

—, "The Groundwater Legal Regime as Instrument of Policy Objectives and Management Requirements", *N. Res. J.*, 22 (1982), pp. 119-137.

—, "Institutional Alternatives for Mexico-U.S. Groundwater Management", *International Groundwater Law*, London, [etc.], Oceana Publications, 1981, pp. 135-146.

—, "Institutional Alternatives for Mexico-U.S. Groundwater Management", *N. Res. J.*, 18 (1978), pp. 201-212.

—, "The Law of International Aquifers", *N. Res. J.*, 22 (1982), pp. 71-93.

HAYTON, R. D., and A. E. UTTON, "Aguas subterraneas transfronterizas: anteproyecto de tratado 'Bellagio'", *N. Res. J.*, 32 (1992), pp. 345-414.

HAYTON, R. D., and A. E. UTTON, *Transboundary Groundwaters: The Bellagio Draft Treaty*, [Albuquerque, NM], [University of New Mexico, School of Law], 1989.

HAYTON, R. D., and A. E. UTTON, "Transboundary Groundwaters: The Bellagio Draft Treaty", *N. Res. J.*, 28 (1989), pp. 663-722.

INGRAM, H., "Transboundary Groundwater on the U.S.-Mexico Border: Is the Glass Half Full, Half Empty, or Even on the Table?", *N. Res. J.*, 40 (2000), No. 2, pp. 185-188.

ISAAC, J., and M. OWEWI, "The Potential of GIS in Water Management and Conflict Resolution", *Management of Shared Groundwater Resources: The Israeli-Palestinian Case with an International Perspective*, Boston [etc.], Kluwer Academic Publishers, 2001, pp. 329-345.

KAHANE, Y., "The Turonian-Cenomanian Aquifer: The Need for a Joint Monitoring and Management Programme", *Management of Shared Groundwater Resources: The Israeli-Palestinian Case with an International Perspective*, Boston [etc.], Kluwer Academic Publishers, 2001, pp. 83-105.

KAYANE, I., "Global Warming and Groundwater Resources in Arid Lands", *Freshwater Resources in Arid Lands*, Tokyo, United Nations University Press, 1997, pp. 70-80.

KELEHER, M. P., "Mexican-United States Shared Groundwater: Can It Be Managed?", *Geo. Int'l Envtl. L. Rev.*, 1 (1988), pp. 113-131.

KRISHNA, R., and S. M. A. SALMAN, "International Groundwater Law and the World Bank Policy for Projects on Transboundary Groundwater", *Groundwater: Legal and Policy Perspectives*, Washington, DC, World Bank, 1999, pp. 163-189.

LEFEVRE, J., "Integrating Groundwater Quantity Control into European Community Water Policy", *RECIEL*, 8 (1999), No. 3, pp. 291-300.

LOIBL, G., "Agreements for Management of Shared Groundwater Resources", *Groundwater Law and Administration for Sustainable Development*, Milan, Giuffrè Editore, 2002, pp. 93-99.

—, "Groundwater Resources — a Need for International Legal Regulation?", *Austrian Review of International and European Law*, 5 (2000), pp. 81-120.

LONERGAN, S., "The Use of Economic Instruments for Efficient Water Use: Possibilities for Joint Groundwater Management in the West Bank and Gaza", *Management of Shared Groundwater Resources: The Israeli-Palestinian Case with an International Perspective*, Boston [etc.], Kluwer Academic Publishers, 2001, pp. 349-361.

MARCHISIO, S., "Regulatory Frameworks for Groundwater: A General Overview", *Groundwater Law and Administration for Sustainable Development*, Milan, Giuffrè Editore, 2002, pp. 1-11.

MARCHISIO S., F. BASSIOUNI and M. C. ZUCCA (eds.), *Groundwater Law and Administration for Sustainable Development*, Milan, Giuffrè Editore, 2002. [Instituto di Studi Giuridici Internazionali, Vol. 3.]

MIZYED, N., "Land Use Management in the Context of Joint Management of Shared Aquifers", *Management of Shared Groundwater Resources: The Israeli-Palestinian Case with an International Perspective*, Boston [etc.], Kluwer Academic Publishers, 2001, pp. 445-452.

MOENCH, M. (ed.), *Groundwater Law: The Growing Debate*, Ahmedabad, VIKSAT-Pacific Institute Collaborative Groundwater Project, 1995.

MUMME, S. P., *Apportioning Groundwater Beneath the U.S.-Mexico Border: Obstacles and Alternatives*, San Diego, CA, University of California. Center for U.S.-Mexican Studies, 1988.

MURILLO, A., J. BOUGH and H. COOK, "Groundwater Abstraction and Legislative Control", *Water Law*, 10 (1999), No. 4, pp. 130-139.

NASSEREDDIN, T., "Legal and Administrative Responsibility of Domestic Water Supply to the Palestinians", *Management of Shared Groundwater Resources: The Israeli-Palestinian Case with an International Perspective*, Boston [etc.], Kluwer Academic Publishers, 2001, pp. 107-114.

NETANYAHU, S., R. E. JUST and J. K. HOROWITZ, "Bargaining over Shared Aquifers: The Case of Israel and the Palestinians", *Conflict and Cooperation on Transboundary Water Resources*, Boston, Dordrecht [etc.], Kluwer Academic Publishers, 1998, pp. 41-60.

NETANYAHU, S., R. E. JUST and J. K. HOROWITZ, "Israeli-Palestinian Bargaining over the Mountain Aquifer", *Management of Shared Groundwater Resources: The Israeli-Palestinian Case with an International Perspective*, Boston [etc.], Kluwer Academic Publishers, 2001, pp. 115-129.

O'LEARY, M. C., "The Bellagio Draft Treaty as a Tool for Solving Border Groundwater Issues", *United States-Mexico Law Journal*, 11 (2003), pp. 57-60.

PRESS, J., and T. SODERQVIST, "On Estimating the Benefits of Groundwater Protection: A Contingent Valuation Study in Milan", *Regulating Chemical Accumulation in the Environment: The Integration of Toxicology and Economics in Environmental Policy-making*, Cambridge [etc.], Cambridge University Press, 1998, pp. 121-182.

RINCON VALDES, C. A., "De aguas subterraneas en la Región Juárez-El Paso", *N. Res. J.*, 22 (1982), pp. 939-941.

RODGERS, A., BERKLEY and A. E. UTTON, "The Ixtapa Draft Agreement relating to the Use of Transboundary Groundwaters", *N. Res. J.*, 25 (1985), No. 3, pp. 713-772.

RODGERS, A. B., and A. E. UTTON, "The Ixtapa Draft Agreement relating to the Use of Transboundary Groundwaters", *Transboundary Resources Law*, Boulder, CO, Westview Press, 1987, pp. 151-210.

SALEM, H. S., "A Budget of the Surface and Underground Water in Northern Jordan", *Water and Peace in the Middle East: Proceedings of the First Israeli-Palestinian International Academic Conference on Water, Zürich, Switzerland, 10-13 December 1992*, Amsterdam [etc.], Elsevier, 1994, pp. 135-162.

SALMAN, S. M. A. (ed.), *Groundwater: Legal and Policy Perspectives: Proceedings of a World Bank Seminar*, Washington, DC, World Bank, 1999.

SCARPA, D. J., "Eastward Groundwater Flow from the Mountain Aquifer", *Water and Peace in the Middle East: Proceedings of the First Israeli-Palestinian International Academic Conference on Water, Zürich, Switzerland, 10-13 December 1992*, Amsterdam [etc.], Elsevier, 1994, pp. 193-203.

SCHIFFLER, M., *The Economics of Groundwater Management in Arid Countries: Theory, International Experience and a Case Study of Jordan*, London [etc.], Frank Cass, 1998.

SCHULTE, H., "Grundwasser und Nachbarrecht", *ZfW*, 18 (1979), No. 3, pp. 133-137.

SOLANES, M., "Institutional and Legal Issues Relevant to the Implementation of Water Markets", *Groundwater: Legal and Policy Perspectives*, Washington, DC, World Bank, 1999, pp. 69-90.

TAMBURELLI, G., "Sources and Evolution of EU Groundwater Law", *Groundwater Law and Administration for Sustainable Development*, Milan, Giuffrè Editore, 2002, pp. 65-81.

TECLAFF, L. A., "Principles for Transboundary Groundwater Pollution Control", *N. Res. J.*, 22 (1982), pp. 1065-1079.

TECLAFF, L. A., and A. E. UTTON (eds.), *International Groundwater Law*, London, Oceana Publications, 1981.

TECLAFF, L. A., and E. TECLAFF, "Transboundary Ground Water Pollution: Survey and Trends in Treaty Law", *International Groundwater Law*, London [etc.], Oceana Publications, 1981, pp. 77-115.

TECLAFF, L. A., and E. TECLAFF, "Transboundary Ground Water Pollution: Survey and Trends in Treaty Law", *N. Res. J.*, 19 (1979), pp. 629-667.

UTTON, A. E., "International Groundwater Management: The Case of the U.S.-Mexican Frontier", *Neb. L. Rev.*, 57 (1978), pp. 633-664.

—, "The Development of International Groundwater Law", *International Groundwater Law*, London [etc.], Oceana Publications, 1981, pp. 1-24.

—, "The Development of International Groundwater Law", *N. Res. J.*, 22 (1982), pp. 95-118.

—, "International Groundwater Management: The Case of the U.S.-Mexican Frontier", *International Groundwater Law*, London [etc.], Oceana Publications, 1981, pp. 157-188.

WINPENNY, J. "The Sustainable Management of Groundwater: Some Economic Aspects", *Groundwater Law and Administration for Sustainable Development*, Milan, Giuffrè Editore, 2002, pp. 143-152.

b Documents

A Review of the United Nations Ground-Water Exploration and Development Programme in the Developing Countries, 1962-1977, New York, NY, 1979. [*Natural Resources/Water Series*, No. 7.]

Ground Water in Continental Asia (Central, Eastern, Southern, Southeastern Asia), New York, NY, United Nations, 1986. [*Natural Resources/Water Series*, No. 15.]

Ground Water in Eastern and Northern Europe, New York, NY, United Nations, 1990. [*Natural Resources/Water Series*, No. 24.]

Ground Water in North and West Africa, New York, NY, United Nations, 1988. [*Natural Resources/Water Series*, No. 18.]

Ground Water in the Eastern Mediterranean and Western Asia, New York, NY, United Nations, 1982. [*Natural Resources/Water Series*, No. 9.]

Ground Water in the Western Hemisphere, New York, NY, United Nations, 1976. [*Natural Resources/Water Series*, No. 4.]

Ground Water in Western and Central Europe, New York, NY, United Nations, 1991. [*Natural Resources/Water Series*, No. 27.]

Groundwater Legislation in Europe, Rome, FAO, 1964.

Ground-Water Storage and Artificial Recharge, New York, NY, United Nations, 1975. [*Natural Resources/Water Series*, No. 2.]

"Resolution on Confined Transboundary Groundwater, [Adopted by the International Law Association at the Sixty-Second Conference Held at Seoul in 1986], *Groundwater: Legal and Policy Perspectives*, Washington, DC, World Bank, 1999, pp. 235.

"The Bellagio Draft Treaty: Agreement concerning the Use of Transboundary Groundwaters", *Groundwater: Legal and Policy Perspectives*, Washington, DC, World Bank, 1999, pp. 221-234.

"The Seoul Rules on International Groundwaters, [Adopted by the International Law Association at the Sixty-Second Conference Held at Seoul in 1986], *Groundwater: Legal and Policy Perspectives*, Washington, DC, World Bank, 1999, pp. 219-220.

E Conflits, coopération et gestion internationale

Conflicts, International Co-operation and Management

a Ouvrages et articles

Books and Articles

ABDERRAHMAN, W. A., "Application of Islamic Legal Principles for Advanced Water Management", *Water International*, 25 (2000), No. 4, pp. 513-518.

AL BAZ, I., V. HARTJE and W. SCHEUMANN (eds.), *Co-operation on Transboundary Rivers*, Baden-Baden, Nomos Verlagsgesellschaft, 2002.

AL-JAYYOUSI, O., "Islamic Water Management and the Dublin Statement", *Water Management in Islam*, Tokyo [etc.], United Nations University Press, 2001, pp. 33-38.

ALHERITIERE, D., "International Co-operation and Inland Waters: The Influence of Federalism", *N. Res. J.*, 16 (1976), pp. 903-921.

ALLAN, J. A., *The Middle East Water Question: Hydropolitics and the Global Economy*, London [etc.], I.B. Tauris Publishers, 2002.

ARLOSOROFF, S., "Water Resource Management in Israel", *Management of Shared Groundwater Resources: The Israeli-Palestinian Case with an International Perspective*, Boston [etc.], Kluwer Academic Publishers, 2001, pp. 57-74.

ASSAF, K., "The Need for Joint Management and Monitoring of the Water 'Usage' Cycle", *Management of Shared Groundwater Resources: The Israeli-Palestinian Case with an International Perspective*, Boston [etc.], Kluwer Academic Publishers, 2001, pp. 75-82.

AST, J. A. VAN, *Interactief watermanagement in grensoverschrijdende riviersystemen*, Delft, Eburon, 2000.

ATALLAH, S., M. Z. ALI KHAN and M. MALKAWI, "Water Conservation through Public Awareness Based on Islamic Teachings in the Eastern Mediterranean Region", *Water Management in Islam*, Tokyo [etc.], United Nations University Press, 2001, pp. 49-60.

BARANDAT, J., *Wasser: regionaler Konfliktstoff weltweiter Bedeutung*, Hamburg, Institut für Friedensforschung und Sicherheitspolitik an der Universität Hamburg, 1995. [Hamburger Beiträge zur Friedensforschung und Sicherheitspolitik, H. 96.]

—, "Wasser als bisher weltweit unterbewerteter Rohstoff", *Wasser-Konfrontation oder Kooperation: Ökologische Aspekte von Sicherheit am Beispiel eines weltweit begehrten Rohstoffs*, Baden-Baden, Nomos, 1997, pp. 10-23.

— (ed.), *Wasser-Konfrontation oder Kooperation: ökologische Aspekte von Sicherheit am Beispiel eines weltweit begehrten Rohstoffs*, Baden-Baden, Nomos, 1997. [Demokratie, Sicherheit, Frieden, Bd. 109.]

BASSIOUNI, F., "A Demand Managed Water Culture", *Sustainable Development and Management of Water Resources: A Legal Framework for the Mediterranean*, Rome, Institute for Legal Studies on the International Community, CNR, 1999, pp. 129-132.

BAUER, C. J., *Siren Song: Chilean Water Law as a Model for International Reform*, Washington, DC, Resources for the Future, 2004.

BENNER, L. L., S. E. RAGLAND and P. YOLLES, "Facilitating International Agreements through an Interconnected Game Approach: The Case of River Basins", *Conflict and Cooperation on Transboundary Water Resources*, Boston, Dordrecht [etc.], Kluwer Academic Publishers, 1998, pp. 61-85.

BENVENISTI, E., "Collective Action in the Utilization of Shared Freshwater: The Challenges of International Water Resources Law", *AJIL*, 90 (1996), No. 3, pp. 384-415.

—, "The Legal Framework of Joint Management Institutions for Transboundary Water Resources", *Management of Shared Groundwater Resources: The Israeli-Palestinian Case with an International Perspective*, Boston [etc.], Kluwer Academic Publishers, 2001, pp. 407-428.

—, "Water Conflicts during the Occupation of Iraq", *AJIL*, 97 (2003), No. 4, pp. 860-872.

BERKOFF, J., *A Strategy for Managing Water in the Middle East and North Africa*, Washington, DC, World Bank, 1994.

BISWAS, A. K., "Management of Asian International Rivers", *Co-operation on Transboundary Rivers*, Baden-Baden, Nomos Verlagsgesellschaft, 2002, pp. 133-148.

—, "Management of International Waters; Opportunities and Constraints", *Sustainable Development of the Ganges-Brahmaputra-Meghna Basins*, Tokyo [etc.], United Nations University Press, 2001, pp. 1-16.

—, "Management of International Water Resources: Some Recent Developments", *International Waters of the Middle East: From Euphrates-Tigris to Nile*, Bombay [etc.], Oxford University Press, 1994, pp. 185-203.

— (ed.), *Management of Latin American River Basins: Amazon, Plata, and São Francisco*, Tokyo, [etc.], UNU Press, 1998.

BLATTER, J., and H. INGRAM (eds.), *Reflections on Water: New Approaches to Transboundary Conflicts and Cooperation*, Cambridge, Massachusetts, USA, London, England, The MIT Press, 2001.

BLATTER, J., and H. INGRAM, "States, Markets and Beyond: Governance of Transboundary Water Resources", *N. Res. J.*, 40 (2000), No. 2, pp. 439-473.

BLATTER, J., and H. INGRAM and P. M. DOUGHMAN, "Emerging Approaches to Comprehend Changing Global Contexts", *Reflections on Water: New Approaches to Transboundary Conflicts and Cooperation*, Cambridge, Massachusetts, USA, London, England, The MIT Press, 2001, pp. 1-29.

BLATTER, J., H. INGRAM and S. L. LEVESQUE, "Expanding Perspectives on Transboundary Water", *Reflections on Water: New Approaches to Transboundary Conflicts and Cooperation*, Cambridge, Massachusetts, USA, London, England, The MIT Press, 2001, pp. 31-53.

BOCKSTAEL, N. E., and K. BELL, "Land Use Patterns and Water Quality: The Effect of Differential land Management Controls", *Conflict and Cooperation on Transboundary Water Resources*, Boston, Dordrecht [etc.], Kluwer Academic Publishers, 1998, pp. 169-191.

BOISSON DE CHAZOURNES, L., «Eléments d'une stratégie juridique de gestion des cours d'eau internationaux: le bassin de la mer d'Aral», *Cours d'eau internationaux: renforcer la coopération et gérer les différends*, Washington, DC, Banque mondiale, 1999, pp. 67-78.

—, "Elements of a Legal Strategy for Managing International Watercourses: The Aral Sea Basin", *International Watercourses: Enhancing Cooperation and Managing Conflict*, Washington, DC, World Bank, 1998, pp. 65-76.

BORGESE, E. M., "Water Management and Technology Cooperation, Development and Transfer", *Envtl. Pol'y & L.*, 28 (1998), No. 3-4, pp. 193-196.

BOSNJAKOVIC, B., "Regulation of International Watercourses under the UN/ECE Regional Agreements", *Water International*, 25 (2000), No. 4, pp. 544-553.

BRILL, E., G. HOCHMAN and E. HOCHMAN, "Privatization and Regulation of Multi-Source Water Usage", *Conflict and Cooperation on Transboundary Water Resources*, Boston, Dordrecht [etc.], Kluwer Academic Publishers, 1998, pp. 249-265.

BROOKS, D. B., "Water Demand Management: From Theoretical Concept to Policy Implementation", *Management of Shared Groundwater Resources: The Israeli-Palestinian Case with an International Perspective*, Boston [etc.], Kluwer Academic Publishers, 2001, pp. 385-393.

BRUNS, B. R., and R. S. MEINZEN-DICK (eds.), *Negotiating Water Rights*, London, International Food Policy Research Institute, 2000.

BRUNS, B. R., and R. S. MEINZEN-DICK, "Negotiating Water Rights: Introduction", *Negotiating Water Rights*, London, International Food Policy Research Institute, 2000, pp. 23-55.

BURCHI, S., *Preparing National Regulations for Water Resources Management: Principles and Practice*, Rome, FAO, 1994. [*FAO Legislative Study*, No. 52.]

—, "Water Management Legislation and Administration in Selected Mediterranean Countries", *Sustainable Development and Management of Water Resources: A Legal Framework for the Mediterranean*, Rome, Institute for Legal Studies on the International Community, CNR, 1999, pp. 119-128.

BURCHI, S., and A. D'ANDREA, *Preparing National Regulations for Water Resources Management: Principles and Practice*, Rome, Food and Agriculture Organization of the United Nations, 2003. [*FAO Legislative Study*, No. 80.]

BURKE, S. M., R. M. ADAMS and A. DRAPER, "Estimating Economic and Environmental Benefits of Water Markets in a Spatially Diverse Setting", *Conflict and Cooperation on Transboundary Water Resources*, Boston, Dordrecht [etc.], Kluwer Academic Publishers, 1998, pp. 193-215.

CAPONERA, D. A., *National and International Water Law and Administration*, The Hague [etc.], Kluwer Law International, 2003.

—, "Ownership and Transfer of Water and Land in Islam", *Water Management in Islam*, Tokyo [etc.], United Nations University Press, 2001, pp. 94-102.

—, "Patterns of Cooperation in International Water Law: Principles and Institutions", *N. Res. J.*, 25 (1985), No. 3, pp. 563-587.

—, "Patterns of Cooperation in International Water Law: Principles and Institutions", *Transboundary Resources Law*, Boulder, CO, Westview Press, 1987, pp. 1-25.

—, *Principles of Water Law and Administration: National and International*, Rotterdam [etc.], Balkema, 1992.

CHENOWETH, J., "International River Basin Management: Data and Information Exchange under International Law and the Case of the Mekong River Basin", *J. Energy & Nat. Resources L.*, 18 (2000), No. 2, pp. 142-158.

COLARD, D., « Le XXIe siècle sera-t-il celui des conflits et des guerres pour l'« or bleu » ? », *Les politiques de l'eau au XXIe siècle*, t. I, Paris, CIRPES, 2002, pp. 9-23.

DECONINCK, S., "Water als conflictpotentieel in het Midden-Oosten", *VN Forum*, 16 (2003), No. 3, pp. 14-20.

DEJEANT-PONS, M., « Le rôle du Conseil de l'Europe dans la gestion de l'eau », *Les politiques de l'eau au XXIe siècle*, t. II, Paris, CIRPES, 2002, pp. 33-51.

DELLAPENNA, J. W., "Building International Water Management Institutions: The Role of Treaties and Other Legal Arrangements", *Water in the Middle East: Legal, Political and Commercial Implications*, London, [etc.], Tauris Academic Studies, 1995, pp. 55-89.

—, "Treaties as Instruments for Managing Internationally-Shared Water Resources: Restricted Sovereignty vs. Community of Property", *Case W. Res. J. Int'l L.*, 26 (1994), No. 1, pp. 27-56.

DEUTSCHE STIFTUNG FUR INTERNATIONALES ENTWICKLUNG, *Internationale Runder Tisch: Grenzüberschreitendes Gewässermanagement — Erfahrungen internationaler Fluß- und Seegebietskommissionen (Berliner Recommendations), Berlin, Villa Borsig, 27.-30.9.1998.*

DIETERICH, B. H., and J. M. HENDERSON, *Urban Water Supply Conditions and Needs in Seventy-Five Developing Countries*, Geneva, World Health Organization, 1963. [Public Health Papers, No. 23.]

DINAR, A., "Droughts, Crisis Management and Water Rights: An International Perspective", *Management of Shared Groundwater Resources: The Israeli-Palestinian Case with an International Perspective*, Boston [etc.], Kluwer Academic Publishers, 2001, pp. 285-299.

DOMBROWSKY, I., and D. GREY, "The Status of International River Management in Africa", *Co-operation on Transboundary Rivers*, Baden-Baden, Nomos Verlagsgesellschaft, 2002, pp. 83-99.

DRAPER, S. E. (ed.), *Model Water Sharing Agreements for the Twenty-First Century*, Reston, VA, American Society of Civil Engineers, 2002.

DUDLEY, N. J., "An Innovative Institutional Arrangement with Potential for Improving the Management of International Water Resources", *Water and Peace in the Middle East: Proceedings of the First Israeli-Palestinian International Academic Conference on Water, Zürich, Switzerland, 10-13 December 1992*, Amsterdam [etc.], Elsevier, 1994, pp. 469-480.

DWORSKY, L. B., "The Management of International Boundary Waters of Canada and the United States: A Comparative Study", *N. Res. J.*, 15 (1975), pp. 223-227.

—, "The Management of Water-Land-Environmental Resources at International Boundary Regions", *N. Res. J.*, 18 (1978), pp. 143-151.

DWORSKY, L. B., J. A. MAUER and A. E. UTTON (eds.), "The North American Experience Managing International Transboundary Water Resources: The International Joint Commission and the International Boundary and Water Commission: Part I", *N. Res. J.*, 33 (1993), No. 1, pp. 1-228.

DWORSKY, L. B., J. A. MAUER and A. E. UTTON (eds.), "The North American Experience Managing International Transboundary Water Resources: The International Joint Commission and the International Boundary and Water Commission: Part II", *N. Res. J.*, 33 (1993), No. 2, pp. 233-459.

EASTER, K. W., A. DINAR and M. ROSEGRANT, "The Performance of Water Markets: Transaction Costs, Interjurisdictional Barriers and Institutional Options", *Conflict and Cooperation on* Trans*boundary Water Resources*, Boston, Dordrecht [etc.], Kluwer Academic Publishers, 1998, pp. 299-313.

EASTER, K. W., and R. HEARNE, "Water Markets, Water Rights and Strategies for Decentralizing Water Management", *Management of Shared Groundwater Resources: The Israeli-Palestinian Case with an International Perspective*, Boston [etc.], Kluwer Academic Publishers, 2001, pp. 363-384.

EATON, D. J., *The Ganges-Brahmaputra Basin: Water Resource Cooperation between Nepal, India and Bangladesh*, Austin, TX, Lyndon B. Johnson School of Public Affairs, University of Texas, 1992.

EDIGER, W., "Wasser als natürlicher Rohstoff", *Wasser-Konfrontation oder Kooperation: Ökologische Aspekte von Sicherheit am Beispiel eines weltweit begehrten Rohstoffs*, Baden-Baden, Nomos, 1997, pp. 27-52.

ENDERLEIN, R. E., "The Role of International Water Law in Fostering Co-operation: The European Experience", *Co-operation on Transboundary Rivers*, Baden-Baden, Nomos Verlagsgesellschaft, 2002, pp. 53-66.

FAHMI, A. M., and F. BASSIOUNI, "Legal Principles for Managing International Groundwater Resources", *Groundwater Law and Administration for Sustainable Development*, Milan, Giuffrè Editore, 2002, pp. 83-92.

FALKENMARK, M., and J. LUNDQVIST, "Looming Water Crisis: New Approaches Are Inevitable", *Hydropolitics: Conflicts over Water as a Development Constraint*, London and New Jersey, Zed Books, Dhaka, University Press, 1995, pp. 1-28.

FARUQUI, N. I., "Intersectorial Water Markets in the Middle East and North Africa", *Water Management in Islam*, Tokyo [etc.], United Nations University Press, 2001, pp. 115-127.

—, "Islam and Water Management: Overview and Principles", *Water Management in Islam*, Tokyo [etc.], United Nations University Press, 2001, pp. 1-32.

FARUQUI, N. I., A. K. BISWAS and M. J. Bino (eds.), *Water Management in Islam*, Tokyo [etc.], United Nations University Press, 2001.

FEITELSON, E., "Water Rights within a Water Cycle Framework", *Management of Shared Groundwater Resources: The Israeli-Palestinian Case with an International Perspective*, Boston [etc.], Kluwer Academic Publishers, 2001, pp. 395-405.

FEITELSON, E., and M. HADDAD (eds.), *Management of Shared Groundwater Resources: The Israeli-Palestinian Case with an International Perspective*, Boston [etc.], Kluwer Academic Publishers, 2001.

FEITELSON, E., and M. HADDAD, "A Sequential Flexible Approach to the Management of Shared Aquifers", *Management of Shared Groundwater Resources: The Israeli-Palestinian Case with an International Perspective*, Boston [etc.], Kluwer Academic Publishers, 2001, pp. 455-473.

FITZMAURICE, M., "Water Management in the 21st Century", *Legal Visions of the 21st Century: Essays in Honour of Judge Christopher Weeramantry*, The Hague [etc.], Kluwer Law International, 1998, pp. 425-463.

FOX, I. K., "Institutions for Water Management in a Changing World", *N. Res. J.*, 16 (1976), pp. 743-758.

FRASER, I., "Modelling the Synthesis between Water Management and Economics", *The European Water Environment in a Period of Transformation*, New York, Manchester University Press, 1996, pp. 64-99.

FRISVOLD, G., and D. SCHIMMELPFENNIG, "Potential for Sustainability and Self-Enforcement of Transboundary Water Agreements", *Conflict and Cooperation on Transboundary Water Resources*, Boston, Dordrecht [etc.], Kluwer Academic Publishers, 1998, pp. 27-39.

FUENTES, X., "Sustainable Development and the Equitable Utilization of International Watercourses", *BYIL*, 69 (1998), pp. 119-200.

GANOULIS, J., "Engineering Risk Analysis in Transboundary Water Resources Management", *Transboundary Water Resources Management: Institutional and Engineering Approaches*, Berlin [etc.], Springer, 1996, pp. 123-138.

— (ed.) *[et al.], Transboundary Water Resources Management: Institutional and Engineering Approaches*, Berlin, [etc.], Springer, 1996. [Proceedings of the NATO Advanced Study Institute "Transboundary Water Resources Management: Technical and Institutional Issues" held on Skopelos Island, Greece, 15-25 May 1994.]

GERLACH, L. P., "Innovations in Cooperation: North American Waterfowl Management Plan", *Water Quantity/Quality Management and Conflict Resolution*, Westport, CT, Praeger, 1995, pp. 227-353.

GHELMEGEANU, M., « Souveraineté et coopération dans le droit international fluvial », *Rev. roum. d'ét. int'l*, 5 (1971), n° 4, pp. 141-146.

GIORDANO, M. A., "Managing the Quality of International Rivers: Global Principles and Basin Practice", *Natural Resources Journal*, 43 (2003), No. 1, pp. 111-136.

"The Global Water Challenge", *Environmental Policy and Law*, 33 (2003), No. 3-4, pp. 113-116.

GUN, J. A. M. VAN DER, "From Monitoring and Modeling to Decision Support Frameworks for the Joint Management of Shared Aquifers", *Management of Shared Groundwater Resources: The Israeli-Palestinian Case with an International Perspective*, Boston [etc.], Kluwer Academic Publishers, 2001, pp. 303-321.

HADDAD, M., "The Islamic Approach to the Environment and Sustainable Groundwater Management", *Management of Shared Groundwater Resources: The Israeli-Palestinian Case with an International Perspective*, Boston [etc.], Kluwer Academic Publishers, 2001, pp. 25-39.

HADDAD, M., E. FEITELSON and S. ARLOSOROFF, "The Management of Shared Aquifers", *Management of Shared Groundwater Resources: The Israeli-Palestinian Case with an International Perspective*, Boston [etc.], Kluwer Academic Publishers, 2001, pp. 3-23.

HADDAD, M., E. FEITELSON, S. ARLOSOROFF and T. NASSEREDIN, "A Proposed Agenda for Joint Israeli-Palestinian Management of Shared Groundwater", *Management of Shared Groundwater Resources: The Israeli-Palestinian Case with an International Perspective*, Boston [etc.], Kluwer Academic Publishers, 2001, pp. 475-493.

HARPAZ, Y., Hydrological Planning Aspects of Groundwater Allocation", *Management of Shared Groundwater Resources: The Israeli-Palestinian Case with an International Perspective*, Boston [etc.], Kluwer Academic Publishers, 2001, pp. 323-327.

HARTJE, V., "International Dimensions of Integrated Water Management", *Cooperation on Transboundary Rivers*, Baden-Baden, Nomos Verlagsgesellschaft, 2002, pp. 7-30.

HASSAN, J., "Issues in European and International Water Management", *The European Water Environment in a Period of Transformation*, New York, Manchester University Press, 1996, pp. 1-17.

HAYTON, R. D., "The Ground Water Legal Regime as Instrument of Policy Objectives and Management Requirements", *International Groundwater Law*, London, [etc.], Oceana Publications, 1981, pp. 57-75.

—, "Institutional Alternatives for Mexico-U.S. Groundwater Management", *International Groundwater Law*, London, [etc.], Oceana Publications, 1981, pp. 135-146.

—, "Institutional Alternatives for Mexico-U.S. Groundwater Management", *N. Res. J.*, 18 (1978), pp. 201-212.

HEINTZE, H.-J., "Wasser und Völkerrecht", *Wasser-Konfrontation oder Kooperation: Ökologische Aspekte von Sicherheit am Beispiel eines weltweit begehrten Rohstoffs*, Baden-Baden, Nomos, 1997, pp. 279-297.

HIRJI, R., et D. GREY, «Gestion des eaux internationales en Afrique: modalités et résultats», *Cours d'eau internationaux: renforcer la coopération et gérer les différends*, Washington, DC, Banque mondiale, 1999, pp. 79-102.

HIRJI, R., and D. GREY, "Managing International Waters in Africa: Process and Progress", *International Watercourses: Enhancing Cooperation and Managing Conflict*, Washington, DC, World Bank, 1998, pp. 77-99.

HODGSON, S., *Legislation on Water Users' Organizations: A Comparative Analysis*, Rome, Food and Agriculture Organization of the United Nations, 2003. [*FAO Legislative Study*, No. 79.]

HUSSEIN, I., and O. AL-JAYYOUSI, "Management of Shared Waters: A Comparison of International and Islamic Law", *Water Management in Islam*, Tokyo [etc.], United Nations University Press, 2001, pp. 128-135.

ISAAC, J., and M. OWEWI, "The Potential of GIS in Water Management and Conflict Resolution", *Management of Shared Groundwater Resources: The Israeli-Palestinian Case with an International Perspective*, Boston [etc.], Kluwer Academic Publishers, 2001, pp. 329-345.

JEANCLOS, Y. (dir. publ.), *L'eau, arme stratégique au XXI*[e] *siècle: Actes du colloque de Strasbourg*, t. I et II, Paris, CIRPES, 2002.

—, «Vers l'hydrostratégie. Essai de théorisation stratégique», *Les politiques de l'eau au XXI*[e] *siècle*, t. I, Paris, CIRPES, 2002, pp. 17-32.

JUST, R. E., G. FRISVOLD, V. HARRISON, J. OPPENHEIMER and D. ZILBERMAN, "Using Bargaining Theory and Economic Analysis as an Aid to Transboundary Water Cooperation", *Conflict and Cooperation on Transboundary Water Resources*, Boston, Dordrecht [etc.], Kluwer Academic Publishers, 1998, pp. 411-426.

JUST, R. E., and S. NETANYAHU (eds.), *Conflict and Cooperation on Transboundary Water Resources*, Boston, Kluwer Academic Publishers, 1998. [Natural Resource Management and Policy, No. 11.]

JUST, R. E., and S. NETANYAHU, "International Water Resource Conflicts: Experience and Potential", *Conflict and Cooperation on Transboundary Water Resources*, Boston, Dordrecht [etc.], Kluwer Academic Publishers, 1998, pp. 1-26.

KADOURI, M. T., Y. DJEBBAR and M. NEHDI, "Water Rights and Water Trade: An Islamic Perspective", *Water Management in Islam*, Tokyo [etc.], United Nations University Press, 2001, pp. 85-93.

KAHANE, Y., "The Turonian-Cenomanian Aquifer: The Need for a Joint Monitoring and Management Programme", *Management of Shared Groundwater Resources: The Israeli-Palestinian Case with an International Perspective*, Boston [etc.], Kluwer Academic Publishers, 2001, pp. 83-105.

KALPAKIAN, J., *Identity, Conflict and Cooperation in International River Systems*, Aldershot [etc.], Ashgate Publishing Limited, 2004-08-03.

KENWORTHY, W. E., "Joint Development of International Waters", *AJIL*, 54 (1960), pp. 592-602.

KLARE, M. T., *Resource Wars: The New Landscape of Global Conflicts*, New York, [s. n.], 2001.

KRISHNA, R., "The Evolution and Context of the Bank Policy for Projects on International Waterways", *International Watercourses: Enhancing Cooperation and Managing Conflict*, Washington, DC, World Bank, 1998, pp. 31-43.

LASSKER, A. J., "Legal Aspects of International Cooperation on Transboundary Water Resources", *Water and Peace in the Middle East: Proceedings of the First Israeli-Palestinian International Academic Conference on Water, Zürich, Switzerland, 10-13 December 1992*, Amsterdam [etc.], Elsevier, 1994, pp. 515-521.

LEBOTSE, K. K., "Southern African Development Community Protocol on Shared Watercourses: Challenges of Implementation", *LJIL*, 12 (1999), No. 1, pp. 173-181.

LEE, T. R., "The Management of Shared Water Resources in Latin America", *N. Res. J.*, 35 (1995), No. 3, pp. 541-553.

—, "Managing Water Resources in Latin America", *N. Res. J.*, 30 (1990), No. 3, pp. 581-607.

LEE, H. VAN DER, "Feiten uit het eerste World Water Development Report", *VN Forum*, 16 (2003), No. 3, pp. 25-29.

LEMARQUAND, D. G., "Politics of International River Basin Cooperation and Management", *N. Res. J.*, 16 (1976), pp. 883-901.

—, *International Rivers: The Politics of Cooperation*, Vancouver, B.C., Westwater Research Centre, University of British Colombia, 1977.

LIBIZEWSKI, S., "International Conflicts over Freshwater Resources", *Ecology, Politics and Violent Conflict*, London [etc.], Zed, 1999, pp. 115-138.

LICHTENBERG, E., and L. J. OLSON, "Non-cooperative and Cooperative Management of an Accumulative Water Pollutant", *Conflict and Cooperation on Transboundary Water Resources*, Boston, Dordrecht [etc.], Kluwer Academic Publishers, 1998, pp. 267-278.

LOIBL, G., "Agreements for Management of Shared Groundwater Resources", *Groundwater Law and Administration for Sustainable Development*, Milan, Giuffrè Editore, 2002, pp. 93-99.

LONERGAN, S. C., "The Use of Economic Instruments for Efficient Water Use: Possibilities for Joint Groundwater Management in the West Bank and Gaza", *Management of Shared Groundwater Resources: The Israeli-Palestinian Case with an International Perspective*, Boston [etc.], Kluwer Academic Publishers, 2001, pp. 349-361.

—, "Water and Conflict: Rhetoric and Reality", *Environmental Conflict*, Boulder, Colorado, USA, Oxford, UK, Westview Press, 2001, pp. 109-124.

MACCAFFREY, S. C., "Sharing Tranboundary Resources: International Law and Optimal Resource Use: Eyal Benvenisti: Cambridge University Press, 276 pp. (2002)", *Emory International Law Review*, 17 (2003), No. 3, pp. 1091-1108.

MARCHISIO, S., "Water Management and General Principles of International Law", *Sustainable Development and Management of Water Resources: A Legal Framework for the Mediterranean*, Rome, Institute for Legal Studies on the International Community — CNR, 1999, pp. 103-118.

MARCHISIO, S., F. BASSIOUNI and M. C. ZUCCA (eds.), *Groundwater Law and Administration for Sustainable Development*, Milan, Giuffrè Editore, 2002. [Instituto di Studi Giuridici Internazionali, Vol. 3.]

MARCHISIO, S., G. TAMBURELLI and L. PECORARO (eds.), *Sustainable Development and Management of Water Resources: A Legal Framework for the Mediterranean*, Rome, Institute for Legal Studies on the International Community — CNR, 1999.

MARTUCELLI, E., "The Management of Water Resources: A Priority Issue in the Framework of the Euro-Mediterranean Partnership", *Sustainable Development and Management of Water Resources: A Legal Framework for the Mediterranean*, Rome, Institute for Legal Studies on the International Community — CNR, 1999, pp. 252-256.

MARTY, F., *Managing International Rivers: Problems, Politics and Institutions*, Bern [etc.], Peter Lang, 2001. [European University Studies, Series XXXI, Political Sciences, Vol. 421.]

MECHLEM, *Water as a Vehicle for Inter-state Cooperation: A Legal Perspective*, Rome, Food and Agriculture Organization of the United Nations (FAO), 2003.

MENON, P. K., "Institutional Mechanismus for the Development of International Water Resources", *RBDI*, 8 (1972), pp. 80-100.

—, "Water Resources Development of International Rivers: With Special Reference to the Developing World", *Int'l Law.*, 9 (1975), pp. 441-464.

MICHAELOWA, A., "Klimaveränderung und internationale Klimapolitik: Implikationen für eine globale Ressourcenpolitik im Wassersektor", *Wasser-Konfrontation oder Kooperation: Ökologische Aspekte von Sicherheit am Beispiel eines weltweit begehrten Rohstoffs*, Baden-Baden, Nomos, 1997, pp. 368-378.

MICKLIN, P. P., *Managing Water in Central Asia*, London, Royal Institute of International Affairs, 2000.

MIZYED, N., "Land Use Management in the Context of Joint Management of Shared Aquifers", *Management of Shared Groundwater Resources: The Israeli-Palestinian Case with an International Perspective*, Boston [etc.], Kluwer Academic Publishers, 2001, pp. 445-452.

NAJJAR, I., "Crisis Management: The Case of Drought Management in Semi-arid Countries", *Management of Shared Groundwater Resources: The Israeli-Palestinian Case with an International Perspective*, Boston [etc.], Kluwer Academic Publishers, 2001, pp. 429-443.

NANDA, V. P., "Emerging Trends in the Use of International Law and Institutions for the Management of International Water Resources", *Den. J. Int'l L. & Pol'y*, 6 (1976), pp. 239-282.

NARDONE, R., "Like Oil and Water: The WTO and the World's Water Resources", *Connecticut Journal of International* Law, 19 (2003), No. 1, pp. 183-207.

NETANYAHU, S., "Bilateral Policy Coordination under Uncertainty", *Conflict and Cooperation on Transboundary Water Resources*, Boston, Dordrecht [etc.], Kluwer Academic Publishers, 1998, pp. 363-379.

NETANYAHU, S., R. E. JUST and J. K. HOROWITZ, "Israeli-Palestinian Bargaining over the Mountain Aquifer", *Management of Shared Groundwater Resources: The Israeli-Palestinian Case with an International Perspective*, Boston [etc.], Kluwer Academic Publishers, 2001, pp. 115-129.

NEUBERT, S., and W. SCHEUMANN, "Kein Blut für Wasser: Wasserknapheit muss nicht zu Krieg führen", *Internationale Politik*, 58 (2003), No. 3, pp. 31-38.

NUNN, P., "Transboundary Water Management in Europe: Conflict and Cooperation on the Danube", *The European Water Environment in a Period of Transformation*, New York, Manchester University Press, 1996, pp. 171-183.

OHLSSON, L. (ed.), *Hydropolitics: Conflicts over Water as a Development Constraint*, Dhaka, University Press, 1995.

—, *Regional Case Studies of Water Conflicts*, Göteborg, Padigru Papers, 1992.

—, "The Role of Water and the Origins of Conflict", *Hydropolitics: Conflicts over Water as a Development Constraint*, London and New Jersey, Zed Books, Dhaka, University Press, 1995, pp. 1-28.

OKARU-BISANT, V., "Institutional and Legal Frameworks for Preventing and Resolving Disputes concerning the Development and Management of Africa's Shared River Basins", *Colo. J. Int'l Envtl. L. &* Pol'y, 9 (1998), No. 2, pp. 331-369.

OKIDI, C. O., "The State and the Management of International Drainage Basins in Africa", *N. Res. J.*, 28 (1988), pp. 645-669.

PETRELLA, R., *The Water Manifesto: Arguments for a World Water Contract*, London [etc.], Zed Books [etc.], 2001.

PERRY, R., "Perspectives from the Districts of Water and Power: A Report on Flows", *Reflections on Water: New Approaches to Transboundary Conflicts and Cooperation*, Cambridge, Massachusetts, USA, London, England, The MIT Press, 2001, pp. 297-320.

PERRY, J. BLATTER and H. INGRAM, "Lessons from the Spaces of Unbound Water for Research and Governance in a Globalized World", *Reflections on Water: New Approaches to Transboundary Conflicts and Cooperation*, Cambridge, Massachusetts, USA, London, England, The MIT Press, 2001, pp. 321-340.

PITMAN, G. T. K., « Le rôle de la Banque mondiale dans le renforcement de la coopération et le règlement des conflits relatifs aux cours d'eau internationaux: le cas du bassin de l'Indus », *Cours d'eau internationaux: renforcer la coopération et gérer les différends*, Washington, DC, Banque mondiale, 1999, pp. 155-166.

—, "The Role of the World Bank in Enhancing Cooperation and Resolving Conflict on International Watercourses: The Case of the Indus Basin", *International Watercourses: Enhancing Cooperation and Managing Conflict*, Washington, DC, World Bank, 1998, pp. 155-165.

ROSE, A., "Model Water Resources Program for the International Boundaries of the United States and Canada", *N. Res. J.*, 12 (1972), pp. 388-412.

ROTHFEDER, J., *Every Drop for Sale: Our Desperate Battle over Water in a World about to Run Out*, New York, Jeremy P.Tarcher/Putnam, 2001.

SALMAN, S. M. A., "From Marrakech through The Hague to Kyoto: Has the Global Debate on Water Reached a Dead End?: Part One", *Water International*, 28 (2003), No. 4, pp. 491-500.

—, "From Marrakech through The Hague to Kyoto: Has the Global Debate on Water Reached a Dead End?: Part Two", *Water International*, 29 (2003), No. 1, pp. 11-19.

SALMAN, S. M. A., et L. BOISSON DE CHAZOURNES, « Cours d'eau internationaux: améliorer la coopération et gérer les conflits », *Cours d'eau internationaux: renforcer la coopération et gérer les différends*, Washington, DC, Banque mondiale, 1999, pp. 167-170.

—, "International Watercourses: Enhancing Cooperation and Managing Conflict", *International Watercourses: Enhancing Cooperation and Managing Conflict*, Washington, DC, World Bank, 1998, pp. 167-170.

— (dir. publ.), *Cours d'eau internationaux: renforcer la coopération et gérer les différends*, actes du séminaire de la Banque mondiale, Washington, DC, Banque mondiale, 1999. [Rapport technique de la Banque mondiale, n° 414.]

— (eds.), *International Watercourses: Enhancing Cooperation and Managing Conflict: Proceedings of a World Bank Seminar*, Washington, DC, World Bank, 1998. [World Bank Technical Paper, No. 414.]

SANDS, Ph., « Les cours d'eau, l'environnement et la Cour internationale de Justice: l'affaire Gabčíkovo-Nagymaros », *Cours d'eau internationaux: renforcer la coopération et gérer les différends*, Washington, DC, Banque mondiale, 1999, pp. 105-127.

—, "Watercourses, Environment and the International Court of Justice: The Gabčíkovo-Nagymaros Case", *International Watercourses: Enhancing Cooperation and Managing Conflict*, Washington, DC, World Bank, 1998, pp. 103-125.

SAUNDERS, J. O., "Transboundary Water Management and the Development of International Environmental and Resources Law", *Looking Ahead: International Law in the 21st Century*, Proceedings of the 29th Annual Conference of the Canadian Council on International Law, Ottawa, 26-28 October 2000/ *Tournés vers l'avenir: le droit international au XIXe siècle*, travaux du vingt-neuvième congrès annuel du Conseil canadien de droit international, Ottawa, 26-28 octobre 2000, The Hague [etc.], Kluwer Law International, 2002, pp. 200-210.

SCANLON, J., "The International Year of Freshwater 2003: A Brief Overview", *Environmental Policy and Law*, 33 (2003), No. 6, pp. 256-257.

SCHERER, R., "Wasser als Grenze — Kooperation statt Konfrontation: einige grundsätzliche Anmerkungen zur grenzüberschreitenden Umweltpolitik", *Wasser — Konfrontation oder Kooperation: Ökologische Aspekte von Sicherheit am Beispiel eines weltweit begehrten Rohstoffs*, Baden-Baden, Nomos, 1997, pp. 333-367.

SCHEUMANN, W., "Verhandlungen über wasserbauliche Maßnahmen an grenzüberschreitenden Flußsystemen: Optimum an Nutzungsvorteilen und gerechte Verteilung der Kosten", *Wasser — Konfrontation oder Kooperation: Ökologische Aspekte von Sicherheit am Beispiel eines weltweit begehrten Rohstoffs*, Baden-Baden, Nomos, 1997, pp. 182-191.

SCHROEDER-WILDBERG, E., "The Negotiation Process of the International Water Convention: Balancing Upstream-Downstream Interests", *Co-operation on Transboundary Rivers*, Baden-Baden, Nomos Verlagsgesellschaft, 2002, pp. 35-51.

SHABMAN, L. A., "Bargaining and Water Disputes: A Perspective on the Coming Decade", *Water Quantity/Quality Management and Conflict Resolution*, Westport, CT, Praeger, 1995, pp. 259-267.

SHAH, F. A., and D. ZILBERMAN, "Political Economy of the Transition from Water Rights to Water Markets", *Water Quantity/Quality Management and Conflict Resolution*, Westport, CT, Praeger, 1995, pp. 369-383.

SHIVA, V., *La guerre de l'eau: privatisation, pollution et profit*, Paris, Parangon, 2003.

—, *Water Wars: Privatization, Pollution and Profit*, Cambridge, MA, South End Press, 2002.

STARK, C. R., D. S. BULLOCK and W. D. SEITZ, "Political Power Measures for Water Management Interest Groups", *Water Quantity/Quality Management and Conflict Resolution*, Westport, CT, Praeger, 1995, pp. 439-452.

TARLOCK, A. D., "The Changing Environment of International Water Management Law", *Water Law*, 12 (2001), No. 6, pp. 351-357.

TECLAFF, L. A., *Abstraction and Use of Water: A Comparison of Legal Regimes*, New York, United Nations, 1972.

—, *An International Comparison of Trends in Water Resources Management*, [s.l.], [s.n.], 1979.

TOMKINS, J., and A. WHARTON, "The Water Resource: Economic Characteristics, Industrial Structure and Management", *The European Water Environment in a Period of Transformation*, Manchester and New York, Manchester University Press, 1996.

Transboundary Water Management as an International Public Good, study commissioned by the Project Development Financing 2000 within the Swedish Ministry for Foreign Affairs, by a team brought together by Overseas Development Institute (ODI) and Arcadis Euroconsult, Stockholm, Norstedts tryckeri AB, 2001.

TSUR, Y., and A. ZEMEL, "Transboundary Water Projects and Political Uncertainty", *Conflict and Cooperation on Transboundary Water Resources*, Boston, Dordrecht [etc.], Kluwer Academic Publishers, 1998, pp. 279-295.

TUMBARE, M. J., "Co-operation in the Zambezi River Basin", *Co-operation on Transboundary Rivers*, Baden-Baden, Nomos Verlagsgesellschaft, 2002, pp. 101-112.

TÜRK, E., A. OSTROVSKY and R. SPEED, "GATS and Water: Retaining Policy Space to Serve the Poor, Washington, DC [etc.], Center for Environmental Law, 2003.

UTTON, A. E., "International Groundwater Management: The Case of the U.S.-Mexican Frontier", *Neb. L. Rev.*, 57 (1978), pp. 633-664.

—, "Regional Cooperation: The Example of International Waters Systems in the Twentieth Century", *N. Res. J.*, 36 (1996), No. 2, pp. 151-154.

VALK, M. R. VAN DER, "De waterprogramma's van de Unesco en de WMO", *VN Forum*, 16 (2003), No. 3, pp. 30-33.

VILLENEUVE, C. DE, "Institutional Cooperation on Groundwater Issues: Dutch Experiences", *Management of Shared Groundwater Resources: The Israeli-Palestinian Case with an International Perspective*, Boston [etc.], Kluwer Academic Publishers, 2001, pp. 167-175.

VILLIERS, M. DE, *Water Wars: Is the World's Water Running Out?*, Frome and London, Butler & Tanner Ltd., 1999.

Vision de l'eau et de la nature: Stratégie mondiale de conservation et de gestion durable des ressources en eau au XXIe siècle, Cambridge, UK, IUCN, 2000.

Visión del agua y la naturaleza: Estrategia mundial para la conservación y menjo sostenible de recursus hídricos en el Siglo XXI, Cambridge, UK, IUCN, 2000.

Vision for Water and Nature: World Strategy for Conservation and Sustainable Management of Water Resources in the 21st Century, Cambridge, UK, IUCN, 2000.

Vision for Water and Nature: World Strategy for Conservation and Sustainable Management of Water Resources in the 21st Century — Compilation of All Project Documents, Cambridge, UK, IUCN, 2000.

WAART, P. J. I. M. DE, "Securing Access to Safe Drinking Water through Trade and International Migration", *The Scarcity of Water: Emerging Legal and Policy Responses*, London, The Hague [etc.], Kluwer Law International, 1997, pp. 100-118.

WARNAT, B., "Auswirkungen internationaler Zusammenarbeit auf das Wasserrecht in Deutschland", *Gewässerschutz- und Hochwasserschutzrecht: ein vergleich zwischen Deutschland, Polen und Tschechien*, Wiesbaden, Dt. Univ.-Verl., Wiesbaden, Gabler, 2000, pp. 11-19.

WATERBURY, J., "Between Unilateralism and Comprehensive Accords: Modest Steps towards Co-operation in International River Basin", *International Journal of Water Resources Development*, 13 (1997), pp. 279-290.

WENGERT, N., "The Politics of River Basin Development", *Law & Contemp. Probs.*, 22 (1957), pp. 258-275.

WINPENNY, J., *Managing Water as an Economic Resource*, London, [etc.], Routledge, 1994.

—, "The Sustainable Management of Groundwater: Some Economic Aspects", *Groundwater Law and Administration for Sustainable Development*, Milan, Giuffrè Editore, 2002, pp. 143-152.

WOLF, A. T., "From Rights to Needs: Water Allocations in International Treaties", *Management of Shared Groundwater Resources: The Israeli-Palestinian Case with an International Perspective*, Boston [etc.], Kluwer Academic Publishers, 2001, pp. 133-165.

WOUTERS, P., S. M. A. SALMAN and P. JONES, "The Legal Response to the World's Water Crisis: What Legacy from The Hague? What Future in Kyoto?", *University of Denver Water Law Review*, 4 (2001), No. 2, pp. 418-425.

WOUTERS, P., and S. VINOGRADOV, "Analysing the ECE Water Convention: What Lessons for the Regional Management of Transboundary Water Resources?", *Yearbook of International Co-operation on Environment and Development* (2003/2004), pp. 55-63.

ZAROUR, H., and J. ISAAC, "A Novel Approach to the Allocation of International Water Resources", *Water and Peace in the Middle East: Proceedings of the First Israeli-Palestinian International Academic Conference on Water, Zürich, Switzerland, 10-13 December 1992*, Amsterdam [etc.], Elsevier, 1994, pp. 389-398.

b Documents

CAPONERA, D. A., *The Law of International Water Resources: Some General Conventions, Declarations, and Resolutions Adopted by Governments, International Legal Institutions, and International Organizations, on the Management of International Water Resources*, Rome, FAO, 1980.

"Convention on the Protection and Use of Transboundary Watercourses and International Lakes Done at Helsinki, on 17 March 1992", *International Watercourses: Enhancing Cooperation and Managing Conflict*, Washington, DC, World Bank, 1998, pp. 203-223.

« Convention sur la protection et l'utilisation des cours d'eau transfrontières et des lacs internationaux, en date, à Helsinki, du 17 mars 1992 », *Cours d'eau internationaux: renforcer la coopération et gérer les différends*, Washington, DC, Banque mondiale, 1999, pp. 203-224.

The Demand for Water: Procedures and Methodologies for Projecting Water Demands in the Context of Regional and National Planning, New York, NY, United Nations, 1976. [*Natural Resources/Water Series*, No.3.]

Efficiency and Distributional Equity in the Use and Treatment of Water: Guidelines for Pricing and Regulations, New York, NY, United Nations, 1980. [*Natural Resources/Water Series*, No. 8.]

Experiences in the Development and Management of International River and Lake Basins: Proceedings of the United Nations Interregional Meeting of International River Organizations, Dakar, Senegal, 5-14 May 1981, New York, NY, United Nations, 1983. [*Natural Resources/Water Series*, No. 10.]

Guidelines for Flood Loss Prevention and Management in Developing Countries, New York, NY, United Nations, 1976. [*Natural Resources/Water Series*, No. 5.]

Institutional Issues in the Management of International River Basins: Financial and Contractual Considerations, New York, NY, United Nations, 1987. [*Natural Resources/Water Series*, No. 17.]

Management of International Water Resources: Institutional and Legal Aspects: Report of the Panel of Experts on the Legal and Institutional Aspects of International Water Resources Development, New York, United Nations, 1975. [*Natural Resources/Water Series*, No. 1.]

Promotion of Women's Participation in Water Resources Development: Report of the Seminar, Bamako, Mali, 14-18 November 1988, New York, NY, United Nations, 1990. [*Natural Resources/Water Series*, No. 25.]

River Basin Development: Policies and Planning: Proceedings of the United Nations Interregional Seminar on "River Basin and Interbasin Development" convened from 16 to 26 September 1975 in Budapest in Co-operation with the United Nations Development Programme and the National Water Authority of Hungary, New York/Budapest, United Nations. [*Natural Resources/Water Series*, No. 6.]

F Protection de l'environnement
Environmental Protection

1 En général
In General

a Ouvrages et articles
Books and Articles

ABRAMOVITZ, J. N., *Imperiled Waters, Impoverished Future: The Decline of Freshwater Ecosystems*, Washington, DC, Worldwatch Institute, 1996.

ALAND, N., "(Inter)nationale ontwikkelingen in recht en beleid van de waterhuishouding: verslag van een vergadering VMR", *M en R*, 25 (1998), No. 12, pp. 274-275.

AMERY, H. A., "Islam and the Environment", *Water Management in Islam*, Tokyo [etc.], United Nations University Press, 2001, pp. 39-48.

BARANDAT, J. (ed.), *Wasser — Konfrontation oder Kooperation: ökologische Aspekte von Sicherheit am Beispiel eines weltweit begehrten Rohstoffs*, Baden-Baden, Nomos, 1997. [Demokratie, Sicherheit, Frieden, Bd. 109.]

BERGER, M., "Landwirtschaft und Gewässerschutz", *Das Recht des Wassers in nationaler und internationaler Perspektive*, Vienna, Braumüller, 1998, pp. 77-90.

BLOCH, H., "Europäische und internationale Normen zu Gewässerschutz und Wasserwirtschaft", *Das Recht des Wassers in nationaler und internationaler Perspektive*, Vienna, Braumüller, 1998, pp. 33-43.

BOIS, F. DU, "Water Rights and the Limits of Environmental Law", *J. Envtl. L.*, 6 (1994), pp. 73-84.

BOSNJAKOVIC, B., "Regulation of International Watercourses under the UN/ECE Regional Agreements", *Water International*, 25 (2000), No. 4, pp. 544-553.

—, « Les stratégies adoptées par la CEE-ONU pour protéger l'environnement dans le contexte des cours d'eau internationaux : les Conventions d'Helsinki et d'Espoo », *Cours d'eau internationaux : renforcer la coopération et gérer les différends*, Washington, DC, Banque mondiale, 1999, pp. 49-66.

—, "UN/ECE Strategies for Protecting the Environment with Respect to International Watercourses : The Helsinki and Espoo Conventions", *International Watercourses : Enhancing Cooperation and Managing Conflict*, Washington, DC, World Bank, 1998, pp. 47-64.

BORRERO NAVIA, J. M., M. DITTMANN and L. BIJVOET, *Environmental and Water Law in the South : Second International Water Tribunal*, Utrecht, International Books, 1994.

BRUHACS, J., « L'utilisation et la protection des cours d'eau internationaux dans les pays de l'Europe orientale », *Annuaire de l'AAA/Yearbook of the AAA*, 54/55/56 (1986), pp. 84-93.

BRUNNEE, J., "Environmental Security and Freshwater Resources : The Role of International Law", *Proceedings of the Annual Conference of the Canadian Council on International Law*, (1994), pp. 124-133.

BRUNNEE, J., and S. J. TOOPE, "Environmental Security and Freshwater Resources : A Case for International Ecosystem Law", *Yb. Int'l Env. L.*, 5 (1995), pp. 41-76.

—, "Environmental Security and Freshwater Resources : Ecosystem Regime Building", *AJIL*, 91 (1997), No. 1, pp. 26-59.

BRYNHILDSEN, M., "More Words than Action ? : Developments in Global Freshwater Policy", *Colo. J. Int'l Envt'l L. & Pol'y, 1998 Yearbook*, pp. 215-224.

BUSH, W., "Compensation and the Utilization of International Rivers and Lakes : The Role of Compensation in the Event of Permanent Injury to Existing Uses of Water", *The Legal Regime of International Rivers and Lakes/Le régime juridique des fleuves et des lacs internationaux*, The Hague [etc.], Nijhoff, 1981, pp. 309-329.

CARROLL, J. E., "Water Resources Management as an Issue in Environmental Diplomacy", *Nat. Res. J.*, 26 (1986), pp. 207-220.

CASTILLO DAUDI, M., "La protección y preservación de los cursos de agua internacionales : el Convenio sobre el derecho de los usos de los cursos de agua internacionales para fines distintos de la navegacion de 21 de Mayo de 1997", *Anu. Der. Internac. (Navarra)*, 15 (1999), pp. 115-158.

DEMETER, B., *Schutz und Nutzung internationaler Binnengewässer : zwei Rahmenkonventionen im Vergleich*, Frankfurt am Main [etc.], Peter Lang, 2001. [Europäische Hochschulschriften Reihe II Rechtswissenschaft, Bd. 3273.]

DUNNE, J. M. VAN, "Liability in Tort for the Detrimental Use of Fresh Water Resources under Dutch Law in Domestic and International Cases", *The Scarcity of Water : Emerging Legal and Policy Responses*, London, The Hague [etc.], Kluwer Law International, 1997, pp. 196-211. *[International Environmental Law and Policy Series.]*

DWORSKY, L. B., "The Management of Water-Land-Environmental Resources at International Boundary Regions", *N. Res. J.*, 18 (1978), pp. 143-151.

FRISVOLD, G., and D. SCHIMMELPFENNIG, "Potential for Sustainability and Self-enforcement of Transboundary Water Agreements", *Conflict and Cooperation on Transboundary Water Resources*, Boston, Dordrecht [etc.], Kluwer Academic Publishers, 1998, pp. 27-39.

FUENTES, X., "Sustainable Development and the Equitable Utilization of International Watercourses", *BYIL*, 69 (1998), pp. 119-200.

GATS, Water and the Environment : Implications of the General Agreement on Trade in Services for Water Resources, Gland, World Wide Fund for Nature (WWF), 2003.

GOLDENMAN, G., "Adapting to Climate Change : A Study of International Rivers and Their Legal Arrangements", *Ecology LQ*, 17 (1990), No. 4, pp. 741-802.

GRIFFEN, J., *Biodiversity, International Waters and the GEF : An IUCN Guide to*

Developing Project Proposals for the Global Environment Facility, Gland, Switzerland, IUCN, 1997.

HAAN, E. J. DE, "Balancing Free Trade in Water and the Protection of Water Resources in GATT", *The Scarcity of Water: Emerging Legal and Policy Responses*, London, The Hague, [etc.], Kluwer Law International, 1997, pp. 245-259. *[International Environmental Law and Policy Series.]*

HADDAD, M., "The Islamic Approach to the Environment and Sustainable Groundwater Management", *Management of Shared Groundwater Resources: The Israeli-Palestinian Case with an International Perspective*, Boston [etc.], Kluwer Academic Publishers, 2001, pp. 25-39.

HAMMER, J. H., and A. T. WOLF, "Patterns in International Water Resources Treaties: The Transboundary Freshwater Dispute Database", *Colo. J. Int'l Envt'l L. & Pol'y, 1997 Yearbook*, pp. 157-177.

HILDERING, A., "Waken over water via het internationale recht", *VN Forum*, 16 (2003), No. 3, pp. 5-13.

HORBACH, N. L. J. T., *International Legal Instruments on Civil Liability Applicable to Water-related Incidents: Coverage and Possible Gaps*, Amsterdam, CTDC, Rating & Research Foundation, 2000.

HOWARTH, W., "Environmental Citizenship, Economics and Water Pollution", *Water Law*, 10 (1999), No. 6, pp. 196-204.

"The International Rivers Network", *Colo. J. Int'l Envt'l L. & Pol'y*, 7 (1996), No. 2, pp. 409-415.

KAMTO, M., "Fleuves et lacs internationaux Africains et problèmes écologiques: quelques considérations juridiques", *Envtl. Pol'y & L.*, 21 (1991), Nos. 5-6, pp. 236-240.

KAYANE, I., "Global Warming and Groundwater Resources in Arid Lands", *Freshwater Resources in Arid Lands*, Tokyo, United Nations University Press, 1997, pp. 70-80.

KORHONEN, I. M., "Riverine Ecosystems in International Law", *N. Res. J.*, 36 (1996), No. 3, pp. 481-519.

KRAMER, M., und H.-Ch. BRAUWEILER (eds.), *Gewässerschutz- und Hochwasserschutzrecht: ein vergleich zwischen Deutschland, Polen und Tschechien*, Wiesbaden, Dt. Univ.-Verl., Wiesbaden, Gabler, 2000.

KROES, M., "The Protection of International Watercourses as Sources of Fresh Water in the Interest of Future Generations", *The Scarcity of Water: Emerging Legal and Policy Responses*, London, The Hague, [etc.], Kluwer Law International, 1997, pp. 80-99.

LEE, H. VAN DER, "Feiten uit het eerste World Water Development Report", *VN Forum*, 16 (2003), No. 3, pp. 25-29.

LONERGAN, S. C., "Water and Conflict: Rhetoric and Reality", *Environmental Conflict*, Boulder, CO, Westview, 2001, pp. 109-124.

LUSSIER, L., "La place des droits étatiques et individuels dans la protection des eaux douces: un objectif à poursuivre", *Preserving the Global Environment, Proceedings of the Annual Conference of the Canadian Council of International Law*, 1989, pp. 379-391.

MARCHISIO S., F. BASSIOUNI and M. C. ZUCCA (eds.), *Groundwater Law and Administration for Sustainable Development*, Milan, Giuffrè Editore, 2002. [Instituto di Studi Giuridici Internazionali, Vol. 3.]

MCCAFFREY, S. C., "Water, Water Everywhere, but Too Few Drops to Drink: The Coming Fresh Water Crisis and International Environmental Law", *Den. J. Int'l L. & Pol'y*, 28 (2000), No. 3, pp. 325-337.

MCCULLY, P., *Silenced Rivers: The Ecology and Politics of Large Dams*, London [etc.], Zed Books, 1996.

MICHAELOWA, A., "Klimaveränderung und internationale Klimapolitik: Implikationen für eine globale Ressourcenpolitik im Wassersektor", *Wasser — Konfrontation oder Kooperation: Ökologische Aspekte von Sicherheit am Beispiel eines weltweit begehrten Rohstoffs*, Baden-Baden, Nomos, 1997, pp. 368-378.

MOBS, "Zum Stand der Europäischen Gewässerschutzkonvention", *ZfW*, 13 (1974), No. 3, pp. 352-354.

NANDA, V. P., "The Law of the Non-navigational Uses of International Watercourses: Draft Articles on Protection and Preservation of Ecosystems, Harmful Conditions and Emergency Situations, and Protection of Water Installations", *Colo. J. Int'l L. & Pol'y*, 3 (1992), No. 1, pp. 175-207.

OSTROVSKY, A., R. SPEED and E. TURK, *GATS, Water and the Environment: Implications of the General Agreement on Trade in Services for Water Resources*, Gland, WWF [etc.].

PAINTER, A., "Resolving Environmental Conflicts through Mediation", *Water Quantity/Quality Management and Conflict Resolution*, Westport, CT, Praeger, 1995, pp. 249-257.

POSTEL, S., *Dividing the Waters: Food Security, Ecosystem Health, and the New Politics of Scarcity*, Washington, DC, Worldwatch Institute, 1996. [Worldwatch Paper, 132.]

RIEU-CLARKE, A., "Reflections on the Normative Prescription of Sustainable Development in Recent Transboundary Water Treaty Practice", *Water International*, 25 (2000), No. 4, pp. 572-579.

ROW, K. F. C., "Eighth Residential Seminar on International Environmental Law: A Judicial Perspective", *N. Res. J.*, 35 (1995), No. 2, pp. 177-182.

RUMMEL-BULSKA, I., "The UNEP African Inland Waters Programme", *Annu. AAA/Yearbook of the AAA*, 54/55/56 (1986), pp. 75-83.

SALMAN, S. M. A., "From Marrakech through The Hague to Kyoto: Has the Global Debate on Water Reached a Dead End?", *Water International*, 28 (2003), No. 4, pp. 491-500.

SANCHEZ, R. M., "Mexico's El Cuchillo Dam Project: A Case Study of Nonsustainable Development and Transboundary Environmental Harms", *U. Miami Inter-Am. L. Rev.*, 28 (1996), No. 2, pp. 425-436.

—, "To the World Commission on Dams: Don't Forget the Law, and Don't Forget Human Rights: Lessons from the U.S.- Mexico Border", *U. Miami Inter-Am. L. Rev.*, 30 (1999), No. 3, pp. 629-657.

SANDS, Ph., « Les cours d'eau, l'environnement et la Cour internationale de Justice: l'affaire Gabčíkovo-Nagymaros », *Cours d'eau internationaux: renforcer la coopération et gérer les différends*, Washington, DC, Banque mondiale, 1999, pp. 105-127.

—, "Watercourses, Environment and the International Court of Justice: The Gabčíkovo-Nagymaros Case", *International Watercourses: Enhancing Cooperation and Managing Conflict*, Washington, DC, World Bank, 1998, pp. 103-125.

SAUNDERS, J. O., "Tranboundary Water Management and the Development of International Environmental and Resources Law", *Looking Ahead: International Law in the 21st Century*; Proceedings of the 29th Annual Conference of the Canadian Council on International Law, Ottawa, 26-28 October 2000/ *Tournés vers l'avenir: le droit international au XIXe siècle*; travaux du vingtneuvième congrès annuel du Conseil canadien de droit international, Ottawa, 26-28 octobre 2000, The Hague [etc.], Kluwer Law International, 2002, pp. 200-210.

SCHERER, R., "Wasser als Grenze — Kooperation statt Konfrontation: einige grundsätzliche Anmerkungen zur grenzüberschreitenden Umweltpolitik", *Wasser — Konfrontation oder Kooperation: Ökologische Aspekte von Sicherheit am Beispiel eines weltweit begehrten Rohstoffs*, Baden-Baden, Nomos, 1997, pp. 333-367.

SCHEUMANN, W., "Verhandlungen über wasserbauliche Maßnahmen an grenzüberschreitenden Flußsystemen: Optimum an Nutzungsvorteilen und gerechte Verteilung der Kosten", *Wasser — Konfrontation oder Kooperation: Ökologische Aspekte von Sicherheit am Beispiel eines weltweit begehrten Rohstoffs*, Baden-Baden, Nomos, 1997, pp. 182-191.

SCOTT, P., "Bowden's Case, Shellfisheries and the Enforcement of European Environmental Standards", *Water Law*, 10 (1999), No. 5, pp. 169-178.

SEWELL, W. R. D., P. DEARDEN and J. DUMBRELL, "Wilderness Decisionmaking and the Role of Environmental Interest Groups: A Comparison of the Franklin Dam, Tasmania and South Moresby, British Columbia Cases", *N. Res. J.*, 29 (1989), No. 1, pp. 147-169.

STOETT, P. J., *Atoms, Whales and Rivers: Global Environmental Security and International Organization*, Commack, NY, Nova Science, 1995.

TANZI, A., "Regional Integration and the Protection of the Environment: The UN/ECE Process on Water Law", *Italian Yearbook of International Law*, 10 (2001), pp. 71-112.

TECLAFF, L. A., "Harmonizing Water Resources Development and Use with Environmental Protection in Municipal and International Law", *N. Res. J.*, 16 (1976), pp. 807-861.

—, "Treaty Practice relating to Transboundary Flooding", *N. Res. J.*, 31 (1991), No. 1, pp. 109-122.

TECLAFF, L. A. and E. TECLAFF, "Restoring River and Lake Basin Ecosystems", *N. Res. J.*, 34 (1994), No. 4, pp. 905-932.

Vision de l'eau et de la nature: Stratégie mondiale de conservation et de gestion durable des ressources en eau au XXIe siècle, Cambridge, UK, IUCN, 2000.

Visión del agua y la naturaleza: Estrategia mundial para la conservación y menjo sostenible de recursus hídricos en el Siglo XXI, Cambridge, UK, IUCN, 2000.

Vision for Water and Nature: World Strategy for Conservation and Sustainable Management of Water Resources in the 21st Century, Cambridge, UK, IUCN, 2000.

Vision for Water and Nature: World Strategy for Conservation and Sustainable Management of Water Resources in the 21st Century — Compilation of All Project Documents, Cambridge, UK, IUCN, 2000.

VISSER, F. M., "Internationaal Watertribunaal", *NJB*, 58 (1983), pp. 1083-1087.

WOUTERS, P., "National and International Water Law: Achieving Equitable and Sustainable Use of Water Resources", *Water International*, 25 (2000), No. 4, pp. 499-512.

WOUTERS, P. K., and A. S. RIEU-CLARKE, "The Role of International Water Law in Promoting Sustainable Development", *Water Law*, 12 (2001), No. 5, pp. 281-283.

WOUTERS, P., S. M. A. SALMAN and P. JONES, "The Legal Response to the World's Water Crisis: What Legacy from The Hague? What Future in Kyoto?", *University of Denver Water Law Review*, 4 (2001), No. 2, pp. 418-425.

b Documents

"Convention on the Protection and Use of Transboundary Watercourses and International Lakes, Done at Helsinki, on 17 March 1992", *International Watercourses: Enhancing Cooperation and Managing Conflict*, Washington, DC, World Bank, 1998, pp. 203-223.

« Convention sur la protection et l'utilisation des cours d'eau transfrontières et des lacs internationaux, en date, à Helsinki, du 17 mars 1992 », *Cours d'eau internationaux: renforcer la coopération et gérer les différends*, Washington, DC, Banque mondiale, 1999, pp. 203-224.

"United Nations: Convention on the Protection and Use of Transboundary Watercourses and International Lakes, Done at Helsinki, March 17, 1992" [reproduced from the text provided by the United Nations], *ILM*, 31 (1992), pp. 1312-1329.

2 Mers et cours d'eau internationaux : le problème de la pollution tellurique

Seas and International Watercourses : Issues of Land-based Pollution

a Ouvrages et articles

Books and Articles

BAUR, D. C., and S. IUDICELLO, "Stemming the Tide of Marine Debris Pollution : Putting Domestic and International Control Authorities to Work", *Ecology LQ*, 17 (1990), No. 1, pp. 73-142.

BLISS-GUEST, P. A., "The Protocol against Pollution from Land-based Sources : A Turning Point in the Rising Tide of Pollution", *Stanford J. Int'l L.*, 17 (1981), pp. 261-279.

BOYLE, A. E., "Land-based Sources of Marine Pollution : Current Legal Regime", *Mar. Pol'y*, 16 (1992), No. 1, pp. 20-35.

BURCHI, S., "International Legal Aspects of Pollution of the Sea from Rivers", *Ital. YB Int'l L.*, 3 (1977), pp. 115-142.

BUSBY, R. H., "The Convention for the Prevention of Marine Pollution from Land-based Sources : An Effective Method for Arbitrating International Effluent Pollution Disputes", *Cal. W. Int'l LJ*, 5 (1975), pp. 350-375.

"Case Studies of Land-based Pollution Policy", *Mar. Pol'y*, 16 (1992), No. 1, pp. 50-57.

CHIRCOP, A., "Marine Pollution from Land-based Activities : Legal Regimes and Management Frameworks", *Order for the Oceans at the Turn of the Century*, The Hague [etc.], Kluwer Law International, 1999, pp. 173-185.

CORMACK, D., "Scientific and Technical Background", *Mar. Pol'y*, 16 (1992), No. 1, pp. 5-19.

"Cross-sectoral Issues Affecting Land-based Pollution", *Mar. Pol'y*, 16 (1992), No. 1, pp. 69-72.

DAVIDSON, S., "Atmospheric Depositions", *The North Sea : Perspectives on Regional Environmental Co-operation*, special issue of the *International Journal of Estuarine and Coastal Law (IJECL)*, 1990, pp. 288-299.

DIMENTO, J. F., "Black Sea Environmental Management : Prospects for New Paradigms in Transitional Contexts", *Reflections on Water : New Approaches to Transboundary Conflicts and Cooperation*, Cambridge, Massachusetts, USA, London, England, The MIT Press, 2001, pp. 239-266.

DIJK, E. M. VAN, "Land-based Pollution", *The Legal Regime of Enclosed or Semi-enclosed Seas : The Particular Case of the Mediterranean*, Zagreb, Institute of International and Comparative Law. Faculty of Law, University of Zagreb, 1988.

DOBBERT, J.-P., "Protocol to Control Pollution in the Mediterranean", *Envtl. Pol'y & L.*, 6 (1980), pp. 110-114.

FERRAJOLO, O., "Specially Protected Areas and Biodiversity in the Mediterranean", *Sustainable Development and Management of Water Resources : A Legal Framework for the Mediterranean*, Rome, Institute for Legal Studies on the International Community — CNR, 1999, pp. 68-78.

"General Issues Affecting Land-based Pollution", *Mar. Pol'y*, 16 (1992), No. 1, pp. 58-68.

GOERING, K. W., "Mediterranean Protocol on Land-based Sources : Regional Response to a Pressing Transnational Problem", *Cornell Int'l LJ*, 13 (1980), pp. 329-349.

GURUSWAMY, L. D., *The Legal Control of Land-based Sea Pollution : A Specialist Report*, London, Lloyd's of London Press, 1982.

GUTTRY, A. DE, "La tutela del mar Mediterraneo in un recente accordo : il protocollo di Atene del 17 maggio 1980", *Rivista di diritto internazionale privato e processuale*, 17 (1981), pp. 465-488.

HAAS, P. M., "Do Regimes Matter?: Epistemic Communities and Mediterranean Pollution Control", *IO*, 43 (1989), pp. 377-403.

HAYTON, R. D., *Reflexions on the Estuarine Zone*, Buenos Aires, Fundacion del Centro de Estudios Internacionales de Buenos Aires, 1989, pp. 227-237.

—, *The Freshwater-Maritime Interface: Legal and Institutional Aspects*, Rome, FAO, 1990. [*FAO Legislative Study*, No. 46.]

HAYWARD, P., "The Oslo and Paris Commissions", *The North Sea: Perspectives on Regional Environmental Co-operation*, special issue of the *International Journal of Estuarine and Coastal Law (IJECL)*, 1990, pp. 91-100.

HICKEY, J. E., "Custom and Land-based Pollution of the High Seas", *San Diego L. Rev.*, 15 (1978), pp. 409-475.

HIRVONEN, H., and R. P. COTE, "Control Strategies for the Protection of the Marine Environment", *Mar. Pol'y*, 10 (1986), pp. 19-28.

HUGHES, A., "Economic Measures to Protect the Environment", *Mar. Pol'y*, 16 (1992), No. 1, pp. 36-42.

IJLSTRA, T., "The 1993 Copenhagen Intermediate Ministerial Meeting: North Sea Co-operation at a Turning Point?", *IJMCL*, 9 (1994), No. 2, pp. 173-197.

JASUDOWICZ, T., "International Legal Problems of the Protection of the Maritime Environment against Land-based Pollution", *Polish YB Int'l L.*, 11 (1982), pp. 155-176.

KIRAVANICH, P., "Approaches to the Regulation of Point Source Water Pollution in the South East Asian Region", *Water Pollution: Law and Liability*, London [etc.], Graham & Trotman and International Bar Association, 1993, pp. 155-162.

KUWABARA, S., *The Legal Regime of the Protection of the Mediterranean against Pollution from Land-based Sources*, Dublin, Tycooly International, 1984.

KUTTING, G., "Mediterranean Pollution: International Cooperation and the Control of Pollution from Land-based Sources", *Mar. Pol'y*, 18 (1994), No. 3, pp. 233-247.

KWIATKOWSKA, B., "Marine Pollution from Land-based Sources: Current Problems and Prospects", *ODILA*, 14 (1984), pp. 315-335.

"Land-based Pollution Protocol to Cartagena Convention", *Mar. Pol'y*, 16 (1992), No. 1, pp. 43-49.

"Land-based Sources of Marine Pollution: Marine Issues for the 'Earth Summit' ", *Mar. Pol'y*, 16 (1992), No. 1, pp. 3-72.

MAGRONE, E. M., "The Protection of the Mediterranean Sea against Pollution Caused by Land-based Sources and Activities", *Sustainable Development and Management of Water Resources: A Legal Framework for the Mediterranean*, Rome, Institute for Legal Studies on the International Community — CNR, 1999, pp. 79-85.

MARCHISIO, S., G. TAMBURELLI and L. PECORARO (eds.), *Sustainable Development and Management of Water Resources: A Legal Framework for the Mediterranean*, Rome, Institute for Legal Studies on the International Community — CNR, 1999.

MENG, Q.-N., *Land-based Marine Pollution: International Law Development*, London, Graham & Trotman/Nijhoff, 1987.

M'GONIGLE, R. M., " 'Developing Sustainability' and the Emerging Norms of International Environmental Law: The Case of Landbased Marine Pollution Control", *Can. Yb. Int'l L.*, 28 (1991), pp. 169-225.

NOLLKAEMPER, A., "Balancing the Protection of Marine Ecosystems with Economic Benefits from Land-based Activities: The Quest for International Legal Barriers", *ODILA*, 27 (1996), No. 1-2, pp. 153-179.

—, "The European Community and State Practice: A Case-Study on Land-based Marine Pollution", *Essays on the New Law of the Sea 2*, Zagreb, Institute of International and Comparative Law, Faculty of Law, University of Zagreb, 1990, pp. 199-225.

PALLEMAERTS, M., "The North Sea and Baltic Sea Land-based Sources Regimes: Reducing Toxics or Rehashing Rhetoric?", *IJMCL*, 13 (1998), No. 3, pp. 421-471.

—, "The North Sea Ministerial Declarations from Bremen to The Hague: Does the Process Generate any Substance?", *IJECL*, 7 (1992), No. 1, pp. 1-26.

POWERS, A., "The Chesapeake Bay: A Global Model", *Water Pollution: Law and Liability*, London [etc.], Graham & Trotman and International Bar Association, 1993, pp. 105-110.

TABERNER, J., "Land-based Sources of Water Pollution: Regulation of Non-point Source Pollution in Australia", *Water Pollution: Law and Liability*, London [etc.], Graham & Trotman and International Bar Association, 1993, pp. 111-132.

RING, D. A., "Sustainability Dynamics: Land-based Marine Pollution and Development Priorities in the Island States of the Commonwealth Caribbean", *Colum. J. Envtl. L.*, 22 (1997), No. 1, pp. 65-136.

SAETEVIK, S., "Efs medlemskap i Paris-kommisjonen: implikasjoner for det regionale miljøvernsamarbeidet for å regulere marin forurensning", *Internasjonal politikk* (1987), No. 3, pp. 47-69.

SCHUMACHER, M., P. HOAGLAND and A. GAINS, "Land-based Marine Pollution in the Caribbean: Incentives and Prospects for an Effective Regional Protocol", *Mar. Pol'y*, 20 (1996), No. 2, pp. 99-121.

SCOVAZZI, T., "The Amendments to the Protocol for the Protection of the Mediterranean Sea against Pollution from Land-based Sources", *IJMCL*, 11 (1996), No. 4, pp. 571-575.

—, "The Updating of the Barcelona System for the Protection of the Mediterranean Sea against Pollution", *Sustainable Development and Management of Water Resources: A Legal Framework for the Mediterranean*, Rome, Institute for Legal Studies on the International Community — CNR, 1999, pp. 48-62.

SIEN, C. L., and A. RAHMAN, "Marine Pollution from Land-based Sources with Special Reference to Southeast Asia", *Sustainable Development and Preservation of the Oceans: The Challenges of UNCLOS and Agenda 21: Proceedings of the Law of the Sea Institute Twenty-Ninth Annual Conference, Denpasar, Bali, Indonesia, June 19-22, 1995*, pp. 316-347.

SOSMENA, G. C., "Marine Health Hazards in South-east Asia", *Mar. Pol'y*, 18 (1994), No. 2, pp. 175-182.

STRATHCLYDE, Lord, "Coastal Water Quality in the North Sea", *Mar. Pol'y*, 18 (1994), No. 2, pp. 161-164.

TABERNER, J., "Land-based Sources of Water Pollution: Regulation of Non-point Source Pollution in Australia", *Water Pollution: Law and Liability*, London [etc.], Graham & Trotman and International Bar Association, 1993, pp. 111-132.

TRIATMODIO, M., *Regional Approaches to Controlling Land-based Marine Pollution: The Possible Role of ASEAN in Southeast Asia*, [Diss., Dalhousie University], [s.l.], [s.n.], 1990.

"UNEP (Legal Elements Suggested for Inclusion in the Draft Guideline/Principles): Protection of the Marine Environment against Pollution from Land-Based Sources)", *Envtl. Pol'y & L.*, 11 (1983), pp. 108-112.

WELLS, P. W., and R. P. COTE, "Protecting Marine Environmental Quality from Land-based Pollutants: The Strategic Role of Ecotoxicology", *Mar. Pol'y*, 12 (1988), pp. 9-21.

WETTESTAD, J., "Science, Politics and Institutional Design: The Case of the North-East Atlantic Land-based Pollution Regime", *Mar. Pol'y*, 18 (1994), No. 3, pp. 219-232.

WOOD-THOMAS, B. C., "Land-based Marine Pollution and Coastal Zone Management: Role of State and Local Government in the USA", *Mar. Pol'y*, 18 (1994), No. 2, pp. 165-174.

WOODARD, J. L., "Rivers in Peril: An Examination of International Law and

Land-based Nuclear Pollution in the Former Soviet Union", *Geo. Int'l Envtl. L. Rev.*, 11 (1999), No. 3, pp. 741-766.

WOODLIFE, J., "Radiological Discharges", *The North Sea: Perspectives on Regional Environmental Co-operation*, special issue of the *International Journal of Estuarine and Coastal Law* (*IJECL*), 1990, pp. 300-312.

b Documents

"Bulgaria-Georgia-Russian Federation-Turkey-Ukraine: Documents of the Diplomatic Conference on the Protection of the Black Sea against Pollution, Done at Bucharest, April 21, 1992", *ILM*, 32 (1993), pp. 1101-133.

"Conference of Plenipotentiaries of the Coastal States of the Mediterranean Region for the Protection of the Mediterranean Sea against Pollution from Land-based Sources, 1980: Final Act and Protocol", *ILM*, 19 (1980), pp. 863-878.

"Conference on the Prevention of Marine Pollution from Land-based Sources: Convention for the Prevention of Marine Pollution from Land-based Sources, Adopted by the Conference, February 21, 1974", *ILM*, 13 (1974), pp. 352-376.

"Contracting Parties to the Convention for the Prevention of Marine Pollution from Land-based Sources: Protocol Amending the Convention, Done at Paris, March 26, 1986", *ILM*, 27 (1988), pp. 625-626.

"Convention on the Protection of the Black Sea against Pollution, Concluded at Bucharest on 21 April 1992/Convention pour la protection de la mer Noire contre la pollution, conclue à Bucarest le 21 avril 1992", *UNTS*, Vol. 1764 (1994), No. 30674, pp. 3-59.

"Deklaration der Ostsee-Anrainerstaaten über den Schutz der Meeresumwelt des Ostsee-Gebiets, abgegeben am 15. Februar 1988 in Helsinki", *EA*, 43 (1988), pp. D538-D540.

"Denmark-Finland-Federal Republic of Germany-German Democratic Republic-Poland-Sweden-Union of Soviet Socialist Republics: Convention on the Protection of the Marine Environment of the Baltic Sea Area, Done at Helsinki, March 22, 1974", *ILM*, 13 (1974), pp. 544-590.

"Protocol on Protection of the Black Sea Marine Environment Against Pollution from Land-Based Sources", *IJMCL*, 9 (1994), No. 1, pp. 87-93.

« Protocole relatif à la coopération en matière de lutte contre la pollution d'origine tellurique », *Et. int. (Tunis)*, (1985), n° 16, pp. 96-103.

"Statement of Conclusions from the Intermediate Ministerial Meeting, 7-8 December 1993 in Copenhagen", *IJMCL*, 9 (1994), No. 2, pp. 181-197.

"United Nations Environment Program: Report on Draft Protocol for the Protection of the Mediterranean Sea against Pollution from Land-based Sources, Issued February 25, 1977", *ILM*, 16 (1977), pp. 958-969.

3 Pollution des eaux
Water Pollution

a Ouvrages et articles
Books and Articles

ANDO, N., "The Law of Pollution Prevention in International Rivers and Lakes", *The Legal Regime of International Rivers and Lakes/Le régime juridique des fleuves et des lacs internationaux*, The Hague [etc.], Nijhoff, 1981, pp 331-370.

ANTYPAS, A., and S. STEC, "Towards a Liability Regime for Damages to Transboundary Waters by Industrial Accidents: A New Protocol in the UNECE

Region", *The Journal of Water Law: Case Law — Environmental Control and Enforcement — Economic Regulation — Policy Development*, 14 (2003), No. 4, pp. 185-193.

ARNAUD, V. G., *Derecho internacional ambiental: la contaminación de los ríos en el derecho internacional publico: el principio de buena vecindad ecologica en el approvechamiento racional y optimo de los recursos naturales compartidos*, Buenos Aires, Argentina, [s. n.], 1974.

BATES, J., "Examining Water Pollution Law and Regulation in the Light of Current Government and EU Policy", *Water Law*, 8 (1997), No. 2, pp. 76-80.

BERNAUER, Th., *The International Financing of Environmental Protection: Lessons from Efforts to Protect the River Rhine against Chloride Pollution*, London, Cass, 1995, pp. 369-390.

BOYLE, A. E., "International Law of Environmental Rights: Remedies for Pollution Injuries", *Water in the Middle East: Legal, Political and Commercial Implications*, London, [etc.], Tauris Academic Studies, 1995, pp. 93-109.

CASSIN, R. *[et al.]*, *La défense de l'homme contre les pollutions: air, bruit, eau*: colloque de Royan, 14-16 mai 1970, Paris, Pedone, [1970].

CHERET, Y., « La pollution des eaux dans le monde: éléments d'une politique positive », *La défense de l'homme contre les pollutions*, Paris, Pedone, [1970], pp. 305-310.

CHRIST, W., *Aspects of Water Pollution Control: A Selection of Papers Prepared for the Conference on Water Pollution Problems in Europe, Geneva, 1961*, Geneva, World Health Organization, 1962. [Public Health Papers, No. 13.]

COLLIARD, C. A., "Legal Aspects of Transfrontier Pollution of Fresh Water", *Legal Aspects of Transfrontier Pollution*, Paris, OECD, London, HMSO, 1977, pp. 263-282.

DAHAK, D., « La réparation des dommages dus à la pollution des eaux », *Annuaire AAA/Yearbook of the AAA*, 41 (1971), pp. 86-93.

DESCROIX, P., « Les distributeurs d'eau devant les problèmes de pollution », *La défense de l'homme contre les pollutions*, Paris, Pedone, [1970], pp. 287-292.

DICKSTEIN, H. L., "International Lake and River Pollution Control: Questions of Method", *Colum. J. Transnat'l L.*, 12 (1973), pp. 487-519.

DINTELMANN, K., *Die Verunreinigung internationaler Binnengewässer insbesondere in Westeuropa aus der Sicht der Völkerrechts*, Cologne, [etc.], Heymann, 1965. [Das Recht der Wasserwirtschaft: Veröffentlichungen des Instituts für das Recht der Wasserwirtschaft an der Universität Bonn, Heft 14.]

DROZ, A., and H. SMETS, "Transfrontier Pollution in International Water Basins", *Transfrontier Pollution and the Role of States*, Paris, OECD, 1981, pp. 126-132.

EKPU, A. O. O., "Environmental Impact of Oil on Water: A Comparative Overview of the Law and Policy in the United States and Nigeria", *Den. J. Int'l L. & Pol'y*, 24 (1995), No. 1, pp. 55-108.

ERICHSEN-BROWN, J. P., *Legal Implications of Boundary Water Pollution*, [S. l.], [s. n.], 1967.

FETTIG, K., "Criminal and Civil Remedies for Transboundary Water Pollution", *The Transnational Lawyer*, 15 (2002), No. 1, pp. 117-154.

FLORIO, F., "Nota sull'inquinamento delle acque non maritime nel diritto internazionale", *Riv. dir. int.*, 46 (1963), pp. 588-605.

FREDERICK, M., "Water Pollution and Related Principles of International Law", *Can. Yb. Int'l L.*, 17 (1979), pp. 134-158.

HODSON, Lord, *Water Pollution as a World Problem: The Legal, Scientific and Political Aspects: Report of a Conference Held at the University College of Wales, Aberystwyth, 11/12 July 1970*, London, Europa publications for the David Davies Memorial Institute of International Studies, 1971.

HOOGENDIJK-DEUTSCH, S. V., and L. P. SUETENS, *Preadviezen over de wetgeving*

inzake verontreiniging van water en lucht in Nederland en België, Zwolle, Tjeenk Willink, 1973. [Vereniging voor de Vergelijkende Studie van het Recht van België en Nederland.]
"International and Intrafederal Commissions Dealing with Transfrontier Pollution in Hydrographic Basins: A Comparison", *Transfrontier Pollution and the Role of States*, Paris, OECD, 1981, pp. 133-136.
JENISCH, U., "Regional Anti-pollution Initiatives of the EEC, NATO and OECD and Their Respective Member States for European Waters", *RDI*, 50 (1972), pp. 171-188.
KAMMINGA, M. T., "Who Can Clean up the Rhine: The European Community or the International Rhine Commission", *The Legal Regime of International Rivers and Lakes/Le régime juridique des fleuves et des lacs internationaux*, The Hague [etc.], Nijhoff, 1981, pp. 371-387.
KIEFE, R., « La lutte contre la pollution des eaux intérieures en France et à l'étranger », *La défense de l'homme contre les pollutions*, Paris, Pedone, 1970, pp. 225-236.
KLINE, J. N., "Intergovernmental Relations in the Control of Water Pollution", *Nat. Res. Lawyer*, 4 (1971), pp. 505-536.
LAMMERS, J. G., *Pollution of International Watercourses: A Search for Substantive Rules and Principles of Law*, Boston, Nijhoff, 1984.
—, *Pollution of International Watercourses: A Search for Substantive Rules and Principles of Law*, [diss. Leiden], [The Hague etc.], Nijhoff, 1984.
—, "The Activities of the Council of Europe concerning the Protection of Fresh Water against Pollution", *Annu. AAA/Yearbook of the AAA*, 41 (1971), pp. 55-67.
—, "The Draft European Convention of the Council of Europe for the Protection of International Watercourses against Pollution", *NYIL*, 6 (1975), pp. 167-198.
LICHTENBERG, E., and L. J. OLSON, "Non-cooperative and Cooperative Management of an Accumulative Water Pollutant", *Conflict and Cooperation on Transboundary Water Resources*, Boston, Dordrecht [etc.], Kluwer Academic Publishers, 1998, pp. 267-278.
LUCHCHINI, L., « Quelques aspects juridiques de la pollution fluviale: l'exemple des fleuves européens », *Rev. roum. ét. int.*, 22 (1988), pp. 195-202.
MAFUNDA, D., and N. STALE, "Positional Analysis Applied to Water Pollution Problems in Developing Countries", *Water Quantity/Quality Management and Conflict Resolution*, Westport, CT, Praeger, 1995, pp. 427-437.
NOLLKAEMPER, A., *The Legal Regime for Transboundary Water Pollution: Between Discretion and Constraint*, Dordrecht, [etc.], Nijhoff, 1993.
PONTE IGLESIAS, M. T., *La contaminación fluvial: cuestiones de responsabilidad internacional*, [s.l.], Conselleria da Presidencia e Administracion Publica, 1989.
—, *La contaminación fluvial: cuestiones de responsabilidad internacional*, [s.l.], Universidad de Aantiago de Compostela, 1988.
—, *La responsabilidad internacional y la contaminación de los cursos de aguas internacionales en los trabajos de la Comisión de derecho internacional: especial referencia a la responsabilidad por las consecuencias perjudiciales de actos no prohibidos por el derecho internacional*, [s.l., s.n.], 1989.
POPESCU, D., "Water Pollution Control: A Legal Study", *Rev. roum. et. int.*, 5 (1971), nº 4, pp. 173-179.
PRAT, J., and A. GIRAUD, *The Pollution of Water by Detergents*, [Paris], OECD, 1964.
PRESS, J., and T. SODERQVIST, "On Estimating the Benefits of Groundwater Protection: A Contingent Valuation Study in Milan", *Regulating Chemical Accumulation in the Environment: The Integration of Toxicology and Economics in Environmental Policy-making*, Cambridge [etc.], Cambridge University Press, 1998, pp. 121-182.

ROGGENBUCK, S., *Wasserverschmutzungen und internationales Privatrecht: zur privatrechtlichen Abwehr von Verschmutzungen internationaler Gewässer in der EG und in den USA*, Frankfurt am Main [etc.], Lang, 1997 [Europäische Hochschulschriften, Bd. 2077; Rechtswissenschaft].

ROSSBACH, A., "Der Einfluß der im Ausland erteilten Bewilligung zur Gewässerbenutzung auf Schadenersatzansprüche wegen grenzüberschreitender Gewässerverunreinigung", *ZfW*, 18 (1979), No. 1, pp. 16-24.

RIJSWICK, H. F. M. W. VAN, *De kwaliteit van water: Europese en nationale instrumenten voor de bescherming van oppervlakte water*, Deventer, Kluwer, 2001.

SCOTT, P., "Shellfish Waters, Sewage Discharges and Recreational Water Quality", *Water Law*, 10 (1999), No. 4, pp. 140-149.

SEPULVEDA, C., "La contaminación de los ríos internationales y el derecho: el conflicto Mexico-Estados Unidos sobre el Rio Colorado 1961-1973 y sus lecciones", *Anu. Der. Internac. (Navarra)*, 1 (1974), pp. 309-316.

SETTE-CAMARA, J., "Pollution of International Rivers", *RCADI*, 186 (1984), pp. 117-217.

SHIVA, V., *La guerre de l'eau: privatisation, pollution et profit*, Paris, Parangon, 2003.

—, *Water Wars: Privatization, Pollution and Profit*, Cambridge, MA, South End Press, 2002.

STANDER, G. J., "Water Pollution: Problem of Our Age", *SA Int'l*, 1 (1970), pp. 89-96.

STEPHENS, S., J. M. O'LEARY and I. C. ROBERTS (eds.), *Diposal of Radioactive Wastes into Marine and Fresh Waters*, Vienna, IAEA, 1962. [*Bibliographical Series*, No. 5.]

SYMONIDES, J., "International Legal Problems of the Fight against the Pollution of Rivers", *Polish YB Int'l L.*, 5 (1974), pp. 99-114.

TECLAFF, L. A., and E. TECLAFF, "Transboundary Ground Water Pollution: Survey and Trends in Treaty Law", *N. Res. J.*, 19 (1979), pp. 629-667.

—, "Transboundary Ground Water Pollution: Survey and Trends in Treaty Law", *International Groundwater Law*, London [etc.], Oceana Publications, 1981, pp. 77-115.

—, "Transboundary Toxic Pollution and the Drainage Basin Concept", *N. Res. J.*, 25 (1985), No. 3, pp. 589-612.

—, "Transboundary Toxic Pollution and the Drainage Basin Concept", *Transboundary Resources Law*, Boulder, CO, Westview Press, 1987, pp. 27-50.

THOMAS, P. (ed.), *Water Pollution: Law and Liability*, London [etc.], Graham & Trotman and International Bar Association, 1993. *[International Bar Association Series.]*

TOMKINS, J., "Instruments for Water Quality Management", *The European Water Environment in a Period of Transformation*, New York, Manchester University Press, 1996, pp. 1-17.

UTTON, A. E., "International Water Quality Law", *International Environmental Law*, New York [etc.], Praeger, 1974, pp. 154-186.

WITASCHEK, F. V., "International Control of River Water Pollution", *Den. J. Int'l L. & Pol'y*, 2 (1972), pp. 35-54.

b Documents

Criteria for and Approaches to Water Quality Management in Developing Countries, New York, NY, United Nations, 1991. [*Natural Resources/Water Series*, No. 26.]

Directory of Water Pollution Research Laboratories, [Paris], [OECD], 1966.

Disposal of Radioactive Wastes into Fresh Water: Report of an ad hoc Panel of Experts, Vienna, International Atomic Energy Agency, 1963. [*Safety Series*, No. 10.]

Fresh Water Pollution Control in Europe, [s.l.], Council of Europe, 1966.
La lutte contre la pollution des eaux douces, [s.l.], Conseil de l'Europe, 1966.
Reception Facilities for the Transfer of Waste Generated on Board Ships on European Inland Waterways, New York and Geneva, United Nations, 1999.
Stations de réception sur les voies navigables européennes pour le transbordement des déchets provenant de bateaux, New York et Genève, Nations Unies, 1999.

4 Zones humides Wetlands

a Ouvrages et articles Books and Articles

BERGKAMP, G., J.-Y. PIROT and S. HOSTETTLER (eds.), *Integrated Wetlands and Water Resources Management: Proceedings of a Workshop held at the 2nd International Conference on Wetlands and Development (November 1998, Dakar, Senegal)*, Wageningen, Wetlands International, 2000.
BLASCO, D., *The Ramsar Convention Manual: A Guide to the Convention on Wetlands*, Gland, Ramsar Convention Bureau, 1997.
BOWMAN, M. J., "The Ramsar Convention Comes of Age", *NYIL*, 42 (1995), No. 1, pp. 1-52.
—, "Recent Developments concerning the 1971 Convention on Wetlands of International Importance", *IJMCL*, 10 (1995), No. 4, pp. 547-555.
COURTNEY, L., "International Protection of Wetlands: Protection of a German Wetland under the Ramsar Convention and the European Union Habitats Directive", *Colorado Journal of International Environmental Law and Policy: 2001 Yearbook*, pp. 129-140.
DAVIS, T. J., *Le manuel de la Convention de Ramsar: guide de la convention relative aux zones humides d'importance internationale, particulièrement comme habitats des oiseaux d'eau*, Gland, Bureau de la Convention Ramsar, 1996.
Les défaillances du marché et des gouvernements dans la gestion de l'environnement: les zones humides et les forêts, Paris, Organisation de coopération et de développement économiques, 1992.
DODD, Ch. N., "Wetlands Protection Law: A Comparative Analysis of the Federal Laws of the United States and Canada, and the Local Laws of Michigan and Ontario", *Journal of International Law and Practice*, 8 (1999), No. 3, pp. 793-817.
DOTINGA, H., "7th Ramsar COP: Wetlands and Sustainable Development", *Envtl. Pol'y & L.*, 29 (1999), No. 5, pp. 212-214.
EMERTON, L., *Economic Tools for Valuing Wetlands in Eastern Africa*, Nairobi, IUCN Regional Office for Eastern Africa (EARO), 1998.
EMERTON, L., L. IYANGO, P. LUWUM and A. MALINGA, *The Present Economic Value of Nakivubo Urban Wetland, Uganda*, Naironi, IUCN Regional Office for Eastern Africa, 1999.
FARRIER, D., and L. TUNCKER, "Wise Use of Wetlands under the Ramsar Convention: A Challenge for Meaningful Implementation of International Law", *J. Envtl. L.*, 12 (2000), No. 1, pp. 21-42.
GALLEY, S., "Wetlands", *Colo. J. Int'l Envtl. L. & Pol'y, 1996 Yearbook*, pp. 115-119.
GOLDING, S. L. T., "Beyond the Ramsar Convention: A Proposal for the International Protection of Wetlands through Binding Regional Agreements", *Colo. J. Int'l Envtl. L. & Pol'y*, 3 (1992), No. 1, pp. 359-380.

GERLACH, L. P., "Innovations in Cooperation: North American Waterfowl Management Plan", *Water Quantity/Quality Management and Conflict Resolution*, Westport, CT, Praeger, 1995, pp. 227-353.

HAILS, A. J., *Wetlands, Biodiversity and the Ramsar Convention: The Role of the Convention on Wetlands in the Conservation and Wise Uses of Biodiversity*, Gland, Bureau de la Convention Ramsar, 1996.

HEIJNSBERGEN, P. VAN, "De Ramsar-Conventie in ontwikkeling", *M en R*, (1984), No. 10, pp. 308-314.

HERNANDEZ, G. (ed.), *Humedales de Meso-américa: Sitios Ramsar de Centroamérica y Mexico*, Costa Rica, UICN/IUCN Oficina Regional para Mesoamérica (ORMA), 1999.

How States May Join the Convention: Convention on Wetlands of International Importance Especially Waterfowl Habitat (Ramsar, Iran, 1971), Gland, Ramsar Convention Bureau, 1996.

KRUCHEK, B. L., "Extending Wetlands Protection under the Ramsar Treaty's Wise Use Obligation", *Arizona Journal of International and Comparative Law*, 20 (2003), No. 2, pp. 409-442.

JONGE, J. A. C. DE, "De conventie van Ramsar", *M en R*, (1976), pp. 80-83.

KLEMM, C. DE, et I. CRÉTEAUX, *L'évolution juridique de la Convention de Ramsar relative aux zones humides d'importance internationale particulièrement comme habitats des oiseaux d'eau (2 février 1971)/The Legal Development of the Ramsar Convention on Wetlands of International Importance Especially as Waterfowl Habitat (2 February 1971)/La evolucíon juridica de la Convención de Ramsar relativa a los humedales de importancia internacional especialmente com habitat de aves acuaticas (2 febrero de 1971)*, Gland, Ramsar Convention Bureau, 1995.

KOESTER, V., *The Ramsar Convention on the Conservation of Wetlands: A Legal Analysis of the Adoption and Implementation of the Convention in Denmark*, Gland, Switzerland, Ramsar Convention Bureau, 1989.

KOOTEN, G. C. VAN, "Preservation of Waterfowl Habitat in Western Canada: Is the North American Waterfowl Management Plan a Success?", *N. Res. J.*, 33 (1993), pp. 759-775.

Market and Government Failures in Environmental Management: Wetlands and Forests, Paris, OECD, 1992.

MATTHEWS, G. V. T., *The Ramsar Convention on Wetlands: Its History and Development*, Gland, Switzerland, Ramsar Convention Bureau, 1993.

NAVID, D., "The International Law of Migratory Species: The Ramsar Convention", *N. Res. J.*, 29 (1989), pp. 1001-1016.

—, "The Legal Development of the Convention on Wetlands: Getting It Right, or the Importance of Proper Legal Drafting", *A Law for the Environment: Essays in Honour of Wolfgang E. Burhenne*, Gland, IUCN, pp. 181-187.

RICHARDSON, B. J., "Scales of Environmental Management: Wetlands Conservation in Kenya and Uganda", *AJICL/RADIC*, 8 (1996), No. 4, pp. 904-931.

SAMIOTIS, G., "The Legal Protection of Wetlands and the 'Ramsar Convention'", *Envtl. Pol'y & L.*, 23 (1993), No. 3-4, pp. 162-167.

The Ramsar Convention Manual: A Guide to the Convention on Wetlands of International Importance, Gland, Ramsar Convention Bureau, 1994.

TIMOSHENKO, A. S., "Protection of Wetlands by International Law", *Pace Envtl. L. Rev.*, 5 (1988), pp. 463-473.

b Documents

"Contracting Parties of the Convention on Wetlands of International Importance Especially as Waterfowl Habitat Protocol to Amend the Convention, Adopted in Paris, December 3, 1982", *ILM*, 22 (1983), pp. 698-703.

Convention on Wetlands of International Importance Especially as Waterfowl Habitat: Ramsar 2.2.1971, as Amended by the Protocol of 3.12.1982, and the Amendments of 28.5.1987, Paris, Unesco, 1994.

"International Conference on the Conservation of Wetlands and Waterfowl, Held at Ramsar, Iran, January 30 to February 3, 1971 : Convention on Wetlands of International Importance", *ILM*, 11 (1972), pp. 963-976.

List of Wetlands of International Importance, Designated by the Contracting Parties, Gland, Ramsar Convention Bureau, 1997.

G Ressources et installations d'eau en période de conflit armé

Water Resources and Installations during Armed Conflict

a Ouvrages et articles

Books and Articles

BENVENISTI, E., "Managing Iraq's Shared Water Resources during the Occupation", *American Journal of International Law*, 97 (2003), No. 4, pp. 864-872.

—, "Water Conflicts during the Occupation of Iraq", *American Journal of International Law*, 97 (2003), No. 4, pp. 860-872.

BOGDANOVIC, S., "Water Law after Dayton: The Current State of Regulation in Bosnia and Herzegovina", *Water International*, 25 (2000), No. 4, pp. 534-543.

BOUTRUCHE, Th., « Le statut de l'eau en droit international humanitaire », *Rev. ICR*, 82 (2000), n° 840, pp. 887-916.

BRAVERMAN, A., "Wasser: Element des Friedens und des Konflikts", *Internationale Politik*, 50 (1995), No. 7, pp. 51-54.

FLEMING, S., P. G. NEMBRINI and R. CONTI, *War and Water*, Geneva, International Committee of the Red Cross, 1999.

GARB, P., and J. M. WHITELEY, "A Hydroelectric Power Complex on Both Sides of a War: Potential Weapon or Peace Incentive ?", *Reflections on Water: New Approaches to Transboundary Conflicts and Cooperation*, Cambridge, Massachusetts, USA, London, England, The MIT Press, 2001, pp. 213-237.

GARFINKLE, A., *War, Water, and Negotiation in the Middle East: The Case of the Palestine-Syria Border, 1916-1923*, Tel Aviv, Tel Aviv University, Moshe Dayan Center for Middle Eastern and African Studies, 1994.

HANLEY, T., and J. MITCHELL, "British Red Cross Cooperation with the International Committee of the Red Cross: Delegated Water Project in Bosnia-Herzegovina", *International Review of the Red Cross*, 38 (1998), No. 323, pp. 263-266.

—, « Coopération entre la Croix-Rouge britannique et le CICR : délégation d'un projet « eau et assainissement » en Bosnie-Herzégovine », *Rev. ICR*, 80 (1998), n° 830, pp. 283-286.

REMANS, W., "Water en oorlog", *Zoeklicht.*, Vol. 4 (1995), No. 11, pp. 4-9.

—, "Water and War", *HuV — I*, 8 (1995), No. 1, pp. 4-14.

SCHOLZ, W., *Die Rechtsverhältnisse der Meerengen und interozeanischen Kanäle im Kriege*, [Inaugural-Dissertation Universität zu Göttingen], [s.l.], [s. n.], 1936.

TIGNINIO, M., "Water in Times of Armed Conflict", *Resolution of International Water Disputes*, The Hague [etc.], Kluwer Law International, 2003, pp. 319-349.

VEENENDAAL, M., "Water als bron van conflicten", *Atlantisch perspectief*, 24 (2000), No. 3, pp. 23-28.

ZEMMALI, A., « La protection de l'eau en période de conflit armé », *Rev. ICR*, 77 (1995), n° 815, pp. 601-615.
—, "The Protection of Water in Times of Armed Conflict", *Rev. ICR*, 35 (1995), No. 308, pp. 550-564.

b Documents

Water and War: Symposium on Water in Armed Conflicts: Montreux, 21-23 November 1994: Report, Geneva, ICRC, 1995.

H L'eau et les droits de l'homme
Water and Human Rights

Ouvrages et articles
Books and Articles

ALVAREZ, I. J., *The Right to Water as a Human Right*, [s. l.], [s. n.], 199X.
CHERET, Y., « La pollution des eaux dans le monde : éléments d'une politique positive », *La défense de l'homme contre les pollutions*, Paris, Pedone, [1970], pp. 305-310.
DOHERTY, R., *Disputed Waters: Native Americans and the Great Lakes Fishery*, Lexington, KY, University Press of Kentucky, 1990.
HESSE, G. R., "Securing Tangible Results of Self-Determination: A Scheme to Solicit Support from the International Boundary and Water Commission for Indigenous Peoples' Water Rights Claims", *Ariz. J. Int'l & Comp. L.*, 8 (1991), No. 2, pp. 149-170.
HYVONEN, V. O., and K. KORPIJAAKKO, "The Legal Status of the Lapps in Land and Water Law", *Sc. St. L.*, 23 (1979), pp. 107-129.
NOWROT, K., and Y. WARDIN, *Liberalisierung der Wasserversorgung in der WTO-Rechtsordnung: die Verwirklichung des menschenrechts auf Wasser als Aufgabe einer transnationalen Verantwortungsgemeinschaft*, Halle-Wittenberg, Institut für Wirtschaftsrecht, Juristische Fakultät der Martin-Luther-Universität, 2003.
OKONTA, I., and O. DOUGLAS, *Where Vultures Feast: Shell, Human Rights, and Oil in the Niger Delta*, San Francisco, CA, Sierra Club Books, 2001.
SANCHEZ, R. M., "To the World Commission on Dams: Don't Forget the Law, and Don't Forget Human Rights: Lessons from the U.S.- Mexico Border", *U. Miami Inter-Am. L. Rev.*, 30 (1999), No. 3, pp. 629-657.
ZIV, N., "Water Poverty in Israel: Human Rights and Distributive Justice", *Journal of Water Law*, 14 (2003), No. 3, pp. 150-156.

I Règlement des différends internationaux
Settlement of International Disputes

Ouvrages et articles
Books and Articles

BEACH, H. L. *[et al.]*, *Transboundary Freshwater Dispute Resolution: Theory, Practice, and Annotated References*, Tokyo [etc.], The United Nations University, 2000.
BELL, S., "Environment Mediation — Possibilities of Development?", *Water Law*, 10 (1999), No. 5, pp. 156-157.
BENVENISTI, "The Role of Third Parties in Promoting Collective Action among

Riparians", *Resolution of International Water Disputes*, The Hague [etc.], Kluwer Law International, 2003, pp. 210-233.

BOISSON DE CHAZOURNES, L., "The Role of Diplomatic Means of Solving Water Disputes: A Special Emphasis on Institutional Mechanisms", *Resolution of International Water Disputes*, The Hague [etc.], Kluwer Law International, 2003, pp. 91-110.

BOURNE, Ch. B., "Mediation, Conciliation and Adjudication in the Settlement of International Drainage Basin Disputes", *Can. Yb. Int'l L.*, 9 (1971), pp. 114-158.

—, "Prodedure in the Development of International Drainage Basins: The Duty to Consult and to Negotiate", *Can. Yb. Int'l L.*, 10 (1972), pp. 212-234.

—, "The Suspension of Disputed Works or Utilizations of the Waters of International Drainage Basins", *Festschrift für Friedrich Berber zum 75. Geburtstag*, Munich, Beck'sche Verlagsbuchhandlung, 1973, pp. 109-125.

BUCK, S. J., G. W. GLEASON and M. S. JOFUKU, "The Institutional Imperative: Resolving Transboundary Water Conflict in Arid Agricultural Regions of the United States and the Commonwealth of Independent States", *N. Res. J.*, 33 (1993), No. 3, pp. 595-628.

BUSH, W., "Compensation and the Utilization of International Rivers and Lakes: The Role of Compensation in the Event of Permanent Injury to Existing Uses of Water", *The Legal Regime of International Rivers and Lakes/Le régime juridique des fleuves et des lacs internationaux*, The Hague [etc.], Nijhoff, 1981, pp. 309-329.

CAFLISCH, L., "Judicial Means for Settling Water Disputes", *Resolution of International Water Disputes*, The Hague [etc.], Kluwer Law International, 2003, pp. 235-245.

CANELAS DE CASTRO, P., "Prospects for the Future of International Water Law: The View Projected by the Epistemic Community", *Resolution of International Water Disputes*, The Hague [etc.], Kluwer Law International, 2003, pp. 371-416.

CHAUHAN, B. R., *Settlement of International and Inter-state Water Disputes in India*, Bombay, Tripathi, 1992.

—, *Settlement of International Water Law Disputes in International Drainage Basins*, Berlin, E. Schmidt, 1981. [Wasserrecht und Wasserwirtschaft, Bd. 19.]

DENG, F. M., "Northern and Southern Sudan: The Nile", *Culture and Negotiation: The Resolution of Water Disputes*, Newbury Park, CA, [etc.], Sage, 1993, pp. 57-61.

DUPONT, Ch., "Switzerland, France, Germany, the Netherlands: The Rhine", *Culture and Negotiation: The Resolution of Water Disputes*, Newbury Park, CA, [etc.], Sage, 1993, pp. 97-115.

EATON, J. W., and D. J. EATON, "Negotiation Strategies in Transboundary Water Disputes", *Transboundary Water Resources Management: Institutional and Engineering Approaches*, Berlin [etc.], Springer, 1996, pp. 37-45.

FAURE, G. O., and J. Z. Rubin (eds.), *Culture and Negotiation: The Resolution of Water Disputes*, Newbury Park, CA, [etc.], Sage, 1993.

FRISVOLD, G., and D. SCHIMMELPFENNIG, "Potential for Sustainability and Self-enforcement of Transboundary Water Agreements", *Conflict and Cooperation on Transboundary Water Resources*, Boston, Dordrecht [etc.], Kluwer Academic Publishers, 1998, pp. 27-39.

GRAFFY, C. P., "Water, Water, Everywhere, Nor Any Drop to Drink: The Urgency of Transnational Solutions to International Riparian Disputes", *Geo. Int'l Envtl. L. Rev.*, 10 (1998), No. 2, pp. 399-440.

HEFNY, M. A. M., "International Water Issues and Conflict Resolution: Some Reflections", *AJICL/RADIC*, 7 (1995), No. 2, pp. 360-379.

HEY, E., "Non-State Actors and International Water Disputes: A Search for the Nexus between the Local and the Global", *Resolution of International*

Water Disputes, The Hague [etc.], Kluwer Law International, 2003, pp. 299-318.

International Bureau of the Permanent Court of Arbitration (ed.), *Resolution of International Water Disputes*, Papers emanating from the Sixth PCS International Law Seminar, 8 November 2002, The Hague [etc.], Kluwer Law International, 2003.

Isaac, J., and M. Owewi, "The Potential of GIS in Water Management and Conflict Resolution", *Management of Shared Groundwater Resources: The Israeli-Palestinian Case with an International Perspective*, Boston [etc.], Kluwer Academic Publishers, 2001, pp. 329-345.

Jackson, S. R. B., "Mediation and Environmental Disputes", *Water Law*, 10 (1999), No. 5, pp. 164-168.

Kasme, B., "L'obligation de règlement des différends relatifs aux cours d'eau internationaux", *Liber Amicorum Judge Mohammed Bedjaoui*, The Hague [etc.], Kluwer Law International, 1999, pp. 179-200.

Kristjansdottir, E., "Resolution of Water Disputes: Lessons from the Middle East", *Resolution of International Water Disputes*, The Hague [etc.], Kluwer Law International, 2003, pp. 351-370.

MacCaffrey, S. C., "Water Disputes Defined: Characteristics and Trends for Resolving Them", *Resolution of International Water Disputes*, The Hague [etc.], Kluwer Law International, 2003, pp. 49-90.

Nardone, R., "Like Oil and Water: The WTO and the World's Water Resources", *Connecticut Journal of International* Law, 19 (2003), No. 1, pp. 183-207.

Okaru-Bisant, V., "Institutional and Legal Frameworks for Preventing and Resolving Disputes concerning the Development and Management of Africa's Shared River Basins", *Colo. J. Int'l Envtl. L. & Pol'y*, 9 (1998), No. 2, pp. 331-369.

O'Leary, M. C., "The Bellagio Draft Treaty as a Tool for Solving Border Groundwater Issues", *United States-Mexico Law Journal*, 11 (2003), pp. 57-60.

Painter, A., "Resolving Environmental Conflicts through Mediation", *Water Quantity/Quality Management and Conflict Resolution*, Westport, CT, Praeger, 1995, pp. 249-257.

Pitman, G. T. K., «Le rôle de la Banque mondiale dans le renforcement de la coopération et le règlement des conflits relatifs aux cours d'eau internationaux: le cas du bassin de l'Indus», *Cours d'eau internationaux: renforcer la coopération et gérer les différends*, Washington, DC, Banque mondiale, 1999, pp. 155-166.

—, "The Role of the World Bank in Enhancing Cooperation and Resolving Conflict on International Watercourses: The Case of the Indus Basin", *International Watercourses: Enhancing Cooperation and Managing Conflict*, Washington, DC, World Bank, 1998, pp. 155-165.

Rafiqul Islam, M., *The Ganges Water Dispute: An Appraisal of a Third Party Settlement*, [Sl., s. n.], 1987.

Rubin, J. Z., and G. O. Faure, "Water Resources: Some Introductory Observations", *Culture and Negotiation: The Resolution of Water Disputes*, Newbury Park CA [etc.], Sage, 1993.

Salman, S. M. A., "Good Offices and Mediation and International Water Disputes", *Resolution of International Water Disputes*, The Hague [etc.], Kluwer Law International, 2003, pp. 155-199.

Schwebel, S. M., "The Judgment of the International Court of Justice in the Case concerning the Gabčíkovo-Nagymaros Project (Hungary/Slovakia)", *Resolution of International Water Disputes*, The Hague [etc.], Kluwer Law International, 2003, pp. 247-258.

Shabman, L. A., "Bargaining and Water Disputes: A Perspective on the Coming Decade", *Water Quantity/Quality Management and Conflict Resolution*, Westport, CT, Praeger, 1995, pp. 259-267.

SHAH, F. A., and D. ZILBERMAN, "Political Economy of the Transition from Water Rights to Water Markets", *Water Quantity/Quality Management and Conflict Resolution*, Westport, CT, Praeger, 1995, pp. 369-383.

SOHNLE, J., « La gestion des conflits sur l'eau par les commissions fluviales », *Les politiques de l'eau au XXIe siècle*, t. II, Paris, CIRPES, 2002, pp. 53-74.

SUBEDI, S. P., "Resolution of International Water Disputes: Challenges for the 21st Century", *Resolution of International Water Disputes*, The Hague [etc.], Kluwer Law International, 2003, pp. 33-47.

SUNDING, D., "Resolving Transboundary Water Disputes: Economists' Influence on Policy Choices in the United States", *Conflict and Cooperation on Transboundary Water Resources*, Boston, Dordrecht [etc.], Kluwer Academic Publishers, 1998, pp. 403-410.

TANZI, A., "Recent Trends in International Water Law Dispute Settlement", *International Investments and Protection of the Environment: The Role of Dispute Resolution Mechanisms*, The Hague [etc.], Kluwer Law International, 2001, pp. 133-174.

—, "The UN Convention on International Watercourses as a Framework for the Avoidance and Settlement of Water Law Disputes", *LJIL*, 11 (1998), No. 3, pp. 441-472.

TANZI, A., and C. PITEA, "Emerging Trends in the Role of Non-State Actors in International Water Disputes", *Resolution of International Water Disputes*, The Hague [etc.], Kluwer Law International, 2003, pp. 259-297.

TIGNINIO, M., "Water in Times of Armed Conflict", *Resolution of International Water Disputes*, The Hague [etc.], Kluwer Law International, 2003, pp. 319-349.

UTTON, A. E., "Which Rule Should Prevail in International Water Disputes: That of Reasonabless or That of No Harm?", *N. Res. J.*, 36 (1996), No. 3, pp. 635-641.

WOLF, A. T., "International Water Conflict Resolution: Lessons from Comparative Analysis", *International Journal of Water Resources Development*, 13 (1997), pp. 333-336.

WOUTERS, P., "The Legal Response to International Water Conflicts: The UN Watercourses Convention and Beyond", *GYIL*, 42 (2000), pp. 292-336.

—, "Universal and Regional Approaches to Resolving International Water Disputes: What Lessons Learned from State Practice?", *Resolution of International Water Disputes*, The Hague [etc.], Kluwer Law International, 2003, pp. 111-154.

ZOUREK, J., « La Cour internationale d'arbitrage pour la navigation maritime et fluviale (siège à Gdynia, Pologne) et son activité », *Rev. de l'arb.* (1968), pp. 91-104.

J Succession d'Etats et statut juridique des cours d'eau internationaux

Succession of States and the Legal Status of International Watercourses

Ouvrages et articles

Books and Articles

FERNANDEZ ROZAS, J. C., « La succession d'Etats en matière de conventions fluviales », *The Legal Regime of International Rivers and Lakes/Le régime juridique des fleuves et des lacs internationaux*, La Haye [etc.], Nijhoff, 1981, pp. 127-176.

FISSEHA, Y., "State Succession and the Legal Status of International Rivers", *The*

Legal Regime of International Rivers and Lakes/Le régime juridique des fleuves et des lacs internationaux, The Hague [etc.], Nijhoff, 1981, pp. 177-202.

KLABBERS, J., "Cat on a Hot Tin Roof: The World Court, State Succession, and the Gabčíkovo-Nagymaros Case", *LJIL*, 11 (1998), No. 2, pp. 345-355.

II Etudes régionales
Regional Studies

A Afrique
Africa

1 En général
In General

a Ouvrages et articles
Books and Articles

ADAMS, W. M., *Wasting the Rain Rivers, People and Planning in Africa*, Minneapolis, MN [etc.], University of Minnesota Press, 1992.

BANGOURA, D., « L'eau, enjeu de sécurité en Afrique », *Les politiques de l'eau au XXI*[e] *siècle*, t. I, Paris, CIRPES, 2002, pp. 53-69.

BAYLISS, K., "Utility Privatisation in Sub-Saharan Africa: A Case Study of Water", *The Journal of Modern African Studies*, 41 (2003), No. 4, pp. 507-531.

BOUDERBALA, N. *[et al.]*, *Les périmètres irrigués en droit comparé africain (Madagascar, Maroc, Niger, Sénégal, Tunisie)*, Rome, FAO, 1992.

CAPONERA, D. A. (ed.), *Water Law in Selected African Countries: Benin, Burundi, Ethiopia, Gabon, Kenya, Mauritius, Sierra Leone, Swaziland, Upper Volta, Zambia*, Rome, FAO, 1979. [FAO Legislative Study, No. 17.]

—, *Water Laws in Moslem Countries*, [2 vols.], Rome, Water Resources and Development Service, Land and Water Development Division, FAO, 1973.

CONAC, F., G. CONAC et M. TAVENIER, *La terre, l'eau et le droit en Afrique, à Madagascar et à l'île Maurice*, Bruxelles, Bruylant, 1998.

CONAC, G., C. SAVONNET-GUYOT et F. CONAC (dir. publ.), *Les politiques de l'eau en Afrique: développement agricole et participation paysanne*, actes du colloque de la Sorbonne, Paris, Economica, 1985.

DOMBROWSKY, I., and D. GREY, "The Status of International River Management in Africa", *Co-operation on Transboundary Rivers*, Baden-Baden, Nomos Verlagsgesellschaft, 2002, pp. 83-99.

Ground Water in Eastern Central and Southern Africa, New York, United Nations, 1989.

HIRJI, R., et D. GREY, « Gestion des eaux internationales en Afrique: modalités et résultats », *Cours d'eau internationaux: renforcer la coopération et gérer les différends*, Washington, DC, Banque mondiale, 1999, pp. 79-102.

HIRJI, R., and D. GREY, "Managing International Waters in Africa: Process and Progress", *International Watercourses: Enhancing Cooperation and Managing Conflict*, Washington, DC, World Bank, 1998, pp. 77-99.

KAMTO, M., "Fleuves et lacs internationaux africains et problèmes écologiques: quelques considérations juridiques", *Envtl. Pol'y & L.*, 21 (1991), Nos. 5-6, pp. 236-240.

—, « Le droit international des ressources en eau continentales africaines », *AFDI*, 36 (1991), pp. 843-911.

MUBIALA, M., *L'évolution du droit des cours d'eau internationaux à la lumière de l'expérience africaine, notamment dans le bassin du Congo/Zaïre*, Paris, Presses universitaires de France, 1995.

—, « Le régionalisme africain en droit international fluvial », *AJICL/RADIC*, 6 (1994), n° 3, pp. 449-471.

—, « Les organismes fluviaux interafricains », *Revue de droit international*, 74 (1996), pp. 215-226.

OKIDI, C. O., "The State and the Management of International Drainage Basins in Africa", *N. Res. J.*, 28 (1988), pp. 645-669.

—, "International Law and Water Scarcity in Africa", *The Scarcity of Water: Emerging Legal and Policy Responses*, London, The Hague, [etc.], Kluwer Law International, 1997, pp. 166-180. *[International Environmental Law and Policy Series.]*

OKARU-BISANT, V., "Institutional and Legal Frameworks for Preventing and Resolving Disputes concerning the Development and Management of Africa's Shared River Basins", *Colo. J. Int'l Envtl. L. & Pol'y*, 9 (1998), No. 2, pp. 331-369.

OTTO, I., and M. SCHMIDT-DUMONT, *Die Wasserfrage im Nahen und Mittleren Osten: Literatur seit 1985: eine Auswahlbibliographie/Water in the Middle East and North Africa: Literature since 1985: A Selected Bibliography*, Hamburg, Deutsches Übersee-Institut, Übersee-Dokumentation, Referat orderer Orient, 1995. [Dokumentationsdienst Moderner Orient, No. 23, Reihe A.]

RAMAZZOTTI, M., *Readings in African Customary Water Law/Anthologie du droit coutumier de l'eau en Afrique*, Rome, FAO, 1996. [*Legislative Study*, No. 58/*Etude législative*, n° 58.]

ROWNY, K., *West African Contribution to the Law of International Watercourses*, Ile-Ife, University Press, 1974.

RUMMEL-BULSKA, I., "The UNEP African Inland Waters Programme", *Annu. AAA/Yearbook of the AAA*, 54/55/56 (1986), pp. 75-83.

SADOFF, C. W., D. WHITTINGTON and D. GREY, *Africa's International Rivers: An Economic Perspective*, Washington, DC, The World Bank, 2002.

TUMBARE, M. J., "Co-operation in the Zambezi River Basin", *Co-operation on Transboundary Rivers*, Baden-Baden, Nomos Verlagsgesellschaft, 2002, pp. 101-112.

b Documents

CAPONERA, D. A., and D. ALHERITIERE, *Water Law in Selected African Countries: Benin, Burundi, Ethiopia, Gabon, Kenya, Mauritius, Sierra Leone, Swaziland, Upper Volta, Zambia*, Rome, FAO, 1979.

Ground Water in North and West Africa, New York, NY, United Nations, 1988. [*Natural Resources/Water Series*, No. 18.]

River and Lake Basin Development: Proceedings of the United Nations Interregional Meeting on River and Lake Basin Development with Emphasis on the Africa Region, Addis Abeba, Ethiopia, 10-15 October 1988, New York, United Nations, 1990. [*Natural Resources/Water Series*, No. 20.]

Treaties concerning the Non-navigational Uses of International Watercourses: Africa/Traités concernant l'utilisation des cours d'eau internationaux à des fins autres que la navigation: Afrique, Rome, FAO, 1997. [*FAO Legislative Study*, No. 61/*FAO Etude legislative*, n° 61.]

Treaties concerning the Utilization of International Water Courses for Other Purposes than Navigation: Africa/Traités concernant l'utilisation des cours d'eau internationaux à des fins autres que la navigation: Afrique, New York, NY, United Nations/Nations Unies, 1984. [*Natural Resources/Water Series*, No. 13/*Ressources naturelles/Série Eau*, n° 13.]

2 Le Congo ou le Zaïre
Congo (or Zaire) River

Ouvrages et articles
Books and Articles

LE VACHER, Ch., *Le Congo fleuve international et les régions riveraines*, [thèse, Rennes], [s.l., s.n.], 1902.

MALUWA, T., "The Origins and Development of International Fluvial Law in Africa: A Study of the International Legal Regimes of the Congo and Niger Rivers from 1885 to 1960", *NILR*, 29 (1982), pp. 368-400.

MUBIALA, M., *L'évolution du droit des cours d'eau internationaux à la lumière de l'expérience africaine, notamment dans le bassin du Congo/Zaïre*, Paris, Presses universitaires de France, 1995.

—, «Le régime juridique du Bassin du Congo/Zaire», *Stud. Dipl.*, 47 (1994), n° 5, pp. 53-72.

PILLIAS, G., *La navigation internationale du Congo et du Niger*, [thèse, Paris], [s.l., s.n.], 1900.

3 Le lac Tchad
Lake Chad

Ouvrages et articles
Books and Articles

JAMES, I., "Lake Chad as an Instrument of International Co-operation", *Borderlands in Africa: A Multidisciplinary and Comparative Focus on Nigeria and West Africa*, [Lagos], University of Lagos Press, 1989, pp. 307-317.

SAND, P. H., "Development of International Water Law in the Lake Chad Basin", *ZaöRV*, 34 (1974), pp. 52-82.

4 Le lac Victoria
Lake Victoria

a Ouvrages et articles
Books and Articles

OKIDI, C. O., "History of the Nile and Lake Victoria Basins through Treaties", *The Nile: Sharing a Scarce Resource*, Cambridge [etc.], Cambridge University Press, 1994, pp. 321-350.

—, "Review of Treaties on Consumptive Utilization of Waters of Lake Victoria and Nile Drainage System", *N. Res. J.*, 22 (1982), pp. 161-199.

b Documents

"Kenya-Tanzania-Uganda: Final Act of the Conference of Plenipotentiaries on the Establishment of the Lake Victoria Fisheries Organization, Done at Kisumu, Kenya, June 30, 1994; Entered into Force on May 24, 1996", *ILM*, 36 (1997), pp. 667-690.

5 Le Niger
Niger River

Ouvrages et articles
Books and Articles

GODANA, B. A., *Africa's Shared Water Resources: Legal and Institutional Aspects of the Nile, Niger and Senegal Rivers*, Boulder, CO, Lynne Rienner Publishers, Inc., 1985.

IKELEGBE, A., "Civil Society, Oil and Conflict in the Niger Delta Region of Nigeria: Ramifications of Civil Society for a Regional Resource Struggle", *JMAS*, 39 (2001), No. 3, pp. 437-469.

MALUWA, T., "Legal Aspects of the Niger River under the Niamey Treaties", *N. Res. J.*, 28 (1988), pp. 671-697.

—, "The Origins and Development of International Fluvial Law in Africa: A Study of the International Legal Regimes of the Congo and Niger Rivers from 1885 to 1960", *NILR*, 29 (1982), pp. 368-400.

OKONTA, I., and O. DOUGLAS, *Where Vultures Feast: Shell, Human Rights, and Oil in the Niger Delta*, San Francisco, CA, Sierra Club Books, 2001.

PILLIAS, G., *La navigation internationale du Congo et du Niger*, [thèse, Paris], [s. l., s. n.], 1900.

SCHREIBER, M., « Accord relatif à la Commission du fleuve Niger et à la navigation et aux transports sur le fleuve Niger », *AFDI*, 10 (1964), pp. 813-817.

6 Le Nil
Nile River

a Ouvrages et articles
Books and Articles

ABATE, Z., *Water Resources Development in Ethiopia: An Evaluation of Present Experience and Future Planning Concepts*, Reading, Ithaca Press, 1994.

ABDALLA, I. H., "Removing the Nubians: The Halfawis at Khashm-al-Girba", *The Nile: Histories, Cultures, Myths*, London, Lynne Publishers, 2000.

AHMED, S., "Principles and Precedents in International Law governing the Sharing of Nile Waters", *The Nile: Sharing a Scarce Resource*, Cambridge [etc.], Cambridge University Press, pp. 351-363.

Allan, A.J., *The Nile Basin: Evolving Approaches to the Nile Waters Agreement.* [Occasional Paper 20, School of Oriental and African Studies (SOAS) Water Issues Group.]

ALLAN, J. A., "Developing Policies for Harmonised Nile Waters Development and Management", *The Nile: Sharing a Scarce Resource*, Cambridge [etc.], Cambridge University Press, pp. 385-391.

—, "Evolving Water Demands and National Development Options", *The Nile: Sharing a Scarce Resource*, Cambridge [etc.], Cambridge University Press, pp. 301-311.

—, "Nile Basin Water Management Strategies", *The Nile: Sharing a Scarce Resource*, Cambridge [etc.], Cambridge University Press, pp. 313-320.

ANDERSON, E. "Making Waves on the Nile", *Geographical Magazine* (1991), No. April.

BAIRU TAFLA, "The Father of Rivers: The Nile in Ethiopian Literature", *The Nile: Histories, Cultures, Myths*, London, Lynne Publishers, 2000.

BESCHORNER, N., *Water and Instability in the Middle East: An Analysis of Environmental, Economic and Political Factors Influencing Water Management and Water Disputes in the Jordan and Nile Basins and Tigris-Euphrates Region*, London, Brassey's, 1992. [Adelphi Papers, Vol. 273.]

BISWAS, A. K. (ed.), *International Waters of the Middle East: From Euphrates-Tigris to Nile*, Bombay [etc.], Oxford University Press, 1994.

BLEIER, R., "Will the Nile Water Go to Israel?: North Sinai Pipe-lines and the Politics of Scarcity", *Middle East Policy*, 5 (1997), No. 3, pp. 113-124.

BRUNNEE, J., and S. J. TOOPE, "The Changing Nile Basin Regime: Does Law Matter?", *Harv. Int'l L. J.*, 43 (2002), No. 1, pp. 105-159.

CAPONERA, D. A., "Legal Aspects of Transboundary River Basins in the Middle East: The Al Asi (Orontes), the Jordan and the Nile", *N. Res. J.*, 33 (1993), No. 3, pp. 629-663.

CARROLL, Ch. M., "Past and Future Legal Framework of the Nile River Basin", *Geo. Int'l Envtl. L. Rev.*, 12 (1999), No. 1, pp. 269-304.

CHENEVERT, D. J., "Application of the Draft Articles on the Non-navigational Uses of International Watercourses to the Water Disputes involving the Nile River and the Jordan River", *Emory Int'l L. Rev.*, 6 (1992), No. 2, pp. 495-575.

COLLINS, R. O., "In Search of Nile Waters, 1900-2000", *The Nile: Histories, Cultures, Myths*, London, Lynne Publishers, 2000.

—, "History, Hydropolitics, and the Nile: Nile Control: Myth or Reality?", *The Nile: Sharing a Scarce Resource*, Cambridge [etc.], Cambridge University Press, pp. 109-135.

—, "The Jonglei Canal: Illusion or Reality?", *Water International*, 13 (1998), pp. 144-153.

—, *The Waters of the Nile: Hydropolitics and the Jonglei Canal, 1900-1988*, Oxford [etc.], Clarendon Press, 1990. [Oxford Studies in African Affairs.]

DELLAPENNA, J. W., "Rivers as Legal Structures: The Examples of the Jordan and the Nile", *N. Res. J.*, 36 (1996), No. 2, pp. 217-250.

—, "The Nile as a Legal and Political Structure", *The Scarcity of Water: Emerging Legal and Policy Responses*, London, The Hague, [etc.], Kluwer Law International, 1997, pp. 121-134. *[International Environmental Law and Policy Series.]*

DENG, F. M., "Northern and Southern Sudan: The Nile", *Culture and Negotiation: The Resolution of Water Disputes*, Newbury Park, CA, [etc.], Sage, 1993, pp. 57-61.

EHRLICH, H., and I. GERSHONI (eds.), *The Nile: Histories, Cultures, Myths*, London, Lynne Rienner Publishers, 2000.

EL-ATAWY, M.-H., "Nilopolitics: A Hydrological Regime, 1870-1990", *Cairo Papers in Social Science*, 19 (1996), No. 1.

EVANS, T. E., "History of Nile Flows", *The Nile: Resource Evaluation, Resource Management, Hydropolitics and Legal Issues — Conference, 2-3 May 1990*, London, Centre of Near and Middle Eastern Studies, School of Oriental and African Studies, 1990, pp. 5-28.

FAHMI, A. M., "The Legal Regime of the River Nile", *ÖZöRV*, 37 (1986/87), pp. 51-70.

—, "Water Management in the Nile Basin: Opportunities and Constraints", *Sustainable Development and Management of Water Resources: A Legal Framework for the Mediterranean*, Rome, Institute for Legal Studies on the International Community — CNR, 1999, pp. 133-147.

GARRETSON, A. H., "The Nile Basin", *The Law of International Drainage Basins*, Dobbs Ferry, NY, Oceana Publications, 1967, pp. 256-297.

GODANA, B. A., *Africa's Shared Water Resources: Legal and Institutional Aspects of the Nile, Niger and Senegal Rivers*, Boulder, CO, Lynne Rienner Publishers, Inc., 1985.

HOWELL, P. P., "East Africa's Water Requirements: The Equatorial Nile Project and the Nile Waters Agreement of 1929: A Brief Historical Review", *The Nile: Sharing a Scarce Resource*, Cambridge [etc.], Cambridge University Press, 1994, pp. 81-107.

HOWELL, P. P., and J. A. Allan (eds.), *The Nile: Sharing a Scarce Resource: A*

Historical and Technical Review of Water Management and of Economic and Legal Issues, Cambridge [etc.], Cambridge University Press, 1994.

HULTIN, J., "The Nile: Source of Life, Source of Conflict", *Hydropolitics: Conflicts over Water as a Development Constraint*, London and New Jersy, Zed Books, Dhaka, University Press, 1995, pp. 29-54.

—, "Source of Life, Source of Conflicts: Fear and Expectations along the Nile", *Regional Case Studies of Water Conflicts*, Göteborg, Padigru Papers, 1992, pp. 20-45.

HURST, H. E., *The Nile: A General Account of the River and the Utilization of Its Waters*, London, Constable, 1957.

HVIDT, M., "The Nile River Basin: Domination by the Ultimate Downstream State", *Water in the Middle East: A Source of Conflict or Co-operation?, Conference Proceedings, 26 August 1996*, The Danish Middle East Network and Center for Contemporary Middle East Studies, Odens University, Denmark, 1997, pp. 1-19.

JACOBS, L. M., "Sharing the Gifts of the Nile: Establishment of a Legal Regime for Nile Waters Management", *Temp. Int'l & Comp. LJ*, 7 (1993), No. 1, pp. 95-122.

KALPAKIAN, J., *Identity, Conflict and Cooperation in International River Systems*, Aldershot [etc.], Ashgate Publishing Limited, 2004-08-03.

KELLER, H. A., *The Nile Waters Question in View of the Nile Agreement of 1959*, Basle, ISAFONC, 1966.

KLARE, M. T., *Resource Wars: The New Landscape of Global Conflicts*, New York, [s.n.], 2001.

MAGEED, Y. A., "The Nile Basin: Lessons from the Past", *International Waters of the Middle East: From Euphrates-Tigris to Nile*, Bombay [etc.], Oxford University Press, 1994, pp. 156-184.

MALLAT, C., "Law and the Nile River: Emerging International Rules and the Shariÿa", *The Nile: Sharing a Scarce Resource*, Cambridge [etc.], Cambridge University Press, pp. 365-384.

OKIDI, C. O., "History of the Nile and Lake Victoria Basins through Treaties", *The Nile: Sharing a Scarce Resource*, Cambridge [etc.], Cambridge University Press, pp. 321-350.

—, "Review of Treaties on Consumptive Utilization of Waters of Lake Victoria and Nile Drainage System", *N. Res. J.*, 22 (1982), pp. 161-199.

OSWALD, C., *Das internationale Wasserrecht zwischen Konflikt und Kooperation: die Entwicklung des Nilregimes*, Hamburg, Books on Demand GmbH, 2002.

PEICHERT, H., "The Nile Basin Initiative: A Promising Hydrological Peace Process", *Co-operation on Transboundary Rivers*, Baden-Baden, Nomos Verlagsgesellschaft, 2002, pp. 113-132.

SCHIFFLER, M., "Conflicts over the Nile or Conflicts on the Nile?", *Water in the Middle East: Potential for Conflicts and Prospects for Cooperation*, Berlin [etc.], Springer, 1998, pp. 137-150.

—, "Konflikte um den Nil oder Konflikte am Nil?", *Wasser — Konfrontation oder Kooperation: Ökologische Aspekte von Sicherheit am Beispiel eines weltweit begehrten Rohstoffs*, Baden-Baden, Nomos, 1997, pp. 263-276.

SHADY, A. M., A. M. ADAM and K. A. MOHAMED, "The Nile 2002: The Vision Toward Co-operation in the Nile Basin", *Water International*, 19 (1994), pp. 77-81.

SHADY, A. M., and B. GROVER, "Strategic Considerations for the Comprehensive Water Resources Development of the Nile River Basin", *Canadian Water Resources Development*, 21 (1996), No. 1, pp 3-12.

TAFESSE, T., *The Nile Question: Hydropolitics, Legal Wrangling, Modus Vivendi and Perspectives*, Münster [etc.], Lit Verlag, 2001. [Geographie, 11.]

TAMRAT, I., "Constraints and Opportunities for Basin-wide Cooperation in the Nile: A Legal Perspective", *Water in the Middle East: Legal, Political and*

Commercial Implications, London, [etc.], Tauris Academic Studies, 1995, pp. 177-188.

TVEDT, T., "The Management of Water and Irrigation: The Blue Nile", *Beyond Conflict in the Horn: The Prospects for Peace, Recovery and Development in Ethiopia, Somalia, Eritrea and Sudan, Conference Proceedings*, The Hague, Institute for Social Studies, 1992, pp. 79-92.

ULE, Ch., *Das Recht am Wasser: dargestellt am Beispiel des Nils*, [diss. Mainz], Baden-Baden, Nomos, 1998.

VARIS, O., "The Nile Basin in a Global Perspective: Natural, Human, and Socioeconomic Resource Nexus", *Water International*, 25 (2000), No. 4, pp. 624-637.

WATERBURY, J. "Legal and Institutional Arrangements for Managing Water Resources in the Nile Basin", *International Journal of Water Resources Development*, 3 (1987), No. 2, pp. 92-104.

—, *The Nile Basin: National Determinants of Collective Action*, New Haven and London, Yale University Press, 2002.

WHITTINGTON, D., and E. MCCLELLAND, "Opportunities for Regional and International Cooperation in the Nile Basin", *Country Experiences with Water Resources Management: Economic, Institutional, Technological and Environmental Issues*, Washington, DC, World Bank, 1992.

WHITTINGTON, D., J. WATERBURY and E. MCCLELLAND, "Toward a New Nile Waters Agreement", *Water Quantity/Quality Management and Conflict Resolution*, Westport, CT, Praeger, 1995, pp. 167-178.

WIEBE, K., "The Nile River: Potential for Conflict and Cooperation in the Face of Water Degradation", *Natural Resources Journal*, 41 (2001), No. 3, pp. 731-754.

WOLF, A. T., "A Hydrolopolitical History of the Nile, Jordan and Euphrates River Basins", *International Waters of the Middle East*, Bombay [etc.], Oxford University Press, 1994, pp. 5-43.

b Documents

"Sudan-United Arab Republic: Agreement between the United Arab Republic and the Republic of Sudan for the Full Utilization of the Nile Waters, Signed at Cairo, 8 November 1959 and Protocol concerning the Establishment of the Permanent Joint Technical Committee, Signed at Cairo, 17 January 1960", *IJIL*, 19 (1979), pp. 15-19.

7 Communauté de développement de l'Afrique australe (CDAA)

Southern African Development Community (SADC)

a Ouvrages et articles

Books and Articles

BOADU, F. O., "Relational Characteristics of Transboundary Water Treaties: Lesotho's Water Transfer Treaty with the Republic of South Africa", *N. Res. J.*, Vol. 38 (1998), No. 3, pp. 381-409.

LEBOTSE, K. K., "Southern African Development Community Protocol on Shared Watercourses: Challenges of Implementation", *LJIL*, 12 (1999), No. 1, pp. 173-181.

LEESTEMAKER, J. H., *Gaps between the UN Convention, the SADC Protocol and National Legal Systems in South Africa, Swaziland and Mozambique: An Analysis of the New National and Supra-national Water Laws in Southern Africa*, Mozambique, Universidade Eduardo Mondlane, 2000.

SALMAN, S. M. A., "Legal Regime for Use and Protection of International Watercourses in the Southern African Region: Evolution and Context", *N. Res. J.*, 41 (2001), No. 4, pp. 981-1022.
SWATUK, L. A., "The New Water Architecture in Southern Africa: Reflections on Current Trends in the Light of 'Rio +10'", *International Affairs*, 78 (2002), No. 3, pp. 507-530.

b Documents

"Agreement between the Government of the Republic of Namibia and the Government of the Republic of South Africa on the Establishment of a Permanent Water Commission, [Done at Noordoewer, 14 September 1992]", *AJICL/RADIC*, 5 (1993), No. 3, pp. 716-720.
"Botswana-Mozambique-Tanzania-Zambia-Zimbabwe: Agreement on the Action Plan for the Environmentally Sound Management of the Common Zambezi River System, Done at Harare, Zimbabwe, 28 May 1987; Entered into Force upon Signature", *ILM*, 27 (1988), pp. 1109-1143.
"Namibia-South Africa: Agreement on the Establishment of a Permanent Water Commission, Done at Noordoewer, 14 September 1992", *ILM*, 32 (1993), No. 4, pp. 1147-1151.
Protocol on Shared Watercourse Systems, Done at Johannesburg on the 28th day of August 1995.

B Amériques
Americas

1 En général
In General

a Ouvrages et articles
Books and Articles

BESNERAIS, J.-M., *Les fleuves et lacs internationaux en Amérique latine: le droit fluvial latino-américain*, [s.l., s.n.], 1977.
BISWAS, A. K. (ed.), *Management of Latin American River Basins: Amazon, Plata, and São Francisco*, Tokyo, [etc.], UNU Press, 1998.
LEE, T. R., "The Management of Shared Water Resources in Latin America", *N. Res. J.*, 35 (1995), No. 3, pp. 541-553.
—, "Managing Water Resources in Latin America", *N. Res. J.*, 30 (1990), No. 3, pp. 581-607.
LEE, T. R., and A. S. Jouralev, "Regulating the Private Provision of Drinking Water and Sanitation Services", *CEPAL Review*, 65 (1998), pp. 155-168.
LITTLE, S. Ph., "Canada's Capacity to Control the Flow: Water Export and the North American Free Trade Agreement", *Pace Int'l L. Rev.*, 8 (1996), No. 1, pp. 127-159.
SANDOVAL, M. T., *Legislación de aguas en América Central, Caribe y México: El Salvador, Haití, Honduras, Jamaica, México, Nicaragua, Panamá, República Dominicana*, Roma, FOA, 1975.
SOLANES, M., "Integrated Water Management from the Perspective of the Dublin Principles", *CEPAL Review*, 64 (1998), pp. 165-184.
—, "Water Rights Markets: Institutional Elements", *CEPAL Review*, 59 (1996), pp. 83-96.
SOSA-RODRIGUEZ, C., *Les fleuves de l'Amérique latine et le droit des gens*, [thèse, Université de Paris, faculté de droit], Paris, [s.n.], 1935.
VALLS, M. F. (ed.), *Water Legislation in South American Countries: Argentina,*

Bolivia, Brazil, Chile, Colombia, Ecuador, French Guiana, Guyana, Paraguay, Peru, Uruguay, and Venezuela, Rome, FAO, 1983. [*FAO Legislative Study*, No. 19.]

b Documents

SANDOVAL, M. T., *Legislación de aguas en América Central, Caribe y México: El Salvador, Haití, Honduras, Jamaica, México, Nicaragua, Panamá, República Dominicana*, Roma, FOA, 1975.

Water Resources Legislation and Administration in Selected Caribbean Countries, New York, United Nations, 1986. [*Natural Resources/Water Series*, No. 16.]

2 Bassin amazonien
Amazon Basin

a Ouvrages et articles
Books and Articles

BISWAS, A. K. (ed.), *Management of Latin American River Basins: Amazon, Plata, and São Francisco*, Tokyo, [etc.], UNU Press, 1998.

BOND, R. D., "Venezuela, Brazil and the Amazon Basin", *Orbis*, 22 (1978), pp. 635-650.

BRAGA, B., E. SALATI and H. MATTOS DE LEMOS, "Sustainable Water-Resources Development of the Amazon Basin", *Management of Latin American River Basins: Amazon, Plata, and São Francisco*, Tokyo [etc.], United Nations University Press, 1999, pp. 3-47.

PICASSO BOTTO, M., "The Amazon Cooperation Treaty: A Mechanism for Cooperation and Sustainable Development", *Management of Latin American River Basins: Amazon, Plata, and São Francisco*, Tokyo [etc.], United Nations University Press, 1999, pp. 68-100.

TORRIJOS QUINTERO, F., "The Amazon Policy of Colombia", *Management of Latin American River Basins: Amazon, Plata, and São Francisco*, Tokyo [etc.], United Nations University Press, 1999, pp. 49-67.

b Documents

"Bolivia-Brazil-Colombia-Ecuador-Guyana-Peru-Surinam-Venezuela: Treaty for Amazonian Cooperation, Done at Brasilia, July 3, 1978", [reproduced from the English text provided by the Brazilian Embassy at Washington, DC], *ILM*, 17 (1978), pp. 1045-1053.

3 Río Colorado
Colorado River

a Ouvrages et articles
Books and Articles

ABBEY, D., "Energy Production and Water Resources in the Colorado River Basin", *N. Res. J.*, 19 (1979), pp. 275-314.

D'AMOURS, P., "The Colorado River Delta", *Colo. J. Int'l Envtl. L. & Pol'y, 2000 Yearbook*, pp. 183-191.

ANDERSON, J. C., and J. E. KEITH, "Energy and the Colorado River", *N. Res. J.*, 17 (1977), pp. 157-168.

ANDERSON, K. J., "A History and Interpretation of the Water Treaty of 1944", *N. Res. J.*, 12 (1972), pp. 600-614. [Treaty United States-Mexico relating to the Utilization of the Waters of the Colorado and Tijuana Rivers and of the Rio Grande, 3 February 1944, 59 Stat. 1219 (1946), TS No. 994 (effective 8 November 1945).]
BACK, W. D., and J. S. TAYLOR, "Navajo Water Rights: Pulling the Plug on the Colorado River?", *N. Res. J.*, 20 (1980), pp. 71-90.
BISHOP, A. B., "Impact of Energy Development on Colorado River Water Quality", *N. Res. J.*, 17 (1977), pp. 649-671.
BROWN, F. L., J. W. SAWYER and R. KHOSHAKLAGH, "Some Remarks on Energy Related Water Issues in the Upper Colorado River Basin", *N. Res. J.*, 17 (1977), pp. 635-648.
BROWNELL, H., and S. D. EATON, "The Colorado River Salinity Problem with Mexico", *AJIL*, 69 (1975), pp. 155-271.
CABRERA, L., "Use of the Waters of the Colorado River in Mexico: Pertinent Technical Commentaries", *N. Res. J.*, 15 (1975), pp. 27-34.
CAREY, J. M., and D. L. SUNDING, "Emerging Markets in Water: A Comparative Institutional Analysis of the Central Valley and Colorado-Big Thompson Projects", *N. Res. J.*, 41 (2001), No. 2, pp. 283-328.
CUMMINGS, R. G., and J. W. MCFARLAND, "Reservoir Management and the Water Scarcity Issue in the Upper Colorado River Basin", *N. Res. J.*, 17 (1977), pp. 1-41.
DREGNE, H. E., "Salinity Aspects of the Colorado River Agreement", *N. Res. J.*, 15 (1975), pp. 43-53.
EVANS, N. A., "Salt Problem in the Colorado River", *N. Res. J.*, 15 (1975), pp. 55-62.
FRIEDKIN, J. F., "The Colorado River: International Aspects", *N. Res. J.*, 12 (1972), pp. 515-519.
FURNISH, D. B., and J. R. LADMAN, "The Colorado River Salinity Agreement of 1973 and the Mexicali Valley", *N. Res. J.*, 15 (1975), pp. 83-107.
GANTZ, D. A., "United States Approaches to the Salinity Problem on the Colorado River", *N. Res. J.*, 12 (1972), pp. 496-509.
GARDNER, B. D., and C. E. STEWART, "Agriculture and Salinity Control in the Colorado River Basin", *N. Res. J.*, 15 (1975), pp. 63-81.
GETCHES, D. H., "Water Management in the United States and the Fate of the Colorado River Delta in Mexico", *United States-Mexico Law Journal*, 11 (2003), pp. 107-113.
GLENN, E. P., R. S. FELGER, A. BURQUEZ and D. S. TURNER, "Cienega de Santa Clara: Endangered Wetland in the Colorado River Delta, Sonora, Mexico", *N. Res. J.*, 32 (1992), pp. 817-824.
GLENNON, R. J., and P. W. CULP, "The Last Green Lagoon: How and Why the Bush Administration Should Save the Colorado River Delta", *Ecology Law Quarterly*, 28 (2002), No. 4, pp. 903-992.
GROSS, S. P., "The Galloway Project and the Colorado River Compacts: Will the Compacts Bare Transbasin Water Diversions?", *N. Res. J.*, 25 (1985), pp. 935-960.
HERNANDEZ VELA SALGADO, E., "Principal Economic Aspects of the Problem of Salinity of the Colorado River", *N. Res. J.*, 15 (1975), pp. 129-133.
HOLBURT, M. B., "International Problems of the Colorado River", *N. Res. J.*, 15 (1975), pp. 11-26.
HOWE, C. W., "Project Benefits and Costs from National and Regional Viewpoints: Methodological Issues and Case Study of the Colorado-Big Thompson Project", *N. Res. J.*, 27 (1987), No. 1, pp. 5-20.
—, "Projects Benefits and Costs from National and Regional Viewpoints: Methodological Issues and Case Study of the Colorado-Big Thompson Project", *N. Res. J.*, 26 (1986), No. 1, pp. 77-92.
KEMPER, K. E., and L. D. SIMPSON, "The Water Market in the Northern Colorado

Water Conservancy District: Institutional Implications", *Institutional Frameworks in Successful Water Markets: Brazil, Spain, and Colorado, USA*, Washington, DC, 1999, pp. 21-42.
KNEESE, A. V., "A Theoretical Analysis of Minute No. 242 [Permanent and Definitive Solution to the International Problem of the Salinity of the Colorado River; International Boundary and Water Commission United States and Mexico]", *N. Res. J.*, 15 (1975), pp. 135-140.
LANDRY, S., "The Galloway Proposal and Colorado Water Law: The Limits of the Doctrine of Prior Appropriation", *N. Res. J.*, 25 (1985), pp. 961-983.
LOBATO, J. B., "Legal Considerations, Interpretations and Projectations of Minute 242 [Permanent and Definitive Solution to the International Problem of the Salinity of the Colorado River; International Boundary and Water Commission United States and Mexico]", *N. Res. J.*, 15 (1975), pp. 35-41.
MACKEITH, M. H., "The Future of the Colorado River Delta", *United States-Mexico Law Journal*, 11 (2003), pp. 99-103.
MANN, D. E., "Politics in the United States and the Salinity Problem of the Colorado River", *N. Res. J.*, 15 (1975), pp. 113-128.
MARTIN, W. E., "Economic Magnitudes and Economic Alternatives in Lower Basin Use of Colorado River Water", *N. Res. J.*, 15 (1975), pp. 239.
MEYERS, C. J., "The Colorado Basin", *The Law of International Drainage Basins*, Dobbs Ferry, NY, Oceana Publications, 1967, pp. 486-607.
MUYS, J. C., "Innovations in Water Management: New Responses to Municipal Demands in the Lower Colorado River Basin, U.S.A.", *Water International*, 25 (2000), No. 4, pp. 526-533.
OYARZABAL-TAMARGO, F., and R. A. YOUNG, "International External Diseconomies: The Colorado River Salinity Problem in Mexico", *N. Res. J.*, 18 (1978), pp. 77-89.
PITT, J., D. F. LUECKE, M. J. COHEN, E. P. GLENN and C. VALDES-CASILLAS, "Two Nations, One River: Managing Ecosystem Conservation in the Colorado River Delta", *N. Res. J.*, 40 (2000), No. 4, pp. 819-864.
REYNOLDS, S. E., "The Water Quality Problem on the Colorado River", *N. Res. J.*, 12 (1972), pp. 480-486.
SEPULVEDA, C., "La contaminación de los ríos internacionales y el derecho: el conflicto Mexico-Estados Unidos sobre el Rio Colorado 1961-1973 y sus lecciones", *Anu. Der. Internac. (Navarra)*, 1 (1974), pp. 309-316.
SOBARZO, A., "Salinity in the Colorado: An Interpretation of the Mexican-American Treaty of 1944", *N. Res. J.*, 12 (1972), pp. 510-514.
VERNER, R. E., "Short Term Solutions, Interim Surplus Guidelines, and the Future of the Colorado River Delta", *Colorado Journal of International Environmental Law and Policy*, 14 (2003), No. 2, pp. 241-271.
VISCOLI, S. J., "The Resource Conservation Group Proposal to Lease Colorado River Water", *N. Res. J.*, 31 (1991), No. 4, pp. 887-907.
WEATHERFORD, G. D., and G. C. JACOBY, "Impact of Energy Development on the Law of the Colorado River", *N. Res. J.*, 15 (1975), pp. 171-213.
WHITE, S. E., and D. E. KROMM, "Local Groundwater Management Effectiveness in the Colorado and Kansas Ogallala Region", *N. Res. J.*, 35 (1995), No. 2, pp. 275-307.

b Documents

"Acta Num. 242: Solucion permanente y definitiva del problema internacional de la salinidad del Rio Colorado", *N. Res. J.*, 15 (1975), pp. 3-9.
"Mexico-U.S. Agreement on Colorado River Salinity Problem", [Reproduced from 52 *Department of State Bulletin*, 555-557, 12 April 1965], *ILM*, 4 (1965), No. 3, pp. 545-547.
"Mexico-United States: Agreement on the Permanent and Definitive Solution to the International Problem of the Salinity of the Colorado River, Done at

Mexico City, August 30, 1973 ; Entered into Force, 30 August 1973", *ILM*, 12 (1973), pp. 1105-1107.
"Minute No. 242 : Permanent and Definitive Solution to the International Problem of the Salinity of the Colorado River", *N. Res. J.*, 15 (1975), pp. 2-8.
"United States : Colorado River Basin Salinity Control Act, 24 June 1974", *ILM*, 13 (1974), pp. 989-994.
"U.S. Environmental Protection Agency : Proposed Regulations to Implement Salinity Control for the Colorado River System", [Reproduced from the U.S. *Federal Register* of 13 June 1974, p. 20703], *ILM*, 13 (1974), p. 1215.

4 Le Columbia
Columbia River

a Ouvrages et articles
Books and Articles

BOURNE, Ch. B., "The Columbia River Controversy", *Can. Bar Rev.*, 37 (1959), No. 3, pp. 444-472.
The Diversion of Columbia River Waters, Seattle, Washington, Institute of International Affairs, University of Washington, 1956. [Bulletin Number 12, Part 4, June 1956.]
GRIFFIN, W. L., *Legal Aspect of the Use of Systems of International Waters with Special Reference to the Columbia-Kootenay River System under Customary International Law and the Treaty of 1909 : Memorandum of the Department of State*, [Washington], [s. n.], 1958.
JOHNSON, R. W., "The Columbia Basin", *The Law of International Drainage Basins*, Dobbs Ferry, NY, Oceana Publications, 1967, pp. 167-255.
JONES, P., "Equitable and Reasonable Utilisation : The Columbia River", *The Journal of Water Law*, 13 (2002), No. 1, pp. 19-29.
LESSER, J. A., "Resale of the Columbia River Treaty Downstream Power Benefits : One Road from Here to There", *N. Res. J.*, 30 (1990), No. 3, pp. 609-628.
MCGINNIS, M. V., "On the Verge of Collapse : The Columbia River System, Wild Salmon and the Northwest Power Planning Council", *N. Res. J.*, 35 (1995), No. 1, pp. 63-92.
SEWELL, W. R. D., "The Columbia River Treaty and Protocol Agreement", *N. Res. J.*, 4 (1964), pp. 309-331.
SWAINSON, N. A., "The Columbia River Treaty : Where Do We Go from Here ?", *N. Res. J.*, 26 (1986), pp. 243-259.
WAGNER, J. R., "Congress and United States-Canada Water Problems : Senator Neuberger and the Columbia River Treaty", *RMSS Journal*, 11 (1974), No. 3, pp. 51-60.
WATERFIELD, D. C., *Continental Waterboy : The Columbia River Controversy*, Toronto [etc.], Clarke, Irwing and Company Ltd., 1970.
WILSON, R., "Removing Dam Development to Recover Columbia Basis Treaty Protected Salmon Economies", *Am. Indian L. Rev.*, 24 (1999), No. 2, pp. 357-419.

b Documents

"Canada and United States : Exchange of Notes on Columbia River Treaty", [Reproduced from 50 *Department of State Bulletin*, 200-206, 10 February 1964], *ILM*, 3 (1964), No. 2, pp. 318-323.

5 Les Grands Lacs ; le Saint-Laurent (fleuve et voie maritime)

Great Lakes ; St. Lawrence River and Seaway

a Ouvrages et articles

Books and Articles

ALLARDICE, D. R., R. H. MATTOON and W. A. TESTA, "Industry Approaches to Environmental Policy in the Great Lakes Region", *U. Tol. L. Rev.*, 25 (1994), No. 2, pp. 357-377.

ARVIN, Ch. D., "Virtual Elimination of Dioxin: Efforts of the United States and Canada to Eliminate Dioxin Pollution as Required by the Great Lakes Water Quality Agreement", *Ind. Int'l & Comp. L. Rev.*, 7 (1996), No. 1, pp. 131-164.

BACH, Ch. L., and J. EDSTROM, "Achieving Environmental Protection in a High-Performance Economy: A Great Lake Perspective", *U. Tol. L. Rev.*, 26 (1995), No. 2, pp. 305-322.

BARKER, B., "Lake Diversion at Chicago", *Case W. Res. J. Int'l L.*, 18 (1986), pp. 203-218.

BEDARD, C., «Les grands lacs de l'Amérique du Nord et le fleuve Saint-Laurent: frontière, voie de navigation commerciale, nature juridique», *Annuaire de droit maritime et aérien*, 3 (1976), pp. 139-150.

CANTRILL, J., Th. POTTER and W. STEPHENSON, "Protected Areas and Regional Sustainability: Surveying Decision Makers in the Lake Superior Basin", *N. Res. J.*, 40 (2000), No. 1, pp. 19-45.

CASTRILLI, J. F., and A. J. DINES, "Great Lakes Water Pollution Control: The Land Use Connection", *Envtl. Pol'y & L.*, 6 (1980), pp. 9-16.

CHRISTIE, W. J., "The Ecosystem Approach to Managing the Great Lakes: The New Ideas and Problems Associated with Implementing Them", *The University of Toledo Law Review*, 26 (1995), No. 2, pp. 279-304.

CROSS, F. B., "Restoring Restoration for Natural Resource Damages", *U. Tol. L. Rev.*, 24 (1993), No. 2, pp. 319-344.

DAWSON, S. E., and J. G. BARTOLOMEW, *The Saint Lawrence Basin and Its Borderlands, Being the Story of Their Discovery, Exploration and Occupation*, London, [s. n.], 1905.

DENDAUW, I., "The Great Lakes Region and Bulk Water Exports: Issues of International Trade in Water", *Water International*, 25 (2000), No. 4, pp. 565-571.

DINSMORE, M. J., "Like a Mirage in the Desert: Great Lakes Water Quantity Preservation Efforts and Their Punitive Effects", *U. Tol. L. Rev.*, 24 (1993), No. 2, pp. 449-472.

DOCHODA, M. R., "Authorities, Responsibilities, and Arrangements for Managing Fish and Fisheries in the Great Lakes Ecosystem", *Great Lake Fisheries Policy and Management: A Binational Perspective*, East Lansing, MI, USA, Michigan State University Press, 1999, pp. 93-110.

DOCHODA, M. R., and J. F. KOONCE, "A Perspective on Progress and Challenges under a Joint Strategic Plan for Management of Great Lakes Fisheries", *U. Tol. L. Rev.*, 25 (1994), No. 2, pp. 425-441.

DOHERTY, R., *Disputed Waters: Native Americans and the Great Lakes Fishery*, Lexington, KY, University Press of Kentucky, 1990.

DONAHUE, J. M., "Toward Ecosystem Management in the Great Lake Basin: The Overlapping Impacts of Water Quantity and Water Quality", *U. Tol. L. Rev.*, 25 (1994), No. 2, pp. 443-447.

DONAHUE, J. M., A. A. BIXBY and D. SIEBERT, "Great Lakes Diversion and Consumptive Use: The Issue in Perspective", *Case W. Res. J. Int'l L.*, 18 (1986), pp. 19-48.

DWORSKY, L. B., "The Great Lakes: 1955-1985", *N. Res. J.*, 26 (1986), pp. 291-336.

DWORSKY, L. B., G. R. FRANCIS and Ch. F. SWEZEY, "Management of the International Great Lakes", *N. Res. J.*, 14 (1974), pp. 103-138.

DWORSKY, L. B., J. A. MAUER and A. E. UTTON (eds.), "The North American

Experience Managing International Transboundary Water Resources: The International Joint Commission and the International Boundary and Water Commission: Part I", *N. Res. J.*, 33 (1993), No. 1, pp. 1-228.

DWORSKY, L. B., J. A. MAUER and A. E. UTTON (eds.), "The North American Experience Managing International Transboundary Water Resources: The International Joint Commission and the International Boundary and Water Commission: Part II", *N. Res. J.*, 33 (1993), No. 2, pp. 233-459.

DWORSKY, L. B., A. E. UTTON, and D. J. ALLEE, "The Great Lakes: Transboundary Issues for the Mid-90s", *U. Tol. L. Rev.*, 26 (1995), No. 2, pp. 347-386.

EARL, A. S., "Protecting the Great Lakes: The Case for a Regional Approach", *U. Tol. L. Rev.*, 24 (1993), No. 2, pp. 271-279.

EBERHARDT, A. J., J.-C. RASSAM and L. DUCKSTEIN, "Operation and Management of the Lake Ontario-St. Lawrence River System: Present and Future Options", *Transboundary Water Resources Management: Institutional and Engineering Approaches*, Berlin [etc.], Springer, 1996, pp. 217-232.

FERRERI, C. P., W. W. TAYLOR and J. M. ROBERTSON, "Great Lakes Fisheries Futures: Balancing the Demands of a Multijurisdictional Resource", *Great Lake Fisheries Policy and Management: A Binational Perspective*, East Lansing, MI, USA, Michigan State University Press, 1999, pp. 539-548.

FRERICHS, S., and K. W. EASTER, "Regulation of Interbasin Transfers and Consumptive Uses from the Great Lakes", *N. Res. J.*, 30 (1990), No. 3, pp. 561-579.

GALLAGHER, S. P., "Great Lakes Water Quality Initiative: National Standards Governing a Binational Resource: A Call for International Rulemaking", *Indiana Journal of Global Studies*, 2 (1994-1995), pp. 1-29.

"Great Lakes Legal Seminar: Diversion and Consumptive Use: Cleveland, Ohio, December 11-13, 1985", *Case W. Res. J. Int'l L.*, 18 (1986), pp. 1-259.

HANSEN, M. J., "Lake Trout in the Great Lakes: Basinwide Stock Collapse and Binational Restauration", *Great Lake Fisheries Policy and Management: A Binational Perspective*, East Lansing, MI, USA, Michigan State University Press, 1999, pp. 417-453.

HINKLE, J., "Troubled Waters: Policy and Action in the Great Lakes", *Thomas M. Cooley Law Review*, 20 (2003), No. 2, pp. 281-322.

KEHOE, T., *Cleaning up the Great Lakes: From Cooperation to Confrontation*, DeKalb, IL, Northern Illinois University Press, 1997.

KUNKLE, L. K., "Interstate Water Quality Conflicts and the Great Lakes Initiative: Is It the Solution to Calming the Waters", *U. Tol. L. Rev.*, 25 (1994), No. 2, pp. 457-483.

LA ROSA, A.-M., « Le droit international à la sauvegarde de l'écosystème des Grands Lacs et du fleuve Saint-Laurent », *Cah. de droit (Québec)*, 33 (1992), n° 2, pp. 399-456.

LEACH, J. H., E. L. MILLS and M. R. DOCHODA, "Non-indigenous Species in the Great Lakes: Ecosystem Impacts, Binational Policies, and Management", *Great Lake Fisheries Policy and Management: A Binational Perspective*, East Lansing, MI, USA, Michigan State University Press, 1999, pp. 185-207.

MANNO, J. P., "Advocacy and Diplomacy: NGOs and the Great Lakes Water Quality Agreement", *Environmental NGOs in World Politics*, London [etc.], Routledge, 1994, pp. 69-120.

MARTIN, Th., "Great Lakes Water Quality Initiative", *Natural Resources & Env't.*, 14 (1999), No. 1, pp. 15-19.

MARWEDEL, W., and S. L. FRIEDMAN, "Admiralty Jurisdiction and the Great Lakes", *U. Tol. L. Rev.*, 24 (1993), No. 2, pp. 345-369.

MENEFEE, F. N., *The St. Lawrence Seaway*, Ann Arbor, Michigan, Edwards, 1940.

MOSELEY, F. E., *The United States-Canadian Great Lakes Pollution Agreement: A Study in International Water Pollution Control*, [S.l], [s. n.] 1978.

REINUMAGI, I. U., *Diverting Water from the Great Lakes: Pulling the Plug on Canada*, [s. l., s. n.], 1986.

RYDER, R. A., and J. A. ORENDORFF, "Embracing Biodiversity in the Great Lakes Ecosystem", *Great Lake Fisheries Policy and Management: A Binatio-*

nal Perspective, East Lansing, MI, USA, Michigan State University Press, 1999, pp. 113-143.

SCHURTER, B. T., "Great Lakes Water Quality from a Fisheries Perspective", *U. Tol. L. Rev.*, 26 (1995), No. 2, pp. 467-503.

SHAFER, Ch. A., "Great Lakes Diversions Revisited: Legal Constraints and Opportunities for State Regulation", *T.M. Cooley L. Rev.*, 17 (2000), No. 3, pp. 461-510.

SQUILLACE, M., and S. ZELLMER, "Managing Interjurisdictional Waters under the Great Lakes Charter Annex", *Natural Resources and Environment*, 18 (2003), No. 2, pp. 8-13.

TARLOCK, A. D., and S. L. DEUTSCH, "Symposium on Prevention of Groundwater Contamination in the Great Lakes Region", *Chi.-Kent L. Rev.*, 65 (1989), No. 2, pp. 345-551.

TAYLOR, W. W., and C. P. FERRERI (eds.), *Great Lakes Fisheries Policy and Management: A Binational Perspective*, East Lansing, MI, Michigan State University Press, 1999.

URVE REINUMAGI, I., "Diverting Water from the Great Lakes: Pulling the Plug on Canada", *Val. UL Rev.*, 20 (1986), pp. 299-347.

VERWEIJ, M., "Why Is the River Rhine Cleaner than the Great Lakes (Despite Looser Regulation)?", *L. & Soc. Rev.*, 34 (2000), No. 4, pp. 1007-1054.

WEVER, G., and P. TIPPETT, "New Directions for Great Lakes Management: The Vision of the Council of Great Lakes Industries", *U. Tol. L. Rev.*, 26 (1995), No. 2, pp. 271-278.

b Documents

Baxter, R. R., *Documents on the St. Lawrence Seaway: A Selection of Documents*, London, Stevens & Sons, 1960.

"Canada-U.S. Lake Ontario (Gut Dam) Arbitration Agreement, Signed at Ottawa, 25 March 1965", [Reproduced from 52 *Department of State Bulletin*, 643-646, 26 April 1965], *ILM*, 4 (1965), No. 3, pp. 468-472.

"Canada-United States: Agreement on Great Lakes Water Quality, Done at Ottawa, 15 April 1972; Entered into Force 15 April 1972", [Reproduced from US *Treaties and Other International Acts Series* 7312], *ILM*, 11 (1972), pp. 694-708.

"Canada-United States: Letter on Risks of Oil Pollution in Lake Erie, 21 March 1969", [Reproduced from US Department of State Press Release No. 60 of 21 March 1969], *ILM*, 8 (1969), pp. 627-628.

"Canada-United States Settlement of Gut Dam Claims, September 27, 1968: Report of the Agent of the United States before the Lake Ontario Claims Tribunal", [Reproduced from a copy provided by the US Department of State], *ILM*, 8 (1969), pp. 118-143.

"The Foreign Claims Settlement Commission and the Lake Ontario Claims Program", [A report prepared by Edward D. Re, Chairman, US Foreign Claims Settlement Commission, 4 May 1965], *ILM*, 4 (1965), No. 3, pp. 473-476.

6 Le canal de Panama
Panama Canal

a Ouvrages et articles
Books and Articles

GIJSELAAR, N. Ch. DE, *Het Panama-kanaal*, [Proefschrift, Leiden], [s. l., s. n.], 1891.

GONZALEZ, M., *Der völkerrechtliche Status des Panamakanals nach Ablauf der Übergangszeit im Jahr 1999*, Frankfurt am Main [etc.], Lang, 2000.

MAJOR, J., *Prize Possession: The United States and the Panama Canal, 1903-1979*, Cambridge [etc.], Cambridge University Press, 1993.

ST. JOHN, J., *The Panama Canal and Soviet Imperialism: War for the World Waterways*, Washington, DC, Heritage Foundation, 1978.

URIBE VARGAS, D., R. SANCHEZ ANGEL, *Los ultimos derechos de Colombia en el Canal de Panama: el tratado Uribe Vargas-Ozores*, Santafé de Bogotá, Universidad Nacional de Colombia, Facultad de Derecho, Ciencias politicas y sociales, 1993.

b Documents

"Colombia-Costa Rica-Panama-Venezuela: Joint Declaration on the Panama Canal, March 24, 1975", *ILM*, 14 (1975), pp. 1285-1287.

"Japan-Panama-United States: Exchange of Notes Establishing Commission for the Study of Alternatives to the Panama Canal, September 26, 1985", *ILM*, 25 (1986), pp. 63-73.

"Panama-United States: Agreement on Principles to Guide Negotiators of a New Treaty on the Panama Canal, Done at Panama, February 7, 1974", *ILM*, 13 (1974), pp. 390-391.

"Panama-United States: Protocol of Exchange of Instruments of Ratification on the Panama Canal Treaties, Done at Panama, June 16, 1978: Protocol of Exchange of Instruments of Ratification regarding the Treaty concerning the Permanent Neutrality and Operation of the Panama Canal and the Panama Canal Treaty", *ILM*, 17 (1978), pp. 817-820.

"Panama-United States: The Panama Canal Treaties and Related Documents, Done at Washington, DC, September 7, 1977", *ILM*, 16 (1977), pp. 1021-1098.

"Panama-United States Agreement on Certain Procedural Matters in Canal Zone", [Reprinted from 48 *Department of State Bulletin*, 117-173, 4 February 1963], *ILM*, 2 (1963), No. 2, pp. 268-268.

"Panama-United States Agreements regarding Canal Zone", [Reproduced from 49 *Department of State Bulletin*, 246-247, 12 August 1963], *ILM*, 2 (1963), No. 5, p. 882.

"Panamanian Instrument of Ratification with Understanding and Declaration to the Panama Canal Treaty, Done at Panama City, 16 June 1978", *ILM*, 17 (1978), pp. 825-827.

"Panamanian Instrument of Ratification with Understanding and Declaration to the Treaty concerning the Permanent Neutrality and Operation of the Panama Canal, Done at Panama City, 16 June 1978", *ILM*, 17 (1978), pp. 834-835.

"United States Instrument of Ratification with Amendments, Conditions and Reservations to the Treaty concerning the Permanent Neutrality and Operation of the Panama Canal, Done at Washington, DC, 15 June 1978", *ILM*, 17 (1978), pp. 827-833.

"United States Instrument of Ratification with Reservations and understandings to the Panama Canal, Done at Washington, DC, 15 June 1978", *ILM*, 17 (1978), pp. 820-825.

"U.S. President's statement on Panama Canal negotiations", [Reproduced from 53 *Department of State Bulletin*, 624-625, 18 October 1965], *ILM*, 5 (1966), No. 1, pp. 176-177.

7 Le Río de la Plata
Rio de la Plata

a Ouvrages et articles
Books and Articles

ARBO, H., *Libre navegación de los ríos: régimen jurídico de los ríos de la Plata, Paraná y Paraquay*, Buenos Aires, "El Ateneo", 1939.

BISWAS, A. K. (ed.), *Management of Latin American River Basins: Amazon, Plata, and São Francisco*, Tokyo, [etc.], UNU Press, 1998.

CANO, G. J., "Argentina, Brazil, and the De la Plata River Basin: A Summary Review of Their Legal Relationship", *N. Res. J.*, 16 (1976), pp. 863-882.

CARBAJAL, C., *Nuestro dominio fluvial en los tratados internacionales*, Montevideo, "Prometeo", 1937.

CASTILLO LABORDE, L. DEL, "Legal Regime of the Rio de la Plata", *N. Res. J.*, 36 (1996), No. 2, pp. 251-295.

—, "The Plata Basin Institutional Framework", *Management of Latin American River Basins: Amazon, Plata, and São Francisco*, Tokyo, [etc.], United Nations University Press, 1999, pp. 175-204.

CORDEIRO, N. V., "Environmental Management Issues in the Plata Basin", *Management of Latin American River Basins: Amazon, Plata, and São Francisco*, Tokyo [etc.], United Nations University Press, 1999, pp. 148-173.

DUDA, A. M., "Addressing Global Environment Issues through a Comprehensive Approach to Water-Resources Management: Perspectives from the São Francisco and Plata Basins", *Management of Latin American River Basins: Amazon, Plata, and São Francisco*, Tokyo [etc.], United Nations University Press, 1999, pp. 272-309.

GRENO VELASCO, J. E., "La comunidad fluvial del Río de la Plata", *REDI*, 26-27 (1973), pp. 39-87.

GROS ESPIELL, H., "Le régime juridique du Río de la Plata", *AFDI*, 10 (1964), pp. 725-737.

HAYTON, R. D., "The Plata Basin", *The Law of International Drainage Basins*, Dobbs Ferry, NY, Oceana Publications, 1967, pp. 298-442.

POCHAT, V., "Water-Resources Management of the Plata Basin", *Management of Latin American River Basins: Amazon, Plata, and São Francisco*, Tokyo [etc.], United Nations University Press, 1999, pp. 123-147.

REY CARO, E. J., "Aspectos de derecho internacional maritimo en el tratado sobre el Río de la Plata", *Anu. Der. Internac. (Navarra)*, 1 (1974), pp. 317-334.

TREVIN, J. O., and J. C. DAY, "Risk Perception in International River Basin Management: The Plata Basin Example", *N. Res. J.*, 30 (1990), No. 1, pp. 87-105.

b Documents

"Argentina-Uruguay: Treaty concerning the La Plata River and Its Maritime Limits, Done at Montevideo, 19 November 1973", [Translated from the official Spanish text in Publication No. 278 (21 November 1973, Consejeria Legal, published by the Ministry of Foreign Relations and Worship of the Argentine Republic], *ILM*, 13 (1974), pp. 251-267.

"Treaty on the River Plate Basin, Signed at Brasilia, April 23, 1969", [Translated by Helen L. Clagett from the Spanish text provided by the Pan American Union], *ILM*, 8 (1969), pp. 905-909.

8 Le Rio Grande
Rio Grande

Ouvrages et articles
Books and Articles

ANDERSON, K. J., "A History and Interpretation of the Water Treaty of 1944", *N. Res. J.*, 12 (1972), pp. 600-614.

ARMSTRONG, N. E., "Anticipating Transboundary Water Needs and Issues in the Mexico-United States Border Region in the Rio Grande Basin", *N. Res. J.*, 22 (1982), pp. 877-906.

BARAJAS, I. A., "Interregional Transfer of Water in Northeastern Mexico: The Dispute over El Cuchillo: Comments during the Binational U.S.-Mexico Seminar's Session on Coping with Scarcity in the Río Grande/Río Bravo Drainage Basin: Lessons to Be Learned from the Drought", *N. Res. J.*, 39 (1999), No. 1, pp. 65-98.

BROWN, L. D., "The Middle Rio Grande Conservancy District's Protected Water Rights: Legal, Beneficial, or against the Public Interest in New Mexico?", *N. Res. J.*, 40 (2000), No. 1, pp. 1-18.

BURSON, J. M., "Middle Rio Grande Regional Water Resource Planning: The Pitfalls and the Promises", *N. Res. J.*, 40 (2000), No. 3, pp. 533-567.

CHARBENEAU, R. J., "Groundwater Resources of the Texas Rio Grande Basin", *N. Res. J.*, 22 (1982), pp. 957-971.

CLARK, J. W., "The Upper Rio Grande", *N. Res. J*, 18 (1978), pp. 69-76.

CRUZ MIRAMONTES, R., "Las Comisiones fluviales internacionales y la Comision internacional de limites y aguas", *N. Res. J.*, 18 (1978), pp. 111-129.

DAY, J. C., "International Aquifer Management: The Hueco Bolson on the Rio Grande River", *International Groundwater Law*, London [etc.], Oceana Publications, 1981, pp. 117-134.

—, "International Aquifer Management: The Hueco Bolson on the Rio Grande River", *N. Res. J.*, 18 (1978), pp. 163-180.

DEBUYS, W., "Navigating the River of Our Future: The Rio Poco-Grande", *N. Res. J.*, 41 (2001), No. 2, pp. 265-281.

DRAKE, J. E., "Contractual Discretion and the Endangered Species Act: Can the Bureau of Reclamation Reallocate Federal Project Water for Endangered Species in the Middle Rio Grande?", *N. Res. J.*, 41 (2001), No. 2, pp. 487-527.

DUCKSTEIN, L., E. Z. STAKHIV and M. WATERSTONE, "Strategic and Tactical Transboundary Water Allocation under Climatic Uncertainty: Case of Upper Rio Grande Basin, USA", *Transboundary Water Resources Management: Institutional and Engineering Approaches*, Berlin [etc.], Springer, 1996, pp. 163-176.

DWORSKY, L. B., J. A. MAUER and A. E. UTTON (eds.), "The North American Experience Managing International Transboundary Water Resources: The International Joint Commission and the International Boundary and Water Commission: Part I", *N. Res. J.*, 33 (1993), No. 1, pp. 1-228.

— (eds.), "The North American Experience Managing International Transboundary Water Resources: The International Joint Commission and the International Boundary and Water Commission: Part II", *N. Res. J.*, 33 (1993), No. 2, pp. 233-459.

EATON, D. J., and J. M. ANDERSEN, *The State of the Rio Grande/Río Bravo: A Study of Water Resources Issues along the Texas/Mexico Border*, London, University of Arizona Press, 1987.

EATON, D. J., and D. HURL, *Challenges in the Binational Management of Water Resources in the Rio Grande-Rio Bravo*, Austin, TX, University of Texas. Lyndon B. Johnson School of Public Affairs, 1992. [U.S.-Mexican Policy Report, No. 2.]

HILL, R. A., "Development of the Rio Grande Compact of 1938", *N. Res. J.*, 14 (1974), pp. 163-200.

HOUSE, J. W., *Frontier on the Rio Grande: A Political Geography of Development and Social Deprivation*, Oxford, Clarendon Press, 1982. [Oxford Research Studies in Geography.]

JONES, C. A., "The Administration of the Middle Rio Grande Basin, 1956-2002", *Natural Resources Journal*, 42 (2002), No. 4, pp. 939-968.

LANSFORD, R. R., S. BEN-DAVID, Th. S. GEBHARD, W. BRUTSAERT and B. J. CREEL, "A Socio-economic Evaluation of Alternative Water Management Policies on the Rio Grande in New Mexico", *N. Res. J.*, 15 (1975), pp. 307-325.

LOPEZ, M., "Border Tensions and the Need for Water: An Application of Equitable Principles to Determine Water Allocation from the Rio Grande to the United States and Mexico", *Geo. Int'l Envtl. L. Rev.*, 9 (1997), No. 2, pp. 489-508.

MARTINEZ, E., "Coping with Scarcity on the Río Grande/Río Bravo", *N. Res. J.*, 39 (1999), No. 1, pp. 117-119.

MUELLER, J. E., *Restless River: International Law and the Behavior of the Rio Grande*, El Paso, Texas Western Press, 1975.

O'BRIEN, M., "Shortage and Tension on the Upper Río Grande: Protecting Endangered Species during Times of Drought, Comments from the Perspective of the Middle Río Grande Conservancy District", *N. Res..*, 39 (1999), No. 1, pp. 145-148.

REYNOLDS, S. E., and Ph. B. MUTZ, "Water Deliveries under the Rio Grande Compact", *N. Res. J.*, 14 (1974), pp. 201-205.

RIVERA, J. A., "Irrigation Communities of the Upper Rio Grande Bioregion: Sustainable Resource Use in the Global Context", *N. Res. J.*, 36 (1996), No. 4, pp. 491-520.

ROWE, G. M., "Shortage and Tension on the Upper Río Grande: Protecting Endangered Species during Times of Drought — the Role of the Bureau of Reclamation, a Brief Overview of Relationships in the Upper Río Grande Basin", *N. Res. J.*, 39 (1999), No. 1, pp. 141-143.

UTTON, A. E., "Coping with Drought on an International River under Stress: The Case of the Río Grande/Río Bravo", *N. Res. J.*, 39 (1999), No. 1, pp. 27-34.

ZWERNEMAN, J. A., "Economic Development in the El Paso-Juarez Area and Its Impact on Water Supply", *N. Res. J.*, 17 (1977), pp. 619-633.

9 Etats-Unis d'Amérique — Canada
United States of America — Canada

a Ouvrages et articles
Books and Articles

ALLEE, D. J., "Subnational Governance and the International Joint Commission: Local Management of United States and Canadian Boundary Waters", *N. Res. J.*, 33 (1993), pp. 133-151.

AUSTIN, J., "Canadian-United States Practice and Theory Respecting the International Law of International Rivers: A Study of the History and Influence of the Harmon Doctrine", *Can. Bar Rev.*, 37 (1959), No. 3, pp. 393-443.

BAUMANN, C., "Water Wars: Canada's Upstream Battle to Ban Bulk Water Export", *Minn. J. Global Trade*, 10 (2001), No. 1., pp. 109-132.

BECK, M. L., "The International Joint Commission and Public Participation: Past Experiences, Present Challenges, Future Tasks", *N. Res. J.*, Vol. 33 (1993), pp. 235-274.

BLOOMFIELD, L. M., and G. F. FITZGERALD, *Boundary Waters Problems of Canada and the United Sates: The International Joint Commission 1912-1958*, Toronto, [etc.], Carswell, 1958.

CHODOSH, H., "Introduction: The Roles of Law and Diplomacy in Dispute Resolution — the International Joint Commission as a Possible Model", *Canada-United States Law Journal*, 26 (2000), pp. 35-36.

CRUZ MIRAMONTES, R., "Las Comisiones fluviales internacionales y la Comision internacional de limites y aguas", *N. Res. J.*, 18 (1978), pp. 111-129.

DODD, Ch. N., "Wetlands Protection Law: A Comparative Analysis of the Federal Laws of the United States and Canada, and the Local Laws of Michigan and Ontario", *Journal of International Law and Practice*, 8 (1999), No. 3, pp. 793-817.

DWORSKY, L. B., "The Management of International Boundary Waters of Canada and the United States: A Comparative Study", *N. Res. J.*, 15 (1975), pp. 223-227.

DWORSKY, L. B., J. A. MAUER and A. E. UTTON (eds.), "The North American Experience Managing International Transboundary Water Resources: The International Joint Commission and the International Boundary and Water Commission: Part I", *N. Res. J.*, 33 (1993), No. 1, pp. 1-228.

— (eds.), "The North American Experience Managing International Transboundary Water Resources: The International Joint Commission and the International Boundary and Water Commission: Part II", *N. Res. J.*, 33 (1993), No. 2, pp. 233-459.

EVANS, G. E. H., "Storm over Niagara: A Catalyst in Reshaping Government in the United States and Canada during the Progressive Era", *N. Res. J.*, 32 (1992), pp. 27-54.

GRAHAM, G., "International Rivers and Lakes: The Canadian-American Regime", *The Legal Regime of International Rivers and Lakes/Le régime juridique des fleuves et des lacs internationaux*, The Hague [etc.], Nijhoff, 1981, pp. 3-21.

JORDAN, F. J. E., "The International Joint Commission and Canada-United States Boundary Relations", *Canadian Perspectives on International Law and Organization*, 1974, pp. 522-543.

KALAVROUZIOTIS, T. A., "U.S.-Canadian Relations regarding Diversions from an International Basin: An Analysis of Article II of the Boundary Waters Treaty", *Fordham Int'l LJ*, 12 (1989), pp. 658-681.

LEGAULT, L. H., "The Roles of Law and Diplomacy in Dispute Resolution: The IJC as a Possible Model", *Canada-United States Law Journal*, 26 (2000), pp. 47-55.

LEMARQUAND, D. G., "Preconditions to Cooperation in Canada-United States Boundary Waters", *N. Res. J.*, 26 (1986), pp. 221-242.

LEVESQUE, S. L., "The Yellowstone to Yukon Conservation Initiative: Reconstructing Boundaries, Biodiversity, and Beliefs", *Reflections on Water: New Approaches to Transboundary Conflicts and Cooperation*, Cambridge, Massachusetts, USA, London, England, The MIT Press, 2001, pp. 123-162.

MACDONALD, J., "Tensions Escalate between Canada and the United States over Salmon", *Colo. J. Int'l Envtl. L. & Pol'y, 1998 Yearbook*, pp. 247-259.

MCDOUGALL, I. A., *The Development of International Law with Respect to Transboundary Water Resources: Co-operation for Mutual Advantage or Continentalism's Thin Edge of the Wedge?*, 1971. [*Osgoode Hall Law Journal*, 9 (1971), No. 2, pp. 261-311.]

NOSSAL, K. R., *The Unmaking of Garrison, United States Politics and the Management of Canadian-American Boundary Waters*, Toronto, Canadian Institute of International Affairs, 1978. [*Behind the Headlines*, Vol. 37, No. 1.]

ROBINSON, D. R., "The Convergence of Law and Diplomacy in United States-Canada Relations: The Precedent of the Gulf of Maine Case", *Canada-United States Law Journal*, 26 (2000), pp. 37-45.

ROSE, A., "Model Water Resources Program for the International Boundaries of the United States and Canada", *N. Res. J.*, 12 (1972), pp. 388-412.

ROSENBERG, S. A., "A Canadian Perspective on the Devils Lake Outlet: Towards an Environmental Assessment Model for the Management of Transboundary Disputes", *North Dakota Law Review*, 76 (2000), No. 4, pp. 817-859.

SADLER, B., "The Management of Canada-U.S. Boundary Waters: Retrospect and Prospect", *N. Res. J.*, 26 (1986), pp. 359-376.

SEWELL, W. R. D., and A. E. UTTON, "'Getting to Yes' in United States-Canadian Water Disputes", *N. Res. J.*, 26 (1986), pp. 201-205.

SMEDRESMAN, P. S., "The International Joint Commission (United States-Canada) and the International Boundary and Water Commission (United States-Mexico): Potential for Environmental Control along the Boundaries", *NYUJ Int'l & Pol.*, 6 (1973), pp. 499-531.

SULLIVAN, K. M., "Discursive Practices and Competing Discourses in the Governance of Wild North American Pacific Salmon Resources", *Reflections on Water: New Approaches to Transboundary Conflicts and Cooperation*, Cambridge, Massachusetts, USA, London, England, The MIT Press, 2001, pp. 163-188.

ROSENBERG, S. A., "A Canadian Perspective on the Devils Lake Outlet: Towards an Environmental Assessment Model for the Management of Transboundary Disputes", *NDL Rev.*, 76 (2000), No. 4, pp. 817-859.

TOOPE, S. J., and J. BRUNNEE, "Freshwater Regimes: The Mandate of the International Joint Commission", *Ariz. J. Int'l & Comp. L.*, 15 (1998), No. 1, pp. 273-287.

WAGNER, J. R., "Congress and United States-Canada Water Problems: Senator Neuberger and the Columbia River Treaty", *RMSS Journal*, 11 (1974), No. 3, pp. 51-60.

b Documents

Additional Temporary Diversion for Power Purposes of Waters of the Niagara River above the Falls: Supplementary Arrangement between the United States of America and Canada. Effected by Exchanges of Notes Signed at Washington October 27 and November 27, 1941. Ratification Advised by the Senate of the United States 27 November 1941. Approved by the President of the United States 27 November 1941, Washington, United States Government Printing Office, 1942. [*Executive Agreement Series*, No. 223.]

Temporary Diversion for Power Purposes of Additional Waters of the Niagara River above the Falls: Arrangement between the United States of America and Canada. Effected by Exchange of Notes Signed at Washington 29 May 1941. Ratification Advised by the Senate of the United States 12 June 1941. Approved by the President of the United States 13 June 1941, Washington, United States Government Printing Office, 1941. [*Executive Agreement Series*, No. 209.]

10 Etats-Unis d'Amérique — Mexique
United States of America — Mexico

Ouvrages et articles
Books and Articles

ARIAS, H. M., "International Groundwaters: The Upper San Pedro River Basin Case", *N. Res. J.*, 40 (2000), No. 2, pp. 199-221.

BARBER, M. D., "The Legal Dilemma of Groundwater under the Integrated Environmental Plan for the Mexican-United States Border Area", *St. Mary's LJ*, 24 (1993), No. 3, pp. 639-697.

BENNET, V., and L. A. HERZOG, "U.S.-Mexico Borderland Water Conflicts and Institutional Change: A Commentary", *N. Res. J.*, 40 (2000), No. 4, pp. 973-988.

BERRY, K. A., "Water along the Border: An Introduction to Water Issues in the U.S.-Mexico Borderlands", *N. Res. J.*, 40 (2000), No. 4, pp. 755-758.

—, "Water Use and Cultural Conflict in 19th Century Northwestern New Spain and Mexico", *N. Res. J.*, 40 (2000), No. 4, pp. 759-781.

BOOKER, J. F., and F. A. WARD, "Restoring Instream Flows Economically: Perspectives from an International River Basin", *Both Sides of the Border*, Dordrecht etc., 2002, pp. 235-252.

BRADLEY, M. D., and K. J. DECOOK, "Ground Water Occurrence and Utilization in the Arizona-Sonora Border Region", *N. Res. J.*, 18 (1978), pp. 29-48.

BROWN, Ch., "A Watershed and Ecosystem Approach for Transboundary Wastewater Management in the Tijuana River Catchment", *Transboundary Water Resources Management: Institutional and Engineering Approaches*, Berlin [etc.], Springer, 1996, pp. 97-118.

BROWN, Ch. P., and S. MUMME, "Applied and Theoretical Aspects of Binational Watershed Councils (consejos de cuencas) in the U.S.- Mexico Borderlands", *N. Res. J.*, 40 (2000), No. 4, pp. 895-929.

BUSTAMANTE REDONDO, J., *La Comisión internacional de límites y aguas entre México y los Estados Unidos: sus orígines y su actuación hasta 1996*, Ciudad Juárez, Chihuahua, Universidad Autónoma de Ciudad Juárez, 1999. [Colección Sin Fronteras.]

CARTER, N., "Impact of Two NAFTA Institutions on Border Water Infrastructure", *Both Sides of the Border*, Dordrecht etc., 2002, pp. 29-52.

CHAVEZ, O. E., "Mining of Internationally Shared Aquifers: The El Paso-Juárez Case", *N. Res. J.*, 40 (2000), No. 2, pp. 237-260.

CORTEZ-LARA, A., and M. R. GARCIA-ACEVEDO, "The Lining of the All-American Canal: The Forgotten Voices", *N. Res. J.*, 40 (2000), No. 2, pp. 261-279.

CRUZ MIRAMONTES, R., "Las Comisiónes fluviales internacionales y la Comisión internacional de limites y aguas", *N. Res. J.*, 18 (1978), pp. 111-129.

DAVIS, R. J., "The United States and Mexico: Wheater Technology, Water Resources and International Law", *N. Res. J.*, 12 (1972), pp. 530-544.

DOUGHMAN, P. M., "Discourses and Water in the U.S.-Mexico Border Region", *Reflections on Water: New Approaches to Transboundary Conflicts and Cooperation*, Cambridge, Massachusetts, USA, London, England, The MIT Press, 2001, pp. 189-211.

DWORSKY, L. B., J. A. MAUER and A. E. UTTON (eds.), "The North American Experience Managing International Transboundary Water Resources: The International Joint Commission and the International Boundary and Water Commission: Part I", *N. Res. J.*, 33 (1993), No. 1, pp. 1-228.

— (eds.), "The North American Experience Managing International Transboundary Water Resources: The International Joint Commission and the International Boundary and Water Commission: Part II", *N. Res. J.*, 33 (1993), No. 2, pp. 233-459.

FERNANDEZ, L. "Changes in Trade Policy and Wastewater Emissions for a Border Watershed", *Both Sides of the Border*, Dordrecht etc., 2002, pp. 183-198.

FRISVOLD, G., and M. CASWELL, "Financing Bilateral Water Projects on the U.S.-Mexico Border: Past, Present and Future", *Both Sides of the Border*, Dordrecht etc., 2002, pp. 131-159.

GARCIA-ACEVEDO, M. R., "The Confluence of Water, Patterns of Settlement, and Constructions of the Border in the Imperial and Mexicali Valleys (1900-1999)", *Reflections on Water: New Approaches to Transboundary Conflicts and Cooperation*, Cambridge, Massachusetts, USA, London, England, The MIT Press, 2001, pp. 57-88.

GETCHES, D. H., "Water Management in the United States and the Fate of the Colorado River Delta in Mexico", *United States-Mexico Law Journal*, 11 (2003), pp. 107-113.

GINER, M. E., "Municipal Water Supply on the Border", *United States-Mexico Law Journal*, 11 (2003), pp. 53-56.

GOODWIN, S. L., "Conservation Connections in a Fragmented Desert Environment: the U.S.-Mexico Border", *N. Res. J.*, 40 (2000), No. 4, pp. 989-1016.

HALL, G. H., "Historical and Physical International Boundaries in Borderlands Water Conflicts: A Commentary", *N. Res. J.*, 40 (2000), No. 4, pp. 865-871.

HAYES, D. L., "The All-American Canal Lining Project: A Catalyst for Rational and Comprehensive Groundwater Management on the United States-Mexico Border", *N. Res. J.*, 31 (1991), No. 4, pp. 803-837.

HAYTON, R. D., "Institutional Alternatives for Mexico-U.S. Groundwater Management", *International Groundwater Law*, London, [etc.], Oceana Publications, 1981, pp. 135-146.

—, "Institutional Alternatives for Mexico-U.S. Groundwater Management", *N. Res. J.*, 18 (1978), pp. 201-212.

HEBARD, E. L., "A Focus on a Binational Watershed with a View toward Fostering a Cross-border Dialogue", *N. Res. J.*, 40 (2000), No. 2, pp. 281-340.

HERNANDEZ, A., "Water Law in the Republic of Mexico", *United States-Mexico Law Journal*, 11 (2003), pp. 15-28.

HESSE, G. R., "Securing Tangible Results of Self-determination : A Scheme to Solicit Support from the International Boundary and Water Commission for Indigenous Peoples' Water Rights Claims", *Ariz. J. Int'l & Comp. L.*, 8 (1991), No. 2, pp. 149-170.

HIGGINS, C. C., *From Harmon to Harmony : Equitable Utilization & the U.S.-Mexico River Regime*, Genevan Institut universitaire de hautes études internationales, 1987.

HUME, B., "Water in the U.S-Mexico Border Area", *N. Res. J.*, 40 (2000), No. 2, pp. 189-197.

HUNDLEY, N., *Dividing the Waters : A Century of Controversy between the United States and Mexico*, Berkeley-Los Angeles, University of California Press, 1966.

INGRAM, H., "Transboundary Groundwater on the U.S.-Mexico Border : Is the Glass Half Full, Half Empty, or Even on the Table ?", *N. Res. J.*, 40 (2000), No. 2, pp. 185-188.

INGRAM, H., and D. R. WHITE, "International Boundary and Water Commission : An Institutional Mismatch for Resolving Transboundary Water Problems", *N. Res. J.*, 33 (1993), pp. 153-175.

INGRAM, H., N. K. LANEY and D. M. GILLILAN, *Divided Waters : Bridging the U.S.-Mexico Border*, Tucson, AZ, University of Arizona Press, 1995.

JONES, P. A., "Compliance Mechanisms of International Water Agreements : A Case of U.S.-Mexico Boundary Waters", *Water International*, 25 (2000), No. 4, pp. 554-564.

KELEHER, M. P., "Mexican-United States Shared Groundwater : Can It Be Managed ?", *Geo. Int'l Envtl. L. Rev.*, 1 (1988), pp. 113-131.

KELLY, S. G. (ed.), "Water Issues in the U.S.-Mexico Borderlands", *Nat. Res. J.*, 40 (2000), No. 4, pp. 755-1048.

LEVESQUE, S., and H. INGRAM, "Lessons in Transboundary Resource Management from Ambos Nogales", *Both Sides of the Border*, Dordrecht etc., 2002, pp. 161-182.

LOURDES MURGUIA RUIZ, M. DE, "El agua en la Reserva de la Biosfera el Pinacate y Gran Desierto de Altar, Sonora, México : comunidades, vida silvestre y la frontera con Estados Unidos", *N. Res. J.*, 40 (2000), No. 2, pp. 411-434.

MACKEITH, M. H., "The Future of the Colorado River Delta", *United States-Mexico Law Journal*, 11 (2003), pp. 99-103.

MARIN, C., "Bi-national Border Water Supply Issues from the Perspective of the IBWC", *United States-Mexico Law Journal*, 11 (2003), pp. 35-39.

MICHEL, S., "The Geography of Water Transfers and Urbanization in Baja and Southern California", *Both Sides of the Border*, Dordrecht etc., 2002, pp. 199-234.

MICHEL, S. M., "Defining Hydrocommons Governance along the Border of the Californias : A Case Study of Transbasin Diversions and Water Quality in the Tijuana-San Diego Metropolitan Region", *N. Res. J.*, 40 (2000), No. 4, pp. 931-972.

MOREHOUSE, B. J., R. H. CARTER, and T. W. SPROUSE, "The Implications of Sustained Drought for Transboundary Water Management in Nogales, Arizona, and Nogales, Sonora", *N. Res. J.*, 40 (2000), No. 4, pp. 783-817.

MUMME, S. P., *Apportioning Groundwater beneath the U.S.-Mexico Border :*

Obstacles and Alternatives, San Diego, CA, University of California, Center for U.S.-Mexican Studies, 1988.

—, "Innovation and Reform in Transboundary Resource Management: A Critical Look at the International Boundary and Water Commission, United States and Mexico", *N. Res. J.*, 33 (1993), pp. 93-120.

—, "Managing Acute Water Scarcity on the U.S.-Mexico Border: Institutional Issues Raised by the 1990's drought", *N. Res. J.*, 39 (1999), No. 1, pp. 149-166.

—, "Minute 242 and Beyond: Challenges and Opportunities for Managing Transboundary Groundwater on the Mexico-U.S. Border", *N. Res. J.*, 40 (2000), No. 2, pp. 341-378.

—, "The U.S.-Mexican Conflict over Transboundary Groundwaters: Some Institutional and Political Consideration", *Case W. Res. J. Int'l L.*, 12 (1980), pp. 505-524.

—, "The US-Mexico International Boundary and Water Commission in the Sustainable Development Era", *Boundary & Sec. Bull.*, 9 (2001), No. 2, pp. 117-125.

MUMME, S. P., and S. T. SCOTT, "Agency Autonomy in Transboundary Resource Management: The United States Section of the International Boundary and Water Commission, United States and Mexico", *N. Res. J.*, 30 (1990), No. 3, pp. 661-684.

O'LEARY, M. C., "The Bellagio Draft Treaty as a Tool for Solving Border Groundwater Issues", *United States-Mexico Law Journal*, 11 (2003), pp. 57-60.

RINCON VALDES, C. A., "Disponibilidad de aguas superficiales y su demanda futuro a lo largo de la franja fronteriza desde Ciudad Juarez, Chihuahua, hasta Matamoros, Tamaulipas", *N. Res. J.*, 22 (1982), pp. 847-853.

—, "De aguas subterraneas en la Región Juárez-El Paso", *N. Res. J.*, 22 (1982), pp. 939-941.

ROHLICH, G. A., "Surface Water Quality in the Border Area between El Paso and the Gulf of Mexico", *N. Res. J.*, 22 (1982), pp. 915-923.

ROMAN CALLEROS, J., "The Impact on Mexico of the Lining of the All-American Canal", *N. Res. J.*, 31 (1991), No. 4, pp. 829-838.

SANCHEZ, R. A., "Water Conflicts between Mexico and the United States: Towards a Transboundary Regional Water Market?", *The Scarcity of Water: Emerging Legal and Policy Responses*, London, The Hague [etc.], Kluwer Law International, 1997, pp. 260-276. *[International Environmental Law and Policy Series.]*

SANCHEZ, R. M., "Mexico's El Cuchillo Dam Project: A Case Study of Non-sustainable Development and Transboundary Environmental Harms", *U. Miami Inter-Am. L. Rev.*, 28 (1996), No. 2, pp. 425-436.

—, "To the World Commission on Dams: Don't Forget the Law, and Don't Forget Human Rights: Lessons from the U.S.-Mexico Border", *U. Miami Inter-Am. L. Rev.*, 30 (1999), No. 3, pp. 629-657.

SANCHEZ DE CARMONA, L., "Comments on 'Managing Acute Water Scarcity on the U.S.-Mexico Border: Institutional Issues Raised by the 1990's Drought', Presented by Stephen Mumme", *N. Res. J.*, 39 (1999), No. 1, pp. 167-168.

SEPULVEDA, C., "Los recursos hidraúlicos en la zona fronteriza México-Estados Unidos: perspectiva de la problemática hacia el año 2000 — algunas recomendaciones", *N. Res. J.*, 22 (1982), pp. 1081-1092.

—, "Instituciónes para la solución de problemas de aguas de superficie entre Mexico y los Estados Unidos", *N. Res. J.*, 18 (1978), No. 1, pp. 131-151.

—, "Mexican-American International Water Quality Problems: Prospects and Perspectives", *N. Res. J.*, 12 (1972), pp. 487-495.

SMEDRESMAN, P. S., "The International Joint Commission (United States-Canada) and the International Boundary and Water Commission (United States-Mexico): Potential for Environmental Control along the Boundaries", *NYUJ Int'l & Pol.*, 6 (1973), pp. 499-531.

STEIN, J. F., "Panel: Claims of the United States and Mexico under the Treaty of 1944 and the Municipal Acquisition of Fresh Water Supplies in the Border Region", *United States-Mexico Law Journal*, 11 (2003), pp. 61-66.

SZEKELY, A., "Mexico's Response to Problems under the 1994 Treaty", *United States-Mexico Law Journal*, 11 (2003), pp. 49-51.

—, "Transboundary Resources: A View from Mexico", *Transboundary Resources Law*, Boulder, CO, Westview Press, 1987, pp. 211-236.

TARLOCK, A., D. and J. E. THORSON, "Coordinating Land and Water Use in the San Pedro River Basin: What Role for the CEC?", *Greening NAFTA*, Stanford, CA, Stanford Law and Politics, 2003, pp. 217-236.

UTTON, A. E., "An Assessment of the Management of U.S.-Mexican Water Resources: Anticipating the Year 2000", *N. Res. J.*, 22 (1982), pp. 1093-1117.

—, "International Groundwater Management: The Case of the U.S.-Mexican Frontier", *Neb. L. Rev.*, 57 (1978), pp. 633-664.

—, *Sporhase el Paso, and the Unilateral Allocation of Water Resources: Some Reflections on International and Interstate Groundwater Law*, [s.l.], [s.n.], 1986.

—, "The Transfer of Water from an International Border Region: A Tale of Six Cities and the All American Canal", *NCJ. Int'l L. & Com. Reg.*, 16 (1991), No. 3, pp. 477-495.

VARADY, R. G., M. A. MOOTE and R. MEREDITH, "Water Management Options for the Upper San Pedro Basin: Assessing the Social and Institutional Landscape", *N. Res. J.*, 40 (2000), No. 2, pp. 223-235.

VICTORIA MASCORRO, E., "Experencia en el manejo de recursos de agua compartidos entre Mexico y Estados Unidos: problemas, opprtunidades y recomendaciones para el futuro", *N. Res. J.*, 22 (1982), pp. 1119-1123.

VIESCA, E., "Emerging Water Issues in Mexico", *United States-Mexico Law Journal*, 11 (2003), pp. 29-34.

WARREN, J. "Mexico's Compliance with the 1994 Water Treaty between the United States and Mexico: A Texas Perspective", *United States-Mexico Law Journal*, 11 (2003), pp. 41-47.

WILDER, M., "Border Farmers, Water Contamination, and the NAAEC Environmental Side Accord to NAFTA", *N. Res. J.*, 40 (2000), No. 4, pp. 873-894.

10 Amériques: autres cours d'eau internationaux, etc.

Americas: Other International Waterways, etc.

a Ouvrages et articles

Books and Articles

ARBO, H., *Libre navegación de los ríos: régimen jurídico de los ríos de la Plata, Paraná y Paraquay*, Buenos Aires: "El Ateneo", 1939.

BARBERIS, J. A., « L'exploitation hydro-électrique du Paraná et l'Accord tripartite de 1979 », *AFDI*, 32 (1987), pp. 779-793.

BISWAS, A. K. (ed.), *Management of Latin American River Basins: Amazon, Plata, and São Francisco*, Tokyo, [etc.], UNU Press, 1998.

CANO, G. J., *Recursos hidricos internacionales de la Argentina: régimen jurídico-político*, Buenos Aires: Victor P. de Zavailia, 1979.

CAUBET, Ch. G., *Le barrage d'Itaipu et le droit international fluvial*, [s.l., s.n.], 1983.

—, *Princípios de direito fluvial na bacia do Prata*, [s.l., s.n.], 1986.

—, *As grandes manobras de Itaipu: energia, diplomacia e dereito na bacia do prata*, São Paulo, Acadêmia, 1989.

DUDA, A. M., "Addressing Global Environment Issues through a Comprehensive Approach to Water-Resources Management: Perspectives from the São Francisco and Plata Basins", *Management of Latin American River Basins: Amazon, Plata, and São Francisco*, Tokyo [etc.], United Nations University Press, 1999, pp. 272-309.

DUPUY, P.-M., «La gestion concertée des ressources naturelles: à propos du différend entre le Brésil et l'Argentine relatif au barrage d'Itaipu», *AFDI*, 24 (1978), pp. 866-889.

HERNANDEZ, G. (ed.), *Humedales de Meso-américa: Sitios Ramsar de Centroamérica y Mexico*, Costa Rica, UICN/IUCN Oficina Regional para Mesoamérica (ORMA), 1999.

HEYDTE, F. A. VON DER, "Der Parana-Fall: Probleme der gemeinsamen Nutzung der Wasserkraft eines internationalen Stroms", *Festschrift für Friedrich Berber zum 75. Geburtstag*, Munich, Beck'sche Verlagsbuchhandlung, 1973, pp. 151-164.

REY CARO, E. J., "La cooperación argentina-chilena en materia de uso y aprovechamiento de los recursos hídricos compartidos", *Anu. Hispano-Luso-Am. Der. Internac.*, 11 (1994), pp. 253-269.

ROMANO, P. A., and E. A. CADAVID GARCIA, "Policies for Water-Resources Planning and Management of the São Francisco Basin", *Management of Latin American River Basins: Amazon, Plata, and São Francisco*, Tokyo [etc.], United Nations University Press, 1999, pp. 245-271.

SIMPSON, L. D., "The Rio São Francisco: Lifeline of the North-east", *Management of Latin American River Basins: Amazon, Plata, and São Francisco*, Tokyo [etc.], United Nations University Press, 1999, pp. 207-244.

TUCCI, C. E. M, F. GENZ and R. T. ROBIN, "The Hydrology of the Upper Paraguay Basin", *Management of Latin American River Basins: Amazon, Plata, and São Francisco*, Tokyo [etc.], United Nations University Press, 1999, pp. 103-122.

ZANNINI, G., "O tradato de Itaipu", *Revista da Faculdade de direito, Universidade de São Paulo*, 69 (1974), No. 1, pp. 165-179.

b Documents

"Argentina-Brazil-Paraguay: Agreement on Paraná River Projects, Done at President Stroessner City, Paraguay, October 19, 1979", [Reprinted from the English translation of the Spanish text of the Diplomatic Note sent by the Paraguayn Foreign Minister to the Argentine Foreign Minister on 19 October 1979. Translation by John R. Pate], *ILM*, 19 (1980), pp. 615-617.

Brasil-Paraguai: Acordo sobre estudos dos rios do Alto Paraná, [s.l.], Serviço de publicações. Divisão de Documentação Diplomática, 1975. [Coleção de atos internacionais, No. 805.]

Brasil-Paraguai: Convênio de Cooperação para o Estudo do Aproveitamento da Energia Hidráulica dos rios Acaraí e Mondaí, Rio de Janeiro, Departamento de Imprensa Nacional, 1958. [Coleção de atos internacionais, No. 393.]

Brasil-Paraguai: Notas referentes ao Tratado para o aproveitamento hidroelétrico dos recursos hídricos do Rio Paraná, pertencentes em consomínio aos dois países, desde e inclusive o salto grande de sete quedas ou salto de guairá até a foz do Rio Iguraça, [s.l.], Serviço de publicações, Divisão de Documentação Diplomática, 1975. [Coleção de atos internacionais, No. 711.]

Brasil-Uruguai: Convênio sobre transporte fluvial e lacustre, [s.l.], Departamento de Comunicações e Documentação. Divisão de Divulgação Documental, 1977. [Coleção de atos internacionais, No. 868.]

"Resolution of Nicaraguan Congress on U.S.-Nicaragua Canal Treaty, Done in the Assembly Room of the Congress, in Joint Session, Managua, Nicaragua, October 6, 1964", [Translated from the Spanish], *ILM*, 3 (1964), No. 6, pp. 1060-1061.

Salto Grande: documentos y antecedentes, Buenos Aires [etc.], Comisión Técnica Mixta de Salto Grande, Centro de Documentación, 1981.

C Asie et Moyen-Orient
Asia and the Middle East

1 Asie (en général)
Asia (in General)

a Ouvrages et articles
Books and Articles

BISWAS, A. K., "Management of Asian International Rivers", *Co-operation on Transboundary Rivers*, Baden-Baden, Nomos Verlagsgesellschaft, 2002, pp. 133-148.

CAPONERA, D. A., *Water Laws in Moslem Countries*, [2 vols.], Rome, Water Resources and Development Service. Land and Water Development Division. FAO, 1973.

KLIOT, N., *Water Resources and Conflict in the Middle East*, London [etc.], Routledge, 1994.

KLOTZLI, S., "Das 'Aral-Syndrom' in Zentralasien: Hindernis oder Chance regionaler Kooperation?", *Wasser — Konfrontation oder Kooperation: Ökologische Aspekte von Sicherheit am Beispiel eines weltweit begehrten Rohstoffs*, Baden-Baden, Nomos, 1997, pp. 209-233.

KOBORI, I., and M. H. GLANTZ, *Central Eurasian Water Crisis: Caspian, Aral, and Dead Seas*, Tokyo, [etc.], United Nations University Press, 1998.

KRASKA, J., "Sustainable Development Is Security: The Role of Transboundary River Agreements as Confidence Building Measure (CBM) in South Asia", *Yale Journal of International Law*, 28 (2003), No. 2, pp. 465-503.

LAMBALLE, A., «L'eau, source de conflits en Asie du Sud», *Guerres mondiales...*, 49 (1999), n° 195, pp. 115-167.

MICKLIN, P. P., *Managing Water in Central Asia*, London, Royal Institute of International Affairs, 2000.

OTTO, I., und M. SCHMIDT-DUMONT, *Die Wasserfrage im Nahen und Mittleren Osten: Literatur seit 1985: eine Auswahlbibliographie/Water in the Middle East and North Africa: Literature since 1985: A Selected Bibliography*, Hamburg, Deutsches Übersee-Institut, Übersee-Dokumentation, Referat Vorderer Orient, 1995. [Dokumentationsdienst Moderner Orient, No. 23; Reihe A.]

SALMAN, S. M. A., and K. UPRETY, *Conflict and Cooperation on South Asia's International Rivers: A Legal Perspective*, Washington, DC, World Bank, 2002.

b Documents

Ground Water in Continental Asia (Central, Eastern, Southern, Southeastern Asia), New York, NY, United Nations, 1986. [*Natural Resources/Water Series*, No. 15.]

Ground Water in the Eastern Mediterranean and Western Asia, New York, United Nations, 1982. [*Natural Resources/Water Series*, No. 9.]

Treaties concerning the Non-navigational Uses of International Watercourses:

Asia/Traités concernant l'utilisation des cours d'eau internationaux à des fins autres que la navigation: Asie, Rome, FAO, 1995. [*Legislative Study*, No. 55/ *Etude législative*, n° 55.]

2 Moyen-Orient (en général) Middle East (in General)

a Ouvrages et articles Books and Articles

ABULRAZZAK, M., "The Future of Freshwater Resources in the Arabian Peninsula", *Freshwater Resources in Arid Lands*, Tokyo, United Nations University Press, 1997, pp. 17-43.

AL-WESHAH, R. "The Role of Unesco in Sustainable Water Resources Management in the Arab Region", *Groundwater Law and Administration for Sustainable Development*, Milan, Giuffrè Editore, 2002, pp. 137-141.

ALLAN, J. A., *The Middle East Water Question: Hydropolitics and the Global Economy*, London [etc.], I.B. Tauris Publishers, 2002.

—, "Striking the 'Right Price' for Water? Achieving Harmony between Basic Human Need, Available Resources and Commercial Viability", *Water in the Middle East: Legal, Political and Commercial Implications*, London [etc.], Tauris Academic Studies, 1995, pp. 325-346.

ALLAN, J. A., C. MALLAT and S. WADE, *Water in the Middle East: Legal, Political and Commercial Implications*, London [etc.], Tauris Academic Studies, 1995.

ALLAN, T., "Economic and Political Adjustments to Scarce Water in the Middle East", *Water and Peace in the Middle East: Proceedings of the First Israeli-Palestinian International Academic Conference on Water, Zürich, Switzerland, 10-13 December 1992*, Amsterdam [etc.], Elsevier, 1994, pp. 375-388.

BARANDAT, J., and A. KAPLAN, "International Water Law: Regulations for Cooperation and the Discussion of the International Water Convention", *Water in the Middle East: Potential for Conflicts and Prospects for Cooperation*, Berlin [etc.], Springer, 1998, pp. 11-30.

BESCHORNER, N., *Water and Instability in the Middle East: An Analysis of Environmental, Economic and Political Factors Influencing Water Management and Water Disputes in the Jordan and Nile Basins and Tigris-Euphrates Region*, London, Brassey's, 1992. [Adelphi Papers, Vol. 273.]

BISWAS, A. K. (ed.), *International Waters of the Middle East: From Euphrates-Tigris to Nile*, Bombay [etc.], Oxford University Press, 1994.

BISWAS, A. K., and J. KOLARS *[et al.]*, *Core and Periphery: A Comprehensive Approach to Middle Eastern Water*, Sponsored by the Middle East Water Commission with the Support of the Sasakawa Peace Foundation, Delhi [etc.], Oxford University Press, 1997.

BOIS, F. DU, "Water Law in the Economy of Nature", *Water in the Middle East: Legal, Political and Commercial Implications*, London, [etc.], Tauris Academic Studies, 1995, pp. 111-123.

BULLOCH, J., and A. DARWISH, *Water Wars: Coming Conflicts in the Middle East*, London, Gollancz, 1993.

BURDETT, A. L. P., *Water Resources in the Arabian Peninsula 1921-1960*, 2 dl., Slough, Archive Editions, 1998.

CAPONERA, D. A., "Legal Aspects of Transboundary River Basins in the Middle East: The Al Asi (Orontes), the Jordan and the Nile", *N. Res. J.*, 33 (1993), No. 3, pp. 629-663.

CHESNOT, Ch., *La bataille de l'eau au Proche-Orient*, Paris, L'Harmattan, 1994.

DECONINCK, S., "Water als conflictpotentieel in het Midden-Oosten", *VN Forum*, 16 (2003), No. 3, pp. 14-20.

DELLAPENNA, J. W., "Building International Water Management Institutions: The Role of Treaties and Other Legal Arrangements", *Water in the Middle East: Legal, Political and Commercial Implications*, London [etc.], Tauris Academic Studies, 1995, pp. 55-89.

DOLATYAR, M., "Water Diplomacy in the Middle East", *Iranian Journal of International Affairs*, 7 (1995), No. 3, pp. 599-615.

DOLATYAR, M., and T. S. GRAY, *Water Politics in the Middle East: A Context for Conflict or Cooperation?*, Basingstoke [etc.], Macmillan Press, 2000.

DURTH, R., "Transboundary Externalities and Regional Integration", *Water in the Middle East: Potential for Conflicts and Prospects for Cooperation*, Berlin [etc.], Springer, 1998, pp. 57-70.

EL MOHR, A., "Water Resources in the Middle East: Some Guiding Principles", *Water in the Middle East: Legal, Political and Commercial Implications*, London, [etc.], Tauris Academic Studies, 1995, pp. 293-300.

ELVER, H., "Hydropolitics in the Middle East", *The International Relations of the Middle East in the 21st Century: Patterns of Continuity and Change*, Aldershot, Ashgate Publishing Limited, 2001.

GIANNIOS, S., *Ein Wasserregime im Nahen Osten: rechtliche und politische Grundlagen und Perspektiven der internationalen Wasserverteilung im Jordanbecken*, Frankfurt am Main [etc.], Peter Lang, 2003. [Schriften zum Staats- und Völkerrecht, Band 106.]

GLEICK, P. H., "Reducing the Risks of Conflict over Fresh Water Resources in the Middle East", *Water and Peace in the Middle East: Proceedings of the First Israeli-Palestinian International Academic Conference on Water, Zürich, Switzerland, 10-13 December 1992*, Amsterdam [etc.], Elsevier, 1994, pp. 41-54.

HASSAN-YARI, H., «L'eau au Moyen-Orient: source de division ou agent», *Les politiques de l'eau au XXIe siècle*, t. I, Paris, CIRPES, 2002, pp. 53-69.

HILLEL, D., *Rivers of Eden: The Struggle for Water and the Quest for Peace in the Middle East*, New York, [etc.], Oxford University Press, 1994.

HIRSCH, A. M., "Utilization of International Rivers in the Middle East: A Study of Conventional International Law", *AJIL*, 50 (1956), pp. 81-100.

HOLUBESHEN, M., and H. A. AMERY, *Annotated Bibliography of Water in the Middle East*, Toronto, Centre for International Studies, University of Toronto, 1995.

ISAAC, J., and H. SHUVAL (eds.), *Water and Peace in the Middle East: Proceedings of the First Israeli-Palestinian International Academic Conference on Water, Zürich, Switzerland, 10-13 December 1992*, Amsterdam [etc.], Elsevier, 1994. [*Studies in Environmental Science*, 58.]

ISSAR, A. S., "Fossil Water under the Deserts of the Middle East: A Safeguard against Strife", *Water and Peace in the Middle East: Proceedings of the First Israeli-Palestinian International Academic Conference on Water, Zürich, Switzerland, 10-13 December 1992*, Amsterdam [etc.], Elsevier, 1994, pp. 351-361.

KASSLER, P., *Environmental Issues for the Gulf: Oil, Water, and Sustainable Development*, London, Royal Institute of International Affairs, Middle East Programme, 1999.

KHASSAWNEH, A., "The International Law Commission and Middle East Waters", *Water in the Middle East: Legal, Political and Commercial Implications*, London [etc.], Tauris Academic Studies, 1995, pp. 21-28.

KINNERSLEY, D., "Is Water an Exploitable Commercial Product?", *Water in the Middle East: Legal, Political and Commercial Implications*, London [etc.], Tauris Academic Studies, 1995, pp. 271-281.

KRISHNA, R., "International Watercourses: World Bank Experience and Policy", *Water in the Middle East: Legal, Political and Commercial Implications*, London [etc.], Tauris Academic Studies, 1995, pp. 29-54.

KUFFNER, U., "Contested Waters: Dividing or Sharing?", *Water in the Middle*

East: Potential for Conflicts and Prospects for Cooperation, Berlin [etc.], Springer, 1998, pp. 71-87.

MALLAT, C., "The Quest for Water Use Principles: Reflections on Shari'a and Custom in the Middle East", *Water in the Middle East: Legal, Political and Commercial Implications*, London, [etc.], Tauris Academic Studies, 1995, pp. 127-137.

MOMTAZ, D., «Le régime juridique des ressources en eau des cours d'eau internationaux du Moyen-Orient», *AFDI*, 39 (1994), pp. 874-897.

MURAKAMI, M., *Managing Water for Peace in the Middle East: Alternative Strategies*, Tokyo, [etc.], United Nations University Press, 1995.

NAFF, Th., "A Case for Demand-side Water Management", *Water and Peace in the Middle East: Proceedings of the First Israeli-Palestinian International Academic Conference on Water, Zürich, Switzerland, 10-13 December 1992*, Amsterdam [etc.], Elsevier, 1994, pp. 83-92.

NAFF, Th.,and R. C. MATSON, *Water in the Middle East: Conflict or Cooperation?*, Boulder, CO [etc.], Westview, 1984.

RENGER, J., "The Middle East Peace Process: Obstacles to Cooperation over Shared Waters", *Water in the Middle East: Potential for Conflicts and Prospects for Cooperation*, Berlin [etc.], Springer, 1998, pp. 47-55.

SCANLAN, K. P., "The International Law Commission's First Ten Draft Articles on the Law of the Non-navigational Uses of International Watercourses: Do They Adequately Address All the Major Issues of Water Usage in the Middle East?", *Fordham Int'l LJ*, 19 (1996), No. 5, pp. 2180-2229.

SCHEUMANN, W., and M. SCHIFFLER (eds.), *Water in the Middle East: Potential for Conflicts and Prospects for Cooperation*, Berlin [etc.], Springer, 1998.

SCHIFFLER, M., "International Water Agreements: A Comparative View", *Water in the Middle East: Potential for Conflicts and Prospects for Cooperation*, Berlin [etc.], Springer, 1998, pp. 31-45.

SHAPLAND, G., "Policy Options for Downstream States in the Middle East", *Water in the Middle East: Legal, Political and Commercial Implications*, London, [etc.], Tauris Academic Studies, 1995, pp. 301-323.

—, *Rivers of Discord: International Water Disputes in the Middle East,* London, Hurst, 1997.

SOFFER, A., *Rivers of Fire: The Conflict over Water in the Middle East*, Lanham, MD, [etc.], Rowman & Littlefield Publishers, 1999.

STARR, J., and D. C. STOLL, *U.S. Foreign Policy on Water Resources in the Middle East*, Washington, DC, Center for Strategic & International Studies, 1987.

STORER, D., "The Potential Role of Privatization in the Management of Water Resources in the Middle East", *Water in the Middle East: Legal, Political and Commercial Implications*, London [etc.], Tauris Academic Studies, 1995, pp. 261-269.

STOUT, G. E., "Vision Can Make a Difference: Transboundary Issues", *Water and Peace in the Middle East: Proceedings of the First Israeli-Palestinian International Academic Conference on Water, Zürich, Switzerland, 10-13 December 1992*, Amsterdam [etc.], Elsevier, 1994, pp. 1-6.

TARASOFSKY, R. G., "International Law and Water Conflicts in the Middle East", *Envtl. Pol'y & L.*, 23 (1993), No. 2, pp. 70-73.

TOLBA, M. K., "Middle East Water Issues: Action and Political Will", *International Waters of the Middle East: From Euphrates-Tigris to Nile*, Bombay [etc.], Oxford University Press, 1994, pp. 1-4.

WACHTEL, B., "The Peace Canal Project: A Multiple Conflict Resolution Perspective for the Middle East", *Water and Peace in the Middle East: Proceedings of the First Israeli-Palestinian International Academic Conference on Water, Zürich, Switzerland, 10-13 December 1992*, Amsterdam [etc.], Elsevier, 1994, pp. 363-374.

WILLIAMS, P., "Turkey's Diplomacy in the Middle East", *Sec. Dialogue*, 32 (2001), No. 1, pp. 27-40.

ZEITOUNI, N., N. BECKER and M. SHECHTER, "Water Sharing through Trade in Markets for Water Rights: An Illustrative Application to the Middle East", *Water and Peace in the Middle East: Proceedings of the First Israeli-Palestinian International Academic Conference on Water, Zürich, Switzerland, 10-13 December 1992*, Amsterdam [etc.], Elsevier, 1994, pp. 399-412.

b Documents

Ground Water in the Eastern Mediterranean and Western Asia, New York, United Nations, 1982. [*Natural Resources/Water Series*, No. 9.]

3 L'Euphrate et le Tigre
Euphrates and Tigris Rivers

a Ouvrages et articles
Books and Articles

ARAKON, M., « La politique hydraulique de la Turquie », *Les politiques de l'eau au XXIe siècle*, t. I, Paris, CIRPES, 2002, pp. 71-86.

BARANDAT, J., "Die Türkei in der Wasserfalle: Das Südostanatolien-Projekt (GAP, Guneydogu Anadolu Projesi)", *Wasser — Konfrontation oder Kooperation: Ökologische Aspekte von Sicherheit am Beispiel eines weltweit begehrten Rohstoffs*, Baden-Baden, Nomos, 1997, pp. 158-181.

BARI, Z., "Syrian-Iraqi Dispute over the Euphrates Waters", *Int'l Stud. (New Delhi)*, 16 (1977), pp. 227-244.

BENABDALLAH, A., *La question du Chatt el-Arab: aspects géographique, historique et juridique*, Montréal, Québec, Canada, Editions Canada-Monde arabe, 1982.

BENVENISTI, E., "Managing Iraq's Shared Water Resources during the Occupation", *American Journal of International Law*, 97 (2003), No. 4, pp. 864-872.

—, "Water Conflicts during the Occupation of Iraq", *American Journal of International Law*, 97 (2003), No. 4, pp. 860-872.

BESCHORNER, N., *Water and Instability in the Middle East: An Analysis of Environmental, Economic and Political Factors Influencing Water Management and Water Disputes in the Jordan and Nile Basins and Tigris-Euphrates Region*, London, Brassey's, 1992. [Adelphi Papers, Vol. 273.]

BILLEN, Ö., "Prospects for Technical Cooperation in the Euphrates-Tigris Basin", *International Waters of the Middle East: From Euphrates-Tigris to Nile*, Bombay [etc.], Oxford University Press, 1994, pp. 95-116.

BISWAS, A. K. (ed.), *International Waters of the Middle East: From Euphrates-Tigris to Nile*, Bombay [etc.], Oxford University Press, 1994.

BOUDIER, Ch., « Chatt El-Arab et Golfe Arabo-Persique: repères géographiques et stratégiques », *Pol. Etr.*, 52 (1987), pp. 404-409.

CAPONERA, D. A., "The Legal Status of the Shatt-al-Arab (Tigris and Euphrates) River Basin", *AJPIL/ÖZöRV*, 45 (1993), No. 2, pp. 147-158.

CHALABI, H., and T. MAJZOUB, "Turkey, the Waters of the Euphrates and Public International Law", *Water in the Middle East: Legal, Political and Commercial Implications*, London, [etc.], Tauris Academic Studies, 1995, pp. 189-235.

COHEN, J. E., "International Law and the Water Politics of the Euphrates", *NYUJ Int'l & Pol.*, 24 (1991), No. 1, pp. 502-556.

EPINEY, A., "Nachbarrechtliche Pflichten im internationalen Wasserrecht und

Implikationen von Drittstaaten: aufgezeigt am Beispiel des Staudammprojekts 'Ilisu' (Türkei)", *AVR*, 39 (2001), No. 1, pp. 1-56.

HAGER, R., "The Euphrates Basin: In Search of a Legal Regime", *Geo. Int'l Envtl. L. Rev.*, 3 (1990), No. 1, pp. 207-228.

KALPAKIAN, J., *Identity, Conflict and Cooperation in International River Systems*, Aldershot [etc.], Ashgate Publishing Limited, 2004-08-03.

KIBAROGLU, A., *Building a Regime for the Waters of the Euphrates-Tigris River Basin*, The Hague [etc.], Kluwer Law International, 2002.

KLARE, M. T., *Resource Wars: The New Landscape of Global Conflicts*, New York, [s.n.], 2001.

KOLARS, J., "Problems of International River Management: The Case of the Euphrates", *International Waters of the Middle East: From Euphrates-Tigris to Nile*, Bombay [etc.], Oxford University Press, 1994, pp. 44-94.

LIEN, R. A., "Still Thirsting: Prospects for a Multilateral Treaty on the Euphrates and Tigris Rivers following the Adoption of the United Nations Convention on International Watercourses", *Boston University International Law Journal*, 16 (1998), No. 1, pp. 273-307.

LOREZ, F. M., E. J. ERICKSON and B. R. SHAW, *The Euphrates Triangle: Security Implications of the Southeast Anatolia Project*, Washington, DC, National Defense University Press, 1999.

MCCRYSTIE ADAMS, J., "Environmental and Human Rights Objections Stall Turkey's Proposed Ilisu Dam", *Colo. J. Int'l Envtl. L. & Pol'y, 2000 Yearbook*, pp. 173-182.

MCDOWELL, T. E., "Water Conflict and the Tigris-Euphrates Water Basin: A Status Report", *Colo. J. Int'l Envt'l L. & Pol'y, 1997 Yearbook*, pp. 202-208.

MOMTAZ, D., «Le statut juridique du Chatt el-Arab dans sa perspective historique», *Actualités juridiques et politiques en Asie: études à la mémoire de Van Minh*, Paris, Pedone, 1988, pp. 59-67.

RIEMER, A. K., "Water Issues and the Extended Understanding of 'Security': The Southeast Anatolia Project as a Multidimensional Potential for Crisis?", *Turkish Yearbook of International Relations*, 26 (1996), pp. 81-99.

RONDOT, P., «La guerre du Chatt el-Arab: les raisons de l'Irak», *Pol. étr.*, 45 (1980), pp. 867-879.

SCHEUMANN, W., "Conflicts on the Euphrates: An Analysis of Water and Non-water Issues", *Water in the Middle East: Potential for Conflicts and Prospects for Cooperation*, Berlin [etc.], Springer, 1998, pp. 113-135.

SCHULZ, M., "Turkey, Syria and Iraq: A Hydropolitical Security Complex", *Hydropolitics: Conflicts over Water as a Development Constraint*, London and New Jersey, Zed Books, Dhaka, University Press, 1995, pp. 91-122.

SLIM, R. M., "Turkey, Syria, Iraq: The Euphrates", *Culture and Negotiation: The Resolution of Water Disputes*, Newbury Park, CA, [etc.], Sage, 1993, pp. 135-155.

WOLF, A. T., "A Hydrolopolitical History of the Nile, Jordan and Euphrates River Basins", *International Waters of the Middle East*, Bombay [etc.], Oxford University Press, 1994, pp. 5-43.

b Documents

"Boundary Treaty and Protocol concerning the Shatt-al-Arab Waterway, Signed at Teheran, July 4, 1937", [Reproduced from the League of Nations *Treaties Series*, Vol. 190, No. 4423], *ILM*, 8 (1969), pp. 478-480.

"Iranian Letter to the President of the U.N. Security Council", [Reproduced from UN document S/9190 of 1 May 1969], *ILM*, 8 (1969), pp. 489-492.

"Iranian Statement concerning Abrogation of 1937 Treaty between Iraq and

Iran, 19 April 1969", [Reproduced from an unofficial translation provided by the Embassy of Iran at Washington, DC], *ILM*, 8 (1969), pp. 481-486.
"Iraqi Letter to the President of the U.N. Security Council", [Reproduced from UN document S/9185 of 29 April 1969], *ILM*, 8 (1969), pp. 487-488.

4 Le Gange et le Brahmapoutre
Ganges and Brahmaputra Rivers

a Ouvrages et articles
Books and Articles

ABBAS, B. M., *The Ganges Waters Dispute*, New Delhi, Vikas, 1982.
ASAFUDDOWLAH, M., "Sharing of Transboundary Rivers: The Ganges Treaty", *The Peaceful Management of Transboundary Resources*, London [etc.], Graham & Trotman/Martinus Nijhoff, 1995, pp. 209-218.
BISWAS, A. K., "Management of International Waters; Opportunities and Constraints", *Sustainable Development of the Ganges-Brahmaputra-Meghna Basins*, Tokyo [etc.], United Nations University Press, 2001, pp. 1-16.
BISWAS, A. K., and J. I. UITTO (eds.), *Sustainable Development of the Ganges-Brahmaputra-Meghna Basins*, Tokyo [etc.], United Nations University Press, 2001.
CORELL, E., and A. SWAIN, "India: The Domestic and International Politics of Water Scarcity", *Hydropolitics: Conflicts over Water as a Development Constraint*, London and New Jersey, Zed Books, Dhaka, University Press, 1995, pp. 123-148.
CROW, B., A. LINDQUIST and D. WILSON, *Sharing the Ganges: The Politics and Technology of River Development*, New Delhi, Sage Publications, 1995.
EATON, D. J., *The Ganges-Brahmaputra Basin: Water Resource Cooperation between Nepal, India and Bangladesh*, Austin, TX, Lyndon B. Johnson School of Public Affairs, University of Texas, 1992.
GYAWALI, "Nepal-India Water Resource Relations", *Power and Negotiation*, Ann Arbor, MI, The University of Michigan Press, 2000, pp. 129-154.
HASSAN, T., "Ganges Waters Treaty, Bangladesh-India, Entered into Force 5 November 1977", *Harv. Int'l LJ*, 19 (1978), pp. 708-725.
ISLAM, N., "The Regime of International Watercourses: The Case of the Ganges form an Asian Perspective", *International Boundaries and Environmental Security: Frameworks for Regional Cooperation*, London, The Hague [etc.], Kluwer Law International, 1997, pp. 321-348.
ISLAM, R., "A Critique of the Ganges Water Accord of 1985", *Lawasia* (1986), pp. 141-152.
KAYASTHA, R. L., "Water Resources Development of Nepal: A Regional Perspective", *Sustainable Development of the Ganges-Brahmaputra-Meghna Basins*, Tokyo [etc.], United Nations University Press, 2001, pp. 122-144.
KHAN, T. A., "Management and Sharing of the Ganges", *N. Res. J.*, 36 (1996), No. 3, pp. 455-479.
MOHILE, A. D., "Brahmaputra: Issues in Development", in *Sustainable Development of the Ganges-Brahmaputra-Meghna Basins*, Tokyo [etc.], United Nations University Press, 2001, pp. 58-79.
MUKHERJEE, S., "Water Resource Development and the Environment in Bhutan", *Sustainable Development of the Ganges-Brahmaputra-Meghna Basins*, Tokyo [etc.], United Nations University Press, 2001, pp. 145-162.
NISHAT, A., "Development and Management of Water Resources in Bangladesh: Post-1996 Treaty Opportunities", *Sustainable Development of the Ganges-Brahmaputra-Meghna Basins*, Tokyo [etc.], United Nations University Press, 2001, pp. 80-99.

ONTA, I. R., "Harnessing the Himalayan Waters of Nepal: A Case for Partnership for the Ganges Basin", *Sustainable Development of the Ganges-Brahmaputra-Meghna Basins*, Tokyo [etc.], United Nations University Press, 2001, pp. 100-121.

RAFIQUL ISLAM, M., *The Ganges Water Dispute: An Appraisal of a Third Party Settlement*, [Sl., s. n.], 1987.

—, *The Ganges Water Dispute: International Legal Aspects*, Dhaka, Bangladesh, The University Press Limited, 1987.

SALMAN, S. M. A., «Partage des eaux du Gange entre l'Inde et le Bangladesh: une analyse du traité de 1996», *Cours d'eau internationaux: renforcer la coopération et gérer les différends*, Washington, DC, Banque mondiale, 1999, pp. 129-154.

—, "Sharing the Ganges Waters between India and Bangladesh: An Analysis of the 1996 Treaty", *International Watercourses: Enhancing Cooperation and Managing Conflict*, Washington, DC, World Bank, 1998, pp. 127-153.

SALMAN, S. M. A., and K. UPRETY, "Hydro-politics in South Asia: A Comparative Analysis of the Mahakali and the Ganges Treaties" *N. Res. J.*, 39 (1999), No. 2, pp. 295-343.

SHAH, R. B., "Ganges-Brahmaputra: The Outlook for the Twenty-first Century", *Sustainable Development of the Ganges-Brahmaputra-Meghna Basins*, Tokyo [etc.], United Nations University Press, 2001, pp. 17-45.

SHAMSUL-HUDA, A. T. M., "Constraints and Opportunities for Cooperation towards Development of Water Resources in the Ganges Basin", *Sustainable Development of the Ganges-Brahmaputra-Meghna Basins*, Tokyo [etc.], United Nations University Press, 2001, pp. 46-57.

SUBEDI, S. P., "Hydro-diplomacy in South Asia: The Conclusion of the Mahakali and Ganges River Treaties", *AJIL*, 93 (1999), No. 4, pp. 953-962.

SWAIN, A., "Conflicts over Water: The Ganges Water Dispute", *Sec. Dialogue*, 24 (1993), No. 4, pp. 429-439.

THOMPSON, M., and D. GYAWALI, "Transboundary Risk Management in the South: A Nepalese Perspective on Himalayan Water Projects", *Transboundary Risk Management*, London [etc.], Earthscan Publications Ltd., 2001, pp. 183-206.

UPRETI, B. C., *Politics of Himalayan River Waters: An Analysis of the River Water Issues of Nepal, India, and Bangladesh*, Jaipur [etc.], Nirala Publications, 1993.

VERGHESE, B. G., "From Dispute to Dialogue to Doing", *Sustainable Development of the Ganges-Brahmaputra-Meghna Basins*, Tokyo [etc.], United Nations University Press, 2001, pp. 163-189.

—, "Negotiations on the Mahakali and Ganges Treaties", *Co-operation on Transboundary Rivers*, Baden-Baden, Nomos Verlagsgesellschaft, 2002, pp. 189-198.

b Documents

"Treaty between the Government of the People's Republic of Bangladesh and the Government of the Republic of India on Sharing of the Ganga/Ganges Water at Farakka, Done at New Delhi, 12th December 1996", *Sustainable Development of the Ganges-Brahmaputra-Meghna Basins*, Tokyo [etc.], United Nations University Press, 2001, pp. 190-194.

UN, United Nations 1997: Convention on the Law of the Non-navigational Uses of International Watercourses, 21 May 1997, UN doc. A/RES/51/229, 8 July 1997, New York, United Nations.

UN, United Nations 1970: General Assembly resolution 2669, UN, *GAOR*, 25th Session, Supp. No. 28, p. 127, UN doc. A/802, New York, United Nations.

UN, United Nations 1959: Report of the Sixth Committee, UN, *GAOR*, 14th Session, Annex, Agenda Item 55, UN doc. A/4253, New York, United Nations.

5 L'Indus
Indus River

Ouvrages et articles
Books and Articles

ACCARIEZ, Y.-C., «Le régime juridique de l'Indus», *The Legal Regime of International Rivers and Lakes/Le régime juridique des fleuves et des lacs internationaux*, The Hague [etc.], Nijhoff, 1981, pp. 53-74.

BAXTER, R. R., "The Indus Basin", *The Law of International Drainage Basins*, Dobbs Ferry, NY, Oceana Publications, 1967, pp. 443-485.

BERBER, F. J., "The Indus Water Dispute", *Indian Yearbook of International Affairs*, 6 (1957), pp. 46-62.

BISWAS, A. K., "Indus Water Treaty: The Negotiating Process", *Water International*, 17 (1992), pp. 201-209.

CHAKRABORTY, R., and S. NASIR, "Indus Basin Treaty: Its Relevance to Indo-Pak Relations", *Pakistan Horizon*, 55 (2002), No. 4, pp. 53-62.

CONCANNON, B. E., "The Indus Waters Treaty: Three Decades of Success, Yet, Will It Endure?", *Geo. Int'l Envtl. L. Rev.*, 2 (1989), pp. 55-79.

GULHATI, N. D., *Indus Waters Treaty: An Exercise in International Mediation*, Bombay, Allied Publishers, 1973.

KALPAKIAN, J., *Identity, Conflict and Cooperation in International River Systems*, Aldershot [etc.], Ashgate Publishing Limited, 2004-08-03.

KLAFF, R., "Der Induswasserkonflikt — Ansätze einer pragmatischen Wasserpolitik in der Konfliktregion Südasien", *Wasser — Konfrontation oder Kooperation: Ökologische Aspekte von Sicherheit am Beispiel eines weltweit begehrten Rohstoffs*, Baden-Baden, Nomos, 1997, pp. 234-262.

KLARE, M. T., *Resource Wars: The New Landscape of Global Conflicts*, New York, [s. n.], 2001.

PITMAN, G. T. K., «Le rôle de la Banque mondiale dans le renforcement de la coopération et le règlement des conflits relatifs aux cours d'eau internationaux: le cas du bassin de l'Indus», *Cours d'eau internationaux: renforcer la coopération et gérer les différends*, Washington, DC, Banque mondiale, 1999, pp. 155-166.

—, "The Role of the World Bank in Enhancing Cooperation and Resolving Conflict on International Watercourses: The Case of the Indus Basin", *International Watercourses: Enhancing Cooperation and Managing Conflict*, Washington, DC, World Bank, 1998, pp. 155-165.

UPRETI, B. C., *Politics of Himalayan River Waters: An Analysis of the River Water Issues of Nepal, India, and Bangladesh*, Jaipur [etc.], Nirala Publications, 1993.

WARIKOO, K., "Perspectives of the Indus Waters Treaty", *Peace as Process: Reconciliation and Conflict Resolution in South Asia*, Delhi, Manohor, 2001, pp. 281-298.

6 Le Jourdain; conflits israélo-arabes
Jordan River; Israeli-Arab Conflicts

a Ouvrages et articles
Books and Articles

ABOUALI, G., "Natural Resources under Occupation: The Status of Palestinian Water under International Law", *Pace Int'l L. Rev.*, 10 (1998), No. 2, pp. 411-574.

—, "Continued Control: Israel, Palestinian Water and the Interim Agreement", *Pal. YB Int'l L.*, 9 (1998), pp. 63-113.

ADAM, R., "Government Failure and Public Indifference: A Portrait of Water Pollution in Israel", *Colo. J. Int'l Envt'l L. & Pol'y*, 11 (2000), No. 2, pp. 257-376.

AHIRAM, E., and H. SINIORA, "The Gaza Strip Water Problem: An Emergency Solution for the Palestinian Population", *Water and Peace in the Middle East: Proceedings of the First Israeli-Palestinian International Academic Conference on Water, Zürich, Switzerland, 10-13 December 1992*, Amsterdam [etc.], Elsevier, 1994, pp. 261-271.

AL KHATEEB, N., "Sociocultural Acceptability of Wastewater Reuse in Palestine", *Water Management in Islam*, Tokyo [etc.], United Nations University Press, 2001, pp. 79-84.

AL-KHATIB, N., and K. ASSAF, "Palestinian Water Supplies and Demands", *Water and Peace in the Middle East: Proceedings of the First Israeli-Palestinian International Academic Conference on Water, Zürich, Switzerland, 10-13 December 1992*, Amsterdam [etc.], Elsevier, 1994, pp. 55-68.

ALSTER, J. P., "Water in the Peace Process", *Justice* (1996), No. 9, pp. 11-16.

—, "Water in the Peace Process: Israel-Syria-Palestinians", *Justice*, (1996), No. 10, pp. 4-8.

ARLOSOROFF, S., "Water Resource Management in Israel", *Management of Shared Groundwater Resources: The Israeli-Palestinian Case with an International Perspective*, Boston [etc.], Kluwer Academic Publishers, 2001, pp. 57-74.

ASSAF, K., "The Need for Joint Management and Monitoring of the Water 'Usage' Cycle", *Management of Shared Groundwater Resources: The Israeli-Palestinian Case with an International Perspective*, Boston [etc.], Kluwer Academic Publishers, 2001, pp. 75-82.

—, "Replenishment of Palestinian Waters by Artificial Recharge as a Non-controversial Option in Water Resource Management in the West Bank and Gaza Strip", *Water and Peace in the Middle East: Proceedings of the First Israeli-Palestinian International Academic Conference on Water, Zürich, Switzerland, 10-13 December 1992*, Amsterdam [etc.], Elsevier, 1994, pp. 301-314.

AWARTANI, H., "A Projection of the Demand for Water in the West Bank and Gaza Strip, 1992-2005", *Water and Peace in the Middle East: Proceedings of the First Israeli-Palestinian International Academic Conference on Water, Zürich, Switzerland, 10-13 December 1992*, Amsterdam [etc.], Elsevier, 1994, pp. 7-31.

BEN MEIR, M., "Water Management Policy in Israel: A Comprehensive Approach", *Water and Peace in the Middle East: Proceedings of the First Israeli-Palestinian International Academic Conference on Water, Zürich, Switzerland, 10-13 December 1992*, Amsterdam [etc.], Elsevier, 1994, pp. 33-39.

BENEVENISTI, E., "International Law and the Mountain Aquifer", *Water and Peace in the Middle East: Proceedings of the First Israeli-Palestinian International Academic Conference on Water, Zürich, Switzerland, 10-13 December 1992*, Amsterdam [etc.], Elsevier, 1994, pp. 229-238.

BENVENISTI, E., and H. GVIRTMAN, "Harnessing International Law to Determinate Israeli-Palestinian Water Rights: The Mountain Aquifer", *N. Res. J.*, 33 (1993), pp. 543-567.

BESCHORNER, N., *Water and Instability in the Middle East: An Analysis of Environmental, Economic and Political Factors Influencing Water Management and Water Disputes in the Jordan and Nile Basins and Tigris-Euphrates Region*, London, Brassey's, 1992. [Adelphi Papers, Vol. 273.]

BRILL, E., U. CHAKRAVORTY and E. HOCHMAN, "Transboundary Water Allocation between Israel and the Gaza Strip: Desalination, Recycling, and Fresh Water", *Conflict and Cooperation on Transboundary Water Resources*, Boston, Dordrecht [etc.], Kluwer Academic Publishers, 1998, pp. 381-400.

BROOKS, D. B., "Economics, Ecology and Equity: Lessons from the Energy Crisis in Managing Water Shared by Israelis and Palestinians", *Water and Peace in the Middle East: Proceedings of the First Israeli-Palestinian International Academic Conference on Water, Zürich, Switzerland, 10-13 December 1992*, Amsterdam [etc.], Elsevier, 1994, pp. 441-450.

CAPONERA, D. A., "Legal Aspects of Transboundary River Basins in the Middle East: The Al Asi (Orontes), the Jordan and the Nile", *N. Res. J.*, 33 (1993), No. 3, pp. 629-663.

—, "The Legal-Institutional Issues Involved in the Solution of Water Conflicts in the Middle East: The Jordan", *Water and Peace in the Middle East: Proceedings of the First Israeli-Palestinian International Academic Conference on Water, Zürich, Switzerland, 10-13 December 1992*, Amsterdam [etc.], Elsevier, 1994, pp. 163-180.

CHENEVERT, D. J., "Application of the Draft Articles on the Non-navigational Uses of International Watercourses to the Water Disputes Involving the Nile River and the Jordan River", *Emory Int'l L. Rev.*, 6 (1992), No. 2, pp. 495-575.

CIVIC, M. A., "A Comparative Analysis of the Israeli and Arab Water Law Traditions and Insights for Modern Water Sharing Agreements", *Den. J. Int'l L. & Pol'y*, 26 (1998), No. 3, pp. 437-452.

—, "A New Conceptual Framework for Jordan River Basin Management: A Proposal for a Trusteeship Commission", *Colo. J. Int'l Envt'l L. & Pol'y*, 9 (1998), No. 2, pp. 285-329.

DELLAPENNA, J. W., "Designing the Legal Structures of Water Management Needed to Fulfill the Israel-Palestinian Declaration of Principles", *Pal. YB Int'l L.*, 7 (1995), pp. 63-103.

—, "Rivers as Legal Structures: The Examples of the Jordan and the Nile", *N. Res. J.*, 36 (1996), No. 2, pp. 217-250.

DICHTER, H., "The Legal Status of Israel's Water Policies in the Occupied Territories", *Harv. Int'l LJ*, 35 (1994), No. 2, pp. 565-594.

DILLMAN, J. D., "Water Rights in the Occupied Territories", *J. Palestine Stud.*, 19 (1989), No. 1, Issue 73, pp. 46-71.

DOMBROWSKY, I., "The Jordan River Basin: Prospects for Cooperation within the Middle East Peace Process?", *Water in the Middle East: Potential for Conflicts and Prospects for Cooperation*, Berlin [etc.], Springer, 1998, pp. 91-112.

DONKERS, H., "Fresh Water as a Source of International Conflicts: The Water Conflicts between Israel, Jordan and the Palestinians", *The Scarcity of Water: Emerging Legal and Policy Responses*, London, The Hague, [etc.], Kluwer Law International, 1997, pp. 135-157. *[International Environmental Law and Policy Series.]*

—, "Water als factor in het Israëlisch-Arabisch conflict", *Int'l Spectator ('s-Gravenhage)*, 49 (1995), No. 1, pp. 13-18.

EATON, J. W., and D. J. EATON, "Water Utilization in the Yarmuk-Jordan, 1192-1992", *Water and Peace in the Middle East: Proceedings of the First Israeli-Palestinian International Academic Conference on Water, Zürich, Switzerland, 10-13 December 1992*, Amsterdam [etc.], Elsevier, 1994, pp. 93-105.

ELMUSA, S., *Negotiating Water: Israel and the Palestinians*, Washington, DC, Institute for Palestine Studies, 1996.

—, "The Jordan-Israel Water Agreement: A Model or an Exception?", *Journal of Palestine Studies*, 24 (1995), No. 3, pp. 63-73.

—, "The Land-Water Nexus in the Israeli-Palestinian Conflict", *Journal of Palestine Studies*, 25 (1996), No. 3, pp. 69-78.

—, *Water Conflict: Economics, Politics, Law and Palestinian-Israeli Water Resources*, Washington, DC, Institute for Palestine Studies, 1997.

ELMUSA, S. B., "Towards an Equitable Distribution of the Common Palestinian-Israeli Waters: An International Water Law Framework", *Water and Peace in the Middle East: Proceedings of the First Israeli-Palestinian International*

Academic Conference on Water, Zürich, Switzerland, 10-13 December 1992, Amsterdam [etc.], Elsevier, 1994, pp. 451-467.

ELMUSA, S. S., "Dividing Common Water Resources according to International Water Law: The Case of the Palestinian-Israeli Waters", *N. Res. J.*, 35 (1995), No. 2, pp. 223-242.

FEITELSON, E., "Water Rights within a Water Cycle Framework", *Management of Shared Groundwater Resources: The Israeli-Palestinian Case with an International Perspective*, Boston [etc.], Kluwer Academic Publishers, 2001, pp. 395-405.

FEITELSON, E., and M. HADDAD, *Identification of Joint Management Structures for Shared Aquifers: A Cooperative Palestinian-Israeli Effort*, Washington, DC, World Bank, 1998. [World Bank Technical Paper, No. 415.]

FEITELSON, E., and M. HADDAD (eds.), *Management of Shared Groundwater Resources: The Israeli-Palestinian Case with an International Perspective*, Boston [etc.], Kluwer Academic Publishers, 2001.

FISHELSON, G., "The Allocation and Marginal Value Product of Water in Israeli Agriculture", *Water and Peace in the Middle East: Proceedings of the First Israeli-Palestinian International Academic Conference on Water, Zürich, Switzerland, 10-13 December 1992*, Amsterdam [etc.], Elsevier, 1994, pp. 427-440.

GAMOULOU, C., « L'eau, enjeu stratégique entre Israël et la Syrie », *Les politiques de l'eau au XXIe siècle*, t. I, Paris, CIRPES, 2002, pp. 87-100.

GARCIA RENDON, G., *El estatuto jurídico de Palestina y el problema del Río Jordán*, Lima, [s. n.], 1964.

GARFINKLE, A., *War, Water, and Negotiation in the Middle East: The Case of the Palestine-Syria Border, 1916-1923*, Tel Aviv, Tel Aviv University, Moshe Dayan Center for Middle Eastern and African Studies, 1994.

GIANNIOS, S., *Ein Wasserregime im Nahen Osten: rechtliche und politische Grundlagen und Perspektiven der internationalen Wasserverteilung im Jordanbecken*, Frankfurt am Main [etc.], Peter Lang, 2003. [Schriften zum Staats- und Völkerrecht, Band 106.]

GOICHON, A.-M., *L'eau, problème vital de la région du Jourdain*, Bruxelles, Centre pour l'étude des problèmes du monde musulman contemporain, 1964.

GREY, D. R. C., "The Development of the Water Resources of the Occupied Palestinian Territories: Some Key Issues", *Water and Peace in the Middle East: Proceedings of the First Israeli-Palestinian International Academic Conference on Water, Zürich, Switzerland, 10-13 December 1992*, Amsterdam [etc.], Elsevier, 1994, pp. 219-228.

GRUEN, G. E., "Contribution of Water Imports to Israeli-Palestinian-Jordanian Peace", *Water and Peace in the Middle East: Proceedings of the First Israeli-Palestinian International Academic Conference on Water, Zürich, Switzerland, 10-13 December 1992*, Amsterdam [etc.], Elsevier, 1994, pp. 273-288.

GVIRTZMAN, H., "Groundwater Allocation in Judea and Samaria", *Water and Peace in the Middle East: Proceedings of the First Israeli-Palestinian International Academic Conference on Water, Zürich, Switzerland, 10-13 December 1992*, Amsterdam [etc.], Elsevier, 1994, pp. 205-218.

HADDAD, M., E. FEITELSON, S. ARLOSOROFF and T. NASSEREDIN, "A Proposed Agenda for Joint Israeli-Palestinian Management of Shared Groundwater", *Management of Shared Groundwater Resources: The Israeli-Palestinian Case with an International Perspective*, Boston [etc.], Kluwer Academic Publishers, 2001, pp. 475-493.

HARPAZ, Y., M. HADDAD and S. ARLOSOROFF, "Overview of the Mountain Aquifer: A Shared Israeli-Palestinian Resource", *Management of Shared Groundwater Resources: The Israeli-Palestinian Case with an International Perspective*, Boston [etc.], Kluwer Academic Publishers, 2001, pp. 43-56.

HILLEL, D., "Negev: Land, Water, and Civilization in a Desert Environment", *Freshwater Resources in Arid Lands*, Tokyo, United Nations University Press, 1997, pp. 10-16.

HOFFMAN, D., "Potential Applications for Desalination in the Area", *Water and Peace in the Middle East: Proceedings of the First Israeli-Palestinian International Academic Conference on Water, Zürich, Switzerland, 10-13 December 1992*, Amsterdam [etc.], Elsevier, 1994, pp. 315-327.

HUDES, K., *Shared Water Resources in the Jordan River Basin*, Spokane, Washington, DC, Gonzaga University, 1999.

ISAAC, J., "The Status and Perspectives of the Negotiations on the Jordan River Basin", *Co-operation on Transboundary Rivers*, Baden-Baden, Nomos Verlagsgesellschaft, 2002, pp. 149-166.

ISAAC, J., and H. SHUVAL (eds.), *Water and Peace in the Middle East: Proceedings of the First Israeli-Palestinian International Academic Conference on Water, Zürich, Switzerland, 10-13 December 1992*, Amsterdam [etc.], Elsevier, 1994. [Studies in Environmental Science, 58.]

ISAAC, J., and M. OWEWI, "The Potential of GIS in Water Management and Conflict Resolution", *Management of Shared Groundwater Resources: The Israeli-Palestinian Case with an International Perspective*, Boston [etc.], Kluwer Academic Publishers, 2001, pp. 329-345.

Israel's Policy on the West Bank Water Resources: Prepared for, and under the Guidance of, the Committee on the Exercise of the Inalienable Rights of the Palestinian People, New York, United Nations, 1980.

JOHANNSES, M., "Das Konfliktkonglomerat im Jordanbecken", *Wasser — Konfrontation oder Kooperation: Ökologische Aspekte von Sicherheit am Beispiel eines weltweit begehrten Rohstoffs*, Baden-Baden, Nomos, 1997, pp. 55-94.

KAHANE, Y., "The Turonian-Cenomanian Aquifer: The Need for a Joint Monitoring and Management Programme", *Management of Shared Groundwater Resources: The Israeli-Palestinian Case with an International Perspective*, Boston [etc.], Kluwer Academic Publishers, 2001, pp. 83-105.

KAHHALEH, S., *The Water Problem in Israel and Its Repercussions on the Arab-Israeli Conflict*, Beirut, Institute for Palestine Studies, 1981. [IPS Papers, No. 9 (E).]

KALLY, E., "Costs of Inter-regional Conveyance of Water and Costs of Sea Water Desalination", *Water and Peace in the Middle East: Proceedings of the First Israeli-Palestinian International Academic Conference on Water, Zürich, Switzerland, 10-13 December 1992*, Amsterdam [etc.], Elsevier, 1994, pp. 289-300.

KAY, P. A., "Measuring Sustainability in Israel's Water System", *Water International*, 25 (2000), No. 4, pp. 617-623.

KLARE, M. T., *Resource Wars: The New Landscape of Global Conflicts*, New York, [s. n.], 2001.

KUTTAB, J., and J. ISHAQ, "Approaches to the Legal Aspects of the Conflict on Water Rights in Palestine-Israel", *Water and Peace in the Middle East: Proceedings of the First Israeli-Palestinian International Academic Conference on Water, Zürich, Switzerland, 10-13 December 1992*, Amsterdam [etc.], Elsevier, 1994, pp. 239-249.

LESCH, A. M., "Water Policy in the Context of Palestinian Self-Government", *Water and Peace in the Middle East: Proceedings of the First Israeli-Palestinian International Academic Conference on Water, Zürich, Switzerland, 10-13 December 1992*, Amsterdam [etc.], Elsevier, 1994, pp. 413-426.

LIBISZEWSKI, S., "Wasserkonflikte im Jordan-Becken: Auf dem Weg zu einer Lösung im Rahmen des arabisch-israelischen Friedensprozesses?", *Wasser — Konfrontation oder Kooperation: Ökologische Aspekte von Sicherheit am Beispiel eines weltweit begehrten Rohstoffs*, Baden-Baden, Nomos, 1997, pp. 95-133.

—, *Water Disputes in the Jordan Basin Region and Their Role in the Resolution of the Arab-Israeli Conflict*, Zurich, ENCOP, 1995.

LINDHOLM, H., "Water and the Arab-Israeli Conflict", *Hydropolitics: Conflicts over Water as a Development Constraint*, London and New Jersey, Zed Books, Dhaka, University Press, 1995, pp. 55-90.

LONERGAN, S., "The Use of Economic Instruments for Efficient Water Use: Possibilities for Joint Groundwater Management in the West Bank and Gaza", *Management of Shared Groundwater Resources: The Israeli-Palestinian Case with an International Perspective*, Boston [etc.], Kluwer Academic Publishers, 2001, pp. 349-361.

LOWI, M. R., "Bridging the Divide: Transboundary Resource Disputes and the Case of West Bank Water", *Global Dangers: Changing Dimensions of International Security*, Cambridge, MA [etc.], MIT Press, 1995, pp. 118-143.

—, *Water and Power: The Politics of a Scarce Resource in the Jordan River Basin*, Cambridge [etc.], Cambridge University Press, 1993. [Cambridge Middle East Library, 31.]

LOWI, M., and J. ROTHMAN, "Arabs and Israelis: The Jordan River", *Culture and Negotiation: The Resolution of Water Disputes*, Newbury Park, CA [etc.], Sage, 1993, pp. 156-175.

MACOUN, A., and H. EL NASER, "Groundwater Resources Management in Jordan: Policy and Regulatory Issues", *Groundwater: Legal and Policy Perspectives*, Washington, DC, World Bank, 1999, pp. 105-115.

MALLAT, H., "Water Laws in Lebanon", *Water in the Middle East: Legal, Political and Commercial Implications*, London [etc.], Tauris Academic Studies, 1995, pp. 151-174.

MCCAFFREY, S., "Middle East Water Problems: The Jordan River", *The Scarcity of Water: Emerging Legal and Policy Responses*, London, The Hague [etc.], Kluwer Law International, 1997, pp. 158-165.

MOORE, J. W., "An Israeli-Palestinian Water-sharing Regime", *Water and Peace in the Middle East: Proceedings of the First Israeli-Palestinian International Academic Conference on Water, Zürich, Switzerland, 10-13 December 1992*, Amsterdam [etc.], Elsevier, 1994, pp. 181-192.

MOUSA, M., "A General View of the Water Situation in the Occupied Palestinian Territories", *Water and Peace in the Middle East: Proceedings of the First Israeli-Palestinian International Academic Conference on Water, Zürich, Switzerland, 10-13 December 1992*, Amsterdam [etc.], Elsevier, 1994, pp. 523-528.

MURAKAMI, M., "Alternative Strategies in the Inter-state Regional Development of the Jordan Rift Valley", *Central Eurasian Water Crisis: Caspian, Aral, and Dead Seas*, Tokyo [etc.], UNU Press, 1998, pp. 154-180.

MURAKAMI, M., and K. MUSIAKE, "The Jordan River and the Litani", *International Waters of the Middle East: From Euphrates-Tigris to Nile*, Bombay [etc.], Oxford University Press, 1994, pp. 117-155.

MUSTAFA, I., "The Arab-Israeli Conflict over Water Resources", *Water and Peace in the Middle East: Proceedings of the First Israeli-Palestinian International Academic Conference on Water, Zürich, Switzerland, 10-13 December 1992*, Amsterdam [etc.], Elsevier, 1994, pp. 123-133.

NASSEREDDIN, T., "Legal and Administrative Responsibility of Domestic Water Supply to the Palestinians", *Management of Shared Groundwater Resources: The Israeli-Palestinian Case with an International Perspective*, Boston [etc.], Kluwer Academic Publishers, 2001, pp. 107-114.

NETANYAHU, S., R. E. JUST and J. K. HOROWITZ, "Bargaining over Shared Aquifers: The Case of Israel and the Palestinians", *Conflict and Cooperation on Transboundary Water Resources*, Boston, Dordrecht [etc.], Kluwer Academic Publishers, 1998, pp. 41-60.

—, "Israeli-Palestinian Bargaining over the Mountain Aquifer", *Management of Shared Groundwater Resources: The Israeli-Palestinian Case with an International Perspective*, Boston [etc.], Kluwer Academic Publishers, 2001, pp. 115-129.

OKUN, D. A., "The Role of Reclamation and Reuse in Adressing Community Water Needs in Israel and the West Bank", *Water and Peace in the Middle East: Proceedings of the First Israeli-Palestinian International Academic Conference on Water, Zürich, Switzerland, 10-13 December 1992*, Amsterdam [etc.], Elsevier, 1994, pp. 329-338.

PARSONS, S. B., "The Development of a Water Resource Management Infrastructure for the West Bank and Gaza", *Water and Peace in the Middle East: Proceedings of the First Israeli-Palestinian International Academic Conference on Water, Zürich, Switzerland, 10-13 December 1992*, Amsterdam [etc.], Elsevier, 1994, pp. 497-503.

RENGER, J., "Hindernisse und Perspektiven für die wasserpolitische Kooperation der Anrainer des Jordanbeckens", *Wasser — Konfrontation oder Kooperation: Ökologische Aspekte von Sicherheit am Beispiel eines weltweit begehrten Rohstoffs*, Baden-Baden, Nomos, 1997, pp. 134-142.

—, "The Middle East Peace Process: Obstacles to Cooperation over Shared Waters", *Water in the Middle East: Potential for Conflicts and Prospects for Cooperation*, Berlin [etc.], Springer, 1998, pp. 47-55.

ROUYER, A. R., *Turning Water into Politics: The Water Issue in the Palestinian-Israeli Conflict*, Basingstoke [etc.], Macmillan, 2000.

ROWLAND, M. A., "The Evolution of Two Water Resource Management Systems: Case Studies of Tampa Bay and the Middle East", *Colo. J. Int'l Envt'l L. & Pol'y*, 11 (2000), No. 2, pp. 411-469.

SABBAGH, A., "Conflict over Water in the Middle East: From a Security and Strategic Point of View", *Water and Peace in the Middle East: Proceedings of the First Israeli-Palestinian International Academic Conference on Water, Zürich, Switzerland, 10-13 December 1992*, Amsterdam [etc.], Elsevier, 1994, pp. 505-514.

SALEM, H. S., "A Budget of the Surface and Underground Water in Northern Jordan", *Water and Peace in the Middle East: Proceedings of the First Israeli-Palestinian International Academic Conference on Water, Zürich, Switzerland, 10-13 December 1992*, Amsterdam [etc.], Elsevier, 1994, pp. 135-162.

SBEITH, M. Y., "Re-use of Waste Water for Irrigation in the West Bank: Some Aspects", *Water and Peace in the Middle East: Proceedings of the First Israeli-Palestinian International Academic Conference on Water, Zürich, Switzerland, 10-13 December 1992*, Amsterdam [etc.], Elsevier, 1994, pp. 339-350.

SCARPA, D. J., "Eastward Groundwater Flow from the Mountain Aquifer", *Water and Peace in the Middle East: Proceedings of the First Israeli-Palestinian International Academic Conference on Water, Zürich, Switzerland, 10-13 December 1992*, Amsterdam [etc.], Elsevier, 1994, pp. 193-203.

SCHIFFLER, M., *The Economics of Groundwater Management in Arid Countries: Theory, International Experience and a Case Study of Jordan*, London, [etc.], Frank Cass, 1998.

—, "Sustainable Development of Water Resources in Jordan: Ecological and Economic Aspects in a Long-term Perspective", *Water in the Middle East: Legal, Political and Commercial Implications*, London [etc.], Tauris Academic Studies, 1995, pp. 239-259.

SCHWARZ, J., "Management of Israel's Water Resources", *Water and Peace in the Middle East: Proceedings of the First Israeli-Palestinian International Academic Conference on Water, Zürich, Switzerland, 10-13 December 1992*, Amsterdam [etc.], Elsevier, 1994, pp. 69-82.

SHATANAWI, M. R., "Legal and Institutional Aspects of Water Management in Jordan", *Sustainable Development and Management of Water Resources: A Legal Framework for the Mediterranean*, Rome, Institute for Legal Studies on the International Community — CNR, 1999, pp. 187-195.

SHAWWA, I. R., "Water Situation in the Gaza Strip", *Water and Peace in the*

Middle East: Proceedings of the First Israeli-Palestinian International Academic Conference on Water, Zürich, Switzerland, 10-13 December 1992, Amsterdam [etc.], Elsevier, 1994, pp. 251-259.

SHERMAN, M., *The Politics of Water in the Middle East: An Israeli Perspective of the Hydro-political Aspects of the Conflict*, Basingstoke [etc.], Macmillan Press, New York, NY, St. Martin's Press, 1999.

SHUVAL, H., "Proposed Principles and Methodology for the Equitable Allocation of the Water Resources Shared by the Israelis, Palestinians, Jordanians, Lebanese and Syrians", *Water and Peace in the Middle East: Proceedings of the First Israeli-Palestinian International Academic Conference on Water, Zürich, Switzerland, 10-13 December 1992*, Amsterdam [etc.], Elsevier, 1994, pp. 481-496.

—, "Sustainable Water Development under Conditions of Scarcity: Israel as a Case Study", *Sustainable Development and Management of Water Resources: A Legal Framework for the Mediterranean*, Rome, Institute for Legal Studies on the International Community — CNR, 1999, pp. 196-223.

SHUVAL, H. I., and E. FEITELSON, "Is Peaceful Co-operation on the Jordan River Basin Possible?", *Co-operation on Transboundary Rivers*, Baden-Baden, Nomos Verlagsgesellschaft, 2002, pp. 167-186.

SOFFER, A., "The Relevance of Johnston Plan to the Reality of 1993 and Beyond", *Water and Peace in the Middle East: Proceedings of the First Israeli-Palestinian International Academic Conference on Water, Zürich, Switzerland, 10-13 December 1992*, Amsterdam [etc.], Elsevier, 1994, pp. 107-121.

TAMIMI, A. R., "Legal and Institutional Problems of Water Resources Management in Palestine", *Sustainable Development and Management of Water Resources: A Legal Framework for the Mediterranean*, Rome, Institute for Legal Studies on the International Community — CNR, 1999, pp. 236-243.

TROTTIER, J., "Water and the Challenge of Palestinian Institution Building", *J. Palest. Stud.*, 29 (2000), No. 2, pp. 35-50.

VILLENEUVE, C. DE, "Institutional Cooperation on Groundwater Issues: Dutch Experiences", *Management of Shared Groundwater Resources: The Israeli-Palestinian Case with an International Perspective*, Boston [etc.], Kluwer Academic Publishers, 2001, pp. 167-175.

WACHTEL, B., "The Peace Canal Project: A Multiple Conflict Resolution Perspective for the Middle East", *Water and Peace in the Middle East: Proceedings of the First Israeli-Palestinian International Academic Conference on Water, Zürich, Switzerland, 10-13 December 1992*, Amsterdam [etc.], Elsevier, 1994, pp. 363-374.

Water for the Future: The West Bank and Gaza Strip, Israel, and Jordan, Washington, DC, National Academy Press, 1999.

WENIG, J. M., "Water and Peace: The Past, the Present, and the Future of the Jordan River Watercourse: An International Law Analysis", *NYUJ Int'l L. & Pol.*, 27 (1995), No. 2, pp. 331-366.

WOLF, A., "Water for Peace in the Jordan River Watershed", *N. Res. J.*, 33 (1993), No. 3, pp. 797-839.

WOLF, A., and J. ROSS, "The Impact of Scarce Water Resources on the Arab-Israeli Conflict", *N. Res. J.*, 32 (1992), pp. 919-958.

WOLF, A., and S. LONERGAN, "Resolving Conflicts over Water Disputes in the Jordan River Basin", *Water Quantity/Quality Management and Conflict Resolution*, Westport, CT, Praeger, 1995, pp. 179-187.

WOLF, A. T., "A Hydrolopolitical History of the Nile, Jordan and Euphrates River Basins", *International Waters of the Middle East*, Bombay [etc.], Oxford University Press, 1994, pp. 5-43.

—, *Hydropolitics along the Jordan River: Scarce Water and Its Impact on the Arab-Israeli Conflict*, Tokyo [etc.], United Nations University Press, 1995.

—, "Principles for Confidence-building Measures in the Jordan River Watershed", *Central Eurasian Water Crisis: Caspian, Aral, and Dead Seas*, Tokyo [etc.], UNU Press, 1998, pp. 125-153.

YAFFE, A., "The Kishon Dam and Its Side Effects", *Water International*, 25 (2000), No. 4, pp. 638-639.

ZIV, N., "Water Poverty in Israel: Human Rights and Distributive Justice", *Journal of Water Law*, 14 (2003), No. 3, pp. 150-156.

b Documents

"Israel-Jordan-Palestine Liberation Organization: Declaration on Cooperation on Water-related Matters, 13 February 1996", *ILM*, 36 (1997), pp. 761-770.

"Joint declaration by Professor Moshe Ma'oz (Truman Institute of the Advancement of Peace of the Hebrew University of Jerusalem) and Dr. Sari Nosseibeh (Head of the Jerusalem Center for Strategic Studies, MAQDES) at the Conclusion of the First Israeli-Palestinian International Academic Conference on Water, Zurich, Switzerland, 10-13 December 1992", *Water and Peace in the Middle East: Proceedings of the First Israeli-Palestinian International Academic Conference on Water, Zürich, Switzerland, 10-13 December 1992*, Amsterdam [etc.], Elsevier, 1994, p. 529.

7 Le Mékong
Mekong River

a Ouvrages et articles
Books and Articles

BROWDER, G., and L. ORTOLANO, "The Evolution of an International Water Resources Management Regime in the Mekong River Basin", *N. Res. J.*, 40 (2000), No. 3, pp. 499-531.

CHENOWETH, J., "International River Basin Management: Data and Information Exchange under International Law and the Case of the Mekong River Basin", *J. Energy & Nat. Resources L.*, 18 (2000), No. 2, pp. 142-158.

CHOMCHAI, P., "Transboundary Environmental Issues in the Mekong Basin", *International Boundaries and Environmental Security: Frameworks for Regional Cooperation*, London, The Hague, [etc.], Kluwer Law International, 1997, pp. 311-320. [*International Boundary Studies Series*, 1.]

FERRET, J.-L., « Le régime juridique du Mékong », *The Legal Regime of International Rivers and Lakes/Le régime juridique des fleuves et des lacs internationaux*, The Hague [etc.], Nijhoff, 1981, pp. 75-96.

—, « Le régime juridique du Mékong », rapport, Centre d'étude et de recherche de droit international et de relations internationales de l'Académie de droit international de La Haye, 1977.

HIRSCH, Ph., "Beyond the Nation State: Natural Resource Conflict and 'National Interest' in Mekong Hydropower Development", *Golden Gate UL Rev.*, 29 (1999), No. 3, pp. 399-414.

HORI, H., *The Mekong: Environment and Development*, Tokyo [etc.], United Nations University Press, 2000.

JAYANAMA, S., *L'aménagement du Mékong inférieur en droit international public*, [thèse, Université de Toulouse, faculté de droit et de sciences économiques], [Toulouse], [s. n.], 1965.

MALCOLM, D. K., "Legal Aspects of the Integrated Development of the Lower Mekong Basin", *Lawasia*, 2 (1971), pp. 80-95.

MATICS, K. I, "Development of the Mekong River and Law: Some Environmental Problems", *International Boundaries and Environmental Security: Frame-*

works for Regional Cooperation, London, The Hague [etc.], Kluwer Law International, 1997, pp. 293-310.

MENON, P. K., "Some Institutional Aspects of the Mekong Basin Development Committee", *International Review of Administrative Sciences*, 38 (1972), pp. 157-168.

—, "Some Legal Aspects of the Committee for Coordination of Investigations of the Lower Mekong Basin", *NILR*, 18 (1971), pp. 197-216.

MILLER, M., "Transformation of a River Basin Authority: The Case Study of the Mekong Committee", *Asian International Waters: From Ganges-Brahmaputra to Mekong*, New Delhi, Oxford University Press, 1996, pp. 226-244.

NANNI, M., "The Mekong Committee Revisited", *Comunità Internaz.*, 47 (1992), pp. 188-213.

NGUYEN, Q.-V., *The Legal Regime of the Mekong River and of the Lower Mekong Basin*, mémoire, présenté en vue de l'obtention du diplôme, Genève, Institut universitaire de hautes études internationales, 1987.

NGUYEN, T. D., *The Mekong River and the Struggle for Indochina: Water, War, and Peace*, Westport, CT [etc.], Praeger, 1999.

ÖJENDAL, J., "Mainland Southeast Asia: Co-operation or Conflict over Water?", *Hydropolitics: Conflicts over Water as a Development Constraint*, London and New Jersey, Zed Books, Dhaka, University Press, 1995, pp. 149-177.

SCHAAF, C. H., and R. H. RUSSELL, *The Lower Mekong: Challenge to Cooperation in Southeast Asia*, Princeton, N.J. [etc.], Van Nostrand, 1963. [Van Nostrand Searchlight Book, 12.]

WEGGEL, O., "Der Mekong zwischen Hoffnung und Alptraum", *Südostasien akt.*, 14 (1995), No. 4, pp. 273-289.

b Documents

"Agreement on the Cooperation for the Sustainable Development of the Mekong River Basin, Chiang Rai, 5 April 1995", *AsYIL*, 5 (1995), pp. 591-604.

"Cambodia-Laos-Thailand-Vietnam: Agreement on the Cooperation for the Sustainable Development of the Mekong River Basin, Done at Chiang Rai, Thailand, 5 April 1995", *ILM*, 34 (1995), No. 4, pp. 864-880.

8 Le canal de Suez

Suez Canal

Ouvrages et articles

Books and Articles

LAPIDOTH, R., "The Suez Canal, the Gulf of Suez, and the 1979 Treaty of Peace between Egypt and Israel", *Festschrift für Rudolf Bindschedler zum 65. Geburtstag am 8. Juli 1980*, 1980, pp. 617-633.

9 Asie et Moyen-Orient: autres cours d'eau internationaux, etc.

Asia and the Middle East: Other International Waterways, etc.

a Ouvrages et articles

Books and Articles

ADAMS, R., "The Ecological Decline of the Black Sea", *Colo. J. Int'l Envt'l L. & Pol'y, 1997 Yearbook*, pp. 209-217.

BEGUM, K., *Tension over the Farakka Barrage: A Techno-political Tangle in South Asia*, Dhaka, Bangladesh, University Press, 1987.

BOISSON DE CHAZOURNES, L., « Eléments d'une stratégie juridique de gestion des cours d'eau internationaux : le bassin de la mer d'Aral », *Cours d'eau internationaux : renforcer la coopération et gérer les différends*, Washington, DC, Banque mondiale, 1999, pp. 67-78.

—, "Elements of a Legal Strategy for Managing International Watercourses : The Aral Sea Basin", *International Watercourses : Enhancing Cooperation and Managing Conflict*, Washington, DC, World Bank, 1998, pp. 65-76.

CAPONERA, D. A., "Legal Aspects of Transboundary River Basins in the Middle East : The Al Asi (Orontes), the Jordan and the Nile", *N. Res. J.*, 33 (1993), No. 3, pp. 629-663.

CHOUNG IL CHEE, "The Diversion of the North Han River by North Korea in International Law", *Korean Journal of Comparative Law*, 16 (1988), pp. 28-65.

GINSBURG, G., "The Status of the Islands in the Russian-Chinese Border", *Rev. Cent. & E. Eur. L.*, 24 (1998), No. 2, pp. 135-168.

GLANTZ, M. H. (ed.), *Creeping Environmental Problems and Sustainable Development in the Aral Sea Basin*, Cambridge [etc.], Cambridge University Press, 1999.

KLOTZLI, S., "Das 'Aral-Syndrom' in Zentralasien : Hindernis oder Chance regionaler Kooperation ?", *Wasser — Konfrontation oder Kooperation : Ökologische Aspekte von Sicherheit am Beispiel eines weltweit begehrten Rohstoffs*, Baden-Baden, Nomos, 1997, pp. 209-233.

KOBORI, I., and M. H. GLANTZ, *Central Eurasian Water Crisis : Caspian, Aral, and Dead Seas*, Tokyo [etc.], United Nations University Press, 1998.

SALMAN, S. M. A., and K. UPRETY, "Hydro-politics in South Asia : A Comparative Analysis of the Mahakali and the Ganges Treaties", *N. Res. J.*, 39 (1999), No. 2, pp. 295-343.

SIEVERS, E. W., "Transboundary Jurisdiction and Watercourse Law : China, Kazakhstan, and the Irtysh", *Texas Int'l LJ*, 37 (2002), No. 1, pp. 1-42.

SUBEDI, S. P., "Hydro-diplomacy in South Asia : The Conclusion of the Mahakali and Ganges River Treaties", *AJIL*, 93 (1999), No. 4, pp. 953-962.

UNTAWALE, M. G., "The Political Dynamics of Functional Collaboration : Indo-Nepalese River Projects", *Asian Surv.*, 11 (1974), pp. 716-732.

b Documents

"India-Nepal : Treaty concerning the Integrated Development of the Mahakali River, Done at New Delhi, 12 February 1996", *ILM*, 36 (1997), pp. 531-546.

"Syrian Arab Republic and Jordan : Agreement concerning the Utilization of the Yarmuk Waters (with Annex). Signed at Amman on 3 September 1987"/« République arabe syrienne et Jordanie : Accord relatif à l'utilisation des eaux du Yarmouk (avec annexe), signé à Amman le 3 septembre 1987 » *UNTS*, Vol. 1870 (1995), I No. 31937, pp. 279-297.

D Europe

1 En général
In General

a Ouvrages et articles
Books and Articles

BARMANN, *Die Freiheit der europäischen Binnenschiffahrt*, Mannheim : UNA-Europäische Verlagsgesellschaft, 1950. [Schriftenreihe der Europaeischen Akademie, Heft 7.]

BREUER, R., "Europäisierung des Wasserrechts", *NuR*, 22 (2000), No. 10, pp. 541-549.

BRUHACS, J., « L'utilisation et la protection des cours d'eau internationaux dans les pays de l'Europe orientale », *Annuaire de l'AAA*, 54/55/56 (1986), pp. 84-93.

CHRIST, W., *Aspects of Water Pollution Control: A Selection of Papers Prepared for the Conference on Water Pollution Problems in Europe, Geneva, 1961*, Geneva, World Health Organization, 1962. [Public Health Papers, No. 13.]

DANIKEN, F. VON, "Die Binnenschiffahrt im Europäischen Wirtschaftsraum: Standortbestimmung aus völkerrechtlicher Sicht", *Internationales Recht auf See und Binnengewässern: Festschrift für Walter Müller*, Zurich, Schulthess Polygraphischer Verlag, 1993, pp. 49-60.

ENDERLEIN, R. E., "The Role of International Water Law in Fostering Co-operation: The European Experience", *Co-operation on Transboundary Rivers*, Baden-Baden, Nomos Verlagsgesellschaft, 2002, pp. 53-66.

HASSAN, J., "Issues in European and International Water Management", *The European Water Environment in a Period of Transformation*, New York, Manchester University Press, 1996, pp. 1-17.

HASSAN, J., P. NUNN, J. TOMKINS and I. FRASER, *The European Water Environment in a Period of Transformation*, Manchester and New York, Manchester University Press, 1996.

JENISCH, U., "Regional Anti-pollution Initiatives of the EEC, NATO and OECD and Their Respective MemberStates for European Waters", *RDI*, 50 (1972), pp. 171-188.

KOBORI, I., and M. H. GLANTZ, *Central Eurasian Water Crisis: Caspian, Aral, and Dead Seas*, Tokyo [etc.], United Nations University Press, 1998.

LAMMERS, J. C., "The Draft European Convention of the Council of Europe for the Protection of International Watercourses against Pollution", *NYIL*, 6 (1975), pp. 167-198.

LUCHINI, L., « Quelques aspects juridiques de la pollution fluviale: l'exemple des fleuves européens », *Rev. roum. d'ét. int.*, 22 (1988), pp. 195-202.

VALLOTON, J., « Du régime juridique des cours d'eau internationaux de l'Europe centrale », *Revue de droit international et de législation comparée,* 45 (1913), pp. 271-306.

Water Law in Selected European Countries: Volume I: Belgium, England and Wales, France, Israel, Italy, Spain, Turkey, Rome, FAO, 1975. [*FAO Legislative Study*, No. 10.]

Water Law in Selected European Countries: Volume II: Cyprus, Finland, the Netherlands, Union of Soviet Socialist Republics, Yugoslavia, Rome, FAO, 1983. [*FAO Legislative Study*, No. 30.]

b Documents

BURCHI, S. (ed.)., *Treaties concerning the Non-navigational Uses of International Watercourses: Europe/Traités concernant l'utilisation des cours d'eau internationaux à des fins autres que la navigation: Europe/Tratados sobre el uso de los cursos internacionales de agua para fines diferentes de la navegación: Europa*, Rome, FAO, 1993. [*Legislative Study*, No. 50/*Etude législative*, n° 50/*FAO Estudio legislativo*, n° 50.]

European Water Charter, [Strasbourg], Council of Europe, 1968.

Fresh Water Pollution Control in Europe, [s.l.], Council of Europe, 1966.

Ground Water in Eastern and Northern Europe, New York, United Nations, 1990. [*Natural Resources/Water Series*, No. 24.]

Groundwater in Western and Central Europe, New York, United Nations, 1991. [*Natural Resources/Water Series*, No. 27.]

Groundwater Legislation in Europe, Rome, FAO, 1964.

La lutte contre la pollution des eaux douces, [s.l.], Conseil de l'Europe, 1966.

2 Le Danube
Danube River

a Ouvrages et articles
Books and Articles

AJTAY, G., *Folyamhajózás a nemzetközi jogban és a Duna*, Budapest, Királyi magyar egyetemi nyomda, 1933.

ANGHEL, I. M., «Quelques aspects juridiques résultant des conventions conclues par la Roumanie en vue de l'utilisation hydroénergétique des eaux du Danube», *Rev. roum. d'ét. int.*, 22 (1988), pp. 179-193.

BAICOIANO, C. J., *Handelspolitische Bestrebungen Englands zur Erschließung der unteren Donau: die wirtschaftliche Bedeutung des Schwarzen Meerhafens von Constantza einst und jetzt: ein Beitrag zur rumänischen Eisenbahn- und Wasserstraszenpolitik*, Munich [etc.], [s. n.], 1913.

—, *Le Danube: aperçu historique, économique et politique*, Paris, Librairie de la société du Recueil Sirey, 1917.

BASCH, A., *The Danube Basin and the German Economic Sphere*, London, Kegan Paul, Trench, Trubner & Co., 1944.

BAZEX, M., «Les problèmes juridiques soulevés par la liaison fluviale Rhin-Main-Danube», *Annuaire de droit maritime et aérien*, 4 (1979), pp. 179-189.

—, «Les problèmes juridiques soulevés par la réalisation de la voie de communication fluviale Rhin-Danube», *Annuaire de droit maritime et aérien*, 6 (1982), pp. 299-356.

BEY, V., *Notice sur les travaux d'amélioration de l'embouchure du Danube et du bras de Soulina 1857-1891*, Paris, [s. n.], 1893.

BIBESCO, G., *Histoire d'une frontière: la Roumanie sur la rive droite du Danube*, Paris, [s. n.], 1883.

BITTEL, F., *Über das Flusschiffahrtsrecht der Donaumündungen mit besonderer Berücksichtigung der Rechtsverhältnisse der europäischen Donaukommission*, [diss. Erlangen], Mainz, [s. n.], 1899.

BLOCISZEWSKI, J., «Le régime international du Danube», *Recueil des cours*, tome 11 (1926), pp. 255-340.

BOGDANOVIC, S., "Legal Aspects of Danube Waters Protection", *Acta Jur. Hung.*, 35 (1993), No. 3-4, pp. 321-332.

BOLINTINEANU, A., R. BESETELIU et A. NASTASE, «Eléments du cadre juridique général des accords de la Roumanie pour l'exploitation hydroénergétique du Danube», *Rev. roum. d'ét. int.*, 22 (1988), pp. 169-178.

BONTOUX, E., *Le Danube*, Paris, [s. n.], 1878.

BRUHACS, J., «Le régime international du Danube en cette fin de siècle», *Les hommes et l'environnement: quels droits pour le vingt et unième siècle?/ Mankind and the Environment: What Rights for the Twenty-first Century? Etudes en hommage à Alexandre Kiss*, Paris, Frison-Roche, 1998, pp. 541-547.

BUCH, F. F., *Das Recht der Donauschiffahrt auf Grund des Versailler Vertrages*, [Diss., Würzburg], Würzburg, [s. n.], 1927.

CHAMBERLAIN, J. P., *The Danube: In Five Parts: 1 November 1918*, Washington, [s. n.], 1918.

—, *The Regime of the International Rivers: Danube and Rhine*, New York [etc.], [s. n.], 1923.

CIRKOVIC, S. T., *Le nouveau statut juridique international du Danube et le régime du secteur des cataractes et des Portes-de-fer: cours de droit international danubien*, [polycopié], Paris, Association des études internationales, 1956.

CLARK, M. W., *From the Danube to the Yalu*, New York, Harper & Brothers, 1954.

CONETTI, G., "Una nuova ammistrazione fluviale speciale per il Danubio", *Riv. dir. int.*, 54 (1971), pp. 624-637.

—, *Il regime internazionale della navigazione danubiana*, Milan, Giuffrè, 1970.
COSTA, P., «Les effets de la guerre sur les traités relatifs au Danube, dans le cadre d'une étude globale du droit conventionnel du Danube», *The Legal Regime of International Rivers and Lakes/Le régime juridique des fleuves et des lacs internationaux*, The Hague [etc.], Nijhoff, 1981, pp. 203-245.
DEMORGNY, G., et L. RENAULT, *La question du Danube: histoire politique du bassin du Danube; étude des divers régimes applicables à la navigation du Danube*, Paris, [s. n.], 1911.
DIXON, M., "The Danube Dams and International Law", *CLJ*, 57 (1998), No. 1, pp. 1-4.
FRUCHT, R. C., *Dunarea noastra Romania, the Great Powers, and the Danube Question, 1914-1921*, Boulder, CO, East European Monographs, 1982. [East European Monographs, No. 113.]
GILSDORF, H., *Die Beseitigung der Schiffahrtshindernisse in der Kataraktenstrecke der unteren Donau (Eisernes Tor), ihre Schwierigkeiten und ihre wirtschaftliche Bedeutung*, [Thèse, Munich], [Ulm: s. n.], 1928.
GOROVE, S., *Law and Politics of the Danube: An Interdisciplinary Study*, The Hague, Nijhoff, 1964.
GOTZER, W., *Der völkerrechtliche Status der Donau zwischen Regensburg und Kelheim: eine völkerrechtliche Untersuchung des Donauabschnittes Regensburg — Kellheim unter Einbeziehung der gesamten deutschen Donau*, Frankfurt am Main, Lang, 1988.
HAJNAL, H., *The Danube: Its Historical, Political and Economic Importance*, The Hague, [s. n.], 1920.
HAJNAL, H., et C. DE VISSCHER, *Le droit du Danube international*, La Haye, Nijhoff, 1929.
HEIDERICH, F., *Die Donau als Verkehrsstrasse*, Vienna [etc.], [s. n.], 1916.
HESSENBERGER, M., *Der Ausbau der Oberen Donau, des Rhein-Main-Donau-Kanals und des Unteren Lechs: eine volkswirtschaftliche, verkehrswirtschaftliche und energiewirtschaftliche Untersuchung*, [Thèse, Freiburg i.d. Schw.], Munich, Verlag Wilhelm Jüngling, 1963.
HEUVEL-HACKSTEINER, T. K. VAN DEN, "Unificatie binnenscheepvaartrecht Donau & Rijn op het gebied van het binnenvaartvrachtrecht", *NJB*, 71 (1996), No. 35, pp. 1460-1462.
HINES, W. D., *In the Matter of Questions arising as to Danube Shipping under Articles 339 of the Treaty of Versailles, 300 of the Treaty of Saint-Germain, 284 of the Treaty of Trianon, and 226 of the Treaty of Neuilly-sur-Seine: The Arbitrator's Determination of the Permanent Allocation of Vessels in Dispute, and of the Amount and Specifications of Cessions, and the Notification Thereunder*, Paris, [s. n.], 1921.
HINES, W. D., et B. SOMERVELL, *Rapport relatif à la navigation sur le Danube, présenté à la Commission consultative et technique des communications et du transit de la Société des Nations*, Genève, [s. n.], 1925.
HOLTZENDORFF, F. VON, *Les droits riverains de la Roumanie sur le Danube: consultation de droit international*, Leipzig, [s. n.], 1884.
—, *Rumäniens Uferrechte an der Donau: ein völkerrechtliches Gutachten*, Leipzig, [s. n.], 1883.
HUDSON, Ch., "The Role of International Environmental Law in the Protection of the Danube River Basin: The Baia Mare Cyanide Spill", *Colo. J. Int'l Envt'l L. & Pol'y*, 12 (2001), No. 2, pp. 367-393.
HUTTON, G., *Les nouveaux destins du Danube: où va l'Europe?*, Paris, Payot, 1939.
Die internationale Bedeutung der fertiggestellten Rhein-Main-Donau-Grosschiffahrtsstrasse: eine Untersuchung des Ifo-Instituts für Wirtschaftsforschung München, [S.l.], Bayerisches Staatsministerium für Wirtschaft und Verkehr, 1970.
JAENICKE, G., *Die neue Großschiffahrtsstraße Rhein-Main-Donau: eine völker-*

rechtliche Untersuchung über den rechtlichen Status der künftigen Rhein-Main-Donau-Großschiffahrtsstraße, Frankfurt am Main, Athenäum Verlag, 1973. [Völkerrecht und Außenpolitik, 21.]

KIPPELS, K. W., *Der völkerrechtliche Status des zukünftigen Europakanals und seine Auswirkungen auf das Rhein- und Donauregime*, Berlin, Duncker & Humblot, 1978. [Schriften zum Völkerrecht, Bd. 62.]

KNOPP, G.-M., and D. PFUNDL, "Deutschlands und Europas Erfahrungen in der Nutzung grenzüberschreitender Gewässer — dargestellt am Beispiel der Donau", *Wasser — Konfrontation oder Kooperation: Ökologische Aspekte von Sicherheit am Beispiel eines weltweit begehrten Rohstoffs*, Baden-Baden, Nomos, 1997, pp. 316-329.

KVASSAY, E. VON, *Die Schiffahrt auf der ungarischen Donau*, Stuttgart, [s. n.], 1916.

LEDERLE, A., *Die Donau und das internationale Schiffahrtsrecht*, Berlin, Dümmler, 1928. [Völkerrechtsfragen, 17.]

LINNEROOTH, J., "The Danube River Basin: Negotiating Settlements to Transboundary Environmental Issues", *N. Res. J.*, 30 (1990), No. 3, pp. 629-660.

LINNEROOTH-BAYER, J., and S. MURCOTT, "The Danube River Basin: International Cooperation or Sustainable Development", *N. Res. J.*, 36 (1996), No. 3, pp. 521-547.

LENGYEL, E., *The Danube*, London, Gollancz, 1940.

LUGER, L., *Die internationale Rechtsstellung der Donau in ihrer geschichtlichen Entwicklung*, [Diss., Würzburg], Borna [etc.], [s. n.], 1918.

MACARTNEY, C. A., *Problems of the Danube Basin*, Cambridge, University Press, 1942.

MACHRAY, R., *The Struggle for the Danube and the Little Entente, 1929-1938*, London, Allen & Unwin, 1938.

MAICAN, J. C., *La question du Danube: étude de droit international*, [thèse, Paris], [s. l., s. n.], 1904.

MILENKOVIĆ, S., «La réglementation internationale sur l'interdiction de polluer les eaux du Danube», *Thesaurus acroasium*, 11 (1982), pp. 465-578.

NUNN, P., "Transboundary Water Management in Europe: Conflict and Cooperation on the Danube", *The European Water Environment in a Period of Transformation*, New York, Manchester University Press, 1996, pp. 171-183.

PRIGRADA, A., *International Agreements concerning the Danube*, New York, [s. n.], 1953.

RADOVANOVICH, V. M., *Le Danube et l'application du principe de la liberté de la navigation fluviale*, Genève, Jent, 1925.

RAVARD, R., *Le Danube maritime et le port de Galatz*, [diss., Université de Paris], [s. l., s. n.], 1929.

SCHWEBEL, STEPHEN M., "The Judgment of the International Court of Justice in the Case concerning the Gabčíkovo-Nagymaros Project (Hungary/Slovakia)", *Resolution of International Water Disputes*, The Hague [etc.], Kluwer Law International, 2003, pp. 247-258.

SECARIN, G., «Les utilisations des eaux frontalières de Roumanie, autres que la navigation, à la lumière de la pratique conventionnelle», *Rev. roum. d'ét. int.*, 22 (1988), pp. 203-210.

STEINKE, H., *Die Donau als internationale Wasserstrasse*, [Thèse], Breslau, [S. l., s. n.], 1934.

STURDZA, D. A., *La question des Portes de Fer et des cataractes du Danube: avec des documents et une carte du Danube aux Portes de Fer*, Berlin, [s. n.], 1899.

—, *Les travaux de la commission européenne des bouches du Danube, 1859 à 1911*, Vienne, [s. n.], 1913.

SZANA, A., *Die Internationalisierung der Donau: die Friedensverträge und die Wasserstrassen*, Vienna, [s. n.], 1920.

—, *Die neuen Wirtschaftsprobleme der Donau*, Stuttgart, [s. n.], 1921.

URQUHART, D., *The Mystery of the Danube: Showing How through Secret Diplomacy That River Has Been Closed, Exportation from Turkey Arrested, and the Re-opening of the Isthmus of Suez Prevented*, London, Bradbury & Evans, 1851.
VALLOTTON, J., *Le régime juridique du Danube maritime devant la Cour permanente de Justice internationale: avis consultatif n° 14 sur la compétence de la Commission européenne [du Danube] entre Galatz et Braila*, Lausanne, Editions Spes, 1928.
VARDALA, I., *Exposé de quelques solutions du problème concernant l'aménagement de la voie navigable du Danube à la mer*, Galatz, «Moldova», 1932, 3 vol.
VASILESCU, G. C., *Dunÿéarea internaÿətionala ÿəsi transporturile*, Bucureÿəsti, [Imprimeria naÿətionalÿéa], 1931.
VITANYI, B., *Le statut juridique de la nouvelle voie navigable Rhin-Main-Danube*, [s.l.], Société française pour le droit international, 1980.
—, "Legal Problems in Connection with the Deepdraught Rhine-Main-Danube Navigable Waterway after the Additional Protocol to the Act of Mannheim", *ZaöRV*, 41 (1981), pp. 731-807.
—, «Problèmes juridiques concernant le Canal Main-Danube», *Annuaire AAA*, 51/52/53 (1984), pp. 26-41.
WEGENER, W., *Die internationale Donau: völkerrechtliche Bemerkungen zum Belgrader Donau-Schiffahrtsabkommen von 1948*, Göttingen, Schwartz & Co, 1951.
ZADOR, H. B, *Die Bedeutung der Donau für den ungarischen Aussenhandel vor und nach dem Weltkrieg*, [thèse] (Zurich), Budapest [etc.], [s. n.], 1928.
ZEILEISSEN, Ch., "Die Schiffahrtsangaben der Belgrader Donaukonvention", *Osteur.-Recht*, 16 (1970), pp. 253-281.
ZEMANEK, K., *Die Schiffahrtsfreiheit auf der Donau und das künftige Regime der Rhein-Main-Donau-Großschiffahrtsstraße: eine völkerrechtliche Untersuchung*, Vienna, Springer-Verlag, 1976.

b Documents

Index des décisions et autres documents adoptés par la Commission du Danube et inclus dans les procès-verbaux de la Commission (tomes 35 à 45 des sessions ordinaires de la Commission du Danube), Budapest, Secrétariat de la Commission du Danube, 1989.
Konventsii o rejime soudokhodstva na Dounae/Convention relative au régime de la navigation sur le Danube, Galatz, Sekretariat Dounaïskoï komissii/Secrétariat de la Commission du Danube, 1953.
Konventsiia o rejime soudokhodstva na Dounae/Convention relative au régime de la navigation sur le Danube, Boudapest, Dounaiskaia Komissiia, 1975.
Procès-verbaux de la Commission du Danube/Protokoly Dounaiskoi Komissii, t. 1, première session tenue à Galatz du 11 au 17 novembre 1949 (procès-verbaux n°s 1-10), Galatz, Secrétariat de la Commission du Danube, 1951.
Procès-verbaux de la Commission du Danube/Protokoly Dounaiskoi Komissii, t. 2, deuxième session tenue à Galatz du 23 au 27 mars 1949 (procès-verbaux n°s 11-16), Galatz, Secrétariat de la Commission du Danube, 1951.
Procès-verbaux de la Commission du Danube/Protokoly Dounaiskoi Komissii, t. 3, troisième session tenue à Galatz du 10-15 décembre 1950 (procès-verbaux n°s 17-27), Galatz, Secrétariat de la Commission du Danube, 1951.
Procès-verbaux de la Commission du Danube/Protokoly Dounaiskoi Komissii, t. 4, quatrième session tenue à Galatz du 24 mai au 3 juin 1951 (procès-verbaux n°s 28-33), Galatz, Secrétariat de la Commission du Danube, 1951.
Procès-verbaux de la Commission du Danube/Protokoly Dounaiskoi Komissii, t. 5, cinquième session tenue à Galatz du 10-19 décembre 1951 (procès-verbaux n°s 34-41), Galatz, Secrétariat de la Commission du Danube, 1952.

Procès-verbaux de la Commission du Danube/Protokoly Dounaiskoi Komissii, t. 6, sixième session tenue à Galatz du 23 juin au 1er juillet 1952 (procès-verbaux n°s 42-48), Galatz, Secrétariat de la Commission du Danube, 1952.

Procès-verbaux de la Commission du Danube/Protokoly Dounaiskoi Komissii, t. 7, septième session tenue à Galatz du 15-26 décembre 1952 (procès-verbaux n°s 49-59), Galatz, Secrétariat de la Commission du Danube, 1953.

Procès-verbaux de la Commission du Danube/Protokoly Dounaiskoi Komissii, t. 8, huitième session tenue à Galatz du 26 juin au 3 juillet 1953 (procès-verbaux n°s 60-65), Galatz, Secrétariat de la Commission du Danube, 1953.

Procès-verbaux de la Commission du Danube/Protokoly Dounaiskoi Komissii, t. 9, neuvième session tenue à Galatz du 9-17 décembre 1953 (procès-verbaux n°s 66-70), Galatz, Secrétariat de la Commission du Danube, 1954.

Procès-verbaux de la Commission du Danube/Protokoly Dounaiskoi Komissii, t. 10, dixième session tenue à Budapest du 8 juin au 15 juin 1954 (procès-verbaux n°s 71-74), Budapest, Secrétariat de la Commission du Danube, 1955.

Procès-verbaux de la Commission du Danube/Protokoly Dounaiskoi Komissii, t. 11, onzième session tenue à Budapest du 8 au 15 décembre 1954 (procès-verbaux n°s 75-78), Budapest, Secrétariat de la Commission du Danube, 1955.

Procès-verbaux de la Commission du Danube/Protokoly Dounaiskoi Komissii, t. 12, douzième session tenue à Budapest du 8 au 13 juin 1955 (procès-verbaux n°s 79-81), Galatz, Secrétariat de la Commission du Danube, 1955.

Procès-verbaux de la Commission du Danube/Protokoly Dounaiskoi Komissii, t. 13, treizième session tenue à Budapest du 7 au 15 décembre 1955 (procès-verbaux n°s 82-86), Budapest, Secrétariat de la Commission du Danube, 1956.

Procès-verbaux de la Commission du Danube/Protokoly Dounaiskoi Komissii, t. 14, quatorzième session tenue à Budapest du 7 au 3 juin 1956 (procès-verbaux n°s 87-90), Budapest, Secrétariat de la Commission du Danube, 1956.

Procès-verbaux de la Commission du Danube/Protokoly Dounaiskoi Komissii, t. 15, quinzième session tenue à Budapest du 5 au 14 juin 1957 (procès-verbaux n°s 91-93), Budapest, Secrétariat de la Commission du Danube, 1957.

Procès-verbaux de la Commission du Danube/Protokoly Dounaiskoi Komissii, t. 16, seizième session tenue à Budapest du 16 au 24 janvier 1958 (procès-verbaux n°s 94-96), Budapest, Secrétariat de la Commission du Danube, 1958.

Procès-verbaux de la Commission du Danube/Protokoly Dounaiskoi Komissii, t. 17, dix-septième session tenue à Budapest du 15 au 23 janvier 1959 (procès-verbaux n°s 97-99), Budapest, Secrétariat de la Commission du Danube, 1959.

Procès-verbaux de la Commission du Danube/Protokoly Dounaiskoi Komissii, t. 18, dix-huitième session tenue à Budapest du 20 au 30 janvier 1960 (procès-verbaux n°s 100-105), Budapest, Secrétariat de la Commission du Danube, 1960.

Procès-verbaux de la Commission du Danube/Protokoly Dounaiskoi Komissii, t. 19, dix-neuvième session tenue à Budapest du 18 janvier au 1er février 1961 (procès-verbaux n°s 106-111), Budapest, Secrétariat de la Commission du Danube, 1961.

Procès-verbaux de la Commission du Danube/Protokoly Dounaiskoi Komissii, t. 20, vingtième session tenue à Budapest du 24 janvier au 7 février 1962 (procès-verbaux n°s 112-115), Budapest, Secrétariat de la Commission du Danube, 1962.

Procès-verbaux de la Commission du Danube/Protokoly Dounaiskoi Komissii, t. 21, vingt et unième session tenue à Budapest, du 30 janvier au 14 février 1963 (procès-verbaux n°s 116-120), Budapest, Secrétariat de la Commission du Danube, 1963.

Procès-verbaux de la Commission du Danube/Protokoly Dounaiskoi Komissii, t. 22, vingt-deuxième session tenue à Budapest du 3 au 16 juin 1964 (procès-verbaux nos 121-125), Budapest, Secrétariat de la Commission du Danube, 1964.

Procès-verbaux de la Commission du Danube/Protokoly Dounaiskoi Komissii, t. 23, vingt-troisième session tenue à Budapest du 10 au 22 juin 1965 (procès-verbaux nos 126-128), Budapest, Secrétariat de la Commission du Danube, 1965.

Procès-verbaux de la Commission du Danube/Protokoly Dounaiskoi Komissii, t. 24, vingt-quatrième session tenue à Budapest du 15 au 28 juin 1966 (procès-verbaux nos 129-132), Budapest, Secrétariat de la Commission du Danube, 1966.

Procès-verbaux de la Commission du Danube/Protokoly Dounaiskoi Komissii, t. 25, vingt-cinquième session tenue à Budapest du 1er au 12 juin 1967 (procès-verbaux nos 133-135), Budapest, Secrétariat de la Commission du Danube, 1967.

Procès-verbaux de la Commission du Danube/Protokoly Dounaiskoi Komissii, t. 26, session jubilaire et vingt-sixième session, Budapest, 12-13 mars 1968 (procès-verbaux nos 136-139), Budapest, Secrétariat de la Commission du Danube, 1968.

Procès-verbaux de la Commission du Danube/Protokoly Dounaiskoi Komissii, t. 27, vingt-septième session tenue à Budapest du 4 au 15 mars 1969 (procès-verbaux nos 140-143), Budapest, Secrétariat de la Commission du Danube, 1969.

Procès-verbaux de la Commission du Danube/Protokoly Dounaiskoi Komissii, t. 28, vingt-huitième session tenue à Budapest du 3 au 14 mars 1970 (procès-verbaux nos 140-147), Budapest, Secrétariat de la Commission du Danube, 1970.

Procès-verbaux de la Commission du Danube/Protokoly Dounaiskoi Komissii, t. 30, trentième session tenue à Budapest du 11 au 22 avril 1972 (procès-verbaux nos 152-155), Budapest, Secrétariat de la Commission du Danube, 1972.

Procès-verbaux de la Commission du Danube/Protokoly Dounaiskoi Komissii, t. 31, trente et unième session tenue à Budapest du 12 au 23 mars 1973 (procès-verbaux nos 156-158), Budapest, Secrétariat de la Commission du Danube, 1973.

Procès-verbaux de la Commission du Danube/Protokoly Dounaiskoi Komissii, t. 32, trente-deuxième session tenue à Budapest du 12 au 23 mars 1974 (procès-verbaux nos 159-161), Budapest, Secrétariat de la Commission du Danube, 1974.

Procès-verbaux de la Commission du Danube/Protokoly Dounaiskoi Komissii, t. 33, trente-troisième session tenue à Budapest du 14 au 25 avril 1975 (procès-verbaux nos 162-164), Budapest, Secrétariat de la Commission du Danube, 1975.

Procès-verbaux de la Commission du Danube/Protokoly Dounaiskoi Komissii, t. 34, trente-quatrième session tenue à Budapest du 14 au 25 juin 1976 (procès-verbaux nos 165-167), Budapest, Secrétariat de la Commission du Danube, 1976.

Procès-verbaux de la Commission du Danube/Protokoly Dounaiskoi Komissii, t. 35, trente-cinquième session tenue à Budapest du 18 au 28 avril 1977 (procès-verbaux nos 168-170), Budapest, Secrétariat de la Commission du Danube, 1977.

Procès-verbaux de la Commission du Danube/Protokoly Dounaiskoi Komissii, t. 36, trente-sixième session tenue à Budapest du 13 au 24 mars 1978 (procès-verbaux nos 171-174), Budapest, Secrétariat de la Commission du Danube, 1978.

Procès-verbaux de la Commission du Danube/Protokoly Dounaiskoi Komissii, t. 37, trente-septième session tenue à Budapest du 13 au 24 mars 1979 (procès-verbaux nos 175-177), Budapest, Secrétariat de la Commission du Danube, 1979.

Procès-verbaux de la Commission du Danube/Protokoly Dounaiskoi Komissii, t. 38, trente-huitième session tenue à Budapest du 11 au 20 mars 1980 (procès-verbaux nos 178-179), Budapest, Secrétariat de la Commission du Danube, 1980.

Procès-verbaux de la Commission du Danube/Protokoly Dounaiskoi Komissii, t. 39, trente-neuvième session tenue à Budapest du 10 au 18 mars 1981 (procès-verbaux nos 80-181), Budapest, Secrétariat de la Commission du Danube, 1981.

Procès-verbaux de la Commission du Danube/Protokoly Dounaiskoi Komissii, t. 40, quarantième session tenue à Budapest du 23 au 30 mars 1982 (procès-verbaux nos 182-183), Budapest, Secrétariat de la Commission du Danube, 1982.

Procès-verbaux de la Commission du Danube/Protokoly Dounaiskoi Komissii, t. 41, quarante et unième session tenue à Budapest du 22 au 29 mars 1983 (procès-verbaux nos 184-185), Budapest, Secrétariat de la Commission du Danube, 1983.

Procès-verbaux de la Commission du Danube/Protokoly Dounaiskoi Komissii,

t. 42, quarante-deuxième session tenue à Budapest du 20 au 28 mars 1984 (procès-verbaux n°s 186-187), Budapest, Secrétariat de la Commission du Danube, 1984.

Procès-verbaux de la Commission du Danube/Protokoly Dounaiskoi Komissii, t. 43, quarante-troisième session tenue à Budapest du 12 au 18 mars 1985 (procès-verbaux n°s 188-189), Budapest, Secrétariat de la Commission du Danube, 1985.

Procès-verbaux de la Commission du Danube/Protokoly Dounaiskoi Komissii, t. 44, quarante-quatrième session tenue à Budapest du 15 au 21 avril 1986 (procès-verbaux n°s 190-191), Budapest, Secrétariat de la Commission du Danube, 1986.

Procès-verbaux de la Commission du Danube/Protokoly Dounaiskoi Komissii, t. 45, quarante-cinquième session tenue à Budapest du 6 au 13 avril 1987 (procès-verbaux n°s 192-193), Budapest, Secrétariat de la Commission du Danube, 1988.

Procès-verbaux de la Commission du Danube/Protokoly Dounaiskoi Komissii, t. 46, quarante-sixième session tenue à Budapest du 12-20 avril 1988 (procès-verbaux n°s 194-196), Budapest, Secrétariat de la Commission du Danube, 1989.

Procès-verbaux de la Commission du Danube/Protokoly Dounaiskoi Komissii, t. 47, quarante-septième session tenue à Budapest du 11 au 18 avril 1989 (procès-verbaux n°s 197-198), Budapest, Secrétariat de la Commission du Danube, 1990.

Procès-verbaux de la Commission du Danube/Protokoly Dounaiskoi Komissii, t. 48, quarante-huitième session tenue à Budapest du 18 au 25 avril 1990 (procès-verbaux n°s 199-200), Budapest, Secrétariat de la Commission du Danube, 1991.

Procès-verbaux de la Commission du Danube/Protokoly Dounaiskoi Komissii, t. 49, quarante-neuvième session tenue à Budapest du 16 au 23 avril 1991 (procès-verbaux n°s 201-202), Budapest, Secrétariat de la Commission du Danube, 1991.

Procès-verbaux de la Commission du Danube/Protokoly Dounaiskoi Komissii, t. 53, cinquante-troisième session tenue à Budapest du 3 au 12 avril 1995 (procès-verbaux n°s 209-210), Budapest, Secrétariat de la Commission du Danube, 1995.

Procès-verbaux de la Commission du Danube/Protokoly Dounaiskoi Komissii, t. 54, cinquante-quatrième session tenue à Budapest du 16 au 25 avril 1996 (procès-verbaux n°s 211-212), Budapest, Secrétariat de la Commission du Danube, 1996.

STURDZA, D. A., *Recueil de documents relatifs à la liberté de navigation du Danube*, Berlin, Puttkammer & Mühlbrecht, 1904.

3 Le lac de Constance
Lake of Constance

Ouvrages et articles
Books and Articles

BRINTZINGER, O. L., "Hoheitsrechte am Bodensee", *GYIL*, 15 (1971), pp. 448-483.

BLATTER, J., "Lessons from Lake Constance: Ideas, Institutions, and Advocacy Coalitions", *Reflections on Water: New Approaches to Transboundary Conflicts and Cooperation*, Cambridge, Massachusetts, USA, London, England, The MIT Press, 2001, pp. 89-122.

DIEZ, E., "Die Zusammenarbeit am Bodensee in völkerrechtlicher Sicht", *ZfW*, 13 (1974), No. 3, pp. 342-351.

DOKA, C., *Der Bodensee im internationalen Recht: das Recht der internationalen Binnenseen*, Frauenfeld [etc.], Huber & Co., 1927. [Verbandsschrift des Nordostschweizerischen Verbandes für Schiffahrt Rhein-Bodensee, Nr. 40.]

GANAHL, F., *Bodensee-Schiffahrtsordnung für Sportschiffer samt dem vollen Text des bezüglichen zwischenstaatlichen Übereinkommens und Verordnung*, Bregenz, Russ, 1976.

GRAF SCHELLING, C., *Die Hoheitsverhältnisse am Bodensee unter besonderer Berücksichtigung der Schiffahrt*, Zurich, Schulthess, 1978.

GRAF SCHELLING, C., and D. SCHENK, «Le régime juridique du lac de Constance», *The Legal Regime of International Rivers and Lakes/Le régime juridique des fleuves et des lacs internationaux*, The Hague [etc.], Nijhoff, 1981, pp. 97-124.

HEIMLICH, F., *Die Hoheitsverhältnisse am Bodensee unter Berücksichtigung ihrer geschichtlichen Entwicklung und der Rechtslage an den Grenzseen im allgemeinen*, [Thèse, Heidelberg], Konstanz, [s. n.], 1930.

HOENNINGER, W., *Der Bodensee im Völkerrecht*, [Diss., Heidelberg], [S. l., s. n.], 1906.

NIEDERHAUSER, O., *Die Hoheitsrechte am Bodensee*, [Diss., Bern], Affoltern am Albis, Weiss, 1941.

SCHILT, W., *Die Fischerei im Bodensee und Rhein nach schweizerischem und nach internationalem* Recht, [Diss., Heidelberg], [S. l., s. n.], 1910.

SCHLAG, M., "Die Österreichische Bundesgrenze auf dem Bodensee", *AJPIL/ÖzöRV*, 43 (1992), No. 2-3, pp. 241-266.

SCHMITT, H., und H. LEHMANN, *Bodensee: Schiffahrts-Ordnung: das neue Schiffahrtsrecht internationalen Vereinbarungen und der Einführungsverordnungen*, Herford, Bussesche Verlagsbuchhandlung, 1976.

SIEMANN, D., *Internationale Bodensee-Konferenz: Modell einer internationalen Zusammenarbeit, am 3. Juni 1976*, Hilden, Verlagsanstalt Deutsche Polizei, 1977.

STOFFEL, F., *Die Fischereiverhältnisse des Bodensees unter besonderer Berücksichtigung der an ihm bestehenden Hoheitsrechte: historisch-dogmatische Studie*, Bern, [s. n.], 1906.

VEITER, Th., "Die Rechtsverhältnisse auf dem Bodensee, eine völkerrechtliche Untersuchung", *AVR*, 28 (1990), No. 4, pp. 460-472.

4 La Meuse
Meuse River

a Ouvrages et articles
Books and Articles

D'ARGENT, P., «L'évolution du statut juridique de la Meuse et de l'Escaut: une mise en perspective des Accords de Charleville-Mézières du 26 avril 1994», *RBDI*, 30 (1997), n° 1, pp. 133-171.

BARENTS, J., *Het internationaal statuut van de Maas*, [Proefschrift Leiden], Amsterdam, H.J. Paris, 1940.

BOUMAN, N., "A New Regime for the Meuse", *RECIEL*, 5 (1996), No. 2/1, pp. 61-168.

CASILLON, L. DU, *Schelde, Maas en Rijn: eenige beschouwingen over de herziening der verdragen van 1815, 1831 en 1839*, Brussels [etc.], Van Oest, 1919.

GOSSERIES, A., "The 1994 Agreements concerning the Protection of the Scheldt and Meuse Rivers", *Eur. Envtl. L. Rev.*, 4 (1995), No. 1, pp. 9-14.

HAWKE, N., "Implementation and Enforcement of Agri-environmental Measures", *Non-point Source River Pollution: The Case of the River Meuse: Technical, Legal, Economic and Political Aspects*, The Hague [etc.], Kluwer Law International, 1996, pp. 75-87.

HENTRICH, *Der Rhein-Maas-Schelde-Kanal von Crefeld nach Antwerpen: Entwurfsstudie*, Crefeld, [s. n.], 1912.

MAES, F., "The Content of the Agreements on the Protection of the Rivers Scheldt and Meuse", *RBDI*, 30 (1997), No. 2, pp. 661-681.

MISONNE, D., "The River Contract of the Upper-Meuse: Case Study 2: Belgium", *Environmental Agreements: The Role and Effect of Environmental Agreements in Environmental Policies*, [London], Cameron May, 1998, pp. 225-263.

WEISE, O., *Belgisch-holländische Wasserstrassenpolitik an der Maas*, [Inaugural-Dissertation Universität Köln], Höngen, W. Zimmermann, 1936.

b Documents

"Belgium (Brussels-Capital, Flanders, Wallonia Regional Governments)-France-Netherlands: Agreements on the Protection of the Rivers Meuse and Scheldt, Done at Charleville Mezieres, France, 26 April 1994", *ILM*, 34 (1995), pp. 851-863.

5 Le Rhin
Rhine

a Ouvrages et articles
Books and Articles

ALOY, J., "Belgische aanwezigheid op de Rijn", *Liber Amicorum Lionel Tricot*, Antwerpen, Kluwer Rechtswetenschappen, 1988, pp. 1-6.

AMRHEIN, *"Spielen wir unser Speil am Rhein!": Dokumente zur Geschichte der französischen Annexions- und Separationspolitik am Rhein*, I. Teil, München-Pasing, Südwestdeutscher Verlag, 1922.

ANDERSBERG, S. *[et al.]*, *Old Sins: Industrial Metabolism, Heavy Metal Pollution, and Environmental Transition in Central Europe*, Tokyo [etc.], United Nations University Press, 2000.

ANTOINE, A., *L'aménagement du Rhin de Bâle à Strasbourg: le grand canal d'Alsace*, Paris, [s. n.], 1922.

ARNDT, E. M., and L. WEINICH, *Der Rhein, Deutschlands Strom, aber nicht Deutschlands Grenze*, Leipzig, Reclam, 1921.

AUCHTER, G., "Réflexions sur le droit fluvial rhénan", *Eur. Transp. L.*, 19 (1984), pp. 143-185.

BAUER, K. H., "Zur Änderung von Art.34 Nr.11 (Zuständigkeit der Rheinschiffahrtsgerichte in Zivilsachen) der Revidierten Rheinschiffahrsakte", *Internationales Recht auf See und Binnengewässern: Festschrift für Walter Müller*, Zurich, Schulthess Polygraphischer Verlag, 1993, pp. 85-91.

BAZEX M., «Les problèmes juridiques soulevés par la liaison fluviale Rhin-Main-Danube», *Annuaire de droit maritime et aérien*, 4 (1979), pp. 179-189.

—, «Les problèmes juridiques soulevés par la réalisation de la voie de communication fluviale Rhin-Danube», *Annuaire de droit maritime et aérien*, 6 (1982), pp. 299-356.

BERGE, W. F. J. P. M. TEN, M. BIK en E. DE BLOEME, *Rijn nota, oktober 1973*, Amsterdam, [s. n.], 1973.

BERNARDELLI, P., et G. PONSOT, *Chronique: l'aménagement du Rhin franco-allemand*, [s. l., s. n.], 1973.

BERNAUER, Th., *The International Financing of Environmental Protection: Lessons from Efforts to Protect the River Rhine against Chloride Pollution*, London, Cass, 1995, pp. 369-390.

BLESCH, J., *Frankreichs Streben nach dem Rhein: Elsass-Lothringen in der französischen und deutschen Politik seit dem 16. Jahrhundert*, Basel, [s. n.], 1918.

BOETTICHER, F. VON, *Frankreich: der Kampf um den Rhein und die Weltherrschaft*, Leipzig, Koehler, 1922.

BOUR, A., «Les relations entre la Communauté économique européenne et la Commission centrale pour la navigation du Rhin», *Internationales Recht auf See und Binnengewässern: Festschrift für Walter Müller*, Zurich, Schulthess Polygraphischer Verlag, 1993, pp. 61-74.

BUCK, W., "The Upper Rhine along the German-French Border: Problems and Solutions in Water Resources and Ecology", *Transboundary Water Resources Management: Institutional and Engineering Approaches*, Berlin [etc.], Springer, 1996, 177-192.

CASILLON, L. DU, *Schelde, Maas en Rijn: eenige beschouwingen over de herziening der verdragen van 1815, 1831 en 1839*, Brussels [etc.], Van Oest, 1919.

CHAMBERLAIN, J. P., *The Regime of the International Rivers: Danube and Rhine*, New York [etc.], [s. n.], 1923.

CHIESA, P. A., *Le régime international du Rhin et la participation de la Suisse*, [diss., Genève], Montreux, [s. n.], 1952.

CHUDOBA, K., E. BICKEL and E. FELDMANN, *Der Kampf um den Rhein*, Bonn, Gebr. Scheur, 1943.

CZYCHOWSKI, M., "Rechtsprobleme des Entwurfs des sog. Chemie-Abkommens für den Rhein: 181.Kolloquium des Instituts für das Recht der Wasserwirtschaft an der Universität Bonn am 9.Juli 1976", *ZfW*, 16 (1977), No. 1, pp. 18-25.

De la navigation du Rhin: considerée dans ses rapports avec le royaume des Pays-Bas, Cologne, Marteau, 1827.

DESVOYES, M., *Les jalons de la défaite: la crise de 1924 vue du Rhin*, [s. l., s. n.], 1946.

DIEPERINK, C., "The Clean-up of the Rhine as a Successful International Effort", *Co-operation on Transboundary Rivers*, Baden-Baden, Nomos Verlagsgesellschaft, 2002, pp. 67-82.

DUNNE, J. M. VAN, "The Case of the River Rhine: The Rotterdam Contribution", *Water Pollution: Law and Liability*, London [etc.], Graham & Trotman and International Bar Association, 1993, pp. 75-87.

DUPAR, F., *150 Jaar Centrale commissie voor de Rijnvaart/150 Jahre Zentral-Kommission für die Rheinschiffahrt*, Duisburg-Rhurort, Binnenschiffahrts-Verlag, 1966.

DUPONT, Ch., "Switzerland, France, Germany, the Netherlands: The Rhine", *Culture and Negotiation: The Resolution of Water Disputes*, Newbury Park, CA, [etc.], Sage, 1993, pp. 97-115.

ELIX, L., *Echte stukken betreffende de vrije vaart op den Rijn*, Amsterdam, Bij de Gebroeders Diederichs, 1826.

EWRINGMANN, D., and V. HOFFMANN, *Kriterien und Problematik der Schwerpunktförderung: das Beispiel Rhein*, Berlin, E. Schmidt, 1978.

EYSINGA, W. J. M. VAN, *La Commission centrale pour la navigation du Rhin: historique composé sur l'invitation de la Commission centrale pour la navigation du Rhin*, Leyde, Sijthoff, 1935.

—, *De oorsprong van de moderne internationale riviercommissie*, Amsterdam, Noord-Hollandsche Uitgevers-Maatschappij, 1932. [Mededeelingen der Koninklijke Akademie van Wetenschappen, Afdeeling Letterkunde, 74, Serie B, No. 8.]

FERRIER, Ch.-A., *La liberté de navigation sur le Rhin de Bâle à la mer*, [diss., Berne], Winterthur, Keller, 1955.

GALLIOT, F., «La coopération européenne en matière de lutte contre la pollution du Rhin», *Annuaire dr. marit. et aérospatial*, 10 (1989), pp. 247-271.

HENTRICH, *Der Rhein-Maas-Schelde-Kanal von Crefeld nach Antwerpen: Entwurfsstudie*, Crefeld, [s. n.], 1912.

HESSENBERGER, M., *Der Ausbau der Oberen Donau, des Rhein-Main-Donau-Kanals und des Unteren Lechs: eine volkswirtschaftliche, verkehrswirtschaftliche und energiewirtschaftliche Untersuchung*, [Thèse, Freiburg i.d. Schw.], Munich, Verlag Wilhelm Jüngling, 1963.

HEUVEL-HACKSTEINER, T. K. VAN DEN, "Unificatie binnenscheepvaartrecht Donau & Rijn op het gebied van het binnenvaartvrachtrecht", *NJB*, 71 (1996), No. 35, pp. 1460-1462.

HIS, E., and R. HAAB, *Rechtsgrundlagen einer schweizerischen Gesetzgebung über die Grosschiffahrt auf internationalen Gewässern, besonders auf dem Rhein*, Zurich, Art. Institut Orell Füssli, 1922.

HOEDERATH, R., *Großbritannien und das internationale Rheinregime: die Rolle Großbritanniens bei der Ausgestaltung der internationalen Rechtsordung für den Rhein und die Entwicklung der britischen Rechtsstellung im Rahmen dieser Ordnung*, Berlin, Duncker & Humblot, 1981.

HOEVEN, H. VAN DER, *De Rijnvaartakten en de cabotage*, [Proefschrift, Utrecht], [s.l., s.n.], 1956.

HUETING, R. (ed.), *Rhine Pollution: Legal, Economic and Technical Aspects: aspects juridiques, économiques et techniques*, Zwolle, Tjeenk Willink, 1978.

Die internationale Bedeutung der fertiggestellten Rhein-Main-Donau-Grosschiffahrtsstrasse: eine Untersuchung des Ifo-Instituts für Wirtschaftsforschung München, [s.l.], Bayerisches Staatsministerium für Wirtschaft und Verkehr, 1970.

JAENICKE, G., *Die neue Großschiffahrtsstraße Rhein-Main-Donau: eine völkerrechtliche Untersuchung über den rechtlichen Status der künftigen Rhein-Main-Donau-Großschiffahrtsstraße*, Frankfurt am Main, Athenäum Verlag, 1973. [Völkerrecht und Außenpolitik, 21.]

JEANSELME, H., *La frontière du Rhin*, La Baule-sur-Mer, [s.n.], 1915.

JESSURUN D'OLIVEIRA, H. U., "Franse kalimijnen", *Ars aequi*, 33 (1984), pp. 153-164.

—, « La pollution du Rhin et le droit international privé », *Rhine Pollution: Legal Economic and Technical Aspects/La pollution du Rhin: aspects juridiques, économiques et techniques*, Zwolle, Tjeenk Willink, 1978, pp. 81-127.

JOHANNET, R., *Rhin et France*, Paris, Nouvelle Librairie nationale, 1919.

KAMMINGA, M. T., "Who Can Clean up the Rhine: The European Community or the International Rhine Commission", *The Legal Regime of International Rivers and Lakes/Le régime juridique des fleuves et des lacs internationaux*, The Hague [etc.], Nijhoff, 1981, pp. 371-387.

KIPPELS, K. W., *Der völkerrechtliche Status des zukünftigen Europakanals und seine Auswirkungen auf das Rhein- und Donauregime*, Berlin, Duncker & Humblot, 1978. [Schriften zum Völkerrecht, Bd. 62.]

KISS, A., « La pollution du Rhin: suite (et fin?) », *AFDI*, 29 (1983), p. 773-785.

—, « La pollution du Rhin et le droit international public », *Rhine Pollution: Legal Economic and Technical Aspects/La pollution du Rhin: aspects juridiques, économiques et techniques*, Zwolle, Tjeenk Willink, 1978, pp. 59-80.

—, « La protection du Rhin contre la pollution: état actuel de la question », *AFDI*, 23 (1977), pp. 861-873.

—, "The Protection of the Rhine against Pollution", *N. Res. J.*, 25 (1985), No. 3, pp. 613-637.

—, "The Protection of the Rhine against Pollution", *Transboundary Resources Law*, Boulder, CO, Westview Press, 1987, pp. 51-75.

—, « Tchernobale » ou la pollution accidentelle du Rhin par les produits chimiques », *AFDI*, 33 (1988), pp. 719-727.

KROMAREK, P., "Le Rhin et les MDPA: annulation des arrêtés d'autorisation de déversement", *Envtl. Pol'y & L.*, 12 (1984), pp. 43-46.

LAMMERS, J. G., "International Cooperation for the Protection of the Waters of the Rhine Basin against Pollution", *NYIL*, 5 (1974), pp. 59-110.

—, "New International Legal Developments concerning the Pollution of the Rhine", *NILR*, 27 (1980), pp. 171-193.

MARTIG, C. P. A., "Aspekte der Ermittlung und Anwendung materiellen Rechts im schweizerischen See- und Rheinfrachtrecht", *Internationales Recht auf See und Binnengewässern: Festschrift für Walter Müller*, Zurich, Schulthess Polygraphischer Verlag, 1993, pp. 137-149.

MINGST, K. A., "The Functionalist and Perspectives: The Case of Rhine River Cooperation", *J. Common Mkt. Stud.*, 20 (1981), pp. 161-173.

MULLER, W., «De la nécessité d'adapter le droit fluvial Rhénan en France», *Annuaire de droit maritime et océanique*, 15 (1997), pp. 63-70.

—, "Die Rechtsstellung der Schweiz in bezug auf die revidierte Rheinschiffahrts-Akte vom 17. Oktober 1868", *Schweizerisches Jahrbuch für internationales Recht*, 15 (1958), pp. 153-186.

Het Nederlands-Belgische waterwegenvraagstuk: een economische studie, Rotterdam, Nederlands Comité Waterwegen, 1952.

NOLLKAEMPER, A., "The River Rhine: From Equal Apportionment to Ecosystem Protection", *RECIEL*, 5 (1996), No. 2, pp. 152-160.

PANHUYS, H. F. VAN, *Rijnvervuiling en het volkenrecht*, ['s-Gravenhage], [s.n.], 1972.

REST, A., "A Decision against France?: The Rhine Pollution", *Envtl. Pol'y & L.*, 5 (1979), pp. 85-89.

—, "Internationaler Umweltschutz vor Verwaltungs-, Zivil- und Strafgerichten: der niederländisch-französische Rheinverschmutzungsprozeß", *AJPIL/ÖzöRV*, 35 (1985), pp. 225-263.

—, "Pollution du Rhin: la porté du droit international dans l'affaire de la pollution du Rhin", *Envtl. Pol'y & L.*, 12 (1984), pp. 37-42.

—, "The Sandoz Conflageration and the Rhine Pollution: Liability Issues", *GYIL*, 30 (1988), pp. 160-176.

ROELE, A., *Die deutsche Rheinpolitik 1919-1936*, [s.l.], Institut für Europäische Geschichte, 1986.

SAUVEPLANNE, J. G., "L'autorité centrale en droit rhénan", *NILR*, 1 (1953), pp. 140-155.

SCHILT, W., *Die Fischerei im Bodensee und Rhein nach schweizerischem und nach internationalem* Recht, [Diss., Heidelberg], [s.l.: s.n.], 1910.

SCHULTE-WULWER-LEIDIG, A., and K. WIERIKS, "Grenzüberschreitender Gewässerschutz am Rhein. Entwicklung eines ganzheitlichen, nachhaltigen Gewässerschutzes in internationaler Kooperation", *Wasser — Konfrontation oder Kooperation: Ökologische Aspekte von Sicherheit am Beispiel eines weltweit begehrten Rohstoffs*, Baden-Baden, Nomos, 1997, pp. 298-315.

SCHULZ, P.-M., "Neues Übereinkommen zum Schutz des Rheins — Regelungen für eine internationale Flußgebietseinheit im Sinne der Wasserrahmenrichtlinie", *ZfW*, 38 (1999), No. 4, pp. 318-327.

SCHWABACH, A., "The Sandoz Spill: The Failure of International Law to Protect the Rhine from Pollution", *Ecology LQ*, 16 (1989), pp. 442-480.

VERWEIJ, M., "Why Is the River Rhine Cleaner than the Great Lakes (Despite Looser Regulation)?", *L. & Soc. Rev.*, 34 (2000), No. 4, pp. 1007-1054.

VILLENEUVE, C. H. V. DE, "Western Europe's Artery: The Rhine", *N. Res. J.*, 36 (1996), No. 3, pp. 441-454.

VITANYI, B., *Le statut juridique de la nouvelle voie navigable Rhin-Main-Danube*, [s.l.], Société française pour le droit international, 1980.

—, "Legal Problems in Connection with the Deepdraught Rhine-Main-Danube Navigable Waterway after the Additional Protocol to the Act of Mannheim", *ZaöRV*, 41 (1981), pp. 731-807.

VLAS, P., "Het proces tegen de Franse kalimijnen", *WPNR*, 110 (1979), No. 5475, pp. 241-245.

WALTHER, H., *La jurisprudence de la Commission centrale pour la navigation du Rhin, 1832-1939*, Strasbourg, Editions de la navigation du Rhin, 1948.

WEIS, H., "Le rapport entre l'Accord relatif à l'institution d'un Fonds européen d'immobilisation de la navigation intérieure et la Convention révisée pour la navigation du Rhin du 17 octobre 1868", *GYIL*, 20 (1978), pp. 306-336.

WENTZCKE, P., *Rhein und Reich: geopolitische Betrachtung der deutschen Schicksalsgemeinschaft*, Berlin [etc.], Vonwickel, 1927.

WERY, L. W., *De Rijn- en Scheldeverbindende tusschenwateren*, [diss. Leiden], 's-Gravenhage, [s.n.], 1919.

WETTSTEIN, L., *Die Schiffahrtfreiheit auf dem Rhein von der Zeit der römischen Herrschaft unter dem Kaiser Augustus bis zum Beginn des Wiener Kongresses*, [Thèse Mainz], [s.l., s.n.], 1963.

WILDE, K. T. de, *Riviervervuiling in het bijzonder die van de Rijn als probleem van volkenrecht*, 's-Gravenhage, T.M.C. Asser Instituut, 1971.

WOLFROM, M., «La pollution des eaux du Rhin», *AFDI*, 10 (1964), pp. 737-763.

WOLTERBEEK, J. L. D., *Proeve eener geschiedenis van de scheepvaartwetgeving op den Rijn*, [diss. Utrecht], Amstelodami, apud Frederik Muller, 1854.

ZEMANEK, K., *Die Schiffahrtsfreiheit auf der Donau und das künftige Regime der Rhein-Main-Donau-Großschiffahrtsstraße: eine völkerrechtliche Untersuchung*, Vienna, Springer-Verlag, 1976.

b Documents

"Aanvullend Protocol No. 5 bij de Herziene Rijnvaartakte, met Verklaring, Straatsburg, 28 april 1999/Protocole Additionnel No. 5 à la Convention révisée pour la navigation du Rhin", *Tractatenblad van het Koninkrijk der Nerderlanden*, (1999), No. 171, pp. 1-8.

BONET-MAURY, C., *Les actes du Rhin: traités, conventions, lois et règlements principaux concernant la navigation sur le Rhin*, Strasbourg, Editions de la navigation du Rhin, 1947.

—, *Les actes du Rhin: traités, conventions, lois et règlements principaux, concernant la navigation sur le Rhin et les voies navigables d'Europe occidentale*, Strasbourg, Editions de la navigation du Rhin, 1957.

—, *Les actes du Rhin et de la Moselle: traités, conventions, lois et règlements principaux concernant la navigation sur le Rhin et les voies navigables d'Europe occidentale*, Strasbourg, Editions de la navigation du Rhin, 1966.

Convention entre les gouvernements des Etats riverains du Rhin et règlement rélatif à la navigation dudit fleuve, Amsterdam, G. J. A. Beijerinck, 1831.

"Convention relative à la protection du Rhin contre la pollution chimique", *Envtl. Pol'y & L.*, 2 (1976), pp. 185-187.

«Convention relative à la protection du Rhin contre la pollution chimique, signée à Bonn le 3 décembre», *RGDIP*, 90 (1986), pp. 297-306.

"Convention relative à la protection du Rhin contre la pollution par les chlorures", *Envtl. Pol'y & L.*, 2 (1976), pp. 182-184.

«Convention relative à la protection du Rhin contre la pollution par les chlorures, signée à Bonn le 3 décembre 1976», *RGDIP*, 90 (1986), pp. 290-297.

«Déclaration des chefs de délégation des gouvernements parties à l'Accord concernant la Commission internationale pour la protection du Rhin contre la pollution du 29 avril 1963 (Bruxelles, 11 décembre 1986)», *RGDIP*, 91 (1987), pp. 1140-1141.

"European Economic Community-France-Federal Republic of Germany-Luxembourg-Netherlands-Switzerland: Convention on the Protection of the Rhine Basin against Chemical Pollution, Done at Bonn, December 3, 1976", [Reproduced from the English text provided by the US Department of State], *ILM*, 16 (1977), pp. 242-256.

"France-Federal Republic of Germany-Luxembourg-Netherlands-Switzerland: Convention on the Protection of the Rhine against Pollution by Chlorides, Done at Bonn, December 3, 1976", [Reproduced from the English text provided by the US Department of State], *ILM*, 16 (1977), pp. 265-275.

Regelen voor avarij-grosse van de Internationale vereniging "Het Rijnschepenregister" (Rijn-Regelen Antwerpen-Rotterdam 1956): text, gedeponeerd bij de Centrale commissie voor de Rijnvaart, Straatsburg en op het bureau van de vereniging te Rotterdam, Duisburg, "Rhein" Verlagsgesellschaft, 1956.

Regeln der internationalen Vereinigung des Rheinschiffsregisters für die grosse Haverei (Rhein-Regeln Antwerpen-Rotterdam 1956): text deponiert bei der

Zentral Kommission für die Rheinschiffahrt, Strassburg und im Büro der Vereinigung in Rotterdam, Duisburg: “Rhein” Verlagsgesellschaft, 1956.
Règlement de police pour la navigation du Rhin, Strasbourg, Commission centrale pour la navigation du Rhin, 1926.
Règlement de police pour la navigation du Rhin, Strasbourg, Commission centrale pour la navigation du Rhin, 1970.
Règlement de police pour la navigation du Rhin et prescriptions concernant les rades du Rhin, Strasbourg, Commission centrale pour la navigation du Rhin, 1977.
Règlement de visite des bateaux du Rhin, Strasbourg: Commission centrale pour la navigation du Rhin, 1976.
Règlement pour le transport de matières dangereuses sur le Rhin (ADNR), Strasbourg, Commission centrale pour la navigation du Rhin, 1976.
Règlement relatif à la délivrance des patentes de batelier du Rhin, Strasbourg, Commission centrale pour la navigation du Rhin, 1976.
Reglement van politie voor de Rijnvaart: voorschriften betreffende de reden op de Rijn, Leiden: Nederlandsche Uitgeversmij (Numij) B.V, 1979.
“Rules of Procedure of the Chamber of Appeal of the Central Commission for Navigation on the Rhine, Dated 23 October 1969”, *NYIL*, 19 (1988), pp. 45-51.

6 L’Escaut
Scheldt River

a Ouvrages et articles
Books and Articles

ADANYA, S., *Le régime international de l’Escaut*, Paris, Domat-Montchrestien, 1929.
Ancien diplomate néerlandais, [E. J. J. B. Cremers], *Erreurs ou Sophismes ? : à propos des brochures d’un diplomate belge et de M. Garcia de la Vega sur le barrage de l’Escaut oriental*, La Haye, Nijhoff, 1867.
D’ARGENT, P., « L’évolution du statut juridique de la Meuse et de l’Escaut: une mise en perspective des Accords de Charleville-Mézières du 26 avril 1994 », *RBDI*, 30 (1997), n° 1, pp. 133-171.
BEER POORTUGAEL, J. C. C. DEN, *L’Escaut et la neutralité permanente de la Belgique d’après les traités de 1839 et 1907*, La Haye, Van Stockum, 1910.
—, *La neutralité sur l’Escaut*, La Haye, Martinus Nijhof, 1911.
BERGGREN, E. M., and R. A. TAAMS, “De Cockerill-zaak; de betekenis van een vergunning en een Europese richtlijn voor lozingen in de Maas”, *TMA*, 9 (1995), No. 2, pp. 46-52.
BINDOFF, S. T., *The Scheldt Question to 1839*, London, George Allen and Unwin, 1945.
BOGAERT, E. VAN, “De evolutie van de verdragsregelingen betreffende de Schelde”, *Stud. Dipl.*, 31 (1978), pp. 575-596.
BOVARD, P. A., *La liberté de navigation sur l’Escaut*, [thèse, Lausanne], Lausanne, Imprimerie vaudoise, 1950.
BRIALMONT, A. H., *Défense de l’Escaut*, Bruxelles, [s. n.], 1856.
BRIGODE, G., et M. DUCARNE, *Des bâtiments militaires belges sur l’Escaut hollandais*, Bruxelles, [s. n.], 1914.
—, *L’Escaut: le droit international et les traités: rapport présenté à la section de droit maritime et colonial, mars 1911*, Bruxelles, [s. n.], 1911.
BRUYSSEL, E. VAN, *Histoire politique de l’Escaut*, Paris [etc.], Librairie internationale, 1864.
CASILLON, L. DU, *Schelde, Maas en Rijn: eenige beschouwingen over de herziening der verdragen van 1815, 1831 en 1839*, Brussels [etc.], Van Oest, 1919.
CROMMELIN, H. A., *De verplichtingen van Nederland als neutrale mogendheid ten opzichte der Schelde*, [Proefschrift, Leiden], [s. l., s. n.], 1880.

DEPOORTERE, R., *Le rachat du péage de l'Escaut*, [Bruxelles], Académie royale de Belgique, Classe des lettres, 1991.
DESECK, P., *Règlement pour la navigation sur l'Escaut maritime inférieur*, Ostende, Editions Toulon, 1980.
Diplomate belge, *Du barrage de l'Escaut oriental et du Sloë au point de vue des traités et des faits: réponse à M. van Lansberge*, Bruxelles, Lesigne, 1867.
Docteur en droit, *Les barrages de l'Escaut oriental et du Sloë, considérés au point de vue juridique*, Gand, Van Doosselaere, 1867.
GOSSERIES, A., "The 1994 Agreements concerning the Protection of the Scheldt and Meuse Rivers", *Eur. Envtl. L. Rev.*, 4 (1995), No. 1, pp. 9-14.
GRANDGAIGNAGE, E., *Histoire du péage de l'Escaut*, Anvers, Buschmann, 1868.
HENTRICH, *Der Rhein-Maas-Schelde-Kanal von Crefeld nach Antwerpen: Entwurfsstudie*, Crefeld, [s.n.], 1912.
JAUMIN, A., et M. JOTTARD, *La question de l'Escaut*, Bruxelles, «L'Eglantine», 1927.
LANSBERGE, J. W. VAN, *A propos du barrage de l'Escaut*, La Haye, [s.n.], 1867.
—, *A propos du barrage de l'Escaut*, La Haye, Martinus Nijhoff, 1867.
MAES, F., "The Content of the Agreements on the Protection of the Rivers Scheldt and Meuse", *RBDI*, 30 (1997), No. 2, pp. 661-681.
MAGNETTE, F., *Joseph II et la liberté de l'Escaut: la France et l'Europe*, [Bruxelles], [s.n.], 1896.
MENSBRUGGHE, Y. VAN DER, "150 jaar Scheldereglement", *Stud. Dipl.*, 47 (1994), No. 5, pp. 13-16.
Het Nederlands-Belgische waterwegenvraagstuk: een economische studie, Rotterdam, Nederlands Comité Waterwegen, 1952.
VESSEM, A. J. VAN, *De verrassingen van het Tractaat met België*, Utrecht, H. de Vroede, 1926.
—, *Weerlegging van bedenkingen tegen mijne beschouwingen over de Belgische Schelde-reserve, ingebracht door Ir. J.W. Albarda*, Utrecht, H. de Vroede, 1926.
WERY, L. W., *De Rijn- en Scheldeverbindende tusschenwateren*, [diss. Leiden], 's-Gravenhage, [s.n.], 1919.

b Documents

"Belgium (Brussels-Capital, Flanders, Wallonia Regional Governments)-France-Netherlands: Agreements on the Protection of the Rivers Meuse and Scheldt, Done at Charleville Mezieres, France, 26 April 1994", *ILM*, 34 (1995), pp. 851-863.

7 Europe: autres cours d'eau internationaux, etc.

Europe: Other International Waterways, etc.

a Ouvrages et articles

Books and Articles

ARGIOPOULOS, D., J. GANOULIS and E. PAPCHRISTOU, "Water Quality Assessment of the Greek Part of Nestos (Mesta) River", *Transboundary Water Resources Management: Institutional and Engineering Approaches*, 1996, pp. 427-438.
BOHME, H., *Die völkerrechtliche Stellung der Elbe unter besonderer Berücksichtigung der Situation nach dem zweiten Weltkrieg*, [Inauguraldissertation der Juristischen Fakultät der Friedrich-Alexander-Universität zu Erlangen], Erlangen, [s.n.], 1959.
CANELAS DE CASTRO, P., "New Era in Luso-Spanish Relations in the Management of Shared Basins?: The Challenge of Sustainability", *Exploitation of*

Natural Resources in the 21st Century, The Hague [etc.], Kluwer Law International, 2003, pp. 191-234.

CERMAKIAN, J., *The Moselle: River and Canal from the Roman Empire to the European Economic Community*, Toronto [etc.], University of Toronto Press, 1975. [Research Publications, 14.]

CARLOS, A. DA PALMA, *Os acordos e convénios entre Portugal e Espanha: sobres os rios internacionais e os problemas da qualidade das agues desses rios*, [S.l], [s.n.], 1979.

COMTE, J., *Pour une politique maritime et fluviale: la Suisse, la Méditerranée, le Rhône*, Paris, Recueil Sirey, Lucerne, Editions Josef Stocker, 1947. [Collection internationale des sciences sociales et politiques. Série de politique économique, vol. IV.]

—, «La Cour internationale d'arbitrage pour la navigation maritime et fluviale à Gdynia», *Bul. de droit tchécoslovaque*, 19 (1961), n°s 1-2, pp. 80-89.

DUERKOP, K., *Die Internationalisierung der Elbe*, [thèse, Leipzig], Magdeburg, [s.n.], 1931.

DUBICKI, A., "Wasserschutzrecht und dessen Umsetzung in Polen am Beispiel der Arbeit der Oderschutzkommission", *Gewässerschutz- und Hochwasserschutzrecht: ein vergleich zwischen Deutschland, Polen und Tschechien*, Wiesbaden, Dt. Univ.-Verl., Wiesbaden, Gabler, 2000, pp. 55-61.

FARR, Ch. S., *An Examination of the Legal, Institutional and Economic Aspects of the Control of Pollution in Lac Léman*, Geneva, Institut universitaire de hautes études internationales, 1977.

FERGUSON, J. S., "Cyanide Disaster in Romania Pollutes Eastern European Freshwater", *Colo. J. Int'l Envtl. L. & Pol'y, 2000 Yearbook*, pp. 251-261.

FERRIER, C., "Towards Sustainable Management of International Water Basins: The Case of Lake Geneva", *RECIEL*, 9 (2000), No. 1, pp. 52-62.

FITZMAURICE, M., "The Finnish-Swedish Frontier Rivers Commission", *Hague YB Int'l L.*, 5 (1992), pp. 33-67.

FITZMAURICE, M., and O. Elias, *Watercourses Co-operation in Northern Europe: A Model for the Future*, The Hague, T.M.C. Asser Press, 2004.

HEEMSKERK, W. F. A., Waterrecht en waterschapsrecht: grensverkenningen in verband met de grensoverschrijdende rivier de Roer: eine Forschung über das grenzüberschreitende Gewässer die Rur, [Diss., Utrecht], [s.l., s.n.], 1985.

HESSENBERGER, M., *Der Ausbau der Oberen Donau, des Rhein-Main-Donau-Kanals und des Unteren Lechs: eine volkswirtschaftliche, verkehrswirtschaftliche und energiewirtschaftliche Untersuchung*, [Thèse, Freiburg i.d. Schw.], Munich, Verlag Wilhelm Jüngling, 1963.

HUGENTOBLER, E., *La navigation fluviale du Léman à la Méditerranée: étude de géographie humaine*, [thèse, Université de Genève], Ambilly-Annemasse, Imprimerie franco-suisse, 1949.

JAENICKE, G., *Die neue Großschiffahrtsstraße Rhein-Main-Donau: eine völkerrechtliche Untersuchung über den rechtlichen Status der künftigen Rhein-Main-Donau-Großschiffahrtsstraße*, Frankfurt am Main, Athenäum Verlag, 1973. [Völkerrecht und Außenpolitik, 21.]

KOBORI, I., and M. H. GLANTZ, *Central Eurasian Water Crisis: Caspian, Aral, and Dead Seas*, Tokyo, [etc.], United Nations University Press, 1998.

KRAMER, M., H.-Ch. BRAUWEILER *[et al.]*, "Regelungen zum Hochwasserschutz and der Oder: ein trinationaler Rechtsvergleich der Oder-Anliegerstaaten Deutschland, Polen und Tschechien", *Gewässerschutz- und Hochwasserschutzrecht: ein vergleich zwischen Deutschland, Polen und Tschechien*, Wiesbaden, Dt. Univ.-Verl., Wiesbaden, Gabler, 2000, pp. 173-357.

KRUGER, H., *Die Rechtslage der Elbe: internationale Rechtsordnung und Zuständigkeit zu ihrer Neuordnung*, Hamburg: Institut für Internationale Angelegenheiten der Universität Hamburg, 1974. [Hamburger öffentlichrechtliche Nebenstunden, Bd. 25.]

MIHAILOV, G., and R. ARSOV, "Current Status of the Anthropogenic Impact on the

Bulgarian Part of the Mesta (Nestos) Transboundary River", *Transboundary Water Resources Management: Institutional and Engineering Approaches*, 1996, pp. 409-425.

PONDAVEN, P., «Le statut international du lac Léman», *RGDIP*, 78 (1974), pp. 60-120.

POZO SERRANO, P., "El régimen jurídico de los cursos de agua hispano-portugueses", *Anu. Der. Internac. (Navarra)*, 15 (1999), pp. 325-361.

RAUSCHING, D., "Die Grenzlinie im Verlauf der Elbe", *Recht im Dienst des Friedens: Festschrift für Eberhard Menzel zum 65. Geburtstag am 21. Januar 1976*, Berlin, Duncker und Humblot, 1975, pp. 429-449.

REIPLINGER, P., "Zusammenarbeit zwischen Sachsen und den Nachbarländern in Grenzgewässerfragen", *Gewässerschutz- und Hochwasserschutzrecht: ein vergleich zwischen Deutschland, Polen und Tschechien*, Wiesbaden, Dt. Univ.-Verl., Wiesbaden, Gabler, 2000, pp. 39-54.

ROZAKIS, Ch., "The Conventional Agreements on Hydroeconomy between Greece and Bulgaria-Turkey-Yugoslavia", *The Legal Regime of International Rivers and Lakes/Le régime juridique des fleuves et des lacs internationaux*, The Hague [etc.], Nijhoff, 1981, pp. 23-51.

RUZIE, D., «Le régime juridique de la Moselle», *AFDI*, 10 (1964), pp. 764-812.

SAMSUNLU, A., D. MAKTAV and S. KAPDASLII, "Transboundary Water Issues between Greece-Bulgaria and Turkey: The Case of the Meriç/Evros River", *Transboundary Water Resources Management: Institutional and Engineering Approaches*, 1996, pp. 439-449.

SCHOLTENS, N. *[et al.]*, *Het regime voor de scheepvaart op de Moezel/Le Régime relatif à la navigation de la Moselle*, Rotterdam, Stichting Verkeerswetenschappelijk Centrum, 1960.

SCHRODER, D., *Die Elbe-Grenze: Rechtsfragen und Dokumente*, Baden-Baden, Nomos Verlagsgesellschaft, 1986.

SCHULZ, P.-M., "Die Gründung der Internationalen Kommission zum Schutz der Elbe (IKSE)", *NuR*, 15 (1993), No. 10, pp. 481-485.

SCHULZE, H.-O., and B. STUER, "Die Anwendung der Beschleunigungsgesetze im Planfeststellungsverfahren: die Emsvertiefung", *ZfW*, 35 (1996), No. 1, pp. 269-289.

UECKER, E., *Die rechtliche Stellung der Oder mit besonderer Berücksichtigung des Streites über die räumliche Zuständigkeit der Internationalen Oderkommission*, [Thèse Göttingen], Greifswald, [s. n.], 1931.

VINOGRADOV, S., "Transboundary Water Resources in the Former Soviet Union: Between Conflict and Cooperation", *N. Res. J.*, 36 (1996), No. 2, pp. 393-415.

VITANYI, B., *Le statut juridique de la nouvelle voie navigable Rhin-Main-Danube*, [s.l.], Société française pour le droit international, 1980.

—, "Legal Problems in Connection with the Deepdraught Rhine-Main-Danube Navigable Waterway after the Additional Protocol to the Act of Mannheim", *ZaöRV*, 41 (1981), pp. 731-807.

—, «Problèmes juridiques concernant le canal Main-Danube», *Annuaire AAA*, 51/52/53 (1984), pp. 26-41.

WAJDA, S., "The International Status of the River Odra and Poland's Position in the Years between the Wars 1918-1939", *Polish W. Aff.*, 18 (1977), No. 1, pp. 144-161.

ZOUREK, J., «La Cour internationale d'arbitrage pour la navigation maritime et fluviale (siège à Gdynia, Pologne) et son activité», *Rev. de l'arb.* (1968), pp. 91-104.

b Documents

"Agreement concerning Norsk Hydro-Elektrisk Kvælstof-aktieselskab, [Oslo, July 15, 1947]"/«Accord concernant la Norsk Hydro-Elektrisk Kvælstof-aktieselskab, [Oslo, 15 juillet, 1947]», *UNTS*, Vol. 15 (1948), No. 226, pp. 5-11.

"Spain and Portugal: Agreement on the Construction of an International Bridge over the Agueda River between La Fregeneda (Spain) and Barca d'Alva (Portugal). Signed at Madrid on 18 January 1996"/« Espagne et Portugal: Convention pour la construction d'un pont international sur le fleuve Agueda entre les localités de la Fregeneda (Espagne) et Barca d'Alva (Portugal), signée à Madrid le 18 janvier 1996 », *UNTS*, Vol. 1977 (1997), I. No. 33778, pp. 157-175.

"Spain and Portugal: Agreement on the Construction of an International Bridge over the Caya River between Badajoz (Spain) and Elvas (Portugal). Signed at Madrid on 18 January 1996"/« Espagne et Portugal: Convention pour la construction d'un pont international sur le fleuve Caya entre les villes de Badajoz (Espagne) et Elvas (Portugal), signée à Madrid le 18 janvier 1996 », *UNTS*, 1955 (1997), No. 33490, pp. 367-387.

"Spain and Portugal: Agreement on the Construction of an International Bridge over the Manzanas River between San Martín de Pedroso (Spain) and Quintanilha (Portugal). Signed at Madrid on 24 June 1997"/« Espagne et Portugal: Convention pour la construction d'un pont international sur le fleuve Manzanas entre les localités de San Martín de Pedroso (Espagne) et Quintanilha (Portugal), signée à Madrid le 24 juin 1997 », *UNTS*, 2013 (1998), No. 34534, pp. 147-166.

"Spain and Portugal: Agreement on the Construction of an International Bridge over the Tamega River between Feces de Abaixo (Spain) and Vila Verde da Raia (Portugal). Signed at Madrid on 24 June 1997"/« Espagne et Portugal: Convention pour la construction d'un pont international sur le fleuve Tamega entre les localités de Feces de Abaixo (Espagne) et Vila Verde da Raia (Portugal), signée à Madrid le 24 juin 1997 », *UNTS*, 2013 (1998), No. 34533, pp. 127-146.

III Divers
Miscellanea

Ouvrages et articles
Books and Articles

1987 Philip C. Jessup International Law Moot Court Competition: The Water Resources Case [Finals]", *ILSA J. Int'l L.*, 11 (1987), pp. 243-315.

ALLAN, J. A., "Water Use and Development in Arid Regions: Environment, Economic Development and Water Resource Politics and Policy", *RECIEL*, 5 (1996), No. 2, pp. 107-115.

ANDERSON, T. L., and P. J. HILL, *Water Marketing, the Next Generation*, Lanham, MD [etc.], Rowman & Littlefield, 1997.

BAUER, K., "Grenzen an Straßenbrücken über Grenzflüsse", *ZfW*, 15 (1976), No. 2, pp. 259-266.

COOK, K. V., "The Discovery of Lunar Water: An Opportunity to Develop a Workable Moon Treaty", *Georgetown International Environmental Law Review*, 11 (1999), No. 3, pp. 647-706.

DELMON, J., *Water Projects: A Commercial and Contractual Guide*, The Hague [etc.], Kluwer Law International, 2001. *[International and National Water Law and Policy Series.]*

GEON, B. S., "A Right to Ice?: The Application of International and National Water Laws to the Acquisition of Iceberg Rights", *Mich. J. Int'l L.*, 19 (1997), No. 1, pp. 277-301.

HARTIG, E., *Internationale Wasserwirtschaft und internationales Recht*, Vienna, Springer, 1955. [Schriftenreihe des Östenreichischen Wasserwirtschaftsverbandes, Heft 28/29.]

JOYNER, Ch. C., "Ice-covered Regions in International Law", *N. Res. J.*, 31 (1991), No. 1, pp. 213-242.

—, "The Status of Ice in International Law", *The Law of the Sea and Polar Maritime Delimitation and Jurisdiction*, The Hague [etc.], Martinus Nijhoff Publishers, 2001, pp. 23-48.

KINNERSLEY, D., "Is Water an Exploitable Commercial Product?", *Water in the Middle East: Legal, Political and Commercial Implications*, London, [etc.], Tauris Academic Studies, 1995, pp. 271-281.

KOUTIKOV, V., « Les problèmes du droit international privé fluvial », *Recueil des cours*, tome 127 (1970), pp. 247-354.

LUNDQUIST, Th. R., "The Iceberg Cometh?: International Law relating to Antarctic Iceberg Exploitation", *N. Res. J.*, 17 (1977), pp. 1-41.

MACDONALD, R. St. J., "Charles B. Bourne: Scholar, Teacher, and Editor, Innovator in the Development of the International Law of Water Resources", *Can. Yb. Int'l L.*, 34 (1997), pp. 3-88.

MARINO, M., and K. E. KEMPER (eds.), *Institutional Frameworks in Successful Water Markets: Brazil, Spain, and Colorado, USA*, Washington, DC, World Bank, 1999. [World Bank Technical Paper, No. 427.]

MUNIAL, R., "Water and Human Health", *Global Health Law*, New Delhi, The Indian Law Institute [etc.], 1998, pp. 139-141.

POSTEL, S., *Last Oasis: Facing Water Scarcity*, New York, Norton, 1997.

SMETS, H., "De l'eau potable pour les pauvres", *Envtl. Pol'y & L.*, 30 (2000), No. 3, pp. 125-140.

VINOGRADOV, S., "Transboundary 'Liquid' Mineral Resources. Legal Issues: A Commentary", *Groundwater Law and Administration for Sustainable Development*, Milan, Giuffrè Editore, 2002, pp. 115-121.

IV Complément à la bibliographie
Addition to the Bibliography

BARLOW, M., *Report Summary. Blue Gold: The Global Water Crisis and the Commodification of the World's Water Supply*, Report Summary of a Report of the International Forum on Globalization (IFG), www.ifg.org/bgsummary.html, 1999.

BAUMANN, C., "Water Wars: Canada's Upstream Battle to Ban Bulk Water Export", *Minnesota Journal of Global Trade*, 10 (2001), p. 109.

BHATIA, Dr. R., *Water & Economics*, Report on the Session, Second World Water Forum, 2000.

BIRNIE, P. W. and A. E. BOYLE (1992), *International Law and the Environment*, Clarendon Press, Oxford, 2000.

BOISSON DE CHAZOURNES, L., "Elements of a Legal Strategy for Managing International Watercourses: The Aral Sea Basin", S. M. A. Salman and L. Boisson de Chazournes (eds.), *International Watercourses: Enhancing Cooperation and Managing Conflict, Proceedings of a World Bank Seminar*, 1998, pp. 65-76. [World Bank Technical Paper No. 414.]

BRANS, E. H. P., E. J. DE HAAN, A. NOLLKAEMPER and J. RINZEMA (eds.), *The Scarcity of Water: Emerging Legal and Policy Responses*, Kluwer Law International, London, The Hague, Boston, 1997. *[International Environmental Law and Policy Series.]*

BRISCOE, J., *Water as an Economic Good: The Idea and What It Means in Practice*, Paper presented at the World Congress of the International Commission on Irrigation and Drainage, Cairo, September 1996.

BRUHÁCS, J., *The Law of Non-navigational Uses of International Watercourses*, Martinus Nijhoff Publishers, Dordrecht, Boston, London, translation of *Nemzetközi vízjog* (translated by M. Zehery), 1993.

CAPONERA, D. A., *Principles of Water Law and Administration: National and International*, A.A. Balkema, Rotterdam/Brookfield, 1992.

CHATTERJEE, S. K., "The International Monetary Fund", Hazel Fox (ed.), *International Economic Law and Developing States: An Introduction*, London, 1992a, pp. 81-116.

—, "The World Bank", Hazel Fox (ed.), *International Economic Law and Developing States: An Introduction*, London, 1992b, pp. 119-145.

DALHUISEN, J., *The Economics of Sustainable Water Use: Comparisons and Lessons from Urban Areas*, Thela Thesis, Amsterdam, 2002. [*Tinbergen Institute Research Series*, No. 290.]

DALHUISEN, J. M., H. L. F. DE GROOT and P. NIJKAMP, "The Economics of Water: A Survey of Issues", *International Journal of Development Planning Literature*, 15 (2000), No. 1, pp. 3-20.

DAVEY, W. J., "The WTO/GATT World Trading System: An Overview", Pescatore, Davey and Lowenfeld (eds.) (1995), *Handbook of WTO/GATT Dispute Settlement*, Vol. I, Irvington-on-Hudson, New York, 1995, pp. 1-86.

DE HAAN, E., "Chapter 15 Balancing Free Trade in Water and the Protection of Water Resources in GATT", E. H. P. Brans, E. J. de Haan, A. Nollkaemper and J. Rinzema (eds.), *The Scarcity of Water: Emerging Legal and Policy Responses*, Kluwer Law International, London, The Hague, Boston, 1997, pp. 245-259. *[International Environmental Law and Policy Series.]*

DE VILLIERS, M., *Water: The Fate of Our Most Precious Resource*, Mariner Books, Boston, New York, 2001.

DE WAART, P. J. I. M., "Chapter 6. Securing Access to Safe Drinking Water through Trade and International Migration", E. H. P. Brans, E. J. de Haan, A. Nollkaemper and J. Rinzema (eds.), *The Scarcity of Water: Emerging Legal and Policy Responses*, Kluwer Law International, London, The Hague, Boston, 1997, pp. 100-118. *[International Environmental Law and Policy Series.]*

DUNOFF, J. L., "Resolving Trade-Environment Conflicts: The Case for Trading Institutions", *Cornell International Law Journal*, 27 (1994) 607.

FARUQUI, N. I., A. K. BISWAS and M. J. BINO (eds.), *Water Management in Islam*, United Nations University Press, Tokyo, 2001.

GILLIES, D., *A Guide to EC Environmental Law*, Earthscan Publications Ltd., London, 1999.

GLEICK, P. H., *The World's Water 2000-2001: The Biennial Report on Freshwater Resources*, Island Press, Washington, DC, Covelo, California, 2000.

GLOBAL ENVIRONMENT FACILITY, *Operational Report on GEF Programs*, GEF, Washington, 2000.

GLOBAL WATER PARTNERSHIP, *Towards Water Security: A Framework for Action*, GWP, Stockholm, 2000.

HANCHER, L., "Chapter 17. Privatization of Drinking Water in Europe", E. H. P. Brans, E. J. de Haan, A. Nollkaemper and J. Rinzema (eds.), *The Scarcity of Water: Emerging Legal and Policy Responses*, Kluwer Law International, London, The Hague, Boston, 1997, pp. 277-289. *[International Environmental Law and Policy Series.]*

HIRJI, R., and D. GREY, "Managing International Waters in Africa: Process and Progress", S. M. A. Salman and L. Boisson de Chazournes (eds.), *International Watercourses: Enhancing Cooperation and Managing Conflict, Proceedings of a World Bank Seminar*, 1998, pp. 77-99. [World Bank Technical Paper No. 414.]

HIS ROYAL HIGHNESS THE PRINCE OF ORANGE and F. R. RIJSBERMAN, "Summary Report of the Second World Water Forum: From Vision to Action", World Water Council, *Final Report Second World Water Forum & Ministerial Conference*, 17-22 March 2000, The Hague, From Vision to Action, 2000, pp. 13-22.

HUNTER, D., J. Salzman and D. Zaelke, *International Environmental Law and Policy*, 2nd ed., Foundation Press, New York, 2002.

KENTIN, E., "Domestic Environmental Regulation in International Investment Dispute Settlement", *Griffin's View on International and Comparative Law*, 2 (2001), No. 2, pp. 81-90.

KRISHNA, R., "The Evolution and Context of the Bank Policy for Projects on International Waterways", S. M. A. Salman and L. Boisson de Chazournes (eds.), *International Watercourses: Enhancing Cooperation and Managing Conflict, Proceedings of a World Bank Seminar*, 1998, pp. 31-43. [World Bank Technical Paper No. 414.]

LITTLE, S. P., "Canada's Capacity to Control the Flow: Water Export and the North American Free Trade Agreement", *Pace International Law Review*, 8 (1996), pp. 127-159.

MAGAT, W. A., J. HUBER and W. KIP VISCUSI, *An Iterative Choice Approach to Valuing Clean Lakes, Rivers, and Streams*, Discussion Paper No. 295, 2000. *[Harvard John M. Olin Discussion Paper Series.]*

MARIÑO, M., and K. E. KEMPER (eds.), *Institutional Frameworks in Successful Water Markets: Brazil, Spain, and Colorado, USA*, 1999. [World Bank Technical Paper No. 427.]

MCCAFFREY, S., "Chapter 3. Water Scarcity: Institutional and Legal Responses", E. H. P. Brans, E. J. de Haan, A. Nollkaemper and J. Rinzema (eds.), *The Scarcity of Water: Emerging Legal and Policy Responses*, Kluwer Law International, London, The Hague, Boston, 1997, pp. 43-58. [*International Environmental Law and Policy Series.*]

MCCAFFREY, S. C., *The Law of International Watercourses: Non-navigational Uses*, Oxford University Press, Oxford, 2001.

MURTY, M. N., A. J. JAMES and S. MISRA, *Economics of Water Pollution: The Indian Experience*, Oxford University Press, New Delhi, 2001.

PETRELLA, R., *The Water Manifesto: Arguments for a World Water Contract*, Zed Books, London, New York, 2001.

POSTEL, S., *Dividing the Waters: Food Security, Ecosystem Health, and the New Politics of Scarcity*, 1996. [World Watch Paper 132.]

SALMAN, S. M. A., *The Legal Framework for Water Users' Associations: A Comparative Study*, 1997. [World Bank Technical Paper No. 360.]

SALMAN, S. M. A., and L. BOISSON DE CHAZOURNES (eds.), *International Watercourses: Enhancing Cooperation and Managing Conflict, Proceedings of a World Bank Seminar*, 1998. [World Bank Technical Paper No. 414.]

SÁNCHEZ, R. A., "Chapter 16. Water Conflicts between Mexico and the United States: Towards a Transboundary Regional Water Market?", E. H. P. Brans, E. J. de Haan, A. Nollkaemper and J. Rinzema (eds.), *The Scarcity of Water: Emerging Legal and Policy Responses*, Kluwer Law International, London, The Hague, Boston, 1997, pp. 260-276. *[International Environmental Law and Policy Series.]*

SAUNDERS, J. O., "NAFTA and the North American Agreement on Environmental Cooperation: A New Model for International Collaboration on Trade and the Environment", *Colorado Journal of International Environmental Law and Policy*, 5 (1994) 273.

SCHRIJVER, N., *Sovereignty over Natural Resources: Balancing Rights and Duties*, Cambridge University Press, Cambridge, 1997.

VAN KRIEKEN, P., *Water & International Law*, Report on the Session, Second World Water Forum, 2000.

WORLD COMMISSION FOR WATER IN THE 21ST CENTURY, *A Water Secure World: Vision for Water, Life, and the Environment*, Thanet Press, 2000.

WORLD WATER COUNCIL, *Final Report*, Second World Water Forum & Ministerial Conference, 17-22 March 2000, The Hague, From Vision to Action, Opmeer, The Hague, 2000.

TABLES

INDEXES

Mara Tignino

TABLE ANALYTIQUE DES MATIÈRES

La présente table couvre les articles dans les deux langues
(Index in English: see p. 779)

TABLE DE LA JURISPRUDENCE INTERNATIONALE ET INTERNE

Les affaires sont présentées par ordre alphabétique

(Table in English: see p. 791)

I. JURISPRUDENCE INTERNATIONALE

A. Cour permanente de Justice internationale

B. Cour internationale de Justice

C. Sentences arbitrales

D. Organe de règlement des différends de l'Organisation mondiale du commerce

1. Groupe spécial

2. Organe d'appel

E. Cour européenne des droits de l'homme

F. Cour de justice des Communautés européennes

II. JURISPRUDENCE NATIONALE

TABLE DES TRAITÉS

La présente table couvre les articles dans les deux langues
(Table in English: see p. 795)

ANALYTICAL INDEX

This index covers items in both languages.
(Table en français : voir p. 759)

TABLE OF INTERNATIONAL AND DOMESTIC CASES

Cases are listed in alphabetical order.

(Table en français : voir p. 771)

I. INTERNATIONAL JURISPRUDENCE

A. Permanent Court of International Justice

B. International Court of Justice

Land, Island and Maritime Frontier Dispute (El Salvador/Honduras: Nicaragua intervening), Judgment of 11 September 1992, 115, 144

Military and Paramilitary Activities in and against Nicaragua (Nicaragua v. *United States of America)*, Judgment of 27 June 1986, 322

North Sea Continental Shelf (Federal Republic of Germany/Denmark; Federal Republic of Germany/Netherlands), Judgment of 20 February 1969, 327

C. Arbitration

Case concerning the River Oyapock (France/Brazil), Award of 1 December 1900, 145-146

Case concerning the River San Juan (Nicaragua/Costa Rica), Award of 22 March 1888, 145

Chamizal Case (United States of America/Mexico), Award of 15 June 1911, 114, 139

Dispute over the apportionment of the waters of the River Helmand (Afghanistan/Persia), Award of 19 August 1872, 376

Dispute over the apportionment of the waters of the River Helmand (Afghanistan/Persia), Award of 10 April 1905, 376, 378

Frontier Dispute (Chile/Argentina), Award of 9 December 1966, 145

Frontier Dispute (Nicaragua/Honduras), Award of 23 December 1906, 146

Grisbadarna (Sweden/Norway), Award of 1909, 498

Gulf of St. Lawrence case (Canada/France), Award of 17 July 1986, 481

Gut Dam Claims (United States of America/Canada), Awards of 15 January 1968, 12 February 1968, 27 September 1968, 410

Lake Lanoux (Spain/France), Award of 16 November 1957, 18-19, 91, 157, 162, 267, 275,282, 298-299, 302, 309, 323, 326, 327, 359, 361, 376, 377-378, 402-403, 501-502, 503, 505, 516, 521, 542-543, 548, 549

Trail Smelter (Canada/United States of America), Award of 11 March 1941, 557

D. World Trade Organization Dispute Settlement

1. Dispute Panel

India — Quantitative Restrictions on Imports of Agricultural, Textile and Industrial Products, 22 September 1999, 181

Turkey — Restrictions on Imports of Textile and Clothing Products, 19 November 1999, 182

United States — Restrictions on Imports of Tuna, 3 September 1991, 230-231

2. Appellate Body

European Communities — Measures Affecting Asbestos and Asbestos-Containing Products, 12 March 2001, 190

Korea — Measures Affecting Import of Fresh, Chilled and Frozen Beef, 11 December 2000, 190

E. European Court of Human Rights

F. European Court of Justice

II. DOMESTIC JURISPRUDENCE

TABLE OF TREATIES

This table covers items in both languages.
(Table en français : voir p. 775)

1994

1995

1996

1997

1998

1999

PUBLICATIONS DE L'ACADÉMIE
DE DROIT INTERNATIONAL
DE LA HAYE

PUBLICATIONS OF THE
HAGUE ACADEMY OF INTERNATIONAL
LAW

RECUEIL DES COURS

Depuis 1923, les plus grands noms du droit international ont professé à l'Académie de droit international de La Haye. Tous les tomes du *Recueil* qui ont été publiés depuis cette date sont disponibles, chaque tome étant, depuis les tout premiers, régulièrement réimprimé sous sa forme originale. Il en existe un catalogue complet et détaillé.

INDEX

A ce jour, il a paru six index généraux. Ils couvrent les tomes suivants:

1 à 101	(1923-1960)	379 pages	ISBN 90-218-9948-5
102 à 125	(1961-1968)	204 pages	ISBN 90-286-0643-2
126 à 151	(1969-1976)	280 pages	ISBN 90-286-0630-0
152 à 178	(1976-1982)	416 pages	ISBN 0-7923-2955-4
179 à 200	(1983-1986)	260 pages	ISBN 90-411-0110-1
201 à 250	(1987-1994)	448 pages	ISBN 90-04-13700-9

A partir du tome 210 il a été décidé de publier un index complet qui couvrira chaque fois dix tomes du *Recueil des cours*. Les derniers index parus couvrent les tomes suivants:

251 à 260	(1995-1996)	382 pages	Tome 260A	ISBN 90-411-1398-3
261 à 270	(1997-1998)	368 pages	Tome 270A	ISBN 90-411-1491-2
271 à 280	(1998-1999)	408 pages	Tome 280A	ISBN 90-411-1612-5
281 à 290	(1999-2001)	428 pages	Tome 290A	ISBN 90-04-13699-1

COLLOQUES

L'Académie organise également des colloques dont les débats sont publiés. Les derniers volumes parus de ces colloques portent les titres suivants: *Le règlement des différends sur les nouvelles ressources naturelles* (1982); *L'avenir du droit international dans un monde multiculturel* (1983); *L'avenir du droit international de l'environnement* (1984); *L'adaptation des structures et méthodes des Nations Unies* (1985); *Le règlement pacifique des différends internationaux en Europe: perspectives d'avenir* (1990); *Le développement du rôle du Conseil de sécurité* (1992); *La Convention sur l'interdiction et l'élimination des armes chimiques: une percée dans l'entreprise multilatérale du désarmement* (1994). (Voir ci-après.)

CENTRE D'ÉTUDE ET DE RECHERCHE

Les travaux scientifiques du Centre d'étude et de recherche de droit international et de relations internationales de l'Académie de droit international de La Haye, dont les sujets sont choisis par le Curatorium de l'Académie, font l'objet d'une publication depuis la session de 1985 de ce Centre. Les dernières brochures parues portent les titres suivants: *Les aspects internationaux des catastrophes naturelles et industrielles* (1995); *La succession d'Etats: la codification à l'épreuve des faits* (1996); *L'Organisation mondiale du commerce* (1997); *Incidences juridiques des télécommunications globales* (1998); *Le droit international des transports maritimes* (1999); *Les sanctions économiques en droit international* (2000); *Les ressources en eau et le droit international* (2001; *La justice pénale internationale* (2002 *[à paraître]*); *La sécurité alimentaire* (2003). (Voir ci-après.)

Les demandes de renseignements ou de catalogues et les commandes doivent être adressées à

MARTINUS NIJHOFF PUBLISHERS B.P. 9000, 2300 PA Leyde
Pays-Bas

COLLECTED COURSES

Since 1923 the top names in international law have taught at the Hague Academy of International Law. All the volumes of the *Collected Courses* which have been published since 1923 are available, as, since the very first volume, they are reprinted regularly in their original format. There is a complete and detailed catalogue.

INDEXES

Up till now six General Indexes have been published. They cover the following volumes:

1 to 101	(1923-1960)	379 pages	ISBN 90-218-9948-5
102 to 125	(1961-1968)	204 pages	ISBN 90-286-0643-2
126 to 151	(1969-1976)	280 pages	ISBN 90-286-0630-0
152 to 178	(1976-1982)	416 pages	ISBN 0-7923-2955-4
179 to 200	(1983-1986)	260 pages	ISBN 90-411-0110-1
201 to 250	(1987-1994)	448 pages	ISBN 90-04-13700-9

From Volume 210 onwards it has been decided to publish a full index covering, each time, ten volumes of the *Collected Courses*. The latest Indexes published cover the following volumes:

251 to 260	(1995-1996)	382 pages	Volume 260A	ISBN 90-411-1398-3
261 to 270	(1997-1998)	368 pages	Volume 270A	ISBN 90-411-1491-2
271 to 280	(1998-1999)	408 pages	Volume 280A	ISBN 90-411-1612-5
281 to 290	(1999-2001)	428 pages	Volume 290A	ISBN 90-04-13699-1

WORKSHOPS

The Academy publishes the discussions from the Workshops which it organizes. The latest titles of the Workshops already published are as follows: *The Settlement of Disputes on the New Natural Resources* (1982); *The Future of International Law in a Multicultural World* (1983); *The Future of the International Law of the Environment* (1984); *The Adaptation of Structures and Methods at the United Nations* (1985); *The Peaceful Settlement of International Disputes in Europe: Future Prospects* (1990) ; *The Development of the Role of the Security Council* (1992); *The Convention on the Prohibition and Elimination of Chemical Weapons: A Breakthrough in Multilateral Disarmament* (1994). (See below.)

CENTRE FOR STUDIES AND RESEARCH

The scientific works of the Centre for Studies and Research in International Law and International Relations of the Hague Academy of International Law, the subjects of which are chosen by the Curatorium of the Academy, have been published since the Centre's 1985 session. The titles of the latest booklets published are the following: *The International Aspects of Natural and Industrial Catastrophes* (1995); *State Succession: Codification Tested against the Facts* (1996); *The World Trade Organization* (1997); *Legal Implications of Global Telecommunications* (1998); *The International Law of Maritime Transport* (1999); *Economic Sanctions in International Law* (2000); *Water Resources and International Law* (2001); *International Criminal Justice* (2002 *[Forthcoming]*); *Food Supply Security* (2003). (See below.)

Requests for information, catalogues and orders for publications must be addressed to

MARTINUS NIJHOFF PUBLISHERS P.O. Box 9000, 2300 PA Leiden
The Netherlands

TABLE PAR TOME DES COURS PUBLIÉS CES DERNIÈRES ANNÉES

INDEX BY VOLUME OF THE COURSES PUBLISHED THESE LAST YEARS

Tome/Volume 285 (2000)

Slaughter, A.-M.: International Law and International Relations, 9-250.
Lucchini, L.: L'Etat insulaire, 251-392.

(ISBN 90-411-1606-0)

Tome/Volume 286 (2000)

Boutros-Ghali, B.: Le droit international à la recherche de ses valeurs: paix, développement, démocratisation (conférence inaugurale), 9-38.
Scovazzi, T.: The Evolution of International Law of the Sea: New Issues, New Challenges, 39-244.
Kronke, H.: Capital Markets and Conflict of Laws, 245-386.

(ISBN 90-411-1607-9)

Tome/Volume 287 (2000)

González Campos, J. D.: Diversification, spécialisation, flexibilisation et matérialisation des règles de droit international privé. Cours général, 9-426.

(ISBN 90-411-1608-7)

Tome/Volume 288 (2001)

Kowalski, W. W.: Restitution of Works of Art pursuant to Private and Public International Law, 9-244.
Caflisch, L.: Cent ans de règlement pacifique des différends interétatiques, 245-468.

(ISBN 90-411-1609-5)

Tome/Volume 289 (2001)

Grigera Naón, H. A.: Choice-of-Law Problems in International Commercial Arbitration, 9-396.

(ISBN 90-411-1610-9)

Tome/Volume 290 (2001)

Fernández Rozas, J. C.: Le rôle des juridictions étatiques devant l'arbitrage commercial international, 9-224.
Villani, U.: Les rapports entre l'ONU et les organisations régionales dans le domaine du maintien de la paix, 225-436.

(ISBN 90-411-1611-7)

Tome/Volume 291 (2001)

Rosenne, Sh.: The Perplexities of Modern International Law. General Course on Public International Law, 9-472.

(ISBN 90-411-1746-6)

Tome/Volume 292 (2001)

Momtaz, D.: Le droit international humanitaire applicable aux conflits armés non internationaux, 9-146.
Jacquet, J.-M.: La fonction supranationale de la règle de conflit de loi, 147-248.

Mengozzi, P.: Private International Law and the WTO Law, 249-386.
(ISBN 90-411-1854-3)

Tome/Volume 293 (2001)

Fitzmaurice, M. A.: International Protection of the Environment, 9-488.
(ISBN 90-411-1855-1)

Tome/Volume 294 (2002)

Camdessus, M.: Organisations internationales et mondialisation (conférence), 9-38.
Zoller, E.: Aspects internationaux du droit constitutionnel. Contribution à la théorie de la fédération d'Etats, 39-166.
McWhinney, E.: Self-determination of Peoples and Plural-ethnic States (Secession and State Succession and the Alternative, Federal Option), 167-264.
Thirlway, H.: Concepts, Principles, Rules and Analogies: International and Municipal Legal Reasoning, 265-406.
(ISBN 90-411-1856-x)

Tome/Volume 295 (2002)

Von Mehren, A. T.: Theory and Practice of Adjudicatory Authority in Private International Law: A Comparative Study of the Doctrine, Policies and Practices of Common- and Civil-Law Systems. General Course on Private International Law (1966), 9-432.
(ISBN 90-411-1857-8)

Tome/Volume 296 (2002)

Van der Stoel, M.: The Role of the OSCE High Commissioner on National Minorities in the Field of Conflict Prevention (Address), 9-24.
Hanotiau, B.: L'arbitrabilité, 25-254.
Heiskanen, V.: The United Nations Compensation Commission, 255-398.
(ISBN 90-411-1858-6)

Tome/Volume 297 (2002)

Dupuy, P.-M.: L'unité de l'ordre juridique international. Cours général de droit international public (2000), 9-490.
(ISBN 90-411-1859-4)

Tome/Volume 298 (2002)

Symeonides, S. C.: The American Choice-of-Law Revolution in the Courts: Today and Tomorrow, 9-448.
(ISBN 90-411-1860-8)

Tome/Volume 299 (2002)

Roucounas, E.: Facteurs privés et droit international public, 9-420.
(ISBN 90-411-1861-6)

Tome/Volume 300 (2002)

Bennouna, M. : Les sanctions économiques des Nations Unies, 9-78.
Kessedjian, C. : Codification du droit commercial international et droit international privé. De la gouvernance normative pour les relations économiques transnationales, 79-308.
Smits, R. : Law of the Economic and Monetary Union, 309-422.

(ISBN 90-411-1862-4)

Tome/Volume 301 (2003)

Meron, T. : International Law in the Age of Human Rights, 9-490.

(ISBN 90-04-14020-4)

Tome/Volume 302 (2003)

Black, V. : Foreign Currency Obligations in Private International Law, 9-196.
Leben, Ch. : La théorie du contrat d'Etat et l'évolution du droit international des investissements, 197-386.

(ISBN 90-04-14021-2)

Tome/Volume 303 (2003)

Daudet, Y. : Actualités de la codification du droit international, 9-118.
Mezghani, A. : Méthodes de droit international privé et contrat illicite, 119-430.

(ISBN 90-04-14022-0)

Tome/Volume 304 (2003)

Mosk, R. M. : The Role of Facts in International Dispute Resolution, 9-180.
Jänterä-Jareborg, M. : Foreign Law in National Courts : A Comparative Perspective, 181-386.

(ISBN 90-04-14023-9)

Tome/Volume 305 (2003)

Audit, B. : Le droit international privé en quête d'universalité. Cours général (2001), 9-488.

(ISBN 90-04-14307-6)

COLLOQUES/WORKSHOPS

Préparés par/Edited by

1968

Kojanec, G. : Les accords de commerce international/International Trade Agreements (1969, 374 pages). ISBN 90-286-1672-1

1971

Rideau, J. : Les aspects juridiques de l'intégration économique/Legal Aspects of Economic Integration (1972, 620 pages). ISBN 90-286-0053-1

1973

Kiss, A.-Ch. : La protection de l'environnement et le droit international/The Protection of the Environment and International Law (1975, 650 pages).
ISBN 90-286-0494-4

1978

Dupuy, R.-J. : Le droit à la santé en tant que droit de l'homme/The Right to Health as a Human Right (1979, 513 pages). ISBN 90-286-1028-6

1979

Dupuy, R.-J. : Le droit au développement au plan international/The Right to Development at the International Level (1980, 458 pages).
ISBN 90-286-0990-3

1980

Dupuy, R.-J. : Le nouvel ordre économique international. Aspects commerciaux, technologiques et culturels/The New International Economic Order. Commercial, Technological and Cultural Aspects (1981, 398 pages).
ISBN 90-247-2602-6

1981

Dupuy, R.-J. : La gestion des ressources pour l'humanité : le droit de la mer/The Management of Humanity's Resources : the Law of the Sea (1982, 448 pages).
ISBN 90-247-2762-6

1982

Dupuy, R.-J. : Le règlement des différends sur les nouvelles ressources naturelles/The Settlement of Disputes on the New Natural Resources (1983, 512 pages).
ISBN 90-247-2901-7

1983

Dupuy, R.-J. : L'avenir du droit international dans un monde multiculturel/The Future of International Law in a Multicultural World (1984, 510 pages).
ISBN 90-247-3070-8

1984

Dupuy, R.-J. : L'avenir du droit international de l'environnement/The Future of the International Law of the Environment (1985, 536 pages).
ISBN 90-247-3239-5

1985

Bardonnet, D. : L'adaptation des structures et méthodes des Nations Unies/The Adaptation of Structures and Methods at the United Nations (1986, 434 pages).
ISBN 90-247-3441-x

1990

Bardonnet, D. : Le règlement pacifique des différends internationaux en Europe: perspectives d'avenir/The Peaceful Settlement of International Disputes in Europe: Future Prospects (1991, 704 pages).
(Relié/Hard-back) 0-7923-1572-3
(Broché/Soft-cover) 0-7923-1573-1

1992

Dupuy, R.-J. : Le développement du rôle du Conseil de sécurité/The Development of the Role of the Security Council (1993, 514 pages).
ISBN 0-7923-2318-1

1994

Bardonnet, D.: La Convention sur l'interdiction et l'élimination des armes chimiques: une percée dans l'entreprise multilatérale du désarmement/The Convention on the Prohibition and Elimination of Chemical Weapons: A Breakthrough in Multilateral Disarmament (1995, 672 pages).
ISBN 90-411-0154-3

CENTRE D'ÉTUDE ET DE RECHERCHE

CENTRE FOR STUDIES AND RESEARCH

1985 La pollution transfrontière et le droit international/Transfrontier Pollution and International Law.

La protection de l'environnement contre la pollution transfrontière et le droit international/International Law and the Protection of the Environment against Transboundary Pollution.

P.-M. Dupuy: Bilan de recherches de la section de langue française du Centre d'étude et de recherche de l'Académie.

J. G. Lammers: The Present State of Research Carried out by the English-Speaking Section of the Centre for Studies and Research.

134 pages — ISBN 90-247-3394-4

1986 L'application du droit humanitaire/The Application of Humanitarian Law.

Y. Sandoz: Bilan de recherches de la section de langue française.

F. Kalshoven: The Present State of Research Carried out by the English-Speaking Section.

120 pages — ISBN 90-247-3508-4

1987 L'arbitrage transnational et les contrats d'Etat/Transnational Arbitration and State Contracts.

B. Audit: Bilan et perspectives/Findings and Prospects.

144 pages — ISBN 90-247-3691-9

1988 Les aspects juridiques du terrorisme international/The Legal Aspects of International Terrorism.

J. A. Carrillo Salcedo: Bilan de recherches de la section de langue française.

J. A. Frowein: The Present State of Research Carried out by the English-Speaking Section.

128 pages — ISBN 0-7923-0214-1

1989 Le droit d'asile/The Right of Asylum.

E. Zoller: Bilan de recherches de la section de langue française.

R. Plender: The Present State of Research Carried out by the English-Speaking Section.

128 pages — ISBN 0-7923-0723-2

1990 Droits et obligations des pays riverains des fleuves internationaux/Rights and Duties of Riparian States of International Rivers.

J. A. Barberis: Bilan de recherches de la section de langue française.

R. D. Hayton: The Present State of Research Carried out by the English-Speaking Section.

120 pages — ISBN 0-7923-1374-7

1991 Les implications juridiques de 1993 pour les Etats membres et les Etats non membres de la CEE/The Legal Implications of 1993 for Member and Non-Member Countries of the EEC.

D. Vignes: Bilan de recherches de la section de langue française.
A. A. Dashwood: The Present State of Research Carried out by the English-Speaking Section.

148 pages — ISBN 0-7923-1754-8

1992 La dette extérieure/The External Debt.

D. Carreau: Bilan de recherches de la section de langue française.
F. P. Felician: The Present State of Research Carried out by the English-Speaking Section.

106 pages — ISBN 0-7923-2249-5

1993 Les risques résultant de l'utilisation pacifique de l'énergie nucléaire/The Hazards Arising out of the Peaceful Use of Nuclear Energy.

P. Strohl: Bilan de recherches de la section de langue française.
N. Pelzer: The Present State of Research Carried out by the English-Speaking Section.

320 pages — ISBN 0-7923-3069-2

1994 La politique de l'environnement: de la réglementation aux instruments économiques/Environmental Policy: From Regulation to Economic Instruments.

M. Bothe: Bilan de recherches de la section de langue française.
P. H. Sand: The Present State of Research Carried out by the English-Speaking Section.

126 pages — ISBN 0-7923-3555-4

1995 Les aspects internationaux des catastrophes naturelles et industrielles/The International Aspects of Natural and Industrial Catastrophes.

Ch. Leben: Bilan de recherches de la section de langue française.
D. Caron: The Present State of Research Carried out by the English-Speaking Section.

142 pages — ISBN 90-411-0311-2

1996 La succession d'Etats: la codification à l'épreuve des faits/State Succession: Codification Tested against the Facts.

P. M. Eisemann: Bilan de recherches de la section de langue française.
M. Koskenniemi: The Present State of Research Carried out by the English-Speaking Section.

192 pages — ISBN 90-411-0530-1

1997 L'Organisation mondiale du commerce/The World Trade Organization.

D. Carreau et P. Juillard: Bilan de recherches de la section de langue française.
P. Mengozzi: The Present State of Research Carried out by the English-Speaking Section.

128 pages — ISBN 90-411-1112-3

1998 Incidences juridiques des télécommunications globales/Legal Implications of Global Telecommunications.

L. Rapp: Bilan de recherches de la section de langue française.

F. Lyall: The Present State of Research Carried out by the English-Speaking Section.

116 pages — ISBN 90-411-1241-3

1999 Le droit international des transports maritimes/The International Law of Maritime Transport.

Ph. Delebecque: Bilan de recherches de la section de langue française.

A. von Ziegler: The Present State of Research Carried out by the English-Speaking Section.

168 pages — ISBN 90-411-1674-5

2000 Les sanctions économiques en droit international/Economic Sanctions in International Law.

L.-A. Sicilianos: Bilan de recherches de la section de langue française.

L. Picchio Forlati: The Present State of Research Carried out by the English-Speaking Section.

272 pages — ISBN 90-411-1863-2

2001 Les ressources en eau et le droit international/Water Resources and International Law.

L. Boisson de Chazournes: Bilan de recherches de la section de langue française.

S. M. A. Salman: The Present State of Research Carried out by the English-Speaking Section.

144 pages — ISBN 90-411-1864-0

2002 La justice pénale internationale/International Criminal Justice. *[A paraître/ Forthcoming.]*

2003 La sécurité alimentaire/Food Supply Security.

A. Mahiou: Bilan de recherches de la section de langue française.

F. Snyder: The Present State of Research Carried out by the English-Speaking Section.

LES LIVRES DE DROIT DE L'ACADÉMIE

THE LAW BOOKS OF THE ACADEMY

Bardonnet, D. (dir. publ./ed.): Le règlement pacifique des différends internationaux en Europe: perspectives d'avenir/The Peaceful Settlement of International Disputes in Europe: Future Prospects. (1992, 704 pages.) (Broché/PB.)
(ISBN 0-7923-1573-1)

Caron, D. D., et/and Ch. Leben (dir. publ./eds.): Les aspects internationaux des catastrophes naturelles et industrielles/The International Aspects of Natural and Industrial Catastrophes. (2001, 912 pages.)
(ISBN 90-411-1485-8)

Carreau, D., et/and M. N. Shaw (dir. publ./eds.): La dette extérieure/The External Debt. (1995, 818 pages.)
(ISBN 90-411-0083-0)

Dupuy, R.-J. (dir. publ./ed.): Manuel sur les organisations internationales/A Handbook on International Organizations. (1988, 714 pages.)
(ISBN 90-247-3658-7)

Dupuy, R.-J. (dir. publ./ed.): Manuel sur les organisations internationales/A Handbook on International Organizations. (2e éd./2nd ed., 1998, 1008 pages.)
(ISBN 90-411-1119-0)

Dupuy, R.-J., and D. Vignes (eds.): A Handbook on the New Law of the Sea. (2 volumes)
Volume 1: 1991, 900 pages. (ISBN 0-7923-0924-3)
Volume 2: 1991, 882 pages. (ISBN 0-7923-1063-2)

Eisemann, P. M., et/and M. Koskenniemi (dir. publ./eds.): La succession d'Etats: la codification à l'épreuve des faits/State Succession: Codification Tested against the Facts. (2000, 1058 pages.)
(ISBN 90-411-1392-4)

Forlati Picchio, L., et/and L.-A. Sicilianos (dir. publ./eds.): Les sanctions économiques en droit international/Economic Sanctions in International Law. (2004, 912 pages.)
(ISBN 90-04-13701-7)

Sand, P. H., et/and M. Bothe (dir. publ./eds.): La politique de l'environnement. De la réglementation aux instruments économiques/Environmental Policy. From Regulation to Economic Instruments. (2002, 958 pages.)
(ISBN 90-411-1604-4)